AF354163

* 9 7 8 3 9 1 1 3 0 9 0 1 1 *

The Holy

Quran

Arabic Version

Formatted by Nadim Can

The font used in this book originated from fonts.google.com

ISBN: 978-3-911309-01-1

القرآن الكريم

القرآن

بسم الله الرحمن الرحيم

سورة الفاتحة

١ بِسْمِ ٱللَّهِ ٱلرَّحْمَٰنِ ٱلرَّحِيمِ

٢ ٱلْحَمْدُ لِلَّهِ رَبِّ ٱلْعَٰلَمِينَ

٣ ٱلرَّحْمَٰنِ ٱلرَّحِيمِ

٤ مَٰلِكِ يَوْمِ ٱلدِّينِ

٥ إِيَّاكَ نَعْبُدُ وَإِيَّاكَ نَسْتَعِينُ

٦ ٱهْدِنَا ٱلصِّرَٰطَ ٱلْمُسْتَقِيمَ

٧ صِرَٰطَ ٱلَّذِينَ أَنْعَمْتَ عَلَيْهِمْ غَيْرِ ٱلْمَغْضُوبِ عَلَيْهِمْ وَلَا ٱلضَّآلِّينَ

سورة البقرة

١ الٓمٓ

٢ ذَٰلِكَ ٱلْكِتَٰبُ لَا رَيْبَ ۛ فِيهِ ۛ هُدًى لِّلْمُتَّقِينَ

٣ ٱلَّذِينَ يُؤْمِنُونَ بِٱلْغَيْبِ وَيُقِيمُونَ ٱلصَّلَوٰةَ وَمِمَّا رَزَقْنَٰهُمْ يُنفِقُونَ

٤ وَٱلَّذِينَ يُؤْمِنُونَ بِمَآ أُنزِلَ إِلَيْكَ وَمَآ أُنزِلَ مِن قَبْلِكَ وَبِٱلْءَاخِرَةِ هُمْ يُوقِنُونَ

٥ أُوْلَٰئِكَ عَلَىٰ هُدًى مِّن رَّبِّهِمْ ۖ وَأُوْلَٰئِكَ هُمُ ٱلْمُفْلِحُونَ

٦ إِنَّ ٱلَّذِينَ كَفَرُواْ سَوَآءٌ عَلَيْهِمْ ءَأَنذَرْتَهُمْ أَمْ لَمْ تُنذِرْهُمْ لَا يُؤْمِنُونَ

٧ خَتَمَ ٱللَّهُ عَلَىٰ قُلُوبِهِمْ وَعَلَىٰ سَمْعِهِمْ ۖ وَعَلَىٰ أَبْصَٰرِهِمْ غِشَٰوَةٌ ۖ وَلَهُمْ عَذَابٌ عَظِيمٌ

٨ وَمِنَ ٱلنَّاسِ مَن يَقُولُ ءَامَنَّا بِٱللَّهِ وَبِٱلْيَوْمِ ٱلْءَاخِرِ وَمَا هُم بِمُؤْمِنِينَ

٩ يُخَٰدِعُونَ ٱللَّهَ وَٱلَّذِينَ ءَامَنُواْ وَمَا يَخْدَعُونَ إِلَّآ أَنفُسَهُمْ وَمَا يَشْعُرُونَ

١٠ فِى قُلُوبِهِم مَّرَضٌ فَزَادَهُمُ ٱللَّهُ مَرَضًا ۖ وَلَهُمْ عَذَابٌ أَلِيمٌۢ بِمَا كَانُواْ يَكْذِبُونَ

١١ وَإِذَا قِيلَ لَهُمْ لَا تُفْسِدُواْ فِى ٱلْأَرْضِ قَالُوٓاْ إِنَّمَا نَحْنُ مُصْلِحُونَ

١٢ أَلَآ إِنَّهُمْ هُمُ ٱلْمُفْسِدُونَ وَلَٰكِن لَّا يَشْعُرُونَ

١٣ وَإِذَا قِيلَ لَهُمْ ءَامِنُواْ كَمَآ ءَامَنَ ٱلنَّاسُ قَالُوٓاْ أَنُؤْمِنُ كَمَآ ءَامَنَ ٱلسُّفَهَآءُ ۗ أَلَآ إِنَّهُمْ هُمُ ٱلسُّفَهَآءُ وَلَٰكِن لَّا يَعْلَمُونَ

١٤ وَإِذَا لَقُواْ ٱلَّذِينَ ءَامَنُواْ قَالُوٓاْ ءَامَنَّا وَإِذَا خَلَوْاْ إِلَىٰ شَيَٰطِينِهِمْ قَالُوٓاْ إِنَّا مَعَكُمْ إِنَّمَا نَحْنُ مُسْتَهْزِءُونَ

١٥ ٱللَّهُ يَسْتَهْزِئُ بِهِمْ وَيَمُدُّهُمْ فِى طُغْيَٰنِهِمْ يَعْمَهُونَ

١٦ أُوْلَٰئِكَ ٱلَّذِينَ ٱشْتَرَوُاْ ٱلضَّلَٰلَةَ بِٱلْهُدَىٰ فَمَا رَبِحَت تِّجَٰرَتُهُمْ وَمَا كَانُواْ مُهْتَدِينَ

١٧ مَثَلُهُمْ كَمَثَلِ ٱلَّذِى ٱسْتَوْقَدَ نَارًا فَلَمَّآ أَضَآءَتْ مَا حَوْلَهُ ذَهَبَ ٱللَّهُ بِنُورِهِمْ وَتَرَكَهُمْ فِى ظُلُمَٰتٍ لَّا يُبْصِرُونَ

١٨ صُمٌّ بُكْمٌ عُمْيٌ فَهُمْ لَا يَرْجِعُونَ

١٩ أَوْ كَصَيِّبٍ مِّنَ ٱلسَّمَآءِ فِيهِ ظُلُمَٰتٌ وَرَعْدٌ وَبَرْقٌ يَجْعَلُونَ أَصَٰبِعَهُمْ فِىٓ ءَاذَانِهِم مِّنَ ٱلصَّوَٰعِقِ حَذَرَ ٱلْمَوْتِ ۚ وَٱللَّهُ مُحِيطٌۢ بِٱلْكَٰفِرِينَ

٢٠ يَكَادُ ٱلْبَرْقُ يَخْطَفُ أَبْصَٰرَهُمْ ۖ كُلَّمَآ أَضَآءَ لَهُم مَّشَوْا۟ فِيهِ وَإِذَآ أَظْلَمَ عَلَيْهِمْ قَامُوا۟ ۚ وَلَوْ شَآءَ ٱللَّهُ لَذَهَبَ بِسَمْعِهِمْ وَأَبْصَٰرِهِمْ ۚ إِنَّ ٱللَّهَ عَلَىٰ كُلِّ شَىْءٍ قَدِيرٌ

٢١ يَٰٓأَيُّهَا ٱلنَّاسُ ٱعْبُدُوا۟ رَبَّكُمُ ٱلَّذِى خَلَقَكُمْ وَٱلَّذِينَ مِن قَبْلِكُمْ لَعَلَّكُمْ تَتَّقُونَ

٢٢ ٱلَّذِى جَعَلَ لَكُمُ ٱلْأَرْضَ فِرَٰشًا وَٱلسَّمَآءَ بِنَآءً وَأَنزَلَ مِنَ ٱلسَّمَآءِ مَآءً فَأَخْرَجَ بِهِۦ مِنَ ٱلثَّمَرَٰتِ رِزْقًا لَّكُمْ ۖ فَلَا تَجْعَلُوا۟ لِلَّهِ أَندَادًا وَأَنتُمْ تَعْلَمُونَ

٢٣ وَإِن كُنتُمْ فِى رَيْبٍ مِّمَّا نَزَّلْنَا عَلَىٰ عَبْدِنَا فَأْتُوا۟ بِسُورَةٍ مِّن مِّثْلِهِۦ وَٱدْعُوا۟ شُهَدَآءَكُم مِّن دُونِ ٱللَّهِ إِن كُنتُمْ صَٰدِقِينَ

٢٤ فَإِن لَّمْ تَفْعَلُوا۟ وَلَن تَفْعَلُوا۟ فَٱتَّقُوا۟ ٱلنَّارَ ٱلَّتِى وَقُودُهَا ٱلنَّاسُ وَٱلْحِجَارَةُ ۖ أُعِدَّتْ لِلْكَٰفِرِينَ

٢٥ وَبَشِّرِ ٱلَّذِينَ ءَامَنُوا۟ وَعَمِلُوا۟ ٱلصَّٰلِحَٰتِ أَنَّ لَهُمْ جَنَّٰتٍ تَجْرِى مِن تَحْتِهَا ٱلْأَنْهَٰرُ ۖ كُلَّمَا رُزِقُوا۟ مِنْهَا مِن ثَمَرَةٍ رِّزْقًا ۙ قَالُوا۟ هَٰذَا ٱلَّذِى رُزِقْنَا مِن قَبْلُ ۖ وَأُتُوا۟ بِهِۦ مُتَشَٰبِهًا ۖ وَلَهُمْ فِيهَآ أَزْوَٰجٌ مُّطَهَّرَةٌ ۖ وَهُمْ فِيهَا خَٰلِدُونَ

٢٦ إِنَّ ٱللَّهَ لَا يَسْتَحْىِۦٓ أَن يَضْرِبَ مَثَلًا مَّا بَعُوضَةً فَمَا فَوْقَهَا ۚ فَأَمَّا ٱلَّذِينَ ءَامَنُوا۟ فَيَعْلَمُونَ أَنَّهُ ٱلْحَقُّ مِن رَّبِّهِمْ ۖ وَأَمَّا ٱلَّذِينَ كَفَرُوا۟ فَيَقُولُونَ مَاذَآ أَرَادَ ٱللَّهُ بِهَٰذَا مَثَلًا ۘ يُضِلُّ بِهِۦ كَثِيرًا وَيَهْدِى بِهِۦ كَثِيرًا ۚ وَمَا يُضِلُّ بِهِۦٓ إِلَّا ٱلْفَٰسِقِينَ

٢٧ ٱلَّذِينَ يَنقُضُونَ عَهْدَ ٱللَّهِ مِنۢ بَعْدِ مِيثَٰقِهِۦ وَيَقْطَعُونَ مَآ أَمَرَ ٱللَّهُ بِهِۦٓ أَن يُوصَلَ وَيُفْسِدُونَ فِى ٱلْأَرْضِ ۚ أُو۟لَٰٓئِكَ هُمُ ٱلْخَٰسِرُونَ

٢٨ كَيْفَ تَكْفُرُونَ بِٱللَّهِ وَكُنتُمْ أَمْوَٰتًا فَأَحْيَٰكُمْ ۖ ثُمَّ يُمِيتُكُمْ ثُمَّ يُحْيِيكُمْ ثُمَّ إِلَيْهِ تُرْجَعُونَ

٢٩ هُوَ ٱلَّذِى خَلَقَ لَكُم مَّا فِى ٱلْأَرْضِ جَمِيعًا ثُمَّ ٱسْتَوَىٰٓ إِلَى ٱلسَّمَآءِ فَسَوَّىٰهُنَّ سَبْعَ سَمَٰوَٰتٍ ۚ وَهُوَ بِكُلِّ شَىْءٍ عَلِيمٌ

٣٠ وَإِذْ قَالَ رَبُّكَ لِلْمَلَٰٓئِكَةِ إِنِّى جَاعِلٌ فِى ٱلْأَرْضِ خَلِيفَةً ۖ قَالُوٓا۟ أَتَجْعَلُ فِيهَا مَن يُفْسِدُ فِيهَا وَيَسْفِكُ ٱلدِّمَآءَ وَنَحْنُ نُسَبِّحُ بِحَمْدِكَ وَنُقَدِّسُ لَكَ ۖ قَالَ إِنِّىٓ أَعْلَمُ مَا لَا تَعْلَمُونَ

٣١ وَعَلَّمَ ءَادَمَ ٱلْأَسْمَآءَ كُلَّهَا ثُمَّ عَرَضَهُمْ عَلَى ٱلْمَلَٰٓئِكَةِ فَقَالَ أَنۢبِـُٔونِى بِأَسْمَآءِ هَٰٓؤُلَآءِ إِن كُنتُمْ صَٰدِقِينَ

٣٢ قَالُوا۟ سُبْحَٰنَكَ لَا عِلْمَ لَنَآ إِلَّا مَا عَلَّمْتَنَآ ۖ إِنَّكَ أَنتَ ٱلْعَلِيمُ ٱلْحَكِيمُ

٣٣ قَالَ يَٰٓـَٔادَمُ أَنۢبِئْهُم بِأَسْمَآئِهِمْ ۖ فَلَمَّآ أَنۢبَأَهُم بِأَسْمَآئِهِمْ قَالَ أَلَمْ أَقُل لَّكُمْ إِنِّىٓ أَعْلَمُ غَيْبَ ٱلسَّمَٰوَٰتِ وَٱلْأَرْضِ وَأَعْلَمُ مَا تُبْدُونَ وَمَا كُنتُمْ تَكْتُمُونَ

٣٤ وَإِذْ قُلْنَا لِلْمَلَٰٓئِكَةِ ٱسْجُدُوا۟ لِـَٔادَمَ فَسَجَدُوٓا۟ إِلَّآ إِبْلِيسَ أَبَىٰ وَٱسْتَكْبَرَ وَكَانَ مِنَ ٱلْكَٰفِرِينَ

٣٥ وَقُلْنَا يَٰٓـَٔادَمُ ٱسْكُنْ أَنتَ وَزَوْجُكَ ٱلْجَنَّةَ وَكُلَا مِنْهَا رَغَدًا حَيْثُ شِئْتُمَا وَلَا تَقْرَبَا هَٰذِهِ ٱلشَّجَرَةَ فَتَكُونَا مِنَ ٱلظَّٰلِمِينَ

٣٦ فَأَزَلَّهُمَا ٱلشَّيْطَٰنُ عَنْهَا فَأَخْرَجَهُمَا مِمَّا كَانَا فِيهِ ۖ وَقُلْنَا ٱهْبِطُوا۟ بَعْضُكُمْ لِبَعْضٍ عَدُوٌّ ۖ وَلَكُمْ فِى ٱلْأَرْضِ مُسْتَقَرٌّ وَمَتَٰعٌ إِلَىٰ حِينٍ

٣٧ فَتَلَقَّىٰٓ ءَادَمُ مِن رَّبِّهِۦ كَلِمَٰتٍ فَتَابَ عَلَيْهِ ۚ إِنَّهُ هُوَ ٱلتَّوَّابُ ٱلرَّحِيمُ

٣٨ قُلْنَا ٱهْبِطُوا مِنْهَا جَمِيعًا فَإِمَّا يَأْتِيَنَّكُم مِّنِّى هُدًى فَمَن تَبِعَ هُدَاىَ فَلَا خَوْفٌ عَلَيْهِمْ وَلَا هُمْ يَحْزَنُونَ

٣٩ وَٱلَّذِينَ كَفَرُوا وَكَذَّبُوا بِـَٔايَـٰتِنَا أُو۟لَـٰٓئِكَ أَصْحَـٰبُ ٱلنَّارِ هُمْ فِيهَا خَـٰلِدُونَ

٤٠ يَـٰبَنِىٓ إِسْرَٰٓءِيلَ ٱذْكُرُوا نِعْمَتِىَ ٱلَّتِىٓ أَنْعَمْتُ عَلَيْكُمْ وَأَوْفُوا بِعَهْدِىٓ أُوفِ بِعَهْدِكُمْ وَإِيَّـٰىَ فَٱرْهَبُونِ

٤١ وَءَامِنُوا بِمَآ أَنزَلْتُ مُصَدِّقًا لِّمَا مَعَكُمْ وَلَا تَكُونُوٓا أَوَّلَ كَافِرٍ بِهِ وَلَا تَشْتَرُوا بِـَٔايَـٰتِى ثَمَنًا قَلِيلًا وَإِيَّـٰىَ فَٱتَّقُونِ

٤٢ وَلَا تَلْبِسُوا ٱلْحَقَّ بِٱلْبَـٰطِلِ وَتَكْتُمُوا ٱلْحَقَّ وَأَنتُمْ تَعْلَمُونَ

٤٣ وَأَقِيمُوا ٱلصَّلَوٰةَ وَءَاتُوا ٱلزَّكَوٰةَ وَٱرْكَعُوا مَعَ ٱلرَّٰكِعِينَ

٤٤ أَتَأْمُرُونَ ٱلنَّاسَ بِٱلْبِرِّ وَتَنسَوْنَ أَنفُسَكُمْ وَأَنتُمْ تَتْلُونَ ٱلْكِتَـٰبَ أَفَلَا تَعْقِلُونَ

٤٥ وَٱسْتَعِينُوا بِٱلصَّبْرِ وَٱلصَّلَوٰةِ وَإِنَّهَا لَكَبِيرَةٌ إِلَّا عَلَى ٱلْخَـٰشِعِينَ

٤٦ ٱلَّذِينَ يَظُنُّونَ أَنَّهُم مُّلَـٰقُوا رَبِّهِمْ وَأَنَّهُمْ إِلَيْهِ رَٰجِعُونَ

٤٧ يَـٰبَنِىٓ إِسْرَٰٓءِيلَ ٱذْكُرُوا نِعْمَتِىَ ٱلَّتِىٓ أَنْعَمْتُ عَلَيْكُمْ وَأَنِّى فَضَّلْتُكُمْ عَلَى ٱلْعَـٰلَمِينَ

٤٨ وَٱتَّقُوا يَوْمًا لَّا تَجْزِى نَفْسٌ عَن نَّفْسٍ شَيْـًٔا وَلَا يُقْبَلُ مِنْهَا شَفَـٰعَةٌ وَلَا يُؤْخَذُ مِنْهَا عَدْلٌ وَلَا هُمْ يُنصَرُونَ

٤٩ وَإِذْ نَجَّيْنَـٰكُم مِّنْ ءَالِ فِرْعَوْنَ يَسُومُونَكُمْ سُوٓءَ ٱلْعَذَابِ يُذَبِّحُونَ أَبْنَآءَكُمْ وَيَسْتَحْيُونَ نِسَآءَكُمْ وَفِى ذَٰلِكُم بَلَآءٌ مِّن رَّبِّكُمْ عَظِيمٌ

٥٠ وَإِذْ فَرَقْنَا بِكُمُ ٱلْبَحْرَ فَأَنجَيْنَـٰكُمْ وَأَغْرَقْنَا ءَالَ فِرْعَوْنَ وَأَنتُمْ تَنظُرُونَ

٥١ وَإِذْ وَٰعَدْنَا مُوسَىٰٓ أَرْبَعِينَ لَيْلَةً ثُمَّ ٱتَّخَذْتُمُ ٱلْعِجْلَ مِنۢ بَعْدِهِۦ وَأَنتُمْ ظَـٰلِمُونَ

٥٢ ثُمَّ عَفَوْنَا عَنكُم مِّنۢ بَعْدِ ذَٰلِكَ لَعَلَّكُمْ تَشْكُرُونَ

٥٣ وَإِذْ ءَاتَيْنَا مُوسَى ٱلْكِتَـٰبَ وَٱلْفُرْقَانَ لَعَلَّكُمْ تَهْتَدُونَ

٥٤ وَإِذْ قَالَ مُوسَىٰ لِقَوْمِهِۦ يَـٰقَوْمِ إِنَّكُمْ ظَلَمْتُمْ أَنفُسَكُم بِٱتِّخَاذِكُمُ ٱلْعِجْلَ فَتُوبُوٓا إِلَىٰ بَارِئِكُمْ فَٱقْتُلُوٓا أَنفُسَكُمْ ذَٰلِكُمْ خَيْرٌ لَّكُمْ عِندَ بَارِئِكُمْ فَتَابَ عَلَيْكُمْ إِنَّهُۥ هُوَ ٱلتَّوَّابُ ٱلرَّحِيمُ

٥٥ وَإِذْ قُلْتُمْ يَـٰمُوسَىٰ لَن نُّؤْمِنَ لَكَ حَتَّىٰ نَرَى ٱللَّهَ جَهْرَةً فَأَخَذَتْكُمُ ٱلصَّـٰعِقَةُ وَأَنتُمْ تَنظُرُونَ

٥٦ ثُمَّ بَعَثْنَـٰكُم مِّنۢ بَعْدِ مَوْتِكُمْ لَعَلَّكُمْ تَشْكُرُونَ

٥٧ وَظَلَّلْنَا عَلَيْكُمُ ٱلْغَمَامَ وَأَنزَلْنَا عَلَيْكُمُ ٱلْمَنَّ وَٱلسَّلْوَىٰ كُلُوا مِن طَيِّبَـٰتِ مَا رَزَقْنَـٰكُمْ وَمَا ظَلَمُونَا وَلَـٰكِن كَانُوٓا أَنفُسَهُمْ يَظْلِمُونَ

٥٨ وَإِذْ قُلْنَا ٱدْخُلُوا هَـٰذِهِ ٱلْقَرْيَةَ فَكُلُوا مِنْهَا حَيْثُ شِئْتُمْ رَغَدًا وَٱدْخُلُوا ٱلْبَابَ سُجَّدًا وَقُولُوا حِطَّةٌ نَّغْفِرْ لَكُمْ خَطَـٰيَـٰكُمْ وَسَنَزِيدُ ٱلْمُحْسِنِينَ

٥٩ فَبَدَّلَ ٱلَّذِينَ ظَلَمُوا قَوْلًا غَيْرَ ٱلَّذِى قِيلَ لَهُمْ فَأَنزَلْنَا عَلَى ٱلَّذِينَ ظَلَمُوا رِجْزًا مِّنَ ٱلسَّمَآءِ بِمَا كَانُوا يَفْسُقُونَ

٦٠ وَإِذِ ٱسْتَسْقَىٰ مُوسَىٰ لِقَوْمِهِۦ فَقُلْنَا ٱضْرِب بِّعَصَاكَ ٱلْحَجَرَ فَٱنفَجَرَتْ مِنْهُ ٱثْنَتَا عَشْرَةَ عَيْنًا قَدْ عَلِمَ كُلُّ أُنَاسٍ مَّشْرَبَهُمْ كُلُوا وَٱشْرَبُوا مِن رِّزْقِ ٱللَّهِ وَلَا تَعْثَوْا فِى ٱلْأَرْضِ مُفْسِدِينَ

٦١ وَإِذْ قُلْتُمْ يَـٰمُوسَىٰ لَن نَّصْبِرَ عَلَىٰ طَعَامٍ وَٰحِدٍ فَٱدْعُ لَنَا رَبَّكَ يُخْرِجْ لَنَا مِمَّا تُنۢبِتُ ٱلْأَرْضُ مِنۢ بَقْلِهَا وَقِثَّآئِهَا وَفُومِهَا وَعَدَسِهَا وَبَصَلِهَا قَالَ أَتَسْتَبْدِلُونَ ٱلَّذِى هُوَ أَدْنَىٰ بِٱلَّذِى هُوَ خَيْرٌ ٱهْبِطُوا مِصْرًا فَإِنَّ لَكُم مَّا

سَأَلْتُمْ ۗ وَضُرِبَتْ عَلَيْهِمُ ٱلذِّلَّةُ وَٱلْمَسْكَنَةُ وَبَآءُو بِغَضَبٍ مِّنَ ٱللَّهِ ۗ ذَٰلِكَ بِأَنَّهُمْ كَانُوا۟ يَكْفُرُونَ بِـَٔايَٰتِ ٱللَّهِ وَيَقْتُلُونَ ٱلنَّبِيِّۦنَ بِغَيْرِ ٱلْحَقِّ ۗ ذَٰلِكَ بِمَا عَصَوا۟ وَّكَانُوا۟ يَعْتَدُونَ

٦٢ إِنَّ ٱلَّذِينَ ءَامَنُوا۟ وَٱلَّذِينَ هَادُوا۟ وَٱلنَّصَٰرَىٰ وَٱلصَّٰبِـِٔينَ مَنْ ءَامَنَ بِٱللَّهِ وَٱلْيَوْمِ ٱلْءَاخِرِ وَعَمِلَ صَٰلِحًا فَلَهُمْ أَجْرُهُمْ عِندَ رَبِّهِمْ وَلَا خَوْفٌ عَلَيْهِمْ وَلَا هُمْ يَحْزَنُونَ

٦٣ وَإِذْ أَخَذْنَا مِيثَٰقَكُمْ وَرَفَعْنَا فَوْقَكُمُ ٱلطُّورَ خُذُوا۟ مَآ ءَاتَيْنَٰكُم بِقُوَّةٍ وَٱذْكُرُوا۟ مَا فِيهِ لَعَلَّكُمْ تَتَّقُونَ

٦٤ ثُمَّ تَوَلَّيْتُم مِّنۢ بَعْدِ ذَٰلِكَ فَلَوْلَا فَضْلُ ٱللَّهِ عَلَيْكُمْ وَرَحْمَتُهُ لَكُنتُم مِّنَ ٱلْخَٰسِرِينَ

٦٥ وَلَقَدْ عَلِمْتُمُ ٱلَّذِينَ ٱعْتَدَوْا۟ مِنكُمْ فِى ٱلسَّبْتِ فَقُلْنَا لَهُمْ كُونُوا۟ قِرَدَةً خَٰسِـِٔينَ

٦٦ فَجَعَلْنَٰهَا نَكَٰلًا لِّمَا بَيْنَ يَدَيْهَا وَمَا خَلْفَهَا وَمَوْعِظَةً لِّلْمُتَّقِينَ

٦٧ وَإِذْ قَالَ مُوسَىٰ لِقَوْمِهِۦ إِنَّ ٱللَّهَ يَأْمُرُكُمْ أَن تَذْبَحُوا۟ بَقَرَةً ۖ قَالُوٓا۟ أَتَتَّخِذُنَا هُزُوًا ۖ قَالَ أَعُوذُ بِٱللَّهِ أَنْ أَكُونَ مِنَ ٱلْجَٰهِلِينَ

٦٨ قَالُوا۟ ٱدْعُ لَنَا رَبَّكَ يُبَيِّن لَّنَا مَا هِىَ ۚ قَالَ إِنَّهُۥ يَقُولُ إِنَّهَا بَقَرَةٌ لَّا فَارِضٌ وَلَا بِكْرٌ عَوَانٌۢ بَيْنَ ذَٰلِكَ ۖ فَٱفْعَلُوا۟ مَا تُؤْمَرُونَ

٦٩ قَالُوا۟ ٱدْعُ لَنَا رَبَّكَ يُبَيِّن لَّنَا مَا لَوْنُهَا ۚ قَالَ إِنَّهُۥ يَقُولُ إِنَّهَا بَقَرَةٌ صَفْرَآءُ فَاقِعٌ لَّوْنُهَا تَسُرُّ ٱلنَّٰظِرِينَ

٧٠ قَالُوا۟ ٱدْعُ لَنَا رَبَّكَ يُبَيِّن لَّنَا مَا هِىَ إِنَّ ٱلْبَقَرَ تَشَٰبَهَ عَلَيْنَا وَإِنَّآ إِن شَآءَ ٱللَّهُ لَمُهْتَدُونَ

٧١ قَالَ إِنَّهُۥ يَقُولُ إِنَّهَا بَقَرَةٌ لَّا ذَلُولٌ تُثِيرُ ٱلْأَرْضَ وَلَا تَسْقِى ٱلْحَرْثَ مُسَلَّمَةٌ لَّا شِيَةَ فِيهَا ۚ قَالُوا۟ ٱلْـَٰٔنَ جِئْتَ بِٱلْحَقِّ ۚ فَذَبَحُوهَا وَمَا كَادُوا۟ يَفْعَلُونَ

٧٢ وَإِذْ قَتَلْتُمْ نَفْسًا فَٱدَّٰرَْٰتُمْ فِيهَا ۖ وَٱللَّهُ مُخْرِجٌ مَّا كُنتُمْ تَكْتُمُونَ

٧٣ فَقُلْنَا ٱضْرِبُوهُ بِبَعْضِهَا ۚ كَذَٰلِكَ يُحْىِ ٱللَّهُ ٱلْمَوْتَىٰ وَيُرِيكُمْ ءَايَٰتِهِۦ لَعَلَّكُمْ تَعْقِلُونَ

٧٤ ثُمَّ قَسَتْ قُلُوبُكُم مِّنۢ بَعْدِ ذَٰلِكَ فَهِىَ كَٱلْحِجَارَةِ أَوْ أَشَدُّ قَسْوَةً ۚ وَإِنَّ مِنَ ٱلْحِجَارَةِ لَمَا يَتَفَجَّرُ مِنْهُ ٱلْأَنْهَٰرُ ۚ وَإِنَّ مِنْهَا لَمَا يَشَّقَّقُ فَيَخْرُجُ مِنْهُ ٱلْمَآءُ ۚ وَإِنَّ مِنْهَا لَمَا يَهْبِطُ مِنْ خَشْيَةِ ٱللَّهِ ۗ وَمَا ٱللَّهُ بِغَٰفِلٍ عَمَّا تَعْمَلُونَ

٧٥ أَفَتَطْمَعُونَ أَن يُؤْمِنُوا۟ لَكُمْ وَقَدْ كَانَ فَرِيقٌ مِّنْهُمْ يَسْمَعُونَ كَلَٰمَ ٱللَّهِ ثُمَّ يُحَرِّفُونَهُۥ مِنۢ بَعْدِ مَا عَقَلُوهُ وَهُمْ يَعْلَمُونَ

٧٦ وَإِذَا لَقُوا۟ ٱلَّذِينَ ءَامَنُوا۟ قَالُوٓا۟ ءَامَنَّا وَإِذَا خَلَا بَعْضُهُمْ إِلَىٰ بَعْضٍ قَالُوٓا۟ أَتُحَدِّثُونَهُم بِمَا فَتَحَ ٱللَّهُ عَلَيْكُمْ لِيُحَآجُّوكُم بِهِۦ عِندَ رَبِّكُمْ ۚ أَفَلَا تَعْقِلُونَ

٧٧ أَوَلَا يَعْلَمُونَ أَنَّ ٱللَّهَ يَعْلَمُ مَا يُسِرُّونَ وَمَا يُعْلِنُونَ

٧٨ وَمِنْهُمْ أُمِّيُّونَ لَا يَعْلَمُونَ ٱلْكِتَٰبَ إِلَّآ أَمَانِىَّ وَإِنْ هُمْ إِلَّا يَظُنُّونَ

٧٩ فَوَيْلٌ لِّلَّذِينَ يَكْتُبُونَ ٱلْكِتَٰبَ بِأَيْدِيهِمْ ثُمَّ يَقُولُونَ هَٰذَا مِنْ عِندِ ٱللَّهِ لِيَشْتَرُوا۟ بِهِۦ ثَمَنًا قَلِيلًا ۖ فَوَيْلٌ لَّهُم مِّمَّا كَتَبَتْ أَيْدِيهِمْ وَوَيْلٌ لَّهُم مِّمَّا يَكْسِبُونَ

٨٠ وَقَالُوا۟ لَن تَمَسَّنَا ٱلنَّارُ إِلَّآ أَيَّامًا مَّعْدُودَةً ۚ قُلْ أَتَّخَذْتُمْ عِندَ ٱللَّهِ عَهْدًا فَلَن يُخْلِفَ ٱللَّهُ عَهْدَهُ ۖ أَمْ تَقُولُونَ عَلَى ٱللَّهِ مَا لَا تَعْلَمُونَ

٨١ بَلَىٰ مَن كَسَبَ سَيِّئَةً وَأَحَٰطَتْ بِهِۦ خَطِيٓـَٔتُهُۥ فَأُو۟لَٰٓئِكَ أَصْحَٰبُ ٱلنَّارِ ۖ هُمْ فِيهَا خَٰلِدُونَ

٨٢ وَٱلَّذِينَ ءَامَنُوا۟ وَعَمِلُوا۟ ٱلصَّٰلِحَٰتِ أُو۟لَٰٓئِكَ أَصْحَٰبُ ٱلْجَنَّةِ ۖ هُمْ فِيهَا خَٰلِدُونَ

٨٣ وَإِذْ أَخَذْنَا مِيثَاقَ بَنِى إِسْرَٰءِيلَ لَا تَعْبُدُونَ إِلَّا ٱللَّهَ وَبِٱلْوَٰلِدَيْنِ إِحْسَانًا وَذِى ٱلْقُرْبَىٰ وَٱلْيَتَٰمَىٰ وَٱلْمَسَٰكِينِ وَقُولُوا۟ لِلنَّاسِ حُسْنًا وَأَقِيمُوا۟ ٱلصَّلَوٰةَ وَءَاتُوا۟ ٱلزَّكَوٰةَ ثُمَّ تَوَلَّيْتُمْ إِلَّا قَلِيلًا مِّنكُمْ وَأَنتُم مُّعْرِضُونَ

٨٤ وَإِذْ أَخَذْنَا مِيثَاقَكُمْ لَا تَسْفِكُونَ دِمَاءَكُمْ وَلَا تُخْرِجُونَ أَنفُسَكُم مِّن دِيَٰرِكُمْ ثُمَّ أَقْرَرْتُمْ وَأَنتُمْ تَشْهَدُونَ

٨٥ ثُمَّ أَنتُمْ هَٰٓؤُلَاءِ تَقْتُلُونَ أَنفُسَكُمْ وَتُخْرِجُونَ فَرِيقًا مِّنكُم مِّن دِيَٰرِهِمْ تَظَٰهَرُونَ عَلَيْهِم بِٱلْإِثْمِ وَٱلْعُدْوَٰنِ وَإِن يَأْتُوكُمْ أُسَٰرَىٰ تُفَٰدُوهُمْ وَهُوَ مُحَرَّمٌ عَلَيْكُمْ إِخْرَاجُهُمْ أَفَتُؤْمِنُونَ بِبَعْضِ ٱلْكِتَٰبِ وَتَكْفُرُونَ بِبَعْضٍ فَمَا جَزَاءُ مَن يَفْعَلُ ذَٰلِكَ مِنكُمْ إِلَّا خِزْىٌ فِى ٱلْحَيَوٰةِ ٱلدُّنْيَا وَيَوْمَ ٱلْقِيَٰمَةِ يُرَدُّونَ إِلَىٰ أَشَدِّ ٱلْعَذَابِ وَمَا ٱللَّهُ بِغَٰفِلٍ عَمَّا تَعْمَلُونَ

٨٦ أُو۟لَٰٓئِكَ ٱلَّذِينَ ٱشْتَرَوُا۟ ٱلْحَيَوٰةَ ٱلدُّنْيَا بِٱلْءَاخِرَةِ فَلَا يُخَفَّفُ عَنْهُمُ ٱلْعَذَابُ وَلَا هُمْ يُنصَرُونَ

٨٧ وَلَقَدْ ءَاتَيْنَا مُوسَى ٱلْكِتَٰبَ وَقَفَّيْنَا مِن بَعْدِهِ بِٱلرُّسُلِ وَءَاتَيْنَا عِيسَى ٱبْنَ مَرْيَمَ ٱلْبَيِّنَٰتِ وَأَيَّدْنَٰهُ بِرُوحِ ٱلْقُدُسِ أَفَكُلَّمَا جَاءَكُمْ رَسُولٌ بِمَا لَا تَهْوَىٰ أَنفُسُكُمُ ٱسْتَكْبَرْتُمْ فَفَرِيقًا كَذَّبْتُمْ وَفَرِيقًا تَقْتُلُونَ

٨٨ وَقَالُوا۟ قُلُوبُنَا غُلْفٌ بَل لَّعَنَهُمُ ٱللَّهُ بِكُفْرِهِمْ فَقَلِيلًا مَّا يُؤْمِنُونَ

٨٩ وَلَمَّا جَاءَهُمْ كِتَٰبٌ مِّنْ عِندِ ٱللَّهِ مُصَدِّقٌ لِّمَا مَعَهُمْ وَكَانُوا۟ مِن قَبْلُ يَسْتَفْتِحُونَ عَلَى ٱلَّذِينَ كَفَرُوا۟ فَلَمَّا جَاءَهُم مَّا عَرَفُوا۟ كَفَرُوا۟ بِهِ فَلَعْنَةُ ٱللَّهِ عَلَى ٱلْكَٰفِرِينَ

٩٠ بِئْسَمَا ٱشْتَرَوْا۟ بِهِ أَنفُسَهُمْ أَن يَكْفُرُوا۟ بِمَا أَنزَلَ ٱللَّهُ بَغْيًا أَن يُنَزِّلَ ٱللَّهُ مِن فَضْلِهِ عَلَىٰ مَن يَشَاءُ مِنْ عِبَادِهِ فَبَاءُو بِغَضَبٍ عَلَىٰ غَضَبٍ وَلِلْكَٰفِرِينَ عَذَابٌ مُّهِينٌ

٩١ وَإِذَا قِيلَ لَهُمْ ءَامِنُوا۟ بِمَا أَنزَلَ ٱللَّهُ قَالُوا۟ نُؤْمِنُ بِمَا أُنزِلَ عَلَيْنَا وَيَكْفُرُونَ بِمَا وَرَاءَهُ وَهُوَ ٱلْحَقُّ مُصَدِّقًا لِّمَا مَعَهُمْ قُلْ فَلِمَ تَقْتُلُونَ أَنبِيَاءَ ٱللَّهِ مِن قَبْلُ إِن كُنتُم مُّؤْمِنِينَ

٩٢ وَلَقَدْ جَاءَكُم مُّوسَىٰ بِٱلْبَيِّنَٰتِ ثُمَّ ٱتَّخَذْتُمُ ٱلْعِجْلَ مِنْ بَعْدِهِ وَأَنتُمْ ظَٰلِمُونَ

٩٣ وَإِذْ أَخَذْنَا مِيثَٰقَكُمْ وَرَفَعْنَا فَوْقَكُمُ ٱلطُّورَ خُذُوا۟ مَا ءَاتَيْنَٰكُم بِقُوَّةٍ وَٱسْمَعُوا۟ قَالُوا۟ سَمِعْنَا وَعَصَيْنَا وَأُشْرِبُوا۟ فِى قُلُوبِهِمُ ٱلْعِجْلَ بِكُفْرِهِمْ قُلْ بِئْسَمَا يَأْمُرُكُم بِهِ إِيمَٰنُكُمْ إِن كُنتُم مُّؤْمِنِينَ

٩٤ قُلْ إِن كَانَتْ لَكُمُ ٱلدَّارُ ٱلْءَاخِرَةُ عِندَ ٱللَّهِ خَالِصَةً مِّن دُونِ ٱلنَّاسِ فَتَمَنَّوُا۟ ٱلْمَوْتَ إِن كُنتُمْ صَٰدِقِينَ

٩٥ وَلَن يَتَمَنَّوْهُ أَبَدًۢا بِمَا قَدَّمَتْ أَيْدِيهِمْ وَٱللَّهُ عَلِيمٌۢ بِٱلظَّٰلِمِينَ

٩٦ وَلَتَجِدَنَّهُمْ أَحْرَصَ ٱلنَّاسِ عَلَىٰ حَيَوٰةٍ وَمِنَ ٱلَّذِينَ أَشْرَكُوا۟ يَوَدُّ أَحَدُهُمْ لَوْ يُعَمَّرُ أَلْفَ سَنَةٍ وَمَا هُوَ بِمُزَحْزِحِهِ مِنَ ٱلْعَذَابِ أَن يُعَمَّرَ وَٱللَّهُ بَصِيرٌۢ بِمَا يَعْمَلُونَ

٩٧ قُلْ مَن كَانَ عَدُوًّا لِّجِبْرِيلَ فَإِنَّهُ نَزَّلَهُ عَلَىٰ قَلْبِكَ بِإِذْنِ ٱللَّهِ مُصَدِّقًا لِّمَا بَيْنَ يَدَيْهِ وَهُدًى وَبُشْرَىٰ لِلْمُؤْمِنِينَ

٩٨ مَن كَانَ عَدُوًّا لِّلَّهِ وَمَلَٰئِكَتِهِ وَرُسُلِهِ وَجِبْرِيلَ وَمِيكَىٰلَ فَإِنَّ ٱللَّهَ عَدُوٌّ لِّلْكَٰفِرِينَ

٩٩ وَلَقَدْ أَنزَلْنَا إِلَيْكَ ءَايَٰتٍۭ بَيِّنَٰتٍ وَمَا يَكْفُرُ بِهَا إِلَّا ٱلْفَٰسِقُونَ

١٠٠ أَوَكُلَّمَا عَٰهَدُوا۟ عَهْدًا نَّبَذَهُ فَرِيقٌ مِّنْهُم بَلْ أَكْثَرُهُمْ لَا يُؤْمِنُونَ

١٠١ وَلَمَّا جَاءَهُمْ رَسُولٌ مِّنْ عِندِ اللَّهِ مُصَدِّقٌ لِّمَا مَعَهُمْ نَبَذَ فَرِيقٌ مِّنَ الَّذِينَ أُوتُوا الْكِتَبَ كِتَبَ اللَّهِ وَرَاءَ ظُهُورِهِمْ كَأَنَّهُمْ لَا يَعْلَمُونَ

١٠٢ وَاتَّبَعُوا مَا تَتْلُوا الشَّيَطِينُ عَلَىٰ مُلْكِ سُلَيْمَنَ وَمَا كَفَرَ سُلَيْمَنُ وَلَكِنَّ الشَّيَطِينَ كَفَرُوا يُعَلِّمُونَ النَّاسَ السِّحْرَ وَمَا أُنزِلَ عَلَى الْمَلَكَيْنِ بِبَابِلَ هَرُوتَ وَمَرُوتَ وَمَا يُعَلِّمَانِ مِنْ أَحَدٍ حَتَّىٰ يَقُولَا إِنَّمَا نَحْنُ فِتْنَةٌ فَلَا تَكْفُرْ فَيَتَعَلَّمُونَ مِنْهُمَا مَا يُفَرِّقُونَ بِهِ بَيْنَ الْمَرْءِ وَزَوْجِهِ وَمَا هُم بِضَارِّينَ بِهِ مِنْ أَحَدٍ إِلَّا بِإِذْنِ اللَّهِ وَيَتَعَلَّمُونَ مَا يَضُرُّهُمْ وَلَا يَنفَعُهُمْ وَلَقَدْ عَلِمُوا لَمَنِ اشْتَرَىٰهُ مَا لَهُ فِى الْءَاخِرَةِ مِنْ خَلَقٍ وَلَبِئْسَ مَا شَرَوْا بِهِ أَنفُسَهُمْ لَوْ كَانُوا يَعْلَمُونَ

١٠٣ وَلَوْ أَنَّهُمْ ءَامَنُوا وَاتَّقَوْا لَمَثُوبَةٌ مِّنْ عِندِ اللَّهِ خَيْرٌ لَّوْ كَانُوا يَعْلَمُونَ

١٠٤ يَٰأَيُّهَا الَّذِينَ ءَامَنُوا لَا تَقُولُوا رَٰعِنَا وَقُولُوا انظُرْنَا وَاسْمَعُوا وَلِلْكَفِرِينَ عَذَابٌ أَلِيمٌ

١٠٥ مَّا يَوَدُّ الَّذِينَ كَفَرُوا مِنْ أَهْلِ الْكِتَبِ وَلَا الْمُشْرِكِينَ أَن يُنَزَّلَ عَلَيْكُم مِّنْ خَيْرٍ مِّن رَّبِّكُمْ وَاللَّهُ يَخْتَصُّ بِرَحْمَتِهِ مَن يَشَاءُ وَاللَّهُ ذُو الْفَضْلِ الْعَظِيمِ

١٠٦ مَا نَنسَخْ مِنْ ءَايَةٍ أَوْ نُنسِهَا نَأْتِ بِخَيْرٍ مِّنْهَا أَوْ مِثْلِهَا أَلَمْ تَعْلَمْ أَنَّ اللَّهَ عَلَىٰ كُلِّ شَىْءٍ قَدِيرٌ

١٠٧ أَلَمْ تَعْلَمْ أَنَّ اللَّهَ لَهُ مُلْكُ السَّمَوَتِ وَالْأَرْضِ وَمَا لَكُم مِّن دُونِ اللَّهِ مِن وَلِيٍّ وَلَا نَصِيرٍ

١٠٨ أَمْ تُرِيدُونَ أَن تَسْئَلُوا رَسُولَكُمْ كَمَا سُئِلَ مُوسَىٰ مِن قَبْلُ وَمَن يَتَبَدَّلِ الْكُفْرَ بِالْإِيمَنِ فَقَدْ ضَلَّ سَوَاءَ السَّبِيلِ

١٠٩ وَدَّ كَثِيرٌ مِّنْ أَهْلِ الْكِتَبِ لَوْ يَرُدُّونَكُم مِّنْ بَعْدِ إِيمَنِكُمْ كُفَّارًا حَسَدًا مِّنْ عِندِ أَنفُسِهِم مِّنْ بَعْدِ مَا تَبَيَّنَ لَهُمُ الْحَقُّ فَاعْفُوا وَاصْفَحُوا حَتَّىٰ يَأْتِىَ اللَّهُ بِأَمْرِهِ إِنَّ اللَّهَ عَلَىٰ كُلِّ شَىْءٍ قَدِيرٌ

١١٠ وَأَقِيمُوا الصَّلَوٰةَ وَءَاتُوا الزَّكَوٰةَ وَمَا تُقَدِّمُوا لِأَنفُسِكُم مِّنْ خَيْرٍ تَجِدُوهُ عِندَ اللَّهِ إِنَّ اللَّهَ بِمَا تَعْمَلُونَ بَصِيرٌ

١١١ وَقَالُوا لَن يَدْخُلَ الْجَنَّةَ إِلَّا مَن كَانَ هُودًا أَوْ نَصَرَىٰ تِلْكَ أَمَانِيُّهُمْ قُلْ هَاتُوا بُرْهَنَكُمْ إِن كُنتُمْ صَدِقِينَ

١١٢ بَلَىٰ مَنْ أَسْلَمَ وَجْهَهُ لِلَّهِ وَهُوَ مُحْسِنٌ فَلَهُ أَجْرُهُ عِندَ رَبِّهِ وَلَا خَوْفٌ عَلَيْهِمْ وَلَا هُمْ يَحْزَنُونَ

١١٣ وَقَالَتِ الْيَهُودُ لَيْسَتِ النَّصَرَىٰ عَلَىٰ شَىْءٍ وَقَالَتِ النَّصَرَىٰ لَيْسَتِ الْيَهُودُ عَلَىٰ شَىْءٍ وَهُمْ يَتْلُونَ الْكِتَبَ كَذَلِكَ قَالَ الَّذِينَ لَا يَعْلَمُونَ مِثْلَ قَوْلِهِمْ فَاللَّهُ يَحْكُمُ بَيْنَهُمْ يَوْمَ الْقِيَمَةِ فِيمَا كَانُوا فِيهِ يَخْتَلِفُونَ

١١٤ وَمَنْ أَظْلَمُ مِمَّن مَّنَعَ مَسَجِدَ اللَّهِ أَن يُذْكَرَ فِيهَا اسْمُهُ وَسَعَىٰ فِى خَرَابِهَا أُولَئِكَ مَا كَانَ لَهُمْ أَن يَدْخُلُوهَا إِلَّا خَائِفِينَ لَهُمْ فِى الدُّنْيَا خِزْيٌ وَلَهُمْ فِى الْءَاخِرَةِ عَذَابٌ عَظِيمٌ

١١٥ وَلِلَّهِ الْمَشْرِقُ وَالْمَغْرِبُ فَأَيْنَمَا تُوَلُّوا فَثَمَّ وَجْهُ اللَّهِ إِنَّ اللَّهَ وَسِعٌ عَلِيمٌ

١١٦ وَقَالُوا اتَّخَذَ اللَّهُ وَلَدًا سُبْحَنَهُ بَل لَّهُ مَا فِى السَّمَوَتِ وَالْأَرْضِ كُلٌّ لَّهُ قَنِتُونَ

١١٧ بَدِيعُ السَّمَوَتِ وَالْأَرْضِ وَإِذَا قَضَىٰ أَمْرًا فَإِنَّمَا يَقُولُ لَهُ كُن فَيَكُونُ

١١٨ وَقَالَ الَّذِينَ لَا يَعْلَمُونَ لَوْلَا يُكَلِّمُنَا اللَّهُ أَوْ تَأْتِينَا ءَايَةٌ كَذَلِكَ قَالَ الَّذِينَ مِن قَبْلِهِم مِّثْلَ قَوْلِهِمْ تَشَبَهَتْ قُلُوبُهُمْ قَدْ بَيَّنَّا الْءَايَتِ لِقَوْمٍ يُوقِنُونَ

١١٩ إِنَّا أَرْسَلْنَاكَ بِالْحَقِّ بَشِيرًا وَنَذِيرًا ۖ وَلَا تُسْئَلُ عَنْ أَصْحَابِ الْجَحِيمِ

١٢٠ وَلَن تَرْضَىٰ عَنكَ الْيَهُودُ وَلَا النَّصَارَىٰ حَتَّىٰ تَتَّبِعَ مِلَّتَهُمْ ۗ قُلْ إِنَّ هُدَى اللَّهِ هُوَ الْهُدَىٰ ۗ وَلَئِنِ اتَّبَعْتَ أَهْوَاءَهُم بَعْدَ الَّذِي جَاءَكَ مِنَ الْعِلْمِ ۙ مَا لَكَ مِنَ اللَّهِ مِن وَلِيٍّ وَلَا نَصِيرٍ

١٢١ الَّذِينَ آتَيْنَاهُمُ الْكِتَابَ يَتْلُونَهُ حَقَّ تِلَاوَتِهِ أُولَٰئِكَ يُؤْمِنُونَ بِهِ ۗ وَمَن يَكْفُرْ بِهِ فَأُولَٰئِكَ هُمُ الْخَاسِرُونَ

١٢٢ يَا بَنِي إِسْرَائِيلَ اذْكُرُوا نِعْمَتِيَ الَّتِي أَنْعَمْتُ عَلَيْكُمْ وَأَنِّي فَضَّلْتُكُمْ عَلَى الْعَالَمِينَ

١٢٣ وَاتَّقُوا يَوْمًا لَّا تَجْزِي نَفْسٌ عَن نَّفْسٍ شَيْئًا وَلَا يُقْبَلُ مِنْهَا عَدْلٌ وَلَا تَنفَعُهَا شَفَاعَةٌ وَلَا هُمْ يُنصَرُونَ

١٢٤ وَإِذِ ابْتَلَىٰ إِبْرَاهِيمَ رَبُّهُ بِكَلِمَاتٍ فَأَتَمَّهُنَّ ۖ قَالَ إِنِّي جَاعِلُكَ لِلنَّاسِ إِمَامًا ۖ قَالَ وَمِن ذُرِّيَّتِي ۖ قَالَ لَا يَنَالُ عَهْدِي الظَّالِمِينَ

١٢٥ وَإِذْ جَعَلْنَا الْبَيْتَ مَثَابَةً لِّلنَّاسِ وَأَمْنًا وَاتَّخِذُوا مِن مَّقَامِ إِبْرَاهِيمَ مُصَلًّى ۖ وَعَهِدْنَا إِلَىٰ إِبْرَاهِيمَ وَإِسْمَاعِيلَ أَن طَهِّرَا بَيْتِيَ لِلطَّائِفِينَ وَالْعَاكِفِينَ وَالرُّكَّعِ السُّجُودِ

١٢٦ وَإِذْ قَالَ إِبْرَاهِيمُ رَبِّ اجْعَلْ هَٰذَا بَلَدًا آمِنًا وَارْزُقْ أَهْلَهُ مِنَ الثَّمَرَاتِ مَنْ آمَنَ مِنْهُم بِاللَّهِ وَالْيَوْمِ الْآخِرِ ۖ قَالَ وَمَن كَفَرَ فَأُمَتِّعُهُ قَلِيلًا ثُمَّ أَضْطَرُّهُ إِلَىٰ عَذَابِ النَّارِ ۖ وَبِئْسَ الْمَصِيرُ

١٢٧ وَإِذْ يَرْفَعُ إِبْرَاهِيمُ الْقَوَاعِدَ مِنَ الْبَيْتِ وَإِسْمَاعِيلُ رَبَّنَا تَقَبَّلْ مِنَّا ۖ إِنَّكَ أَنتَ السَّمِيعُ الْعَلِيمُ

١٢٨ رَبَّنَا وَاجْعَلْنَا مُسْلِمَيْنِ لَكَ وَمِن ذُرِّيَّتِنَا أُمَّةً مُّسْلِمَةً لَّكَ وَأَرِنَا مَنَاسِكَنَا وَتُبْ عَلَيْنَا ۖ إِنَّكَ أَنتَ التَّوَّابُ الرَّحِيمُ

١٢٩ رَبَّنَا وَابْعَثْ فِيهِمْ رَسُولًا مِّنْهُمْ يَتْلُو عَلَيْهِمْ آيَاتِكَ وَيُعَلِّمُهُمُ الْكِتَابَ وَالْحِكْمَةَ وَيُزَكِّيهِمْ ۚ إِنَّكَ أَنتَ الْعَزِيزُ الْحَكِيمُ

١٣٠ وَمَن يَرْغَبُ عَن مِّلَّةِ إِبْرَاهِيمَ إِلَّا مَن سَفِهَ نَفْسَهُ ۚ وَلَقَدِ اصْطَفَيْنَاهُ فِي الدُّنْيَا ۖ وَإِنَّهُ فِي الْآخِرَةِ لَمِنَ الصَّالِحِينَ

١٣١ إِذْ قَالَ لَهُ رَبُّهُ أَسْلِمْ ۖ قَالَ أَسْلَمْتُ لِرَبِّ الْعَالَمِينَ

١٣٢ وَوَصَّىٰ بِهَا إِبْرَاهِيمُ بَنِيهِ وَيَعْقُوبُ يَا بَنِيَّ إِنَّ اللَّهَ اصْطَفَىٰ لَكُمُ الدِّينَ فَلَا تَمُوتُنَّ إِلَّا وَأَنتُم مُّسْلِمُونَ

١٣٣ أَمْ كُنتُمْ شُهَدَاءَ إِذْ حَضَرَ يَعْقُوبَ الْمَوْتُ إِذْ قَالَ لِبَنِيهِ مَا تَعْبُدُونَ مِن بَعْدِي قَالُوا نَعْبُدُ إِلَٰهَكَ وَإِلَٰهَ آبَائِكَ إِبْرَاهِيمَ وَإِسْمَاعِيلَ وَإِسْحَاقَ إِلَٰهًا وَاحِدًا وَنَحْنُ لَهُ مُسْلِمُونَ

١٣٤ تِلْكَ أُمَّةٌ قَدْ خَلَتْ ۖ لَهَا مَا كَسَبَتْ وَلَكُم مَّا كَسَبْتُمْ ۖ وَلَا تُسْأَلُونَ عَمَّا كَانُوا يَعْمَلُونَ

١٣٥ وَقَالُوا كُونُوا هُودًا أَوْ نَصَارَىٰ تَهْتَدُوا ۗ قُلْ بَلْ مِلَّةَ إِبْرَاهِيمَ حَنِيفًا ۖ وَمَا كَانَ مِنَ الْمُشْرِكِينَ

١٣٦ قُولُوا آمَنَّا بِاللَّهِ وَمَا أُنزِلَ إِلَيْنَا وَمَا أُنزِلَ إِلَىٰ إِبْرَاهِيمَ وَإِسْمَاعِيلَ وَإِسْحَاقَ وَيَعْقُوبَ وَالْأَسْبَاطِ وَمَا أُوتِيَ مُوسَىٰ وَعِيسَىٰ وَمَا أُوتِيَ النَّبِيُّونَ مِن رَّبِّهِمْ لَا نُفَرِّقُ بَيْنَ أَحَدٍ مِّنْهُمْ وَنَحْنُ لَهُ مُسْلِمُونَ

١٣٧ فَإِنْ آمَنُوا بِمِثْلِ مَا آمَنتُم بِهِ فَقَدِ اهْتَدَوا ۖ وَّإِن تَوَلَّوْا فَإِنَّمَا هُمْ فِي شِقَاقٍ ۖ فَسَيَكْفِيكَهُمُ اللَّهُ ۚ وَهُوَ السَّمِيعُ الْعَلِيمُ

١٣٨ صِبْغَةَ اللَّهِ ۖ وَمَنْ أَحْسَنُ مِنَ اللَّهِ صِبْغَةً ۖ وَنَحْنُ لَهُ عَابِدُونَ

١٣٩ قُلْ أَتُحَاجُّونَنَا فِي اللَّهِ وَهُوَ رَبُّنَا وَرَبُّكُمْ وَلَنَا أَعْمَالُنَا وَلَكُمْ أَعْمَالُكُمْ وَنَحْنُ لَهُ مُخْلِصُونَ

١٤٠ أَمْ تَقُولُونَ إِنَّ إِبْرَٰهِـۧمَ وَإِسْمَٰعِيلَ وَإِسْحَٰقَ وَيَعْقُوبَ وَٱلْأَسْبَاطَ كَانُوا۟ هُودًا أَوْ نَصَٰرَىٰ ۗ قُلْ ءَأَنتُمْ أَعْلَمُ أَمِ ٱللَّهُ ۗ وَمَنْ أَظْلَمُ مِمَّن كَتَمَ شَهَٰدَةً عِندَهُۥ مِنَ ٱللَّهِ ۗ وَمَا ٱللَّهُ بِغَٰفِلٍ عَمَّا تَعْمَلُونَ

١٤١ تِلْكَ أُمَّةٌ قَدْ خَلَتْ ۖ لَهَا مَا كَسَبَتْ وَلَكُم مَّا كَسَبْتُمْ ۖ وَلَا تُسْـَٔلُونَ عَمَّا كَانُوا۟ يَعْمَلُونَ

١٤٢ سَيَقُولُ ٱلسُّفَهَآءُ مِنَ ٱلنَّاسِ مَا وَلَّىٰهُمْ عَن قِبْلَتِهِمُ ٱلَّتِى كَانُوا۟ عَلَيْهَا ۚ قُل لِّلَّهِ ٱلْمَشْرِقُ وَٱلْمَغْرِبُ ۚ يَهْدِى مَن يَشَآءُ إِلَىٰ صِرَٰطٍ مُّسْتَقِيمٍ

١٤٣ وَكَذَٰلِكَ جَعَلْنَٰكُمْ أُمَّةً وَسَطًا لِّتَكُونُوا۟ شُهَدَآءَ عَلَى ٱلنَّاسِ وَيَكُونَ ٱلرَّسُولُ عَلَيْكُمْ شَهِيدًا ۗ وَمَا جَعَلْنَا ٱلْقِبْلَةَ ٱلَّتِى كُنتَ عَلَيْهَآ إِلَّا لِنَعْلَمَ مَن يَتَّبِعُ ٱلرَّسُولَ مِمَّن يَنقَلِبُ عَلَىٰ عَقِبَيْهِ ۚ وَإِن كَانَتْ لَكَبِيرَةً إِلَّا عَلَى ٱلَّذِينَ هَدَى ٱللَّهُ ۗ وَمَا كَانَ ٱللَّهُ لِيُضِيعَ إِيمَٰنَكُمْ ۚ إِنَّ ٱللَّهَ بِٱلنَّاسِ لَرَءُوفٌ رَّحِيمٌ

١٤٤ قَدْ نَرَىٰ تَقَلُّبَ وَجْهِكَ فِى ٱلسَّمَآءِ ۖ فَلَنُوَلِّيَنَّكَ قِبْلَةً تَرْضَىٰهَا ۚ فَوَلِّ وَجْهَكَ شَطْرَ ٱلْمَسْجِدِ ٱلْحَرَامِ ۚ وَحَيْثُ مَا كُنتُمْ فَوَلُّوا۟ وُجُوهَكُمْ شَطْرَهُۥ ۗ وَإِنَّ ٱلَّذِينَ أُوتُوا۟ ٱلْكِتَٰبَ لَيَعْلَمُونَ أَنَّهُ ٱلْحَقُّ مِن رَّبِّهِمْ ۗ وَمَا ٱللَّهُ بِغَٰفِلٍ عَمَّا يَعْمَلُونَ

١٤٥ وَلَئِنْ أَتَيْتَ ٱلَّذِينَ أُوتُوا۟ ٱلْكِتَٰبَ بِكُلِّ ءَايَةٍ مَّا تَبِعُوا۟ قِبْلَتَكَ ۚ وَمَآ أَنتَ بِتَابِعٍ قِبْلَتَهُمْ ۚ وَمَا بَعْضُهُم بِتَابِعٍ قِبْلَةَ بَعْضٍ ۚ وَلَئِنِ ٱتَّبَعْتَ أَهْوَآءَهُم مِّنۢ بَعْدِ مَا جَآءَكَ مِنَ ٱلْعِلْمِ ۙ إِنَّكَ إِذًا لَّمِنَ ٱلظَّٰلِمِينَ

١٤٦ ٱلَّذِينَ ءَاتَيْنَٰهُمُ ٱلْكِتَٰبَ يَعْرِفُونَهُۥ كَمَا يَعْرِفُونَ أَبْنَآءَهُمْ ۖ وَإِنَّ فَرِيقًا مِّنْهُمْ لَيَكْتُمُونَ ٱلْحَقَّ وَهُمْ يَعْلَمُونَ

١٤٧ ٱلْحَقُّ مِن رَّبِّكَ ۖ فَلَا تَكُونَنَّ مِنَ ٱلْمُمْتَرِينَ

١٤٨ وَلِكُلٍّ وِجْهَةٌ هُوَ مُوَلِّيهَا ۖ فَٱسْتَبِقُوا۟ ٱلْخَيْرَٰتِ ۚ أَيْنَ مَا تَكُونُوا۟ يَأْتِ بِكُمُ ٱللَّهُ جَمِيعًا ۚ إِنَّ ٱللَّهَ عَلَىٰ كُلِّ شَىْءٍ قَدِيرٌ

١٤٩ وَمِنْ حَيْثُ خَرَجْتَ فَوَلِّ وَجْهَكَ شَطْرَ ٱلْمَسْجِدِ ٱلْحَرَامِ ۖ وَإِنَّهُۥ لَلْحَقُّ مِن رَّبِّكَ ۗ وَمَا ٱللَّهُ بِغَٰفِلٍ عَمَّا تَعْمَلُونَ

١٥٠ وَمِنْ حَيْثُ خَرَجْتَ فَوَلِّ وَجْهَكَ شَطْرَ ٱلْمَسْجِدِ ٱلْحَرَامِ ۚ وَحَيْثُ مَا كُنتُمْ فَوَلُّوا۟ وُجُوهَكُمْ شَطْرَهُۥ لِئَلَّا يَكُونَ لِلنَّاسِ عَلَيْكُمْ حُجَّةٌ إِلَّا ٱلَّذِينَ ظَلَمُوا۟ مِنْهُمْ فَلَا تَخْشَوْهُمْ وَٱخْشَوْنِى وَلِأُتِمَّ نِعْمَتِى عَلَيْكُمْ وَلَعَلَّكُمْ تَهْتَدُونَ

١٥١ كَمَآ أَرْسَلْنَا فِيكُمْ رَسُولًا مِّنكُمْ يَتْلُوا۟ عَلَيْكُمْ ءَايَٰتِنَا وَيُزَكِّيكُمْ وَيُعَلِّمُكُمُ ٱلْكِتَٰبَ وَٱلْحِكْمَةَ وَيُعَلِّمُكُم مَّا لَمْ تَكُونُوا۟ تَعْلَمُونَ

١٥٢ فَٱذْكُرُونِىٓ أَذْكُرْكُمْ وَٱشْكُرُوا۟ لِى وَلَا تَكْفُرُونِ

١٥٣ يَٰٓأَيُّهَا ٱلَّذِينَ ءَامَنُوا۟ ٱسْتَعِينُوا۟ بِٱلصَّبْرِ وَٱلصَّلَوٰةِ ۚ إِنَّ ٱللَّهَ مَعَ ٱلصَّٰبِرِينَ

١٥٤ وَلَا تَقُولُوا۟ لِمَن يُقْتَلُ فِى سَبِيلِ ٱللَّهِ أَمْوَٰتٌ ۚ بَلْ أَحْيَآءٌ وَلَٰكِن لَّا تَشْعُرُونَ

١٥٥ وَلَنَبْلُوَنَّكُم بِشَىْءٍ مِّنَ ٱلْخَوْفِ وَٱلْجُوعِ وَنَقْصٍ مِّنَ ٱلْأَمْوَٰلِ وَٱلْأَنفُسِ وَٱلثَّمَرَٰتِ ۗ وَبَشِّرِ ٱلصَّٰبِرِينَ

١٥٦ ٱلَّذِينَ إِذَآ أَصَٰبَتْهُم مُّصِيبَةٌ قَالُوٓا۟ إِنَّا لِلَّهِ وَإِنَّآ إِلَيْهِ رَٰجِعُونَ

١٥٧ أُو۟لَٰٓئِكَ عَلَيْهِمْ صَلَوَٰتٌ مِّن رَّبِّهِمْ وَرَحْمَةٌ ۖ وَأُو۟لَٰٓئِكَ هُمُ ٱلْمُهْتَدُونَ

١٥٨ إِنَّ ٱلصَّفَا وَٱلْمَرْوَةَ مِن شَعَآئِرِ ٱللَّهِ ۖ فَمَنْ حَجَّ ٱلْبَيْتَ أَوِ ٱعْتَمَرَ فَلَا جُنَاحَ عَلَيْهِ أَن يَطَّوَّفَ بِهِمَا ۚ وَمَن تَطَوَّعَ خَيْرًا فَإِنَّ ٱللَّهَ شَاكِرٌ عَلِيمٌ

١٥٩ إِنَّ الَّذِينَ يَكْتُمُونَ مَا أَنزَلْنَا مِنَ الْبَيِّنَاتِ وَالْهُدَىٰ مِن بَعْدِ مَا بَيَّنَّاهُ لِلنَّاسِ فِي الْكِتَابِ ۙ أُولَٰئِكَ يَلْعَنُهُمُ اللَّهُ وَيَلْعَنُهُمُ اللَّاعِنُونَ

١٦٠ إِلَّا الَّذِينَ تَابُوا وَأَصْلَحُوا وَبَيَّنُوا فَأُولَٰئِكَ أَتُوبُ عَلَيْهِمْ ۚ وَأَنَا التَّوَّابُ الرَّحِيمُ

١٦١ إِنَّ الَّذِينَ كَفَرُوا وَمَاتُوا وَهُمْ كُفَّارٌ أُولَٰئِكَ عَلَيْهِمْ لَعْنَةُ اللَّهِ وَالْمَلَائِكَةِ وَالنَّاسِ أَجْمَعِينَ

١٦٢ خَالِدِينَ فِيهَا ۖ لَا يُخَفَّفُ عَنْهُمُ الْعَذَابُ وَلَا هُمْ يُنظَرُونَ

١٦٣ وَإِلَٰهُكُمْ إِلَٰهٌ وَاحِدٌ ۖ لَّا إِلَٰهَ إِلَّا هُوَ الرَّحْمَٰنُ الرَّحِيمُ

١٦٤ إِنَّ فِي خَلْقِ السَّمَاوَاتِ وَالْأَرْضِ وَاخْتِلَافِ اللَّيْلِ وَالنَّهَارِ وَالْفُلْكِ الَّتِي تَجْرِي فِي الْبَحْرِ بِمَا يَنفَعُ النَّاسَ وَمَا أَنزَلَ اللَّهُ مِنَ السَّمَاءِ مِن مَّاءٍ فَأَحْيَا بِهِ الْأَرْضَ بَعْدَ مَوْتِهَا وَبَثَّ فِيهَا مِن كُلِّ دَابَّةٍ وَتَصْرِيفِ الرِّيَاحِ وَالسَّحَابِ الْمُسَخَّرِ بَيْنَ السَّمَاءِ وَالْأَرْضِ لَآيَاتٍ لِّقَوْمٍ يَعْقِلُونَ

١٦٥ وَمِنَ النَّاسِ مَن يَتَّخِذُ مِن دُونِ اللَّهِ أَندَادًا يُحِبُّونَهُمْ كَحُبِّ اللَّهِ ۖ وَالَّذِينَ آمَنُوا أَشَدُّ حُبًّا لِّلَّهِ ۗ وَلَوْ يَرَى الَّذِينَ ظَلَمُوا إِذْ يَرَوْنَ الْعَذَابَ أَنَّ الْقُوَّةَ لِلَّهِ جَمِيعًا وَأَنَّ اللَّهَ شَدِيدُ الْعَذَابِ

١٦٦ إِذْ تَبَرَّأَ الَّذِينَ اتُّبِعُوا مِنَ الَّذِينَ اتَّبَعُوا وَرَأَوُا الْعَذَابَ وَتَقَطَّعَتْ بِهِمُ الْأَسْبَابُ

١٦٧ وَقَالَ الَّذِينَ اتَّبَعُوا لَوْ أَنَّ لَنَا كَرَّةً فَنَتَبَرَّأَ مِنْهُمْ كَمَا تَبَرَّءُوا مِنَّا ۗ كَذَٰلِكَ يُرِيهِمُ اللَّهُ أَعْمَالَهُمْ حَسَرَاتٍ عَلَيْهِمْ ۖ وَمَا هُم بِخَارِجِينَ مِنَ النَّارِ

١٦٨ يَا أَيُّهَا النَّاسُ كُلُوا مِمَّا فِي الْأَرْضِ حَلَالًا طَيِّبًا وَلَا تَتَّبِعُوا خُطُوَاتِ الشَّيْطَانِ ۚ إِنَّهُ لَكُمْ عَدُوٌّ مُّبِينٌ

١٦٩ إِنَّمَا يَأْمُرُكُم بِالسُّوءِ وَالْفَحْشَاءِ وَأَن تَقُولُوا عَلَى اللَّهِ مَا لَا تَعْلَمُونَ

١٧٠ وَإِذَا قِيلَ لَهُمُ اتَّبِعُوا مَا أَنزَلَ اللَّهُ قَالُوا بَلْ نَتَّبِعُ مَا أَلْفَيْنَا عَلَيْهِ آبَاءَنَا ۚ أَوَلَوْ كَانَ آبَاؤُهُمْ لَا يَعْقِلُونَ شَيْئًا وَلَا يَهْتَدُونَ

١٧١ وَمَثَلُ الَّذِينَ كَفَرُوا كَمَثَلِ الَّذِي يَنْعِقُ بِمَا لَا يَسْمَعُ إِلَّا دُعَاءً وَنِدَاءً ۚ صُمٌّ بُكْمٌ عُمْيٌ فَهُمْ لَا يَعْقِلُونَ

١٧٢ يَا أَيُّهَا الَّذِينَ آمَنُوا كُلُوا مِن طَيِّبَاتِ مَا رَزَقْنَاكُمْ وَاشْكُرُوا لِلَّهِ إِن كُنتُمْ إِيَّاهُ تَعْبُدُونَ

١٧٣ إِنَّمَا حَرَّمَ عَلَيْكُمُ الْمَيْتَةَ وَالدَّمَ وَلَحْمَ الْخِنزِيرِ وَمَا أُهِلَّ بِهِ لِغَيْرِ اللَّهِ ۖ فَمَنِ اضْطُرَّ غَيْرَ بَاغٍ وَلَا عَادٍ فَلَا إِثْمَ عَلَيْهِ ۚ إِنَّ اللَّهَ غَفُورٌ رَّحِيمٌ

١٧٤ إِنَّ الَّذِينَ يَكْتُمُونَ مَا أَنزَلَ اللَّهُ مِنَ الْكِتَابِ وَيَشْتَرُونَ بِهِ ثَمَنًا قَلِيلًا ۙ أُولَٰئِكَ مَا يَأْكُلُونَ فِي بُطُونِهِمْ إِلَّا النَّارَ وَلَا يُكَلِّمُهُمُ اللَّهُ يَوْمَ الْقِيَامَةِ وَلَا يُزَكِّيهِمْ وَلَهُمْ عَذَابٌ أَلِيمٌ

١٧٥ أُولَٰئِكَ الَّذِينَ اشْتَرَوُا الضَّلَالَةَ بِالْهُدَىٰ وَالْعَذَابَ بِالْمَغْفِرَةِ ۚ فَمَا أَصْبَرَهُمْ عَلَى النَّارِ

١٧٦ ذَٰلِكَ بِأَنَّ اللَّهَ نَزَّلَ الْكِتَابَ بِالْحَقِّ ۗ وَإِنَّ الَّذِينَ اخْتَلَفُوا فِي الْكِتَابِ لَفِي شِقَاقٍ بَعِيدٍ

١٧٧ لَّيْسَ الْبِرَّ أَن تُوَلُّوا وُجُوهَكُمْ قِبَلَ الْمَشْرِقِ وَالْمَغْرِبِ وَلَٰكِنَّ الْبِرَّ مَنْ آمَنَ بِاللَّهِ وَالْيَوْمِ الْآخِرِ وَالْمَلَائِكَةِ وَالْكِتَابِ وَالنَّبِيِّينَ وَآتَى الْمَالَ عَلَىٰ حُبِّهِ ذَوِي الْقُرْبَىٰ وَالْيَتَامَىٰ وَالْمَسَاكِينَ وَابْنَ السَّبِيلِ وَالسَّائِلِينَ وَفِي الرِّقَابِ وَأَقَامَ الصَّلَاةَ وَآتَى الزَّكَاةَ وَالْمُوفُونَ بِعَهْدِهِمْ إِذَا عَاهَدُوا ۖ وَالصَّابِرِينَ فِي الْبَأْسَاءِ وَالضَّرَّاءِ وَحِينَ الْبَأْسِ ۗ أُولَٰئِكَ الَّذِينَ صَدَقُوا ۖ وَأُولَٰئِكَ هُمُ الْمُتَّقُونَ

١٧٨ يَٰٓأَيُّهَا ٱلَّذِينَ ءَامَنُوا۟ كُتِبَ عَلَيْكُمُ ٱلْقِصَاصُ فِى ٱلْقَتْلَى ٱلْحُرُّ بِٱلْحُرِّ وَٱلْعَبْدُ بِٱلْعَبْدِ وَٱلْأُنثَىٰ بِٱلْأُنثَىٰ فَمَنْ عُفِىَ لَهُۥ مِنْ أَخِيهِ شَىْءٌ فَٱتِّبَاعٌۢ بِٱلْمَعْرُوفِ وَأَدَآءٌ إِلَيْهِ بِإِحْسَٰنٍ ذَٰلِكَ تَخْفِيفٌ مِّن رَّبِّكُمْ وَرَحْمَةٌ فَمَنِ ٱعْتَدَىٰ بَعْدَ ذَٰلِكَ فَلَهُۥ عَذَابٌ أَلِيمٌ

١٧٩ وَلَكُمْ فِى ٱلْقِصَاصِ حَيَوٰةٌ يَٰٓأُو۟لِى ٱلْأَلْبَٰبِ لَعَلَّكُمْ تَتَّقُونَ

١٨٠ كُتِبَ عَلَيْكُمْ إِذَا حَضَرَ أَحَدَكُمُ ٱلْمَوْتُ إِن تَرَكَ خَيْرًا ٱلْوَصِيَّةُ لِلْوَٰلِدَيْنِ وَٱلْأَقْرَبِينَ بِٱلْمَعْرُوفِ حَقًّا عَلَى ٱلْمُتَّقِينَ

١٨١ فَمَنۢ بَدَّلَهُۥ بَعْدَمَا سَمِعَهُۥ فَإِنَّمَآ إِثْمُهُۥ عَلَى ٱلَّذِينَ يُبَدِّلُونَهُۥٓ إِنَّ ٱللَّهَ سَمِيعٌ عَلِيمٌ

١٨٢ فَمَنْ خَافَ مِن مُّوصٍ جَنَفًا أَوْ إِثْمًا فَأَصْلَحَ بَيْنَهُمْ فَلَآ إِثْمَ عَلَيْهِ إِنَّ ٱللَّهَ غَفُورٌ رَّحِيمٌ

١٨٣ يَٰٓأَيُّهَا ٱلَّذِينَ ءَامَنُوا۟ كُتِبَ عَلَيْكُمُ ٱلصِّيَامُ كَمَا كُتِبَ عَلَى ٱلَّذِينَ مِن قَبْلِكُمْ لَعَلَّكُمْ تَتَّقُونَ

١٨٤ أَيَّامًا مَّعْدُودَٰتٍ فَمَن كَانَ مِنكُم مَّرِيضًا أَوْ عَلَىٰ سَفَرٍ فَعِدَّةٌ مِّنْ أَيَّامٍ أُخَرَ وَعَلَى ٱلَّذِينَ يُطِيقُونَهُۥ فِدْيَةٌ طَعَامُ مِسْكِينٍ فَمَن تَطَوَّعَ خَيْرًا فَهُوَ خَيْرٌ لَّهُۥ وَأَن تَصُومُوا۟ خَيْرٌ لَّكُمْ إِن كُنتُمْ تَعْلَمُونَ

١٨٥ شَهْرُ رَمَضَانَ ٱلَّذِىٓ أُنزِلَ فِيهِ ٱلْقُرْءَانُ هُدًى لِّلنَّاسِ وَبَيِّنَٰتٍ مِّنَ ٱلْهُدَىٰ وَٱلْفُرْقَانِ فَمَن شَهِدَ مِنكُمُ ٱلشَّهْرَ فَلْيَصُمْهُ وَمَن كَانَ مَرِيضًا أَوْ عَلَىٰ سَفَرٍ فَعِدَّةٌ مِّنْ أَيَّامٍ أُخَرَ يُرِيدُ ٱللَّهُ بِكُمُ ٱلْيُسْرَ وَلَا يُرِيدُ بِكُمُ ٱلْعُسْرَ وَلِتُكْمِلُوا۟ ٱلْعِدَّةَ وَلِتُكَبِّرُوا۟ ٱللَّهَ عَلَىٰ مَا هَدَىٰكُمْ وَلَعَلَّكُمْ تَشْكُرُونَ

١٨٦ وَإِذَا سَأَلَكَ عِبَادِى عَنِّى فَإِنِّى قَرِيبٌ أُجِيبُ دَعْوَةَ ٱلدَّاعِ إِذَا دَعَانِ فَلْيَسْتَجِيبُوا۟ لِى وَلْيُؤْمِنُوا۟ بِى لَعَلَّهُمْ يَرْشُدُونَ

١٨٧ أُحِلَّ لَكُمْ لَيْلَةَ ٱلصِّيَامِ ٱلرَّفَثُ إِلَىٰ نِسَآئِكُمْ هُنَّ لِبَاسٌ لَّكُمْ وَأَنتُمْ لِبَاسٌ لَّهُنَّ عَلِمَ ٱللَّهُ أَنَّكُمْ كُنتُمْ تَخْتَانُونَ أَنفُسَكُمْ فَتَابَ عَلَيْكُمْ وَعَفَا عَنكُمْ فَٱلْـَٰٔنَ بَٰشِرُوهُنَّ وَٱبْتَغُوا۟ مَا كَتَبَ ٱللَّهُ لَكُمْ وَكُلُوا۟ وَٱشْرَبُوا۟ حَتَّىٰ يَتَبَيَّنَ لَكُمُ ٱلْخَيْطُ ٱلْأَبْيَضُ مِنَ ٱلْخَيْطِ ٱلْأَسْوَدِ مِنَ ٱلْفَجْرِ ثُمَّ أَتِمُّوا۟ ٱلصِّيَامَ إِلَى ٱلَّيْلِ وَلَا تُبَٰشِرُوهُنَّ وَأَنتُمْ عَٰكِفُونَ فِى ٱلْمَسَٰجِدِ تِلْكَ حُدُودُ ٱللَّهِ فَلَا تَقْرَبُوهَا كَذَٰلِكَ يُبَيِّنُ ٱللَّهُ ءَايَٰتِهِۦ لِلنَّاسِ لَعَلَّهُمْ يَتَّقُونَ

١٨٨ وَلَا تَأْكُلُوٓا۟ أَمْوَٰلَكُم بَيْنَكُم بِٱلْبَٰطِلِ وَتُدْلُوا۟ بِهَآ إِلَى ٱلْحُكَّامِ لِتَأْكُلُوا۟ فَرِيقًا مِّنْ أَمْوَٰلِ ٱلنَّاسِ بِٱلْإِثْمِ وَأَنتُمْ تَعْلَمُونَ

١٨٩ يَسْـَٔلُونَكَ عَنِ ٱلْأَهِلَّةِ قُلْ هِىَ مَوَٰقِيتُ لِلنَّاسِ وَٱلْحَجِّ وَلَيْسَ ٱلْبِرُّ بِأَن تَأْتُوا۟ ٱلْبُيُوتَ مِن ظُهُورِهَا وَلَٰكِنَّ ٱلْبِرَّ مَنِ ٱتَّقَىٰ وَأْتُوا۟ ٱلْبُيُوتَ مِنْ أَبْوَٰبِهَا وَٱتَّقُوا۟ ٱللَّهَ لَعَلَّكُمْ تُفْلِحُونَ

١٩٠ وَقَٰتِلُوا۟ فِى سَبِيلِ ٱللَّهِ ٱلَّذِينَ يُقَٰتِلُونَكُمْ وَلَا تَعْتَدُوٓا۟ إِنَّ ٱللَّهَ لَا يُحِبُّ ٱلْمُعْتَدِينَ

١٩١ وَٱقْتُلُوهُمْ حَيْثُ ثَقِفْتُمُوهُمْ وَأَخْرِجُوهُم مِّنْ حَيْثُ أَخْرَجُوكُمْ وَٱلْفِتْنَةُ أَشَدُّ مِنَ ٱلْقَتْلِ وَلَا تُقَٰتِلُوهُمْ عِندَ ٱلْمَسْجِدِ ٱلْحَرَامِ حَتَّىٰ يُقَٰتِلُوكُمْ فِيهِ فَإِن قَٰتَلُوكُمْ فَٱقْتُلُوهُمْ كَذَٰلِكَ جَزَآءُ ٱلْكَٰفِرِينَ

١٩٢ فَإِنِ ٱنتَهَوْا۟ فَإِنَّ ٱللَّهَ غَفُورٌ رَّحِيمٌ

١٩٣ وَقَٰتِلُوهُمْ حَتَّىٰ لَا تَكُونَ فِتْنَةٌ وَيَكُونَ ٱلدِّينُ لِلَّهِ فَإِنِ ٱنتَهَوْا۟ فَلَا عُدْوَٰنَ إِلَّا عَلَى ٱلظَّٰلِمِينَ

١٩٤ ٱلشَّهْرُ ٱلْحَرَامُ بِٱلشَّهْرِ ٱلْحَرَامِ وَٱلْحُرُمَٰتُ قِصَاصٌ فَمَنِ ٱعْتَدَىٰ عَلَيْكُمْ فَٱعْتَدُوا۟ عَلَيْهِ بِمِثْلِ مَا ٱعْتَدَىٰ عَلَيْكُمْ وَٱتَّقُوا۟ ٱللَّهَ وَٱعْلَمُوٓا۟ أَنَّ ٱللَّهَ مَعَ ٱلْمُتَّقِينَ

١٩٥ وَأَنفِقُوا۟ فِى سَبِيلِ ٱللَّهِ وَلَا تُلْقُوا۟ بِأَيْدِيكُمْ إِلَى ٱلتَّهْلُكَةِ ۛ وَأَحْسِنُوٓا۟ ۛ إِنَّ ٱللَّهَ يُحِبُّ ٱلْمُحْسِنِينَ

١٩٦ وَأَتِمُّوا۟ ٱلْحَجَّ وَٱلْعُمْرَةَ لِلَّهِ ۚ فَإِنْ أُحْصِرْتُمْ فَمَا ٱسْتَيْسَرَ مِنَ ٱلْهَدْىِ ۖ وَلَا تَحْلِقُوا۟ رُءُوسَكُمْ حَتَّىٰ يَبْلُغَ ٱلْهَدْىُ مَحِلَّهُۥ ۚ فَمَن كَانَ مِنكُم مَّرِيضًا أَوْ بِهِۦٓ أَذًى مِّن رَّأْسِهِۦ فَفِدْيَةٌ مِّن صِيَامٍ أَوْ صَدَقَةٍ أَوْ نُسُكٍ ۚ فَإِذَآ أَمِنتُمْ فَمَن تَمَتَّعَ بِٱلْعُمْرَةِ إِلَى ٱلْحَجِّ فَمَا ٱسْتَيْسَرَ مِنَ ٱلْهَدْىِ ۚ فَمَن لَّمْ يَجِدْ فَصِيَامُ ثَلَٰثَةِ أَيَّامٍ فِى ٱلْحَجِّ وَسَبْعَةٍ إِذَا رَجَعْتُمْ ۗ تِلْكَ عَشَرَةٌ كَامِلَةٌ ۗ ذَٰلِكَ لِمَن لَّمْ يَكُنْ أَهْلُهُۥ حَاضِرِى ٱلْمَسْجِدِ ٱلْحَرَامِ ۚ وَٱتَّقُوا۟ ٱللَّهَ وَٱعْلَمُوٓا۟ أَنَّ ٱللَّهَ شَدِيدُ ٱلْعِقَابِ

١٩٧ ٱلْحَجُّ أَشْهُرٌ مَّعْلُومَٰتٌ ۚ فَمَن فَرَضَ فِيهِنَّ ٱلْحَجَّ فَلَا رَفَثَ وَلَا فُسُوقَ وَلَا جِدَالَ فِى ٱلْحَجِّ ۗ وَمَا تَفْعَلُوا۟ مِنْ خَيْرٍ يَعْلَمْهُ ٱللَّهُ ۗ وَتَزَوَّدُوا۟ فَإِنَّ خَيْرَ ٱلزَّادِ ٱلتَّقْوَىٰ ۚ وَٱتَّقُونِ يَٰٓأُو۟لِى ٱلْأَلْبَٰبِ

١٩٨ لَيْسَ عَلَيْكُمْ جُنَاحٌ أَن تَبْتَغُوا۟ فَضْلًا مِّن رَّبِّكُمْ ۚ فَإِذَآ أَفَضْتُم مِّنْ عَرَفَٰتٍ فَٱذْكُرُوا۟ ٱللَّهَ عِندَ ٱلْمَشْعَرِ ٱلْحَرَامِ ۖ وَٱذْكُرُوهُ كَمَا هَدَىٰكُمْ وَإِن كُنتُم مِّن قَبْلِهِۦ لَمِنَ ٱلضَّآلِّينَ

١٩٩ ثُمَّ أَفِيضُوا۟ مِنْ حَيْثُ أَفَاضَ ٱلنَّاسُ وَٱسْتَغْفِرُوا۟ ٱللَّهَ ۚ إِنَّ ٱللَّهَ غَفُورٌ رَّحِيمٌ

٢٠٠ فَإِذَا قَضَيْتُم مَّنَٰسِكَكُمْ فَٱذْكُرُوا۟ ٱللَّهَ كَذِكْرِكُمْ ءَابَآءَكُمْ أَوْ أَشَدَّ ذِكْرًا ۗ فَمِنَ ٱلنَّاسِ مَن يَقُولُ رَبَّنَآ ءَاتِنَا فِى ٱلدُّنْيَا وَمَا لَهُۥ فِى ٱلْءَاخِرَةِ مِنْ خَلَٰقٍ

٢٠١ وَمِنْهُم مَّن يَقُولُ رَبَّنَآ ءَاتِنَا فِى ٱلدُّنْيَا حَسَنَةً وَفِى ٱلْءَاخِرَةِ حَسَنَةً وَقِنَا عَذَابَ ٱلنَّارِ

٢٠٢ أُو۟لَٰٓئِكَ لَهُمْ نَصِيبٌ مِّمَّا كَسَبُوا۟ ۚ وَٱللَّهُ سَرِيعُ ٱلْحِسَابِ

٢٠٣ وَٱذْكُرُوا۟ ٱللَّهَ فِىٓ أَيَّامٍ مَّعْدُودَٰتٍ ۚ فَمَن تَعَجَّلَ فِى يَوْمَيْنِ فَلَآ إِثْمَ عَلَيْهِ وَمَن تَأَخَّرَ فَلَآ إِثْمَ عَلَيْهِ ۚ لِمَنِ ٱتَّقَىٰ ۗ وَٱتَّقُوا۟ ٱللَّهَ وَٱعْلَمُوٓا۟ أَنَّكُمْ إِلَيْهِ تُحْشَرُونَ

٢٠٤ وَمِنَ ٱلنَّاسِ مَن يُعْجِبُكَ قَوْلُهُۥ فِى ٱلْحَيَوٰةِ ٱلدُّنْيَا وَيُشْهِدُ ٱللَّهَ عَلَىٰ مَا فِى قَلْبِهِۦ وَهُوَ أَلَدُّ ٱلْخِصَامِ

٢٠٥ وَإِذَا تَوَلَّىٰ سَعَىٰ فِى ٱلْأَرْضِ لِيُفْسِدَ فِيهَا وَيُهْلِكَ ٱلْحَرْثَ وَٱلنَّسْلَ ۗ وَٱللَّهُ لَا يُحِبُّ ٱلْفَسَادَ

٢٠٦ وَإِذَا قِيلَ لَهُ ٱتَّقِ ٱللَّهَ أَخَذَتْهُ ٱلْعِزَّةُ بِٱلْإِثْمِ ۚ فَحَسْبُهُۥ جَهَنَّمُ ۚ وَلَبِئْسَ ٱلْمِهَادُ

٢٠٧ وَمِنَ ٱلنَّاسِ مَن يَشْرِى نَفْسَهُ ٱبْتِغَآءَ مَرْضَاتِ ٱللَّهِ ۗ وَٱللَّهُ رَءُوفٌ بِٱلْعِبَادِ

٢٠٨ يَٰٓأَيُّهَا ٱلَّذِينَ ءَامَنُوا۟ ٱدْخُلُوا۟ فِى ٱلسِّلْمِ كَآفَّةً وَلَا تَتَّبِعُوا۟ خُطُوَٰتِ ٱلشَّيْطَٰنِ ۚ إِنَّهُۥ لَكُمْ عَدُوٌّ مُّبِينٌ

٢٠٩ فَإِن زَلَلْتُم مِّنۢ بَعْدِ مَا جَآءَتْكُمُ ٱلْبَيِّنَٰتُ فَٱعْلَمُوٓا۟ أَنَّ ٱللَّهَ عَزِيزٌ حَكِيمٌ

٢١٠ هَلْ يَنظُرُونَ إِلَّآ أَن يَأْتِيَهُمُ ٱللَّهُ فِى ظُلَلٍ مِّنَ ٱلْغَمَامِ وَٱلْمَلَٰٓئِكَةُ وَقُضِىَ ٱلْأَمْرُ ۚ وَإِلَى ٱللَّهِ تُرْجَعُ ٱلْأُمُورُ

٢١١ سَلْ بَنِىٓ إِسْرَٰٓءِيلَ كَمْ ءَاتَيْنَٰهُم مِّنْ ءَايَةٍ بَيِّنَةٍ ۗ وَمَن يُبَدِّلْ نِعْمَةَ ٱللَّهِ مِنۢ بَعْدِ مَا جَآءَتْهُ فَإِنَّ ٱللَّهَ شَدِيدُ ٱلْعِقَابِ

٢١٢ زُيِّنَ لِلَّذِينَ كَفَرُوا۟ ٱلْحَيَوٰةُ ٱلدُّنْيَا وَيَسْخَرُونَ مِنَ ٱلَّذِينَ ءَامَنُوا۟ ۘ وَٱلَّذِينَ ٱتَّقَوْا۟ فَوْقَهُمْ يَوْمَ ٱلْقِيَٰمَةِ ۗ وَٱللَّهُ يَرْزُقُ مَن يَشَآءُ بِغَيْرِ حِسَابٍ

٢١٣ كَانَ ٱلنَّاسُ أُمَّةً وَٰحِدَةً فَبَعَثَ ٱللَّهُ ٱلنَّبِيِّۦنَ مُبَشِّرِينَ وَمُنذِرِينَ وَأَنزَلَ مَعَهُمُ ٱلْكِتَٰبَ بِٱلْحَقِّ لِيَحْكُمَ بَيْنَ ٱلنَّاسِ فِيمَا ٱخْتَلَفُوا۟ فِيهِ ۚ وَمَا ٱخْتَلَفَ فِيهِ إِلَّا ٱلَّذِينَ أُوتُوهُ مِنۢ بَعْدِ مَا

جَآءَتْهُمُ ٱلْبَيِّنَتُ بَغْيًا بَيْنَهُمْ ۖ فَهَدَى ٱللَّهُ ٱلَّذِينَ ءَامَنُوا لِمَا ٱخْتَلَفُوا فِيهِ مِنَ ٱلْحَقِّ بِإِذْنِهِ ۗ وَٱللَّهُ يَهْدِى مَن يَشَآءُ إِلَىٰ صِرَٰطٍ مُّسْتَقِيمٍ

٢١٤ أَمْ حَسِبْتُمْ أَن تَدْخُلُوا ٱلْجَنَّةَ وَلَمَّا يَأْتِكُم مَّثَلُ ٱلَّذِينَ خَلَوْا مِن قَبْلِكُم ۖ مَّسَّتْهُمُ ٱلْبَأْسَآءُ وَٱلضَّرَّآءُ وَزُلْزِلُوا حَتَّىٰ يَقُولَ ٱلرَّسُولُ وَٱلَّذِينَ ءَامَنُوا مَعَهُۥ مَتَىٰ نَصْرُ ٱللَّهِ ۗ أَلَآ إِنَّ نَصْرَ ٱللَّهِ قَرِيبٌ

٢١٥ يَسْـَٔلُونَكَ مَاذَا يُنفِقُونَ ۖ قُلْ مَآ أَنفَقْتُم مِّنْ خَيْرٍ فَلِلْوَٰلِدَيْنِ وَٱلْأَقْرَبِينَ وَٱلْيَتَٰمَىٰ وَٱلْمَسَٰكِينِ وَٱبْنِ ٱلسَّبِيلِ ۗ وَمَا تَفْعَلُوا مِنْ خَيْرٍ فَإِنَّ ٱللَّهَ بِهِۦ عَلِيمٌ

٢١٦ كُتِبَ عَلَيْكُمُ ٱلْقِتَالُ وَهُوَ كُرْهٌ لَّكُمْ ۖ وَعَسَىٰ أَن تَكْرَهُوا شَيْـًٔا وَهُوَ خَيْرٌ لَّكُمْ ۖ وَعَسَىٰ أَن تُحِبُّوا شَيْـًٔا وَهُوَ شَرٌّ لَّكُمْ ۗ وَٱللَّهُ يَعْلَمُ وَأَنتُمْ لَا تَعْلَمُونَ

٢١٧ يَسْـَٔلُونَكَ عَنِ ٱلشَّهْرِ ٱلْحَرَامِ قِتَالٍ فِيهِ ۖ قُلْ قِتَالٌ فِيهِ كَبِيرٌ ۖ وَصَدٌّ عَن سَبِيلِ ٱللَّهِ وَكُفْرٌ بِهِۦ وَٱلْمَسْجِدِ ٱلْحَرَامِ وَإِخْرَاجُ أَهْلِهِۦ مِنْهُ أَكْبَرُ عِندَ ٱللَّهِ ۚ وَٱلْفِتْنَةُ أَكْبَرُ مِنَ ٱلْقَتْلِ ۗ وَلَا يَزَالُونَ يُقَٰتِلُونَكُمْ حَتَّىٰ يَرُدُّوكُمْ عَن دِينِكُمْ إِنِ ٱسْتَطَٰعُوا ۚ وَمَن يَرْتَدِدْ مِنكُمْ عَن دِينِهِۦ فَيَمُتْ وَهُوَ كَافِرٌ فَأُولَٰٓئِكَ حَبِطَتْ أَعْمَٰلُهُمْ فِى ٱلدُّنْيَا وَٱلْءَاخِرَةِ ۖ وَأُولَٰٓئِكَ أَصْحَٰبُ ٱلنَّارِ ۖ هُمْ فِيهَا خَٰلِدُونَ

٢١٨ إِنَّ ٱلَّذِينَ ءَامَنُوا وَٱلَّذِينَ هَاجَرُوا وَجَٰهَدُوا فِى سَبِيلِ ٱللَّهِ أُولَٰٓئِكَ يَرْجُونَ رَحْمَتَ ٱللَّهِ ۚ وَٱللَّهُ غَفُورٌ رَّحِيمٌ

٢١٩ يَسْـَٔلُونَكَ عَنِ ٱلْخَمْرِ وَٱلْمَيْسِرِ ۖ قُلْ فِيهِمَآ إِثْمٌ كَبِيرٌ وَمَنَٰفِعُ لِلنَّاسِ وَإِثْمُهُمَآ أَكْبَرُ مِن نَّفْعِهِمَا ۗ وَيَسْـَٔلُونَكَ مَاذَا يُنفِقُونَ قُلِ ٱلْعَفْوَ ۗ كَذَٰلِكَ يُبَيِّنُ ٱللَّهُ لَكُمُ ٱلْءَايَٰتِ لَعَلَّكُمْ تَتَفَكَّرُونَ

٢٢٠ فِى ٱلدُّنْيَا وَٱلْءَاخِرَةِ ۗ وَيَسْـَٔلُونَكَ عَنِ ٱلْيَتَٰمَىٰ ۖ قُلْ إِصْلَاحٌ لَّهُمْ خَيْرٌ ۖ وَإِن تُخَالِطُوهُمْ فَإِخْوَٰنُكُمْ ۚ وَٱللَّهُ يَعْلَمُ ٱلْمُفْسِدَ مِنَ ٱلْمُصْلِحِ ۚ وَلَوْ شَآءَ ٱللَّهُ لَأَعْنَتَكُمْ ۚ إِنَّ ٱللَّهَ عَزِيزٌ حَكِيمٌ

٢٢١ وَلَا تَنكِحُوا ٱلْمُشْرِكَٰتِ حَتَّىٰ يُؤْمِنَّ ۚ وَلَأَمَةٌ مُّؤْمِنَةٌ خَيْرٌ مِّن مُّشْرِكَةٍ وَلَوْ أَعْجَبَتْكُمْ ۗ وَلَا تُنكِحُوا ٱلْمُشْرِكِينَ حَتَّىٰ يُؤْمِنُوا ۚ وَلَعَبْدٌ مُّؤْمِنٌ خَيْرٌ مِّن مُّشْرِكٍ وَلَوْ أَعْجَبَكُمْ ۗ أُولَٰٓئِكَ يَدْعُونَ إِلَى ٱلنَّارِ ۖ وَٱللَّهُ يَدْعُوٓا إِلَى ٱلْجَنَّةِ وَٱلْمَغْفِرَةِ بِإِذْنِهِ ۖ وَيُبَيِّنُ ءَايَٰتِهِۦ لِلنَّاسِ لَعَلَّهُمْ يَتَذَكَّرُونَ

٢٢٢ وَيَسْـَٔلُونَكَ عَنِ ٱلْمَحِيضِ ۖ قُلْ هُوَ أَذًى فَٱعْتَزِلُوا ٱلنِّسَآءَ فِى ٱلْمَحِيضِ ۖ وَلَا تَقْرَبُوهُنَّ حَتَّىٰ يَطْهُرْنَ ۖ فَإِذَا تَطَهَّرْنَ فَأْتُوهُنَّ مِنْ حَيْثُ أَمَرَكُمُ ٱللَّهُ ۚ إِنَّ ٱللَّهَ يُحِبُّ ٱلتَّوَّٰبِينَ وَيُحِبُّ ٱلْمُتَطَهِّرِينَ

٢٢٣ نِسَآؤُكُمْ حَرْثٌ لَّكُمْ فَأْتُوا حَرْثَكُمْ أَنَّىٰ شِئْتُمْ ۖ وَقَدِّمُوا لِأَنفُسِكُمْ ۚ وَٱتَّقُوا ٱللَّهَ وَٱعْلَمُوٓا أَنَّكُم مُّلَٰقُوهُ ۗ وَبَشِّرِ ٱلْمُؤْمِنِينَ

٢٢٤ وَلَا تَجْعَلُوا ٱللَّهَ عُرْضَةً لِّأَيْمَٰنِكُمْ أَن تَبَرُّوا وَتَتَّقُوا وَتُصْلِحُوا بَيْنَ ٱلنَّاسِ ۗ وَٱللَّهُ سَمِيعٌ عَلِيمٌ

٢٢٥ لَّا يُؤَاخِذُكُمُ ٱللَّهُ بِٱللَّغْوِ فِىٓ أَيْمَٰنِكُمْ وَلَٰكِن يُؤَاخِذُكُم بِمَا كَسَبَتْ قُلُوبُكُمْ ۗ وَٱللَّهُ غَفُورٌ حَلِيمٌ

٢٢٦ لِّلَّذِينَ يُؤْلُونَ مِن نِّسَآئِهِمْ تَرَبُّصُ أَرْبَعَةِ أَشْهُرٍ ۖ فَإِن فَآءُو فَإِنَّ ٱللَّهَ غَفُورٌ رَّحِيمٌ

٢٢٧ وَإِنْ عَزَمُوا ٱلطَّلَٰقَ فَإِنَّ ٱللَّهَ سَمِيعٌ عَلِيمٌ

٢٢٨ وَٱلْمُطَلَّقَٰتُ يَتَرَبَّصْنَ بِأَنفُسِهِنَّ ثَلَٰثَةَ قُرُوٓءٍ ۚ وَلَا يَحِلُّ لَهُنَّ أَن يَكْتُمْنَ مَا خَلَقَ ٱللَّهُ فِىٓ أَرْحَامِهِنَّ إِن كُنَّ يُؤْمِنَّ بِٱللَّهِ وَٱلْيَوْمِ ٱلْءَاخِرِ ۚ وَبُعُولَتُهُنَّ أَحَقُّ بِرَدِّهِنَّ فِى ذَٰلِكَ

إِنْ أَرَادُوٓا إِصْلَٰحًا ۚ وَلَهُنَّ مِثْلُ ٱلَّذِى عَلَيْهِنَّ بِٱلْمَعْرُوفِ ۚ وَلِلرِّجَالِ عَلَيْهِنَّ دَرَجَةٌ ۗ وَٱللَّهُ عَزِيزٌ حَكِيمٌ

٢٢٩ ٱلطَّلَٰقُ مَرَّتَانِ ۖ فَإِمْسَاكٌۢ بِمَعْرُوفٍ أَوْ تَسْرِيحٌۢ بِإِحْسَٰنٍ ۗ وَلَا يَحِلُّ لَكُمْ أَن تَأْخُذُوا۟ مِمَّآ ءَاتَيْتُمُوهُنَّ شَيْـًٔا إِلَّآ أَن يَخَافَآ أَلَّا يُقِيمَا حُدُودَ ٱللَّهِ ۖ فَإِنْ خِفْتُمْ أَلَّا يُقِيمَا حُدُودَ ٱللَّهِ فَلَا جُنَاحَ عَلَيْهِمَا فِيمَا ٱفْتَدَتْ بِهِۦ ۗ تِلْكَ حُدُودُ ٱللَّهِ فَلَا تَعْتَدُوهَا ۚ وَمَن يَتَعَدَّ حُدُودَ ٱللَّهِ فَأُو۟لَٰٓئِكَ هُمُ ٱلظَّٰلِمُونَ

٢٣٠ فَإِن طَلَّقَهَا فَلَا تَحِلُّ لَهُۥ مِنۢ بَعْدُ حَتَّىٰ تَنكِحَ زَوْجًا غَيْرَهُۥ ۗ فَإِن طَلَّقَهَا فَلَا جُنَاحَ عَلَيْهِمَآ أَن يَتَرَاجَعَآ إِن ظَنَّآ أَن يُقِيمَا حُدُودَ ٱللَّهِ ۗ وَتِلْكَ حُدُودُ ٱللَّهِ يُبَيِّنُهَا لِقَوْمٍ يَعْلَمُونَ

٢٣١ وَإِذَا طَلَّقْتُمُ ٱلنِّسَآءَ فَبَلَغْنَ أَجَلَهُنَّ فَأَمْسِكُوهُنَّ بِمَعْرُوفٍ أَوْ سَرِّحُوهُنَّ بِمَعْرُوفٍ ۚ وَلَا تُمْسِكُوهُنَّ ضِرَارًا لِّتَعْتَدُوا۟ ۚ وَمَن يَفْعَلْ ذَٰلِكَ فَقَدْ ظَلَمَ نَفْسَهُۥ ۚ وَلَا تَتَّخِذُوٓا۟ ءَايَٰتِ ٱللَّهِ هُزُوًا ۚ وَٱذْكُرُوا۟ نِعْمَتَ ٱللَّهِ عَلَيْكُمْ وَمَآ أَنزَلَ عَلَيْكُم مِّنَ ٱلْكِتَٰبِ وَٱلْحِكْمَةِ يَعِظُكُم بِهِۦ ۚ وَٱتَّقُوا۟ ٱللَّهَ وَٱعْلَمُوٓا۟ أَنَّ ٱللَّهَ بِكُلِّ شَىْءٍ عَلِيمٌ

٢٣٢ وَإِذَا طَلَّقْتُمُ ٱلنِّسَآءَ فَبَلَغْنَ أَجَلَهُنَّ فَلَا تَعْضُلُوهُنَّ أَن يَنكِحْنَ أَزْوَٰجَهُنَّ إِذَا تَرَٰضَوْا۟ بَيْنَهُم بِٱلْمَعْرُوفِ ۗ ذَٰلِكَ يُوعَظُ بِهِۦ مَن كَانَ مِنكُمْ يُؤْمِنُ بِٱللَّهِ وَٱلْيَوْمِ ٱلْءَاخِرِ ۗ ذَٰلِكُمْ أَزْكَىٰ لَكُمْ وَأَطْهَرُ ۗ وَٱللَّهُ يَعْلَمُ وَأَنتُمْ لَا تَعْلَمُونَ

٢٣٣ وَٱلْوَٰلِدَٰتُ يُرْضِعْنَ أَوْلَٰدَهُنَّ حَوْلَيْنِ كَامِلَيْنِ ۖ لِمَنْ أَرَادَ أَن يُتِمَّ ٱلرَّضَاعَةَ ۚ وَعَلَى ٱلْمَوْلُودِ لَهُۥ رِزْقُهُنَّ وَكِسْوَتُهُنَّ بِٱلْمَعْرُوفِ ۚ لَا تُكَلَّفُ نَفْسٌ إِلَّا وُسْعَهَا ۚ لَا تُضَآرَّ وَٰلِدَةٌۢ بِوَلَدِهَا وَلَا مَوْلُودٌ لَّهُۥ بِوَلَدِهِۦ ۚ وَعَلَى ٱلْوَارِثِ مِثْلُ ذَٰلِكَ ۗ فَإِنْ أَرَادَا فِصَالًا عَن تَرَاضٍ مِّنْهُمَا وَتَشَاوُرٍ فَلَا جُنَاحَ عَلَيْهِمَا ۗ وَإِنْ أَرَدتُّمْ أَن تَسْتَرْضِعُوٓا۟ أَوْلَٰدَكُمْ فَلَا جُنَاحَ عَلَيْكُمْ إِذَا سَلَّمْتُم مَّآ ءَاتَيْتُم بِٱلْمَعْرُوفِ ۗ وَٱتَّقُوا۟ ٱللَّهَ وَٱعْلَمُوٓا۟ أَنَّ ٱللَّهَ بِمَا تَعْمَلُونَ بَصِيرٌ

٢٣٤ وَٱلَّذِينَ يُتَوَفَّوْنَ مِنكُمْ وَيَذَرُونَ أَزْوَٰجًا يَتَرَبَّصْنَ بِأَنفُسِهِنَّ أَرْبَعَةَ أَشْهُرٍ وَعَشْرًا ۖ فَإِذَا بَلَغْنَ أَجَلَهُنَّ فَلَا جُنَاحَ عَلَيْكُمْ فِيمَا فَعَلْنَ فِىٓ أَنفُسِهِنَّ بِٱلْمَعْرُوفِ ۗ وَٱللَّهُ بِمَا تَعْمَلُونَ خَبِيرٌ

٢٣٥ وَلَا جُنَاحَ عَلَيْكُمْ فِيمَا عَرَّضْتُم بِهِۦ مِنْ خِطْبَةِ ٱلنِّسَآءِ أَوْ أَكْنَنتُمْ فِىٓ أَنفُسِكُمْ ۚ عَلِمَ ٱللَّهُ أَنَّكُمْ سَتَذْكُرُونَهُنَّ وَلَٰكِن لَّا تُوَاعِدُوهُنَّ سِرًّا إِلَّآ أَن تَقُولُوا۟ قَوْلًا مَّعْرُوفًا ۚ وَلَا تَعْزِمُوا۟ عُقْدَةَ ٱلنِّكَاحِ حَتَّىٰ يَبْلُغَ ٱلْكِتَٰبُ أَجَلَهُۥ ۚ وَٱعْلَمُوٓا۟ أَنَّ ٱللَّهَ يَعْلَمُ مَا فِىٓ أَنفُسِكُمْ فَٱحْذَرُوهُ ۚ وَٱعْلَمُوٓا۟ أَنَّ ٱللَّهَ غَفُورٌ حَلِيمٌ

٢٣٦ لَّا جُنَاحَ عَلَيْكُمْ إِن طَلَّقْتُمُ ٱلنِّسَآءَ مَا لَمْ تَمَسُّوهُنَّ أَوْ تَفْرِضُوا۟ لَهُنَّ فَرِيضَةً ۚ وَمَتِّعُوهُنَّ عَلَى ٱلْمُوسِعِ قَدَرُهُۥ وَعَلَى ٱلْمُقْتِرِ قَدَرُهُۥ مَتَٰعًۢا بِٱلْمَعْرُوفِ ۖ حَقًّا عَلَى ٱلْمُحْسِنِينَ

٢٣٧ وَإِن طَلَّقْتُمُوهُنَّ مِن قَبْلِ أَن تَمَسُّوهُنَّ وَقَدْ فَرَضْتُمْ لَهُنَّ فَرِيضَةً فَنِصْفُ مَا فَرَضْتُمْ إِلَّآ أَن يَعْفُونَ أَوْ يَعْفُوَا۟ ٱلَّذِى بِيَدِهِۦ عُقْدَةُ ٱلنِّكَاحِ ۚ وَأَن تَعْفُوٓا۟ أَقْرَبُ لِلتَّقْوَىٰ ۚ وَلَا تَنسَوُا۟ ٱلْفَضْلَ بَيْنَكُمْ ۚ إِنَّ ٱللَّهَ بِمَا تَعْمَلُونَ بَصِيرٌ

٢٣٨ حَٰفِظُوا۟ عَلَى ٱلصَّلَوَٰتِ وَٱلصَّلَوٰةِ ٱلْوُسْطَىٰ وَقُومُوا۟ لِلَّهِ قَٰنِتِينَ

٢٣٩ فَإِنْ خِفْتُمْ فَرِجَالًا أَوْ رُكْبَانًا ۖ فَإِذَآ أَمِنتُمْ فَٱذْكُرُوا۟ ٱللَّهَ كَمَا عَلَّمَكُم مَّا لَمْ تَكُونُوا۟ تَعْلَمُونَ

٢٤٠ وَٱلَّذِينَ يُتَوَفَّوْنَ مِنكُمْ وَيَذَرُونَ أَزْوَٰجًا وَصِيَّةً لِّأَزْوَٰجِهِم مَّتَٰعًا إِلَى ٱلْحَوْلِ غَيْرَ

إِخْرَاجٍ ۚ فَإِنْ خَرَجْنَ فَلَا جُنَاحَ عَلَيْكُمْ فِى مَا فَعَلْنَ فِىٓ أَنفُسِهِنَّ مِن مَّعْرُوفٍ ۗ وَٱللَّهُ عَزِيزٌ حَكِيمٌ

٢٤١ وَلِلْمُطَلَّقَٰتِ مَتَٰعٌۢ بِٱلْمَعْرُوفِ ۖ حَقًّا عَلَى ٱلْمُتَّقِينَ

٢٤٢ كَذَٰلِكَ يُبَيِّنُ ٱللَّهُ لَكُمْ ءَايَٰتِهِۦ لَعَلَّكُمْ تَعْقِلُونَ

٢٤٣ أَلَمْ تَرَ إِلَى ٱلَّذِينَ خَرَجُوا۟ مِن دِيَٰرِهِمْ وَهُمْ أُلُوفٌ حَذَرَ ٱلْمَوْتِ فَقَالَ لَهُمُ ٱللَّهُ مُوتُوا۟ ثُمَّ أَحْيَٰهُمْ ۚ إِنَّ ٱللَّهَ لَذُو فَضْلٍ عَلَى ٱلنَّاسِ وَلَٰكِنَّ أَكْثَرَ ٱلنَّاسِ لَا يَشْكُرُونَ

٢٤٤ وَقَٰتِلُوا۟ فِى سَبِيلِ ٱللَّهِ وَٱعْلَمُوٓا۟ أَنَّ ٱللَّهَ سَمِيعٌ عَلِيمٌ

٢٤٥ مَّن ذَا ٱلَّذِى يُقْرِضُ ٱللَّهَ قَرْضًا حَسَنًا فَيُضَٰعِفَهُۥ لَهُۥٓ أَضْعَافًا كَثِيرَةً ۚ وَٱللَّهُ يَقْبِضُ وَيَبْصُۜطُ وَإِلَيْهِ تُرْجَعُونَ

٢٤٦ أَلَمْ تَرَ إِلَى ٱلْمَلَإِ مِنۢ بَنِىٓ إِسْرَٰٓءِيلَ مِنۢ بَعْدِ مُوسَىٰٓ إِذْ قَالُوا۟ لِنَبِىٍّ لَّهُمُ ٱبْعَثْ لَنَا مَلِكًا نُّقَٰتِلْ فِى سَبِيلِ ٱللَّهِ ۖ قَالَ هَلْ عَسَيْتُمْ إِن كُتِبَ عَلَيْكُمُ ٱلْقِتَالُ أَلَّا تُقَٰتِلُوا۟ ۖ قَالُوا۟ وَمَا لَنَآ أَلَّا نُقَٰتِلَ فِى سَبِيلِ ٱللَّهِ وَقَدْ أُخْرِجْنَا مِن دِيَٰرِنَا وَأَبْنَآئِنَا ۖ فَلَمَّا كُتِبَ عَلَيْهِمُ ٱلْقِتَالُ تَوَلَّوْا۟ إِلَّا قَلِيلًا مِّنْهُمْ ۗ وَٱللَّهُ عَلِيمٌۢ بِٱلظَّٰلِمِينَ

٢٤٧ وَقَالَ لَهُمْ نَبِيُّهُمْ إِنَّ ٱللَّهَ قَدْ بَعَثَ لَكُمْ طَالُوتَ مَلِكًا ۚ قَالُوٓا۟ أَنَّىٰ يَكُونُ لَهُ ٱلْمُلْكُ عَلَيْنَا وَنَحْنُ أَحَقُّ بِٱلْمُلْكِ مِنْهُ وَلَمْ يُؤْتَ سَعَةً مِّنَ ٱلْمَالِ ۚ قَالَ إِنَّ ٱللَّهَ ٱصْطَفَىٰهُ عَلَيْكُمْ وَزَادَهُۥ بَسْطَةً فِى ٱلْعِلْمِ وَٱلْجِسْمِ ۖ وَٱللَّهُ يُؤْتِى مُلْكَهُۥ مَن يَشَآءُ ۚ وَٱللَّهُ وَٰسِعٌ عَلِيمٌ

٢٤٨ وَقَالَ لَهُمْ نَبِيُّهُمْ إِنَّ ءَايَةَ مُلْكِهِۦٓ أَن يَأْتِيَكُمُ ٱلتَّابُوتُ فِيهِ سَكِينَةٌ مِّن رَّبِّكُمْ وَبَقِيَّةٌ مِّمَّا تَرَكَ ءَالُ مُوسَىٰ وَءَالُ هَٰرُونَ تَحْمِلُهُ ٱلْمَلَٰٓئِكَةُ ۚ إِنَّ فِى ذَٰلِكَ لَءَايَةً لَّكُمْ إِن كُنتُم مُّؤْمِنِينَ

٢٤٩ فَلَمَّا فَصَلَ طَالُوتُ بِٱلْجُنُودِ قَالَ إِنَّ ٱللَّهَ مُبْتَلِيكُم بِنَهَرٍ فَمَن شَرِبَ مِنْهُ فَلَيْسَ مِنِّى وَمَن لَّمْ يَطْعَمْهُ فَإِنَّهُۥ مِنِّىٓ إِلَّا مَنِ ٱغْتَرَفَ غُرْفَةً بِيَدِهِۦ ۚ فَشَرِبُوا۟ مِنْهُ إِلَّا قَلِيلًا مِّنْهُمْ ۚ فَلَمَّا جَاوَزَهُۥ هُوَ وَٱلَّذِينَ ءَامَنُوا۟ مَعَهُۥ قَالُوا۟ لَا طَاقَةَ لَنَا ٱلْيَوْمَ بِجَالُوتَ وَجُنُودِهِۦ ۚ قَالَ ٱلَّذِينَ يَظُنُّونَ أَنَّهُم مُّلَٰقُوا۟ ٱللَّهِ كَم مِّن فِئَةٍ قَلِيلَةٍ غَلَبَتْ فِئَةً كَثِيرَةً بِإِذْنِ ٱللَّهِ ۗ وَٱللَّهُ مَعَ ٱلصَّٰبِرِينَ

٢٥٠ وَلَمَّا بَرَزُوا۟ لِجَالُوتَ وَجُنُودِهِۦ قَالُوا۟ رَبَّنَآ أَفْرِغْ عَلَيْنَا صَبْرًا وَثَبِّتْ أَقْدَامَنَا وَٱنصُرْنَا عَلَى ٱلْقَوْمِ ٱلْكَٰفِرِينَ

٢٥١ فَهَزَمُوهُم بِإِذْنِ ٱللَّهِ وَقَتَلَ دَاوُۥدُ جَالُوتَ وَءَاتَىٰهُ ٱللَّهُ ٱلْمُلْكَ وَٱلْحِكْمَةَ وَعَلَّمَهُۥ مِمَّا يَشَآءُ ۗ وَلَوْلَا دَفْعُ ٱللَّهِ ٱلنَّاسَ بَعْضَهُم بِبَعْضٍ لَّفَسَدَتِ ٱلْأَرْضُ وَلَٰكِنَّ ٱللَّهَ ذُو فَضْلٍ عَلَى ٱلْعَٰلَمِينَ

٢٥٢ تِلْكَ ءَايَٰتُ ٱللَّهِ نَتْلُوهَا عَلَيْكَ بِٱلْحَقِّ ۚ وَإِنَّكَ لَمِنَ ٱلْمُرْسَلِينَ

٢٥٣ تِلْكَ ٱلرُّسُلُ فَضَّلْنَا بَعْضَهُمْ عَلَىٰ بَعْضٍ ۘ مِّنْهُم مَّن كَلَّمَ ٱللَّهُ ۖ وَرَفَعَ بَعْضَهُمْ دَرَجَٰتٍ ۚ وَءَاتَيْنَا عِيسَى ٱبْنَ مَرْيَمَ ٱلْبَيِّنَٰتِ وَأَيَّدْنَٰهُ بِرُوحِ ٱلْقُدُسِ ۗ وَلَوْ شَآءَ ٱللَّهُ مَا ٱقْتَتَلَ ٱلَّذِينَ مِنۢ بَعْدِهِم مِّنۢ بَعْدِ مَا جَآءَتْهُمُ ٱلْبَيِّنَٰتُ وَلَٰكِنِ ٱخْتَلَفُوا۟ فَمِنْهُم مَّنْ ءَامَنَ وَمِنْهُم مَّن كَفَرَ ۚ وَلَوْ شَآءَ ٱللَّهُ مَا ٱقْتَتَلُوا۟ وَلَٰكِنَّ ٱللَّهَ يَفْعَلُ مَا يُرِيدُ

٢٥٤ يَٰٓأَيُّهَا ٱلَّذِينَ ءَامَنُوٓا۟ أَنفِقُوا۟ مِمَّا رَزَقْنَٰكُم مِّن قَبْلِ أَن يَأْتِىَ يَوْمٌ لَّا بَيْعٌ فِيهِ وَلَا خُلَّةٌ وَلَا شَفَٰعَةٌ ۗ وَٱلْكَٰفِرُونَ هُمُ ٱلظَّٰلِمُونَ

٢٥٥ ٱللَّهُ لَا إِلَٰهَ إِلَّا هُوَ ٱلْحَىُّ ٱلْقَيُّومُ ۚ لَا تَأْخُذُهُۥ سِنَةٌ وَلَا نَوْمٌ ۚ لَّهُۥ مَا فِى ٱلسَّمَٰوَٰتِ وَمَا فِى ٱلْأَرْضِ ۗ مَن ذَا ٱلَّذِى يَشْفَعُ عِندَهُۥٓ إِلَّا بِإِذْنِهِۦ ۚ يَعْلَمُ مَا بَيْنَ أَيْدِيهِمْ وَمَا خَلْفَهُمْ ۖ وَلَا يُحِيطُونَ بِشَىْءٍ مِّنْ عِلْمِهِۦٓ إِلَّا بِمَا شَآءَ ۚ وَسِعَ كُرْسِيُّهُ ٱلسَّمَٰوَٰتِ وَٱلْأَرْضَ ۖ وَلَا يَـُٔودُهُۥ حِفْظُهُمَا ۚ وَهُوَ ٱلْعَلِىُّ ٱلْعَظِيمُ

٢٥٦ لَآ إِكْرَاهَ فِى ٱلدِّينِ ۖ قَد تَّبَيَّنَ ٱلرُّشْدُ مِنَ ٱلْغَىِّ ۚ فَمَن يَكْفُرْ بِٱلطَّٰغُوتِ وَيُؤْمِنۢ بِٱللَّهِ فَقَدِ ٱسْتَمْسَكَ بِٱلْعُرْوَةِ ٱلْوُثْقَىٰ لَا ٱنفِصَامَ لَهَا ۗ وَٱللَّهُ سَمِيعٌ عَلِيمٌ

٢٥٧ ٱللَّهُ وَلِىُّ ٱلَّذِينَ ءَامَنُوا يُخْرِجُهُم مِّنَ ٱلظُّلُمَٰتِ إِلَى ٱلنُّورِ ۖ وَٱلَّذِينَ كَفَرُوٓا أَوْلِيَآؤُهُمُ ٱلطَّٰغُوتُ يُخْرِجُونَهُم مِّنَ ٱلنُّورِ إِلَى ٱلظُّلُمَٰتِ ۗ أُو۟لَٰٓئِكَ أَصْحَٰبُ ٱلنَّارِ ۖ هُمْ فِيهَا خَٰلِدُونَ

٢٥٨ أَلَمْ تَرَ إِلَى ٱلَّذِى حَآجَّ إِبْرَٰهِۦمَ فِى رَبِّهِۦٓ أَنْ ءَاتَىٰهُ ٱللَّهُ ٱلْمُلْكَ إِذْ قَالَ إِبْرَٰهِۦمُ رَبِّىَ ٱلَّذِى يُحْىِۦ وَيُمِيتُ قَالَ أَنَا۠ أُحْىِۦ وَأُمِيتُ ۖ قَالَ إِبْرَٰهِۦمُ فَإِنَّ ٱللَّهَ يَأْتِى بِٱلشَّمْسِ مِنَ ٱلْمَشْرِقِ فَأْتِ بِهَا مِنَ ٱلْمَغْرِبِ فَبُهِتَ ٱلَّذِى كَفَرَ ۗ وَٱللَّهُ لَا يَهْدِى ٱلْقَوْمَ ٱلظَّٰلِمِينَ

٢٥٩ أَوْ كَٱلَّذِى مَرَّ عَلَىٰ قَرْيَةٍ وَهِىَ خَاوِيَةٌ عَلَىٰ عُرُوشِهَا قَالَ أَنَّىٰ يُحْىِۦ هَٰذِهِ ٱللَّهُ بَعْدَ مَوْتِهَا ۖ فَأَمَاتَهُ ٱللَّهُ مِا۟ئَةَ عَامٍ ثُمَّ بَعَثَهُۥ ۖ قَالَ كَمْ لَبِثْتَ ۖ قَالَ لَبِثْتُ يَوْمًا أَوْ بَعْضَ يَوْمٍ ۖ قَالَ بَل لَّبِثْتَ مِا۟ئَةَ عَامٍ فَٱنظُرْ إِلَىٰ طَعَامِكَ وَشَرَابِكَ لَمْ يَتَسَنَّهْ ۖ وَٱنظُرْ إِلَىٰ حِمَارِكَ وَلِنَجْعَلَكَ ءَايَةً لِّلنَّاسِ ۖ وَٱنظُرْ إِلَى ٱلْعِظَامِ كَيْفَ نُنشِزُهَا ثُمَّ نَكْسُوهَا لَحْمًا ۚ فَلَمَّا تَبَيَّنَ لَهُۥ قَالَ أَعْلَمُ أَنَّ ٱللَّهَ عَلَىٰ كُلِّ شَىْءٍ قَدِيرٌ

٢٦٠ وَإِذْ قَالَ إِبْرَٰهِۦمُ رَبِّ أَرِنِى كَيْفَ تُحْىِ ٱلْمَوْتَىٰ ۖ قَالَ أَوَلَمْ تُؤْمِن ۖ قَالَ بَلَىٰ وَلَٰكِن لِّيَطْمَئِنَّ قَلْبِى ۖ قَالَ فَخُذْ أَرْبَعَةً مِّنَ ٱلطَّيْرِ فَصُرْهُنَّ إِلَيْكَ ثُمَّ ٱجْعَلْ عَلَىٰ كُلِّ جَبَلٍ مِّنْهُنَّ جُزْءًا ثُمَّ ٱدْعُهُنَّ يَأْتِينَكَ سَعْيًا ۚ وَٱعْلَمْ أَنَّ ٱللَّهَ عَزِيزٌ حَكِيمٌ

٢٦١ مَّثَلُ ٱلَّذِينَ يُنفِقُونَ أَمْوَٰلَهُمْ فِى سَبِيلِ ٱللَّهِ كَمَثَلِ حَبَّةٍ أَنۢبَتَتْ سَبْعَ سَنَابِلَ فِى كُلِّ سُنۢبُلَةٍ مِّا۟ئَةُ حَبَّةٍ ۗ وَٱللَّهُ يُضَٰعِفُ لِمَن يَشَآءُ ۚ وَٱللَّهُ وَٰسِعٌ عَلِيمٌ

٢٦٢ ٱلَّذِينَ يُنفِقُونَ أَمْوَٰلَهُمْ فِى سَبِيلِ ٱللَّهِ ثُمَّ لَا يُتْبِعُونَ مَآ أَنفَقُوا مَنًّا وَلَآ أَذًى ۙ لَّهُمْ أَجْرُهُمْ عِندَ رَبِّهِمْ وَلَا خَوْفٌ عَلَيْهِمْ وَلَا هُمْ يَحْزَنُونَ

٢٦٣ قَوْلٌ مَّعْرُوفٌ وَمَغْفِرَةٌ خَيْرٌ مِّن صَدَقَةٍ يَتْبَعُهَآ أَذًى ۗ وَٱللَّهُ غَنِىٌّ حَلِيمٌ

٢٦٤ يَٰٓأَيُّهَا ٱلَّذِينَ ءَامَنُوا لَا تُبْطِلُوا صَدَقَٰتِكُم بِٱلْمَنِّ وَٱلْأَذَىٰ كَٱلَّذِى يُنفِقُ مَالَهُۥ رِئَآءَ ٱلنَّاسِ وَلَا يُؤْمِنُ بِٱللَّهِ وَٱلْيَوْمِ ٱلْءَاخِرِ ۖ فَمَثَلُهُۥ كَمَثَلِ صَفْوَانٍ عَلَيْهِ تُرَابٌ فَأَصَابَهُۥ وَابِلٌ فَتَرَكَهُۥ صَلْدًا ۖ لَّا يَقْدِرُونَ عَلَىٰ شَىْءٍ مِّمَّا كَسَبُوا ۗ وَٱللَّهُ لَا يَهْدِى ٱلْقَوْمَ ٱلْكَٰفِرِينَ

٢٦٥ وَمَثَلُ ٱلَّذِينَ يُنفِقُونَ أَمْوَٰلَهُمُ ٱبْتِغَآءَ مَرْضَاتِ ٱللَّهِ وَتَثْبِيتًا مِّنْ أَنفُسِهِمْ كَمَثَلِ جَنَّةٍ بِرَبْوَةٍ أَصَابَهَا وَابِلٌ فَـَٔاتَتْ أُكُلَهَا ضِعْفَيْنِ فَإِن لَّمْ يُصِبْهَا وَابِلٌ فَطَلٌّ ۗ وَٱللَّهُ بِمَا تَعْمَلُونَ بَصِيرٌ

٢٦٦ أَيَوَدُّ أَحَدُكُمْ أَن تَكُونَ لَهُۥ جَنَّةٌ مِّن نَّخِيلٍ وَأَعْنَابٍ تَجْرِى مِن تَحْتِهَا ٱلْأَنْهَٰرُ لَهُۥ فِيهَا مِن كُلِّ ٱلثَّمَرَٰتِ وَأَصَابَهُ ٱلْكِبَرُ وَلَهُۥ ذُرِّيَّةٌ ضُعَفَآءُ فَأَصَابَهَآ إِعْصَارٌ فِيهِ نَارٌ فَٱحْتَرَقَتْ ۗ كَذَٰلِكَ يُبَيِّنُ ٱللَّهُ لَكُمُ ٱلْءَايَٰتِ لَعَلَّكُمْ تَتَفَكَّرُونَ

٢٦٧ يَٰٓأَيُّهَا ٱلَّذِينَ ءَامَنُوٓا أَنفِقُوا مِن طَيِّبَٰتِ مَا كَسَبْتُمْ وَمِمَّآ أَخْرَجْنَا لَكُم مِّنَ ٱلْأَرْضِ ۖ وَلَا تَيَمَّمُوا ٱلْخَبِيثَ مِنْهُ تُنفِقُونَ وَلَسْتُم بِـَٔاخِذِيهِ

إِلَّا أَن تُغْمِضُوا فِيهِ ۚ وَٱعْلَمُوٓا أَنَّ ٱللَّهَ غَنِىٌّ حَمِيدٌ

٢٦٨ ٱلشَّيْطَٰنُ يَعِدُكُمُ ٱلْفَقْرَ وَيَأْمُرُكُم بِٱلْفَحْشَآءِ ۖ وَٱللَّهُ يَعِدُكُم مَّغْفِرَةً مِّنْهُ وَفَضْلًا ۗ وَٱللَّهُ وَٰسِعٌ عَلِيمٌ

٢٦٩ يُؤْتِى ٱلْحِكْمَةَ مَن يَشَآءُ ۚ وَمَن يُؤْتَ ٱلْحِكْمَةَ فَقَدْ أُوتِىَ خَيْرًا كَثِيرًا ۗ وَمَا يَذَّكَّرُ إِلَّآ أُو۟لُوا۟ ٱلْأَلْبَٰبِ

٢٧٠ وَمَآ أَنفَقْتُم مِّن نَّفَقَةٍ أَوْ نَذَرْتُم مِّن نَّذْرٍ فَإِنَّ ٱللَّهَ يَعْلَمُهُ ۗ وَمَا لِلظَّٰلِمِينَ مِنْ أَنصَارٍ

٢٧١ إِن تُبْدُوا۟ ٱلصَّدَقَٰتِ فَنِعِمَّا هِىَ ۖ وَإِن تُخْفُوهَا وَتُؤْتُوهَا ٱلْفُقَرَآءَ فَهُوَ خَيْرٌ لَّكُمْ ۚ وَيُكَفِّرُ عَنكُم مِّن سَيِّـَٔاتِكُمْ ۗ وَٱللَّهُ بِمَا تَعْمَلُونَ خَبِيرٌ

٢٧٢ لَّيْسَ عَلَيْكَ هُدَىٰهُمْ وَلَٰكِنَّ ٱللَّهَ يَهْدِى مَن يَشَآءُ ۗ وَمَا تُنفِقُوا۟ مِنْ خَيْرٍ فَلِأَنفُسِكُمْ ۚ وَمَا تُنفِقُونَ إِلَّا ٱبْتِغَآءَ وَجْهِ ٱللَّهِ ۚ وَمَا تُنفِقُوا۟ مِنْ خَيْرٍ يُوَفَّ إِلَيْكُمْ وَأَنتُمْ لَا تُظْلَمُونَ

٢٧٣ لِلْفُقَرَآءِ ٱلَّذِينَ أُحْصِرُوا۟ فِى سَبِيلِ ٱللَّهِ لَا يَسْتَطِيعُونَ ضَرْبًا فِى ٱلْأَرْضِ يَحْسَبُهُمُ ٱلْجَاهِلُ أَغْنِيَآءَ مِنَ ٱلتَّعَفُّفِ تَعْرِفُهُم بِسِيمَٰهُمْ لَا يَسْـَٔلُونَ ٱلنَّاسَ إِلْحَافًا ۗ وَمَا تُنفِقُوا۟ مِنْ خَيْرٍ فَإِنَّ ٱللَّهَ بِهِ عَلِيمٌ

٢٧٤ ٱلَّذِينَ يُنفِقُونَ أَمْوَٰلَهُم بِٱلَّيْلِ وَٱلنَّهَارِ سِرًّا وَعَلَانِيَةً فَلَهُمْ أَجْرُهُمْ عِندَ رَبِّهِمْ وَلَا خَوْفٌ عَلَيْهِمْ وَلَا هُمْ يَحْزَنُونَ

٢٧٥ ٱلَّذِينَ يَأْكُلُونَ ٱلرِّبَوٰا۟ لَا يَقُومُونَ إِلَّا كَمَا يَقُومُ ٱلَّذِى يَتَخَبَّطُهُ ٱلشَّيْطَٰنُ مِنَ ٱلْمَسِّ ۚ ذَٰلِكَ بِأَنَّهُمْ قَالُوٓا۟ إِنَّمَا ٱلْبَيْعُ مِثْلُ ٱلرِّبَوٰا۟ ۗ وَأَحَلَّ ٱللَّهُ ٱلْبَيْعَ وَحَرَّمَ ٱلرِّبَوٰا۟ ۚ فَمَن جَآءَهُۥ مَوْعِظَةٌ مِّن رَّبِّهِۦ فَٱنتَهَىٰ فَلَهُۥ مَا سَلَفَ

وَأَمْرُهُۥٓ إِلَى ٱللَّهِ ۖ وَمَنْ عَادَ فَأُو۟لَٰٓئِكَ أَصْحَٰبُ ٱلنَّارِ ۖ هُمْ فِيهَا خَٰلِدُونَ

٢٧٦ يَمْحَقُ ٱللَّهُ ٱلرِّبَوٰا۟ وَيُرْبِى ٱلصَّدَقَٰتِ ۗ وَٱللَّهُ لَا يُحِبُّ كُلَّ كَفَّارٍ أَثِيمٍ

٢٧٧ إِنَّ ٱلَّذِينَ ءَامَنُوا۟ وَعَمِلُوا۟ ٱلصَّٰلِحَٰتِ وَأَقَامُوا۟ ٱلصَّلَوٰةَ وَءَاتَوُا۟ ٱلزَّكَوٰةَ لَهُمْ أَجْرُهُمْ عِندَ رَبِّهِمْ وَلَا خَوْفٌ عَلَيْهِمْ وَلَا هُمْ يَحْزَنُونَ

٢٧٨ يَٰٓأَيُّهَا ٱلَّذِينَ ءَامَنُوا۟ ٱتَّقُوا۟ ٱللَّهَ وَذَرُوا۟ مَا بَقِىَ مِنَ ٱلرِّبَوٰٓا۟ إِن كُنتُم مُّؤْمِنِينَ

٢٧٩ فَإِن لَّمْ تَفْعَلُوا۟ فَأْذَنُوا۟ بِحَرْبٍ مِّنَ ٱللَّهِ وَرَسُولِهِۦ ۖ وَإِن تُبْتُمْ فَلَكُمْ رُءُوسُ أَمْوَٰلِكُمْ لَا تَظْلِمُونَ وَلَا تُظْلَمُونَ

٢٨٠ وَإِن كَانَ ذُو عُسْرَةٍ فَنَظِرَةٌ إِلَىٰ مَيْسَرَةٍ ۚ وَأَن تَصَدَّقُوا۟ خَيْرٌ لَّكُمْ ۖ إِن كُنتُمْ تَعْلَمُونَ

٢٨١ وَٱتَّقُوا۟ يَوْمًا تُرْجَعُونَ فِيهِ إِلَى ٱللَّهِ ۖ ثُمَّ تُوَفَّىٰ كُلُّ نَفْسٍ مَّا كَسَبَتْ وَهُمْ لَا يُظْلَمُونَ

٢٨٢ يَٰٓأَيُّهَا ٱلَّذِينَ ءَامَنُوٓا۟ إِذَا تَدَايَنتُم بِدَيْنٍ إِلَىٰٓ أَجَلٍ مُّسَمًّى فَٱكْتُبُوهُ ۚ وَلْيَكْتُب بَّيْنَكُمْ كَاتِبٌۢ بِٱلْعَدْلِ ۚ وَلَا يَأْبَ كَاتِبٌ أَن يَكْتُبَ كَمَا عَلَّمَهُ ٱللَّهُ ۚ فَلْيَكْتُبْ وَلْيُمْلِلِ ٱلَّذِى عَلَيْهِ ٱلْحَقُّ وَلْيَتَّقِ ٱللَّهَ رَبَّهُۥ وَلَا يَبْخَسْ مِنْهُ شَيْـًٔا ۚ فَإِن كَانَ ٱلَّذِى عَلَيْهِ ٱلْحَقُّ سَفِيهًا أَوْ ضَعِيفًا أَوْ لَا يَسْتَطِيعُ أَن يُمِلَّ هُوَ فَلْيُمْلِلْ وَلِيُّهُۥ بِٱلْعَدْلِ ۚ وَٱسْتَشْهِدُوا۟ شَهِيدَيْنِ مِن رِّجَالِكُمْ ۖ فَإِن لَّمْ يَكُونَا رَجُلَيْنِ فَرَجُلٌ وَٱمْرَأَتَانِ مِمَّن تَرْضَوْنَ مِنَ ٱلشُّهَدَآءِ أَن تَضِلَّ إِحْدَىٰهُمَا فَتُذَكِّرَ إِحْدَىٰهُمَا ٱلْأُخْرَىٰ ۚ وَلَا يَأْبَ ٱلشُّهَدَآءُ إِذَا مَا دُعُوا۟ ۚ وَلَا تَسْـَٔمُوٓا۟ أَن تَكْتُبُوهُ صَغِيرًا أَوْ كَبِيرًا إِلَىٰ أَجَلِهِ ۚ ذَٰلِكُمْ أَقْسَطُ عِندَ ٱللَّهِ وَأَقْوَمُ لِلشَّهَٰدَةِ وَأَدْنَىٰٓ أَلَّا تَرْتَابُوٓا۟ ۖ إِلَّآ أَن تَكُونَ تِجَٰرَةً حَاضِرَةً تُدِيرُونَهَا بَيْنَكُمْ فَلَيْسَ عَلَيْكُمْ جُنَاحٌ أَلَّا تَكْتُبُوهَا ۗ وَأَشْهِدُوٓا۟ إِذَا تَبَايَعْتُمْ ۚ وَلَا يُضَآرَّ كَاتِبٌ وَلَا شَهِيدٌ ۚ وَإِن

تَفْعَلُوا فَإِنَّهُ فُسُوقٌ بِكُمْ وَٱتَّقُوا ٱللَّهَ
وَيُعَلِّمُكُمُ ٱللَّهُ وَٱللَّهُ بِكُلِّ شَىْءٍ عَلِيمٌ

٢٨٣ وَإِن كُنتُمْ عَلَىٰ سَفَرٍ وَلَمْ تَجِدُوا كَاتِبًا ۞
فَرِهَٰنٌ مَّقْبُوضَةٌ فَإِنْ أَمِنَ بَعْضُكُم بَعْضًا
فَلْيُؤَدِّ ٱلَّذِى ٱؤْتُمِنَ أَمَٰنَتَهُ وَلْيَتَّقِ ٱللَّهَ رَبَّهُ
وَلَا تَكْتُمُوا ٱلشَّهَٰدَةَ وَمَن يَكْتُمْهَا فَإِنَّهُ ءَاثِمٌ
قَلْبُهُ وَٱللَّهُ بِمَا تَعْمَلُونَ عَلِيمٌ

٢٨٤ لِّلَّهِ مَا فِى ٱلسَّمَٰوَٰتِ وَمَا فِى ٱلْأَرْضِ وَإِن
تُبْدُوا مَا فِى أَنفُسِكُمْ أَوْ تُخْفُوهُ يُحَاسِبْكُم بِهِ
ٱللَّهُ فَيَغْفِرُ لِمَن يَشَاءُ وَيُعَذِّبُ مَن يَشَاءُ
وَٱللَّهُ عَلَىٰ كُلِّ شَىْءٍ قَدِيرٌ

٢٨٥ ءَامَنَ ٱلرَّسُولُ بِمَا أُنزِلَ إِلَيْهِ مِن رَّبِّهِ
وَٱلْمُؤْمِنُونَ كُلٌّ ءَامَنَ بِٱللَّهِ وَمَلَٰئِكَتِهِ وَكُتُبِهِ
وَرُسُلِهِ لَا نُفَرِّقُ بَيْنَ أَحَدٍ مِّن رُّسُلِهِ وَقَالُوا
سَمِعْنَا وَأَطَعْنَا غُفْرَانَكَ رَبَّنَا وَإِلَيْكَ ٱلْمَصِيرُ

٢٨٦ لَا يُكَلِّفُ ٱللَّهُ نَفْسًا إِلَّا وُسْعَهَا لَهَا مَا كَسَبَتْ
وَعَلَيْهَا مَا ٱكْتَسَبَتْ رَبَّنَا لَا تُؤَاخِذْنَا إِن
نَّسِينَا أَوْ أَخْطَأْنَا رَبَّنَا وَلَا تَحْمِلْ عَلَيْنَا
إِصْرًا كَمَا حَمَلْتَهُ عَلَى ٱلَّذِينَ مِن قَبْلِنَا رَبَّنَا
وَلَا تُحَمِّلْنَا مَا لَا طَاقَةَ لَنَا بِهِ وَٱعْفُ عَنَّا
وَٱغْفِرْ لَنَا وَٱرْحَمْنَا أَنتَ مَوْلَىٰنَا فَٱنصُرْنَا
عَلَى ٱلْقَوْمِ ٱلْكَٰفِرِينَ

سورة آل عمران

١ الٓمٓ

٢ ٱللَّهُ لَا إِلَٰهَ إِلَّا هُوَ ٱلْحَىُّ ٱلْقَيُّومُ

٣ نَزَّلَ عَلَيْكَ ٱلْكِتَٰبَ بِٱلْحَقِّ مُصَدِّقًا لِّمَا بَيْنَ
يَدَيْهِ وَأَنزَلَ ٱلتَّوْرَىٰةَ وَٱلْإِنجِيلَ

٤ مِن قَبْلُ هُدًى لِّلنَّاسِ وَأَنزَلَ ٱلْفُرْقَانَ إِنَّ
ٱلَّذِينَ كَفَرُوا بِـَٔايَٰتِ ٱللَّهِ لَهُمْ عَذَابٌ شَدِيدٌ
وَٱللَّهُ عَزِيزٌ ذُو ٱنتِقَامٍ

---

٥ إِنَّ ٱللَّهَ لَا يَخْفَىٰ عَلَيْهِ شَىْءٌ فِى ٱلْأَرْضِ وَلَا
فِى ٱلسَّمَاءِ

٦ هُوَ ٱلَّذِى يُصَوِّرُكُمْ فِى ٱلْأَرْحَامِ كَيْفَ يَشَاءُ
لَا إِلَٰهَ إِلَّا هُوَ ٱلْعَزِيزُ ٱلْحَكِيمُ

٧ هُوَ ٱلَّذِى أَنزَلَ عَلَيْكَ ٱلْكِتَٰبَ مِنْهُ ءَايَٰتٌ
مُّحْكَمَٰتٌ هُنَّ أُمُّ ٱلْكِتَٰبِ وَأُخَرُ مُتَشَٰبِهَٰتٌ فَأَمَّا
ٱلَّذِينَ فِى قُلُوبِهِمْ زَيْغٌ فَيَتَّبِعُونَ مَا تَشَٰبَهَ
مِنْهُ ٱبْتِغَاءَ ٱلْفِتْنَةِ وَٱبْتِغَاءَ تَأْوِيلِهِ وَمَا يَعْلَمُ
تَأْوِيلَهُ إِلَّا ٱللَّهُ وَٱلرَّٰسِخُونَ فِى ٱلْعِلْمِ
يَقُولُونَ ءَامَنَّا بِهِ كُلٌّ مِّنْ عِندِ رَبِّنَا وَمَا
يَذَّكَّرُ إِلَّا أُولُوا ٱلْأَلْبَٰبِ

٨ رَبَّنَا لَا تُزِغْ قُلُوبَنَا بَعْدَ إِذْ هَدَيْتَنَا وَهَبْ لَنَا
مِن لَّدُنكَ رَحْمَةً إِنَّكَ أَنتَ ٱلْوَهَّابُ

٩ رَبَّنَا إِنَّكَ جَامِعُ ٱلنَّاسِ لِيَوْمٍ لَّا رَيْبَ فِيهِ إِنَّ
ٱللَّهَ لَا يُخْلِفُ ٱلْمِيعَادَ

١٠ إِنَّ ٱلَّذِينَ كَفَرُوا لَن تُغْنِىَ عَنْهُمْ أَمْوَٰلُهُمْ وَلَا
أَوْلَٰدُهُم مِّنَ ٱللَّهِ شَيْئًا وَأُولَٰئِكَ هُمْ وَقُودُ
ٱلنَّارِ

١١ كَدَأْبِ ءَالِ فِرْعَوْنَ وَٱلَّذِينَ مِن قَبْلِهِمْ كَذَّبُوا
بِـَٔايَٰتِنَا فَأَخَذَهُمُ ٱللَّهُ بِذُنُوبِهِمْ وَٱللَّهُ شَدِيدُ
ٱلْعِقَابِ

١٢ قُل لِّلَّذِينَ كَفَرُوا سَتُغْلَبُونَ وَتُحْشَرُونَ إِلَىٰ
جَهَنَّمَ وَبِئْسَ ٱلْمِهَادُ

١٣ قَدْ كَانَ لَكُمْ ءَايَةٌ فِى فِئَتَيْنِ ٱلْتَقَتَا فِئَةٌ تُقَٰتِلُ
فِى سَبِيلِ ٱللَّهِ وَأُخْرَىٰ كَافِرَةٌ يَرَوْنَهُم مِّثْلَيْهِمْ
رَأْىَ ٱلْعَيْنِ وَٱللَّهُ يُؤَيِّدُ بِنَصْرِهِ مَن يَشَاءُ
إِنَّ فِى ذَٰلِكَ لَعِبْرَةً لِّأُولِى ٱلْأَبْصَٰرِ

١٤ زُيِّنَ لِلنَّاسِ حُبُّ ٱلشَّهَوَٰتِ مِنَ ٱلنِّسَاءِ
وَٱلْبَنِينَ وَٱلْقَنَٰطِيرِ ٱلْمُقَنطَرَةِ مِنَ ٱلذَّهَبِ
وَٱلْفِضَّةِ وَٱلْخَيْلِ ٱلْمُسَوَّمَةِ وَٱلْأَنْعَٰمِ وَٱلْحَرْثِ
ذَٰلِكَ مَتَٰعُ ٱلْحَيَوٰةِ ٱلدُّنْيَا وَٱللَّهُ عِندَهُ حُسْنُ
ٱلْمَـَٔابِ

١٥ قُلْ أَؤُنَبِّئُكُم بِخَيْرٍ مِّن ذَٰلِكُمْ لِلَّذِينَ ٱتَّقَوْا عِندَ رَبِّهِمْ جَنَّٰتٌ تَجْرِى مِن تَحْتِهَا ٱلْأَنْهَٰرُ خَٰلِدِينَ فِيهَا وَأَزْوَٰجٌ مُّطَهَّرَةٌ وَرِضْوَٰنٌ مِّنَ ٱللَّهِ ۗ وَٱللَّهُ بَصِيرٌۢ بِٱلْعِبَادِ

١٦ ٱلَّذِينَ يَقُولُونَ رَبَّنَا إِنَّنَا ءَامَنَّا فَٱغْفِرْ لَنَا ذُنُوبَنَا وَقِنَا عَذَابَ ٱلنَّارِ

١٧ ٱلصَّٰبِرِينَ وَٱلصَّٰدِقِينَ وَٱلْقَٰنِتِينَ وَٱلْمُنفِقِينَ وَٱلْمُسْتَغْفِرِينَ بِٱلْأَسْحَارِ

١٨ شَهِدَ ٱللَّهُ أَنَّهُ لَا إِلَٰهَ إِلَّا هُوَ وَٱلْمَلَٰئِكَةُ وَأُو۟لُوا۟ ٱلْعِلْمِ قَآئِمَۢا بِٱلْقِسْطِ ۚ لَا إِلَٰهَ إِلَّا هُوَ ٱلْعَزِيزُ ٱلْحَكِيمُ

١٩ إِنَّ ٱلدِّينَ عِندَ ٱللَّهِ ٱلْإِسْلَٰمُ ۗ وَمَا ٱخْتَلَفَ ٱلَّذِينَ أُوتُوا۟ ٱلْكِتَٰبَ إِلَّا مِنۢ بَعْدِ مَا جَآءَهُمُ ٱلْعِلْمُ بَغْيًۢا بَيْنَهُمْ ۗ وَمَن يَكْفُرْ بِـَٔايَٰتِ ٱللَّهِ فَإِنَّ ٱللَّهَ سَرِيعُ ٱلْحِسَابِ

٢٠ فَإِنْ حَآجُّوكَ فَقُلْ أَسْلَمْتُ وَجْهِىَ لِلَّهِ وَمَنِ ٱتَّبَعَنِ ۗ وَقُل لِّلَّذِينَ أُوتُوا۟ ٱلْكِتَٰبَ وَٱلْأُمِّيِّـۧنَ ءَأَسْلَمْتُمْ ۚ فَإِنْ أَسْلَمُوا۟ فَقَدِ ٱهْتَدَوا۟ ۖ وَّإِن تَوَلَّوْا۟ فَإِنَّمَا عَلَيْكَ ٱلْبَلَٰغُ ۗ وَٱللَّهُ بَصِيرٌۢ بِٱلْعِبَادِ

٢١ إِنَّ ٱلَّذِينَ يَكْفُرُونَ بِـَٔايَٰتِ ٱللَّهِ وَيَقْتُلُونَ ٱلنَّبِيِّـۧنَ بِغَيْرِ حَقٍّ وَيَقْتُلُونَ ٱلَّذِينَ يَأْمُرُونَ بِٱلْقِسْطِ مِنَ ٱلنَّاسِ فَبَشِّرْهُم بِعَذَابٍ أَلِيمٍ

٢٢ أُو۟لَٰئِكَ ٱلَّذِينَ حَبِطَتْ أَعْمَٰلُهُمْ فِى ٱلدُّنْيَا وَٱلْءَاخِرَةِ وَمَا لَهُم مِّن نَّٰصِرِينَ

٢٣ أَلَمْ تَرَ إِلَى ٱلَّذِينَ أُوتُوا۟ نَصِيبًا مِّنَ ٱلْكِتَٰبِ يُدْعَوْنَ إِلَىٰ كِتَٰبِ ٱللَّهِ لِيَحْكُمَ بَيْنَهُمْ ثُمَّ يَتَوَلَّىٰ فَرِيقٌ مِّنْهُمْ وَهُم مُّعْرِضُونَ

٢٤ ذَٰلِكَ بِأَنَّهُمْ قَالُوا۟ لَن تَمَسَّنَا ٱلنَّارُ إِلَّا أَيَّامًا مَّعْدُودَٰتٍ ۖ وَغَرَّهُمْ فِى دِينِهِم مَّا كَانُوا۟ يَفْتَرُونَ

٢٥ فَكَيْفَ إِذَا جَمَعْنَٰهُمْ لِيَوْمٍ لَّا رَيْبَ فِيهِ وَوُفِّيَتْ كُلُّ نَفْسٍ مَّا كَسَبَتْ وَهُمْ لَا يُظْلَمُونَ

٢٦ قُلِ ٱللَّهُمَّ مَٰلِكَ ٱلْمُلْكِ تُؤْتِى ٱلْمُلْكَ مَن تَشَآءُ وَتَنزِعُ ٱلْمُلْكَ مِمَّن تَشَآءُ وَتُعِزُّ مَن تَشَآءُ وَتُذِلُّ مَن تَشَآءُ ۖ بِيَدِكَ ٱلْخَيْرُ ۖ إِنَّكَ عَلَىٰ كُلِّ شَىْءٍ قَدِيرٌ

٢٧ تُولِجُ ٱلَّيْلَ فِى ٱلنَّهَارِ وَتُولِجُ ٱلنَّهَارَ فِى ٱلَّيْلِ ۖ وَتُخْرِجُ ٱلْحَىَّ مِنَ ٱلْمَيِّتِ وَتُخْرِجُ ٱلْمَيِّتَ مِنَ ٱلْحَىِّ ۖ وَتَرْزُقُ مَن تَشَآءُ بِغَيْرِ حِسَابٍ

٢٨ لَّا يَتَّخِذِ ٱلْمُؤْمِنُونَ ٱلْكَٰفِرِينَ أَوْلِيَآءَ مِن دُونِ ٱلْمُؤْمِنِينَ ۖ وَمَن يَفْعَلْ ذَٰلِكَ فَلَيْسَ مِنَ ٱللَّهِ فِى شَىْءٍ إِلَّا أَن تَتَّقُوا۟ مِنْهُمْ تُقَىٰةً ۗ وَيُحَذِّرُكُمُ ٱللَّهُ نَفْسَهُ ۗ وَإِلَى ٱللَّهِ ٱلْمَصِيرُ

٢٩ قُلْ إِن تُخْفُوا۟ مَا فِى صُدُورِكُمْ أَوْ تُبْدُوهُ يَعْلَمْهُ ٱللَّهُ ۗ وَيَعْلَمُ مَا فِى ٱلسَّمَٰوَٰتِ وَمَا فِى ٱلْأَرْضِ ۗ وَٱللَّهُ عَلَىٰ كُلِّ شَىْءٍ قَدِيرٌ

٣٠ يَوْمَ تَجِدُ كُلُّ نَفْسٍ مَّا عَمِلَتْ مِنْ خَيْرٍ مُّحْضَرًا وَمَا عَمِلَتْ مِن سُوٓءٍ تَوَدُّ لَوْ أَنَّ بَيْنَهَا وَبَيْنَهُۥٓ أَمَدًۢا بَعِيدًا ۗ وَيُحَذِّرُكُمُ ٱللَّهُ نَفْسَهُ ۗ وَٱللَّهُ رَءُوفٌۢ بِٱلْعِبَادِ

٣١ قُلْ إِن كُنتُمْ تُحِبُّونَ ٱللَّهَ فَٱتَّبِعُونِى يُحْبِبْكُمُ ٱللَّهُ وَيَغْفِرْ لَكُمْ ذُنُوبَكُمْ ۗ وَٱللَّهُ غَفُورٌ رَّحِيمٌ

٣٢ قُلْ أَطِيعُوا۟ ٱللَّهَ وَٱلرَّسُولَ ۖ فَإِن تَوَلَّوْا۟ فَإِنَّ ٱللَّهَ لَا يُحِبُّ ٱلْكَٰفِرِينَ

٣٣ إِنَّ ٱللَّهَ ٱصْطَفَىٰٓ ءَادَمَ وَنُوحًا وَءَالَ إِبْرَٰهِيمَ وَءَالَ عِمْرَٰنَ عَلَى ٱلْعَٰلَمِينَ

٣٤ ذُرِّيَّةًۢ بَعْضُهَا مِنۢ بَعْضٍ ۗ وَٱللَّهُ سَمِيعٌ عَلِيمٌ

٣٥ إِذْ قَالَتِ ٱمْرَأَتُ عِمْرَٰنَ رَبِّ إِنِّى نَذَرْتُ لَكَ مَا فِى بَطْنِى مُحَرَّرًا فَتَقَبَّلْ مِنِّىٓ ۖ إِنَّكَ أَنتَ ٱلسَّمِيعُ ٱلْعَلِيمُ

٣٦ فَلَمَّا وَضَعَتْهَا قَالَتْ رَبِّ إِنِّى وَضَعْتُهَآ أُنثَىٰ وَٱللَّهُ أَعْلَمُ بِمَا وَضَعَتْ وَلَيْسَ ٱلذَّكَرُ كَٱلْأُنثَىٰ ۖ وَإِنِّى سَمَّيْتُهَا مَرْيَمَ وَإِنِّىٓ أُعِيذُهَا بِكَ وَذُرِّيَّتَهَا مِنَ ٱلشَّيْطَٰنِ ٱلرَّجِيمِ

٣٧ فَتَقَبَّلَهَا رَبُّهَا بِقَبُولٍ حَسَنٍ وَأَنْبَتَهَا نَبَاتًا حَسَنًا وَكَفَّلَهَا زَكَرِيَّا ۖ كُلَّمَا دَخَلَ عَلَيْهَا زَكَرِيَّا ٱلْمِحْرَابَ وَجَدَ عِندَهَا رِزْقًا ۖ قَالَ يَٰمَرْيَمُ أَنَّىٰ لَكِ هَٰذَا ۖ قَالَتْ هُوَ مِنْ عِندِ ٱللَّهِ ۖ إِنَّ ٱللَّهَ يَرْزُقُ مَن يَشَاءُ بِغَيْرِ حِسَابٍ

٣٨ هُنَالِكَ دَعَا زَكَرِيَّا رَبَّهُ ۖ قَالَ رَبِّ هَبْ لِى مِن لَّدُنكَ ذُرِّيَّةً طَيِّبَةً ۖ إِنَّكَ سَمِيعُ ٱلدُّعَاءِ

٣٩ فَنَادَتْهُ ٱلْمَلَٰئِكَةُ وَهُوَ قَائِمٌ يُصَلِّى فِى ٱلْمِحْرَابِ أَنَّ ٱللَّهَ يُبَشِّرُكَ بِيَحْيَىٰ مُصَدِّقًا بِكَلِمَةٍ مِّنَ ٱللَّهِ وَسَيِّدًا وَحَصُورًا وَنَبِيًّا مِّنَ ٱلصَّٰلِحِينَ

٤٠ قَالَ رَبِّ أَنَّىٰ يَكُونُ لِى غُلَٰمٌ وَقَدْ بَلَغَنِىَ ٱلْكِبَرُ وَٱمْرَأَتِى عَاقِرٌ ۖ قَالَ كَذَٰلِكَ ٱللَّهُ يَفْعَلُ مَا يَشَاءُ

٤١ قَالَ رَبِّ ٱجْعَل لِّى ءَايَةً ۖ قَالَ ءَايَتُكَ أَلَّا تُكَلِّمَ ٱلنَّاسَ ثَلَٰثَةَ أَيَّامٍ إِلَّا رَمْزًا ۖ وَٱذْكُر رَّبَّكَ كَثِيرًا وَسَبِّحْ بِٱلْعَشِىِّ وَٱلْإِبْكَٰرِ

٤٢ وَإِذْ قَالَتِ ٱلْمَلَٰئِكَةُ يَٰمَرْيَمُ إِنَّ ٱللَّهَ ٱصْطَفَٰكِ وَطَهَّرَكِ وَٱصْطَفَٰكِ عَلَىٰ نِسَاءِ ٱلْعَٰلَمِينَ

٤٣ يَٰمَرْيَمُ ٱقْنُتِى لِرَبِّكِ وَٱسْجُدِى وَٱرْكَعِى مَعَ ٱلرَّٰكِعِينَ

٤٤ ذَٰلِكَ مِنْ أَنۢبَاءِ ٱلْغَيْبِ نُوحِيهِ إِلَيْكَ ۚ وَمَا كُنتَ لَدَيْهِمْ إِذْ يُلْقُونَ أَقْلَٰمَهُمْ أَيُّهُمْ يَكْفُلُ مَرْيَمَ وَمَا كُنتَ لَدَيْهِمْ إِذْ يَخْتَصِمُونَ

٤٥ إِذْ قَالَتِ ٱلْمَلَٰئِكَةُ يَٰمَرْيَمُ إِنَّ ٱللَّهَ يُبَشِّرُكِ بِكَلِمَةٍ مِّنْهُ ٱسْمُهُ ٱلْمَسِيحُ عِيسَى ٱبْنُ مَرْيَمَ وَجِيهًا فِى ٱلدُّنْيَا وَٱلْءَاخِرَةِ وَمِنَ ٱلْمُقَرَّبِينَ

٤٦ وَيُكَلِّمُ ٱلنَّاسَ فِى ٱلْمَهْدِ وَكَهْلًا وَمِنَ ٱلصَّٰلِحِينَ

٤٧ قَالَتْ رَبِّ أَنَّىٰ يَكُونُ لِى وَلَدٌ وَلَمْ يَمْسَسْنِى بَشَرٌ ۖ قَالَ كَذَٰلِكِ ٱللَّهُ يَخْلُقُ مَا يَشَاءُ ۚ إِذَا قَضَىٰ أَمْرًا فَإِنَّمَا يَقُولُ لَهُ كُن فَيَكُونُ

٤٨ وَيُعَلِّمُهُ ٱلْكِتَٰبَ وَٱلْحِكْمَةَ وَٱلتَّوْرَىٰةَ وَٱلْإِنجِيلَ

٤٩ وَرَسُولًا إِلَىٰ بَنِى إِسْرَٰءِيلَ أَنِّى قَدْ جِئْتُكُم بِـَٔايَةٍ مِّن رَّبِّكُمْ ۖ أَنِّى أَخْلُقُ لَكُم مِّنَ ٱلطِّينِ كَهَيْـَٔةِ ٱلطَّيْرِ فَأَنفُخُ فِيهِ فَيَكُونُ طَيْرًا بِإِذْنِ ٱللَّهِ ۖ وَأُبْرِئُ ٱلْأَكْمَهَ وَٱلْأَبْرَصَ وَأُحْىِ ٱلْمَوْتَىٰ بِإِذْنِ ٱللَّهِ ۖ وَأُنَبِّئُكُم بِمَا تَأْكُلُونَ وَمَا تَدَّخِرُونَ فِى بُيُوتِكُمْ ۚ إِنَّ فِى ذَٰلِكَ لَءَايَةً لَّكُمْ إِن كُنتُم مُّؤْمِنِينَ

٥٠ وَمُصَدِّقًا لِّمَا بَيْنَ يَدَىَّ مِنَ ٱلتَّوْرَىٰةِ وَلِأُحِلَّ لَكُم بَعْضَ ٱلَّذِى حُرِّمَ عَلَيْكُمْ ۚ وَجِئْتُكُم بِـَٔايَةٍ مِّن رَّبِّكُمْ فَٱتَّقُوا ٱللَّهَ وَأَطِيعُونِ

٥١ إِنَّ ٱللَّهَ رَبِّى وَرَبُّكُمْ فَٱعْبُدُوهُ ۗ هَٰذَا صِرَٰطٌ مُّسْتَقِيمٌ

٥٢ فَلَمَّا أَحَسَّ عِيسَىٰ مِنْهُمُ ٱلْكُفْرَ قَالَ مَنْ أَنصَارِى إِلَى ٱللَّهِ ۖ قَالَ ٱلْحَوَارِيُّونَ نَحْنُ أَنصَارُ ٱللَّهِ ءَامَنَّا بِٱللَّهِ وَٱشْهَدْ بِأَنَّا مُسْلِمُونَ

٥٣ رَبَّنَا ءَامَنَّا بِمَا أَنزَلْتَ وَٱتَّبَعْنَا ٱلرَّسُولَ فَٱكْتُبْنَا مَعَ ٱلشَّٰهِدِينَ

٥٤ وَمَكَرُوا وَمَكَرَ ٱللَّهُ ۖ وَٱللَّهُ خَيْرُ ٱلْمَٰكِرِينَ

٥٥ إِذْ قَالَ ٱللَّهُ يَٰعِيسَىٰ إِنِّى مُتَوَفِّيكَ وَرَافِعُكَ إِلَىَّ وَمُطَهِّرُكَ مِنَ ٱلَّذِينَ كَفَرُوا وَجَاعِلُ ٱلَّذِينَ ٱتَّبَعُوكَ فَوْقَ ٱلَّذِينَ كَفَرُوا إِلَىٰ يَوْمِ ٱلْقِيَٰمَةِ ۖ ثُمَّ إِلَىَّ مَرْجِعُكُمْ فَأَحْكُمُ بَيْنَكُمْ فِيمَا كُنتُمْ فِيهِ تَخْتَلِفُونَ

٥٦ فَأَمَّا ٱلَّذِينَ كَفَرُوا فَأُعَذِّبُهُمْ عَذَابًا شَدِيدًا فِى ٱلدُّنْيَا وَٱلْءَاخِرَةِ وَمَا لَهُم مِّن نَّٰصِرِينَ

٥٧ وَأَمَّا ٱلَّذِينَ ءَامَنُوا وَعَمِلُوا ٱلصَّٰلِحَٰتِ فَيُوَفِّيهِمْ أُجُورَهُمْ ۗ وَٱللَّهُ لَا يُحِبُّ ٱلظَّٰلِمِينَ

٥٨ ذَٰلِكَ نَتْلُوهُ عَلَيْكَ مِنَ ٱلْءَايَٰتِ وَٱلذِّكْرِ ٱلْحَكِيمِ

٥٩ إِنَّ مَثَلَ عِيسَىٰ عِندَ ٱللَّهِ كَمَثَلِ ءَادَمَ ۖ خَلَقَهُ مِن تُرَابٍ ثُمَّ قَالَ لَهُ كُن فَيَكُونُ

٦٠ الْحَقُّ مِن رَّبِّكَ فَلَا تَكُن مِّنَ الْمُمْتَرِينَ

٦١ فَمَنْ حَاجَّكَ فِيهِ مِن بَعْدِ مَا جَاءَكَ مِنَ الْعِلْمِ فَقُلْ تَعَالَوْا نَدْعُ أَبْنَاءَنَا وَأَبْنَاءَكُمْ وَنِسَاءَنَا وَنِسَاءَكُمْ وَأَنفُسَنَا وَأَنفُسَكُمْ ثُمَّ نَبْتَهِلْ فَنَجْعَل لَّعْنَتَ اللَّهِ عَلَى الْكَاذِبِينَ

٦٢ إِنَّ هَٰذَا لَهُوَ الْقَصَصُ الْحَقُّ وَمَا مِنْ إِلَٰهٍ إِلَّا اللَّهُ وَإِنَّ اللَّهَ لَهُوَ الْعَزِيزُ الْحَكِيمُ

٦٣ فَإِن تَوَلَّوْا فَإِنَّ اللَّهَ عَلِيمٌ بِالْمُفْسِدِينَ

٦٤ قُلْ يَا أَهْلَ الْكِتَابِ تَعَالَوْا إِلَىٰ كَلِمَةٍ سَوَاءٍ بَيْنَنَا وَبَيْنَكُمْ أَلَّا نَعْبُدَ إِلَّا اللَّهَ وَلَا نُشْرِكَ بِهِ شَيْئًا وَلَا يَتَّخِذَ بَعْضُنَا بَعْضًا أَرْبَابًا مِّن دُونِ اللَّهِ فَإِن تَوَلَّوْا فَقُولُوا اشْهَدُوا بِأَنَّا مُسْلِمُونَ

٦٥ يَا أَهْلَ الْكِتَابِ لِمَ تُحَاجُّونَ فِي إِبْرَاهِيمَ وَمَا أُنزِلَتِ التَّوْرَاةُ وَالْإِنجِيلُ إِلَّا مِنْ بَعْدِهِ أَفَلَا تَعْقِلُونَ

٦٦ هَا أَنتُمْ هَٰؤُلَاءِ حَاجَجْتُمْ فِيمَا لَكُم بِهِ عِلْمٌ فَلِمَ تُحَاجُّونَ فِيمَا لَيْسَ لَكُم بِهِ عِلْمٌ وَاللَّهُ يَعْلَمُ وَأَنتُمْ لَا تَعْلَمُونَ

٦٧ مَا كَانَ إِبْرَاهِيمُ يَهُودِيًّا وَلَا نَصْرَانِيًّا وَلَٰكِن كَانَ حَنِيفًا مُّسْلِمًا وَمَا كَانَ مِنَ الْمُشْرِكِينَ

٦٨ إِنَّ أَوْلَى النَّاسِ بِإِبْرَاهِيمَ لَلَّذِينَ اتَّبَعُوهُ وَهَٰذَا النَّبِيُّ وَالَّذِينَ آمَنُوا وَاللَّهُ وَلِيُّ الْمُؤْمِنِينَ

٦٩ وَدَّت طَّائِفَةٌ مِّنْ أَهْلِ الْكِتَابِ لَوْ يُضِلُّونَكُمْ وَمَا يُضِلُّونَ إِلَّا أَنفُسَهُمْ وَمَا يَشْعُرُونَ

٧٠ يَا أَهْلَ الْكِتَابِ لِمَ تَكْفُرُونَ بِآيَاتِ اللَّهِ وَأَنتُمْ تَشْهَدُونَ

٧١ يَا أَهْلَ الْكِتَابِ لِمَ تَلْبِسُونَ الْحَقَّ بِالْبَاطِلِ وَتَكْتُمُونَ الْحَقَّ وَأَنتُمْ تَعْلَمُونَ

٧٢ وَقَالَت طَّائِفَةٌ مِّنْ أَهْلِ الْكِتَابِ آمِنُوا بِالَّذِي أُنزِلَ عَلَى الَّذِينَ آمَنُوا وَجْهَ النَّهَارِ وَاكْفُرُوا آخِرَهُ لَعَلَّهُمْ يَرْجِعُونَ

٧٣ وَلَا تُؤْمِنُوا إِلَّا لِمَن تَبِعَ دِينَكُمْ قُلْ إِنَّ الْهُدَىٰ هُدَى اللَّهِ أَن يُؤْتَىٰ أَحَدٌ مِّثْلَ مَا أُوتِيتُمْ أَوْ يُحَاجُّوكُمْ عِندَ رَبِّكُمْ قُلْ إِنَّ الْفَضْلَ بِيَدِ اللَّهِ يُؤْتِيهِ مَن يَشَاءُ وَاللَّهُ وَاسِعٌ عَلِيمٌ

٧٤ يَخْتَصُّ بِرَحْمَتِهِ مَن يَشَاءُ وَاللَّهُ ذُو الْفَضْلِ الْعَظِيمِ

٧٥ وَمِنْ أَهْلِ الْكِتَابِ مَنْ إِن تَأْمَنْهُ بِقِنطَارٍ يُؤَدِّهِ إِلَيْكَ وَمِنْهُم مَّنْ إِن تَأْمَنْهُ بِدِينَارٍ لَّا يُؤَدِّهِ إِلَيْكَ إِلَّا مَا دُمْتَ عَلَيْهِ قَائِمًا ذَٰلِكَ بِأَنَّهُمْ قَالُوا لَيْسَ عَلَيْنَا فِي الْأُمِّيِّينَ سَبِيلٌ وَيَقُولُونَ عَلَى اللَّهِ الْكَذِبَ وَهُمْ يَعْلَمُونَ

٧٦ بَلَىٰ مَنْ أَوْفَىٰ بِعَهْدِهِ وَاتَّقَىٰ فَإِنَّ اللَّهَ يُحِبُّ الْمُتَّقِينَ

٧٧ إِنَّ الَّذِينَ يَشْتَرُونَ بِعَهْدِ اللَّهِ وَأَيْمَانِهِمْ ثَمَنًا قَلِيلًا أُولَٰئِكَ لَا خَلَاقَ لَهُمْ فِي الْآخِرَةِ وَلَا يُكَلِّمُهُمُ اللَّهُ وَلَا يَنظُرُ إِلَيْهِمْ يَوْمَ الْقِيَامَةِ وَلَا يُزَكِّيهِمْ وَلَهُمْ عَذَابٌ أَلِيمٌ

٧٨ وَإِنَّ مِنْهُمْ لَفَرِيقًا يَلْوُونَ أَلْسِنَتَهُم بِالْكِتَابِ لِتَحْسَبُوهُ مِنَ الْكِتَابِ وَمَا هُوَ مِنَ الْكِتَابِ وَيَقُولُونَ هُوَ مِنْ عِندِ اللَّهِ وَمَا هُوَ مِنْ عِندِ اللَّهِ وَيَقُولُونَ عَلَى اللَّهِ الْكَذِبَ وَهُمْ يَعْلَمُونَ

٧٩ مَا كَانَ لِبَشَرٍ أَن يُؤْتِيَهُ اللَّهُ الْكِتَابَ وَالْحُكْمَ وَالنُّبُوَّةَ ثُمَّ يَقُولَ لِلنَّاسِ كُونُوا عِبَادًا لِّي مِن دُونِ اللَّهِ وَلَٰكِن كُونُوا رَبَّانِيِّينَ بِمَا كُنتُمْ تُعَلِّمُونَ الْكِتَابَ وَبِمَا كُنتُمْ تَدْرُسُونَ

٨٠ وَلَا يَأْمُرَكُمْ أَن تَتَّخِذُوا الْمَلَائِكَةَ وَالنَّبِيِّينَ أَرْبَابًا أَيَأْمُرُكُم بِالْكُفْرِ بَعْدَ إِذْ أَنتُم مُّسْلِمُونَ

٨١ وَإِذْ أَخَذَ اللَّهُ مِيثَاقَ النَّبِيِّينَ لَمَا آتَيْتُكُم مِّن كِتَابٍ وَحِكْمَةٍ ثُمَّ جَاءَكُمْ رَسُولٌ مُّصَدِّقٌ لِّمَا مَعَكُمْ لَتُؤْمِنُنَّ بِهِ وَلَتَنصُرُنَّهُ قَالَ أَأَقْرَرْتُمْ وَأَخَذْتُمْ عَلَىٰ ذَٰلِكُمْ إِصْرِي قَالُوا أَقْرَرْنَا قَالَ فَاشْهَدُوا وَأَنَا مَعَكُم مِّنَ الشَّاهِدِينَ

٨٢ فَمَن تَوَلَّىٰ بَعْدَ ذَٰلِكَ فَأُو۟لَٰٓئِكَ هُمُ ٱلْفَٰسِقُونَ

٨٣ أَفَغَيْرَ دِينِ ٱللَّهِ يَبْغُونَ وَلَهُۥٓ أَسْلَمَ مَن فِى ٱلسَّمَٰوَٰتِ وَٱلْأَرْضِ طَوْعًا وَكَرْهًا وَإِلَيْهِ يُرْجَعُونَ

٨٤ قُلْ ءَامَنَّا بِٱللَّهِ وَمَآ أُنزِلَ عَلَيْنَا وَمَآ أُنزِلَ عَلَىٰٓ إِبْرَٰهِيمَ وَإِسْمَٰعِيلَ وَإِسْحَٰقَ وَيَعْقُوبَ وَٱلْأَسْبَاطِ وَمَآ أُوتِىَ مُوسَىٰ وَعِيسَىٰ وَٱلنَّبِيُّونَ مِن رَّبِّهِمْ لَا نُفَرِّقُ بَيْنَ أَحَدٍ مِّنْهُمْ وَنَحْنُ لَهُۥ مُسْلِمُونَ

٨٥ وَمَن يَبْتَغِ غَيْرَ ٱلْإِسْلَٰمِ دِينًا فَلَن يُقْبَلَ مِنْهُ وَهُوَ فِى ٱلْءَاخِرَةِ مِنَ ٱلْخَٰسِرِينَ

٨٦ كَيْفَ يَهْدِى ٱللَّهُ قَوْمًا كَفَرُوا۟ بَعْدَ إِيمَٰنِهِمْ وَشَهِدُوٓا۟ أَنَّ ٱلرَّسُولَ حَقٌّ وَجَآءَهُمُ ٱلْبَيِّنَٰتُ وَٱللَّهُ لَا يَهْدِى ٱلْقَوْمَ ٱلظَّٰلِمِينَ

٨٧ أُو۟لَٰٓئِكَ جَزَآؤُهُمْ أَنَّ عَلَيْهِمْ لَعْنَةَ ٱللَّهِ وَٱلْمَلَٰٓئِكَةِ وَٱلنَّاسِ أَجْمَعِينَ

٨٨ خَٰلِدِينَ فِيهَا لَا يُخَفَّفُ عَنْهُمُ ٱلْعَذَابُ وَلَا هُمْ يُنظَرُونَ

٨٩ إِلَّا ٱلَّذِينَ تَابُوا۟ مِنۢ بَعْدِ ذَٰلِكَ وَأَصْلَحُوا۟ فَإِنَّ ٱللَّهَ غَفُورٌ رَّحِيمٌ

٩٠ إِنَّ ٱلَّذِينَ كَفَرُوا۟ بَعْدَ إِيمَٰنِهِمْ ثُمَّ ٱزْدَادُوا۟ كُفْرًا لَّن تُقْبَلَ تَوْبَتُهُمْ وَأُو۟لَٰٓئِكَ هُمُ ٱلضَّآلُّونَ

٩١ إِنَّ ٱلَّذِينَ كَفَرُوا۟ وَمَاتُوا۟ وَهُمْ كُفَّارٌ فَلَن يُقْبَلَ مِنْ أَحَدِهِم مِّلْءُ ٱلْأَرْضِ ذَهَبًا وَلَوِ ٱفْتَدَىٰ بِهِۦٓ أُو۟لَٰٓئِكَ لَهُمْ عَذَابٌ أَلِيمٌ وَمَا لَهُم مِّن نَّٰصِرِينَ

٩٢ لَن تَنَالُوا۟ ٱلْبِرَّ حَتَّىٰ تُنفِقُوا۟ مِمَّا تُحِبُّونَ وَمَا تُنفِقُوا۟ مِن شَىْءٍ فَإِنَّ ٱللَّهَ بِهِۦ عَلِيمٌ

٩٣ كُلُّ ٱلطَّعَامِ كَانَ حِلًّا لِّبَنِىٓ إِسْرَٰٓءِيلَ إِلَّا مَا حَرَّمَ إِسْرَٰٓءِيلُ عَلَىٰ نَفْسِهِۦ مِن قَبْلِ أَن تُنَزَّلَ ٱلتَّوْرَىٰةُ قُلْ فَأْتُوا۟ بِٱلتَّوْرَىٰةِ فَٱتْلُوهَآ إِن كُنتُمْ صَٰدِقِينَ

٩٤ فَمَنِ ٱفْتَرَىٰ عَلَى ٱللَّهِ ٱلْكَذِبَ مِنۢ بَعْدِ ذَٰلِكَ فَأُو۟لَٰٓئِكَ هُمُ ٱلظَّٰلِمُونَ

٩٥ قُلْ صَدَقَ ٱللَّهُ فَٱتَّبِعُوا۟ مِلَّةَ إِبْرَٰهِيمَ حَنِيفًا وَمَا كَانَ مِنَ ٱلْمُشْرِكِينَ

٩٦ إِنَّ أَوَّلَ بَيْتٍ وُضِعَ لِلنَّاسِ لَلَّذِى بِبَكَّةَ مُبَارَكًا وَهُدًى لِّلْعَٰلَمِينَ

٩٧ فِيهِ ءَايَٰتٌۢ بَيِّنَٰتٌ مَّقَامُ إِبْرَٰهِيمَ وَمَن دَخَلَهُۥ كَانَ ءَامِنًا وَلِلَّهِ عَلَى ٱلنَّاسِ حِجُّ ٱلْبَيْتِ مَنِ ٱسْتَطَاعَ إِلَيْهِ سَبِيلًا وَمَن كَفَرَ فَإِنَّ ٱللَّهَ غَنِىٌّ عَنِ ٱلْعَٰلَمِينَ

٩٨ قُلْ يَٰٓأَهْلَ ٱلْكِتَٰبِ لِمَ تَكْفُرُونَ بِـَٔايَٰتِ ٱللَّهِ وَٱللَّهُ شَهِيدٌ عَلَىٰ مَا تَعْمَلُونَ

٩٩ قُلْ يَٰٓأَهْلَ ٱلْكِتَٰبِ لِمَ تَصُدُّونَ عَن سَبِيلِ ٱللَّهِ مَنْ ءَامَنَ تَبْغُونَهَا عِوَجًا وَأَنتُمْ شُهَدَآءُ وَمَا ٱللَّهُ بِغَٰفِلٍ عَمَّا تَعْمَلُونَ

١٠٠ يَٰٓأَيُّهَا ٱلَّذِينَ ءَامَنُوٓا۟ إِن تُطِيعُوا۟ فَرِيقًا مِّنَ ٱلَّذِينَ أُوتُوا۟ ٱلْكِتَٰبَ يَرُدُّوكُم بَعْدَ إِيمَٰنِكُمْ كَٰفِرِينَ

١٠١ وَكَيْفَ تَكْفُرُونَ وَأَنتُمْ تُتْلَىٰ عَلَيْكُمْ ءَايَٰتُ ٱللَّهِ وَفِيكُمْ رَسُولُهُۥ وَمَن يَعْتَصِم بِٱللَّهِ فَقَدْ هُدِىَ إِلَىٰ صِرَٰطٍ مُّسْتَقِيمٍ

١٠٢ يَٰٓأَيُّهَا ٱلَّذِينَ ءَامَنُوا۟ ٱتَّقُوا۟ ٱللَّهَ حَقَّ تُقَاتِهِۦ وَلَا تَمُوتُنَّ إِلَّا وَأَنتُم مُّسْلِمُونَ

١٠٣ وَٱعْتَصِمُوا۟ بِحَبْلِ ٱللَّهِ جَمِيعًا وَلَا تَفَرَّقُوا۟ وَٱذْكُرُوا۟ نِعْمَتَ ٱللَّهِ عَلَيْكُمْ إِذْ كُنتُمْ أَعْدَآءً فَأَلَّفَ بَيْنَ قُلُوبِكُمْ فَأَصْبَحْتُم بِنِعْمَتِهِۦٓ إِخْوَٰنًا وَكُنتُمْ عَلَىٰ شَفَا حُفْرَةٍ مِّنَ ٱلنَّارِ فَأَنقَذَكُم مِّنْهَا كَذَٰلِكَ يُبَيِّنُ ٱللَّهُ لَكُمْ ءَايَٰتِهِۦ لَعَلَّكُمْ تَهْتَدُونَ

١٠٤ وَلْتَكُن مِّنكُمْ أُمَّةٌ يَدْعُونَ إِلَى ٱلْخَيْرِ وَيَأْمُرُونَ بِٱلْمَعْرُوفِ وَيَنْهَوْنَ عَنِ ٱلْمُنكَرِ وَأُو۟لَٰٓئِكَ هُمُ ٱلْمُفْلِحُونَ

١٠٥ وَلَا تَكُونُوا۟ كَٱلَّذِينَ تَفَرَّقُوا۟ وَٱخْتَلَفُوا۟ مِنۢ بَعْدِ مَا جَآءَهُمُ ٱلْبَيِّنَٰتُ وَأُو۟لَٰٓئِكَ لَهُمْ عَذَابٌ عَظِيمٌ

١٠٦ يَوْمَ تَبْيَضُّ وُجُوهٌ وَتَسْوَدُّ وُجُوهٌ فَأَمَّا ٱلَّذِينَ ٱسْوَدَّتْ وُجُوهُهُمْ أَكَفَرْتُم بَعْدَ إِيمَٰنِكُمْ فَذُوقُوا۟ ٱلْعَذَابَ بِمَا كُنتُمْ تَكْفُرُونَ

١٠٧ وَأَمَّا ٱلَّذِينَ ٱبْيَضَّتْ وُجُوهُهُمْ فَفِى رَحْمَةِ ٱللَّهِ هُمْ فِيهَا خَٰلِدُونَ

١٠٨ تِلْكَ ءَايَٰتُ ٱللَّهِ نَتْلُوهَا عَلَيْكَ بِٱلْحَقِّ وَمَا ٱللَّهُ يُرِيدُ ظُلْمًا لِّلْعَٰلَمِينَ

١٠٩ وَلِلَّهِ مَا فِى ٱلسَّمَٰوَٰتِ وَمَا فِى ٱلْأَرْضِ وَإِلَى ٱللَّهِ تُرْجَعُ ٱلْأُمُورُ

١١٠ كُنتُمْ خَيْرَ أُمَّةٍ أُخْرِجَتْ لِلنَّاسِ تَأْمُرُونَ بِٱلْمَعْرُوفِ وَتَنْهَوْنَ عَنِ ٱلْمُنكَرِ وَتُؤْمِنُونَ بِٱللَّهِ وَلَوْ ءَامَنَ أَهْلُ ٱلْكِتَٰبِ لَكَانَ خَيْرًا لَّهُم مِّنْهُمُ ٱلْمُؤْمِنُونَ وَأَكْثَرُهُمُ ٱلْفَٰسِقُونَ

١١١ لَن يَضُرُّوكُمْ إِلَّآ أَذًى وَإِن يُقَٰتِلُوكُمْ يُوَلُّوكُمُ ٱلْأَدْبَارَ ثُمَّ لَا يُنصَرُونَ

١١٢ ضُرِبَتْ عَلَيْهِمُ ٱلذِّلَّةُ أَيْنَ مَا ثُقِفُوٓا۟ إِلَّا بِحَبْلٍ مِّنَ ٱللَّهِ وَحَبْلٍ مِّنَ ٱلنَّاسِ وَبَآءُو بِغَضَبٍ مِّنَ ٱللَّهِ وَضُرِبَتْ عَلَيْهِمُ ٱلْمَسْكَنَةُ ذَٰلِكَ بِأَنَّهُمْ كَانُوا۟ يَكْفُرُونَ بِـَٔايَٰتِ ٱللَّهِ وَيَقْتُلُونَ ٱلْأَنۢبِيَآءَ بِغَيْرِ حَقٍّ ذَٰلِكَ بِمَا عَصَوا۟ وَّكَانُوا۟ يَعْتَدُونَ

١١٣ لَيْسُوا۟ سَوَآءً مِّنْ أَهْلِ ٱلْكِتَٰبِ أُمَّةٌ قَآئِمَةٌ يَتْلُونَ ءَايَٰتِ ٱللَّهِ ءَانَآءَ ٱلَّيْلِ وَهُمْ يَسْجُدُونَ

١١٤ يُؤْمِنُونَ بِٱللَّهِ وَٱلْيَوْمِ ٱلْءَاخِرِ وَيَأْمُرُونَ بِٱلْمَعْرُوفِ وَيَنْهَوْنَ عَنِ ٱلْمُنكَرِ وَيُسَٰرِعُونَ فِى ٱلْخَيْرَٰتِ وَأُو۟لَٰٓئِكَ مِنَ ٱلصَّٰلِحِينَ

١١٥ وَمَا يَفْعَلُوا۟ مِنْ خَيْرٍ فَلَن يُكْفَرُوهُ وَٱللَّهُ عَلِيمٌۢ بِٱلْمُتَّقِينَ

١١٦ إِنَّ ٱلَّذِينَ كَفَرُوا۟ لَن تُغْنِىَ عَنْهُمْ أَمْوَٰلُهُمْ وَلَآ أَوْلَٰدُهُم مِّنَ ٱللَّهِ شَيْـًٔا وَأُو۟لَٰٓئِكَ أَصْحَٰبُ ٱلنَّارِ هُمْ فِيهَا خَٰلِدُونَ

١١٧ مَثَلُ مَا يُنفِقُونَ فِى هَٰذِهِ ٱلْحَيَوٰةِ ٱلدُّنْيَا كَمَثَلِ رِيحٍ فِيهَا صِرٌّ أَصَابَتْ حَرْثَ قَوْمٍ ظَلَمُوٓا۟ أَنفُسَهُمْ فَأَهْلَكَتْهُ وَمَا ظَلَمَهُمُ ٱللَّهُ وَلَٰكِنْ أَنفُسَهُمْ يَظْلِمُونَ

١١٨ يَٰٓأَيُّهَا ٱلَّذِينَ ءَامَنُوا۟ لَا تَتَّخِذُوا۟ بِطَانَةً مِّن دُونِكُمْ لَا يَأْلُونَكُمْ خَبَالًا وَدُّوا۟ مَا عَنِتُّمْ قَدْ بَدَتِ ٱلْبَغْضَآءُ مِنْ أَفْوَٰهِهِمْ وَمَا تُخْفِى صُدُورُهُمْ أَكْبَرُ قَدْ بَيَّنَّا لَكُمُ ٱلْءَايَٰتِ إِن كُنتُمْ تَعْقِلُونَ

١١٩ هَٰٓأَنتُمْ أُو۟لَآءِ تُحِبُّونَهُمْ وَلَا يُحِبُّونَكُمْ وَتُؤْمِنُونَ بِٱلْكِتَٰبِ كُلِّهِۦ وَإِذَا لَقُوكُمْ قَالُوٓا۟ ءَامَنَّا وَإِذَا خَلَوْا۟ عَضُّوا۟ عَلَيْكُمُ ٱلْأَنَامِلَ مِنَ ٱلْغَيْظِ قُلْ مُوتُوا۟ بِغَيْظِكُمْ إِنَّ ٱللَّهَ عَلِيمٌۢ بِذَاتِ ٱلصُّدُورِ

١٢٠ إِن تَمْسَسْكُمْ حَسَنَةٌ تَسُؤْهُمْ وَإِن تُصِبْكُمْ سَيِّئَةٌ يَفْرَحُوا۟ بِهَا وَإِن تَصْبِرُوا۟ وَتَتَّقُوا۟ لَا يَضُرُّكُمْ كَيْدُهُمْ شَيْـًٔا إِنَّ ٱللَّهَ بِمَا يَعْمَلُونَ مُحِيطٌ

١٢١ وَإِذْ غَدَوْتَ مِنْ أَهْلِكَ تُبَوِّئُ ٱلْمُؤْمِنِينَ مَقَٰعِدَ لِلْقِتَالِ وَٱللَّهُ سَمِيعٌ عَلِيمٌ

١٢٢ إِذْ هَمَّت طَّآئِفَتَانِ مِنكُمْ أَن تَفْشَلَا وَٱللَّهُ وَلِيُّهُمَا وَعَلَى ٱللَّهِ فَلْيَتَوَكَّلِ ٱلْمُؤْمِنُونَ

١٢٣ وَلَقَدْ نَصَرَكُمُ ٱللَّهُ بِبَدْرٍ وَأَنتُمْ أَذِلَّةٌ فَٱتَّقُوا۟ ٱللَّهَ لَعَلَّكُمْ تَشْكُرُونَ

١٢٤ إِذْ تَقُولُ لِلْمُؤْمِنِينَ أَلَن يَكْفِيَكُمْ أَن يُمِدَّكُمْ رَبُّكُم بِثَلَٰثَةِ ءَالَٰفٍ مِّنَ ٱلْمَلَٰٓئِكَةِ مُنزَلِينَ

١٢٥ بَلَىٰ إِن تَصْبِرُوا۟ وَتَتَّقُوا۟ وَيَأْتُوكُم مِّن فَوْرِهِمْ هَٰذَا يُمْدِدْكُمْ رَبُّكُم بِخَمْسَةِ ءَالَٰفٍ مِّنَ ٱلْمَلَٰئِكَةِ مُسَوِّمِينَ

١٢٦ وَمَا جَعَلَهُ ٱللَّهُ إِلَّا بُشْرَىٰ لَكُمْ وَلِتَطْمَئِنَّ قُلُوبُكُم بِهِۦ ۗ وَمَا ٱلنَّصْرُ إِلَّا مِنْ عِندِ ٱللَّهِ ٱلْعَزِيزِ ٱلْحَكِيمِ

١٢٧ لِيَقْطَعَ طَرَفًا مِّنَ ٱلَّذِينَ كَفَرُوا۟ أَوْ يَكْبِتَهُمْ فَيَنقَلِبُوا۟ خَآئِبِينَ

١٢٨ لَيْسَ لَكَ مِنَ ٱلْأَمْرِ شَىْءٌ أَوْ يَتُوبَ عَلَيْهِمْ أَوْ يُعَذِّبَهُمْ فَإِنَّهُمْ ظَٰلِمُونَ

١٢٩ وَلِلَّهِ مَا فِى ٱلسَّمَٰوَٰتِ وَمَا فِى ٱلْأَرْضِ ۚ يَغْفِرُ لِمَن يَشَآءُ وَيُعَذِّبُ مَن يَشَآءُ ۚ وَٱللَّهُ غَفُورٌ رَّحِيمٌ

١٣٠ يَٰٓأَيُّهَا ٱلَّذِينَ ءَامَنُوا۟ لَا تَأْكُلُوا۟ ٱلرِّبَوٰٓا۟ أَضْعَٰفًا مُّضَٰعَفَةً ۖ وَٱتَّقُوا۟ ٱللَّهَ لَعَلَّكُمْ تُفْلِحُونَ

١٣١ وَٱتَّقُوا۟ ٱلنَّارَ ٱلَّتِىٓ أُعِدَّتْ لِلْكَٰفِرِينَ

١٣٢ وَأَطِيعُوا۟ ٱللَّهَ وَٱلرَّسُولَ لَعَلَّكُمْ تُرْحَمُونَ

١٣٣ وَسَارِعُوٓا۟ إِلَىٰ مَغْفِرَةٍ مِّن رَّبِّكُمْ وَجَنَّةٍ عَرْضُهَا ٱلسَّمَٰوَٰتُ وَٱلْأَرْضُ أُعِدَّتْ لِلْمُتَّقِينَ

١٣٤ ٱلَّذِينَ يُنفِقُونَ فِى ٱلسَّرَّآءِ وَٱلضَّرَّآءِ وَٱلْكَٰظِمِينَ ٱلْغَيْظَ وَٱلْعَافِينَ عَنِ ٱلنَّاسِ ۗ وَٱللَّهُ يُحِبُّ ٱلْمُحْسِنِينَ

١٣٥ وَٱلَّذِينَ إِذَا فَعَلُوا۟ فَٰحِشَةً أَوْ ظَلَمُوٓا۟ أَنفُسَهُمْ ذَكَرُوا۟ ٱللَّهَ فَٱسْتَغْفَرُوا۟ لِذُنُوبِهِمْ وَمَن يَغْفِرُ ٱلذُّنُوبَ إِلَّا ٱللَّهُ وَلَمْ يُصِرُّوا۟ عَلَىٰ مَا فَعَلُوا۟ وَهُمْ يَعْلَمُونَ

١٣٦ أُو۟لَٰٓئِكَ جَزَآؤُهُم مَّغْفِرَةٌ مِّن رَّبِّهِمْ وَجَنَّٰتٌ تَجْرِى مِن تَحْتِهَا ٱلْأَنْهَٰرُ خَٰلِدِينَ فِيهَا ۚ وَنِعْمَ أَجْرُ ٱلْعَٰمِلِينَ

١٣٧ قَدْ خَلَتْ مِن قَبْلِكُمْ سُنَنٌ فَسِيرُوا۟ فِى ٱلْأَرْضِ فَٱنظُرُوا۟ كَيْفَ كَانَ عَٰقِبَةُ ٱلْمُكَذِّبِينَ

١٣٨ هَٰذَا بَيَانٌ لِّلنَّاسِ وَهُدًى وَمَوْعِظَةٌ لِّلْمُتَّقِينَ

١٣٩ وَلَا تَهِنُوا۟ وَلَا تَحْزَنُوا۟ وَأَنتُمُ ٱلْأَعْلَوْنَ إِن كُنتُم مُّؤْمِنِينَ

١٤٠ إِن يَمْسَسْكُمْ قَرْحٌ فَقَدْ مَسَّ ٱلْقَوْمَ قَرْحٌ مِّثْلُهُۥ وَتِلْكَ ٱلْأَيَّامُ نُدَاوِلُهَا بَيْنَ ٱلنَّاسِ وَلِيَعْلَمَ ٱللَّهُ ٱلَّذِينَ ءَامَنُوا۟ وَيَتَّخِذَ مِنكُمْ شُهَدَآءَ ۗ وَٱللَّهُ لَا يُحِبُّ ٱلظَّٰلِمِينَ

١٤١ وَلِيُمَحِّصَ ٱللَّهُ ٱلَّذِينَ ءَامَنُوا۟ وَيَمْحَقَ ٱلْكَٰفِرِينَ

١٤٢ أَمْ حَسِبْتُمْ أَن تَدْخُلُوا۟ ٱلْجَنَّةَ وَلَمَّا يَعْلَمِ ٱللَّهُ ٱلَّذِينَ جَٰهَدُوا۟ مِنكُمْ وَيَعْلَمَ ٱلصَّٰبِرِينَ

١٤٣ وَلَقَدْ كُنتُمْ تَمَنَّوْنَ ٱلْمَوْتَ مِن قَبْلِ أَن تَلْقَوْهُ فَقَدْ رَأَيْتُمُوهُ وَأَنتُمْ تَنظُرُونَ

١٤٤ وَمَا مُحَمَّدٌ إِلَّا رَسُولٌ قَدْ خَلَتْ مِن قَبْلِهِ ٱلرُّسُلُ ۚ أَفَإِي۟ن مَّاتَ أَوْ قُتِلَ ٱنقَلَبْتُمْ عَلَىٰٓ أَعْقَٰبِكُمْ ۚ وَمَن يَنقَلِبْ عَلَىٰ عَقِبَيْهِ فَلَن يَضُرَّ ٱللَّهَ شَيْـًٔا ۗ وَسَيَجْزِى ٱللَّهُ ٱلشَّٰكِرِينَ

١٤٥ وَمَا كَانَ لِنَفْسٍ أَن تَمُوتَ إِلَّا بِإِذْنِ ٱللَّهِ كِتَٰبًا مُّؤَجَّلًا ۗ وَمَن يُرِدْ ثَوَابَ ٱلدُّنْيَا نُؤْتِهِۦ مِنْهَا وَمَن يُرِدْ ثَوَابَ ٱلْءَاخِرَةِ نُؤْتِهِۦ مِنْهَا ۚ وَسَنَجْزِى ٱلشَّٰكِرِينَ

١٤٦ وَكَأَيِّن مِّن نَّبِىٍّ قَٰتَلَ مَعَهُۥ رِبِّيُّونَ كَثِيرٌ فَمَا وَهَنُوا۟ لِمَآ أَصَابَهُمْ فِى سَبِيلِ ٱللَّهِ وَمَا ضَعُفُوا۟ وَمَا ٱسْتَكَانُوا۟ ۗ وَٱللَّهُ يُحِبُّ ٱلصَّٰبِرِينَ

١٤٧ وَمَا كَانَ قَوْلَهُمْ إِلَّآ أَن قَالُوا۟ رَبَّنَا ٱغْفِرْ لَنَا ذُنُوبَنَا وَإِسْرَافَنَا فِىٓ أَمْرِنَا وَثَبِّتْ أَقْدَامَنَا وَٱنصُرْنَا عَلَى ٱلْقَوْمِ ٱلْكَٰفِرِينَ

١٤٨ فَـَٔاتَىٰهُمُ ٱللَّهُ ثَوَابَ ٱلدُّنْيَا وَحُسْنَ ثَوَابِ ٱلْءَاخِرَةِ ۗ وَٱللَّهُ يُحِبُّ ٱلْمُحْسِنِينَ

١٤٩ يَٰٓأَيُّهَا ٱلَّذِينَ ءَامَنُوٓا۟ إِن تُطِيعُوا۟ ٱلَّذِينَ كَفَرُوا۟ يَرُدُّوكُمْ عَلَىٰٓ أَعْقَٰبِكُمْ فَتَنقَلِبُوا۟ خَٰسِرِينَ

١٥٠ بَلِ ٱللَّهُ مَوْلَىٰكُمْ وَهُوَ خَيْرُ ٱلنَّٰصِرِينَ

١٥١ سَنُلْقِى فِى قُلُوبِ ٱلَّذِينَ كَفَرُوا۟ ٱلرُّعْبَ بِمَآ أَشْرَكُوا۟ بِٱللَّهِ مَا لَمْ يُنَزِّلْ بِهِۦ سُلْطَٰنًا ۖ وَمَأْوَىٰهُمُ ٱلنَّارُ ۚ وَبِئْسَ مَثْوَى ٱلظَّٰلِمِينَ

١٥٢ وَلَقَدْ صَدَقَكُمُ ٱللَّهُ وَعْدَهُۥٓ إِذْ تَحُسُّونَهُم بِإِذْنِهِۦ ۖ حَتَّىٰٓ إِذَا فَشِلْتُمْ وَتَنَٰزَعْتُمْ فِى ٱلْأَمْرِ وَعَصَيْتُم مِّنۢ بَعْدِ مَآ أَرَىٰكُم مَّا تُحِبُّونَ ۚ مِنكُم مَّن يُرِيدُ ٱلدُّنْيَا وَمِنكُم مَّن يُرِيدُ ٱلْءَاخِرَةَ ۚ ثُمَّ صَرَفَكُمْ عَنْهُمْ لِيَبْتَلِيَكُمْ ۖ وَلَقَدْ عَفَا عَنكُمْ ۗ وَٱللَّهُ ذُو فَضْلٍ عَلَى ٱلْمُؤْمِنِينَ

١٥٣ إِذْ تُصْعِدُونَ وَلَا تَلْوُۥنَ عَلَىٰٓ أَحَدٍ وَٱلرَّسُولُ يَدْعُوكُمْ فِىٓ أُخْرَىٰكُمْ فَأَثَٰبَكُمْ غَمًّۢا بِغَمٍّ لِّكَيْلَا تَحْزَنُوا۟ عَلَىٰ مَا فَاتَكُمْ وَلَا مَآ أَصَٰبَكُمْ ۗ وَٱللَّهُ خَبِيرٌۢ بِمَا تَعْمَلُونَ

١٥٤ ثُمَّ أَنزَلَ عَلَيْكُم مِّنۢ بَعْدِ ٱلْغَمِّ أَمَنَةً نُّعَاسًا يَغْشَىٰ طَآئِفَةً مِّنكُمْ ۖ وَطَآئِفَةٌ قَدْ أَهَمَّتْهُمْ أَنفُسُهُمْ يَظُنُّونَ بِٱللَّهِ غَيْرَ ٱلْحَقِّ ظَنَّ ٱلْجَٰهِلِيَّةِ ۖ يَقُولُونَ هَل لَّنَا مِنَ ٱلْأَمْرِ مِن شَىْءٍ ۗ قُلْ إِنَّ ٱلْأَمْرَ كُلَّهُۥ لِلَّهِ ۗ يُخْفُونَ فِىٓ أَنفُسِهِم مَّا لَا يُبْدُونَ لَكَ ۖ يَقُولُونَ لَوْ كَانَ لَنَا مِنَ ٱلْأَمْرِ شَىْءٌ مَّا قُتِلْنَا هَٰهُنَا ۗ قُل لَّوْ كُنتُمْ فِى بُيُوتِكُمْ لَبَرَزَ ٱلَّذِينَ كُتِبَ عَلَيْهِمُ ٱلْقَتْلُ إِلَىٰ مَضَاجِعِهِمْ ۖ وَلِيَبْتَلِىَ ٱللَّهُ مَا فِى صُدُورِكُمْ وَلِيُمَحِّصَ مَا فِى قُلُوبِكُمْ ۗ وَٱللَّهُ عَلِيمٌۢ بِذَاتِ ٱلصُّدُورِ

١٥٥ إِنَّ ٱلَّذِينَ تَوَلَّوْا۟ مِنكُمْ يَوْمَ ٱلْتَقَى ٱلْجَمْعَانِ إِنَّمَا ٱسْتَزَلَّهُمُ ٱلشَّيْطَٰنُ بِبَعْضِ مَا كَسَبُوا۟ ۖ وَلَقَدْ عَفَا ٱللَّهُ عَنْهُمْ ۗ إِنَّ ٱللَّهَ غَفُورٌ حَلِيمٌ

١٥٦ يَٰٓأَيُّهَا ٱلَّذِينَ ءَامَنُوا۟ لَا تَكُونُوا۟ كَٱلَّذِينَ كَفَرُوا۟ وَقَالُوا۟ لِإِخْوَٰنِهِمْ إِذَا ضَرَبُوا۟ فِى ٱلْأَرْضِ أَوْ كَانُوا۟ غُزًّى لَّوْ كَانُوا۟ عِندَنَا مَا مَاتُوا۟ وَمَا قُتِلُوا۟ لِيَجْعَلَ ٱللَّهُ ذَٰلِكَ حَسْرَةً فِى قُلُوبِهِمْ ۗ وَٱللَّهُ يُحْىِۦ وَيُمِيتُ ۗ وَٱللَّهُ بِمَا تَعْمَلُونَ بَصِيرٌ

١٥٧ وَلَئِن قُتِلْتُمْ فِى سَبِيلِ ٱللَّهِ أَوْ مُتُّمْ لَمَغْفِرَةٌ مِّنَ ٱللَّهِ وَرَحْمَةٌ خَيْرٌ مِّمَّا يَجْمَعُونَ

١٥٨ وَلَئِن مُّتُّمْ أَوْ قُتِلْتُمْ لَإِلَى ٱللَّهِ تُحْشَرُونَ

١٥٩ فَبِمَا رَحْمَةٍ مِّنَ ٱللَّهِ لِنتَ لَهُمْ ۖ وَلَوْ كُنتَ فَظًّا غَلِيظَ ٱلْقَلْبِ لَٱنفَضُّوا۟ مِنْ حَوْلِكَ ۖ فَٱعْفُ عَنْهُمْ وَٱسْتَغْفِرْ لَهُمْ وَشَاوِرْهُمْ فِى ٱلْأَمْرِ ۖ فَإِذَا عَزَمْتَ فَتَوَكَّلْ عَلَى ٱللَّهِ ۚ إِنَّ ٱللَّهَ يُحِبُّ ٱلْمُتَوَكِّلِينَ

١٦٠ إِن يَنصُرْكُمُ ٱللَّهُ فَلَا غَالِبَ لَكُمْ ۖ وَإِن يَخْذُلْكُمْ فَمَن ذَا ٱلَّذِى يَنصُرُكُم مِّنۢ بَعْدِهِۦ ۗ وَعَلَى ٱللَّهِ فَلْيَتَوَكَّلِ ٱلْمُؤْمِنُونَ

١٦١ وَمَا كَانَ لِنَبِىٍّ أَن يَغُلَّ ۚ وَمَن يَغْلُلْ يَأْتِ بِمَا غَلَّ يَوْمَ ٱلْقِيَٰمَةِ ۚ ثُمَّ تُوَفَّىٰ كُلُّ نَفْسٍ مَّا كَسَبَتْ وَهُمْ لَا يُظْلَمُونَ

١٦٢ أَفَمَنِ ٱتَّبَعَ رِضْوَٰنَ ٱللَّهِ كَمَنۢ بَآءَ بِسَخَطٍ مِّنَ ٱللَّهِ وَمَأْوَىٰهُ جَهَنَّمُ ۚ وَبِئْسَ ٱلْمَصِيرُ

١٦٣ هُمْ دَرَجَٰتٌ عِندَ ٱللَّهِ ۗ وَٱللَّهُ بَصِيرٌۢ بِمَا يَعْمَلُونَ

١٦٤ لَقَدْ مَنَّ ٱللَّهُ عَلَى ٱلْمُؤْمِنِينَ إِذْ بَعَثَ فِيهِمْ رَسُولًا مِّنْ أَنفُسِهِمْ يَتْلُوا۟ عَلَيْهِمْ ءَايَٰتِهِۦ وَيُزَكِّيهِمْ وَيُعَلِّمُهُمُ ٱلْكِتَٰبَ وَٱلْحِكْمَةَ وَإِن كَانُوا۟ مِن قَبْلُ لَفِى ضَلَٰلٍ مُّبِينٍ

١٦٥ أَوَلَمَّآ أَصَٰبَتْكُم مُّصِيبَةٌ قَدْ أَصَبْتُم مِّثْلَيْهَا قُلْتُمْ أَنَّىٰ هَٰذَا ۖ قُلْ هُوَ مِنْ عِندِ أَنفُسِكُمْ ۗ إِنَّ ٱللَّهَ عَلَىٰ كُلِّ شَىْءٍ قَدِيرٌ

١٦٦ وَمَآ أَصَٰبَكُمْ يَوْمَ ٱلْتَقَى ٱلْجَمْعَانِ فَبِإِذْنِ ٱللَّهِ وَلِيَعْلَمَ ٱلْمُؤْمِنِينَ

١٦٧ وَلِيَعْلَمَ ٱلَّذِينَ نَافَقُوا۟ ۚ وَقِيلَ لَهُمْ تَعَالَوْا۟ قَٰتِلُوا۟ فِى سَبِيلِ ٱللَّهِ أَوِ ٱدْفَعُوا۟ ۖ قَالُوا۟ لَوْ نَعْلَمُ قِتَالًا لَّٱتَّبَعْنَٰكُمْ ۗ هُمْ لِلْكُفْرِ يَوْمَئِذٍ أَقْرَبُ مِنْهُمْ لِلْإِيمَٰنِ ۚ يَقُولُونَ بِأَفْوَٰهِهِم مَّا لَيْسَ فِى قُلُوبِهِمْ ۗ وَٱللَّهُ أَعْلَمُ بِمَا يَكْتُمُونَ

١٦٨ ٱلَّذِينَ قَالُوا۟ لِإِخْوَٰنِهِمْ وَقَعَدُوا۟ لَوْ أَطَاعُونَا مَا قُتِلُوا۟ قُلْ فَٱدْرَءُوا۟ عَنْ أَنفُسِكُمُ ٱلْمَوْتَ إِن كُنتُمْ صَٰدِقِينَ

١٦٩ وَلَا تَحْسَبَنَّ ٱلَّذِينَ قُتِلُوا۟ فِى سَبِيلِ ٱللَّهِ أَمْوَٰتًۢا بَلْ أَحْيَآءٌ عِندَ رَبِّهِمْ يُرْزَقُونَ

١٧٠ فَرِحِينَ بِمَآ ءَاتَىٰهُمُ ٱللَّهُ مِن فَضْلِهِۦ وَيَسْتَبْشِرُونَ بِٱلَّذِينَ لَمْ يَلْحَقُوا۟ بِهِم مِّنْ خَلْفِهِمْ أَلَّا خَوْفٌ عَلَيْهِمْ وَلَا هُمْ يَحْزَنُونَ

١٧١ يَسْتَبْشِرُونَ بِنِعْمَةٍ مِّنَ ٱللَّهِ وَفَضْلٍ وَأَنَّ ٱللَّهَ لَا يُضِيعُ أَجْرَ ٱلْمُؤْمِنِينَ

١٧٢ ٱلَّذِينَ ٱسْتَجَابُوا۟ لِلَّهِ وَٱلرَّسُولِ مِنۢ بَعْدِ مَآ أَصَابَهُمُ ٱلْقَرْحُ لِلَّذِينَ أَحْسَنُوا۟ مِنْهُمْ وَٱتَّقَوْا۟ أَجْرٌ عَظِيمٌ

١٧٣ ٱلَّذِينَ قَالَ لَهُمُ ٱلنَّاسُ إِنَّ ٱلنَّاسَ قَدْ جَمَعُوا۟ لَكُمْ فَٱخْشَوْهُمْ فَزَادَهُمْ إِيمَٰنًا وَقَالُوا۟ حَسْبُنَا ٱللَّهُ وَنِعْمَ ٱلْوَكِيلُ

١٧٤ فَٱنقَلَبُوا۟ بِنِعْمَةٍ مِّنَ ٱللَّهِ وَفَضْلٍ لَّمْ يَمْسَسْهُمْ سُوٓءٌ وَٱتَّبَعُوا۟ رِضْوَٰنَ ٱللَّهِ وَٱللَّهُ ذُو فَضْلٍ عَظِيمٍ

١٧٥ إِنَّمَا ذَٰلِكُمُ ٱلشَّيْطَٰنُ يُخَوِّفُ أَوْلِيَآءَهُۥ فَلَا تَخَافُوهُمْ وَخَافُونِ إِن كُنتُم مُّؤْمِنِينَ

١٧٦ وَلَا يَحْزُنكَ ٱلَّذِينَ يُسَٰرِعُونَ فِى ٱلْكُفْرِ إِنَّهُمْ لَن يَضُرُّوا۟ ٱللَّهَ شَيْـًٔا يُرِيدُ ٱللَّهُ أَلَّا يَجْعَلَ لَهُمْ حَظًّا فِى ٱلْءَاخِرَةِ وَلَهُمْ عَذَابٌ عَظِيمٌ

١٧٧ إِنَّ ٱلَّذِينَ ٱشْتَرَوُا۟ ٱلْكُفْرَ بِٱلْإِيمَٰنِ لَن يَضُرُّوا۟ ٱللَّهَ شَيْـًٔا وَلَهُمْ عَذَابٌ أَلِيمٌ

١٧٨ وَلَا يَحْسَبَنَّ ٱلَّذِينَ كَفَرُوٓا۟ أَنَّمَا نُمْلِى لَهُمْ خَيْرٌ لِّأَنفُسِهِمْ إِنَّمَا نُمْلِى لَهُمْ لِيَزْدَادُوٓا۟ إِثْمًا وَلَهُمْ عَذَابٌ مُّهِينٌ

١٧٩ مَّا كَانَ ٱللَّهُ لِيَذَرَ ٱلْمُؤْمِنِينَ عَلَىٰ مَآ أَنتُمْ عَلَيْهِ حَتَّىٰ يَمِيزَ ٱلْخَبِيثَ مِنَ ٱلطَّيِّبِ وَمَا كَانَ ٱللَّهُ لِيُطْلِعَكُمْ عَلَى ٱلْغَيْبِ وَلَٰكِنَّ ٱللَّهَ يَجْتَبِى مِن رُّسُلِهِۦ مَن يَشَآءُ فَـَٔامِنُوا۟ بِٱللَّهِ وَرُسُلِهِۦ وَإِن تُؤْمِنُوا۟ وَتَتَّقُوا۟ فَلَكُمْ أَجْرٌ عَظِيمٌ

١٨٠ وَلَا يَحْسَبَنَّ ٱلَّذِينَ يَبْخَلُونَ بِمَآ ءَاتَىٰهُمُ ٱللَّهُ مِن فَضْلِهِۦ هُوَ خَيْرًا لَّهُم بَلْ هُوَ شَرٌّ لَّهُمْ سَيُطَوَّقُونَ مَا بَخِلُوا۟ بِهِۦ يَوْمَ ٱلْقِيَٰمَةِ وَلِلَّهِ مِيرَٰثُ ٱلسَّمَٰوَٰتِ وَٱلْأَرْضِ وَٱللَّهُ بِمَا تَعْمَلُونَ خَبِيرٌ

١٨١ لَّقَدْ سَمِعَ ٱللَّهُ قَوْلَ ٱلَّذِينَ قَالُوٓا۟ إِنَّ ٱللَّهَ فَقِيرٌ وَنَحْنُ أَغْنِيَآءُ سَنَكْتُبُ مَا قَالُوا۟ وَقَتْلَهُمُ ٱلْأَنۢبِيَآءَ بِغَيْرِ حَقٍّ وَنَقُولُ ذُوقُوا۟ عَذَابَ ٱلْحَرِيقِ

١٨٢ ذَٰلِكَ بِمَا قَدَّمَتْ أَيْدِيكُمْ وَأَنَّ ٱللَّهَ لَيْسَ بِظَلَّامٍ لِّلْعَبِيدِ

١٨٣ ٱلَّذِينَ قَالُوٓا۟ إِنَّ ٱللَّهَ عَهِدَ إِلَيْنَآ أَلَّا نُؤْمِنَ لِرَسُولٍ حَتَّىٰ يَأْتِيَنَا بِقُرْبَانٍ تَأْكُلُهُ ٱلنَّارُ قُلْ قَدْ جَآءَكُمْ رُسُلٌ مِّن قَبْلِى بِٱلْبَيِّنَٰتِ وَبِٱلَّذِى قُلْتُمْ فَلِمَ قَتَلْتُمُوهُمْ إِن كُنتُمْ صَٰدِقِينَ

١٨٤ فَإِن كَذَّبُوكَ فَقَدْ كُذِّبَ رُسُلٌ مِّن قَبْلِكَ جَآءُو بِٱلْبَيِّنَٰتِ وَٱلزُّبُرِ وَٱلْكِتَٰبِ ٱلْمُنِيرِ

١٨٥ كُلُّ نَفْسٍ ذَآئِقَةُ ٱلْمَوْتِ وَإِنَّمَا تُوَفَّوْنَ أُجُورَكُمْ يَوْمَ ٱلْقِيَٰمَةِ فَمَن زُحْزِحَ عَنِ ٱلنَّارِ وَأُدْخِلَ ٱلْجَنَّةَ فَقَدْ فَازَ وَمَا ٱلْحَيَوٰةُ ٱلدُّنْيَآ إِلَّا مَتَٰعُ ٱلْغُرُورِ

١٨٦ لَتُبْلَوُنَّ فِىٓ أَمْوَٰلِكُمْ وَأَنفُسِكُمْ وَلَتَسْمَعُنَّ مِنَ ٱلَّذِينَ أُوتُوا۟ ٱلْكِتَٰبَ مِن قَبْلِكُمْ وَمِنَ ٱلَّذِينَ أَشْرَكُوٓا۟ أَذًى كَثِيرًا وَإِن تَصْبِرُوا۟ وَتَتَّقُوا۟ فَإِنَّ ذَٰلِكَ مِنْ عَزْمِ ٱلْأُمُورِ

١٨٧ وَإِذْ أَخَذَ ٱللَّهُ مِيثَٰقَ ٱلَّذِينَ أُوتُوا۟ ٱلْكِتَٰبَ لَتُبَيِّنُنَّهُۥ لِلنَّاسِ وَلَا تَكْتُمُونَهُۥ فَنَبَذُوهُ وَرَآءَ

ظُهُورِهِمْ وَٱشْتَرَوْا بِهِ ثَمَنًا قَلِيلًا ۖ فَبِئْسَ مَا يَشْتَرُونَ

١٨٨ لَا تَحْسَبَنَّ ٱلَّذِينَ يَفْرَحُونَ بِمَا أَتَوا وَّيُحِبُّونَ أَن يُحْمَدُوا بِمَا لَمْ يَفْعَلُوا فَلَا تَحْسَبَنَّهُم بِمَفَازَةٍ مِّنَ ٱلْعَذَابِ ۖ وَلَهُمْ عَذَابٌ أَلِيمٌ

١٨٩ وَلِلَّهِ مُلْكُ ٱلسَّمَٰوَٰتِ وَٱلْأَرْضِ ۗ وَٱللَّهُ عَلَىٰ كُلِّ شَيْءٍ قَدِيرٌ

١٩٠ إِنَّ فِى خَلْقِ ٱلسَّمَٰوَٰتِ وَٱلْأَرْضِ وَٱخْتِلَٰفِ ٱلَّيْلِ وَٱلنَّهَارِ لَءَايَٰتٍ لِّأُولِى ٱلْأَلْبَٰبِ

١٩١ ٱلَّذِينَ يَذْكُرُونَ ٱللَّهَ قِيَٰمًا وَقُعُودًا وَعَلَىٰ جُنُوبِهِمْ وَيَتَفَكَّرُونَ فِى خَلْقِ ٱلسَّمَٰوَٰتِ وَٱلْأَرْضِ رَبَّنَا مَا خَلَقْتَ هَٰذَا بَٰطِلًا سُبْحَٰنَكَ فَقِنَا عَذَابَ ٱلنَّارِ

١٩٢ رَبَّنَا إِنَّكَ مَن تُدْخِلِ ٱلنَّارَ فَقَدْ أَخْزَيْتَهُ ۖ وَمَا لِلظَّٰلِمِينَ مِنْ أَنصَارٍ

١٩٣ رَبَّنَا إِنَّنَا سَمِعْنَا مُنَادِيًا يُنَادِى لِلْإِيمَٰنِ أَنْ ءَامِنُوا بِرَبِّكُمْ فَـَٔامَنَّا ۚ رَبَّنَا فَٱغْفِرْ لَنَا ذُنُوبَنَا وَكَفِّرْ عَنَّا سَيِّـَٔاتِنَا وَتَوَفَّنَا مَعَ ٱلْأَبْرَارِ

١٩٤ رَبَّنَا وَءَاتِنَا مَا وَعَدتَّنَا عَلَىٰ رُسُلِكَ وَلَا تُخْزِنَا يَوْمَ ٱلْقِيَٰمَةِ ۗ إِنَّكَ لَا تُخْلِفُ ٱلْمِيعَادَ

١٩٥ فَٱسْتَجَابَ لَهُمْ رَبُّهُمْ أَنِّى لَا أُضِيعُ عَمَلَ عَٰمِلٍ مِّنكُم مِّن ذَكَرٍ أَوْ أُنثَىٰ ۖ بَعْضُكُم مِّنۢ بَعْضٍ ۖ فَٱلَّذِينَ هَاجَرُوا وَأُخْرِجُوا مِن دِيَٰرِهِمْ وَأُوذُوا فِى سَبِيلِى وَقَٰتَلُوا وَقُتِلُوا لَأُكَفِّرَنَّ عَنْهُمْ سَيِّـَٔاتِهِمْ وَلَأُدْخِلَنَّهُمْ جَنَّٰتٍ تَجْرِى مِن تَحْتِهَا ٱلْأَنْهَٰرُ ثَوَابًا مِّنْ عِندِ ٱللَّهِ ۗ وَٱللَّهُ عِندَهُ حُسْنُ ٱلثَّوَابِ

١٩٦ لَا يَغُرَّنَّكَ تَقَلُّبُ ٱلَّذِينَ كَفَرُوا فِى ٱلْبِلَٰدِ

١٩٧ مَتَٰعٌ قَلِيلٌ ثُمَّ مَأْوَىٰهُمْ جَهَنَّمُ ۚ وَبِئْسَ ٱلْمِهَادُ

١٩٨ لَٰكِنِ ٱلَّذِينَ ٱتَّقَوْا رَبَّهُمْ لَهُمْ جَنَّٰتٌ تَجْرِى مِن تَحْتِهَا ٱلْأَنْهَٰرُ خَٰلِدِينَ فِيهَا نُزُلًا مِّنْ عِندِ ٱللَّهِ ۗ وَمَا عِندَ ٱللَّهِ خَيْرٌ لِّلْأَبْرَارِ

١٩٩ وَإِنَّ مِنْ أَهْلِ ٱلْكِتَٰبِ لَمَن يُؤْمِنُ بِٱللَّهِ وَمَا أُنزِلَ إِلَيْكُمْ وَمَا أُنزِلَ إِلَيْهِمْ خَٰشِعِينَ لِلَّهِ لَا يَشْتَرُونَ بِـَٔايَٰتِ ٱللَّهِ ثَمَنًا قَلِيلًا ۗ أُولَٰئِكَ لَهُمْ أَجْرُهُمْ عِندَ رَبِّهِمْ ۗ إِنَّ ٱللَّهَ سَرِيعُ ٱلْحِسَابِ

٢٠٠ يَٰأَيُّهَا ٱلَّذِينَ ءَامَنُوا ٱصْبِرُوا وَصَابِرُوا وَرَابِطُوا وَٱتَّقُوا ٱللَّهَ لَعَلَّكُمْ تُفْلِحُونَ

سورة النساء

٢ وَءَاتُوا ٱلْيَتَٰمَىٰ أَمْوَٰلَهُمْ ۖ وَلَا تَتَبَدَّلُوا ٱلْخَبِيثَ بِٱلطَّيِّبِ ۖ وَلَا تَأْكُلُوا أَمْوَٰلَهُمْ إِلَىٰ أَمْوَٰلِكُمْ ۚ إِنَّهُ كَانَ حُوبًا كَبِيرًا

٣ وَإِنْ خِفْتُمْ أَلَّا تُقْسِطُوا فِى ٱلْيَتَٰمَىٰ فَٱنكِحُوا مَا طَابَ لَكُم مِّنَ ٱلنِّسَاءِ مَثْنَىٰ وَثُلَٰثَ وَرُبَٰعَ ۖ فَإِنْ خِفْتُمْ أَلَّا تَعْدِلُوا فَوَٰحِدَةً أَوْ مَا مَلَكَتْ أَيْمَٰنُكُمْ ۚ ذَٰلِكَ أَدْنَىٰ أَلَّا تَعُولُوا

٤ وَءَاتُوا ٱلنِّسَاءَ صَدُقَٰتِهِنَّ نِحْلَةً ۚ فَإِن طِبْنَ لَكُمْ عَن شَيْءٍ مِّنْهُ نَفْسًا فَكُلُوهُ هَنِيئًا مَّرِيئًا

٥ وَلَا تُؤْتُوا ٱلسُّفَهَاءَ أَمْوَٰلَكُمُ ٱلَّتِى جَعَلَ ٱللَّهُ لَكُمْ قِيَٰمًا وَٱرْزُقُوهُمْ فِيهَا وَٱكْسُوهُمْ وَقُولُوا لَهُمْ قَوْلًا مَّعْرُوفًا

٦ وَٱبْتَلُوا ٱلْيَتَٰمَىٰ حَتَّىٰ إِذَا بَلَغُوا ٱلنِّكَاحَ فَإِنْ ءَانَسْتُم مِّنْهُمْ رُشْدًا فَٱدْفَعُوا إِلَيْهِمْ أَمْوَٰلَهُمْ ۖ وَلَا تَأْكُلُوهَا إِسْرَافًا وَبِدَارًا أَن يَكْبَرُوا ۚ وَمَن كَانَ غَنِيًّا فَلْيَسْتَعْفِفْ ۖ وَمَن كَانَ فَقِيرًا فَلْيَأْكُلْ بِٱلْمَعْرُوفِ ۚ فَإِذَا دَفَعْتُمْ إِلَيْهِمْ أَمْوَٰلَهُمْ فَأَشْهِدُوا عَلَيْهِمْ ۚ وَكَفَىٰ بِٱللَّهِ حَسِيبًا

٧ لِّلرِّجَالِ نَصِيبٌ مِّمَّا تَرَكَ ٱلْوَٰلِدَانِ وَٱلْأَقْرَبُونَ وَلِلنِّسَآءِ نَصِيبٌ مِّمَّا تَرَكَ ٱلْوَٰلِدَانِ وَٱلْأَقْرَبُونَ مِمَّا قَلَّ مِنْهُ أَوْ كَثُرَ ۚ نَصِيبًا مَّفْرُوضًا

٨ وَإِذَا حَضَرَ ٱلْقِسْمَةَ أُو۟لُوا۟ ٱلْقُرْبَىٰ وَٱلْيَتَٰمَىٰ وَٱلْمَسَٰكِينُ فَٱرْزُقُوهُم مِّنْهُ وَقُولُوا۟ لَهُمْ قَوْلًا مَّعْرُوفًا

٩ وَلْيَخْشَ ٱلَّذِينَ لَوْ تَرَكُوا۟ مِنْ خَلْفِهِمْ ذُرِّيَّةً ضِعَٰفًا خَافُوا۟ عَلَيْهِمْ فَلْيَتَّقُوا۟ ٱللَّهَ وَلْيَقُولُوا۟ قَوْلًا سَدِيدًا

١٠ إِنَّ ٱلَّذِينَ يَأْكُلُونَ أَمْوَٰلَ ٱلْيَتَٰمَىٰ ظُلْمًا إِنَّمَا يَأْكُلُونَ فِى بُطُونِهِمْ نَارًا ۖ وَسَيَصْلَوْنَ سَعِيرًا

١١ يُوصِيكُمُ ٱللَّهُ فِىٓ أَوْلَٰدِكُمْ ۖ لِلذَّكَرِ مِثْلُ حَظِّ ٱلْأُنثَيَيْنِ ۚ فَإِن كُنَّ نِسَآءً فَوْقَ ٱثْنَتَيْنِ فَلَهُنَّ ثُلُثَا مَا تَرَكَ ۖ وَإِن كَانَتْ وَٰحِدَةً فَلَهَا ٱلنِّصْفُ ۚ وَلِأَبَوَيْهِ لِكُلِّ وَٰحِدٍ مِّنْهُمَا ٱلسُّدُسُ مِمَّا تَرَكَ إِن كَانَ لَهُۥ وَلَدٌ ۚ فَإِن لَّمْ يَكُن لَّهُۥ وَلَدٌ وَوَرِثَهُۥٓ أَبَوَاهُ فَلِأُمِّهِ ٱلثُّلُثُ ۚ فَإِن كَانَ لَهُۥٓ إِخْوَةٌ فَلِأُمِّهِ ٱلسُّدُسُ ۚ مِنۢ بَعْدِ وَصِيَّةٍ يُوصِى بِهَآ أَوْ دَيْنٍ ۗ ءَابَآؤُكُمْ وَأَبْنَآؤُكُمْ لَا تَدْرُونَ أَيُّهُمْ أَقْرَبُ لَكُمْ نَفْعًا ۚ فَرِيضَةً مِّنَ ٱللَّهِ ۗ إِنَّ ٱللَّهَ كَانَ عَلِيمًا حَكِيمًا

١٢ وَلَكُمْ نِصْفُ مَا تَرَكَ أَزْوَٰجُكُمْ إِن لَّمْ يَكُن لَّهُنَّ وَلَدٌ ۚ فَإِن كَانَ لَهُنَّ وَلَدٌ فَلَكُمُ ٱلرُّبُعُ مِمَّا تَرَكْنَ ۚ مِنۢ بَعْدِ وَصِيَّةٍ يُوصِينَ بِهَآ أَوْ دَيْنٍ ۚ وَلَهُنَّ ٱلرُّبُعُ مِمَّا تَرَكْتُمْ إِن لَّمْ يَكُن لَّكُمْ وَلَدٌ ۚ فَإِن كَانَ لَكُمْ وَلَدٌ فَلَهُنَّ ٱلثُّمُنُ مِمَّا تَرَكْتُم ۚ مِّنۢ بَعْدِ وَصِيَّةٍ تُوصُونَ بِهَآ أَوْ دَيْنٍ ۗ وَإِن كَانَ رَجُلٌ يُورَثُ كَلَٰلَةً أَوِ ٱمْرَأَةٌ وَلَهُۥٓ أَخٌ أَوْ أُخْتٌ فَلِكُلِّ وَٰحِدٍ مِّنْهُمَا ٱلسُّدُسُ ۚ فَإِن كَانُوٓا۟ أَكْثَرَ مِن ذَٰلِكَ فَهُمْ شُرَكَآءُ فِى ٱلثُّلُثِ ۚ مِنۢ

١٣ بَعْدِ وَصِيَّةٍ يُوصَىٰ بِهَآ أَوْ دَيْنٍ غَيْرَ مُضَآرٍّ ۚ وَصِيَّةً مِّنَ ٱللَّهِ ۗ وَٱللَّهُ عَلِيمٌ حَلِيمٌ تِلْكَ حُدُودُ ٱللَّهِ ۚ وَمَن يُطِعِ ٱللَّهَ وَرَسُولَهُۥ يُدْخِلْهُ جَنَّٰتٍ تَجْرِى مِن تَحْتِهَا ٱلْأَنْهَٰرُ خَٰلِدِينَ فِيهَا ۚ وَذَٰلِكَ ٱلْفَوْزُ ٱلْعَظِيمُ

١٤ وَمَن يَعْصِ ٱللَّهَ وَرَسُولَهُۥ وَيَتَعَدَّ حُدُودَهُۥ يُدْخِلْهُ نَارًا خَٰلِدًا فِيهَا وَلَهُۥ عَذَابٌ مُّهِينٌ

١٥ وَٱلَّٰتِى يَأْتِينَ ٱلْفَٰحِشَةَ مِن نِّسَآئِكُمْ فَٱسْتَشْهِدُوا۟ عَلَيْهِنَّ أَرْبَعَةً مِّنكُمْ ۖ فَإِن شَهِدُوا۟ فَأَمْسِكُوهُنَّ فِى ٱلْبُيُوتِ حَتَّىٰ يَتَوَفَّىٰهُنَّ ٱلْمَوْتُ أَوْ يَجْعَلَ ٱللَّهُ لَهُنَّ سَبِيلًا

١٦ وَٱلَّذَانِ يَأْتِيَٰنِهَا مِنكُمْ فَـَٔاذُوهُمَا ۖ فَإِن تَابَا وَأَصْلَحَا فَأَعْرِضُوا۟ عَنْهُمَآ ۗ إِنَّ ٱللَّهَ كَانَ تَوَّابًا رَّحِيمًا

١٧ إِنَّمَا ٱلتَّوْبَةُ عَلَى ٱللَّهِ لِلَّذِينَ يَعْمَلُونَ ٱلسُّوٓءَ بِجَهَٰلَةٍ ثُمَّ يَتُوبُونَ مِن قَرِيبٍ فَأُو۟لَٰٓئِكَ يَتُوبُ ٱللَّهُ عَلَيْهِمْ ۗ وَكَانَ ٱللَّهُ عَلِيمًا حَكِيمًا

١٨ وَلَيْسَتِ ٱلتَّوْبَةُ لِلَّذِينَ يَعْمَلُونَ ٱلسَّيِّـَٔاتِ حَتَّىٰٓ إِذَا حَضَرَ أَحَدَهُمُ ٱلْمَوْتُ قَالَ إِنِّى تُبْتُ ٱلْـَٰٔنَ وَلَا ٱلَّذِينَ يَمُوتُونَ وَهُمْ كُفَّارٌ ۚ أُو۟لَٰٓئِكَ أَعْتَدْنَا لَهُمْ عَذَابًا أَلِيمًا

١٩ يَٰٓأَيُّهَا ٱلَّذِينَ ءَامَنُوا۟ لَا يَحِلُّ لَكُمْ أَن تَرِثُوا۟ ٱلنِّسَآءَ كَرْهًا ۖ وَلَا تَعْضُلُوهُنَّ لِتَذْهَبُوا۟ بِبَعْضِ مَآ ءَاتَيْتُمُوهُنَّ إِلَّآ أَن يَأْتِينَ بِفَٰحِشَةٍ مُّبَيِّنَةٍ ۚ وَعَاشِرُوهُنَّ بِٱلْمَعْرُوفِ ۚ فَإِن كَرِهْتُمُوهُنَّ فَعَسَىٰٓ أَن تَكْرَهُوا۟ شَيْـًٔا وَيَجْعَلَ ٱللَّهُ فِيهِ خَيْرًا كَثِيرًا

٢٠ وَإِنْ أَرَدتُّمُ ٱسْتِبْدَالَ زَوْجٍ مَّكَانَ زَوْجٍ وَءَاتَيْتُمْ إِحْدَىٰهُنَّ قِنطَارًا فَلَا تَأْخُذُوا۟ مِنْهُ شَيْـًٔا ۚ أَتَأْخُذُونَهُۥ بُهْتَٰنًا وَإِثْمًا مُّبِينًا

٢١ وَكَيْفَ تَأْخُذُونَهُۥ وَقَدْ أَفْضَىٰ بَعْضُكُمْ إِلَىٰ بَعْضٍ وَأَخَذْنَ مِنكُم مِّيثَٰقًا غَلِيظًا

٢٢ وَلَا تَنكِحُوا۟ مَا نَكَحَ ءَابَآؤُكُم مِّنَ ٱلنِّسَآءِ إِلَّا مَا قَدْ سَلَفَ إِنَّهُۥ كَانَ فَٰحِشَةً وَمَقْتًا وَسَآءَ سَبِيلًا

٢٣ حُرِّمَتْ عَلَيْكُمْ أُمَّهَٰتُكُمْ وَبَنَاتُكُمْ وَأَخَوَٰتُكُمْ وَعَمَّٰتُكُمْ وَخَٰلَٰتُكُمْ وَبَنَاتُ ٱلْأَخِ وَبَنَاتُ ٱلْأُخْتِ وَأُمَّهَٰتُكُمُ ٱلَّٰتِىٓ أَرْضَعْنَكُمْ وَأَخَوَٰتُكُم مِّنَ ٱلرَّضَٰعَةِ وَأُمَّهَٰتُ نِسَآئِكُمْ وَرَبَٰٓئِبُكُمُ ٱلَّٰتِى فِى حُجُورِكُم مِّن نِّسَآئِكُمُ ٱلَّٰتِى دَخَلْتُم بِهِنَّ فَإِن لَّمْ تَكُونُوا۟ دَخَلْتُم بِهِنَّ فَلَا جُنَاحَ عَلَيْكُمْ وَحَلَٰٓئِلُ أَبْنَآئِكُمُ ٱلَّذِينَ مِنْ أَصْلَٰبِكُمْ وَأَن تَجْمَعُوا۟ بَيْنَ ٱلْأُخْتَيْنِ إِلَّا مَا قَدْ سَلَفَ إِنَّ ٱللَّهَ كَانَ غَفُورًا رَّحِيمًا

٢٤ وَٱلْمُحْصَنَٰتُ مِنَ ٱلنِّسَآءِ إِلَّا مَا مَلَكَتْ أَيْمَٰنُكُمْ كِتَٰبَ ٱللَّهِ عَلَيْكُمْ وَأُحِلَّ لَكُم مَّا وَرَآءَ ذَٰلِكُمْ أَن تَبْتَغُوا۟ بِأَمْوَٰلِكُم مُّحْصِنِينَ غَيْرَ مُسَٰفِحِينَ فَمَا ٱسْتَمْتَعْتُم بِهِۦ مِنْهُنَّ فَـَٔاتُوهُنَّ أُجُورَهُنَّ فَرِيضَةً وَلَا جُنَاحَ عَلَيْكُمْ فِيمَا تَرَٰضَيْتُم بِهِۦ مِنۢ بَعْدِ ٱلْفَرِيضَةِ إِنَّ ٱللَّهَ كَانَ عَلِيمًا حَكِيمًا

٢٥ وَمَن لَّمْ يَسْتَطِعْ مِنكُمْ طَوْلًا أَن يَنكِحَ ٱلْمُحْصَنَٰتِ ٱلْمُؤْمِنَٰتِ فَمِن مَّا مَلَكَتْ أَيْمَٰنُكُم مِّن فَتَيَٰتِكُمُ ٱلْمُؤْمِنَٰتِ وَٱللَّهُ أَعْلَمُ بِإِيمَٰنِكُم بَعْضُكُم مِّنۢ بَعْضٍ فَٱنكِحُوهُنَّ بِإِذْنِ أَهْلِهِنَّ وَءَاتُوهُنَّ أُجُورَهُنَّ بِٱلْمَعْرُوفِ مُحْصَنَٰتٍ غَيْرَ مُسَٰفِحَٰتٍ وَلَا مُتَّخِذَٰتِ أَخْدَانٍ فَإِذَآ أُحْصِنَّ فَإِنْ أَتَيْنَ بِفَٰحِشَةٍ فَعَلَيْهِنَّ نِصْفُ مَا عَلَى ٱلْمُحْصَنَٰتِ مِنَ ٱلْعَذَابِ ذَٰلِكَ لِمَنْ خَشِىَ ٱلْعَنَتَ مِنكُمْ وَأَن تَصْبِرُوا۟ خَيْرٌ لَّكُمْ وَٱللَّهُ غَفُورٌ رَّحِيمٌ

٢٦ يُرِيدُ ٱللَّهُ لِيُبَيِّنَ لَكُمْ وَيَهْدِيَكُمْ سُنَنَ ٱلَّذِينَ مِن قَبْلِكُمْ وَيَتُوبَ عَلَيْكُمْ وَٱللَّهُ عَلِيمٌ حَكِيمٌ

٢٧ وَٱللَّهُ يُرِيدُ أَن يَتُوبَ عَلَيْكُمْ وَيُرِيدُ ٱلَّذِينَ يَتَّبِعُونَ ٱلشَّهَوَٰتِ أَن تَمِيلُوا۟ مَيْلًا عَظِيمًا

٢٨ يُرِيدُ ٱللَّهُ أَن يُخَفِّفَ عَنكُمْ وَخُلِقَ ٱلْإِنسَٰنُ ضَعِيفًا

٢٩ يَٰٓأَيُّهَا ٱلَّذِينَ ءَامَنُوا۟ لَا تَأْكُلُوٓا۟ أَمْوَٰلَكُم بَيْنَكُم بِٱلْبَٰطِلِ إِلَّآ أَن تَكُونَ تِجَٰرَةً عَن تَرَاضٍ مِّنكُمْ وَلَا تَقْتُلُوٓا۟ أَنفُسَكُمْ إِنَّ ٱللَّهَ كَانَ بِكُمْ رَحِيمًا

٣٠ وَمَن يَفْعَلْ ذَٰلِكَ عُدْوَٰنًا وَظُلْمًا فَسَوْفَ نُصْلِيهِ نَارًا وَكَانَ ذَٰلِكَ عَلَى ٱللَّهِ يَسِيرًا

٣١ إِن تَجْتَنِبُوا۟ كَبَآئِرَ مَا تُنْهَوْنَ عَنْهُ نُكَفِّرْ عَنكُمْ سَيِّـَٔاتِكُمْ وَنُدْخِلْكُم مُّدْخَلًا كَرِيمًا

٣٢ وَلَا تَتَمَنَّوْا۟ مَا فَضَّلَ ٱللَّهُ بِهِۦ بَعْضَكُمْ عَلَىٰ بَعْضٍ لِّلرِّجَالِ نَصِيبٌ مِّمَّا ٱكْتَسَبُوا۟ وَلِلنِّسَآءِ نَصِيبٌ مِّمَّا ٱكْتَسَبْنَ وَسْـَٔلُوا۟ ٱللَّهَ مِن فَضْلِهِۦٓ إِنَّ ٱللَّهَ كَانَ بِكُلِّ شَىْءٍ عَلِيمًا

٣٣ وَلِكُلٍّ جَعَلْنَا مَوَٰلِىَ مِمَّا تَرَكَ ٱلْوَٰلِدَانِ وَٱلْأَقْرَبُونَ وَٱلَّذِينَ عَقَدَتْ أَيْمَٰنُكُمْ فَـَٔاتُوهُمْ نَصِيبَهُمْ إِنَّ ٱللَّهَ كَانَ عَلَىٰ كُلِّ شَىْءٍ شَهِيدًا

٣٤ ٱلرِّجَالُ قَوَّٰمُونَ عَلَى ٱلنِّسَآءِ بِمَا فَضَّلَ ٱللَّهُ بَعْضَهُمْ عَلَىٰ بَعْضٍ وَبِمَآ أَنفَقُوا۟ مِنْ أَمْوَٰلِهِمْ فَٱلصَّٰلِحَٰتُ قَٰنِتَٰتٌ حَٰفِظَٰتٌ لِّلْغَيْبِ بِمَا حَفِظَ ٱللَّهُ وَٱلَّٰتِى تَخَافُونَ نُشُوزَهُنَّ فَعِظُوهُنَّ وَٱهْجُرُوهُنَّ فِى ٱلْمَضَاجِعِ وَٱضْرِبُوهُنَّ فَإِنْ أَطَعْنَكُمْ فَلَا تَبْغُوا۟ عَلَيْهِنَّ سَبِيلًا إِنَّ ٱللَّهَ كَانَ عَلِيًّا كَبِيرًا

٣٥ وَإِنْ خِفْتُمْ شِقَاقَ بَيْنِهِمَا فَٱبْعَثُوا۟ حَكَمًا مِّنْ أَهْلِهِۦ وَحَكَمًا مِّنْ أَهْلِهَآ إِن يُرِيدَآ إِصْلَٰحًا يُوَفِّقِ ٱللَّهُ بَيْنَهُمَآ إِنَّ ٱللَّهَ كَانَ عَلِيمًا خَبِيرًا

٣٦ وَٱعْبُدُوا۟ ٱللَّهَ وَلَا تُشْرِكُوا۟ بِهِۦ شَيْـًٔا وَبِٱلْوَٰلِدَيْنِ إِحْسَٰنًا وَبِذِى ٱلْقُرْبَىٰ وَٱلْيَتَٰمَىٰ وَٱلْمَسَٰكِينِ وَٱلْجَارِ ذِى ٱلْقُرْبَىٰ وَٱلْجَارِ ٱلْجُنُبِ وَٱلصَّاحِبِ بِٱلْجَنۢبِ وَٱبْنِ ٱلسَّبِيلِ وَمَا مَلَكَتْ أَيْمَٰنُكُمْ إِنَّ ٱللَّهَ لَا يُحِبُّ مَن كَانَ مُخْتَالًا فَخُورًا

٣٧ ٱلَّذِينَ يَبْخَلُونَ وَيَأْمُرُونَ ٱلنَّاسَ بِٱلْبُخْلِ وَيَكْتُمُونَ مَآ ءَاتَىٰهُمُ ٱللَّهُ مِن فَضْلِهِۦ وَأَعْتَدْنَا لِلْكَٰفِرِينَ عَذَابًا مُّهِينًا

٣٨ وَٱلَّذِينَ يُنفِقُونَ أَمْوَٰلَهُمْ رِئَآءَ ٱلنَّاسِ وَلَا يُؤْمِنُونَ بِٱللَّهِ وَلَا بِٱلْيَوْمِ ٱلْءَاخِرِ وَمَن يَكُنِ ٱلشَّيْطَٰنُ لَهُۥ قَرِينًا فَسَآءَ قَرِينًا

٣٩ وَمَاذَا عَلَيْهِمْ لَوْ ءَامَنُوا۟ بِٱللَّهِ وَٱلْيَوْمِ ٱلْءَاخِرِ وَأَنفَقُوا۟ مِمَّا رَزَقَهُمُ ٱللَّهُ وَكَانَ ٱللَّهُ بِهِمْ عَلِيمًا

٤٠ إِنَّ ٱللَّهَ لَا يَظْلِمُ مِثْقَالَ ذَرَّةٍ وَإِن تَكُ حَسَنَةً يُضَٰعِفْهَا وَيُؤْتِ مِن لَّدُنْهُ أَجْرًا عَظِيمًا

٤١ فَكَيْفَ إِذَا جِئْنَا مِن كُلِّ أُمَّةٍ بِشَهِيدٍ وَجِئْنَا بِكَ عَلَىٰ هَٰٓؤُلَآءِ شَهِيدًا

٤٢ يَوْمَئِذٍ يَوَدُّ ٱلَّذِينَ كَفَرُوا۟ وَعَصَوُا۟ ٱلرَّسُولَ لَوْ تُسَوَّىٰ بِهِمُ ٱلْأَرْضُ وَلَا يَكْتُمُونَ ٱللَّهَ حَدِيثًا

٤٣ يَٰٓأَيُّهَا ٱلَّذِينَ ءَامَنُوا۟ لَا تَقْرَبُوا۟ ٱلصَّلَوٰةَ وَأَنتُمْ سُكَٰرَىٰ حَتَّىٰ تَعْلَمُوا۟ مَا تَقُولُونَ وَلَا جُنُبًا إِلَّا عَابِرِى سَبِيلٍ حَتَّىٰ تَغْتَسِلُوا۟ وَإِن كُنتُم مَّرْضَىٰٓ أَوْ عَلَىٰ سَفَرٍ أَوْ جَآءَ أَحَدٌ مِّنكُم مِّنَ ٱلْغَآئِطِ أَوْ لَٰمَسْتُمُ ٱلنِّسَآءَ فَلَمْ تَجِدُوا۟ مَآءً فَتَيَمَّمُوا۟ صَعِيدًا طَيِّبًا فَٱمْسَحُوا۟ بِوُجُوهِكُمْ وَأَيْدِيكُمْ إِنَّ ٱللَّهَ كَانَ عَفُوًّا غَفُورًا

٤٤ أَلَمْ تَرَ إِلَى ٱلَّذِينَ أُوتُوا۟ نَصِيبًا مِّنَ ٱلْكِتَٰبِ يَشْتَرُونَ ٱلضَّلَٰلَةَ وَيُرِيدُونَ أَن تَضِلُّوا۟ ٱلسَّبِيلَ

٤٥ وَٱللَّهُ أَعْلَمُ بِأَعْدَآئِكُمْ وَكَفَىٰ بِٱللَّهِ وَلِيًّا وَكَفَىٰ بِٱللَّهِ نَصِيرًا

٤٦ مِّنَ ٱلَّذِينَ هَادُوا۟ يُحَرِّفُونَ ٱلْكَلِمَ عَن مَّوَاضِعِهِۦ وَيَقُولُونَ سَمِعْنَا وَعَصَيْنَا وَٱسْمَعْ غَيْرَ مُسْمَعٍ وَرَٰعِنَا لَيًّۢا بِأَلْسِنَتِهِمْ وَطَعْنًا فِى ٱلدِّينِ وَلَوْ أَنَّهُمْ قَالُوا۟ سَمِعْنَا وَأَطَعْنَا

٤٧ وَٱسْمَعْ وَٱنظُرْنَا لَكَانَ خَيْرًا لَّهُمْ وَأَقْوَمَ وَلَٰكِن لَّعَنَهُمُ ٱللَّهُ بِكُفْرِهِمْ فَلَا يُؤْمِنُونَ إِلَّا قَلِيلًا

يَٰٓأَيُّهَا ٱلَّذِينَ أُوتُوا۟ ٱلْكِتَٰبَ ءَامِنُوا۟ بِمَا نَزَّلْنَا مُصَدِّقًا لِّمَا مَعَكُم مِّن قَبْلِ أَن نَّطْمِسَ وُجُوهًا فَنَرُدَّهَا عَلَىٰٓ أَدْبَارِهَآ أَوْ نَلْعَنَهُمْ كَمَا لَعَنَّآ أَصْحَٰبَ ٱلسَّبْتِ وَكَانَ أَمْرُ ٱللَّهِ مَفْعُولًا

٤٨ إِنَّ ٱللَّهَ لَا يَغْفِرُ أَن يُشْرَكَ بِهِۦ وَيَغْفِرُ مَا دُونَ ذَٰلِكَ لِمَن يَشَآءُ وَمَن يُشْرِكْ بِٱللَّهِ فَقَدِ ٱفْتَرَىٰٓ إِثْمًا عَظِيمًا

٤٩ أَلَمْ تَرَ إِلَى ٱلَّذِينَ يُزَكُّونَ أَنفُسَهُم بَلِ ٱللَّهُ يُزَكِّى مَن يَشَآءُ وَلَا يُظْلَمُونَ فَتِيلًا

٥٠ ٱنظُرْ كَيْفَ يَفْتَرُونَ عَلَى ٱللَّهِ ٱلْكَذِبَ وَكَفَىٰ بِهِۦٓ إِثْمًا مُّبِينًا

٥١ أَلَمْ تَرَ إِلَى ٱلَّذِينَ أُوتُوا۟ نَصِيبًا مِّنَ ٱلْكِتَٰبِ يُؤْمِنُونَ بِٱلْجِبْتِ وَٱلطَّٰغُوتِ وَيَقُولُونَ لِلَّذِينَ كَفَرُوا۟ هَٰٓؤُلَآءِ أَهْدَىٰ مِنَ ٱلَّذِينَ ءَامَنُوا۟ سَبِيلًا

٥٢ أُو۟لَٰٓئِكَ ٱلَّذِينَ لَعَنَهُمُ ٱللَّهُ وَمَن يَلْعَنِ ٱللَّهُ فَلَن تَجِدَ لَهُۥ نَصِيرًا

٥٣ أَمْ لَهُمْ نَصِيبٌ مِّنَ ٱلْمُلْكِ فَإِذًا لَّا يُؤْتُونَ ٱلنَّاسَ نَقِيرًا

٥٤ أَمْ يَحْسُدُونَ ٱلنَّاسَ عَلَىٰ مَآ ءَاتَىٰهُمُ ٱللَّهُ مِن فَضْلِهِۦ فَقَدْ ءَاتَيْنَآ ءَالَ إِبْرَٰهِيمَ ٱلْكِتَٰبَ وَٱلْحِكْمَةَ وَءَاتَيْنَٰهُم مُّلْكًا عَظِيمًا

٥٥ فَمِنْهُم مَّنْ ءَامَنَ بِهِۦ وَمِنْهُم مَّن صَدَّ عَنْهُ وَكَفَىٰ بِجَهَنَّمَ سَعِيرًا

٥٦ إِنَّ ٱلَّذِينَ كَفَرُوا۟ بِـَٔايَٰتِنَا سَوْفَ نُصْلِيهِمْ نَارًا كُلَّمَا نَضِجَتْ جُلُودُهُم بَدَّلْنَٰهُمْ جُلُودًا غَيْرَهَا لِيَذُوقُوا۟ ٱلْعَذَابَ إِنَّ ٱللَّهَ كَانَ عَزِيزًا حَكِيمًا

وَٱلَّذِينَ ءَامَنُوا۟ وَعَمِلُوا۟ ٱلصَّـٰلِحَـٰتِ سَنُدْخِلُهُمْ ٥٧
جَنَّـٰتٍ تَجْرِى مِن تَحْتِهَا ٱلْأَنْهَـٰرُ خَـٰلِدِينَ فِيهَآ
أَبَدًا ۖ لَّهُمْ فِيهَآ أَزْوَٰجٌ مُّطَهَّرَةٌ ۖ وَنُدْخِلُهُمْ ظِلًّا
ظَلِيلًا

إِنَّ ٱللَّهَ يَأْمُرُكُمْ أَن تُؤَدُّوا۟ ٱلْأَمَـٰنَـٰتِ إِلَىٰٓ أَهْلِهَا ٥٨
وَإِذَا حَكَمْتُم بَيْنَ ٱلنَّاسِ أَن تَحْكُمُوا۟ بِٱلْعَدْلِ ۚ
إِنَّ ٱللَّهَ نِعِمَّا يَعِظُكُم بِهِۦٓ ۗ إِنَّ ٱللَّهَ كَانَ سَمِيعًۢا
بَصِيرًا

يَـٰٓأَيُّهَا ٱلَّذِينَ ءَامَنُوٓا۟ أَطِيعُوا۟ ٱللَّهَ وَأَطِيعُوا۟ ٥٩
ٱلرَّسُولَ وَأُو۟لِى ٱلْأَمْرِ مِنكُمْ ۖ فَإِن تَنَـٰزَعْتُمْ
فِى شَىْءٍ فَرُدُّوهُ إِلَى ٱللَّهِ وَٱلرَّسُولِ إِن كُنتُمْ
تُؤْمِنُونَ بِٱللَّهِ وَٱلْيَوْمِ ٱلْـَٔاخِرِ ۚ ذَٰلِكَ خَيْرٌ
وَأَحْسَنُ تَأْوِيلًا

أَلَمْ تَرَ إِلَى ٱلَّذِينَ يَزْعُمُونَ أَنَّهُمْ ءَامَنُوا۟ بِمَآ ٦٠
أُنزِلَ إِلَيْكَ وَمَآ أُنزِلَ مِن قَبْلِكَ يُرِيدُونَ أَن
يَتَحَاكَمُوٓا۟ إِلَى ٱلطَّـٰغُوتِ وَقَدْ أُمِرُوٓا۟ أَن
يَكْفُرُوا۟ بِهِۦ وَيُرِيدُ ٱلشَّيْطَـٰنُ أَن يُضِلَّهُمْ ضَلَـٰلًۢا
بَعِيدًا

وَإِذَا قِيلَ لَهُمْ تَعَالَوْا۟ إِلَىٰ مَآ أَنزَلَ ٱللَّهُ وَإِلَى ٦١
ٱلرَّسُولِ رَأَيْتَ ٱلْمُنَـٰفِقِينَ يَصُدُّونَ عَنكَ
صُدُودًا

فَكَيْفَ إِذَآ أَصَـٰبَتْهُم مُّصِيبَةٌۢ بِمَا قَدَّمَتْ أَيْدِيهِمْ ٦٢
ثُمَّ جَآءُوكَ يَحْلِفُونَ بِٱللَّهِ إِنْ أَرَدْنَآ إِلَّآ إِحْسَـٰنًا
وَتَوْفِيقًا

أُو۟لَـٰٓئِكَ ٱلَّذِينَ يَعْلَمُ ٱللَّهُ مَا فِى قُلُوبِهِمْ ٦٣
فَأَعْرِضْ عَنْهُمْ وَعِظْهُمْ وَقُل لَّهُمْ فِىٓ
أَنفُسِهِمْ قَوْلًۢا بَلِيغًا

وَمَآ أَرْسَلْنَا مِن رَّسُولٍ إِلَّا لِيُطَاعَ بِإِذْنِ ٱللَّهِ ۚ ٦٤
وَلَوْ أَنَّهُمْ إِذ ظَّلَمُوٓا۟ أَنفُسَهُمْ جَآءُوكَ
فَٱسْتَغْفَرُوا۟ ٱللَّهَ وَٱسْتَغْفَرَ لَهُمُ ٱلرَّسُولُ
لَوَجَدُوا۟ ٱللَّهَ تَوَّابًا رَّحِيمًا

فَلَا وَرَبِّكَ لَا يُؤْمِنُونَ حَتَّىٰ يُحَكِّمُوكَ فِيمَا ٦٥
شَجَرَ بَيْنَهُمْ ثُمَّ لَا يَجِدُوا۟ فِىٓ أَنفُسِهِمْ حَرَجًا
مِّمَّا قَضَيْتَ وَيُسَلِّمُوا۟ تَسْلِيمًا

وَلَوْ أَنَّا كَتَبْنَا عَلَيْهِمْ أَنِ ٱقْتُلُوٓا۟ أَنفُسَكُمْ أَوِ ٦٦
ٱخْرُجُوا۟ مِن دِيَـٰرِكُم مَّا فَعَلُوهُ إِلَّا قَلِيلٌ مِّنْهُمْ ۖ
وَلَوْ أَنَّهُمْ فَعَلُوا۟ مَا يُوعَظُونَ بِهِۦ لَكَانَ خَيْرًا
لَّهُمْ وَأَشَدَّ تَثْبِيتًا

وَإِذًا لَّـَٔاتَيْنَـٰهُم مِّن لَّدُنَّآ أَجْرًا عَظِيمًا ٦٧

وَلَهَدَيْنَـٰهُمْ صِرَٰطًا مُّسْتَقِيمًا ٦٨

وَمَن يُطِعِ ٱللَّهَ وَٱلرَّسُولَ فَأُو۟لَـٰٓئِكَ مَعَ ٱلَّذِينَ ٦٩
أَنْعَمَ ٱللَّهُ عَلَيْهِم مِّنَ ٱلنَّبِيِّـۧنَ وَٱلصِّدِّيقِينَ
وَٱلشُّهَدَآءِ وَٱلصَّـٰلِحِينَ ۚ وَحَسُنَ أُو۟لَـٰٓئِكَ رَفِيقًا

ذَٰلِكَ ٱلْفَضْلُ مِنَ ٱللَّهِ ۚ وَكَفَىٰ بِٱللَّهِ عَلِيمًا ٧٠

يَـٰٓأَيُّهَا ٱلَّذِينَ ءَامَنُوا۟ خُذُوا۟ حِذْرَكُمْ فَٱنفِرُوا۟ ٧١
ثُبَاتٍ أَوِ ٱنفِرُوا۟ جَمِيعًا

وَإِنَّ مِنكُمْ لَمَن لَّيُبَطِّئَنَّ فَإِنْ أَصَـٰبَتْكُم مُّصِيبَةٌ ٧٢
قَالَ قَدْ أَنْعَمَ ٱللَّهُ عَلَىَّ إِذْ لَمْ أَكُن مَّعَهُمْ
شَهِيدًا

وَلَئِنْ أَصَـٰبَكُمْ فَضْلٌ مِّنَ ٱللَّهِ لَيَقُولَنَّ كَأَن لَّمْ ٧٣
تَكُنۢ بَيْنَكُمْ وَبَيْنَهُۥ مَوَدَّةٌ يَـٰلَيْتَنِى كُنتُ مَعَهُمْ
فَأَفُوزَ فَوْزًا عَظِيمًا

فَلْيُقَـٰتِلْ فِى سَبِيلِ ٱللَّهِ ٱلَّذِينَ يَشْرُونَ ٱلْحَيَوٰةَ ٧٤
ٱلدُّنْيَا بِٱلْـَٔاخِرَةِ ۚ وَمَن يُقَـٰتِلْ فِى سَبِيلِ ٱللَّهِ
فَيُقْتَلْ أَوْ يَغْلِبْ فَسَوْفَ نُؤْتِيهِ أَجْرًا عَظِيمًا

وَمَا لَكُمْ لَا تُقَـٰتِلُونَ فِى سَبِيلِ ٱللَّهِ ٧٥
وَٱلْمُسْتَضْعَفِينَ مِنَ ٱلرِّجَالِ وَٱلنِّسَآءِ
وَٱلْوِلْدَٰنِ ٱلَّذِينَ يَقُولُونَ رَبَّنَآ أَخْرِجْنَا مِنْ
هَـٰذِهِ ٱلْقَرْيَةِ ٱلظَّالِمِ أَهْلُهَا وَٱجْعَل لَّنَا مِن
لَّدُنكَ وَلِيًّا وَٱجْعَل لَّنَا مِن لَّدُنكَ نَصِيرًا

ٱلَّذِينَ ءَامَنُوا۟ يُقَـٰتِلُونَ فِى سَبِيلِ ٱللَّهِ ۖ وَٱلَّذِينَ ٧٦
كَفَرُوا۟ يُقَـٰتِلُونَ فِى سَبِيلِ ٱلطَّـٰغُوتِ فَقَـٰتِلُوٓا۟

أَوْلِيَآءَ ٱلشَّيْطَٰنِ ۖ إِنَّ كَيْدَ ٱلشَّيْطَٰنِ كَانَ ضَعِيفًا

٧٧ أَلَمْ تَرَ إِلَى ٱلَّذِينَ قِيلَ لَهُمْ كُفُّوٓا۟ أَيْدِيَكُمْ وَأَقِيمُوا۟ ٱلصَّلَوٰةَ وَءَاتُوا۟ ٱلزَّكَوٰةَ فَلَمَّا كُتِبَ عَلَيْهِمُ ٱلْقِتَالُ إِذَا فَرِيقٌ مِّنْهُمْ يَخْشَوْنَ ٱلنَّاسَ كَخَشْيَةِ ٱللَّهِ أَوْ أَشَدَّ خَشْيَةً ۚ وَقَالُوا۟ رَبَّنَا لِمَ كَتَبْتَ عَلَيْنَا ٱلْقِتَالَ لَوْلَآ أَخَّرْتَنَآ إِلَىٰٓ أَجَلٍ قَرِيبٍ ۗ قُلْ مَتَٰعُ ٱلدُّنْيَا قَلِيلٌ وَٱلْءَاخِرَةُ خَيْرٌ لِّمَنِ ٱتَّقَىٰ وَلَا تُظْلَمُونَ فَتِيلًا

٧٨ أَيْنَمَا تَكُونُوا۟ يُدْرِككُّمُ ٱلْمَوْتُ وَلَوْ كُنتُمْ فِى بُرُوجٍ مُّشَيَّدَةٍ ۗ وَإِن تُصِبْهُمْ حَسَنَةٌ يَقُولُوا۟ هَٰذِهِۦ مِنْ عِندِ ٱللَّهِ ۖ وَإِن تُصِبْهُمْ سَيِّئَةٌ يَقُولُوا۟ هَٰذِهِۦ مِنْ عِندِكَ ۚ قُلْ كُلٌّ مِّنْ عِندِ ٱللَّهِ ۖ فَمَالِ هَٰٓؤُلَآءِ ٱلْقَوْمِ لَا يَكَادُونَ يَفْقَهُونَ حَدِيثًا

٧٩ مَّآ أَصَابَكَ مِنْ حَسَنَةٍ فَمِنَ ٱللَّهِ ۖ وَمَآ أَصَابَكَ مِن سَيِّئَةٍ فَمِن نَّفْسِكَ ۚ وَأَرْسَلْنَٰكَ لِلنَّاسِ رَسُولًا ۚ وَكَفَىٰ بِٱللَّهِ شَهِيدًا

٨٠ مَّن يُطِعِ ٱلرَّسُولَ فَقَدْ أَطَاعَ ٱللَّهَ ۖ وَمَن تَوَلَّىٰ فَمَآ أَرْسَلْنَٰكَ عَلَيْهِمْ حَفِيظًا

٨١ وَيَقُولُونَ طَاعَةٌ فَإِذَا بَرَزُوا۟ مِنْ عِندِكَ بَيَّتَ طَآئِفَةٌ مِّنْهُمْ غَيْرَ ٱلَّذِى تَقُولُ ۖ وَٱللَّهُ يَكْتُبُ مَا يُبَيِّتُونَ ۖ فَأَعْرِضْ عَنْهُمْ وَتَوَكَّلْ عَلَى ٱللَّهِ ۚ وَكَفَىٰ بِٱللَّهِ وَكِيلًا

٨٢ أَفَلَا يَتَدَبَّرُونَ ٱلْقُرْءَانَ ۚ وَلَوْ كَانَ مِنْ عِندِ غَيْرِ ٱللَّهِ لَوَجَدُوا۟ فِيهِ ٱخْتِلَٰفًا كَثِيرًا

٨٣ وَإِذَا جَآءَهُمْ أَمْرٌ مِّنَ ٱلْأَمْنِ أَوِ ٱلْخَوْفِ أَذَاعُوا۟ بِهِۦ ۖ وَلَوْ رَدُّوهُ إِلَى ٱلرَّسُولِ وَإِلَىٰٓ أُو۟لِى ٱلْأَمْرِ مِنْهُمْ لَعَلِمَهُ ٱلَّذِينَ يَسْتَنۢبِطُونَهُۥ مِنْهُمْ ۗ وَلَوْلَا فَضْلُ ٱللَّهِ عَلَيْكُمْ وَرَحْمَتُهُۥ لَٱتَّبَعْتُمُ ٱلشَّيْطَٰنَ إِلَّا قَلِيلًا

٨٤ فَقَٰتِلْ فِى سَبِيلِ ٱللَّهِ لَا تُكَلَّفُ إِلَّا نَفْسَكَ ۚ وَحَرِّضِ ٱلْمُؤْمِنِينَ ۖ عَسَى ٱللَّهُ أَن يَكُفَّ

بَأْسَ ٱلَّذِينَ كَفَرُوا۟ ۚ وَٱللَّهُ أَشَدُّ بَأْسًا وَأَشَدُّ تَنكِيلًا

٨٥ مَّن يَشْفَعْ شَفَٰعَةً حَسَنَةً يَكُن لَّهُۥ نَصِيبٌ مِّنْهَا ۖ وَمَن يَشْفَعْ شَفَٰعَةً سَيِّئَةً يَكُن لَّهُۥ كِفْلٌ مِّنْهَا ۗ وَكَانَ ٱللَّهُ عَلَىٰ كُلِّ شَىْءٍ مُّقِيتًا

٨٦ وَإِذَا حُيِّيتُم بِتَحِيَّةٍ فَحَيُّوا۟ بِأَحْسَنَ مِنْهَآ أَوْ رُدُّوهَآ ۗ إِنَّ ٱللَّهَ كَانَ عَلَىٰ كُلِّ شَىْءٍ حَسِيبًا

٨٧ ٱللَّهُ لَآ إِلَٰهَ إِلَّا هُوَ ۚ لَيَجْمَعَنَّكُمْ إِلَىٰ يَوْمِ ٱلْقِيَٰمَةِ لَا رَيْبَ فِيهِ ۗ وَمَنْ أَصْدَقُ مِنَ ٱللَّهِ حَدِيثًا

٨٨ فَمَا لَكُمْ فِى ٱلْمُنَٰفِقِينَ فِئَتَيْنِ وَٱللَّهُ أَرْكَسَهُم بِمَا كَسَبُوٓا۟ ۚ أَتُرِيدُونَ أَن تَهْدُوا۟ مَنْ أَضَلَّ ٱللَّهُ ۖ وَمَن يُضْلِلِ ٱللَّهُ فَلَن تَجِدَ لَهُۥ سَبِيلًا

٨٩ وَدُّوا۟ لَوْ تَكْفُرُونَ كَمَا كَفَرُوا۟ فَتَكُونُونَ سَوَآءً ۖ فَلَا تَتَّخِذُوا۟ مِنْهُمْ أَوْلِيَآءَ حَتَّىٰ يُهَاجِرُوا۟ فِى سَبِيلِ ٱللَّهِ ۚ فَإِن تَوَلَّوْا۟ فَخُذُوهُمْ وَٱقْتُلُوهُمْ حَيْثُ وَجَدتُّمُوهُمْ ۖ وَلَا تَتَّخِذُوا۟ مِنْهُمْ وَلِيًّا وَلَا نَصِيرًا

٩٠ إِلَّا ٱلَّذِينَ يَصِلُونَ إِلَىٰ قَوْمٍ بَيْنَكُمْ وَبَيْنَهُم مِّيثَٰقٌ أَوْ جَآءُوكُمْ حَصِرَتْ صُدُورُهُمْ أَن يُقَٰتِلُوكُمْ أَوْ يُقَٰتِلُوا۟ قَوْمَهُمْ ۚ وَلَوْ شَآءَ ٱللَّهُ لَسَلَّطَهُمْ عَلَيْكُمْ فَلَقَٰتَلُوكُمْ ۚ فَإِنِ ٱعْتَزَلُوكُمْ فَلَمْ يُقَٰتِلُوكُمْ وَأَلْقَوْا۟ إِلَيْكُمُ ٱلسَّلَمَ فَمَا جَعَلَ ٱللَّهُ لَكُمْ عَلَيْهِمْ سَبِيلًا

٩١ سَتَجِدُونَ ءَاخَرِينَ يُرِيدُونَ أَن يَأْمَنُوكُمْ وَيَأْمَنُوا۟ قَوْمَهُمْ كُلَّ مَا رُدُّوٓا۟ إِلَى ٱلْفِتْنَةِ أُرْكِسُوا۟ فِيهَا ۚ فَإِن لَّمْ يَعْتَزِلُوكُمْ وَيُلْقُوٓا۟ إِلَيْكُمُ ٱلسَّلَمَ وَيَكُفُّوٓا۟ أَيْدِيَهُمْ فَخُذُوهُمْ وَٱقْتُلُوهُمْ حَيْثُ ثَقِفْتُمُوهُمْ ۚ وَأُو۟لَٰئِكُمْ جَعَلْنَا لَكُمْ عَلَيْهِمْ سُلْطَٰنًا مُّبِينًا

٩٢ وَمَا كَانَ لِمُؤْمِنٍ أَن يَقْتُلَ مُؤْمِنًا إِلَّا خَطَـًٔا ۚ وَمَن قَتَلَ مُؤْمِنًا خَطَـًٔا فَتَحْرِيرُ رَقَبَةٍ مُّؤْمِنَةٍ وَدِيَةٌ مُّسَلَّمَةٌ إِلَىٰٓ أَهْلِهِۦٓ إِلَّآ أَن يَصَّدَّقُوا۟ ۚ فَإِن

كَانَ مِن قَوْمٍ عَدُوٍّ لَّكُمْ وَهُوَ مُؤْمِنٌ فَتَحْرِيرُ رَقَبَةٍ مُّؤْمِنَةٍ ۖ وَإِن كَانَ مِن قَوْمٍ بَيْنَكُمْ وَبَيْنَهُم مِّيثَاقٌ فَدِيَةٌ مُّسَلَّمَةٌ إِلَىٰ أَهْلِهِ وَتَحْرِيرُ رَقَبَةٍ مُّؤْمِنَةٍ ۖ فَمَن لَّمْ يَجِدْ فَصِيَامُ شَهْرَيْنِ مُتَتَابِعَيْنِ تَوْبَةً مِّنَ ٱللَّهِ ۗ وَكَانَ ٱللَّهُ عَلِيمًا حَكِيمًا

٩٣ وَمَن يَقْتُلْ مُؤْمِنًا مُّتَعَمِّدًا فَجَزَآؤُهُ جَهَنَّمُ خَٰلِدًا فِيهَا وَغَضِبَ ٱللَّهُ عَلَيْهِ وَلَعَنَهُ وَأَعَدَّ لَهُ عَذَابًا عَظِيمًا

٩٤ يَٰٓأَيُّهَا ٱلَّذِينَ ءَامَنُوٓا إِذَا ضَرَبْتُمْ فِى سَبِيلِ ٱللَّهِ فَتَبَيَّنُوا وَلَا تَقُولُوا لِمَنْ أَلْقَىٰ إِلَيْكُمُ ٱلسَّلَٰمَ لَسْتَ مُؤْمِنًا تَبْتَغُونَ عَرَضَ ٱلْحَيَوٰةِ ٱلدُّنْيَا فَعِندَ ٱللَّهِ مَغَانِمُ كَثِيرَةٌ ۚ كَذَٰلِكَ كُنتُم مِّن قَبْلُ فَمَنَّ ٱللَّهُ عَلَيْكُمْ فَتَبَيَّنُوٓا ۚ إِنَّ ٱللَّهَ كَانَ بِمَا تَعْمَلُونَ خَبِيرًا

٩٥ لَّا يَسْتَوِى ٱلْقَٰعِدُونَ مِنَ ٱلْمُؤْمِنِينَ غَيْرُ أُو۟لِى ٱلضَّرَرِ وَٱلْمُجَٰهِدُونَ فِى سَبِيلِ ٱللَّهِ بِأَمْوَٰلِهِمْ وَأَنفُسِهِمْ ۚ فَضَّلَ ٱللَّهُ ٱلْمُجَٰهِدِينَ بِأَمْوَٰلِهِمْ وَأَنفُسِهِمْ عَلَى ٱلْقَٰعِدِينَ دَرَجَةً ۚ وَكُلًّا وَعَدَ ٱللَّهُ ٱلْحُسْنَىٰ ۚ وَفَضَّلَ ٱللَّهُ ٱلْمُجَٰهِدِينَ عَلَى ٱلْقَٰعِدِينَ أَجْرًا عَظِيمًا

٩٦ دَرَجَٰتٍ مِّنْهُ وَمَغْفِرَةً وَرَحْمَةً ۚ وَكَانَ ٱللَّهُ غَفُورًا رَّحِيمًا

٩٧ إِنَّ ٱلَّذِينَ تَوَفَّىٰهُمُ ٱلْمَلَٰٓئِكَةُ ظَالِمِىٓ أَنفُسِهِمْ قَالُوا فِيمَ كُنتُمْ ۖ قَالُوا كُنَّا مُسْتَضْعَفِينَ فِى ٱلْأَرْضِ ۚ قَالُوٓا أَلَمْ تَكُنْ أَرْضُ ٱللَّهِ وَٰسِعَةً فَتُهَاجِرُوا فِيهَا ۚ فَأُو۟لَٰٓئِكَ مَأْوَىٰهُمْ جَهَنَّمُ ۖ وَسَآءَتْ مَصِيرًا

٩٨ إِلَّا ٱلْمُسْتَضْعَفِينَ مِنَ ٱلرِّجَالِ وَٱلنِّسَآءِ وَٱلْوِلْدَٰنِ لَا يَسْتَطِيعُونَ حِيلَةً وَلَا يَهْتَدُونَ سَبِيلًا

٩٩ فَأُو۟لَٰٓئِكَ عَسَى ٱللَّهُ أَن يَعْفُوَ عَنْهُمْ ۚ وَكَانَ ٱللَّهُ عَفُوًّا غَفُورًا

١٠٠ وَمَن يُهَاجِرْ فِى سَبِيلِ ٱللَّهِ يَجِدْ فِى ٱلْأَرْضِ مُرَٰغَمًا كَثِيرًا وَسَعَةً ۚ وَمَن يَخْرُجْ مِنۢ بَيْتِهِ مُهَاجِرًا إِلَى ٱللَّهِ وَرَسُولِهِ ثُمَّ يُدْرِكْهُ ٱلْمَوْتُ فَقَدْ وَقَعَ أَجْرُهُ عَلَى ٱللَّهِ ۗ وَكَانَ ٱللَّهُ غَفُورًا رَّحِيمًا

١٠١ وَإِذَا ضَرَبْتُمْ فِى ٱلْأَرْضِ فَلَيْسَ عَلَيْكُمْ جُنَاحٌ أَن تَقْصُرُوا مِنَ ٱلصَّلَوٰةِ إِنْ خِفْتُمْ أَن يَفْتِنَكُمُ ٱلَّذِينَ كَفَرُوٓا ۚ إِنَّ ٱلْكَٰفِرِينَ كَانُوا لَكُمْ عَدُوًّا مُّبِينًا

١٠٢ وَإِذَا كُنتَ فِيهِمْ فَأَقَمْتَ لَهُمُ ٱلصَّلَوٰةَ فَلْتَقُمْ طَآئِفَةٌ مِّنْهُم مَّعَكَ وَلْيَأْخُذُوٓا أَسْلِحَتَهُمْ فَإِذَا سَجَدُوا فَلْيَكُونُوا مِن وَرَآئِكُمْ وَلْتَأْتِ طَآئِفَةٌ أُخْرَىٰ لَمْ يُصَلُّوا فَلْيُصَلُّوا مَعَكَ وَلْيَأْخُذُوا حِذْرَهُمْ وَأَسْلِحَتَهُمْ ۗ وَدَّ ٱلَّذِينَ كَفَرُوا لَوْ تَغْفُلُونَ عَنْ أَسْلِحَتِكُمْ وَأَمْتِعَتِكُمْ فَيَمِيلُونَ عَلَيْكُم مَّيْلَةً وَٰحِدَةً ۚ وَلَا جُنَاحَ عَلَيْكُمْ إِن كَانَ بِكُمْ أَذًى مِّن مَّطَرٍ أَوْ كُنتُم مَّرْضَىٰٓ أَن تَضَعُوٓا أَسْلِحَتَكُمْ ۖ وَخُذُوا حِذْرَكُمْ ۗ إِنَّ ٱللَّهَ أَعَدَّ لِلْكَٰفِرِينَ عَذَابًا مُّهِينًا

١٠٣ فَإِذَا قَضَيْتُمُ ٱلصَّلَوٰةَ فَٱذْكُرُوا ٱللَّهَ قِيَٰمًا وَقُعُودًا وَعَلَىٰ جُنُوبِكُمْ ۚ فَإِذَا ٱطْمَأْنَنتُمْ فَأَقِيمُوا ٱلصَّلَوٰةَ ۚ إِنَّ ٱلصَّلَوٰةَ كَانَتْ عَلَى ٱلْمُؤْمِنِينَ كِتَٰبًا مَّوْقُوتًا

١٠٤ وَلَا تَهِنُوا فِى ٱبْتِغَآءِ ٱلْقَوْمِ ۖ إِن تَكُونُوا تَأْلَمُونَ فَإِنَّهُمْ يَأْلَمُونَ كَمَا تَأْلَمُونَ ۖ وَتَرْجُونَ مِنَ ٱللَّهِ مَا لَا يَرْجُونَ ۗ وَكَانَ ٱللَّهُ عَلِيمًا حَكِيمًا

١٠٥ إِنَّآ أَنزَلْنَآ إِلَيْكَ ٱلْكِتَٰبَ بِٱلْحَقِّ لِتَحْكُمَ بَيْنَ ٱلنَّاسِ بِمَآ أَرَىٰكَ ٱللَّهُ ۚ وَلَا تَكُن لِّلْخَآئِنِينَ خَصِيمًا

١٠٦ وَٱسْتَغْفِرِ ٱللَّهَ ۖ إِنَّ ٱللَّهَ كَانَ غَفُورًا رَّحِيمًا

١٠٧ وَلَا تُجَٰدِلْ عَنِ ٱلَّذِينَ يَخْتَانُونَ أَنفُسَهُمْ ۚ إِنَّ ٱللَّهَ لَا يُحِبُّ مَن كَانَ خَوَّانًا أَثِيمًا

١٠٨ يَسْتَخْفُونَ مِنَ ٱلنَّاسِ وَلَا يَسْتَخْفُونَ مِنَ ٱللَّهِ وَهُوَ مَعَهُمْ إِذْ يُبَيِّتُونَ مَا لَا يَرْضَىٰ مِنَ ٱلْقَوْلِ ۚ وَكَانَ ٱللَّهُ بِمَا يَعْمَلُونَ مُحِيطًا

١٠٩ هَٰأَنتُمْ هَٰؤُلَاءِ جَٰدَلْتُمْ عَنْهُمْ فِى ٱلْحَيَوٰةِ ٱلدُّنْيَا فَمَن يُجَٰدِلُ ٱللَّهَ عَنْهُمْ يَوْمَ ٱلْقِيَٰمَةِ أَم مَّن يَكُونُ عَلَيْهِمْ وَكِيلًا

١١٠ وَمَن يَعْمَلْ سُوٓءًا أَوْ يَظْلِمْ نَفْسَهُ ثُمَّ يَسْتَغْفِرِ ٱللَّهَ يَجِدِ ٱللَّهَ غَفُورًا رَّحِيمًا

١١١ وَمَن يَكْسِبْ إِثْمًا فَإِنَّمَا يَكْسِبُهُ عَلَىٰ نَفْسِهِ ۚ وَكَانَ ٱللَّهُ عَلِيمًا حَكِيمًا

١١٢ وَمَن يَكْسِبْ خَطِيٓئَةً أَوْ إِثْمًا ثُمَّ يَرْمِ بِهِ بَرِيٓئًا فَقَدِ ٱحْتَمَلَ بُهْتَٰنًا وَإِثْمًا مُّبِينًا

١١٣ وَلَوْلَا فَضْلُ ٱللَّهِ عَلَيْكَ وَرَحْمَتُهُ لَهَمَّت طَّآئِفَةٌ مِّنْهُمْ أَن يُضِلُّوكَ وَمَا يُضِلُّونَ إِلَّا أَنفُسَهُمْ ۖ وَمَا يَضُرُّونَكَ مِن شَىْءٍ ۚ وَأَنزَلَ ٱللَّهُ عَلَيْكَ ٱلْكِتَٰبَ وَٱلْحِكْمَةَ وَعَلَّمَكَ مَا لَمْ تَكُن تَعْلَمُ ۚ وَكَانَ فَضْلُ ٱللَّهِ عَلَيْكَ عَظِيمًا

١١٤ لَّا خَيْرَ فِى كَثِيرٍ مِّن نَّجْوَىٰهُمْ إِلَّا مَنْ أَمَرَ بِصَدَقَةٍ أَوْ مَعْرُوفٍ أَوْ إِصْلَٰحٍ بَيْنَ ٱلنَّاسِ ۚ وَمَن يَفْعَلْ ذَٰلِكَ ٱبْتِغَآءَ مَرْضَاتِ ٱللَّهِ فَسَوْفَ نُؤْتِيهِ أَجْرًا عَظِيمًا

١١٥ وَمَن يُشَاقِقِ ٱلرَّسُولَ مِنۢ بَعْدِ مَا تَبَيَّنَ لَهُ ٱلْهُدَىٰ وَيَتَّبِعْ غَيْرَ سَبِيلِ ٱلْمُؤْمِنِينَ نُوَلِّهِ مَا تَوَلَّىٰ وَنُصْلِهِ جَهَنَّمَ ۖ وَسَآءَتْ مَصِيرًا

١١٦ إِنَّ ٱللَّهَ لَا يَغْفِرُ أَن يُشْرَكَ بِهِ وَيَغْفِرُ مَا دُونَ ذَٰلِكَ لِمَن يَشَآءُ ۚ وَمَن يُشْرِكْ بِٱللَّهِ فَقَدْ ضَلَّ ضَلَٰلًا بَعِيدًا

١١٧ إِن يَدْعُونَ مِن دُونِهِ إِلَّا إِنَٰثًا وَإِن يَدْعُونَ إِلَّا شَيْطَٰنًا مَّرِيدًا

١١٨ لَّعَنَهُ ٱللَّهُ ۘ وَقَالَ لَأَتَّخِذَنَّ مِنْ عِبَادِكَ نَصِيبًا مَّفْرُوضًا

١١٩ وَلَأُضِلَّنَّهُمْ وَلَأُمَنِّيَنَّهُمْ وَلَءَامُرَنَّهُمْ فَلَيُبَتِّكُنَّ ءَاذَانَ ٱلْأَنْعَٰمِ وَلَءَامُرَنَّهُمْ فَلَيُغَيِّرُنَّ خَلْقَ ٱللَّهِ ۚ وَمَن يَتَّخِذِ ٱلشَّيْطَٰنَ وَلِيًّا مِّن دُونِ ٱللَّهِ فَقَدْ خَسِرَ خُسْرَانًا مُّبِينًا

١٢٠ يَعِدُهُمْ وَيُمَنِّيهِمْ ۖ وَمَا يَعِدُهُمُ ٱلشَّيْطَٰنُ إِلَّا غُرُورًا

١٢١ أُو۟لَٰٓئِكَ مَأْوَىٰهُمْ جَهَنَّمُ وَلَا يَجِدُونَ عَنْهَا مَحِيصًا

١٢٢ وَٱلَّذِينَ ءَامَنُوا۟ وَعَمِلُوا۟ ٱلصَّٰلِحَٰتِ سَنُدْخِلُهُمْ جَنَّٰتٍ تَجْرِى مِن تَحْتِهَا ٱلْأَنْهَٰرُ خَٰلِدِينَ فِيهَآ أَبَدًا ۖ وَعْدَ ٱللَّهِ حَقًّا ۚ وَمَنْ أَصْدَقُ مِنَ ٱللَّهِ قِيلًا

١٢٣ لَّيْسَ بِأَمَانِيِّكُمْ وَلَآ أَمَانِىِّ أَهْلِ ٱلْكِتَٰبِ ۗ مَن يَعْمَلْ سُوٓءًا يُجْزَ بِهِ وَلَا يَجِدْ لَهُ مِن دُونِ ٱللَّهِ وَلِيًّا وَلَا نَصِيرًا

١٢٤ وَمَن يَعْمَلْ مِنَ ٱلصَّٰلِحَٰتِ مِن ذَكَرٍ أَوْ أُنثَىٰ وَهُوَ مُؤْمِنٌ فَأُو۟لَٰٓئِكَ يَدْخُلُونَ ٱلْجَنَّةَ وَلَا يُظْلَمُونَ نَقِيرًا

١٢٥ وَمَنْ أَحْسَنُ دِينًا مِّمَّنْ أَسْلَمَ وَجْهَهُ لِلَّهِ وَهُوَ مُحْسِنٌ وَٱتَّبَعَ مِلَّةَ إِبْرَٰهِيمَ حَنِيفًا ۗ وَٱتَّخَذَ ٱللَّهُ إِبْرَٰهِيمَ خَلِيلًا

١٢٦ وَلِلَّهِ مَا فِى ٱلسَّمَٰوَٰتِ وَمَا فِى ٱلْأَرْضِ ۚ وَكَانَ ٱللَّهُ بِكُلِّ شَىْءٍ مُّحِيطًا

١٢٧ وَيَسْتَفْتُونَكَ فِى ٱلنِّسَآءِ ۖ قُلِ ٱللَّهُ يُفْتِيكُمْ فِيهِنَّ وَمَا يُتْلَىٰ عَلَيْكُمْ فِى ٱلْكِتَٰبِ فِى يَتَٰمَى ٱلنِّسَآءِ ٱلَّٰتِى لَا تُؤْتُونَهُنَّ مَا كُتِبَ لَهُنَّ وَتَرْغَبُونَ أَن تَنكِحُوهُنَّ وَٱلْمُسْتَضْعَفِينَ مِنَ ٱلْوِلْدَٰنِ وَأَن تَقُومُوا۟ لِلْيَتَٰمَىٰ بِٱلْقِسْطِ ۚ وَمَا تَفْعَلُوا۟ مِنْ خَيْرٍ فَإِنَّ ٱللَّهَ كَانَ بِهِ عَلِيمًا

١٢٨ وَإِنِ ٱمْرَأَةٌ خَافَتْ مِنۢ بَعْلِهَا نُشُوزًا أَوْ إِعْرَاضًا فَلَا جُنَاحَ عَلَيْهِمَآ أَن يُصْلِحَا بَيْنَهُمَا صُلْحًا ۚ وَٱلصُّلْحُ خَيْرٌ ۗ وَأُحْضِرَتِ

ٱلْأَنفُسُ ٱلشُّحَّ ۚ وَإِن تُحْسِنُوا۟ وَتَتَّقُوا۟ فَإِنَّ
ٱللَّهَ كَانَ بِمَا تَعْمَلُونَ خَبِيرًا

١٢٩ وَلَن تَسْتَطِيعُوٓا۟ أَن تَعْدِلُوا۟ بَيْنَ ٱلنِّسَآءِ وَلَوْ
حَرَصْتُمْ ۖ فَلَا تَمِيلُوا۟ كُلَّ ٱلْمَيْلِ فَتَذَرُوهَا
كَٱلْمُعَلَّقَةِ ۚ وَإِن تُصْلِحُوا۟ وَتَتَّقُوا۟ فَإِنَّ ٱللَّهَ
كَانَ غَفُورًا رَّحِيمًا

١٣٠ وَإِن يَتَفَرَّقَا يُغْنِ ٱللَّهُ كُلًّا مِّن سَعَتِهِ ۚ وَكَانَ
ٱللَّهُ وَٰسِعًا حَكِيمًا

١٣١ وَلِلَّهِ مَا فِى ٱلسَّمَٰوَٰتِ وَمَا فِى ٱلْأَرْضِ ۗ وَلَقَدْ
وَصَّيْنَا ٱلَّذِينَ أُوتُوا۟ ٱلْكِتَٰبَ مِن قَبْلِكُمْ وَإِيَّاكُمْ
أَنِ ٱتَّقُوا۟ ٱللَّهَ ۚ وَإِن تَكْفُرُوا۟ فَإِنَّ لِلَّهِ مَا فِى
ٱلسَّمَٰوَٰتِ وَمَا فِى ٱلْأَرْضِ ۚ وَكَانَ ٱللَّهُ غَنِيًّا
حَمِيدًا

١٣٢ وَلِلَّهِ مَا فِى ٱلسَّمَٰوَٰتِ وَمَا فِى ٱلْأَرْضِ ۚ
وَكَفَىٰ بِٱللَّهِ وَكِيلًا

١٣٣ إِن يَشَأْ يُذْهِبْكُمْ أَيُّهَا ٱلنَّاسُ وَيَأْتِ بِـَٔاخَرِينَ ۚ
وَكَانَ ٱللَّهُ عَلَىٰ ذَٰلِكَ قَدِيرًا

١٣٤ مَّن كَانَ يُرِيدُ ثَوَابَ ٱلدُّنْيَا فَعِندَ ٱللَّهِ ثَوَابُ
ٱلدُّنْيَا وَٱلْـَٔاخِرَةِ ۚ وَكَانَ ٱللَّهُ سَمِيعًا بَصِيرًا

١٣٥ يَٰٓأَيُّهَا ٱلَّذِينَ ءَامَنُوا۟ كُونُوا۟ قَوَّٰمِينَ ۞
بِٱلْقِسْطِ شُهَدَآءَ لِلَّهِ وَلَوْ عَلَىٰٓ أَنفُسِكُمْ أَوِ
ٱلْوَٰلِدَيْنِ وَٱلْأَقْرَبِينَ ۚ إِن يَكُنْ غَنِيًّا أَوْ فَقِيرًا
فَٱللَّهُ أَوْلَىٰ بِهِمَا ۖ فَلَا تَتَّبِعُوا۟ ٱلْهَوَىٰٓ أَن
تَعْدِلُوا۟ ۚ وَإِن تَلْوُۥٓا۟ أَوْ تُعْرِضُوا۟ فَإِنَّ ٱللَّهَ كَانَ
بِمَا تَعْمَلُونَ خَبِيرًا

١٣٦ يَٰٓأَيُّهَا ٱلَّذِينَ ءَامَنُوٓا۟ ءَامِنُوا۟ بِٱللَّهِ وَرَسُولِهِ
وَٱلْكِتَٰبِ ٱلَّذِى نَزَّلَ عَلَىٰ رَسُولِهِ وَٱلْكِتَٰبِ
ٱلَّذِىٓ أَنزَلَ مِن قَبْلُ ۚ وَمَن يَكْفُرْ بِٱللَّهِ
وَمَلَٰٓئِكَتِهِ وَكُتُبِهِ وَرُسُلِهِ وَٱلْيَوْمِ ٱلْـَٔاخِرِ فَقَدْ
ضَلَّ ضَلَٰلًۢا بَعِيدًا

١٣٧ إِنَّ ٱلَّذِينَ ءَامَنُوا۟ ثُمَّ كَفَرُوا۟ ثُمَّ ءَامَنُوا۟ ثُمَّ
كَفَرُوا۟ ثُمَّ ٱزْدَادُوا۟ كُفْرًا لَّمْ يَكُنِ ٱللَّهُ لِيَغْفِرَ
لَهُمْ وَلَا لِيَهْدِيَهُمْ سَبِيلًۢا

١٣٨ بَشِّرِ ٱلْمُنَٰفِقِينَ بِأَنَّ لَهُمْ عَذَابًا أَلِيمًا

١٣٩ ٱلَّذِينَ يَتَّخِذُونَ ٱلْكَٰفِرِينَ أَوْلِيَآءَ مِن دُونِ
ٱلْمُؤْمِنِينَ ۚ أَيَبْتَغُونَ عِندَهُمُ ٱلْعِزَّةَ فَإِنَّ ٱلْعِزَّةَ
لِلَّهِ جَمِيعًا

١٤٠ وَقَدْ نَزَّلَ عَلَيْكُمْ فِى ٱلْكِتَٰبِ أَنْ إِذَا سَمِعْتُمْ
ءَايَٰتِ ٱللَّهِ يُكْفَرُ بِهَا وَيُسْتَهْزَأُ بِهَا فَلَا
تَقْعُدُوا۟ مَعَهُمْ حَتَّىٰ يَخُوضُوا۟ فِى حَدِيثٍ
غَيْرِهِۦٓ ۚ إِنَّكُمْ إِذًا مِّثْلُهُمْ ۗ إِنَّ ٱللَّهَ جَامِعُ
ٱلْمُنَٰفِقِينَ وَٱلْكَٰفِرِينَ فِى جَهَنَّمَ جَمِيعًا

١٤١ ٱلَّذِينَ يَتَرَبَّصُونَ بِكُمْ فَإِن كَانَ لَكُمْ فَتْحٌ مِّنَ
ٱللَّهِ قَالُوٓا۟ أَلَمْ نَكُن مَّعَكُمْ وَإِن كَانَ لِلْكَٰفِرِينَ
نَصِيبٌ قَالُوٓا۟ أَلَمْ نَسْتَحْوِذْ عَلَيْكُمْ وَنَمْنَعْكُم
مِّنَ ٱلْمُؤْمِنِينَ ۚ فَٱللَّهُ يَحْكُمُ بَيْنَكُمْ يَوْمَ ٱلْقِيَٰمَةِ ۗ
وَلَن يَجْعَلَ ٱللَّهُ لِلْكَٰفِرِينَ عَلَى ٱلْمُؤْمِنِينَ
سَبِيلًا

١٤٢ إِنَّ ٱلْمُنَٰفِقِينَ يُخَٰدِعُونَ ٱللَّهَ وَهُوَ خَٰدِعُهُمْ
وَإِذَا قَامُوٓا۟ إِلَى ٱلصَّلَوٰةِ قَامُوا۟ كُسَالَىٰ
يُرَآءُونَ ٱلنَّاسَ وَلَا يَذْكُرُونَ ٱللَّهَ إِلَّا قَلِيلًا

١٤٣ مُّذَبْذَبِينَ بَيْنَ ذَٰلِكَ لَآ إِلَىٰ هَٰٓؤُلَآءِ وَلَآ إِلَىٰ
هَٰٓؤُلَآءِ ۚ وَمَن يُضْلِلِ ٱللَّهُ فَلَن تَجِدَ لَهُۥ سَبِيلًا

١٤٤ يَٰٓأَيُّهَا ٱلَّذِينَ ءَامَنُوا۟ لَا تَتَّخِذُوا۟ ٱلْكَٰفِرِينَ
أَوْلِيَآءَ مِن دُونِ ٱلْمُؤْمِنِينَ ۚ أَتُرِيدُونَ أَن
تَجْعَلُوا۟ لِلَّهِ عَلَيْكُمْ سُلْطَٰنًا مُّبِينًا

١٤٥ إِنَّ ٱلْمُنَٰفِقِينَ فِى ٱلدَّرْكِ ٱلْأَسْفَلِ مِنَ ٱلنَّارِ
وَلَن تَجِدَ لَهُمْ نَصِيرًا

١٤٦ إِلَّا ٱلَّذِينَ تَابُوا۟ وَأَصْلَحُوا۟ وَٱعْتَصَمُوا۟ بِٱللَّهِ
وَأَخْلَصُوا۟ دِينَهُمْ لِلَّهِ فَأُو۟لَٰٓئِكَ مَعَ ٱلْمُؤْمِنِينَ ۖ
وَسَوْفَ يُؤْتِ ٱللَّهُ ٱلْمُؤْمِنِينَ أَجْرًا عَظِيمًا

١٤٧ مَّا يَفْعَلُ ٱللَّهُ بِعَذَابِكُمْ إِن شَكَرْتُمْ وَءَامَنتُمْ وَكَانَ ٱللَّهُ شَاكِرًا عَلِيمًا

١٤٨ لَّا يُحِبُّ ٱللَّهُ ٱلْجَهْرَ بِٱلسُّوءِ مِنَ ٱلْقَوْلِ إِلَّا مَن ظُلِمَ وَكَانَ ٱللَّهُ سَمِيعًا عَلِيمًا

١٤٩ إِن تُبْدُواْ خَيْرًا أَوْ تُخْفُوهُ أَوْ تَعْفُواْ عَن سُوءٍ فَإِنَّ ٱللَّهَ كَانَ عَفُوًّا قَدِيرًا

١٥٠ إِنَّ ٱلَّذِينَ يَكْفُرُونَ بِٱللَّهِ وَرُسُلِهِ وَيُرِيدُونَ أَن يُفَرِّقُواْ بَيْنَ ٱللَّهِ وَرُسُلِهِ وَيَقُولُونَ نُؤْمِنُ بِبَعْضٍ وَنَكْفُرُ بِبَعْضٍ وَيُرِيدُونَ أَن يَتَّخِذُواْ بَيْنَ ذَٰلِكَ سَبِيلًا

١٥١ أُوْلَٰئِكَ هُمُ ٱلْكَافِرُونَ حَقًّا وَأَعْتَدْنَا لِلْكَافِرِينَ عَذَابًا مُّهِينًا

١٥٢ وَٱلَّذِينَ ءَامَنُواْ بِٱللَّهِ وَرُسُلِهِ وَلَمْ يُفَرِّقُواْ بَيْنَ أَحَدٍ مِّنْهُمْ أُوْلَٰئِكَ سَوْفَ يُؤْتِيهِمْ أُجُورَهُمْ وَكَانَ ٱللَّهُ غَفُورًا رَّحِيمًا

١٥٣ يَسْـَٔلُكَ أَهْلُ ٱلْكِتَٰبِ أَن تُنَزِّلَ عَلَيْهِمْ كِتَٰبًا مِّنَ ٱلسَّمَاءِ فَقَدْ سَأَلُواْ مُوسَىٰ أَكْبَرَ مِن ذَٰلِكَ فَقَالُواْ أَرِنَا ٱللَّهَ جَهْرَةً فَأَخَذَتْهُمُ ٱلصَّٰعِقَةُ بِظُلْمِهِمْ ثُمَّ ٱتَّخَذُواْ ٱلْعِجْلَ مِنۢ بَعْدِ مَا جَاءَتْهُمُ ٱلْبَيِّنَٰتُ فَعَفَوْنَا عَن ذَٰلِكَ وَءَاتَيْنَا مُوسَىٰ سُلْطَٰنًا مُّبِينًا

١٥٤ وَرَفَعْنَا فَوْقَهُمُ ٱلطُّورَ بِمِيثَٰقِهِمْ وَقُلْنَا لَهُمُ ٱدْخُلُواْ ٱلْبَابَ سُجَّدًا وَقُلْنَا لَهُمْ لَا تَعْدُواْ فِى ٱلسَّبْتِ وَأَخَذْنَا مِنْهُم مِّيثَٰقًا غَلِيظًا

١٥٥ فَبِمَا نَقْضِهِم مِّيثَٰقَهُمْ وَكُفْرِهِم بِـَٔايَٰتِ ٱللَّهِ وَقَتْلِهِمُ ٱلْأَنۢبِيَاءَ بِغَيْرِ حَقٍّ وَقَوْلِهِمْ قُلُوبُنَا غُلْفٌ بَلْ طَبَعَ ٱللَّهُ عَلَيْهَا بِكُفْرِهِمْ فَلَا يُؤْمِنُونَ إِلَّا قَلِيلًا

١٥٦ وَبِكُفْرِهِمْ وَقَوْلِهِمْ عَلَىٰ مَرْيَمَ بُهْتَٰنًا عَظِيمًا

١٥٧ وَقَوْلِهِمْ إِنَّا قَتَلْنَا ٱلْمَسِيحَ عِيسَى ٱبْنَ مَرْيَمَ رَسُولَ ٱللَّهِ وَمَا قَتَلُوهُ وَمَا صَلَبُوهُ وَلَٰكِن شُبِّهَ لَهُمْ وَإِنَّ ٱلَّذِينَ ٱخْتَلَفُواْ فِيهِ لَفِى شَكٍّ مِّنْهُ مَا لَهُم بِهِ مِنْ عِلْمٍ إِلَّا ٱتِّبَاعَ ٱلظَّنِّ وَمَا قَتَلُوهُ يَقِينًا

١٥٨ بَل رَّفَعَهُ ٱللَّهُ إِلَيْهِ وَكَانَ ٱللَّهُ عَزِيزًا حَكِيمًا

١٥٩ وَإِن مِّنْ أَهْلِ ٱلْكِتَٰبِ إِلَّا لَيُؤْمِنَنَّ بِهِ قَبْلَ مَوْتِهِ وَيَوْمَ ٱلْقِيَٰمَةِ يَكُونُ عَلَيْهِمْ شَهِيدًا

١٦٠ فَبِظُلْمٍ مِّنَ ٱلَّذِينَ هَادُواْ حَرَّمْنَا عَلَيْهِمْ طَيِّبَٰتٍ أُحِلَّتْ لَهُمْ وَبِصَدِّهِمْ عَن سَبِيلِ ٱللَّهِ كَثِيرًا

١٦١ وَأَخْذِهِمُ ٱلرِّبَوٰاْ وَقَدْ نُهُواْ عَنْهُ وَأَكْلِهِمْ أَمْوَٰلَ ٱلنَّاسِ بِٱلْبَٰطِلِ وَأَعْتَدْنَا لِلْكَٰفِرِينَ مِنْهُمْ عَذَابًا أَلِيمًا

١٦٢ لَّٰكِنِ ٱلرَّٰسِخُونَ فِى ٱلْعِلْمِ مِنْهُمْ وَٱلْمُؤْمِنُونَ يُؤْمِنُونَ بِمَا أُنزِلَ إِلَيْكَ وَمَا أُنزِلَ مِن قَبْلِكَ وَٱلْمُقِيمِينَ ٱلصَّلَوٰةَ وَٱلْمُؤْتُونَ ٱلزَّكَوٰةَ وَٱلْمُؤْمِنُونَ بِٱللَّهِ وَٱلْيَوْمِ ٱلْءَاخِرِ أُوْلَٰئِكَ سَنُؤْتِيهِمْ أَجْرًا عَظِيمًا

١٦٣ إِنَّا أَوْحَيْنَا إِلَيْكَ كَمَا أَوْحَيْنَا إِلَىٰ نُوحٍ وَٱلنَّبِيِّۦنَ مِنۢ بَعْدِهِ وَأَوْحَيْنَا إِلَىٰ إِبْرَٰهِيمَ وَإِسْمَٰعِيلَ وَإِسْحَٰقَ وَيَعْقُوبَ وَٱلْأَسْبَاطِ وَعِيسَىٰ وَأَيُّوبَ وَيُونُسَ وَهَٰرُونَ وَسُلَيْمَٰنَ وَءَاتَيْنَا دَاوُۥدَ زَبُورًا

١٦٤ وَرُسُلًا قَدْ قَصَصْنَٰهُمْ عَلَيْكَ مِن قَبْلُ وَرُسُلًا لَّمْ نَقْصُصْهُمْ عَلَيْكَ وَكَلَّمَ ٱللَّهُ مُوسَىٰ تَكْلِيمًا

١٦٥ رُّسُلًا مُّبَشِّرِينَ وَمُنذِرِينَ لِئَلَّا يَكُونَ لِلنَّاسِ عَلَى ٱللَّهِ حُجَّةٌۢ بَعْدَ ٱلرُّسُلِ وَكَانَ ٱللَّهُ عَزِيزًا حَكِيمًا

١٦٦ لَّٰكِنِ ٱللَّهُ يَشْهَدُ بِمَا أَنزَلَ إِلَيْكَ أَنزَلَهُ بِعِلْمِهِ وَٱلْمَلَٰئِكَةُ يَشْهَدُونَ وَكَفَىٰ بِٱللَّهِ شَهِيدًا

١٦٧ إِنَّ ٱلَّذِينَ كَفَرُواْ وَصَدُّواْ عَن سَبِيلِ ٱللَّهِ قَدْ ضَلُّواْ ضَلَٰلًا بَعِيدًا

١٦٨ إِنَّ ٱلَّذِينَ كَفَرُواْ وَظَلَمُواْ لَمْ يَكُنِ ٱللَّهُ لِيَغْفِرَ لَهُمْ وَلَا لِيَهْدِيَهُمْ طَرِيقًا

١٦٩ إِلَّا طَرِيقَ جَهَنَّمَ خَٰلِدِينَ فِيهَآ أَبَدًا ۚ وَكَانَ ذَٰلِكَ عَلَى ٱللَّهِ يَسِيرًا

١٧٠ يَٰٓأَيُّهَا ٱلنَّاسُ قَدْ جَآءَكُمُ ٱلرَّسُولُ بِٱلْحَقِّ مِن رَّبِّكُمْ فَـَٔامِنُوا۟ خَيْرًا لَّكُمْ ۚ وَإِن تَكْفُرُوا۟ فَإِنَّ لِلَّهِ مَا فِى ٱلسَّمَٰوَٰتِ وَٱلْأَرْضِ ۚ وَكَانَ ٱللَّهُ عَلِيمًا حَكِيمًا

١٧١ يَٰٓأَهْلَ ٱلْكِتَٰبِ لَا تَغْلُوا۟ فِى دِينِكُمْ وَلَا تَقُولُوا۟ عَلَى ٱللَّهِ إِلَّا ٱلْحَقَّ ۚ إِنَّمَا ٱلْمَسِيحُ عِيسَى ٱبْنُ مَرْيَمَ رَسُولُ ٱللَّهِ وَكَلِمَتُهُۥٓ أَلْقَىٰهَآ إِلَىٰ مَرْيَمَ وَرُوحٌ مِّنْهُ ۖ فَـَٔامِنُوا۟ بِٱللَّهِ وَرُسُلِهِۦ ۖ وَلَا تَقُولُوا۟ ثَلَٰثَةٌ ۚ ٱنتَهُوا۟ خَيْرًا لَّكُمْ ۚ إِنَّمَا ٱللَّهُ إِلَٰهٌ وَٰحِدٌ ۖ سُبْحَٰنَهُۥٓ أَن يَكُونَ لَهُۥ وَلَدٌ ۘ لَّهُۥ مَا فِى ٱلسَّمَٰوَٰتِ وَمَا فِى ٱلْأَرْضِ ۗ وَكَفَىٰ بِٱللَّهِ وَكِيلًا

١٧٢ لَّن يَسْتَنكِفَ ٱلْمَسِيحُ أَن يَكُونَ عَبْدًا لِّلَّهِ وَلَا ٱلْمَلَٰٓئِكَةُ ٱلْمُقَرَّبُونَ ۚ وَمَن يَسْتَنكِفْ عَنْ عِبَادَتِهِۦ وَيَسْتَكْبِرْ فَسَيَحْشُرُهُمْ إِلَيْهِ جَمِيعًا

١٧٣ فَأَمَّا ٱلَّذِينَ ءَامَنُوا۟ وَعَمِلُوا۟ ٱلصَّٰلِحَٰتِ فَيُوَفِّيهِمْ أُجُورَهُمْ وَيَزِيدُهُم مِّن فَضْلِهِۦ ۖ وَأَمَّا ٱلَّذِينَ ٱسْتَنكَفُوا۟ وَٱسْتَكْبَرُوا۟ فَيُعَذِّبُهُمْ عَذَابًا أَلِيمًا وَلَا يَجِدُونَ لَهُم مِّن دُونِ ٱللَّهِ وَلِيًّا وَلَا نَصِيرًا

١٧٤ يَٰٓأَيُّهَا ٱلنَّاسُ قَدْ جَآءَكُم بُرْهَٰنٌ مِّن رَّبِّكُمْ وَأَنزَلْنَآ إِلَيْكُمْ نُورًا مُّبِينًا

١٧٥ فَأَمَّا ٱلَّذِينَ ءَامَنُوا۟ بِٱللَّهِ وَٱعْتَصَمُوا۟ بِهِۦ فَسَيُدْخِلُهُمْ فِى رَحْمَةٍ مِّنْهُ وَفَضْلٍ وَيَهْدِيهِمْ إِلَيْهِ صِرَٰطًا مُّسْتَقِيمًا

١٧٦ يَسْتَفْتُونَكَ قُلِ ٱللَّهُ يُفْتِيكُمْ فِى ٱلْكَلَٰلَةِ ۚ إِنِ ٱمْرُؤٌا۟ هَلَكَ لَيْسَ لَهُۥ وَلَدٌ وَلَهُۥٓ أُخْتٌ فَلَهَا نِصْفُ مَا تَرَكَ ۚ وَهُوَ يَرِثُهَآ إِن لَّمْ يَكُن لَّهَا وَلَدٌ ۚ فَإِن كَانَتَا ٱثْنَتَيْنِ فَلَهُمَا ٱلثُّلُثَانِ مِمَّا تَرَكَ ۚ وَإِن كَانُوٓا۟ إِخْوَةً رِّجَالًا وَنِسَآءً فَلِلذَّكَرِ مِثْلُ حَظِّ ٱلْأُنثَيَيْنِ ۗ يُبَيِّنُ ٱللَّهُ لَكُمْ أَن تَضِلُّوا۟ ۗ وَٱللَّهُ بِكُلِّ شَىْءٍ عَلِيمٌ

سورة المائدة

١ يَٰٓأَيُّهَا ٱلَّذِينَ ءَامَنُوٓا۟ أَوْفُوا۟ بِٱلْعُقُودِ ۚ أُحِلَّتْ لَكُم بَهِيمَةُ ٱلْأَنْعَٰمِ إِلَّا مَا يُتْلَىٰ عَلَيْكُمْ غَيْرَ مُحِلِّى ٱلصَّيْدِ وَأَنتُمْ حُرُمٌ ۗ إِنَّ ٱللَّهَ يَحْكُمُ مَا يُرِيدُ

٢ يَٰٓأَيُّهَا ٱلَّذِينَ ءَامَنُوا۟ لَا تُحِلُّوا۟ شَعَٰٓئِرَ ٱللَّهِ وَلَا ٱلشَّهْرَ ٱلْحَرَامَ وَلَا ٱلْهَدْىَ وَلَا ٱلْقَلَٰٓئِدَ وَلَآ ءَآمِّينَ ٱلْبَيْتَ ٱلْحَرَامَ يَبْتَغُونَ فَضْلًا مِّن رَّبِّهِمْ وَرِضْوَٰنًا ۚ وَإِذَا حَلَلْتُمْ فَٱصْطَادُوا۟ ۚ وَلَا يَجْرِمَنَّكُمْ شَنَـَٔانُ قَوْمٍ أَن صَدُّوكُمْ عَنِ ٱلْمَسْجِدِ ٱلْحَرَامِ أَن تَعْتَدُوا۟ ۘ وَتَعَاوَنُوا۟ عَلَى ٱلْبِرِّ وَٱلتَّقْوَىٰ ۖ وَلَا تَعَاوَنُوا۟ عَلَى ٱلْإِثْمِ وَٱلْعُدْوَٰنِ ۚ وَٱتَّقُوا۟ ٱللَّهَ ۖ إِنَّ ٱللَّهَ شَدِيدُ ٱلْعِقَابِ

٣ حُرِّمَتْ عَلَيْكُمُ ٱلْمَيْتَةُ وَٱلدَّمُ وَلَحْمُ ٱلْخِنزِيرِ وَمَآ أُهِلَّ لِغَيْرِ ٱللَّهِ بِهِۦ وَٱلْمُنْخَنِقَةُ وَٱلْمَوْقُوذَةُ وَٱلْمُتَرَدِّيَةُ وَٱلنَّطِيحَةُ وَمَآ أَكَلَ ٱلسَّبُعُ إِلَّا مَا ذَكَّيْتُمْ وَمَا ذُبِحَ عَلَى ٱلنُّصُبِ وَأَن تَسْتَقْسِمُوا۟ بِٱلْأَزْلَٰمِ ۚ ذَٰلِكُمْ فِسْقٌ ۗ ٱلْيَوْمَ يَئِسَ ٱلَّذِينَ كَفَرُوا۟ مِن دِينِكُمْ فَلَا تَخْشَوْهُمْ وَٱخْشَوْنِ ۚ ٱلْيَوْمَ أَكْمَلْتُ لَكُمْ دِينَكُمْ وَأَتْمَمْتُ عَلَيْكُمْ نِعْمَتِى وَرَضِيتُ لَكُمُ ٱلْإِسْلَٰمَ دِينًا ۚ فَمَنِ ٱضْطُرَّ فِى مَخْمَصَةٍ غَيْرَ مُتَجَانِفٍ لِّإِثْمٍ ۙ فَإِنَّ ٱللَّهَ غَفُورٌ رَّحِيمٌ

٤ يَسْـَٔلُونَكَ مَاذَآ أُحِلَّ لَهُمْ ۖ قُلْ أُحِلَّ لَكُمُ ٱلطَّيِّبَٰتُ ۙ وَمَا عَلَّمْتُم مِّنَ ٱلْجَوَارِحِ مُكَلِّبِينَ تُعَلِّمُونَهُنَّ مِمَّا عَلَّمَكُمُ ٱللَّهُ ۖ فَكُلُوا۟ مِمَّآ أَمْسَكْنَ عَلَيْكُمْ وَٱذْكُرُوا۟ ٱسْمَ ٱللَّهِ عَلَيْهِ ۖ وَٱتَّقُوا۟ ٱللَّهَ ۚ إِنَّ ٱللَّهَ سَرِيعُ ٱلْحِسَابِ

٥ ٱلْيَوْمَ أُحِلَّ لَكُمُ ٱلطَّيِّبَٰتُ ۖ وَطَعَامُ ٱلَّذِينَ أُوتُوا۟ ٱلْكِتَٰبَ حِلٌّ لَّكُمْ وَطَعَامُكُمْ حِلٌّ لَّهُمْ ۖ وَٱلْمُحْصَنَٰتُ مِنَ ٱلْمُؤْمِنَٰتِ وَٱلْمُحْصَنَٰتُ مِنَ

الَّذِينَ أُوتُوا الْكِتَابَ مِن قَبْلِكُمْ إِذَآ
ءَاتَيْتُمُوهُنَّ أُجُورَهُنَّ مُحْصِنِينَ غَيْرَ
مُسَافِحِينَ وَلَا مُتَّخِذِى أَخْدَانٍ وَمَن يَكْفُرْ
بِالْإِيمَانِ فَقَدْ حَبِطَ عَمَلُهُ وَهُوَ فِى الْءَاخِرَةِ
مِنَ الْخَاسِرِينَ

٦ يَا أَيُّهَا الَّذِينَ ءَامَنُوا إِذَا قُمْتُمْ إِلَى الصَّلَوةِ
فَاغْسِلُوا وُجُوهَكُمْ وَأَيْدِيَكُمْ إِلَى الْمَرَافِقِ
وَامْسَحُوا بِرُءُوسِكُمْ وَأَرْجُلَكُمْ إِلَى الْكَعْبَيْنِ
وَإِن كُنتُمْ جُنُبًا فَاطَّهَّرُوا وَإِن كُنتُم مَّرْضَى
أَوْ عَلَى سَفَرٍ أَوْ جَاءَ أَحَدٌ مِّنكُم مِّنَ الْغَائِطِ
أَوْ لَامَسْتُمُ النِّسَاءَ فَلَمْ تَجِدُوا مَاءً فَتَيَمَّمُوا
صَعِيدًا طَيِّبًا فَامْسَحُوا بِوُجُوهِكُمْ وَأَيْدِيكُم
مِّنْهُ مَا يُرِيدُ اللَّهُ لِيَجْعَلَ عَلَيْكُم مِّنْ حَرَجٍ
وَلَكِن يُرِيدُ لِيُطَهِّرَكُمْ وَلِيُتِمَّ نِعْمَتَهُ عَلَيْكُمْ
لَعَلَّكُمْ تَشْكُرُونَ

٧ وَاذْكُرُوا نِعْمَةَ اللَّهِ عَلَيْكُمْ وَمِيثَاقَهُ الَّذِى
وَاثَقَكُم بِهِ إِذْ قُلْتُمْ سَمِعْنَا وَأَطَعْنَا وَاتَّقُوا
اللَّهَ إِنَّ اللَّهَ عَلِيمٌ بِذَاتِ الصُّدُورِ

٨ يَا أَيُّهَا الَّذِينَ ءَامَنُوا كُونُوا قَوَّامِينَ لِلَّهِ
شُهَدَاءَ بِالْقِسْطِ وَلَا يَجْرِمَنَّكُمْ شَنَآنُ قَوْمٍ
عَلَى أَلَّا تَعْدِلُوا اعْدِلُوا هُوَ أَقْرَبُ لِلتَّقْوَى
وَاتَّقُوا اللَّهَ إِنَّ اللَّهَ خَبِيرٌ بِمَا تَعْمَلُونَ

٩ وَعَدَ اللَّهُ الَّذِينَ ءَامَنُوا وَعَمِلُوا الصَّالِحَاتِ
لَهُم مَّغْفِرَةٌ وَأَجْرٌ عَظِيمٌ

١٠ وَالَّذِينَ كَفَرُوا وَكَذَّبُوا بِآيَاتِنَا أُولَئِكَ أَصْحَابُ
الْجَحِيمِ

١١ يَا أَيُّهَا الَّذِينَ ءَامَنُوا اذْكُرُوا نِعْمَتَ اللَّهِ عَلَيْكُمْ
إِذْ هَمَّ قَوْمٌ أَن يَبْسُطُوا إِلَيْكُمْ أَيْدِيَهُمْ فَكَفَّ
أَيْدِيَهُمْ عَنكُمْ وَاتَّقُوا اللَّهَ وَعَلَى اللَّهِ
فَلْيَتَوَكَّلِ الْمُؤْمِنُونَ

١٢ وَلَقَدْ أَخَذَ اللَّهُ مِيثَاقَ بَنِى إِسْرَائِيلَ
وَبَعَثْنَا مِنْهُمُ اثْنَىْ عَشَرَ نَقِيبًا وَقَالَ اللَّهُ إِنِّى
مَعَكُمْ لَئِنْ أَقَمْتُمُ الصَّلَوةَ وَءَاتَيْتُمُ الزَّكَوةَ

وَءَامَنتُم بِرُسُلِى وَعَزَّرْتُمُوهُمْ وَأَقْرَضْتُمُ
اللَّهَ قَرْضًا حَسَنًا لَّأُكَفِّرَنَّ عَنكُمْ سَيِّئَاتِكُمْ
وَلَأُدْخِلَنَّكُمْ جَنَّاتٍ تَجْرِى مِن تَحْتِهَا الْأَنْهَرُ
فَمَن كَفَرَ بَعْدَ ذَلِكَ مِنكُمْ فَقَدْ ضَلَّ سَوَاءَ
السَّبِيلِ

١٣ فَبِمَا نَقْضِهِم مِّيثَاقَهُمْ لَعَنَّاهُمْ وَجَعَلْنَا قُلُوبَهُمْ
قَاسِيَةً يُحَرِّفُونَ الْكَلِمَ عَن مَّوَاضِعِهِ وَنَسُوا
حَظًّا مِّمَّا ذُكِّرُوا بِهِ وَلَا تَزَالُ تَطَّلِعُ عَلَى
خَائِنَةٍ مِّنْهُمْ إِلَّا قَلِيلًا مِّنْهُمْ فَاعْفُ عَنْهُمْ
وَاصْفَحْ إِنَّ اللَّهَ يُحِبُّ الْمُحْسِنِينَ

١٤ وَمِنَ الَّذِينَ قَالُوا إِنَّا نَصَارَى أَخَذْنَا مِيثَاقَهُمْ
فَنَسُوا حَظًّا مِّمَّا ذُكِّرُوا بِهِ فَأَغْرَيْنَا بَيْنَهُمُ
الْعَدَاوَةَ وَالْبَغْضَاءَ إِلَى يَوْمِ الْقِيَامَةِ وَسَوْفَ
يُنَبِّئُهُمُ اللَّهُ بِمَا كَانُوا يَصْنَعُونَ

١٥ يَا أَهْلَ الْكِتَابِ قَدْ جَاءَكُمْ رَسُولُنَا يُبَيِّنُ لَكُمْ
كَثِيرًا مِّمَّا كُنتُمْ تُخْفُونَ مِنَ الْكِتَابِ وَيَعْفُوا
عَن كَثِيرٍ قَدْ جَاءَكُم مِّنَ اللَّهِ نُورٌ وَكِتَابٌ
مُّبِينٌ

١٦ يَهْدِى بِهِ اللَّهُ مَنِ اتَّبَعَ رِضْوَانَهُ سُبُلَ السَّلَامِ
وَيُخْرِجُهُم مِّنَ الظُّلُمَاتِ إِلَى النُّورِ بِإِذْنِهِ
وَيَهْدِيهِمْ إِلَى صِرَاطٍ مُّسْتَقِيمٍ

١٧ لَّقَدْ كَفَرَ الَّذِينَ قَالُوا إِنَّ اللَّهَ هُوَ الْمَسِيحُ ابْنُ
مَرْيَمَ قُلْ فَمَن يَمْلِكُ مِنَ اللَّهِ شَيْئًا إِنْ أَرَادَ
أَن يُهْلِكَ الْمَسِيحَ ابْنَ مَرْيَمَ وَأُمَّهُ وَمَن فِى
الْأَرْضِ جَمِيعًا وَلِلَّهِ مُلْكُ السَّمَاوَاتِ
وَالْأَرْضِ وَمَا بَيْنَهُمَا يَخْلُقُ مَا يَشَاءُ وَاللَّهُ
عَلَى كُلِّ شَىْءٍ قَدِيرٌ

١٨ وَقَالَتِ الْيَهُودُ وَالنَّصَارَى نَحْنُ أَبْنَاءُ اللَّهِ
وَأَحِبَّاؤُهُ قُلْ فَلِمَ يُعَذِّبُكُم بِذُنُوبِكُم بَلْ أَنتُم
بَشَرٌ مِّمَّنْ خَلَقَ يَغْفِرُ لِمَن يَشَاءُ وَيُعَذِّبُ
مَن يَشَاءُ وَلِلَّهِ مُلْكُ السَّمَاوَاتِ وَالْأَرْضِ وَمَا
بَيْنَهُمَا وَإِلَيْهِ الْمَصِيرُ

١٩ يَـٰٓأَهْلَ ٱلْكِتَـٰبِ قَدْ جَآءَكُمْ رَسُولُنَا يُبَيِّنُ لَكُمْ عَلَىٰ فَتْرَةٍ مِّنَ ٱلرُّسُلِ أَن تَقُولُوا۟ مَا جَآءَنَا مِنۢ بَشِيرٍ وَلَا نَذِيرٍ ۖ فَقَدْ جَآءَكُم بَشِيرٌ وَنَذِيرٌ ۗ وَٱللَّهُ عَلَىٰ كُلِّ شَىْءٍ قَدِيرٌ

٢٠ وَإِذْ قَالَ مُوسَىٰ لِقَوْمِهِۦ يَـٰقَوْمِ ٱذْكُرُوا۟ نِعْمَةَ ٱللَّهِ عَلَيْكُمْ إِذْ جَعَلَ فِيكُمْ أَنۢبِيَآءَ وَجَعَلَكُم مُّلُوكًا وَءَاتَىٰكُم مَّا لَمْ يُؤْتِ أَحَدًا مِّنَ ٱلْعَـٰلَمِينَ

٢١ يَـٰقَوْمِ ٱدْخُلُوا۟ ٱلْأَرْضَ ٱلْمُقَدَّسَةَ ٱلَّتِى كَتَبَ ٱللَّهُ لَكُمْ وَلَا تَرْتَدُّوا۟ عَلَىٰٓ أَدْبَارِكُمْ فَتَنقَلِبُوا۟ خَـٰسِرِينَ

٢٢ قَالُوا۟ يَـٰمُوسَىٰٓ إِنَّ فِيهَا قَوْمًا جَبَّارِينَ وَإِنَّا لَن نَّدْخُلَهَا حَتَّىٰ يَخْرُجُوا۟ مِنْهَا فَإِن يَخْرُجُوا۟ مِنْهَا فَإِنَّا دَٰخِلُونَ

٢٣ قَالَ رَجُلَانِ مِنَ ٱلَّذِينَ يَخَافُونَ أَنْعَمَ ٱللَّهُ عَلَيْهِمَا ٱدْخُلُوا۟ عَلَيْهِمُ ٱلْبَابَ فَإِذَا دَخَلْتُمُوهُ فَإِنَّكُمْ غَـٰلِبُونَ ۚ وَعَلَى ٱللَّهِ فَتَوَكَّلُوٓا۟ إِن كُنتُم مُّؤْمِنِينَ

٢٤ قَالُوا۟ يَـٰمُوسَىٰٓ إِنَّا لَن نَّدْخُلَهَآ أَبَدًا مَّا دَامُوا۟ فِيهَا ۖ فَٱذْهَبْ أَنتَ وَرَبُّكَ فَقَـٰتِلَآ إِنَّا هَـٰهُنَا قَـٰعِدُونَ

٢٥ قَالَ رَبِّ إِنِّى لَآ أَمْلِكُ إِلَّا نَفْسِى وَأَخِى ۖ فَٱفْرُقْ بَيْنَنَا وَبَيْنَ ٱلْقَوْمِ ٱلْفَـٰسِقِينَ

٢٦ قَالَ فَإِنَّهَا مُحَرَّمَةٌ عَلَيْهِمْ ۛ أَرْبَعِينَ سَنَةً ۛ يَتِيهُونَ فِى ٱلْأَرْضِ ۚ فَلَا تَأْسَ عَلَى ٱلْقَوْمِ ٱلْفَـٰسِقِينَ

٢٧ وَٱتْلُ عَلَيْهِمْ نَبَأَ ٱبْنَىْ ءَادَمَ بِٱلْحَقِّ إِذْ ۞ قَرَّبَا قُرْبَانًا فَتُقُبِّلَ مِنْ أَحَدِهِمَا وَلَمْ يُتَقَبَّلْ مِنَ ٱلْءَاخَرِ قَالَ لَأَقْتُلَنَّكَ ۖ قَالَ إِنَّمَا يَتَقَبَّلُ ٱللَّهُ مِنَ ٱلْمُتَّقِينَ

٢٨ لَئِنۢ بَسَطتَ إِلَىَّ يَدَكَ لِتَقْتُلَنِى مَآ أَنَا۠ بِبَاسِطٍ يَدِىَ إِلَيْكَ لِأَقْتُلَكَ ۖ إِنِّىٓ أَخَافُ ٱللَّهَ رَبَّ ٱلْعَـٰلَمِينَ

٢٩ إِنِّىٓ أُرِيدُ أَن تَبُوٓأَ بِإِثْمِى وَإِثْمِكَ فَتَكُونَ مِنْ أَصْحَـٰبِ ٱلنَّارِ ۚ وَذَٰلِكَ جَزَٰٓؤُا۟ ٱلظَّـٰلِمِينَ

٣٠ فَطَوَّعَتْ لَهُۥ نَفْسُهُۥ قَتْلَ أَخِيهِ فَقَتَلَهُۥ فَأَصْبَحَ مِنَ ٱلْخَـٰسِرِينَ

٣١ فَبَعَثَ ٱللَّهُ غُرَابًا يَبْحَثُ فِى ٱلْأَرْضِ لِيُرِيَهُۥ كَيْفَ يُوَٰرِى سَوْءَةَ أَخِيهِ ۚ قَالَ يَـٰوَيْلَتَىٰٓ أَعَجَزْتُ أَنْ أَكُونَ مِثْلَ هَـٰذَا ٱلْغُرَابِ فَأُوَٰرِىَ سَوْءَةَ أَخِى ۖ فَأَصْبَحَ مِنَ ٱلنَّـٰدِمِينَ

٣٢ مِنْ أَجْلِ ذَٰلِكَ كَتَبْنَا عَلَىٰ بَنِىٓ إِسْرَٰٓءِيلَ أَنَّهُۥ مَن قَتَلَ نَفْسًۢا بِغَيْرِ نَفْسٍ أَوْ فَسَادٍ فِى ٱلْأَرْضِ فَكَأَنَّمَا قَتَلَ ٱلنَّاسَ جَمِيعًا وَمَنْ أَحْيَاهَا فَكَأَنَّمَآ أَحْيَا ٱلنَّاسَ جَمِيعًا ۚ وَلَقَدْ جَآءَتْهُمْ رُسُلُنَا بِٱلْبَيِّنَـٰتِ ثُمَّ إِنَّ كَثِيرًا مِّنْهُم بَعْدَ ذَٰلِكَ فِى ٱلْأَرْضِ لَمُسْرِفُونَ

٣٣ إِنَّمَا جَزَٰٓؤُا۟ ٱلَّذِينَ يُحَارِبُونَ ٱللَّهَ وَرَسُولَهُۥ وَيَسْعَوْنَ فِى ٱلْأَرْضِ فَسَادًا أَن يُقَتَّلُوٓا۟ أَوْ يُصَلَّبُوٓا۟ أَوْ تُقَطَّعَ أَيْدِيهِمْ وَأَرْجُلُهُم مِّنْ خِلَـٰفٍ أَوْ يُنفَوْا۟ مِنَ ٱلْأَرْضِ ۚ ذَٰلِكَ لَهُمْ خِزْىٌ فِى ٱلدُّنْيَا ۖ وَلَهُمْ فِى ٱلْءَاخِرَةِ عَذَابٌ عَظِيمٌ

٣٤ إِلَّا ٱلَّذِينَ تَابُوا۟ مِن قَبْلِ أَن تَقْدِرُوا۟ عَلَيْهِمْ ۖ فَٱعْلَمُوٓا۟ أَنَّ ٱللَّهَ غَفُورٌ رَّحِيمٌ

٣٥ يَـٰٓأَيُّهَا ٱلَّذِينَ ءَامَنُوا۟ ٱتَّقُوا۟ ٱللَّهَ وَٱبْتَغُوٓا۟ إِلَيْهِ ٱلْوَسِيلَةَ وَجَـٰهِدُوا۟ فِى سَبِيلِهِۦ لَعَلَّكُمْ تُفْلِحُونَ

٣٦ إِنَّ ٱلَّذِينَ كَفَرُوا۟ لَوْ أَنَّ لَهُم مَّا فِى ٱلْأَرْضِ جَمِيعًا وَمِثْلَهُۥ مَعَهُۥ لِيَفْتَدُوا۟ بِهِۦ مِنْ عَذَابِ يَوْمِ ٱلْقِيَـٰمَةِ مَا تُقُبِّلَ مِنْهُمْ ۖ وَلَهُمْ عَذَابٌ أَلِيمٌ

٣٧ يُرِيدُونَ أَن يَخْرُجُوا۟ مِنَ ٱلنَّارِ وَمَا هُم بِخَـٰرِجِينَ مِنْهَا ۖ وَلَهُمْ عَذَابٌ مُّقِيمٌ

٣٨ وَٱلسَّارِقُ وَٱلسَّارِقَةُ فَٱقْطَعُوٓا۟ أَيْدِيَهُمَا جَزَآءًۢ بِمَا كَسَبَا نَكَـٰلًا مِّنَ ٱللَّهِ ۗ وَٱللَّهُ عَزِيزٌ حَكِيمٌ

٣٩ فَمَن تَابَ مِنۢ بَعْدِ ظُلْمِهِۦ وَأَصْلَحَ فَإِنَّ ٱللَّهَ يَتُوبُ عَلَيْهِ ۗ إِنَّ ٱللَّهَ غَفُورٌ رَّحِيمٌ

٤٠ أَلَمْ تَعْلَمْ أَنَّ ٱللَّهَ لَهُۥ مُلْكُ ٱلسَّمَٰوَٰتِ وَٱلْأَرْضِ يُعَذِّبُ مَن يَشَآءُ وَيَغْفِرُ لِمَن يَشَآءُ ۗ وَٱللَّهُ عَلَىٰ كُلِّ شَىْءٍ قَدِيرٌ

٤١ يَٰٓأَيُّهَا ٱلرَّسُولُ لَا يَحْزُنكَ ٱلَّذِينَ ۞ يُسَٰرِعُونَ فِى ٱلْكُفْرِ مِنَ ٱلَّذِينَ قَالُوٓا۟ ءَامَنَّا بِأَفْوَٰهِهِمْ وَلَمْ تُؤْمِن قُلُوبُهُمْ ۛ وَمِنَ ٱلَّذِينَ هَادُوا۟ ۛ سَمَّٰعُونَ لِلْكَذِبِ سَمَّٰعُونَ لِقَوْمٍ ءَاخَرِينَ لَمْ يَأْتُوكَ ۖ يُحَرِّفُونَ ٱلْكَلِمَ مِنۢ بَعْدِ مَوَاضِعِهِۦ ۖ يَقُولُونَ إِنْ أُوتِيتُمْ هَٰذَا فَخُذُوهُ وَإِن لَّمْ تُؤْتَوْهُ فَٱحْذَرُوا۟ ۚ وَمَن يُرِدِ ٱللَّهُ فِتْنَتَهُۥ فَلَن تَمْلِكَ لَهُۥ مِنَ ٱللَّهِ شَيْـًٔا ۚ أُو۟لَٰٓئِكَ ٱلَّذِينَ لَمْ يُرِدِ ٱللَّهُ أَن يُطَهِّرَ قُلُوبَهُمْ ۚ لَهُمْ فِى ٱلدُّنْيَا خِزْىٌ ۖ وَلَهُمْ فِى ٱلْءَاخِرَةِ عَذَابٌ عَظِيمٌ

٤٢ سَمَّٰعُونَ لِلْكَذِبِ أَكَّٰلُونَ لِلسُّحْتِ ۚ فَإِن جَآءُوكَ فَٱحْكُم بَيْنَهُمْ أَوْ أَعْرِضْ عَنْهُمْ ۖ وَإِن تُعْرِضْ عَنْهُمْ فَلَن يَضُرُّوكَ شَيْـًٔا ۖ وَإِنْ حَكَمْتَ فَٱحْكُم بَيْنَهُم بِٱلْقِسْطِ ۚ إِنَّ ٱللَّهَ يُحِبُّ ٱلْمُقْسِطِينَ

٤٣ وَكَيْفَ يُحَكِّمُونَكَ وَعِندَهُمُ ٱلتَّوْرَىٰةُ فِيهَا حُكْمُ ٱللَّهِ ثُمَّ يَتَوَلَّوْنَ مِنۢ بَعْدِ ذَٰلِكَ ۚ وَمَآ أُو۟لَٰٓئِكَ بِٱلْمُؤْمِنِينَ

٤٤ إِنَّآ أَنزَلْنَا ٱلتَّوْرَىٰةَ فِيهَا هُدًى وَنُورٌ ۚ يَحْكُمُ بِهَا ٱلنَّبِيُّونَ ٱلَّذِينَ أَسْلَمُوا۟ لِلَّذِينَ هَادُوا۟ وَٱلرَّبَّٰنِيُّونَ وَٱلْأَحْبَارُ بِمَا ٱسْتُحْفِظُوا۟ مِن كِتَٰبِ ٱللَّهِ وَكَانُوا۟ عَلَيْهِ شُهَدَآءَ ۚ فَلَا تَخْشَوُا۟ ٱلنَّاسَ وَٱخْشَوْنِ وَلَا تَشْتَرُوا۟ بِـَٔايَٰتِى ثَمَنًا قَلِيلًا ۚ وَمَن لَّمْ يَحْكُم بِمَآ أَنزَلَ ٱللَّهُ فَأُو۟لَٰٓئِكَ هُمُ ٱلْكَٰفِرُونَ

٤٥ وَكَتَبْنَا عَلَيْهِمْ فِيهَآ أَنَّ ٱلنَّفْسَ بِٱلنَّفْسِ وَٱلْعَيْنَ بِٱلْعَيْنِ وَٱلْأَنفَ بِٱلْأَنفِ وَٱلْأُذُنَ بِٱلْأُذُنِ وَٱلسِّنَّ بِٱلسِّنِّ وَٱلْجُرُوحَ قِصَاصٌ ۚ فَمَن تَصَدَّقَ بِهِۦ فَهُوَ كَفَّارَةٌ لَّهُۥ ۚ وَمَن لَّمْ يَحْكُم بِمَآ أَنزَلَ ٱللَّهُ فَأُو۟لَٰٓئِكَ هُمُ ٱلظَّٰلِمُونَ

٤٦ وَقَفَّيْنَا عَلَىٰٓ ءَاثَٰرِهِم بِعِيسَى ٱبْنِ مَرْيَمَ مُصَدِّقًا لِّمَا بَيْنَ يَدَيْهِ مِنَ ٱلتَّوْرَىٰةِ ۖ وَءَاتَيْنَٰهُ ٱلْإِنجِيلَ فِيهِ هُدًى وَنُورٌ وَمُصَدِّقًا لِّمَا بَيْنَ يَدَيْهِ مِنَ ٱلتَّوْرَىٰةِ وَهُدًى وَمَوْعِظَةً لِّلْمُتَّقِينَ

٤٧ وَلْيَحْكُمْ أَهْلُ ٱلْإِنجِيلِ بِمَآ أَنزَلَ ٱللَّهُ فِيهِ ۚ وَمَن لَّمْ يَحْكُم بِمَآ أَنزَلَ ٱللَّهُ فَأُو۟لَٰٓئِكَ هُمُ ٱلْفَٰسِقُونَ

٤٨ وَأَنزَلْنَآ إِلَيْكَ ٱلْكِتَٰبَ بِٱلْحَقِّ مُصَدِّقًا لِّمَا بَيْنَ يَدَيْهِ مِنَ ٱلْكِتَٰبِ وَمُهَيْمِنًا عَلَيْهِ ۖ فَٱحْكُم بَيْنَهُم بِمَآ أَنزَلَ ٱللَّهُ ۖ وَلَا تَتَّبِعْ أَهْوَآءَهُمْ عَمَّا جَآءَكَ مِنَ ٱلْحَقِّ ۚ لِكُلٍّ جَعَلْنَا مِنكُمْ شِرْعَةً وَمِنْهَاجًا ۚ وَلَوْ شَآءَ ٱللَّهُ لَجَعَلَكُمْ أُمَّةً وَٰحِدَةً وَلَٰكِن لِّيَبْلُوَكُمْ فِى مَآ ءَاتَىٰكُمْ ۖ فَٱسْتَبِقُوا۟ ٱلْخَيْرَٰتِ ۚ إِلَى ٱللَّهِ مَرْجِعُكُمْ جَمِيعًا فَيُنَبِّئُكُم بِمَا كُنتُمْ فِيهِ تَخْتَلِفُونَ

٤٩ وَأَنِ ٱحْكُم بَيْنَهُم بِمَآ أَنزَلَ ٱللَّهُ وَلَا تَتَّبِعْ أَهْوَآءَهُمْ وَٱحْذَرْهُمْ أَن يَفْتِنُوكَ عَنۢ بَعْضِ مَآ أَنزَلَ ٱللَّهُ إِلَيْكَ ۖ فَإِن تَوَلَّوْا۟ فَٱعْلَمْ أَنَّمَا يُرِيدُ ٱللَّهُ أَن يُصِيبَهُم بِبَعْضِ ذُنُوبِهِمْ ۗ وَإِنَّ كَثِيرًا مِّنَ ٱلنَّاسِ لَفَٰسِقُونَ

٥٠ أَفَحُكْمَ ٱلْجَٰهِلِيَّةِ يَبْغُونَ ۚ وَمَنْ أَحْسَنُ مِنَ ٱللَّهِ حُكْمًا لِّقَوْمٍ يُوقِنُونَ

٥١ يَٰٓأَيُّهَا ٱلَّذِينَ ءَامَنُوا۟ لَا تَتَّخِذُوا۟ ٱلْيَهُودَ ۞ وَٱلنَّصَٰرَىٰٓ أَوْلِيَآءَ ۘ بَعْضُهُمْ أَوْلِيَآءُ بَعْضٍ ۚ وَمَن يَتَوَلَّهُم مِّنكُمْ فَإِنَّهُۥ مِنْهُمْ ۗ إِنَّ ٱللَّهَ لَا يَهْدِى ٱلْقَوْمَ ٱلظَّٰلِمِينَ

٥٢ فَتَرَى ٱلَّذِينَ فِى قُلُوبِهِم مَّرَضٌ يُسَٰرِعُونَ فِيهِمْ يَقُولُونَ نَخْشَىٰٓ أَن تُصِيبَنَا دَآئِرَةٌ ۚ فَعَسَى ٱللَّهُ أَن يَأْتِىَ بِٱلْفَتْحِ أَوْ أَمْرٍ مِّنْ عِندِهِۦ فَيُصْبِحُوا۟ عَلَىٰ مَآ أَسَرُّوا۟ فِىٓ أَنفُسِهِمْ نَٰدِمِينَ

٥٣ وَيَقُولُ ٱلَّذِينَ ءَامَنُوٓا۟ أَهَٰٓؤُلَآءِ ٱلَّذِينَ أَقْسَمُوا۟ بِٱللَّهِ جَهْدَ أَيْمَٰنِهِمْ إِنَّهُمْ لَمَعَكُمْ حَبِطَتْ أَعْمَٰلُهُمْ فَأَصْبَحُوا۟ خَٰسِرِينَ

٥٤ يَٰٓأَيُّهَا ٱلَّذِينَ ءَامَنُوا۟ مَن يَرْتَدَّ مِنكُمْ عَن دِينِهِۦ فَسَوْفَ يَأْتِى ٱللَّهُ بِقَوْمٍ يُحِبُّهُمْ وَيُحِبُّونَهُۥٓ أَذِلَّةٍ عَلَى ٱلْمُؤْمِنِينَ أَعِزَّةٍ عَلَى ٱلْكَٰفِرِينَ يُجَٰهِدُونَ فِى سَبِيلِ ٱللَّهِ وَلَا يَخَافُونَ لَوْمَةَ لَآئِمٍ ذَٰلِكَ فَضْلُ ٱللَّهِ يُؤْتِيهِ مَن يَشَآءُ وَٱللَّهُ وَٰسِعٌ عَلِيمٌ

٥٥ إِنَّمَا وَلِيُّكُمُ ٱللَّهُ وَرَسُولُهُۥ وَٱلَّذِينَ ءَامَنُوا۟ ٱلَّذِينَ يُقِيمُونَ ٱلصَّلَوٰةَ وَيُؤْتُونَ ٱلزَّكَوٰةَ وَهُمْ رَٰكِعُونَ

٥٦ وَمَن يَتَوَلَّ ٱللَّهَ وَرَسُولَهُۥ وَٱلَّذِينَ ءَامَنُوا۟ فَإِنَّ حِزْبَ ٱللَّهِ هُمُ ٱلْغَٰلِبُونَ

٥٧ يَٰٓأَيُّهَا ٱلَّذِينَ ءَامَنُوا۟ لَا تَتَّخِذُوا۟ ٱلَّذِينَ ٱتَّخَذُوا۟ دِينَكُمْ هُزُوًا وَلَعِبًا مِّنَ ٱلَّذِينَ أُوتُوا۟ ٱلْكِتَٰبَ مِن قَبْلِكُمْ وَٱلْكُفَّارَ أَوْلِيَآءَ وَٱتَّقُوا۟ ٱللَّهَ إِن كُنتُم مُّؤْمِنِينَ

٥٨ وَإِذَا نَادَيْتُمْ إِلَى ٱلصَّلَوٰةِ ٱتَّخَذُوهَا هُزُوًا وَلَعِبًا ذَٰلِكَ بِأَنَّهُمْ قَوْمٌ لَّا يَعْقِلُونَ

٥٩ قُلْ يَٰٓأَهْلَ ٱلْكِتَٰبِ هَلْ تَنقِمُونَ مِنَّآ إِلَّآ أَنْ ءَامَنَّا بِٱللَّهِ وَمَآ أُنزِلَ إِلَيْنَا وَمَآ أُنزِلَ مِن قَبْلُ وَأَنَّ أَكْثَرَكُمْ فَٰسِقُونَ

٦٠ قُلْ هَلْ أُنَبِّئُكُم بِشَرٍّ مِّن ذَٰلِكَ مَثُوبَةً عِندَ ٱللَّهِ مَن لَّعَنَهُ ٱللَّهُ وَغَضِبَ عَلَيْهِ وَجَعَلَ مِنْهُمُ ٱلْقِرَدَةَ وَٱلْخَنَازِيرَ وَعَبَدَ ٱلطَّٰغُوتَ أُو۟لَٰٓئِكَ شَرٌّ مَّكَانًا وَأَضَلُّ عَن سَوَآءِ ٱلسَّبِيلِ

٦١ وَإِذَا جَآءُوكُمْ قَالُوٓا۟ ءَامَنَّا وَقَد دَّخَلُوا۟ بِٱلْكُفْرِ وَهُمْ قَدْ خَرَجُوا۟ بِهِۦ وَٱللَّهُ أَعْلَمُ بِمَا كَانُوا۟ يَكْتُمُونَ

٦٢ وَتَرَىٰ كَثِيرًا مِّنْهُمْ يُسَٰرِعُونَ فِى ٱلْإِثْمِ وَٱلْعُدْوَٰنِ وَأَكْلِهِمُ ٱلسُّحْتَ لَبِئْسَ مَا كَانُوا۟ يَعْمَلُونَ

٦٣ لَوْلَا يَنْهَىٰهُمُ ٱلرَّبَّٰنِيُّونَ وَٱلْأَحْبَارُ عَن قَوْلِهِمُ ٱلْإِثْمَ وَأَكْلِهِمُ ٱلسُّحْتَ لَبِئْسَ مَا كَانُوا۟ يَصْنَعُونَ

٦٤ وَقَالَتِ ٱلْيَهُودُ يَدُ ٱللَّهِ مَغْلُولَةٌ غُلَّتْ أَيْدِيهِمْ وَلُعِنُوا۟ بِمَا قَالُوا۟ بَلْ يَدَاهُ مَبْسُوطَتَانِ يُنفِقُ كَيْفَ يَشَآءُ وَلَيَزِيدَنَّ كَثِيرًا مِّنْهُم مَّآ أُنزِلَ إِلَيْكَ مِن رَّبِّكَ طُغْيَٰنًا وَكُفْرًا وَأَلْقَيْنَا بَيْنَهُمُ ٱلْعَدَٰوَةَ وَٱلْبَغْضَآءَ إِلَىٰ يَوْمِ ٱلْقِيَٰمَةِ كُلَّمَآ أَوْقَدُوا۟ نَارًا لِّلْحَرْبِ أَطْفَأَهَا ٱللَّهُ وَيَسْعَوْنَ فِى ٱلْأَرْضِ فَسَادًا وَٱللَّهُ لَا يُحِبُّ ٱلْمُفْسِدِينَ

٦٥ وَلَوْ أَنَّ أَهْلَ ٱلْكِتَٰبِ ءَامَنُوا۟ وَٱتَّقَوْا۟ لَكَفَّرْنَا عَنْهُمْ سَيِّـَٔاتِهِمْ وَلَأَدْخَلْنَٰهُمْ جَنَّٰتِ ٱلنَّعِيمِ

٦٦ وَلَوْ أَنَّهُمْ أَقَامُوا۟ ٱلتَّوْرَىٰةَ وَٱلْإِنجِيلَ وَمَآ أُنزِلَ إِلَيْهِم مِّن رَّبِّهِمْ لَأَكَلُوا۟ مِن فَوْقِهِمْ وَمِن تَحْتِ أَرْجُلِهِم مِّنْهُمْ أُمَّةٌ مُّقْتَصِدَةٌ وَكَثِيرٌ مِّنْهُمْ سَآءَ مَا يَعْمَلُونَ

٦٧ يَٰٓأَيُّهَا ٱلرَّسُولُ بَلِّغْ مَآ أُنزِلَ إِلَيْكَ مِن رَّبِّكَ وَإِن لَّمْ تَفْعَلْ فَمَا بَلَّغْتَ رِسَالَتَهُۥ وَٱللَّهُ يَعْصِمُكَ مِنَ ٱلنَّاسِ إِنَّ ٱللَّهَ لَا يَهْدِى ٱلْقَوْمَ ٱلْكَٰفِرِينَ

٦٨ قُلْ يَٰٓأَهْلَ ٱلْكِتَٰبِ لَسْتُمْ عَلَىٰ شَىْءٍ حَتَّىٰ تُقِيمُوا۟ ٱلتَّوْرَىٰةَ وَٱلْإِنجِيلَ وَمَآ أُنزِلَ إِلَيْكُم مِّن رَّبِّكُمْ وَلَيَزِيدَنَّ كَثِيرًا مِّنْهُم مَّآ أُنزِلَ إِلَيْكَ مِن رَّبِّكَ طُغْيَٰنًا وَكُفْرًا فَلَا تَأْسَ عَلَى ٱلْقَوْمِ ٱلْكَٰفِرِينَ

٦٩ إِنَّ ٱلَّذِينَ ءَامَنُوا۟ وَٱلَّذِينَ هَادُوا۟ وَٱلصَّٰبِـُٔونَ وَٱلنَّصَٰرَىٰ مَنْ ءَامَنَ بِٱللَّهِ وَٱلْيَوْمِ ٱلْءَاخِرِ وَعَمِلَ صَٰلِحًا فَلَا خَوْفٌ عَلَيْهِمْ وَلَا هُمْ يَحْزَنُونَ

٧٠ لَقَدْ أَخَذْنَا مِيثَٰقَ بَنِىٓ إِسْرَٰٓءِيلَ وَأَرْسَلْنَا إِلَيْهِمْ رُسُلًا ۖ كُلَّمَا جَآءَهُمْ رَسُولٌۢ بِمَا لَا تَهْوَىٰٓ أَنفُسُهُمْ فَرِيقًا كَذَّبُوا۟ وَفَرِيقًا يَقْتُلُونَ

٧١ وَحَسِبُوٓا۟ أَلَّا تَكُونَ فِتْنَةٌ فَعَمُوا۟ وَصَمُّوا۟ ثُمَّ تَابَ ٱللَّهُ عَلَيْهِمْ ثُمَّ عَمُوا۟ وَصَمُّوا۟ كَثِيرٌ مِّنْهُمْ ۚ وَٱللَّهُ بَصِيرٌۢ بِمَا يَعْمَلُونَ

٧٢ لَقَدْ كَفَرَ ٱلَّذِينَ قَالُوٓا۟ إِنَّ ٱللَّهَ هُوَ ٱلْمَسِيحُ ٱبْنُ مَرْيَمَ ۖ وَقَالَ ٱلْمَسِيحُ يَٰبَنِىٓ إِسْرَٰٓءِيلَ ٱعْبُدُوا۟ ٱللَّهَ رَبِّى وَرَبَّكُمْ ۖ إِنَّهُۥ مَن يُشْرِكْ بِٱللَّهِ فَقَدْ حَرَّمَ ٱللَّهُ عَلَيْهِ ٱلْجَنَّةَ وَمَأْوَىٰهُ ٱلنَّارُ ۖ وَمَا لِلظَّٰلِمِينَ مِنْ أَنصَارٍ

٧٣ لَّقَدْ كَفَرَ ٱلَّذِينَ قَالُوٓا۟ إِنَّ ٱللَّهَ ثَالِثُ ثَلَٰثَةٍ ۘ وَمَا مِنْ إِلَٰهٍ إِلَّآ إِلَٰهٌ وَٰحِدٌ ۚ وَإِن لَّمْ يَنتَهُوا۟ عَمَّا يَقُولُونَ لَيَمَسَّنَّ ٱلَّذِينَ كَفَرُوا۟ مِنْهُمْ عَذَابٌ أَلِيمٌ

٧٤ أَفَلَا يَتُوبُونَ إِلَى ٱللَّهِ وَيَسْتَغْفِرُونَهُ ۚ وَٱللَّهُ غَفُورٌ رَّحِيمٌ

٧٥ مَّا ٱلْمَسِيحُ ٱبْنُ مَرْيَمَ إِلَّا رَسُولٌ قَدْ خَلَتْ مِن قَبْلِهِ ٱلرُّسُلُ وَأُمُّهُۥ صِدِّيقَةٌ ۖ كَانَا يَأْكُلَانِ ٱلطَّعَامَ ۗ ٱنظُرْ كَيْفَ نُبَيِّنُ لَهُمُ ٱلْءَايَٰتِ ثُمَّ ٱنظُرْ أَنَّىٰ يُؤْفَكُونَ

٧٦ قُلْ أَتَعْبُدُونَ مِن دُونِ ٱللَّهِ مَا لَا يَمْلِكُ لَكُمْ ضَرًّا وَلَا نَفْعًا ۚ وَٱللَّهُ هُوَ ٱلسَّمِيعُ ٱلْعَلِيمُ

٧٧ قُلْ يَٰٓأَهْلَ ٱلْكِتَٰبِ لَا تَغْلُوا۟ فِى دِينِكُمْ غَيْرَ ٱلْحَقِّ وَلَا تَتَّبِعُوٓا۟ أَهْوَآءَ قَوْمٍ قَدْ ضَلُّوا۟ مِن قَبْلُ وَأَضَلُّوا۟ كَثِيرًا وَضَلُّوا۟ عَن سَوَآءِ ٱلسَّبِيلِ

٧٨ لُعِنَ ٱلَّذِينَ كَفَرُوا۟ مِنۢ بَنِىٓ إِسْرَٰٓءِيلَ عَلَىٰ لِسَانِ دَاوُۥدَ وَعِيسَى ٱبْنِ مَرْيَمَ ۚ ذَٰلِكَ بِمَا عَصَوا۟ وَّكَانُوا۟ يَعْتَدُونَ

٧٩ كَانُوا۟ لَا يَتَنَاهَوْنَ عَن مُّنكَرٍ فَعَلُوهُ ۚ لَبِئْسَ مَا كَانُوا۟ يَفْعَلُونَ

٨٠ تَرَىٰ كَثِيرًا مِّنْهُمْ يَتَوَلَّوْنَ ٱلَّذِينَ كَفَرُوا۟ ۚ لَبِئْسَ مَا قَدَّمَتْ لَهُمْ أَنفُسُهُمْ أَن سَخِطَ ٱللَّهُ عَلَيْهِمْ وَفِى ٱلْعَذَابِ هُمْ خَٰلِدُونَ

٨١ وَلَوْ كَانُوا۟ يُؤْمِنُونَ بِٱللَّهِ وَٱلنَّبِىِّ وَمَآ أُنزِلَ إِلَيْهِ مَا ٱتَّخَذُوهُمْ أَوْلِيَآءَ وَلَٰكِنَّ كَثِيرًا مِّنْهُمْ فَٰسِقُونَ

٨٢ ۞ لَتَجِدَنَّ أَشَدَّ ٱلنَّاسِ عَدَٰوَةً لِّلَّذِينَ ءَامَنُوا۟ ٱلْيَهُودَ وَٱلَّذِينَ أَشْرَكُوا۟ ۖ وَلَتَجِدَنَّ أَقْرَبَهُم مَّوَدَّةً لِّلَّذِينَ ءَامَنُوا۟ ٱلَّذِينَ قَالُوٓا۟ إِنَّا نَصَٰرَىٰ ۚ ذَٰلِكَ بِأَنَّ مِنْهُمْ قِسِّيسِينَ وَرُهْبَانًا وَأَنَّهُمْ لَا يَسْتَكْبِرُونَ

٨٣ وَإِذَا سَمِعُوا۟ مَآ أُنزِلَ إِلَى ٱلرَّسُولِ تَرَىٰٓ أَعْيُنَهُمْ تَفِيضُ مِنَ ٱلدَّمْعِ مِمَّا عَرَفُوا۟ مِنَ ٱلْحَقِّ ۖ يَقُولُونَ رَبَّنَآ ءَامَنَّا فَٱكْتُبْنَا مَعَ ٱلشَّٰهِدِينَ

٨٤ وَمَا لَنَا لَا نُؤْمِنُ بِٱللَّهِ وَمَا جَآءَنَا مِنَ ٱلْحَقِّ وَنَطْمَعُ أَن يُدْخِلَنَا رَبُّنَا مَعَ ٱلْقَوْمِ ٱلصَّٰلِحِينَ

٨٥ فَأَثَٰبَهُمُ ٱللَّهُ بِمَا قَالُوا۟ جَنَّٰتٍ تَجْرِى مِن تَحْتِهَا ٱلْأَنْهَٰرُ خَٰلِدِينَ فِيهَا ۚ وَذَٰلِكَ جَزَآءُ ٱلْمُحْسِنِينَ

٨٦ وَٱلَّذِينَ كَفَرُوا۟ وَكَذَّبُوا۟ بِـَٔايَٰتِنَآ أُو۟لَٰٓئِكَ أَصْحَٰبُ ٱلْجَحِيمِ

٨٧ يَٰٓأَيُّهَا ٱلَّذِينَ ءَامَنُوا۟ لَا تُحَرِّمُوا۟ طَيِّبَٰتِ مَآ أَحَلَّ ٱللَّهُ لَكُمْ وَلَا تَعْتَدُوٓا۟ ۚ إِنَّ ٱللَّهَ لَا يُحِبُّ ٱلْمُعْتَدِينَ

٨٨ وَكُلُوا۟ مِمَّا رَزَقَكُمُ ٱللَّهُ حَلَٰلًا طَيِّبًا ۚ وَٱتَّقُوا۟ ٱللَّهَ ٱلَّذِىٓ أَنتُم بِهِۦ مُؤْمِنُونَ

٨٩ لَا يُؤَاخِذُكُمُ ٱللَّهُ بِٱللَّغْوِ فِىٓ أَيْمَٰنِكُمْ وَلَٰكِن يُؤَاخِذُكُم بِمَا عَقَّدتُّمُ ٱلْأَيْمَٰنَ ۖ فَكَفَّٰرَتُهُۥٓ إِطْعَامُ عَشَرَةِ مَسَٰكِينَ مِنْ أَوْسَطِ مَا تُطْعِمُونَ أَهْلِيكُمْ أَوْ كِسْوَتُهُمْ أَوْ تَحْرِيرُ رَقَبَةٍ ۖ فَمَن لَّمْ يَجِدْ فَصِيَامُ ثَلَٰثَةِ أَيَّامٍ ۚ ذَٰلِكَ كَفَّٰرَةُ أَيْمَٰنِكُمْ إِذَا

حَلَفْتُمْ وَٱحْفَظُوٓا۟ أَيْمَٰنَكُمْ كَذَٰلِكَ يُبَيِّنُ ٱللَّهُ لَكُمْ ءَايَٰتِهِۦ لَعَلَّكُمْ تَشْكُرُونَ

٩٠ يَٰٓأَيُّهَا ٱلَّذِينَ ءَامَنُوٓا۟ إِنَّمَا ٱلْخَمْرُ وَٱلْمَيْسِرُ وَٱلْأَنصَابُ وَٱلْأَزْلَٰمُ رِجْسٌ مِّنْ عَمَلِ ٱلشَّيْطَٰنِ فَٱجْتَنِبُوهُ لَعَلَّكُمْ تُفْلِحُونَ

٩١ إِنَّمَا يُرِيدُ ٱلشَّيْطَٰنُ أَن يُوقِعَ بَيْنَكُمُ ٱلْعَدَٰوَةَ وَٱلْبَغْضَآءَ فِى ٱلْخَمْرِ وَٱلْمَيْسِرِ وَيَصُدَّكُمْ عَن ذِكْرِ ٱللَّهِ وَعَنِ ٱلصَّلَوٰةِ فَهَلْ أَنتُم مُّنتَهُونَ

٩٢ وَأَطِيعُوا۟ ٱللَّهَ وَأَطِيعُوا۟ ٱلرَّسُولَ وَٱحْذَرُوا۟ فَإِن تَوَلَّيْتُمْ فَٱعْلَمُوٓا۟ أَنَّمَا عَلَىٰ رَسُولِنَا ٱلْبَلَٰغُ ٱلْمُبِينُ

٩٣ لَيْسَ عَلَى ٱلَّذِينَ ءَامَنُوا۟ وَعَمِلُوا۟ ٱلصَّٰلِحَٰتِ جُنَاحٌ فِيمَا طَعِمُوٓا۟ إِذَا مَا ٱتَّقَوا۟ وَّءَامَنُوا۟ وَعَمِلُوا۟ ٱلصَّٰلِحَٰتِ ثُمَّ ٱتَّقَوا۟ وَّءَامَنُوا۟ ثُمَّ ٱتَّقَوا۟ وَّأَحْسَنُوا۟ وَٱللَّهُ يُحِبُّ ٱلْمُحْسِنِينَ

٩٤ يَٰٓأَيُّهَا ٱلَّذِينَ ءَامَنُوا۟ لَيَبْلُوَنَّكُمُ ٱللَّهُ بِشَىْءٍ مِّنَ ٱلصَّيْدِ تَنَالُهُۥٓ أَيْدِيكُمْ وَرِمَاحُكُمْ لِيَعْلَمَ ٱللَّهُ مَن يَخَافُهُۥ بِٱلْغَيْبِ فَمَنِ ٱعْتَدَىٰ بَعْدَ ذَٰلِكَ فَلَهُۥ عَذَابٌ أَلِيمٌ

٩٥ يَٰٓأَيُّهَا ٱلَّذِينَ ءَامَنُوا۟ لَا تَقْتُلُوا۟ ٱلصَّيْدَ وَأَنتُمْ حُرُمٌ وَمَن قَتَلَهُۥ مِنكُم مُّتَعَمِّدًا فَجَزَآءٌ مِّثْلُ مَا قَتَلَ مِنَ ٱلنَّعَمِ يَحْكُمُ بِهِۦ ذَوَا عَدْلٍ مِّنكُمْ هَدْيًۢا بَٰلِغَ ٱلْكَعْبَةِ أَوْ كَفَّٰرَةٌ طَعَامُ مَسَٰكِينَ أَوْ عَدْلُ ذَٰلِكَ صِيَامًا لِّيَذُوقَ وَبَالَ أَمْرِهِۦ عَفَا ٱللَّهُ عَمَّا سَلَفَ وَمَنْ عَادَ فَيَنتَقِمُ ٱللَّهُ مِنْهُ وَٱللَّهُ عَزِيزٌ ذُو ٱنتِقَامٍ

٩٦ أُحِلَّ لَكُمْ صَيْدُ ٱلْبَحْرِ وَطَعَامُهُۥ مَتَٰعًا لَّكُمْ وَلِلسَّيَّارَةِ وَحُرِّمَ عَلَيْكُمْ صَيْدُ ٱلْبَرِّ مَا دُمْتُمْ حُرُمًا وَٱتَّقُوا۟ ٱللَّهَ ٱلَّذِىٓ إِلَيْهِ تُحْشَرُونَ

٩٧ ۞ جَعَلَ ٱللَّهُ ٱلْكَعْبَةَ ٱلْبَيْتَ ٱلْحَرَامَ قِيَٰمًا لِّلنَّاسِ وَٱلشَّهْرَ ٱلْحَرَامَ وَٱلْهَدْىَ وَٱلْقَلَٰٓئِدَ

ذَٰلِكَ لِتَعْلَمُوٓا۟ أَنَّ ٱللَّهَ يَعْلَمُ مَا فِى ٱلسَّمَٰوَٰتِ وَمَا فِى ٱلْأَرْضِ وَأَنَّ ٱللَّهَ بِكُلِّ شَىْءٍ عَلِيمٌ

٩٨ ٱعْلَمُوٓا۟ أَنَّ ٱللَّهَ شَدِيدُ ٱلْعِقَابِ وَأَنَّ ٱللَّهَ غَفُورٌ رَّحِيمٌ

٩٩ مَّا عَلَى ٱلرَّسُولِ إِلَّا ٱلْبَلَٰغُ وَٱللَّهُ يَعْلَمُ مَا تُبْدُونَ وَمَا تَكْتُمُونَ

١٠٠ قُل لَّا يَسْتَوِى ٱلْخَبِيثُ وَٱلطَّيِّبُ وَلَوْ أَعْجَبَكَ كَثْرَةُ ٱلْخَبِيثِ فَٱتَّقُوا۟ ٱللَّهَ يَٰٓأُو۟لِى ٱلْأَلْبَٰبِ لَعَلَّكُمْ تُفْلِحُونَ

١٠١ يَٰٓأَيُّهَا ٱلَّذِينَ ءَامَنُوا۟ لَا تَسْـَٔلُوا۟ عَنْ أَشْيَآءَ إِن تُبْدَ لَكُمْ تَسُؤْكُمْ وَإِن تَسْـَٔلُوا۟ عَنْهَا حِينَ يُنَزَّلُ ٱلْقُرْءَانُ تُبْدَ لَكُمْ عَفَا ٱللَّهُ عَنْهَا وَٱللَّهُ غَفُورٌ حَلِيمٌ

١٠٢ قَدْ سَأَلَهَا قَوْمٌ مِّن قَبْلِكُمْ ثُمَّ أَصْبَحُوا۟ بِهَا كَٰفِرِينَ

١٠٣ مَا جَعَلَ ٱللَّهُ مِنۢ بَحِيرَةٍ وَلَا سَآئِبَةٍ وَلَا وَصِيلَةٍ وَلَا حَامٍ وَلَٰكِنَّ ٱلَّذِينَ كَفَرُوا۟ يَفْتَرُونَ عَلَى ٱللَّهِ ٱلْكَذِبَ وَأَكْثَرُهُمْ لَا يَعْقِلُونَ

١٠٤ وَإِذَا قِيلَ لَهُمْ تَعَالَوْا۟ إِلَىٰ مَآ أَنزَلَ ٱللَّهُ وَإِلَى ٱلرَّسُولِ قَالُوا۟ حَسْبُنَا مَا وَجَدْنَا عَلَيْهِ ءَابَآءَنَآ أَوَلَوْ كَانَ ءَابَآؤُهُمْ لَا يَعْلَمُونَ شَيْـًٔا وَلَا يَهْتَدُونَ

١٠٥ يَٰٓأَيُّهَا ٱلَّذِينَ ءَامَنُوا۟ عَلَيْكُمْ أَنفُسَكُمْ لَا يَضُرُّكُم مَّن ضَلَّ إِذَا ٱهْتَدَيْتُمْ إِلَى ٱللَّهِ مَرْجِعُكُمْ جَمِيعًا فَيُنَبِّئُكُم بِمَا كُنتُمْ تَعْمَلُونَ

١٠٦ يَٰٓأَيُّهَا ٱلَّذِينَ ءَامَنُوا۟ شَهَٰدَةُ بَيْنِكُمْ إِذَا حَضَرَ أَحَدَكُمُ ٱلْمَوْتُ حِينَ ٱلْوَصِيَّةِ ٱثْنَانِ ذَوَا عَدْلٍ مِّنكُمْ أَوْ ءَاخَرَانِ مِنْ غَيْرِكُمْ إِنْ أَنتُمْ ضَرَبْتُمْ فِى ٱلْأَرْضِ فَأَصَٰبَتْكُم مُّصِيبَةُ ٱلْمَوْتِ تَحْبِسُونَهُمَا مِنۢ بَعْدِ ٱلصَّلَوٰةِ فَيُقْسِمَانِ بِٱللَّهِ إِنِ ٱرْتَبْتُمْ لَا نَشْتَرِى بِهِۦ ثَمَنًا

وَلَوْ كَانَ ذَا قُرْبَىٰ وَلَا نَكْتُمُ شَهَٰدَةَ ٱللَّهِ إِنَّآ إِذًا لَّمِنَ ٱلْءَاثِمِينَ ١٠٦

فَإِنْ عُثِرَ عَلَىٰ أَنَّهُمَا ٱسْتَحَقَّآ إِثْمًا فَـَٔاخَرَانِ يَقُومَانِ مَقَامَهُمَا مِنَ ٱلَّذِينَ ٱسْتَحَقَّ عَلَيْهِمُ ٱلْأَوْلَيَٰنِ فَيُقْسِمَانِ بِٱللَّهِ لَشَهَٰدَتُنَآ أَحَقُّ مِن شَهَٰدَتِهِمَا وَمَا ٱعْتَدَيْنَآ إِنَّآ إِذًا لَّمِنَ ٱلظَّٰلِمِينَ ١٠٧

ذَٰلِكَ أَدْنَىٰ أَن يَأْتُوا۟ بِٱلشَّهَٰدَةِ عَلَىٰ وَجْهِهَآ أَوْ يَخَافُوٓا۟ أَن تُرَدَّ أَيْمَٰنٌۢ بَعْدَ أَيْمَٰنِهِمْ وَٱتَّقُوا۟ ٱللَّهَ وَٱسْمَعُوا۟ وَٱللَّهُ لَا يَهْدِى ٱلْقَوْمَ ٱلْفَٰسِقِينَ ١٠٨

۞ يَوْمَ يَجْمَعُ ٱللَّهُ ٱلرُّسُلَ فَيَقُولُ مَاذَآ أُجِبْتُمْ قَالُوا۟ لَا عِلْمَ لَنَآ إِنَّكَ أَنتَ عَلَّٰمُ ٱلْغُيُوبِ ١٠٩

إِذْ قَالَ ٱللَّهُ يَٰعِيسَى ٱبْنَ مَرْيَمَ ٱذْكُرْ نِعْمَتِى عَلَيْكَ وَعَلَىٰ وَٰلِدَتِكَ إِذْ أَيَّدتُّكَ بِرُوحِ ٱلْقُدُسِ تُكَلِّمُ ٱلنَّاسَ فِى ٱلْمَهْدِ وَكَهْلًا وَإِذْ عَلَّمْتُكَ ٱلْكِتَٰبَ وَٱلْحِكْمَةَ وَٱلتَّوْرَىٰةَ وَٱلْإِنجِيلَ وَإِذْ تَخْلُقُ مِنَ ٱلطِّينِ كَهَيْـَٔةِ ٱلطَّيْرِ بِإِذْنِى فَتَنفُخُ فِيهَا فَتَكُونُ طَيْرًۢا بِإِذْنِى وَتُبْرِئُ ٱلْأَكْمَهَ وَٱلْأَبْرَصَ بِإِذْنِى وَإِذْ تُخْرِجُ ٱلْمَوْتَىٰ بِإِذْنِى وَإِذْ كَفَفْتُ بَنِىٓ إِسْرَٰٓءِيلَ عَنكَ إِذْ جِئْتَهُم بِٱلْبَيِّنَٰتِ فَقَالَ ٱلَّذِينَ كَفَرُوا۟ مِنْهُمْ إِنْ هَٰذَآ إِلَّا سِحْرٌ مُّبِينٌ ١١٠

وَإِذْ أَوْحَيْتُ إِلَى ٱلْحَوَارِيِّۦنَ أَنْ ءَامِنُوا۟ بِى وَبِرَسُولِى قَالُوٓا۟ ءَامَنَّا وَٱشْهَدْ بِأَنَّنَا مُسْلِمُونَ ١١١

إِذْ قَالَ ٱلْحَوَارِيُّونَ يَٰعِيسَى ٱبْنَ مَرْيَمَ هَلْ يَسْتَطِيعُ رَبُّكَ أَن يُنَزِّلَ عَلَيْنَا مَآئِدَةً مِّنَ ٱلسَّمَآءِ قَالَ ٱتَّقُوا۟ ٱللَّهَ إِن كُنتُم مُّؤْمِنِينَ ١١٢

قَالُوا۟ نُرِيدُ أَن نَّأْكُلَ مِنْهَا وَتَطْمَئِنَّ قُلُوبُنَا وَنَعْلَمَ أَن قَدْ صَدَقْتَنَا وَنَكُونَ عَلَيْهَا مِنَ ٱلشَّٰهِدِينَ ١١٣

قَالَ عِيسَى ٱبْنُ مَرْيَمَ ٱللَّهُمَّ رَبَّنَآ أَنزِلْ عَلَيْنَا مَآئِدَةً مِّنَ ٱلسَّمَآءِ تَكُونُ لَنَا عِيدًا لِّأَوَّلِنَا وَءَاخِرِنَا وَءَايَةً مِّنكَ وَٱرْزُقْنَا وَأَنتَ خَيْرُ ٱلرَّٰزِقِينَ ١١٤

قَالَ ٱللَّهُ إِنِّى مُنَزِّلُهَا عَلَيْكُمْ فَمَن يَكْفُرْ بَعْدُ مِنكُمْ فَإِنِّىٓ أُعَذِّبُهُۥ عَذَابًا لَّآ أُعَذِّبُهُۥٓ أَحَدًا مِّنَ ٱلْعَٰلَمِينَ ١١٥

وَإِذْ قَالَ ٱللَّهُ يَٰعِيسَى ٱبْنَ مَرْيَمَ ءَأَنتَ قُلتَ لِلنَّاسِ ٱتَّخِذُونِى وَأُمِّىَ إِلَٰهَيْنِ مِن دُونِ ٱللَّهِ قَالَ سُبْحَٰنَكَ مَا يَكُونُ لِىٓ أَنْ أَقُولَ مَا لَيْسَ لِى بِحَقٍّ إِن كُنتُ قُلْتُهُۥ فَقَدْ عَلِمْتَهُۥ تَعْلَمُ مَا فِى نَفْسِى وَلَآ أَعْلَمُ مَا فِى نَفْسِكَ إِنَّكَ أَنتَ عَلَّٰمُ ٱلْغُيُوبِ ١١٦

مَا قُلْتُ لَهُمْ إِلَّا مَآ أَمَرْتَنِى بِهِۦٓ أَنِ ٱعْبُدُوا۟ ٱللَّهَ رَبِّى وَرَبَّكُمْ وَكُنتُ عَلَيْهِمْ شَهِيدًا مَّا دُمْتُ فِيهِمْ فَلَمَّا تَوَفَّيْتَنِى كُنتَ أَنتَ ٱلرَّقِيبَ عَلَيْهِمْ وَأَنتَ عَلَىٰ كُلِّ شَىْءٍ شَهِيدٌ ١١٧

إِن تُعَذِّبْهُمْ فَإِنَّهُمْ عِبَادُكَ وَإِن تَغْفِرْ لَهُمْ فَإِنَّكَ أَنتَ ٱلْعَزِيزُ ٱلْحَكِيمُ ١١٨

قَالَ ٱللَّهُ هَٰذَا يَوْمُ يَنفَعُ ٱلصَّٰدِقِينَ صِدْقُهُمْ لَهُمْ جَنَّٰتٌ تَجْرِى مِن تَحْتِهَا ٱلْأَنْهَٰرُ خَٰلِدِينَ فِيهَآ أَبَدًا رَّضِىَ ٱللَّهُ عَنْهُمْ وَرَضُوا۟ عَنْهُ ذَٰلِكَ ٱلْفَوْزُ ٱلْعَظِيمُ ١١٩

لِلَّهِ مُلْكُ ٱلسَّمَٰوَٰتِ وَٱلْأَرْضِ وَمَا فِيهِنَّ وَهُوَ عَلَىٰ كُلِّ شَىْءٍ قَدِيرٌ ١٢٠

سورة الأنعام

ٱلْحَمْدُ لِلَّهِ ٱلَّذِى خَلَقَ ٱلسَّمَٰوَٰتِ وَٱلْأَرْضَ وَجَعَلَ ٱلظُّلُمَٰتِ وَٱلنُّورَ ثُمَّ ٱلَّذِينَ كَفَرُوا۟ بِرَبِّهِمْ يَعْدِلُونَ ١

هُوَ ٱلَّذِى خَلَقَكُم مِّن طِينٍ ثُمَّ قَضَىٰٓ أَجَلًا وَأَجَلٌ مُّسَمًّى عِندَهُۥ ثُمَّ أَنتُمْ تَمْتَرُونَ ٢

٣ وَهُوَ ٱللَّهُ فِى ٱلسَّمَٰوَٰتِ وَفِى ٱلْأَرْضِ ۖ يَعْلَمُ سِرَّكُمْ وَجَهْرَكُمْ وَيَعْلَمُ مَا تَكْسِبُونَ

٤ وَمَا تَأْتِيهِم مِّنْ ءَايَةٍ مِّنْ ءَايَٰتِ رَبِّهِمْ إِلَّا كَانُوا۟ عَنْهَا مُعْرِضِينَ

٥ فَقَدْ كَذَّبُوا۟ بِٱلْحَقِّ لَمَّا جَآءَهُمْ ۖ فَسَوْفَ يَأْتِيهِمْ أَنۢبَٰٓؤُا۟ مَا كَانُوا۟ بِهِۦ يَسْتَهْزِءُونَ

٦ أَلَمْ يَرَوْا۟ كَمْ أَهْلَكْنَا مِن قَبْلِهِم مِّن قَرْنٍ مَّكَّنَّٰهُمْ فِى ٱلْأَرْضِ مَا لَمْ نُمَكِّن لَّكُمْ وَأَرْسَلْنَا ٱلسَّمَآءَ عَلَيْهِم مِّدْرَارًا وَجَعَلْنَا ٱلْأَنْهَٰرَ تَجْرِى مِن تَحْتِهِمْ فَأَهْلَكْنَٰهُم بِذُنُوبِهِمْ وَأَنشَأْنَا مِنۢ بَعْدِهِمْ قَرْنًا ءَاخَرِينَ

٧ وَلَوْ نَزَّلْنَا عَلَيْكَ كِتَٰبًا فِى قِرْطَاسٍ فَلَمَسُوهُ بِأَيْدِيهِمْ لَقَالَ ٱلَّذِينَ كَفَرُوٓا۟ إِنْ هَٰذَآ إِلَّا سِحْرٌ مُّبِينٌ

٨ وَقَالُوا۟ لَوْلَآ أُنزِلَ عَلَيْهِ مَلَكٌ ۖ وَلَوْ أَنزَلْنَا مَلَكًا لَّقُضِىَ ٱلْأَمْرُ ثُمَّ لَا يُنظَرُونَ

٩ وَلَوْ جَعَلْنَٰهُ مَلَكًا لَّجَعَلْنَٰهُ رَجُلًا وَلَلَبَسْنَا عَلَيْهِم مَّا يَلْبِسُونَ

١٠ وَلَقَدِ ٱسْتُهْزِئَ بِرُسُلٍ مِّن قَبْلِكَ فَحَاقَ بِٱلَّذِينَ سَخِرُوا۟ مِنْهُم مَّا كَانُوا۟ بِهِۦ يَسْتَهْزِءُونَ

١١ قُلْ سِيرُوا۟ فِى ٱلْأَرْضِ ثُمَّ ٱنظُرُوا۟ كَيْفَ كَانَ عَٰقِبَةُ ٱلْمُكَذِّبِينَ

١٢ قُل لِّمَن مَّا فِى ٱلسَّمَٰوَٰتِ وَٱلْأَرْضِ ۖ قُل لِّلَّهِ ۚ كَتَبَ عَلَىٰ نَفْسِهِ ٱلرَّحْمَةَ ۚ لَيَجْمَعَنَّكُمْ إِلَىٰ يَوْمِ ٱلْقِيَٰمَةِ لَا رَيْبَ فِيهِ ۚ ٱلَّذِينَ خَسِرُوٓا۟ أَنفُسَهُمْ فَهُمْ لَا يُؤْمِنُونَ

١٣ وَلَهُۥ مَا سَكَنَ فِى ٱلَّيْلِ وَٱلنَّهَارِ ۚ وَهُوَ ٱلسَّمِيعُ ٱلْعَلِيمُ

١٤ قُلْ أَغَيْرَ ٱللَّهِ أَتَّخِذُ وَلِيًّا فَاطِرِ ٱلسَّمَٰوَٰتِ وَٱلْأَرْضِ وَهُوَ يُطْعِمُ وَلَا يُطْعَمُ ۗ قُلْ إِنِّى

١٥ أُمِرْتُ أَنْ أَكُونَ أَوَّلَ مَنْ أَسْلَمَ ۖ وَلَا تَكُونَنَّ مِنَ ٱلْمُشْرِكِينَ

قُلْ إِنِّىٓ أَخَافُ إِنْ عَصَيْتُ رَبِّى عَذَابَ يَوْمٍ عَظِيمٍ

١٦ مَّن يُصْرَفْ عَنْهُ يَوْمَئِذٍ فَقَدْ رَحِمَهُۥ ۚ وَذَٰلِكَ ٱلْفَوْزُ ٱلْمُبِينُ

١٧ وَإِن يَمْسَسْكَ ٱللَّهُ بِضُرٍّ فَلَا كَاشِفَ لَهُۥٓ إِلَّا هُوَ ۖ وَإِن يَمْسَسْكَ بِخَيْرٍ فَهُوَ عَلَىٰ كُلِّ شَىْءٍ قَدِيرٌ

١٨ وَهُوَ ٱلْقَاهِرُ فَوْقَ عِبَادِهِۦ ۚ وَهُوَ ٱلْحَكِيمُ ٱلْخَبِيرُ

١٩ قُلْ أَىُّ شَىْءٍ أَكْبَرُ شَهَٰدَةً ۖ قُلِ ٱللَّهُ ۖ شَهِيدٌۢ بَيْنِى وَبَيْنَكُمْ ۚ وَأُوحِىَ إِلَىَّ هَٰذَا ٱلْقُرْءَانُ لِأُنذِرَكُم بِهِۦ وَمَنۢ بَلَغَ ۚ أَئِنَّكُمْ لَتَشْهَدُونَ أَنَّ مَعَ ٱللَّهِ ءَالِهَةً أُخْرَىٰ ۚ قُل لَّآ أَشْهَدُ ۚ قُلْ إِنَّمَا هُوَ إِلَٰهٌ وَٰحِدٌ وَإِنَّنِى بَرِىٓءٌ مِّمَّا تُشْرِكُونَ

٢٠ ٱلَّذِينَ ءَاتَيْنَٰهُمُ ٱلْكِتَٰبَ يَعْرِفُونَهُۥ كَمَا يَعْرِفُونَ أَبْنَآءَهُمُ ٱلَّذِينَ خَسِرُوٓا۟ أَنفُسَهُمْ فَهُمْ لَا يُؤْمِنُونَ

٢١ وَمَنْ أَظْلَمُ مِمَّنِ ٱفْتَرَىٰ عَلَى ٱللَّهِ كَذِبًا أَوْ كَذَّبَ بِـَٔايَٰتِهِۦٓ ۗ إِنَّهُۥ لَا يُفْلِحُ ٱلظَّٰلِمُونَ

٢٢ وَيَوْمَ نَحْشُرُهُمْ جَمِيعًا ثُمَّ نَقُولُ لِلَّذِينَ أَشْرَكُوٓا۟ أَيْنَ شُرَكَآؤُكُمُ ٱلَّذِينَ كُنتُمْ تَزْعُمُونَ

٢٣ ثُمَّ لَمْ تَكُن فِتْنَتُهُمْ إِلَّآ أَن قَالُوا۟ وَٱللَّهِ رَبِّنَا مَا كُنَّا مُشْرِكِينَ

٢٤ ٱنظُرْ كَيْفَ كَذَبُوا۟ عَلَىٰٓ أَنفُسِهِمْ ۚ وَضَلَّ عَنْهُم مَّا كَانُوا۟ يَفْتَرُونَ

٢٥ وَمِنْهُم مَّن يَسْتَمِعُ إِلَيْكَ ۖ وَجَعَلْنَا عَلَىٰ قُلُوبِهِمْ أَكِنَّةً أَن يَفْقَهُوهُ وَفِىٓ ءَاذَانِهِمْ وَقْرًا ۚ وَإِن يَرَوْا۟ كُلَّ ءَايَةٍ لَّا يُؤْمِنُوا۟ بِهَا ۚ حَتَّىٰٓ إِذَا

جَآءُوكَ يُجَٰدِلُونَكَ يَقُولُ ٱلَّذِينَ كَفَرُوٓا۟ إِنْ هَٰذَآ إِلَّآ أَسَٰطِيرُ ٱلْأَوَّلِينَ

٢٦ وَهُمْ يَنْهَوْنَ عَنْهُ وَيَنْـَٔوْنَ عَنْهُ وَإِن يُهْلِكُونَ إِلَّآ أَنفُسَهُمْ وَمَا يَشْعُرُونَ

٢٧ وَلَوْ تَرَىٰٓ إِذْ وُقِفُوا۟ عَلَى ٱلنَّارِ فَقَالُوا۟ يَٰلَيْتَنَا نُرَدُّ وَلَا نُكَذِّبَ بِـَٔايَٰتِ رَبِّنَا وَنَكُونَ مِنَ ٱلْمُؤْمِنِينَ

٢٨ بَلْ بَدَا لَهُم مَّا كَانُوا۟ يُخْفُونَ مِن قَبْلُ وَلَوْ رُدُّوا۟ لَعَادُوا۟ لِمَا نُهُوا۟ عَنْهُ وَإِنَّهُمْ لَكَٰذِبُونَ

٢٩ وَقَالُوٓا۟ إِنْ هِىَ إِلَّا حَيَاتُنَا ٱلدُّنْيَا وَمَا نَحْنُ بِمَبْعُوثِينَ

٣٠ وَلَوْ تَرَىٰٓ إِذْ وُقِفُوا۟ عَلَىٰ رَبِّهِمْ قَالَ أَلَيْسَ هَٰذَا بِٱلْحَقِّ قَالُوا۟ بَلَىٰ وَرَبِّنَا قَالَ فَذُوقُوا۟ ٱلْعَذَابَ بِمَا كُنتُمْ تَكْفُرُونَ

٣١ قَدْ خَسِرَ ٱلَّذِينَ كَذَّبُوا۟ بِلِقَآءِ ٱللَّهِ حَتَّىٰٓ إِذَا جَآءَتْهُمُ ٱلسَّاعَةُ بَغْتَةً قَالُوا۟ يَٰحَسْرَتَنَا عَلَىٰ مَا فَرَّطْنَا فِيهَا وَهُمْ يَحْمِلُونَ أَوْزَارَهُمْ عَلَىٰ ظُهُورِهِمْ أَلَا سَآءَ مَا يَزِرُونَ

٣٢ وَمَا ٱلْحَيَوٰةُ ٱلدُّنْيَآ إِلَّا لَعِبٌ وَلَهْوٌ وَلَلدَّارُ ٱلْءَاخِرَةُ خَيْرٌ لِّلَّذِينَ يَتَّقُونَ أَفَلَا تَعْقِلُونَ

٣٣ قَدْ نَعْلَمُ إِنَّهُۥ لَيَحْزُنُكَ ٱلَّذِى يَقُولُونَ فَإِنَّهُمْ لَا يُكَذِّبُونَكَ وَلَٰكِنَّ ٱلظَّٰلِمِينَ بِـَٔايَٰتِ ٱللَّهِ يَجْحَدُونَ

٣٤ وَلَقَدْ كُذِّبَتْ رُسُلٌ مِّن قَبْلِكَ فَصَبَرُوا۟ عَلَىٰ مَا كُذِّبُوا۟ وَأُوذُوا۟ حَتَّىٰٓ أَتَىٰهُمْ نَصْرُنَا وَلَا مُبَدِّلَ لِكَلِمَٰتِ ٱللَّهِ وَلَقَدْ جَآءَكَ مِن نَّبَإِى۟ ٱلْمُرْسَلِينَ

٣٥ وَإِن كَانَ كَبُرَ عَلَيْكَ إِعْرَاضُهُمْ فَإِنِ ٱسْتَطَعْتَ أَن تَبْتَغِىَ نَفَقًا فِى ٱلْأَرْضِ أَوْ سُلَّمًا فِى ٱلسَّمَآءِ فَتَأْتِيَهُم بِـَٔايَةٍ وَلَوْ شَآءَ ٱللَّهُ لَجَمَعَهُمْ عَلَى ٱلْهُدَىٰ فَلَا تَكُونَنَّ مِنَ ٱلْجَٰهِلِينَ

٣٦ ۞ إِنَّمَا يَسْتَجِيبُ ٱلَّذِينَ يَسْمَعُونَ وَٱلْمَوْتَىٰ يَبْعَثُهُمُ ٱللَّهُ ثُمَّ إِلَيْهِ يُرْجَعُونَ

٣٧ وَقَالُوا۟ لَوْلَا نُزِّلَ عَلَيْهِ ءَايَةٌ مِّن رَّبِّهِۦ قُلْ إِنَّ ٱللَّهَ قَادِرٌ عَلَىٰٓ أَن يُنَزِّلَ ءَايَةً وَلَٰكِنَّ أَكْثَرَهُمْ لَا يَعْلَمُونَ

٣٨ وَمَا مِن دَآبَّةٍ فِى ٱلْأَرْضِ وَلَا طَٰئِرٍ يَطِيرُ بِجَنَاحَيْهِ إِلَّآ أُمَمٌ أَمْثَالُكُم مَّا فَرَّطْنَا فِى ٱلْكِتَٰبِ مِن شَىْءٍ ثُمَّ إِلَىٰ رَبِّهِمْ يُحْشَرُونَ

٣٩ وَٱلَّذِينَ كَذَّبُوا۟ بِـَٔايَٰتِنَا صُمٌّ وَبُكْمٌ فِى ٱلظُّلُمَٰتِ مَن يَشَإِ ٱللَّهُ يُضْلِلْهُ وَمَن يَشَأْ يَجْعَلْهُ عَلَىٰ صِرَٰطٍ مُّسْتَقِيمٍ

٤٠ قُلْ أَرَءَيْتَكُمْ إِنْ أَتَىٰكُمْ عَذَابُ ٱللَّهِ أَوْ أَتَتْكُمُ ٱلسَّاعَةُ أَغَيْرَ ٱللَّهِ تَدْعُونَ إِن كُنتُمْ صَٰدِقِينَ

٤١ بَلْ إِيَّاهُ تَدْعُونَ فَيَكْشِفُ مَا تَدْعُونَ إِلَيْهِ إِن شَآءَ وَتَنسَوْنَ مَا تُشْرِكُونَ

٤٢ وَلَقَدْ أَرْسَلْنَآ إِلَىٰٓ أُمَمٍ مِّن قَبْلِكَ فَأَخَذْنَٰهُم بِٱلْبَأْسَآءِ وَٱلضَّرَّآءِ لَعَلَّهُمْ يَتَضَرَّعُونَ

٤٣ فَلَوْلَآ إِذْ جَآءَهُم بَأْسُنَا تَضَرَّعُوا۟ وَلَٰكِن قَسَتْ قُلُوبُهُمْ وَزَيَّنَ لَهُمُ ٱلشَّيْطَٰنُ مَا كَانُوا۟ يَعْمَلُونَ

٤٤ فَلَمَّا نَسُوا۟ مَا ذُكِّرُوا۟ بِهِۦ فَتَحْنَا عَلَيْهِمْ أَبْوَٰبَ كُلِّ شَىْءٍ حَتَّىٰٓ إِذَا فَرِحُوا۟ بِمَآ أُوتُوٓا۟ أَخَذْنَٰهُم بَغْتَةً فَإِذَا هُم مُّبْلِسُونَ

٤٥ فَقُطِعَ دَابِرُ ٱلْقَوْمِ ٱلَّذِينَ ظَلَمُوا۟ وَٱلْحَمْدُ لِلَّهِ رَبِّ ٱلْعَٰلَمِينَ

٤٦ قُلْ أَرَءَيْتُمْ إِنْ أَخَذَ ٱللَّهُ سَمْعَكُمْ وَأَبْصَٰرَكُمْ وَخَتَمَ عَلَىٰ قُلُوبِكُم مَّنْ إِلَٰهٌ غَيْرُ ٱللَّهِ يَأْتِيكُم بِهِ ٱنظُرْ كَيْفَ نُصَرِّفُ ٱلْءَايَٰتِ ثُمَّ هُمْ يَصْدِفُونَ

٤٧ قُلْ أَرَءَيْتَكُمْ إِنْ أَتَىٰكُمْ عَذَابُ ٱللَّهِ بَغْتَةً أَوْ جَهْرَةً هَلْ يُهْلَكُ إِلَّا ٱلْقَوْمُ ٱلظَّٰلِمُونَ

٤٨ وَمَا نُرْسِلُ ٱلْمُرْسَلِينَ إِلَّا مُبَشِّرِينَ وَمُنذِرِينَ ۖ فَمَنْ ءَامَنَ وَأَصْلَحَ فَلَا خَوْفٌ عَلَيْهِمْ وَلَا هُمْ يَحْزَنُونَ

٤٩ وَٱلَّذِينَ كَذَّبُواْ بِـَٔايَٰتِنَا يَمَسُّهُمُ ٱلْعَذَابُ بِمَا كَانُواْ يَفْسُقُونَ

٥٠ قُل لَّا أَقُولُ لَكُمْ عِندِى خَزَآئِنُ ٱللَّهِ وَلَآ أَعْلَمُ ٱلْغَيْبَ وَلَآ أَقُولُ لَكُمْ إِنِّى مَلَكٌ ۖ إِنْ أَتَّبِعُ إِلَّا مَا يُوحَىٰ إِلَىَّ ۚ قُلْ هَلْ يَسْتَوِى ٱلْأَعْمَىٰ وَٱلْبَصِيرُ ۚ أَفَلَا تَتَفَكَّرُونَ

٥١ وَأَنذِرْ بِهِ ٱلَّذِينَ يَخَافُونَ أَن يُحْشَرُوٓاْ إِلَىٰ رَبِّهِمْ ۙ لَيْسَ لَهُم مِّن دُونِهِ وَلِىٌّ وَلَا شَفِيعٌ لَّعَلَّهُمْ يَتَّقُونَ

٥٢ وَلَا تَطْرُدِ ٱلَّذِينَ يَدْعُونَ رَبَّهُم بِٱلْغَدَوٰةِ وَٱلْعَشِىِّ يُرِيدُونَ وَجْهَهُ ۖ مَا عَلَيْكَ مِنْ حِسَابِهِم مِّن شَىْءٍ وَمَا مِنْ حِسَابِكَ عَلَيْهِم مِّن شَىْءٍ فَتَطْرُدَهُمْ فَتَكُونَ مِنَ ٱلظَّٰلِمِينَ

٥٣ وَكَذَٰلِكَ فَتَنَّا بَعْضَهُم بِبَعْضٍ لِّيَقُولُوٓاْ أَهَٰٓؤُلَآءِ مَنَّ ٱللَّهُ عَلَيْهِم مِّنۢ بَيْنِنَآ ۗ أَلَيْسَ ٱللَّهُ بِأَعْلَمَ بِٱلشَّٰكِرِينَ

٥٤ وَإِذَا جَآءَكَ ٱلَّذِينَ يُؤْمِنُونَ بِـَٔايَٰتِنَا فَقُلْ سَلَٰمٌ عَلَيْكُمْ ۖ كَتَبَ رَبُّكُمْ عَلَىٰ نَفْسِهِ ٱلرَّحْمَةَ ۖ أَنَّهُۥ مَنْ عَمِلَ مِنكُمْ سُوٓءًۢا بِجَهَٰلَةٍ ثُمَّ تَابَ مِنۢ بَعْدِهِۦ وَأَصْلَحَ فَأَنَّهُۥ غَفُورٌ رَّحِيمٌ

٥٥ وَكَذَٰلِكَ نُفَصِّلُ ٱلْـَٔايَٰتِ وَلِتَسْتَبِينَ سَبِيلُ ٱلْمُجْرِمِينَ

٥٦ قُلْ إِنِّى نُهِيتُ أَنْ أَعْبُدَ ٱلَّذِينَ تَدْعُونَ مِن دُونِ ٱللَّهِ ۚ قُل لَّآ أَتَّبِعُ أَهْوَآءَكُمْ ۙ قَدْ ضَلَلْتُ إِذًا وَمَآ أَنَا۠ مِنَ ٱلْمُهْتَدِينَ

٥٧ قُلْ إِنِّى عَلَىٰ بَيِّنَةٍ مِّن رَّبِّى وَكَذَّبْتُم بِهِۦ ۚ مَا عِندِى مَا تَسْتَعْجِلُونَ بِهِۦٓ ۚ إِنِ ٱلْحُكْمُ إِلَّا لِلَّهِ ۖ يَقُصُّ ٱلْحَقَّ ۖ وَهُوَ خَيْرُ ٱلْفَٰصِلِينَ

٥٨ قُل لَّوْ أَنَّ عِندِى مَا تَسْتَعْجِلُونَ بِهِۦ لَقُضِىَ ٱلْأَمْرُ بَيْنِى وَبَيْنَكُمْ ۗ وَٱللَّهُ أَعْلَمُ بِٱلظَّٰلِمِينَ

٥٩ وَعِندَهُۥ مَفَاتِحُ ٱلْغَيْبِ لَا يَعْلَمُهَآ إِلَّا هُوَ ۚ وَيَعْلَمُ مَا فِى ٱلْبَرِّ وَٱلْبَحْرِ ۚ وَمَا تَسْقُطُ مِن وَرَقَةٍ إِلَّا يَعْلَمُهَا وَلَا حَبَّةٍ فِى ظُلُمَٰتِ ٱلْأَرْضِ وَلَا رَطْبٍ وَلَا يَابِسٍ إِلَّا فِى كِتَٰبٍ مُّبِينٍ

٦٠ وَهُوَ ٱلَّذِى يَتَوَفَّىٰكُم بِٱلَّيْلِ وَيَعْلَمُ مَا جَرَحْتُم بِٱلنَّهَارِ ثُمَّ يَبْعَثُكُمْ فِيهِ لِيُقْضَىٰٓ أَجَلٌ مُّسَمًّى ۖ ثُمَّ إِلَيْهِ مَرْجِعُكُمْ ثُمَّ يُنَبِّئُكُم بِمَا كُنتُمْ تَعْمَلُونَ

٦١ وَهُوَ ٱلْقَاهِرُ فَوْقَ عِبَادِهِۦ ۖ وَيُرْسِلُ عَلَيْكُمْ حَفَظَةً حَتَّىٰٓ إِذَا جَآءَ أَحَدَكُمُ ٱلْمَوْتُ تَوَفَّتْهُ رُسُلُنَا وَهُمْ لَا يُفَرِّطُونَ

٦٢ ثُمَّ رُدُّوٓاْ إِلَى ٱللَّهِ مَوْلَىٰهُمُ ٱلْحَقِّ ۚ أَلَا لَهُ ٱلْحُكْمُ وَهُوَ أَسْرَعُ ٱلْحَٰسِبِينَ

٦٣ قُلْ مَن يُنَجِّيكُم مِّن ظُلُمَٰتِ ٱلْبَرِّ وَٱلْبَحْرِ تَدْعُونَهُۥ تَضَرُّعًا وَخُفْيَةً لَّئِنْ أَنجَىٰنَا مِنْ هَٰذِهِۦ لَنَكُونَنَّ مِنَ ٱلشَّٰكِرِينَ

٦٤ قُلِ ٱللَّهُ يُنَجِّيكُم مِّنْهَا وَمِن كُلِّ كَرْبٍ ثُمَّ أَنتُمْ تُشْرِكُونَ

٦٥ قُلْ هُوَ ٱلْقَادِرُ عَلَىٰٓ أَن يَبْعَثَ عَلَيْكُمْ عَذَابًا مِّن فَوْقِكُمْ أَوْ مِن تَحْتِ أَرْجُلِكُمْ أَوْ يَلْبِسَكُمْ شِيَعًا وَيُذِيقَ بَعْضَكُم بَأْسَ بَعْضٍ ۗ ٱنظُرْ كَيْفَ نُصَرِّفُ ٱلْـَٔايَٰتِ لَعَلَّهُمْ يَفْقَهُونَ

٦٦ وَكَذَّبَ بِهِۦ قَوْمُكَ وَهُوَ ٱلْحَقُّ ۚ قُل لَّسْتُ عَلَيْكُم بِوَكِيلٍ

٦٧ لِّكُلِّ نَبَإٍ مُّسْتَقَرٌّ ۚ وَسَوْفَ تَعْلَمُونَ

٦٨ وَإِذَا رَأَيْتَ ٱلَّذِينَ يَخُوضُونَ فِىٓ ءَايَٰتِنَا فَأَعْرِضْ عَنْهُمْ حَتَّىٰ يَخُوضُواْ فِى حَدِيثٍ غَيْرِهِۦ ۚ وَإِمَّا يُنسِيَنَّكَ ٱلشَّيْطَٰنُ فَلَا تَقْعُدْ بَعْدَ ٱلذِّكْرَىٰ مَعَ ٱلْقَوْمِ ٱلظَّٰلِمِينَ

٦٩ وَمَا عَلَى ٱلَّذِينَ يَتَّقُونَ مِنْ حِسَابِهِم مِّن شَيْءٍ وَلَٰكِن ذِكْرَىٰ لَعَلَّهُمْ يَتَّقُونَ

٧٠ وَذَرِ ٱلَّذِينَ ٱتَّخَذُوا دِينَهُمْ لَعِبًا وَلَهْوًا وَغَرَّتْهُمُ ٱلْحَيَوٰةُ ٱلدُّنْيَا وَذَكِّرْ بِهِ أَن تُبْسَلَ نَفْسٌ بِمَا كَسَبَتْ لَيْسَ لَهَا مِن دُونِ ٱللَّهِ وَلِيٌّ وَلَا شَفِيعٌ وَإِن تَعْدِلْ كُلَّ عَدْلٍ لَّا يُؤْخَذْ مِنْهَا أُو۟لَٰئِكَ ٱلَّذِينَ أُبْسِلُوا بِمَا كَسَبُوا لَهُمْ شَرَابٌ مِّنْ حَمِيمٍ وَعَذَابٌ أَلِيمٌ بِمَا كَانُوا يَكْفُرُونَ

٧١ قُلْ أَنَدْعُوا مِن دُونِ ٱللَّهِ مَا لَا يَنفَعُنَا وَلَا يَضُرُّنَا وَنُرَدُّ عَلَىٰ أَعْقَابِنَا بَعْدَ إِذْ هَدَىٰنَا ٱللَّهُ كَٱلَّذِى ٱسْتَهْوَتْهُ ٱلشَّيَٰطِينُ فِى ٱلْأَرْضِ حَيْرَانَ لَهُ أَصْحَٰبٌ يَدْعُونَهُ إِلَى ٱلْهُدَى ٱئْتِنَا قُلْ إِنَّ هُدَى ٱللَّهِ هُوَ ٱلْهُدَىٰ وَأُمِرْنَا لِنُسْلِمَ لِرَبِّ ٱلْعَٰلَمِينَ

٧٢ وَأَنْ أَقِيمُوا ٱلصَّلَوٰةَ وَٱتَّقُوهُ وَهُوَ ٱلَّذِى إِلَيْهِ تُحْشَرُونَ

٧٣ وَهُوَ ٱلَّذِى خَلَقَ ٱلسَّمَٰوَٰتِ وَٱلْأَرْضَ بِٱلْحَقِّ وَيَوْمَ يَقُولُ كُن فَيَكُونُ قَوْلُهُ ٱلْحَقُّ وَلَهُ ٱلْمُلْكُ يَوْمَ يُنفَخُ فِى ٱلصُّورِ عَٰلِمُ ٱلْغَيْبِ وَٱلشَّهَٰدَةِ وَهُوَ ٱلْحَكِيمُ ٱلْخَبِيرُ

٧٤ وَإِذْ قَالَ إِبْرَٰهِيمُ لِأَبِيهِ ءَازَرَ أَتَتَّخِذُ أَصْنَامًا ءَالِهَةً إِنِّى أَرَىٰكَ وَقَوْمَكَ فِى ضَلَٰلٍ مُّبِينٍ

٧٥ وَكَذَٰلِكَ نُرِى إِبْرَٰهِيمَ مَلَكُوتَ ٱلسَّمَٰوَٰتِ وَٱلْأَرْضِ وَلِيَكُونَ مِنَ ٱلْمُوقِنِينَ

٧٦ فَلَمَّا جَنَّ عَلَيْهِ ٱلَّيْلُ رَءَا كَوْكَبًا قَالَ هَٰذَا رَبِّى فَلَمَّا أَفَلَ قَالَ لَا أُحِبُّ ٱلْءَافِلِينَ

٧٧ فَلَمَّا رَءَا ٱلْقَمَرَ بَازِغًا قَالَ هَٰذَا رَبِّى فَلَمَّا أَفَلَ قَالَ لَئِن لَّمْ يَهْدِنِى رَبِّى لَأَكُونَنَّ مِنَ ٱلْقَوْمِ ٱلضَّآلِّينَ

٧٨ فَلَمَّا رَءَا ٱلشَّمْسَ بَازِغَةً قَالَ هَٰذَا رَبِّى هَٰذَا أَكْبَرُ فَلَمَّا أَفَلَتْ قَالَ يَٰقَوْمِ إِنِّى بَرِىءٌ مِّمَّا تُشْرِكُونَ

٧٩ إِنِّى وَجَّهْتُ وَجْهِىَ لِلَّذِى فَطَرَ ٱلسَّمَٰوَٰتِ وَٱلْأَرْضَ حَنِيفًا وَمَا أَنَا مِنَ ٱلْمُشْرِكِينَ

٨٠ وَحَاجَّهُ قَوْمُهُ قَالَ أَتُحَٰجُّونِّى فِى ٱللَّهِ وَقَدْ هَدَىٰنِ وَلَا أَخَافُ مَا تُشْرِكُونَ بِهِ إِلَّا أَن يَشَاءَ رَبِّى شَيْئًا وَسِعَ رَبِّى كُلَّ شَيْءٍ عِلْمًا أَفَلَا تَتَذَكَّرُونَ

٨١ وَكَيْفَ أَخَافُ مَا أَشْرَكْتُمْ وَلَا تَخَافُونَ أَنَّكُمْ أَشْرَكْتُم بِٱللَّهِ مَا لَمْ يُنَزِّلْ بِهِ عَلَيْكُمْ سُلْطَٰنًا فَأَىُّ ٱلْفَرِيقَيْنِ أَحَقُّ بِٱلْأَمْنِ إِن كُنتُمْ تَعْلَمُونَ

٨٢ ٱلَّذِينَ ءَامَنُوا وَلَمْ يَلْبِسُوا إِيمَٰنَهُم بِظُلْمٍ أُو۟لَٰئِكَ لَهُمُ ٱلْأَمْنُ وَهُم مُّهْتَدُونَ

٨٣ وَتِلْكَ حُجَّتُنَا ءَاتَيْنَٰهَا إِبْرَٰهِيمَ عَلَىٰ قَوْمِهِ نَرْفَعُ دَرَجَٰتٍ مَّن نَّشَاءُ إِنَّ رَبَّكَ حَكِيمٌ عَلِيمٌ

٨٤ وَوَهَبْنَا لَهُ إِسْحَٰقَ وَيَعْقُوبَ كُلًّا هَدَيْنَا وَنُوحًا هَدَيْنَا مِن قَبْلُ وَمِن ذُرِّيَّتِهِ دَاوُۥدَ وَسُلَيْمَٰنَ وَأَيُّوبَ وَيُوسُفَ وَمُوسَىٰ وَهَٰرُونَ وَكَذَٰلِكَ نَجْزِى ٱلْمُحْسِنِينَ

٨٥ وَزَكَرِيَّا وَيَحْيَىٰ وَعِيسَىٰ وَإِلْيَاسَ كُلٌّ مِّنَ ٱلصَّٰلِحِينَ

٨٦ وَإِسْمَٰعِيلَ وَٱلْيَسَعَ وَيُونُسَ وَلُوطًا وَكُلًّا فَضَّلْنَا عَلَى ٱلْعَٰلَمِينَ

٨٧ وَمِنْ ءَابَائِهِمْ وَذُرِّيَّٰتِهِمْ وَإِخْوَٰنِهِمْ وَٱجْتَبَيْنَٰهُمْ وَهَدَيْنَٰهُمْ إِلَىٰ صِرَٰطٍ مُّسْتَقِيمٍ

٨٨ ذَٰلِكَ هُدَى ٱللَّهِ يَهْدِى بِهِ مَن يَشَاءُ مِنْ عِبَادِهِ وَلَوْ أَشْرَكُوا لَحَبِطَ عَنْهُم مَّا كَانُوا يَعْمَلُونَ

٨٩ أُو۟لَـٰٓئِكَ ٱلَّذِينَ ءَاتَيْنَـٰهُمُ ٱلْكِتَـٰبَ وَٱلْحُكْمَ وَٱلنُّبُوَّةَ فَإِن يَكْفُرْ بِهَا هَـٰٓؤُلَآءِ فَقَدْ وَكَّلْنَا بِهَا قَوْمًا لَّيْسُوا۟ بِهَا بِكَـٰفِرِينَ

٩٠ أُو۟لَـٰٓئِكَ ٱلَّذِينَ هَدَى ٱللَّهُ فَبِهُدَىٰهُمُ ٱقْتَدِهْ قُل لَّآ أَسْـَٔلُكُمْ عَلَيْهِ أَجْرًا إِنْ هُوَ إِلَّا ذِكْرَىٰ لِلْعَـٰلَمِينَ

٩١ وَمَا قَدَرُوا۟ ٱللَّهَ حَقَّ قَدْرِهِۦٓ إِذْ قَالُوا۟ مَآ أَنزَلَ ٱللَّهُ عَلَىٰ بَشَرٍ مِّن شَىْءٍ قُلْ مَنْ أَنزَلَ ٱلْكِتَـٰبَ ٱلَّذِى جَآءَ بِهِۦ مُوسَىٰ نُورًا وَهُدًى لِّلنَّاسِ تَجْعَلُونَهُۥ قَرَاطِيسَ تُبْدُونَهَا وَتُخْفُونَ كَثِيرًا وَعُلِّمْتُم مَّا لَمْ تَعْلَمُوٓا۟ أَنتُمْ وَلَآ ءَابَآؤُكُمْ قُلِ ٱللَّهُ ثُمَّ ذَرْهُمْ فِى خَوْضِهِمْ يَلْعَبُونَ

٩٢ وَهَـٰذَا كِتَـٰبٌ أَنزَلْنَـٰهُ مُبَارَكٌ مُّصَدِّقُ ٱلَّذِى بَيْنَ يَدَيْهِ وَلِتُنذِرَ أُمَّ ٱلْقُرَىٰ وَمَنْ حَوْلَهَا وَٱلَّذِينَ يُؤْمِنُونَ بِٱلْءَاخِرَةِ يُؤْمِنُونَ بِهِۦ وَهُمْ عَلَىٰ صَلَاتِهِمْ يُحَافِظُونَ

٩٣ وَمَنْ أَظْلَمُ مِمَّنِ ٱفْتَرَىٰ عَلَى ٱللَّهِ كَذِبًا أَوْ قَالَ أُوحِىَ إِلَىَّ وَلَمْ يُوحَ إِلَيْهِ شَىْءٌ وَمَن قَالَ سَأُنزِلُ مِثْلَ مَآ أَنزَلَ ٱللَّهُ وَلَوْ تَرَىٰٓ إِذِ ٱلظَّـٰلِمُونَ فِى غَمَرَٰتِ ٱلْمَوْتِ وَٱلْمَلَـٰٓئِكَةُ بَاسِطُوٓا۟ أَيْدِيهِمْ أَخْرِجُوٓا۟ أَنفُسَكُمُ ٱلْيَوْمَ تُجْزَوْنَ عَذَابَ ٱلْهُونِ بِمَا كُنتُمْ تَقُولُونَ عَلَى ٱللَّهِ غَيْرَ ٱلْحَقِّ وَكُنتُمْ عَنْ ءَايَـٰتِهِۦ تَسْتَكْبِرُونَ

٩٤ وَلَقَدْ جِئْتُمُونَا فُرَٰدَىٰ كَمَا خَلَقْنَـٰكُمْ أَوَّلَ مَرَّةٍ وَتَرَكْتُم مَّا خَوَّلْنَـٰكُمْ وَرَآءَ ظُهُورِكُمْ وَمَا نَرَىٰ مَعَكُمْ شُفَعَآءَكُمُ ٱلَّذِينَ زَعَمْتُمْ أَنَّهُمْ فِيكُمْ شُرَكَـٰٓؤُا۟ لَقَد تَّقَطَّعَ بَيْنَكُمْ وَضَلَّ عَنكُم مَّا كُنتُمْ تَزْعُمُونَ

٩٥ إِنَّ ٱللَّهَ فَالِقُ ٱلْحَبِّ وَٱلنَّوَىٰ يُخْرِجُ ٱلْحَىَّ مِنَ ٱلْمَيِّتِ وَمُخْرِجُ ٱلْمَيِّتِ مِنَ ٱلْحَىِّ ذَٰلِكُمُ ٱللَّهُ فَأَنَّىٰ تُؤْفَكُونَ

٩٦ فَالِقُ ٱلْإِصْبَاحِ وَجَعَلَ ٱلَّيْلَ سَكَنًا وَٱلشَّمْسَ وَٱلْقَمَرَ حُسْبَانًا ذَٰلِكَ تَقْدِيرُ ٱلْعَزِيزِ ٱلْعَلِيمِ

٩٧ وَهُوَ ٱلَّذِى جَعَلَ لَكُمُ ٱلنُّجُومَ لِتَهْتَدُوا۟ بِهَا فِى ظُلُمَـٰتِ ٱلْبَرِّ وَٱلْبَحْرِ قَدْ فَصَّلْنَا ٱلْءَايَـٰتِ لِقَوْمٍ يَعْلَمُونَ

٩٨ وَهُوَ ٱلَّذِىٓ أَنشَأَكُم مِّن نَّفْسٍ وَٰحِدَةٍ فَمُسْتَقَرٌّ وَمُسْتَوْدَعٌ قَدْ فَصَّلْنَا ٱلْءَايَـٰتِ لِقَوْمٍ يَفْقَهُونَ

٩٩ وَهُوَ ٱلَّذِىٓ أَنزَلَ مِنَ ٱلسَّمَآءِ مَآءً فَأَخْرَجْنَا بِهِۦ نَبَاتَ كُلِّ شَىْءٍ فَأَخْرَجْنَا مِنْهُ خَضِرًا نُّخْرِجُ مِنْهُ حَبًّا مُّتَرَاكِبًا وَمِنَ ٱلنَّخْلِ مِن طَلْعِهَا قِنْوَانٌ دَانِيَةٌ وَجَنَّـٰتٍ مِّنْ أَعْنَابٍ وَٱلزَّيْتُونَ وَٱلرُّمَّانَ مُشْتَبِهًا وَغَيْرَ مُتَشَـٰبِهٍ ٱنظُرُوٓا۟ إِلَىٰ ثَمَرِهِۦٓ إِذَآ أَثْمَرَ وَيَنْعِهِۦٓ إِنَّ فِى ذَٰلِكُمْ لَءَايَـٰتٍ لِّقَوْمٍ يُؤْمِنُونَ

١٠٠ وَجَعَلُوا۟ لِلَّهِ شُرَكَآءَ ٱلْجِنَّ وَخَلَقَهُمْ وَخَرَقُوا۟ لَهُۥ بَنِينَ وَبَنَـٰتٍ بِغَيْرِ عِلْمٍ سُبْحَـٰنَهُۥ وَتَعَـٰلَىٰ عَمَّا يَصِفُونَ

١٠١ بَدِيعُ ٱلسَّمَـٰوَٰتِ وَٱلْأَرْضِ أَنَّىٰ يَكُونُ لَهُۥ وَلَدٌ وَلَمْ تَكُن لَّهُۥ صَـٰحِبَةٌ وَخَلَقَ كُلَّ شَىْءٍ وَهُوَ بِكُلِّ شَىْءٍ عَلِيمٌ

١٠٢ ذَٰلِكُمُ ٱللَّهُ رَبُّكُمْ لَآ إِلَـٰهَ إِلَّا هُوَ خَـٰلِقُ كُلِّ شَىْءٍ فَٱعْبُدُوهُ وَهُوَ عَلَىٰ كُلِّ شَىْءٍ وَكِيلٌ

١٠٣ لَّا تُدْرِكُهُ ٱلْأَبْصَـٰرُ وَهُوَ يُدْرِكُ ٱلْأَبْصَـٰرَ وَهُوَ ٱللَّطِيفُ ٱلْخَبِيرُ

١٠٤ قَدْ جَآءَكُم بَصَآئِرُ مِن رَّبِّكُمْ فَمَنْ أَبْصَرَ فَلِنَفْسِهِۦ وَمَنْ عَمِىَ فَعَلَيْهَا وَمَآ أَنَا۠ عَلَيْكُم بِحَفِيظٍ

١٠٥ وَكَذَٰلِكَ نُصَرِّفُ ٱلْءَايَـٰتِ وَلِيَقُولُوا۟ دَرَسْتَ وَلِنُبَيِّنَهُۥ لِقَوْمٍ يَعْلَمُونَ

١٠٦ ٱتَّبِعْ مَآ أُوحِىَ إِلَيْكَ مِن رَّبِّكَ لَآ إِلَـٰهَ إِلَّا هُوَ وَأَعْرِضْ عَنِ ٱلْمُشْرِكِينَ

١٠٧ وَلَوْ شَاءَ اللَّهُ مَا أَشْرَكُوا ۗ وَمَا جَعَلْنَاكَ عَلَيْهِمْ حَفِيظًا ۖ وَمَا أَنتَ عَلَيْهِم بِوَكِيلٍ

١٠٨ وَلَا تَسُبُّوا الَّذِينَ يَدْعُونَ مِن دُونِ اللَّهِ فَيَسُبُّوا اللَّهَ عَدْوًا بِغَيْرِ عِلْمٍ ۗ كَذَٰلِكَ زَيَّنَّا لِكُلِّ أُمَّةٍ عَمَلَهُمْ ثُمَّ إِلَىٰ رَبِّهِم مَّرْجِعُهُمْ فَيُنَبِّئُهُم بِمَا كَانُوا يَعْمَلُونَ

١٠٩ وَأَقْسَمُوا بِاللَّهِ جَهْدَ أَيْمَانِهِمْ لَئِن جَاءَتْهُمْ آيَةٌ لَّيُؤْمِنُنَّ بِهَا ۚ قُلْ إِنَّمَا الْآيَاتُ عِندَ اللَّهِ ۖ وَمَا يُشْعِرُكُمْ أَنَّهَا إِذَا جَاءَتْ لَا يُؤْمِنُونَ

١١٠ وَنُقَلِّبُ أَفْئِدَتَهُمْ وَأَبْصَارَهُمْ كَمَا لَمْ يُؤْمِنُوا بِهِ أَوَّلَ مَرَّةٍ وَنَذَرُهُمْ فِي طُغْيَانِهِمْ يَعْمَهُونَ

١١١ وَلَوْ أَنَّنَا نَزَّلْنَا إِلَيْهِمُ الْمَلَائِكَةَ وَكَلَّمَهُمُ الْمَوْتَىٰ وَحَشَرْنَا عَلَيْهِمْ كُلَّ شَيْءٍ قُبُلًا مَّا كَانُوا لِيُؤْمِنُوا إِلَّا أَن يَشَاءَ اللَّهُ وَلَٰكِنَّ أَكْثَرَهُمْ يَجْهَلُونَ

١١٢ وَكَذَٰلِكَ جَعَلْنَا لِكُلِّ نَبِيٍّ عَدُوًّا شَيَاطِينَ الْإِنسِ وَالْجِنِّ يُوحِي بَعْضُهُمْ إِلَىٰ بَعْضٍ زُخْرُفَ الْقَوْلِ غُرُورًا ۚ وَلَوْ شَاءَ رَبُّكَ مَا فَعَلُوهُ ۖ فَذَرْهُمْ وَمَا يَفْتَرُونَ

١١٣ وَلِتَصْغَىٰ إِلَيْهِ أَفْئِدَةُ الَّذِينَ لَا يُؤْمِنُونَ بِالْآخِرَةِ وَلِيَرْضَوْهُ وَلِيَقْتَرِفُوا مَا هُم مُّقْتَرِفُونَ

١١٤ أَفَغَيْرَ اللَّهِ أَبْتَغِي حَكَمًا وَهُوَ الَّذِي أَنزَلَ إِلَيْكُمُ الْكِتَابَ مُفَصَّلًا ۚ وَالَّذِينَ آتَيْنَاهُمُ الْكِتَابَ يَعْلَمُونَ أَنَّهُ مُنَزَّلٌ مِّن رَّبِّكَ بِالْحَقِّ ۖ فَلَا تَكُونَنَّ مِنَ الْمُمْتَرِينَ

١١٥ وَتَمَّتْ كَلِمَتُ رَبِّكَ صِدْقًا وَعَدْلًا ۚ لَّا مُبَدِّلَ لِكَلِمَاتِهِ ۚ وَهُوَ السَّمِيعُ الْعَلِيمُ

١١٦ وَإِن تُطِعْ أَكْثَرَ مَن فِي الْأَرْضِ يُضِلُّوكَ عَن سَبِيلِ اللَّهِ ۚ إِن يَتَّبِعُونَ إِلَّا الظَّنَّ وَإِنْ هُمْ إِلَّا يَخْرُصُونَ

١١٧ إِنَّ رَبَّكَ هُوَ أَعْلَمُ مَن يَضِلُّ عَن سَبِيلِهِ ۖ وَهُوَ أَعْلَمُ بِالْمُهْتَدِينَ

١١٨ فَكُلُوا مِمَّا ذُكِرَ اسْمُ اللَّهِ عَلَيْهِ إِن كُنتُم بِآيَاتِهِ مُؤْمِنِينَ

١١٩ وَمَا لَكُمْ أَلَّا تَأْكُلُوا مِمَّا ذُكِرَ اسْمُ اللَّهِ عَلَيْهِ وَقَدْ فَصَّلَ لَكُم مَّا حَرَّمَ عَلَيْكُمْ إِلَّا مَا اضْطُرِرْتُمْ إِلَيْهِ ۗ وَإِنَّ كَثِيرًا لَّيُضِلُّونَ بِأَهْوَائِهِم بِغَيْرِ عِلْمٍ ۗ إِنَّ رَبَّكَ هُوَ أَعْلَمُ بِالْمُعْتَدِينَ

١٢٠ وَذَرُوا ظَاهِرَ الْإِثْمِ وَبَاطِنَهُ ۚ إِنَّ الَّذِينَ يَكْسِبُونَ الْإِثْمَ سَيُجْزَوْنَ بِمَا كَانُوا يَقْتَرِفُونَ

١٢١ وَلَا تَأْكُلُوا مِمَّا لَمْ يُذْكَرِ اسْمُ اللَّهِ عَلَيْهِ وَإِنَّهُ لَفِسْقٌ ۗ وَإِنَّ الشَّيَاطِينَ لَيُوحُونَ إِلَىٰ أَوْلِيَائِهِمْ لِيُجَادِلُوكُمْ ۖ وَإِنْ أَطَعْتُمُوهُمْ إِنَّكُمْ لَمُشْرِكُونَ

١٢٢ أَوَمَن كَانَ مَيْتًا فَأَحْيَيْنَاهُ وَجَعَلْنَا لَهُ نُورًا يَمْشِي بِهِ فِي النَّاسِ كَمَن مَّثَلُهُ فِي الظُّلُمَاتِ لَيْسَ بِخَارِجٍ مِّنْهَا ۚ كَذَٰلِكَ زُيِّنَ لِلْكَافِرِينَ مَا كَانُوا يَعْمَلُونَ

١٢٣ وَكَذَٰلِكَ جَعَلْنَا فِي كُلِّ قَرْيَةٍ أَكَابِرَ مُجْرِمِيهَا لِيَمْكُرُوا فِيهَا ۖ وَمَا يَمْكُرُونَ إِلَّا بِأَنفُسِهِمْ وَمَا يَشْعُرُونَ

١٢٤ وَإِذَا جَاءَتْهُمْ آيَةٌ قَالُوا لَن نُّؤْمِنَ حَتَّىٰ نُؤْتَىٰ مِثْلَ مَا أُوتِيَ رُسُلُ اللَّهِ ۘ اللَّهُ أَعْلَمُ حَيْثُ يَجْعَلُ رِسَالَتَهُ ۗ سَيُصِيبُ الَّذِينَ أَجْرَمُوا صَغَارٌ عِندَ اللَّهِ وَعَذَابٌ شَدِيدٌ بِمَا كَانُوا يَمْكُرُونَ

١٢٥ فَمَن يُرِدِ اللَّهُ أَن يَهْدِيَهُ يَشْرَحْ صَدْرَهُ لِلْإِسْلَامِ ۖ وَمَن يُرِدْ أَن يُضِلَّهُ يَجْعَلْ صَدْرَهُ ضَيِّقًا حَرَجًا كَأَنَّمَا يَصَّعَّدُ فِي السَّمَاءِ ۚ كَذَٰلِكَ يَجْعَلُ اللَّهُ الرِّجْسَ عَلَى الَّذِينَ لَا يُؤْمِنُونَ

١٢٦ وَهَٰذَا صِرَٰطُ رَبِّكَ مُسْتَقِيمًا ۗ قَدْ فَصَّلْنَا ٱلْءَايَٰتِ لِقَوْمٍ يَذَّكَّرُونَ

١٢٧ لَهُمْ دَارُ ٱلسَّلَٰمِ عِندَ رَبِّهِمْ ۖ وَهُوَ وَلِيُّهُم بِمَا كَانُوا۟ يَعْمَلُونَ ۞

١٢٨ وَيَوْمَ يَحْشُرُهُمْ جَمِيعًا يَٰمَعْشَرَ ٱلْجِنِّ قَدِ ٱسْتَكْثَرْتُم مِّنَ ٱلْإِنسِ ۖ وَقَالَ أَوْلِيَآؤُهُم مِّنَ ٱلْإِنسِ رَبَّنَا ٱسْتَمْتَعَ بَعْضُنَا بِبَعْضٍ وَبَلَغْنَآ أَجَلَنَا ٱلَّذِىٓ أَجَّلْتَ لَنَا ۚ قَالَ ٱلنَّارُ مَثْوَىٰكُمْ خَٰلِدِينَ فِيهَآ إِلَّا مَا شَآءَ ٱللَّهُ ۗ إِنَّ رَبَّكَ حَكِيمٌ عَلِيمٌ

١٢٩ وَكَذَٰلِكَ نُوَلِّى بَعْضَ ٱلظَّٰلِمِينَ بَعْضًۢا بِمَا كَانُوا۟ يَكْسِبُونَ

١٣٠ يَٰمَعْشَرَ ٱلْجِنِّ وَٱلْإِنسِ أَلَمْ يَأْتِكُمْ رُسُلٌ مِّنكُمْ يَقُصُّونَ عَلَيْكُمْ ءَايَٰتِى وَيُنذِرُونَكُمْ لِقَآءَ يَوْمِكُمْ هَٰذَا ۚ قَالُوا۟ شَهِدْنَا عَلَىٰٓ أَنفُسِنَا ۖ وَغَرَّتْهُمُ ٱلْحَيَوٰةُ ٱلدُّنْيَا وَشَهِدُوا۟ عَلَىٰٓ أَنفُسِهِمْ أَنَّهُمْ كَانُوا۟ كَٰفِرِينَ

١٣١ ذَٰلِكَ أَن لَّمْ يَكُن رَّبُّكَ مُهْلِكَ ٱلْقُرَىٰ بِظُلْمٍ وَأَهْلُهَا غَٰفِلُونَ

١٣٢ وَلِكُلٍّ دَرَجَٰتٌ مِّمَّا عَمِلُوا۟ ۚ وَمَا رَبُّكَ بِغَٰفِلٍ عَمَّا يَعْمَلُونَ

١٣٣ وَرَبُّكَ ٱلْغَنِىُّ ذُو ٱلرَّحْمَةِ ۚ إِن يَشَأْ يُذْهِبْكُمْ وَيَسْتَخْلِفْ مِنۢ بَعْدِكُم مَّا يَشَآءُ كَمَآ أَنشَأَكُم مِّن ذُرِّيَّةِ قَوْمٍ ءَاخَرِينَ

١٣٤ إِنَّ مَا تُوعَدُونَ لَءَاتٍ ۖ وَمَآ أَنتُم بِمُعْجِزِينَ

١٣٥ قُلْ يَٰقَوْمِ ٱعْمَلُوا۟ عَلَىٰ مَكَانَتِكُمْ إِنِّى عَامِلٌ ۖ فَسَوْفَ تَعْلَمُونَ مَن تَكُونُ لَهُۥ عَٰقِبَةُ ٱلدَّارِ ۗ إِنَّهُۥ لَا يُفْلِحُ ٱلظَّٰلِمُونَ

١٣٦ وَجَعَلُوا۟ لِلَّهِ مِمَّا ذَرَأَ مِنَ ٱلْحَرْثِ وَٱلْأَنْعَٰمِ نَصِيبًا فَقَالُوا۟ هَٰذَا لِلَّهِ بِزَعْمِهِمْ وَهَٰذَا لِشُرَكَآئِنَا ۖ فَمَا كَانَ لِشُرَكَآئِهِمْ فَلَا يَصِلُ إِلَى ٱللَّهِ ۖ وَمَا كَانَ لِلَّهِ فَهُوَ يَصِلُ إِلَىٰ شُرَكَآئِهِمْ ۗ سَآءَ مَا يَحْكُمُونَ

١٣٧ وَكَذَٰلِكَ زَيَّنَ لِكَثِيرٍ مِّنَ ٱلْمُشْرِكِينَ قَتْلَ أَوْلَٰدِهِمْ شُرَكَآؤُهُمْ لِيُرْدُوهُمْ وَلِيَلْبِسُوا۟ عَلَيْهِمْ دِينَهُمْ ۖ وَلَوْ شَآءَ ٱللَّهُ مَا فَعَلُوهُ ۖ فَذَرْهُمْ وَمَا يَفْتَرُونَ

١٣٨ وَقَالُوا۟ هَٰذِهِۦٓ أَنْعَٰمٌ وَحَرْثٌ حِجْرٌ لَّا يَطْعَمُهَآ إِلَّا مَن نَّشَآءُ بِزَعْمِهِمْ وَأَنْعَٰمٌ حُرِّمَتْ ظُهُورُهَا وَأَنْعَٰمٌ لَّا يَذْكُرُونَ ٱسْمَ ٱللَّهِ عَلَيْهَا ٱفْتِرَآءً عَلَيْهِ ۚ سَيَجْزِيهِم بِمَا كَانُوا۟ يَفْتَرُونَ

١٣٩ وَقَالُوا۟ مَا فِى بُطُونِ هَٰذِهِ ٱلْأَنْعَٰمِ خَالِصَةٌ لِّذُكُورِنَا وَمُحَرَّمٌ عَلَىٰٓ أَزْوَٰجِنَا ۖ وَإِن يَكُن مَّيْتَةً فَهُمْ فِيهِ شُرَكَآءُ ۚ سَيَجْزِيهِمْ وَصْفَهُمْ ۚ إِنَّهُۥ حَكِيمٌ عَلِيمٌ

١٤٠ قَدْ خَسِرَ ٱلَّذِينَ قَتَلُوٓا۟ أَوْلَٰدَهُمْ سَفَهًۢا بِغَيْرِ عِلْمٍ وَحَرَّمُوا۟ مَا رَزَقَهُمُ ٱللَّهُ ٱفْتِرَآءً عَلَى ٱللَّهِ ۚ قَدْ ضَلُّوا۟ وَمَا كَانُوا۟ مُهْتَدِينَ

١٤١ وَهُوَ ٱلَّذِىٓ أَنشَأَ جَنَّٰتٍ مَّعْرُوشَٰتٍ وَغَيْرَ مَعْرُوشَٰتٍ وَٱلنَّخْلَ وَٱلزَّرْعَ مُخْتَلِفًا أُكُلُهُۥ وَٱلزَّيْتُونَ وَٱلرُّمَّانَ مُتَشَٰبِهًا وَغَيْرَ مُتَشَٰبِهٍ ۚ كُلُوا۟ مِن ثَمَرِهِۦٓ إِذَآ أَثْمَرَ وَءَاتُوا۟ حَقَّهُۥ يَوْمَ حَصَادِهِۦ ۖ وَلَا تُسْرِفُوٓا۟ ۚ إِنَّهُۥ لَا يُحِبُّ ٱلْمُسْرِفِينَ

١٤٢ وَمِنَ ٱلْأَنْعَٰمِ حَمُولَةً وَفَرْشًا ۚ كُلُوا۟ مِمَّا رَزَقَكُمُ ٱللَّهُ وَلَا تَتَّبِعُوا۟ خُطُوَٰتِ ٱلشَّيْطَٰنِ ۚ إِنَّهُۥ لَكُمْ عَدُوٌّ مُّبِينٌ

١٤٣ ثَمَٰنِيَةَ أَزْوَٰجٍ ۖ مِّنَ ٱلضَّأْنِ ٱثْنَيْنِ وَمِنَ ٱلْمَعْزِ ٱثْنَيْنِ ۗ قُلْ ءَآلذَّكَرَيْنِ حَرَّمَ أَمِ ٱلْأُنثَيَيْنِ أَمَّا ٱشْتَمَلَتْ عَلَيْهِ أَرْحَامُ ٱلْأُنثَيَيْنِ ۖ نَبِّـُٔونِى بِعِلْمٍ إِن كُنتُمْ صَٰدِقِينَ

١٤٤ وَمِنَ ٱلْإِبِلِ ٱثْنَيْنِ وَمِنَ ٱلْبَقَرِ ٱثْنَيْنِ ۗ قُلْ ءَآلذَّكَرَيْنِ حَرَّمَ أَمِ ٱلْأُنثَيَيْنِ أَمَّا ٱشْتَمَلَتْ

عَلَيْهِ أَرْحَامُ ٱلْأُنثَيَيْنِ ۖ أَمْ كُنتُمْ شُهَدَآءَ إِذْ وَصَّىٰكُمُ ٱللَّهُ بِهَٰذَا ۚ فَمَنْ أَظْلَمُ مِمَّنِ ٱفْتَرَىٰ عَلَى ٱللَّهِ كَذِبًا لِّيُضِلَّ ٱلنَّاسَ بِغَيْرِ عِلْمٍ ۗ إِنَّ ٱللَّهَ لَا يَهْدِى ٱلْقَوْمَ ٱلظَّٰلِمِينَ

١٤٥ قُل لَّآ أَجِدُ فِى مَآ أُوحِىَ إِلَىَّ مُحَرَّمًا عَلَىٰ طَاعِمٍ يَطْعَمُهُ إِلَّآ أَن يَكُونَ مَيْتَةً أَوْ دَمًا مَّسْفُوحًا أَوْ لَحْمَ خِنزِيرٍ فَإِنَّهُ رِجْسٌ أَوْ فِسْقًا أُهِلَّ لِغَيْرِ ٱللَّهِ بِهِ ۚ فَمَنِ ٱضْطُرَّ غَيْرَ بَاغٍ وَلَا عَادٍ فَإِنَّ رَبَّكَ غَفُورٌ رَّحِيمٌ

١٤٦ وَعَلَى ٱلَّذِينَ هَادُوا۟ حَرَّمْنَا كُلَّ ذِى ظُفُرٍ ۖ وَمِنَ ٱلْبَقَرِ وَٱلْغَنَمِ حَرَّمْنَا عَلَيْهِمْ شُحُومَهُمَآ إِلَّا مَا حَمَلَتْ ظُهُورُهُمَآ أَوِ ٱلْحَوَايَا أَوْ مَا ٱخْتَلَطَ بِعَظْمٍ ۚ ذَٰلِكَ جَزَيْنَٰهُم بِبَغْيِهِمْ ۖ وَإِنَّا لَصَٰدِقُونَ

١٤٧ فَإِن كَذَّبُوكَ فَقُل رَّبُّكُمْ ذُو رَحْمَةٍ وَٰسِعَةٍ وَلَا يُرَدُّ بَأْسُهُ عَنِ ٱلْقَوْمِ ٱلْمُجْرِمِينَ

١٤٨ سَيَقُولُ ٱلَّذِينَ أَشْرَكُوا۟ لَوْ شَآءَ ٱللَّهُ مَآ أَشْرَكْنَا وَلَآ ءَابَآؤُنَا وَلَا حَرَّمْنَا مِن شَىْءٍ ۚ كَذَٰلِكَ كَذَّبَ ٱلَّذِينَ مِن قَبْلِهِمْ حَتَّىٰ ذَاقُوا۟ بَأْسَنَا ۗ قُلْ هَلْ عِندَكُم مِّنْ عِلْمٍ فَتُخْرِجُوهُ لَنَا ۖ إِن تَتَّبِعُونَ إِلَّا ٱلظَّنَّ وَإِنْ أَنتُمْ إِلَّا تَخْرُصُونَ

١٤٩ قُلْ فَلِلَّهِ ٱلْحُجَّةُ ٱلْبَٰلِغَةُ ۖ فَلَوْ شَآءَ لَهَدَىٰكُمْ أَجْمَعِينَ

١٥٠ قُلْ هَلُمَّ شُهَدَآءَكُمُ ٱلَّذِينَ يَشْهَدُونَ أَنَّ ٱللَّهَ حَرَّمَ هَٰذَا ۖ فَإِن شَهِدُوا۟ فَلَا تَشْهَدْ مَعَهُمْ ۚ وَلَا تَتَّبِعْ أَهْوَآءَ ٱلَّذِينَ كَذَّبُوا۟ بِـَٔايَٰتِنَا وَٱلَّذِينَ لَا يُؤْمِنُونَ بِٱلْءَاخِرَةِ وَهُم بِرَبِّهِمْ يَعْدِلُونَ

١٥١ قُلْ تَعَالَوْا۟ أَتْلُ مَا حَرَّمَ رَبُّكُمْ عَلَيْكُمْ ۖ أَلَّا تُشْرِكُوا۟ بِهِ شَيْـًٔا ۖ وَبِٱلْوَٰلِدَيْنِ إِحْسَٰنًا ۖ وَلَا تَقْتُلُوٓا۟ أَوْلَٰدَكُم مِّنْ إِمْلَٰقٍ ۖ نَّحْنُ نَرْزُقُكُمْ وَإِيَّاهُمْ ۖ وَلَا تَقْرَبُوا۟ ٱلْفَوَٰحِشَ مَا ظَهَرَ مِنْهَا وَمَا بَطَنَ ۖ وَلَا تَقْتُلُوا۟ ٱلنَّفْسَ ٱلَّتِى حَرَّمَ ٱللَّهُ إِلَّا بِٱلْحَقِّ ۚ ذَٰلِكُمْ وَصَّىٰكُم بِهِ لَعَلَّكُمْ تَعْقِلُونَ

١٥٢ وَلَا تَقْرَبُوا۟ مَالَ ٱلْيَتِيمِ إِلَّا بِٱلَّتِى هِىَ أَحْسَنُ حَتَّىٰ يَبْلُغَ أَشُدَّهُ ۖ وَأَوْفُوا۟ ٱلْكَيْلَ وَٱلْمِيزَانَ بِٱلْقِسْطِ ۖ لَا نُكَلِّفُ نَفْسًا إِلَّا وُسْعَهَا ۖ وَإِذَا قُلْتُمْ فَٱعْدِلُوا۟ وَلَوْ كَانَ ذَا قُرْبَىٰ ۖ وَبِعَهْدِ ٱللَّهِ أَوْفُوا۟ ۚ ذَٰلِكُمْ وَصَّىٰكُم بِهِ لَعَلَّكُمْ تَذَكَّرُونَ

١٥٣ وَأَنَّ هَٰذَا صِرَٰطِى مُسْتَقِيمًا فَٱتَّبِعُوهُ ۖ وَلَا تَتَّبِعُوا۟ ٱلسُّبُلَ فَتَفَرَّقَ بِكُمْ عَن سَبِيلِهِ ۚ ذَٰلِكُمْ وَصَّىٰكُم بِهِ لَعَلَّكُمْ تَتَّقُونَ

١٥٤ ثُمَّ ءَاتَيْنَا مُوسَى ٱلْكِتَٰبَ تَمَامًا عَلَى ٱلَّذِى أَحْسَنَ وَتَفْصِيلًا لِّكُلِّ شَىْءٍ وَهُدًى وَرَحْمَةً لَّعَلَّهُم بِلِقَآءِ رَبِّهِمْ يُؤْمِنُونَ

١٥٥ وَهَٰذَا كِتَٰبٌ أَنزَلْنَٰهُ مُبَارَكٌ فَٱتَّبِعُوهُ وَٱتَّقُوا۟ لَعَلَّكُمْ تُرْحَمُونَ

١٥٦ أَن تَقُولُوٓا۟ إِنَّمَآ أُنزِلَ ٱلْكِتَٰبُ عَلَىٰ طَآئِفَتَيْنِ مِن قَبْلِنَا وَإِن كُنَّا عَن دِرَاسَتِهِمْ لَغَٰفِلِينَ

١٥٧ أَوْ تَقُولُوا۟ لَوْ أَنَّآ أُنزِلَ عَلَيْنَا ٱلْكِتَٰبُ لَكُنَّآ أَهْدَىٰ مِنْهُمْ ۚ فَقَدْ جَآءَكُم بَيِّنَةٌ مِّن رَّبِّكُمْ وَهُدًى وَرَحْمَةٌ ۚ فَمَنْ أَظْلَمُ مِمَّن كَذَّبَ بِـَٔايَٰتِ ٱللَّهِ وَصَدَفَ عَنْهَا ۗ سَنَجْزِى ٱلَّذِينَ يَصْدِفُونَ عَنْ ءَايَٰتِنَا سُوٓءَ ٱلْعَذَابِ بِمَا كَانُوا۟ يَصْدِفُونَ

١٥٨ هَلْ يَنظُرُونَ إِلَّآ أَن تَأْتِيَهُمُ ٱلْمَلَٰئِكَةُ أَوْ يَأْتِىَ رَبُّكَ أَوْ يَأْتِىَ بَعْضُ ءَايَٰتِ رَبِّكَ ۗ يَوْمَ يَأْتِى بَعْضُ ءَايَٰتِ رَبِّكَ لَا يَنفَعُ نَفْسًا إِيمَٰنُهَا لَمْ تَكُنْ ءَامَنَتْ مِن قَبْلُ أَوْ كَسَبَتْ فِى إِيمَٰنِهَا خَيْرًا ۗ قُلِ ٱنتَظِرُوٓا۟ إِنَّا مُنتَظِرُونَ

١٥٩ إِنَّ ٱلَّذِينَ فَرَّقُوا۟ دِينَهُمْ وَكَانُوا۟ شِيَعًا لَّسْتَ مِنْهُمْ فِى شَىْءٍ ۚ إِنَّمَآ أَمْرُهُمْ إِلَى ٱللَّهِ ثُمَّ يُنَبِّئُهُم بِمَا كَانُوا۟ يَفْعَلُونَ

١٦٠ مَن جَآءَ بِٱلْحَسَنَةِ فَلَهُ عَشْرُ أَمْثَالِهَا ۖ وَمَن جَآءَ بِٱلسَّيِّئَةِ فَلَا يُجْزَىٰ إِلَّا مِثْلَهَا وَهُمْ لَا يُظْلَمُونَ

١٦١ قُلْ إِنَّنِى هَدَىنِى رَبِّى إِلَىٰ صِرَٰطٍ مُّسْتَقِيمٍ دِينًا قِيَمًا مِّلَّةَ إِبْرَٰهِيمَ حَنِيفًا ۚ وَمَا كَانَ مِنَ ٱلْمُشْرِكِينَ

١٦٢ قُلْ إِنَّ صَلَاتِى وَنُسُكِى وَمَحْيَاىَ وَمَمَاتِى لِلَّهِ رَبِّ ٱلْعَٰلَمِينَ

١٦٣ لَا شَرِيكَ لَهُ ۖ وَبِذَٰلِكَ أُمِرْتُ وَأَنَا۠ أَوَّلُ ٱلْمُسْلِمِينَ

١٦٤ قُلْ أَغَيْرَ ٱللَّهِ أَبْغِى رَبًّا وَهُوَ رَبُّ كُلِّ شَىْءٍ ۚ وَلَا تَكْسِبُ كُلُّ نَفْسٍ إِلَّا عَلَيْهَا ۚ وَلَا تَزِرُ وَازِرَةٌ وِزْرَ أُخْرَىٰ ۚ ثُمَّ إِلَىٰ رَبِّكُم مَّرْجِعُكُمْ فَيُنَبِّئُكُم بِمَا كُنتُمْ فِيهِ تَخْتَلِفُونَ

١٦٥ وَهُوَ ٱلَّذِى جَعَلَكُمْ خَلَٰئِفَ ٱلْأَرْضِ وَرَفَعَ بَعْضَكُمْ فَوْقَ بَعْضٍ دَرَجَٰتٍ لِّيَبْلُوَكُمْ فِى مَا ءَاتَىٰكُمْ ۗ إِنَّ رَبَّكَ سَرِيعُ ٱلْعِقَابِ وَإِنَّهُ لَغَفُورٌ رَّحِيمٌ

سورة الأعراف

١ الٓمٓصٓ

٢ كِتَٰبٌ أُنزِلَ إِلَيْكَ فَلَا يَكُن فِى صَدْرِكَ حَرَجٌ مِّنْهُ لِتُنذِرَ بِهِ وَذِكْرَىٰ لِلْمُؤْمِنِينَ

٣ ٱتَّبِعُوا۟ مَا أُنزِلَ إِلَيْكُم مِّن رَّبِّكُمْ وَلَا تَتَّبِعُوا۟ مِن دُونِهِ أَوْلِيَاءَ ۗ قَلِيلًا مَّا تَذَكَّرُونَ

٤ وَكَم مِّن قَرْيَةٍ أَهْلَكْنَٰهَا فَجَاءَهَا بَأْسُنَا بَيَٰتًا أَوْ هُمْ قَائِلُونَ

٥ فَمَا كَانَ دَعْوَىٰهُمْ إِذْ جَاءَهُم بَأْسُنَا إِلَّا أَن قَالُوا۟ إِنَّا كُنَّا ظَٰلِمِينَ

٦ فَلَنَسْـَٔلَنَّ ٱلَّذِينَ أُرْسِلَ إِلَيْهِمْ وَلَنَسْـَٔلَنَّ ٱلْمُرْسَلِينَ

٧ فَلَنَقُصَّنَّ عَلَيْهِم بِعِلْمٍ ۖ وَمَا كُنَّا غَائِبِينَ

٨ وَٱلْوَزْنُ يَوْمَئِذٍ ٱلْحَقُّ ۚ فَمَن ثَقُلَتْ مَوَٰزِينُهُ فَأُولَٰئِكَ هُمُ ٱلْمُفْلِحُونَ

٩ وَمَنْ خَفَّتْ مَوَٰزِينُهُ فَأُولَٰئِكَ ٱلَّذِينَ خَسِرُوٓا۟ أَنفُسَهُم بِمَا كَانُوا۟ بِـَٔايَٰتِنَا يَظْلِمُونَ

١٠ وَلَقَدْ مَكَّنَّٰكُمْ فِى ٱلْأَرْضِ وَجَعَلْنَا لَكُمْ فِيهَا مَعَٰيِشَ ۗ قَلِيلًا مَّا تَشْكُرُونَ

١١ وَلَقَدْ خَلَقْنَٰكُمْ ثُمَّ صَوَّرْنَٰكُمْ ثُمَّ قُلْنَا لِلْمَلَٰئِكَةِ ٱسْجُدُوا۟ لِءَادَمَ فَسَجَدُوٓا۟ إِلَّا إِبْلِيسَ لَمْ يَكُن مِّنَ ٱلسَّٰجِدِينَ

١٢ قَالَ مَا مَنَعَكَ أَلَّا تَسْجُدَ إِذْ أَمَرْتُكَ ۖ قَالَ أَنَا۠ خَيْرٌ مِّنْهُ خَلَقْتَنِى مِن نَّارٍ وَخَلَقْتَهُ مِن طِينٍ

١٣ قَالَ فَٱهْبِطْ مِنْهَا فَمَا يَكُونُ لَكَ أَن تَتَكَبَّرَ فِيهَا فَٱخْرُجْ إِنَّكَ مِنَ ٱلصَّٰغِرِينَ

١٤ قَالَ أَنظِرْنِى إِلَىٰ يَوْمِ يُبْعَثُونَ

١٥ قَالَ إِنَّكَ مِنَ ٱلْمُنظَرِينَ

١٦ قَالَ فَبِمَا أَغْوَيْتَنِى لَأَقْعُدَنَّ لَهُمْ صِرَٰطَكَ ٱلْمُسْتَقِيمَ

١٧ ثُمَّ لَءَاتِيَنَّهُم مِّنۢ بَيْنِ أَيْدِيهِمْ وَمِنْ خَلْفِهِمْ وَعَنْ أَيْمَٰنِهِمْ وَعَن شَمَآئِلِهِمْ ۖ وَلَا تَجِدُ أَكْثَرَهُمْ شَٰكِرِينَ

١٨ قَالَ ٱخْرُجْ مِنْهَا مَذْءُومًا مَّدْحُورًا ۖ لَّمَن تَبِعَكَ مِنْهُمْ لَأَمْلَأَنَّ جَهَنَّمَ مِنكُمْ أَجْمَعِينَ

١٩ وَيَٰٓـَٔادَمُ ٱسْكُنْ أَنتَ وَزَوْجُكَ ٱلْجَنَّةَ فَكُلَا مِنْ حَيْثُ شِئْتُمَا وَلَا تَقْرَبَا هَٰذِهِ ٱلشَّجَرَةَ فَتَكُونَا مِنَ ٱلظَّٰلِمِينَ

٢٠ فَوَسْوَسَ لَهُمَا ٱلشَّيْطَٰنُ لِيُبْدِىَ لَهُمَا مَا وُۥرِىَ عَنْهُمَا مِن سَوْءَٰتِهِمَا وَقَالَ مَا نَهَىٰكُمَا رَبُّكُمَا عَنْ هَٰذِهِ ٱلشَّجَرَةِ إِلَّا أَن تَكُونَا مَلَكَيْنِ أَوْ تَكُونَا مِنَ ٱلْخَٰلِدِينَ

٢١ وَقَاسَمَهُمَا إِنِّى لَكُمَا لَمِنَ ٱلنَّٰصِحِينَ

٢٢ فَدَلَّىٰهُمَا بِغُرُورٍ ۚ فَلَمَّا ذَاقَا ٱلشَّجَرَةَ بَدَتْ لَهُمَا سَوْءَٰتُهُمَا وَطَفِقَا يَخْصِفَانِ عَلَيْهِمَا مِن وَرَقِ ٱلْجَنَّةِ ۖ وَنَادَىٰهُمَا رَبُّهُمَآ أَلَمْ أَنْهَكُمَا عَن تِلْكُمَا ٱلشَّجَرَةِ وَأَقُل لَّكُمَآ إِنَّ ٱلشَّيْطَٰنَ لَكُمَا عَدُوٌّ مُّبِينٌ

٢٣ قَالَا رَبَّنَا ظَلَمْنَآ أَنفُسَنَا وَإِن لَّمْ تَغْفِرْ لَنَا وَتَرْحَمْنَا لَنَكُونَنَّ مِنَ ٱلْخَٰسِرِينَ

٢٤ قَالَ ٱهْبِطُوا۟ بَعْضُكُمْ لِبَعْضٍ عَدُوٌّ ۖ وَلَكُمْ فِى ٱلْأَرْضِ مُسْتَقَرٌّ وَمَتَٰعٌ إِلَىٰ حِينٍ

٢٥ قَالَ فِيهَا تَحْيَوْنَ وَفِيهَا تَمُوتُونَ وَمِنْهَا تُخْرَجُونَ

٢٦ يَٰبَنِىٓ ءَادَمَ قَدْ أَنزَلْنَا عَلَيْكُمْ لِبَاسًا يُوَٰرِى سَوْءَٰتِكُمْ وَرِيشًا ۖ وَلِبَاسُ ٱلتَّقْوَىٰ ذَٰلِكَ خَيْرٌ ۚ ذَٰلِكَ مِنْ ءَايَٰتِ ٱللَّهِ لَعَلَّهُمْ يَذَّكَّرُونَ

٢٧ يَٰبَنِىٓ ءَادَمَ لَا يَفْتِنَنَّكُمُ ٱلشَّيْطَٰنُ كَمَآ أَخْرَجَ أَبَوَيْكُم مِّنَ ٱلْجَنَّةِ يَنزِعُ عَنْهُمَا لِبَاسَهُمَا لِيُرِيَهُمَا سَوْءَٰتِهِمَآ ۗ إِنَّهُۥ يَرَىٰكُمْ هُوَ وَقَبِيلُهُۥ مِنْ حَيْثُ لَا تَرَوْنَهُمْ ۗ إِنَّا جَعَلْنَا ٱلشَّيَٰطِينَ أَوْلِيَآءَ لِلَّذِينَ لَا يُؤْمِنُونَ

٢٨ وَإِذَا فَعَلُوا۟ فَٰحِشَةً قَالُوا۟ وَجَدْنَا عَلَيْهَآ ءَابَآءَنَا وَٱللَّهُ أَمَرَنَا بِهَا ۗ قُلْ إِنَّ ٱللَّهَ لَا يَأْمُرُ بِٱلْفَحْشَآءِ ۖ أَتَقُولُونَ عَلَى ٱللَّهِ مَا لَا تَعْلَمُونَ

٢٩ قُلْ أَمَرَ رَبِّى بِٱلْقِسْطِ ۖ وَأَقِيمُوا۟ وُجُوهَكُمْ عِندَ كُلِّ مَسْجِدٍ وَٱدْعُوهُ مُخْلِصِينَ لَهُ ٱلدِّينَ ۚ كَمَا بَدَأَكُمْ تَعُودُونَ

٣٠ فَرِيقًا هَدَىٰ وَفَرِيقًا حَقَّ عَلَيْهِمُ ٱلضَّلَٰلَةُ ۗ إِنَّهُمُ ٱتَّخَذُوا۟ ٱلشَّيَٰطِينَ أَوْلِيَآءَ مِن دُونِ ٱللَّهِ وَيَحْسَبُونَ أَنَّهُم مُّهْتَدُونَ

۞ ٣١ يَٰبَنِىٓ ءَادَمَ خُذُوا۟ زِينَتَكُمْ عِندَ كُلِّ مَسْجِدٍ وَكُلُوا۟ وَٱشْرَبُوا۟ وَلَا تُسْرِفُوٓا۟ ۚ إِنَّهُۥ لَا يُحِبُّ ٱلْمُسْرِفِينَ

٣٢ قُلْ مَنْ حَرَّمَ زِينَةَ ٱللَّهِ ٱلَّتِىٓ أَخْرَجَ لِعِبَادِهِۦ وَٱلطَّيِّبَٰتِ مِنَ ٱلرِّزْقِ ۚ قُلْ هِىَ لِلَّذِينَ ءَامَنُوا۟ فِى ٱلْحَيَوٰةِ ٱلدُّنْيَا خَالِصَةً يَوْمَ ٱلْقِيَٰمَةِ ۗ كَذَٰلِكَ نُفَصِّلُ ٱلْءَايَٰتِ لِقَوْمٍ يَعْلَمُونَ

٣٣ قُلْ إِنَّمَا حَرَّمَ رَبِّىَ ٱلْفَوَٰحِشَ مَا ظَهَرَ مِنْهَا وَمَا بَطَنَ وَٱلْإِثْمَ وَٱلْبَغْىَ بِغَيْرِ ٱلْحَقِّ وَأَن تُشْرِكُوا۟ بِٱللَّهِ مَا لَمْ يُنَزِّلْ بِهِۦ سُلْطَٰنًا وَأَن تَقُولُوا۟ عَلَى ٱللَّهِ مَا لَا تَعْلَمُونَ

٣٤ وَلِكُلِّ أُمَّةٍ أَجَلٌ ۖ فَإِذَا جَآءَ أَجَلُهُمْ لَا يَسْتَأْخِرُونَ سَاعَةً ۖ وَلَا يَسْتَقْدِمُونَ

٣٥ يَٰبَنِىٓ ءَادَمَ إِمَّا يَأْتِيَنَّكُمْ رُسُلٌ مِّنكُمْ يَقُصُّونَ عَلَيْكُمْ ءَايَٰتِى ۙ فَمَنِ ٱتَّقَىٰ وَأَصْلَحَ فَلَا خَوْفٌ عَلَيْهِمْ وَلَا هُمْ يَحْزَنُونَ

٣٦ وَٱلَّذِينَ كَذَّبُوا۟ بِـَٔايَٰتِنَا وَٱسْتَكْبَرُوا۟ عَنْهَآ أُو۟لَٰٓئِكَ أَصْحَٰبُ ٱلنَّارِ ۖ هُمْ فِيهَا خَٰلِدُونَ

٣٧ فَمَنْ أَظْلَمُ مِمَّنِ ٱفْتَرَىٰ عَلَى ٱللَّهِ كَذِبًا أَوْ كَذَّبَ بِـَٔايَٰتِهِۦٓ ۚ أُو۟لَٰٓئِكَ يَنَالُهُمْ نَصِيبُهُم مِّنَ ٱلْكِتَٰبِ ۖ حَتَّىٰٓ إِذَا جَآءَتْهُمْ رُسُلُنَا يَتَوَفَّوْنَهُمْ قَالُوٓا۟ أَيْنَ مَا كُنتُمْ تَدْعُونَ مِن دُونِ ٱللَّهِ ۖ قَالُوا۟ ضَلُّوا۟ عَنَّا وَشَهِدُوا۟ عَلَىٰٓ أَنفُسِهِمْ أَنَّهُمْ كَانُوا۟ كَٰفِرِينَ

٣٨ قَالَ ٱدْخُلُوا۟ فِىٓ أُمَمٍ قَدْ خَلَتْ مِن قَبْلِكُم مِّنَ ٱلْجِنِّ وَٱلْإِنسِ فِى ٱلنَّارِ ۖ كُلَّمَا دَخَلَتْ أُمَّةٌ لَّعَنَتْ أُخْتَهَا ۖ حَتَّىٰٓ إِذَا ٱدَّارَكُوا۟ فِيهَا جَمِيعًا قَالَتْ أُخْرَىٰهُمْ لِأُولَىٰهُمْ رَبَّنَا هَٰٓؤُلَآءِ أَضَلُّونَا فَـَٔاتِهِمْ عَذَابًا ضِعْفًا مِّنَ ٱلنَّارِ ۖ قَالَ لِكُلٍّ ضِعْفٌ وَلَٰكِن لَّا تَعْلَمُونَ

٣٩ وَقَالَتْ أُولَىٰهُمْ لِأُخْرَىٰهُمْ فَمَا كَانَ لَكُمْ عَلَيْنَا مِن فَضْلٍ فَذُوقُوا۟ ٱلْعَذَابَ بِمَا كُنتُمْ تَكْسِبُونَ

٤٠ إِنَّ ٱلَّذِينَ كَذَّبُوا۟ بِـَٔايَٰتِنَا وَٱسْتَكْبَرُوا۟ عَنْهَا لَا تُفَتَّحُ لَهُمْ أَبْوَٰبُ ٱلسَّمَآءِ وَلَا يَدْخُلُونَ ٱلْجَنَّةَ

حَتَّىٰ يَلِجَ ٱلْجَمَلُ فِى سَمِّ ٱلْخِيَاطِ ۚ وَكَذَٰلِكَ نَجْزِى ٱلْمُجْرِمِينَ

٤١ لَهُم مِّن جَهَنَّمَ مِهَادٌ وَمِن فَوْقِهِمْ غَوَاشٍ ۚ وَكَذَٰلِكَ نَجْزِى ٱلظَّٰلِمِينَ

٤٢ وَٱلَّذِينَ ءَامَنُوا۟ وَعَمِلُوا۟ ٱلصَّٰلِحَٰتِ لَا نُكَلِّفُ نَفْسًا إِلَّا وُسْعَهَا أُو۟لَٰٓئِكَ أَصْحَٰبُ ٱلْجَنَّةِ ۖ هُمْ فِيهَا خَٰلِدُونَ

٤٣ وَنَزَعْنَا مَا فِى صُدُورِهِم مِّنْ غِلٍّ تَجْرِى مِن تَحْتِهِمُ ٱلْأَنْهَٰرُ ۖ وَقَالُوا۟ ٱلْحَمْدُ لِلَّهِ ٱلَّذِى هَدَىٰنَا لِهَٰذَا وَمَا كُنَّا لِنَهْتَدِىَ لَوْلَآ أَنْ هَدَىٰنَا ٱللَّهُ ۖ لَقَدْ جَآءَتْ رُسُلُ رَبِّنَا بِٱلْحَقِّ ۖ وَنُودُوٓا۟ أَن تِلْكُمُ ٱلْجَنَّةُ أُورِثْتُمُوهَا بِمَا كُنتُمْ تَعْمَلُونَ

٤٤ وَنَادَىٰٓ أَصْحَٰبُ ٱلْجَنَّةِ أَصْحَٰبَ ٱلنَّارِ أَن قَدْ وَجَدْنَا مَا وَعَدَنَا رَبُّنَا حَقًّا فَهَلْ وَجَدتُّم مَّا وَعَدَ رَبُّكُمْ حَقًّا ۖ قَالُوا۟ نَعَمْ ۚ فَأَذَّنَ مُؤَذِّنٌ بَيْنَهُمْ أَن لَّعْنَةُ ٱللَّهِ عَلَى ٱلظَّٰلِمِينَ

٤٥ ٱلَّذِينَ يَصُدُّونَ عَن سَبِيلِ ٱللَّهِ وَيَبْغُونَهَا عِوَجًا وَهُم بِٱلْءَاخِرَةِ كَٰفِرُونَ

٤٦ وَبَيْنَهُمَا حِجَابٌ ۚ وَعَلَى ٱلْأَعْرَافِ رِجَالٌ يَعْرِفُونَ كُلًّۢا بِسِيمَىٰهُمْ ۚ وَنَادَوْا۟ أَصْحَٰبَ ٱلْجَنَّةِ أَن سَلَٰمٌ عَلَيْكُمْ ۚ لَمْ يَدْخُلُوهَا وَهُمْ يَطْمَعُونَ

٤٧ وَإِذَا صُرِفَتْ أَبْصَٰرُهُمْ تِلْقَآءَ أَصْحَٰبِ ۞ ٱلنَّارِ قَالُوا۟ رَبَّنَا لَا تَجْعَلْنَا مَعَ ٱلْقَوْمِ ٱلظَّٰلِمِينَ

٤٨ وَنَادَىٰٓ أَصْحَٰبُ ٱلْأَعْرَافِ رِجَالًا يَعْرِفُونَهُم بِسِيمَىٰهُمْ قَالُوا۟ مَآ أَغْنَىٰ عَنكُمْ جَمْعُكُمْ وَمَا كُنتُمْ تَسْتَكْبِرُونَ

٤٩ أَهَٰٓؤُلَآءِ ٱلَّذِينَ أَقْسَمْتُمْ لَا يَنَالُهُمُ ٱللَّهُ بِرَحْمَةٍ ۚ ٱدْخُلُوا۟ ٱلْجَنَّةَ لَا خَوْفٌ عَلَيْكُمْ وَلَآ أَنتُمْ تَحْزَنُونَ

٥٠ وَنَادَىٰٓ أَصْحَٰبُ ٱلنَّارِ أَصْحَٰبَ ٱلْجَنَّةِ أَنْ أَفِيضُوا۟ عَلَيْنَا مِنَ ٱلْمَآءِ أَوْ مِمَّا رَزَقَكُمُ ٱللَّهُ ۚ قَالُوٓا۟ إِنَّ ٱللَّهَ حَرَّمَهُمَا عَلَى ٱلْكَٰفِرِينَ

٥١ ٱلَّذِينَ ٱتَّخَذُوا۟ دِينَهُمْ لَهْوًا وَلَعِبًا وَغَرَّتْهُمُ ٱلْحَيَوٰةُ ٱلدُّنْيَا ۚ فَٱلْيَوْمَ نَنسَىٰهُمْ كَمَا نَسُوا۟ لِقَآءَ يَوْمِهِمْ هَٰذَا وَمَا كَانُوا۟ بِـَٔايَٰتِنَا يَجْحَدُونَ

٥٢ وَلَقَدْ جِئْنَٰهُم بِكِتَٰبٍ فَصَّلْنَٰهُ عَلَىٰ عِلْمٍ هُدًى وَرَحْمَةً لِّقَوْمٍ يُؤْمِنُونَ

٥٣ هَلْ يَنظُرُونَ إِلَّا تَأْوِيلَهُۥ ۚ يَوْمَ يَأْتِى تَأْوِيلُهُۥ يَقُولُ ٱلَّذِينَ نَسُوهُ مِن قَبْلُ قَدْ جَآءَتْ رُسُلُ رَبِّنَا بِٱلْحَقِّ فَهَل لَّنَا مِن شُفَعَآءَ فَيَشْفَعُوا۟ لَنَآ أَوْ نُرَدُّ فَنَعْمَلَ غَيْرَ ٱلَّذِى كُنَّا نَعْمَلُ ۚ قَدْ خَسِرُوٓا۟ أَنفُسَهُمْ وَضَلَّ عَنْهُم مَّا كَانُوا۟ يَفْتَرُونَ

٥٤ إِنَّ رَبَّكُمُ ٱللَّهُ ٱلَّذِى خَلَقَ ٱلسَّمَٰوَٰتِ وَٱلْأَرْضَ فِى سِتَّةِ أَيَّامٍ ثُمَّ ٱسْتَوَىٰ عَلَى ٱلْعَرْشِ يُغْشِى ٱلَّيْلَ ٱلنَّهَارَ يَطْلُبُهُۥ حَثِيثًا وَٱلشَّمْسَ وَٱلْقَمَرَ وَٱلنُّجُومَ مُسَخَّرَٰتٍۭ بِأَمْرِهِۦٓ ۗ أَلَا لَهُ ٱلْخَلْقُ وَٱلْأَمْرُ ۗ تَبَارَكَ ٱللَّهُ رَبُّ ٱلْعَٰلَمِينَ

٥٥ ٱدْعُوا۟ رَبَّكُمْ تَضَرُّعًا وَخُفْيَةً ۚ إِنَّهُۥ لَا يُحِبُّ ٱلْمُعْتَدِينَ

٥٦ وَلَا تُفْسِدُوا۟ فِى ٱلْأَرْضِ بَعْدَ إِصْلَٰحِهَا وَٱدْعُوهُ خَوْفًا وَطَمَعًا ۚ إِنَّ رَحْمَتَ ٱللَّهِ قَرِيبٌ مِّنَ ٱلْمُحْسِنِينَ

٥٧ وَهُوَ ٱلَّذِى يُرْسِلُ ٱلرِّيَٰحَ بُشْرًۢا بَيْنَ يَدَىْ رَحْمَتِهِۦ ۖ حَتَّىٰٓ إِذَآ أَقَلَّتْ سَحَابًا ثِقَالًا سُقْنَٰهُ لِبَلَدٍ مَّيِّتٍ فَأَنزَلْنَا بِهِ ٱلْمَآءَ فَأَخْرَجْنَا بِهِۦ مِن كُلِّ ٱلثَّمَرَٰتِ ۚ كَذَٰلِكَ نُخْرِجُ ٱلْمَوْتَىٰ لَعَلَّكُمْ تَذَكَّرُونَ

٥٨ وَٱلْبَلَدُ ٱلطَّيِّبُ يَخْرُجُ نَبَاتُهُۥ بِإِذْنِ رَبِّهِۦ ۖ وَٱلَّذِى خَبُثَ لَا يَخْرُجُ إِلَّا نَكِدًا ۚ كَذَٰلِكَ نُصَرِّفُ ٱلْءَايَٰتِ لِقَوْمٍ يَشْكُرُونَ

٥٩ لَقَدْ أَرْسَلْنَا نُوحًا إِلَىٰ قَوْمِهِ فَقَالَ يَٰقَوْمِ اعْبُدُوا اللَّهَ مَا لَكُم مِّنْ إِلَٰهٍ غَيْرُهُ إِنِّى أَخَافُ عَلَيْكُمْ عَذَابَ يَوْمٍ عَظِيمٍ

٦٠ قَالَ الْمَلَأُ مِن قَوْمِهِ إِنَّا لَنَرَىٰكَ فِى ضَلَٰلٍ مُّبِينٍ

٦١ قَالَ يَٰقَوْمِ لَيْسَ بِى ضَلَٰلَةٌ وَلَٰكِنِّى رَسُولٌ مِّن رَّبِّ الْعَٰلَمِينَ

٦٢ أُبَلِّغُكُمْ رِسَٰلَٰتِ رَبِّى وَأَنصَحُ لَكُمْ وَأَعْلَمُ مِنَ اللَّهِ مَا لَا تَعْلَمُونَ

٦٣ أَوَعَجِبْتُمْ أَن جَاءَكُمْ ذِكْرٌ مِّن رَّبِّكُمْ عَلَىٰ رَجُلٍ مِّنكُمْ لِيُنذِرَكُمْ وَلِتَتَّقُوا وَلَعَلَّكُمْ تُرْحَمُونَ

٦٤ فَكَذَّبُوهُ فَأَنجَيْنَٰهُ وَالَّذِينَ مَعَهُ فِى الْفُلْكِ وَأَغْرَقْنَا الَّذِينَ كَذَّبُوا بِـَٔايَٰتِنَا إِنَّهُمْ كَانُوا قَوْمًا عَمِينَ

٦٥ وَإِلَىٰ عَادٍ أَخَاهُمْ هُودًا قَالَ يَٰقَوْمِ اعْبُدُوا اللَّهَ مَا لَكُم مِّنْ إِلَٰهٍ غَيْرُهُ أَفَلَا تَتَّقُونَ

٦٦ قَالَ الْمَلَأُ الَّذِينَ كَفَرُوا مِن قَوْمِهِ إِنَّا لَنَرَىٰكَ فِى سَفَاهَةٍ وَإِنَّا لَنَظُنُّكَ مِنَ الْكَٰذِبِينَ

٦٧ قَالَ يَٰقَوْمِ لَيْسَ بِى سَفَاهَةٌ وَلَٰكِنِّى رَسُولٌ مِّن رَّبِّ الْعَٰلَمِينَ

٦٨ أُبَلِّغُكُمْ رِسَٰلَٰتِ رَبِّى وَأَنَا لَكُمْ نَاصِحٌ أَمِينٌ

٦٩ أَوَعَجِبْتُمْ أَن جَاءَكُمْ ذِكْرٌ مِّن رَّبِّكُمْ عَلَىٰ رَجُلٍ مِّنكُمْ لِيُنذِرَكُمْ وَاذْكُرُوا إِذْ جَعَلَكُمْ خُلَفَاءَ مِن بَعْدِ قَوْمِ نُوحٍ وَزَادَكُمْ فِى الْخَلْقِ بَصْطَةً فَاذْكُرُوا ءَالَاءَ اللَّهِ لَعَلَّكُمْ تُفْلِحُونَ

٧٠ قَالُوا أَجِئْتَنَا لِنَعْبُدَ اللَّهَ وَحْدَهُ وَنَذَرَ مَا كَانَ يَعْبُدُ ءَابَاؤُنَا فَأْتِنَا بِمَا تَعِدُنَا إِن كُنتَ مِنَ الصَّٰدِقِينَ

٧١ قَالَ قَدْ وَقَعَ عَلَيْكُم مِّن رَّبِّكُمْ رِجْسٌ وَغَضَبٌ أَتُجَٰدِلُونَنِى فِى أَسْمَاءٍ سَمَّيْتُمُوهَا أَنتُمْ وَءَابَاؤُكُم مَّا نَزَّلَ اللَّهُ بِهَا مِن سُلْطَٰنٍ فَانتَظِرُوا إِنِّى مَعَكُم مِّنَ الْمُنتَظِرِينَ

٧٢ فَأَنجَيْنَٰهُ وَالَّذِينَ مَعَهُ بِرَحْمَةٍ مِّنَّا وَقَطَعْنَا دَابِرَ الَّذِينَ كَذَّبُوا بِـَٔايَٰتِنَا وَمَا كَانُوا مُؤْمِنِينَ

٧٣ وَإِلَىٰ ثَمُودَ أَخَاهُمْ صَٰلِحًا قَالَ يَٰقَوْمِ اعْبُدُوا اللَّهَ مَا لَكُم مِّنْ إِلَٰهٍ غَيْرُهُ قَدْ جَاءَتْكُم بَيِّنَةٌ مِّن رَّبِّكُمْ هَٰذِهِ نَاقَةُ اللَّهِ لَكُمْ ءَايَةً فَذَرُوهَا تَأْكُلْ فِى أَرْضِ اللَّهِ وَلَا تَمَسُّوهَا بِسُوءٍ فَيَأْخُذَكُمْ عَذَابٌ أَلِيمٌ

٧٤ وَاذْكُرُوا إِذْ جَعَلَكُمْ خُلَفَاءَ مِن بَعْدِ عَادٍ وَبَوَّأَكُمْ فِى الْأَرْضِ تَتَّخِذُونَ مِن سُهُولِهَا قُصُورًا وَتَنْحِتُونَ الْجِبَالَ بُيُوتًا فَاذْكُرُوا ءَالَاءَ اللَّهِ وَلَا تَعْثَوْا فِى الْأَرْضِ مُفْسِدِينَ

٧٥ قَالَ الْمَلَأُ الَّذِينَ اسْتَكْبَرُوا مِن قَوْمِهِ لِلَّذِينَ اسْتُضْعِفُوا لِمَنْ ءَامَنَ مِنْهُمْ أَتَعْلَمُونَ أَنَّ صَٰلِحًا مُّرْسَلٌ مِّن رَّبِّهِ قَالُوا إِنَّا بِمَا أُرْسِلَ بِهِ مُؤْمِنُونَ

٧٦ قَالَ الَّذِينَ اسْتَكْبَرُوا إِنَّا بِالَّذِى ءَامَنتُم بِهِ كَٰفِرُونَ

٧٧ فَعَقَرُوا النَّاقَةَ وَعَتَوْا عَنْ أَمْرِ رَبِّهِمْ وَقَالُوا يَٰصَٰلِحُ ائْتِنَا بِمَا تَعِدُنَا إِن كُنتَ مِنَ الْمُرْسَلِينَ

٧٨ فَأَخَذَتْهُمُ الرَّجْفَةُ فَأَصْبَحُوا فِى دَارِهِمْ جَٰثِمِينَ

٧٩ فَتَوَلَّىٰ عَنْهُمْ وَقَالَ يَٰقَوْمِ لَقَدْ أَبْلَغْتُكُمْ رِسَالَةَ رَبِّى وَنَصَحْتُ لَكُمْ وَلَٰكِن لَّا تُحِبُّونَ النَّٰصِحِينَ

٨٠ وَلُوطًا إِذْ قَالَ لِقَوْمِهِ أَتَأْتُونَ الْفَٰحِشَةَ مَا سَبَقَكُم بِهَا مِنْ أَحَدٍ مِّنَ الْعَٰلَمِينَ

٨١ إِنَّكُمْ لَتَأْتُونَ الرِّجَالَ شَهْوَةً مِّن دُونِ النِّسَاءِ بَلْ أَنتُمْ قَوْمٌ مُّسْرِفُونَ

٨٢ وَمَا كَانَ جَوَابَ قَوْمِهِ إِلَّا أَن قَالُوا أَخْرِجُوهُم مِّن قَرْيَتِكُمْ إِنَّهُمْ أُنَاسٌ يَتَطَهَّرُونَ

٨٣ فَأَنجَيْنَاهُ وَأَهْلَهُ إِلَّا امْرَأَتَهُ كَانَتْ مِنَ الْغَابِرِينَ

٨٤ وَأَمْطَرْنَا عَلَيْهِم مَّطَرًا فَانظُرْ كَيْفَ كَانَ عَاقِبَةُ الْمُجْرِمِينَ

٨٥ وَإِلَىٰ مَدْيَنَ أَخَاهُمْ شُعَيْبًا قَالَ يَا قَوْمِ اعْبُدُوا اللَّهَ مَا لَكُم مِّنْ إِلَٰهٍ غَيْرُهُ قَدْ جَاءَتْكُم بَيِّنَةٌ مِّن رَّبِّكُمْ فَأَوْفُوا الْكَيْلَ وَالْمِيزَانَ وَلَا تَبْخَسُوا النَّاسَ أَشْيَاءَهُمْ وَلَا تُفْسِدُوا فِي الْأَرْضِ بَعْدَ إِصْلَاحِهَا ذَٰلِكُمْ خَيْرٌ لَّكُمْ إِن كُنتُم مُّؤْمِنِينَ

٨٦ وَلَا تَقْعُدُوا بِكُلِّ صِرَاطٍ تُوعِدُونَ وَتَصُدُّونَ عَن سَبِيلِ اللَّهِ مَنْ آمَنَ بِهِ وَتَبْغُونَهَا عِوَجًا وَاذْكُرُوا إِذْ كُنتُمْ قَلِيلًا فَكَثَّرَكُمْ وَانظُرُوا كَيْفَ كَانَ عَاقِبَةُ الْمُفْسِدِينَ

٨٧ وَإِن كَانَ طَائِفَةٌ مِّنكُمْ آمَنُوا بِالَّذِي أُرْسِلْتُ بِهِ وَطَائِفَةٌ لَّمْ يُؤْمِنُوا فَاصْبِرُوا حَتَّىٰ يَحْكُمَ اللَّهُ بَيْنَنَا وَهُوَ خَيْرُ الْحَاكِمِينَ

٨٨ ۞ قَالَ الْمَلَأُ الَّذِينَ اسْتَكْبَرُوا مِن قَوْمِهِ لَنُخْرِجَنَّكَ يَا شُعَيْبُ وَالَّذِينَ آمَنُوا مَعَكَ مِن قَرْيَتِنَا أَوْ لَتَعُودُنَّ فِي مِلَّتِنَا قَالَ أَوَلَوْ كُنَّا كَارِهِينَ

٨٩ قَدِ افْتَرَيْنَا عَلَى اللَّهِ كَذِبًا إِنْ عُدْنَا فِي مِلَّتِكُم بَعْدَ إِذْ نَجَّانَا اللَّهُ مِنْهَا وَمَا يَكُونُ لَنَا أَن نَّعُودَ فِيهَا إِلَّا أَن يَشَاءَ اللَّهُ رَبُّنَا وَسِعَ رَبُّنَا كُلَّ شَيْءٍ عِلْمًا عَلَى اللَّهِ تَوَكَّلْنَا رَبَّنَا افْتَحْ بَيْنَنَا وَبَيْنَ قَوْمِنَا بِالْحَقِّ وَأَنتَ خَيْرُ الْفَاتِحِينَ

٩٠ وَقَالَ الْمَلَأُ الَّذِينَ كَفَرُوا مِن قَوْمِهِ لَئِنِ اتَّبَعْتُمْ شُعَيْبًا إِنَّكُمْ إِذًا لَّخَاسِرُونَ

٩١ فَأَخَذَتْهُمُ الرَّجْفَةُ فَأَصْبَحُوا فِي دَارِهِمْ جَاثِمِينَ

٩٢ الَّذِينَ كَذَّبُوا شُعَيْبًا كَأَن لَّمْ يَغْنَوْا فِيهَا الَّذِينَ كَذَّبُوا شُعَيْبًا كَانُوا هُمُ الْخَاسِرِينَ

٩٣ فَتَوَلَّىٰ عَنْهُمْ وَقَالَ يَا قَوْمِ لَقَدْ أَبْلَغْتُكُمْ رِسَالَاتِ رَبِّي وَنَصَحْتُ لَكُمْ فَكَيْفَ آسَىٰ عَلَىٰ قَوْمٍ كَافِرِينَ

٩٤ وَمَا أَرْسَلْنَا فِي قَرْيَةٍ مِّن نَّبِيٍّ إِلَّا أَخَذْنَا أَهْلَهَا بِالْبَأْسَاءِ وَالضَّرَّاءِ لَعَلَّهُمْ يَضَّرَّعُونَ

٩٥ ثُمَّ بَدَّلْنَا مَكَانَ السَّيِّئَةِ الْحَسَنَةَ حَتَّىٰ عَفَوا وَّقَالُوا قَدْ مَسَّ آبَاءَنَا الضَّرَّاءُ وَالسَّرَّاءُ فَأَخَذْنَاهُم بَغْتَةً وَهُمْ لَا يَشْعُرُونَ

٩٦ وَلَوْ أَنَّ أَهْلَ الْقُرَىٰ آمَنُوا وَاتَّقَوْا لَفَتَحْنَا عَلَيْهِم بَرَكَاتٍ مِّنَ السَّمَاءِ وَالْأَرْضِ وَلَٰكِن كَذَّبُوا فَأَخَذْنَاهُم بِمَا كَانُوا يَكْسِبُونَ

٩٧ أَفَأَمِنَ أَهْلُ الْقُرَىٰ أَن يَأْتِيَهُم بَأْسُنَا بَيَاتًا وَهُمْ نَائِمُونَ

٩٨ أَوَأَمِنَ أَهْلُ الْقُرَىٰ أَن يَأْتِيَهُم بَأْسُنَا ضُحًى وَهُمْ يَلْعَبُونَ

٩٩ أَفَأَمِنُوا مَكْرَ اللَّهِ فَلَا يَأْمَنُ مَكْرَ اللَّهِ إِلَّا الْقَوْمُ الْخَاسِرُونَ

١٠٠ أَوَلَمْ يَهْدِ لِلَّذِينَ يَرِثُونَ الْأَرْضَ مِن بَعْدِ أَهْلِهَا أَن لَّوْ نَشَاءُ أَصَبْنَاهُم بِذُنُوبِهِمْ وَنَطْبَعُ عَلَىٰ قُلُوبِهِمْ فَهُمْ لَا يَسْمَعُونَ

١٠١ تِلْكَ الْقُرَىٰ نَقُصُّ عَلَيْكَ مِنْ أَنبَائِهَا وَلَقَدْ جَاءَتْهُمْ رُسُلُهُم بِالْبَيِّنَاتِ فَمَا كَانُوا لِيُؤْمِنُوا بِمَا كَذَّبُوا مِن قَبْلُ كَذَٰلِكَ يَطْبَعُ اللَّهُ عَلَىٰ قُلُوبِ الْكَافِرِينَ

١٠٢ وَمَا وَجَدْنَا لِأَكْثَرِهِم مِّنْ عَهْدٍ وَإِن وَجَدْنَا أَكْثَرَهُمْ لَفَاسِقِينَ

١٠٣ ثُمَّ بَعَثْنَا مِنۢ بَعْدِهِم مُّوسَىٰ بِـَٔايَـٰتِنَا إِلَىٰ فِرْعَوْنَ وَمَلَإِيْهِۦ فَظَلَمُوا۟ بِهَاۖ فَٱنظُرْ كَيْفَ كَانَ عَـٰقِبَةُ ٱلْمُفْسِدِينَ

١٠٤ وَقَالَ مُوسَىٰ يَـٰفِرْعَوْنُ إِنِّى رَسُولٌ مِّن رَّبِّ ٱلْعَـٰلَمِينَ

١٠٥ حَقِيقٌ عَلَىٰ أَن لَّآ أَقُولَ عَلَى ٱللَّهِ إِلَّا ٱلْحَقَّۚ قَدْ جِئْتُكُم بِبَيِّنَةٍ مِّن رَّبِّكُمْ فَأَرْسِلْ مَعِىَ بَنِىٓ إِسْرَٰٓءِيلَ

١٠٦ قَالَ إِن كُنتَ جِئْتَ بِـَٔايَةٍ فَأْتِ بِهَآ إِن كُنتَ مِنَ ٱلصَّـٰدِقِينَ

١٠٧ فَأَلْقَىٰ عَصَاهُ فَإِذَا هِىَ ثُعْبَانٌ مُّبِينٌ

١٠٨ وَنَزَعَ يَدَهُۥ فَإِذَا هِىَ بَيْضَآءُ لِلنَّـٰظِرِينَ

١٠٩ قَالَ ٱلْمَلَأُ مِن قَوْمِ فِرْعَوْنَ إِنَّ هَـٰذَا لَسَـٰحِرٌ عَلِيمٌ

١١٠ يُرِيدُ أَن يُخْرِجَكُم مِّنْ أَرْضِكُمْۖ فَمَاذَا تَأْمُرُونَ

١١١ قَالُوٓا۟ أَرْجِهْ وَأَخَاهُ وَأَرْسِلْ فِى ٱلْمَدَآئِنِ حَـٰشِرِينَ

١١٢ يَأْتُوكَ بِكُلِّ سَـٰحِرٍ عَلِيمٍ

١١٣ وَجَآءَ ٱلسَّحَرَةُ فِرْعَوْنَ قَالُوٓا۟ إِنَّ لَنَا لَأَجْرًا إِن كُنَّا نَحْنُ ٱلْغَـٰلِبِينَ

١١٤ قَالَ نَعَمْ وَإِنَّكُمْ لَمِنَ ٱلْمُقَرَّبِينَ

١١٥ قَالُوا۟ يَـٰمُوسَىٰٓ إِمَّآ أَن تُلْقِىَ وَإِمَّآ أَن نَّكُونَ نَحْنُ ٱلْمُلْقِينَ

١١٦ قَالَ أَلْقُوا۟ۖ فَلَمَّآ أَلْقَوْا۟ سَحَرُوٓا۟ أَعْيُنَ ٱلنَّاسِ وَٱسْتَرْهَبُوهُمْ وَجَآءُو بِسِحْرٍ عَظِيمٍ

١١٧ وَأَوْحَيْنَآ إِلَىٰ مُوسَىٰٓ أَنْ أَلْقِ عَصَاكَۖ فَإِذَا هِىَ تَلْقَفُ مَا يَأْفِكُونَ

١١٨ فَوَقَعَ ٱلْحَقُّ وَبَطَلَ مَا كَانُوا۟ يَعْمَلُونَ

١١٩ فَغُلِبُوا۟ هُنَالِكَ وَٱنقَلَبُوا۟ صَـٰغِرِينَ

١٢٠ وَأُلْقِىَ ٱلسَّحَرَةُ سَـٰجِدِينَ

١٢١ قَالُوٓا۟ ءَامَنَّا بِرَبِّ ٱلْعَـٰلَمِينَ

١٢٢ رَبِّ مُوسَىٰ وَهَـٰرُونَ

١٢٣ قَالَ فِرْعَوْنُ ءَامَنتُم بِهِۦ قَبْلَ أَنْ ءَاذَنَ لَكُمْۖ إِنَّ هَـٰذَا لَمَكْرٌ مَّكَرْتُمُوهُ فِى ٱلْمَدِينَةِ لِتُخْرِجُوا۟ مِنْهَآ أَهْلَهَاۖ فَسَوْفَ تَعْلَمُونَ

١٢٤ لَأُقَطِّعَنَّ أَيْدِيَكُمْ وَأَرْجُلَكُم مِّنْ خِلَـٰفٍ ثُمَّ لَأُصَلِّبَنَّكُمْ أَجْمَعِينَ

١٢٥ قَالُوٓا۟ إِنَّآ إِلَىٰ رَبِّنَا مُنقَلِبُونَ

١٢٦ وَمَا تَنقِمُ مِنَّآ إِلَّآ أَنْ ءَامَنَّا بِـَٔايَـٰتِ رَبِّنَا لَمَّا جَآءَتْنَاۚ رَبَّنَآ أَفْرِغْ عَلَيْنَا صَبْرًا وَتَوَفَّنَا مُسْلِمِينَ

١٢٧ وَقَالَ ٱلْمَلَأُ مِن قَوْمِ فِرْعَوْنَ أَتَذَرُ مُوسَىٰ وَقَوْمَهُۥ لِيُفْسِدُوا۟ فِى ٱلْأَرْضِ وَيَذَرَكَ وَءَالِهَتَكَۚ قَالَ سَنُقَتِّلُ أَبْنَآءَهُمْ وَنَسْتَحْىِۦ نِسَآءَهُمْ وَإِنَّا فَوْقَهُمْ قَـٰهِرُونَ

١٢٨ قَالَ مُوسَىٰ لِقَوْمِهِ ٱسْتَعِينُوا۟ بِٱللَّهِ وَٱصْبِرُوٓا۟ۖ إِنَّ ٱلْأَرْضَ لِلَّهِ يُورِثُهَا مَن يَشَآءُ مِنْ عِبَادِهِۦۖ وَٱلْعَـٰقِبَةُ لِلْمُتَّقِينَ

١٢٩ قَالُوٓا۟ أُوذِينَا مِن قَبْلِ أَن تَأْتِيَنَا وَمِنۢ بَعْدِ مَا جِئْتَنَاۚ قَالَ عَسَىٰ رَبُّكُمْ أَن يُهْلِكَ عَدُوَّكُمْ وَيَسْتَخْلِفَكُمْ فِى ٱلْأَرْضِ فَيَنظُرَ كَيْفَ تَعْمَلُونَ

١٣٠ وَلَقَدْ أَخَذْنَآ ءَالَ فِرْعَوْنَ بِٱلسِّنِينَ وَنَقْصٍ مِّنَ ٱلثَّمَرَٰتِ لَعَلَّهُمْ يَذَّكَّرُونَ

١٣١ فَإِذَا جَآءَتْهُمُ ٱلْحَسَنَةُ قَالُوا۟ لَنَا هَـٰذِهِۦۖ وَإِن تُصِبْهُمْ سَيِّئَةٌ يَطَّيَّرُوا۟ بِمُوسَىٰ وَمَن مَّعَهُۥٓۗ أَلَآ إِنَّمَا طَـٰٓئِرُهُمْ عِندَ ٱللَّهِ وَلَـٰكِنَّ أَكْثَرَهُمْ لَا يَعْلَمُونَ

١٣٢ وَقَالُوا۟ مَهْمَا تَأْتِنَا بِهِۦ مِنْ ءَايَةٍ لِّتَسْحَرَنَا بِهَا فَمَا نَحْنُ لَكَ بِمُؤْمِنِينَ

١٣٣ فَأَرْسَلْنَا عَلَيْهِمُ ٱلطُّوفَانَ وَٱلْجَرَادَ وَٱلْقُمَّلَ وَٱلضَّفَادِعَ وَٱلدَّمَ ءَايَٰتٍ مُّفَصَّلَٰتٍ فَٱسْتَكْبَرُوا۟ وَكَانُوا۟ قَوْمًا مُّجْرِمِينَ

١٣٤ وَلَمَّا وَقَعَ عَلَيْهِمُ ٱلرِّجْزُ قَالُوا۟ يَٰمُوسَى ٱدْعُ لَنَا رَبَّكَ بِمَا عَهِدَ عِندَكَ لَئِن كَشَفْتَ عَنَّا ٱلرِّجْزَ لَنُؤْمِنَنَّ لَكَ وَلَنُرْسِلَنَّ مَعَكَ بَنِىٓ إِسْرَٰٓءِيلَ

١٣٥ فَلَمَّا كَشَفْنَا عَنْهُمُ ٱلرِّجْزَ إِلَىٰٓ أَجَلٍ هُم بَٰلِغُوهُ إِذَا هُمْ يَنكُثُونَ

١٣٦ فَٱنتَقَمْنَا مِنْهُمْ فَأَغْرَقْنَٰهُمْ فِى ٱلْيَمِّ بِأَنَّهُمْ كَذَّبُوا۟ بِـَٔايَٰتِنَا وَكَانُوا۟ عَنْهَا غَٰفِلِينَ

١٣٧ وَأَوْرَثْنَا ٱلْقَوْمَ ٱلَّذِينَ كَانُوا۟ يُسْتَضْعَفُونَ مَشَٰرِقَ ٱلْأَرْضِ وَمَغَٰرِبَهَا ٱلَّتِى بَٰرَكْنَا فِيهَا وَتَمَّتْ كَلِمَتُ رَبِّكَ ٱلْحُسْنَىٰ عَلَىٰ بَنِىٓ إِسْرَٰٓءِيلَ بِمَا صَبَرُوا۟ وَدَمَّرْنَا مَا كَانَ يَصْنَعُ فِرْعَوْنُ وَقَوْمُهُۥ وَمَا كَانُوا۟ يَعْرِشُونَ

١٣٨ وَجَٰوَزْنَا بِبَنِىٓ إِسْرَٰٓءِيلَ ٱلْبَحْرَ فَأَتَوْا۟ عَلَىٰ قَوْمٍ يَعْكُفُونَ عَلَىٰٓ أَصْنَامٍ لَّهُمْ قَالُوا۟ يَٰمُوسَى ٱجْعَل لَّنَآ إِلَٰهًا كَمَا لَهُمْ ءَالِهَةٌ قَالَ إِنَّكُمْ قَوْمٌ تَجْهَلُونَ

١٣٩ إِنَّ هَٰٓؤُلَآءِ مُتَبَّرٌ مَّا هُمْ فِيهِ وَبَٰطِلٌ مَّا كَانُوا۟ يَعْمَلُونَ

١٤٠ قَالَ أَغَيْرَ ٱللَّهِ أَبْغِيكُمْ إِلَٰهًا وَهُوَ فَضَّلَكُمْ عَلَى ٱلْعَٰلَمِينَ

١٤١ وَإِذْ أَنجَيْنَٰكُم مِّنْ ءَالِ فِرْعَوْنَ يَسُومُونَكُمْ سُوٓءَ ٱلْعَذَابِ يُقَتِّلُونَ أَبْنَآءَكُمْ وَيَسْتَحْيُونَ نِسَآءَكُمْ وَفِى ذَٰلِكُم بَلَآءٌ مِّن رَّبِّكُمْ عَظِيمٌ

١٤٢ وَوَٰعَدْنَا مُوسَىٰ ثَلَٰثِينَ لَيْلَةً وَأَتْمَمْنَٰهَا بِعَشْرٍ فَتَمَّ مِيقَٰتُ رَبِّهِۦٓ أَرْبَعِينَ لَيْلَةً وَقَالَ مُوسَىٰ لِأَخِيهِ هَٰرُونَ ٱخْلُفْنِى فِى قَوْمِى وَأَصْلِحْ وَلَا تَتَّبِعْ سَبِيلَ ٱلْمُفْسِدِينَ

١٤٣ وَلَمَّا جَآءَ مُوسَىٰ لِمِيقَٰتِنَا وَكَلَّمَهُۥ رَبُّهُۥ قَالَ رَبِّ أَرِنِىٓ أَنظُرْ إِلَيْكَ قَالَ لَن تَرَىٰنِى وَلَٰكِنِ ٱنظُرْ إِلَى ٱلْجَبَلِ فَإِنِ ٱسْتَقَرَّ مَكَانَهُۥ فَسَوْفَ تَرَىٰنِى فَلَمَّا تَجَلَّىٰ رَبُّهُۥ لِلْجَبَلِ جَعَلَهُۥ دَكًّا وَخَرَّ مُوسَىٰ صَعِقًا فَلَمَّآ أَفَاقَ قَالَ سُبْحَٰنَكَ تُبْتُ إِلَيْكَ وَأَنَا۠ أَوَّلُ ٱلْمُؤْمِنِينَ

١٤٤ قَالَ يَٰمُوسَىٰٓ إِنِّى ٱصْطَفَيْتُكَ عَلَى ٱلنَّاسِ بِرِسَٰلَٰتِى وَبِكَلَٰمِى فَخُذْ مَآ ءَاتَيْتُكَ وَكُن مِّنَ ٱلشَّٰكِرِينَ

١٤٥ وَكَتَبْنَا لَهُۥ فِى ٱلْأَلْوَاحِ مِن كُلِّ شَىْءٍ مَّوْعِظَةً وَتَفْصِيلًا لِّكُلِّ شَىْءٍ فَخُذْهَا بِقُوَّةٍ وَأْمُرْ قَوْمَكَ يَأْخُذُوا۟ بِأَحْسَنِهَا سَأُو۟رِيكُمْ دَارَ ٱلْفَٰسِقِينَ

١٤٦ سَأَصْرِفُ عَنْ ءَايَٰتِىَ ٱلَّذِينَ يَتَكَبَّرُونَ فِى ٱلْأَرْضِ بِغَيْرِ ٱلْحَقِّ وَإِن يَرَوْا۟ كُلَّ ءَايَةٍ لَّا يُؤْمِنُوا۟ بِهَا وَإِن يَرَوْا۟ سَبِيلَ ٱلرُّشْدِ لَا يَتَّخِذُوهُ سَبِيلًا وَإِن يَرَوْا۟ سَبِيلَ ٱلْغَىِّ يَتَّخِذُوهُ سَبِيلًا ذَٰلِكَ بِأَنَّهُمْ كَذَّبُوا۟ بِـَٔايَٰتِنَا وَكَانُوا۟ عَنْهَا غَٰفِلِينَ

١٤٧ وَٱلَّذِينَ كَذَّبُوا۟ بِـَٔايَٰتِنَا وَلِقَآءِ ٱلْءَاخِرَةِ حَبِطَتْ أَعْمَٰلُهُمْ هَلْ يُجْزَوْنَ إِلَّا مَا كَانُوا۟ يَعْمَلُونَ

١٤٨ وَٱتَّخَذَ قَوْمُ مُوسَىٰ مِنۢ بَعْدِهِۦ مِنْ حُلِيِّهِمْ عِجْلًا جَسَدًا لَّهُۥ خُوَارٌ أَلَمْ يَرَوْا۟ أَنَّهُۥ لَا يُكَلِّمُهُمْ وَلَا يَهْدِيهِمْ سَبِيلًا ٱتَّخَذُوهُ وَكَانُوا۟ ظَٰلِمِينَ

١٤٩ وَلَمَّا سُقِطَ فِىٓ أَيْدِيهِمْ وَرَأَوْا۟ أَنَّهُمْ قَدْ ضَلُّوا۟ قَالُوا۟ لَئِن لَّمْ يَرْحَمْنَا رَبُّنَا وَيَغْفِرْ لَنَا لَنَكُونَنَّ مِنَ ٱلْخَٰسِرِينَ

١٥٠ وَلَمَّا رَجَعَ مُوسَىٰٓ إِلَىٰ قَوْمِهِۦ غَضْبَٰنَ أَسِفًا قَالَ بِئْسَمَا خَلَفْتُمُونِى مِنۢ بَعْدِىٓ أَعَجِلْتُمْ أَمْرَ رَبِّكُمْ وَأَلْقَى ٱلْأَلْوَاحَ وَأَخَذَ بِرَأْسِ أَخِيهِ يَجُرُّهُۥٓ إِلَيْهِ قَالَ ٱبْنَ أُمَّ إِنَّ ٱلْقَوْمَ

ٱسْتَضْعَفُونِى وَكَادُواْ يَقْتُلُونَنِى فَلَا تُشْمِتْ بِىَ ٱلْأَعْدَآءَ وَلَا تَجْعَلْنِى مَعَ ٱلْقَوْمِ ٱلظَّٰلِمِينَ

١٥١ قَالَ رَبِّ ٱغْفِرْ لِى وَلِأَخِى وَأَدْخِلْنَا فِى رَحْمَتِكَ وَأَنتَ أَرْحَمُ ٱلرَّٰحِمِينَ

١٥٢ إِنَّ ٱلَّذِينَ ٱتَّخَذُواْ ٱلْعِجْلَ سَيَنَالُهُمْ غَضَبٌ مِّن رَّبِّهِمْ وَذِلَّةٌ فِى ٱلْحَيَوٰةِ ٱلدُّنْيَا وَكَذَٰلِكَ نَجْزِى ٱلْمُفْتَرِينَ

١٥٣ وَٱلَّذِينَ عَمِلُواْ ٱلسَّيِّئَاتِ ثُمَّ تَابُواْ مِنۢ بَعْدِهَا وَءَامَنُواْ إِنَّ رَبَّكَ مِنۢ بَعْدِهَا لَغَفُورٌ رَّحِيمٌ

١٥٤ وَلَمَّا سَكَتَ عَن مُّوسَى ٱلْغَضَبُ أَخَذَ ٱلْأَلْوَاحَ وَفِى نُسْخَتِهَا هُدًى وَرَحْمَةٌ لِّلَّذِينَ هُمْ لِرَبِّهِمْ يَرْهَبُونَ

١٥٥ وَٱخْتَارَ مُوسَىٰ قَوْمَهُ سَبْعِينَ رَجُلًا لِّمِيقَٰتِنَا فَلَمَّا أَخَذَتْهُمُ ٱلرَّجْفَةُ قَالَ رَبِّ لَوْ شِئْتَ أَهْلَكْتَهُم مِّن قَبْلُ وَإِيَّٰىَ أَتُهْلِكُنَا بِمَا فَعَلَ ٱلسُّفَهَآءُ مِنَّا إِنْ هِىَ إِلَّا فِتْنَتُكَ تُضِلُّ بِهَا مَن تَشَآءُ وَتَهْدِى مَن تَشَآءُ أَنتَ وَلِيُّنَا فَٱغْفِرْ لَنَا وَٱرْحَمْنَا وَأَنتَ خَيْرُ ٱلْغَٰفِرِينَ

١٥٦ وَٱكْتُبْ لَنَا فِى هَٰذِهِ ٱلدُّنْيَا حَسَنَةً وَفِى ٱلْءَاخِرَةِ إِنَّا هُدْنَا إِلَيْكَ قَالَ عَذَابِى أُصِيبُ بِهِ مَنْ أَشَآءُ وَرَحْمَتِى وَسِعَتْ كُلَّ شَىْءٍ فَسَأَكْتُبُهَا لِلَّذِينَ يَتَّقُونَ وَيُؤْتُونَ ٱلزَّكَوٰةَ وَٱلَّذِينَ هُم بِـَٔايَٰتِنَا يُؤْمِنُونَ

١٥٧ ٱلَّذِينَ يَتَّبِعُونَ ٱلرَّسُولَ ٱلنَّبِىَّ ٱلْأُمِّىَّ ٱلَّذِى يَجِدُونَهُ مَكْتُوبًا عِندَهُمْ فِى ٱلتَّوْرَىٰةِ وَٱلْإِنجِيلِ يَأْمُرُهُم بِٱلْمَعْرُوفِ وَيَنْهَىٰهُمْ عَنِ ٱلْمُنكَرِ وَيُحِلُّ لَهُمُ ٱلطَّيِّبَٰتِ وَيُحَرِّمُ عَلَيْهِمُ ٱلْخَبَٰٓئِثَ وَيَضَعُ عَنْهُمْ إِصْرَهُمْ وَٱلْأَغْلَٰلَ ٱلَّتِى كَانَتْ عَلَيْهِمْ فَٱلَّذِينَ ءَامَنُواْ بِهِ وَعَزَّرُوهُ وَنَصَرُوهُ وَٱتَّبَعُواْ ٱلنُّورَ ٱلَّذِى أُنزِلَ مَعَهُ أُوْلَٰٓئِكَ هُمُ ٱلْمُفْلِحُونَ

١٥٨ قُلْ يَٰٓأَيُّهَا ٱلنَّاسُ إِنِّى رَسُولُ ٱللَّهِ إِلَيْكُمْ جَمِيعًا ٱلَّذِى لَهُ مُلْكُ ٱلسَّمَٰوَٰتِ وَٱلْأَرْضِ لَا إِلَٰهَ إِلَّا هُوَ يُحْىِۦ وَيُمِيتُ فَـَٔامِنُواْ بِٱللَّهِ وَرَسُولِهِ ٱلنَّبِىِّ ٱلْأُمِّىِّ ٱلَّذِى يُؤْمِنُ بِٱللَّهِ وَكَلِمَٰتِهِۦ وَٱتَّبِعُوهُ لَعَلَّكُمْ تَهْتَدُونَ

١٥٩ وَمِن قَوْمِ مُوسَىٰ أُمَّةٌ يَهْدُونَ بِٱلْحَقِّ وَبِهِ يَعْدِلُونَ

١٦٠ وَقَطَّعْنَٰهُمُ ٱثْنَتَىْ عَشْرَةَ أَسْبَاطًا أُمَمًا وَأَوْحَيْنَآ إِلَىٰ مُوسَىٰ إِذِ ٱسْتَسْقَىٰهُ قَوْمُهُۥٓ أَنِ ٱضْرِب بِّعَصَاكَ ٱلْحَجَرَ فَٱنۢبَجَسَتْ مِنْهُ ٱثْنَتَا عَشْرَةَ عَيْنًا قَدْ عَلِمَ كُلُّ أُنَاسٍ مَّشْرَبَهُمْ وَظَلَّلْنَا عَلَيْهِمُ ٱلْغَمَٰمَ وَأَنزَلْنَا عَلَيْهِمُ ٱلْمَنَّ وَٱلسَّلْوَىٰ كُلُواْ مِن طَيِّبَٰتِ مَا رَزَقْنَٰكُمْ وَمَا ظَلَمُونَا وَلَٰكِن كَانُواْ أَنفُسَهُمْ يَظْلِمُونَ

١٦١ وَإِذْ قِيلَ لَهُمُ ٱسْكُنُواْ هَٰذِهِ ٱلْقَرْيَةَ وَكُلُواْ مِنْهَا حَيْثُ شِئْتُمْ وَقُولُواْ حِطَّةٌ وَٱدْخُلُواْ ٱلْبَابَ سُجَّدًا نَّغْفِرْ لَكُمْ خَطِيٓـَٰٔتِكُمْ سَنَزِيدُ ٱلْمُحْسِنِينَ

١٦٢ فَبَدَّلَ ٱلَّذِينَ ظَلَمُواْ مِنْهُمْ قَوْلًا غَيْرَ ٱلَّذِى قِيلَ لَهُمْ فَأَرْسَلْنَا عَلَيْهِمْ رِجْزًا مِّنَ ٱلسَّمَآءِ بِمَا كَانُواْ يَظْلِمُونَ

١٦٣ وَسْـَٔلْهُمْ عَنِ ٱلْقَرْيَةِ ٱلَّتِى كَانَتْ حَاضِرَةَ ٱلْبَحْرِ إِذْ يَعْدُونَ فِى ٱلسَّبْتِ إِذْ تَأْتِيهِمْ حِيتَانُهُمْ يَوْمَ سَبْتِهِمْ شُرَّعًا وَيَوْمَ لَا يَسْبِتُونَ لَا تَأْتِيهِمْ كَذَٰلِكَ نَبْلُوهُم بِمَا كَانُواْ يَفْسُقُونَ

١٦٤ وَإِذْ قَالَتْ أُمَّةٌ مِّنْهُمْ لِمَ تَعِظُونَ قَوْمًا ٱللَّهُ مُهْلِكُهُمْ أَوْ مُعَذِّبُهُمْ عَذَابًا شَدِيدًا قَالُواْ مَعْذِرَةً إِلَىٰ رَبِّكُمْ وَلَعَلَّهُمْ يَتَّقُونَ

١٦٥ فَلَمَّا نَسُواْ مَا ذُكِّرُواْ بِهِ أَنجَيْنَا ٱلَّذِينَ يَنْهَوْنَ عَنِ ٱلسُّوٓءِ وَأَخَذْنَا ٱلَّذِينَ ظَلَمُواْ بِعَذَابٍ بَـِٔيسٍ بِمَا كَانُواْ يَفْسُقُونَ

١٦٦ فَلَمَّا عَتَوْا عَن مَّا نُهُوا عَنْهُ قُلْنَا لَهُمْ كُونُوا قِرَدَةً خَٰسِئِينَ

١٦٧ وَإِذْ تَأَذَّنَ رَبُّكَ لَيَبْعَثَنَّ عَلَيْهِمْ إِلَىٰ يَوْمِ ٱلْقِيَٰمَةِ مَن يَسُومُهُمْ سُوءَ ٱلْعَذَابِ إِنَّ رَبَّكَ لَسَرِيعُ ٱلْعِقَابِ وَإِنَّهُ لَغَفُورٌ رَّحِيمٌ

١٦٨ وَقَطَّعْنَٰهُمْ فِى ٱلْأَرْضِ أُمَمًا مِّنْهُمُ ٱلصَّٰلِحُونَ وَمِنْهُمْ دُونَ ذَٰلِكَ وَبَلَوْنَٰهُم بِٱلْحَسَنَٰتِ وَٱلسَّيِّئَاتِ لَعَلَّهُمْ يَرْجِعُونَ

١٦٩ فَخَلَفَ مِنْ بَعْدِهِمْ خَلْفٌ وَرِثُوا ٱلْكِتَٰبَ يَأْخُذُونَ عَرَضَ هَٰذَا ٱلْأَدْنَىٰ وَيَقُولُونَ سَيُغْفَرُ لَنَا وَإِن يَأْتِهِمْ عَرَضٌ مِّثْلُهُ يَأْخُذُوهُ أَلَمْ يُؤْخَذْ عَلَيْهِم مِّيثَٰقُ ٱلْكِتَٰبِ أَن لَّا يَقُولُوا عَلَى ٱللَّهِ إِلَّا ٱلْحَقَّ وَدَرَسُوا مَا فِيهِ وَٱلدَّارُ ٱلْءَاخِرَةُ خَيْرٌ لِّلَّذِينَ يَتَّقُونَ أَفَلَا تَعْقِلُونَ

١٧٠ وَٱلَّذِينَ يُمَسِّكُونَ بِٱلْكِتَٰبِ وَأَقَامُوا ٱلصَّلَوٰةَ إِنَّا لَا نُضِيعُ أَجْرَ ٱلْمُصْلِحِينَ

١٧١ وَإِذْ نَتَقْنَا ٱلْجَبَلَ فَوْقَهُمْ كَأَنَّهُ ظُلَّةٌ ۞ وَظَنُّوا أَنَّهُ وَاقِعٌ بِهِمْ خُذُوا مَا ءَاتَيْنَٰكُم بِقُوَّةٍ وَٱذْكُرُوا مَا فِيهِ لَعَلَّكُمْ تَتَّقُونَ

١٧٢ وَإِذْ أَخَذَ رَبُّكَ مِنۢ بَنِىٓ ءَادَمَ مِن ظُهُورِهِمْ ذُرِّيَّتَهُمْ وَأَشْهَدَهُمْ عَلَىٰ أَنفُسِهِمْ أَلَسْتُ بِرَبِّكُمْ قَالُوا بَلَىٰ شَهِدْنَا أَن تَقُولُوا يَوْمَ ٱلْقِيَٰمَةِ إِنَّا كُنَّا عَنْ هَٰذَا غَٰفِلِينَ

١٧٣ أَوْ تَقُولُوا إِنَّمَا أَشْرَكَ ءَابَآؤُنَا مِن قَبْلُ وَكُنَّا ذُرِّيَّةً مِّنۢ بَعْدِهِمْ أَفَتُهْلِكُنَا بِمَا فَعَلَ ٱلْمُبْطِلُونَ

١٧٤ وَكَذَٰلِكَ نُفَصِّلُ ٱلْءَايَٰتِ وَلَعَلَّهُمْ يَرْجِعُونَ

١٧٥ وَٱتْلُ عَلَيْهِمْ نَبَأَ ٱلَّذِىٓ ءَاتَيْنَٰهُ ءَايَٰتِنَا فَٱنسَلَخَ مِنْهَا فَأَتْبَعَهُ ٱلشَّيْطَٰنُ فَكَانَ مِنَ ٱلْغَاوِينَ

١٧٦ وَلَوْ شِئْنَا لَرَفَعْنَٰهُ بِهَا وَلَٰكِنَّهُ أَخْلَدَ إِلَى ٱلْأَرْضِ وَٱتَّبَعَ هَوَىٰهُ فَمَثَلُهُ كَمَثَلِ ٱلْكَلْبِ إِن تَحْمِلْ عَلَيْهِ يَلْهَثْ أَوْ تَتْرُكْهُ يَلْهَث ذَّٰلِكَ مَثَلُ ٱلْقَوْمِ ٱلَّذِينَ كَذَّبُوا بِـَٔايَٰتِنَا فَٱقْصُصِ ٱلْقَصَصَ لَعَلَّهُمْ يَتَفَكَّرُونَ

١٧٧ سَآءَ مَثَلًا ٱلْقَوْمُ ٱلَّذِينَ كَذَّبُوا بِـَٔايَٰتِنَا وَأَنفُسَهُمْ كَانُوا يَظْلِمُونَ

١٧٨ مَن يَهْدِ ٱللَّهُ فَهُوَ ٱلْمُهْتَدِى وَمَن يُضْلِلْ فَأُو۟لَٰٓئِكَ هُمُ ٱلْخَٰسِرُونَ

١٧٩ وَلَقَدْ ذَرَأْنَا لِجَهَنَّمَ كَثِيرًا مِّنَ ٱلْجِنِّ وَٱلْإِنسِ لَهُمْ قُلُوبٌ لَّا يَفْقَهُونَ بِهَا وَلَهُمْ أَعْيُنٌ لَّا يُبْصِرُونَ بِهَا وَلَهُمْ ءَاذَانٌ لَّا يَسْمَعُونَ بِهَآ أُو۟لَٰٓئِكَ كَٱلْأَنْعَٰمِ بَلْ هُمْ أَضَلُّ أُو۟لَٰٓئِكَ هُمُ ٱلْغَٰفِلُونَ

١٨٠ وَلِلَّهِ ٱلْأَسْمَآءُ ٱلْحُسْنَىٰ فَٱدْعُوهُ بِهَا وَذَرُوا ٱلَّذِينَ يُلْحِدُونَ فِىٓ أَسْمَٰٓئِهِ سَيُجْزَوْنَ مَا كَانُوا يَعْمَلُونَ

١٨١ وَمِمَّنْ خَلَقْنَا أُمَّةٌ يَهْدُونَ بِٱلْحَقِّ وَبِهِ يَعْدِلُونَ

١٨٢ وَٱلَّذِينَ كَذَّبُوا بِـَٔايَٰتِنَا سَنَسْتَدْرِجُهُم مِّنْ حَيْثُ لَا يَعْلَمُونَ

١٨٣ وَأُمْلِى لَهُمْ إِنَّ كَيْدِى مَتِينٌ

١٨٤ أَوَلَمْ يَتَفَكَّرُوا مَا بِصَاحِبِهِم مِّن جِنَّةٍ إِنْ هُوَ إِلَّا نَذِيرٌ مُّبِينٌ

١٨٥ أَوَلَمْ يَنظُرُوا فِى مَلَكُوتِ ٱلسَّمَٰوَٰتِ وَٱلْأَرْضِ وَمَا خَلَقَ ٱللَّهُ مِن شَىْءٍ وَأَنْ عَسَىٰٓ أَن يَكُونَ قَدِ ٱقْتَرَبَ أَجَلُهُمْ فَبِأَىِّ حَدِيثٍ بَعْدَهُ يُؤْمِنُونَ

١٨٦ مَن يُضْلِلِ ٱللَّهُ فَلَا هَادِىَ لَهُ وَيَذَرُهُمْ فِى طُغْيَٰنِهِمْ يَعْمَهُونَ

١٨٧ يَسْـَٔلُونَكَ عَنِ ٱلسَّاعَةِ أَيَّانَ مُرْسَىٰهَا قُلْ إِنَّمَا عِلْمُهَا عِندَ رَبِّى لَا يُجَلِّيهَا لِوَقْتِهَآ إِلَّا هُوَ ثَقُلَتْ فِى ٱلسَّمَٰوَٰتِ وَٱلْأَرْضِ لَا تَأْتِيكُمْ إِلَّا بَغْتَةً يَسْـَٔلُونَكَ كَأَنَّكَ حَفِىٌّ عَنْهَا قُلْ إِنَّمَا

عِلْمُهَا عِندَ ٱللَّهِ وَلَٰكِنَّ أَكْثَرَ ٱلنَّاسِ لَا يَعْلَمُونَ ١٨٧

١٨٨ قُل لَّآ أَمْلِكُ لِنَفْسِى نَفْعًا وَلَا ضَرًّا إِلَّا مَا شَآءَ ٱللَّهُ ۚ وَلَوْ كُنتُ أَعْلَمُ ٱلْغَيْبَ لَٱسْتَكْثَرْتُ مِنَ ٱلْخَيْرِ وَمَا مَسَّنِىَ ٱلسُّوٓءُ ۚ إِنْ أَنَا۠ إِلَّا نَذِيرٌ وَبَشِيرٌ لِّقَوْمٍ يُؤْمِنُونَ

١٨٩ ۞ هُوَ ٱلَّذِى خَلَقَكُم مِّن نَّفْسٍ وَٰحِدَةٍ وَجَعَلَ مِنْهَا زَوْجَهَا لِيَسْكُنَ إِلَيْهَا ۖ فَلَمَّا تَغَشَّىٰهَا حَمَلَتْ حَمْلًا خَفِيفًا فَمَرَّتْ بِهِ ۖ فَلَمَّآ أَثْقَلَت دَّعَوَا ٱللَّهَ رَبَّهُمَا لَئِنْ ءَاتَيْتَنَا صَٰلِحًا لَّنَكُونَنَّ مِنَ ٱلشَّٰكِرِينَ

١٩٠ فَلَمَّآ ءَاتَىٰهُمَا صَٰلِحًا جَعَلَا لَهُۥ شُرَكَآءَ فِيمَآ ءَاتَىٰهُمَا ۚ فَتَعَٰلَى ٱللَّهُ عَمَّا يُشْرِكُونَ

١٩١ أَيُشْرِكُونَ مَا لَا يَخْلُقُ شَيْـًٔا وَهُمْ يُخْلَقُونَ

١٩٢ وَلَا يَسْتَطِيعُونَ لَهُمْ نَصْرًا وَلَآ أَنفُسَهُمْ يَنصُرُونَ

١٩٣ وَإِن تَدْعُوهُمْ إِلَى ٱلْهُدَىٰ لَا يَتَّبِعُوكُمْ ۚ سَوَآءٌ عَلَيْكُمْ أَدَعَوْتُمُوهُمْ أَمْ أَنتُمْ صَٰمِتُونَ

١٩٤ إِنَّ ٱلَّذِينَ تَدْعُونَ مِن دُونِ ٱللَّهِ عِبَادٌ أَمْثَالُكُمْ ۖ فَٱدْعُوهُمْ فَلْيَسْتَجِيبُوا۟ لَكُمْ إِن كُنتُمْ صَٰدِقِينَ

١٩٥ أَلَهُمْ أَرْجُلٌ يَمْشُونَ بِهَآ ۖ أَمْ لَهُمْ أَيْدٍ يَبْطِشُونَ بِهَآ ۖ أَمْ لَهُمْ أَعْيُنٌ يُبْصِرُونَ بِهَآ ۖ أَمْ لَهُمْ ءَاذَانٌ يَسْمَعُونَ بِهَا ۗ قُلِ ٱدْعُوا۟ شُرَكَآءَكُمْ ثُمَّ كِيدُونِ فَلَا تُنظِرُونِ

١٩٦ إِنَّ وَلِـِّۦَ ٱللَّهُ ٱلَّذِى نَزَّلَ ٱلْكِتَٰبَ ۖ وَهُوَ يَتَوَلَّى ٱلصَّٰلِحِينَ

١٩٧ وَٱلَّذِينَ تَدْعُونَ مِن دُونِهِۦ لَا يَسْتَطِيعُونَ نَصْرَكُمْ وَلَآ أَنفُسَهُمْ يَنصُرُونَ

١٩٨ وَإِن تَدْعُوهُمْ إِلَى ٱلْهُدَىٰ لَا يَسْمَعُوا۟ ۖ وَتَرَىٰهُمْ يَنظُرُونَ إِلَيْكَ وَهُمْ لَا يُبْصِرُونَ

١٩٩ خُذِ ٱلْعَفْوَ وَأْمُرْ بِٱلْعُرْفِ وَأَعْرِضْ عَنِ ٱلْجَٰهِلِينَ

٢٠٠ وَإِمَّا يَنزَغَنَّكَ مِنَ ٱلشَّيْطَٰنِ نَزْغٌ فَٱسْتَعِذْ بِٱللَّهِ ۚ إِنَّهُۥ سَمِيعٌ عَلِيمٌ

٢٠١ إِنَّ ٱلَّذِينَ ٱتَّقَوْا۟ إِذَا مَسَّهُمْ طَٰٓئِفٌ مِّنَ ٱلشَّيْطَٰنِ تَذَكَّرُوا۟ فَإِذَا هُم مُّبْصِرُونَ

٢٠٢ وَإِخْوَٰنُهُمْ يَمُدُّونَهُمْ فِى ٱلْغَىِّ ثُمَّ لَا يُقْصِرُونَ

٢٠٣ وَإِذَا لَمْ تَأْتِهِم بِـَٔايَةٍ قَالُوا۟ لَوْلَا ٱجْتَبَيْتَهَا ۚ قُلْ إِنَّمَآ أَتَّبِعُ مَا يُوحَىٰٓ إِلَىَّ مِن رَّبِّى ۚ هَٰذَا بَصَآئِرُ مِن رَّبِّكُمْ وَهُدًى وَرَحْمَةٌ لِّقَوْمٍ يُؤْمِنُونَ

٢٠٤ وَإِذَا قُرِئَ ٱلْقُرْءَانُ فَٱسْتَمِعُوا۟ لَهُۥ وَأَنصِتُوا۟ لَعَلَّكُمْ تُرْحَمُونَ

٢٠٥ وَٱذْكُر رَّبَّكَ فِى نَفْسِكَ تَضَرُّعًا وَخِيفَةً وَدُونَ ٱلْجَهْرِ مِنَ ٱلْقَوْلِ بِٱلْغُدُوِّ وَٱلْءَاصَالِ وَلَا تَكُن مِّنَ ٱلْغَٰفِلِينَ

٢٠٦ إِنَّ ٱلَّذِينَ عِندَ رَبِّكَ لَا يَسْتَكْبِرُونَ عَنْ عِبَادَتِهِۦ وَيُسَبِّحُونَهُۥ وَلَهُۥ يَسْجُدُونَ ۩

سورة الأنفال

١ يَسْـَٔلُونَكَ عَنِ ٱلْأَنفَالِ ۖ قُلِ ٱلْأَنفَالُ لِلَّهِ وَٱلرَّسُولِ ۖ فَٱتَّقُوا۟ ٱللَّهَ وَأَصْلِحُوا۟ ذَاتَ بَيْنِكُمْ ۖ وَأَطِيعُوا۟ ٱللَّهَ وَرَسُولَهُۥٓ إِن كُنتُم مُّؤْمِنِينَ

٢ إِنَّمَا ٱلْمُؤْمِنُونَ ٱلَّذِينَ إِذَا ذُكِرَ ٱللَّهُ وَجِلَتْ قُلُوبُهُمْ وَإِذَا تُلِيَتْ عَلَيْهِمْ ءَايَٰتُهُۥ زَادَتْهُمْ إِيمَٰنًا وَعَلَىٰ رَبِّهِمْ يَتَوَكَّلُونَ

٣ ٱلَّذِينَ يُقِيمُونَ ٱلصَّلَوٰةَ وَمِمَّا رَزَقْنَٰهُمْ يُنفِقُونَ

٤ أُو۟لَٰٓئِكَ هُمُ ٱلْمُؤْمِنُونَ حَقًّا ۚ لَّهُمْ دَرَجَٰتٌ عِندَ رَبِّهِمْ وَمَغْفِرَةٌ وَرِزْقٌ كَرِيمٌ

٥ كَمَآ أَخْرَجَكَ رَبُّكَ مِنۢ بَيْتِكَ بِٱلْحَقِّ وَإِنَّ فَرِيقًا مِّنَ ٱلْمُؤْمِنِينَ لَكَٰرِهُونَ

٦ يُجَٰدِلُونَكَ فِى ٱلْحَقِّ بَعْدَمَا تَبَيَّنَ كَأَنَّمَا يُسَاقُونَ إِلَى ٱلْمَوْتِ وَهُمْ يَنظُرُونَ

٧ وَإِذْ يَعِدُكُمُ ٱللَّهُ إِحْدَى ٱلطَّآئِفَتَيْنِ أَنَّهَا لَكُمْ وَتَوَدُّونَ أَنَّ غَيْرَ ذَاتِ ٱلشَّوْكَةِ تَكُونُ لَكُمْ وَيُرِيدُ ٱللَّهُ أَن يُحِقَّ ٱلْحَقَّ بِكَلِمَٰتِهِ وَيَقْطَعَ دَابِرَ ٱلْكَٰفِرِينَ

٨ لِيُحِقَّ ٱلْحَقَّ وَيُبْطِلَ ٱلْبَٰطِلَ وَلَوْ كَرِهَ ٱلْمُجْرِمُونَ

٩ إِذْ تَسْتَغِيثُونَ رَبَّكُمْ فَٱسْتَجَابَ لَكُمْ أَنِّى مُمِدُّكُم بِأَلْفٍ مِّنَ ٱلْمَلَٰئِكَةِ مُرْدِفِينَ

١٠ وَمَا جَعَلَهُ ٱللَّهُ إِلَّا بُشْرَىٰ وَلِتَطْمَئِنَّ بِهِ قُلُوبُكُمْ وَمَا ٱلنَّصْرُ إِلَّا مِنْ عِندِ ٱللَّهِ إِنَّ ٱللَّهَ عَزِيزٌ حَكِيمٌ

١١ إِذْ يُغَشِّيكُمُ ٱلنُّعَاسَ أَمَنَةً مِّنْهُ وَيُنَزِّلُ عَلَيْكُم مِّنَ ٱلسَّمَآءِ مَآءً لِّيُطَهِّرَكُم بِهِ وَيُذْهِبَ عَنكُمْ رِجْزَ ٱلشَّيْطَٰنِ وَلِيَرْبِطَ عَلَىٰ قُلُوبِكُمْ وَيُثَبِّتَ بِهِ ٱلْأَقْدَامَ

١٢ إِذْ يُوحِى رَبُّكَ إِلَى ٱلْمَلَٰئِكَةِ أَنِّى مَعَكُمْ فَثَبِّتُوا ٱلَّذِينَ ءَامَنُوا سَأُلْقِى فِى قُلُوبِ ٱلَّذِينَ كَفَرُوا ٱلرُّعْبَ فَٱضْرِبُوا فَوْقَ ٱلْأَعْنَاقِ وَٱضْرِبُوا مِنْهُمْ كُلَّ بَنَانٍ

١٣ ذَٰلِكَ بِأَنَّهُمْ شَآقُّوا ٱللَّهَ وَرَسُولَهُ وَمَن يُشَاقِقِ ٱللَّهَ وَرَسُولَهُ فَإِنَّ ٱللَّهَ شَدِيدُ ٱلْعِقَابِ

١٤ ذَٰلِكُمْ فَذُوقُوهُ وَأَنَّ لِلْكَٰفِرِينَ عَذَابَ ٱلنَّارِ

١٥ يَٰٓأَيُّهَا ٱلَّذِينَ ءَامَنُوٓا إِذَا لَقِيتُمُ ٱلَّذِينَ كَفَرُوا زَحْفًا فَلَا تُوَلُّوهُمُ ٱلْأَدْبَارَ

١٦ وَمَن يُوَلِّهِمْ يَوْمَئِذٍ دُبُرَهُ إِلَّا مُتَحَرِّفًا لِّقِتَالٍ أَوْ مُتَحَيِّزًا إِلَىٰ فِئَةٍ فَقَدْ بَآءَ بِغَضَبٍ مِّنَ ٱللَّهِ وَمَأْوَٰهُ جَهَنَّمُ وَبِئْسَ ٱلْمَصِيرُ

١٧ فَلَمْ تَقْتُلُوهُمْ وَلَٰكِنَّ ٱللَّهَ قَتَلَهُمْ وَمَا رَمَيْتَ إِذْ رَمَيْتَ وَلَٰكِنَّ ٱللَّهَ رَمَىٰ وَلِيُبْلِىَ ٱلْمُؤْمِنِينَ مِنْهُ بَلَآءً حَسَنًا إِنَّ ٱللَّهَ سَمِيعٌ عَلِيمٌ

١٨ ذَٰلِكُمْ وَأَنَّ ٱللَّهَ مُوهِنُ كَيْدِ ٱلْكَٰفِرِينَ

١٩ إِن تَسْتَفْتِحُوا فَقَدْ جَآءَكُمُ ٱلْفَتْحُ وَإِن تَنتَهُوا فَهُوَ خَيْرٌ لَّكُمْ وَإِن تَعُودُوا نَعُدْ وَلَن تُغْنِىَ عَنكُمْ فِئَتُكُمْ شَيْئًا وَلَوْ كَثُرَتْ وَأَنَّ ٱللَّهَ مَعَ ٱلْمُؤْمِنِينَ

٢٠ يَٰٓأَيُّهَا ٱلَّذِينَ ءَامَنُوٓا أَطِيعُوا ٱللَّهَ وَرَسُولَهُ وَلَا تَوَلَّوْا عَنْهُ وَأَنتُمْ تَسْمَعُونَ

٢١ وَلَا تَكُونُوا كَٱلَّذِينَ قَالُوا سَمِعْنَا وَهُمْ لَا يَسْمَعُونَ

٢٢ إِنَّ شَرَّ ٱلدَّوَآبِّ عِندَ ٱللَّهِ ٱلصُّمُّ ٱلْبُكْمُ ٱلَّذِينَ لَا يَعْقِلُونَ

٢٣ وَلَوْ عَلِمَ ٱللَّهُ فِيهِمْ خَيْرًا لَّأَسْمَعَهُمْ وَلَوْ أَسْمَعَهُمْ لَتَوَلَّوا وَّهُم مُّعْرِضُونَ

٢٤ يَٰٓأَيُّهَا ٱلَّذِينَ ءَامَنُوا ٱسْتَجِيبُوا لِلَّهِ وَلِلرَّسُولِ إِذَا دَعَاكُمْ لِمَا يُحْيِيكُمْ وَٱعْلَمُوٓا أَنَّ ٱللَّهَ يَحُولُ بَيْنَ ٱلْمَرْءِ وَقَلْبِهِ وَأَنَّهُ إِلَيْهِ تُحْشَرُونَ

٢٥ وَٱتَّقُوا فِتْنَةً لَّا تُصِيبَنَّ ٱلَّذِينَ ظَلَمُوا مِنكُمْ خَآصَّةً وَٱعْلَمُوٓا أَنَّ ٱللَّهَ شَدِيدُ ٱلْعِقَابِ

٢٦ وَٱذْكُرُوٓا إِذْ أَنتُمْ قَلِيلٌ مُّسْتَضْعَفُونَ فِى ٱلْأَرْضِ تَخَافُونَ أَن يَتَخَطَّفَكُمُ ٱلنَّاسُ فَـَٔاوَىٰكُمْ وَأَيَّدَكُم بِنَصْرِهِ وَرَزَقَكُم مِّنَ ٱلطَّيِّبَٰتِ لَعَلَّكُمْ تَشْكُرُونَ

٢٧ يَٰٓأَيُّهَا ٱلَّذِينَ ءَامَنُوا لَا تَخُونُوا ٱللَّهَ وَٱلرَّسُولَ وَتَخُونُوٓا أَمَٰنَٰتِكُمْ وَأَنتُمْ تَعْلَمُونَ

٢٨ وَٱعْلَمُوٓا أَنَّمَآ أَمْوَٰلُكُمْ وَأَوْلَٰدُكُمْ فِتْنَةٌ وَأَنَّ ٱللَّهَ عِندَهُ أَجْرٌ عَظِيمٌ

٢٩ يَٰٓأَيُّهَا ٱلَّذِينَ ءَامَنُوٓاْ إِن تَتَّقُواْ ٱللَّهَ يَجْعَل لَّكُمْ فُرْقَانًا وَيُكَفِّرْ عَنكُمْ سَيِّـَٔاتِكُمْ وَيَغْفِرْ لَكُمْ وَٱللَّهُ ذُو ٱلْفَضْلِ ٱلْعَظِيمِ

٣٠ وَإِذْ يَمْكُرُ بِكَ ٱلَّذِينَ كَفَرُواْ لِيُثْبِتُوكَ أَوْ يَقْتُلُوكَ أَوْ يُخْرِجُوكَ وَيَمْكُرُونَ وَيَمْكُرُ ٱللَّهُ وَٱللَّهُ خَيْرُ ٱلْمَٰكِرِينَ

٣١ وَإِذَا تُتْلَىٰ عَلَيْهِمْ ءَايَٰتُنَا قَالُواْ قَدْ سَمِعْنَا لَوْ نَشَآءُ لَقُلْنَا مِثْلَ هَٰذَآ إِنْ هَٰذَآ إِلَّآ أَسَٰطِيرُ ٱلْأَوَّلِينَ

٣٢ وَإِذْ قَالُواْ ٱللَّهُمَّ إِن كَانَ هَٰذَا هُوَ ٱلْحَقَّ مِنْ عِندِكَ فَأَمْطِرْ عَلَيْنَا حِجَارَةً مِّنَ ٱلسَّمَآءِ أَوِ ٱئْتِنَا بِعَذَابٍ أَلِيمٍ

٣٣ وَمَا كَانَ ٱللَّهُ لِيُعَذِّبَهُمْ وَأَنتَ فِيهِمْ وَمَا كَانَ ٱللَّهُ مُعَذِّبَهُمْ وَهُمْ يَسْتَغْفِرُونَ

٣٤ وَمَا لَهُمْ أَلَّا يُعَذِّبَهُمُ ٱللَّهُ وَهُمْ يَصُدُّونَ عَنِ ٱلْمَسْجِدِ ٱلْحَرَامِ وَمَا كَانُوٓاْ أَوْلِيَآءَهُ إِنْ أَوْلِيَآؤُهُ إِلَّا ٱلْمُتَّقُونَ وَلَٰكِنَّ أَكْثَرَهُمْ لَا يَعْلَمُونَ

٣٥ وَمَا كَانَ صَلَاتُهُمْ عِندَ ٱلْبَيْتِ إِلَّا مُكَآءً وَتَصْدِيَةً فَذُوقُواْ ٱلْعَذَابَ بِمَا كُنتُمْ تَكْفُرُونَ

٣٦ إِنَّ ٱلَّذِينَ كَفَرُواْ يُنفِقُونَ أَمْوَٰلَهُمْ لِيَصُدُّواْ عَن سَبِيلِ ٱللَّهِ فَسَيُنفِقُونَهَا ثُمَّ تَكُونُ عَلَيْهِمْ حَسْرَةً ثُمَّ يُغْلَبُونَ وَٱلَّذِينَ كَفَرُوٓاْ إِلَىٰ جَهَنَّمَ يُحْشَرُونَ

٣٧ لِيَمِيزَ ٱللَّهُ ٱلْخَبِيثَ مِنَ ٱلطَّيِّبِ وَيَجْعَلَ ٱلْخَبِيثَ بَعْضَهُ عَلَىٰ بَعْضٍ فَيَرْكُمَهُ جَمِيعًا فَيَجْعَلَهُ فِى جَهَنَّمَ أُوْلَٰئِكَ هُمُ ٱلْخَٰسِرُونَ

٣٨ قُل لِّلَّذِينَ كَفَرُوٓاْ إِن يَنتَهُواْ يُغْفَرْ لَهُم مَّا قَدْ سَلَفَ وَإِن يَعُودُواْ فَقَدْ مَضَتْ سُنَّتُ ٱلْأَوَّلِينَ

٣٩ وَقَٰتِلُوهُمْ حَتَّىٰ لَا تَكُونَ فِتْنَةٌ وَيَكُونَ ٱلدِّينُ كُلُّهُ لِلَّهِ فَإِنِ ٱنتَهَوْاْ فَإِنَّ ٱللَّهَ بِمَا يَعْمَلُونَ بَصِيرٌ

٤٠ وَإِن تَوَلَّوْاْ فَٱعْلَمُوٓاْ أَنَّ ٱللَّهَ مَوْلَىٰكُمْ نِعْمَ ٱلْمَوْلَىٰ وَنِعْمَ ٱلنَّصِيرُ

٤١ وَٱعْلَمُوٓاْ أَنَّمَا غَنِمْتُم مِّن شَىْءٍ فَأَنَّ لِلَّهِ خُمُسَهُ وَلِلرَّسُولِ وَلِذِى ٱلْقُرْبَىٰ وَٱلْيَتَٰمَىٰ وَٱلْمَسَٰكِينِ وَٱبْنِ ٱلسَّبِيلِ إِن كُنتُمْ ءَامَنتُم بِٱللَّهِ وَمَآ أَنزَلْنَا عَلَىٰ عَبْدِنَا يَوْمَ ٱلْفُرْقَانِ يَوْمَ ٱلْتَقَى ٱلْجَمْعَانِ وَٱللَّهُ عَلَىٰ كُلِّ شَىْءٍ قَدِيرٌ

٤٢ إِذْ أَنتُم بِٱلْعُدْوَةِ ٱلدُّنْيَا وَهُم بِٱلْعُدْوَةِ ٱلْقُصْوَىٰ وَٱلرَّكْبُ أَسْفَلَ مِنكُمْ وَلَوْ تَوَاعَدتُّمْ لَٱخْتَلَفْتُمْ فِى ٱلْمِيعَٰدِ وَلَٰكِن لِّيَقْضِىَ ٱللَّهُ أَمْرًا كَانَ مَفْعُولًا لِّيَهْلِكَ مَنْ هَلَكَ عَنۢ بَيِّنَةٍ وَيَحْيَىٰ مَنْ حَىَّ عَنۢ بَيِّنَةٍ وَإِنَّ ٱللَّهَ لَسَمِيعٌ عَلِيمٌ

٤٣ إِذْ يُرِيكَهُمُ ٱللَّهُ فِى مَنَامِكَ قَلِيلًا وَلَوْ أَرَىٰكَهُمْ كَثِيرًا لَّفَشِلْتُمْ وَلَتَنَٰزَعْتُمْ فِى ٱلْأَمْرِ وَلَٰكِنَّ ٱللَّهَ سَلَّمَ إِنَّهُ عَلِيمٌۢ بِذَاتِ ٱلصُّدُورِ

٤٤ وَإِذْ يُرِيكُمُوهُمْ إِذِ ٱلْتَقَيْتُمْ فِىٓ أَعْيُنِكُمْ قَلِيلًا وَيُقَلِّلُكُمْ فِىٓ أَعْيُنِهِمْ لِيَقْضِىَ ٱللَّهُ أَمْرًا كَانَ مَفْعُولًا وَإِلَى ٱللَّهِ تُرْجَعُ ٱلْأُمُورُ

٤٥ يَٰٓأَيُّهَا ٱلَّذِينَ ءَامَنُوٓاْ إِذَا لَقِيتُمْ فِئَةً فَٱثْبُتُواْ وَٱذْكُرُواْ ٱللَّهَ كَثِيرًا لَّعَلَّكُمْ تُفْلِحُونَ

٤٦ وَأَطِيعُواْ ٱللَّهَ وَرَسُولَهُ وَلَا تَنَٰزَعُواْ فَتَفْشَلُواْ وَتَذْهَبَ رِيحُكُمْ وَٱصْبِرُوٓاْ إِنَّ ٱللَّهَ مَعَ ٱلصَّٰبِرِينَ

٤٧ وَلَا تَكُونُواْ كَٱلَّذِينَ خَرَجُواْ مِن دِيَٰرِهِم بَطَرًا وَرِئَآءَ ٱلنَّاسِ وَيَصُدُّونَ عَن سَبِيلِ ٱللَّهِ وَٱللَّهُ بِمَا يَعْمَلُونَ مُحِيطٌ

٤٨ وَإِذْ زَيَّنَ لَهُمُ ٱلشَّيْطَٰنُ أَعْمَٰلَهُمْ وَقَالَ لَا غَالِبَ لَكُمُ ٱلْيَوْمَ مِنَ ٱلنَّاسِ وَإِنِّى جَارٌ لَّكُمْ فَلَمَّا تَرَآءَتِ ٱلْفِئَتَانِ نَكَصَ عَلَىٰ عَقِبَيْهِ

وَقَالَ إِنِّى بَرِىٓءٌ مِّنكُمْ إِنِّىٓ أَرَىٰ مَا لَا تَرَوْنَ إِنِّىٓ أَخَافُ ٱللَّهَ ۚ وَٱللَّهُ شَدِيدُ ٱلْعِقَابِ

٤٩ إِذْ يَقُولُ ٱلْمُنَٰفِقُونَ وَٱلَّذِينَ فِى قُلُوبِهِم مَّرَضٌ غَرَّ هَٰٓؤُلَآءِ دِينُهُمْ ۗ وَمَن يَتَوَكَّلْ عَلَى ٱللَّهِ فَإِنَّ ٱللَّهَ عَزِيزٌ حَكِيمٌ

٥٠ وَلَوْ تَرَىٰٓ إِذْ يَتَوَفَّى ٱلَّذِينَ كَفَرُواْ ٱلْمَلَٰٓئِكَةُ يَضْرِبُونَ وُجُوهَهُمْ وَأَدْبَٰرَهُمْ وَذُوقُواْ عَذَابَ ٱلْحَرِيقِ

٥١ ذَٰلِكَ بِمَا قَدَّمَتْ أَيْدِيكُمْ وَأَنَّ ٱللَّهَ لَيْسَ بِظَلَّٰمٍ لِّلْعَبِيدِ

٥٢ كَدَأْبِ ءَالِ فِرْعَوْنَ وَٱلَّذِينَ مِن قَبْلِهِمْ ۚ كَفَرُواْ بِـَٔايَٰتِ ٱللَّهِ فَأَخَذَهُمُ ٱللَّهُ بِذُنُوبِهِمْ ۗ إِنَّ ٱللَّهَ قَوِىٌّ شَدِيدُ ٱلْعِقَابِ

٥٣ ذَٰلِكَ بِأَنَّ ٱللَّهَ لَمْ يَكُ مُغَيِّرًا نِّعْمَةً أَنْعَمَهَا عَلَىٰ قَوْمٍ حَتَّىٰ يُغَيِّرُواْ مَا بِأَنفُسِهِمْ ۙ وَأَنَّ ٱللَّهَ سَمِيعٌ عَلِيمٌ

٥٤ كَدَأْبِ ءَالِ فِرْعَوْنَ وَٱلَّذِينَ مِن قَبْلِهِمْ ۚ كَذَّبُواْ بِـَٔايَٰتِ رَبِّهِمْ فَأَهْلَكْنَٰهُم بِذُنُوبِهِمْ وَأَغْرَقْنَآ ءَالَ فِرْعَوْنَ ۚ وَكُلٌّ كَانُواْ ظَٰلِمِينَ

٥٥ إِنَّ شَرَّ ٱلدَّوَآبِّ عِندَ ٱللَّهِ ٱلَّذِينَ كَفَرُواْ فَهُمْ لَا يُؤْمِنُونَ

٥٦ ٱلَّذِينَ عَٰهَدتَّ مِنْهُمْ ثُمَّ يَنقُضُونَ عَهْدَهُمْ فِى كُلِّ مَرَّةٍ وَهُمْ لَا يَتَّقُونَ

٥٧ فَإِمَّا تَثْقَفَنَّهُمْ فِى ٱلْحَرْبِ فَشَرِّدْ بِهِم مَّنْ خَلْفَهُمْ لَعَلَّهُمْ يَذَّكَّرُونَ

٥٨ وَإِمَّا تَخَافَنَّ مِن قَوْمٍ خِيَانَةً فَٱنۢبِذْ إِلَيْهِمْ عَلَىٰ سَوَآءٍ ۚ إِنَّ ٱللَّهَ لَا يُحِبُّ ٱلْخَآئِنِينَ

٥٩ وَلَا يَحْسَبَنَّ ٱلَّذِينَ كَفَرُواْ سَبَقُوٓاْ ۚ إِنَّهُمْ لَا يُعْجِزُونَ

٦٠ وَأَعِدُّواْ لَهُم مَّا ٱسْتَطَعْتُم مِّن قُوَّةٍ وَمِن رِّبَاطِ ٱلْخَيْلِ تُرْهِبُونَ بِهِۦ عَدُوَّ ٱللَّهِ وَعَدُوَّكُمْ

وَءَاخَرِينَ مِن دُونِهِمْ لَا تَعْلَمُونَهُمُ ٱللَّهُ يَعْلَمُهُمْ ۚ وَمَا تُنفِقُواْ مِن شَىْءٍ فِى سَبِيلِ ٱللَّهِ يُوَفَّ إِلَيْكُمْ وَأَنتُمْ لَا تُظْلَمُونَ

٦١ وَإِن جَنَحُواْ لِلسَّلْمِ فَٱجْنَحْ لَهَا وَتَوَكَّلْ عَلَى ٱللَّهِ ۚ إِنَّهُ هُوَ ٱلسَّمِيعُ ٱلْعَلِيمُ

٦٢ وَإِن يُرِيدُوٓاْ أَن يَخْدَعُوكَ فَإِنَّ حَسْبَكَ ٱللَّهُ ۚ هُوَ ٱلَّذِىٓ أَيَّدَكَ بِنَصْرِهِۦ وَبِٱلْمُؤْمِنِينَ

٦٣ وَأَلَّفَ بَيْنَ قُلُوبِهِمْ ۚ لَوْ أَنفَقْتَ مَا فِى ٱلْأَرْضِ جَمِيعًا مَّآ أَلَّفْتَ بَيْنَ قُلُوبِهِمْ وَلَٰكِنَّ ٱللَّهَ أَلَّفَ بَيْنَهُمْ ۚ إِنَّهُ عَزِيزٌ حَكِيمٌ

٦٤ يَٰٓأَيُّهَا ٱلنَّبِىُّ حَسْبُكَ ٱللَّهُ وَمَنِ ٱتَّبَعَكَ مِنَ ٱلْمُؤْمِنِينَ

٦٥ يَٰٓأَيُّهَا ٱلنَّبِىُّ حَرِّضِ ٱلْمُؤْمِنِينَ عَلَى ٱلْقِتَالِ ۚ إِن يَكُن مِّنكُمْ عِشْرُونَ صَٰبِرُونَ يَغْلِبُواْ مِائَتَيْنِ ۚ وَإِن يَكُن مِّنكُم مِّائَةٌ يَغْلِبُوٓاْ أَلْفًا مِّنَ ٱلَّذِينَ كَفَرُواْ بِأَنَّهُمْ قَوْمٌ لَّا يَفْقَهُونَ

٦٦ ٱلْـَٰٔنَ خَفَّفَ ٱللَّهُ عَنكُمْ وَعَلِمَ أَنَّ فِيكُمْ ضَعْفًا ۚ فَإِن يَكُن مِّنكُم مِّائَةٌ صَابِرَةٌ يَغْلِبُواْ مِائَتَيْنِ ۚ وَإِن يَكُن مِّنكُمْ أَلْفٌ يَغْلِبُوٓاْ أَلْفَيْنِ بِإِذْنِ ٱللَّهِ ۗ وَٱللَّهُ مَعَ ٱلصَّٰبِرِينَ

٦٧ مَا كَانَ لِنَبِىٍّ أَن يَكُونَ لَهُۥٓ أَسْرَىٰ حَتَّىٰ يُثْخِنَ فِى ٱلْأَرْضِ ۚ تُرِيدُونَ عَرَضَ ٱلدُّنْيَا وَٱللَّهُ يُرِيدُ ٱلْءَاخِرَةَ ۗ وَٱللَّهُ عَزِيزٌ حَكِيمٌ

٦٨ لَّوْلَا كِتَٰبٌ مِّنَ ٱللَّهِ سَبَقَ لَمَسَّكُمْ فِيمَآ أَخَذْتُمْ عَذَابٌ عَظِيمٌ

٦٩ فَكُلُواْ مِمَّا غَنِمْتُمْ حَلَٰلًا طَيِّبًا ۚ وَٱتَّقُواْ ٱللَّهَ ۚ إِنَّ ٱللَّهَ غَفُورٌ رَّحِيمٌ

٧٠ يَٰٓأَيُّهَا ٱلنَّبِىُّ قُل لِّمَن فِىٓ أَيْدِيكُم مِّنَ ٱلْأَسْرَىٰٓ إِن يَعْلَمِ ٱللَّهُ فِى قُلُوبِكُمْ خَيْرًا يُؤْتِكُمْ خَيْرًا مِّمَّآ أُخِذَ مِنكُمْ وَيَغْفِرْ لَكُمْ ۗ وَٱللَّهُ غَفُورٌ رَّحِيمٌ

٧١ وَإِن يُرِيدُوا۟ خِيَانَتَكَ فَقَدْ خَانُوا۟ ٱللَّهَ مِن قَبْلُ فَأَمْكَنَ مِنْهُمْ ۗ وَٱللَّهُ عَلِيمٌ حَكِيمٌ

٧٢ إِنَّ ٱلَّذِينَ ءَامَنُوا۟ وَهَاجَرُوا۟ وَجَٰهَدُوا۟ بِأَمْوَٰلِهِمْ وَأَنفُسِهِمْ فِى سَبِيلِ ٱللَّهِ وَٱلَّذِينَ ءَاوَوا۟ وَّنَصَرُوٓا۟ أُو۟لَٰٓئِكَ بَعْضُهُمْ أَوْلِيَآءُ بَعْضٍ ۚ وَٱلَّذِينَ ءَامَنُوا۟ وَلَمْ يُهَاجِرُوا۟ مَا لَكُم مِّن وَلَٰيَتِهِم مِّن شَىْءٍ حَتَّىٰ يُهَاجِرُوا۟ ۚ وَإِنِ ٱسْتَنصَرُوكُمْ فِى ٱلدِّينِ فَعَلَيْكُمُ ٱلنَّصْرُ إِلَّا عَلَىٰ قَوْمٍۭ بَيْنَكُمْ وَبَيْنَهُم مِّيثَٰقٌ ۗ وَٱللَّهُ بِمَا تَعْمَلُونَ بَصِيرٌ

٧٣ وَٱلَّذِينَ كَفَرُوا۟ بَعْضُهُمْ أَوْلِيَآءُ بَعْضٍ ۚ إِلَّا تَفْعَلُوهُ تَكُن فِتْنَةٌ فِى ٱلْأَرْضِ وَفَسَادٌ كَبِيرٌ

٧٤ وَٱلَّذِينَ ءَامَنُوا۟ وَهَاجَرُوا۟ وَجَٰهَدُوا۟ فِى سَبِيلِ ٱللَّهِ وَٱلَّذِينَ ءَاوَوا۟ وَّنَصَرُوٓا۟ أُو۟لَٰٓئِكَ هُمُ ٱلْمُؤْمِنُونَ حَقًّا ۚ لَّهُم مَّغْفِرَةٌ وَرِزْقٌ كَرِيمٌ

٧٥ وَٱلَّذِينَ ءَامَنُوا۟ مِنۢ بَعْدُ وَهَاجَرُوا۟ وَجَٰهَدُوا۟ مَعَكُمْ فَأُو۟لَٰٓئِكَ مِنكُمْ ۚ وَأُو۟لُوا۟ ٱلْأَرْحَامِ بَعْضُهُمْ أَوْلَىٰ بِبَعْضٍ فِى كِتَٰبِ ٱللَّهِ ۗ إِنَّ ٱللَّهَ بِكُلِّ شَىْءٍ عَلِيمٌ

سورة التوبة

١ بَرَآءَةٌ مِّنَ ٱللَّهِ وَرَسُولِهِۦٓ إِلَى ٱلَّذِينَ عَٰهَدتُّم مِّنَ ٱلْمُشْرِكِينَ

٢ فَسِيحُوا۟ فِى ٱلْأَرْضِ أَرْبَعَةَ أَشْهُرٍ وَٱعْلَمُوٓا۟ أَنَّكُمْ غَيْرُ مُعْجِزِى ٱللَّهِ ۙ وَأَنَّ ٱللَّهَ مُخْزِى ٱلْكَٰفِرِينَ

٣ وَأَذَٰنٌ مِّنَ ٱللَّهِ وَرَسُولِهِۦٓ إِلَى ٱلنَّاسِ يَوْمَ ٱلْحَجِّ ٱلْأَكْبَرِ أَنَّ ٱللَّهَ بَرِىٓءٌ مِّنَ ٱلْمُشْرِكِينَ ۙ وَرَسُولُهُۥ ۚ فَإِن تُبْتُمْ فَهُوَ خَيْرٌ لَّكُمْ ۖ وَإِن تَوَلَّيْتُمْ فَٱعْلَمُوٓا۟ أَنَّكُمْ غَيْرُ مُعْجِزِى ٱللَّهِ ۗ وَبَشِّرِ ٱلَّذِينَ كَفَرُوا۟ بِعَذَابٍ أَلِيمٍ

٤ إِلَّا ٱلَّذِينَ عَٰهَدتُّم مِّنَ ٱلْمُشْرِكِينَ ثُمَّ لَمْ يَنقُصُوكُمْ شَيْـًٔا وَلَمْ يُظَٰهِرُوا۟ عَلَيْكُمْ أَحَدًا فَأَتِمُّوٓا۟ إِلَيْهِمْ عَهْدَهُمْ إِلَىٰ مُدَّتِهِمْ ۚ إِنَّ ٱللَّهَ يُحِبُّ ٱلْمُتَّقِينَ

٥ فَإِذَا ٱنسَلَخَ ٱلْأَشْهُرُ ٱلْحُرُمُ فَٱقْتُلُوا۟ ٱلْمُشْرِكِينَ حَيْثُ وَجَدتُّمُوهُمْ وَخُذُوهُمْ وَٱحْصُرُوهُمْ وَٱقْعُدُوا۟ لَهُمْ كُلَّ مَرْصَدٍ ۚ فَإِن تَابُوا۟ وَأَقَامُوا۟ ٱلصَّلَوٰةَ وَءَاتَوُا۟ ٱلزَّكَوٰةَ فَخَلُّوا۟ سَبِيلَهُمْ ۚ إِنَّ ٱللَّهَ غَفُورٌ رَّحِيمٌ

٦ وَإِنْ أَحَدٌ مِّنَ ٱلْمُشْرِكِينَ ٱسْتَجَارَكَ فَأَجِرْهُ حَتَّىٰ يَسْمَعَ كَلَٰمَ ٱللَّهِ ثُمَّ أَبْلِغْهُ مَأْمَنَهُۥ ۚ ذَٰلِكَ بِأَنَّهُمْ قَوْمٌ لَّا يَعْلَمُونَ

٧ كَيْفَ يَكُونُ لِلْمُشْرِكِينَ عَهْدٌ عِندَ ٱللَّهِ وَعِندَ رَسُولِهِۦٓ إِلَّا ٱلَّذِينَ عَٰهَدتُّمْ عِندَ ٱلْمَسْجِدِ ٱلْحَرَامِ ۖ فَمَا ٱسْتَقَٰمُوا۟ لَكُمْ فَٱسْتَقِيمُوا۟ لَهُمْ ۚ إِنَّ ٱللَّهَ يُحِبُّ ٱلْمُتَّقِينَ

٨ كَيْفَ وَإِن يَظْهَرُوا۟ عَلَيْكُمْ لَا يَرْقُبُوا۟ فِيكُمْ إِلًّا وَلَا ذِمَّةً ۚ يُرْضُونَكُم بِأَفْوَٰهِهِمْ وَتَأْبَىٰ قُلُوبُهُمْ وَأَكْثَرُهُمْ فَٰسِقُونَ

٩ ٱشْتَرَوْا۟ بِـَٔايَٰتِ ٱللَّهِ ثَمَنًا قَلِيلًا فَصَدُّوا۟ عَن سَبِيلِهِۦٓ ۚ إِنَّهُمْ سَآءَ مَا كَانُوا۟ يَعْمَلُونَ

١٠ لَا يَرْقُبُونَ فِى مُؤْمِنٍ إِلًّا وَلَا ذِمَّةً ۚ وَأُو۟لَٰٓئِكَ هُمُ ٱلْمُعْتَدُونَ

١١ فَإِن تَابُوا۟ وَأَقَامُوا۟ ٱلصَّلَوٰةَ وَءَاتَوُا۟ ٱلزَّكَوٰةَ فَإِخْوَٰنُكُمْ فِى ٱلدِّينِ ۗ وَنُفَصِّلُ ٱلْءَايَٰتِ لِقَوْمٍ يَعْلَمُونَ

١٢ وَإِن نَّكَثُوٓا۟ أَيْمَٰنَهُم مِّنۢ بَعْدِ عَهْدِهِمْ وَطَعَنُوا۟ فِى دِينِكُمْ فَقَٰتِلُوٓا۟ أَئِمَّةَ ٱلْكُفْرِ ۙ إِنَّهُمْ لَآ أَيْمَٰنَ لَهُمْ لَعَلَّهُمْ يَنتَهُونَ

١٣ أَلَا تُقَٰتِلُونَ قَوْمًا نَّكَثُوٓا۟ أَيْمَٰنَهُمْ وَهَمُّوا۟ بِإِخْرَاجِ ٱلرَّسُولِ وَهُم بَدَءُوكُمْ أَوَّلَ مَرَّةٍ ۚ

أَتَخْشَوْنَهُمْ ۚ فَٱللَّهُ أَحَقُّ أَن تَخْشَوْهُ إِن كُنتُم مُّؤْمِنِينَ

١٤ قَٰتِلُوهُمْ يُعَذِّبْهُمُ ٱللَّهُ بِأَيْدِيكُمْ وَيُخْزِهِمْ وَيَنصُرْكُمْ عَلَيْهِمْ وَيَشْفِ صُدُورَ قَوْمٍ مُّؤْمِنِينَ

١٥ وَيُذْهِبْ غَيْظَ قُلُوبِهِمْ ۗ وَيَتُوبُ ٱللَّهُ عَلَىٰ مَن يَشَآءُ ۗ وَٱللَّهُ عَلِيمٌ حَكِيمٌ

١٦ أَمْ حَسِبْتُمْ أَن تُتْرَكُوا وَلَمَّا يَعْلَمِ ٱللَّهُ ٱلَّذِينَ جَٰهَدُوا مِنكُمْ وَلَمْ يَتَّخِذُوا مِن دُونِ ٱللَّهِ وَلَا رَسُولِهِ وَلَا ٱلْمُؤْمِنِينَ وَلِيجَةً ۚ وَٱللَّهُ خَبِيرٌ بِمَا تَعْمَلُونَ

١٧ مَا كَانَ لِلْمُشْرِكِينَ أَن يَعْمُرُوا مَسَٰجِدَ ٱللَّهِ شَٰهِدِينَ عَلَىٰ أَنفُسِهِم بِٱلْكُفْرِ ۚ أُو۟لَٰٓئِكَ حَبِطَتْ أَعْمَٰلُهُمْ وَفِى ٱلنَّارِ هُمْ خَٰلِدُونَ

١٨ إِنَّمَا يَعْمُرُ مَسَٰجِدَ ٱللَّهِ مَنْ ءَامَنَ بِٱللَّهِ وَٱلْيَوْمِ ٱلْءَاخِرِ وَأَقَامَ ٱلصَّلَوٰةَ وَءَاتَى ٱلزَّكَوٰةَ وَلَمْ يَخْشَ إِلَّا ٱللَّهَ ۖ فَعَسَىٰٓ أُو۟لَٰٓئِكَ أَن يَكُونُوا مِنَ ٱلْمُهْتَدِينَ

١٩ ۞ أَجَعَلْتُمْ سِقَايَةَ ٱلْحَآجِّ وَعِمَارَةَ ٱلْمَسْجِدِ ٱلْحَرَامِ كَمَنْ ءَامَنَ بِٱللَّهِ وَٱلْيَوْمِ ٱلْءَاخِرِ وَجَٰهَدَ فِى سَبِيلِ ٱللَّهِ ۚ لَا يَسْتَوُۥنَ عِندَ ٱللَّهِ ۗ وَٱللَّهُ لَا يَهْدِى ٱلْقَوْمَ ٱلظَّٰلِمِينَ

٢٠ ٱلَّذِينَ ءَامَنُوا وَهَاجَرُوا وَجَٰهَدُوا فِى سَبِيلِ ٱللَّهِ بِأَمْوَٰلِهِمْ وَأَنفُسِهِمْ أَعْظَمُ دَرَجَةً عِندَ ٱللَّهِ ۚ وَأُو۟لَٰٓئِكَ هُمُ ٱلْفَآئِزُونَ

٢١ يُبَشِّرُهُمْ رَبُّهُم بِرَحْمَةٍ مِّنْهُ وَرِضْوَٰنٍ وَجَنَّٰتٍ لَّهُمْ فِيهَا نَعِيمٌ مُّقِيمٌ

٢٢ خَٰلِدِينَ فِيهَآ أَبَدًا ۚ إِنَّ ٱللَّهَ عِندَهُۥٓ أَجْرٌ عَظِيمٌ

٢٣ يَٰٓأَيُّهَا ٱلَّذِينَ ءَامَنُوا لَا تَتَّخِذُوٓا ءَابَآءَكُمْ وَإِخْوَٰنَكُمْ أَوْلِيَآءَ إِنِ ٱسْتَحَبُّوا ٱلْكُفْرَ عَلَى ٱلْإِيمَٰنِ ۚ وَمَن يَتَوَلَّهُم مِّنكُمْ فَأُو۟لَٰٓئِكَ هُمُ ٱلظَّٰلِمُونَ

٢٤ قُلْ إِن كَانَ ءَابَآؤُكُمْ وَأَبْنَآؤُكُمْ وَإِخْوَٰنُكُمْ وَأَزْوَٰجُكُمْ وَعَشِيرَتُكُمْ وَأَمْوَٰلٌ ٱقْتَرَفْتُمُوهَا وَتِجَٰرَةٌ تَخْشَوْنَ كَسَادَهَا وَمَسَٰكِنُ تَرْضَوْنَهَآ أَحَبَّ إِلَيْكُم مِّنَ ٱللَّهِ وَرَسُولِهِ وَجِهَادٍ فِى سَبِيلِهِ فَتَرَبَّصُوا حَتَّىٰ يَأْتِىَ ٱللَّهُ بِأَمْرِهِ ۗ وَٱللَّهُ لَا يَهْدِى ٱلْقَوْمَ ٱلْفَٰسِقِينَ

٢٥ لَقَدْ نَصَرَكُمُ ٱللَّهُ فِى مَوَاطِنَ كَثِيرَةٍ ۙ وَيَوْمَ حُنَيْنٍ ۙ إِذْ أَعْجَبَتْكُمْ كَثْرَتُكُمْ فَلَمْ تُغْنِ عَنكُمْ شَيْئًا وَضَاقَتْ عَلَيْكُمُ ٱلْأَرْضُ بِمَا رَحُبَتْ ثُمَّ وَلَّيْتُم مُّدْبِرِينَ

٢٦ ثُمَّ أَنزَلَ ٱللَّهُ سَكِينَتَهُۥ عَلَىٰ رَسُولِهِ وَعَلَى ٱلْمُؤْمِنِينَ وَأَنزَلَ جُنُودًا لَّمْ تَرَوْهَا وَعَذَّبَ ٱلَّذِينَ كَفَرُوا ۚ وَذَٰلِكَ جَزَآءُ ٱلْكَٰفِرِينَ

٢٧ ثُمَّ يَتُوبُ ٱللَّهُ مِنۢ بَعْدِ ذَٰلِكَ عَلَىٰ مَن يَشَآءُ ۗ وَٱللَّهُ غَفُورٌ رَّحِيمٌ

٢٨ يَٰٓأَيُّهَا ٱلَّذِينَ ءَامَنُوٓا إِنَّمَا ٱلْمُشْرِكُونَ نَجَسٌ فَلَا يَقْرَبُوا ٱلْمَسْجِدَ ٱلْحَرَامَ بَعْدَ عَامِهِمْ هَٰذَا ۚ وَإِنْ خِفْتُمْ عَيْلَةً فَسَوْفَ يُغْنِيكُمُ ٱللَّهُ مِن فَضْلِهِ إِن شَآءَ ۚ إِنَّ ٱللَّهَ عَلِيمٌ حَكِيمٌ

٢٩ قَٰتِلُوا ٱلَّذِينَ لَا يُؤْمِنُونَ بِٱللَّهِ وَلَا بِٱلْيَوْمِ ٱلْءَاخِرِ وَلَا يُحَرِّمُونَ مَا حَرَّمَ ٱللَّهُ وَرَسُولُهُۥ وَلَا يَدِينُونَ دِينَ ٱلْحَقِّ مِنَ ٱلَّذِينَ أُوتُوا ٱلْكِتَٰبَ حَتَّىٰ يُعْطُوا ٱلْجِزْيَةَ عَن يَدٍ وَهُمْ صَٰغِرُونَ

٣٠ وَقَالَتِ ٱلْيَهُودُ عُزَيْرٌ ٱبْنُ ٱللَّهِ وَقَالَتِ ٱلنَّصَٰرَى ٱلْمَسِيحُ ٱبْنُ ٱللَّهِ ۖ ذَٰلِكَ قَوْلُهُم بِأَفْوَٰهِهِمْ ۖ يُضَٰهِـُٔونَ قَوْلَ ٱلَّذِينَ كَفَرُوا مِن قَبْلُ ۚ قَٰتَلَهُمُ ٱللَّهُ ۚ أَنَّىٰ يُؤْفَكُونَ

٣١ ٱتَّخَذُوٓا أَحْبَارَهُمْ وَرُهْبَٰنَهُمْ أَرْبَابًا مِّن دُونِ ٱللَّهِ وَٱلْمَسِيحَ ٱبْنَ مَرْيَمَ وَمَآ أُمِرُوٓا إِلَّا لِيَعْبُدُوٓا إِلَٰهًا وَٰحِدًا ۖ لَّآ إِلَٰهَ إِلَّا هُوَ ۚ سُبْحَٰنَهُۥ عَمَّا يُشْرِكُونَ

٣٢ يُرِيدُونَ أَن يُطْفِـُٔواْ نُورَ ٱللَّهِ بِأَفْوَٰهِهِمْ وَيَأْبَى ٱللَّهُ إِلَّا أَن يُتِمَّ نُورَهُۥ وَلَوْ كَرِهَ ٱلْكَٰفِرُونَ

٣٣ هُوَ ٱلَّذِىٓ أَرْسَلَ رَسُولَهُۥ بِٱلْهُدَىٰ وَدِينِ ٱلْحَقِّ لِيُظْهِرَهُۥ عَلَى ٱلدِّينِ كُلِّهِۦ وَلَوْ كَرِهَ ٱلْمُشْرِكُونَ

٣٤ يَٰٓأَيُّهَا ٱلَّذِينَ ءَامَنُوٓاْ إِنَّ كَثِيرًا مِّنَ ٱلْأَحْبَارِ وَٱلرُّهْبَانِ لَيَأْكُلُونَ أَمْوَٰلَ ٱلنَّاسِ بِٱلْبَٰطِلِ وَيَصُدُّونَ عَن سَبِيلِ ٱللَّهِ وَٱلَّذِينَ يَكْنِزُونَ ٱلذَّهَبَ وَٱلْفِضَّةَ وَلَا يُنفِقُونَهَا فِى سَبِيلِ ٱللَّهِ فَبَشِّرْهُم بِعَذَابٍ أَلِيمٍ

٣٥ يَوْمَ يُحْمَىٰ عَلَيْهَا فِى نَارِ جَهَنَّمَ فَتُكْوَىٰ بِهَا جِبَاهُهُمْ وَجُنُوبُهُمْ وَظُهُورُهُمْ هَٰذَا مَا كَنَزْتُمْ لِأَنفُسِكُمْ فَذُوقُواْ مَا كُنتُمْ تَكْنِزُونَ

٣٦ إِنَّ عِدَّةَ ٱلشُّهُورِ عِندَ ٱللَّهِ ٱثْنَا عَشَرَ شَهْرًا فِى كِتَٰبِ ٱللَّهِ يَوْمَ خَلَقَ ٱلسَّمَٰوَٰتِ وَٱلْأَرْضَ مِنْهَآ أَرْبَعَةٌ حُرُمٌ ذَٰلِكَ ٱلدِّينُ ٱلْقَيِّمُ فَلَا تَظْلِمُواْ فِيهِنَّ أَنفُسَكُمْ وَقَٰتِلُواْ ٱلْمُشْرِكِينَ كَآفَّةً كَمَا يُقَٰتِلُونَكُمْ كَآفَّةً وَٱعْلَمُوٓاْ أَنَّ ٱللَّهَ مَعَ ٱلْمُتَّقِينَ

٣٧ إِنَّمَا ٱلنَّسِىٓءُ زِيَادَةٌ فِى ٱلْكُفْرِ يُضَلُّ بِهِ ٱلَّذِينَ كَفَرُواْ يُحِلُّونَهُۥ عَامًا وَيُحَرِّمُونَهُۥ عَامًا لِّيُوَاطِـُٔواْ عِدَّةَ مَا حَرَّمَ ٱللَّهُ فَيُحِلُّواْ مَا حَرَّمَ ٱللَّهُ زُيِّنَ لَهُمْ سُوٓءُ أَعْمَٰلِهِمْ وَٱللَّهُ لَا يَهْدِى ٱلْقَوْمَ ٱلْكَٰفِرِينَ

٣٨ يَٰٓأَيُّهَا ٱلَّذِينَ ءَامَنُواْ مَا لَكُمْ إِذَا قِيلَ لَكُمُ ٱنفِرُواْ فِى سَبِيلِ ٱللَّهِ ٱثَّاقَلْتُمْ إِلَى ٱلْأَرْضِ أَرَضِيتُم بِٱلْحَيَوٰةِ ٱلدُّنْيَا مِنَ ٱلْءَاخِرَةِ فَمَا مَتَٰعُ ٱلْحَيَوٰةِ ٱلدُّنْيَا فِى ٱلْءَاخِرَةِ إِلَّا قَلِيلٌ

٣٩ إِلَّا تَنفِرُواْ يُعَذِّبْكُمْ عَذَابًا أَلِيمًا وَيَسْتَبْدِلْ قَوْمًا غَيْرَكُمْ وَلَا تَضُرُّوهُ شَيْـًٔا وَٱللَّهُ عَلَىٰ كُلِّ شَىْءٍ قَدِيرٌ

٤٠ إِلَّا تَنصُرُوهُ فَقَدْ نَصَرَهُ ٱللَّهُ إِذْ أَخْرَجَهُ ٱلَّذِينَ كَفَرُواْ ثَانِىَ ٱثْنَيْنِ إِذْ هُمَا فِى ٱلْغَارِ إِذْ يَقُولُ لِصَٰحِبِهِۦ لَا تَحْزَنْ إِنَّ ٱللَّهَ مَعَنَا فَأَنزَلَ ٱللَّهُ سَكِينَتَهُۥ عَلَيْهِ وَأَيَّدَهُۥ بِجُنُودٍ لَّمْ تَرَوْهَا وَجَعَلَ كَلِمَةَ ٱلَّذِينَ كَفَرُواْ ٱلسُّفْلَىٰ وَكَلِمَةُ ٱللَّهِ هِىَ ٱلْعُلْيَا وَٱللَّهُ عَزِيزٌ حَكِيمٌ

٤١ ٱنفِرُواْ خِفَافًا وَثِقَالًا وَجَٰهِدُواْ بِأَمْوَٰلِكُمْ وَأَنفُسِكُمْ فِى سَبِيلِ ٱللَّهِ ذَٰلِكُمْ خَيْرٌ لَّكُمْ إِن كُنتُمْ تَعْلَمُونَ

٤٢ لَوْ كَانَ عَرَضًا قَرِيبًا وَسَفَرًا قَاصِدًا لَّٱتَّبَعُوكَ وَلَٰكِنۢ بَعُدَتْ عَلَيْهِمُ ٱلشُّقَّةُ وَسَيَحْلِفُونَ بِٱللَّهِ لَوِ ٱسْتَطَعْنَا لَخَرَجْنَا مَعَكُمْ يُهْلِكُونَ أَنفُسَهُمْ وَٱللَّهُ يَعْلَمُ إِنَّهُمْ لَكَٰذِبُونَ

٤٣ عَفَا ٱللَّهُ عَنكَ لِمَ أَذِنتَ لَهُمْ حَتَّىٰ يَتَبَيَّنَ لَكَ ٱلَّذِينَ صَدَقُواْ وَتَعْلَمَ ٱلْكَٰذِبِينَ

٤٤ لَا يَسْتَـْٔذِنُكَ ٱلَّذِينَ يُؤْمِنُونَ بِٱللَّهِ وَٱلْيَوْمِ ٱلْءَاخِرِ أَن يُجَٰهِدُواْ بِأَمْوَٰلِهِمْ وَأَنفُسِهِمْ وَٱللَّهُ عَلِيمٌۢ بِٱلْمُتَّقِينَ

٤٥ إِنَّمَا يَسْتَـْٔذِنُكَ ٱلَّذِينَ لَا يُؤْمِنُونَ بِٱللَّهِ وَٱلْيَوْمِ ٱلْءَاخِرِ وَٱرْتَابَتْ قُلُوبُهُمْ فَهُمْ فِى رَيْبِهِمْ يَتَرَدَّدُونَ

٤٦ وَلَوْ أَرَادُواْ ٱلْخُرُوجَ لَأَعَدُّواْ لَهُۥ عُدَّةً وَلَٰكِن كَرِهَ ٱللَّهُ ٱنۢبِعَاثَهُمْ فَثَبَّطَهُمْ وَقِيلَ ٱقْعُدُواْ مَعَ ٱلْقَٰعِدِينَ

٤٧ لَوْ خَرَجُواْ فِيكُم مَّا زَادُوكُمْ إِلَّا خَبَالًا وَلَأَوْضَعُواْ خِلَٰلَكُمْ يَبْغُونَكُمُ ٱلْفِتْنَةَ وَفِيكُمْ سَمَّٰعُونَ لَهُمْ وَٱللَّهُ عَلِيمٌۢ بِٱلظَّٰلِمِينَ

٤٨ لَقَدِ ٱبْتَغَوُاْ ٱلْفِتْنَةَ مِن قَبْلُ وَقَلَّبُواْ لَكَ ٱلْأُمُورَ حَتَّىٰ جَآءَ ٱلْحَقُّ وَظَهَرَ أَمْرُ ٱللَّهِ وَهُمْ كَٰرِهُونَ

٤٩ وَمِنْهُم مَّن يَقُولُ ٱئْذَن لِّى وَلَا تَفْتِنِّىٓ أَلَا فِى ٱلْفِتْنَةِ سَقَطُواْ وَإِنَّ جَهَنَّمَ لَمُحِيطَةٌ بِٱلْكَٰفِرِينَ

٥٠ إِن تُصِبْكَ حَسَنَةٌ تَسُؤْهُمْ وَإِن تُصِبْكَ مُصِيبَةٌ يَقُولُواْ قَدْ أَخَذْنَآ أَمْرَنَا مِن قَبْلُ وَيَتَوَلَّواْ وَّهُمْ فَرِحُونَ

٥١ قُل لَّن يُصِيبَنَآ إِلَّا مَا كَتَبَ ٱللَّهُ لَنَا هُوَ مَوْلَىٰنَا وَعَلَى ٱللَّهِ فَلْيَتَوَكَّلِ ٱلْمُؤْمِنُونَ

٥٢ قُلْ هَلْ تَرَبَّصُونَ بِنَآ إِلَّآ إِحْدَى ٱلْحُسْنَيَيْنِ وَنَحْنُ نَتَرَبَّصُ بِكُمْ أَن يُصِيبَكُمُ ٱللَّهُ بِعَذَابٍ مِّنْ عِندِهِۦٓ أَوْ بِأَيْدِينَا فَتَرَبَّصُوٓاْ إِنَّا مَعَكُم مُّتَرَبِّصُونَ

٥٣ قُلْ أَنفِقُواْ طَوْعًا أَوْ كَرْهًا لَّن يُتَقَبَّلَ مِنكُمْ إِنَّكُمْ كُنتُمْ قَوْمًا فَٰسِقِينَ

٥٤ وَمَا مَنَعَهُمْ أَن تُقْبَلَ مِنْهُمْ نَفَقَٰتُهُمْ إِلَّآ أَنَّهُمْ كَفَرُواْ بِٱللَّهِ وَبِرَسُولِهِۦ وَلَا يَأْتُونَ ٱلصَّلَوٰةَ إِلَّا وَهُمْ كُسَالَىٰ وَلَا يُنفِقُونَ إِلَّا وَهُمْ كَٰرِهُونَ

٥٥ فَلَا تُعْجِبْكَ أَمْوَٰلُهُمْ وَلَآ أَوْلَٰدُهُمْ إِنَّمَا يُرِيدُ ٱللَّهُ لِيُعَذِّبَهُم بِهَا فِى ٱلْحَيَوٰةِ ٱلدُّنْيَا وَتَزْهَقَ أَنفُسُهُمْ وَهُمْ كَٰفِرُونَ

٥٦ وَيَحْلِفُونَ بِٱللَّهِ إِنَّهُمْ لَمِنكُمْ وَمَا هُم مِّنكُمْ وَلَٰكِنَّهُمْ قَوْمٌ يَفْرَقُونَ

٥٧ لَوْ يَجِدُونَ مَلْجَـًٔا أَوْ مَغَٰرَٰتٍ أَوْ مُدَّخَلًا لَّوَلَّوْاْ إِلَيْهِ وَهُمْ يَجْمَحُونَ

٥٨ وَمِنْهُم مَّن يَلْمِزُكَ فِى ٱلصَّدَقَٰتِ فَإِنْ أُعْطُواْ مِنْهَا رَضُواْ وَإِن لَّمْ يُعْطَوْاْ مِنْهَآ إِذَا هُمْ يَسْخَطُونَ

٥٩ وَلَوْ أَنَّهُمْ رَضُواْ مَآ ءَاتَىٰهُمُ ٱللَّهُ وَرَسُولُهُۥ وَقَالُواْ حَسْبُنَا ٱللَّهُ سَيُؤْتِينَا ٱللَّهُ مِن فَضْلِهِۦ وَرَسُولُهُۥٓ إِنَّآ إِلَى ٱللَّهِ رَٰغِبُونَ

٦٠ ۞ إِنَّمَا ٱلصَّدَقَٰتُ لِلْفُقَرَآءِ وَٱلْمَسَٰكِينِ وَٱلْعَٰمِلِينَ عَلَيْهَا وَٱلْمُؤَلَّفَةِ قُلُوبُهُمْ وَفِى ٱلرِّقَابِ وَٱلْغَٰرِمِينَ وَفِى سَبِيلِ ٱللَّهِ وَٱبْنِ ٱلسَّبِيلِ فَرِيضَةً مِّنَ ٱللَّهِ وَٱللَّهُ عَلِيمٌ حَكِيمٌ

٦١ وَمِنْهُمُ ٱلَّذِينَ يُؤْذُونَ ٱلنَّبِىَّ وَيَقُولُونَ هُوَ أُذُنٌ قُلْ أُذُنُ خَيْرٍ لَّكُمْ يُؤْمِنُ بِٱللَّهِ وَيُؤْمِنُ لِلْمُؤْمِنِينَ وَرَحْمَةٌ لِّلَّذِينَ ءَامَنُواْ مِنكُمْ وَٱلَّذِينَ يُؤْذُونَ رَسُولَ ٱللَّهِ لَهُمْ عَذَابٌ أَلِيمٌ

٦٢ يَحْلِفُونَ بِٱللَّهِ لَكُمْ لِيُرْضُوكُمْ وَٱللَّهُ وَرَسُولُهُۥٓ أَحَقُّ أَن يُرْضُوهُ إِن كَانُواْ مُؤْمِنِينَ

٦٣ أَلَمْ يَعْلَمُوٓاْ أَنَّهُۥ مَن يُحَادِدِ ٱللَّهَ وَرَسُولَهُۥ فَأَنَّ لَهُۥ نَارَ جَهَنَّمَ خَٰلِدًا فِيهَا ذَٰلِكَ ٱلْخِزْىُ ٱلْعَظِيمُ

٦٤ يَحْذَرُ ٱلْمُنَٰفِقُونَ أَن تُنَزَّلَ عَلَيْهِمْ سُورَةٌ تُنَبِّئُهُم بِمَا فِى قُلُوبِهِمْ قُلِ ٱسْتَهْزِءُوٓاْ إِنَّ ٱللَّهَ مُخْرِجٌ مَّا تَحْذَرُونَ

٦٥ وَلَئِن سَأَلْتَهُمْ لَيَقُولُنَّ إِنَّمَا كُنَّا نَخُوضُ وَنَلْعَبُ قُلْ أَبِٱللَّهِ وَءَايَٰتِهِۦ وَرَسُولِهِۦ كُنتُمْ تَسْتَهْزِءُونَ

٦٦ لَا تَعْتَذِرُواْ قَدْ كَفَرْتُم بَعْدَ إِيمَٰنِكُمْ إِن نَّعْفُ عَن طَآئِفَةٍ مِّنكُمْ نُعَذِّبْ طَآئِفَةَۢ بِأَنَّهُمْ كَانُواْ مُجْرِمِينَ

٦٧ ٱلْمُنَٰفِقُونَ وَٱلْمُنَٰفِقَٰتُ بَعْضُهُم مِّنۢ بَعْضٍ يَأْمُرُونَ بِٱلْمُنكَرِ وَيَنْهَوْنَ عَنِ ٱلْمَعْرُوفِ وَيَقْبِضُونَ أَيْدِيَهُمْ نَسُواْ ٱللَّهَ فَنَسِيَهُمْ إِنَّ ٱلْمُنَٰفِقِينَ هُمُ ٱلْفَٰسِقُونَ

٦٨ وَعَدَ ٱللَّهُ ٱلْمُنَٰفِقِينَ وَٱلْمُنَٰفِقَٰتِ وَٱلْكُفَّارَ نَارَ جَهَنَّمَ خَٰلِدِينَ فِيهَا هِىَ حَسْبُهُمْ وَلَعَنَهُمُ ٱللَّهُ وَلَهُمْ عَذَابٌ مُّقِيمٌ

٦٩ كَٱلَّذِينَ مِن قَبْلِكُمْ كَانُوٓاْ أَشَدَّ مِنكُمْ قُوَّةً وَأَكْثَرَ أَمْوَٰلًا وَأَوْلَٰدًا فَٱسْتَمْتَعُواْ بِخَلَٰقِهِمْ فَٱسْتَمْتَعْتُم بِخَلَٰقِكُمْ كَمَا ٱسْتَمْتَعَ ٱلَّذِينَ مِن قَبْلِكُم بِخَلَٰقِهِمْ وَخُضْتُمْ كَٱلَّذِى خَاضُوٓاْ

أُوْلَٰٓئِكَ حَبِطَتْ أَعْمَٰلُهُمْ فِى ٱلدُّنْيَا وَٱلْءَاخِرَةِ ۖ وَأُوْلَٰٓئِكَ هُمُ ٱلْخَٰسِرُونَ

٧٠ أَلَمْ يَأْتِهِمْ نَبَأُ ٱلَّذِينَ مِن قَبْلِهِمْ قَوْمِ نُوحٍ وَعَادٍ وَثَمُودَ وَقَوْمِ إِبْرَٰهِيمَ وَأَصْحَٰبِ مَدْيَنَ وَٱلْمُؤْتَفِكَٰتِ ۚ أَتَتْهُمْ رُسُلُهُم بِٱلْبَيِّنَٰتِ ۖ فَمَا كَانَ ٱللَّهُ لِيَظْلِمَهُمْ وَلَٰكِن كَانُوٓا۟ أَنفُسَهُمْ يَظْلِمُونَ

٧١ وَٱلْمُؤْمِنُونَ وَٱلْمُؤْمِنَٰتُ بَعْضُهُمْ أَوْلِيَآءُ بَعْضٍ ۚ يَأْمُرُونَ بِٱلْمَعْرُوفِ وَيَنْهَوْنَ عَنِ ٱلْمُنكَرِ وَيُقِيمُونَ ٱلصَّلَوٰةَ وَيُؤْتُونَ ٱلزَّكَوٰةَ وَيُطِيعُونَ ٱللَّهَ وَرَسُولَهُۥٓ ۚ أُوْلَٰٓئِكَ سَيَرْحَمُهُمُ ٱللَّهُ ۗ إِنَّ ٱللَّهَ عَزِيزٌ حَكِيمٌ

٧٢ وَعَدَ ٱللَّهُ ٱلْمُؤْمِنِينَ وَٱلْمُؤْمِنَٰتِ جَنَّٰتٍ تَجْرِى مِن تَحْتِهَا ٱلْأَنْهَٰرُ خَٰلِدِينَ فِيهَا وَمَسَٰكِنَ طَيِّبَةً فِى جَنَّٰتِ عَدْنٍ ۚ وَرِضْوَٰنٌ مِّنَ ٱللَّهِ أَكْبَرُ ۚ ذَٰلِكَ هُوَ ٱلْفَوْزُ ٱلْعَظِيمُ

٧٣ يَٰٓأَيُّهَا ٱلنَّبِىُّ جَٰهِدِ ٱلْكُفَّارَ وَٱلْمُنَٰفِقِينَ وَٱغْلُظْ عَلَيْهِمْ ۚ وَمَأْوَىٰهُمْ جَهَنَّمُ ۖ وَبِئْسَ ٱلْمَصِيرُ

٧٤ يَحْلِفُونَ بِٱللَّهِ مَا قَالُوا۟ وَلَقَدْ قَالُوا۟ كَلِمَةَ ٱلْكُفْرِ وَكَفَرُوا۟ بَعْدَ إِسْلَٰمِهِمْ وَهَمُّوا۟ بِمَا لَمْ يَنَالُوا۟ ۚ وَمَا نَقَمُوٓا۟ إِلَّآ أَنْ أَغْنَىٰهُمُ ٱللَّهُ وَرَسُولُهُۥ مِن فَضْلِهِۦ ۚ فَإِن يَتُوبُوا۟ يَكُ خَيْرًا لَّهُمْ ۖ وَإِن يَتَوَلَّوْا۟ يُعَذِّبْهُمُ ٱللَّهُ عَذَابًا أَلِيمًا فِى ٱلدُّنْيَا وَٱلْءَاخِرَةِ ۚ وَمَا لَهُمْ فِى ٱلْأَرْضِ مِن وَلِىٍّ وَلَا نَصِيرٍ

٧٥ وَمِنْهُم مَّنْ عَٰهَدَ ٱللَّهَ لَئِنْ ءَاتَىٰنَا مِن فَضْلِهِۦ لَنَصَّدَّقَنَّ وَلَنَكُونَنَّ مِنَ ٱلصَّٰلِحِينَ

٧٦ فَلَمَّآ ءَاتَىٰهُم مِّن فَضْلِهِۦ بَخِلُوا۟ بِهِۦ وَتَوَلَّوا۟ وَّهُم مُّعْرِضُونَ

٧٧ فَأَعْقَبَهُمْ نِفَاقًا فِى قُلُوبِهِمْ إِلَىٰ يَوْمِ يَلْقَوْنَهُۥ بِمَآ أَخْلَفُوا۟ ٱللَّهَ مَا وَعَدُوهُ وَبِمَا كَانُوا۟ يَكْذِبُونَ

٧٨ أَلَمْ يَعْلَمُوٓا۟ أَنَّ ٱللَّهَ يَعْلَمُ سِرَّهُمْ وَنَجْوَىٰهُمْ وَأَنَّ ٱللَّهَ عَلَّٰمُ ٱلْغُيُوبِ

٧٩ ٱلَّذِينَ يَلْمِزُونَ ٱلْمُطَّوِّعِينَ مِنَ ٱلْمُؤْمِنِينَ فِى ٱلصَّدَقَٰتِ وَٱلَّذِينَ لَا يَجِدُونَ إِلَّا جُهْدَهُمْ فَيَسْخَرُونَ مِنْهُمْ ۙ سَخِرَ ٱللَّهُ مِنْهُمْ وَلَهُمْ عَذَابٌ أَلِيمٌ

٨٠ ٱسْتَغْفِرْ لَهُمْ أَوْ لَا تَسْتَغْفِرْ لَهُمْ إِن تَسْتَغْفِرْ لَهُمْ سَبْعِينَ مَرَّةً فَلَن يَغْفِرَ ٱللَّهُ لَهُمْ ۚ ذَٰلِكَ بِأَنَّهُمْ كَفَرُوا۟ بِٱللَّهِ وَرَسُولِهِۦ ۗ وَٱللَّهُ لَا يَهْدِى ٱلْقَوْمَ ٱلْفَٰسِقِينَ

٨١ فَرِحَ ٱلْمُخَلَّفُونَ بِمَقْعَدِهِمْ خِلَٰفَ رَسُولِ ٱللَّهِ وَكَرِهُوٓا۟ أَن يُجَٰهِدُوا۟ بِأَمْوَٰلِهِمْ وَأَنفُسِهِمْ فِى سَبِيلِ ٱللَّهِ وَقَالُوا۟ لَا تَنفِرُوا۟ فِى ٱلْحَرِّ ۗ قُلْ نَارُ جَهَنَّمَ أَشَدُّ حَرًّا ۚ لَّوْ كَانُوا۟ يَفْقَهُونَ

٨٢ فَلْيَضْحَكُوا۟ قَلِيلًا وَلْيَبْكُوا۟ كَثِيرًا جَزَآءً بِمَا كَانُوا۟ يَكْسِبُونَ

٨٣ فَإِن رَّجَعَكَ ٱللَّهُ إِلَىٰ طَآئِفَةٍ مِّنْهُمْ فَٱسْتَـْٔذَنُوكَ لِلْخُرُوجِ فَقُل لَّن تَخْرُجُوا۟ مَعِىَ أَبَدًا وَلَن تُقَٰتِلُوا۟ مَعِىَ عَدُوًّا ۖ إِنَّكُمْ رَضِيتُم بِٱلْقُعُودِ أَوَّلَ مَرَّةٍ فَٱقْعُدُوا۟ مَعَ ٱلْخَٰلِفِينَ

٨٤ وَلَا تُصَلِّ عَلَىٰٓ أَحَدٍ مِّنْهُم مَّاتَ أَبَدًا وَلَا تَقُمْ عَلَىٰ قَبْرِهِۦٓ ۖ إِنَّهُمْ كَفَرُوا۟ بِٱللَّهِ وَرَسُولِهِۦ وَمَاتُوا۟ وَهُمْ فَٰسِقُونَ

٨٥ وَلَا تُعْجِبْكَ أَمْوَٰلُهُمْ وَأَوْلَٰدُهُمْ ۚ إِنَّمَا يُرِيدُ ٱللَّهُ أَن يُعَذِّبَهُم بِهَا فِى ٱلدُّنْيَا وَتَزْهَقَ أَنفُسُهُمْ وَهُمْ كَٰفِرُونَ

٨٦ وَإِذَآ أُنزِلَتْ سُورَةٌ أَنْ ءَامِنُوا۟ بِٱللَّهِ وَجَٰهِدُوا۟ مَعَ رَسُولِهِ ٱسْتَـْٔذَنَكَ أُوْلُوا۟ ٱلطَّوْلِ مِنْهُمْ وَقَالُوا۟ ذَرْنَا نَكُن مَّعَ ٱلْقَٰعِدِينَ

٨٧ رَضُوا۟ بِأَن يَكُونُوا۟ مَعَ ٱلْخَوَالِفِ وَطُبِعَ عَلَىٰ قُلُوبِهِمْ فَهُمْ لَا يَفْقَهُونَ

٨٨ لَّكِنِ ٱلرَّسُولُ وَٱلَّذِينَ ءَامَنُوا۟ مَعَهُۥ جَٰهَدُوا۟ بِأَمْوَٰلِهِمْ وَأَنفُسِهِمْ ۚ وَأُو۟لَٰٓئِكَ لَهُمُ ٱلْخَيْرَٰتُ ۖ وَأُو۟لَٰٓئِكَ هُمُ ٱلْمُفْلِحُونَ

٨٩ أَعَدَّ ٱللَّهُ لَهُمْ جَنَّٰتٍ تَجْرِى مِن تَحْتِهَا ٱلْأَنْهَٰرُ خَٰلِدِينَ فِيهَا ۚ ذَٰلِكَ ٱلْفَوْزُ ٱلْعَظِيمُ

٩٠ وَجَآءَ ٱلْمُعَذِّرُونَ مِنَ ٱلْأَعْرَابِ لِيُؤْذَنَ لَهُمْ وَقَعَدَ ٱلَّذِينَ كَذَبُوا۟ ٱللَّهَ وَرَسُولَهُۥ ۚ سَيُصِيبُ ٱلَّذِينَ كَفَرُوا۟ مِنْهُمْ عَذَابٌ أَلِيمٌ

٩١ لَّيْسَ عَلَى ٱلضُّعَفَآءِ وَلَا عَلَى ٱلْمَرْضَىٰ وَلَا عَلَى ٱلَّذِينَ لَا يَجِدُونَ مَا يُنفِقُونَ حَرَجٌ إِذَا نَصَحُوا۟ لِلَّهِ وَرَسُولِهِۦ ۚ مَا عَلَى ٱلْمُحْسِنِينَ مِن سَبِيلٍ ۚ وَٱللَّهُ غَفُورٌ رَّحِيمٌ

٩٢ وَلَا عَلَى ٱلَّذِينَ إِذَا مَآ أَتَوْكَ لِتَحْمِلَهُمْ قُلْتَ لَآ أَجِدُ مَآ أَحْمِلُكُمْ عَلَيْهِ تَوَلَّوا۟ وَّأَعْيُنُهُمْ تَفِيضُ مِنَ ٱلدَّمْعِ حَزَنًا أَلَّا يَجِدُوا۟ مَا يُنفِقُونَ

٩٣ ۞ إِنَّمَا ٱلسَّبِيلُ عَلَى ٱلَّذِينَ يَسْتَـْٔذِنُونَكَ وَهُمْ أَغْنِيَآءُ ۚ رَضُوا۟ بِأَن يَكُونُوا۟ مَعَ ٱلْخَوَالِفِ وَطَبَعَ ٱللَّهُ عَلَىٰ قُلُوبِهِمْ فَهُمْ لَا يَعْلَمُونَ

٩٤ يَعْتَذِرُونَ إِلَيْكُمْ إِذَا رَجَعْتُمْ إِلَيْهِمْ ۚ قُل لَّا تَعْتَذِرُوا۟ لَن نُّؤْمِنَ لَكُمْ قَدْ نَبَّأَنَا ٱللَّهُ مِنْ أَخْبَارِكُمْ ۚ وَسَيَرَى ٱللَّهُ عَمَلَكُمْ وَرَسُولُهُۥ ثُمَّ تُرَدُّونَ إِلَىٰ عَٰلِمِ ٱلْغَيْبِ وَٱلشَّهَٰدَةِ فَيُنَبِّئُكُم بِمَا كُنتُمْ تَعْمَلُونَ

٩٥ سَيَحْلِفُونَ بِٱللَّهِ لَكُمْ إِذَا ٱنقَلَبْتُمْ إِلَيْهِمْ لِتُعْرِضُوا۟ عَنْهُمْ ۖ فَأَعْرِضُوا۟ عَنْهُمْ ۖ إِنَّهُمْ رِجْسٌ ۖ وَمَأْوَىٰهُمْ جَهَنَّمُ جَزَآءً بِمَا كَانُوا۟ يَكْسِبُونَ

٩٦ يَحْلِفُونَ لَكُمْ لِتَرْضَوْا۟ عَنْهُمْ ۖ فَإِن تَرْضَوْا۟ عَنْهُمْ فَإِنَّ ٱللَّهَ لَا يَرْضَىٰ عَنِ ٱلْقَوْمِ ٱلْفَٰسِقِينَ

٩٧ ٱلْأَعْرَابُ أَشَدُّ كُفْرًا وَنِفَاقًا وَأَجْدَرُ أَلَّا يَعْلَمُوا۟ حُدُودَ مَآ أَنزَلَ ٱللَّهُ عَلَىٰ رَسُولِهِۦ ۗ وَٱللَّهُ عَلِيمٌ حَكِيمٌ

٩٨ وَمِنَ ٱلْأَعْرَابِ مَن يَتَّخِذُ مَا يُنفِقُ مَغْرَمًا وَيَتَرَبَّصُ بِكُمُ ٱلدَّوَآئِرَ ۚ عَلَيْهِمْ دَآئِرَةُ ٱلسَّوْءِ ۗ وَٱللَّهُ سَمِيعٌ عَلِيمٌ

٩٩ وَمِنَ ٱلْأَعْرَابِ مَن يُؤْمِنُ بِٱللَّهِ وَٱلْيَوْمِ ٱلْءَاخِرِ وَيَتَّخِذُ مَا يُنفِقُ قُرُبَٰتٍ عِندَ ٱللَّهِ وَصَلَوَٰتِ ٱلرَّسُولِ ۚ أَلَآ إِنَّهَا قُرْبَةٌ لَّهُمْ ۚ سَيُدْخِلُهُمُ ٱللَّهُ فِى رَحْمَتِهِۦٓ ۗ إِنَّ ٱللَّهَ غَفُورٌ رَّحِيمٌ

١٠٠ وَٱلسَّٰبِقُونَ ٱلْأَوَّلُونَ مِنَ ٱلْمُهَٰجِرِينَ وَٱلْأَنصَارِ وَٱلَّذِينَ ٱتَّبَعُوهُم بِإِحْسَٰنٍ رَّضِىَ ٱللَّهُ عَنْهُمْ وَرَضُوا۟ عَنْهُ وَأَعَدَّ لَهُمْ جَنَّٰتٍ تَجْرِى تَحْتَهَا ٱلْأَنْهَٰرُ خَٰلِدِينَ فِيهَآ أَبَدًا ۚ ذَٰلِكَ ٱلْفَوْزُ ٱلْعَظِيمُ

١٠١ وَمِمَّنْ حَوْلَكُم مِّنَ ٱلْأَعْرَابِ مُنَٰفِقُونَ ۖ وَمِنْ أَهْلِ ٱلْمَدِينَةِ ۖ مَرَدُوا۟ عَلَى ٱلنِّفَاقِ لَا تَعْلَمُهُمْ ۖ نَحْنُ نَعْلَمُهُمْ ۚ سَنُعَذِّبُهُم مَّرَّتَيْنِ ثُمَّ يُرَدُّونَ إِلَىٰ عَذَابٍ عَظِيمٍ

١٠٢ وَءَاخَرُونَ ٱعْتَرَفُوا۟ بِذُنُوبِهِمْ خَلَطُوا۟ عَمَلًا صَٰلِحًا وَءَاخَرَ سَيِّئًا عَسَى ٱللَّهُ أَن يَتُوبَ عَلَيْهِمْ ۚ إِنَّ ٱللَّهَ غَفُورٌ رَّحِيمٌ

١٠٣ خُذْ مِنْ أَمْوَٰلِهِمْ صَدَقَةً تُطَهِّرُهُمْ وَتُزَكِّيهِم بِهَا وَصَلِّ عَلَيْهِمْ ۖ إِنَّ صَلَوٰتَكَ سَكَنٌ لَّهُمْ ۗ وَٱللَّهُ سَمِيعٌ عَلِيمٌ

١٠٤ أَلَمْ يَعْلَمُوٓا۟ أَنَّ ٱللَّهَ هُوَ يَقْبَلُ ٱلتَّوْبَةَ عَنْ عِبَادِهِۦ وَيَأْخُذُ ٱلصَّدَقَٰتِ وَأَنَّ ٱللَّهَ هُوَ ٱلتَّوَّابُ ٱلرَّحِيمُ

١٠٥ وَقُلِ ٱعْمَلُوا۟ فَسَيَرَى ٱللَّهُ عَمَلَكُمْ وَرَسُولُهُۥ وَٱلْمُؤْمِنُونَ ۖ وَسَتُرَدُّونَ إِلَىٰ عَٰلِمِ ٱلْغَيْبِ وَٱلشَّهَٰدَةِ فَيُنَبِّئُكُم بِمَا كُنتُمْ تَعْمَلُونَ

١٠٦ وَءَاخَرُونَ مُرْجَوْنَ لِأَمْرِ ٱللَّهِ إِمَّا يُعَذِّبُهُمْ وَإِمَّا يَتُوبُ عَلَيْهِمْ وَٱللَّهُ عَلِيمٌ حَكِيمٌ

١٠٧ وَٱلَّذِينَ ٱتَّخَذُوا۟ مَسْجِدًا ضِرَارًا وَكُفْرًا وَتَفْرِيقًۢا بَيْنَ ٱلْمُؤْمِنِينَ وَإِرْصَادًا لِّمَنْ حَارَبَ ٱللَّهَ وَرَسُولَهُۥ مِن قَبْلُ وَلَيَحْلِفُنَّ إِنْ أَرَدْنَا إِلَّا ٱلْحُسْنَىٰ وَٱللَّهُ يَشْهَدُ إِنَّهُمْ لَكَٰذِبُونَ

١٠٨ لَا تَقُمْ فِيهِ أَبَدًا لَّمَسْجِدٌ أُسِّسَ عَلَى ٱلتَّقْوَىٰ مِنْ أَوَّلِ يَوْمٍ أَحَقُّ أَن تَقُومَ فِيهِ فِيهِ رِجَالٌ يُحِبُّونَ أَن يَتَطَهَّرُوا۟ وَٱللَّهُ يُحِبُّ ٱلْمُطَّهِّرِينَ

١٠٩ أَفَمَنْ أَسَّسَ بُنْيَٰنَهُۥ عَلَىٰ تَقْوَىٰ مِنَ ٱللَّهِ وَرِضْوَٰنٍ خَيْرٌ أَم مَّنْ أَسَّسَ بُنْيَٰنَهُۥ عَلَىٰ شَفَا جُرُفٍ هَارٍ فَٱنْهَارَ بِهِۦ فِى نَارِ جَهَنَّمَ وَٱللَّهُ لَا يَهْدِى ٱلْقَوْمَ ٱلظَّٰلِمِينَ

١١٠ لَا يَزَالُ بُنْيَٰنُهُمُ ٱلَّذِى بَنَوْا۟ رِيبَةً فِى قُلُوبِهِمْ إِلَّا أَن تَقَطَّعَ قُلُوبُهُمْ وَٱللَّهُ عَلِيمٌ حَكِيمٌ

۞ ١١١ إِنَّ ٱللَّهَ ٱشْتَرَىٰ مِنَ ٱلْمُؤْمِنِينَ أَنفُسَهُمْ وَأَمْوَٰلَهُم بِأَنَّ لَهُمُ ٱلْجَنَّةَ يُقَٰتِلُونَ فِى سَبِيلِ ٱللَّهِ فَيَقْتُلُونَ وَيُقْتَلُونَ وَعْدًا عَلَيْهِ حَقًّا فِى ٱلتَّوْرَىٰةِ وَٱلْإِنجِيلِ وَٱلْقُرْءَانِ وَمَنْ أَوْفَىٰ بِعَهْدِهِۦ مِنَ ٱللَّهِ فَٱسْتَبْشِرُوا۟ بِبَيْعِكُمُ ٱلَّذِى بَايَعْتُم بِهِۦ وَذَٰلِكَ هُوَ ٱلْفَوْزُ ٱلْعَظِيمُ

١١٢ ٱلتَّٰٓئِبُونَ ٱلْعَٰبِدُونَ ٱلْحَٰمِدُونَ ٱلسَّٰٓئِحُونَ ٱلرَّٰكِعُونَ ٱلسَّٰجِدُونَ ٱلْءَامِرُونَ بِٱلْمَعْرُوفِ وَٱلنَّاهُونَ عَنِ ٱلْمُنكَرِ وَٱلْحَٰفِظُونَ لِحُدُودِ ٱللَّهِ وَبَشِّرِ ٱلْمُؤْمِنِينَ

١١٣ مَا كَانَ لِلنَّبِىِّ وَٱلَّذِينَ ءَامَنُوٓا۟ أَن يَسْتَغْفِرُوا۟ لِلْمُشْرِكِينَ وَلَوْ كَانُوٓا۟ أُو۟لِى قُرْبَىٰ مِنۢ بَعْدِ مَا تَبَيَّنَ لَهُمْ أَنَّهُمْ أَصْحَٰبُ ٱلْجَحِيمِ

١١٤ وَمَا كَانَ ٱسْتِغْفَارُ إِبْرَٰهِيمَ لِأَبِيهِ إِلَّا عَن مَّوْعِدَةٍ وَعَدَهَآ إِيَّاهُ فَلَمَّا تَبَيَّنَ لَهُۥٓ أَنَّهُۥ عَدُوٌّ لِّلَّهِ تَبَرَّأَ مِنْهُ إِنَّ إِبْرَٰهِيمَ لَأَوَّٰهٌ حَلِيمٌ

١١٥ وَمَا كَانَ ٱللَّهُ لِيُضِلَّ قَوْمًۢا بَعْدَ إِذْ هَدَىٰهُمْ حَتَّىٰ يُبَيِّنَ لَهُم مَّا يَتَّقُونَ إِنَّ ٱللَّهَ بِكُلِّ شَىْءٍ عَلِيمٌ

١١٦ إِنَّ ٱللَّهَ لَهُۥ مُلْكُ ٱلسَّمَٰوَٰتِ وَٱلْأَرْضِ يُحْىِۦ وَيُمِيتُ وَمَا لَكُم مِّن دُونِ ٱللَّهِ مِن وَلِىٍّ وَلَا نَصِيرٍ

١١٧ لَّقَد تَّابَ ٱللَّهُ عَلَى ٱلنَّبِىِّ وَٱلْمُهَٰجِرِينَ وَٱلْأَنصَارِ ٱلَّذِينَ ٱتَّبَعُوهُ فِى سَاعَةِ ٱلْعُسْرَةِ مِنۢ بَعْدِ مَا كَادَ يَزِيغُ قُلُوبُ فَرِيقٍ مِّنْهُمْ ثُمَّ تَابَ عَلَيْهِمْ إِنَّهُۥ بِهِمْ رَءُوفٌ رَّحِيمٌ

١١٨ وَعَلَى ٱلثَّلَٰثَةِ ٱلَّذِينَ خُلِّفُوا۟ حَتَّىٰٓ إِذَا ضَاقَتْ عَلَيْهِمُ ٱلْأَرْضُ بِمَا رَحُبَتْ وَضَاقَتْ عَلَيْهِمْ أَنفُسُهُمْ وَظَنُّوٓا۟ أَن لَّا مَلْجَأَ مِنَ ٱللَّهِ إِلَّآ إِلَيْهِ ثُمَّ تَابَ عَلَيْهِمْ لِيَتُوبُوٓا۟ إِنَّ ٱللَّهَ هُوَ ٱلتَّوَّابُ ٱلرَّحِيمُ

١١٩ يَٰٓأَيُّهَا ٱلَّذِينَ ءَامَنُوا۟ ٱتَّقُوا۟ ٱللَّهَ وَكُونُوا۟ مَعَ ٱلصَّٰدِقِينَ

١٢٠ مَا كَانَ لِأَهْلِ ٱلْمَدِينَةِ وَمَنْ حَوْلَهُم مِّنَ ٱلْأَعْرَابِ أَن يَتَخَلَّفُوا۟ عَن رَّسُولِ ٱللَّهِ وَلَا يَرْغَبُوا۟ بِأَنفُسِهِمْ عَن نَّفْسِهِ ذَٰلِكَ بِأَنَّهُمْ لَا يُصِيبُهُمْ ظَمَأٌ وَلَا نَصَبٌ وَلَا مَخْمَصَةٌ فِى سَبِيلِ ٱللَّهِ وَلَا يَطَـُٔونَ مَوْطِئًا يَغِيظُ ٱلْكُفَّارَ وَلَا يَنَالُونَ مِنْ عَدُوٍّ نَّيْلًا إِلَّا كُتِبَ لَهُم بِهِۦ عَمَلٌ صَٰلِحٌ إِنَّ ٱللَّهَ لَا يُضِيعُ أَجْرَ ٱلْمُحْسِنِينَ

١٢١ وَلَا يُنفِقُونَ نَفَقَةً صَغِيرَةً وَلَا كَبِيرَةً وَلَا يَقْطَعُونَ وَادِيًا إِلَّا كُتِبَ لَهُمْ لِيَجْزِيَهُمُ ٱللَّهُ أَحْسَنَ مَا كَانُوا۟ يَعْمَلُونَ

۞ ١٢٢ وَمَا كَانَ ٱلْمُؤْمِنُونَ لِيَنفِرُوا۟ كَآفَّةً فَلَوْلَا نَفَرَ مِن كُلِّ فِرْقَةٍ مِّنْهُمْ طَآئِفَةٌ لِّيَتَفَقَّهُوا۟ فِى ٱلدِّينِ وَلِيُنذِرُوا۟ قَوْمَهُمْ إِذَا رَجَعُوٓا۟ إِلَيْهِمْ لَعَلَّهُمْ يَحْذَرُونَ

١٢٣ يَٰٓأَيُّهَا ٱلَّذِينَ ءَامَنُوا۟ قَٰتِلُوا۟ ٱلَّذِينَ يَلُونَكُم مِّنَ ٱلْكُفَّارِ وَلْيَجِدُوا۟ فِيكُمْ غِلْظَةً ۚ وَٱعْلَمُوٓا۟ أَنَّ ٱللَّهَ مَعَ ٱلْمُتَّقِينَ

١٢٤ وَإِذَا مَآ أُنزِلَتْ سُورَةٌ فَمِنْهُم مَّن يَقُولُ أَيُّكُمْ زَادَتْهُ هَٰذِهِۦٓ إِيمَٰنًا ۚ فَأَمَّا ٱلَّذِينَ ءَامَنُوا۟ فَزَادَتْهُمْ إِيمَٰنًا وَهُمْ يَسْتَبْشِرُونَ

١٢٥ وَأَمَّا ٱلَّذِينَ فِى قُلُوبِهِم مَّرَضٌ فَزَادَتْهُمْ رِجْسًا إِلَىٰ رِجْسِهِمْ وَمَاتُوا۟ وَهُمْ كَٰفِرُونَ

١٢٦ أَوَلَا يَرَوْنَ أَنَّهُمْ يُفْتَنُونَ فِى كُلِّ عَامٍ مَّرَّةً أَوْ مَرَّتَيْنِ ثُمَّ لَا يَتُوبُونَ وَلَا هُمْ يَذَّكَّرُونَ

١٢٧ وَإِذَا مَآ أُنزِلَتْ سُورَةٌ نَّظَرَ بَعْضُهُمْ إِلَىٰ بَعْضٍ هَلْ يَرَىٰكُم مِّنْ أَحَدٍ ثُمَّ ٱنصَرَفُوا۟ ۚ صَرَفَ ٱللَّهُ قُلُوبَهُم بِأَنَّهُمْ قَوْمٌ لَّا يَفْقَهُونَ

١٢٨ لَقَدْ جَآءَكُمْ رَسُولٌ مِّنْ أَنفُسِكُمْ عَزِيزٌ عَلَيْهِ مَا عَنِتُّمْ حَرِيصٌ عَلَيْكُم بِٱلْمُؤْمِنِينَ رَءُوفٌ رَّحِيمٌ

١٢٩ فَإِن تَوَلَّوْا۟ فَقُلْ حَسْبِىَ ٱللَّهُ لَآ إِلَٰهَ إِلَّا هُوَ ۖ عَلَيْهِ تَوَكَّلْتُ ۖ وَهُوَ رَبُّ ٱلْعَرْشِ ٱلْعَظِيمِ

سورة يونس

١ الٓر ۚ تِلْكَ ءَايَٰتُ ٱلْكِتَٰبِ ٱلْحَكِيمِ

٢ أَكَانَ لِلنَّاسِ عَجَبًا أَنْ أَوْحَيْنَآ إِلَىٰ رَجُلٍ مِّنْهُمْ أَنْ أَنذِرِ ٱلنَّاسَ وَبَشِّرِ ٱلَّذِينَ ءَامَنُوٓا۟ أَنَّ لَهُمْ قَدَمَ صِدْقٍ عِندَ رَبِّهِمْ ۗ قَالَ ٱلْكَٰفِرُونَ إِنَّ هَٰذَا لَسَٰحِرٌ مُّبِينٌ

٣ إِنَّ رَبَّكُمُ ٱللَّهُ ٱلَّذِى خَلَقَ ٱلسَّمَٰوَٰتِ وَٱلْأَرْضَ فِى سِتَّةِ أَيَّامٍ ثُمَّ ٱسْتَوَىٰ عَلَى ٱلْعَرْشِ ۖ يُدَبِّرُ ٱلْأَمْرَ ۖ مَا مِن شَفِيعٍ إِلَّا مِنۢ بَعْدِ إِذْنِهِۦ ۚ ذَٰلِكُمُ ٱللَّهُ رَبُّكُمْ فَٱعْبُدُوهُ ۚ أَفَلَا تَذَكَّرُونَ

٤ إِلَيْهِ مَرْجِعُكُمْ جَمِيعًا ۖ وَعْدَ ٱللَّهِ حَقًّا ۚ إِنَّهُ يَبْدَؤُا۟ ٱلْخَلْقَ ثُمَّ يُعِيدُهُۥ لِيَجْزِىَ ٱلَّذِينَ ءَامَنُوا۟ وَعَمِلُوا۟ ٱلصَّٰلِحَٰتِ بِٱلْقِسْطِ ۚ وَٱلَّذِينَ كَفَرُوا۟ لَهُمْ شَرَابٌ مِّنْ حَمِيمٍ وَعَذَابٌ أَلِيمٌ بِمَا كَانُوا۟ يَكْفُرُونَ

٥ هُوَ ٱلَّذِى جَعَلَ ٱلشَّمْسَ ضِيَآءً وَٱلْقَمَرَ نُورًا وَقَدَّرَهُۥ مَنَازِلَ لِتَعْلَمُوا۟ عَدَدَ ٱلسِّنِينَ وَٱلْحِسَابَ ۚ مَا خَلَقَ ٱللَّهُ ذَٰلِكَ إِلَّا بِٱلْحَقِّ ۚ يُفَصِّلُ ٱلْءَايَٰتِ لِقَوْمٍ يَعْلَمُونَ

٦ إِنَّ فِى ٱخْتِلَٰفِ ٱلَّيْلِ وَٱلنَّهَارِ وَمَا خَلَقَ ٱللَّهُ فِى ٱلسَّمَٰوَٰتِ وَٱلْأَرْضِ لَءَايَٰتٍ لِّقَوْمٍ يَتَّقُونَ

٧ إِنَّ ٱلَّذِينَ لَا يَرْجُونَ لِقَآءَنَا وَرَضُوا۟ بِٱلْحَيَوٰةِ ٱلدُّنْيَا وَٱطْمَأَنُّوا۟ بِهَا وَٱلَّذِينَ هُمْ عَنْ ءَايَٰتِنَا غَٰفِلُونَ

٨ أُو۟لَٰٓئِكَ مَأْوَىٰهُمُ ٱلنَّارُ بِمَا كَانُوا۟ يَكْسِبُونَ

٩ إِنَّ ٱلَّذِينَ ءَامَنُوا۟ وَعَمِلُوا۟ ٱلصَّٰلِحَٰتِ يَهْدِيهِمْ رَبُّهُم بِإِيمَٰنِهِمْ ۖ تَجْرِى مِن تَحْتِهِمُ ٱلْأَنْهَٰرُ فِى جَنَّٰتِ ٱلنَّعِيمِ

١٠ دَعْوَىٰهُمْ فِيهَا سُبْحَٰنَكَ ٱللَّهُمَّ وَتَحِيَّتُهُمْ فِيهَا سَلَٰمٌ ۚ وَءَاخِرُ دَعْوَىٰهُمْ أَنِ ٱلْحَمْدُ لِلَّهِ رَبِّ ٱلْعَٰلَمِينَ

١١ ۞ وَلَوْ يُعَجِّلُ ٱللَّهُ لِلنَّاسِ ٱلشَّرَّ ٱسْتِعْجَالَهُم بِٱلْخَيْرِ لَقُضِىَ إِلَيْهِمْ أَجَلُهُمْ ۖ فَنَذَرُ ٱلَّذِينَ لَا يَرْجُونَ لِقَآءَنَا فِى طُغْيَٰنِهِمْ يَعْمَهُونَ

١٢ وَإِذَا مَسَّ ٱلْإِنسَٰنَ ٱلضُّرُّ دَعَانَا لِجَنۢبِهِۦٓ أَوْ قَاعِدًا أَوْ قَآئِمًا فَلَمَّا كَشَفْنَا عَنْهُ ضُرَّهُۥ مَرَّ كَأَن لَّمْ يَدْعُنَآ إِلَىٰ ضُرٍّ مَّسَّهُۥ ۚ كَذَٰلِكَ زُيِّنَ لِلْمُسْرِفِينَ مَا كَانُوا۟ يَعْمَلُونَ

١٣ وَلَقَدْ أَهْلَكْنَا ٱلْقُرُونَ مِن قَبْلِكُمْ لَمَّا ظَلَمُوا۟ ۙ وَجَآءَتْهُمْ رُسُلُهُم بِٱلْبَيِّنَٰتِ وَمَا كَانُوا۟ لِيُؤْمِنُوا۟ ۚ كَذَٰلِكَ نَجْزِى ٱلْقَوْمَ ٱلْمُجْرِمِينَ

١٤ ثُمَّ جَعَلْنَٰكُمْ خَلَٰئِفَ فِى ٱلْأَرْضِ مِنۢ بَعْدِهِمْ لِنَنظُرَ كَيْفَ تَعْمَلُونَ

١٥ وَإِذَا تُتْلَىٰ عَلَيْهِمْ ءَايَاتُنَا بَيِّنَاتٍ قَالَ ٱلَّذِينَ لَا يَرْجُونَ لِقَاءَنَا ٱئْتِ بِقُرْءَانٍ غَيْرِ هَٰذَا أَوْ بَدِّلْهُ قُلْ مَا يَكُونُ لِىٓ أَنْ أُبَدِّلَهُ مِن تِلْقَآئِ نَفْسِىٓ إِنْ أَتَّبِعُ إِلَّا مَا يُوحَىٰ إِلَىَّ إِنِّىٓ أَخَافُ إِنْ عَصَيْتُ رَبِّى عَذَابَ يَوْمٍ عَظِيمٍ

١٦ قُل لَّوْ شَآءَ ٱللَّهُ مَا تَلَوْتُهُۥ عَلَيْكُمْ وَلَآ أَدْرَىٰكُم بِهِۦ فَقَدْ لَبِثْتُ فِيكُمْ عُمُرًا مِّن قَبْلِهِۦٓ أَفَلَا تَعْقِلُونَ

١٧ فَمَنْ أَظْلَمُ مِمَّنِ ٱفْتَرَىٰ عَلَى ٱللَّهِ كَذِبًا أَوْ كَذَّبَ بِـَٔايَٰتِهِۦٓ إِنَّهُۥ لَا يُفْلِحُ ٱلْمُجْرِمُونَ

١٨ وَيَعْبُدُونَ مِن دُونِ ٱللَّهِ مَا لَا يَضُرُّهُمْ وَلَا يَنفَعُهُمْ وَيَقُولُونَ هَٰٓؤُلَآءِ شُفَعَٰٓؤُنَا عِندَ ٱللَّهِ قُلْ أَتُنَبِّـُٔونَ ٱللَّهَ بِمَا لَا يَعْلَمُ فِى ٱلسَّمَٰوَٰتِ وَلَا فِى ٱلْأَرْضِ سُبْحَٰنَهُۥ وَتَعَٰلَىٰ عَمَّا يُشْرِكُونَ

١٩ وَمَا كَانَ ٱلنَّاسُ إِلَّآ أُمَّةً وَٰحِدَةً فَٱخْتَلَفُوا۟ وَلَوْلَا كَلِمَةٌ سَبَقَتْ مِن رَّبِّكَ لَقُضِىَ بَيْنَهُمْ فِيمَا فِيهِ يَخْتَلِفُونَ

٢٠ وَيَقُولُونَ لَوْلَآ أُنزِلَ عَلَيْهِ ءَايَةٌ مِّن رَّبِّهِۦ فَقُلْ إِنَّمَا ٱلْغَيْبُ لِلَّهِ فَٱنتَظِرُوٓا۟ إِنِّى مَعَكُم مِّنَ ٱلْمُنتَظِرِينَ

٢١ وَإِذَآ أَذَقْنَا ٱلنَّاسَ رَحْمَةً مِّنۢ بَعْدِ ضَرَّآءَ مَسَّتْهُمْ إِذَا لَهُم مَّكْرٌ فِىٓ ءَايَاتِنَا قُلِ ٱللَّهُ أَسْرَعُ مَكْرًا إِنَّ رُسُلَنَا يَكْتُبُونَ مَا تَمْكُرُونَ

٢٢ هُوَ ٱلَّذِى يُسَيِّرُكُمْ فِى ٱلْبَرِّ وَٱلْبَحْرِ حَتَّىٰ إِذَا كُنتُمْ فِى ٱلْفُلْكِ وَجَرَيْنَ بِهِم بِرِيحٍ طَيِّبَةٍ وَفَرِحُوا۟ بِهَا جَآءَتْهَا رِيحٌ عَاصِفٌ وَجَآءَهُمُ ٱلْمَوْجُ مِن كُلِّ مَكَانٍ وَظَنُّوٓا۟ أَنَّهُمْ أُحِيطَ بِهِمْ دَعَوُا۟ ٱللَّهَ مُخْلِصِينَ لَهُ ٱلدِّينَ لَئِنْ أَنجَيْتَنَا مِنْ هَٰذِهِۦ لَنَكُونَنَّ مِنَ ٱلشَّٰكِرِينَ

٢٣ فَلَمَّآ أَنجَىٰهُمْ إِذَا هُمْ يَبْغُونَ فِى ٱلْأَرْضِ بِغَيْرِ ٱلْحَقِّ يَٰٓأَيُّهَا ٱلنَّاسُ إِنَّمَا بَغْيُكُمْ عَلَىٰٓ أَنفُسِكُم

مَّتَٰعَ ٱلْحَيَوٰةِ ٱلدُّنْيَا ثُمَّ إِلَيْنَا مَرْجِعُكُمْ فَنُنَبِّئُكُم بِمَا كُنتُمْ تَعْمَلُونَ

٢٤ إِنَّمَا مَثَلُ ٱلْحَيَوٰةِ ٱلدُّنْيَا كَمَآءٍ أَنزَلْنَٰهُ مِنَ ٱلسَّمَآءِ فَٱخْتَلَطَ بِهِۦ نَبَاتُ ٱلْأَرْضِ مِمَّا يَأْكُلُ ٱلنَّاسُ وَٱلْأَنْعَٰمُ حَتَّىٰٓ إِذَآ أَخَذَتِ ٱلْأَرْضُ زُخْرُفَهَا وَٱزَّيَّنَتْ وَظَنَّ أَهْلُهَآ أَنَّهُمْ قَٰدِرُونَ عَلَيْهَآ أَتَىٰهَآ أَمْرُنَا لَيْلًا أَوْ نَهَارًا فَجَعَلْنَٰهَا حَصِيدًا كَأَن لَّمْ تَغْنَ بِٱلْأَمْسِ كَذَٰلِكَ نُفَصِّلُ ٱلْءَايَٰتِ لِقَوْمٍ يَتَفَكَّرُونَ

٢٥ وَٱللَّهُ يَدْعُوٓا۟ إِلَىٰ دَارِ ٱلسَّلَٰمِ وَيَهْدِى مَن يَشَآءُ إِلَىٰ صِرَٰطٍ مُّسْتَقِيمٍ

٢٦ ۞ لِّلَّذِينَ أَحْسَنُوا۟ ٱلْحُسْنَىٰ وَزِيَادَةٌ وَلَا يَرْهَقُ وُجُوهَهُمْ قَتَرٌ وَلَا ذِلَّةٌ أُو۟لَٰٓئِكَ أَصْحَٰبُ ٱلْجَنَّةِ هُمْ فِيهَا خَٰلِدُونَ

٢٧ وَٱلَّذِينَ كَسَبُوا۟ ٱلسَّيِّـَٔاتِ جَزَآءُ سَيِّئَةٍۭ بِمِثْلِهَا وَتَرْهَقُهُمْ ذِلَّةٌ مَّا لَهُم مِّنَ ٱللَّهِ مِنْ عَاصِمٍ كَأَنَّمَآ أُغْشِيَتْ وُجُوهُهُمْ قِطَعًا مِّنَ ٱلَّيْلِ مُظْلِمًا أُو۟لَٰٓئِكَ أَصْحَٰبُ ٱلنَّارِ هُمْ فِيهَا خَٰلِدُونَ

٢٨ وَيَوْمَ نَحْشُرُهُمْ جَمِيعًا ثُمَّ نَقُولُ لِلَّذِينَ أَشْرَكُوا۟ مَكَانَكُمْ أَنتُمْ وَشُرَكَآؤُكُمْ فَزَيَّلْنَا بَيْنَهُمْ وَقَالَ شُرَكَآؤُهُم مَّا كُنتُمْ إِيَّانَا تَعْبُدُونَ

٢٩ فَكَفَىٰ بِٱللَّهِ شَهِيدًۢا بَيْنَنَا وَبَيْنَكُمْ إِن كُنَّا عَنْ عِبَادَتِكُمْ لَغَٰفِلِينَ

٣٠ هُنَالِكَ تَبْلُوا۟ كُلُّ نَفْسٍ مَّآ أَسْلَفَتْ وَرُدُّوٓا۟ إِلَى ٱللَّهِ مَوْلَىٰهُمُ ٱلْحَقِّ وَضَلَّ عَنْهُم مَّا كَانُوا۟ يَفْتَرُونَ

٣١ قُلْ مَن يَرْزُقُكُم مِّنَ ٱلسَّمَآءِ وَٱلْأَرْضِ أَمَّن يَمْلِكُ ٱلسَّمْعَ وَٱلْأَبْصَٰرَ وَمَن يُخْرِجُ ٱلْحَىَّ مِنَ ٱلْمَيِّتِ وَيُخْرِجُ ٱلْمَيِّتَ مِنَ ٱلْحَىِّ وَمَن يُدَبِّرُ ٱلْأَمْرَ فَسَيَقُولُونَ ٱللَّهُ فَقُلْ أَفَلَا تَتَّقُونَ

٣٢ فَذَٰلِكُمُ ٱللَّهُ رَبُّكُمُ ٱلْحَقُّ ۖ فَمَاذَا بَعْدَ ٱلْحَقِّ إِلَّا ٱلضَّلَٰلُ ۖ فَأَنَّىٰ تُصْرَفُونَ

٣٣ كَذَٰلِكَ حَقَّتْ كَلِمَتُ رَبِّكَ عَلَى ٱلَّذِينَ فَسَقُوٓا۟ أَنَّهُمْ لَا يُؤْمِنُونَ

٣٤ قُلْ هَلْ مِن شُرَكَآئِكُم مَّن يَبْدَؤُا۟ ٱلْخَلْقَ ثُمَّ يُعِيدُهُۥ ۚ قُلِ ٱللَّهُ يَبْدَؤُا۟ ٱلْخَلْقَ ثُمَّ يُعِيدُهُۥ ۖ فَأَنَّىٰ تُؤْفَكُونَ

٣٥ قُلْ هَلْ مِن شُرَكَآئِكُم مَّن يَهْدِىٓ إِلَى ٱلْحَقِّ ۚ قُلِ ٱللَّهُ يَهْدِى لِلْحَقِّ ۗ أَفَمَن يَهْدِىٓ إِلَى ٱلْحَقِّ أَحَقُّ أَن يُتَّبَعَ أَمَّن لَّا يَهِدِّىٓ إِلَّآ أَن يُهْدَىٰ ۖ فَمَا لَكُمْ كَيْفَ تَحْكُمُونَ

٣٦ وَمَا يَتَّبِعُ أَكْثَرُهُمْ إِلَّا ظَنًّا ۚ إِنَّ ٱلظَّنَّ لَا يُغْنِى مِنَ ٱلْحَقِّ شَيْـًٔا ۚ إِنَّ ٱللَّهَ عَلِيمٌۢ بِمَا يَفْعَلُونَ

٣٧ وَمَا كَانَ هَٰذَا ٱلْقُرْءَانُ أَن يُفْتَرَىٰ مِن دُونِ ٱللَّهِ وَلَٰكِن تَصْدِيقَ ٱلَّذِى بَيْنَ يَدَيْهِ وَتَفْصِيلَ ٱلْكِتَٰبِ لَا رَيْبَ فِيهِ مِن رَّبِّ ٱلْعَٰلَمِينَ

٣٨ أَمْ يَقُولُونَ ٱفْتَرَىٰهُ ۖ قُلْ فَأْتُوا۟ بِسُورَةٍ مِّثْلِهِۦ وَٱدْعُوا۟ مَنِ ٱسْتَطَعْتُم مِّن دُونِ ٱللَّهِ إِن كُنتُمْ صَٰدِقِينَ

٣٩ بَلْ كَذَّبُوا۟ بِمَا لَمْ يُحِيطُوا۟ بِعِلْمِهِۦ وَلَمَّا يَأْتِهِمْ تَأْوِيلُهُۥ ۚ كَذَٰلِكَ كَذَّبَ ٱلَّذِينَ مِن قَبْلِهِمْ ۖ فَٱنظُرْ كَيْفَ كَانَ عَٰقِبَةُ ٱلظَّٰلِمِينَ

٤٠ وَمِنْهُم مَّن يُؤْمِنُ بِهِۦ وَمِنْهُم مَّن لَّا يُؤْمِنُ بِهِۦ ۚ وَرَبُّكَ أَعْلَمُ بِٱلْمُفْسِدِينَ

٤١ وَإِن كَذَّبُوكَ فَقُل لِّى عَمَلِى وَلَكُمْ عَمَلُكُمْ ۖ أَنتُم بَرِيٓـُٔونَ مِمَّآ أَعْمَلُ وَأَنَا۠ بَرِىٓءٌ مِّمَّا تَعْمَلُونَ

٤٢ وَمِنْهُم مَّن يَسْتَمِعُونَ إِلَيْكَ ۚ أَفَأَنتَ تُسْمِعُ ٱلصُّمَّ وَلَوْ كَانُوا۟ لَا يَعْقِلُونَ

٤٣ وَمِنْهُم مَّن يَنظُرُ إِلَيْكَ ۚ أَفَأَنتَ تَهْدِى ٱلْعُمْىَ وَلَوْ كَانُوا۟ لَا يُبْصِرُونَ

٤٤ إِنَّ ٱللَّهَ لَا يَظْلِمُ ٱلنَّاسَ شَيْـًٔا وَلَٰكِنَّ ٱلنَّاسَ أَنفُسَهُمْ يَظْلِمُونَ

٤٥ وَيَوْمَ يَحْشُرُهُمْ كَأَن لَّمْ يَلْبَثُوٓا۟ إِلَّا سَاعَةً مِّنَ ٱلنَّهَارِ يَتَعَارَفُونَ بَيْنَهُمْ ۚ قَدْ خَسِرَ ٱلَّذِينَ كَذَّبُوا۟ بِلِقَآءِ ٱللَّهِ وَمَا كَانُوا۟ مُهْتَدِينَ

٤٦ وَإِمَّا نُرِيَنَّكَ بَعْضَ ٱلَّذِى نَعِدُهُمْ أَوْ نَتَوَفَّيَنَّكَ فَإِلَيْنَا مَرْجِعُهُمْ ثُمَّ ٱللَّهُ شَهِيدٌ عَلَىٰ مَا يَفْعَلُونَ

٤٧ وَلِكُلِّ أُمَّةٍ رَّسُولٌ ۖ فَإِذَا جَآءَ رَسُولُهُمْ قُضِىَ بَيْنَهُم بِٱلْقِسْطِ وَهُمْ لَا يُظْلَمُونَ

٤٨ وَيَقُولُونَ مَتَىٰ هَٰذَا ٱلْوَعْدُ إِن كُنتُمْ صَٰدِقِينَ

٤٩ قُل لَّآ أَمْلِكُ لِنَفْسِى ضَرًّا وَلَا نَفْعًا إِلَّا مَا شَآءَ ٱللَّهُ ۗ لِكُلِّ أُمَّةٍ أَجَلٌ ۚ إِذَا جَآءَ أَجَلُهُمْ فَلَا يَسْتَـْٔخِرُونَ سَاعَةً ۖ وَلَا يَسْتَقْدِمُونَ

٥٠ قُلْ أَرَءَيْتُمْ إِنْ أَتَىٰكُمْ عَذَابُهُۥ بَيَٰتًا أَوْ نَهَارًا مَّاذَا يَسْتَعْجِلُ مِنْهُ ٱلْمُجْرِمُونَ

٥١ أَثُمَّ إِذَا مَا وَقَعَ ءَامَنتُم بِهِۦٓ ۚ ءَآلْـَٰٔنَ وَقَدْ كُنتُم بِهِۦ تَسْتَعْجِلُونَ

٥٢ ثُمَّ قِيلَ لِلَّذِينَ ظَلَمُوا۟ ذُوقُوا۟ عَذَابَ ٱلْخُلْدِ هَلْ تُجْزَوْنَ إِلَّا بِمَا كُنتُمْ تَكْسِبُونَ

٥٣ ۞ وَيَسْتَنۢبِـُٔونَكَ أَحَقٌّ هُوَ ۖ قُلْ إِى وَرَبِّىٓ إِنَّهُۥ لَحَقٌّ ۖ وَمَآ أَنتُم بِمُعْجِزِينَ

٥٤ وَلَوْ أَنَّ لِكُلِّ نَفْسٍ ظَلَمَتْ مَا فِى ٱلْأَرْضِ لَٱفْتَدَتْ بِهِۦ ۗ وَأَسَرُّوا۟ ٱلنَّدَامَةَ لَمَّا رَأَوُا۟ ٱلْعَذَابَ ۖ وَقُضِىَ بَيْنَهُم بِٱلْقِسْطِ ۚ وَهُمْ لَا يُظْلَمُونَ

٥٥ أَلَآ إِنَّ لِلَّهِ مَا فِى ٱلسَّمَٰوَٰتِ وَٱلْأَرْضِ ۗ أَلَآ إِنَّ وَعْدَ ٱللَّهِ حَقٌّ وَلَٰكِنَّ أَكْثَرَهُمْ لَا يَعْلَمُونَ

٥٦ هُوَ يُحْىِۦ وَيُمِيتُ وَإِلَيْهِ تُرْجَعُونَ

٥٧ يَـٰٓأَيُّهَا ٱلنَّاسُ قَدْ جَآءَتْكُم مَّوْعِظَةٌ مِّن رَّبِّكُمْ وَشِفَآءٌ لِّمَا فِى ٱلصُّدُورِ وَهُدًى وَرَحْمَةٌ لِّلْمُؤْمِنِينَ

٥٨ قُلْ بِفَضْلِ ٱللَّهِ وَبِرَحْمَتِهِۦ فَبِذَٰلِكَ فَلْيَفْرَحُوا۟ هُوَ خَيْرٌ مِّمَّا يَجْمَعُونَ

٥٩ قُلْ أَرَءَيْتُم مَّآ أَنزَلَ ٱللَّهُ لَكُم مِّن رِّزْقٍ فَجَعَلْتُم مِّنْهُ حَرَامًا وَحَلَـٰلًا قُلْ ءَآللَّهُ أَذِنَ لَكُمْ أَمْ عَلَى ٱللَّهِ تَفْتَرُونَ

٦٠ وَمَا ظَنُّ ٱلَّذِينَ يَفْتَرُونَ عَلَى ٱللَّهِ ٱلْكَذِبَ يَوْمَ ٱلْقِيَـٰمَةِ إِنَّ ٱللَّهَ لَذُو فَضْلٍ عَلَى ٱلنَّاسِ وَلَـٰكِنَّ أَكْثَرَهُمْ لَا يَشْكُرُونَ

٦١ وَمَا تَكُونُ فِى شَأْنٍ وَمَا تَتْلُوا۟ مِنْهُ مِن قُرْءَانٍ وَلَا تَعْمَلُونَ مِنْ عَمَلٍ إِلَّا كُنَّا عَلَيْكُمْ شُهُودًا إِذْ تُفِيضُونَ فِيهِ وَمَا يَعْزُبُ عَن رَّبِّكَ مِن مِّثْقَالِ ذَرَّةٍ فِى ٱلْأَرْضِ وَلَا فِى ٱلسَّمَآءِ وَلَآ أَصْغَرَ مِن ذَٰلِكَ وَلَآ أَكْبَرَ إِلَّا فِى كِتَـٰبٍ مُّبِينٍ

٦٢ أَلَآ إِنَّ أَوْلِيَآءَ ٱللَّهِ لَا خَوْفٌ عَلَيْهِمْ وَلَا هُمْ يَحْزَنُونَ

٦٣ ٱلَّذِينَ ءَامَنُوا۟ وَكَانُوا۟ يَتَّقُونَ

٦٤ لَهُمُ ٱلْبُشْرَىٰ فِى ٱلْحَيَوٰةِ ٱلدُّنْيَا وَفِى ٱلْءَاخِرَةِ لَا تَبْدِيلَ لِكَلِمَـٰتِ ٱللَّهِ ذَٰلِكَ هُوَ ٱلْفَوْزُ ٱلْعَظِيمُ

٦٥ وَلَا يَحْزُنكَ قَوْلُهُمْ إِنَّ ٱلْعِزَّةَ لِلَّهِ جَمِيعًا هُوَ ٱلسَّمِيعُ ٱلْعَلِيمُ

٦٦ أَلَآ إِنَّ لِلَّهِ مَن فِى ٱلسَّمَـٰوَٰتِ وَمَن فِى ٱلْأَرْضِ وَمَا يَتَّبِعُ ٱلَّذِينَ يَدْعُونَ مِن دُونِ ٱللَّهِ شُرَكَآءَ إِن يَتَّبِعُونَ إِلَّا ٱلظَّنَّ وَإِنْ هُمْ إِلَّا يَخْرُصُونَ

٦٧ هُوَ ٱلَّذِى جَعَلَ لَكُمُ ٱلَّيْلَ لِتَسْكُنُوا۟ فِيهِ وَٱلنَّهَارَ مُبْصِرًا إِنَّ فِى ذَٰلِكَ لَءَايَـٰتٍ لِّقَوْمٍ يَسْمَعُونَ

٦٨ قَالُوا۟ ٱتَّخَذَ ٱللَّهُ وَلَدًا سُبْحَـٰنَهُۥ هُوَ ٱلْغَنِىُّ لَهُۥ مَا فِى ٱلسَّمَـٰوَٰتِ وَمَا فِى ٱلْأَرْضِ إِنْ عِندَكُم مِّن سُلْطَـٰنٍ بِهَـٰذَآ أَتَقُولُونَ عَلَى ٱللَّهِ مَا لَا تَعْلَمُونَ

٦٩ قُلْ إِنَّ ٱلَّذِينَ يَفْتَرُونَ عَلَى ٱللَّهِ ٱلْكَذِبَ لَا يُفْلِحُونَ

٧٠ مَتَـٰعٌ فِى ٱلدُّنْيَا ثُمَّ إِلَيْنَا مَرْجِعُهُمْ ثُمَّ نُذِيقُهُمُ ٱلْعَذَابَ ٱلشَّدِيدَ بِمَا كَانُوا۟ يَكْفُرُونَ

٧١ وَٱتْلُ عَلَيْهِمْ نَبَأَ نُوحٍ إِذْ قَالَ لِقَوْمِهِۦ ۞ يَـٰقَوْمِ إِن كَانَ كَبُرَ عَلَيْكُم مَّقَامِى وَتَذْكِيرِى بِـَٔايَـٰتِ ٱللَّهِ فَعَلَى ٱللَّهِ تَوَكَّلْتُ فَأَجْمِعُوٓا۟ أَمْرَكُمْ وَشُرَكَآءَكُمْ ثُمَّ لَا يَكُنْ أَمْرُكُمْ عَلَيْكُمْ غُمَّةً ثُمَّ ٱقْضُوٓا۟ إِلَىَّ وَلَا تُنظِرُونَ

٧٢ فَإِن تَوَلَّيْتُمْ فَمَا سَأَلْتُكُم مِّنْ أَجْرٍ إِنْ أَجْرِىَ إِلَّا عَلَى ٱللَّهِ وَأُمِرْتُ أَنْ أَكُونَ مِنَ ٱلْمُسْلِمِينَ

٧٣ فَكَذَّبُوهُ فَنَجَّيْنَـٰهُ وَمَن مَّعَهُۥ فِى ٱلْفُلْكِ وَجَعَلْنَـٰهُمْ خَلَـٰٓئِفَ وَأَغْرَقْنَا ٱلَّذِينَ كَذَّبُوا۟ بِـَٔايَـٰتِنَا فَٱنظُرْ كَيْفَ كَانَ عَـٰقِبَةُ ٱلْمُنذَرِينَ

٧٤ ثُمَّ بَعَثْنَا مِنۢ بَعْدِهِۦ رُسُلًا إِلَىٰ قَوْمِهِمْ فَجَآءُوهُم بِٱلْبَيِّنَـٰتِ فَمَا كَانُوا۟ لِيُؤْمِنُوا۟ بِمَا كَذَّبُوا۟ بِهِۦ مِن قَبْلُ كَذَٰلِكَ نَطْبَعُ عَلَىٰ قُلُوبِ ٱلْمُعْتَدِينَ

٧٥ ثُمَّ بَعَثْنَا مِنۢ بَعْدِهِم مُّوسَىٰ وَهَـٰرُونَ إِلَىٰ فِرْعَوْنَ وَمَلَإِي۟هِۦ بِـَٔايَـٰتِنَا فَٱسْتَكْبَرُوا۟ وَكَانُوا۟ قَوْمًا مُّجْرِمِينَ

٧٦ فَلَمَّا جَآءَهُمُ ٱلْحَقُّ مِنْ عِندِنَا قَالُوٓا۟ إِنَّ هَـٰذَا لَسِحْرٌ مُّبِينٌ

٧٧ قَالَ مُوسَىٰٓ أَتَقُولُونَ لِلْحَقِّ لَمَّا جَآءَكُمْ أَسِحْرٌ هَـٰذَا وَلَا يُفْلِحُ ٱلسَّـٰحِرُونَ

٧٨ قَالُوٓاْ أَجِئْتَنَا لِتَلْفِتَنَا عَمَّا وَجَدْنَا عَلَيْهِ ءَابَآءَنَا وَتَكُونَ لَكُمَا ٱلْكِبْرِيَآءُ فِى ٱلْأَرْضِ وَمَا نَحْنُ لَكُمَا بِمُؤْمِنِينَ

٧٩ وَقَالَ فِرْعَوْنُ ٱئْتُونِى بِكُلِّ سَٰحِرٍ عَلِيمٍ

٨٠ فَلَمَّا جَآءَ ٱلسَّحَرَةُ قَالَ لَهُم مُّوسَىٰٓ أَلْقُواْ مَآ أَنتُم مُّلْقُونَ

٨١ فَلَمَّآ أَلْقَوْاْ قَالَ مُوسَىٰ مَا جِئْتُم بِهِ ٱلسِّحْرُ إِنَّ ٱللَّهَ سَيُبْطِلُهُۥٓ إِنَّ ٱللَّهَ لَا يُصْلِحُ عَمَلَ ٱلْمُفْسِدِينَ

٨٢ وَيُحِقُّ ٱللَّهُ ٱلْحَقَّ بِكَلِمَٰتِهِۦ وَلَوْ كَرِهَ ٱلْمُجْرِمُونَ

٨٣ فَمَآ ءَامَنَ لِمُوسَىٰٓ إِلَّا ذُرِّيَّةٌ مِّن قَوْمِهِۦ عَلَىٰ خَوْفٍ مِّن فِرْعَوْنَ وَمَلَإِيْهِمْ أَن يَفْتِنَهُمْ وَإِنَّ فِرْعَوْنَ لَعَالٍ فِى ٱلْأَرْضِ وَإِنَّهُۥ لَمِنَ ٱلْمُسْرِفِينَ

٨٤ وَقَالَ مُوسَىٰ يَٰقَوْمِ إِن كُنتُمْ ءَامَنتُم بِٱللَّهِ فَعَلَيْهِ تَوَكَّلُوٓاْ إِن كُنتُم مُّسْلِمِينَ

٨٥ فَقَالُواْ عَلَى ٱللَّهِ تَوَكَّلْنَا رَبَّنَا لَا تَجْعَلْنَا فِتْنَةً لِّلْقَوْمِ ٱلظَّٰلِمِينَ

٨٦ وَنَجِّنَا بِرَحْمَتِكَ مِنَ ٱلْقَوْمِ ٱلْكَٰفِرِينَ

٨٧ وَأَوْحَيْنَآ إِلَىٰ مُوسَىٰ وَأَخِيهِ أَن تَبَوَّءَا لِقَوْمِكُمَا بِمِصْرَ بُيُوتًا وَٱجْعَلُواْ بُيُوتَكُمْ قِبْلَةً وَأَقِيمُواْ ٱلصَّلَوٰةَ وَبَشِّرِ ٱلْمُؤْمِنِينَ

٨٨ وَقَالَ مُوسَىٰ رَبَّنَآ إِنَّكَ ءَاتَيْتَ فِرْعَوْنَ وَمَلَأَهُۥ زِينَةً وَأَمْوَٰلًا فِى ٱلْحَيَوٰةِ ٱلدُّنْيَا رَبَّنَا لِيُضِلُّواْ عَن سَبِيلِكَ رَبَّنَا ٱطْمِسْ عَلَىٰٓ أَمْوَٰلِهِمْ وَٱشْدُدْ عَلَىٰ قُلُوبِهِمْ فَلَا يُؤْمِنُواْ حَتَّىٰ يَرَوُاْ ٱلْعَذَابَ ٱلْأَلِيمَ

٨٩ قَالَ قَدْ أُجِيبَت دَّعْوَتُكُمَا فَٱسْتَقِيمَا وَلَا تَتَّبِعَآنِّ سَبِيلَ ٱلَّذِينَ لَا يَعْلَمُونَ

٩٠ وَجَٰوَزْنَا بِبَنِىٓ إِسْرَٰٓءِيلَ ٱلْبَحْرَ فَأَتْبَعَهُمْ فِرْعَوْنُ وَجُنُودُهُۥ بَغْيًا وَعَدْوًا حَتَّىٰٓ إِذَآ أَدْرَكَهُ ٱلْغَرَقُ قَالَ ءَامَنتُ أَنَّهُۥ لَآ إِلَٰهَ إِلَّا ٱلَّذِىٓ ءَامَنَتْ بِهِۦ بَنُوٓاْ إِسْرَٰٓءِيلَ وَأَنَا۠ مِنَ ٱلْمُسْلِمِينَ

٩١ ءَآلْـَٰٔنَ وَقَدْ عَصَيْتَ قَبْلُ وَكُنتَ مِنَ ٱلْمُفْسِدِينَ

٩٢ فَٱلْيَوْمَ نُنَجِّيكَ بِبَدَنِكَ لِتَكُونَ لِمَنْ خَلْفَكَ ءَايَةً وَإِنَّ كَثِيرًا مِّنَ ٱلنَّاسِ عَنْ ءَايَٰتِنَا لَغَٰفِلُونَ

٩٣ وَلَقَدْ بَوَّأْنَا بَنِىٓ إِسْرَٰٓءِيلَ مُبَوَّأَ صِدْقٍ وَرَزَقْنَٰهُم مِّنَ ٱلطَّيِّبَٰتِ فَمَا ٱخْتَلَفُواْ حَتَّىٰ جَآءَهُمُ ٱلْعِلْمُ إِنَّ رَبَّكَ يَقْضِى بَيْنَهُمْ يَوْمَ ٱلْقِيَٰمَةِ فِيمَا كَانُواْ فِيهِ يَخْتَلِفُونَ

٩٤ فَإِن كُنتَ فِى شَكٍّ مِّمَّآ أَنزَلْنَآ إِلَيْكَ فَسْـَٔلِ ٱلَّذِينَ يَقْرَءُونَ ٱلْكِتَٰبَ مِن قَبْلِكَ لَقَدْ جَآءَكَ ٱلْحَقُّ مِن رَّبِّكَ فَلَا تَكُونَنَّ مِنَ ٱلْمُمْتَرِينَ

٩٥ وَلَا تَكُونَنَّ مِنَ ٱلَّذِينَ كَذَّبُواْ بِـَٔايَٰتِ ٱللَّهِ فَتَكُونَ مِنَ ٱلْخَٰسِرِينَ

٩٦ إِنَّ ٱلَّذِينَ حَقَّتْ عَلَيْهِمْ كَلِمَتُ رَبِّكَ لَا يُؤْمِنُونَ

٩٧ وَلَوْ جَآءَتْهُمْ كُلُّ ءَايَةٍ حَتَّىٰ يَرَوُاْ ٱلْعَذَابَ ٱلْأَلِيمَ

٩٨ فَلَوْلَا كَانَتْ قَرْيَةٌ ءَامَنَتْ فَنَفَعَهَآ إِيمَٰنُهَآ إِلَّا قَوْمَ يُونُسَ لَمَّآ ءَامَنُواْ كَشَفْنَا عَنْهُمْ عَذَابَ ٱلْخِزْىِ فِى ٱلْحَيَوٰةِ ٱلدُّنْيَا وَمَتَّعْنَٰهُمْ إِلَىٰ حِينٍ

٩٩ وَلَوْ شَآءَ رَبُّكَ لَءَامَنَ مَن فِى ٱلْأَرْضِ كُلُّهُمْ جَمِيعًا أَفَأَنتَ تُكْرِهُ ٱلنَّاسَ حَتَّىٰ يَكُونُواْ مُؤْمِنِينَ

١٠٠ وَمَا كَانَ لِنَفْسٍ أَن تُؤْمِنَ إِلَّا بِإِذْنِ ٱللَّهِ وَيَجْعَلُ ٱلرِّجْسَ عَلَى ٱلَّذِينَ لَا يَعْقِلُونَ

١٠١ قُلِ ٱنظُرُوا۟ مَاذَا فِى ٱلسَّمَٰوَٰتِ وَٱلْأَرْضِ ۚ وَمَا تُغْنِى ٱلْءَايَٰتُ وَٱلنُّذُرُ عَن قَوْمٍ لَّا يُؤْمِنُونَ

١٠٢ فَهَلْ يَنتَظِرُونَ إِلَّا مِثْلَ أَيَّامِ ٱلَّذِينَ خَلَوْا۟ مِن قَبْلِهِمْ ۚ قُلْ فَٱنتَظِرُوٓا۟ إِنِّى مَعَكُم مِّنَ ٱلْمُنتَظِرِينَ

١٠٣ ثُمَّ نُنَجِّى رُسُلَنَا وَٱلَّذِينَ ءَامَنُوا۟ ۚ كَذَٰلِكَ حَقًّا عَلَيْنَا نُنجِ ٱلْمُؤْمِنِينَ

١٠٤ قُلْ يَٰٓأَيُّهَا ٱلنَّاسُ إِن كُنتُمْ فِى شَكٍّ مِّن دِينِى فَلَا أَعْبُدُ ٱلَّذِينَ تَعْبُدُونَ مِن دُونِ ٱللَّهِ وَلَٰكِنْ أَعْبُدُ ٱللَّهَ ٱلَّذِى يَتَوَفَّىٰكُمْ ۖ وَأُمِرْتُ أَنْ أَكُونَ مِنَ ٱلْمُؤْمِنِينَ

١٠٥ وَأَنْ أَقِمْ وَجْهَكَ لِلدِّينِ حَنِيفًا وَلَا تَكُونَنَّ مِنَ ٱلْمُشْرِكِينَ

١٠٦ وَلَا تَدْعُ مِن دُونِ ٱللَّهِ مَا لَا يَنفَعُكَ وَلَا يَضُرُّكَ ۖ فَإِن فَعَلْتَ فَإِنَّكَ إِذًا مِّنَ ٱلظَّٰلِمِينَ

١٠٧ وَإِن يَمْسَسْكَ ٱللَّهُ بِضُرٍّ فَلَا كَاشِفَ لَهُۥ إِلَّا هُوَ ۖ وَإِن يُرِدْكَ بِخَيْرٍ فَلَا رَآدَّ لِفَضْلِهِۦ ۚ يُصِيبُ بِهِۦ مَن يَشَآءُ مِنْ عِبَادِهِۦ ۚ وَهُوَ ٱلْغَفُورُ ٱلرَّحِيمُ

١٠٨ قُلْ يَٰٓأَيُّهَا ٱلنَّاسُ قَدْ جَآءَكُمُ ٱلْحَقُّ مِن رَّبِّكُمْ ۖ فَمَنِ ٱهْتَدَىٰ فَإِنَّمَا يَهْتَدِى لِنَفْسِهِۦ ۖ وَمَن ضَلَّ فَإِنَّمَا يَضِلُّ عَلَيْهَا ۚ وَمَآ أَنَا۠ عَلَيْكُم بِوَكِيلٍ

١٠٩ وَٱتَّبِعْ مَا يُوحَىٰ إِلَيْكَ وَٱصْبِرْ حَتَّىٰ يَحْكُمَ ٱللَّهُ ۚ وَهُوَ خَيْرُ ٱلْحَٰكِمِينَ

سورة هود

١ الٓر ۚ كِتَٰبٌ أُحْكِمَتْ ءَايَٰتُهُۥ ثُمَّ فُصِّلَتْ مِن لَّدُنْ حَكِيمٍ خَبِيرٍ

٢ أَلَّا تَعْبُدُوٓا۟ إِلَّا ٱللَّهَ ۚ إِنَّنِى لَكُم مِّنْهُ نَذِيرٌ وَبَشِيرٌ

٣ وَأَنِ ٱسْتَغْفِرُوا۟ رَبَّكُمْ ثُمَّ تُوبُوٓا۟ إِلَيْهِ يُمَتِّعْكُم مَّتَٰعًا حَسَنًا إِلَىٰٓ أَجَلٍ مُّسَمًّى وَيُؤْتِ كُلَّ ذِى فَضْلٍ فَضْلَهُۥ ۖ وَإِن تَوَلَّوْا۟ فَإِنِّىٓ أَخَافُ عَلَيْكُمْ عَذَابَ يَوْمٍ كَبِيرٍ

٤ إِلَى ٱللَّهِ مَرْجِعُكُمْ ۖ وَهُوَ عَلَىٰ كُلِّ شَىْءٍ قَدِيرٌ

٥ أَلَآ إِنَّهُمْ يَثْنُونَ صُدُورَهُمْ لِيَسْتَخْفُوا۟ مِنْهُ ۚ أَلَا حِينَ يَسْتَغْشُونَ ثِيَابَهُمْ يَعْلَمُ مَا يُسِرُّونَ وَمَا يُعْلِنُونَ ۚ إِنَّهُۥ عَلِيمٌۢ بِذَاتِ ٱلصُّدُورِ

٦ ۞ وَمَا مِن دَآبَّةٍ فِى ٱلْأَرْضِ إِلَّا عَلَى ٱللَّهِ رِزْقُهَا وَيَعْلَمُ مُسْتَقَرَّهَا وَمُسْتَوْدَعَهَا ۚ كُلٌّ فِى كِتَٰبٍ مُّبِينٍ

٧ وَهُوَ ٱلَّذِى خَلَقَ ٱلسَّمَٰوَٰتِ وَٱلْأَرْضَ فِى سِتَّةِ أَيَّامٍ وَكَانَ عَرْشُهُۥ عَلَى ٱلْمَآءِ لِيَبْلُوَكُمْ أَيُّكُمْ أَحْسَنُ عَمَلًا ۗ وَلَئِن قُلْتَ إِنَّكُم مَّبْعُوثُونَ مِنۢ بَعْدِ ٱلْمَوْتِ لَيَقُولَنَّ ٱلَّذِينَ كَفَرُوٓا۟ إِنْ هَٰذَآ إِلَّا سِحْرٌ مُّبِينٌ

٨ وَلَئِنْ أَخَّرْنَا عَنْهُمُ ٱلْعَذَابَ إِلَىٰٓ أُمَّةٍ مَّعْدُودَةٍ لَّيَقُولُنَّ مَا يَحْبِسُهُۥ ۗ أَلَا يَوْمَ يَأْتِيهِمْ لَيْسَ مَصْرُوفًا عَنْهُمْ وَحَاقَ بِهِم مَّا كَانُوا۟ بِهِۦ يَسْتَهْزِءُونَ

٩ وَلَئِنْ أَذَقْنَا ٱلْإِنسَٰنَ مِنَّا رَحْمَةً ثُمَّ نَزَعْنَٰهَا مِنْهُ إِنَّهُۥ لَيَـُٔوسٌ كَفُورٌ

١٠ وَلَئِنْ أَذَقْنَٰهُ نَعْمَآءَ بَعْدَ ضَرَّآءَ مَسَّتْهُ لَيَقُولَنَّ ذَهَبَ ٱلسَّيِّـَٔاتُ عَنِّىٓ ۚ إِنَّهُۥ لَفَرِحٌ فَخُورٌ

١١ إِلَّا ٱلَّذِينَ صَبَرُوا۟ وَعَمِلُوا۟ ٱلصَّٰلِحَٰتِ أُو۟لَٰٓئِكَ لَهُم مَّغْفِرَةٌ وَأَجْرٌ كَبِيرٌ

١٢ فَلَعَلَّكَ تَارِكٌ بَعْضَ مَا يُوحَىٰ إِلَيْكَ وَضَآئِقٌ بِهِۦ صَدْرُكَ أَن يَقُولُوا لَوْلَآ أُنزِلَ عَلَيْهِ كَنزٌ أَوْ جَآءَ مَعَهُۥ مَلَكٌ إِنَّمَآ أَنتَ نَذِيرٌ وَٱللَّهُ عَلَىٰ كُلِّ شَىْءٍ وَكِيلٌ

١٣ أَمْ يَقُولُونَ ٱفْتَرَىٰهُ قُلْ فَأْتُوا بِعَشْرِ سُوَرٍ مِّثْلِهِۦ مُفْتَرَيَٰتٍ وَٱدْعُوا مَنِ ٱسْتَطَعْتُم مِّن دُونِ ٱللَّهِ إِن كُنتُمْ صَٰدِقِينَ

١٤ فَإِلَّمْ يَسْتَجِيبُوا لَكُمْ فَٱعْلَمُوٓا أَنَّمَآ أُنزِلَ بِعِلْمِ ٱللَّهِ وَأَن لَّآ إِلَٰهَ إِلَّا هُوَ فَهَلْ أَنتُم مُّسْلِمُونَ

١٥ مَن كَانَ يُرِيدُ ٱلْحَيَوٰةَ ٱلدُّنْيَا وَزِينَتَهَا نُوَفِّ إِلَيْهِمْ أَعْمَٰلَهُمْ فِيهَا وَهُمْ فِيهَا لَا يُبْخَسُونَ

١٦ أُو۟لَٰٓئِكَ ٱلَّذِينَ لَيْسَ لَهُمْ فِى ٱلْءَاخِرَةِ إِلَّا ٱلنَّارُ وَحَبِطَ مَا صَنَعُوا فِيهَا وَبَٰطِلٌ مَّا كَانُوا يَعْمَلُونَ

١٧ أَفَمَن كَانَ عَلَىٰ بَيِّنَةٍ مِّن رَّبِّهِۦ وَيَتْلُوهُ شَاهِدٌ مِّنْهُ وَمِن قَبْلِهِۦ كِتَٰبُ مُوسَىٰٓ إِمَامًا وَرَحْمَةً أُو۟لَٰٓئِكَ يُؤْمِنُونَ بِهِۦ وَمَن يَكْفُرْ بِهِۦ مِنَ ٱلْأَحْزَابِ فَٱلنَّارُ مَوْعِدُهُۥ فَلَا تَكُ فِى مِرْيَةٍ مِّنْهُ إِنَّهُ ٱلْحَقُّ مِن رَّبِّكَ وَلَٰكِنَّ أَكْثَرَ ٱلنَّاسِ لَا يُؤْمِنُونَ

١٨ وَمَنْ أَظْلَمُ مِمَّنِ ٱفْتَرَىٰ عَلَى ٱللَّهِ كَذِبًا أُو۟لَٰٓئِكَ يُعْرَضُونَ عَلَىٰ رَبِّهِمْ وَيَقُولُ ٱلْأَشْهَٰدُ هَٰٓؤُلَآءِ ٱلَّذِينَ كَذَبُوا عَلَىٰ رَبِّهِمْ أَلَا لَعْنَةُ ٱللَّهِ عَلَى ٱلظَّٰلِمِينَ

١٩ ٱلَّذِينَ يَصُدُّونَ عَن سَبِيلِ ٱللَّهِ وَيَبْغُونَهَا عِوَجًا وَهُم بِٱلْءَاخِرَةِ هُمْ كَٰفِرُونَ

٢٠ أُو۟لَٰٓئِكَ لَمْ يَكُونُوا مُعْجِزِينَ فِى ٱلْأَرْضِ وَمَا كَانَ لَهُم مِّن دُونِ ٱللَّهِ مِنْ أَوْلِيَآءَ يُضَٰعَفُ لَهُمُ ٱلْعَذَابُ مَا كَانُوا يَسْتَطِيعُونَ ٱلسَّمْعَ وَمَا كَانُوا يُبْصِرُونَ

٢١ أُو۟لَٰٓئِكَ ٱلَّذِينَ خَسِرُوٓا أَنفُسَهُمْ وَضَلَّ عَنْهُم مَّا كَانُوا يَفْتَرُونَ

٢٢ لَا جَرَمَ أَنَّهُمْ فِى ٱلْءَاخِرَةِ هُمُ ٱلْأَخْسَرُونَ

٢٣ إِنَّ ٱلَّذِينَ ءَامَنُوا وَعَمِلُوا ٱلصَّٰلِحَٰتِ وَأَخْبَتُوٓا إِلَىٰ رَبِّهِمْ أُو۟لَٰٓئِكَ أَصْحَٰبُ ٱلْجَنَّةِ هُمْ فِيهَا خَٰلِدُونَ

٢٤ مَثَلُ ٱلْفَرِيقَيْنِ كَٱلْأَعْمَىٰ وَٱلْأَصَمِّ وَٱلْبَصِيرِ وَٱلسَّمِيعِ هَلْ يَسْتَوِيَانِ مَثَلًا أَفَلَا تَذَكَّرُونَ

٢٥ وَلَقَدْ أَرْسَلْنَا نُوحًا إِلَىٰ قَوْمِهِۦٓ إِنِّى لَكُمْ نَذِيرٌ مُّبِينٌ

٢٦ أَن لَّا تَعْبُدُوٓا إِلَّا ٱللَّهَ إِنِّىٓ أَخَافُ عَلَيْكُمْ عَذَابَ يَوْمٍ أَلِيمٍ

٢٧ فَقَالَ ٱلْمَلَأُ ٱلَّذِينَ كَفَرُوا مِن قَوْمِهِۦ مَا نَرَىٰكَ إِلَّا بَشَرًا مِّثْلَنَا وَمَا نَرَىٰكَ ٱتَّبَعَكَ إِلَّا ٱلَّذِينَ هُمْ أَرَاذِلُنَا بَادِىَ ٱلرَّأْىِ وَمَا نَرَىٰ لَكُمْ عَلَيْنَا مِن فَضْلٍ بَلْ نَظُنُّكُمْ كَٰذِبِينَ

٢٨ قَالَ يَٰقَوْمِ أَرَءَيْتُمْ إِن كُنتُ عَلَىٰ بَيِّنَةٍ مِّن رَّبِّى وَءَاتَىٰنِى رَحْمَةً مِّنْ عِندِهِۦ فَعُمِّيَتْ عَلَيْكُمْ أَنُلْزِمُكُمُوهَا وَأَنتُمْ لَهَا كَٰرِهُونَ

٢٩ وَيَٰقَوْمِ لَآ أَسْـَٔلُكُمْ عَلَيْهِ مَالًا إِنْ أَجْرِىَ إِلَّا عَلَى ٱللَّهِ وَمَآ أَنَا بِطَارِدِ ٱلَّذِينَ ءَامَنُوٓا إِنَّهُم مُّلَٰقُوا رَبِّهِمْ وَلَٰكِنِّىٓ أَرَىٰكُمْ قَوْمًا تَجْهَلُونَ

٣٠ وَيَٰقَوْمِ مَن يَنصُرُنِى مِنَ ٱللَّهِ إِن طَرَدتُّهُمْ أَفَلَا تَذَكَّرُونَ

٣١ وَلَآ أَقُولُ لَكُمْ عِندِى خَزَآئِنُ ٱللَّهِ وَلَآ أَعْلَمُ ٱلْغَيْبَ وَلَآ أَقُولُ إِنِّى مَلَكٌ وَلَآ أَقُولُ لِلَّذِينَ تَزْدَرِىٓ أَعْيُنُكُمْ لَن يُؤْتِيَهُمُ ٱللَّهُ خَيْرًا ٱللَّهُ أَعْلَمُ بِمَا فِىٓ أَنفُسِهِمْ إِنِّىٓ إِذًا لَّمِنَ ٱلظَّٰلِمِينَ

٣٢ قَالُوا يَٰنُوحُ قَدْ جَٰدَلْتَنَا فَأَكْثَرْتَ جِدَٰلَنَا فَأْتِنَا بِمَا تَعِدُنَآ إِن كُنتَ مِنَ ٱلصَّٰدِقِينَ

٣٣ قَالَ إِنَّمَا يَأْتِيكُم بِهِ ٱللَّهُ إِن شَاءَ وَمَا أَنتُم بِمُعْجِزِينَ

٣٤ وَلَا يَنفَعُكُمْ نُصْحِىٓ إِنْ أَرَدتُّ أَنْ أَنصَحَ لَكُمْ إِن كَانَ ٱللَّهُ يُرِيدُ أَن يُغْوِيَكُمْ هُوَ رَبُّكُمْ وَإِلَيْهِ تُرْجَعُونَ

٣٥ أَمْ يَقُولُونَ ٱفْتَرَىٰهُ قُلْ إِنِ ٱفْتَرَيْتُهُ فَعَلَىَّ إِجْرَامِى وَأَنَا۠ بَرِىٓءٌ مِّمَّا تُجْرِمُونَ

٣٦ وَأُوحِىَ إِلَىٰ نُوحٍ أَنَّهُۥ لَن يُؤْمِنَ مِن قَوْمِكَ إِلَّا مَن قَدْ ءَامَنَ فَلَا تَبْتَئِسْ بِمَا كَانُوا۟ يَفْعَلُونَ

٣٧ وَٱصْنَعِ ٱلْفُلْكَ بِأَعْيُنِنَا وَوَحْيِنَا وَلَا تُخَٰطِبْنِى فِى ٱلَّذِينَ ظَلَمُوٓا۟ إِنَّهُم مُّغْرَقُونَ

٣٨ وَيَصْنَعُ ٱلْفُلْكَ وَكُلَّمَا مَرَّ عَلَيْهِ مَلَأٌ مِّن قَوْمِهِۦ سَخِرُوا۟ مِنْهُ قَالَ إِن تَسْخَرُوا۟ مِنَّا فَإِنَّا نَسْخَرُ مِنكُمْ كَمَا تَسْخَرُونَ

٣٩ فَسَوْفَ تَعْلَمُونَ مَن يَأْتِيهِ عَذَابٌ يُخْزِيهِ وَيَحِلُّ عَلَيْهِ عَذَابٌ مُّقِيمٌ

٤٠ حَتَّىٰٓ إِذَا جَاءَ أَمْرُنَا وَفَارَ ٱلتَّنُّورُ قُلْنَا ٱحْمِلْ فِيهَا مِن كُلٍّ زَوْجَيْنِ ٱثْنَيْنِ وَأَهْلَكَ إِلَّا مَن سَبَقَ عَلَيْهِ ٱلْقَوْلُ وَمَنْ ءَامَنَ وَمَآ ءَامَنَ مَعَهُۥٓ إِلَّا قَلِيلٌ

٤١ وَقَالَ ٱرْكَبُوا۟ فِيهَا بِسْمِ ٱللَّهِ مَجْر۪ىٰهَا ۩ وَمُرْسَىٰهَآ إِنَّ رَبِّى لَغَفُورٌ رَّحِيمٌ

٤٢ وَهِىَ تَجْرِى بِهِمْ فِى مَوْجٍ كَٱلْجِبَالِ وَنَادَىٰ نُوحٌ ٱبْنَهُۥ وَكَانَ فِى مَعْزِلٍ يَٰبُنَىَّ ٱرْكَب مَّعَنَا وَلَا تَكُن مَّعَ ٱلْكَٰفِرِينَ

٤٣ قَالَ سَـَٔاوِىٓ إِلَىٰ جَبَلٍ يَعْصِمُنِى مِنَ ٱلْمَاءِ قَالَ لَا عَاصِمَ ٱلْيَوْمَ مِنْ أَمْرِ ٱللَّهِ إِلَّا مَن رَّحِمَ وَحَالَ بَيْنَهُمَا ٱلْمَوْجُ فَكَانَ مِنَ ٱلْمُغْرَقِينَ

٤٤ وَقِيلَ يَٰٓأَرْضُ ٱبْلَعِى مَاءَكِ وَيَٰسَمَاءُ أَقْلِعِى وَغِيضَ ٱلْمَاءُ وَقُضِىَ ٱلْأَمْرُ وَٱسْتَوَتْ عَلَى ٱلْجُودِىِّ وَقِيلَ بُعْدًا لِّلْقَوْمِ ٱلظَّٰلِمِينَ

٤٥ وَنَادَىٰ نُوحٌ رَّبَّهُۥ فَقَالَ رَبِّ إِنَّ ٱبْنِى مِنْ أَهْلِى وَإِنَّ وَعْدَكَ ٱلْحَقُّ وَأَنتَ أَحْكَمُ ٱلْحَٰكِمِينَ

٤٦ قَالَ يَٰنُوحُ إِنَّهُۥ لَيْسَ مِنْ أَهْلِكَ إِنَّهُۥ عَمَلٌ غَيْرُ صَٰلِحٍ فَلَا تَسْـَٔلْنِ مَا لَيْسَ لَكَ بِهِۦ عِلْمٌ إِنِّىٓ أَعِظُكَ أَن تَكُونَ مِنَ ٱلْجَٰهِلِينَ

٤٧ قَالَ رَبِّ إِنِّىٓ أَعُوذُ بِكَ أَنْ أَسْـَٔلَكَ مَا لَيْسَ لِى بِهِۦ عِلْمٌ وَإِلَّا تَغْفِرْ لِى وَتَرْحَمْنِىٓ أَكُن مِّنَ ٱلْخَٰسِرِينَ

٤٨ قِيلَ يَٰنُوحُ ٱهْبِطْ بِسَلَٰمٍ مِّنَّا وَبَرَكَٰتٍ عَلَيْكَ وَعَلَىٰٓ أُمَمٍ مِّمَّن مَّعَكَ وَأُمَمٌ سَنُمَتِّعُهُمْ ثُمَّ يَمَسُّهُم مِّنَّا عَذَابٌ أَلِيمٌ

٤٩ تِلْكَ مِنْ أَنۢبَاءِ ٱلْغَيْبِ نُوحِيهَآ إِلَيْكَ مَا كُنتَ تَعْلَمُهَآ أَنتَ وَلَا قَوْمُكَ مِن قَبْلِ هَٰذَا فَٱصْبِرْ إِنَّ ٱلْعَٰقِبَةَ لِلْمُتَّقِينَ

٥٠ وَإِلَىٰ عَادٍ أَخَاهُمْ هُودًا قَالَ يَٰقَوْمِ ٱعْبُدُوا۟ ٱللَّهَ مَا لَكُم مِّنْ إِلَٰهٍ غَيْرُهُۥٓ إِنْ أَنتُمْ إِلَّا مُفْتَرُونَ

٥١ يَٰقَوْمِ لَآ أَسْـَٔلُكُمْ عَلَيْهِ أَجْرًا إِنْ أَجْرِىَ إِلَّا عَلَى ٱلَّذِى فَطَرَنِىٓ أَفَلَا تَعْقِلُونَ

٥٢ وَيَٰقَوْمِ ٱسْتَغْفِرُوا۟ رَبَّكُمْ ثُمَّ تُوبُوٓا۟ إِلَيْهِ يُرْسِلِ ٱلسَّمَاءَ عَلَيْكُم مِّدْرَارًا وَيَزِدْكُمْ قُوَّةً إِلَىٰ قُوَّتِكُمْ وَلَا تَتَوَلَّوْا۟ مُجْرِمِينَ

٥٣ قَالُوا۟ يَٰهُودُ مَا جِئْتَنَا بِبَيِّنَةٍ وَمَا نَحْنُ بِتَارِكِىٓ ءَالِهَتِنَا عَن قَوْلِكَ وَمَا نَحْنُ لَكَ بِمُؤْمِنِينَ

٥٤ إِن نَّقُولُ إِلَّا ٱعْتَرَىٰكَ بَعْضُ ءَالِهَتِنَا بِسُوٓءٍ قَالَ إِنِّىٓ أُشْهِدُ ٱللَّهَ وَٱشْهَدُوٓا۟ أَنِّى بَرِىٓءٌ مِّمَّا تُشْرِكُونَ

٥٥ مِن دُونِهِۦ فَكِيدُونِى جَمِيعًا ثُمَّ لَا تُنظِرُونِ

٥٦ إِنِّى تَوَكَّلْتُ عَلَى ٱللَّهِ رَبِّى وَرَبِّكُم ۚ مَّا مِن دَآبَّةٍ إِلَّا هُوَ ءَاخِذٌۢ بِنَاصِيَتِهَآ ۚ إِنَّ رَبِّى عَلَىٰ صِرَٰطٍ مُّسْتَقِيمٍ

٥٧ فَإِن تَوَلَّوْا فَقَدْ أَبْلَغْتُكُم مَّآ أُرْسِلْتُ بِهِۦٓ إِلَيْكُمْ ۚ وَيَسْتَخْلِفُ رَبِّى قَوْمًا غَيْرَكُمْ وَلَا تَضُرُّونَهُۥ شَيْـًٔا ۚ إِنَّ رَبِّى عَلَىٰ كُلِّ شَىْءٍ حَفِيظٌ

٥٨ وَلَمَّا جَآءَ أَمْرُنَا نَجَّيْنَا هُودًا وَٱلَّذِينَ ءَامَنُوا۟ مَعَهُۥ بِرَحْمَةٍ مِّنَّا وَنَجَّيْنَٰهُم مِّنْ عَذَابٍ غَلِيظٍ

٥٩ وَتِلْكَ عَادٌ ۖ جَحَدُوا۟ بِـَٔايَٰتِ رَبِّهِمْ وَعَصَوْا۟ رُسُلَهُۥ وَٱتَّبَعُوٓا۟ أَمْرَ كُلِّ جَبَّارٍ عَنِيدٍ

٦٠ وَأُتْبِعُوا۟ فِى هَٰذِهِ ٱلدُّنْيَا لَعْنَةً وَيَوْمَ ٱلْقِيَٰمَةِ ۗ أَلَآ إِنَّ عَادًا كَفَرُوا۟ رَبَّهُمْ ۗ أَلَا بُعْدًا لِّعَادٍ قَوْمِ هُودٍ

٦١ وَإِلَىٰ ثَمُودَ أَخَاهُمْ صَٰلِحًا ۚ قَالَ يَٰقَوْمِ ۞ ٱعْبُدُوا۟ ٱللَّهَ مَا لَكُم مِّنْ إِلَٰهٍ غَيْرُهُۥ ۖ هُوَ أَنشَأَكُم مِّنَ ٱلْأَرْضِ وَٱسْتَعْمَرَكُمْ فِيهَا فَٱسْتَغْفِرُوهُ ثُمَّ تُوبُوٓا۟ إِلَيْهِ ۚ إِنَّ رَبِّى قَرِيبٌ مُّجِيبٌ

٦٢ قَالُوا۟ يَٰصَٰلِحُ قَدْ كُنتَ فِينَا مَرْجُوًّا قَبْلَ هَٰذَآ ۖ أَتَنْهَىٰنَآ أَن نَّعْبُدَ مَا يَعْبُدُ ءَابَآؤُنَا وَإِنَّنَا لَفِى شَكٍّ مِّمَّا تَدْعُونَآ إِلَيْهِ مُرِيبٍ

٦٣ قَالَ يَٰقَوْمِ أَرَءَيْتُمْ إِن كُنتُ عَلَىٰ بَيِّنَةٍ مِّن رَّبِّى وَءَاتَىٰنِى مِنْهُ رَحْمَةً فَمَن يَنصُرُنِى مِنَ ٱللَّهِ إِنْ عَصَيْتُهُۥ ۖ فَمَا تَزِيدُونَنِى غَيْرَ تَخْسِيرٍ

٦٤ وَيَٰقَوْمِ هَٰذِهِۦ نَاقَةُ ٱللَّهِ لَكُمْ ءَايَةً فَذَرُوهَا تَأْكُلْ فِىٓ أَرْضِ ٱللَّهِ وَلَا تَمَسُّوهَا بِسُوٓءٍ فَيَأْخُذَكُمْ عَذَابٌ قَرِيبٌ

٦٥ فَعَقَرُوهَا فَقَالَ تَمَتَّعُوا۟ فِى دَارِكُمْ ثَلَٰثَةَ أَيَّامٍ ۖ ذَٰلِكَ وَعْدٌ غَيْرُ مَكْذُوبٍ

٦٦ فَلَمَّا جَآءَ أَمْرُنَا نَجَّيْنَا صَٰلِحًا وَٱلَّذِينَ ءَامَنُوا۟ مَعَهُۥ بِرَحْمَةٍ مِّنَّا وَمِنْ خِزْىِ يَوْمِئِذٍ ۗ إِنَّ رَبَّكَ هُوَ ٱلْقَوِىُّ ٱلْعَزِيزُ

٦٧ وَأَخَذَ ٱلَّذِينَ ظَلَمُوا۟ ٱلصَّيْحَةُ فَأَصْبَحُوا۟ فِى دِيَٰرِهِمْ جَٰثِمِينَ

٦٨ كَأَن لَّمْ يَغْنَوْا۟ فِيهَآ ۗ أَلَآ إِنَّ ثَمُودَا۟ كَفَرُوا۟ رَبَّهُمْ ۗ أَلَا بُعْدًا لِّثَمُودَ

٦٩ وَلَقَدْ جَآءَتْ رُسُلُنَآ إِبْرَٰهِيمَ بِٱلْبُشْرَىٰ قَالُوا۟ سَلَٰمًا ۖ قَالَ سَلَٰمٌ ۖ فَمَا لَبِثَ أَن جَآءَ بِعِجْلٍ حَنِيذٍ

٧٠ فَلَمَّا رَءَآ أَيْدِيَهُمْ لَا تَصِلُ إِلَيْهِ نَكِرَهُمْ وَأَوْجَسَ مِنْهُمْ خِيفَةً ۚ قَالُوا۟ لَا تَخَفْ إِنَّآ أُرْسِلْنَآ إِلَىٰ قَوْمِ لُوطٍ

٧١ وَٱمْرَأَتُهُۥ قَآئِمَةٌ فَضَحِكَتْ فَبَشَّرْنَٰهَا بِإِسْحَٰقَ وَمِن وَرَآءِ إِسْحَٰقَ يَعْقُوبَ

٧٢ قَالَتْ يَٰوَيْلَتَىٰٓ ءَأَلِدُ وَأَنَا۠ عَجُوزٌ وَهَٰذَا بَعْلِى شَيْخًا ۖ إِنَّ هَٰذَا لَشَىْءٌ عَجِيبٌ

٧٣ قَالُوٓا۟ أَتَعْجَبِينَ مِنْ أَمْرِ ٱللَّهِ ۖ رَحْمَتُ ٱللَّهِ وَبَرَكَٰتُهُۥ عَلَيْكُمْ أَهْلَ ٱلْبَيْتِ ۚ إِنَّهُۥ حَمِيدٌ مَّجِيدٌ

٧٤ فَلَمَّا ذَهَبَ عَنْ إِبْرَٰهِيمَ ٱلرَّوْعُ وَجَآءَتْهُ ٱلْبُشْرَىٰ يُجَٰدِلُنَا فِى قَوْمِ لُوطٍ

٧٥ إِنَّ إِبْرَٰهِيمَ لَحَلِيمٌ أَوَّٰهٌ مُّنِيبٌ

٧٦ يَٰٓإِبْرَٰهِيمُ أَعْرِضْ عَنْ هَٰذَآ ۖ إِنَّهُۥ قَدْ جَآءَ أَمْرُ رَبِّكَ ۖ وَإِنَّهُمْ ءَاتِيهِمْ عَذَابٌ غَيْرُ مَرْدُودٍ

٧٧ وَلَمَّا جَآءَتْ رُسُلُنَا لُوطًا سِىٓءَ بِهِمْ وَضَاقَ بِهِمْ ذَرْعًا وَقَالَ هَٰذَا يَوْمٌ عَصِيبٌ

٧٨ وَجَآءَهُۥ قَوْمُهُۥ يُهْرَعُونَ إِلَيْهِ وَمِن قَبْلُ كَانُوا۟ يَعْمَلُونَ ٱلسَّيِّـَٔاتِ ۚ قَالَ يَٰقَوْمِ هَٰٓؤُلَآءِ بَنَاتِى هُنَّ أَطْهَرُ لَكُمْ ۖ فَٱتَّقُوا۟ ٱللَّهَ وَلَا تُخْزُونِ فِى ضَيْفِى ۖ أَلَيْسَ مِنكُمْ رَجُلٌ رَّشِيدٌ

٧٩ قَالُوا۟ لَقَدْ عَلِمْتَ مَا لَنَا فِى بَنَاتِكَ مِنْ حَقٍّ وَإِنَّكَ لَتَعْلَمُ مَا نُرِيدُ

٨٠ قَالَ لَوْ أَنَّ لِى بِكُمْ قُوَّةً أَوْ ءَاوِىٓ إِلَىٰ رُكْنٍ شَدِيدٍ

٨١ قَالُوا۟ يَٰلُوطُ إِنَّا رُسُلُ رَبِّكَ لَن يَصِلُوٓا۟ إِلَيْكَ ۖ فَأَسْرِ بِأَهْلِكَ بِقِطْعٍ مِّنَ ٱلَّيْلِ وَلَا يَلْتَفِتْ مِنكُمْ أَحَدٌ إِلَّا ٱمْرَأَتَكَ ۖ إِنَّهُۥ مُصِيبُهَا مَآ أَصَابَهُمْ ۚ إِنَّ مَوْعِدَهُمُ ٱلصُّبْحُ ۚ أَلَيْسَ ٱلصُّبْحُ بِقَرِيبٍ

٨٢ فَلَمَّا جَآءَ أَمْرُنَا جَعَلْنَا عَٰلِيَهَا سَافِلَهَا وَأَمْطَرْنَا عَلَيْهَا حِجَارَةً مِّن سِجِّيلٍ مَّنضُودٍ

٨٣ مُّسَوَّمَةً عِندَ رَبِّكَ ۖ وَمَا هِىَ مِنَ ٱلظَّٰلِمِينَ بِبَعِيدٍ

٨٤ وَإِلَىٰ مَدْيَنَ أَخَاهُمْ شُعَيْبًا ۚ قَالَ يَٰقَوْمِ ٱعْبُدُوا۟ ٱللَّهَ مَا لَكُم مِّنْ إِلَٰهٍ غَيْرُهُۥ ۖ وَلَا تَنقُصُوا۟ ٱلْمِكْيَالَ وَٱلْمِيزَانَ ۚ إِنِّىٓ أَرَىٰكُم بِخَيْرٍ وَإِنِّىٓ أَخَافُ عَلَيْكُمْ عَذَابَ يَوْمٍ مُّحِيطٍ

٨٥ وَيَٰقَوْمِ أَوْفُوا۟ ٱلْمِكْيَالَ وَٱلْمِيزَانَ بِٱلْقِسْطِ ۖ وَلَا تَبْخَسُوا۟ ٱلنَّاسَ أَشْيَآءَهُمْ وَلَا تَعْثَوْا۟ فِى ٱلْأَرْضِ مُفْسِدِينَ

٨٦ بَقِيَّتُ ٱللَّهِ خَيْرٌ لَّكُمْ إِن كُنتُم مُّؤْمِنِينَ ۚ وَمَآ أَنَا۠ عَلَيْكُم بِحَفِيظٍ

٨٧ قَالُوا۟ يَٰشُعَيْبُ أَصَلَوٰتُكَ تَأْمُرُكَ أَن نَّتْرُكَ مَا يَعْبُدُ ءَابَآؤُنَآ أَوْ أَن نَّفْعَلَ فِىٓ أَمْوَٰلِنَا مَا نَشَٰٓؤُا۟ ۖ إِنَّكَ لَأَنتَ ٱلْحَلِيمُ ٱلرَّشِيدُ

٨٨ قَالَ يَٰقَوْمِ أَرَءَيْتُمْ إِن كُنتُ عَلَىٰ بَيِّنَةٍ مِّن رَّبِّى وَرَزَقَنِى مِنْهُ رِزْقًا حَسَنًا ۚ وَمَآ أُرِيدُ أَنْ أُخَالِفَكُمْ إِلَىٰ مَآ أَنْهَىٰكُمْ عَنْهُ ۚ إِنْ أُرِيدُ إِلَّا ٱلْإِصْلَٰحَ مَا ٱسْتَطَعْتُ ۚ وَمَا تَوْفِيقِىٓ إِلَّا بِٱللَّهِ ۚ عَلَيْهِ تَوَكَّلْتُ وَإِلَيْهِ أُنِيبُ

٨٩ وَيَٰقَوْمِ لَا يَجْرِمَنَّكُمْ شِقَاقِىٓ أَن يُصِيبَكُم مِّثْلُ مَآ أَصَابَ قَوْمَ نُوحٍ أَوْ قَوْمَ هُودٍ أَوْ قَوْمَ صَٰلِحٍ ۚ وَمَا قَوْمُ لُوطٍ مِّنكُم بِبَعِيدٍ

٩٠ وَٱسْتَغْفِرُوا۟ رَبَّكُمْ ثُمَّ تُوبُوٓا۟ إِلَيْهِ ۚ إِنَّ رَبِّى رَحِيمٌ وَدُودٌ

٩١ قَالُوا۟ يَٰشُعَيْبُ مَا نَفْقَهُ كَثِيرًا مِّمَّا تَقُولُ وَإِنَّا لَنَرَىٰكَ فِينَا ضَعِيفًا ۖ وَلَوْلَا رَهْطُكَ لَرَجَمْنَٰكَ ۖ وَمَآ أَنتَ عَلَيْنَا بِعَزِيزٍ

٩٢ قَالَ يَٰقَوْمِ أَرَهْطِىٓ أَعَزُّ عَلَيْكُم مِّنَ ٱللَّهِ وَٱتَّخَذْتُمُوهُ وَرَآءَكُمْ ظِهْرِيًّا ۖ إِنَّ رَبِّى بِمَا تَعْمَلُونَ مُحِيطٌ

٩٣ وَيَٰقَوْمِ ٱعْمَلُوا۟ عَلَىٰ مَكَانَتِكُمْ إِنِّى عَٰمِلٌ ۖ سَوْفَ تَعْلَمُونَ مَن يَأْتِيهِ عَذَابٌ يُخْزِيهِ وَمَنْ هُوَ كَٰذِبٌ ۖ وَٱرْتَقِبُوٓا۟ إِنِّى مَعَكُمْ رَقِيبٌ

٩٤ وَلَمَّا جَآءَ أَمْرُنَا نَجَّيْنَا شُعَيْبًا وَٱلَّذِينَ ءَامَنُوا۟ مَعَهُۥ بِرَحْمَةٍ مِّنَّا وَأَخَذَتِ ٱلَّذِينَ ظَلَمُوا۟ ٱلصَّيْحَةُ فَأَصْبَحُوا۟ فِى دِيَٰرِهِمْ جَٰثِمِينَ

٩٥ كَأَن لَّمْ يَغْنَوْا۟ فِيهَآ ۗ أَلَا بُعْدًا لِّمَدْيَنَ كَمَا بَعِدَتْ ثَمُودُ

٩٦ وَلَقَدْ أَرْسَلْنَا مُوسَىٰ بِـَٔايَٰتِنَا وَسُلْطَٰنٍ مُّبِينٍ

٩٧ إِلَىٰ فِرْعَوْنَ وَمَلَإِي۟هِۦ فَٱتَّبَعُوٓا۟ أَمْرَ فِرْعَوْنَ ۖ وَمَآ أَمْرُ فِرْعَوْنَ بِرَشِيدٍ

٩٨ يَقْدُمُ قَوْمَهُۥ يَوْمَ ٱلْقِيَٰمَةِ فَأَوْرَدَهُمُ ٱلنَّارَ ۖ وَبِئْسَ ٱلْوِرْدُ ٱلْمَوْرُودُ

٩٩ وَأُتْبِعُوا۟ فِى هَٰذِهِۦ لَعْنَةً وَيَوْمَ ٱلْقِيَٰمَةِ ۚ بِئْسَ ٱلرِّفْدُ ٱلْمَرْفُودُ

١٠٠ ذَٰلِكَ مِنْ أَنۢبَآءِ ٱلْقُرَىٰ نَقُصُّهُۥ عَلَيْكَ ۖ مِنْهَا قَآئِمٌ وَحَصِيدٌ

١٠١ وَمَا ظَلَمْنَٰهُمْ وَلَٰكِن ظَلَمُوٓا۟ أَنفُسَهُمْ ۖ فَمَآ أَغْنَتْ عَنْهُمْ ءَالِهَتُهُمُ ٱلَّتِى يَدْعُونَ مِن دُونِ ٱللَّهِ مِن شَىْءٍ لَّمَّا جَآءَ أَمْرُ رَبِّكَ ۖ وَمَا زَادُوهُمْ غَيْرَ تَتْبِيبٍ

١٠٢ وَكَذَٰلِكَ أَخْذُ رَبِّكَ إِذَآ أَخَذَ ٱلْقُرَىٰ وَهِىَ ظَٰلِمَةٌ ۚ إِنَّ أَخْذَهُۥٓ أَلِيمٌ شَدِيدٌ

١٠٣ إِنَّ فِى ذَٰلِكَ لَءَايَةً لِّمَنْ خَافَ عَذَابَ ٱلْءَاخِرَةِ ۚ ذَٰلِكَ يَوْمٌ مَّجْمُوعٌ لَّهُ ٱلنَّاسُ وَذَٰلِكَ يَوْمٌ مَّشْهُودٌ

١٠٤ وَمَا نُؤَخِّرُهُۥ إِلَّا لِأَجَلٍ مَّعْدُودٍ

١٠٥ يَوْمَ يَأْتِ لَا تَكَلَّمُ نَفْسٌ إِلَّا بِإِذْنِهِ ۚ فَمِنْهُمْ شَقِىٌّ وَسَعِيدٌ

١٠٦ فَأَمَّا ٱلَّذِينَ شَقُواْ فَفِى ٱلنَّارِ لَهُمْ فِيهَا زَفِيرٌ وَشَهِيقٌ

١٠٧ خَٰلِدِينَ فِيهَا مَا دَامَتِ ٱلسَّمَٰوَٰتُ وَٱلْأَرْضُ إِلَّا مَا شَآءَ رَبُّكَ ۚ إِنَّ رَبَّكَ فَعَّالٌ لِّمَا يُرِيدُ

١٠٨ وَأَمَّا ٱلَّذِينَ سُعِدُواْ فَفِى ٱلْجَنَّةِ خَٰلِدِينَ ۞ فِيهَا مَا دَامَتِ ٱلسَّمَٰوَٰتُ وَٱلْأَرْضُ إِلَّا مَا شَآءَ رَبُّكَ ۖ عَطَآءً غَيْرَ مَجْذُوذٍ

١٠٩ فَلَا تَكُ فِى مِرْيَةٍ مِّمَّا يَعْبُدُ هَٰٓؤُلَآءِ ۚ مَا يَعْبُدُونَ إِلَّا كَمَا يَعْبُدُ ءَابَآؤُهُم مِّن قَبْلُ ۚ وَإِنَّا لَمُوَفُّوهُمْ نَصِيبَهُمْ غَيْرَ مَنقُوصٍ

١١٠ وَلَقَدْ ءَاتَيْنَا مُوسَى ٱلْكِتَٰبَ فَٱخْتُلِفَ فِيهِ ۚ وَلَوْلَا كَلِمَةٌ سَبَقَتْ مِن رَّبِّكَ لَقُضِىَ بَيْنَهُمْ ۚ وَإِنَّهُمْ لَفِى شَكٍّ مِّنْهُ مُرِيبٍ

١١١ وَإِنَّ كُلًّا لَّمَّا لَيُوَفِّيَنَّهُمْ رَبُّكَ أَعْمَٰلَهُمْ ۚ إِنَّهُۥ بِمَا يَعْمَلُونَ خَبِيرٌ

١١٢ فَٱسْتَقِمْ كَمَآ أُمِرْتَ وَمَن تَابَ مَعَكَ وَلَا تَطْغَوْاْ ۚ إِنَّهُۥ بِمَا تَعْمَلُونَ بَصِيرٌ

١١٣ وَلَا تَرْكَنُوٓاْ إِلَى ٱلَّذِينَ ظَلَمُواْ فَتَمَسَّكُمُ ٱلنَّارُ وَمَا لَكُم مِّن دُونِ ٱللَّهِ مِنْ أَوْلِيَآءَ ثُمَّ لَا تُنصَرُونَ

١١٤ وَأَقِمِ ٱلصَّلَوٰةَ طَرَفَىِ ٱلنَّهَارِ وَزُلَفًا مِّنَ ٱلَّيْلِ ۚ إِنَّ ٱلْحَسَنَٰتِ يُذْهِبْنَ ٱلسَّيِّـَٔاتِ ۚ ذَٰلِكَ ذِكْرَىٰ لِلذَّٰكِرِينَ

١١٥ وَٱصْبِرْ فَإِنَّ ٱللَّهَ لَا يُضِيعُ أَجْرَ ٱلْمُحْسِنِينَ

١١٦ فَلَوْلَا كَانَ مِنَ ٱلْقُرُونِ مِن قَبْلِكُمْ أُوْلُواْ بَقِيَّةٍ يَنْهَوْنَ عَنِ ٱلْفَسَادِ فِى ٱلْأَرْضِ إِلَّا قَلِيلًا مِّمَّنْ أَنجَيْنَا مِنْهُمْ ۗ وَٱتَّبَعَ ٱلَّذِينَ ظَلَمُواْ مَآ أُتْرِفُواْ فِيهِ وَكَانُواْ مُجْرِمِينَ

١١٧ وَمَا كَانَ رَبُّكَ لِيُهْلِكَ ٱلْقُرَىٰ بِظُلْمٍ وَأَهْلُهَا مُصْلِحُونَ

١١٨ وَلَوْ شَآءَ رَبُّكَ لَجَعَلَ ٱلنَّاسَ أُمَّةً وَٰحِدَةً ۖ وَلَا يَزَالُونَ مُخْتَلِفِينَ

١١٩ إِلَّا مَن رَّحِمَ رَبُّكَ ۚ وَلِذَٰلِكَ خَلَقَهُمْ ۗ وَتَمَّتْ كَلِمَةُ رَبِّكَ لَأَمْلَأَنَّ جَهَنَّمَ مِنَ ٱلْجِنَّةِ وَٱلنَّاسِ أَجْمَعِينَ

١٢٠ وَكُلًّا نَّقُصُّ عَلَيْكَ مِنْ أَنبَآءِ ٱلرُّسُلِ مَا نُثَبِّتُ بِهِ فُؤَادَكَ ۚ وَجَآءَكَ فِى هَٰذِهِ ٱلْحَقُّ وَمَوْعِظَةٌ وَذِكْرَىٰ لِلْمُؤْمِنِينَ

١٢١ وَقُل لِّلَّذِينَ لَا يُؤْمِنُونَ ٱعْمَلُواْ عَلَىٰ مَكَانَتِكُمْ إِنَّا عَٰمِلُونَ

١٢٢ وَٱنتَظِرُوٓاْ إِنَّا مُنتَظِرُونَ

١٢٣ وَلِلَّهِ غَيْبُ ٱلسَّمَٰوَٰتِ وَٱلْأَرْضِ وَإِلَيْهِ يُرْجَعُ ٱلْأَمْرُ كُلُّهُۥ فَٱعْبُدْهُ وَتَوَكَّلْ عَلَيْهِ ۚ وَمَا رَبُّكَ بِغَٰفِلٍ عَمَّا تَعْمَلُونَ

سورة يوسف

١ الٓر ۚ تِلْكَ ءَايَٰتُ ٱلْكِتَٰبِ ٱلْمُبِينِ

٢ إِنَّآ أَنزَلْنَٰهُ قُرْءَٰنًا عَرَبِيًّا لَّعَلَّكُمْ تَعْقِلُونَ

٣ نَحْنُ نَقُصُّ عَلَيْكَ أَحْسَنَ ٱلْقَصَصِ بِمَآ أَوْحَيْنَآ إِلَيْكَ هَٰذَا ٱلْقُرْءَانَ وَإِن كُنتَ مِن قَبْلِهِۦ لَمِنَ ٱلْغَٰفِلِينَ

٤ إِذْ قَالَ يُوسُفُ لِأَبِيهِ يَٰٓأَبَتِ إِنِّى رَأَيْتُ أَحَدَ عَشَرَ كَوْكَبًا وَٱلشَّمْسَ وَٱلْقَمَرَ رَأَيْتُهُمْ لِى سَٰجِدِينَ

٥ قَالَ يَٰبُنَىَّ لَا تَقْصُصْ رُءْيَاكَ عَلَىٰ إِخْوَتِكَ فَيَكِيدُواْ لَكَ كَيْدًا ۖ إِنَّ ٱلشَّيْطَٰنَ لِلْإِنسَٰنِ عَدُوٌّ مُّبِينٌ

٦ وَكَذَٰلِكَ يَجْتَبِيكَ رَبُّكَ وَيُعَلِّمُكَ مِن تَأْوِيلِ ٱلْأَحَادِيثِ وَيُتِمُّ نِعْمَتَهُۥ عَلَيْكَ وَعَلَىٰٓ ءَالِ يَعْقُوبَ كَمَآ أَتَمَّهَا عَلَىٰٓ أَبَوَيْكَ مِن قَبْلُ إِبْرَٰهِيمَ وَإِسْحَٰقَ ۚ إِنَّ رَبَّكَ عَلِيمٌ حَكِيمٌ

٧ ۞ لَّقَدْ كَانَ فِى يُوسُفَ وَإِخْوَتِهِۦٓ ءَايَٰتٌ لِّلسَّآئِلِينَ

٨ إِذْ قَالُواْ لَيُوسُفُ وَأَخُوهُ أَحَبُّ إِلَىٰٓ أَبِينَا مِنَّا وَنَحْنُ عُصْبَةٌ إِنَّ أَبَانَا لَفِى ضَلَٰلٍ مُّبِينٍ

٩ ٱقْتُلُواْ يُوسُفَ أَوِ ٱطْرَحُوهُ أَرْضًا يَخْلُ لَكُمْ وَجْهُ أَبِيكُمْ وَتَكُونُواْ مِنۢ بَعْدِهِۦ قَوْمًا صَٰلِحِينَ

١٠ قَالَ قَآئِلٌ مِّنْهُمْ لَا تَقْتُلُواْ يُوسُفَ وَأَلْقُوهُ فِى غَيَٰبَتِ ٱلْجُبِّ يَلْتَقِطْهُ بَعْضُ ٱلسَّيَّارَةِ إِن كُنتُمْ فَٰعِلِينَ

١١ قَالُواْ يَٰٓأَبَانَا مَا لَكَ لَا تَأْمَ۬نَّا عَلَىٰ يُوسُفَ وَإِنَّا لَهُۥ لَنَٰصِحُونَ

١٢ أَرْسِلْهُ مَعَنَا غَدًا يَرْتَعْ وَيَلْعَبْ وَإِنَّا لَهُۥ لَحَٰفِظُونَ

١٣ قَالَ إِنِّى لَيَحْزُنُنِىٓ أَن تَذْهَبُواْ بِهِۦ وَأَخَافُ أَن يَأْكُلَهُ ٱلذِّئْبُ وَأَنتُمْ عَنْهُ غَٰفِلُونَ

١٤ قَالُواْ لَئِنْ أَكَلَهُ ٱلذِّئْبُ وَنَحْنُ عُصْبَةٌ إِنَّآ إِذًا لَّخَٰسِرُونَ

١٥ فَلَمَّا ذَهَبُواْ بِهِۦ وَأَجْمَعُوٓاْ أَن يَجْعَلُوهُ فِى غَيَٰبَتِ ٱلْجُبِّ ۚ وَأَوْحَيْنَآ إِلَيْهِ لَتُنَبِّئَنَّهُم بِأَمْرِهِمْ هَٰذَا وَهُمْ لَا يَشْعُرُونَ

١٦ وَجَآءُوٓ أَبَاهُمْ عِشَآءً يَبْكُونَ

١٧ قَالُواْ يَٰٓأَبَانَآ إِنَّا ذَهَبْنَا نَسْتَبِقُ وَتَرَكْنَا يُوسُفَ عِندَ مَتَٰعِنَا فَأَكَلَهُ ٱلذِّئْبُ ۖ وَمَآ أَنتَ بِمُؤْمِنٍ لَّنَا وَلَوْ كُنَّا صَٰدِقِينَ

١٨ وَجَآءُو عَلَىٰ قَمِيصِهِۦ بِدَمٍ كَذِبٍ ۚ قَالَ بَلْ سَوَّلَتْ لَكُمْ أَنفُسُكُمْ أَمْرًا ۖ فَصَبْرٌ جَمِيلٌ ۖ وَٱللَّهُ ٱلْمُسْتَعَانُ عَلَىٰ مَا تَصِفُونَ

١٩ وَجَآءَتْ سَيَّارَةٌ فَأَرْسَلُواْ وَارِدَهُمْ فَأَدْلَىٰ دَلْوَهُۥ ۖ قَالَ يَٰبُشْرَىٰ هَٰذَا غُلَٰمٌ ۚ وَأَسَرُّوهُ بِضَٰعَةً ۚ وَٱللَّهُ عَلِيمٌۢ بِمَا يَعْمَلُونَ

٢٠ وَشَرَوْهُ بِثَمَنٍۭ بَخْسٍ دَرَٰهِمَ مَعْدُودَةٍ وَكَانُواْ فِيهِ مِنَ ٱلزَّٰهِدِينَ

٢١ وَقَالَ ٱلَّذِى ٱشْتَرَىٰهُ مِن مِّصْرَ لِٱمْرَأَتِهِۦٓ أَكْرِمِى مَثْوَىٰهُ عَسَىٰٓ أَن يَنفَعَنَآ أَوْ نَتَّخِذَهُۥ وَلَدًا ۚ وَكَذَٰلِكَ مَكَّنَّا لِيُوسُفَ فِى ٱلْأَرْضِ وَلِنُعَلِّمَهُۥ مِن تَأْوِيلِ ٱلْأَحَادِيثِ ۚ وَٱللَّهُ غَالِبٌ عَلَىٰٓ أَمْرِهِۦ وَلَٰكِنَّ أَكْثَرَ ٱلنَّاسِ لَا يَعْلَمُونَ

٢٢ وَلَمَّا بَلَغَ أَشُدَّهُۥٓ ءَاتَيْنَٰهُ حُكْمًا وَعِلْمًا ۚ وَكَذَٰلِكَ نَجْزِى ٱلْمُحْسِنِينَ

٢٣ وَرَٰوَدَتْهُ ٱلَّتِى هُوَ فِى بَيْتِهَا عَن نَّفْسِهِۦ وَغَلَّقَتِ ٱلْأَبْوَٰبَ وَقَالَتْ هَيْتَ لَكَ ۚ قَالَ مَعَاذَ ٱللَّهِ ۖ إِنَّهُۥ رَبِّىٓ أَحْسَنَ مَثْوَاىَ ۖ إِنَّهُۥ لَا يُفْلِحُ ٱلظَّٰلِمُونَ

٢٤ وَلَقَدْ هَمَّتْ بِهِۦ ۖ وَهَمَّ بِهَا لَوْلَآ أَن رَّءَا بُرْهَٰنَ رَبِّهِۦ ۚ كَذَٰلِكَ لِنَصْرِفَ عَنْهُ ٱلسُّوٓءَ وَٱلْفَحْشَآءَ ۚ إِنَّهُۥ مِنْ عِبَادِنَا ٱلْمُخْلَصِينَ

٢٥ وَٱسْتَبَقَا ٱلْبَابَ وَقَدَّتْ قَمِيصَهُۥ مِن دُبُرٍ وَأَلْفَيَا سَيِّدَهَا لَدَا ٱلْبَابِ ۚ قَالَتْ مَا جَزَآءُ مَنْ أَرَادَ بِأَهْلِكَ سُوٓءًا إِلَّآ أَن يُسْجَنَ أَوْ عَذَابٌ أَلِيمٌ

٢٦ قَالَ هِىَ رَٰوَدَتْنِى عَن نَّفْسِى ۚ وَشَهِدَ شَاهِدٌ مِّنْ أَهْلِهَآ إِن كَانَ قَمِيصُهُۥ قُدَّ مِن قُبُلٍ فَصَدَقَتْ وَهُوَ مِنَ ٱلْكَٰذِبِينَ

٢٧ وَإِن كَانَ قَمِيصُهُۥ قُدَّ مِن دُبُرٍ فَكَذَبَتْ وَهُوَ مِنَ ٱلصَّٰدِقِينَ

٢٨ فَلَمَّا رَءَا قَمِيصَهُ قُدَّ مِن دُبُرٍ قَالَ إِنَّهُ مِن كَيْدِكُنَّ إِنَّ كَيْدَكُنَّ عَظِيمٌ

٢٩ يُوسُفُ أَعْرِضْ عَنْ هَٰذَا وَٱسْتَغْفِرِى لِذَنۢبِكِ إِنَّكِ كُنتِ مِنَ ٱلْخَاطِـِٔينَ

٣٠ وَقَالَ نِسْوَةٌ فِى ٱلْمَدِينَةِ ٱمْرَأَتُ ٱلْعَزِيزِ تُرَٰوِدُ فَتَىٰهَا عَن نَّفْسِهِ قَدْ شَغَفَهَا حُبًّا إِنَّا لَنَرَىٰهَا فِى ضَلَٰلٍ مُّبِينٍ

٣١ فَلَمَّا سَمِعَتْ بِمَكْرِهِنَّ أَرْسَلَتْ إِلَيْهِنَّ وَأَعْتَدَتْ لَهُنَّ مُتَّكَـًٔا وَءَاتَتْ كُلَّ وَٰحِدَةٍ مِّنْهُنَّ سِكِّينًا وَقَالَتِ ٱخْرُجْ عَلَيْهِنَّ فَلَمَّا رَأَيْنَهُۥٓ أَكْبَرْنَهُۥ وَقَطَّعْنَ أَيْدِيَهُنَّ وَقُلْنَ حَٰشَ لِلَّهِ مَا هَٰذَا بَشَرًا إِنْ هَٰذَآ إِلَّا مَلَكٌ كَرِيمٌ

٣٢ قَالَتْ فَذَٰلِكُنَّ ٱلَّذِى لُمْتُنَّنِى فِيهِ وَلَقَدْ رَٰوَدتُّهُۥ عَن نَّفْسِهِ فَٱسْتَعْصَمَ وَلَئِن لَّمْ يَفْعَلْ مَآ ءَامُرُهُۥ لَيُسْجَنَنَّ وَلَيَكُونًا مِّنَ ٱلصَّٰغِرِينَ

٣٣ قَالَ رَبِّ ٱلسِّجْنُ أَحَبُّ إِلَىَّ مِمَّا يَدْعُونَنِى إِلَيْهِ وَإِلَّا تَصْرِفْ عَنِّى كَيْدَهُنَّ أَصْبُ إِلَيْهِنَّ وَأَكُن مِّنَ ٱلْجَٰهِلِينَ

٣٤ فَٱسْتَجَابَ لَهُۥ رَبُّهُۥ فَصَرَفَ عَنْهُ كَيْدَهُنَّ إِنَّهُۥ هُوَ ٱلسَّمِيعُ ٱلْعَلِيمُ

٣٥ ثُمَّ بَدَا لَهُم مِّنۢ بَعْدِ مَا رَأَوُا۟ ٱلْءَايَٰتِ لَيَسْجُنُنَّهُۥ حَتَّىٰ حِينٍ

٣٦ وَدَخَلَ مَعَهُ ٱلسِّجْنَ فَتَيَانِ قَالَ أَحَدُهُمَآ إِنِّىٓ أَرَىٰنِىٓ أَعْصِرُ خَمْرًا وَقَالَ ٱلْءَاخَرُ إِنِّىٓ أَرَىٰنِىٓ أَحْمِلُ فَوْقَ رَأْسِى خُبْزًا تَأْكُلُ ٱلطَّيْرُ مِنْهُ نَبِّئْنَا بِتَأْوِيلِهِ إِنَّا نَرَىٰكَ مِنَ ٱلْمُحْسِنِينَ

٣٧ قَالَ لَا يَأْتِيكُمَا طَعَامٌ تُرْزَقَانِهِۦٓ إِلَّا نَبَّأْتُكُمَا بِتَأْوِيلِهِۦ قَبْلَ أَن يَأْتِيَكُمَا ذَٰلِكُمَا مِمَّا عَلَّمَنِى رَبِّى إِنِّى تَرَكْتُ مِلَّةَ قَوْمٍ لَّا يُؤْمِنُونَ بِٱللَّهِ وَهُم بِٱلْءَاخِرَةِ هُمْ كَٰفِرُونَ

٣٨ وَٱتَّبَعْتُ مِلَّةَ ءَابَآءِى إِبْرَٰهِيمَ وَإِسْحَٰقَ وَيَعْقُوبَ مَا كَانَ لَنَآ أَن نُّشْرِكَ بِٱللَّهِ مِن

شَىْءٍ ذَٰلِكَ مِن فَضْلِ ٱللَّهِ عَلَيْنَا وَعَلَى ٱلنَّاسِ وَلَٰكِنَّ أَكْثَرَ ٱلنَّاسِ لَا يَشْكُرُونَ

٣٩ يَٰصَٰحِبَىِ ٱلسِّجْنِ ءَأَرْبَابٌ مُّتَفَرِّقُونَ خَيْرٌ أَمِ ٱللَّهُ ٱلْوَٰحِدُ ٱلْقَهَّارُ

٤٠ مَا تَعْبُدُونَ مِن دُونِهِ إِلَّآ أَسْمَآءً سَمَّيْتُمُوهَآ أَنتُمْ وَءَابَآؤُكُم مَّآ أَنزَلَ ٱللَّهُ بِهَا مِن سُلْطَٰنٍ إِنِ ٱلْحُكْمُ إِلَّا لِلَّهِ أَمَرَ أَلَّا تَعْبُدُوٓا۟ إِلَّآ إِيَّاهُ ذَٰلِكَ ٱلدِّينُ ٱلْقَيِّمُ وَلَٰكِنَّ أَكْثَرَ ٱلنَّاسِ لَا يَعْلَمُونَ

٤١ يَٰصَٰحِبَىِ ٱلسِّجْنِ أَمَّآ أَحَدُكُمَا فَيَسْقِى رَبَّهُۥ خَمْرًا وَأَمَّا ٱلْءَاخَرُ فَيُصْلَبُ فَتَأْكُلُ ٱلطَّيْرُ مِن رَّأْسِهِ قُضِىَ ٱلْأَمْرُ ٱلَّذِى فِيهِ تَسْتَفْتِيَانِ

٤٢ وَقَالَ لِلَّذِى ظَنَّ أَنَّهُۥ نَاجٍ مِّنْهُمَا ٱذْكُرْنِى عِندَ رَبِّكَ فَأَنسَىٰهُ ٱلشَّيْطَٰنُ ذِكْرَ رَبِّهِ فَلَبِثَ فِى ٱلسِّجْنِ بِضْعَ سِنِينَ

٤٣ وَقَالَ ٱلْمَلِكُ إِنِّىٓ أَرَىٰ سَبْعَ بَقَرَٰتٍ سِمَانٍ يَأْكُلُهُنَّ سَبْعٌ عِجَافٌ وَسَبْعَ سُنۢبُلَٰتٍ خُضْرٍ وَأُخَرَ يَابِسَٰتٍ يَٰٓأَيُّهَا ٱلْمَلَأُ أَفْتُونِى فِى رُءْيَٰىَ إِن كُنتُمْ لِلرُّءْيَا تَعْبُرُونَ

٤٤ قَالُوٓا۟ أَضْغَٰثُ أَحْلَٰمٍ وَمَا نَحْنُ بِتَأْوِيلِ ٱلْأَحْلَٰمِ بِعَٰلِمِينَ

٤٥ وَقَالَ ٱلَّذِى نَجَا مِنْهُمَا وَٱدَّكَرَ بَعْدَ أُمَّةٍ أَنَا۠ أُنَبِّئُكُم بِتَأْوِيلِهِ فَأَرْسِلُونِ

٤٦ يُوسُفُ أَيُّهَا ٱلصِّدِّيقُ أَفْتِنَا فِى سَبْعِ بَقَرَٰتٍ سِمَانٍ يَأْكُلُهُنَّ سَبْعٌ عِجَافٌ وَسَبْعِ سُنۢبُلَٰتٍ خُضْرٍ وَأُخَرَ يَابِسَٰتٍ لَّعَلِّىٓ أَرْجِعُ إِلَى ٱلنَّاسِ لَعَلَّهُمْ يَعْلَمُونَ

٤٧ قَالَ تَزْرَعُونَ سَبْعَ سِنِينَ دَأَبًا فَمَا حَصَدتُّمْ فَذَرُوهُ فِى سُنۢبُلِهِ إِلَّا قَلِيلًا مِّمَّا تَأْكُلُونَ

٤٨ ثُمَّ يَأْتِى مِنۢ بَعْدِ ذَٰلِكَ سَبْعٌ شِدَادٌ يَأْكُلْنَ مَا قَدَّمْتُمْ لَهُنَّ إِلَّا قَلِيلًا مِّمَّا تُحْصِنُونَ

٤٩ ثُمَّ يَأْتِى مِنۢ بَعْدِ ذَٰلِكَ عَامٌ فِيهِ يُغَاثُ ٱلنَّاسُ وَفِيهِ يَعْصِرُونَ

٥٠ وَقَالَ ٱلْمَلِكُ ٱئْتُونِى بِهِ ۖ فَلَمَّا جَآءَهُ ٱلرَّسُولُ قَالَ ٱرْجِعْ إِلَىٰ رَبِّكَ فَسْـَٔلْهُ مَا بَالُ ٱلنِّسْوَةِ ٱلَّٰتِى قَطَّعْنَ أَيْدِيَهُنَّ ۚ إِنَّ رَبِّى بِكَيْدِهِنَّ عَلِيمٌ

٥١ قَالَ مَا خَطْبُكُنَّ إِذْ رَٰوَدتُّنَّ يُوسُفَ عَن نَّفْسِهِۦ ۚ قُلْنَ حَٰشَ لِلَّهِ مَا عَلِمْنَا عَلَيْهِ مِن سُوٓءٍ ۚ قَالَتِ ٱمْرَأَتُ ٱلْعَزِيزِ ٱلْـَٰٔنَ حَصْحَصَ ٱلْحَقُّ أَنَا۠ رَٰودتُّهُۥ عَن نَّفْسِهِۦ وَإِنَّهُۥ لَمِنَ ٱلصَّٰدِقِينَ

٥٢ ذَٰلِكَ لِيَعْلَمَ أَنِّى لَمْ أَخُنْهُ بِٱلْغَيْبِ وَأَنَّ ٱللَّهَ لَا يَهْدِى كَيْدَ ٱلْخَآئِنِينَ

٥٣ وَمَآ أُبَرِّئُ نَفْسِىٓ ۚ إِنَّ ٱلنَّفْسَ لَأَمَّارَةٌۢ بِٱلسُّوٓءِ إِلَّا مَا رَحِمَ رَبِّىٓ ۚ إِنَّ رَبِّى غَفُورٌ رَّحِيمٌ

٥٤ وَقَالَ ٱلْمَلِكُ ٱئْتُونِى بِهِۦٓ أَسْتَخْلِصْهُ لِنَفْسِى ۖ فَلَمَّا كَلَّمَهُۥ قَالَ إِنَّكَ ٱلْيَوْمَ لَدَيْنَا مَكِينٌ أَمِينٌ

٥٥ قَالَ ٱجْعَلْنِى عَلَىٰ خَزَآئِنِ ٱلْأَرْضِ ۖ إِنِّى حَفِيظٌ عَلِيمٌ

٥٦ وَكَذَٰلِكَ مَكَّنَّا لِيُوسُفَ فِى ٱلْأَرْضِ يَتَبَوَّأُ مِنْهَا حَيْثُ يَشَآءُ ۚ نُصِيبُ بِرَحْمَتِنَا مَن نَّشَآءُ ۖ وَلَا نُضِيعُ أَجْرَ ٱلْمُحْسِنِينَ

٥٧ وَلَأَجْرُ ٱلْءَاخِرَةِ خَيْرٌ لِّلَّذِينَ ءَامَنُوا۟ وَكَانُوا۟ يَتَّقُونَ

٥٨ وَجَآءَ إِخْوَةُ يُوسُفَ فَدَخَلُوا۟ عَلَيْهِ فَعَرَفَهُمْ وَهُمْ لَهُۥ مُنكِرُونَ

٥٩ وَلَمَّا جَهَّزَهُم بِجَهَازِهِمْ قَالَ ٱئْتُونِى بِأَخٍ لَّكُم مِّنْ أَبِيكُمْ ۚ أَلَا تَرَوْنَ أَنِّىٓ أُوفِى ٱلْكَيْلَ وَأَنَا۠ خَيْرُ ٱلْمُنزِلِينَ

٦٠ فَإِن لَّمْ تَأْتُونِى بِهِۦ فَلَا كَيْلَ لَكُمْ عِندِى وَلَا تَقْرَبُونِ

٦١ قَالُوا۟ سَنُرَٰوِدُ عَنْهُ أَبَاهُ وَإِنَّا لَفَٰعِلُونَ

٦٢ وَقَالَ لِفِتْيَٰنِهِ ٱجْعَلُوا۟ بِضَٰعَتَهُمْ فِى رِحَالِهِمْ لَعَلَّهُمْ يَعْرِفُونَهَآ إِذَا ٱنقَلَبُوٓا۟ إِلَىٰٓ أَهْلِهِمْ لَعَلَّهُمْ يَرْجِعُونَ

٦٣ فَلَمَّا رَجَعُوٓا۟ إِلَىٰٓ أَبِيهِمْ قَالُوا۟ يَٰٓأَبَانَا مُنِعَ مِنَّا ٱلْكَيْلُ فَأَرْسِلْ مَعَنَآ أَخَانَا نَكْتَلْ وَإِنَّا لَهُۥ لَحَٰفِظُونَ

٦٤ قَالَ هَلْ ءَامَنُكُمْ عَلَيْهِ إِلَّا كَمَآ أَمِنتُكُمْ عَلَىٰٓ أَخِيهِ مِن قَبْلُ ۖ فَٱللَّهُ خَيْرٌ حَٰفِظًا ۖ وَهُوَ أَرْحَمُ ٱلرَّٰحِمِينَ

٦٥ وَلَمَّا فَتَحُوا۟ مَتَٰعَهُمْ وَجَدُوا۟ بِضَٰعَتَهُمْ رُدَّتْ إِلَيْهِمْ ۖ قَالُوا۟ يَٰٓأَبَانَا مَا نَبْغِى ۖ هَٰذِهِۦ بِضَٰعَتُنَا رُدَّتْ إِلَيْنَا ۖ وَنَمِيرُ أَهْلَنَا وَنَحْفَظُ أَخَانَا وَنَزْدَادُ كَيْلَ بَعِيرٍ ۖ ذَٰلِكَ كَيْلٌ يَسِيرٌ

٦٦ قَالَ لَنْ أُرْسِلَهُۥ مَعَكُمْ حَتَّىٰ تُؤْتُونِ مَوْثِقًا مِّنَ ٱللَّهِ لَتَأْتُنَّنِى بِهِۦٓ إِلَّآ أَن يُحَاطَ بِكُمْ ۖ فَلَمَّآ ءَاتَوْهُ مَوْثِقَهُمْ قَالَ ٱللَّهُ عَلَىٰ مَا نَقُولُ وَكِيلٌ

٦٧ وَقَالَ يَٰبَنِىَّ لَا تَدْخُلُوا۟ مِنۢ بَابٍ وَٰحِدٍ وَٱدْخُلُوا۟ مِنْ أَبْوَٰبٍ مُّتَفَرِّقَةٍ ۖ وَمَآ أُغْنِى عَنكُم مِّنَ ٱللَّهِ مِن شَىْءٍ ۖ إِنِ ٱلْحُكْمُ إِلَّا لِلَّهِ ۖ عَلَيْهِ تَوَكَّلْتُ ۖ وَعَلَيْهِ فَلْيَتَوَكَّلِ ٱلْمُتَوَكِّلُونَ

٦٨ وَلَمَّا دَخَلُوا۟ مِنْ حَيْثُ أَمَرَهُمْ أَبُوهُم مَّا كَانَ يُغْنِى عَنْهُم مِّنَ ٱللَّهِ مِن شَىْءٍ إِلَّا حَاجَةً فِى نَفْسِ يَعْقُوبَ قَضَىٰهَا ۚ وَإِنَّهُۥ لَذُو عِلْمٍ لِّمَا عَلَّمْنَٰهُ وَلَٰكِنَّ أَكْثَرَ ٱلنَّاسِ لَا يَعْلَمُونَ

٦٩ وَلَمَّا دَخَلُوا۟ عَلَىٰ يُوسُفَ ءَاوَىٰٓ إِلَيْهِ أَخَاهُ ۖ قَالَ إِنِّىٓ أَنَا۠ أَخُوكَ فَلَا تَبْتَئِسْ بِمَا كَانُوا۟ يَعْمَلُونَ

٧٠ فَلَمَّا جَهَّزَهُم بِجَهَازِهِمْ جَعَلَ ٱلسِّقَايَةَ فِى رَحْلِ أَخِيهِ ثُمَّ أَذَّنَ مُؤَذِّنٌ أَيَّتُهَا ٱلْعِيرُ إِنَّكُمْ لَسَٰرِقُونَ

٧١ قَالُوا۟ وَأَقْبَلُوا۟ عَلَيْهِم مَّاذَا تَفْقِدُونَ

٧٢ قَالُوا۟ نَفْقِدُ صُوَاعَ ٱلْمَلِكِ وَلِمَن جَآءَ بِهِۦ حِمْلُ بَعِيرٍ وَأَنَا۠ بِهِۦ زَعِيمٌ

٧٣ قَالُوا۟ تَٱللَّهِ لَقَدْ عَلِمْتُم مَّا جِئْنَا لِنُفْسِدَ فِى ٱلْأَرْضِ وَمَا كُنَّا سَٰرِقِينَ

٧٤ قَالُوا۟ فَمَا جَزَٰٓؤُهُۥٓ إِن كُنتُمْ كَٰذِبِينَ

٧٥ قَالُوا۟ جَزَٰٓؤُهُۥ مَن وُجِدَ فِى رَحْلِهِۦ فَهُوَ جَزَٰٓؤُهُۥ ۚ كَذَٰلِكَ نَجْزِى ٱلظَّٰلِمِينَ

٧٦ فَبَدَأَ بِأَوْعِيَتِهِمْ قَبْلَ وِعَآءِ أَخِيهِ ثُمَّ ٱسْتَخْرَجَهَا مِن وِعَآءِ أَخِيهِ ۚ كَذَٰلِكَ كِدْنَا لِيُوسُفَ ۖ مَا كَانَ لِيَأْخُذَ أَخَاهُ فِى دِينِ ٱلْمَلِكِ إِلَّآ أَن يَشَآءَ ٱللَّهُ ۚ نَرْفَعُ دَرَجَٰتٍ مَّن نَّشَآءُ ۗ وَفَوْقَ كُلِّ ذِى عِلْمٍ عَلِيمٌ

٧٧ ۞ قَالُوٓا۟ إِن يَسْرِقْ فَقَدْ سَرَقَ أَخٌ لَّهُۥ مِن قَبْلُ ۚ فَأَسَرَّهَا يُوسُفُ فِى نَفْسِهِۦ وَلَمْ يُبْدِهَا لَهُمْ ۚ قَالَ أَنتُمْ شَرٌّ مَّكَانًا ۖ وَٱللَّهُ أَعْلَمُ بِمَا تَصِفُونَ

٧٨ قَالُوا۟ يَٰٓأَيُّهَا ٱلْعَزِيزُ إِنَّ لَهُۥٓ أَبًا شَيْخًا كَبِيرًا فَخُذْ أَحَدَنَا مَكَانَهُۥٓ ۖ إِنَّا نَرَىٰكَ مِنَ ٱلْمُحْسِنِينَ

٧٩ قَالَ مَعَاذَ ٱللَّهِ أَن نَّأْخُذَ إِلَّا مَن وَجَدْنَا مَتَٰعَنَا عِندَهُۥٓ إِنَّآ إِذًا لَّظَٰلِمُونَ

٨٠ فَلَمَّا ٱسْتَيْـَٔسُوا۟ مِنْهُ خَلَصُوا۟ نَجِيًّا ۖ قَالَ كَبِيرُهُمْ أَلَمْ تَعْلَمُوٓا۟ أَنَّ أَبَاكُمْ قَدْ أَخَذَ عَلَيْكُم مَّوْثِقًا مِّنَ ٱللَّهِ وَمِن قَبْلُ مَا فَرَّطتُمْ فِى يُوسُفَ ۖ فَلَنْ أَبْرَحَ ٱلْأَرْضَ حَتَّىٰ يَأْذَنَ لِىٓ أَبِىٓ أَوْ يَحْكُمَ ٱللَّهُ لِى ۖ وَهُوَ خَيْرُ ٱلْحَٰكِمِينَ

٨١ ٱرْجِعُوٓا۟ إِلَىٰٓ أَبِيكُمْ فَقُولُوا۟ يَٰٓأَبَانَآ إِنَّ ٱبْنَكَ سَرَقَ وَمَا شَهِدْنَآ إِلَّا بِمَا عَلِمْنَا وَمَا كُنَّا لِلْغَيْبِ حَٰفِظِينَ

٨٢ وَسْـَٔلِ ٱلْقَرْيَةَ ٱلَّتِى كُنَّا فِيهَا وَٱلْعِيرَ ٱلَّتِىٓ أَقْبَلْنَا فِيهَا ۖ وَإِنَّا لَصَٰدِقُونَ

٨٣ قَالَ بَلْ سَوَّلَتْ لَكُمْ أَنفُسُكُمْ أَمْرًا ۖ فَصَبْرٌ جَمِيلٌ ۖ عَسَى ٱللَّهُ أَن يَأْتِيَنِى بِهِمْ جَمِيعًا ۚ إِنَّهُۥ هُوَ ٱلْعَلِيمُ ٱلْحَكِيمُ

٨٤ وَتَوَلَّىٰ عَنْهُمْ وَقَالَ يَٰٓأَسَفَىٰ عَلَىٰ يُوسُفَ وَٱبْيَضَّتْ عَيْنَاهُ مِنَ ٱلْحُزْنِ فَهُوَ كَظِيمٌ

٨٥ قَالُوا۟ تَٱللَّهِ تَفْتَؤُا۟ تَذْكُرُ يُوسُفَ حَتَّىٰ تَكُونَ حَرَضًا أَوْ تَكُونَ مِنَ ٱلْهَٰلِكِينَ

٨٦ قَالَ إِنَّمَآ أَشْكُوا۟ بَثِّى وَحُزْنِىٓ إِلَى ٱللَّهِ وَأَعْلَمُ مِنَ ٱللَّهِ مَا لَا تَعْلَمُونَ

٨٧ يَٰبَنِىَّ ٱذْهَبُوا۟ فَتَحَسَّسُوا۟ مِن يُوسُفَ وَأَخِيهِ وَلَا تَا۟يْـَٔسُوا۟ مِن رَّوْحِ ٱللَّهِ ۖ إِنَّهُۥ لَا يَا۟يْـَٔسُ مِن رَّوْحِ ٱللَّهِ إِلَّا ٱلْقَوْمُ ٱلْكَٰفِرُونَ

٨٨ فَلَمَّا دَخَلُوا۟ عَلَيْهِ قَالُوا۟ يَٰٓأَيُّهَا ٱلْعَزِيزُ مَسَّنَا وَأَهْلَنَا ٱلضُّرُّ وَجِئْنَا بِبِضَٰعَةٍ مُّزْجَىٰةٍ فَأَوْفِ لَنَا ٱلْكَيْلَ وَتَصَدَّقْ عَلَيْنَآ ۖ إِنَّ ٱللَّهَ يَجْزِى ٱلْمُتَصَدِّقِينَ

٨٩ قَالَ هَلْ عَلِمْتُم مَّا فَعَلْتُم بِيُوسُفَ وَأَخِيهِ إِذْ أَنتُمْ جَٰهِلُونَ

٩٠ قَالُوٓا۟ أَءِنَّكَ لَأَنتَ يُوسُفُ ۖ قَالَ أَنَا۠ يُوسُفُ وَهَٰذَآ أَخِى ۖ قَدْ مَنَّ ٱللَّهُ عَلَيْنَآ ۖ إِنَّهُۥ مَن يَتَّقِ وَيَصْبِرْ فَإِنَّ ٱللَّهَ لَا يُضِيعُ أَجْرَ ٱلْمُحْسِنِينَ

٩١ قَالُوا۟ تَٱللَّهِ لَقَدْ ءَاثَرَكَ ٱللَّهُ عَلَيْنَا وَإِن كُنَّا لَخَٰطِئِينَ

٩٢ قَالَ لَا تَثْرِيبَ عَلَيْكُمُ ٱلْيَوْمَ ۖ يَغْفِرُ ٱللَّهُ لَكُمْ ۖ وَهُوَ أَرْحَمُ ٱلرَّٰحِمِينَ

٩٣ ٱذْهَبُوا۟ بِقَمِيصِى هَٰذَا فَأَلْقُوهُ عَلَىٰ وَجْهِ أَبِى يَأْتِ بَصِيرًا وَأْتُونِى بِأَهْلِكُمْ أَجْمَعِينَ

٩٤ وَلَمَّا فَصَلَتِ ٱلْعِيرُ قَالَ أَبُوهُمْ إِنِّى لَأَجِدُ رِيحَ يُوسُفَ ۖ لَوْلَآ أَن تُفَنِّدُونِ

٩٥ قَالُوا۟ تَٱللَّهِ إِنَّكَ لَفِى ضَلَٰلِكَ ٱلْقَدِيمِ

٩٦ فَلَمَّا أَن جَاءَ ٱلْبَشِيرُ أَلْقَىٰهُ عَلَىٰ وَجْهِهِ فَٱرْتَدَّ بَصِيرًا ۖ قَالَ أَلَمْ أَقُل لَّكُمْ إِنِّى أَعْلَمُ مِنَ ٱللَّهِ مَا لَا تَعْلَمُونَ

٩٧ قَالُوا يَٰأَبَانَا ٱسْتَغْفِرْ لَنَا ذُنُوبَنَا إِنَّا كُنَّا خَٰطِئِينَ

٩٨ قَالَ سَوْفَ أَسْتَغْفِرُ لَكُمْ رَبِّى ۖ إِنَّهُ هُوَ ٱلْغَفُورُ ٱلرَّحِيمُ

٩٩ فَلَمَّا دَخَلُوا عَلَىٰ يُوسُفَ ءَاوَىٰ إِلَيْهِ أَبَوَيْهِ وَقَالَ ٱدْخُلُوا مِصْرَ إِن شَاءَ ٱللَّهُ ءَامِنِينَ

١٠٠ وَرَفَعَ أَبَوَيْهِ عَلَى ٱلْعَرْشِ وَخَرُّوا لَهُۥ سُجَّدًا ۖ وَقَالَ يَٰأَبَتِ هَٰذَا تَأْوِيلُ رُءْيَٰىَ مِن قَبْلُ قَدْ جَعَلَهَا رَبِّى حَقًّا ۖ وَقَدْ أَحْسَنَ بِىٓ إِذْ أَخْرَجَنِى مِنَ ٱلسِّجْنِ وَجَاءَ بِكُم مِّنَ ٱلْبَدْوِ مِنۢ بَعْدِ أَن نَّزَغَ ٱلشَّيْطَٰنُ بَيْنِى وَبَيْنَ إِخْوَتِىٓ ۚ إِنَّ رَبِّى لَطِيفٌ لِّمَا يَشَاءُ ۚ إِنَّهُ هُوَ ٱلْعَلِيمُ ٱلْحَكِيمُ

١٠١ رَبِّ قَدْ ءَاتَيْتَنِى مِنَ ٱلْمُلْكِ وَعَلَّمْتَنِى مِن تَأْوِيلِ ٱلْأَحَادِيثِ ۚ فَاطِرَ ٱلسَّمَٰوَٰتِ وَٱلْأَرْضِ أَنتَ وَلِىِّۦ فِى ٱلدُّنْيَا وَٱلْءَاخِرَةِ ۖ تَوَفَّنِى مُسْلِمًا وَأَلْحِقْنِى بِٱلصَّٰلِحِينَ

١٠٢ ذَٰلِكَ مِنْ أَنۢبَاءِ ٱلْغَيْبِ نُوحِيهِ إِلَيْكَ ۖ وَمَا كُنتَ لَدَيْهِمْ إِذْ أَجْمَعُوا أَمْرَهُمْ وَهُمْ يَمْكُرُونَ

١٠٣ وَمَا أَكْثَرُ ٱلنَّاسِ وَلَوْ حَرَصْتَ بِمُؤْمِنِينَ

١٠٤ وَمَا تَسْـَٔلُهُمْ عَلَيْهِ مِنْ أَجْرٍ ۚ إِنْ هُوَ إِلَّا ذِكْرٌ لِّلْعَٰلَمِينَ

١٠٥ وَكَأَيِّن مِّنْ ءَايَةٍ فِى ٱلسَّمَٰوَٰتِ وَٱلْأَرْضِ يَمُرُّونَ عَلَيْهَا وَهُمْ عَنْهَا مُعْرِضُونَ

١٠٦ وَمَا يُؤْمِنُ أَكْثَرُهُم بِٱللَّهِ إِلَّا وَهُم مُّشْرِكُونَ

١٠٧ أَفَأَمِنُوا أَن تَأْتِيَهُمْ غَٰشِيَةٌ مِّنْ عَذَابِ ٱللَّهِ أَوْ تَأْتِيَهُمُ ٱلسَّاعَةُ بَغْتَةً وَهُمْ لَا يَشْعُرُونَ

١٠٨ قُلْ هَٰذِهِۦ سَبِيلِىٓ أَدْعُوا إِلَى ٱللَّهِ ۚ عَلَىٰ بَصِيرَةٍ أَنَا وَمَنِ ٱتَّبَعَنِى ۖ وَسُبْحَٰنَ ٱللَّهِ وَمَا أَنَا مِنَ ٱلْمُشْرِكِينَ

١٠٩ وَمَا أَرْسَلْنَا مِن قَبْلِكَ إِلَّا رِجَالًا نُّوحِى إِلَيْهِم مِّنْ أَهْلِ ٱلْقُرَىٰ ۗ أَفَلَمْ يَسِيرُوا فِى ٱلْأَرْضِ فَيَنظُرُوا كَيْفَ كَانَ عَٰقِبَةُ ٱلَّذِينَ مِن قَبْلِهِمْ ۗ وَلَدَارُ ٱلْءَاخِرَةِ خَيْرٌ لِّلَّذِينَ ٱتَّقَوْا ۗ أَفَلَا تَعْقِلُونَ

١١٠ حَتَّىٰ إِذَا ٱسْتَيْـَٔسَ ٱلرُّسُلُ وَظَنُّوا أَنَّهُمْ قَدْ كُذِبُوا جَاءَهُمْ نَصْرُنَا فَنُجِّىَ مَن نَّشَاءُ ۖ وَلَا يُرَدُّ بَأْسُنَا عَنِ ٱلْقَوْمِ ٱلْمُجْرِمِينَ

١١١ لَقَدْ كَانَ فِى قَصَصِهِمْ عِبْرَةٌ لِّأُولِى ٱلْأَلْبَٰبِ ۗ مَا كَانَ حَدِيثًا يُفْتَرَىٰ وَلَٰكِن تَصْدِيقَ ٱلَّذِى بَيْنَ يَدَيْهِ وَتَفْصِيلَ كُلِّ شَىْءٍ وَهُدًى وَرَحْمَةً لِّقَوْمٍ يُؤْمِنُونَ

سورة الرعد

١ الٓمٓر ۚ تِلْكَ ءَايَٰتُ ٱلْكِتَٰبِ ۗ وَٱلَّذِىٓ أُنزِلَ إِلَيْكَ مِن رَّبِّكَ ٱلْحَقُّ وَلَٰكِنَّ أَكْثَرَ ٱلنَّاسِ لَا يُؤْمِنُونَ

٢ ٱللَّهُ ٱلَّذِى رَفَعَ ٱلسَّمَٰوَٰتِ بِغَيْرِ عَمَدٍ تَرَوْنَهَا ۖ ثُمَّ ٱسْتَوَىٰ عَلَى ٱلْعَرْشِ ۖ وَسَخَّرَ ٱلشَّمْسَ وَٱلْقَمَرَ ۖ كُلٌّ يَجْرِى لِأَجَلٍ مُّسَمًّى ۚ يُدَبِّرُ ٱلْأَمْرَ يُفَصِّلُ ٱلْءَايَٰتِ لَعَلَّكُم بِلِقَاءِ رَبِّكُمْ تُوقِنُونَ

٣ وَهُوَ ٱلَّذِى مَدَّ ٱلْأَرْضَ وَجَعَلَ فِيهَا رَوَٰسِىَ وَأَنْهَٰرًا ۖ وَمِن كُلِّ ٱلثَّمَرَٰتِ جَعَلَ فِيهَا زَوْجَيْنِ ٱثْنَيْنِ ۖ يُغْشِى ٱلَّيْلَ ٱلنَّهَارَ ۚ إِنَّ فِى ذَٰلِكَ لَءَايَٰتٍ لِّقَوْمٍ يَتَفَكَّرُونَ

٤ وَفِى ٱلْأَرْضِ قِطَعٌ مُّتَجَٰوِرَٰتٌ وَجَنَّٰتٌ مِّنْ أَعْنَٰبٍ وَزَرْعٌ وَنَخِيلٌ صِنْوَانٌ وَغَيْرُ صِنْوَانٍ يُسْقَىٰ بِمَاءٍ وَٰحِدٍ وَنُفَضِّلُ بَعْضَهَا عَلَىٰ

بَعْضٍ فِى ٱلْأُكُلِ ۚ إِنَّ فِى ذَٰلِكَ لَءَايَٰتٍ لِّقَوْمٍ يَعْقِلُونَ

٥ ۞ وَإِن تَعْجَبْ فَعَجَبٌ قَوْلُهُمْ أَءِذَا كُنَّا تُرَٰبًا أَءِنَّا لَفِى خَلْقٍ جَدِيدٍ ۗ أُو۟لَٰٓئِكَ ٱلَّذِينَ كَفَرُوا۟ بِرَبِّهِمْ ۖ وَأُو۟لَٰٓئِكَ ٱلْأَغْلَٰلُ فِىٓ أَعْنَاقِهِمْ ۖ وَأُو۟لَٰٓئِكَ أَصْحَٰبُ ٱلنَّارِ ۖ هُمْ فِيهَا خَٰلِدُونَ

٦ وَيَسْتَعْجِلُونَكَ بِٱلسَّيِّئَةِ قَبْلَ ٱلْحَسَنَةِ وَقَدْ خَلَتْ مِن قَبْلِهِمُ ٱلْمَثُلَٰتُ ۗ وَإِنَّ رَبَّكَ لَذُو مَغْفِرَةٍ لِّلنَّاسِ عَلَىٰ ظُلْمِهِمْ ۖ وَإِنَّ رَبَّكَ لَشَدِيدُ ٱلْعِقَابِ

٧ وَيَقُولُ ٱلَّذِينَ كَفَرُوا۟ لَوْلَآ أُنزِلَ عَلَيْهِ ءَايَةٌ مِّن رَّبِّهِ ۗ إِنَّمَآ أَنتَ مُنذِرٌ ۖ وَلِكُلِّ قَوْمٍ هَادٍ

٨ ٱللَّهُ يَعْلَمُ مَا تَحْمِلُ كُلُّ أُنثَىٰ وَمَا تَغِيضُ ٱلْأَرْحَامُ وَمَا تَزْدَادُ ۖ وَكُلُّ شَىْءٍ عِندَهُۥ بِمِقْدَارٍ

٩ عَٰلِمُ ٱلْغَيْبِ وَٱلشَّهَٰدَةِ ٱلْكَبِيرُ ٱلْمُتَعَالِ

١٠ سَوَآءٌ مِّنكُم مَّنْ أَسَرَّ ٱلْقَوْلَ وَمَن جَهَرَ بِهِۦ وَمَنْ هُوَ مُسْتَخْفٍۭ بِٱلَّيْلِ وَسَارِبٌۢ بِٱلنَّهَارِ

١١ لَهُۥ مُعَقِّبَٰتٌ مِّنۢ بَيْنِ يَدَيْهِ وَمِنْ خَلْفِهِۦ يَحْفَظُونَهُۥ مِنْ أَمْرِ ٱللَّهِ ۗ إِنَّ ٱللَّهَ لَا يُغَيِّرُ مَا بِقَوْمٍ حَتَّىٰ يُغَيِّرُوا۟ مَا بِأَنفُسِهِمْ ۗ وَإِذَآ أَرَادَ ٱللَّهُ بِقَوْمٍ سُوٓءًا فَلَا مَرَدَّ لَهُۥ ۚ وَمَا لَهُم مِّن دُونِهِۦ مِن وَالٍ

١٢ هُوَ ٱلَّذِى يُرِيكُمُ ٱلْبَرْقَ خَوْفًا وَطَمَعًا وَيُنشِئُ ٱلسَّحَابَ ٱلثِّقَالَ

١٣ وَيُسَبِّحُ ٱلرَّعْدُ بِحَمْدِهِۦ وَٱلْمَلَٰٓئِكَةُ مِنْ خِيفَتِهِۦ وَيُرْسِلُ ٱلصَّوَٰعِقَ فَيُصِيبُ بِهَا مَن يَشَآءُ وَهُمْ يُجَٰدِلُونَ فِى ٱللَّهِ وَهُوَ شَدِيدُ ٱلْمِحَالِ

١٤ لَهُۥ دَعْوَةُ ٱلْحَقِّ ۖ وَٱلَّذِينَ يَدْعُونَ مِن دُونِهِۦ لَا يَسْتَجِيبُونَ لَهُم بِشَىْءٍ إِلَّا كَبَٰسِطِ كَفَّيْهِ إِلَى ٱلْمَآءِ لِيَبْلُغَ فَاهُ وَمَا هُوَ بِبَٰلِغِهِۦ ۚ وَمَا دُعَآءُ ٱلْكَٰفِرِينَ إِلَّا فِى ضَلَٰلٍ

١٥ وَلِلَّهِ يَسْجُدُ مَن فِى ٱلسَّمَٰوَٰتِ وَٱلْأَرْضِ طَوْعًا وَكَرْهًا وَظِلَٰلُهُم بِٱلْغُدُوِّ وَٱلْءَاصَالِ ۩

١٦ قُلْ مَن رَّبُّ ٱلسَّمَٰوَٰتِ وَٱلْأَرْضِ قُلِ ٱللَّهُ ۚ قُلْ أَفَٱتَّخَذْتُم مِّن دُونِهِۦٓ أَوْلِيَآءَ لَا يَمْلِكُونَ لِأَنفُسِهِمْ نَفْعًا وَلَا ضَرًّا ۚ قُلْ هَلْ يَسْتَوِى ٱلْأَعْمَىٰ وَٱلْبَصِيرُ أَمْ هَلْ تَسْتَوِى ٱلظُّلُمَٰتُ وَٱلنُّورُ ۗ أَمْ جَعَلُوا۟ لِلَّهِ شُرَكَآءَ خَلَقُوا۟ كَخَلْقِهِۦ فَتَشَٰبَهَ ٱلْخَلْقُ عَلَيْهِمْ ۚ قُلِ ٱللَّهُ خَٰلِقُ كُلِّ شَىْءٍ وَهُوَ ٱلْوَٰحِدُ ٱلْقَهَّٰرُ

١٧ أَنزَلَ مِنَ ٱلسَّمَآءِ مَآءً فَسَالَتْ أَوْدِيَةٌۢ بِقَدَرِهَا فَٱحْتَمَلَ ٱلسَّيْلُ زَبَدًا رَّابِيًا ۚ وَمِمَّا يُوقِدُونَ عَلَيْهِ فِى ٱلنَّارِ ٱبْتِغَآءَ حِلْيَةٍ أَوْ مَتَٰعٍ زَبَدٌ مِّثْلُهُۥ ۚ كَذَٰلِكَ يَضْرِبُ ٱللَّهُ ٱلْحَقَّ وَٱلْبَٰطِلَ ۚ فَأَمَّا ٱلزَّبَدُ فَيَذْهَبُ جُفَآءً ۖ وَأَمَّا مَا يَنفَعُ ٱلنَّاسَ فَيَمْكُثُ فِى ٱلْأَرْضِ ۚ كَذَٰلِكَ يَضْرِبُ ٱللَّهُ ٱلْأَمْثَالَ

١٨ لِلَّذِينَ ٱسْتَجَابُوا۟ لِرَبِّهِمُ ٱلْحُسْنَىٰ ۚ وَٱلَّذِينَ لَمْ يَسْتَجِيبُوا۟ لَهُۥ لَوْ أَنَّ لَهُم مَّا فِى ٱلْأَرْضِ جَمِيعًا وَمِثْلَهُۥ مَعَهُۥ لَٱفْتَدَوْا۟ بِهِۦٓ ۚ أُو۟لَٰٓئِكَ لَهُمْ سُوٓءُ ٱلْحِسَابِ وَمَأْوَىٰهُمْ جَهَنَّمُ ۖ وَبِئْسَ ٱلْمِهَادُ

١٩ ۞ أَفَمَن يَعْلَمُ أَنَّمَآ أُنزِلَ إِلَيْكَ مِن رَّبِّكَ ٱلْحَقُّ كَمَنْ هُوَ أَعْمَىٰٓ ۚ إِنَّمَا يَتَذَكَّرُ أُو۟لُوا۟ ٱلْأَلْبَٰبِ

٢٠ ٱلَّذِينَ يُوفُونَ بِعَهْدِ ٱللَّهِ وَلَا يَنقُضُونَ ٱلْمِيثَٰقَ

٢١ وَٱلَّذِينَ يَصِلُونَ مَآ أَمَرَ ٱللَّهُ بِهِۦٓ أَن يُوصَلَ وَيَخْشَوْنَ رَبَّهُمْ وَيَخَافُونَ سُوٓءَ ٱلْحِسَابِ

٢٢ وَٱلَّذِينَ صَبَرُوا۟ ٱبْتِغَآءَ وَجْهِ رَبِّهِمْ وَأَقَامُوا۟ ٱلصَّلَوٰةَ وَأَنفَقُوا۟ مِمَّا رَزَقْنَٰهُمْ سِرًّا وَعَلَانِيَةً وَيَدْرَءُونَ بِٱلْحَسَنَةِ ٱلسَّيِّئَةَ أُو۟لَٰٓئِكَ لَهُمْ عُقْبَى ٱلدَّارِ

٢٣ جَنَّٰتُ عَدْنٍ يَدْخُلُونَهَا وَمَن صَلَحَ مِنْ ءَابَآئِهِمْ وَأَزْوَٰجِهِمْ وَذُرِّيَّٰتِهِمْ وَٱلْمَلَٰٓئِكَةُ يَدْخُلُونَ عَلَيْهِم مِّن كُلِّ بَابٍ

٢٤ سَلَٰمٌ عَلَيْكُم بِمَا صَبَرْتُمْ فَنِعْمَ عُقْبَى ٱلدَّارِ

٢٥ وَٱلَّذِينَ يَنقُضُونَ عَهْدَ ٱللَّهِ مِنۢ بَعْدِ مِيثَٰقِهِ وَيَقْطَعُونَ مَآ أَمَرَ ٱللَّهُ بِهِۦٓ أَن يُوصَلَ وَيُفْسِدُونَ فِى ٱلْأَرْضِ أُو۟لَٰٓئِكَ لَهُمُ ٱللَّعْنَةُ وَلَهُمْ سُوٓءُ ٱلدَّارِ

٢٦ ٱللَّهُ يَبْسُطُ ٱلرِّزْقَ لِمَن يَشَآءُ وَيَقْدِرُ وَفَرِحُوا۟ بِٱلْحَيَوٰةِ ٱلدُّنْيَا وَمَا ٱلْحَيَوٰةُ ٱلدُّنْيَا فِى ٱلْءَاخِرَةِ إِلَّا مَتَٰعٌ

٢٧ وَيَقُولُ ٱلَّذِينَ كَفَرُوا۟ لَوْلَآ أُنزِلَ عَلَيْهِ ءَايَةٌ مِّن رَّبِّهِ قُلْ إِنَّ ٱللَّهَ يُضِلُّ مَن يَشَآءُ وَيَهْدِىٓ إِلَيْهِ مَنْ أَنَابَ

٢٨ ٱلَّذِينَ ءَامَنُوا۟ وَتَطْمَئِنُّ قُلُوبُهُم بِذِكْرِ ٱللَّهِ أَلَا بِذِكْرِ ٱللَّهِ تَطْمَئِنُّ ٱلْقُلُوبُ

٢٩ ٱلَّذِينَ ءَامَنُوا۟ وَعَمِلُوا۟ ٱلصَّٰلِحَٰتِ طُوبَىٰ لَهُمْ وَحُسْنُ مَـَٔابٍ

٣٠ كَذَٰلِكَ أَرْسَلْنَٰكَ فِىٓ أُمَّةٍ قَدْ خَلَتْ مِن قَبْلِهَآ أُمَمٌ لِّتَتْلُوَا۟ عَلَيْهِمُ ٱلَّذِىٓ أَوْحَيْنَآ إِلَيْكَ وَهُمْ يَكْفُرُونَ بِٱلرَّحْمَٰنِ قُلْ هُوَ رَبِّى لَآ إِلَٰهَ إِلَّا هُوَ عَلَيْهِ تَوَكَّلْتُ وَإِلَيْهِ مَتَابِ

٣١ وَلَوْ أَنَّ قُرْءَانًا سُيِّرَتْ بِهِ ٱلْجِبَالُ أَوْ قُطِّعَتْ بِهِ ٱلْأَرْضُ أَوْ كُلِّمَ بِهِ ٱلْمَوْتَىٰ بَل لِّلَّهِ ٱلْأَمْرُ جَمِيعًا أَفَلَمْ يَا۟يْـَٔسِ ٱلَّذِينَ ءَامَنُوٓا۟ أَن لَّوْ يَشَآءُ ٱللَّهُ لَهَدَى ٱلنَّاسَ جَمِيعًا وَلَا يَزَالُ ٱلَّذِينَ كَفَرُوا۟ تُصِيبُهُم بِمَا صَنَعُوا۟ قَارِعَةٌ أَوْ تَحُلُّ قَرِيبًا مِّن دَارِهِمْ حَتَّىٰ يَأْتِىَ وَعْدُ ٱللَّهِ إِنَّ ٱللَّهَ لَا يُخْلِفُ ٱلْمِيعَادَ

٣٢ وَلَقَدِ ٱسْتُهْزِئَ بِرُسُلٍ مِّن قَبْلِكَ فَأَمْلَيْتُ لِلَّذِينَ كَفَرُوا۟ ثُمَّ أَخَذْتُهُمْ فَكَيْفَ كَانَ عِقَابِ

٣٣ أَفَمَنْ هُوَ قَآئِمٌ عَلَىٰ كُلِّ نَفْسٍۭ بِمَا كَسَبَتْ وَجَعَلُوا۟ لِلَّهِ شُرَكَآءَ قُلْ سَمُّوهُمْ أَمْ تُنَبِّـُٔونَهُۥ بِمَا لَا يَعْلَمُ فِى ٱلْأَرْضِ أَم بِظَٰهِرٍ مِّنَ ٱلْقَوْلِ بَلْ زُيِّنَ لِلَّذِينَ كَفَرُوا۟ مَكْرُهُمْ وَصُدُّوا۟ عَنِ ٱلسَّبِيلِ وَمَن يُضْلِلِ ٱللَّهُ فَمَا لَهُۥ مِنْ هَادٍ

٣٤ لَّهُمْ عَذَابٌ فِى ٱلْحَيَوٰةِ ٱلدُّنْيَا وَلَعَذَابُ ٱلْءَاخِرَةِ أَشَقُّ وَمَا لَهُم مِّنَ ٱللَّهِ مِن وَاقٍ

٣٥ مَّثَلُ ٱلْجَنَّةِ ٱلَّتِى وُعِدَ ٱلْمُتَّقُونَ تَجْرِى مِن تَحْتِهَا ٱلْأَنْهَٰرُ أُكُلُهَا دَآئِمٌ وَظِلُّهَا تِلْكَ عُقْبَى ٱلَّذِينَ ٱتَّقَوا۟ وَعُقْبَى ٱلْكَٰفِرِينَ ٱلنَّارُ

٣٦ وَٱلَّذِينَ ءَاتَيْنَٰهُمُ ٱلْكِتَٰبَ يَفْرَحُونَ بِمَآ أُنزِلَ إِلَيْكَ وَمِنَ ٱلْأَحْزَابِ مَن يُنكِرُ بَعْضَهُ قُلْ إِنَّمَآ أُمِرْتُ أَنْ أَعْبُدَ ٱللَّهَ وَلَآ أُشْرِكَ بِهِۦٓ إِلَيْهِ أَدْعُوا۟ وَإِلَيْهِ مَـَٔابِ

٣٧ وَكَذَٰلِكَ أَنزَلْنَٰهُ حُكْمًا عَرَبِيًّا وَلَئِنِ ٱتَّبَعْتَ أَهْوَآءَهُم بَعْدَمَا جَآءَكَ مِنَ ٱلْعِلْمِ مَا لَكَ مِنَ ٱللَّهِ مِن وَلِىٍّ وَلَا وَاقٍ

٣٨ وَلَقَدْ أَرْسَلْنَا رُسُلًا مِّن قَبْلِكَ وَجَعَلْنَا لَهُمْ أَزْوَٰجًا وَذُرِّيَّةً وَمَا كَانَ لِرَسُولٍ أَن يَأْتِىَ بِـَٔايَةٍ إِلَّا بِإِذْنِ ٱللَّهِ لِكُلِّ أَجَلٍ كِتَابٌ

٣٩ يَمْحُوا۟ ٱللَّهُ مَا يَشَآءُ وَيُثْبِتُ وَعِندَهُۥٓ أُمُّ ٱلْكِتَٰبِ

٤٠ وَإِن مَّا نُرِيَنَّكَ بَعْضَ ٱلَّذِى نَعِدُهُمْ أَوْ نَتَوَفَّيَنَّكَ فَإِنَّمَا عَلَيْكَ ٱلْبَلَٰغُ وَعَلَيْنَا ٱلْحِسَابُ

٤١ أَوَلَمْ يَرَوْا۟ أَنَّا نَأْتِى ٱلْأَرْضَ نَنقُصُهَا مِنْ أَطْرَافِهَا وَٱللَّهُ يَحْكُمُ لَا مُعَقِّبَ لِحُكْمِهِ وَهُوَ سَرِيعُ ٱلْحِسَابِ

٤٢ وَقَدْ مَكَرَ ٱلَّذِينَ مِن قَبْلِهِمْ فَلِلَّهِ ٱلْمَكْرُ جَمِيعًا يَعْلَمُ مَا تَكْسِبُ كُلُّ نَفْسٍ وَسَيَعْلَمُ ٱلْكُفَّٰرُ لِمَنْ عُقْبَى ٱلدَّارِ

٤٣ وَيَقُولُ ٱلَّذِينَ كَفَرُوا۟ لَسْتَ مُرْسَلًا ۚ قُلْ كَفَىٰ بِٱللَّهِ شَهِيدًۢا بَيْنِى وَبَيْنَكُمْ وَمَنْ عِندَهُۥ عِلْمُ ٱلْكِتَٰبِ

سورة ابراهيم

١ الٓر ۚ كِتَٰبٌ أَنزَلْنَٰهُ إِلَيْكَ لِتُخْرِجَ ٱلنَّاسَ مِنَ ٱلظُّلُمَٰتِ إِلَى ٱلنُّورِ بِإِذْنِ رَبِّهِمْ إِلَىٰ صِرَٰطِ ٱلْعَزِيزِ ٱلْحَمِيدِ

٢ ٱللَّهِ ٱلَّذِى لَهُۥ مَا فِى ٱلسَّمَٰوَٰتِ وَمَا فِى ٱلْأَرْضِ ۗ وَوَيْلٌ لِّلْكَٰفِرِينَ مِنْ عَذَابٍ شَدِيدٍ

٣ ٱلَّذِينَ يَسْتَحِبُّونَ ٱلْحَيَوٰةَ ٱلدُّنْيَا عَلَى ٱلْءَاخِرَةِ وَيَصُدُّونَ عَن سَبِيلِ ٱللَّهِ وَيَبْغُونَهَا عِوَجًا ۚ أُو۟لَٰٓئِكَ فِى ضَلَٰلٍۭ بَعِيدٍ

٤ وَمَآ أَرْسَلْنَا مِن رَّسُولٍ إِلَّا بِلِسَانِ قَوْمِهِۦ لِيُبَيِّنَ لَهُمْ ۖ فَيُضِلُّ ٱللَّهُ مَن يَشَآءُ وَيَهْدِى مَن يَشَآءُ ۚ وَهُوَ ٱلْعَزِيزُ ٱلْحَكِيمُ

٥ وَلَقَدْ أَرْسَلْنَا مُوسَىٰ بِـَٔايَٰتِنَآ أَنْ أَخْرِجْ قَوْمَكَ مِنَ ٱلظُّلُمَٰتِ إِلَى ٱلنُّورِ وَذَكِّرْهُم بِأَيَّىٰمِ ٱللَّهِ ۚ إِنَّ فِى ذَٰلِكَ لَءَايَٰتٍ لِّكُلِّ صَبَّارٍ شَكُورٍ

٦ وَإِذْ قَالَ مُوسَىٰ لِقَوْمِهِ ٱذْكُرُوا۟ نِعْمَةَ ٱللَّهِ عَلَيْكُمْ إِذْ أَنجَىٰكُم مِّنْ ءَالِ فِرْعَوْنَ يَسُومُونَكُمْ سُوٓءَ ٱلْعَذَابِ وَيُذَبِّحُونَ أَبْنَآءَكُمْ وَيَسْتَحْيُونَ نِسَآءَكُمْ ۚ وَفِى ذَٰلِكُم بَلَآءٌ مِّن رَّبِّكُمْ عَظِيمٌ

٧ وَإِذْ تَأَذَّنَ رَبُّكُمْ لَئِن شَكَرْتُمْ لَأَزِيدَنَّكُمْ ۖ وَلَئِن كَفَرْتُمْ إِنَّ عَذَابِى لَشَدِيدٌ

٨ وَقَالَ مُوسَىٰ إِن تَكْفُرُوٓا۟ أَنتُمْ وَمَن فِى ٱلْأَرْضِ جَمِيعًا فَإِنَّ ٱللَّهَ لَغَنِىٌّ حَمِيدٌ

٩ أَلَمْ يَأْتِكُمْ نَبَؤُا۟ ٱلَّذِينَ مِن قَبْلِكُمْ قَوْمِ نُوحٍ وَعَادٍ وَثَمُودَ ۛ وَٱلَّذِينَ مِنۢ بَعْدِهِمْ ۛ لَا يَعْلَمُهُمْ إِلَّا ٱللَّهُ ۚ جَآءَتْهُمْ رُسُلُهُم بِٱلْبَيِّنَٰتِ فَرَدُّوٓا۟

أَيْدِيَهُمْ فِىٓ أَفْوَٰهِهِمْ وَقَالُوٓا۟ إِنَّا كَفَرْنَا بِمَآ أُرْسِلْتُم بِهِۦ وَإِنَّا لَفِى شَكٍّ مِّمَّا تَدْعُونَنَآ إِلَيْهِ مُرِيبٍ

١٠ ۞ قَالَتْ رُسُلُهُمْ أَفِى ٱللَّهِ شَكٌّ فَاطِرِ ٱلسَّمَٰوَٰتِ وَٱلْأَرْضِ ۖ يَدْعُوكُمْ لِيَغْفِرَ لَكُم مِّن ذُنُوبِكُمْ وَيُؤَخِّرَكُمْ إِلَىٰٓ أَجَلٍ مُّسَمًّى ۚ قَالُوٓا۟ إِنْ أَنتُمْ إِلَّا بَشَرٌ مِّثْلُنَا تُرِيدُونَ أَن تَصُدُّونَا عَمَّا كَانَ يَعْبُدُ ءَابَآؤُنَا فَأْتُونَا بِسُلْطَٰنٍ مُّبِينٍ

١١ قَالَتْ لَهُمْ رُسُلُهُمْ إِن نَّحْنُ إِلَّا بَشَرٌ مِّثْلُكُمْ وَلَٰكِنَّ ٱللَّهَ يَمُنُّ عَلَىٰ مَن يَشَآءُ مِنْ عِبَادِهِۦ ۖ وَمَا كَانَ لَنَآ أَن نَّأْتِيَكُم بِسُلْطَٰنٍ إِلَّا بِإِذْنِ ٱللَّهِ ۚ وَعَلَى ٱللَّهِ فَلْيَتَوَكَّلِ ٱلْمُؤْمِنُونَ

١٢ وَمَا لَنَآ أَلَّا نَتَوَكَّلَ عَلَى ٱللَّهِ وَقَدْ هَدَىٰنَا سُبُلَنَا ۚ وَلَنَصْبِرَنَّ عَلَىٰ مَآ ءَاذَيْتُمُونَا ۚ وَعَلَى ٱللَّهِ فَلْيَتَوَكَّلِ ٱلْمُتَوَكِّلُونَ

١٣ وَقَالَ ٱلَّذِينَ كَفَرُوا۟ لِرُسُلِهِمْ لَنُخْرِجَنَّكُم مِّنْ أَرْضِنَآ أَوْ لَتَعُودُنَّ فِى مِلَّتِنَا ۖ فَأَوْحَىٰ إِلَيْهِمْ رَبُّهُمْ لَنُهْلِكَنَّ ٱلظَّٰلِمِينَ

١٤ وَلَنُسْكِنَنَّكُمُ ٱلْأَرْضَ مِنۢ بَعْدِهِمْ ۚ ذَٰلِكَ لِمَنْ خَافَ مَقَامِى وَخَافَ وَعِيدِ

١٥ وَٱسْتَفْتَحُوا۟ وَخَابَ كُلُّ جَبَّارٍ عَنِيدٍ

١٦ مِّن وَرَآئِهِۦ جَهَنَّمُ وَيُسْقَىٰ مِن مَّآءٍ صَدِيدٍ

١٧ يَتَجَرَّعُهُۥ وَلَا يَكَادُ يُسِيغُهُۥ وَيَأْتِيهِ ٱلْمَوْتُ مِن كُلِّ مَكَانٍ وَمَا هُوَ بِمَيِّتٍ ۖ وَمِن وَرَآئِهِۦ عَذَابٌ غَلِيظٌ

١٨ مَّثَلُ ٱلَّذِينَ كَفَرُوا۟ بِرَبِّهِمْ ۖ أَعْمَٰلُهُمْ كَرَمَادٍ ٱشْتَدَّتْ بِهِ ٱلرِّيحُ فِى يَوْمٍ عَاصِفٍ ۖ لَّا يَقْدِرُونَ مِمَّا كَسَبُوا۟ عَلَىٰ شَىْءٍ ۚ ذَٰلِكَ هُوَ ٱلضَّلَٰلُ ٱلْبَعِيدُ

١٩ أَلَمْ تَرَ أَنَّ ٱللَّهَ خَلَقَ ٱلسَّمَٰوَٰتِ وَٱلْأَرْضَ بِٱلْحَقِّ ۚ إِن يَشَأْ يُذْهِبْكُمْ وَيَأْتِ بِخَلْقٍ جَدِيدٍ

٢٠ وَمَا ذَٰلِكَ عَلَى ٱللَّهِ بِعَزِيزٍ

٢١ وَبَرَزُوا۟ لِلَّهِ جَمِيعًا فَقَالَ ٱلضُّعَفَـٰٓؤُا۟ لِلَّذِينَ ٱسْتَكْبَرُوٓا۟ إِنَّا كُنَّا لَكُمْ تَبَعًا فَهَلْ أَنتُم مُّغْنُونَ عَنَّا مِنْ عَذَابِ ٱللَّهِ مِن شَىْءٍ ۚ قَالُوا۟ لَوْ هَدَىٰنَا ٱللَّهُ لَهَدَيْنَـٰكُمْ ۖ سَوَآءٌ عَلَيْنَآ أَجَزِعْنَآ أَمْ صَبَرْنَا مَا لَنَا مِن مَّحِيصٍ

٢٢ وَقَالَ ٱلشَّيْطَـٰنُ لَمَّا قُضِىَ ٱلْأَمْرُ إِنَّ ٱللَّهَ وَعَدَكُمْ وَعْدَ ٱلْحَقِّ وَوَعَدتُّكُمْ فَأَخْلَفْتُكُمْ ۖ وَمَا كَانَ لِىَ عَلَيْكُم مِّن سُلْطَـٰنٍ إِلَّآ أَن دَعَوْتُكُمْ فَٱسْتَجَبْتُمْ لِى ۖ فَلَا تَلُومُونِى وَلُومُوٓا۟ أَنفُسَكُم ۖ مَّآ أَنَا۠ بِمُصْرِخِكُمْ وَمَآ أَنتُم بِمُصْرِخِىَّ ۖ إِنِّى كَفَرْتُ بِمَآ أَشْرَكْتُمُونِ مِن قَبْلُ ۗ إِنَّ ٱلظَّـٰلِمِينَ لَهُمْ عَذَابٌ أَلِيمٌ

٢٣ وَأُدْخِلَ ٱلَّذِينَ ءَامَنُوا۟ وَعَمِلُوا۟ ٱلصَّـٰلِحَـٰتِ جَنَّـٰتٍ تَجْرِى مِن تَحْتِهَا ٱلْأَنْهَـٰرُ خَـٰلِدِينَ فِيهَا بِإِذْنِ رَبِّهِمْ ۖ تَحِيَّتُهُمْ فِيهَا سَلَـٰمٌ

٢٤ أَلَمْ تَرَ كَيْفَ ضَرَبَ ٱللَّهُ مَثَلًا كَلِمَةً طَيِّبَةً كَشَجَرَةٍ طَيِّبَةٍ أَصْلُهَا ثَابِتٌ وَفَرْعُهَا فِى ٱلسَّمَآءِ

٢٥ تُؤْتِىٓ أُكُلَهَا كُلَّ حِينٍۭ بِإِذْنِ رَبِّهَا ۗ وَيَضْرِبُ ٱللَّهُ ٱلْأَمْثَالَ لِلنَّاسِ لَعَلَّهُمْ يَتَذَكَّرُونَ

٢٦ وَمَثَلُ كَلِمَةٍ خَبِيثَةٍ كَشَجَرَةٍ خَبِيثَةٍ ٱجْتُثَّتْ مِن فَوْقِ ٱلْأَرْضِ مَا لَهَا مِن قَرَارٍ

٢٧ يُثَبِّتُ ٱللَّهُ ٱلَّذِينَ ءَامَنُوا۟ بِٱلْقَوْلِ ٱلثَّابِتِ فِى ٱلْحَيَوٰةِ ٱلدُّنْيَا وَفِى ٱلْءَاخِرَةِ ۖ وَيُضِلُّ ٱللَّهُ ٱلظَّـٰلِمِينَ ۚ وَيَفْعَلُ ٱللَّهُ مَا يَشَآءُ

٢٨ أَلَمْ تَرَ إِلَى ٱلَّذِينَ بَدَّلُوا۟ نِعْمَتَ ٱللَّهِ كُفْرًا وَأَحَلُّوا۟ قَوْمَهُمْ دَارَ ٱلْبَوَارِ

٢٩ جَهَنَّمَ يَصْلَوْنَهَا ۖ وَبِئْسَ ٱلْقَرَارُ

٣٠ وَجَعَلُوا۟ لِلَّهِ أَندَادًا لِّيُضِلُّوا۟ عَن سَبِيلِهِ ۗ قُلْ تَمَتَّعُوا۟ فَإِنَّ مَصِيرَكُمْ إِلَى ٱلنَّارِ

٣١ قُل لِّعِبَادِىَ ٱلَّذِينَ ءَامَنُوا۟ يُقِيمُوا۟ ٱلصَّلَوٰةَ وَيُنفِقُوا۟ مِمَّا رَزَقْنَـٰهُمْ سِرًّا وَعَلَانِيَةً مِّن قَبْلِ أَن يَأْتِىَ يَوْمٌ لَّا بَيْعٌ فِيهِ وَلَا خِلَـٰلٌ

٣٢ ٱللَّهُ ٱلَّذِى خَلَقَ ٱلسَّمَـٰوَٰتِ وَٱلْأَرْضَ وَأَنزَلَ مِنَ ٱلسَّمَآءِ مَآءً فَأَخْرَجَ بِهِ مِنَ ٱلثَّمَرَٰتِ رِزْقًا لَّكُمْ ۖ وَسَخَّرَ لَكُمُ ٱلْفُلْكَ لِتَجْرِىَ فِى ٱلْبَحْرِ بِأَمْرِهِ ۖ وَسَخَّرَ لَكُمُ ٱلْأَنْهَـٰرَ

٣٣ وَسَخَّرَ لَكُمُ ٱلشَّمْسَ وَٱلْقَمَرَ دَآئِبَيْنِ ۖ وَسَخَّرَ لَكُمُ ٱلَّيْلَ وَٱلنَّهَارَ

٣٤ وَءَاتَىٰكُم مِّن كُلِّ مَا سَأَلْتُمُوهُ ۚ وَإِن تَعُدُّوا۟ نِعْمَتَ ٱللَّهِ لَا تُحْصُوهَآ ۗ إِنَّ ٱلْإِنسَـٰنَ لَظَلُومٌ كَفَّارٌ

٣٥ وَإِذْ قَالَ إِبْرَٰهِيمُ رَبِّ ٱجْعَلْ هَـٰذَا ٱلْبَلَدَ ءَامِنًا وَٱجْنُبْنِى وَبَنِىَّ أَن نَّعْبُدَ ٱلْأَصْنَامَ

٣٦ رَبِّ إِنَّهُنَّ أَضْلَلْنَ كَثِيرًا مِّنَ ٱلنَّاسِ ۖ فَمَن تَبِعَنِى فَإِنَّهُ مِنِّى ۖ وَمَنْ عَصَانِى فَإِنَّكَ غَفُورٌ رَّحِيمٌ

٣٧ رَّبَّنَآ إِنِّىٓ أَسْكَنتُ مِن ذُرِّيَّتِى بِوَادٍ غَيْرِ ذِى زَرْعٍ عِندَ بَيْتِكَ ٱلْمُحَرَّمِ رَبَّنَا لِيُقِيمُوا۟ ٱلصَّلَوٰةَ فَٱجْعَلْ أَفْـِٔدَةً مِّنَ ٱلنَّاسِ تَهْوِىٓ إِلَيْهِمْ وَٱرْزُقْهُم مِّنَ ٱلثَّمَرَٰتِ لَعَلَّهُمْ يَشْكُرُونَ

٣٨ رَبَّنَآ إِنَّكَ تَعْلَمُ مَا نُخْفِى وَمَا نُعْلِنُ ۗ وَمَا يَخْفَىٰ عَلَى ٱللَّهِ مِن شَىْءٍ فِى ٱلْأَرْضِ وَلَا فِى ٱلسَّمَآءِ

٣٩ ٱلْحَمْدُ لِلَّهِ ٱلَّذِى وَهَبَ لِى عَلَى ٱلْكِبَرِ إِسْمَـٰعِيلَ وَإِسْحَـٰقَ ۚ إِنَّ رَبِّى لَسَمِيعُ ٱلدُّعَآءِ

٤٠ رَبِّ ٱجْعَلْنِى مُقِيمَ ٱلصَّلَوٰةِ وَمِن ذُرِّيَّتِى ۚ رَبَّنَا وَتَقَبَّلْ دُعَآءِ

٤١ رَبَّنَا ٱغْفِرْ لِى وَلِوَٰلِدَىَّ وَلِلْمُؤْمِنِينَ يَوْمَ يَقُومُ ٱلْحِسَابُ

٤٢ وَلَا تَحْسَبَنَّ ٱللَّهَ غَٰفِلًا عَمَّا يَعْمَلُ ٱلظَّٰلِمُونَ ۚ إِنَّمَا يُؤَخِّرُهُمْ لِيَوْمٍ تَشْخَصُ فِيهِ ٱلْأَبْصَٰرُ

٤٣ مُهْطِعِينَ مُقْنِعِى رُءُوسِهِمْ لَا يَرْتَدُّ إِلَيْهِمْ طَرْفُهُمْ ۖ وَأَفْـِٔدَتُهُمْ هَوَآءٌ

٤٤ وَأَنذِرِ ٱلنَّاسَ يَوْمَ يَأْتِيهِمُ ٱلْعَذَابُ فَيَقُولُ ٱلَّذِينَ ظَلَمُوا۟ رَبَّنَآ أَخِّرْنَآ إِلَىٰٓ أَجَلٍ قَرِيبٍ نُّجِبْ دَعْوَتَكَ وَنَتَّبِعِ ٱلرُّسُلَ ۗ أَوَلَمْ تَكُونُوٓا۟ أَقْسَمْتُم مِّن قَبْلُ مَا لَكُم مِّن زَوَالٍ

٤٥ وَسَكَنتُمْ فِى مَسَٰكِنِ ٱلَّذِينَ ظَلَمُوٓا۟ أَنفُسَهُمْ وَتَبَيَّنَ لَكُمْ كَيْفَ فَعَلْنَا بِهِمْ وَضَرَبْنَا لَكُمُ ٱلْأَمْثَالَ

٤٦ وَقَدْ مَكَرُوا۟ مَكْرَهُمْ وَعِندَ ٱللَّهِ مَكْرُهُمْ وَإِن كَانَ مَكْرُهُمْ لِتَزُولَ مِنْهُ ٱلْجِبَالُ

٤٧ فَلَا تَحْسَبَنَّ ٱللَّهَ مُخْلِفَ وَعْدِهِۦ رُسُلَهُۥٓ ۗ إِنَّ ٱللَّهَ عَزِيزٌ ذُو ٱنتِقَامٍ

٤٨ يَوْمَ تُبَدَّلُ ٱلْأَرْضُ غَيْرَ ٱلْأَرْضِ وَٱلسَّمَٰوَٰتُ ۖ وَبَرَزُوا۟ لِلَّهِ ٱلْوَٰحِدِ ٱلْقَهَّارِ

٤٩ وَتَرَى ٱلْمُجْرِمِينَ يَوْمَئِذٍ مُّقَرَّنِينَ فِى ٱلْأَصْفَادِ

٥٠ سَرَابِيلُهُم مِّن قَطِرَانٍ وَتَغْشَىٰ وُجُوهَهُمُ ٱلنَّارُ

٥١ لِيَجْزِىَ ٱللَّهُ كُلَّ نَفْسٍ مَّا كَسَبَتْ ۚ إِنَّ ٱللَّهَ سَرِيعُ ٱلْحِسَابِ

٥٢ هَٰذَا بَلَٰغٌ لِّلنَّاسِ وَلِيُنذَرُوا۟ بِهِۦ وَلِيَعْلَمُوٓا۟ أَنَّمَا هُوَ إِلَٰهٌ وَٰحِدٌ وَلِيَذَّكَّرَ أُو۟لُوا۟ ٱلْأَلْبَٰبِ

سورة الحجر

١ الٓر ۚ تِلْكَ ءَايَٰتُ ٱلْكِتَٰبِ وَقُرْءَانٍ مُّبِينٍ

٢ رُّبَمَا يَوَدُّ ٱلَّذِينَ كَفَرُوا۟ لَوْ كَانُوا۟ مُسْلِمِينَ

٣ ذَرْهُمْ يَأْكُلُوا۟ وَيَتَمَتَّعُوا۟ وَيُلْهِهِمُ ٱلْأَمَلُ ۖ فَسَوْفَ يَعْلَمُونَ

٤ وَمَآ أَهْلَكْنَا مِن قَرْيَةٍ إِلَّا وَلَهَا كِتَابٌ مَّعْلُومٌ

٥ مَّا تَسْبِقُ مِنْ أُمَّةٍ أَجَلَهَا وَمَا يَسْتَـْٔخِرُونَ

٦ وَقَالُوا۟ يَٰٓأَيُّهَا ٱلَّذِى نُزِّلَ عَلَيْهِ ٱلذِّكْرُ إِنَّكَ لَمَجْنُونٌ

٧ لَّوْ مَا تَأْتِينَا بِٱلْمَلَٰٓئِكَةِ إِن كُنتَ مِنَ ٱلصَّٰدِقِينَ

٨ مَا نُنَزِّلُ ٱلْمَلَٰٓئِكَةَ إِلَّا بِٱلْحَقِّ وَمَا كَانُوٓا۟ إِذًا مُّنظَرِينَ

٩ إِنَّا نَحْنُ نَزَّلْنَا ٱلذِّكْرَ وَإِنَّا لَهُۥ لَحَٰفِظُونَ

١٠ وَلَقَدْ أَرْسَلْنَا مِن قَبْلِكَ فِى شِيَعِ ٱلْأَوَّلِينَ

١١ وَمَا يَأْتِيهِم مِّن رَّسُولٍ إِلَّا كَانُوا۟ بِهِۦ يَسْتَهْزِءُونَ

١٢ كَذَٰلِكَ نَسْلُكُهُۥ فِى قُلُوبِ ٱلْمُجْرِمِينَ

١٣ لَا يُؤْمِنُونَ بِهِۦ ۖ وَقَدْ خَلَتْ سُنَّةُ ٱلْأَوَّلِينَ

١٤ وَلَوْ فَتَحْنَا عَلَيْهِم بَابًا مِّنَ ٱلسَّمَآءِ فَظَلُّوا۟ فِيهِ يَعْرُجُونَ

١٥ لَقَالُوٓا۟ إِنَّمَا سُكِّرَتْ أَبْصَٰرُنَا بَلْ نَحْنُ قَوْمٌ مَّسْحُورُونَ

١٦ وَلَقَدْ جَعَلْنَا فِى ٱلسَّمَآءِ بُرُوجًا وَزَيَّنَّٰهَا لِلنَّٰظِرِينَ

١٧ وَحَفِظْنَٰهَا مِن كُلِّ شَيْطَٰنٍ رَّجِيمٍ

١٨ إِلَّا مَنِ ٱسْتَرَقَ ٱلسَّمْعَ فَأَتْبَعَهُۥ شِهَابٌ مُّبِينٌ

١٩ وَٱلْأَرْضَ مَدَدْنَٰهَا وَأَلْقَيْنَا فِيهَا رَوَٰسِىَ وَأَنۢبَتْنَا فِيهَا مِن كُلِّ شَىْءٍ مَّوْزُونٍ

٢٠ وَجَعَلْنَا لَكُمْ فِيهَا مَعَٰيِشَ وَمَن لَّسْتُمْ لَهُۥ بِرَٰزِقِينَ

٢١ وَإِن مِّن شَىْءٍ إِلَّا عِندَنَا خَزَآئِنُهُۥ وَمَا نُنَزِّلُهُۥٓ إِلَّا بِقَدَرٍ مَّعْلُومٍ

 وَأَرْسَلْنَا ٱلرِّيَٰحَ لَوَٰقِحَ فَأَنزَلْنَا مِنَ ٱلسَّمَآءِ مَآءً فَأَسْقَيْنَٰكُمُوهُ وَمَآ أَنتُمْ لَهُۥ بِخَٰزِنِينَ

٢٣ وَإِنَّا لَنَحْنُ نُحْىِۦ وَنُمِيتُ وَنَحْنُ ٱلْوَٰرِثُونَ

٢٤ وَلَقَدْ عَلِمْنَا ٱلْمُسْتَقْدِمِينَ مِنكُمْ وَلَقَدْ عَلِمْنَا ٱلْمُسْتَـْٔخِرِينَ

٢٥ وَإِنَّ رَبَّكَ هُوَ يَحْشُرُهُمْ إِنَّهُۥ حَكِيمٌ عَلِيمٌ

٢٦ وَلَقَدْ خَلَقْنَا ٱلْإِنسَٰنَ مِن صَلْصَٰلٍ مِّنْ حَمَإٍ مَّسْنُونٍ

٢٧ وَٱلْجَآنَّ خَلَقْنَٰهُ مِن قَبْلُ مِن نَّارِ ٱلسَّمُومِ

٢٨ وَإِذْ قَالَ رَبُّكَ لِلْمَلَٰئِكَةِ إِنِّى خَٰلِقٌۢ بَشَرًا مِّن صَلْصَٰلٍ مِّنْ حَمَإٍ مَّسْنُونٍ

٢٩ فَإِذَا سَوَّيْتُهُۥ وَنَفَخْتُ فِيهِ مِن رُّوحِى فَقَعُوا۟ لَهُۥ سَٰجِدِينَ

٣٠ فَسَجَدَ ٱلْمَلَٰئِكَةُ كُلُّهُمْ أَجْمَعُونَ

٣١ إِلَّآ إِبْلِيسَ أَبَىٰ أَن يَكُونَ مَعَ ٱلسَّٰجِدِينَ

٣٢ قَالَ يَٰٓإِبْلِيسُ مَا لَكَ أَلَّا تَكُونَ مَعَ ٱلسَّٰجِدِينَ

٣٣ قَالَ لَمْ أَكُن لِّأَسْجُدَ لِبَشَرٍ خَلَقْتَهُۥ مِن صَلْصَٰلٍ مِّنْ حَمَإٍ مَّسْنُونٍ

٣٤ قَالَ فَٱخْرُجْ مِنْهَا فَإِنَّكَ رَجِيمٌ

٣٥ وَإِنَّ عَلَيْكَ ٱللَّعْنَةَ إِلَىٰ يَوْمِ ٱلدِّينِ

٣٦ قَالَ رَبِّ فَأَنظِرْنِىٓ إِلَىٰ يَوْمِ يُبْعَثُونَ

٣٧ قَالَ فَإِنَّكَ مِنَ ٱلْمُنظَرِينَ

٣٨ إِلَىٰ يَوْمِ ٱلْوَقْتِ ٱلْمَعْلُومِ

٣٩ قَالَ رَبِّ بِمَآ أَغْوَيْتَنِى لَأُزَيِّنَنَّ لَهُمْ فِى ٱلْأَرْضِ وَلَأُغْوِيَنَّهُمْ أَجْمَعِينَ

٤٠ إِلَّا عِبَادَكَ مِنْهُمُ ٱلْمُخْلَصِينَ

٤١ قَالَ هَٰذَا صِرَٰطٌ عَلَىَّ مُسْتَقِيمٌ

٤٢ إِنَّ عِبَادِى لَيْسَ لَكَ عَلَيْهِمْ سُلْطَٰنٌ إِلَّا مَنِ ٱتَّبَعَكَ مِنَ ٱلْغَاوِينَ

٤٣ وَإِنَّ جَهَنَّمَ لَمَوْعِدُهُمْ أَجْمَعِينَ

٤٤ لَهَا سَبْعَةُ أَبْوَٰبٍ لِّكُلِّ بَابٍ مِّنْهُمْ جُزْءٌ مَّقْسُومٌ

٤٥ إِنَّ ٱلْمُتَّقِينَ فِى جَنَّٰتٍ وَعُيُونٍ

٤٦ ٱدْخُلُوهَا بِسَلَٰمٍ ءَامِنِينَ

٤٧ وَنَزَعْنَا مَا فِى صُدُورِهِم مِّنْ غِلٍّ إِخْوَٰنًا عَلَىٰ سُرُرٍ مُّتَقَٰبِلِينَ

٤٨ لَا يَمَسُّهُمْ فِيهَا نَصَبٌ وَمَا هُم مِّنْهَا بِمُخْرَجِينَ

٤٩ نَبِّئْ عِبَادِىٓ أَنِّىٓ أَنَا ٱلْغَفُورُ ٱلرَّحِيمُ ۞

٥٠ وَأَنَّ عَذَابِى هُوَ ٱلْعَذَابُ ٱلْأَلِيمُ

٥١ وَنَبِّئْهُمْ عَن ضَيْفِ إِبْرَٰهِيمَ

٥٢ إِذْ دَخَلُوا۟ عَلَيْهِ فَقَالُوا۟ سَلَٰمًا قَالَ إِنَّا مِنكُمْ وَجِلُونَ

٥٣ قَالُوا۟ لَا تَوْجَلْ إِنَّا نُبَشِّرُكَ بِغُلَٰمٍ عَلِيمٍ

٥٤ قَالَ أَبَشَّرْتُمُونِى عَلَىٰٓ أَن مَّسَّنِىَ ٱلْكِبَرُ فَبِمَ تُبَشِّرُونَ

٥٥ قَالُوا۟ بَشَّرْنَٰكَ بِٱلْحَقِّ فَلَا تَكُن مِّنَ ٱلْقَٰنِطِينَ

٥٦ قَالَ وَمَن يَقْنَطُ مِن رَّحْمَةِ رَبِّهِۦٓ إِلَّا ٱلضَّآلُّونَ

٥٧ قَالَ فَمَا خَطْبُكُمْ أَيُّهَا ٱلْمُرْسَلُونَ

٥٨ قَالُوٓا۟ إِنَّآ أُرْسِلْنَآ إِلَىٰ قَوْمٍ مُّجْرِمِينَ

٥٩ إِلَّآ ءَالَ لُوطٍ إِنَّا لَمُنَجُّوهُمْ أَجْمَعِينَ

٦٠ إِلَّا ٱمْرَأَتَهُۥ قَدَّرْنَآ إِنَّهَا لَمِنَ ٱلْغَٰبِرِينَ

٦١ فَلَمَّا جَآءَ ءَالَ لُوطٍ ٱلْمُرْسَلُونَ

٦٢ قَالَ إِنَّكُمْ قَوْمٌ مُّنكَرُونَ

٦٣ قَالُوا۟ بَلْ جِئْنَٰكَ بِمَا كَانُوا۟ فِيهِ يَمْتَرُونَ

٦٤ وَأَتَيْنَٰكَ بِٱلْحَقِّ وَإِنَّا لَصَٰدِقُونَ

٦٥ فَأَسْرِ بِأَهْلِكَ بِقِطْعٍ مِّنَ ٱلَّيْلِ وَٱتَّبِعْ أَدْبَٰرَهُمْ وَلَا يَلْتَفِتْ مِنكُمْ أَحَدٌ وَٱمْضُوا۟ حَيْثُ تُؤْمَرُونَ

٦٦ وَقَضَيْنَآ إِلَيْهِ ذَٰلِكَ ٱلْأَمْرَ أَنَّ دَابِرَ هَٰٓؤُلَآءِ مَقْطُوعٌ مُّصْبِحِينَ

٦٧ وَجَآءَ أَهْلُ ٱلْمَدِينَةِ يَسْتَبْشِرُونَ

٦٨ قَالَ إِنَّ هَٰٓؤُلَآءِ ضَيْفِى فَلَا تَفْضَحُونِ

٦٩ وَٱتَّقُوا۟ ٱللَّهَ وَلَا تُخْزُونِ

٧٠ قَالُوٓا۟ أَوَلَمْ نَنْهَكَ عَنِ ٱلْعَٰلَمِينَ

٧١ قَالَ هَٰٓؤُلَآءِ بَنَاتِىٓ إِن كُنتُمْ فَٰعِلِينَ

٧٢ لَعَمْرُكَ إِنَّهُمْ لَفِى سَكْرَتِهِمْ يَعْمَهُونَ

٧٣ فَأَخَذَتْهُمُ ٱلصَّيْحَةُ مُشْرِقِينَ

٧٤ فَجَعَلْنَا عَٰلِيَهَا سَافِلَهَا وَأَمْطَرْنَا عَلَيْهِمْ حِجَارَةً مِّن سِجِّيلٍ

٧٥ إِنَّ فِى ذَٰلِكَ لَءَايَٰتٍ لِّلْمُتَوَسِّمِينَ

٧٦ وَإِنَّهَا لَبِسَبِيلٍ مُّقِيمٍ

٧٧ إِنَّ فِى ذَٰلِكَ لَءَايَةً لِّلْمُؤْمِنِينَ

٧٨ وَإِن كَانَ أَصْحَٰبُ ٱلْأَيْكَةِ لَظَٰلِمِينَ

٧٩ فَٱنتَقَمْنَا مِنْهُمْ وَإِنَّهُمَا لَبِإِمَامٍ مُّبِينٍ

٨٠ وَلَقَدْ كَذَّبَ أَصْحَٰبُ ٱلْحِجْرِ ٱلْمُرْسَلِينَ

٨١ وَءَاتَيْنَٰهُمْ ءَايَٰتِنَا فَكَانُوا۟ عَنْهَا مُعْرِضِينَ

٨٢ وَكَانُوا۟ يَنْحِتُونَ مِنَ ٱلْجِبَالِ بُيُوتًا ءَامِنِينَ

٨٣ فَأَخَذَتْهُمُ ٱلصَّيْحَةُ مُصْبِحِينَ

٨٤ فَمَآ أَغْنَىٰ عَنْهُم مَّا كَانُوا۟ يَكْسِبُونَ

٨٥ وَمَا خَلَقْنَا ٱلسَّمَٰوَٰتِ وَٱلْأَرْضَ وَمَا بَيْنَهُمَآ إِلَّا بِٱلْحَقِّ وَإِنَّ ٱلسَّاعَةَ لَءَاتِيَةٌ فَٱصْفَحِ ٱلصَّفْحَ ٱلْجَمِيلَ

٨٦ إِنَّ رَبَّكَ هُوَ ٱلْخَلَّٰقُ ٱلْعَلِيمُ

٨٧ وَلَقَدْ ءَاتَيْنَٰكَ سَبْعًا مِّنَ ٱلْمَثَانِى وَٱلْقُرْءَانَ ٱلْعَظِيمَ

٨٨ لَا تَمُدَّنَّ عَيْنَيْكَ إِلَىٰ مَا مَتَّعْنَا بِهِۦٓ أَزْوَٰجًا مِّنْهُمْ وَلَا تَحْزَنْ عَلَيْهِمْ وَٱخْفِضْ جَنَاحَكَ لِلْمُؤْمِنِينَ

٨٩ وَقُلْ إِنِّىٓ أَنَا ٱلنَّذِيرُ ٱلْمُبِينُ

٩٠ كَمَآ أَنزَلْنَا عَلَى ٱلْمُقْتَسِمِينَ

٩١ ٱلَّذِينَ جَعَلُوا۟ ٱلْقُرْءَانَ عِضِينَ

٩٢ فَوَرَبِّكَ لَنَسْـَٔلَنَّهُمْ أَجْمَعِينَ

٩٣ عَمَّا كَانُوا۟ يَعْمَلُونَ

٩٤ فَٱصْدَعْ بِمَا تُؤْمَرُ وَأَعْرِضْ عَنِ ٱلْمُشْرِكِينَ

٩٥ إِنَّا كَفَيْنَٰكَ ٱلْمُسْتَهْزِءِينَ

٩٦ ٱلَّذِينَ يَجْعَلُونَ مَعَ ٱللَّهِ إِلَٰهًا ءَاخَرَ فَسَوْفَ يَعْلَمُونَ

٩٧ وَلَقَدْ نَعْلَمُ أَنَّكَ يَضِيقُ صَدْرُكَ بِمَا يَقُولُونَ

٩٨ فَسَبِّحْ بِحَمْدِ رَبِّكَ وَكُن مِّنَ ٱلسَّٰجِدِينَ

٩٩ وَٱعْبُدْ رَبَّكَ حَتَّىٰ يَأْتِيَكَ ٱلْيَقِينُ

سورة النحل

١ أَتَىٰٓ أَمْرُ ٱللَّهِ فَلَا تَسْتَعْجِلُوهُ سُبْحَٰنَهُ وَتَعَٰلَىٰ عَمَّا يُشْرِكُونَ

٢ يُنَزِّلُ ٱلْمَلَٰٓئِكَةَ بِٱلرُّوحِ مِنْ أَمْرِهِۦ عَلَىٰ مَن يَشَآءُ مِنْ عِبَادِهِۦٓ أَنْ أَنذِرُوٓا۟ أَنَّهُۥ لَآ إِلَٰهَ إِلَّآ أَنَا۠ فَٱتَّقُونِ

٣ خَلَقَ ٱلسَّمَٰوَٰتِ وَٱلْأَرْضَ بِٱلْحَقِّ ۚ تَعَٰلَىٰ عَمَّا يُشْرِكُونَ

٤ خَلَقَ ٱلْإِنسَٰنَ مِن نُّطْفَةٍ فَإِذَا هُوَ خَصِيمٌ مُّبِينٌ

٥ وَٱلْأَنْعَٰمَ خَلَقَهَا ۗ لَكُمْ فِيهَا دِفْءٌ وَمَنَٰفِعُ وَمِنْهَا تَأْكُلُونَ

٦ وَلَكُمْ فِيهَا جَمَالٌ حِينَ تُرِيحُونَ وَحِينَ تَسْرَحُونَ

٧ وَتَحْمِلُ أَثْقَالَكُمْ إِلَىٰ بَلَدٍ لَّمْ تَكُونُوا۟ بَٰلِغِيهِ إِلَّا بِشِقِّ ٱلْأَنفُسِ ۚ إِنَّ رَبَّكُمْ لَرَءُوفٌ رَّحِيمٌ

٨ وَٱلْخَيْلَ وَٱلْبِغَالَ وَٱلْحَمِيرَ لِتَرْكَبُوهَا وَزِينَةً ۚ وَيَخْلُقُ مَا لَا تَعْلَمُونَ

٩ وَعَلَى ٱللَّهِ قَصْدُ ٱلسَّبِيلِ وَمِنْهَا جَآئِرٌ ۚ وَلَوْ شَآءَ لَهَدَىٰكُمْ أَجْمَعِينَ

١٠ هُوَ ٱلَّذِىٓ أَنزَلَ مِنَ ٱلسَّمَآءِ مَآءً ۖ لَّكُم مِّنْهُ شَرَابٌ وَمِنْهُ شَجَرٌ فِيهِ تُسِيمُونَ

١١ يُنۢبِتُ لَكُم بِهِ ٱلزَّرْعَ وَٱلزَّيْتُونَ وَٱلنَّخِيلَ وَٱلْأَعْنَٰبَ وَمِن كُلِّ ٱلثَّمَرَٰتِ ۗ إِنَّ فِى ذَٰلِكَ لَءَايَةً لِّقَوْمٍ يَتَفَكَّرُونَ

١٢ وَسَخَّرَ لَكُمُ ٱلَّيْلَ وَٱلنَّهَارَ وَٱلشَّمْسَ وَٱلْقَمَرَ ۖ وَٱلنُّجُومُ مُسَخَّرَٰتٌۢ بِأَمْرِهِ ۗ إِنَّ فِى ذَٰلِكَ لَءَايَٰتٍ لِّقَوْمٍ يَعْقِلُونَ

١٣ وَمَا ذَرَأَ لَكُمْ فِى ٱلْأَرْضِ مُخْتَلِفًا أَلْوَٰنُهُ ۗ إِنَّ فِى ذَٰلِكَ لَءَايَةً لِّقَوْمٍ يَذَّكَّرُونَ

١٤ وَهُوَ ٱلَّذِى سَخَّرَ ٱلْبَحْرَ لِتَأْكُلُوا۟ مِنْهُ لَحْمًا طَرِيًّا وَتَسْتَخْرِجُوا۟ مِنْهُ حِلْيَةً تَلْبَسُونَهَا وَتَرَى ٱلْفُلْكَ مَوَاخِرَ فِيهِ وَلِتَبْتَغُوا۟ مِن فَضْلِهِ وَلَعَلَّكُمْ تَشْكُرُونَ

١٥ وَأَلْقَىٰ فِى ٱلْأَرْضِ رَوَٰسِىَ أَن تَمِيدَ بِكُمْ وَأَنْهَٰرًا وَسُبُلًا لَّعَلَّكُمْ تَهْتَدُونَ

١٦ وَعَلَٰمَٰتٍ ۚ وَبِٱلنَّجْمِ هُمْ يَهْتَدُونَ

١٧ أَفَمَن يَخْلُقُ كَمَن لَّا يَخْلُقُ ۗ أَفَلَا تَذَكَّرُونَ

١٨ وَإِن تَعُدُّوا۟ نِعْمَةَ ٱللَّهِ لَا تُحْصُوهَا ۗ إِنَّ ٱللَّهَ لَغَفُورٌ رَّحِيمٌ

١٩ وَٱللَّهُ يَعْلَمُ مَا تُسِرُّونَ وَمَا تُعْلِنُونَ

٢٠ وَٱلَّذِينَ يَدْعُونَ مِن دُونِ ٱللَّهِ لَا يَخْلُقُونَ شَيْـًٔا وَهُمْ يُخْلَقُونَ

٢١ أَمْوَٰتٌ غَيْرُ أَحْيَآءٍ ۖ وَمَا يَشْعُرُونَ أَيَّانَ يُبْعَثُونَ

٢٢ إِلَٰهُكُمْ إِلَٰهٌ وَٰحِدٌ ۚ فَٱلَّذِينَ لَا يُؤْمِنُونَ بِٱلْءَاخِرَةِ قُلُوبُهُم مُّنكِرَةٌ وَهُم مُّسْتَكْبِرُونَ

٢٣ لَا جَرَمَ أَنَّ ٱللَّهَ يَعْلَمُ مَا يُسِرُّونَ وَمَا يُعْلِنُونَ ۚ إِنَّهُ لَا يُحِبُّ ٱلْمُسْتَكْبِرِينَ

٢٤ وَإِذَا قِيلَ لَهُم مَّاذَآ أَنزَلَ رَبُّكُمْ ۙ قَالُوٓا۟ أَسَٰطِيرُ ٱلْأَوَّلِينَ

٢٥ لِيَحْمِلُوٓا۟ أَوْزَارَهُمْ كَامِلَةً يَوْمَ ٱلْقِيَٰمَةِ ۙ وَمِنْ أَوْزَارِ ٱلَّذِينَ يُضِلُّونَهُم بِغَيْرِ عِلْمٍ ۗ أَلَا سَآءَ مَا يَزِرُونَ

٢٦ قَدْ مَكَرَ ٱلَّذِينَ مِن قَبْلِهِمْ فَأَتَى ٱللَّهُ بُنْيَٰنَهُم مِّنَ ٱلْقَوَاعِدِ فَخَرَّ عَلَيْهِمُ ٱلسَّقْفُ مِن فَوْقِهِمْ وَأَتَىٰهُمُ ٱلْعَذَابُ مِنْ حَيْثُ لَا يَشْعُرُونَ

٢٧ ثُمَّ يَوْمَ ٱلْقِيَٰمَةِ يُخْزِيهِمْ وَيَقُولُ أَيْنَ شُرَكَآءِىَ ٱلَّذِينَ كُنتُمْ تُشَٰقُّونَ فِيهِمْ ۚ قَالَ ٱلَّذِينَ أُوتُوا۟ ٱلْعِلْمَ إِنَّ ٱلْخِزْىَ ٱلْيَوْمَ وَٱلسُّوٓءَ عَلَى ٱلْكَٰفِرِينَ

٢٨ ٱلَّذِينَ تَتَوَفَّىٰهُمُ ٱلْمَلَٰئِكَةُ ظَالِمِىٓ أَنفُسِهِمْ ۖ فَأَلْقَوُا۟ ٱلسَّلَمَ مَا كُنَّا نَعْمَلُ مِن سُوٓءٍ ۚ بَلَىٰٓ إِنَّ ٱللَّهَ عَلِيمٌۢ بِمَا كُنتُمْ تَعْمَلُونَ

٢٩ فَٱدْخُلُوٓا۟ أَبْوَٰبَ جَهَنَّمَ خَٰلِدِينَ فِيهَا ۖ فَلَبِئْسَ مَثْوَى ٱلْمُتَكَبِّرِينَ

٣٠ ۞ وَقِيلَ لِلَّذِينَ ٱتَّقَوْا۟ مَاذَآ أَنزَلَ رَبُّكُمْ ۚ قَالُوا۟ خَيْرًا ۗ لِّلَّذِينَ أَحْسَنُوا۟ فِى هَٰذِهِ ٱلدُّنْيَا

حَسَنَةٌ ۚ وَلَدَارُ ٱلْءَاخِرَةِ خَيْرٌ ۚ وَلَنِعْمَ دَارُ ٱلْمُتَّقِينَ

٣١ جَنَّٰتُ عَدْنٍ يَدْخُلُونَهَا تَجْرِى مِن تَحْتِهَا ٱلْأَنْهَٰرُ ۖ لَهُمْ فِيهَا مَا يَشَآءُونَ ۚ كَذَٰلِكَ يَجْزِى ٱللَّهُ ٱلْمُتَّقِينَ

٣٢ ٱلَّذِينَ تَتَوَفَّىٰهُمُ ٱلْمَلَٰئِكَةُ طَيِّبِينَ ۙ يَقُولُونَ سَلَٰمٌ عَلَيْكُمُ ٱدْخُلُوا۟ ٱلْجَنَّةَ بِمَا كُنتُمْ تَعْمَلُونَ

٣٣ هَلْ يَنظُرُونَ إِلَّا أَن تَأْتِيَهُمُ ٱلْمَلَٰئِكَةُ أَوْ يَأْتِىَ أَمْرُ رَبِّكَ ۚ كَذَٰلِكَ فَعَلَ ٱلَّذِينَ مِن قَبْلِهِمْ ۚ وَمَا ظَلَمَهُمُ ٱللَّهُ وَلَٰكِن كَانُوٓا۟ أَنفُسَهُمْ يَظْلِمُونَ

٣٤ فَأَصَابَهُمْ سَيِّـَٔاتُ مَا عَمِلُوا۟ وَحَاقَ بِهِم مَّا كَانُوا۟ بِهِۦ يَسْتَهْزِءُونَ

٣٥ وَقَالَ ٱلَّذِينَ أَشْرَكُوا۟ لَوْ شَآءَ ٱللَّهُ مَا عَبَدْنَا مِن دُونِهِۦ مِن شَىْءٍ نَّحْنُ وَلَآ ءَابَآؤُنَا وَلَا حَرَّمْنَا مِن دُونِهِۦ مِن شَىْءٍ ۚ كَذَٰلِكَ فَعَلَ ٱلَّذِينَ مِن قَبْلِهِمْ ۚ فَهَلْ عَلَى ٱلرُّسُلِ إِلَّا ٱلْبَلَٰغُ ٱلْمُبِينُ

٣٦ وَلَقَدْ بَعَثْنَا فِى كُلِّ أُمَّةٍ رَّسُولًا أَنِ ٱعْبُدُوا۟ ٱللَّهَ وَٱجْتَنِبُوا۟ ٱلطَّٰغُوتَ ۖ فَمِنْهُم مَّنْ هَدَى ٱللَّهُ وَمِنْهُم مَّنْ حَقَّتْ عَلَيْهِ ٱلضَّلَٰلَةُ ۚ فَسِيرُوا۟ فِى ٱلْأَرْضِ فَٱنظُرُوا۟ كَيْفَ كَانَ عَٰقِبَةُ ٱلْمُكَذِّبِينَ

٣٧ إِن تَحْرِصْ عَلَىٰ هُدَىٰهُمْ فَإِنَّ ٱللَّهَ لَا يَهْدِى مَن يُضِلُّ ۖ وَمَا لَهُم مِّن نَّٰصِرِينَ

٣٨ وَأَقْسَمُوا۟ بِٱللَّهِ جَهْدَ أَيْمَٰنِهِمْ ۙ لَا يَبْعَثُ ٱللَّهُ مَن يَمُوتُ ۚ بَلَىٰ وَعْدًا عَلَيْهِ حَقًّا وَلَٰكِنَّ أَكْثَرَ ٱلنَّاسِ لَا يَعْلَمُونَ

٣٩ لِيُبَيِّنَ لَهُمُ ٱلَّذِى يَخْتَلِفُونَ فِيهِ وَلِيَعْلَمَ ٱلَّذِينَ كَفَرُوٓا۟ أَنَّهُمْ كَانُوا۟ كَٰذِبِينَ

٤٠ إِنَّمَا قَوْلُنَا لِشَىْءٍ إِذَآ أَرَدْنَٰهُ أَن نَّقُولَ لَهُۥ كُن فَيَكُونُ

٤١ وَٱلَّذِينَ هَاجَرُوا۟ فِى ٱللَّهِ مِنۢ بَعْدِ مَا ظُلِمُوا۟ لَنُبَوِّئَنَّهُمْ فِى ٱلدُّنْيَا حَسَنَةً ۖ وَلَأَجْرُ ٱلْءَاخِرَةِ أَكْبَرُ ۚ لَوْ كَانُوا۟ يَعْلَمُونَ

٤٢ ٱلَّذِينَ صَبَرُوا۟ وَعَلَىٰ رَبِّهِمْ يَتَوَكَّلُونَ

٤٣ وَمَآ أَرْسَلْنَا مِن قَبْلِكَ إِلَّا رِجَالًا نُّوحِىٓ إِلَيْهِمْ ۚ فَسْـَٔلُوٓا۟ أَهْلَ ٱلذِّكْرِ إِن كُنتُمْ لَا تَعْلَمُونَ

٤٤ بِٱلْبَيِّنَٰتِ وَٱلزُّبُرِ ۗ وَأَنزَلْنَآ إِلَيْكَ ٱلذِّكْرَ لِتُبَيِّنَ لِلنَّاسِ مَا نُزِّلَ إِلَيْهِمْ وَلَعَلَّهُمْ يَتَفَكَّرُونَ

٤٥ أَفَأَمِنَ ٱلَّذِينَ مَكَرُوا۟ ٱلسَّيِّـَٔاتِ أَن يَخْسِفَ ٱللَّهُ بِهِمُ ٱلْأَرْضَ أَوْ يَأْتِيَهُمُ ٱلْعَذَابُ مِنْ حَيْثُ لَا يَشْعُرُونَ

٤٦ أَوْ يَأْخُذَهُمْ فِى تَقَلُّبِهِمْ فَمَا هُم بِمُعْجِزِينَ

٤٧ أَوْ يَأْخُذَهُمْ عَلَىٰ تَخَوُّفٍ فَإِنَّ رَبَّكُمْ لَرَءُوفٌ رَّحِيمٌ

٤٨ أَوَلَمْ يَرَوْا۟ إِلَىٰ مَا خَلَقَ ٱللَّهُ مِن شَىْءٍ يَتَفَيَّؤُا۟ ظِلَٰلُهُۥ عَنِ ٱلْيَمِينِ وَٱلشَّمَآئِلِ سُجَّدًا لِّلَّهِ وَهُمْ دَٰخِرُونَ

٤٩ وَلِلَّهِ يَسْجُدُ مَا فِى ٱلسَّمَٰوَٰتِ وَمَا فِى ٱلْأَرْضِ مِن دَآبَّةٍ وَٱلْمَلَٰئِكَةُ وَهُمْ لَا يَسْتَكْبِرُونَ

٥٠ يَخَافُونَ رَبَّهُم مِّن فَوْقِهِمْ وَيَفْعَلُونَ مَا يُؤْمَرُونَ ۩

٥١ وَقَالَ ٱللَّهُ لَا تَتَّخِذُوٓا۟ إِلَٰهَيْنِ ٱثْنَيْنِ ۖ إِنَّمَا هُوَ إِلَٰهٌ وَٰحِدٌ ۖ فَإِيَّٰىَ فَٱرْهَبُونِ

٥٢ وَلَهُۥ مَا فِى ٱلسَّمَٰوَٰتِ وَٱلْأَرْضِ وَلَهُ ٱلدِّينُ وَاصِبًا ۚ أَفَغَيْرَ ٱللَّهِ تَتَّقُونَ

٥٣ وَمَا بِكُم مِّن نِّعْمَةٍ فَمِنَ ٱللَّهِ ۖ ثُمَّ إِذَا مَسَّكُمُ ٱلضُّرُّ فَإِلَيْهِ تَجْـَٔرُونَ

٥٤ ثُمَّ إِذَا كَشَفَ ٱلضُّرَّ عَنكُمْ إِذَا فَرِيقٌ مِّنكُم بِرَبِّهِمْ يُشْرِكُونَ

٥٥ لِيَكْفُرُوا۟ بِمَآ ءَاتَيْنَٰهُمْ ۚ فَتَمَتَّعُوا۟ ۖ فَسَوْفَ تَعْلَمُونَ

٥٦ وَيَجْعَلُونَ لِمَا لَا يَعْلَمُونَ نَصِيبًا مِّمَّا رَزَقْنَٰهُمْ ۗ تَٱللَّهِ لَتُسْـَٔلُنَّ عَمَّا كُنتُمْ تَفْتَرُونَ

٥٧ وَيَجْعَلُونَ لِلَّهِ ٱلْبَنَٰتِ سُبْحَٰنَهُۥ ۙ وَلَهُم مَّا يَشْتَهُونَ

٥٨ وَإِذَا بُشِّرَ أَحَدُهُم بِٱلْأُنثَىٰ ظَلَّ وَجْهُهُۥ مُسْوَدًّا وَهُوَ كَظِيمٌ

٥٩ يَتَوَٰرَىٰ مِنَ ٱلْقَوْمِ مِن سُوٓءِ مَا بُشِّرَ بِهِۦٓ ۚ أَيُمْسِكُهُۥ عَلَىٰ هُونٍ أَمْ يَدُسُّهُۥ فِى ٱلتُّرَابِ ۗ أَلَا سَآءَ مَا يَحْكُمُونَ

٦٠ لِلَّذِينَ لَا يُؤْمِنُونَ بِٱلْءَاخِرَةِ مَثَلُ ٱلسَّوْءِ ۖ وَلِلَّهِ ٱلْمَثَلُ ٱلْأَعْلَىٰ ۚ وَهُوَ ٱلْعَزِيزُ ٱلْحَكِيمُ

٦١ وَلَوْ يُؤَاخِذُ ٱللَّهُ ٱلنَّاسَ بِظُلْمِهِم مَّا تَرَكَ عَلَيْهَا مِن دَآبَّةٍ وَلَٰكِن يُؤَخِّرُهُمْ إِلَىٰٓ أَجَلٍ مُّسَمًّى ۖ فَإِذَا جَآءَ أَجَلُهُمْ لَا يَسْتَـْٔخِرُونَ سَاعَةً ۖ وَلَا يَسْتَقْدِمُونَ

٦٢ وَيَجْعَلُونَ لِلَّهِ مَا يَكْرَهُونَ وَتَصِفُ أَلْسِنَتُهُمُ ٱلْكَذِبَ أَنَّ لَهُمُ ٱلْحُسْنَىٰ ۖ لَا جَرَمَ أَنَّ لَهُمُ ٱلنَّارَ وَأَنَّهُم مُّفْرَطُونَ

٦٣ تَٱللَّهِ لَقَدْ أَرْسَلْنَآ إِلَىٰٓ أُمَمٍ مِّن قَبْلِكَ فَزَيَّنَ لَهُمُ ٱلشَّيْطَٰنُ أَعْمَٰلَهُمْ فَهُوَ وَلِيُّهُمُ ٱلْيَوْمَ وَلَهُمْ عَذَابٌ أَلِيمٌ

٦٤ وَمَآ أَنزَلْنَا عَلَيْكَ ٱلْكِتَٰبَ إِلَّا لِتُبَيِّنَ لَهُمُ ٱلَّذِى ٱخْتَلَفُوا۟ فِيهِ ۙ وَهُدًى وَرَحْمَةً لِّقَوْمٍ يُؤْمِنُونَ

٦٥ وَٱللَّهُ أَنزَلَ مِنَ ٱلسَّمَآءِ مَآءً فَأَحْيَا بِهِ ٱلْأَرْضَ بَعْدَ مَوْتِهَآ ۚ إِنَّ فِى ذَٰلِكَ لَءَايَةً لِّقَوْمٍ يَسْمَعُونَ

٦٦ وَإِنَّ لَكُمْ فِى ٱلْأَنْعَٰمِ لَعِبْرَةً ۖ نُّسْقِيكُم مِّمَّا فِى بُطُونِهِۦ مِن بَيْنِ فَرْثٍ وَدَمٍ لَّبَنًا خَالِصًا سَآئِغًا لِّلشَّٰرِبِينَ

٦٧ وَمِن ثَمَرَٰتِ ٱلنَّخِيلِ وَٱلْأَعْنَٰبِ تَتَّخِذُونَ مِنْهُ سَكَرًا وَرِزْقًا حَسَنًا ۗ إِنَّ فِى ذَٰلِكَ لَءَايَةً لِّقَوْمٍ يَعْقِلُونَ

٦٨ وَأَوْحَىٰ رَبُّكَ إِلَى ٱلنَّحْلِ أَنِ ٱتَّخِذِى مِنَ ٱلْجِبَالِ بُيُوتًا وَمِنَ ٱلشَّجَرِ وَمِمَّا يَعْرِشُونَ

٦٩ ثُمَّ كُلِى مِن كُلِّ ٱلثَّمَرَٰتِ فَٱسْلُكِى سُبُلَ رَبِّكِ ذُلُلًا ۚ يَخْرُجُ مِن بُطُونِهَا شَرَابٌ مُّخْتَلِفٌ أَلْوَٰنُهُۥ فِيهِ شِفَآءٌ لِّلنَّاسِ ۗ إِنَّ فِى ذَٰلِكَ لَءَايَةً لِّقَوْمٍ يَتَفَكَّرُونَ

٧٠ وَٱللَّهُ خَلَقَكُمْ ثُمَّ يَتَوَفَّىٰكُمْ ۚ وَمِنكُم مَّن يُرَدُّ إِلَىٰٓ أَرْذَلِ ٱلْعُمُرِ لِكَىْ لَا يَعْلَمَ بَعْدَ عِلْمٍ شَيْـًٔا ۚ إِنَّ ٱللَّهَ عَلِيمٌ قَدِيرٌ

٧١ وَٱللَّهُ فَضَّلَ بَعْضَكُمْ عَلَىٰ بَعْضٍ فِى ٱلرِّزْقِ ۚ فَمَا ٱلَّذِينَ فُضِّلُوا۟ بِرَآدِّى رِزْقِهِمْ عَلَىٰ مَا مَلَكَتْ أَيْمَٰنُهُمْ فَهُمْ فِيهِ سَوَآءٌ ۚ أَفَبِنِعْمَةِ ٱللَّهِ يَجْحَدُونَ

٧٢ وَٱللَّهُ جَعَلَ لَكُم مِّنْ أَنفُسِكُمْ أَزْوَٰجًا وَجَعَلَ لَكُم مِّنْ أَزْوَٰجِكُم بَنِينَ وَحَفَدَةً وَرَزَقَكُم مِّنَ ٱلطَّيِّبَٰتِ ۚ أَفَبِٱلْبَٰطِلِ يُؤْمِنُونَ وَبِنِعْمَتِ ٱللَّهِ هُمْ يَكْفُرُونَ

٧٣ وَيَعْبُدُونَ مِن دُونِ ٱللَّهِ مَا لَا يَمْلِكُ لَهُمْ رِزْقًا مِّنَ ٱلسَّمَٰوَٰتِ وَٱلْأَرْضِ شَيْـًٔا وَلَا يَسْتَطِيعُونَ

٧٤ فَلَا تَضْرِبُوا۟ لِلَّهِ ٱلْأَمْثَالَ ۚ إِنَّ ٱللَّهَ يَعْلَمُ وَأَنتُمْ لَا تَعْلَمُونَ

٧٥ ضَرَبَ ٱللَّهُ مَثَلًا عَبْدًا مَّمْلُوكًا لَّا يَقْدِرُ عَلَىٰ شَىْءٍ وَمَن رَّزَقْنَٰهُ مِنَّا رِزْقًا حَسَنًا فَهُوَ يُنفِقُ مِنْهُ سِرًّا وَجَهْرًا ۖ هَلْ يَسْتَوُۥنَ ۚ ٱلْحَمْدُ لِلَّهِ ۚ بَلْ أَكْثَرُهُمْ لَا يَعْلَمُونَ

٧٦ وَضَرَبَ ٱللَّهُ مَثَلًا رَّجُلَيْنِ أَحَدُهُمَآ أَبْكَمُ لَا يَقْدِرُ عَلَىٰ شَىْءٍ وَهُوَ كَلٌّ عَلَىٰ مَوْلَىٰهُ أَيْنَمَا يُوَجِّههُّ لَا يَأْتِ بِخَيْرٍ ۖ هَلْ يَسْتَوِى هُوَ وَمَن يَأْمُرُ بِٱلْعَدْلِ ۙ وَهُوَ عَلَىٰ صِرَٰطٍ مُّسْتَقِيمٍ

٧٧ وَلِلَّهِ غَيْبُ ٱلسَّمَٰوَٰتِ وَٱلْأَرْضِ وَمَآ أَمْرُ ٱلسَّاعَةِ إِلَّا كَلَمْحِ ٱلْبَصَرِ أَوْ هُوَ أَقْرَبُ إِنَّ ٱللَّهَ عَلَىٰ كُلِّ شَىْءٍ قَدِيرٌ

٧٨ وَٱللَّهُ أَخْرَجَكُم مِّنۢ بُطُونِ أُمَّهَٰتِكُمْ لَا تَعْلَمُونَ شَيْـًٔا وَجَعَلَ لَكُمُ ٱلسَّمْعَ وَٱلْأَبْصَٰرَ وَٱلْأَفْـِٔدَةَ لَعَلَّكُمْ تَشْكُرُونَ

٧٩ أَلَمْ يَرَوْا۟ إِلَى ٱلطَّيْرِ مُسَخَّرَٰتٍ فِى جَوِّ ٱلسَّمَآءِ مَا يُمْسِكُهُنَّ إِلَّا ٱللَّهُ إِنَّ فِى ذَٰلِكَ لَءَايَٰتٍ لِّقَوْمٍ يُؤْمِنُونَ

٨٠ وَٱللَّهُ جَعَلَ لَكُم مِّنۢ بُيُوتِكُمْ سَكَنًا وَجَعَلَ لَكُم مِّن جُلُودِ ٱلْأَنْعَٰمِ بُيُوتًا تَسْتَخِفُّونَهَا يَوْمَ ظَعْنِكُمْ وَيَوْمَ إِقَامَتِكُمْ وَمِنْ أَصْوَافِهَا وَأَوْبَارِهَا وَأَشْعَارِهَآ أَثَٰثًا وَمَتَٰعًا إِلَىٰ حِينٍ

٨١ وَٱللَّهُ جَعَلَ لَكُم مِّمَّا خَلَقَ ظِلَٰلًا وَجَعَلَ لَكُم مِّنَ ٱلْجِبَالِ أَكْنَٰنًا وَجَعَلَ لَكُمْ سَرَٰبِيلَ تَقِيكُمُ ٱلْحَرَّ وَسَرَٰبِيلَ تَقِيكُم بَأْسَكُمْ كَذَٰلِكَ يُتِمُّ نِعْمَتَهُۥ عَلَيْكُمْ لَعَلَّكُمْ تُسْلِمُونَ

٨٢ فَإِن تَوَلَّوْا۟ فَإِنَّمَا عَلَيْكَ ٱلْبَلَٰغُ ٱلْمُبِينُ

٨٣ يَعْرِفُونَ نِعْمَتَ ٱللَّهِ ثُمَّ يُنكِرُونَهَا وَأَكْثَرُهُمُ ٱلْكَٰفِرُونَ

٨٤ وَيَوْمَ نَبْعَثُ مِن كُلِّ أُمَّةٍ شَهِيدًا ثُمَّ لَا يُؤْذَنُ لِلَّذِينَ كَفَرُوا۟ وَلَا هُمْ يُسْتَعْتَبُونَ

٨٥ وَإِذَا رَءَا ٱلَّذِينَ ظَلَمُوا۟ ٱلْعَذَابَ فَلَا يُخَفَّفُ عَنْهُمْ وَلَا هُمْ يُنظَرُونَ

٨٦ وَإِذَا رَءَا ٱلَّذِينَ أَشْرَكُوا۟ شُرَكَآءَهُمْ قَالُوا۟ رَبَّنَا هَٰٓؤُلَآءِ شُرَكَآؤُنَا ٱلَّذِينَ كُنَّا نَدْعُوا۟ مِن دُونِكَ فَأَلْقَوْا۟ إِلَيْهِمُ ٱلْقَوْلَ إِنَّكُمْ لَكَٰذِبُونَ

٨٧ وَأَلْقَوْا۟ إِلَى ٱللَّهِ يَوْمَئِذٍ ٱلسَّلَمَ وَضَلَّ عَنْهُم مَّا كَانُوا۟ يَفْتَرُونَ

٨٨ ٱلَّذِينَ كَفَرُوا۟ وَصَدُّوا۟ عَن سَبِيلِ ٱللَّهِ زِدْنَٰهُمْ عَذَابًا فَوْقَ ٱلْعَذَابِ بِمَا كَانُوا۟ يُفْسِدُونَ

٨٩ وَيَوْمَ نَبْعَثُ فِى كُلِّ أُمَّةٍ شَهِيدًا عَلَيْهِم مِّنْ أَنفُسِهِمْ وَجِئْنَا بِكَ شَهِيدًا عَلَىٰ هَٰٓؤُلَآءِ وَنَزَّلْنَا عَلَيْكَ ٱلْكِتَٰبَ تِبْيَٰنًا لِّكُلِّ شَىْءٍ وَهُدًى وَرَحْمَةً وَبُشْرَىٰ لِلْمُسْلِمِينَ

٩٠ إِنَّ ٱللَّهَ يَأْمُرُ بِٱلْعَدْلِ وَٱلْإِحْسَٰنِ وَإِيتَآئِ ذِى ٱلْقُرْبَىٰ وَيَنْهَىٰ عَنِ ٱلْفَحْشَآءِ وَٱلْمُنكَرِ وَٱلْبَغْىِ يَعِظُكُمْ لَعَلَّكُمْ تَذَكَّرُونَ

٩١ وَأَوْفُوا۟ بِعَهْدِ ٱللَّهِ إِذَا عَٰهَدتُّمْ وَلَا تَنقُضُوا۟ ٱلْأَيْمَٰنَ بَعْدَ تَوْكِيدِهَا وَقَدْ جَعَلْتُمُ ٱللَّهَ عَلَيْكُمْ كَفِيلًا إِنَّ ٱللَّهَ يَعْلَمُ مَا تَفْعَلُونَ

٩٢ وَلَا تَكُونُوا۟ كَٱلَّتِى نَقَضَتْ غَزْلَهَا مِنۢ بَعْدِ قُوَّةٍ أَنكَٰثًا تَتَّخِذُونَ أَيْمَٰنَكُمْ دَخَلًا بَيْنَكُمْ أَن تَكُونَ أُمَّةٌ هِىَ أَرْبَىٰ مِنْ أُمَّةٍ إِنَّمَا يَبْلُوكُمُ ٱللَّهُ بِهِۦ وَلَيُبَيِّنَنَّ لَكُمْ يَوْمَ ٱلْقِيَٰمَةِ مَا كُنتُمْ فِيهِ تَخْتَلِفُونَ

٩٣ وَلَوْ شَآءَ ٱللَّهُ لَجَعَلَكُمْ أُمَّةً وَٰحِدَةً وَلَٰكِن يُضِلُّ مَن يَشَآءُ وَيَهْدِى مَن يَشَآءُ وَلَتُسْـَٔلُنَّ عَمَّا كُنتُمْ تَعْمَلُونَ

٩٤ وَلَا تَتَّخِذُوٓا۟ أَيْمَٰنَكُمْ دَخَلًا بَيْنَكُمْ فَتَزِلَّ قَدَمٌۢ بَعْدَ ثُبُوتِهَا وَتَذُوقُوا۟ ٱلسُّوٓءَ بِمَا صَدَدتُّمْ عَن سَبِيلِ ٱللَّهِ وَلَكُمْ عَذَابٌ عَظِيمٌ

٩٥ وَلَا تَشْتَرُوا۟ بِعَهْدِ ٱللَّهِ ثَمَنًا قَلِيلًا إِنَّمَا عِندَ ٱللَّهِ هُوَ خَيْرٌ لَّكُمْ إِن كُنتُمْ تَعْلَمُونَ

٩٦ مَا عِندَكُمْ يَنفَدُ وَمَا عِندَ ٱللَّهِ بَاقٍ وَلَنَجْزِيَنَّ ٱلَّذِينَ صَبَرُوٓا۟ أَجْرَهُم بِأَحْسَنِ مَا كَانُوا۟ يَعْمَلُونَ

٩٧ مَنْ عَمِلَ صَٰلِحًا مِّن ذَكَرٍ أَوْ أُنثَىٰ وَهُوَ مُؤْمِنٌ فَلَنُحْيِيَنَّهُۥ حَيَوٰةً طَيِّبَةً وَلَنَجْزِيَنَّهُمْ أَجْرَهُم بِأَحْسَنِ مَا كَانُوا۟ يَعْمَلُونَ

٩٨ فَإِذَا قَرَأْتَ ٱلْقُرْءَانَ فَٱسْتَعِذْ بِٱللَّهِ مِنَ ٱلشَّيْطَٰنِ ٱلرَّجِيمِ

٩٩ إِنَّهُ لَيْسَ لَهُ سُلْطَٰنٌ عَلَى ٱلَّذِينَ ءَامَنُوا وَعَلَىٰ رَبِّهِمْ يَتَوَكَّلُونَ

١٠٠ إِنَّمَا سُلْطَٰنُهُ عَلَى ٱلَّذِينَ يَتَوَلَّوْنَهُ وَٱلَّذِينَ هُم بِهِ مُشْرِكُونَ

١٠١ وَإِذَا بَدَّلْنَا ءَايَةً مَّكَانَ ءَايَةٍ وَٱللَّهُ أَعْلَمُ بِمَا يُنَزِّلُ قَالُوٓا إِنَّمَا أَنتَ مُفْتَرٍ بَلْ أَكْثَرُهُمْ لَا يَعْلَمُونَ

١٠٢ قُلْ نَزَّلَهُ رُوحُ ٱلْقُدُسِ مِن رَّبِّكَ بِٱلْحَقِّ لِيُثَبِّتَ ٱلَّذِينَ ءَامَنُوا وَهُدًى وَبُشْرَىٰ لِلْمُسْلِمِينَ

١٠٣ وَلَقَدْ نَعْلَمُ أَنَّهُمْ يَقُولُونَ إِنَّمَا يُعَلِّمُهُ بَشَرٌ لِّسَانُ ٱلَّذِي يُلْحِدُونَ إِلَيْهِ أَعْجَمِيٌّ وَهَٰذَا لِسَانٌ عَرَبِيٌّ مُّبِينٌ

١٠٤ إِنَّ ٱلَّذِينَ لَا يُؤْمِنُونَ بِـَٔايَٰتِ ٱللَّهِ لَا يَهْدِيهِمُ ٱللَّهُ وَلَهُمْ عَذَابٌ أَلِيمٌ

١٠٥ إِنَّمَا يَفْتَرِى ٱلْكَذِبَ ٱلَّذِينَ لَا يُؤْمِنُونَ بِـَٔايَٰتِ ٱللَّهِ وَأُو۟لَٰٓئِكَ هُمُ ٱلْكَٰذِبُونَ

١٠٦ مَن كَفَرَ بِٱللَّهِ مِنۢ بَعْدِ إِيمَٰنِهِ إِلَّا مَنْ أُكْرِهَ وَقَلْبُهُ مُطْمَئِنٌّ بِٱلْإِيمَٰنِ وَلَٰكِن مَّن شَرَحَ بِٱلْكُفْرِ صَدْرًا فَعَلَيْهِمْ غَضَبٌ مِّنَ ٱللَّهِ وَلَهُمْ عَذَابٌ عَظِيمٌ

١٠٧ ذَٰلِكَ بِأَنَّهُمُ ٱسْتَحَبُّوا ٱلْحَيَوٰةَ ٱلدُّنْيَا عَلَى ٱلْءَاخِرَةِ وَأَنَّ ٱللَّهَ لَا يَهْدِى ٱلْقَوْمَ ٱلْكَٰفِرِينَ

١٠٨ أُو۟لَٰٓئِكَ ٱلَّذِينَ طَبَعَ ٱللَّهُ عَلَىٰ قُلُوبِهِمْ وَسَمْعِهِمْ وَأَبْصَٰرِهِمْ وَأُو۟لَٰٓئِكَ هُمُ ٱلْغَٰفِلُونَ

١٠٩ لَا جَرَمَ أَنَّهُمْ فِى ٱلْءَاخِرَةِ هُمُ ٱلْخَٰسِرُونَ

١١٠ ثُمَّ إِنَّ رَبَّكَ لِلَّذِينَ هَاجَرُوا مِنۢ بَعْدِ مَا فُتِنُوا ثُمَّ جَٰهَدُوا وَصَبَرُوٓا إِنَّ رَبَّكَ مِنۢ بَعْدِهَا لَغَفُورٌ رَّحِيمٌ

١١١ يَوْمَ تَأْتِى كُلُّ نَفْسٍ تُجَٰدِلُ عَن نَّفْسِهَا ۞ وَتُوَفَّىٰ كُلُّ نَفْسٍ مَّا عَمِلَتْ وَهُمْ لَا يُظْلَمُونَ

١١٢ وَضَرَبَ ٱللَّهُ مَثَلًا قَرْيَةً كَانَتْ ءَامِنَةً مُّطْمَئِنَّةً يَأْتِيهَا رِزْقُهَا رَغَدًا مِّن كُلِّ مَكَانٍ فَكَفَرَتْ بِأَنْعُمِ ٱللَّهِ فَأَذَٰقَهَا ٱللَّهُ لِبَاسَ ٱلْجُوعِ وَٱلْخَوْفِ بِمَا كَانُوا يَصْنَعُونَ

١١٣ وَلَقَدْ جَآءَهُمْ رَسُولٌ مِّنْهُمْ فَكَذَّبُوهُ فَأَخَذَهُمُ ٱلْعَذَابُ وَهُمْ ظَٰلِمُونَ

١١٤ فَكُلُوا مِمَّا رَزَقَكُمُ ٱللَّهُ حَلَٰلًا طَيِّبًا وَٱشْكُرُوا نِعْمَتَ ٱللَّهِ إِن كُنتُمْ إِيَّاهُ تَعْبُدُونَ

١١٥ إِنَّمَا حَرَّمَ عَلَيْكُمُ ٱلْمَيْتَةَ وَٱلدَّمَ وَلَحْمَ ٱلْخِنزِيرِ وَمَآ أُهِلَّ لِغَيْرِ ٱللَّهِ بِهِ فَمَنِ ٱضْطُرَّ غَيْرَ بَاغٍ وَلَا عَادٍ فَإِنَّ ٱللَّهَ غَفُورٌ رَّحِيمٌ

١١٦ وَلَا تَقُولُوا لِمَا تَصِفُ أَلْسِنَتُكُمُ ٱلْكَذِبَ هَٰذَا حَلَٰلٌ وَهَٰذَا حَرَامٌ لِّتَفْتَرُوا عَلَى ٱللَّهِ ٱلْكَذِبَ إِنَّ ٱلَّذِينَ يَفْتَرُونَ عَلَى ٱللَّهِ ٱلْكَذِبَ لَا يُفْلِحُونَ

١١٧ مَتَٰعٌ قَلِيلٌ وَلَهُمْ عَذَابٌ أَلِيمٌ

١١٨ وَعَلَى ٱلَّذِينَ هَادُوا حَرَّمْنَا مَا قَصَصْنَا عَلَيْكَ مِن قَبْلُ وَمَا ظَلَمْنَٰهُمْ وَلَٰكِن كَانُوٓا أَنفُسَهُمْ يَظْلِمُونَ

١١٩ ثُمَّ إِنَّ رَبَّكَ لِلَّذِينَ عَمِلُوا ٱلسُّوٓءَ بِجَهَٰلَةٍ ثُمَّ تَابُوا مِنۢ بَعْدِ ذَٰلِكَ وَأَصْلَحُوٓا إِنَّ رَبَّكَ مِنۢ بَعْدِهَا لَغَفُورٌ رَّحِيمٌ

١٢٠ إِنَّ إِبْرَٰهِيمَ كَانَ أُمَّةً قَانِتًا لِّلَّهِ حَنِيفًا وَلَمْ يَكُ مِنَ ٱلْمُشْرِكِينَ

١٢١ شَاكِرًا لِّأَنْعُمِهِ ٱجْتَبَٰهُ وَهَدَٰهُ إِلَىٰ صِرَٰطٍ مُّسْتَقِيمٍ

١٢٢ وَءَاتَيْنَٰهُ فِى ٱلدُّنْيَا حَسَنَةً وَإِنَّهُ فِى ٱلْءَاخِرَةِ لَمِنَ ٱلصَّٰلِحِينَ

١٢٣ ثُمَّ أَوْحَيْنَآ إِلَيْكَ أَنِ ٱتَّبِعْ مِلَّةَ إِبْرَٰهِيمَ حَنِيفًا وَمَا كَانَ مِنَ ٱلْمُشْرِكِينَ

١٢٤ إِنَّمَا جُعِلَ ٱلسَّبْتُ عَلَى ٱلَّذِينَ ٱخْتَلَفُوا۟ فِيهِ ۚ وَإِنَّ رَبَّكَ لَيَحْكُمُ بَيْنَهُمْ يَوْمَ ٱلْقِيَٰمَةِ فِيمَا كَانُوا۟ فِيهِ يَخْتَلِفُونَ

١٢٥ ٱدْعُ إِلَىٰ سَبِيلِ رَبِّكَ بِٱلْحِكْمَةِ وَٱلْمَوْعِظَةِ ٱلْحَسَنَةِ ۖ وَجَٰدِلْهُم بِٱلَّتِى هِىَ أَحْسَنُ ۚ إِنَّ رَبَّكَ هُوَ أَعْلَمُ بِمَن ضَلَّ عَن سَبِيلِهِ ۖ وَهُوَ أَعْلَمُ بِٱلْمُهْتَدِينَ

١٢٦ وَإِنْ عَاقَبْتُمْ فَعَاقِبُوا۟ بِمِثْلِ مَا عُوقِبْتُم بِهِ ۖ وَلَئِن صَبَرْتُمْ لَهُوَ خَيْرٌ لِّلصَّٰبِرِينَ

١٢٧ وَٱصْبِرْ وَمَا صَبْرُكَ إِلَّا بِٱللَّهِ ۚ وَلَا تَحْزَنْ عَلَيْهِمْ وَلَا تَكُ فِى ضَيْقٍ مِّمَّا يَمْكُرُونَ

١٢٨ إِنَّ ٱللَّهَ مَعَ ٱلَّذِينَ ٱتَّقَوا۟ وَّٱلَّذِينَ هُم مُّحْسِنُونَ

سورة الإسراء

١ سُبْحَٰنَ ٱلَّذِى أَسْرَىٰ بِعَبْدِهِ لَيْلًا مِّنَ ٱلْمَسْجِدِ ٱلْحَرَامِ إِلَى ٱلْمَسْجِدِ ٱلْأَقْصَا ٱلَّذِى بَٰرَكْنَا حَوْلَهُ لِنُرِيَهُ مِنْ ءَايَٰتِنَا ۚ إِنَّهُ هُوَ ٱلسَّمِيعُ ٱلْبَصِيرُ

٢ وَءَاتَيْنَا مُوسَى ٱلْكِتَٰبَ وَجَعَلْنَٰهُ هُدًى لِّبَنِى إِسْرَٰٓءِيلَ أَلَّا تَتَّخِذُوا۟ مِن دُونِى وَكِيلًا

٣ ذُرِّيَّةَ مَنْ حَمَلْنَا مَعَ نُوحٍ ۚ إِنَّهُ كَانَ عَبْدًا شَكُورًا

٤ وَقَضَيْنَا إِلَىٰ بَنِى إِسْرَٰٓءِيلَ فِى ٱلْكِتَٰبِ لَتُفْسِدُنَّ فِى ٱلْأَرْضِ مَرَّتَيْنِ وَلَتَعْلُنَّ عُلُوًّا كَبِيرًا

٥ فَإِذَا جَاءَ وَعْدُ أُولَىٰهُمَا بَعَثْنَا عَلَيْكُمْ عِبَادًا لَّنَا أُو۟لِى بَأْسٍ شَدِيدٍ فَجَاسُوا۟ خِلَٰلَ ٱلدِّيَارِ ۚ وَكَانَ وَعْدًا مَّفْعُولًا

٦ ثُمَّ رَدَدْنَا لَكُمُ ٱلْكَرَّةَ عَلَيْهِمْ وَأَمْدَدْنَٰكُم بِأَمْوَٰلٍ وَبَنِينَ وَجَعَلْنَٰكُمْ أَكْثَرَ نَفِيرًا

٧ إِنْ أَحْسَنتُمْ أَحْسَنتُمْ لِأَنفُسِكُمْ ۖ وَإِنْ أَسَأْتُمْ فَلَهَا ۚ فَإِذَا جَاءَ وَعْدُ ٱلْءَاخِرَةِ لِيَسُۥٓوا۟ وُجُوهَكُمْ وَلِيَدْخُلُوا۟ ٱلْمَسْجِدَ كَمَا دَخَلُوهُ أَوَّلَ مَرَّةٍ وَلِيُتَبِّرُوا۟ مَا عَلَوْا۟ تَتْبِيرًا

٨ عَسَىٰ رَبُّكُمْ أَن يَرْحَمَكُمْ ۚ وَإِنْ عُدتُّمْ عُدْنَا ۘ وَجَعَلْنَا جَهَنَّمَ لِلْكَٰفِرِينَ حَصِيرًا

٩ إِنَّ هَٰذَا ٱلْقُرْءَانَ يَهْدِى لِلَّتِى هِىَ أَقْوَمُ وَيُبَشِّرُ ٱلْمُؤْمِنِينَ ٱلَّذِينَ يَعْمَلُونَ ٱلصَّٰلِحَٰتِ أَنَّ لَهُمْ أَجْرًا كَبِيرًا

١٠ وَأَنَّ ٱلَّذِينَ لَا يُؤْمِنُونَ بِٱلْءَاخِرَةِ أَعْتَدْنَا لَهُمْ عَذَابًا أَلِيمًا

١١ وَيَدْعُ ٱلْإِنسَٰنُ بِٱلشَّرِّ دُعَاءَهُ بِٱلْخَيْرِ ۖ وَكَانَ ٱلْإِنسَٰنُ عَجُولًا

١٢ وَجَعَلْنَا ٱلَّيْلَ وَٱلنَّهَارَ ءَايَتَيْنِ ۖ فَمَحَوْنَا ءَايَةَ ٱلَّيْلِ وَجَعَلْنَا ءَايَةَ ٱلنَّهَارِ مُبْصِرَةً لِّتَبْتَغُوا۟ فَضْلًا مِّن رَّبِّكُمْ وَلِتَعْلَمُوا۟ عَدَدَ ٱلسِّنِينَ وَٱلْحِسَابَ ۚ وَكُلَّ شَىْءٍ فَصَّلْنَٰهُ تَفْصِيلًا

١٣ وَكُلَّ إِنسَٰنٍ أَلْزَمْنَٰهُ طَٰٓئِرَهُ فِى عُنُقِهِ ۖ وَنُخْرِجُ لَهُ يَوْمَ ٱلْقِيَٰمَةِ كِتَٰبًا يَلْقَٰهُ مَنشُورًا

١٤ ٱقْرَأْ كِتَٰبَكَ كَفَىٰ بِنَفْسِكَ ٱلْيَوْمَ عَلَيْكَ حَسِيبًا

١٥ مَّنِ ٱهْتَدَىٰ فَإِنَّمَا يَهْتَدِى لِنَفْسِهِ ۖ وَمَن ضَلَّ فَإِنَّمَا يَضِلُّ عَلَيْهَا ۚ وَلَا تَزِرُ وَازِرَةٌ وِزْرَ أُخْرَىٰ ۗ وَمَا كُنَّا مُعَذِّبِينَ حَتَّىٰ نَبْعَثَ رَسُولًا

١٦ وَإِذَا أَرَدْنَا أَن نُّهْلِكَ قَرْيَةً أَمَرْنَا مُتْرَفِيهَا فَفَسَقُوا۟ فِيهَا فَحَقَّ عَلَيْهَا ٱلْقَوْلُ فَدَمَّرْنَٰهَا تَدْمِيرًا

١٧ وَكَمْ أَهْلَكْنَا مِنَ ٱلْقُرُونِ مِنۢ بَعْدِ نُوحٍ ۗ وَكَفَىٰ بِرَبِّكَ بِذُنُوبِ عِبَادِهِ خَبِيرًا بَصِيرًا

١٨ مَّن كَانَ يُرِيدُ ٱلْعَاجِلَةَ عَجَّلْنَا لَهُ فِيهَا مَا نَشَاءُ لِمَن نُّرِيدُ ثُمَّ جَعَلْنَا لَهُ جَهَنَّمَ يَصْلَىٰهَا مَذْمُومًا مَّدْحُورًا

١٩ وَمَنْ أَرَادَ ٱلْءَاخِرَةَ وَسَعَىٰ لَهَا سَعْيَهَا وَهُوَ مُؤْمِنٌ فَأُو۟لَـٰٓئِكَ كَانَ سَعْيُهُم مَّشْكُورًا

٢٠ كُلًّا نُّمِدُّ هَـٰٓؤُلَآءِ وَهَـٰٓؤُلَآءِ مِنْ عَطَآءِ رَبِّكَ ۚ وَمَا كَانَ عَطَآءُ رَبِّكَ مَحْظُورًا

٢١ ٱنظُرْ كَيْفَ فَضَّلْنَا بَعْضَهُمْ عَلَىٰ بَعْضٍ ۚ وَلَلْءَاخِرَةُ أَكْبَرُ دَرَجَـٰتٍ وَأَكْبَرُ تَفْضِيلًا

٢٢ لَّا تَجْعَلْ مَعَ ٱللَّهِ إِلَـٰهًا ءَاخَرَ فَتَقْعُدَ مَذْمُومًا مَّخْذُولًا

٢٣ ۞ وَقَضَىٰ رَبُّكَ أَلَّا تَعْبُدُوٓا۟ إِلَّآ إِيَّاهُ وَبِٱلْوَٰلِدَيْنِ إِحْسَـٰنًا ۚ إِمَّا يَبْلُغَنَّ عِندَكَ ٱلْكِبَرَ أَحَدُهُمَآ أَوْ كِلَاهُمَا فَلَا تَقُل لَّهُمَآ أُفٍّ وَلَا تَنْهَرْهُمَا وَقُل لَّهُمَا قَوْلًا كَرِيمًا

٢٤ وَٱخْفِضْ لَهُمَا جَنَاحَ ٱلذُّلِّ مِنَ ٱلرَّحْمَةِ وَقُل رَّبِّ ٱرْحَمْهُمَا كَمَا رَبَّيَانِى صَغِيرًا

٢٥ رَّبُّكُمْ أَعْلَمُ بِمَا فِى نُفُوسِكُمْ ۚ إِن تَكُونُوا۟ صَـٰلِحِينَ فَإِنَّهُۥ كَانَ لِلْأَوَّٰبِينَ غَفُورًا

٢٦ وَءَاتِ ذَا ٱلْقُرْبَىٰ حَقَّهُۥ وَٱلْمِسْكِينَ وَٱبْنَ ٱلسَّبِيلِ وَلَا تُبَذِّرْ تَبْذِيرًا

٢٧ إِنَّ ٱلْمُبَذِّرِينَ كَانُوٓا۟ إِخْوَٰنَ ٱلشَّيَـٰطِينِ ۖ وَكَانَ ٱلشَّيْطَـٰنُ لِرَبِّهِۦ كَفُورًا

٢٨ وَإِمَّا تُعْرِضَنَّ عَنْهُمُ ٱبْتِغَآءَ رَحْمَةٍ مِّن رَّبِّكَ تَرْجُوهَا فَقُل لَّهُمْ قَوْلًا مَّيْسُورًا

٢٩ وَلَا تَجْعَلْ يَدَكَ مَغْلُولَةً إِلَىٰ عُنُقِكَ وَلَا تَبْسُطْهَا كُلَّ ٱلْبَسْطِ فَتَقْعُدَ مَلُومًا مَّحْسُورًا

٣٠ إِنَّ رَبَّكَ يَبْسُطُ ٱلرِّزْقَ لِمَن يَشَآءُ وَيَقْدِرُ ۚ إِنَّهُۥ كَانَ بِعِبَادِهِۦ خَبِيرًۢا بَصِيرًا

٣١ وَلَا تَقْتُلُوٓا۟ أَوْلَـٰدَكُمْ خَشْيَةَ إِمْلَـٰقٍ ۖ نَّحْنُ نَرْزُقُهُمْ وَإِيَّاكُمْ ۚ إِنَّ قَتْلَهُمْ كَانَ خِطْـًٔا كَبِيرًا

٣٢ وَلَا تَقْرَبُوا۟ ٱلزِّنَىٰٓ ۖ إِنَّهُۥ كَانَ فَـٰحِشَةً وَسَآءَ سَبِيلًا

٣٣ وَلَا تَقْتُلُوا۟ ٱلنَّفْسَ ٱلَّتِى حَرَّمَ ٱللَّهُ إِلَّا بِٱلْحَقِّ ۗ وَمَن قُتِلَ مَظْلُومًا فَقَدْ جَعَلْنَا لِوَلِيِّهِۦ سُلْطَـٰنًا فَلَا يُسْرِف فِّى ٱلْقَتْلِ ۖ إِنَّهُۥ كَانَ مَنصُورًا

٣٤ وَلَا تَقْرَبُوا۟ مَالَ ٱلْيَتِيمِ إِلَّا بِٱلَّتِى هِىَ أَحْسَنُ حَتَّىٰ يَبْلُغَ أَشُدَّهُۥ ۚ وَأَوْفُوا۟ بِٱلْعَهْدِ ۖ إِنَّ ٱلْعَهْدَ كَانَ مَسْـُٔولًا

٣٥ وَأَوْفُوا۟ ٱلْكَيْلَ إِذَا كِلْتُمْ وَزِنُوا۟ بِٱلْقِسْطَاسِ ٱلْمُسْتَقِيمِ ۚ ذَٰلِكَ خَيْرٌ وَأَحْسَنُ تَأْوِيلًا

٣٦ وَلَا تَقْفُ مَا لَيْسَ لَكَ بِهِۦ عِلْمٌ ۚ إِنَّ ٱلسَّمْعَ وَٱلْبَصَرَ وَٱلْفُؤَادَ كُلُّ أُو۟لَـٰٓئِكَ كَانَ عَنْهُ مَسْـُٔولًا

٣٧ وَلَا تَمْشِ فِى ٱلْأَرْضِ مَرَحًا ۖ إِنَّكَ لَن تَخْرِقَ ٱلْأَرْضَ وَلَن تَبْلُغَ ٱلْجِبَالَ طُولًا

٣٨ كُلُّ ذَٰلِكَ كَانَ سَيِّئُهُۥ عِندَ رَبِّكَ مَكْرُوهًا

٣٩ ذَٰلِكَ مِمَّآ أَوْحَىٰٓ إِلَيْكَ رَبُّكَ مِنَ ٱلْحِكْمَةِ ۗ وَلَا تَجْعَلْ مَعَ ٱللَّهِ إِلَـٰهًا ءَاخَرَ فَتُلْقَىٰ فِى جَهَنَّمَ مَلُومًا مَّدْحُورًا

٤٠ أَفَأَصْفَىٰكُمْ رَبُّكُم بِٱلْبَنِينَ وَٱتَّخَذَ مِنَ ٱلْمَلَـٰٓئِكَةِ إِنَـٰثًا ۚ إِنَّكُمْ لَتَقُولُونَ قَوْلًا عَظِيمًا

٤١ وَلَقَدْ صَرَّفْنَا فِى هَـٰذَا ٱلْقُرْءَانِ لِيَذَّكَّرُوا۟ وَمَا يَزِيدُهُمْ إِلَّا نُفُورًا

٤٢ قُل لَّوْ كَانَ مَعَهُۥٓ ءَالِهَةٌ كَمَا يَقُولُونَ إِذًا لَّٱبْتَغَوْا۟ إِلَىٰ ذِى ٱلْعَرْشِ سَبِيلًا

٤٣ سُبْحَـٰنَهُۥ وَتَعَـٰلَىٰ عَمَّا يَقُولُونَ عُلُوًّا كَبِيرًا

٤٤ تُسَبِّحُ لَهُ ٱلسَّمَـٰوَٰتُ ٱلسَّبْعُ وَٱلْأَرْضُ وَمَن فِيهِنَّ ۚ وَإِن مِّن شَىْءٍ إِلَّا يُسَبِّحُ بِحَمْدِهِۦ وَلَـٰكِن لَّا تَفْقَهُونَ تَسْبِيحَهُمْ ۗ إِنَّهُۥ كَانَ حَلِيمًا غَفُورًا

٤٥ وَإِذَا قَرَأْتَ ٱلْقُرْءَانَ جَعَلْنَا بَيْنَكَ وَبَيْنَ ٱلَّذِينَ لَا يُؤْمِنُونَ بِٱلْءَاخِرَةِ حِجَابًا مَّسْتُورًا

٤٦ وَجَعَلْنَا عَلَىٰ قُلُوبِهِمْ أَكِنَّةً أَن يَفْقَهُوهُ وَفِىٓ ءَاذَانِهِمْ وَقْرًا ۚ وَإِذَا ذَكَرْتَ رَبَّكَ فِى ٱلْقُرْءَانِ وَحْدَهُۥ وَلَّوْا۟ عَلَىٰٓ أَدْبَٰرِهِمْ نُفُورًا

٤٧ نَّحْنُ أَعْلَمُ بِمَا يَسْتَمِعُونَ بِهِۦٓ إِذْ يَسْتَمِعُونَ إِلَيْكَ وَإِذْ هُمْ نَجْوَىٰٓ إِذْ يَقُولُ ٱلظَّٰلِمُونَ إِن تَتَّبِعُونَ إِلَّا رَجُلًا مَّسْحُورًا

٤٨ ٱنظُرْ كَيْفَ ضَرَبُوا۟ لَكَ ٱلْأَمْثَالَ فَضَلُّوا۟ فَلَا يَسْتَطِيعُونَ سَبِيلًا

٤٩ وَقَالُوٓا۟ أَءِذَا كُنَّا عِظَٰمًا وَرُفَٰتًا أَءِنَّا لَمَبْعُوثُونَ خَلْقًا جَدِيدًا

٥٠ قُلْ كُونُوا۟ حِجَارَةً أَوْ حَدِيدًا ۞

٥١ أَوْ خَلْقًا مِّمَّا يَكْبُرُ فِى صُدُورِكُمْ ۚ فَسَيَقُولُونَ مَن يُعِيدُنَا ۖ قُلِ ٱلَّذِى فَطَرَكُمْ أَوَّلَ مَرَّةٍ ۚ فَسَيُنْغِضُونَ إِلَيْكَ رُءُوسَهُمْ وَيَقُولُونَ مَتَىٰ هُوَ ۖ قُلْ عَسَىٰٓ أَن يَكُونَ قَرِيبًا

٥٢ يَوْمَ يَدْعُوكُمْ فَتَسْتَجِيبُونَ بِحَمْدِهِۦ وَتَظُنُّونَ إِن لَّبِثْتُمْ إِلَّا قَلِيلًا

٥٣ وَقُل لِّعِبَادِى يَقُولُوا۟ ٱلَّتِى هِىَ أَحْسَنُ ۚ إِنَّ ٱلشَّيْطَٰنَ يَنزَغُ بَيْنَهُمْ ۚ إِنَّ ٱلشَّيْطَٰنَ كَانَ لِلْإِنسَٰنِ عَدُوًّا مُّبِينًا

٥٤ رَّبُّكُمْ أَعْلَمُ بِكُمْ ۖ إِن يَشَأْ يَرْحَمْكُمْ أَوْ إِن يَشَأْ يُعَذِّبْكُمْ ۚ وَمَآ أَرْسَلْنَٰكَ عَلَيْهِمْ وَكِيلًا

٥٥ وَرَبُّكَ أَعْلَمُ بِمَن فِى ٱلسَّمَٰوَٰتِ وَٱلْأَرْضِ ۗ وَلَقَدْ فَضَّلْنَا بَعْضَ ٱلنَّبِيِّۦنَ عَلَىٰ بَعْضٍ ۖ وَءَاتَيْنَا دَاوُۥدَ زَبُورًا

٥٦ قُلِ ٱدْعُوا۟ ٱلَّذِينَ زَعَمْتُم مِّن دُونِهِۦ فَلَا يَمْلِكُونَ كَشْفَ ٱلضُّرِّ عَنكُمْ وَلَا تَحْوِيلًا

٥٧ أُو۟لَٰٓئِكَ ٱلَّذِينَ يَدْعُونَ يَبْتَغُونَ إِلَىٰ رَبِّهِمُ ٱلْوَسِيلَةَ أَيُّهُمْ أَقْرَبُ وَيَرْجُونَ رَحْمَتَهُۥ وَيَخَافُونَ عَذَابَهُۥٓ ۚ إِنَّ عَذَابَ رَبِّكَ كَانَ مَحْذُورًا

٥٨ وَإِن مِّن قَرْيَةٍ إِلَّا نَحْنُ مُهْلِكُوهَا قَبْلَ يَوْمِ ٱلْقِيَٰمَةِ أَوْ مُعَذِّبُوهَا عَذَابًا شَدِيدًا ۚ كَانَ ذَٰلِكَ فِى ٱلْكِتَٰبِ مَسْطُورًا

٥٩ وَمَا مَنَعَنَآ أَن نُّرْسِلَ بِٱلْءَايَٰتِ إِلَّآ أَن كَذَّبَ بِهَا ٱلْأَوَّلُونَ ۚ وَءَاتَيْنَا ثَمُودَ ٱلنَّاقَةَ مُبْصِرَةً فَظَلَمُوا۟ بِهَا ۚ وَمَا نُرْسِلُ بِٱلْءَايَٰتِ إِلَّا تَخْوِيفًا

٦٠ وَإِذْ قُلْنَا لَكَ إِنَّ رَبَّكَ أَحَاطَ بِٱلنَّاسِ ۚ وَمَا جَعَلْنَا ٱلرُّءْيَا ٱلَّتِىٓ أَرَيْنَٰكَ إِلَّا فِتْنَةً لِّلنَّاسِ وَٱلشَّجَرَةَ ٱلْمَلْعُونَةَ فِى ٱلْقُرْءَانِ ۚ وَنُخَوِّفُهُمْ فَمَا يَزِيدُهُمْ إِلَّا طُغْيَٰنًا كَبِيرًا

٦١ وَإِذْ قُلْنَا لِلْمَلَٰٓئِكَةِ ٱسْجُدُوا۟ لِءَادَمَ فَسَجَدُوٓا۟ إِلَّآ إِبْلِيسَ قَالَ ءَأَسْجُدُ لِمَنْ خَلَقْتَ طِينًا

٦٢ قَالَ أَرَءَيْتَكَ هَٰذَا ٱلَّذِى كَرَّمْتَ عَلَىَّ لَئِنْ أَخَّرْتَنِ إِلَىٰ يَوْمِ ٱلْقِيَٰمَةِ لَأَحْتَنِكَنَّ ذُرِّيَّتَهُۥٓ إِلَّا قَلِيلًا

٦٣ قَالَ ٱذْهَبْ فَمَن تَبِعَكَ مِنْهُمْ فَإِنَّ جَهَنَّمَ جَزَآؤُكُمْ جَزَآءً مَّوْفُورًا

٦٤ وَٱسْتَفْزِزْ مَنِ ٱسْتَطَعْتَ مِنْهُم بِصَوْتِكَ وَأَجْلِبْ عَلَيْهِم بِخَيْلِكَ وَرَجِلِكَ وَشَارِكْهُمْ فِى ٱلْأَمْوَٰلِ وَٱلْأَوْلَٰدِ وَعِدْهُمْ ۚ وَمَا يَعِدُهُمُ ٱلشَّيْطَٰنُ إِلَّا غُرُورًا

٦٥ إِنَّ عِبَادِى لَيْسَ لَكَ عَلَيْهِمْ سُلْطَٰنٌ ۚ وَكَفَىٰ بِرَبِّكَ وَكِيلًا

٦٦ رَّبُّكُمُ ٱلَّذِى يُزْجِى لَكُمُ ٱلْفُلْكَ فِى ٱلْبَحْرِ لِتَبْتَغُوا۟ مِن فَضْلِهِۦٓ ۚ إِنَّهُۥ كَانَ بِكُمْ رَحِيمًا

٦٧ وَإِذَا مَسَّكُمُ ٱلضُّرُّ فِى ٱلْبَحْرِ ضَلَّ مَن تَدْعُونَ إِلَّآ إِيَّاهُ ۖ فَلَمَّا نَجَّىٰكُمْ إِلَى ٱلْبَرِّ أَعْرَضْتُمْ ۚ وَكَانَ ٱلْإِنسَٰنُ كَفُورًا

٦٨ أَفَأَمِنتُمْ أَن يَخْسِفَ بِكُمْ جَانِبَ ٱلْبَرِّ أَوْ يُرْسِلَ عَلَيْكُمْ حَاصِبًا ثُمَّ لَا تَجِدُوا۟ لَكُمْ وَكِيلًا

٦٩ أَمْ أَمِنتُمْ أَن يُعِيدَكُمْ فِيهِ تَارَةً أُخْرَىٰ فَيُرْسِلَ عَلَيْكُمْ قَاصِفًا مِّنَ ٱلرِّيحِ فَيُغْرِقَكُم بِمَا كَفَرْتُمْ ثُمَّ لَا تَجِدُوا۟ لَكُمْ عَلَيْنَا بِهِۦ تَبِيعًا

٧٠ ۞ وَلَقَدْ كَرَّمْنَا بَنِىٓ ءَادَمَ وَحَمَلْنَٰهُمْ فِى ٱلْبَرِّ وَٱلْبَحْرِ وَرَزَقْنَٰهُم مِّنَ ٱلطَّيِّبَٰتِ وَفَضَّلْنَٰهُمْ عَلَىٰ كَثِيرٍ مِّمَّنْ خَلَقْنَا تَفْضِيلًا

٧١ يَوْمَ نَدْعُوا۟ كُلَّ أُنَاسٍۭ بِإِمَٰمِهِمْ فَمَنْ أُوتِىَ كِتَٰبَهُۥ بِيَمِينِهِۦ فَأُو۟لَٰٓئِكَ يَقْرَءُونَ كِتَٰبَهُمْ وَلَا يُظْلَمُونَ فَتِيلًا

٧٢ وَمَن كَانَ فِى هَٰذِهِۦٓ أَعْمَىٰ فَهُوَ فِى ٱلْءَاخِرَةِ أَعْمَىٰ وَأَضَلُّ سَبِيلًا

٧٣ وَإِن كَادُوا۟ لَيَفْتِنُونَكَ عَنِ ٱلَّذِىٓ أَوْحَيْنَآ إِلَيْكَ لِتَفْتَرِىَ عَلَيْنَا غَيْرَهُۥ وَإِذًا لَّٱتَّخَذُوكَ خَلِيلًا

٧٤ وَلَوْلَآ أَن ثَبَّتْنَٰكَ لَقَدْ كِدتَّ تَرْكَنُ إِلَيْهِمْ شَيْـًٔا قَلِيلًا

٧٥ إِذًا لَّأَذَقْنَٰكَ ضِعْفَ ٱلْحَيَوٰةِ وَضِعْفَ ٱلْمَمَاتِ ثُمَّ لَا تَجِدُ لَكَ عَلَيْنَا نَصِيرًا

٧٦ وَإِن كَادُوا۟ لَيَسْتَفِزُّونَكَ مِنَ ٱلْأَرْضِ لِيُخْرِجُوكَ مِنْهَا وَإِذًا لَّا يَلْبَثُونَ خِلَٰفَكَ إِلَّا قَلِيلًا

٧٧ سُنَّةَ مَن قَدْ أَرْسَلْنَا قَبْلَكَ مِن رُّسُلِنَا وَلَا تَجِدُ لِسُنَّتِنَا تَحْوِيلًا

٧٨ أَقِمِ ٱلصَّلَوٰةَ لِدُلُوكِ ٱلشَّمْسِ إِلَىٰ غَسَقِ ٱلَّيْلِ وَقُرْءَانَ ٱلْفَجْرِ إِنَّ قُرْءَانَ ٱلْفَجْرِ كَانَ مَشْهُودًا

٧٩ وَمِنَ ٱلَّيْلِ فَتَهَجَّدْ بِهِۦ نَافِلَةً لَّكَ عَسَىٰٓ أَن يَبْعَثَكَ رَبُّكَ مَقَامًا مَّحْمُودًا

٨٠ وَقُل رَّبِّ أَدْخِلْنِى مُدْخَلَ صِدْقٍ وَأَخْرِجْنِى مُخْرَجَ صِدْقٍ وَٱجْعَل لِّى مِن لَّدُنكَ سُلْطَٰنًا نَّصِيرًا

٨١ وَقُلْ جَآءَ ٱلْحَقُّ وَزَهَقَ ٱلْبَٰطِلُ إِنَّ ٱلْبَٰطِلَ كَانَ زَهُوقًا

٨٢ وَنُنَزِّلُ مِنَ ٱلْقُرْءَانِ مَا هُوَ شِفَآءٌ وَرَحْمَةٌ لِّلْمُؤْمِنِينَ وَلَا يَزِيدُ ٱلظَّٰلِمِينَ إِلَّا خَسَارًا

٨٣ وَإِذَآ أَنْعَمْنَا عَلَى ٱلْإِنسَٰنِ أَعْرَضَ وَنَـَٔا بِجَانِبِهِۦ وَإِذَا مَسَّهُ ٱلشَّرُّ كَانَ يَـُٔوسًا

٨٤ قُلْ كُلٌّ يَعْمَلُ عَلَىٰ شَاكِلَتِهِۦ فَرَبُّكُمْ أَعْلَمُ بِمَنْ هُوَ أَهْدَىٰ سَبِيلًا

٨٥ وَيَسْـَٔلُونَكَ عَنِ ٱلرُّوحِ قُلِ ٱلرُّوحُ مِنْ أَمْرِ رَبِّى وَمَآ أُوتِيتُم مِّنَ ٱلْعِلْمِ إِلَّا قَلِيلًا

٨٦ وَلَئِن شِئْنَا لَنَذْهَبَنَّ بِٱلَّذِىٓ أَوْحَيْنَآ إِلَيْكَ ثُمَّ لَا تَجِدُ لَكَ بِهِۦ عَلَيْنَا وَكِيلًا

٨٧ إِلَّا رَحْمَةً مِّن رَّبِّكَ إِنَّ فَضْلَهُۥ كَانَ عَلَيْكَ كَبِيرًا

٨٨ قُل لَّئِنِ ٱجْتَمَعَتِ ٱلْإِنسُ وَٱلْجِنُّ عَلَىٰٓ أَن يَأْتُوا۟ بِمِثْلِ هَٰذَا ٱلْقُرْءَانِ لَا يَأْتُونَ بِمِثْلِهِۦ وَلَوْ كَانَ بَعْضُهُمْ لِبَعْضٍ ظَهِيرًا

٨٩ وَلَقَدْ صَرَّفْنَا لِلنَّاسِ فِى هَٰذَا ٱلْقُرْءَانِ مِن كُلِّ مَثَلٍ فَأَبَىٰٓ أَكْثَرُ ٱلنَّاسِ إِلَّا كُفُورًا

٩٠ وَقَالُوا۟ لَن نُّؤْمِنَ لَكَ حَتَّىٰ تَفْجُرَ لَنَا مِنَ ٱلْأَرْضِ يَنۢبُوعًا

٩١ أَوْ تَكُونَ لَكَ جَنَّةٌ مِّن نَّخِيلٍ وَعِنَبٍ فَتُفَجِّرَ ٱلْأَنْهَٰرَ خِلَٰلَهَا تَفْجِيرًا

٩٢ أَوْ تُسْقِطَ ٱلسَّمَآءَ كَمَا زَعَمْتَ عَلَيْنَا كِسَفًا أَوْ تَأْتِىَ بِٱللَّهِ وَٱلْمَلَٰٓئِكَةِ قَبِيلًا

٩٣ أَوْ يَكُونَ لَكَ بَيْتٌ مِّن زُخْرُفٍ أَوْ تَرْقَىٰ فِى ٱلسَّمَآءِ وَلَن نُّؤْمِنَ لِرُقِيِّكَ حَتَّىٰ تُنَزِّلَ عَلَيْنَا كِتَٰبًا نَّقْرَؤُهُۥ قُلْ سُبْحَانَ رَبِّى هَلْ كُنتُ إِلَّا بَشَرًا رَّسُولًا

٩٤ وَمَا مَنَعَ ٱلنَّاسَ أَن يُؤْمِنُوٓا۟ إِذْ جَآءَهُمُ ٱلْهُدَىٰٓ إِلَّآ أَن قَالُوٓا۟ أَبَعَثَ ٱللَّهُ بَشَرًا رَّسُولًا

٩٥ قُل لَّوْ كَانَ فِى ٱلْأَرْضِ مَلَٰئِكَةٌ يَمْشُونَ مُطْمَئِنِّينَ لَنَزَّلْنَا عَلَيْهِم مِّنَ ٱلسَّمَآءِ مَلَكًا رَّسُولًا

٩٦ قُلْ كَفَىٰ بِٱللَّهِ شَهِيدًا بَيْنِى وَبَيْنَكُمْ إِنَّهُۥ كَانَ بِعِبَادِهِۦ خَبِيرًۢا بَصِيرًا

٩٧ وَمَن يَهْدِ ٱللَّهُ فَهُوَ ٱلْمُهْتَدِ وَمَن يُضْلِلْ فَلَن تَجِدَ لَهُمْ أَوْلِيَآءَ مِن دُونِهِۦ وَنَحْشُرُهُمْ يَوْمَ ٱلْقِيَٰمَةِ عَلَىٰ وُجُوهِهِمْ عُمْيًا وَبُكْمًا وَصُمًّا مَّأْوَىٰهُمْ جَهَنَّمُ كُلَّمَا خَبَتْ زِدْنَٰهُمْ سَعِيرًا

٩٨ ذَٰلِكَ جَزَآؤُهُم بِأَنَّهُمْ كَفَرُوا۟ بِـَٔايَٰتِنَا وَقَالُوٓا۟ أَءِذَا كُنَّا عِظَٰمًا وَرُفَٰتًا أَءِنَّا لَمَبْعُوثُونَ خَلْقًا جَدِيدًا

٩٩ أَوَلَمْ يَرَوْا۟ أَنَّ ٱللَّهَ ٱلَّذِى خَلَقَ ٱلسَّمَٰوَٰتِ ۞ وَٱلْأَرْضَ قَادِرٌ عَلَىٰٓ أَن يَخْلُقَ مِثْلَهُمْ وَجَعَلَ لَهُمْ أَجَلًا لَّا رَيْبَ فِيهِ فَأَبَى ٱلظَّٰلِمُونَ إِلَّا كُفُورًا

١٠٠ قُل لَّوْ أَنتُمْ تَمْلِكُونَ خَزَآئِنَ رَحْمَةِ رَبِّىٓ إِذًا لَّأَمْسَكْتُمْ خَشْيَةَ ٱلْإِنفَاقِ وَكَانَ ٱلْإِنسَٰنُ قَتُورًا

١٠١ وَلَقَدْ ءَاتَيْنَا مُوسَىٰ تِسْعَ ءَايَٰتٍۭ بَيِّنَٰتٍ فَسْـَٔلْ بَنِىٓ إِسْرَٰٓءِيلَ إِذْ جَآءَهُمْ فَقَالَ لَهُۥ فِرْعَوْنُ إِنِّى لَأَظُنُّكَ يَٰمُوسَىٰ مَسْحُورًا

١٠٢ قَالَ لَقَدْ عَلِمْتَ مَآ أَنزَلَ هَٰٓؤُلَآءِ إِلَّا رَبُّ ٱلسَّمَٰوَٰتِ وَٱلْأَرْضِ بَصَآئِرَ وَإِنِّى لَأَظُنُّكَ يَٰفِرْعَوْنُ مَثْبُورًا

١٠٣ فَأَرَادَ أَن يَسْتَفِزَّهُم مِّنَ ٱلْأَرْضِ فَأَغْرَقْنَٰهُ وَمَن مَّعَهُۥ جَمِيعًا

١٠٤ وَقُلْنَا مِنۢ بَعْدِهِۦ لِبَنِىٓ إِسْرَٰٓءِيلَ ٱسْكُنُوا۟ ٱلْأَرْضَ فَإِذَا جَآءَ وَعْدُ ٱلْءَاخِرَةِ جِئْنَا بِكُمْ لَفِيفًا

١٠٥ وَبِٱلْحَقِّ أَنزَلْنَٰهُ وَبِٱلْحَقِّ نَزَلَ وَمَآ أَرْسَلْنَٰكَ إِلَّا مُبَشِّرًا وَنَذِيرًا

١٠٦ وَقُرْءَانًا فَرَقْنَٰهُ لِتَقْرَأَهُۥ عَلَى ٱلنَّاسِ عَلَىٰ مُكْثٍ وَنَزَّلْنَٰهُ تَنزِيلًا

١٠٧ قُلْ ءَامِنُوا۟ بِهِۦٓ أَوْ لَا تُؤْمِنُوٓا۟ إِنَّ ٱلَّذِينَ أُوتُوا۟ ٱلْعِلْمَ مِن قَبْلِهِۦٓ إِذَا يُتْلَىٰ عَلَيْهِمْ يَخِرُّونَ لِلْأَذْقَانِ سُجَّدًا

١٠٨ وَيَقُولُونَ سُبْحَٰنَ رَبِّنَآ إِن كَانَ وَعْدُ رَبِّنَا لَمَفْعُولًا

١٠٩ وَيَخِرُّونَ لِلْأَذْقَانِ يَبْكُونَ وَيَزِيدُهُمْ خُشُوعًا ۩

١١٠ قُلِ ٱدْعُوا۟ ٱللَّهَ أَوِ ٱدْعُوا۟ ٱلرَّحْمَٰنَ أَيًّا مَّا تَدْعُوا۟ فَلَهُ ٱلْأَسْمَآءُ ٱلْحُسْنَىٰ وَلَا تَجْهَرْ بِصَلَاتِكَ وَلَا تُخَافِتْ بِهَا وَٱبْتَغِ بَيْنَ ذَٰلِكَ سَبِيلًا

١١١ وَقُلِ ٱلْحَمْدُ لِلَّهِ ٱلَّذِى لَمْ يَتَّخِذْ وَلَدًا وَلَمْ يَكُن لَّهُۥ شَرِيكٌ فِى ٱلْمُلْكِ وَلَمْ يَكُن لَّهُۥ وَلِىٌّ مِّنَ ٱلذُّلِّ وَكَبِّرْهُ تَكْبِيرًا

سورة الكهف

١ ٱلْحَمْدُ لِلَّهِ ٱلَّذِىٓ أَنزَلَ عَلَىٰ عَبْدِهِ ٱلْكِتَٰبَ وَلَمْ يَجْعَل لَّهُۥ عِوَجَا

٢ قَيِّمًا لِّيُنذِرَ بَأْسًا شَدِيدًا مِّن لَّدُنْهُ وَيُبَشِّرَ ٱلْمُؤْمِنِينَ ٱلَّذِينَ يَعْمَلُونَ ٱلصَّٰلِحَٰتِ أَنَّ لَهُمْ أَجْرًا حَسَنًا

٣ مَّٰكِثِينَ فِيهِ أَبَدًا

٤ وَيُنذِرَ ٱلَّذِينَ قَالُوا۟ ٱتَّخَذَ ٱللَّهُ وَلَدًا

٥ مَّا لَهُم بِهِۦ مِنْ عِلْمٍ وَلَا لِءَابَآئِهِمْ كَبُرَتْ كَلِمَةً تَخْرُجُ مِنْ أَفْوَٰهِهِمْ إِن يَقُولُونَ إِلَّا كَذِبًا

٦ فَلَعَلَّكَ بَٰخِعٌ نَّفْسَكَ عَلَىٰٓ ءَاثَٰرِهِمْ إِن لَّمْ يُؤْمِنُوا۟ بِهَٰذَا ٱلْحَدِيثِ أَسَفًا

٧ إِنَّا جَعَلْنَا مَا عَلَى ٱلْأَرْضِ زِينَةً لَّهَا لِنَبْلُوَهُمْ أَيُّهُمْ أَحْسَنُ عَمَلًا

٨ وَإِنَّا لَجَاعِلُونَ مَا عَلَيْهَا صَعِيدًا جُرُزًا

٩ أَمْ حَسِبْتَ أَنَّ أَصْحَٰبَ ٱلْكَهْفِ وَٱلرَّقِيمِ كَانُوا مِنْ ءَايَٰتِنَا عَجَبًا

١٠ إِذْ أَوَى ٱلْفِتْيَةُ إِلَى ٱلْكَهْفِ فَقَالُوا رَبَّنَا ءَاتِنَا مِن لَّدُنكَ رَحْمَةً وَهَيِّئْ لَنَا مِنْ أَمْرِنَا رَشَدًا

١١ فَضَرَبْنَا عَلَىٰ ءَاذَانِهِمْ فِى ٱلْكَهْفِ سِنِينَ عَدَدًا

١٢ ثُمَّ بَعَثْنَٰهُمْ لِنَعْلَمَ أَىُّ ٱلْحِزْبَيْنِ أَحْصَىٰ لِمَا لَبِثُوا أَمَدًا

١٣ نَّحْنُ نَقُصُّ عَلَيْكَ نَبَأَهُم بِٱلْحَقِّ إِنَّهُمْ فِتْيَةٌ ءَامَنُوا بِرَبِّهِمْ وَزِدْنَٰهُمْ هُدًى

١٤ وَرَبَطْنَا عَلَىٰ قُلُوبِهِمْ إِذْ قَامُوا فَقَالُوا رَبُّنَا رَبُّ ٱلسَّمَٰوَٰتِ وَٱلْأَرْضِ لَن نَّدْعُوَا۟ مِن دُونِهِ إِلَٰهًا لَّقَدْ قُلْنَا إِذًا شَطَطًا

١٥ هَٰؤُلَاءِ قَوْمُنَا ٱتَّخَذُوا مِن دُونِهِ ءَالِهَةً لَّوْلَا يَأْتُونَ عَلَيْهِم بِسُلْطَٰنٍ بَيِّنٍ فَمَنْ أَظْلَمُ مِمَّنِ ٱفْتَرَىٰ عَلَى ٱللَّهِ كَذِبًا

١٦ وَإِذِ ٱعْتَزَلْتُمُوهُمْ وَمَا يَعْبُدُونَ إِلَّا ٱللَّهَ فَأْوُۥٓا إِلَى ٱلْكَهْفِ يَنشُرْ لَكُمْ رَبُّكُم مِّن رَّحْمَتِهِ وَيُهَيِّئْ لَكُم مِّنْ أَمْرِكُم مِّرْفَقًا

١٧ وَتَرَى ٱلشَّمْسَ إِذَا طَلَعَت تَّزَٰوَرُ عَن كَهْفِهِمْ ذَاتَ ٱلْيَمِينِ وَإِذَا غَرَبَت تَّقْرِضُهُمْ ذَاتَ ٱلشِّمَالِ وَهُمْ فِى فَجْوَةٍ مِّنْهُ ذَٰلِكَ مِنْ ءَايَٰتِ ٱللَّهِ مَن يَهْدِ ٱللَّهُ فَهُوَ ٱلْمُهْتَدِ وَمَن يُضْلِلْ فَلَن تَجِدَ لَهُ وَلِيًّا مُّرْشِدًا

١٨ وَتَحْسَبُهُمْ أَيْقَاظًا وَهُمْ رُقُودٌ وَنُقَلِّبُهُمْ ذَاتَ ٱلْيَمِينِ وَذَاتَ ٱلشِّمَالِ وَكَلْبُهُم بَٰسِطٌ ذِرَاعَيْهِ بِٱلْوَصِيدِ لَوِ ٱطَّلَعْتَ عَلَيْهِمْ لَوَلَّيْتَ مِنْهُمْ فِرَارًا وَلَمُلِئْتَ مِنْهُمْ رُعْبًا

١٩ وَكَذَٰلِكَ بَعَثْنَٰهُمْ لِيَتَسَاءَلُوا بَيْنَهُمْ قَالَ قَائِلٌ مِّنْهُمْ كَمْ لَبِثْتُمْ قَالُوا لَبِثْنَا يَوْمًا أَوْ بَعْضَ يَوْمٍ قَالُوا رَبُّكُمْ أَعْلَمُ بِمَا لَبِثْتُمْ فَٱبْعَثُوا أَحَدَكُم بِوَرِقِكُمْ هَٰذِهِ إِلَى ٱلْمَدِينَةِ فَلْيَنظُرْ أَيُّهَا أَزْكَىٰ طَعَامًا فَلْيَأْتِكُم بِرِزْقٍ مِّنْهُ وَلْيَتَلَطَّفْ وَلَا يُشْعِرَنَّ بِكُمْ أَحَدًا

٢٠ إِنَّهُمْ إِن يَظْهَرُوا عَلَيْكُمْ يَرْجُمُوكُمْ أَوْ يُعِيدُوكُمْ فِى مِلَّتِهِمْ وَلَن تُفْلِحُوا إِذًا أَبَدًا

٢١ وَكَذَٰلِكَ أَعْثَرْنَا عَلَيْهِمْ لِيَعْلَمُوا أَنَّ وَعْدَ ٱللَّهِ حَقٌّ وَأَنَّ ٱلسَّاعَةَ لَا رَيْبَ فِيهَا إِذْ يَتَنَٰزَعُونَ بَيْنَهُمْ أَمْرَهُمْ فَقَالُوا ٱبْنُوا عَلَيْهِم بُنْيَٰنًا رَّبُّهُمْ أَعْلَمُ بِهِمْ قَالَ ٱلَّذِينَ غَلَبُوا عَلَىٰ أَمْرِهِمْ لَنَتَّخِذَنَّ عَلَيْهِم مَّسْجِدًا

٢٢ سَيَقُولُونَ ثَلَٰثَةٌ رَّابِعُهُمْ كَلْبُهُمْ وَيَقُولُونَ خَمْسَةٌ سَادِسُهُمْ كَلْبُهُمْ رَجْمًا بِٱلْغَيْبِ وَيَقُولُونَ سَبْعَةٌ وَثَامِنُهُمْ كَلْبُهُمْ قُل رَّبِّى أَعْلَمُ بِعِدَّتِهِم مَّا يَعْلَمُهُمْ إِلَّا قَلِيلٌ فَلَا تُمَارِ فِيهِمْ إِلَّا مِرَاءً ظَٰهِرًا وَلَا تَسْتَفْتِ فِيهِم مِّنْهُمْ أَحَدًا

٢٣ وَلَا تَقُولَنَّ لِشَا۟ىْءٍ إِنِّى فَاعِلٌ ذَٰلِكَ غَدًا

٢٤ إِلَّا أَن يَشَاءَ ٱللَّهُ وَٱذْكُر رَّبَّكَ إِذَا نَسِيتَ وَقُلْ عَسَىٰ أَن يَهْدِيَنِ رَبِّى لِأَقْرَبَ مِنْ هَٰذَا رَشَدًا

٢٥ وَلَبِثُوا فِى كَهْفِهِمْ ثَلَٰثَ مِائَةٍ سِنِينَ وَٱزْدَادُوا تِسْعًا

٢٦ قُلِ ٱللَّهُ أَعْلَمُ بِمَا لَبِثُوا لَهُ غَيْبُ ٱلسَّمَٰوَٰتِ وَٱلْأَرْضِ أَبْصِرْ بِهِ وَأَسْمِعْ مَا لَهُم مِّن دُونِهِ مِن وَلِيٍّ وَلَا يُشْرِكُ فِى حُكْمِهِ أَحَدًا

٢٧ وَٱتْلُ مَا أُوحِىَ إِلَيْكَ مِن كِتَابِ رَبِّكَ لَا مُبَدِّلَ لِكَلِمَٰتِهِ وَلَن تَجِدَ مِن دُونِهِ مُلْتَحَدًا

٢٨ وَٱصْبِرْ نَفْسَكَ مَعَ ٱلَّذِينَ يَدْعُونَ رَبَّهُم بِٱلْغَدَوٰةِ وَٱلْعَشِىِّ يُرِيدُونَ وَجْهَهُ وَلَا تَعْدُ

عَيْنَاكَ عَنْهُمْ تُرِيدُ زِينَةَ ٱلْحَيَوٰةِ ٱلدُّنْيَا ۖ وَلَا تُطِعْ مَنْ أَغْفَلْنَا قَلْبَهُ عَن ذِكْرِنَا وَٱتَّبَعَ هَوَىٰهُ وَكَانَ أَمْرُهُ فُرُطًا

٢٩ وَقُلِ ٱلْحَقُّ مِن رَّبِّكُمْ ۖ فَمَن شَاءَ فَلْيُؤْمِن وَمَن شَاءَ فَلْيَكْفُرْ ۚ إِنَّا أَعْتَدْنَا لِلظَّٰلِمِينَ نَارًا أَحَاطَ بِهِمْ سُرَادِقُهَا ۚ وَإِن يَسْتَغِيثُوا يُغَاثُوا بِمَاءٍ كَٱلْمُهْلِ يَشْوِى ٱلْوُجُوهَ ۚ بِئْسَ ٱلشَّرَابُ وَسَاءَتْ مُرْتَفَقًا

٣٠ إِنَّ ٱلَّذِينَ ءَامَنُوا وَعَمِلُوا ٱلصَّٰلِحَٰتِ إِنَّا لَا نُضِيعُ أَجْرَ مَنْ أَحْسَنَ عَمَلًا

٣١ أُولَٰئِكَ لَهُمْ جَنَّٰتُ عَدْنٍ تَجْرِى مِن تَحْتِهِمُ ٱلْأَنْهَٰرُ يُحَلَّوْنَ فِيهَا مِنْ أَسَاوِرَ مِن ذَهَبٍ وَيَلْبَسُونَ ثِيَابًا خُضْرًا مِّن سُندُسٍ وَإِسْتَبْرَقٍ مُّتَّكِئِينَ فِيهَا عَلَى ٱلْأَرَائِكِ ۚ نِعْمَ ٱلثَّوَابُ وَحَسُنَتْ مُرْتَفَقًا

٣٢ وَٱضْرِبْ لَهُم مَّثَلًا رَّجُلَيْنِ جَعَلْنَا لِأَحَدِهِمَا جَنَّتَيْنِ مِنْ أَعْنَٰبٍ وَحَفَفْنَٰهُمَا بِنَخْلٍ وَجَعَلْنَا بَيْنَهُمَا زَرْعًا

٣٣ كِلْتَا ٱلْجَنَّتَيْنِ ءَاتَتْ أُكُلَهَا وَلَمْ تَظْلِم مِّنْهُ شَيْئًا ۚ وَفَجَّرْنَا خِلَٰلَهُمَا نَهَرًا

٣٤ وَكَانَ لَهُ ثَمَرٌ فَقَالَ لِصَٰحِبِهِ وَهُوَ يُحَاوِرُهُ أَنَا أَكْثَرُ مِنكَ مَالًا وَأَعَزُّ نَفَرًا

٣٥ وَدَخَلَ جَنَّتَهُ وَهُوَ ظَالِمٌ لِنَفْسِهِ قَالَ مَا أَظُنُّ أَن تَبِيدَ هَٰذِهِ أَبَدًا

٣٦ وَمَا أَظُنُّ ٱلسَّاعَةَ قَائِمَةً وَلَئِن رُّدِدتُّ إِلَىٰ رَبِّى لَأَجِدَنَّ خَيْرًا مِّنْهَا مُنقَلَبًا

٣٧ قَالَ لَهُ صَاحِبُهُ وَهُوَ يُحَاوِرُهُ أَكَفَرْتَ بِٱلَّذِى خَلَقَكَ مِن تُرَابٍ ثُمَّ مِن نُّطْفَةٍ ثُمَّ سَوَّىٰكَ رَجُلًا

٣٨ لَّٰكِنَّا هُوَ ٱللَّهُ رَبِّى وَلَا أُشْرِكُ بِرَبِّى أَحَدًا

٣٩ وَلَوْلَا إِذْ دَخَلْتَ جَنَّتَكَ قُلْتَ مَا شَاءَ ٱللَّهُ لَا قُوَّةَ إِلَّا بِٱللَّهِ ۚ إِن تَرَنِ أَنَا أَقَلَّ مِنكَ مَالًا وَوَلَدًا

٤٠ فَعَسَىٰ رَبِّى أَن يُؤْتِيَنِ خَيْرًا مِّن جَنَّتِكَ وَيُرْسِلَ عَلَيْهَا حُسْبَانًا مِّنَ ٱلسَّمَاءِ فَتُصْبِحَ صَعِيدًا زَلَقًا

٤١ أَوْ يُصْبِحَ مَاؤُهَا غَوْرًا فَلَن تَسْتَطِيعَ لَهُ طَلَبًا

٤٢ وَأُحِيطَ بِثَمَرِهِ فَأَصْبَحَ يُقَلِّبُ كَفَّيْهِ عَلَىٰ مَا أَنفَقَ فِيهَا وَهِىَ خَاوِيَةٌ عَلَىٰ عُرُوشِهَا وَيَقُولُ يَٰلَيْتَنِى لَمْ أُشْرِكْ بِرَبِّى أَحَدًا

٤٣ وَلَمْ تَكُن لَّهُ فِئَةٌ يَنصُرُونَهُ مِن دُونِ ٱللَّهِ وَمَا كَانَ مُنتَصِرًا

٤٤ هُنَالِكَ ٱلْوَلَٰيَةُ لِلَّهِ ٱلْحَقِّ ۚ هُوَ خَيْرٌ ثَوَابًا وَخَيْرٌ عُقْبًا

٤٥ وَٱضْرِبْ لَهُم مَّثَلَ ٱلْحَيَوٰةِ ٱلدُّنْيَا كَمَاءٍ أَنزَلْنَٰهُ مِنَ ٱلسَّمَاءِ فَٱخْتَلَطَ بِهِ نَبَاتُ ٱلْأَرْضِ فَأَصْبَحَ هَشِيمًا تَذْرُوهُ ٱلرِّيَٰحُ ۗ وَكَانَ ٱللَّهُ عَلَىٰ كُلِّ شَىْءٍ مُّقْتَدِرًا

٤٦ ٱلْمَالُ وَٱلْبَنُونَ زِينَةُ ٱلْحَيَوٰةِ ٱلدُّنْيَا ۖ وَٱلْبَٰقِيَٰتُ ٱلصَّٰلِحَٰتُ خَيْرٌ عِندَ رَبِّكَ ثَوَابًا وَخَيْرٌ أَمَلًا

٤٧ وَيَوْمَ نُسَيِّرُ ٱلْجِبَالَ وَتَرَى ٱلْأَرْضَ بَارِزَةً وَحَشَرْنَٰهُمْ فَلَمْ نُغَادِرْ مِنْهُمْ أَحَدًا

٤٨ وَعُرِضُوا عَلَىٰ رَبِّكَ صَفًّا لَّقَدْ جِئْتُمُونَا كَمَا خَلَقْنَٰكُمْ أَوَّلَ مَرَّةٍ ۚ بَلْ زَعَمْتُمْ أَلَّن نَّجْعَلَ لَكُم مَّوْعِدًا

٤٩ وَوُضِعَ ٱلْكِتَٰبُ فَتَرَى ٱلْمُجْرِمِينَ مُشْفِقِينَ مِمَّا فِيهِ وَيَقُولُونَ يَٰوَيْلَتَنَا مَالِ هَٰذَا ٱلْكِتَٰبِ لَا يُغَادِرُ صَغِيرَةً وَلَا كَبِيرَةً إِلَّا أَحْصَىٰهَا ۚ وَوَجَدُوا مَا عَمِلُوا حَاضِرًا ۗ وَلَا يَظْلِمُ رَبُّكَ أَحَدًا

٥٠ وَإِذْ قُلْنَا لِلْمَلَـٰئِكَةِ ٱسْجُدُوا۟ لِءَادَمَ فَسَجَدُوٓا۟ إِلَّآ إِبْلِيسَ كَانَ مِنَ ٱلْجِنِّ فَفَسَقَ عَنْ أَمْرِ رَبِّهِۦٓ أَفَتَتَّخِذُونَهُۥ وَذُرِّيَّتَهُۥٓ أَوْلِيَآءَ مِن دُونِى وَهُمْ لَكُمْ عَدُوٌّ بِئْسَ لِلظَّـٰلِمِينَ بَدَلًا

٥١ مَّآ أَشْهَدتُّهُمْ خَلْقَ ٱلسَّمَـٰوَٰتِ وَٱلْأَرْضِ وَلَا خَلْقَ أَنفُسِهِمْ وَمَا كُنتُ مُتَّخِذَ ٱلْمُضِلِّينَ عَضُدًا

٥٢ وَيَوْمَ يَقُولُ نَادُوا۟ شُرَكَآءِىَ ٱلَّذِينَ زَعَمْتُمْ فَدَعَوْهُمْ فَلَمْ يَسْتَجِيبُوا۟ لَهُمْ وَجَعَلْنَا بَيْنَهُم مَّوْبِقًا

٥٣ وَرَءَا ٱلْمُجْرِمُونَ ٱلنَّارَ فَظَنُّوٓا۟ أَنَّهُم مُّوَاقِعُوهَا وَلَمْ يَجِدُوا۟ عَنْهَا مَصْرِفًا

٥٤ وَلَقَدْ صَرَّفْنَا فِى هَـٰذَا ٱلْقُرْءَانِ لِلنَّاسِ مِن كُلِّ مَثَلٍ وَكَانَ ٱلْإِنسَـٰنُ أَكْثَرَ شَىْءٍ جَدَلًا

٥٥ وَمَا مَنَعَ ٱلنَّاسَ أَن يُؤْمِنُوٓا۟ إِذْ جَآءَهُمُ ٱلْهُدَىٰ وَيَسْتَغْفِرُوا۟ رَبَّهُمْ إِلَّآ أَن تَأْتِيَهُمْ سُنَّةُ ٱلْأَوَّلِينَ أَوْ يَأْتِيَهُمُ ٱلْعَذَابُ قُبُلًا

٥٦ وَمَا نُرْسِلُ ٱلْمُرْسَلِينَ إِلَّا مُبَشِّرِينَ وَمُنذِرِينَ وَيُجَـٰدِلُ ٱلَّذِينَ كَفَرُوا۟ بِٱلْبَـٰطِلِ لِيُدْحِضُوا۟ بِهِ ٱلْحَقَّ وَٱتَّخَذُوٓا۟ ءَايَـٰتِى وَمَآ أُنذِرُوا۟ هُزُوًا

٥٧ وَمَنْ أَظْلَمُ مِمَّن ذُكِّرَ بِـَٔايَـٰتِ رَبِّهِۦ فَأَعْرَضَ عَنْهَا وَنَسِىَ مَا قَدَّمَتْ يَدَاهُ إِنَّا جَعَلْنَا عَلَىٰ قُلُوبِهِمْ أَكِنَّةً أَن يَفْقَهُوهُ وَفِىٓ ءَاذَانِهِمْ وَقْرًا وَإِن تَدْعُهُمْ إِلَى ٱلْهُدَىٰ فَلَن يَهْتَدُوٓا۟ إِذًا أَبَدًا

٥٨ وَرَبُّكَ ٱلْغَفُورُ ذُو ٱلرَّحْمَةِ لَوْ يُؤَاخِذُهُم بِمَا كَسَبُوا۟ لَعَجَّلَ لَهُمُ ٱلْعَذَابَ بَل لَّهُم مَّوْعِدٌ لَّن يَجِدُوا۟ مِن دُونِهِۦ مَوْئِلًا

٥٩ وَتِلْكَ ٱلْقُرَىٰٓ أَهْلَكْنَـٰهُمْ لَمَّا ظَلَمُوا۟ وَجَعَلْنَا لِمَهْلِكِهِم مَّوْعِدًا

٦٠ وَإِذْ قَالَ مُوسَىٰ لِفَتَىٰهُ لَآ أَبْرَحُ حَتَّىٰٓ أَبْلُغَ مَجْمَعَ ٱلْبَحْرَيْنِ أَوْ أَمْضِىَ حُقُبًا

٦١ فَلَمَّا بَلَغَا مَجْمَعَ بَيْنِهِمَا نَسِيَا حُوتَهُمَا فَٱتَّخَذَ سَبِيلَهُۥ فِى ٱلْبَحْرِ سَرَبًا

٦٢ فَلَمَّا جَاوَزَا قَالَ لِفَتَىٰهُ ءَاتِنَا غَدَآءَنَا لَقَدْ لَقِينَا مِن سَفَرِنَا هَـٰذَا نَصَبًا

٦٣ قَالَ أَرَءَيْتَ إِذْ أَوَيْنَآ إِلَى ٱلصَّخْرَةِ فَإِنِّى نَسِيتُ ٱلْحُوتَ وَمَآ أَنسَىٰنِيهُ إِلَّا ٱلشَّيْطَـٰنُ أَنْ أَذْكُرَهُۥ وَٱتَّخَذَ سَبِيلَهُۥ فِى ٱلْبَحْرِ عَجَبًا

٦٤ قَالَ ذَٰلِكَ مَا كُنَّا نَبْغِ فَٱرْتَدَّا عَلَىٰٓ ءَاثَارِهِمَا قَصَصًا

٦٥ فَوَجَدَا عَبْدًا مِّنْ عِبَادِنَآ ءَاتَيْنَـٰهُ رَحْمَةً مِّنْ عِندِنَا وَعَلَّمْنَـٰهُ مِن لَّدُنَّا عِلْمًا

٦٦ قَالَ لَهُۥ مُوسَىٰ هَلْ أَتَّبِعُكَ عَلَىٰٓ أَن تُعَلِّمَنِ مِمَّا عُلِّمْتَ رُشْدًا

٦٧ قَالَ إِنَّكَ لَن تَسْتَطِيعَ مَعِىَ صَبْرًا

٦٨ وَكَيْفَ تَصْبِرُ عَلَىٰ مَا لَمْ تُحِطْ بِهِۦ خُبْرًا

٦٩ قَالَ سَتَجِدُنِىٓ إِن شَآءَ ٱللَّهُ صَابِرًا وَلَآ أَعْصِى لَكَ أَمْرًا

٧٠ قَالَ فَإِنِ ٱتَّبَعْتَنِى فَلَا تَسْـَٔلْنِى عَن شَىْءٍ حَتَّىٰٓ أُحْدِثَ لَكَ مِنْهُ ذِكْرًا

٧١ فَٱنطَلَقَا حَتَّىٰٓ إِذَا رَكِبَا فِى ٱلسَّفِينَةِ خَرَقَهَا قَالَ أَخَرَقْتَهَا لِتُغْرِقَ أَهْلَهَا لَقَدْ جِئْتَ شَيْـًٔا إِمْرًا

٧٢ قَالَ أَلَمْ أَقُلْ إِنَّكَ لَن تَسْتَطِيعَ مَعِىَ صَبْرًا

٧٣ قَالَ لَا تُؤَاخِذْنِى بِمَا نَسِيتُ وَلَا تُرْهِقْنِى مِنْ أَمْرِى عُسْرًا

٧٤ فَٱنطَلَقَا حَتَّىٰٓ إِذَا لَقِيَا غُلَـٰمًا فَقَتَلَهُۥ قَالَ أَقَتَلْتَ نَفْسًا زَكِيَّةً بِغَيْرِ نَفْسٍ لَّقَدْ جِئْتَ شَيْـًٔا نُّكْرًا

٧٥ قَالَ أَلَمْ أَقُل لَّكَ إِنَّكَ لَن تَسْتَطِيعَ مَعِىَ صَبْرًا

٧٦ قَالَ إِن سَأَلْتُكَ عَن شَىْءٍ بَعْدَهَا فَلَا تُصَاحِبْنِى ۖ قَدْ بَلَغْتَ مِن لَّدُنِّى عُذْرًا

٧٧ فَٱنطَلَقَا حَتَّىٰ إِذَآ أَتَيَآ أَهْلَ قَرْيَةٍ ٱسْتَطْعَمَآ أَهْلَهَا فَأَبَوْا أَن يُضَيِّفُوهُمَا فَوَجَدَا فِيهَا جِدَارًا يُرِيدُ أَن يَنقَضَّ فَأَقَامَهُ ۖ قَالَ لَوْ شِئْتَ لَتَّخَذْتَ عَلَيْهِ أَجْرًا

٧٨ قَالَ هَٰذَا فِرَاقُ بَيْنِى وَبَيْنِكَ ۚ سَأُنَبِّئُكَ بِتَأْوِيلِ مَا لَمْ تَسْتَطِع عَّلَيْهِ صَبْرًا

٧٩ أَمَّا ٱلسَّفِينَةُ فَكَانَتْ لِمَسَٰكِينَ يَعْمَلُونَ فِى ٱلْبَحْرِ فَأَرَدتُّ أَنْ أَعِيبَهَا وَكَانَ وَرَآءَهُم مَّلِكٌ يَأْخُذُ كُلَّ سَفِينَةٍ غَصْبًا

٨٠ وَأَمَّا ٱلْغُلَٰمُ فَكَانَ أَبَوَاهُ مُؤْمِنَيْنِ فَخَشِينَآ أَن يُرْهِقَهُمَا طُغْيَٰنًا وَكُفْرًا

٨١ فَأَرَدْنَآ أَن يُبْدِلَهُمَا رَبُّهُمَا خَيْرًا مِّنْهُ زَكَوٰةً وَأَقْرَبَ رُحْمًا

٨٢ وَأَمَّا ٱلْجِدَارُ فَكَانَ لِغُلَٰمَيْنِ يَتِيمَيْنِ فِى ٱلْمَدِينَةِ وَكَانَ تَحْتَهُ كَنزٌ لَّهُمَا وَكَانَ أَبُوهُمَا صَٰلِحًا فَأَرَادَ رَبُّكَ أَن يَبْلُغَآ أَشُدَّهُمَا وَيَسْتَخْرِجَا كَنزَهُمَا رَحْمَةً مِّن رَّبِّكَ ۚ وَمَا فَعَلْتُهُ عَنْ أَمْرِى ۚ ذَٰلِكَ تَأْوِيلُ مَا لَمْ تَسْطِع عَّلَيْهِ صَبْرًا

٨٣ وَيَسْـَٔلُونَكَ عَن ذِى ٱلْقَرْنَيْنِ ۖ قُلْ سَأَتْلُوا عَلَيْكُم مِّنْهُ ذِكْرًا

٨٤ إِنَّا مَكَّنَّا لَهُ فِى ٱلْأَرْضِ وَءَاتَيْنَٰهُ مِن كُلِّ شَىْءٍ سَبَبًا

٨٥ فَأَتْبَعَ سَبَبًا

٨٦ حَتَّىٰ إِذَا بَلَغَ مَغْرِبَ ٱلشَّمْسِ وَجَدَهَا تَغْرُبُ فِى عَيْنٍ حَمِئَةٍ وَوَجَدَ عِندَهَا قَوْمًا ۗ قُلْنَا يَٰذَا ٱلْقَرْنَيْنِ إِمَّآ أَن تُعَذِّبَ وَإِمَّآ أَن تَتَّخِذَ فِيهِمْ حُسْنًا

٨٧ قَالَ أَمَّا مَن ظَلَمَ فَسَوْفَ نُعَذِّبُهُ ثُمَّ يُرَدُّ إِلَىٰ رَبِّهِ فَيُعَذِّبُهُ عَذَابًا نُّكْرًا

٨٨ وَأَمَّا مَنْ ءَامَنَ وَعَمِلَ صَٰلِحًا فَلَهُ جَزَآءً ٱلْحُسْنَىٰ ۖ وَسَنَقُولُ لَهُ مِنْ أَمْرِنَا يُسْرًا

٨٩ ثُمَّ أَتْبَعَ سَبَبًا

٩٠ حَتَّىٰ إِذَا بَلَغَ مَطْلِعَ ٱلشَّمْسِ وَجَدَهَا تَطْلُعُ عَلَىٰ قَوْمٍ لَّمْ نَجْعَل لَّهُم مِّن دُونِهَا سِتْرًا

٩١ كَذَٰلِكَ وَقَدْ أَحَطْنَا بِمَا لَدَيْهِ خُبْرًا

٩٢ ثُمَّ أَتْبَعَ سَبَبًا

٩٣ حَتَّىٰ إِذَا بَلَغَ بَيْنَ ٱلسَّدَّيْنِ وَجَدَ مِن دُونِهِمَا قَوْمًا لَّا يَكَادُونَ يَفْقَهُونَ قَوْلًا

٩٤ قَالُوا يَٰذَا ٱلْقَرْنَيْنِ إِنَّ يَأْجُوجَ وَمَأْجُوجَ مُفْسِدُونَ فِى ٱلْأَرْضِ فَهَلْ نَجْعَلُ لَكَ خَرْجًا عَلَىٰ أَن تَجْعَلَ بَيْنَنَا وَبَيْنَهُمْ سَدًّا

٩٥ قَالَ مَا مَكَّنِّى فِيهِ رَبِّى خَيْرٌ فَأَعِينُونِى بِقُوَّةٍ أَجْعَلْ بَيْنَكُمْ وَبَيْنَهُمْ رَدْمًا

٩٦ ءَاتُونِى زُبَرَ ٱلْحَدِيدِ ۖ حَتَّىٰ إِذَا سَاوَىٰ بَيْنَ ٱلصَّدَفَيْنِ قَالَ ٱنفُخُوا ۖ حَتَّىٰ إِذَا جَعَلَهُ نَارًا قَالَ ءَاتُونِى أُفْرِغْ عَلَيْهِ قِطْرًا

٩٧ فَمَا ٱسْطَٰعُوا أَن يَظْهَرُوهُ وَمَا ٱسْتَطَٰعُوا لَهُ نَقْبًا

٩٨ قَالَ هَٰذَا رَحْمَةٌ مِّن رَّبِّى ۖ فَإِذَا جَآءَ وَعْدُ رَبِّى جَعَلَهُ دَكَّآءَ ۖ وَكَانَ وَعْدُ رَبِّى حَقًّا

٩٩ وَتَرَكْنَا بَعْضَهُمْ يَوْمَئِذٍ يَمُوجُ فِى بَعْضٍ ۖ وَنُفِخَ فِى ٱلصُّورِ فَجَمَعْنَٰهُمْ جَمْعًا

١٠٠ وَعَرَضْنَا جَهَنَّمَ يَوْمَئِذٍ لِّلْكَٰفِرِينَ عَرْضًا

١٠١ ٱلَّذِينَ كَانَتْ أَعْيُنُهُمْ فِى غِطَآءٍ عَن ذِكْرِى وَكَانُوا لَا يَسْتَطِيعُونَ سَمْعًا

١٠٢ أَفَحَسِبَ ٱلَّذِينَ كَفَرُوٓا۟ أَن يَتَّخِذُوٓا۟ عِبَادِى مِن دُونِىٓ أَوْلِيَآءَ ۚ إِنَّآ أَعْتَدْنَا جَهَنَّمَ لِلْكَٰفِرِينَ نُزُلًا

١٠٣ قُلْ هَلْ نُنَبِّئُكُم بِٱلْأَخْسَرِينَ أَعْمَٰلًا

١٠٤ ٱلَّذِينَ ضَلَّ سَعْيُهُمْ فِى ٱلْحَيَوٰةِ ٱلدُّنْيَا وَهُمْ يَحْسَبُونَ أَنَّهُمْ يُحْسِنُونَ صُنْعًا

١٠٥ أُو۟لَٰٓئِكَ ٱلَّذِينَ كَفَرُوا۟ بِـَٔايَٰتِ رَبِّهِمْ وَلِقَآئِهِۦ فَحَبِطَتْ أَعْمَٰلُهُمْ فَلَا نُقِيمُ لَهُمْ يَوْمَ ٱلْقِيَٰمَةِ وَزْنًا

١٠٦ ذَٰلِكَ جَزَآؤُهُمْ جَهَنَّمُ بِمَا كَفَرُوا۟ وَٱتَّخَذُوٓا۟ ءَايَٰتِى وَرُسُلِى هُزُوًا

١٠٧ إِنَّ ٱلَّذِينَ ءَامَنُوا۟ وَعَمِلُوا۟ ٱلصَّٰلِحَٰتِ كَانَتْ لَهُمْ جَنَّٰتُ ٱلْفِرْدَوْسِ نُزُلًا

١٠٨ خَٰلِدِينَ فِيهَا لَا يَبْغُونَ عَنْهَا حِوَلًا

١٠٩ قُل لَّوْ كَانَ ٱلْبَحْرُ مِدَادًا لِّكَلِمَٰتِ رَبِّى لَنَفِدَ ٱلْبَحْرُ قَبْلَ أَن تَنفَدَ كَلِمَٰتُ رَبِّى وَلَوْ جِئْنَا بِمِثْلِهِۦ مَدَدًا

١١٠ قُلْ إِنَّمَآ أَنَا۠ بَشَرٌ مِّثْلُكُمْ يُوحَىٰٓ إِلَىَّ أَنَّمَآ إِلَٰهُكُمْ إِلَٰهٌ وَٰحِدٌ ۖ فَمَن كَانَ يَرْجُوا۟ لِقَآءَ رَبِّهِۦ فَلْيَعْمَلْ عَمَلًا صَٰلِحًا وَلَا يُشْرِكْ بِعِبَادَةِ رَبِّهِۦٓ أَحَدًۢا

سورة مريم

١ كٓهيعٓصٓ

٢ ذِكْرُ رَحْمَتِ رَبِّكَ عَبْدَهُۥ زَكَرِيَّآ

٣ إِذْ نَادَىٰ رَبَّهُۥ نِدَآءً خَفِيًّا

٤ قَالَ رَبِّ إِنِّى وَهَنَ ٱلْعَظْمُ مِنِّى وَٱشْتَعَلَ ٱلرَّأْسُ شَيْبًا وَلَمْ أَكُنۢ بِدُعَآئِكَ رَبِّ شَقِيًّا

٥ وَإِنِّى خِفْتُ ٱلْمَوَٰلِىَ مِن وَرَآءِى وَكَانَتِ ٱمْرَأَتِى عَاقِرًا فَهَبْ لِى مِن لَّدُنكَ وَلِيًّا

٦ يَرِثُنِى وَيَرِثُ مِنْ ءَالِ يَعْقُوبَ ۖ وَٱجْعَلْهُ رَبِّ رَضِيًّا

٧ يَٰزَكَرِيَّآ إِنَّا نُبَشِّرُكَ بِغُلَٰمٍ ٱسْمُهُۥ يَحْيَىٰ لَمْ نَجْعَل لَّهُۥ مِن قَبْلُ سَمِيًّا

٨ قَالَ رَبِّ أَنَّىٰ يَكُونُ لِى غُلَٰمٌ وَكَانَتِ ٱمْرَأَتِى عَاقِرًا وَقَدْ بَلَغْتُ مِنَ ٱلْكِبَرِ عِتِيًّا

٩ قَالَ كَذَٰلِكَ قَالَ رَبُّكَ هُوَ عَلَىَّ هَيِّنٌ وَقَدْ خَلَقْتُكَ مِن قَبْلُ وَلَمْ تَكُ شَيْـًٔا

١٠ قَالَ رَبِّ ٱجْعَل لِّىٓ ءَايَةً ۚ قَالَ ءَايَتُكَ أَلَّا تُكَلِّمَ ٱلنَّاسَ ثَلَٰثَ لَيَالٍ سَوِيًّا

١١ فَخَرَجَ عَلَىٰ قَوْمِهِۦ مِنَ ٱلْمِحْرَابِ فَأَوْحَىٰٓ إِلَيْهِمْ أَن سَبِّحُوا۟ بُكْرَةً وَعَشِيًّا

١٢ يَٰيَحْيَىٰ خُذِ ٱلْكِتَٰبَ بِقُوَّةٍ ۖ وَءَاتَيْنَٰهُ ٱلْحُكْمَ صَبِيًّا

١٣ وَحَنَانًا مِّن لَّدُنَّا وَزَكَوٰةً ۖ وَكَانَ تَقِيًّا

١٤ وَبَرًّۢا بِوَٰلِدَيْهِ وَلَمْ يَكُن جَبَّارًا عَصِيًّا

١٥ وَسَلَٰمٌ عَلَيْهِ يَوْمَ وُلِدَ وَيَوْمَ يَمُوتُ وَيَوْمَ يُبْعَثُ حَيًّا

١٦ وَٱذْكُرْ فِى ٱلْكِتَٰبِ مَرْيَمَ إِذِ ٱنتَبَذَتْ مِنْ أَهْلِهَا مَكَانًا شَرْقِيًّا

١٧ فَٱتَّخَذَتْ مِن دُونِهِمْ حِجَابًا فَأَرْسَلْنَآ إِلَيْهَا رُوحَنَا فَتَمَثَّلَ لَهَا بَشَرًا سَوِيًّا

١٨ قَالَتْ إِنِّىٓ أَعُوذُ بِٱلرَّحْمَٰنِ مِنكَ إِن كُنتَ تَقِيًّا

١٩ قَالَ إِنَّمَآ أَنَا۠ رَسُولُ رَبِّكِ لِأَهَبَ لَكِ غُلَٰمًا زَكِيًّا

٢٠ قَالَتْ أَنَّىٰ يَكُونُ لِى غُلَٰمٌ وَلَمْ يَمْسَسْنِى بَشَرٌ وَلَمْ أَكُ بَغِيًّا

٢١ قَالَ كَذَٰلِكِ قَالَ رَبُّكِ هُوَ عَلَىَّ هَيِّنٌ ۖ وَلِنَجْعَلَهُۥٓ ءَايَةً لِّلنَّاسِ وَرَحْمَةً مِّنَّا ۚ وَكَانَ أَمْرًا مَّقْضِيًّا

٢٢ فَحَمَلَتْهُ فَٱنتَبَذَتْ بِهِۦ مَكَانًا قَصِيًّا ۞

٢٣ فَأَجَاءَهَا ٱلْمَخَاضُ إِلَىٰ جِذْعِ ٱلنَّخْلَةِ قَالَتْ يَٰلَيْتَنِى مِتُّ قَبْلَ هَٰذَا وَكُنتُ نَسْيًا مَّنسِيًّا

٢٤ فَنَادَىٰهَا مِن تَحْتِهَآ أَلَّا تَحْزَنِى قَدْ جَعَلَ رَبُّكِ تَحْتَكِ سَرِيًّا

٢٥ وَهُزِّىٓ إِلَيْكِ بِجِذْعِ ٱلنَّخْلَةِ تُسَٰقِطْ عَلَيْكِ رُطَبًا جَنِيًّا

٢٦ فَكُلِى وَٱشْرَبِى وَقَرِّى عَيْنًا فَإِمَّا تَرَيِنَّ مِنَ ٱلْبَشَرِ أَحَدًا فَقُولِىٓ إِنِّى نَذَرْتُ لِلرَّحْمَٰنِ صَوْمًا فَلَنْ أُكَلِّمَ ٱلْيَوْمَ إِنسِيًّا

٢٧ فَأَتَتْ بِهِۦ قَوْمَهَا تَحْمِلُهُۥ قَالُوا يَٰمَرْيَمُ لَقَدْ جِئْتِ شَيْئًا فَرِيًّا

٢٨ يَٰٓأُخْتَ هَٰرُونَ مَا كَانَ أَبُوكِ ٱمْرَأَ سَوْءٍ وَمَا كَانَتْ أُمُّكِ بَغِيًّا

٢٩ فَأَشَارَتْ إِلَيْهِ قَالُوا كَيْفَ نُكَلِّمُ مَن كَانَ فِى ٱلْمَهْدِ صَبِيًّا

٣٠ قَالَ إِنِّى عَبْدُ ٱللَّهِ ءَاتَىٰنِىَ ٱلْكِتَٰبَ وَجَعَلَنِى نَبِيًّا

٣١ وَجَعَلَنِى مُبَارَكًا أَيْنَ مَا كُنتُ وَأَوْصَٰنِى بِٱلصَّلَوٰةِ وَٱلزَّكَوٰةِ مَا دُمْتُ حَيًّا

٣٢ وَبَرًّا بِوَٰلِدَتِى وَلَمْ يَجْعَلْنِى جَبَّارًا شَقِيًّا

٣٣ وَٱلسَّلَٰمُ عَلَىَّ يَوْمَ وُلِدتُّ وَيَوْمَ أَمُوتُ وَيَوْمَ أُبْعَثُ حَيًّا

٣٤ ذَٰلِكَ عِيسَى ٱبْنُ مَرْيَمَ قَوْلَ ٱلْحَقِّ ٱلَّذِى فِيهِ يَمْتَرُونَ

٣٥ مَا كَانَ لِلَّهِ أَن يَتَّخِذَ مِن وَلَدٍ سُبْحَٰنَهُۥ إِذَا قَضَىٰٓ أَمْرًا فَإِنَّمَا يَقُولُ لَهُۥ كُن فَيَكُونُ

٣٦ وَإِنَّ ٱللَّهَ رَبِّى وَرَبُّكُمْ فَٱعْبُدُوهُ هَٰذَا صِرَٰطٌ مُّسْتَقِيمٌ

٣٧ فَٱخْتَلَفَ ٱلْأَحْزَابُ مِنۢ بَيْنِهِمْ فَوَيْلٌ لِّلَّذِينَ كَفَرُوا مِن مَّشْهَدِ يَوْمٍ عَظِيمٍ

٣٨ أَسْمِعْ بِهِمْ وَأَبْصِرْ يَوْمَ يَأْتُونَنَا لَٰكِنِ ٱلظَّٰلِمُونَ ٱلْيَوْمَ فِى ضَلَٰلٍ مُّبِينٍ

٣٩ وَأَنذِرْهُمْ يَوْمَ ٱلْحَسْرَةِ إِذْ قُضِىَ ٱلْأَمْرُ وَهُمْ فِى غَفْلَةٍ وَهُمْ لَا يُؤْمِنُونَ

٤٠ إِنَّا نَحْنُ نَرِثُ ٱلْأَرْضَ وَمَنْ عَلَيْهَا وَإِلَيْنَا يُرْجَعُونَ

٤١ وَٱذْكُرْ فِى ٱلْكِتَٰبِ إِبْرَٰهِيمَ إِنَّهُۥ كَانَ صِدِّيقًا نَّبِيًّا

٤٢ إِذْ قَالَ لِأَبِيهِ يَٰٓأَبَتِ لِمَ تَعْبُدُ مَا لَا يَسْمَعُ وَلَا يُبْصِرُ وَلَا يُغْنِى عَنكَ شَيْئًا

٤٣ يَٰٓأَبَتِ إِنِّى قَدْ جَآءَنِى مِنَ ٱلْعِلْمِ مَا لَمْ يَأْتِكَ فَٱتَّبِعْنِىٓ أَهْدِكَ صِرَٰطًا سَوِيًّا

٤٤ يَٰٓأَبَتِ لَا تَعْبُدِ ٱلشَّيْطَٰنَ إِنَّ ٱلشَّيْطَٰنَ كَانَ لِلرَّحْمَٰنِ عَصِيًّا

٤٥ يَٰٓأَبَتِ إِنِّىٓ أَخَافُ أَن يَمَسَّكَ عَذَابٌ مِّنَ ٱلرَّحْمَٰنِ فَتَكُونَ لِلشَّيْطَٰنِ وَلِيًّا

٤٦ قَالَ أَرَاغِبٌ أَنتَ عَنْ ءَالِهَتِى يَٰٓإِبْرَٰهِيمُ لَئِن لَّمْ تَنتَهِ لَأَرْجُمَنَّكَ وَٱهْجُرْنِى مَلِيًّا

٤٧ قَالَ سَلَٰمٌ عَلَيْكَ سَأَسْتَغْفِرُ لَكَ رَبِّىٓ إِنَّهُۥ كَانَ بِى حَفِيًّا

٤٨ وَأَعْتَزِلُكُمْ وَمَا تَدْعُونَ مِن دُونِ ٱللَّهِ وَأَدْعُوا۟ رَبِّى عَسَىٰٓ أَلَّآ أَكُونَ بِدُعَآءِ رَبِّى شَقِيًّا

٤٩ فَلَمَّا ٱعْتَزَلَهُمْ وَمَا يَعْبُدُونَ مِن دُونِ ٱللَّهِ وَهَبْنَا لَهُۥٓ إِسْحَٰقَ وَيَعْقُوبَ وَكُلًّا جَعَلْنَا نَبِيًّا

٥٠ وَوَهَبْنَا لَهُم مِّن رَّحْمَتِنَا وَجَعَلْنَا لَهُمْ لِسَانَ صِدْقٍ عَلِيًّا

٥١ وَٱذْكُرْ فِى ٱلْكِتَٰبِ مُوسَىٰٓ إِنَّهُۥ كَانَ مُخْلَصًا وَكَانَ رَسُولًا نَّبِيًّا

٥٢ وَنَٰدَيْنَٰهُ مِن جَانِبِ ٱلطُّورِ ٱلْأَيْمَنِ وَقَرَّبْنَٰهُ نَجِيًّا

٥٣ وَوَهَبْنَا لَهُ مِن رَّحْمَتِنَآ أَخَاهُ هَٰرُونَ نَبِيًّا

٥٤ وَٱذْكُرْ فِى ٱلْكِتَٰبِ إِسْمَٰعِيلَ ۚ إِنَّهُ كَانَ صَادِقَ ٱلْوَعْدِ وَكَانَ رَسُولًا نَّبِيًّا

٥٥ وَكَانَ يَأْمُرُ أَهْلَهُ بِٱلصَّلَوٰةِ وَٱلزَّكَوٰةِ وَكَانَ عِندَ رَبِّهِۦ مَرْضِيًّا

٥٦ وَٱذْكُرْ فِى ٱلْكِتَٰبِ إِدْرِيسَ ۚ إِنَّهُ كَانَ صِدِّيقًا نَّبِيًّا

٥٧ وَرَفَعْنَٰهُ مَكَانًا عَلِيًّا

٥٨ أُو۟لَٰئِكَ ٱلَّذِينَ أَنْعَمَ ٱللَّهُ عَلَيْهِم مِّنَ ٱلنَّبِيِّۦنَ مِن ذُرِّيَّةِ ءَادَمَ وَمِمَّنْ حَمَلْنَا مَعَ نُوحٍ وَمِن ذُرِّيَّةِ إِبْرَٰهِيمَ وَإِسْرَٰٓءِيلَ وَمِمَّنْ هَدَيْنَا وَٱجْتَبَيْنَآ ۚ إِذَا تُتْلَىٰ عَلَيْهِمْ ءَايَٰتُ ٱلرَّحْمَٰنِ خَرُّوا۟ سُجَّدًا وَبُكِيًّا ۩

٥٩ فَخَلَفَ مِنۢ بَعْدِهِمْ خَلْفٌ أَضَاعُوا۟ ٱلصَّلَوٰةَ وَٱتَّبَعُوا۟ ٱلشَّهَوَٰتِ ۖ فَسَوْفَ يَلْقَوْنَ غَيًّا

٦٠ إِلَّا مَن تَابَ وَءَامَنَ وَعَمِلَ صَٰلِحًا فَأُو۟لَٰئِكَ يَدْخُلُونَ ٱلْجَنَّةَ وَلَا يُظْلَمُونَ شَيْئًا

٦١ جَنَّٰتِ عَدْنٍ ٱلَّتِى وَعَدَ ٱلرَّحْمَٰنُ عِبَادَهُۥ بِٱلْغَيْبِ ۚ إِنَّهُۥ كَانَ وَعْدُهُۥ مَأْتِيًّا

٦٢ لَّا يَسْمَعُونَ فِيهَا لَغْوًا إِلَّا سَلَٰمًا ۖ وَلَهُمْ رِزْقُهُمْ فِيهَا بُكْرَةً وَعَشِيًّا

٦٣ تِلْكَ ٱلْجَنَّةُ ٱلَّتِى نُورِثُ مِنْ عِبَادِنَا مَن كَانَ تَقِيًّا

٦٤ وَمَا نَتَنَزَّلُ إِلَّا بِأَمْرِ رَبِّكَ ۖ لَهُۥ مَا بَيْنَ أَيْدِينَا وَمَا خَلْفَنَا وَمَا بَيْنَ ذَٰلِكَ ۚ وَمَا كَانَ رَبُّكَ نَسِيًّا

٦٥ رَّبُّ ٱلسَّمَٰوَٰتِ وَٱلْأَرْضِ وَمَا بَيْنَهُمَا فَٱعْبُدْهُ وَٱصْطَبِرْ لِعِبَٰدَتِهِۦ ۚ هَلْ تَعْلَمُ لَهُۥ سَمِيًّا

٦٦ وَيَقُولُ ٱلْإِنسَٰنُ أَءِذَا مَا مِتُّ لَسَوْفَ أُخْرَجُ حَيًّا

٦٧ أَوَلَا يَذْكُرُ ٱلْإِنسَٰنُ أَنَّا خَلَقْنَٰهُ مِن قَبْلُ وَلَمْ يَكُ شَيْئًا

٦٨ فَوَرَبِّكَ لَنَحْشُرَنَّهُمْ وَٱلشَّيَٰطِينَ ثُمَّ لَنُحْضِرَنَّهُمْ حَوْلَ جَهَنَّمَ جِثِيًّا

٦٩ ثُمَّ لَنَنزِعَنَّ مِن كُلِّ شِيعَةٍ أَيُّهُمْ أَشَدُّ عَلَى ٱلرَّحْمَٰنِ عِتِيًّا

٧٠ ثُمَّ لَنَحْنُ أَعْلَمُ بِٱلَّذِينَ هُمْ أَوْلَىٰ بِهَا صِلِيًّا

٧١ وَإِن مِّنكُمْ إِلَّا وَارِدُهَا ۚ كَانَ عَلَىٰ رَبِّكَ حَتْمًا مَّقْضِيًّا

٧٢ ثُمَّ نُنَجِّى ٱلَّذِينَ ٱتَّقَوا۟ وَّنَذَرُ ٱلظَّٰلِمِينَ فِيهَا جِثِيًّا

٧٣ وَإِذَا تُتْلَىٰ عَلَيْهِمْ ءَايَٰتُنَا بَيِّنَٰتٍ قَالَ ٱلَّذِينَ كَفَرُوا۟ لِلَّذِينَ ءَامَنُوٓا۟ أَىُّ ٱلْفَرِيقَيْنِ خَيْرٌ مَّقَامًا وَأَحْسَنُ نَدِيًّا

٧٤ وَكَمْ أَهْلَكْنَا قَبْلَهُم مِّن قَرْنٍ هُمْ أَحْسَنُ أَثَٰثًا وَرِءْيًا

٧٥ قُلْ مَن كَانَ فِى ٱلضَّلَٰلَةِ فَلْيَمْدُدْ لَهُ ٱلرَّحْمَٰنُ مَدًّا ۚ حَتَّىٰٓ إِذَا رَأَوْا۟ مَا يُوعَدُونَ إِمَّا ٱلْعَذَابَ وَإِمَّا ٱلسَّاعَةَ فَسَيَعْلَمُونَ مَنْ هُوَ شَرٌّ مَّكَانًا وَأَضْعَفُ جُندًا

٧٦ وَيَزِيدُ ٱللَّهُ ٱلَّذِينَ ٱهْتَدَوْا۟ هُدًى ۗ وَٱلْبَٰقِيَٰتُ ٱلصَّٰلِحَٰتُ خَيْرٌ عِندَ رَبِّكَ ثَوَابًا وَخَيْرٌ مَّرَدًّا

٧٧ أَفَرَءَيْتَ ٱلَّذِى كَفَرَ بِـَٔايَٰتِنَا وَقَالَ لَأُوتَيَنَّ مَالًا وَوَلَدًا

٧٨ أَطَّلَعَ ٱلْغَيْبَ أَمِ ٱتَّخَذَ عِندَ ٱلرَّحْمَٰنِ عَهْدًا

٧٩ كَلَّا ۚ سَنَكْتُبُ مَا يَقُولُ وَنَمُدُّ لَهُۥ مِنَ ٱلْعَذَابِ مَدًّا

٨٠ وَنَرِثُهُۥ مَا يَقُولُ وَيَأْتِينَا فَرْدًا

٨١ وَٱتَّخَذُوا۟ مِن دُونِ ٱللَّهِ ءَالِهَةً لِّيَكُونُوا۟ لَهُمْ عِزًّا

٨٢ كَلَّا ۚ سَيَكْفُرُونَ بِعِبَادَتِهِمْ وَيَكُونُونَ عَلَيْهِمْ ضِدًّا

٨٣ أَلَمْ تَرَ أَنَّا أَرْسَلْنَا ٱلشَّيَٰطِينَ عَلَى ٱلْكَٰفِرِينَ تَؤُزُّهُمْ أَزًّا

٨٤ فَلَا تَعْجَلْ عَلَيْهِمْ ۖ إِنَّمَا نَعُدُّ لَهُمْ عَدًّا

٨٥ يَوْمَ نَحْشُرُ ٱلْمُتَّقِينَ إِلَى ٱلرَّحْمَٰنِ وَفْدًا

٨٦ وَنَسُوقُ ٱلْمُجْرِمِينَ إِلَىٰ جَهَنَّمَ وِرْدًا

٨٧ لَّا يَمْلِكُونَ ٱلشَّفَٰعَةَ إِلَّا مَنِ ٱتَّخَذَ عِندَ ٱلرَّحْمَٰنِ عَهْدًا

٨٨ وَقَالُوا۟ ٱتَّخَذَ ٱلرَّحْمَٰنُ وَلَدًا

٨٩ لَّقَدْ جِئْتُمْ شَيْـًٔا إِدًّا

٩٠ تَكَادُ ٱلسَّمَٰوَٰتُ يَتَفَطَّرْنَ مِنْهُ وَتَنشَقُّ ٱلْأَرْضُ وَتَخِرُّ ٱلْجِبَالُ هَدًّا

٩١ أَن دَعَوْا۟ لِلرَّحْمَٰنِ وَلَدًا

٩٢ وَمَا يَنۢبَغِى لِلرَّحْمَٰنِ أَن يَتَّخِذَ وَلَدًا

٩٣ إِن كُلُّ مَن فِى ٱلسَّمَٰوَٰتِ وَٱلْأَرْضِ إِلَّآ ءَاتِى ٱلرَّحْمَٰنِ عَبْدًا

٩٤ لَّقَدْ أَحْصَىٰهُمْ وَعَدَّهُمْ عَدًّا

٩٥ وَكُلُّهُمْ ءَاتِيهِ يَوْمَ ٱلْقِيَٰمَةِ فَرْدًا

٩٦ إِنَّ ٱلَّذِينَ ءَامَنُوا۟ وَعَمِلُوا۟ ٱلصَّٰلِحَٰتِ سَيَجْعَلُ لَهُمُ ٱلرَّحْمَٰنُ وُدًّا

٩٧ فَإِنَّمَا يَسَّرْنَٰهُ بِلِسَانِكَ لِتُبَشِّرَ بِهِ ٱلْمُتَّقِينَ وَتُنذِرَ بِهِۦ قَوْمًا لُّدًّا

٩٨ وَكَمْ أَهْلَكْنَا قَبْلَهُم مِّن قَرْنٍ هَلْ تُحِسُّ مِنْهُم مِّنْ أَحَدٍ أَوْ تَسْمَعُ لَهُمْ رِكْزًا

سورة طه

١ طه

٢ مَآ أَنزَلْنَا عَلَيْكَ ٱلْقُرْءَانَ لِتَشْقَىٰ

٣ إِلَّا تَذْكِرَةً لِّمَن يَخْشَىٰ

٤ تَنزِيلًا مِّمَّنْ خَلَقَ ٱلْأَرْضَ وَٱلسَّمَٰوَٰتِ ٱلْعُلَى

٥ ٱلرَّحْمَٰنُ عَلَى ٱلْعَرْشِ ٱسْتَوَىٰ

٦ لَهُۥ مَا فِى ٱلسَّمَٰوَٰتِ وَمَا فِى ٱلْأَرْضِ وَمَا بَيْنَهُمَا وَمَا تَحْتَ ٱلثَّرَىٰ

٧ وَإِن تَجْهَرْ بِٱلْقَوْلِ فَإِنَّهُۥ يَعْلَمُ ٱلسِّرَّ وَأَخْفَى

٨ ٱللَّهُ لَآ إِلَٰهَ إِلَّا هُوَ ۖ لَهُ ٱلْأَسْمَآءُ ٱلْحُسْنَىٰ

٩ وَهَلْ أَتَىٰكَ حَدِيثُ مُوسَىٰ

١٠ إِذْ رَءَا نَارًا فَقَالَ لِأَهْلِهِ ٱمْكُثُوٓا۟ إِنِّىٓ ءَانَسْتُ نَارًا لَّعَلِّىٓ ءَاتِيكُم مِّنْهَا بِقَبَسٍ أَوْ أَجِدُ عَلَى ٱلنَّارِ هُدًى

١١ فَلَمَّآ أَتَىٰهَا نُودِىَ يَٰمُوسَىٰٓ

١٢ إِنِّىٓ أَنَا۠ رَبُّكَ فَٱخْلَعْ نَعْلَيْكَ ۖ إِنَّكَ بِٱلْوَادِ ٱلْمُقَدَّسِ طُوًى

١٣ وَأَنَا ٱخْتَرْتُكَ فَٱسْتَمِعْ لِمَا يُوحَىٰ

١٤ إِنَّنِىٓ أَنَا ٱللَّهُ لَآ إِلَٰهَ إِلَّآ أَنَا۠ فَٱعْبُدْنِى وَأَقِمِ ٱلصَّلَوٰةَ لِذِكْرِى

١٥ إِنَّ ٱلسَّاعَةَ ءَاتِيَةٌ أَكَادُ أُخْفِيهَا لِتُجْزَىٰ كُلُّ نَفْسٍ بِمَا تَسْعَىٰ

١٦ فَلَا يَصُدَّنَّكَ عَنْهَا مَن لَّا يُؤْمِنُ بِهَا وَٱتَّبَعَ هَوَىٰهُ فَتَرْدَىٰ

١٧ وَمَا تِلْكَ بِيَمِينِكَ يَٰمُوسَىٰ

١٨ قَالَ هِىَ عَصَاىَ أَتَوَكَّؤُا۟ عَلَيْهَا وَأَهُشُّ بِهَا عَلَىٰ غَنَمِى وَلِىَ فِيهَا مَـَٔارِبُ أُخْرَىٰ

١٩ قَالَ أَلْقِهَا يَٰمُوسَىٰ

٢٠ فَأَلْقَىٰهَا فَإِذَا هِىَ حَيَّةٌ تَسْعَىٰ

٢١ قَالَ خُذْهَا وَلَا تَخَفْ ۖ سَنُعِيدُهَا سِيرَتَهَا الْأُولَىٰ

٢٢ وَاضْمُمْ يَدَكَ إِلَىٰ جَنَاحِكَ تَخْرُجْ بَيْضَاءَ مِنْ غَيْرِ سُوءٍ ءَايَةً أُخْرَىٰ

٢٣ لِنُرِيَكَ مِنْ ءَايَٰتِنَا الْكُبْرَى

٢٤ اذْهَبْ إِلَىٰ فِرْعَوْنَ إِنَّهُ طَغَىٰ

٢٥ قَالَ رَبِّ اشْرَحْ لِى صَدْرِى

٢٦ وَيَسِّرْ لِى أَمْرِى

٢٧ وَاحْلُلْ عُقْدَةً مِّن لِّسَانِى

٢٨ يَفْقَهُوا قَوْلِى

٢٩ وَاجْعَل لِّى وَزِيرًا مِّنْ أَهْلِى

٣٠ هَٰرُونَ أَخِى

٣١ اشْدُدْ بِهِ أَزْرِى

٣٢ وَأَشْرِكْهُ فِى أَمْرِى

٣٣ كَىْ نُسَبِّحَكَ كَثِيرًا

٣٤ وَنَذْكُرَكَ كَثِيرًا

٣٥ إِنَّكَ كُنتَ بِنَا بَصِيرًا

٣٦ قَالَ قَدْ أُوتِيتَ سُؤْلَكَ يَٰمُوسَىٰ

٣٧ وَلَقَدْ مَنَنَّا عَلَيْكَ مَرَّةً أُخْرَىٰ

٣٨ إِذْ أَوْحَيْنَا إِلَىٰ أُمِّكَ مَا يُوحَىٰ

٣٩ أَنِ اقْذِفِيهِ فِى التَّابُوتِ فَاقْذِفِيهِ فِى الْيَمِّ فَلْيُلْقِهِ الْيَمُّ بِالسَّاحِلِ يَأْخُذْهُ عَدُوٌّ لِّى وَعَدُوٌّ لَّهُ ۚ وَأَلْقَيْتُ عَلَيْكَ مَحَبَّةً مِّنِّى وَلِتُصْنَعَ عَلَىٰ عَيْنِى

٤٠ إِذْ تَمْشِى أُخْتُكَ فَتَقُولُ هَلْ أَدُلُّكُمْ عَلَىٰ مَن يَكْفُلُهُ ۖ فَرَجَعْنَاكَ إِلَىٰ أُمِّكَ كَىْ تَقَرَّ عَيْنُهَا وَلَا تَحْزَنَ ۚ وَقَتَلْتَ نَفْسًا فَنَجَّيْنَاكَ مِنَ الْغَمِّ وَفَتَنَّاكَ

فُتُونًا ۚ فَلَبِثْتَ سِنِينَ فِى أَهْلِ مَدْيَنَ ثُمَّ جِئْتَ عَلَىٰ قَدَرٍ يَٰمُوسَىٰ

٤١ وَاصْطَنَعْتُكَ لِنَفْسِى

٤٢ اذْهَبْ أَنتَ وَأَخُوكَ بِـَٔايَٰتِى وَلَا تَنِيَا فِى ذِكْرِى

٤٣ اذْهَبَا إِلَىٰ فِرْعَوْنَ إِنَّهُ طَغَىٰ

٤٤ فَقُولَا لَهُ قَوْلًا لَّيِّنًا لَّعَلَّهُ يَتَذَكَّرُ أَوْ يَخْشَىٰ

٤٥ قَالَا رَبَّنَا إِنَّنَا نَخَافُ أَن يَفْرُطَ عَلَيْنَا أَوْ أَن يَطْغَىٰ

٤٦ قَالَ لَا تَخَافَا ۖ إِنَّنِى مَعَكُمَا أَسْمَعُ وَأَرَىٰ

٤٧ فَأْتِيَاهُ فَقُولَا إِنَّا رَسُولَا رَبِّكَ فَأَرْسِلْ مَعَنَا بَنِى إِسْرَٰءِيلَ وَلَا تُعَذِّبْهُمْ ۖ قَدْ جِئْنَٰكَ بِـَٔايَةٍ مِّن رَّبِّكَ ۖ وَالسَّلَٰمُ عَلَىٰ مَنِ اتَّبَعَ الْهُدَىٰ

٤٨ إِنَّا قَدْ أُوحِىَ إِلَيْنَا أَنَّ الْعَذَابَ عَلَىٰ مَن كَذَّبَ وَتَوَلَّىٰ

٤٩ قَالَ فَمَن رَّبُّكُمَا يَٰمُوسَىٰ

٥٠ قَالَ رَبُّنَا الَّذِى أَعْطَىٰ كُلَّ شَىْءٍ خَلْقَهُ ثُمَّ هَدَىٰ

٥١ قَالَ فَمَا بَالُ الْقُرُونِ الْأُولَىٰ

٥٢ قَالَ عِلْمُهَا عِندَ رَبِّى فِى كِتَٰبٍ ۖ لَّا يَضِلُّ رَبِّى وَلَا يَنسَى

٥٣ الَّذِى جَعَلَ لَكُمُ الْأَرْضَ مَهْدًا وَسَلَكَ لَكُمْ فِيهَا سُبُلًا وَأَنزَلَ مِنَ السَّمَاءِ مَاءً فَأَخْرَجْنَا بِهِ أَزْوَٰجًا مِّن نَّبَاتٍ شَتَّىٰ

٥٤ كُلُوا وَارْعَوْا أَنْعَٰمَكُمْ ۗ إِنَّ فِى ذَٰلِكَ لَءَايَٰتٍ لِّأُولِى النُّهَىٰ

٥٥ ۞ مِنْهَا خَلَقْنَٰكُمْ وَفِيهَا نُعِيدُكُمْ وَمِنْهَا نُخْرِجُكُمْ تَارَةً أُخْرَىٰ

٥٦ وَلَقَدْ أَرَيْنَٰهُ ءَايَٰتِنَا كُلَّهَا فَكَذَّبَ وَأَبَىٰ

٥٧ قَالَ أَجِئْتَنَا لِتُخْرِجَنَا مِنْ أَرْضِنَا بِسِحْرِكَ يَٰمُوسَىٰ

٥٨ فَلَنَأْتِيَنَّكَ بِسِحْرٍ مِّثْلِهِۦ فَٱجْعَلْ بَيْنَنَا وَبَيْنَكَ مَوْعِدًا لَّا نُخْلِفُهُۥ نَحْنُ وَلَآ أَنتَ مَكَانًا سُوًى

٥٩ قَالَ مَوْعِدُكُمْ يَوْمُ ٱلزِّينَةِ وَأَن يُحْشَرَ ٱلنَّاسُ ضُحًى

٦٠ فَتَوَلَّىٰ فِرْعَوْنُ فَجَمَعَ كَيْدَهُۥ ثُمَّ أَتَىٰ

٦١ قَالَ لَهُم مُّوسَىٰ وَيْلَكُمْ لَا تَفْتَرُوا۟ عَلَى ٱللَّهِ كَذِبًا فَيُسْحِتَكُم بِعَذَابٍ وَقَدْ خَابَ مَنِ ٱفْتَرَىٰ

٦٢ فَتَنَٰزَعُوٓا۟ أَمْرَهُم بَيْنَهُمْ وَأَسَرُّوا۟ ٱلنَّجْوَىٰ

٦٣ قَالُوٓا۟ إِنْ هَٰذَٰنِ لَسَٰحِرَٰنِ يُرِيدَانِ أَن يُخْرِجَاكُم مِّنْ أَرْضِكُم بِسِحْرِهِمَا وَيَذْهَبَا بِطَرِيقَتِكُمُ ٱلْمُثْلَىٰ

٦٤ فَأَجْمِعُوا۟ كَيْدَكُمْ ثُمَّ ٱئْتُوا۟ صَفًّا وَقَدْ أَفْلَحَ ٱلْيَوْمَ مَنِ ٱسْتَعْلَىٰ

٦٥ قَالُوا۟ يَٰمُوسَىٰٓ إِمَّآ أَن تُلْقِىَ وَإِمَّآ أَن نَّكُونَ أَوَّلَ مَنْ أَلْقَىٰ

٦٦ قَالَ بَلْ أَلْقُوا۟ فَإِذَا حِبَالُهُمْ وَعِصِيُّهُمْ يُخَيَّلُ إِلَيْهِ مِن سِحْرِهِمْ أَنَّهَا تَسْعَىٰ

٦٧ فَأَوْجَسَ فِى نَفْسِهِۦ خِيفَةً مُّوسَىٰ

٦٨ قُلْنَا لَا تَخَفْ إِنَّكَ أَنتَ ٱلْأَعْلَىٰ

٦٩ وَأَلْقِ مَا فِى يَمِينِكَ تَلْقَفْ مَا صَنَعُوٓا۟ إِنَّمَا صَنَعُوا۟ كَيْدُ سَٰحِرٍ وَلَا يُفْلِحُ ٱلسَّاحِرُ حَيْثُ أَتَىٰ

٧٠ فَأُلْقِىَ ٱلسَّحَرَةُ سُجَّدًا قَالُوٓا۟ ءَامَنَّا بِرَبِّ هَٰرُونَ وَمُوسَىٰ

٧١ قَالَ ءَامَنتُمْ لَهُۥ قَبْلَ أَنْ ءَاذَنَ لَكُمْ إِنَّهُۥ لَكَبِيرُكُمُ ٱلَّذِى عَلَّمَكُمُ ٱلسِّحْرَ فَلَأُقَطِّعَنَّ أَيْدِيَكُمْ وَأَرْجُلَكُم مِّنْ خِلَٰفٍ وَلَأُصَلِّبَنَّكُمْ فِى جُذُوعِ ٱلنَّخْلِ وَلَتَعْلَمُنَّ أَيُّنَآ أَشَدُّ عَذَابًا وَأَبْقَىٰ

٧٢ قَالُوا۟ لَن نُّؤْثِرَكَ عَلَىٰ مَا جَآءَنَا مِنَ ٱلْبَيِّنَٰتِ وَٱلَّذِى فَطَرَنَا فَٱقْضِ مَآ أَنتَ قَاضٍ إِنَّمَا تَقْضِى هَٰذِهِ ٱلْحَيَوٰةَ ٱلدُّنْيَآ

٧٣ إِنَّآ ءَامَنَّا بِرَبِّنَا لِيَغْفِرَ لَنَا خَطَٰيَٰنَا وَمَآ أَكْرَهْتَنَا عَلَيْهِ مِنَ ٱلسِّحْرِ وَٱللَّهُ خَيْرٌ وَأَبْقَىٰ

٧٤ إِنَّهُۥ مَن يَأْتِ رَبَّهُۥ مُجْرِمًا فَإِنَّ لَهُۥ جَهَنَّمَ لَا يَمُوتُ فِيهَا وَلَا يَحْيَىٰ

٧٥ وَمَن يَأْتِهِۦ مُؤْمِنًا قَدْ عَمِلَ ٱلصَّٰلِحَٰتِ فَأُو۟لَٰٓئِكَ لَهُمُ ٱلدَّرَجَٰتُ ٱلْعُلَىٰ

٧٦ جَنَّٰتُ عَدْنٍ تَجْرِى مِن تَحْتِهَا ٱلْأَنْهَٰرُ خَٰلِدِينَ فِيهَا وَذَٰلِكَ جَزَآءُ مَن تَزَكَّىٰ

٧٧ وَلَقَدْ أَوْحَيْنَآ إِلَىٰ مُوسَىٰٓ أَنْ أَسْرِ بِعِبَادِى فَٱضْرِبْ لَهُمْ طَرِيقًا فِى ٱلْبَحْرِ يَبَسًا لَّا تَخَٰفُ دَرَكًا وَلَا تَخْشَىٰ

٧٨ فَأَتْبَعَهُمْ فِرْعَوْنُ بِجُنُودِهِۦ فَغَشِيَهُم مِّنَ ٱلْيَمِّ مَا غَشِيَهُمْ

٧٩ وَأَضَلَّ فِرْعَوْنُ قَوْمَهُۥ وَمَا هَدَىٰ

٨٠ يَٰبَنِىٓ إِسْرَٰٓءِيلَ قَدْ أَنجَيْنَٰكُم مِّنْ عَدُوِّكُمْ وَوَٰعَدْنَٰكُمْ جَانِبَ ٱلطُّورِ ٱلْأَيْمَنَ وَنَزَّلْنَا عَلَيْكُمُ ٱلْمَنَّ وَٱلسَّلْوَىٰ

٨١ كُلُوا۟ مِن طَيِّبَٰتِ مَا رَزَقْنَٰكُمْ وَلَا تَطْغَوْا۟ فِيهِ فَيَحِلَّ عَلَيْكُمْ غَضَبِى وَمَن يَحْلِلْ عَلَيْهِ غَضَبِى فَقَدْ هَوَىٰ

٨٢ وَإِنِّى لَغَفَّارٌ لِّمَن تَابَ وَءَامَنَ وَعَمِلَ صَٰلِحًا ثُمَّ ٱهْتَدَىٰ

٨٣ ۞ وَمَآ أَعْجَلَكَ عَن قَوْمِكَ يَٰمُوسَىٰ

٨٤ قَالَ هُمْ أُو۟لَآءِ عَلَىٰٓ أَثَرِى وَعَجِلْتُ إِلَيْكَ رَبِّ لِتَرْضَىٰ

٨٥ قَالَ فَإِنَّا قَدْ فَتَنَّا قَوْمَكَ مِنۢ بَعْدِكَ وَأَضَلَّهُمُ ٱلسَّامِرِىُّ

٨٦ فَرَجَعَ مُوسَىٰ إِلَىٰ قَوْمِهِ غَضْبَٰنَ أَسِفًا ۚ قَالَ يَٰقَوْمِ أَلَمْ يَعِدْكُمْ رَبُّكُمْ وَعْدًا حَسَنًا ۚ أَفَطَالَ عَلَيْكُمُ ٱلْعَهْدُ أَمْ أَرَدتُّمْ أَن يَحِلَّ عَلَيْكُمْ غَضَبٌ مِّن رَّبِّكُمْ فَأَخْلَفْتُم مَّوْعِدِى

٨٧ قَالُوا مَا أَخْلَفْنَا مَوْعِدَكَ بِمَلْكِنَا وَلَٰكِنَّا حُمِّلْنَا أَوْزَارًا مِّن زِينَةِ ٱلْقَوْمِ فَقَذَفْنَٰهَا فَكَذَٰلِكَ أَلْقَى ٱلسَّامِرِىُّ

٨٨ فَأَخْرَجَ لَهُمْ عِجْلًا جَسَدًا لَّهُ خُوَارٌ فَقَالُوا هَٰذَآ إِلَٰهُكُمْ وَإِلَٰهُ مُوسَىٰ فَنَسِىَ

٨٩ أَفَلَا يَرَوْنَ أَلَّا يَرْجِعُ إِلَيْهِمْ قَوْلًا وَلَا يَمْلِكُ لَهُمْ ضَرًّا وَلَا نَفْعًا

٩٠ وَلَقَدْ قَالَ لَهُمْ هَٰرُونُ مِن قَبْلُ يَٰقَوْمِ إِنَّمَا فُتِنتُم بِهِ ۖ وَإِنَّ رَبَّكُمُ ٱلرَّحْمَٰنُ فَٱتَّبِعُونِى وَأَطِيعُوا أَمْرِى

٩١ قَالُوا لَن نَّبْرَحَ عَلَيْهِ عَٰكِفِينَ حَتَّىٰ يَرْجِعَ إِلَيْنَا مُوسَىٰ

٩٢ قَالَ يَٰهَٰرُونُ مَا مَنَعَكَ إِذْ رَأَيْتَهُمْ ضَلُّوا

٩٣ أَلَّا تَتَّبِعَنِ ۖ أَفَعَصَيْتَ أَمْرِى

٩٤ قَالَ يَبْنَؤُمَّ لَا تَأْخُذْ بِلِحْيَتِى وَلَا بِرَأْسِى ۖ إِنِّى خَشِيتُ أَن تَقُولَ فَرَّقْتَ بَيْنَ بَنِى إِسْرَٰءِيلَ وَلَمْ تَرْقُبْ قَوْلِى

٩٥ قَالَ فَمَا خَطْبُكَ يَٰسَٰمِرِىُّ

٩٦ قَالَ بَصُرْتُ بِمَا لَمْ يَبْصُرُوا بِهِ فَقَبَضْتُ قَبْضَةً مِّنْ أَثَرِ ٱلرَّسُولِ فَنَبَذْتُهَا وَكَذَٰلِكَ سَوَّلَتْ لِى نَفْسِى

٩٧ قَالَ فَٱذْهَبْ فَإِنَّ لَكَ فِى ٱلْحَيَوٰةِ أَن تَقُولَ لَا مِسَاسَ ۖ وَإِنَّ لَكَ مَوْعِدًا لَّن تُخْلَفَهُ ۖ وَٱنظُرْ إِلَىٰ إِلَٰهِكَ ٱلَّذِى ظَلْتَ عَلَيْهِ عَاكِفًا ۖ لَّنُحَرِّقَنَّهُ ثُمَّ لَنَنسِفَنَّهُ فِى ٱلْيَمِّ نَسْفًا

٩٨ إِنَّمَآ إِلَٰهُكُمُ ٱللَّهُ ٱلَّذِى لَا إِلَٰهَ إِلَّا هُوَ ۚ وَسِعَ كُلَّ شَىْءٍ عِلْمًا

٩٩ كَذَٰلِكَ نَقُصُّ عَلَيْكَ مِنْ أَنۢبَآءِ مَا قَدْ سَبَقَ ۚ وَقَدْ ءَاتَيْنَٰكَ مِن لَّدُنَّا ذِكْرًا

١٠٠ مَّنْ أَعْرَضَ عَنْهُ فَإِنَّهُ يَحْمِلُ يَوْمَ ٱلْقِيَٰمَةِ وِزْرًا

١٠١ خَٰلِدِينَ فِيهِ ۖ وَسَآءَ لَهُمْ يَوْمَ ٱلْقِيَٰمَةِ حِمْلًا

١٠٢ يَوْمَ يُنفَخُ فِى ٱلصُّورِ ۚ وَنَحْشُرُ ٱلْمُجْرِمِينَ يَوْمَئِذٍ زُرْقًا

١٠٣ يَتَخَٰفَتُونَ بَيْنَهُمْ إِن لَّبِثْتُمْ إِلَّا عَشْرًا

١٠٤ نَّحْنُ أَعْلَمُ بِمَا يَقُولُونَ إِذْ يَقُولُ أَمْثَلُهُمْ طَرِيقَةً إِن لَّبِثْتُمْ إِلَّا يَوْمًا

١٠٥ وَيَسْـَٔلُونَكَ عَنِ ٱلْجِبَالِ فَقُلْ يَنسِفُهَا رَبِّى نَسْفًا

١٠٦ فَيَذَرُهَا قَاعًا صَفْصَفًا

١٠٧ لَّا تَرَىٰ فِيهَا عِوَجًا وَلَآ أَمْتًا

١٠٨ يَوْمَئِذٍ يَتَّبِعُونَ ٱلدَّاعِىَ لَا عِوَجَ لَهُ ۖ وَخَشَعَتِ ٱلْأَصْوَاتُ لِلرَّحْمَٰنِ فَلَا تَسْمَعُ إِلَّا هَمْسًا

١٠٩ يَوْمَئِذٍ لَّا تَنفَعُ ٱلشَّفَٰعَةُ إِلَّا مَنْ أَذِنَ لَهُ ٱلرَّحْمَٰنُ وَرَضِىَ لَهُ قَوْلًا

١١٠ يَعْلَمُ مَا بَيْنَ أَيْدِيهِمْ وَمَا خَلْفَهُمْ وَلَا يُحِيطُونَ بِهِ عِلْمًا

١١١ وَعَنَتِ ٱلْوُجُوهُ لِلْحَىِّ ٱلْقَيُّومِ ۖ وَقَدْ خَابَ مَنْ حَمَلَ ظُلْمًا

١١٢ وَمَن يَعْمَلْ مِنَ ٱلصَّٰلِحَٰتِ وَهُوَ مُؤْمِنٌ فَلَا يَخَافُ ظُلْمًا وَلَا هَضْمًا

١١٣ وَكَذَٰلِكَ أَنزَلْنَٰهُ قُرْءَانًا عَرَبِيًّا وَصَرَّفْنَا فِيهِ مِنَ ٱلْوَعِيدِ لَعَلَّهُمْ يَتَّقُونَ أَوْ يُحْدِثُ لَهُمْ ذِكْرًا

١١٤ فَتَعَٰلَى ٱللَّهُ ٱلْمَلِكُ ٱلْحَقُّ ۗ وَلَا تَعْجَلْ بِٱلْقُرْءَانِ مِن قَبْلِ أَن يُقْضَىٰٓ إِلَيْكَ وَحْيُهُۥ ۖ وَقُل رَّبِّ زِدْنِى عِلْمًا

١١٥ وَلَقَدْ عَهِدْنَآ إِلَىٰٓ ءَادَمَ مِن قَبْلُ فَنَسِىَ وَلَمْ نَجِدْ لَهُۥ عَزْمًا

١١٦ وَإِذْ قُلْنَا لِلْمَلَٰٓئِكَةِ ٱسْجُدُوا۟ لِءَادَمَ فَسَجَدُوٓا۟ إِلَّآ إِبْلِيسَ أَبَىٰ

١١٧ فَقُلْنَا يَٰٓـَٔادَمُ إِنَّ هَٰذَا عَدُوٌّ لَّكَ وَلِزَوْجِكَ فَلَا يُخْرِجَنَّكُمَا مِنَ ٱلْجَنَّةِ فَتَشْقَىٰٓ

١١٨ إِنَّ لَكَ أَلَّا تَجُوعَ فِيهَا وَلَا تَعْرَىٰ

١١٩ وَأَنَّكَ لَا تَظْمَؤُا۟ فِيهَا وَلَا تَضْحَىٰ

١٢٠ فَوَسْوَسَ إِلَيْهِ ٱلشَّيْطَٰنُ قَالَ يَٰٓـَٔادَمُ هَلْ أَدُلُّكَ عَلَىٰ شَجَرَةِ ٱلْخُلْدِ وَمُلْكٍ لَّا يَبْلَىٰ

١٢١ فَأَكَلَا مِنْهَا فَبَدَتْ لَهُمَا سَوْءَٰتُهُمَا وَطَفِقَا يَخْصِفَانِ عَلَيْهِمَا مِن وَرَقِ ٱلْجَنَّةِ ۚ وَعَصَىٰٓ ءَادَمُ رَبَّهُۥ فَغَوَىٰ

١٢٢ ثُمَّ ٱجْتَبَٰهُ رَبُّهُۥ فَتَابَ عَلَيْهِ وَهَدَىٰ

١٢٣ قَالَ ٱهْبِطَا مِنْهَا جَمِيعًۢا ۖ بَعْضُكُمْ لِبَعْضٍ عَدُوٌّ ۖ فَإِمَّا يَأْتِيَنَّكُم مِّنِّى هُدًى فَمَنِ ٱتَّبَعَ هُدَاىَ فَلَا يَضِلُّ وَلَا يَشْقَىٰ

١٢٤ وَمَنْ أَعْرَضَ عَن ذِكْرِى فَإِنَّ لَهُۥ مَعِيشَةً ضَنكًا وَنَحْشُرُهُۥ يَوْمَ ٱلْقِيَٰمَةِ أَعْمَىٰ

١٢٥ قَالَ رَبِّ لِمَ حَشَرْتَنِىٓ أَعْمَىٰ وَقَدْ كُنتُ بَصِيرًا

١٢٦ قَالَ كَذَٰلِكَ أَتَتْكَ ءَايَٰتُنَا فَنَسِيتَهَا ۖ وَكَذَٰلِكَ ٱلْيَوْمَ تُنسَىٰ

١٢٧ وَكَذَٰلِكَ نَجْزِى مَنْ أَسْرَفَ وَلَمْ يُؤْمِنۢ بِـَٔايَٰتِ رَبِّهِۦ ۚ وَلَعَذَابُ ٱلْءَاخِرَةِ أَشَدُّ وَأَبْقَىٰٓ

١٢٨ أَفَلَمْ يَهْدِ لَهُمْ كَمْ أَهْلَكْنَا قَبْلَهُم مِّنَ ٱلْقُرُونِ يَمْشُونَ فِى مَسَٰكِنِهِمْ ۗ إِنَّ فِى ذَٰلِكَ لَءَايَٰتٍ لِّأُو۟لِى ٱلنُّهَىٰ

١٢٩ وَلَوْلَا كَلِمَةٌ سَبَقَتْ مِن رَّبِّكَ لَكَانَ لِزَامًا وَأَجَلٌ مُّسَمًّى

١٣٠ فَٱصْبِرْ عَلَىٰ مَا يَقُولُونَ وَسَبِّحْ بِحَمْدِ رَبِّكَ قَبْلَ طُلُوعِ ٱلشَّمْسِ وَقَبْلَ غُرُوبِهَا ۖ وَمِنْ ءَانَآئِ ٱلَّيْلِ فَسَبِّحْ وَأَطْرَافَ ٱلنَّهَارِ لَعَلَّكَ تَرْضَىٰ

١٣١ وَلَا تَمُدَّنَّ عَيْنَيْكَ إِلَىٰ مَا مَتَّعْنَا بِهِۦٓ أَزْوَٰجًا مِّنْهُمْ زَهْرَةَ ٱلْحَيَوٰةِ ٱلدُّنْيَا لِنَفْتِنَهُمْ فِيهِ ۚ وَرِزْقُ رَبِّكَ خَيْرٌ وَأَبْقَىٰ

١٣٢ وَأْمُرْ أَهْلَكَ بِٱلصَّلَوٰةِ وَٱصْطَبِرْ عَلَيْهَا ۖ لَا نَسْـَٔلُكَ رِزْقًا ۖ نَّحْنُ نَرْزُقُكَ ۗ وَٱلْعَٰقِبَةُ لِلتَّقْوَىٰ

١٣٣ وَقَالُوا۟ لَوْلَا يَأْتِينَا بِـَٔايَةٍ مِّن رَّبِّهِۦٓ ۚ أَوَلَمْ تَأْتِهِم بَيِّنَةُ مَا فِى ٱلصُّحُفِ ٱلْأُولَىٰ

١٣٤ وَلَوْ أَنَّآ أَهْلَكْنَٰهُم بِعَذَابٍ مِّن قَبْلِهِۦ لَقَالُوا۟ رَبَّنَا لَوْلَآ أَرْسَلْتَ إِلَيْنَا رَسُولًا فَنَتَّبِعَ ءَايَٰتِكَ مِن قَبْلِ أَن نَّذِلَّ وَنَخْزَىٰ

١٣٥ قُلْ كُلٌّ مُّتَرَبِّصٌ فَتَرَبَّصُوا۟ ۖ فَسَتَعْلَمُونَ مَنْ أَصْحَٰبُ ٱلصِّرَٰطِ ٱلسَّوِىِّ وَمَنِ ٱهْتَدَىٰ

سورة الأنبياء

١ ٱقْتَرَبَ لِلنَّاسِ حِسَابُهُمْ وَهُمْ فِى غَفْلَةٍ مُّعْرِضُونَ

٢ مَا يَأْتِيهِم مِّن ذِكْرٍ مِّن رَّبِّهِم مُّحْدَثٍ إِلَّا ٱسْتَمَعُوهُ وَهُمْ يَلْعَبُونَ

٣ لَاهِيَةً قُلُوبُهُمْ ۗ وَأَسَرُّوا۟ ٱلنَّجْوَى ٱلَّذِينَ ظَلَمُوا۟ هَلْ هَٰذَآ إِلَّا بَشَرٌ مِّثْلُكُمْ ۖ أَفَتَأْتُونَ ٱلسِّحْرَ وَأَنتُمْ تُبْصِرُونَ

٤ قَالَ رَبِّى يَعْلَمُ ٱلْقَوْلَ فِى ٱلسَّمَآءِ وَٱلْأَرْضِ ۖ وَهُوَ ٱلسَّمِيعُ ٱلْعَلِيمُ

٥ بَلْ قَالُوٓا۟ أَضْغَٰثُ أَحْلَٰمٍ بَلِ ٱفْتَرَىٰهُ بَلْ هُوَ شَاعِرٌ فَلْيَأْتِنَا بِـَٔايَةٍ كَمَآ أُرْسِلَ ٱلْأَوَّلُونَ

٦ مَآ ءَامَنَتْ قَبْلَهُم مِّن قَرْيَةٍ أَهْلَكْنَٰهَآ ۖ أَفَهُمْ يُؤْمِنُونَ

٧ وَمَآ أَرْسَلْنَا قَبْلَكَ إِلَّا رِجَالًا نُّوحِىٓ إِلَيْهِمْ ۖ فَسْـَٔلُوٓا۟ أَهْلَ ٱلذِّكْرِ إِن كُنتُمْ لَا تَعْلَمُونَ

٨ وَمَا جَعَلْنَٰهُمْ جَسَدًا لَّا يَأْكُلُونَ ٱلطَّعَامَ وَمَا كَانُوا۟ خَٰلِدِينَ

٩ ثُمَّ صَدَقْنَٰهُمُ ٱلْوَعْدَ فَأَنجَيْنَٰهُمْ وَمَن نَّشَآءُ وَأَهْلَكْنَا ٱلْمُسْرِفِينَ

١٠ لَقَدْ أَنزَلْنَآ إِلَيْكُمْ كِتَٰبًا فِيهِ ذِكْرُكُمْ ۖ أَفَلَا تَعْقِلُونَ

١١ وَكَمْ قَصَمْنَا مِن قَرْيَةٍ كَانَتْ ظَالِمَةً وَأَنشَأْنَا بَعْدَهَا قَوْمًا ءَاخَرِينَ

١٢ فَلَمَّآ أَحَسُّوا۟ بَأْسَنَآ إِذَا هُم مِّنْهَا يَرْكُضُونَ

١٣ لَا تَرْكُضُوا۟ وَٱرْجِعُوٓا۟ إِلَىٰ مَآ أُتْرِفْتُمْ فِيهِ وَمَسَٰكِنِكُمْ لَعَلَّكُمْ تُسْـَٔلُونَ

١٤ قَالُوا۟ يَٰوَيْلَنَآ إِنَّا كُنَّا ظَٰلِمِينَ

١٥ فَمَا زَالَت تِّلْكَ دَعْوَىٰهُمْ حَتَّىٰ جَعَلْنَٰهُمْ حَصِيدًا خَٰمِدِينَ

١٦ وَمَا خَلَقْنَا ٱلسَّمَآءَ وَٱلْأَرْضَ وَمَا بَيْنَهُمَا لَٰعِبِينَ

١٧ لَوْ أَرَدْنَآ أَن نَّتَّخِذَ لَهْوًا لَّٱتَّخَذْنَٰهُ مِن لَّدُنَّآ إِن كُنَّا فَٰعِلِينَ

١٨ بَلْ نَقْذِفُ بِٱلْحَقِّ عَلَى ٱلْبَٰطِلِ فَيَدْمَغُهُ فَإِذَا هُوَ زَاهِقٌ ۚ وَلَكُمُ ٱلْوَيْلُ مِمَّا تَصِفُونَ

١٩ وَلَهُۥ مَن فِى ٱلسَّمَٰوَٰتِ وَٱلْأَرْضِ ۚ وَمَنْ عِندَهُۥ لَا يَسْتَكْبِرُونَ عَنْ عِبَادَتِهِۦ وَلَا يَسْتَحْسِرُونَ

٢٠ يُسَبِّحُونَ ٱلَّيْلَ وَٱلنَّهَارَ لَا يَفْتُرُونَ

٢١ أَمِ ٱتَّخَذُوٓا۟ ءَالِهَةً مِّنَ ٱلْأَرْضِ هُمْ يُنشِرُونَ

٢٢ لَوْ كَانَ فِيهِمَآ ءَالِهَةٌ إِلَّا ٱللَّهُ لَفَسَدَتَا ۚ فَسُبْحَٰنَ ٱللَّهِ رَبِّ ٱلْعَرْشِ عَمَّا يَصِفُونَ

٢٣ لَا يُسْـَٔلُ عَمَّا يَفْعَلُ وَهُمْ يُسْـَٔلُونَ

٢٤ أَمِ ٱتَّخَذُوا۟ مِن دُونِهِۦٓ ءَالِهَةً ۖ قُلْ هَاتُوا۟ بُرْهَٰنَكُمْ ۖ هَٰذَا ذِكْرُ مَن مَّعِىَ وَذِكْرُ مَن قَبْلِى ۗ بَلْ أَكْثَرُهُمْ لَا يَعْلَمُونَ ٱلْحَقَّ ۖ فَهُم مُّعْرِضُونَ

٢٥ وَمَآ أَرْسَلْنَا مِن قَبْلِكَ مِن رَّسُولٍ إِلَّا نُوحِىٓ إِلَيْهِ أَنَّهُۥ لَآ إِلَٰهَ إِلَّآ أَنَا۠ فَٱعْبُدُونِ

٢٦ وَقَالُوا۟ ٱتَّخَذَ ٱلرَّحْمَٰنُ وَلَدًا ۗ سُبْحَٰنَهُۥ ۚ بَلْ عِبَادٌ مُّكْرَمُونَ

٢٧ لَا يَسْبِقُونَهُۥ بِٱلْقَوْلِ وَهُم بِأَمْرِهِۦ يَعْمَلُونَ

٢٨ يَعْلَمُ مَا بَيْنَ أَيْدِيهِمْ وَمَا خَلْفَهُمْ وَلَا يَشْفَعُونَ إِلَّا لِمَنِ ٱرْتَضَىٰ وَهُم مِّنْ خَشْيَتِهِۦ مُشْفِقُونَ

٢٩ وَمَن يَقُلْ مِنْهُمْ إِنِّىٓ إِلَٰهٌ مِّن دُونِهِۦ فَذَٰلِكَ نَجْزِيهِ جَهَنَّمَ ۚ كَذَٰلِكَ نَجْزِى ٱلظَّٰلِمِينَ ۞

٣٠ أَوَلَمْ يَرَ ٱلَّذِينَ كَفَرُوٓا۟ أَنَّ ٱلسَّمَٰوَٰتِ وَٱلْأَرْضَ كَانَتَا رَتْقًا فَفَتَقْنَٰهُمَا ۖ وَجَعَلْنَا مِنَ ٱلْمَآءِ كُلَّ شَىْءٍ حَىٍّ ۖ أَفَلَا يُؤْمِنُونَ

٣١ وَجَعَلْنَا فِى ٱلْأَرْضِ رَوَٰسِىَ أَن تَمِيدَ بِهِمْ وَجَعَلْنَا فِيهَا فِجَاجًا سُبُلًا لَّعَلَّهُمْ يَهْتَدُونَ

٣٢ وَجَعَلْنَا ٱلسَّمَآءَ سَقْفًا مَّحْفُوظًا ۖ وَهُمْ عَنْ ءَايَٰتِهَا مُعْرِضُونَ

٣٣ وَهُوَ ٱلَّذِى خَلَقَ ٱلَّيْلَ وَٱلنَّهَارَ وَٱلشَّمْسَ وَٱلْقَمَرَ ۖ كُلٌّ فِى فَلَكٍ يَسْبَحُونَ

٣٤ وَمَا جَعَلْنَا لِبَشَرٍ مِّن قَبْلِكَ ٱلْخُلْدَ ۖ أَفَإِي۟ن مِّتَّ فَهُمُ ٱلْخَٰلِدُونَ

٣٥ كُلُّ نَفْسٍ ذَآئِقَةُ ٱلْمَوْتِ ۗ وَنَبْلُوكُم بِٱلشَّرِّ وَٱلْخَيْرِ فِتْنَةً ۖ وَإِلَيْنَا تُرْجَعُونَ

٣٦ وَإِذَا رَءَاكَ ٱلَّذِينَ كَفَرُوٓا۟ إِن يَتَّخِذُونَكَ إِلَّا هُزُوًا أَهَٰذَا ٱلَّذِى يَذْكُرُ ءَالِهَتَكُمْ وَهُم بِذِكْرِ ٱلرَّحْمَٰنِ هُمْ كَٰفِرُونَ

٣٧ خُلِقَ ٱلْإِنسَٰنُ مِنْ عَجَلٍ ۚ سَأُو۟رِيكُمْ ءَايَٰتِى فَلَا تَسْتَعْجِلُونِ

٣٨ وَيَقُولُونَ مَتَىٰ هَٰذَا ٱلْوَعْدُ إِن كُنتُمْ صَٰدِقِينَ

٣٩ لَوْ يَعْلَمُ ٱلَّذِينَ كَفَرُوا۟ حِينَ لَا يَكُفُّونَ عَن وُجُوهِهِمُ ٱلنَّارَ وَلَا عَن ظُهُورِهِمْ وَلَا هُمْ يُنصَرُونَ

٤٠ بَلْ تَأْتِيهِم بَغْتَةً فَتَبْهَتُهُمْ فَلَا يَسْتَطِيعُونَ رَدَّهَا وَلَا هُمْ يُنظَرُونَ

٤١ وَلَقَدِ ٱسْتُهْزِئَ بِرُسُلٍ مِّن قَبْلِكَ فَحَاقَ بِٱلَّذِينَ سَخِرُوا۟ مِنْهُم مَّا كَانُوا۟ بِهِۦ يَسْتَهْزِءُونَ

٤٢ قُلْ مَن يَكْلَؤُكُم بِٱلَّيْلِ وَٱلنَّهَارِ مِنَ ٱلرَّحْمَٰنِ ۗ بَلْ هُمْ عَن ذِكْرِ رَبِّهِم مُّعْرِضُونَ

٤٣ أَمْ لَهُمْ ءَالِهَةٌ تَمْنَعُهُم مِّن دُونِنَا ۚ لَا يَسْتَطِيعُونَ نَصْرَ أَنفُسِهِمْ وَلَا هُم مِّنَّا يُصْحَبُونَ

٤٤ بَلْ مَتَّعْنَا هَٰٓؤُلَآءِ وَءَابَآءَهُمْ حَتَّىٰ طَالَ عَلَيْهِمُ ٱلْعُمُرُ ۗ أَفَلَا يَرَوْنَ أَنَّا نَأْتِى ٱلْأَرْضَ نَنقُصُهَا مِنْ أَطْرَافِهَآ ۚ أَفَهُمُ ٱلْغَٰلِبُونَ

٤٥ قُلْ إِنَّمَآ أُنذِرُكُم بِٱلْوَحْىِ ۚ وَلَا يَسْمَعُ ٱلصُّمُّ ٱلدُّعَآءَ إِذَا مَا يُنذَرُونَ

٤٦ وَلَئِن مَّسَّتْهُمْ نَفْحَةٌ مِّنْ عَذَابِ رَبِّكَ لَيَقُولُنَّ يَٰوَيْلَنَآ إِنَّا كُنَّا ظَٰلِمِينَ

٤٧ وَنَضَعُ ٱلْمَوَٰزِينَ ٱلْقِسْطَ لِيَوْمِ ٱلْقِيَٰمَةِ فَلَا تُظْلَمُ نَفْسٌ شَيْـًٔا ۖ وَإِن كَانَ مِثْقَالَ حَبَّةٍ مِّنْ خَرْدَلٍ أَتَيْنَا بِهَا ۗ وَكَفَىٰ بِنَا حَٰسِبِينَ

٤٨ وَلَقَدْ ءَاتَيْنَا مُوسَىٰ وَهَٰرُونَ ٱلْفُرْقَانَ وَضِيَآءً وَذِكْرًا لِّلْمُتَّقِينَ

٤٩ ٱلَّذِينَ يَخْشَوْنَ رَبَّهُم بِٱلْغَيْبِ وَهُم مِّنَ ٱلسَّاعَةِ مُشْفِقُونَ

٥٠ وَهَٰذَا ذِكْرٌ مُّبَارَكٌ أَنزَلْنَٰهُ ۚ أَفَأَنتُمْ لَهُۥ مُنكِرُونَ

٥١ وَلَقَدْ ءَاتَيْنَآ إِبْرَٰهِيمَ رُشْدَهُۥ مِن قَبْلُ وَكُنَّا بِهِۦ عَٰلِمِينَ ۞

٥٢ إِذْ قَالَ لِأَبِيهِ وَقَوْمِهِۦ مَا هَٰذِهِ ٱلتَّمَاثِيلُ ٱلَّتِىٓ أَنتُمْ لَهَا عَٰكِفُونَ

٥٣ قَالُوا۟ وَجَدْنَآ ءَابَآءَنَا لَهَا عَٰبِدِينَ

٥٤ قَالَ لَقَدْ كُنتُمْ أَنتُمْ وَءَابَآؤُكُمْ فِى ضَلَٰلٍ مُّبِينٍ

٥٥ قَالُوٓا۟ أَجِئْتَنَا بِٱلْحَقِّ أَمْ أَنتَ مِنَ ٱللَّٰعِبِينَ

٥٦ قَالَ بَل رَّبُّكُمْ رَبُّ ٱلسَّمَٰوَٰتِ وَٱلْأَرْضِ ٱلَّذِى فَطَرَهُنَّ وَأَنَا۠ عَلَىٰ ذَٰلِكُم مِّنَ ٱلشَّٰهِدِينَ

٥٧ وَتَٱللَّهِ لَأَكِيدَنَّ أَصْنَٰمَكُم بَعْدَ أَن تُوَلُّوا۟ مُدْبِرِينَ

٥٨ فَجَعَلَهُمْ جُذَٰذًا إِلَّا كَبِيرًا لَّهُمْ لَعَلَّهُمْ إِلَيْهِ يَرْجِعُونَ

٥٩ قَالُوا۟ مَن فَعَلَ هَٰذَا بِـَٔالِهَتِنَآ إِنَّهُۥ لَمِنَ ٱلظَّٰلِمِينَ

٦٠ قَالُوا۟ سَمِعْنَا فَتًى يَذْكُرُهُمْ يُقَالُ لَهُۥٓ إِبْرَٰهِيمُ

٦١ قَالُوا۟ فَأْتُوا۟ بِهِۦ عَلَىٰٓ أَعْيُنِ ٱلنَّاسِ لَعَلَّهُمْ يَشْهَدُونَ

٦٢ قَالُوٓا۟ ءَأَنتَ فَعَلْتَ هَٰذَا بِـَٔالِهَتِنَا يَٰٓإِبْرَٰهِيمُ

٦٣ قَالَ بَلْ فَعَلَهُۥ كَبِيرُهُمْ هَٰذَا فَسْـَٔلُوهُمْ إِن كَانُوا۟ يَنطِقُونَ

٦٤ فَرَجَعُوٓا۟ إِلَىٰٓ أَنفُسِهِمْ فَقَالُوٓا۟ إِنَّكُمْ أَنتُمُ ٱلظَّٰلِمُونَ

٦٥ ثُمَّ نُكِسُوا۟ عَلَىٰ رُءُوسِهِمْ لَقَدْ عَلِمْتَ مَا هَٰٓؤُلَآءِ يَنطِقُونَ

٦٦ قَالَ أَفَتَعْبُدُونَ مِن دُونِ ٱللَّهِ مَا لَا يَنفَعُكُمْ شَيْـًٔا وَلَا يَضُرُّكُمْ

٦٧ أُفٍّ لَّكُمْ وَلِمَا تَعْبُدُونَ مِن دُونِ ٱللَّهِ ۖ أَفَلَا تَعْقِلُونَ

٦٨ قَالُوا۟ حَرِّقُوهُ وَٱنصُرُوٓا۟ ءَالِهَتَكُمْ إِن كُنتُمْ فَٰعِلِينَ

٦٩ قُلْنَا يَٰنَارُ كُونِى بَرْدًا وَسَلَٰمًا عَلَىٰٓ إِبْرَٰهِيمَ

٧٠ وَأَرَادُوا بِهِۦ كَيْدًا فَجَعَلْنَٰهُمُ ٱلْأَخْسَرِينَ

٧١ وَنَجَّيْنَٰهُ وَلُوطًا إِلَى ٱلْأَرْضِ ٱلَّتِى بَٰرَكْنَا فِيهَا لِلْعَٰلَمِينَ

٧٢ وَوَهَبْنَا لَهُۥٓ إِسْحَٰقَ وَيَعْقُوبَ نَافِلَةً ۖ وَكُلًّا جَعَلْنَا صَٰلِحِينَ

٧٣ وَجَعَلْنَٰهُمْ أَئِمَّةً يَهْدُونَ بِأَمْرِنَا وَأَوْحَيْنَآ إِلَيْهِمْ فِعْلَ ٱلْخَيْرَٰتِ وَإِقَامَ ٱلصَّلَوٰةِ وَإِيتَآءَ ٱلزَّكَوٰةِ ۖ وَكَانُوا لَنَا عَٰبِدِينَ

٧٤ وَلُوطًا ءَاتَيْنَٰهُ حُكْمًا وَعِلْمًا وَنَجَّيْنَٰهُ مِنَ ٱلْقَرْيَةِ ٱلَّتِى كَانَت تَّعْمَلُ ٱلْخَبَٰٓئِثَ ۗ إِنَّهُمْ كَانُوا قَوْمَ سَوْءٍ فَٰسِقِينَ

٧٥ وَأَدْخَلْنَٰهُ فِى رَحْمَتِنَآ ۖ إِنَّهُ مِنَ ٱلصَّٰلِحِينَ

٧٦ وَنُوحًا إِذْ نَادَىٰ مِن قَبْلُ فَٱسْتَجَبْنَا لَهُۥ فَنَجَّيْنَٰهُ وَأَهْلَهُۥ مِنَ ٱلْكَرْبِ ٱلْعَظِيمِ

٧٧ وَنَصَرْنَٰهُ مِنَ ٱلْقَوْمِ ٱلَّذِينَ كَذَّبُوا بِـَٔايَٰتِنَآ ۚ إِنَّهُمْ كَانُوا قَوْمَ سَوْءٍ فَأَغْرَقْنَٰهُمْ أَجْمَعِينَ

٧٨ وَدَاوُۥدَ وَسُلَيْمَٰنَ إِذْ يَحْكُمَانِ فِى ٱلْحَرْثِ إِذْ نَفَشَتْ فِيهِ غَنَمُ ٱلْقَوْمِ وَكُنَّا لِحُكْمِهِمْ شَٰهِدِينَ

٧٩ فَفَهَّمْنَٰهَا سُلَيْمَٰنَ ۚ وَكُلًّا ءَاتَيْنَا حُكْمًا وَعِلْمًا ۚ وَسَخَّرْنَا مَعَ دَاوُۥدَ ٱلْجِبَالَ يُسَبِّحْنَ وَٱلطَّيْرَ ۚ وَكُنَّا فَٰعِلِينَ

٨٠ وَعَلَّمْنَٰهُ صَنْعَةَ لَبُوسٍ لَّكُمْ لِتُحْصِنَكُم مِّنۢ بَأْسِكُمْ ۖ فَهَلْ أَنتُمْ شَٰكِرُونَ

٨١ وَلِسُلَيْمَٰنَ ٱلرِّيحَ عَاصِفَةً تَجْرِى بِأَمْرِهِۦٓ إِلَى ٱلْأَرْضِ ٱلَّتِى بَٰرَكْنَا فِيهَا ۚ وَكُنَّا بِكُلِّ شَىْءٍ عَٰلِمِينَ

٨٢ وَمِنَ ٱلشَّيَٰطِينِ مَن يَغُوصُونَ لَهُۥ وَيَعْمَلُونَ عَمَلًا دُونَ ذَٰلِكَ ۖ وَكُنَّا لَهُمْ حَٰفِظِينَ

٨٣ ۞ وَأَيُّوبَ إِذْ نَادَىٰ رَبَّهُۥٓ أَنِّى مَسَّنِىَ ٱلضُّرُّ وَأَنتَ أَرْحَمُ ٱلرَّٰحِمِينَ

٨٤ فَٱسْتَجَبْنَا لَهُۥ فَكَشَفْنَا مَا بِهِۦ مِن ضُرٍّ ۖ وَءَاتَيْنَٰهُ أَهْلَهُۥ وَمِثْلَهُم مَّعَهُمْ رَحْمَةً مِّنْ عِندِنَا وَذِكْرَىٰ لِلْعَٰبِدِينَ

٨٥ وَإِسْمَٰعِيلَ وَإِدْرِيسَ وَذَا ٱلْكِفْلِ ۖ كُلٌّ مِّنَ ٱلصَّٰبِرِينَ

٨٦ وَأَدْخَلْنَٰهُمْ فِى رَحْمَتِنَآ ۖ إِنَّهُم مِّنَ ٱلصَّٰلِحِينَ

٨٧ وَذَا ٱلنُّونِ إِذ ذَّهَبَ مُغَٰضِبًا فَظَنَّ أَن لَّن نَّقْدِرَ عَلَيْهِ فَنَادَىٰ فِى ٱلظُّلُمَٰتِ أَن لَّآ إِلَٰهَ إِلَّآ أَنتَ سُبْحَٰنَكَ إِنِّى كُنتُ مِنَ ٱلظَّٰلِمِينَ

٨٨ فَٱسْتَجَبْنَا لَهُۥ وَنَجَّيْنَٰهُ مِنَ ٱلْغَمِّ ۚ وَكَذَٰلِكَ نُـۨجِى ٱلْمُؤْمِنِينَ

٨٩ وَزَكَرِيَّآ إِذْ نَادَىٰ رَبَّهُۥ رَبِّ لَا تَذَرْنِى فَرْدًا وَأَنتَ خَيْرُ ٱلْوَٰرِثِينَ

٩٠ فَٱسْتَجَبْنَا لَهُۥ وَوَهَبْنَا لَهُۥ يَحْيَىٰ وَأَصْلَحْنَا لَهُۥ زَوْجَهُۥٓ ۚ إِنَّهُمْ كَانُوا يُسَٰرِعُونَ فِى ٱلْخَيْرَٰتِ وَيَدْعُونَنَا رَغَبًا وَرَهَبًا ۖ وَكَانُوا لَنَا خَٰشِعِينَ

٩١ وَٱلَّتِىٓ أَحْصَنَتْ فَرْجَهَا فَنَفَخْنَا فِيهَا مِن رُّوحِنَا وَجَعَلْنَٰهَا وَٱبْنَهَآ ءَايَةً لِّلْعَٰلَمِينَ

٩٢ إِنَّ هَٰذِهِۦٓ أُمَّتُكُمْ أُمَّةً وَٰحِدَةً وَأَنَا۠ رَبُّكُمْ فَٱعْبُدُونِ

٩٣ وَتَقَطَّعُوٓا أَمْرَهُم بَيْنَهُمْ ۖ كُلٌّ إِلَيْنَا رَٰجِعُونَ

٩٤ فَمَن يَعْمَلْ مِنَ ٱلصَّٰلِحَٰتِ وَهُوَ مُؤْمِنٌ فَلَا كُفْرَانَ لِسَعْيِهِۦ وَإِنَّا لَهُۥ كَٰتِبُونَ

٩٥ وَحَرَٰمٌ عَلَىٰ قَرْيَةٍ أَهْلَكْنَٰهَآ أَنَّهُمْ لَا يَرْجِعُونَ

٩٦ حَتَّىٰٓ إِذَا فُتِحَتْ يَأْجُوجُ وَمَأْجُوجُ وَهُم مِّن كُلِّ حَدَبٍ يَنسِلُونَ

٩٧ وَٱقْتَرَبَ ٱلْوَعْدُ ٱلْحَقُّ فَإِذَا هِىَ شَٰخِصَةٌ أَبْصَٰرُ ٱلَّذِينَ كَفَرُوا يَٰوَيْلَنَا قَدْ كُنَّا فِى غَفْلَةٍ مِّنْ هَٰذَا بَلْ كُنَّا ظَٰلِمِينَ

٩٨ إِنَّكُمْ وَمَا تَعْبُدُونَ مِن دُونِ ٱللَّهِ حَصَبُ جَهَنَّمَ أَنتُمْ لَهَا وَٰرِدُونَ

٩٩ لَوْ كَانَ هَٰؤُلَاءِ ءَالِهَةً مَّا وَرَدُوهَا ۖ وَكُلٌّ فِيهَا خَٰلِدُونَ

١٠٠ لَهُمْ فِيهَا زَفِيرٌ وَهُمْ فِيهَا لَا يَسْمَعُونَ

١٠١ إِنَّ ٱلَّذِينَ سَبَقَتْ لَهُم مِّنَّا ٱلْحُسْنَىٰ أُولَٰئِكَ عَنْهَا مُبْعَدُونَ

١٠٢ لَا يَسْمَعُونَ حَسِيسَهَا ۖ وَهُمْ فِى مَا ٱشْتَهَتْ أَنفُسُهُمْ خَٰلِدُونَ

١٠٣ لَا يَحْزُنُهُمُ ٱلْفَزَعُ ٱلْأَكْبَرُ وَتَتَلَقَّٰهُمُ ٱلْمَلَٰئِكَةُ هَٰذَا يَوْمُكُمُ ٱلَّذِى كُنتُمْ تُوعَدُونَ

١٠٤ يَوْمَ نَطْوِى ٱلسَّمَآءَ كَطَىِّ ٱلسِّجِلِّ لِلْكُتُبِ ۚ كَمَا بَدَأْنَآ أَوَّلَ خَلْقٍ نُّعِيدُهُ ۚ وَعْدًا عَلَيْنَآ ۚ إِنَّا كُنَّا فَٰعِلِينَ

١٠٥ وَلَقَدْ كَتَبْنَا فِى ٱلزَّبُورِ مِنۢ بَعْدِ ٱلذِّكْرِ أَنَّ ٱلْأَرْضَ يَرِثُهَا عِبَادِىَ ٱلصَّٰلِحُونَ

١٠٦ إِنَّ فِى هَٰذَا لَبَلَٰغًا لِّقَوْمٍ عَٰبِدِينَ

١٠٧ وَمَآ أَرْسَلْنَٰكَ إِلَّا رَحْمَةً لِّلْعَٰلَمِينَ

١٠٨ قُلْ إِنَّمَا يُوحَىٰٓ إِلَىَّ أَنَّمَآ إِلَٰهُكُمْ إِلَٰهٌ وَٰحِدٌ ۖ فَهَلْ أَنتُم مُّسْلِمُونَ

١٠٩ فَإِن تَوَلَّوْا۟ فَقُلْ ءَاذَنتُكُمْ عَلَىٰ سَوَآءٍ ۖ وَإِنْ أَدْرِىٓ أَقَرِيبٌ أَم بَعِيدٌ مَّا تُوعَدُونَ

١١٠ إِنَّهُۥ يَعْلَمُ ٱلْجَهْرَ مِنَ ٱلْقَوْلِ وَيَعْلَمُ مَا تَكْتُمُونَ

١١١ وَإِنْ أَدْرِى لَعَلَّهُۥ فِتْنَةٌ لَّكُمْ وَمَتَٰعٌ إِلَىٰ حِينٍ

١١٢ قُٰلَ رَبِّ ٱحْكُم بِٱلْحَقِّ ۗ وَرَبُّنَا ٱلرَّحْمَٰنُ ٱلْمُسْتَعَانُ عَلَىٰ مَا تَصِفُونَ

سورة الحج

١ يَٰٓأَيُّهَا ٱلنَّاسُ ٱتَّقُوا۟ رَبَّكُمْ ۚ إِنَّ زَلْزَلَةَ ٱلسَّاعَةِ شَىْءٌ عَظِيمٌ

٢ يَوْمَ تَرَوْنَهَا تَذْهَلُ كُلُّ مُرْضِعَةٍ عَمَّآ أَرْضَعَتْ وَتَضَعُ كُلُّ ذَاتِ حَمْلٍ حَمْلَهَا وَتَرَى ٱلنَّاسَ سُكَٰرَىٰ وَمَا هُم بِسُكَٰرَىٰ وَلَٰكِنَّ عَذَابَ ٱللَّهِ شَدِيدٌ

٣ وَمِنَ ٱلنَّاسِ مَن يُجَٰدِلُ فِى ٱللَّهِ بِغَيْرِ عِلْمٍ وَيَتَّبِعُ كُلَّ شَيْطَٰنٍ مَّرِيدٍ

٤ كُتِبَ عَلَيْهِ أَنَّهُۥ مَن تَوَلَّاهُ فَأَنَّهُۥ يُضِلُّهُۥ وَيَهْدِيهِ إِلَىٰ عَذَابِ ٱلسَّعِيرِ

٥ يَٰٓأَيُّهَا ٱلنَّاسُ إِن كُنتُمْ فِى رَيْبٍ مِّنَ ٱلْبَعْثِ فَإِنَّا خَلَقْنَٰكُم مِّن تُرَابٍ ثُمَّ مِن نُّطْفَةٍ ثُمَّ مِنْ عَلَقَةٍ ثُمَّ مِن مُّضْغَةٍ مُّخَلَّقَةٍ وَغَيْرِ مُخَلَّقَةٍ لِّنُبَيِّنَ لَكُمْ ۚ وَنُقِرُّ فِى ٱلْأَرْحَامِ مَا نَشَآءُ إِلَىٰٓ أَجَلٍ مُّسَمًّى ثُمَّ نُخْرِجُكُمْ طِفْلًا ثُمَّ لِتَبْلُغُوٓا۟ أَشُدَّكُمْ ۖ وَمِنكُم مَّن يُتَوَفَّىٰ وَمِنكُم مَّن يُرَدُّ إِلَىٰٓ أَرْذَلِ ٱلْعُمُرِ لِكَيْلَا يَعْلَمَ مِنۢ بَعْدِ عِلْمٍ شَيْـًٔا ۚ وَتَرَى ٱلْأَرْضَ هَامِدَةً فَإِذَآ أَنزَلْنَا عَلَيْهَا ٱلْمَآءَ ٱهْتَزَّتْ وَرَبَتْ وَأَنۢبَتَتْ مِن كُلِّ زَوْجٍ بَهِيجٍ

٦ ذَٰلِكَ بِأَنَّ ٱللَّهَ هُوَ ٱلْحَقُّ وَأَنَّهُۥ يُحْىِ ٱلْمَوْتَىٰ وَأَنَّهُۥ عَلَىٰ كُلِّ شَىْءٍ قَدِيرٌ

٧ وَأَنَّ ٱلسَّاعَةَ ءَاتِيَةٌ لَّا رَيْبَ فِيهَا وَأَنَّ ٱللَّهَ يَبْعَثُ مَن فِى ٱلْقُبُورِ

٨ وَمِنَ ٱلنَّاسِ مَن يُجَٰدِلُ فِى ٱللَّهِ بِغَيْرِ عِلْمٍ وَلَا هُدًى وَلَا كِتَٰبٍ مُّنِيرٍ

٩ ثَانِىَ عِطْفِهِۦ لِيُضِلَّ عَن سَبِيلِ ٱللَّهِ ۖ لَهُۥ فِى ٱلدُّنْيَا خِزْىٌ ۖ وَنُذِيقُهُۥ يَوْمَ ٱلْقِيَٰمَةِ عَذَابَ ٱلْحَرِيقِ

١٠ ذَٰلِكَ بِمَا قَدَّمَتْ يَدَاكَ وَأَنَّ ٱللَّهَ لَيْسَ بِظَلَّٰمٍ لِّلْعَبِيدِ

١١ وَمِنَ ٱلنَّاسِ مَن يَعْبُدُ ٱللَّهَ عَلَىٰ حَرْفٍ ۖ فَإِنْ أَصَابَهُ خَيْرٌ ٱطْمَأَنَّ بِهِ ۖ وَإِنْ أَصَابَتْهُ فِتْنَةٌ ٱنقَلَبَ عَلَىٰ وَجْهِهِ خَسِرَ ٱلدُّنْيَا وَٱلْءَاخِرَةَ ۚ ذَٰلِكَ هُوَ ٱلْخُسْرَانُ ٱلْمُبِينُ

١٢ يَدْعُوا۟ مِن دُونِ ٱللَّهِ مَا لَا يَضُرُّهُ وَمَا لَا يَنفَعُهُ ۚ ذَٰلِكَ هُوَ ٱلضَّلَٰلُ ٱلْبَعِيدُ

١٣ يَدْعُوا۟ لَمَن ضَرُّهُ أَقْرَبُ مِن نَّفْعِهِ ۚ لَبِئْسَ ٱلْمَوْلَىٰ وَلَبِئْسَ ٱلْعَشِيرُ

١٤ إِنَّ ٱللَّهَ يُدْخِلُ ٱلَّذِينَ ءَامَنُوا۟ وَعَمِلُوا۟ ٱلصَّٰلِحَٰتِ جَنَّٰتٍ تَجْرِى مِن تَحْتِهَا ٱلْأَنْهَٰرُ ۚ إِنَّ ٱللَّهَ يَفْعَلُ مَا يُرِيدُ

١٥ مَن كَانَ يَظُنُّ أَن لَّن يَنصُرَهُ ٱللَّهُ فِى ٱلدُّنْيَا وَٱلْءَاخِرَةِ فَلْيَمْدُدْ بِسَبَبٍ إِلَى ٱلسَّمَاءِ ثُمَّ لْيَقْطَعْ فَلْيَنظُرْ هَلْ يُذْهِبَنَّ كَيْدُهُ مَا يَغِيظُ

١٦ وَكَذَٰلِكَ أَنزَلْنَٰهُ ءَايَٰتٍ بَيِّنَٰتٍ وَأَنَّ ٱللَّهَ يَهْدِى مَن يُرِيدُ

١٧ إِنَّ ٱلَّذِينَ ءَامَنُوا۟ وَٱلَّذِينَ هَادُوا۟ وَٱلصَّٰبِئِينَ وَٱلنَّصَٰرَىٰ وَٱلْمَجُوسَ وَٱلَّذِينَ أَشْرَكُوٓا۟ إِنَّ ٱللَّهَ يَفْصِلُ بَيْنَهُمْ يَوْمَ ٱلْقِيَٰمَةِ ۚ إِنَّ ٱللَّهَ عَلَىٰ كُلِّ شَىْءٍ شَهِيدٌ

١٨ أَلَمْ تَرَ أَنَّ ٱللَّهَ يَسْجُدُ لَهُ مَن فِى ٱلسَّمَٰوَٰتِ وَمَن فِى ٱلْأَرْضِ وَٱلشَّمْسُ وَٱلْقَمَرُ وَٱلنُّجُومُ وَٱلْجِبَالُ وَٱلشَّجَرُ وَٱلدَّوَآبُّ وَكَثِيرٌ مِّنَ ٱلنَّاسِ ۖ وَكَثِيرٌ حَقَّ عَلَيْهِ ٱلْعَذَابُ ۗ وَمَن يُهِنِ ٱللَّهُ فَمَا لَهُ مِن مُّكْرِمٍ ۚ إِنَّ ٱللَّهَ يَفْعَلُ مَا يَشَاءُ ۩

١٩ هَٰذَانِ خَصْمَانِ ٱخْتَصَمُوا۟ فِى رَبِّهِمْ ۖ فَٱلَّذِينَ كَفَرُوا۟ قُطِّعَتْ لَهُمْ ثِيَابٌ مِّن نَّارٍ يُصَبُّ مِن فَوْقِ رُءُوسِهِمُ ٱلْحَمِيمُ

٢٠ يُصْهَرُ بِهِۦ مَا فِى بُطُونِهِمْ وَٱلْجُلُودُ

٢١ وَلَهُم مَّقَٰمِعُ مِنْ حَدِيدٍ

٢٢ كُلَّمَآ أَرَادُوٓا۟ أَن يَخْرُجُوا۟ مِنْهَا مِنْ غَمٍّ أُعِيدُوا۟ فِيهَا وَذُوقُوا۟ عَذَابَ ٱلْحَرِيقِ

٢٣ إِنَّ ٱللَّهَ يُدْخِلُ ٱلَّذِينَ ءَامَنُوا۟ وَعَمِلُوا۟ ٱلصَّٰلِحَٰتِ جَنَّٰتٍ تَجْرِى مِن تَحْتِهَا ٱلْأَنْهَٰرُ يُحَلَّوْنَ فِيهَا مِنْ أَسَاوِرَ مِن ذَهَبٍ وَلُؤْلُؤًا ۖ وَلِبَاسُهُمْ فِيهَا حَرِيرٌ

٢٤ وَهُدُوٓا۟ إِلَى ٱلطَّيِّبِ مِنَ ٱلْقَوْلِ وَهُدُوٓا۟ إِلَىٰ صِرَٰطِ ٱلْحَمِيدِ

٢٥ إِنَّ ٱلَّذِينَ كَفَرُوا۟ وَيَصُدُّونَ عَن سَبِيلِ ٱللَّهِ وَٱلْمَسْجِدِ ٱلْحَرَامِ ٱلَّذِى جَعَلْنَٰهُ لِلنَّاسِ سَوَآءً ٱلْعَٰكِفُ فِيهِ وَٱلْبَادِ ۚ وَمَن يُرِدْ فِيهِ بِإِلْحَادٍ بِظُلْمٍ نُّذِقْهُ مِنْ عَذَابٍ أَلِيمٍ

٢٦ وَإِذْ بَوَّأْنَا لِإِبْرَٰهِيمَ مَكَانَ ٱلْبَيْتِ أَن لَّا تُشْرِكْ بِى شَيْئًا وَطَهِّرْ بَيْتِىَ لِلطَّآئِفِينَ وَٱلْقَآئِمِينَ وَٱلرُّكَّعِ ٱلسُّجُودِ

٢٧ وَأَذِّن فِى ٱلنَّاسِ بِٱلْحَجِّ يَأْتُوكَ رِجَالًا وَعَلَىٰ كُلِّ ضَامِرٍ يَأْتِينَ مِن كُلِّ فَجٍّ عَمِيقٍ

٢٨ لِّيَشْهَدُوا۟ مَنَٰفِعَ لَهُمْ وَيَذْكُرُوا۟ ٱسْمَ ٱللَّهِ فِىٓ أَيَّامٍ مَّعْلُومَٰتٍ عَلَىٰ مَا رَزَقَهُم مِّنۢ بَهِيمَةِ ٱلْأَنْعَٰمِ ۖ فَكُلُوا۟ مِنْهَا وَأَطْعِمُوا۟ ٱلْبَآئِسَ ٱلْفَقِيرَ

٢٩ ثُمَّ لْيَقْضُوا۟ تَفَثَهُمْ وَلْيُوفُوا۟ نُذُورَهُمْ وَلْيَطَّوَّفُوا۟ بِٱلْبَيْتِ ٱلْعَتِيقِ

٣٠ ذَٰلِكَ وَمَن يُعَظِّمْ حُرُمَٰتِ ٱللَّهِ فَهُوَ خَيْرٌ لَّهُ عِندَ رَبِّهِ ۗ وَأُحِلَّتْ لَكُمُ ٱلْأَنْعَٰمُ إِلَّا مَا يُتْلَىٰ عَلَيْكُمْ ۖ فَٱجْتَنِبُوا۟ ٱلرِّجْسَ مِنَ ٱلْأَوْثَٰنِ وَٱجْتَنِبُوا۟ قَوْلَ ٱلزُّورِ

٣١ حُنَفَآءَ لِلَّهِ غَيْرَ مُشْرِكِينَ بِهِۦ ۚ وَمَن يُشْرِكْ بِٱللَّهِ فَكَأَنَّمَا خَرَّ مِنَ ٱلسَّمَاءِ فَتَخْطَفُهُ ٱلطَّيْرُ أَوْ تَهْوِى بِهِ ٱلرِّيحُ فِى مَكَانٍ سَحِيقٍ

٣٢ ذَٰلِكَ وَمَن يُعَظِّمْ شَعَٰئِرَ ٱللَّهِ فَإِنَّهَا مِن تَقْوَى ٱلْقُلُوبِ

٣٣ لَكُمْ فِيهَا مَنَٰفِعُ إِلَىٰ أَجَلٍ مُّسَمًّى ثُمَّ مَحِلُّهَآ إِلَى ٱلْبَيْتِ ٱلْعَتِيقِ

٣٤ وَلِكُلِّ أُمَّةٍ جَعَلْنَا مَنسَكًا لِّيَذْكُرُوا۟ ٱسْمَ ٱللَّهِ عَلَىٰ مَا رَزَقَهُم مِّنۢ بَهِيمَةِ ٱلْأَنْعَٰمِ ۗ فَإِلَٰهُكُمْ إِلَٰهٌ وَٰحِدٌ فَلَهُۥٓ أَسْلِمُوا۟ ۗ وَبَشِّرِ ٱلْمُخْبِتِينَ

٣٥ ٱلَّذِينَ إِذَا ذُكِرَ ٱللَّهُ وَجِلَتْ قُلُوبُهُمْ وَٱلصَّٰبِرِينَ عَلَىٰ مَآ أَصَابَهُمْ وَٱلْمُقِيمِى ٱلصَّلَوٰةِ وَمِمَّا رَزَقْنَٰهُمْ يُنفِقُونَ

٣٦ وَٱلْبُدْنَ جَعَلْنَٰهَا لَكُم مِّن شَعَٰئِرِ ٱللَّهِ لَكُمْ فِيهَا خَيْرٌ ۖ فَٱذْكُرُوا۟ ٱسْمَ ٱللَّهِ عَلَيْهَا صَوَآفَّ ۖ فَإِذَا وَجَبَتْ جُنُوبُهَا فَكُلُوا۟ مِنْهَا وَأَطْعِمُوا۟ ٱلْقَانِعَ وَٱلْمُعْتَرَّ ۚ كَذَٰلِكَ سَخَّرْنَٰهَا لَكُمْ لَعَلَّكُمْ تَشْكُرُونَ

٣٧ لَن يَنَالَ ٱللَّهَ لُحُومُهَا وَلَا دِمَآؤُهَا وَلَٰكِن يَنَالُهُ ٱلتَّقْوَىٰ مِنكُمْ ۚ كَذَٰلِكَ سَخَّرَهَا لَكُمْ لِتُكَبِّرُوا۟ ٱللَّهَ عَلَىٰ مَا هَدَىٰكُمْ ۗ وَبَشِّرِ ٱلْمُحْسِنِينَ

٣٨ ۞ إِنَّ ٱللَّهَ يُدَٰفِعُ عَنِ ٱلَّذِينَ ءَامَنُوٓا۟ ۗ إِنَّ ٱللَّهَ لَا يُحِبُّ كُلَّ خَوَّانٍ كَفُورٍ

٣٩ أُذِنَ لِلَّذِينَ يُقَٰتَلُونَ بِأَنَّهُمْ ظُلِمُوا۟ ۚ وَإِنَّ ٱللَّهَ عَلَىٰ نَصْرِهِمْ لَقَدِيرٌ

٤٠ ٱلَّذِينَ أُخْرِجُوا۟ مِن دِيَٰرِهِم بِغَيْرِ حَقٍّ إِلَّآ أَن يَقُولُوا۟ رَبُّنَا ٱللَّهُ ۗ وَلَوْلَا دَفْعُ ٱللَّهِ ٱلنَّاسَ بَعْضَهُم بِبَعْضٍ لَّهُدِّمَتْ صَوَٰمِعُ وَبِيَعٌ وَصَلَوَٰتٌ وَمَسَٰجِدُ يُذْكَرُ فِيهَا ٱسْمُ ٱللَّهِ كَثِيرًا ۗ وَلَيَنصُرَنَّ ٱللَّهُ مَن يَنصُرُهُۥٓ ۗ إِنَّ ٱللَّهَ لَقَوِىٌّ عَزِيزٌ

٤١ ٱلَّذِينَ إِن مَّكَّنَّٰهُمْ فِى ٱلْأَرْضِ أَقَامُوا۟ ٱلصَّلَوٰةَ وَءَاتَوُا۟ ٱلزَّكَوٰةَ وَأَمَرُوا۟ بِٱلْمَعْرُوفِ وَنَهَوْا۟ عَنِ ٱلْمُنكَرِ ۗ وَلِلَّهِ عَٰقِبَةُ ٱلْأُمُورِ

٤٢ وَإِن يُكَذِّبُوكَ فَقَدْ كَذَّبَتْ قَبْلَهُمْ قَوْمُ نُوحٍ وَعَادٌ وَثَمُودُ

٤٣ وَقَوْمُ إِبْرَٰهِيمَ وَقَوْمُ لُوطٍ

٤٤ وَأَصْحَٰبُ مَدْيَنَ ۖ وَكُذِّبَ مُوسَىٰ فَأَمْلَيْتُ لِلْكَٰفِرِينَ ثُمَّ أَخَذْتُهُمْ ۖ فَكَيْفَ كَانَ نَكِيرِ

٤٥ فَكَأَيِّن مِّن قَرْيَةٍ أَهْلَكْنَٰهَا وَهِىَ ظَالِمَةٌ فَهِىَ خَاوِيَةٌ عَلَىٰ عُرُوشِهَا وَبِئْرٍ مُّعَطَّلَةٍ وَقَصْرٍ مَّشِيدٍ

٤٦ أَفَلَمْ يَسِيرُوا۟ فِى ٱلْأَرْضِ فَتَكُونَ لَهُمْ قُلُوبٌ يَعْقِلُونَ بِهَآ أَوْ ءَاذَانٌ يَسْمَعُونَ بِهَا ۖ فَإِنَّهَا لَا تَعْمَى ٱلْأَبْصَٰرُ وَلَٰكِن تَعْمَى ٱلْقُلُوبُ ٱلَّتِى فِى ٱلصُّدُورِ

٤٧ وَيَسْتَعْجِلُونَكَ بِٱلْعَذَابِ وَلَن يُخْلِفَ ٱللَّهُ وَعْدَهُۥ ۚ وَإِنَّ يَوْمًا عِندَ رَبِّكَ كَأَلْفِ سَنَةٍ مِّمَّا تَعُدُّونَ

٤٨ وَكَأَيِّن مِّن قَرْيَةٍ أَمْلَيْتُ لَهَا وَهِىَ ظَالِمَةٌ ثُمَّ أَخَذْتُهَا وَإِلَىَّ ٱلْمَصِيرُ

٤٩ قُلْ يَٰٓأَيُّهَا ٱلنَّاسُ إِنَّمَآ أَنَا۠ لَكُمْ نَذِيرٌ مُّبِينٌ

٥٠ فَٱلَّذِينَ ءَامَنُوا۟ وَعَمِلُوا۟ ٱلصَّٰلِحَٰتِ لَهُم مَّغْفِرَةٌ وَرِزْقٌ كَرِيمٌ

٥١ وَٱلَّذِينَ سَعَوْا۟ فِىٓ ءَايَٰتِنَا مُعَٰجِزِينَ أُو۟لَٰٓئِكَ أَصْحَٰبُ ٱلْجَحِيمِ

٥٢ وَمَآ أَرْسَلْنَا مِن قَبْلِكَ مِن رَّسُولٍ وَلَا نَبِىٍّ إِلَّآ إِذَا تَمَنَّىٰٓ أَلْقَى ٱلشَّيْطَٰنُ فِىٓ أُمْنِيَّتِهِۦ فَيَنسَخُ ٱللَّهُ مَا يُلْقِى ٱلشَّيْطَٰنُ ثُمَّ يُحْكِمُ ٱللَّهُ ءَايَٰتِهِۦ ۗ وَٱللَّهُ عَلِيمٌ حَكِيمٌ

٥٣ لِّيَجْعَلَ مَا يُلْقِى ٱلشَّيْطَٰنُ فِتْنَةً لِّلَّذِينَ فِى قُلُوبِهِم مَّرَضٌ وَٱلْقَاسِيَةِ قُلُوبُهُمْ ۗ وَإِنَّ ٱلظَّٰلِمِينَ لَفِى شِقَاقٍۭ بَعِيدٍ

٥٤ وَلِيَعْلَمَ ٱلَّذِينَ أُوتُوا۟ ٱلْعِلْمَ أَنَّهُ ٱلْحَقُّ مِن رَّبِّكَ فَيُؤْمِنُوا۟ بِهِۦ فَتُخْبِتَ لَهُۥ قُلُوبُهُمْ ۗ وَإِنَّ ٱللَّهَ لَهَادِ ٱلَّذِينَ ءَامَنُوٓا۟ إِلَىٰ صِرَٰطٍ مُّسْتَقِيمٍ

٥٥ وَلَا يَزَالُ ٱلَّذِينَ كَفَرُوا۟ فِى مِرْيَةٍ مِّنْهُ حَتَّىٰ تَأْتِيَهُمُ ٱلسَّاعَةُ بَغْتَةً أَوْ يَأْتِيَهُمْ عَذَابُ يَوْمٍ عَقِيمٍ

٥٦ ٱلْمُلْكُ يَوْمَئِذٍ لِّلَّهِ يَحْكُمُ بَيْنَهُمْ ۚ فَٱلَّذِينَ ءَامَنُوا۟ وَعَمِلُوا۟ ٱلصَّٰلِحَٰتِ فِى جَنَّٰتِ ٱلنَّعِيمِ

٥٧ وَٱلَّذِينَ كَفَرُوا۟ وَكَذَّبُوا۟ بِـَٔايَٰتِنَا فَأُو۟لَٰٓئِكَ لَهُمْ عَذَابٌ مُّهِينٌ

٥٨ وَٱلَّذِينَ هَاجَرُوا۟ فِى سَبِيلِ ٱللَّهِ ثُمَّ قُتِلُوٓا۟ أَوْ مَاتُوا۟ لَيَرْزُقَنَّهُمُ ٱللَّهُ رِزْقًا حَسَنًا ۚ وَإِنَّ ٱللَّهَ لَهُوَ خَيْرُ ٱلرَّٰزِقِينَ

٥٩ لَيُدْخِلَنَّهُم مُّدْخَلًا يَرْضَوْنَهُۥ ۗ وَإِنَّ ٱللَّهَ لَعَلِيمٌ حَلِيمٌ

٦٠ ۞ ذَٰلِكَ وَمَنْ عَاقَبَ بِمِثْلِ مَا عُوقِبَ بِهِۦ ثُمَّ بُغِىَ عَلَيْهِ لَيَنصُرَنَّهُ ٱللَّهُ ۗ إِنَّ ٱللَّهَ لَعَفُوٌّ غَفُورٌ

٦١ ذَٰلِكَ بِأَنَّ ٱللَّهَ يُولِجُ ٱلَّيْلَ فِى ٱلنَّهَارِ وَيُولِجُ ٱلنَّهَارَ فِى ٱلَّيْلِ وَأَنَّ ٱللَّهَ سَمِيعٌ بَصِيرٌ

٦٢ ذَٰلِكَ بِأَنَّ ٱللَّهَ هُوَ ٱلْحَقُّ وَأَنَّ مَا يَدْعُونَ مِن دُونِهِ هُوَ ٱلْبَٰطِلُ وَأَنَّ ٱللَّهَ هُوَ ٱلْعَلِىُّ ٱلْكَبِيرُ

٦٣ أَلَمْ تَرَ أَنَّ ٱللَّهَ أَنزَلَ مِنَ ٱلسَّمَاءِ مَآءً فَتُصْبِحُ ٱلْأَرْضُ مُخْضَرَّةً ۗ إِنَّ ٱللَّهَ لَطِيفٌ خَبِيرٌ

٦٤ لَّهُ مَا فِى ٱلسَّمَٰوَٰتِ وَمَا فِى ٱلْأَرْضِ ۗ وَإِنَّ ٱللَّهَ لَهُوَ ٱلْغَنِىُّ ٱلْحَمِيدُ

٦٥ أَلَمْ تَرَ أَنَّ ٱللَّهَ سَخَّرَ لَكُم مَّا فِى ٱلْأَرْضِ وَٱلْفُلْكَ تَجْرِى فِى ٱلْبَحْرِ بِأَمْرِهِ وَيُمْسِكُ ٱلسَّمَاءَ أَن تَقَعَ عَلَى ٱلْأَرْضِ إِلَّا بِإِذْنِهِ ۗ إِنَّ ٱللَّهَ بِٱلنَّاسِ لَرَءُوفٌ رَّحِيمٌ

٦٦ وَهُوَ ٱلَّذِى أَحْيَاكُمْ ثُمَّ يُمِيتُكُمْ ثُمَّ يُحْيِيكُمْ ۗ إِنَّ ٱلْإِنسَٰنَ لَكَفُورٌ

٦٧ لِّكُلِّ أُمَّةٍ جَعَلْنَا مَنسَكًا هُمْ نَاسِكُوهُ ۖ فَلَا يُنَٰزِعُنَّكَ فِى ٱلْأَمْرِ ۚ وَٱدْعُ إِلَىٰ رَبِّكَ ۖ إِنَّكَ لَعَلَىٰ هُدًى مُّسْتَقِيمٍ

٦٨ وَإِن جَٰدَلُوكَ فَقُلِ ٱللَّهُ أَعْلَمُ بِمَا تَعْمَلُونَ

٦٩ ٱللَّهُ يَحْكُمُ بَيْنَكُمْ يَوْمَ ٱلْقِيَٰمَةِ فِيمَا كُنتُمْ فِيهِ تَخْتَلِفُونَ

٧٠ أَلَمْ تَعْلَمْ أَنَّ ٱللَّهَ يَعْلَمُ مَا فِى ٱلسَّمَاءِ وَٱلْأَرْضِ ۗ إِنَّ ذَٰلِكَ فِى كِتَٰبٍ ۚ إِنَّ ذَٰلِكَ عَلَى ٱللَّهِ يَسِيرٌ

٧١ وَيَعْبُدُونَ مِن دُونِ ٱللَّهِ مَا لَمْ يُنَزِّلْ بِهِ سُلْطَٰنًا وَمَا لَيْسَ لَهُم بِهِ عِلْمٌ ۗ وَمَا لِلظَّٰلِمِينَ مِن نَّصِيرٍ

٧٢ وَإِذَا تُتْلَىٰ عَلَيْهِمْ ءَايَٰتُنَا بَيِّنَٰتٍ تَعْرِفُ فِى وُجُوهِ ٱلَّذِينَ كَفَرُوا۟ ٱلْمُنكَرَ ۖ يَكَادُونَ يَسْطُونَ بِٱلَّذِينَ يَتْلُونَ عَلَيْهِمْ ءَايَٰتِنَا ۗ قُلْ أَفَأُنَبِّئُكُم بِشَرٍّ مِّن ذَٰلِكُمُ ۗ ٱلنَّارُ وَعَدَهَا ٱللَّهُ ٱلَّذِينَ كَفَرُوا۟ ۖ وَبِئْسَ ٱلْمَصِيرُ

٧٣ يَٰٓأَيُّهَا ٱلنَّاسُ ضُرِبَ مَثَلٌ فَٱسْتَمِعُوا۟ لَهُۥ ۚ إِنَّ ٱلَّذِينَ تَدْعُونَ مِن دُونِ ٱللَّهِ لَن يَخْلُقُوا۟ ذُبَابًا وَلَوِ ٱجْتَمَعُوا۟ لَهُۥ ۖ وَإِن يَسْلُبْهُمُ ٱلذُّبَابُ شَيْئًا لَّا يَسْتَنقِذُوهُ مِنْهُ ۚ ضَعُفَ ٱلطَّالِبُ وَٱلْمَطْلُوبُ

٧٤ مَا قَدَرُوا۟ ٱللَّهَ حَقَّ قَدْرِهِ ۗ إِنَّ ٱللَّهَ لَقَوِىٌّ عَزِيزٌ

٧٥ ٱللَّهُ يَصْطَفِى مِنَ ٱلْمَلَٰٓئِكَةِ رُسُلًا وَمِنَ ٱلنَّاسِ ۚ إِنَّ ٱللَّهَ سَمِيعٌ بَصِيرٌ

٧٦ يَعْلَمُ مَا بَيْنَ أَيْدِيهِمْ وَمَا خَلْفَهُمْ ۗ وَإِلَى ٱللَّهِ تُرْجَعُ ٱلْأُمُورُ

٧٧ يَٰٓأَيُّهَا ٱلَّذِينَ ءَامَنُوا۟ ٱرْكَعُوا۟ وَٱسْجُدُوا۟ وَٱعْبُدُوا۟ رَبَّكُمْ وَٱفْعَلُوا۟ ٱلْخَيْرَ لَعَلَّكُمْ تُفْلِحُونَ ۩

وَجَٰهِدُواْ فِى ٱللَّهِ حَقَّ جِهَادِهِۦ ۚ هُوَ ٱجْتَبَىٰكُمْ ٧٨
وَمَا جَعَلَ عَلَيْكُمْ فِى ٱلدِّينِ مِنْ حَرَجٍ ۚ مِّلَّةَ
أَبِيكُمْ إِبْرَٰهِيمَ ۚ هُوَ سَمَّىٰكُمُ ٱلْمُسْلِمِينَ مِن
قَبْلُ وَفِى هَٰذَا لِيَكُونَ ٱلرَّسُولُ شَهِيدًا عَلَيْكُمْ
وَتَكُونُواْ شُهَدَآءَ عَلَى ٱلنَّاسِ ۚ فَأَقِيمُواْ
ٱلصَّلَوٰةَ وَءَاتُواْ ٱلزَّكَوٰةَ وَٱعْتَصِمُواْ بِٱللَّهِ
هُوَ مَوْلَىٰكُمْ ۖ فَنِعْمَ ٱلْمَوْلَىٰ وَنِعْمَ ٱلنَّصِيرُ

سورة المؤمنون

١ قَدْ أَفْلَحَ ٱلْمُؤْمِنُونَ

٢ ٱلَّذِينَ هُمْ فِى صَلَاتِهِمْ خَٰشِعُونَ

٣ وَٱلَّذِينَ هُمْ عَنِ ٱللَّغْوِ مُعْرِضُونَ

٤ وَٱلَّذِينَ هُمْ لِلزَّكَوٰةِ فَٰعِلُونَ

٥ وَٱلَّذِينَ هُمْ لِفُرُوجِهِمْ حَٰفِظُونَ

٦ إِلَّا عَلَىٰٓ أَزْوَٰجِهِمْ أَوْ مَا مَلَكَتْ أَيْمَٰنُهُمْ فَإِنَّهُمْ
غَيْرُ مَلُومِينَ

٧ فَمَنِ ٱبْتَغَىٰ وَرَآءَ ذَٰلِكَ فَأُوْلَٰئِكَ هُمُ ٱلْعَادُونَ

٨ وَٱلَّذِينَ هُمْ لِأَمَٰنَٰتِهِمْ وَعَهْدِهِمْ رَٰعُونَ

٩ وَٱلَّذِينَ هُمْ عَلَىٰ صَلَوَٰتِهِمْ يُحَافِظُونَ

١٠ أُوْلَٰئِكَ هُمُ ٱلْوَٰرِثُونَ

١١ ٱلَّذِينَ يَرِثُونَ ٱلْفِرْدَوْسَ هُمْ فِيهَا خَٰلِدُونَ

١٢ وَلَقَدْ خَلَقْنَا ٱلْإِنسَٰنَ مِن سُلَٰلَةٍ مِّن طِينٍ

١٣ ثُمَّ جَعَلْنَٰهُ نُطْفَةً فِى قَرَارٍ مَّكِينٍ

١٤ ثُمَّ خَلَقْنَا ٱلنُّطْفَةَ عَلَقَةً فَخَلَقْنَا ٱلْعَلَقَةَ مُضْغَةً
فَخَلَقْنَا ٱلْمُضْغَةَ عِظَٰمًا فَكَسَوْنَا ٱلْعِظَٰمَ لَحْمًا
ثُمَّ أَنشَأْنَٰهُ خَلْقًا ءَاخَرَ ۚ فَتَبَارَكَ ٱللَّهُ أَحْسَنُ
ٱلْخَٰلِقِينَ

١٥ ثُمَّ إِنَّكُم بَعْدَ ذَٰلِكَ لَمَيِّتُونَ

---

١٦ ثُمَّ إِنَّكُمْ يَوْمَ ٱلْقِيَٰمَةِ تُبْعَثُونَ

١٧ وَلَقَدْ خَلَقْنَا فَوْقَكُمْ سَبْعَ طَرَآئِقَ وَمَا كُنَّا عَنِ
ٱلْخَلْقِ غَٰفِلِينَ

١٨ وَأَنزَلْنَا مِنَ ٱلسَّمَآءِ مَآءً بِقَدَرٍ فَأَسْكَنَّٰهُ فِى
ٱلْأَرْضِ ۖ وَإِنَّا عَلَىٰ ذَهَابٍ بِهِۦ لَقَٰدِرُونَ

١٩ فَأَنشَأْنَا لَكُم بِهِۦ جَنَّٰتٍ مِّن نَّخِيلٍ وَأَعْنَٰبٍ لَّكُمْ
فِيهَا فَوَٰكِهُ كَثِيرَةٌ وَمِنْهَا تَأْكُلُونَ

٢٠ وَشَجَرَةً تَخْرُجُ مِن طُورِ سَيْنَآءَ تَنۢبُتُ
بِٱلدُّهْنِ وَصِبْغٍ لِّلْءَاكِلِينَ

٢١ وَإِنَّ لَكُمْ فِى ٱلْأَنْعَٰمِ لَعِبْرَةً ۖ نُّسْقِيكُم مِّمَّا فِى
بُطُونِهَا وَلَكُمْ فِيهَا مَنَٰفِعُ كَثِيرَةٌ وَمِنْهَا
تَأْكُلُونَ

٢٢ وَعَلَيْهَا وَعَلَى ٱلْفُلْكِ تُحْمَلُونَ

٢٣ وَلَقَدْ أَرْسَلْنَا نُوحًا إِلَىٰ قَوْمِهِۦ فَقَالَ يَٰقَوْمِ
ٱعْبُدُواْ ٱللَّهَ مَا لَكُم مِّنْ إِلَٰهٍ غَيْرُهُۥٓ ۖ أَفَلَا
تَتَّقُونَ

٢٤ فَقَالَ ٱلْمَلَؤُاْ ٱلَّذِينَ كَفَرُواْ مِن قَوْمِهِۦ مَا هَٰذَآ
إِلَّا بَشَرٌ مِّثْلُكُمْ يُرِيدُ أَن يَتَفَضَّلَ عَلَيْكُمْ وَلَوْ
شَآءَ ٱللَّهُ لَأَنزَلَ مَلَٰئِكَةً مَّا سَمِعْنَا بِهَٰذَا فِىٓ
ءَابَآئِنَا ٱلْأَوَّلِينَ

٢٥ إِنْ هُوَ إِلَّا رَجُلٌۢ بِهِۦ جِنَّةٌ فَتَرَبَّصُواْ بِهِۦ حَتَّىٰ
حِينٍ

٢٦ قَالَ رَبِّ ٱنصُرْنِى بِمَا كَذَّبُونِ

٢٧ فَأَوْحَيْنَآ إِلَيْهِ أَنِ ٱصْنَعِ ٱلْفُلْكَ بِأَعْيُنِنَا
وَوَحْيِنَا فَإِذَا جَآءَ أَمْرُنَا وَفَارَ ٱلتَّنُّورُ ۙ
فَٱسْلُكْ فِيهَا مِن كُلٍّ زَوْجَيْنِ ٱثْنَيْنِ وَأَهْلَكَ
إِلَّا مَن سَبَقَ عَلَيْهِ ٱلْقَوْلُ مِنْهُمْ ۖ وَلَا
تُخَٰطِبْنِى فِى ٱلَّذِينَ ظَلَمُوٓاْ ۚ إِنَّهُم مُّغْرَقُونَ

٢٨ فَإِذَا ٱسْتَوَيْتَ أَنتَ وَمَن مَّعَكَ عَلَى ٱلْفُلْكِ
فَقُلِ ٱلْحَمْدُ لِلَّهِ ٱلَّذِى نَجَّىٰنَا مِنَ ٱلْقَوْمِ
ٱلظَّٰلِمِينَ

٢٩ وَقُل رَّبِّ أَنزِلْنِى مُنزَلًا مُّبَارَكًا وَأَنتَ خَيْرُ ٱلْمُنزِلِينَ

٣٠ إِنَّ فِى ذَٰلِكَ لَءَايَٰتٍ وَإِن كُنَّا لَمُبْتَلِينَ

٣١ ثُمَّ أَنشَأْنَا مِنۢ بَعْدِهِمْ قَرْنًا ءَاخَرِينَ

٣٢ فَأَرْسَلْنَا فِيهِمْ رَسُولًا مِّنْهُمْ أَنِ ٱعْبُدُوا۟ ٱللَّهَ مَا لَكُم مِّنْ إِلَٰهٍ غَيْرُهُۥ ۖ أَفَلَا تَتَّقُونَ

٣٣ وَقَالَ ٱلْمَلَأُ مِن قَوْمِهِ ٱلَّذِينَ كَفَرُوا۟ وَكَذَّبُوا۟ بِلِقَآءِ ٱلْءَاخِرَةِ وَأَتْرَفْنَٰهُمْ فِى ٱلْحَيَوٰةِ ٱلدُّنْيَا مَا هَٰذَآ إِلَّا بَشَرٌ مِّثْلُكُمْ يَأْكُلُ مِمَّا تَأْكُلُونَ مِنْهُ وَيَشْرَبُ مِمَّا تَشْرَبُونَ

٣٤ وَلَئِنْ أَطَعْتُم بَشَرًا مِّثْلَكُمْ إِنَّكُمْ إِذًا لَّخَٰسِرُونَ

٣٥ أَيَعِدُكُمْ أَنَّكُمْ إِذَا مِتُّمْ وَكُنتُمْ تُرَابًا وَعِظَٰمًا أَنَّكُم مُّخْرَجُونَ

٣٦ هَيْهَاتَ هَيْهَاتَ لِمَا تُوعَدُونَ ۞

٣٧ إِنْ هِىَ إِلَّا حَيَاتُنَا ٱلدُّنْيَا نَمُوتُ وَنَحْيَا وَمَا نَحْنُ بِمَبْعُوثِينَ

٣٨ إِنْ هُوَ إِلَّا رَجُلٌ ٱفْتَرَىٰ عَلَى ٱللَّهِ كَذِبًا وَمَا نَحْنُ لَهُۥ بِمُؤْمِنِينَ

٣٩ قَالَ رَبِّ ٱنصُرْنِى بِمَا كَذَّبُونِ

٤٠ قَالَ عَمَّا قَلِيلٍ لَّيُصْبِحُنَّ نَٰدِمِينَ

٤١ فَأَخَذَتْهُمُ ٱلصَّيْحَةُ بِٱلْحَقِّ فَجَعَلْنَٰهُمْ غُثَآءً ۚ فَبُعْدًا لِّلْقَوْمِ ٱلظَّٰلِمِينَ

٤٢ ثُمَّ أَنشَأْنَا مِنۢ بَعْدِهِمْ قُرُونًا ءَاخَرِينَ

٤٣ مَا تَسْبِقُ مِنْ أُمَّةٍ أَجَلَهَا وَمَا يَسْتَـْٔخِرُونَ

٤٤ ثُمَّ أَرْسَلْنَا رُسُلَنَا تَتْرَا ۖ كُلَّ مَا جَآءَ أُمَّةً رَّسُولُهَا كَذَّبُوهُ ۚ فَأَتْبَعْنَا بَعْضَهُم بَعْضًا وَجَعَلْنَٰهُمْ أَحَادِيثَ ۚ فَبُعْدًا لِّقَوْمٍ لَّا يُؤْمِنُونَ

٤٥ ثُمَّ أَرْسَلْنَا مُوسَىٰ وَأَخَاهُ هَٰرُونَ بِـَٔايَٰتِنَا وَسُلْطَٰنٍ مُّبِينٍ

٤٦ إِلَىٰ فِرْعَوْنَ وَمَلَإِي۟هِۦ فَٱسْتَكْبَرُوا۟ وَكَانُوا۟ قَوْمًا عَالِينَ

٤٧ فَقَالُوٓا۟ أَنُؤْمِنُ لِبَشَرَيْنِ مِثْلِنَا وَقَوْمُهُمَا لَنَا عَٰبِدُونَ

٤٨ فَكَذَّبُوهُمَا فَكَانُوا۟ مِنَ ٱلْمُهْلَكِينَ

٤٩ وَلَقَدْ ءَاتَيْنَا مُوسَى ٱلْكِتَٰبَ لَعَلَّهُمْ يَهْتَدُونَ

٥٠ وَجَعَلْنَا ٱبْنَ مَرْيَمَ وَأُمَّهُۥٓ ءَايَةً وَءَاوَيْنَٰهُمَآ إِلَىٰ رَبْوَةٍ ذَاتِ قَرَارٍ وَمَعِينٍ

٥١ يَٰٓأَيُّهَا ٱلرُّسُلُ كُلُوا۟ مِنَ ٱلطَّيِّبَٰتِ وَٱعْمَلُوا۟ صَٰلِحًا ۖ إِنِّى بِمَا تَعْمَلُونَ عَلِيمٌ

٥٢ وَإِنَّ هَٰذِهِۦٓ أُمَّتُكُمْ أُمَّةً وَٰحِدَةً وَأَنَا۠ رَبُّكُمْ فَٱتَّقُونِ

٥٣ فَتَقَطَّعُوٓا۟ أَمْرَهُم بَيْنَهُمْ زُبُرًا ۖ كُلُّ حِزْبٍ بِمَا لَدَيْهِمْ فَرِحُونَ

٥٤ فَذَرْهُمْ فِى غَمْرَتِهِمْ حَتَّىٰ حِينٍ

٥٥ أَيَحْسَبُونَ أَنَّمَا نُمِدُّهُم بِهِۦ مِن مَّالٍ وَبَنِينَ

٥٦ نُسَارِعُ لَهُمْ فِى ٱلْخَيْرَٰتِ ۚ بَل لَّا يَشْعُرُونَ

٥٧ إِنَّ ٱلَّذِينَ هُم مِّنْ خَشْيَةِ رَبِّهِم مُّشْفِقُونَ

٥٨ وَٱلَّذِينَ هُم بِـَٔايَٰتِ رَبِّهِمْ يُؤْمِنُونَ

٥٩ وَٱلَّذِينَ هُم بِرَبِّهِمْ لَا يُشْرِكُونَ

٦٠ وَٱلَّذِينَ يُؤْتُونَ مَآ ءَاتَوا۟ وَّقُلُوبُهُمْ وَجِلَةٌ أَنَّهُمْ إِلَىٰ رَبِّهِمْ رَٰجِعُونَ

٦١ أُو۟لَٰٓئِكَ يُسَٰرِعُونَ فِى ٱلْخَيْرَٰتِ وَهُمْ لَهَا سَٰبِقُونَ

٦٢ وَلَا نُكَلِّفُ نَفْسًا إِلَّا وُسْعَهَا ۖ وَلَدَيْنَا كِتَٰبٌ يَنطِقُ بِٱلْحَقِّ ۚ وَهُمْ لَا يُظْلَمُونَ

٦٣ بَلْ قُلُوبُهُمْ فِى غَمْرَةٍ مِّنْ هَٰذَا وَلَهُمْ أَعْمَٰلٌ مِّن دُونِ ذَٰلِكَ هُمْ لَهَا عَٰمِلُونَ

٦٤ حَتَّىٰٓ إِذَآ أَخَذْنَا مُتْرَفِيهِم بِٱلْعَذَابِ إِذَا هُمْ يَجْـَٔرُونَ

٦٥ لَا تَجْـَٔرُوا۟ ٱلْيَوْمَ ۖ إِنَّكُم مِّنَّا لَا تُنصَرُونَ

٦٦ قَدْ كَانَتْ ءَايَـٰتِى تُتْلَىٰ عَلَيْكُمْ فَكُنتُمْ عَلَىٰٓ أَعْقَـٰبِكُمْ تَنكِصُونَ

٦٧ مُسْتَكْبِرِينَ بِهِۦ سَـٰمِرًا تَهْجُرُونَ

٦٨ أَفَلَمْ يَدَّبَّرُوا۟ ٱلْقَوْلَ أَمْ جَآءَهُم مَّا لَمْ يَأْتِ ءَابَآءَهُمُ ٱلْأَوَّلِينَ

٦٩ أَمْ لَمْ يَعْرِفُوا۟ رَسُولَهُمْ فَهُمْ لَهُۥ مُنكِرُونَ

٧٠ أَمْ يَقُولُونَ بِهِۦ جِنَّةٌۢ ۚ بَلْ جَآءَهُم بِٱلْحَقِّ وَأَكْثَرُهُمْ لِلْحَقِّ كَـٰرِهُونَ

٧١ وَلَوِ ٱتَّبَعَ ٱلْحَقُّ أَهْوَآءَهُمْ لَفَسَدَتِ ٱلسَّمَـٰوَٰتُ وَٱلْأَرْضُ وَمَن فِيهِنَّ ۚ بَلْ أَتَيْنَـٰهُم بِذِكْرِهِمْ فَهُمْ عَن ذِكْرِهِم مُّعْرِضُونَ

٧٢ أَمْ تَسْـَٔلُهُمْ خَرْجًا فَخَرَاجُ رَبِّكَ خَيْرٌ ۖ وَهُوَ خَيْرُ ٱلرَّٰزِقِينَ

٧٣ وَإِنَّكَ لَتَدْعُوهُمْ إِلَىٰ صِرَٰطٍ مُّسْتَقِيمٍ

٧٤ وَإِنَّ ٱلَّذِينَ لَا يُؤْمِنُونَ بِٱلْءَاخِرَةِ عَنِ ٱلصِّرَٰطِ لَنَـٰكِبُونَ

٧٥ وَلَوْ رَحِمْنَـٰهُمْ وَكَشَفْنَا مَا بِهِم مِّن ضُرٍّ ۞ لَّلَجُّوا۟ فِى طُغْيَـٰنِهِمْ يَعْمَهُونَ

٧٦ وَلَقَدْ أَخَذْنَـٰهُم بِٱلْعَذَابِ فَمَا ٱسْتَكَانُوا۟ لِرَبِّهِمْ وَمَا يَتَضَرَّعُونَ

٧٧ حَتَّىٰٓ إِذَا فَتَحْنَا عَلَيْهِم بَابًا ذَا عَذَابٍ شَدِيدٍ إِذَا هُمْ فِيهِ مُبْلِسُونَ

٧٨ وَهُوَ ٱلَّذِىٓ أَنشَأَ لَكُمُ ٱلسَّمْعَ وَٱلْأَبْصَـٰرَ وَٱلْأَفْـِٔدَةَ ۚ قَلِيلًا مَّا تَشْكُرُونَ

٧٩ وَهُوَ ٱلَّذِى ذَرَأَكُمْ فِى ٱلْأَرْضِ وَإِلَيْهِ تُحْشَرُونَ

٨٠ وَهُوَ ٱلَّذِى يُحْىِۦ وَيُمِيتُ وَلَهُ ٱخْتِلَـٰفُ ٱلَّيْلِ وَٱلنَّهَارِ ۚ أَفَلَا تَعْقِلُونَ

٨١ بَلْ قَالُوا۟ مِثْلَ مَا قَالَ ٱلْأَوَّلُونَ

٨٢ قَالُوٓا۟ أَءِذَا مِتْنَا وَكُنَّا تُرَابًا وَعِظَـٰمًا أَءِنَّا لَمَبْعُوثُونَ

٨٣ لَقَدْ وُعِدْنَا نَحْنُ وَءَابَآؤُنَا هَـٰذَا مِن قَبْلُ إِنْ هَـٰذَآ إِلَّآ أَسَـٰطِيرُ ٱلْأَوَّلِينَ

٨٤ قُل لِّمَنِ ٱلْأَرْضُ وَمَن فِيهَآ إِن كُنتُمْ تَعْلَمُونَ

٨٥ سَيَقُولُونَ لِلَّهِ ۚ قُلْ أَفَلَا تَذَكَّرُونَ

٨٦ قُلْ مَن رَّبُّ ٱلسَّمَـٰوَٰتِ ٱلسَّبْعِ وَرَبُّ ٱلْعَرْشِ ٱلْعَظِيمِ

٨٧ سَيَقُولُونَ لِلَّهِ ۚ قُلْ أَفَلَا تَتَّقُونَ

٨٨ قُلْ مَنۢ بِيَدِهِۦ مَلَكُوتُ كُلِّ شَىْءٍ وَهُوَ يُجِيرُ وَلَا يُجَارُ عَلَيْهِ إِن كُنتُمْ تَعْلَمُونَ

٨٩ سَيَقُولُونَ لِلَّهِ ۚ قُلْ فَأَنَّىٰ تُسْحَرُونَ

٩٠ بَلْ أَتَيْنَـٰهُم بِٱلْحَقِّ وَإِنَّهُمْ لَكَـٰذِبُونَ

٩١ مَا ٱتَّخَذَ ٱللَّهُ مِن وَلَدٍ وَمَا كَانَ مَعَهُۥ مِنْ إِلَـٰهٍ ۚ إِذًا لَّذَهَبَ كُلُّ إِلَـٰهٍۭ بِمَا خَلَقَ وَلَعَلَا بَعْضُهُمْ عَلَىٰ بَعْضٍ ۚ سُبْحَـٰنَ ٱللَّهِ عَمَّا يَصِفُونَ

٩٢ عَـٰلِمِ ٱلْغَيْبِ وَٱلشَّهَـٰدَةِ فَتَعَـٰلَىٰ عَمَّا يُشْرِكُونَ

٩٣ قُل رَّبِّ إِمَّا تُرِيَنِّى مَا يُوعَدُونَ

٩٤ رَبِّ فَلَا تَجْعَلْنِى فِى ٱلْقَوْمِ ٱلظَّـٰلِمِينَ

٩٥ وَإِنَّا عَلَىٰٓ أَن نُّرِيَكَ مَا نَعِدُهُمْ لَقَـٰدِرُونَ

٩٦ ٱدْفَعْ بِٱلَّتِى هِىَ أَحْسَنُ ٱلسَّيِّئَةَ ۚ نَحْنُ أَعْلَمُ بِمَا يَصِفُونَ

٩٧ وَقُل رَّبِّ أَعُوذُ بِكَ مِنْ هَمَزَٰتِ ٱلشَّيَـٰطِينِ

٩٨ وَأَعُوذُ بِكَ رَبِّ أَن يَحْضُرُونِ

٩٩ حَتَّىٰٓ إِذَا جَآءَ أَحَدَهُمُ ٱلْمَوْتُ قَالَ رَبِّ ٱرْجِعُونِ

١٠٠ لَعَلِّىٓ أَعْمَلُ صَـٰلِحًا فِيمَا تَرَكْتُ ۚ كَلَّا ۚ إِنَّهَا كَلِمَةٌ هُوَ قَآئِلُهَا ۖ وَمِن وَرَآئِهِم بَرْزَخٌ إِلَىٰ يَوْمِ يُبْعَثُونَ

١٠١ فَإِذَا نُفِخَ فِى ٱلصُّورِ فَلَآ أَنسَابَ بَيْنَهُمْ يَوْمَئِذٍ وَلَا يَتَسَآءَلُونَ

١٠٢ فَمَن ثَقُلَتْ مَوَٰزِينُهُۥ فَأُو۟لَٰٓئِكَ هُمُ ٱلْمُفْلِحُونَ

١٠٣ وَمَنْ خَفَّتْ مَوَٰزِينُهُۥ فَأُو۟لَٰٓئِكَ ٱلَّذِينَ خَسِرُوٓا۟ أَنفُسَهُمْ فِى جَهَنَّمَ خَٰلِدُونَ

١٠٤ تَلْفَحُ وُجُوهَهُمُ ٱلنَّارُ وَهُمْ فِيهَا كَٰلِحُونَ

١٠٥ أَلَمْ تَكُنْ ءَايَٰتِى تُتْلَىٰ عَلَيْكُمْ فَكُنتُم بِهَا تُكَذِّبُونَ

١٠٦ قَالُوا۟ رَبَّنَا غَلَبَتْ عَلَيْنَا شِقْوَتُنَا وَكُنَّا قَوْمًا ضَآلِّينَ

١٠٧ رَبَّنَآ أَخْرِجْنَا مِنْهَا فَإِنْ عُدْنَا فَإِنَّا ظَٰلِمُونَ

١٠٨ قَالَ ٱخْسَـُٔوا۟ فِيهَا وَلَا تُكَلِّمُونِ

١٠٩ إِنَّهُۥ كَانَ فَرِيقٌ مِّنْ عِبَادِى يَقُولُونَ رَبَّنَآ ءَامَنَّا فَٱغْفِرْ لَنَا وَٱرْحَمْنَا وَأَنتَ خَيْرُ ٱلرَّٰحِمِينَ

١١٠ فَٱتَّخَذْتُمُوهُمْ سِخْرِيًّا حَتَّىٰٓ أَنسَوْكُمْ ذِكْرِى وَكُنتُم مِّنْهُمْ تَضْحَكُونَ

١١١ إِنِّى جَزَيْتُهُمُ ٱلْيَوْمَ بِمَا صَبَرُوٓا۟ أَنَّهُمْ هُمُ ٱلْفَآئِزُونَ

١١٢ قُلْ كَمْ لَبِثْتُمْ فِى ٱلْأَرْضِ عَدَدَ سِنِينَ

١١٣ قَالُوا۟ لَبِثْنَا يَوْمًا أَوْ بَعْضَ يَوْمٍ فَسْـَٔلِ ٱلْعَآدِّينَ

١١٤ قُلْ إِن لَّبِثْتُمْ إِلَّا قَلِيلًا لَّوْ أَنَّكُمْ كُنتُمْ تَعْلَمُونَ

١١٥ أَفَحَسِبْتُمْ أَنَّمَا خَلَقْنَٰكُمْ عَبَثًا وَأَنَّكُمْ إِلَيْنَا لَا تُرْجَعُونَ

١١٦ فَتَعَٰلَى ٱللَّهُ ٱلْمَلِكُ ٱلْحَقُّ لَآ إِلَٰهَ إِلَّا هُوَ رَبُّ ٱلْعَرْشِ ٱلْكَرِيمِ

١١٧ وَمَن يَدْعُ مَعَ ٱللَّهِ إِلَٰهًا ءَاخَرَ لَا بُرْهَٰنَ لَهُۥ بِهِۦ فَإِنَّمَا حِسَابُهُۥ عِندَ رَبِّهِۦٓ إِنَّهُۥ لَا يُفْلِحُ ٱلْكَٰفِرُونَ

١١٨ وَقُل رَّبِّ ٱغْفِرْ وَٱرْحَمْ وَأَنتَ خَيْرُ ٱلرَّٰحِمِينَ

سورة النور

١ سُورَةٌ أَنزَلْنَٰهَا وَفَرَضْنَٰهَا وَأَنزَلْنَا فِيهَآ ءَايَٰتٍ بَيِّنَٰتٍ لَّعَلَّكُمْ تَذَكَّرُونَ

٢ ٱلزَّانِيَةُ وَٱلزَّانِى فَٱجْلِدُوا۟ كُلَّ وَٰحِدٍ مِّنْهُمَا مِا۟ئَةَ جَلْدَةٍ وَلَا تَأْخُذْكُم بِهِمَا رَأْفَةٌ فِى دِينِ ٱللَّهِ إِن كُنتُمْ تُؤْمِنُونَ بِٱللَّهِ وَٱلْيَوْمِ ٱلْءَاخِرِ وَلْيَشْهَدْ عَذَابَهُمَا طَآئِفَةٌ مِّنَ ٱلْمُؤْمِنِينَ

٣ ٱلزَّانِى لَا يَنكِحُ إِلَّا زَانِيَةً أَوْ مُشْرِكَةً وَٱلزَّانِيَةُ لَا يَنكِحُهَآ إِلَّا زَانٍ أَوْ مُشْرِكٌ وَحُرِّمَ ذَٰلِكَ عَلَى ٱلْمُؤْمِنِينَ

٤ وَٱلَّذِينَ يَرْمُونَ ٱلْمُحْصَنَٰتِ ثُمَّ لَمْ يَأْتُوا۟ بِأَرْبَعَةِ شُهَدَآءَ فَٱجْلِدُوهُمْ ثَمَٰنِينَ جَلْدَةً وَلَا تَقْبَلُوا۟ لَهُمْ شَهَٰدَةً أَبَدًا وَأُو۟لَٰٓئِكَ هُمُ ٱلْفَٰسِقُونَ

٥ إِلَّا ٱلَّذِينَ تَابُوا۟ مِنۢ بَعْدِ ذَٰلِكَ وَأَصْلَحُوا۟ فَإِنَّ ٱللَّهَ غَفُورٌ رَّحِيمٌ

٦ وَٱلَّذِينَ يَرْمُونَ أَزْوَٰجَهُمْ وَلَمْ يَكُن لَّهُمْ شُهَدَآءُ إِلَّآ أَنفُسُهُمْ فَشَهَٰدَةُ أَحَدِهِمْ أَرْبَعُ شَهَٰدَٰتٍۭ بِٱللَّهِ إِنَّهُۥ لَمِنَ ٱلصَّٰدِقِينَ

٧ وَٱلْخَٰمِسَةُ أَنَّ لَعْنَتَ ٱللَّهِ عَلَيْهِ إِن كَانَ مِنَ ٱلْكَٰذِبِينَ

٨ وَيَدْرَؤُا۟ عَنْهَا ٱلْعَذَابَ أَن تَشْهَدَ أَرْبَعَ شَهَٰدَٰتٍۭ بِٱللَّهِ إِنَّهُۥ لَمِنَ ٱلْكَٰذِبِينَ

٩ وَٱلْخَٰمِسَةَ أَنَّ غَضَبَ ٱللَّهِ عَلَيْهَآ إِن كَانَ مِنَ ٱلصَّٰدِقِينَ

١٠ وَلَوْلَا فَضْلُ ٱللَّهِ عَلَيْكُمْ وَرَحْمَتُهُۥ وَأَنَّ ٱللَّهَ تَوَّابٌ حَكِيمٌ

١١ إِنَّ ٱلَّذِينَ جَآءُو بِٱلْإِفْكِ عُصْبَةٌ مِّنكُمْ لَا تَحْسَبُوهُ شَرًّا لَّكُم بَلْ هُوَ خَيْرٌ لَّكُمْ لِكُلِّ

امْرِئٍ مِّنْهُم مَّا اكْتَسَبَ مِنَ الْإِثْمِ ۚ وَالَّذِي تَوَلَّىٰ كِبْرَهُ مِنْهُمْ لَهُ عَذَابٌ عَظِيمٌ

١٢ لَّوْلَا إِذْ سَمِعْتُمُوهُ ظَنَّ الْمُؤْمِنُونَ وَالْمُؤْمِنَاتُ بِأَنفُسِهِمْ خَيْرًا وَقَالُوا هَٰذَا إِفْكٌ مُّبِينٌ

١٣ لَّوْلَا جَاءُو عَلَيْهِ بِأَرْبَعَةِ شُهَدَاءَ ۚ فَإِذْ لَمْ يَأْتُوا بِالشُّهَدَاءِ فَأُولَٰئِكَ عِندَ اللَّهِ هُمُ الْكَاذِبُونَ

١٤ وَلَوْلَا فَضْلُ اللَّهِ عَلَيْكُمْ وَرَحْمَتُهُ فِي الدُّنْيَا وَالْآخِرَةِ لَمَسَّكُمْ فِي مَا أَفَضْتُمْ فِيهِ عَذَابٌ عَظِيمٌ

١٥ إِذْ تَلَقَّوْنَهُ بِأَلْسِنَتِكُمْ وَتَقُولُونَ بِأَفْوَاهِكُم مَّا لَيْسَ لَكُم بِهِ عِلْمٌ وَتَحْسَبُونَهُ هَيِّنًا وَهُوَ عِندَ اللَّهِ عَظِيمٌ

١٦ وَلَوْلَا إِذْ سَمِعْتُمُوهُ قُلْتُم مَّا يَكُونُ لَنَا أَن نَّتَكَلَّمَ بِهَٰذَا سُبْحَانَكَ هَٰذَا بُهْتَانٌ عَظِيمٌ

١٧ يَعِظُكُمُ اللَّهُ أَن تَعُودُوا لِمِثْلِهِ أَبَدًا إِن كُنتُم مُّؤْمِنِينَ

١٨ وَيُبَيِّنُ اللَّهُ لَكُمُ الْآيَاتِ ۚ وَاللَّهُ عَلِيمٌ حَكِيمٌ

١٩ إِنَّ الَّذِينَ يُحِبُّونَ أَن تَشِيعَ الْفَاحِشَةُ فِي الَّذِينَ آمَنُوا لَهُمْ عَذَابٌ أَلِيمٌ فِي الدُّنْيَا وَالْآخِرَةِ ۚ وَاللَّهُ يَعْلَمُ وَأَنتُمْ لَا تَعْلَمُونَ

٢٠ وَلَوْلَا فَضْلُ اللَّهِ عَلَيْكُمْ وَرَحْمَتُهُ وَأَنَّ اللَّهَ رَءُوفٌ رَّحِيمٌ

٢١ يَا أَيُّهَا الَّذِينَ آمَنُوا لَا تَتَّبِعُوا خُطُوَاتِ الشَّيْطَانِ ۚ وَمَن يَتَّبِعْ خُطُوَاتِ الشَّيْطَانِ فَإِنَّهُ يَأْمُرُ بِالْفَحْشَاءِ وَالْمُنكَرِ ۚ وَلَوْلَا فَضْلُ اللَّهِ عَلَيْكُمْ وَرَحْمَتُهُ مَا زَكَىٰ مِنكُم مِّنْ أَحَدٍ أَبَدًا وَلَٰكِنَّ اللَّهَ يُزَكِّي مَن يَشَاءُ ۗ وَاللَّهُ سَمِيعٌ عَلِيمٌ

٢٢ وَلَا يَأْتَلِ أُولُو الْفَضْلِ مِنكُمْ وَالسَّعَةِ أَن يُؤْتُوا أُولِي الْقُرْبَىٰ وَالْمَسَاكِينَ وَالْمُهَاجِرِينَ

فِي سَبِيلِ اللَّهِ ۖ وَلْيَعْفُوا وَلْيَصْفَحُوا ۗ أَلَا تُحِبُّونَ أَن يَغْفِرَ اللَّهُ لَكُمْ ۗ وَاللَّهُ غَفُورٌ رَّحِيمٌ

٢٣ إِنَّ الَّذِينَ يَرْمُونَ الْمُحْصَنَاتِ الْغَافِلَاتِ الْمُؤْمِنَاتِ لُعِنُوا فِي الدُّنْيَا وَالْآخِرَةِ وَلَهُمْ عَذَابٌ عَظِيمٌ

٢٤ يَوْمَ تَشْهَدُ عَلَيْهِمْ أَلْسِنَتُهُمْ وَأَيْدِيهِمْ وَأَرْجُلُهُم بِمَا كَانُوا يَعْمَلُونَ

٢٥ يَوْمَئِذٍ يُوَفِّيهِمُ اللَّهُ دِينَهُمُ الْحَقَّ وَيَعْلَمُونَ أَنَّ اللَّهَ هُوَ الْحَقُّ الْمُبِينُ

٢٦ الْخَبِيثَاتُ لِلْخَبِيثِينَ وَالْخَبِيثُونَ لِلْخَبِيثَاتِ ۖ وَالطَّيِّبَاتُ لِلطَّيِّبِينَ وَالطَّيِّبُونَ لِلطَّيِّبَاتِ ۚ أُولَٰئِكَ مُبَرَّءُونَ مِمَّا يَقُولُونَ ۖ لَهُم مَّغْفِرَةٌ وَرِزْقٌ كَرِيمٌ

٢٧ يَا أَيُّهَا الَّذِينَ آمَنُوا لَا تَدْخُلُوا بُيُوتًا غَيْرَ بُيُوتِكُمْ حَتَّىٰ تَسْتَأْنِسُوا وَتُسَلِّمُوا عَلَىٰ أَهْلِهَا ۚ ذَٰلِكُمْ خَيْرٌ لَّكُمْ لَعَلَّكُمْ تَذَكَّرُونَ

٢٨ فَإِن لَّمْ تَجِدُوا فِيهَا أَحَدًا فَلَا تَدْخُلُوهَا حَتَّىٰ يُؤْذَنَ لَكُمْ ۖ وَإِن قِيلَ لَكُمُ ارْجِعُوا فَارْجِعُوا ۖ هُوَ أَزْكَىٰ لَكُمْ ۚ وَاللَّهُ بِمَا تَعْمَلُونَ عَلِيمٌ

٢٩ لَّيْسَ عَلَيْكُمْ جُنَاحٌ أَن تَدْخُلُوا بُيُوتًا غَيْرَ مَسْكُونَةٍ فِيهَا مَتَاعٌ لَّكُمْ ۚ وَاللَّهُ يَعْلَمُ مَا تُبْدُونَ وَمَا تَكْتُمُونَ

٣٠ قُل لِّلْمُؤْمِنِينَ يَغُضُّوا مِنْ أَبْصَارِهِمْ وَيَحْفَظُوا فُرُوجَهُمْ ۚ ذَٰلِكَ أَزْكَىٰ لَهُمْ ۗ إِنَّ اللَّهَ خَبِيرٌ بِمَا يَصْنَعُونَ

٣١ وَقُل لِّلْمُؤْمِنَاتِ يَغْضُضْنَ مِنْ أَبْصَارِهِنَّ وَيَحْفَظْنَ فُرُوجَهُنَّ وَلَا يُبْدِينَ زِينَتَهُنَّ إِلَّا مَا ظَهَرَ مِنْهَا ۖ وَلْيَضْرِبْنَ بِخُمُرِهِنَّ عَلَىٰ جُيُوبِهِنَّ ۖ وَلَا يُبْدِينَ زِينَتَهُنَّ إِلَّا لِبُعُولَتِهِنَّ أَوْ آبَائِهِنَّ أَوْ آبَاءِ بُعُولَتِهِنَّ أَوْ أَبْنَائِهِنَّ أَوْ أَبْنَاءِ بُعُولَتِهِنَّ أَوْ إِخْوَانِهِنَّ أَوْ بَنِي إِخْوَانِهِنَّ أَوْ بَنِي أَخَوَاتِهِنَّ أَوْ نِسَائِهِنَّ أَوْ مَا

مَلَكَتْ أَيْمَـٰنُهُنَّ أَوِ ٱلتَّـٰبِعِينَ غَيْرِ أُو۟لِى ٱلْإِرْبَةِ
مِنَ ٱلرِّجَالِ أَوِ ٱلطِّفْلِ ٱلَّذِينَ لَمْ يَظْهَرُوا۟
عَلَىٰ عَوْرَٰتِ ٱلنِّسَآءِ ۖ وَلَا يَضْرِبْنَ بِأَرْجُلِهِنَّ
لِيُعْلَمَ مَا يُخْفِينَ مِن زِينَتِهِنَّ ۚ وَتُوبُوٓا۟ إِلَى
ٱللَّهِ جَمِيعًا أَيُّهَ ٱلْمُؤْمِنُونَ لَعَلَّكُمْ تُفْلِحُونَ

٣٢ وَأَنكِحُوا۟ ٱلْأَيَـٰمَىٰ مِنكُمْ وَٱلصَّـٰلِحِينَ مِنْ
عِبَادِكُمْ وَإِمَآئِكُمْ ۚ إِن يَكُونُوا۟ فُقَرَآءَ يُغْنِهِمُ
ٱللَّهُ مِن فَضْلِهِ ۗ وَٱللَّهُ وَٰسِعٌ عَلِيمٌ

٣٣ وَلْيَسْتَعْفِفِ ٱلَّذِينَ لَا يَجِدُونَ نِكَاحًا حَتَّىٰ
يُغْنِيَهُمُ ٱللَّهُ مِن فَضْلِهِ ۗ وَٱلَّذِينَ يَبْتَغُونَ
ٱلْكِتَـٰبَ مِمَّا مَلَكَتْ أَيْمَـٰنُكُمْ فَكَاتِبُوهُمْ إِنْ
عَلِمْتُمْ فِيهِمْ خَيْرًا ۖ وَءَاتُوهُم مِّن مَّالِ ٱللَّهِ
ٱلَّذِىٓ ءَاتَىٰكُمْ ۚ وَلَا تُكْرِهُوا۟ فَتَيَـٰتِكُمْ عَلَى
ٱلْبِغَآءِ إِنْ أَرَدْنَ تَحَصُّنًا لِّتَبْتَغُوا۟ عَرَضَ
ٱلْحَيَوٰةِ ٱلدُّنْيَا ۚ وَمَن يُكْرِههُّنَّ فَإِنَّ ٱللَّهَ مِنۢ
بَعْدِ إِكْرَٰهِهِنَّ غَفُورٌ رَّحِيمٌ

٣٤ وَلَقَدْ أَنزَلْنَآ إِلَيْكُمْ ءَايَـٰتٍ مُّبَيِّنَـٰتٍ وَمَثَلًا مِّنَ
ٱلَّذِينَ خَلَوْا۟ مِن قَبْلِكُمْ وَمَوْعِظَةً لِّلْمُتَّقِينَ

٣٥ ۞ ٱللَّهُ نُورُ ٱلسَّمَـٰوَٰتِ وَٱلْأَرْضِ ۚ مَثَلُ نُورِهِ
كَمِشْكَوٰةٍ فِيهَا مِصْبَاحٌ ۖ ٱلْمِصْبَاحُ فِى
زُجَاجَةٍ ۖ ٱلزُّجَاجَةُ كَأَنَّهَا كَوْكَبٌ دُرِّىٌّ يُوقَدُ
مِن شَجَرَةٍ مُّبَـٰرَكَةٍ زَيْتُونَةٍ لَّا شَرْقِيَّةٍ وَلَا
غَرْبِيَّةٍ يَكَادُ زَيْتُهَا يُضِىٓءُ وَلَوْ لَمْ تَمْسَسْهُ
نَارٌ ۚ نُّورٌ عَلَىٰ نُورٍ ۗ يَهْدِى ٱللَّهُ لِنُورِهِ مَن
يَشَآءُ ۚ وَيَضْرِبُ ٱللَّهُ ٱلْأَمْثَـٰلَ لِلنَّاسِ ۗ وَٱللَّهُ
بِكُلِّ شَىْءٍ عَلِيمٌ

٣٦ فِى بُيُوتٍ أَذِنَ ٱللَّهُ أَن تُرْفَعَ وَيُذْكَرَ فِيهَا
ٱسْمُهُ يُسَبِّحُ لَهُ فِيهَا بِٱلْغُدُوِّ وَٱلْءَاصَالِ

٣٧ رِجَالٌ لَّا تُلْهِيهِمْ تِجَـٰرَةٌ وَلَا بَيْعٌ عَن ذِكْرِ ٱللَّهِ
وَإِقَامِ ٱلصَّلَوٰةِ وَإِيتَآءِ ٱلزَّكَوٰةِ ۙ يَخَافُونَ يَوْمًا
تَتَقَلَّبُ فِيهِ ٱلْقُلُوبُ وَٱلْأَبْصَـٰرُ

٣٨ لِيَجْزِيَهُمُ ٱللَّهُ أَحْسَنَ مَا عَمِلُوا۟ وَيَزِيدَهُم مِّن
فَضْلِهِ ۗ وَٱللَّهُ يَرْزُقُ مَن يَشَآءُ بِغَيْرِ حِسَابٍ

٣٩ وَٱلَّذِينَ كَفَرُوٓا۟ أَعْمَـٰلُهُمْ كَسَرَابٍ بِقِيعَةٍ
يَحْسَبُهُ ٱلظَّمْـَٔانُ مَآءً حَتَّىٰٓ إِذَا جَآءَهُ لَمْ
يَجِدْهُ شَيْئًا وَوَجَدَ ٱللَّهَ عِندَهُ فَوَفَّىٰهُ حِسَابَهُ ۗ
وَٱللَّهُ سَرِيعُ ٱلْحِسَابِ

٤٠ أَوْ كَظُلُمَـٰتٍ فِى بَحْرٍ لُّجِّىٍّ يَغْشَىٰهُ مَوْجٌ مِّن
فَوْقِهِ مَوْجٌ مِّن فَوْقِهِ سَحَابٌ ۚ ظُلُمَـٰتٌۢ بَعْضُهَا
فَوْقَ بَعْضٍ إِذَآ أَخْرَجَ يَدَهُ لَمْ يَكَدْ يَرَىٰهَا ۗ
وَمَن لَّمْ يَجْعَلِ ٱللَّهُ لَهُ نُورًا فَمَا لَهُ مِن نُّورٍ

٤١ أَلَمْ تَرَ أَنَّ ٱللَّهَ يُسَبِّحُ لَهُ مَن فِى ٱلسَّمَـٰوَٰتِ
وَٱلْأَرْضِ وَٱلطَّيْرُ صَـٰٓفَّـٰتٍ ۖ كُلٌّ قَدْ عَلِمَ صَلَاتَهُ
وَتَسْبِيحَهُ ۗ وَٱللَّهُ عَلِيمٌۢ بِمَا يَفْعَلُونَ

٤٢ وَلِلَّهِ مُلْكُ ٱلسَّمَـٰوَٰتِ وَٱلْأَرْضِ ۖ وَإِلَى ٱللَّهِ
ٱلْمَصِيرُ

٤٣ أَلَمْ تَرَ أَنَّ ٱللَّهَ يُزْجِى سَحَابًا ثُمَّ يُؤَلِّفُ بَيْنَهُ
ثُمَّ يَجْعَلُهُ رُكَامًا فَتَرَى ٱلْوَدْقَ يَخْرُجُ مِنْ
خِلَـٰلِهِ وَيُنَزِّلُ مِنَ ٱلسَّمَآءِ مِن جِبَالٍ فِيهَا مِنۢ
بَرَدٍ فَيُصِيبُ بِهِ مَن يَشَآءُ وَيَصْرِفُهُ عَن مَّن
يَشَآءُ ۖ يَكَادُ سَنَا بَرْقِهِ يَذْهَبُ بِٱلْأَبْصَـٰرِ

٤٤ يُقَلِّبُ ٱللَّهُ ٱلَّيْلَ وَٱلنَّهَارَ ۚ إِنَّ فِى ذَٰلِكَ لَعِبْرَةً
لِّأُو۟لِى ٱلْأَبْصَـٰرِ

٤٥ وَٱللَّهُ خَلَقَ كُلَّ دَآبَّةٍ مِّن مَّآءٍ ۖ فَمِنْهُم مَّن
يَمْشِى عَلَىٰ بَطْنِهِ وَمِنْهُم مَّن يَمْشِى عَلَىٰ
رِجْلَيْنِ وَمِنْهُم مَّن يَمْشِى عَلَىٰٓ أَرْبَعٍ ۚ يَخْلُقُ
ٱللَّهُ مَا يَشَآءُ ۚ إِنَّ ٱللَّهَ عَلَىٰ كُلِّ شَىْءٍ قَدِيرٌ

٤٦ لَّقَدْ أَنزَلْنَآ ءَايَـٰتٍ مُّبَيِّنَـٰتٍ ۚ وَٱللَّهُ يَهْدِى مَن
يَشَآءُ إِلَىٰ صِرَٰطٍ مُّسْتَقِيمٍ

٤٧ وَيَقُولُونَ ءَامَنَّا بِٱللَّهِ وَبِٱلرَّسُولِ وَأَطَعْنَا ثُمَّ
يَتَوَلَّىٰ فَرِيقٌ مِّنْهُم مِّنۢ بَعْدِ ذَٰلِكَ ۚ وَمَآ أُو۟لَـٰٓئِكَ
بِٱلْمُؤْمِنِينَ

٤٨ وَإِذَا دُعُوٓا۟ إِلَى ٱللَّهِ وَرَسُولِهِ لِيَحْكُمَ بَيْنَهُمْ
إِذَا فَرِيقٌ مِّنْهُم مُّعْرِضُونَ

٤٩ وَإِن يَكُن لَّهُمُ ٱلْحَقُّ يَأْتُوٓا۟ إِلَيْهِ مُذْعِنِينَ

٥٠ أَفِى قُلُوبِهِم مَّرَضٌ أَمِ ٱرْتَابُوٓا۟ أَمْ يَخَافُونَ أَن يَحِيفَ ٱللَّهُ عَلَيْهِمْ وَرَسُولُهُۥ ۚ بَلْ أُو۟لَٰٓئِكَ هُمُ ٱلظَّٰلِمُونَ

٥١ إِنَّمَا كَانَ قَوْلَ ٱلْمُؤْمِنِينَ إِذَا دُعُوٓا۟ إِلَى ٱللَّهِ وَرَسُولِهِۦ لِيَحْكُمَ بَيْنَهُمْ أَن يَقُولُوا۟ سَمِعْنَا وَأَطَعْنَا ۚ وَأُو۟لَٰٓئِكَ هُمُ ٱلْمُفْلِحُونَ

٥٢ وَمَن يُطِعِ ٱللَّهَ وَرَسُولَهُۥ وَيَخْشَ ٱللَّهَ وَيَتَّقْهِ فَأُو۟لَٰٓئِكَ هُمُ ٱلْفَآئِزُونَ

٥٣ وَأَقْسَمُوا۟ بِٱللَّهِ جَهْدَ أَيْمَٰنِهِمْ لَئِنْ أَمَرْتَهُمْ ۞ لَيَخْرُجُنَّ ۖ قُل لَّا تُقْسِمُوا۟ ۖ طَاعَةٌ مَّعْرُوفَةٌ ۚ إِنَّ ٱللَّهَ خَبِيرٌۢ بِمَا تَعْمَلُونَ

٥٤ قُلْ أَطِيعُوا۟ ٱللَّهَ وَأَطِيعُوا۟ ٱلرَّسُولَ ۖ فَإِن تَوَلَّوْا۟ فَإِنَّمَا عَلَيْهِ مَا حُمِّلَ وَعَلَيْكُم مَّا حُمِّلْتُمْ ۖ وَإِن تُطِيعُوهُ تَهْتَدُوا۟ ۚ وَمَا عَلَى ٱلرَّسُولِ إِلَّا ٱلْبَلَٰغُ ٱلْمُبِينُ

٥٥ وَعَدَ ٱللَّهُ ٱلَّذِينَ ءَامَنُوا۟ مِنكُمْ وَعَمِلُوا۟ ٱلصَّٰلِحَٰتِ لَيَسْتَخْلِفَنَّهُمْ فِى ٱلْأَرْضِ كَمَا ٱسْتَخْلَفَ ٱلَّذِينَ مِن قَبْلِهِمْ وَلَيُمَكِّنَنَّ لَهُمْ دِينَهُمُ ٱلَّذِى ٱرْتَضَىٰ لَهُمْ وَلَيُبَدِّلَنَّهُم مِّنۢ بَعْدِ خَوْفِهِمْ أَمْنًا ۚ يَعْبُدُونَنِى لَا يُشْرِكُونَ بِى شَيْـًٔا ۚ وَمَن كَفَرَ بَعْدَ ذَٰلِكَ فَأُو۟لَٰٓئِكَ هُمُ ٱلْفَٰسِقُونَ

٥٦ وَأَقِيمُوا۟ ٱلصَّلَوٰةَ وَءَاتُوا۟ ٱلزَّكَوٰةَ وَأَطِيعُوا۟ ٱلرَّسُولَ لَعَلَّكُمْ تُرْحَمُونَ

٥٧ لَا تَحْسَبَنَّ ٱلَّذِينَ كَفَرُوا۟ مُعْجِزِينَ فِى ٱلْأَرْضِ ۚ وَمَأْوَىٰهُمُ ٱلنَّارُ ۖ وَلَبِئْسَ ٱلْمَصِيرُ

٥٨ يَٰٓأَيُّهَا ٱلَّذِينَ ءَامَنُوا۟ لِيَسْتَـْٔذِنكُمُ ٱلَّذِينَ مَلَكَتْ أَيْمَٰنُكُمْ وَٱلَّذِينَ لَمْ يَبْلُغُوا۟ ٱلْحُلُمَ مِنكُمْ ثَلَٰثَ مَرَّٰتٍ ۚ مِّن قَبْلِ صَلَوٰةِ ٱلْفَجْرِ وَحِينَ تَضَعُونَ ثِيَابَكُم مِّنَ ٱلظَّهِيرَةِ وَمِنۢ بَعْدِ صَلَوٰةِ ٱلْعِشَآءِ ۚ ثَلَٰثُ عَوْرَٰتٍ لَّكُمْ ۚ لَيْسَ عَلَيْكُمْ وَلَا عَلَيْهِمْ جُنَاحٌۢ بَعْدَهُنَّ ۚ طَوَّٰفُونَ عَلَيْكُم بَعْضُكُمْ عَلَىٰ

بَعْضٍ ۚ كَذَٰلِكَ يُبَيِّنُ ٱللَّهُ لَكُمُ ٱلْءَايَٰتِ ۗ وَٱللَّهُ عَلِيمٌ حَكِيمٌ

٥٩ وَإِذَا بَلَغَ ٱلْأَطْفَٰلُ مِنكُمُ ٱلْحُلُمَ فَلْيَسْتَـْٔذِنُوا۟ كَمَا ٱسْتَـْٔذَنَ ٱلَّذِينَ مِن قَبْلِهِمْ ۚ كَذَٰلِكَ يُبَيِّنُ ٱللَّهُ لَكُمْ ءَايَٰتِهِ ۗ وَٱللَّهُ عَلِيمٌ حَكِيمٌ

٦٠ وَٱلْقَوَٰعِدُ مِنَ ٱلنِّسَآءِ ٱلَّٰتِى لَا يَرْجُونَ نِكَاحًا فَلَيْسَ عَلَيْهِنَّ جُنَاحٌ أَن يَضَعْنَ ثِيَابَهُنَّ غَيْرَ مُتَبَرِّجَٰتٍ بِزِينَةٍ ۖ وَأَن يَسْتَعْفِفْنَ خَيْرٌ لَّهُنَّ ۗ وَٱللَّهُ سَمِيعٌ عَلِيمٌ

٦١ لَّيْسَ عَلَى ٱلْأَعْمَىٰ حَرَجٌ وَلَا عَلَى ٱلْأَعْرَجِ حَرَجٌ وَلَا عَلَى ٱلْمَرِيضِ حَرَجٌ وَلَا عَلَىٰٓ أَنفُسِكُمْ أَن تَأْكُلُوا۟ مِنۢ بُيُوتِكُمْ أَوْ بُيُوتِ ءَابَآئِكُمْ أَوْ بُيُوتِ أُمَّهَٰتِكُمْ أَوْ بُيُوتِ إِخْوَٰنِكُمْ أَوْ بُيُوتِ أَخَوَٰتِكُمْ أَوْ بُيُوتِ أَعْمَٰمِكُمْ أَوْ بُيُوتِ عَمَّٰتِكُمْ أَوْ بُيُوتِ أَخْوَٰلِكُمْ أَوْ بُيُوتِ خَٰلَٰتِكُمْ أَوْ مَا مَلَكْتُم مَّفَاتِحَهُۥٓ أَوْ صَدِيقِكُمْ ۚ لَيْسَ عَلَيْكُمْ جُنَاحٌ أَن تَأْكُلُوا۟ جَمِيعًا أَوْ أَشْتَاتًا ۚ فَإِذَا دَخَلْتُم بُيُوتًا فَسَلِّمُوا۟ عَلَىٰٓ أَنفُسِكُمْ تَحِيَّةً مِّنْ عِندِ ٱللَّهِ مُبَٰرَكَةً طَيِّبَةً ۚ كَذَٰلِكَ يُبَيِّنُ ٱللَّهُ لَكُمُ ٱلْءَايَٰتِ لَعَلَّكُمْ تَعْقِلُونَ

٦٢ إِنَّمَا ٱلْمُؤْمِنُونَ ٱلَّذِينَ ءَامَنُوا۟ بِٱللَّهِ وَرَسُولِهِۦ وَإِذَا كَانُوا۟ مَعَهُۥ عَلَىٰٓ أَمْرٍ جَامِعٍ لَّمْ يَذْهَبُوا۟ حَتَّىٰ يَسْتَـْٔذِنُوهُ ۚ إِنَّ ٱلَّذِينَ يَسْتَـْٔذِنُونَكَ أُو۟لَٰٓئِكَ ٱلَّذِينَ يُؤْمِنُونَ بِٱللَّهِ وَرَسُولِهِۦ ۚ فَإِذَا ٱسْتَـْٔذَنُوكَ لِبَعْضِ شَأْنِهِمْ فَأْذَن لِّمَن شِئْتَ مِنْهُمْ وَٱسْتَغْفِرْ لَهُمُ ٱللَّهَ ۚ إِنَّ ٱللَّهَ غَفُورٌ رَّحِيمٌ

٦٣ لَّا تَجْعَلُوا۟ دُعَآءَ ٱلرَّسُولِ بَيْنَكُمْ كَدُعَآءِ بَعْضِكُم بَعْضًا ۚ قَدْ يَعْلَمُ ٱللَّهُ ٱلَّذِينَ يَتَسَلَّلُونَ مِنكُمْ لِوَاذًا ۚ فَلْيَحْذَرِ ٱلَّذِينَ يُخَالِفُونَ عَنْ أَمْرِهِۦٓ أَن تُصِيبَهُمْ فِتْنَةٌ أَوْ يُصِيبَهُمْ عَذَابٌ أَلِيمٌ

٦٤ أَلَا إِنَّ لِلَّهِ مَا فِى ٱلسَّمَٰوَٰتِ وَٱلْأَرْضِ ۖ قَدْ يَعْلَمُ مَآ أَنتُمْ عَلَيْهِ وَيَوْمَ يُرْجَعُونَ إِلَيْهِ فَيُنَبِّئُهُم بِمَا عَمِلُوا ۗ وَٱللَّهُ بِكُلِّ شَىْءٍ عَلِيمٌ

سورة الفرقان

١ تَبَارَكَ ٱلَّذِى نَزَّلَ ٱلْفُرْقَانَ عَلَىٰ عَبْدِهِ لِيَكُونَ لِلْعَٰلَمِينَ نَذِيرًا

٢ ٱلَّذِى لَهُ مُلْكُ ٱلسَّمَٰوَٰتِ وَٱلْأَرْضِ وَلَمْ يَتَّخِذْ وَلَدًا وَلَمْ يَكُن لَّهُ شَرِيكٌ فِى ٱلْمُلْكِ وَخَلَقَ كُلَّ شَىْءٍ فَقَدَّرَهُ تَقْدِيرًا

٣ وَٱتَّخَذُوا مِن دُونِهِ ءَالِهَةً لَّا يَخْلُقُونَ شَيْئًا وَهُمْ يُخْلَقُونَ وَلَا يَمْلِكُونَ لِأَنفُسِهِمْ ضَرًّا وَلَا نَفْعًا وَلَا يَمْلِكُونَ مَوْتًا وَلَا حَيَوٰةً وَلَا نُشُورًا

٤ وَقَالَ ٱلَّذِينَ كَفَرُوا إِنْ هَٰذَا إِلَّا إِفْكٌ ٱفْتَرَٰهُ وَأَعَانَهُ عَلَيْهِ قَوْمٌ ءَاخَرُونَ ۖ فَقَدْ جَآءُو ظُلْمًا وَزُورًا

٥ وَقَالُوا أَسَٰطِيرُ ٱلْأَوَّلِينَ ٱكْتَتَبَهَا فَهِىَ تُمْلَىٰ عَلَيْهِ بُكْرَةً وَأَصِيلًا

٦ قُلْ أَنزَلَهُ ٱلَّذِى يَعْلَمُ ٱلسِّرَّ فِى ٱلسَّمَٰوَٰتِ وَٱلْأَرْضِ ۚ إِنَّهُ كَانَ غَفُورًا رَّحِيمًا

٧ وَقَالُوا مَالِ هَٰذَا ٱلرَّسُولِ يَأْكُلُ ٱلطَّعَامَ وَيَمْشِى فِى ٱلْأَسْوَاقِ ۙ لَوْلَا أُنزِلَ إِلَيْهِ مَلَكٌ فَيَكُونَ مَعَهُ نَذِيرًا

٨ أَوْ يُلْقَىٰ إِلَيْهِ كَنزٌ أَوْ تَكُونُ لَهُ جَنَّةٌ يَأْكُلُ مِنْهَا ۚ وَقَالَ ٱلظَّٰلِمُونَ إِن تَتَّبِعُونَ إِلَّا رَجُلًا مَّسْحُورًا

٩ ٱنظُرْ كَيْفَ ضَرَبُوا لَكَ ٱلْأَمْثَٰلَ فَضَلُّوا فَلَا يَسْتَطِيعُونَ سَبِيلًا

١٠ تَبَارَكَ ٱلَّذِى إِن شَآءَ جَعَلَ لَكَ خَيْرًا مِّن ذَٰلِكَ جَنَّٰتٍ تَجْرِى مِن تَحْتِهَا ٱلْأَنْهَٰرُ وَيَجْعَل لَّكَ قُصُورًا

١١ بَلْ كَذَّبُوا بِٱلسَّاعَةِ ۖ وَأَعْتَدْنَا لِمَن كَذَّبَ بِٱلسَّاعَةِ سَعِيرًا

١٢ إِذَا رَأَتْهُم مِّن مَّكَانٍ بَعِيدٍ سَمِعُوا لَهَا تَغَيُّظًا وَزَفِيرًا

١٣ وَإِذَآ أُلْقُوا مِنْهَا مَكَانًا ضَيِّقًا مُّقَرَّنِينَ دَعَوْا هُنَالِكَ ثُبُورًا

١٤ لَّا تَدْعُوا ٱلْيَوْمَ ثُبُورًا وَٰحِدًا وَٱدْعُوا ثُبُورًا كَثِيرًا

١٥ قُلْ أَذَٰلِكَ خَيْرٌ أَمْ جَنَّةُ ٱلْخُلْدِ ٱلَّتِى وُعِدَ ٱلْمُتَّقُونَ ۚ كَانَتْ لَهُمْ جَزَآءً وَمَصِيرًا

١٦ لَّهُمْ فِيهَا مَا يَشَآءُونَ خَٰلِدِينَ ۚ كَانَ عَلَىٰ رَبِّكَ وَعْدًا مَّسْئُولًا

١٧ وَيَوْمَ يَحْشُرُهُمْ وَمَا يَعْبُدُونَ مِن دُونِ ٱللَّهِ فَيَقُولُ ءَأَنتُمْ أَضْلَلْتُمْ عِبَادِى هَٰٓؤُلَآءِ أَمْ هُمْ ضَلُّوا ٱلسَّبِيلَ

١٨ قَالُوا سُبْحَٰنَكَ مَا كَانَ يَنۢبَغِى لَنَآ أَن نَّتَّخِذَ مِن دُونِكَ مِنْ أَوْلِيَآءَ وَلَٰكِن مَّتَّعْتَهُمْ وَءَابَآءَهُمْ حَتَّىٰ نَسُوا ٱلذِّكْرَ وَكَانُوا قَوْمًا بُورًا

١٩ فَقَدْ كَذَّبُوكُم بِمَا تَقُولُونَ فَمَا تَسْتَطِيعُونَ صَرْفًا وَلَا نَصْرًا ۚ وَمَن يَظْلِم مِّنكُمْ نُذِقْهُ عَذَابًا كَبِيرًا

٢٠ وَمَآ أَرْسَلْنَا قَبْلَكَ مِنَ ٱلْمُرْسَلِينَ إِلَّا إِنَّهُمْ لَيَأْكُلُونَ ٱلطَّعَامَ وَيَمْشُونَ فِى ٱلْأَسْوَاقِ ۗ وَجَعَلْنَا بَعْضَكُمْ لِبَعْضٍ فِتْنَةً أَتَصْبِرُونَ ۗ وَكَانَ رَبُّكَ بَصِيرًا

٢١ وَقَالَ ٱلَّذِينَ لَا يَرْجُونَ لِقَآءَنَا لَوْلَا أُنزِلَ عَلَيْنَا ٱلْمَلَٰئِكَةُ أَوْ نَرَىٰ رَبَّنَا ۗ لَقَدِ ٱسْتَكْبَرُوا فِى أَنفُسِهِمْ وَعَتَوْ عُتُوًّا كَبِيرًا

٢٢ يَوْمَ يَرَوْنَ ٱلْمَلَـٰئِكَةَ لَا بُشْرَىٰ يَوْمَئِذٍ لِّلْمُجْرِمِينَ وَيَقُولُونَ حِجْرًا مَّحْجُورًا

٢٣ وَقَدِمْنَا إِلَىٰ مَا عَمِلُوا مِنْ عَمَلٍ فَجَعَلْنَـٰهُ هَبَآءً مَّنثُورًا

٢٤ أَصْحَـٰبُ ٱلْجَنَّةِ يَوْمَئِذٍ خَيْرٌ مُّسْتَقَرًّا وَأَحْسَنُ مَقِيلًا

٢٥ وَيَوْمَ تَشَقَّقُ ٱلسَّمَآءُ بِٱلْغَمَـٰمِ وَنُزِّلَ ٱلْمَلَـٰئِكَةُ تَنزِيلًا

٢٦ ٱلْمُلْكُ يَوْمَئِذٍ ٱلْحَقُّ لِلرَّحْمَـٰنِ وَكَانَ يَوْمًا عَلَى ٱلْكَـٰفِرِينَ عَسِيرًا

٢٧ وَيَوْمَ يَعَضُّ ٱلظَّالِمُ عَلَىٰ يَدَيْهِ يَقُولُ يَـٰلَيْتَنِى ٱتَّخَذْتُ مَعَ ٱلرَّسُولِ سَبِيلًا

٢٨ يَـٰوَيْلَتَىٰ لَيْتَنِى لَمْ أَتَّخِذْ فُلَانًا خَلِيلًا

٢٩ لَّقَدْ أَضَلَّنِى عَنِ ٱلذِّكْرِ بَعْدَ إِذْ جَاءَنِى وَكَانَ ٱلشَّيْطَـٰنُ لِلْإِنسَـٰنِ خَذُولًا

٣٠ وَقَالَ ٱلرَّسُولُ يَـٰرَبِّ إِنَّ قَوْمِى ٱتَّخَذُوا هَـٰذَا ٱلْقُرْءَانَ مَهْجُورًا

٣١ وَكَذَٰلِكَ جَعَلْنَا لِكُلِّ نَبِىٍّ عَدُوًّا مِّنَ ٱلْمُجْرِمِينَ وَكَفَىٰ بِرَبِّكَ هَادِيًا وَنَصِيرًا

٣٢ وَقَالَ ٱلَّذِينَ كَفَرُوا لَوْلَا نُزِّلَ عَلَيْهِ ٱلْقُرْءَانُ جُمْلَةً وَٰحِدَةً كَذَٰلِكَ لِنُثَبِّتَ بِهِ فُؤَادَكَ وَرَتَّلْنَـٰهُ تَرْتِيلًا

٣٣ وَلَا يَأْتُونَكَ بِمَثَلٍ إِلَّا جِئْنَـٰكَ بِٱلْحَقِّ وَأَحْسَنَ تَفْسِيرًا

٣٤ ٱلَّذِينَ يُحْشَرُونَ عَلَىٰ وُجُوهِهِمْ إِلَىٰ جَهَنَّمَ أُولَـٰئِكَ شَرٌّ مَّكَانًا وَأَضَلُّ سَبِيلًا

٣٥ وَلَقَدْ ءَاتَيْنَا مُوسَى ٱلْكِتَـٰبَ وَجَعَلْنَا مَعَهُ أَخَاهُ هَـٰرُونَ وَزِيرًا

٣٦ فَقُلْنَا ٱذْهَبَا إِلَى ٱلْقَوْمِ ٱلَّذِينَ كَذَّبُوا بِـَٔايَـٰتِنَا فَدَمَّرْنَـٰهُمْ تَدْمِيرًا

٣٧ وَقَوْمَ نُوحٍ لَّمَّا كَذَّبُوا ٱلرُّسُلَ أَغْرَقْنَـٰهُمْ وَجَعَلْنَـٰهُمْ لِلنَّاسِ ءَايَةً وَأَعْتَدْنَا لِلظَّـٰلِمِينَ عَذَابًا أَلِيمًا

٣٨ وَعَادًا وَثَمُودَا وَأَصْحَـٰبَ ٱلرَّسِّ وَقُرُونًا بَيْنَ ذَٰلِكَ كَثِيرًا

٣٩ وَكُلًّا ضَرَبْنَا لَهُ ٱلْأَمْثَـٰلَ وَكُلًّا تَبَّرْنَا تَتْبِيرًا

٤٠ وَلَقَدْ أَتَوْا عَلَى ٱلْقَرْيَةِ ٱلَّتِى أُمْطِرَتْ مَطَرَ ٱلسَّوْءِ أَفَلَمْ يَكُونُوا يَرَوْنَهَا بَلْ كَانُوا لَا يَرْجُونَ نُشُورًا

٤١ وَإِذَا رَأَوْكَ إِن يَتَّخِذُونَكَ إِلَّا هُزُوًا أَهَـٰذَا ٱلَّذِى بَعَثَ ٱللَّهُ رَسُولًا

٤٢ إِن كَادَ لَيُضِلُّنَا عَنْ ءَالِهَتِنَا لَوْلَا أَن صَبَرْنَا عَلَيْهَا وَسَوْفَ يَعْلَمُونَ حِينَ يَرَوْنَ ٱلْعَذَابَ مَنْ أَضَلُّ سَبِيلًا

٤٣ أَرَءَيْتَ مَنِ ٱتَّخَذَ إِلَـٰهَهُ هَوَىٰهُ أَفَأَنتَ تَكُونُ عَلَيْهِ وَكِيلًا

٤٤ أَمْ تَحْسَبُ أَنَّ أَكْثَرَهُمْ يَسْمَعُونَ أَوْ يَعْقِلُونَ إِنْ هُمْ إِلَّا كَٱلْأَنْعَـٰمِ بَلْ هُمْ أَضَلُّ سَبِيلًا

٤٥ أَلَمْ تَرَ إِلَىٰ رَبِّكَ كَيْفَ مَدَّ ٱلظِّلَّ وَلَوْ شَآءَ لَجَعَلَهُ سَاكِنًا ثُمَّ جَعَلْنَا ٱلشَّمْسَ عَلَيْهِ دَلِيلًا

٤٦ ثُمَّ قَبَضْنَـٰهُ إِلَيْنَا قَبْضًا يَسِيرًا

٤٧ وَهُوَ ٱلَّذِى جَعَلَ لَكُمُ ٱلَّيْلَ لِبَاسًا وَٱلنَّوْمَ سُبَاتًا وَجَعَلَ ٱلنَّهَارَ نُشُورًا

٤٨ وَهُوَ ٱلَّذِى أَرْسَلَ ٱلرِّيَـٰحَ بُشْرًا بَيْنَ يَدَىْ رَحْمَتِهِ وَأَنزَلْنَا مِنَ ٱلسَّمَآءِ مَآءً طَهُورًا

٤٩ لِّنُحْـِۧىَ بِهِ بَلْدَةً مَّيْتًا وَنُسْقِيَهُ مِمَّا خَلَقْنَا أَنْعَـٰمًا وَأَنَاسِىَّ كَثِيرًا

٥٠ وَلَقَدْ صَرَّفْنَـٰهُ بَيْنَهُمْ لِيَذَّكَّرُوا فَأَبَىٰ أَكْثَرُ ٱلنَّاسِ إِلَّا كُفُورًا

٥١ وَلَوْ شِئْنَا لَبَعَثْنَا فِى كُلِّ قَرْيَةٍ نَّذِيرًا

٥٢ فَلَا تُطِعِ ٱلْكَٰفِرِينَ وَجَٰهِدْهُم بِهِۦ جِهَادًا كَبِيرًا

٥٣ وَهُوَ ٱلَّذِى مَرَجَ ٱلْبَحْرَيْنِ هَٰذَا عَذْبٌ فُرَاتٌ وَهَٰذَا مِلْحٌ أُجَاجٌ وَجَعَلَ بَيْنَهُمَا بَرْزَخًا وَحِجْرًا مَّحْجُورًا

٥٤ وَهُوَ ٱلَّذِى خَلَقَ مِنَ ٱلْمَآءِ بَشَرًا فَجَعَلَهُۥ نَسَبًا وَصِهْرًا وَكَانَ رَبُّكَ قَدِيرًا

٥٥ وَيَعْبُدُونَ مِن دُونِ ٱللَّهِ مَا لَا يَنفَعُهُمْ وَلَا يَضُرُّهُمْ وَكَانَ ٱلْكَافِرُ عَلَىٰ رَبِّهِۦ ظَهِيرًا

٥٦ وَمَآ أَرْسَلْنَٰكَ إِلَّا مُبَشِّرًا وَنَذِيرًا

٥٧ قُلْ مَآ أَسْـَٔلُكُمْ عَلَيْهِ مِنْ أَجْرٍ إِلَّا مَن شَآءَ أَن يَتَّخِذَ إِلَىٰ رَبِّهِۦ سَبِيلًا

٥٨ وَتَوَكَّلْ عَلَى ٱلْحَىِّ ٱلَّذِى لَا يَمُوتُ وَسَبِّحْ بِحَمْدِهِۦ وَكَفَىٰ بِهِۦ بِذُنُوبِ عِبَادِهِۦ خَبِيرًا

٥٩ ٱلَّذِى خَلَقَ ٱلسَّمَٰوَٰتِ وَٱلْأَرْضَ وَمَا بَيْنَهُمَا فِى سِتَّةِ أَيَّامٍ ثُمَّ ٱسْتَوَىٰ عَلَى ٱلْعَرْشِ ٱلرَّحْمَٰنُ فَسْـَٔلْ بِهِۦ خَبِيرًا

٦٠ وَإِذَا قِيلَ لَهُمُ ٱسْجُدُوا۟ لِلرَّحْمَٰنِ قَالُوا۟ وَمَا ٱلرَّحْمَٰنُ أَنَسْجُدُ لِمَا تَأْمُرُنَا وَزَادَهُمْ نُفُورًا

٦١ تَبَارَكَ ٱلَّذِى جَعَلَ فِى ٱلسَّمَآءِ بُرُوجًا وَجَعَلَ فِيهَا سِرَٰجًا وَقَمَرًا مُّنِيرًا

٦٢ وَهُوَ ٱلَّذِى جَعَلَ ٱلَّيْلَ وَٱلنَّهَارَ خِلْفَةً لِّمَنْ أَرَادَ أَن يَذَّكَّرَ أَوْ أَرَادَ شُكُورًا

٦٣ وَعِبَادُ ٱلرَّحْمَٰنِ ٱلَّذِينَ يَمْشُونَ عَلَى ٱلْأَرْضِ هَوْنًا وَإِذَا خَاطَبَهُمُ ٱلْجَٰهِلُونَ قَالُوا۟ سَلَٰمًا

٦٤ وَٱلَّذِينَ يَبِيتُونَ لِرَبِّهِمْ سُجَّدًا وَقِيَٰمًا

٦٥ وَٱلَّذِينَ يَقُولُونَ رَبَّنَا ٱصْرِفْ عَنَّا عَذَابَ جَهَنَّمَ إِنَّ عَذَابَهَا كَانَ غَرَامًا

٦٦ إِنَّهَا سَآءَتْ مُسْتَقَرًّا وَمُقَامًا

٦٧ وَٱلَّذِينَ إِذَآ أَنفَقُوا۟ لَمْ يُسْرِفُوا۟ وَلَمْ يَقْتُرُوا۟ وَكَانَ بَيْنَ ذَٰلِكَ قَوَامًا

٦٨ وَٱلَّذِينَ لَا يَدْعُونَ مَعَ ٱللَّهِ إِلَٰهًا ءَاخَرَ وَلَا يَقْتُلُونَ ٱلنَّفْسَ ٱلَّتِى حَرَّمَ ٱللَّهُ إِلَّا بِٱلْحَقِّ وَلَا يَزْنُونَ وَمَن يَفْعَلْ ذَٰلِكَ يَلْقَ أَثَامًا

٦٩ يُضَٰعَفْ لَهُ ٱلْعَذَابُ يَوْمَ ٱلْقِيَٰمَةِ وَيَخْلُدْ فِيهِۦ مُهَانًا

٧٠ إِلَّا مَن تَابَ وَءَامَنَ وَعَمِلَ عَمَلًا صَٰلِحًا فَأُو۟لَٰٓئِكَ يُبَدِّلُ ٱللَّهُ سَيِّـَٔاتِهِمْ حَسَنَٰتٍ وَكَانَ ٱللَّهُ غَفُورًا رَّحِيمًا

٧١ وَمَن تَابَ وَعَمِلَ صَٰلِحًا فَإِنَّهُۥ يَتُوبُ إِلَى ٱللَّهِ مَتَابًا

٧٢ وَٱلَّذِينَ لَا يَشْهَدُونَ ٱلزُّورَ وَإِذَا مَرُّوا۟ بِٱللَّغْوِ مَرُّوا۟ كِرَامًا

٧٣ وَٱلَّذِينَ إِذَا ذُكِّرُوا۟ بِـَٔايَٰتِ رَبِّهِمْ لَمْ يَخِرُّوا۟ عَلَيْهَا صُمًّا وَعُمْيَانًا

٧٤ وَٱلَّذِينَ يَقُولُونَ رَبَّنَا هَبْ لَنَا مِنْ أَزْوَٰجِنَا وَذُرِّيَّٰتِنَا قُرَّةَ أَعْيُنٍ وَٱجْعَلْنَا لِلْمُتَّقِينَ إِمَامًا

٧٥ أُو۟لَٰٓئِكَ يُجْزَوْنَ ٱلْغُرْفَةَ بِمَا صَبَرُوا۟ وَيُلَقَّوْنَ فِيهَا تَحِيَّةً وَسَلَٰمًا

٧٦ خَٰلِدِينَ فِيهَا حَسُنَتْ مُسْتَقَرًّا وَمُقَامًا

٧٧ قُلْ مَا يَعْبَؤُا۟ بِكُمْ رَبِّى لَوْلَا دُعَآؤُكُمْ فَقَدْ كَذَّبْتُمْ فَسَوْفَ يَكُونُ لِزَامًا

سورة الشعراء

١ طسٓمٓ

٢ تِلْكَ ءَايَٰتُ ٱلْكِتَٰبِ ٱلْمُبِينِ

٣ لَعَلَّكَ بَٰخِعٌ نَّفْسَكَ أَلَّا يَكُونُوا۟ مُؤْمِنِينَ

٤ إِن نَّشَأْ نُنَزِّلْ عَلَيْهِم مِّنَ ٱلسَّمَآءِ ءَايَةً فَظَلَّتْ أَعْنَٰقُهُمْ لَهَا خَٰضِعِينَ

٥ وَمَا يَأْتِيهِم مِّن ذِكْرٍ مِّنَ ٱلرَّحْمَٰنِ مُحْدَثٍ إِلَّا كَانُوا۟ عَنْهُ مُعْرِضِينَ

٦ فَقَدْ كَذَّبُوا۟ فَسَيَأْتِيهِمْ أَنۢبَٰٓؤُا۟ مَا كَانُوا۟ بِهِۦ يَسْتَهْزِءُونَ

٧ أَوَلَمْ يَرَوْا۟ إِلَى ٱلْأَرْضِ كَمْ أَنۢبَتْنَا فِيهَا مِن كُلِّ زَوْجٍ كَرِيمٍ

٨ إِنَّ فِى ذَٰلِكَ لَءَايَةً ۖ وَمَا كَانَ أَكْثَرُهُم مُّؤْمِنِينَ

٩ وَإِنَّ رَبَّكَ لَهُوَ ٱلْعَزِيزُ ٱلرَّحِيمُ

١٠ وَإِذْ نَادَىٰ رَبُّكَ مُوسَىٰٓ أَنِ ٱئْتِ ٱلْقَوْمَ ٱلظَّٰلِمِينَ

١١ قَوْمَ فِرْعَوْنَ ۚ أَلَا يَتَّقُونَ

١٢ قَالَ رَبِّ إِنِّى أَخَافُ أَن يُكَذِّبُونِ

١٣ وَيَضِيقُ صَدْرِى وَلَا يَنطَلِقُ لِسَانِى فَأَرْسِلْ إِلَىٰ هَٰرُونَ

١٤ وَلَهُمْ عَلَىَّ ذَنۢبٌ فَأَخَافُ أَن يَقْتُلُونِ

١٥ قَالَ كَلَّا ۖ فَٱذْهَبَا بِـَٔايَٰتِنَآ ۖ إِنَّا مَعَكُم مُّسْتَمِعُونَ

١٦ فَأْتِيَا فِرْعَوْنَ فَقُولَآ إِنَّا رَسُولُ رَبِّ ٱلْعَٰلَمِينَ

١٧ أَنْ أَرْسِلْ مَعَنَا بَنِىٓ إِسْرَٰٓءِيلَ

١٨ قَالَ أَلَمْ نُرَبِّكَ فِينَا وَلِيدًا وَلَبِثْتَ فِينَا مِنْ عُمُرِكَ سِنِينَ

١٩ وَفَعَلْتَ فَعْلَتَكَ ٱلَّتِى فَعَلْتَ وَأَنتَ مِنَ ٱلْكَٰفِرِينَ

٢٠ قَالَ فَعَلْتُهَآ إِذًا وَأَنَا۠ مِنَ ٱلضَّآلِّينَ

٢١ فَفَرَرْتُ مِنكُمْ لَمَّا خِفْتُكُمْ فَوَهَبَ لِى رَبِّى حُكْمًا وَجَعَلَنِى مِنَ ٱلْمُرْسَلِينَ

٢٢ وَتِلْكَ نِعْمَةٌ تَمُنُّهَا عَلَىَّ أَنْ عَبَّدتَّ بَنِىٓ إِسْرَٰٓءِيلَ

٢٣ قَالَ فِرْعَوْنُ وَمَا رَبُّ ٱلْعَٰلَمِينَ

٢٤ قَالَ رَبُّ ٱلسَّمَٰوَٰتِ وَٱلْأَرْضِ وَمَا بَيْنَهُمَآ ۖ إِن كُنتُم مُّوقِنِينَ

٢٥ قَالَ لِمَنْ حَوْلَهُۥٓ أَلَا تَسْتَمِعُونَ

٢٦ قَالَ رَبُّكُمْ وَرَبُّ ءَابَآئِكُمُ ٱلْأَوَّلِينَ

٢٧ قَالَ إِنَّ رَسُولَكُمُ ٱلَّذِىٓ أُرْسِلَ إِلَيْكُمْ لَمَجْنُونٌ

٢٨ قَالَ رَبُّ ٱلْمَشْرِقِ وَٱلْمَغْرِبِ وَمَا بَيْنَهُمَآ ۖ إِن كُنتُمْ تَعْقِلُونَ

٢٩ قَالَ لَئِنِ ٱتَّخَذْتَ إِلَٰهًا غَيْرِى لَأَجْعَلَنَّكَ مِنَ ٱلْمَسْجُونِينَ

٣٠ قَالَ أَوَلَوْ جِئْتُكَ بِشَىْءٍ مُّبِينٍ

٣١ قَالَ فَأْتِ بِهِۦٓ إِن كُنتَ مِنَ ٱلصَّٰدِقِينَ

٣٢ فَأَلْقَىٰ عَصَاهُ فَإِذَا هِىَ ثُعْبَانٌ مُّبِينٌ

٣٣ وَنَزَعَ يَدَهُۥ فَإِذَا هِىَ بَيْضَآءُ لِلنَّٰظِرِينَ

٣٤ قَالَ لِلْمَلَإِ حَوْلَهُۥٓ إِنَّ هَٰذَا لَسَٰحِرٌ عَلِيمٌ

٣٥ يُرِيدُ أَن يُخْرِجَكُم مِّنْ أَرْضِكُم بِسِحْرِهِۦ فَمَاذَا تَأْمُرُونَ

٣٦ قَالُوٓا۟ أَرْجِهْ وَأَخَاهُ وَٱبْعَثْ فِى ٱلْمَدَآئِنِ حَٰشِرِينَ

٣٧ يَأْتُوكَ بِكُلِّ سَحَّارٍ عَلِيمٍ

٣٨ فَجُمِعَ ٱلسَّحَرَةُ لِمِيقَٰتِ يَوْمٍ مَّعْلُومٍ

٣٩ وَقِيلَ لِلنَّاسِ هَلْ أَنتُم مُّجْتَمِعُونَ

٤٠ لَعَلَّنَا نَتَّبِعُ ٱلسَّحَرَةَ إِن كَانُوا۟ هُمُ ٱلْغَٰلِبِينَ

٤١ فَلَمَّا جَآءَ ٱلسَّحَرَةُ قَالُوا۟ لِفِرْعَوْنَ أَئِنَّ لَنَا لَأَجْرًا إِن كُنَّا نَحْنُ ٱلْغَٰلِبِينَ

٤٢ قَالَ نَعَمْ وَإِنَّكُمْ إِذًا لَّمِنَ ٱلْمُقَرَّبِينَ

٤٣ قَالَ لَهُم مُّوسَىٰٓ أَلْقُوا۟ مَآ أَنتُم مُّلْقُونَ

٤٤ فَأَلْقَوْا۟ حِبَالَهُمْ وَعِصِيَّهُمْ وَقَالُوا۟ بِعِزَّةِ فِرْعَوْنَ إِنَّا لَنَحْنُ ٱلْغَٰلِبُونَ

٤٥ فَأَلْقَىٰ مُوسَىٰ عَصَاهُ فَإِذَا هِيَ تَلْقَفُ مَا يَأْفِكُونَ

٤٦ فَأُلْقِيَ ٱلسَّحَرَةُ سَٰجِدِينَ

٤٧ قَالُوٓا۟ ءَامَنَّا بِرَبِّ ٱلْعَٰلَمِينَ

٤٨ رَبِّ مُوسَىٰ وَهَٰرُونَ

٤٩ قَالَ ءَامَنتُمْ لَهُۥ قَبْلَ أَنْ ءَاذَنَ لَكُمْ إِنَّهُۥ لَكَبِيرُكُمُ ٱلَّذِى عَلَّمَكُمُ ٱلسِّحْرَ فَلَسَوْفَ تَعْلَمُونَ لَأُقَطِّعَنَّ أَيْدِيَكُمْ وَأَرْجُلَكُم مِّنْ خِلَٰفٍ وَلَأُصَلِّبَنَّكُمْ أَجْمَعِينَ

٥٠ قَالُوا۟ لَا ضَيْرَ إِنَّآ إِلَىٰ رَبِّنَا مُنقَلِبُونَ

٥١ إِنَّا نَطْمَعُ أَن يَغْفِرَ لَنَا رَبُّنَا خَطَٰيَٰنَآ أَن كُنَّآ أَوَّلَ ٱلْمُؤْمِنِينَ

٥٢ وَأَوْحَيْنَآ إِلَىٰ مُوسَىٰٓ أَنْ أَسْرِ بِعِبَادِىٓ إِنَّكُم مُّتَّبَعُونَ

٥٣ فَأَرْسَلَ فِرْعَوْنُ فِى ٱلْمَدَآئِنِ حَٰشِرِينَ

٥٤ إِنَّ هَٰٓؤُلَآءِ لَشِرْذِمَةٌ قَلِيلُونَ

٥٥ وَإِنَّهُمْ لَنَا لَغَآئِظُونَ

٥٦ وَإِنَّا لَجَمِيعٌ حَٰذِرُونَ

٥٧ فَأَخْرَجْنَٰهُم مِّن جَنَّٰتٍ وَعُيُونٍ

٥٨ وَكُنُوزٍ وَمَقَامٍ كَرِيمٍ

٥٩ كَذَٰلِكَ وَأَوْرَثْنَٰهَا بَنِىٓ إِسْرَٰٓءِيلَ

٦٠ فَأَتْبَعُوهُم مُّشْرِقِينَ

٦١ فَلَمَّا تَرَٰٓءَا ٱلْجَمْعَانِ قَالَ أَصْحَٰبُ مُوسَىٰٓ إِنَّا لَمُدْرَكُونَ

٦٢ قَالَ كَلَّآ إِنَّ مَعِىَ رَبِّى سَيَهْدِينِ

٦٣ فَأَوْحَيْنَآ إِلَىٰ مُوسَىٰٓ أَنِ ٱضْرِب بِّعَصَاكَ ٱلْبَحْرَ فَٱنفَلَقَ فَكَانَ كُلُّ فِرْقٍ كَٱلطَّوْدِ ٱلْعَظِيمِ

٦٤ وَأَزْلَفْنَا ثَمَّ ٱلْءَاخَرِينَ

٦٥ وَأَنجَيْنَا مُوسَىٰ وَمَن مَّعَهُۥٓ أَجْمَعِينَ

٦٦ ثُمَّ أَغْرَقْنَا ٱلْءَاخَرِينَ

٦٧ إِنَّ فِى ذَٰلِكَ لَءَايَةً وَمَا كَانَ أَكْثَرُهُم مُّؤْمِنِينَ

٦٨ وَإِنَّ رَبَّكَ لَهُوَ ٱلْعَزِيزُ ٱلرَّحِيمُ

٦٩ وَٱتْلُ عَلَيْهِمْ نَبَأَ إِبْرَٰهِيمَ

٧٠ إِذْ قَالَ لِأَبِيهِ وَقَوْمِهِۦ مَا تَعْبُدُونَ

٧١ قَالُوا۟ نَعْبُدُ أَصْنَامًا فَنَظَلُّ لَهَا عَٰكِفِينَ

٧٢ قَالَ هَلْ يَسْمَعُونَكُمْ إِذْ تَدْعُونَ

٧٣ أَوْ يَنفَعُونَكُمْ أَوْ يَضُرُّونَ

٧٤ قَالُوا۟ بَلْ وَجَدْنَآ ءَابَآءَنَا كَذَٰلِكَ يَفْعَلُونَ

٧٥ قَالَ أَفَرَءَيْتُم مَّا كُنتُمْ تَعْبُدُونَ

٧٦ أَنتُمْ وَءَابَآؤُكُمُ ٱلْأَقْدَمُونَ

٧٧ فَإِنَّهُمْ عَدُوٌّ لِّىٓ إِلَّا رَبَّ ٱلْعَٰلَمِينَ

٧٨ ٱلَّذِى خَلَقَنِى فَهُوَ يَهْدِينِ

٧٩ وَٱلَّذِى هُوَ يُطْعِمُنِى وَيَسْقِينِ

٨٠ وَإِذَا مَرِضْتُ فَهُوَ يَشْفِينِ

٨١ وَٱلَّذِى يُمِيتُنِى ثُمَّ يُحْيِينِ

٨٢ وَٱلَّذِىٓ أَطْمَعُ أَن يَغْفِرَ لِى خَطِيٓئَتِى يَوْمَ ٱلدِّينِ

٨٣ رَبِّ هَبْ لِى حُكْمًا وَأَلْحِقْنِى بِٱلصَّٰلِحِينَ

٨٤ وَٱجْعَل لِّى لِسَانَ صِدْقٍ فِى ٱلْءَاخِرِينَ

٨٥ وَٱجْعَلْنِى مِن وَرَثَةِ جَنَّةِ ٱلنَّعِيمِ

٨٦ وَٱغْفِرْ لِأَبِىٓ إِنَّهُۥ كَانَ مِنَ ٱلضَّآلِّينَ

٨٧ وَلَا تُخْزِنِى يَوْمَ يُبْعَثُونَ

٨٨ يَوْمَ لَا يَنفَعُ مَالٌ وَلَا بَنُونَ

٨٩ إِلَّا مَنْ أَتَى ٱللَّهَ بِقَلْبٍ سَلِيمٍ

٩٠ وَأُزْلِفَتِ ٱلْجَنَّةُ لِلْمُتَّقِينَ

٩١ وَبُرِّزَتِ ٱلْجَحِيمُ لِلْغَاوِينَ

٩٢ وَقِيلَ لَهُمْ أَيْنَ مَا كُنتُمْ تَعْبُدُونَ

٩٣ مِن دُونِ ٱللَّهِ هَلْ يَنصُرُونَكُمْ أَوْ يَنتَصِرُونَ

٩٤ فَكُبْكِبُوا۟ فِيهَا هُمْ وَٱلْغَاوُۥنَ

٩٥ وَجُنُودُ إِبْلِيسَ أَجْمَعُونَ

٩٦ قَالُوا۟ وَهُمْ فِيهَا يَخْتَصِمُونَ

٩٧ تَٱللَّهِ إِن كُنَّا لَفِى ضَلَٰلٍ مُّبِينٍ

٩٨ إِذْ نُسَوِّيكُم بِرَبِّ ٱلْعَٰلَمِينَ

٩٩ وَمَآ أَضَلَّنَآ إِلَّا ٱلْمُجْرِمُونَ

١٠٠ فَمَا لَنَا مِن شَٰفِعِينَ

١٠١ وَلَا صَدِيقٍ حَمِيمٍ

١٠٢ فَلَوْ أَنَّ لَنَا كَرَّةً فَنَكُونَ مِنَ ٱلْمُؤْمِنِينَ

١٠٣ إِنَّ فِى ذَٰلِكَ لَءَايَةً ۖ وَمَا كَانَ أَكْثَرُهُم مُّؤْمِنِينَ

١٠٤ وَإِنَّ رَبَّكَ لَهُوَ ٱلْعَزِيزُ ٱلرَّحِيمُ

١٠٥ كَذَّبَتْ قَوْمُ نُوحٍ ٱلْمُرْسَلِينَ

١٠٦ إِذْ قَالَ لَهُمْ أَخُوهُمْ نُوحٌ أَلَا تَتَّقُونَ

١٠٧ إِنِّى لَكُمْ رَسُولٌ أَمِينٌ

١٠٨ فَٱتَّقُوا۟ ٱللَّهَ وَأَطِيعُونِ

١٠٩ وَمَآ أَسْـَٔلُكُمْ عَلَيْهِ مِنْ أَجْرٍ ۖ إِنْ أَجْرِىَ إِلَّا عَلَىٰ رَبِّ ٱلْعَٰلَمِينَ

١١٠ فَٱتَّقُوا۟ ٱللَّهَ وَأَطِيعُونِ

١١١ قَالُوٓا۟ أَنُؤْمِنُ لَكَ وَٱتَّبَعَكَ ٱلْأَرْذَلُونَ ۞

١١٢ قَالَ وَمَا عِلْمِى بِمَا كَانُوا۟ يَعْمَلُونَ

١١٣ إِنْ حِسَابُهُمْ إِلَّا عَلَىٰ رَبِّى ۖ لَوْ تَشْعُرُونَ

١١٤ وَمَآ أَنَا۠ بِطَارِدِ ٱلْمُؤْمِنِينَ

١١٥ إِنْ أَنَا۠ إِلَّا نَذِيرٌ مُّبِينٌ

١١٦ قَالُوا۟ لَئِن لَّمْ تَنتَهِ يَٰنُوحُ لَتَكُونَنَّ مِنَ ٱلْمَرْجُومِينَ

١١٧ قَالَ رَبِّ إِنَّ قَوْمِى كَذَّبُونِ

١١٨ فَٱفْتَحْ بَيْنِى وَبَيْنَهُمْ فَتْحًا وَنَجِّنِى وَمَن مَّعِىَ مِنَ ٱلْمُؤْمِنِينَ

١١٩ فَأَنجَيْنَٰهُ وَمَن مَّعَهُ فِى ٱلْفُلْكِ ٱلْمَشْحُونِ

١٢٠ ثُمَّ أَغْرَقْنَا بَعْدُ ٱلْبَاقِينَ

١٢١ إِنَّ فِى ذَٰلِكَ لَءَايَةً ۖ وَمَا كَانَ أَكْثَرُهُم مُّؤْمِنِينَ

١٢٢ وَإِنَّ رَبَّكَ لَهُوَ ٱلْعَزِيزُ ٱلرَّحِيمُ

١٢٣ كَذَّبَتْ عَادٌ ٱلْمُرْسَلِينَ

١٢٤ إِذْ قَالَ لَهُمْ أَخُوهُمْ هُودٌ أَلَا تَتَّقُونَ

١٢٥ إِنِّى لَكُمْ رَسُولٌ أَمِينٌ

١٢٦ فَٱتَّقُوا۟ ٱللَّهَ وَأَطِيعُونِ

١٢٧ وَمَآ أَسْـَٔلُكُمْ عَلَيْهِ مِنْ أَجْرٍ ۖ إِنْ أَجْرِىَ إِلَّا عَلَىٰ رَبِّ ٱلْعَٰلَمِينَ

١٢٨ أَتَبْنُونَ بِكُلِّ رِيعٍ ءَايَةً تَعْبَثُونَ

١٢٩ وَتَتَّخِذُونَ مَصَانِعَ لَعَلَّكُمْ تَخْلُدُونَ

١٣٠ وَإِذَا بَطَشْتُم بَطَشْتُمْ جَبَّارِينَ

١٣١ فَٱتَّقُوا۟ ٱللَّهَ وَأَطِيعُونِ

١٣٢ وَٱتَّقُوا۟ ٱلَّذِىٓ أَمَدَّكُم بِمَا تَعْلَمُونَ

١٣٣ أَمَدَّكُم بِأَنْعَٰمٍ وَبَنِينَ

١٣٤ وَجَنَّٰتٍ وَعُيُونٍ

١٣٥ إِنِّىٓ أَخَافُ عَلَيْكُمْ عَذَابَ يَوْمٍ عَظِيمٍ

١٣٦ قَالُوا۟ سَوَآءٌ عَلَيْنَآ أَوَعَظْتَ أَمْ لَمْ تَكُن مِّنَ ٱلْوَٰعِظِينَ

١٣٧ إِنْ هَٰذَآ إِلَّا خُلُقُ ٱلْأَوَّلِينَ

١٣٨ وَمَا نَحْنُ بِمُعَذَّبِينَ

١٣٩ فَكَذَّبُوهُ فَأَهْلَكْنَٰهُمْ ۗ إِنَّ فِى ذَٰلِكَ لَءَايَةً ۖ وَمَا كَانَ أَكْثَرُهُم مُّؤْمِنِينَ

١٤٠ وَإِنَّ رَبَّكَ لَهُوَ ٱلْعَزِيزُ ٱلرَّحِيمُ

١٤١ كَذَّبَتْ ثَمُودُ ٱلْمُرْسَلِينَ

١٤٢ إِذْ قَالَ لَهُمْ أَخُوهُمْ صَٰلِحٌ أَلَا تَتَّقُونَ

١٤٣ إِنِّى لَكُمْ رَسُولٌ أَمِينٌ

١٤٤ فَٱتَّقُوا۟ ٱللَّهَ وَأَطِيعُونِ

١٤٥ وَمَآ أَسْـَٔلُكُمْ عَلَيْهِ مِنْ أَجْرٍ ۖ إِنْ أَجْرِىَ إِلَّا عَلَىٰ رَبِّ ٱلْعَٰلَمِينَ

١٤٦ أَتُتْرَكُونَ فِى مَا هَٰهُنَآ ءَامِنِينَ

١٤٧ فِى جَنَّٰتٍ وَعُيُونٍ

١٤٨ وَزُرُوعٍ وَنَخْلٍ طَلْعُهَا هَضِيمٌ

١٤٩ وَتَنْحِتُونَ مِنَ ٱلْجِبَالِ بُيُوتًا فَٰرِهِينَ

١٥٠ فَٱتَّقُوا۟ ٱللَّهَ وَأَطِيعُونِ

١٥١ وَلَا تُطِيعُوٓا۟ أَمْرَ ٱلْمُسْرِفِينَ

١٥٢ ٱلَّذِينَ يُفْسِدُونَ فِى ٱلْأَرْضِ وَلَا يُصْلِحُونَ

١٥٣ قَالُوٓا۟ إِنَّمَآ أَنتَ مِنَ ٱلْمُسَحَّرِينَ

١٥٤ مَآ أَنتَ إِلَّا بَشَرٌ مِّثْلُنَا فَأْتِ بِـَٔايَةٍ إِن كُنتَ مِنَ ٱلصَّٰدِقِينَ

١٥٥ قَالَ هَٰذِهِۦ نَاقَةٌ لَّهَا شِرْبٌ وَلَكُمْ شِرْبُ يَوْمٍ مَّعْلُومٍ

١٥٦ وَلَا تَمَسُّوهَا بِسُوٓءٍ فَيَأْخُذَكُمْ عَذَابُ يَوْمٍ عَظِيمٍ

١٥٧ فَعَقَرُوهَا فَأَصْبَحُوا۟ نَٰدِمِينَ

١٥٨ فَأَخَذَهُمُ ٱلْعَذَابُ ۗ إِنَّ فِى ذَٰلِكَ لَءَايَةً ۖ وَمَا كَانَ أَكْثَرُهُم مُّؤْمِنِينَ

١٥٩ وَإِنَّ رَبَّكَ لَهُوَ ٱلْعَزِيزُ ٱلرَّحِيمُ

١٦٠ كَذَّبَتْ قَوْمُ لُوطٍ ٱلْمُرْسَلِينَ

١٦١ إِذْ قَالَ لَهُمْ أَخُوهُمْ لُوطٌ أَلَا تَتَّقُونَ

١٦٢ إِنِّى لَكُمْ رَسُولٌ أَمِينٌ

١٦٣ فَٱتَّقُوا۟ ٱللَّهَ وَأَطِيعُونِ

١٦٤ وَمَآ أَسْـَٔلُكُمْ عَلَيْهِ مِنْ أَجْرٍ ۖ إِنْ أَجْرِىَ إِلَّا عَلَىٰ رَبِّ ٱلْعَٰلَمِينَ

١٦٥ أَتَأْتُونَ ٱلذُّكْرَانَ مِنَ ٱلْعَٰلَمِينَ

١٦٦ وَتَذَرُونَ مَا خَلَقَ لَكُمْ رَبُّكُم مِّنْ أَزْوَٰجِكُم ۚ بَلْ أَنتُمْ قَوْمٌ عَادُونَ

١٦٧ قَالُوا۟ لَئِن لَّمْ تَنتَهِ يَٰلُوطُ لَتَكُونَنَّ مِنَ ٱلْمُخْرَجِينَ

١٦٨ قَالَ إِنِّى لِعَمَلِكُم مِّنَ ٱلْقَالِينَ

١٦٩ رَبِّ نَجِّنِى وَأَهْلِى مِمَّا يَعْمَلُونَ

١٧٠ فَنَجَّيْنَٰهُ وَأَهْلَهُۥٓ أَجْمَعِينَ

١٧١ إِلَّا عَجُوزًا فِى ٱلْغَٰبِرِينَ

١٧٢ ثُمَّ دَمَّرْنَا ٱلْءَاخَرِينَ

١٧٣ وَأَمْطَرْنَا عَلَيْهِم مَّطَرًا ۖ فَسَآءَ مَطَرُ ٱلْمُنذَرِينَ

١٧٤ إِنَّ فِى ذَٰلِكَ لَءَايَةً ۖ وَمَا كَانَ أَكْثَرُهُم مُّؤْمِنِينَ

١٧٥ وَإِنَّ رَبَّكَ لَهُوَ ٱلْعَزِيزُ ٱلرَّحِيمُ

١٧٦ كَذَّبَ أَصْحَٰبُ لْـَٔيْكَةِ ٱلْمُرْسَلِينَ

١٧٧ إِذْ قَالَ لَهُمْ شُعَيْبٌ أَلَا تَتَّقُونَ

١٧٨ إِنِّى لَكُمْ رَسُولٌ أَمِينٌ

١٧٩ فَٱتَّقُوا۟ ٱللَّهَ وَأَطِيعُونِ

١٨٠ وَمَآ أَسْـَٔلُكُمْ عَلَيْهِ مِنْ أَجْرٍ ۖ إِنْ أَجْرِىَ إِلَّا عَلَىٰ رَبِّ ٱلْعَٰلَمِينَ

١٨١ أَوْفُوا۟ ٱلْكَيْلَ وَلَا تَكُونُوا۟ مِنَ ٱلْمُخْسِرِينَ ۞

١٨٢ وَزِنُوا۟ بِٱلْقِسْطَاسِ ٱلْمُسْتَقِيمِ

١٨٣ وَلَا تَبْخَسُوا۟ ٱلنَّاسَ أَشْيَآءَهُمْ وَلَا تَعْثَوْا۟ فِى ٱلْأَرْضِ مُفْسِدِينَ

١٨٤ وَٱتَّقُوا۟ ٱلَّذِى خَلَقَكُمْ وَٱلْجِبِلَّةَ ٱلْأَوَّلِينَ

١٨٥ قَالُوٓا۟ إِنَّمَآ أَنتَ مِنَ ٱلْمُسَحَّرِينَ

١٨٦ وَمَآ أَنتَ إِلَّا بَشَرٌ مِّثْلُنَا وَإِن نَّظُنُّكَ لَمِنَ ٱلْكَٰذِبِينَ

١٨٧ فَأَسْقِطْ عَلَيْنَا كِسَفًا مِّنَ ٱلسَّمَآءِ إِن كُنتَ مِنَ ٱلصَّٰدِقِينَ

١٨٨ قَالَ رَبِّىٓ أَعْلَمُ بِمَا تَعْمَلُونَ

١٨٩ فَكَذَّبُوهُ فَأَخَذَهُمْ عَذَابُ يَوْمِ ٱلظُّلَّةِ ۚ إِنَّهُ كَانَ عَذَابَ يَوْمٍ عَظِيمٍ

١٩٠ إِنَّ فِى ذَٰلِكَ لَءَايَةً ۖ وَمَا كَانَ أَكْثَرُهُم مُّؤْمِنِينَ

١٩١ وَإِنَّ رَبَّكَ لَهُوَ ٱلْعَزِيزُ ٱلرَّحِيمُ

١٩٢ وَإِنَّهُ لَتَنزِيلُ رَبِّ ٱلْعَٰلَمِينَ

١٩٣ نَزَلَ بِهِ ٱلرُّوحُ ٱلْأَمِينُ

١٩٤ عَلَىٰ قَلْبِكَ لِتَكُونَ مِنَ ٱلْمُنذِرِينَ

١٩٥ بِلِسَانٍ عَرَبِىٍّ مُّبِينٍ

١٩٦ وَإِنَّهُ لَفِى زُبُرِ ٱلْأَوَّلِينَ

١٩٧ أَوَلَمْ يَكُن لَّهُمْ ءَايَةً أَن يَعْلَمَهُ عُلَمَٰٓؤُا۟ بَنِىٓ إِسْرَٰٓءِيلَ

١٩٨ وَلَوْ نَزَّلْنَٰهُ عَلَىٰ بَعْضِ ٱلْأَعْجَمِينَ

١٩٩ فَقَرَأَهُۥ عَلَيْهِم مَّا كَانُوا۟ بِهِۦ مُؤْمِنِينَ

٢٠٠ كَذَٰلِكَ سَلَكْنَٰهُ فِى قُلُوبِ ٱلْمُجْرِمِينَ

٢٠١ لَا يُؤْمِنُونَ بِهِۦ حَتَّىٰ يَرَوُا۟ ٱلْعَذَابَ ٱلْأَلِيمَ

٢٠٢ فَيَأْتِيَهُم بَغْتَةً وَهُمْ لَا يَشْعُرُونَ

٢٠٣ فَيَقُولُوا۟ هَلْ نَحْنُ مُنظَرُونَ

٢٠٤ أَفَبِعَذَابِنَا يَسْتَعْجِلُونَ

٢٠٥ أَفَرَءَيْتَ إِن مَّتَّعْنَٰهُمْ سِنِينَ

٢٠٦ ثُمَّ جَآءَهُم مَّا كَانُوا۟ يُوعَدُونَ

٢٠٧ مَآ أَغْنَىٰ عَنْهُم مَّا كَانُوا۟ يُمَتَّعُونَ

٢٠٨ وَمَآ أَهْلَكْنَا مِن قَرْيَةٍ إِلَّا لَهَا مُنذِرُونَ

٢٠٩ ذِكْرَىٰ وَمَا كُنَّا ظَٰلِمِينَ

٢١٠ وَمَا تَنَزَّلَتْ بِهِ ٱلشَّيَٰطِينُ

٢١١ وَمَا يَنۢبَغِى لَهُمْ وَمَا يَسْتَطِيعُونَ

٢١٢ إِنَّهُمْ عَنِ ٱلسَّمْعِ لَمَعْزُولُونَ

٢١٣ فَلَا تَدْعُ مَعَ ٱللَّهِ إِلَٰهًا ءَاخَرَ فَتَكُونَ مِنَ ٱلْمُعَذَّبِينَ

٢١٤ وَأَنذِرْ عَشِيرَتَكَ ٱلْأَقْرَبِينَ

٢١٥ وَٱخْفِضْ جَنَاحَكَ لِمَنِ ٱتَّبَعَكَ مِنَ ٱلْمُؤْمِنِينَ

٢١٦ فَإِنْ عَصَوْكَ فَقُلْ إِنِّى بَرِىٓءٌ مِّمَّا تَعْمَلُونَ

٢١٧ وَتَوَكَّلْ عَلَى ٱلْعَزِيزِ ٱلرَّحِيمِ

٢١٨ ٱلَّذِى يَرَىٰكَ حِينَ تَقُومُ

٢١٩ وَتَقَلُّبَكَ فِى ٱلسَّٰجِدِينَ

٢٢٠ إِنَّهُ هُوَ ٱلسَّمِيعُ ٱلْعَلِيمُ

٢٢١ هَلْ أُنَبِّئُكُمْ عَلَىٰ مَن تَنَزَّلُ ٱلشَّيَٰطِينُ

٢٢٢ تَنَزَّلُ عَلَىٰ كُلِّ أَفَّاكٍ أَثِيمٍ

٢٢٣ يُلْقُونَ ٱلسَّمْعَ وَأَكْثَرُهُمْ كَٰذِبُونَ

٢٢٤ وَٱلشُّعَرَآءُ يَتَّبِعُهُمُ ٱلْغَاوُۥنَ

٢٢٥ أَلَمْ تَرَ أَنَّهُمْ فِى كُلِّ وَادٍ يَهِيمُونَ

٢٢٦ وَأَنَّهُمْ يَقُولُونَ مَا لَا يَفْعَلُونَ

٢٢٧ إِلَّا ٱلَّذِينَ ءَامَنُوا۟ وَعَمِلُوا۟ ٱلصَّٰلِحَٰتِ وَذَكَرُوا۟ ٱللَّهَ كَثِيرًا وَٱنتَصَرُوا۟ مِنۢ بَعْدِ مَا ظُلِمُوا۟ ۗ وَسَيَعْلَمُ ٱلَّذِينَ ظَلَمُوٓا۟ أَىَّ مُنقَلَبٍ يَنقَلِبُونَ

١ طسٓ تِلْكَ ءَايَٰتُ ٱلْقُرْءَانِ وَكِتَابٍ مُّبِينٍ

٢ هُدًى وَبُشْرَىٰ لِلْمُؤْمِنِينَ

٣ ٱلَّذِينَ يُقِيمُونَ ٱلصَّلَوٰةَ وَيُؤْتُونَ ٱلزَّكَوٰةَ وَهُم بِٱلْءَاخِرَةِ هُمْ يُوقِنُونَ

٤ إِنَّ ٱلَّذِينَ لَا يُؤْمِنُونَ بِٱلْءَاخِرَةِ زَيَّنَّا لَهُمْ أَعْمَٰلَهُمْ فَهُمْ يَعْمَهُونَ

٥ أُو۟لَٰٓئِكَ ٱلَّذِينَ لَهُمْ سُوٓءُ ٱلْعَذَابِ وَهُمْ فِى ٱلْءَاخِرَةِ هُمُ ٱلْأَخْسَرُونَ

٦ وَإِنَّكَ لَتُلَقَّى ٱلْقُرْءَانَ مِن لَّدُنْ حَكِيمٍ عَلِيمٍ

٧ إِذْ قَالَ مُوسَىٰ لِأَهْلِهِ إِنِّى ءَانَسْتُ نَارًا سَـَٔاتِيكُم مِّنْهَا بِخَبَرٍ أَوْ ءَاتِيكُم بِشِهَابٍ قَبَسٍ لَّعَلَّكُمْ تَصْطَلُونَ

٨ فَلَمَّا جَآءَهَا نُودِىَ أَنۢ بُورِكَ مَن فِى ٱلنَّارِ وَمَنْ حَوْلَهَا وَسُبْحَٰنَ ٱللَّهِ رَبِّ ٱلْعَٰلَمِينَ

٩ يَٰمُوسَىٰٓ إِنَّهُۥٓ أَنَا ٱللَّهُ ٱلْعَزِيزُ ٱلْحَكِيمُ

١٠ وَأَلْقِ عَصَاكَ فَلَمَّا رَءَاهَا تَهْتَزُّ كَأَنَّهَا جَآنٌّ وَلَّىٰ مُدْبِرًا وَلَمْ يُعَقِّبْ يَٰمُوسَىٰ لَا تَخَفْ إِنِّى لَا يَخَافُ لَدَىَّ ٱلْمُرْسَلُونَ

١١ إِلَّا مَن ظَلَمَ ثُمَّ بَدَّلَ حُسْنًۢا بَعْدَ سُوٓءٍ فَإِنِّى غَفُورٌ رَّحِيمٌ

١٢ وَأَدْخِلْ يَدَكَ فِى جَيْبِكَ تَخْرُجْ بَيْضَآءَ مِنْ غَيْرِ سُوٓءٍ فِى تِسْعِ ءَايَٰتٍ إِلَىٰ فِرْعَوْنَ وَقَوْمِهِۦٓ إِنَّهُمْ كَانُوا۟ قَوْمًا فَٰسِقِينَ

١٣ فَلَمَّا جَآءَتْهُمْ ءَايَٰتُنَا مُبْصِرَةً قَالُوا۟ هَٰذَا سِحْرٌ مُّبِينٌ

١٤ وَجَحَدُوا۟ بِهَا وَٱسْتَيْقَنَتْهَآ أَنفُسُهُمْ ظُلْمًا وَعُلُوًّا فَٱنظُرْ كَيْفَ كَانَ عَٰقِبَةُ ٱلْمُفْسِدِينَ

١٥ وَلَقَدْ ءَاتَيْنَا دَاوُۥدَ وَسُلَيْمَٰنَ عِلْمًا وَقَالَا ٱلْحَمْدُ لِلَّهِ ٱلَّذِى فَضَّلَنَا عَلَىٰ كَثِيرٍ مِّنْ عِبَادِهِ ٱلْمُؤْمِنِينَ

١٦ وَوَرِثَ سُلَيْمَٰنُ دَاوُۥدَ وَقَالَ يَٰٓأَيُّهَا ٱلنَّاسُ عُلِّمْنَا مَنطِقَ ٱلطَّيْرِ وَأُوتِينَا مِن كُلِّ شَىْءٍ إِنَّ هَٰذَا لَهُوَ ٱلْفَضْلُ ٱلْمُبِينُ

١٧ وَحُشِرَ لِسُلَيْمَٰنَ جُنُودُهُۥ مِنَ ٱلْجِنِّ وَٱلْإِنسِ وَٱلطَّيْرِ فَهُمْ يُوزَعُونَ

١٨ حَتَّىٰٓ إِذَآ أَتَوْا۟ عَلَىٰ وَادِ ٱلنَّمْلِ قَالَتْ نَمْلَةٌ يَٰٓأَيُّهَا ٱلنَّمْلُ ٱدْخُلُوا۟ مَسَٰكِنَكُمْ لَا يَحْطِمَنَّكُمْ سُلَيْمَٰنُ وَجُنُودُهُۥ وَهُمْ لَا يَشْعُرُونَ

١٩ فَتَبَسَّمَ ضَاحِكًا مِّن قَوْلِهَا وَقَالَ رَبِّ أَوْزِعْنِىٓ أَنْ أَشْكُرَ نِعْمَتَكَ ٱلَّتِىٓ أَنْعَمْتَ عَلَىَّ وَعَلَىٰ وَٰلِدَىَّ وَأَنْ أَعْمَلَ صَٰلِحًا تَرْضَىٰهُ وَأَدْخِلْنِى بِرَحْمَتِكَ فِى عِبَادِكَ ٱلصَّٰلِحِينَ

٢٠ وَتَفَقَّدَ ٱلطَّيْرَ فَقَالَ مَا لِىَ لَآ أَرَى ٱلْهُدْهُدَ أَمْ كَانَ مِنَ ٱلْغَآئِبِينَ

٢١ لَأُعَذِّبَنَّهُۥ عَذَابًا شَدِيدًا أَوْ لَأَا۟ذْبَحَنَّهُۥٓ أَوْ لَيَأْتِيَنِّى بِسُلْطَٰنٍ مُّبِينٍ

٢٢ فَمَكَثَ غَيْرَ بَعِيدٍ فَقَالَ أَحَطتُ بِمَا لَمْ تُحِطْ بِهِۦ وَجِئْتُكَ مِن سَبَإٍۭ بِنَبَإٍ يَقِينٍ

٢٣ إِنِّى وَجَدتُّ ٱمْرَأَةً تَمْلِكُهُمْ وَأُوتِيَتْ مِن كُلِّ شَىْءٍ وَلَهَا عَرْشٌ عَظِيمٌ

٢٤ وَجَدتُّهَا وَقَوْمَهَا يَسْجُدُونَ لِلشَّمْسِ مِن دُونِ ٱللَّهِ وَزَيَّنَ لَهُمُ ٱلشَّيْطَٰنُ أَعْمَٰلَهُمْ فَصَدَّهُمْ عَنِ ٱلسَّبِيلِ فَهُمْ لَا يَهْتَدُونَ

٢٥ أَلَّا يَسْجُدُوا۟ لِلَّهِ ٱلَّذِى يُخْرِجُ ٱلْخَبْءَ فِى ٱلسَّمَٰوَٰتِ وَٱلْأَرْضِ وَيَعْلَمُ مَا تُخْفُونَ وَمَا تُعْلِنُونَ

٢٦ ٱللَّهُ لَآ إِلَٰهَ إِلَّا هُوَ رَبُّ ٱلْعَرْشِ ٱلْعَظِيمِ ۩

٢٧ قَالَ سَنَنظُرُ أَصَدَقْتَ أَمْ كُنتَ مِنَ ۞ ٱلْكَٰذِبِينَ

٢٨ ٱذْهَب بِّكِتَٰبِى هَٰذَا فَأَلْقِهْ إِلَيْهِمْ ثُمَّ تَوَلَّ عَنْهُمْ فَٱنظُرْ مَاذَا يَرْجِعُونَ

٢٩ قَالَتْ يَٰٓأَيُّهَا ٱلْمَلَؤُا۟ إِنِّىٓ أُلْقِىَ إِلَىَّ كِتَٰبٌ كَرِيمٌ

٣٠ إِنَّهُۥ مِن سُلَيْمَٰنَ وَإِنَّهُۥ بِسْمِ ٱللَّهِ ٱلرَّحْمَٰنِ ٱلرَّحِيمِ

٣١ أَلَّا تَعْلُوا۟ عَلَىَّ وَأْتُونِى مُسْلِمِينَ

٣٢ قَالَتْ يَٰٓأَيُّهَا ٱلْمَلَؤُا۟ أَفْتُونِى فِىٓ أَمْرِى مَا كُنتُ قَاطِعَةً أَمْرًا حَتَّىٰ تَشْهَدُونِ

٣٣ قَالُوا۟ نَحْنُ أُو۟لُوا۟ قُوَّةٍ وَأُو۟لُوا۟ بَأْسٍ شَدِيدٍ وَٱلْأَمْرُ إِلَيْكِ فَٱنظُرِى مَاذَا تَأْمُرِينَ

٣٤ قَالَتْ إِنَّ ٱلْمُلُوكَ إِذَا دَخَلُوا۟ قَرْيَةً أَفْسَدُوهَا وَجَعَلُوٓا۟ أَعِزَّةَ أَهْلِهَآ أَذِلَّةً وَكَذَٰلِكَ يَفْعَلُونَ

٣٥ وَإِنِّى مُرْسِلَةٌ إِلَيْهِم بِهَدِيَّةٍ فَنَاظِرَةٌۢ بِمَ يَرْجِعُ ٱلْمُرْسَلُونَ

٣٦ فَلَمَّا جَآءَ سُلَيْمَٰنَ قَالَ أَتُمِدُّونَنِ بِمَالٍ فَمَآ ءَاتَىٰنِۦَ ٱللَّهُ خَيْرٌ مِّمَّآ ءَاتَىٰكُم بَلْ أَنتُم بِهَدِيَّتِكُمْ تَفْرَحُونَ

٣٧ ٱرْجِعْ إِلَيْهِمْ فَلَنَأْتِيَنَّهُم بِجُنُودٍ لَّا قِبَلَ لَهُم بِهَا وَلَنُخْرِجَنَّهُم مِّنْهَآ أَذِلَّةً وَهُمْ صَٰغِرُونَ

٣٨ قَالَ يَٰٓأَيُّهَا ٱلْمَلَؤُا۟ أَيُّكُمْ يَأْتِينِى بِعَرْشِهَا قَبْلَ أَن يَأْتُونِى مُسْلِمِينَ

٣٩ قَالَ عِفْرِيتٌ مِّنَ ٱلْجِنِّ أَنَا۠ ءَاتِيكَ بِهِۦ قَبْلَ أَن تَقُومَ مِن مَّقَامِكَ وَإِنِّى عَلَيْهِ لَقَوِىٌّ أَمِينٌ

٤٠ قَالَ ٱلَّذِى عِندَهُۥ عِلْمٌ مِّنَ ٱلْكِتَٰبِ أَنَا۠ ءَاتِيكَ بِهِۦ قَبْلَ أَن يَرْتَدَّ إِلَيْكَ طَرْفُكَ فَلَمَّا رَءَاهُ مُسْتَقِرًّا عِندَهُۥ قَالَ هَٰذَا مِن فَضْلِ رَبِّى لِيَبْلُوَنِىٓ ءَأَشْكُرُ أَمْ أَكْفُرُ وَمَن شَكَرَ فَإِنَّمَا يَشْكُرُ لِنَفْسِهِۦ وَمَن كَفَرَ فَإِنَّ رَبِّى غَنِىٌّ كَرِيمٌ

٤١ قَالَ نَكِّرُوا۟ لَهَا عَرْشَهَا نَنظُرْ أَتَهْتَدِىٓ أَمْ تَكُونُ مِنَ ٱلَّذِينَ لَا يَهْتَدُونَ

٤٢ فَلَمَّا جَآءَتْ قِيلَ أَهَٰكَذَا عَرْشُكِ قَالَتْ كَأَنَّهُۥ هُوَ وَأُوتِينَا ٱلْعِلْمَ مِن قَبْلِهَا وَكُنَّا مُسْلِمِينَ

٤٣ وَصَدَّهَا مَا كَانَت تَّعْبُدُ مِن دُونِ ٱللَّهِ إِنَّهَا كَانَتْ مِن قَوْمٍ كَٰفِرِينَ

٤٤ قِيلَ لَهَا ٱدْخُلِى ٱلصَّرْحَ فَلَمَّا رَأَتْهُ حَسِبَتْهُ لُجَّةً وَكَشَفَتْ عَن سَاقَيْهَا قَالَ إِنَّهُۥ صَرْحٌ مُّمَرَّدٌ مِّن قَوَارِيرَ قَالَتْ رَبِّ إِنِّى ظَلَمْتُ نَفْسِى وَأَسْلَمْتُ مَعَ سُلَيْمَٰنَ لِلَّهِ رَبِّ ٱلْعَٰلَمِينَ

٤٥ وَلَقَدْ أَرْسَلْنَآ إِلَىٰ ثَمُودَ أَخَاهُمْ صَٰلِحًا أَنِ ٱعْبُدُوا۟ ٱللَّهَ فَإِذَا هُمْ فَرِيقَانِ يَخْتَصِمُونَ

٤٦ قَالَ يَٰقَوْمِ لِمَ تَسْتَعْجِلُونَ بِٱلسَّيِّئَةِ قَبْلَ ٱلْحَسَنَةِ لَوْلَا تَسْتَغْفِرُونَ ٱللَّهَ لَعَلَّكُمْ تُرْحَمُونَ

٤٧ قَالُوا۟ ٱطَّيَّرْنَا بِكَ وَبِمَن مَّعَكَ قَالَ طَٰٓئِرُكُمْ عِندَ ٱللَّهِ بَلْ أَنتُمْ قَوْمٌ تُفْتَنُونَ

٤٨ وَكَانَ فِى ٱلْمَدِينَةِ تِسْعَةُ رَهْطٍ يُفْسِدُونَ فِى ٱلْأَرْضِ وَلَا يُصْلِحُونَ

٤٩ قَالُوا۟ تَقَاسَمُوا۟ بِٱللَّهِ لَنُبَيِّتَنَّهُۥ وَأَهْلَهُۥ ثُمَّ لَنَقُولَنَّ لِوَلِيِّهِۦ مَا شَهِدْنَا مَهْلِكَ أَهْلِهِۦ وَإِنَّا لَصَٰدِقُونَ

٥٠ وَمَكَرُوا۟ مَكْرًا وَمَكَرْنَا مَكْرًا وَهُمْ لَا يَشْعُرُونَ

٥١ فَٱنظُرْ كَيْفَ كَانَ عَٰقِبَةُ مَكْرِهِمْ أَنَّا دَمَّرْنَٰهُمْ وَقَوْمَهُمْ أَجْمَعِينَ

٥٢ فَتِلْكَ بُيُوتُهُمْ خَاوِيَةً بِمَا ظَلَمُوٓا۟ إِنَّ فِى ذَٰلِكَ لَءَايَةً لِّقَوْمٍ يَعْلَمُونَ

٥٣ وَأَنجَيْنَا ٱلَّذِينَ ءَامَنُوا۟ وَكَانُوا۟ يَتَّقُونَ

٥٤ وَلُوطًا إِذْ قَالَ لِقَوْمِهِۦٓ أَتَأْتُونَ ٱلْفَٰحِشَةَ وَأَنتُمْ تُبْصِرُونَ

٥٥ أَئِنَّكُمْ لَتَأْتُونَ ٱلرِّجَالَ شَهْوَةً مِّن دُونِ ٱلنِّسَآءِ ۚ بَلْ أَنتُمْ قَوْمٌ تَجْهَلُونَ

٥٦ فَمَا كَانَ جَوَابَ قَوْمِهِ إِلَّا أَن قَالُوٓا۟ أَخْرِجُوٓا۟ ءَالَ لُوطٍ مِّن قَرْيَتِكُمْ ۖ إِنَّهُمْ أُنَاسٌ يَتَطَهَّرُونَ

٥٧ فَأَنجَيْنَٰهُ وَأَهْلَهُۥٓ إِلَّا ٱمْرَأَتَهُۥ قَدَّرْنَٰهَا مِنَ ٱلْغَٰبِرِينَ

٥٨ وَأَمْطَرْنَا عَلَيْهِم مَّطَرًا ۖ فَسَآءَ مَطَرُ ٱلْمُنذَرِينَ

٥٩ قُلِ ٱلْحَمْدُ لِلَّهِ وَسَلَٰمٌ عَلَىٰ عِبَادِهِ ٱلَّذِينَ ٱصْطَفَىٰٓ ۗ ءَآللَّهُ خَيْرٌ أَمَّا يُشْرِكُونَ

٦٠ أَمَّنْ خَلَقَ ٱلسَّمَٰوَٰتِ وَٱلْأَرْضَ وَأَنزَلَ لَكُم مِّنَ ٱلسَّمَآءِ مَآءً فَأَنۢبَتْنَا بِهِۦ حَدَآئِقَ ذَاتَ بَهْجَةٍ مَّا كَانَ لَكُمْ أَن تُنۢبِتُوا۟ شَجَرَهَآ ۗ أَءِلَٰهٌ مَّعَ ٱللَّهِ ۚ بَلْ هُمْ قَوْمٌ يَعْدِلُونَ

٦١ أَمَّن جَعَلَ ٱلْأَرْضَ قَرَارًا وَجَعَلَ خِلَٰلَهَآ أَنْهَٰرًا وَجَعَلَ لَهَا رَوَٰسِىَ وَجَعَلَ بَيْنَ ٱلْبَحْرَيْنِ حَاجِزًا ۗ أَءِلَٰهٌ مَّعَ ٱللَّهِ ۚ بَلْ أَكْثَرُهُمْ لَا يَعْلَمُونَ

٦٢ أَمَّن يُجِيبُ ٱلْمُضْطَرَّ إِذَا دَعَاهُ وَيَكْشِفُ ٱلسُّوٓءَ وَيَجْعَلُكُمْ خُلَفَآءَ ٱلْأَرْضِ ۗ أَءِلَٰهٌ مَّعَ ٱللَّهِ ۚ قَلِيلًا مَّا تَذَكَّرُونَ

٦٣ أَمَّن يَهْدِيكُمْ فِى ظُلُمَٰتِ ٱلْبَرِّ وَٱلْبَحْرِ وَمَن يُرْسِلُ ٱلرِّيَٰحَ بُشْرًۢا بَيْنَ يَدَىْ رَحْمَتِهِۦٓ ۗ أَءِلَٰهٌ مَّعَ ٱللَّهِ ۚ تَعَٰلَى ٱللَّهُ عَمَّا يُشْرِكُونَ

٦٤ أَمَّن يَبْدَؤُا۟ ٱلْخَلْقَ ثُمَّ يُعِيدُهُۥ وَمَن يَرْزُقُكُم مِّنَ ٱلسَّمَآءِ وَٱلْأَرْضِ ۗ أَءِلَٰهٌ مَّعَ ٱللَّهِ ۚ قُلْ هَاتُوا۟ بُرْهَٰنَكُمْ إِن كُنتُمْ صَٰدِقِينَ

٦٥ قُل لَّا يَعْلَمُ مَن فِى ٱلسَّمَٰوَٰتِ وَٱلْأَرْضِ ٱلْغَيْبَ إِلَّا ٱللَّهُ ۚ وَمَا يَشْعُرُونَ أَيَّانَ يُبْعَثُونَ

٦٦ بَلِ ٱدَّٰرَكَ عِلْمُهُمْ فِى ٱلْءَاخِرَةِ ۚ بَلْ هُمْ فِى شَكٍّ مِّنْهَا ۖ بَلْ هُم مِّنْهَا عَمُونَ

٦٧ وَقَالَ ٱلَّذِينَ كَفَرُوٓا۟ أَءِذَا كُنَّا تُرَٰبًا وَءَابَآؤُنَآ أَئِنَّا لَمُخْرَجُونَ

٦٨ لَقَدْ وُعِدْنَا هَٰذَا نَحْنُ وَءَابَآؤُنَا مِن قَبْلُ إِنْ هَٰذَآ إِلَّآ أَسَٰطِيرُ ٱلْأَوَّلِينَ

٦٩ قُلْ سِيرُوا۟ فِى ٱلْأَرْضِ فَٱنظُرُوا۟ كَيْفَ كَانَ عَٰقِبَةُ ٱلْمُجْرِمِينَ

٧٠ وَلَا تَحْزَنْ عَلَيْهِمْ وَلَا تَكُن فِى ضَيْقٍ مِّمَّا يَمْكُرُونَ

٧١ وَيَقُولُونَ مَتَىٰ هَٰذَا ٱلْوَعْدُ إِن كُنتُمْ صَٰدِقِينَ

٧٢ قُلْ عَسَىٰٓ أَن يَكُونَ رَدِفَ لَكُم بَعْضُ ٱلَّذِى تَسْتَعْجِلُونَ

٧٣ وَإِنَّ رَبَّكَ لَذُو فَضْلٍ عَلَى ٱلنَّاسِ وَلَٰكِنَّ أَكْثَرَهُمْ لَا يَشْكُرُونَ

٧٤ وَإِنَّ رَبَّكَ لَيَعْلَمُ مَا تُكِنُّ صُدُورُهُمْ وَمَا يُعْلِنُونَ

٧٥ وَمَا مِنْ غَآئِبَةٍ فِى ٱلسَّمَآءِ وَٱلْأَرْضِ إِلَّا فِى كِتَٰبٍ مُّبِينٍ

٧٦ إِنَّ هَٰذَا ٱلْقُرْءَانَ يَقُصُّ عَلَىٰ بَنِىٓ إِسْرَٰٓءِيلَ أَكْثَرَ ٱلَّذِى هُمْ فِيهِ يَخْتَلِفُونَ

٧٧ وَإِنَّهُۥ لَهُدًى وَرَحْمَةٌ لِّلْمُؤْمِنِينَ

٧٨ إِنَّ رَبَّكَ يَقْضِى بَيْنَهُم بِحُكْمِهِۦ ۚ وَهُوَ ٱلْعَزِيزُ ٱلْعَلِيمُ

٧٩ فَتَوَكَّلْ عَلَى ٱللَّهِ ۖ إِنَّكَ عَلَى ٱلْحَقِّ ٱلْمُبِينِ

٨٠ إِنَّكَ لَا تُسْمِعُ ٱلْمَوْتَىٰ وَلَا تُسْمِعُ ٱلصُّمَّ ٱلدُّعَآءَ إِذَا وَلَّوْا۟ مُدْبِرِينَ

٨١ وَمَآ أَنتَ بِهَٰدِى ٱلْعُمْىِ عَن ضَلَٰلَتِهِمْ ۖ إِن تُسْمِعُ إِلَّا مَن يُؤْمِنُ بِـَٔايَٰتِنَا فَهُم مُّسْلِمُونَ

٨٢ وَإِذَا وَقَعَ ٱلْقَوْلُ عَلَيْهِمْ أَخْرَجْنَا لَهُمْ دَآبَّةً مِّنَ ٱلْأَرْضِ تُكَلِّمُهُمْ أَنَّ ٱلنَّاسَ كَانُوا۟ بِـَٔايَٰتِنَا لَا يُوقِنُونَ

٨٣ وَيَوْمَ نَحْشُرُ مِن كُلِّ أُمَّةٍ فَوْجًا مِّمَّن يُكَذِّبُ بِآيَاتِنَا فَهُمْ يُوزَعُونَ

٨٤ حَتَّىٰ إِذَا جَاءُو قَالَ أَكَذَّبْتُم بِآيَاتِي وَلَمْ تُحِيطُوا بِهَا عِلْمًا أَمَّاذَا كُنتُمْ تَعْمَلُونَ

٨٥ وَوَقَعَ الْقَوْلُ عَلَيْهِم بِمَا ظَلَمُوا فَهُمْ لَا يَنطِقُونَ

٨٦ أَلَمْ يَرَوْا أَنَّا جَعَلْنَا اللَّيْلَ لِيَسْكُنُوا فِيهِ وَالنَّهَارَ مُبْصِرًا إِنَّ فِي ذَٰلِكَ لَآيَاتٍ لِّقَوْمٍ يُؤْمِنُونَ

٨٧ وَيَوْمَ يُنفَخُ فِي الصُّورِ فَفَزِعَ مَن فِي السَّمَاوَاتِ وَمَن فِي الْأَرْضِ إِلَّا مَن شَاءَ اللَّهُ وَكُلٌّ أَتَوْهُ دَاخِرِينَ

٨٨ وَتَرَى الْجِبَالَ تَحْسَبُهَا جَامِدَةً وَهِيَ تَمُرُّ مَرَّ السَّحَابِ صُنْعَ اللَّهِ الَّذِي أَتْقَنَ كُلَّ شَيْءٍ إِنَّهُ خَبِيرٌ بِمَا تَفْعَلُونَ

٨٩ مَن جَاءَ بِالْحَسَنَةِ فَلَهُ خَيْرٌ مِّنْهَا وَهُم مِّن فَزَعٍ يَوْمَئِذٍ آمِنُونَ

٩٠ وَمَن جَاءَ بِالسَّيِّئَةِ فَكُبَّتْ وُجُوهُهُمْ فِي النَّارِ هَلْ تُجْزَوْنَ إِلَّا مَا كُنتُمْ تَعْمَلُونَ

٩١ إِنَّمَا أُمِرْتُ أَنْ أَعْبُدَ رَبَّ هَٰذِهِ الْبَلْدَةِ الَّذِي حَرَّمَهَا وَلَهُ كُلُّ شَيْءٍ وَأُمِرْتُ أَنْ أَكُونَ مِنَ الْمُسْلِمِينَ

٩٢ وَأَنْ أَتْلُوَ الْقُرْآنَ فَمَنِ اهْتَدَىٰ فَإِنَّمَا يَهْتَدِي لِنَفْسِهِ وَمَن ضَلَّ فَقُلْ إِنَّمَا أَنَا مِنَ الْمُنذِرِينَ

٩٣ وَقُلِ الْحَمْدُ لِلَّهِ سَيُرِيكُمْ آيَاتِهِ فَتَعْرِفُونَهَا وَمَا رَبُّكَ بِغَافِلٍ عَمَّا تَعْمَلُونَ

سورة القصص

١ طسم

٢ تِلْكَ آيَاتُ الْكِتَابِ الْمُبِينِ

٣ نَتْلُوا عَلَيْكَ مِن نَّبَإِ مُوسَىٰ وَفِرْعَوْنَ بِالْحَقِّ لِقَوْمٍ يُؤْمِنُونَ

٤ إِنَّ فِرْعَوْنَ عَلَا فِي الْأَرْضِ وَجَعَلَ أَهْلَهَا شِيَعًا يَسْتَضْعِفُ طَائِفَةً مِّنْهُمْ يُذَبِّحُ أَبْنَاءَهُمْ وَيَسْتَحْيِي نِسَاءَهُمْ إِنَّهُ كَانَ مِنَ الْمُفْسِدِينَ

٥ وَنُرِيدُ أَن نَّمُنَّ عَلَى الَّذِينَ اسْتُضْعِفُوا فِي الْأَرْضِ وَنَجْعَلَهُمْ أَئِمَّةً وَنَجْعَلَهُمُ الْوَارِثِينَ

٦ وَنُمَكِّنَ لَهُمْ فِي الْأَرْضِ وَنُرِيَ فِرْعَوْنَ وَهَامَانَ وَجُنُودَهُمَا مِنْهُم مَّا كَانُوا يَحْذَرُونَ

٧ وَأَوْحَيْنَا إِلَىٰ أُمِّ مُوسَىٰ أَنْ أَرْضِعِيهِ فَإِذَا خِفْتِ عَلَيْهِ فَأَلْقِيهِ فِي الْيَمِّ وَلَا تَخَافِي وَلَا تَحْزَنِي إِنَّا رَادُّوهُ إِلَيْكِ وَجَاعِلُوهُ مِنَ الْمُرْسَلِينَ

٨ فَالْتَقَطَهُ آلُ فِرْعَوْنَ لِيَكُونَ لَهُمْ عَدُوًّا وَحَزَنًا إِنَّ فِرْعَوْنَ وَهَامَانَ وَجُنُودَهُمَا كَانُوا خَاطِئِينَ

٩ وَقَالَتِ امْرَأَتُ فِرْعَوْنَ قُرَّتُ عَيْنٍ لِّي وَلَكَ لَا تَقْتُلُوهُ عَسَىٰ أَن يَنفَعَنَا أَوْ نَتَّخِذَهُ وَلَدًا وَهُمْ لَا يَشْعُرُونَ

١٠ وَأَصْبَحَ فُؤَادُ أُمِّ مُوسَىٰ فَارِغًا إِن كَادَتْ لَتُبْدِي بِهِ لَوْلَا أَن رَّبَطْنَا عَلَىٰ قَلْبِهَا لِتَكُونَ مِنَ الْمُؤْمِنِينَ

١١ وَقَالَتْ لِأُخْتِهِ قُصِّيهِ فَبَصُرَتْ بِهِ عَن جُنُبٍ وَهُمْ لَا يَشْعُرُونَ

۞ ١٢ وَحَرَّمْنَا عَلَيْهِ الْمَرَاضِعَ مِن قَبْلُ فَقَالَتْ هَلْ أَدُلُّكُمْ عَلَىٰ أَهْلِ بَيْتٍ يَكْفُلُونَهُ لَكُمْ وَهُمْ لَهُ نَاصِحُونَ

١٣ فَرَدَدْنَٰهُ إِلَىٰٓ أُمِّهِۦ كَىْ تَقَرَّ عَيْنُهَا وَلَا تَحْزَنَ وَلِتَعْلَمَ أَنَّ وَعْدَ ٱللَّهِ حَقٌّ وَلَٰكِنَّ أَكْثَرَهُمْ لَا يَعْلَمُونَ

١٤ وَلَمَّا بَلَغَ أَشُدَّهُۥ وَٱسْتَوَىٰٓ ءَاتَيْنَٰهُ حُكْمًا وَعِلْمًا ۚ وَكَذَٰلِكَ نَجْزِى ٱلْمُحْسِنِينَ

١٥ وَدَخَلَ ٱلْمَدِينَةَ عَلَىٰ حِينِ غَفْلَةٍ مِّنْ أَهْلِهَا فَوَجَدَ فِيهَا رَجُلَيْنِ يَقْتَتِلَانِ هَٰذَا مِن شِيعَتِهِۦ وَهَٰذَا مِنْ عَدُوِّهِۦ ۖ فَٱسْتَغَٰثَهُ ٱلَّذِى مِن شِيعَتِهِۦ عَلَى ٱلَّذِى مِنْ عَدُوِّهِۦ فَوَكَزَهُۥ مُوسَىٰ فَقَضَىٰ عَلَيْهِ ۖ قَالَ هَٰذَا مِنْ عَمَلِ ٱلشَّيْطَٰنِ ۖ إِنَّهُۥ عَدُوٌّ مُّضِلٌّ مُّبِينٌ

١٦ قَالَ رَبِّ إِنِّى ظَلَمْتُ نَفْسِى فَٱغْفِرْ لِى فَغَفَرَ لَهُۥٓ ۚ إِنَّهُۥ هُوَ ٱلْغَفُورُ ٱلرَّحِيمُ

١٧ قَالَ رَبِّ بِمَآ أَنْعَمْتَ عَلَىَّ فَلَنْ أَكُونَ ظَهِيرًا لِّلْمُجْرِمِينَ

١٨ فَأَصْبَحَ فِى ٱلْمَدِينَةِ خَآئِفًا يَتَرَقَّبُ فَإِذَا ٱلَّذِى ٱسْتَنصَرَهُۥ بِٱلْأَمْسِ يَسْتَصْرِخُهُۥ ۚ قَالَ لَهُۥ مُوسَىٰٓ إِنَّكَ لَغَوِىٌّ مُّبِينٌ

١٩ فَلَمَّآ أَنْ أَرَادَ أَن يَبْطِشَ بِٱلَّذِى هُوَ عَدُوٌّ لَّهُمَا قَالَ يَٰمُوسَىٰٓ أَتُرِيدُ أَن تَقْتُلَنِى كَمَا قَتَلْتَ نَفْسًۢا بِٱلْأَمْسِ ۖ إِن تُرِيدُ إِلَّآ أَن تَكُونَ جَبَّارًا فِى ٱلْأَرْضِ وَمَا تُرِيدُ أَن تَكُونَ مِنَ ٱلْمُصْلِحِينَ

٢٠ وَجَآءَ رَجُلٌ مِّنْ أَقْصَا ٱلْمَدِينَةِ يَسْعَىٰ قَالَ يَٰمُوسَىٰٓ إِنَّ ٱلْمَلَأَ يَأْتَمِرُونَ بِكَ لِيَقْتُلُوكَ فَٱخْرُجْ إِنِّى لَكَ مِنَ ٱلنَّٰصِحِينَ

٢١ فَخَرَجَ مِنْهَا خَآئِفًا يَتَرَقَّبُ ۖ قَالَ رَبِّ نَجِّنِى مِنَ ٱلْقَوْمِ ٱلظَّٰلِمِينَ

٢٢ وَلَمَّا تَوَجَّهَ تِلْقَآءَ مَدْيَنَ قَالَ عَسَىٰ رَبِّىٓ أَن يَهْدِيَنِى سَوَآءَ ٱلسَّبِيلِ

٢٣ وَلَمَّا وَرَدَ مَآءَ مَدْيَنَ وَجَدَ عَلَيْهِ أُمَّةً مِّنَ ٱلنَّاسِ يَسْقُونَ وَوَجَدَ مِن دُونِهِمُ ٱمْرَأَتَيْنِ تَذُودَانِ ۖ قَالَ مَا خَطْبُكُمَا ۖ قَالَتَا لَا نَسْقِى حَتَّىٰ يُصْدِرَ ٱلرِّعَآءُ ۖ وَأَبُونَا شَيْخٌ كَبِيرٌ

٢٤ فَسَقَىٰ لَهُمَا ثُمَّ تَوَلَّىٰٓ إِلَى ٱلظِّلِّ فَقَالَ رَبِّ إِنِّى لِمَآ أَنزَلْتَ إِلَىَّ مِنْ خَيْرٍ فَقِيرٌ

٢٥ فَجَآءَتْهُ إِحْدَىٰهُمَا تَمْشِى عَلَى ٱسْتِحْيَآءٍ قَالَتْ إِنَّ أَبِى يَدْعُوكَ لِيَجْزِيَكَ أَجْرَ مَا سَقَيْتَ لَنَا ۚ فَلَمَّا جَآءَهُۥ وَقَصَّ عَلَيْهِ ٱلْقَصَصَ قَالَ لَا تَخَفْ ۖ نَجَوْتَ مِنَ ٱلْقَوْمِ ٱلظَّٰلِمِينَ

٢٦ قَالَتْ إِحْدَىٰهُمَا يَٰٓأَبَتِ ٱسْتَـْٔجِرْهُ ۖ إِنَّ خَيْرَ مَنِ ٱسْتَـْٔجَرْتَ ٱلْقَوِىُّ ٱلْأَمِينُ

٢٧ قَالَ إِنِّىٓ أُرِيدُ أَنْ أُنكِحَكَ إِحْدَى ٱبْنَتَىَّ هَٰتَيْنِ عَلَىٰٓ أَن تَأْجُرَنِى ثَمَٰنِىَ حِجَجٍ ۖ فَإِنْ أَتْمَمْتَ عَشْرًا فَمِنْ عِندِكَ ۖ وَمَآ أُرِيدُ أَنْ أَشُقَّ عَلَيْكَ ۚ سَتَجِدُنِىٓ إِن شَآءَ ٱللَّهُ مِنَ ٱلصَّٰلِحِينَ

٢٨ قَالَ ذَٰلِكَ بَيْنِى وَبَيْنَكَ ۖ أَيَّمَا ٱلْأَجَلَيْنِ قَضَيْتُ فَلَا عُدْوَٰنَ عَلَىَّ ۖ وَٱللَّهُ عَلَىٰ مَا نَقُولُ وَكِيلٌ

٢٩ ۞ فَلَمَّا قَضَىٰ مُوسَى ٱلْأَجَلَ وَسَارَ بِأَهْلِهِۦٓ ءَانَسَ مِن جَانِبِ ٱلطُّورِ نَارًا قَالَ لِأَهْلِهِ ٱمْكُثُوٓا۟ إِنِّىٓ ءَانَسْتُ نَارًا لَّعَلِّىٓ ءَاتِيكُم مِّنْهَا بِخَبَرٍ أَوْ جَذْوَةٍ مِّنَ ٱلنَّارِ لَعَلَّكُمْ تَصْطَلُونَ

٣٠ فَلَمَّآ أَتَىٰهَا نُودِىَ مِن شَٰطِئِ ٱلْوَادِ ٱلْأَيْمَنِ فِى ٱلْبُقْعَةِ ٱلْمُبَٰرَكَةِ مِنَ ٱلشَّجَرَةِ أَن يَٰمُوسَىٰٓ إِنِّىٓ أَنَا ٱللَّهُ رَبُّ ٱلْعَٰلَمِينَ

٣١ وَأَنْ أَلْقِ عَصَاكَ ۖ فَلَمَّا رَءَاهَا تَهْتَزُّ كَأَنَّهَا جَآنٌّ وَلَّىٰ مُدْبِرًا وَلَمْ يُعَقِّبْ ۚ يَٰمُوسَىٰٓ أَقْبِلْ وَلَا تَخَفْ ۖ إِنَّكَ مِنَ ٱلْءَامِنِينَ

٣٢ ٱسْلُكْ يَدَكَ فِى جَيْبِكَ تَخْرُجْ بَيْضَآءَ مِنْ غَيْرِ سُوٓءٍ وَٱضْمُمْ إِلَيْكَ جَنَاحَكَ مِنَ ٱلرَّهْبِ ۖ فَذَٰنِكَ بُرْهَٰنَانِ مِن رَّبِّكَ إِلَىٰ فِرْعَوْنَ وَمَلَإِي۟هِۦٓ ۚ إِنَّهُمْ كَانُوا۟ قَوْمًا فَٰسِقِينَ

٣٣ قَالَ رَبِّ إِنِّى قَتَلْتُ مِنْهُمْ نَفْسًا فَأَخَافُ أَن يَقْتُلُونِ

٣٤ وَأَخِي هَٰرُونُ هُوَ أَفْصَحُ مِنِّي لِسَانًا فَأَرْسِلْهُ مَعِيَ رِدْءًا يُصَدِّقُنِي إِنِّي أَخَافُ أَن يُكَذِّبُونِ

٣٥ قَالَ سَنَشُدُّ عَضُدَكَ بِأَخِيكَ وَنَجْعَلُ لَكُمَا سُلْطَانًا فَلَا يَصِلُونَ إِلَيْكُمَا بِآيَاتِنَا أَنتُمَا وَمَنِ اتَّبَعَكُمَا الْغَالِبُونَ

٣٦ فَلَمَّا جَاءَهُم مُّوسَىٰ بِآيَاتِنَا بَيِّنَاتٍ قَالُوا مَا هَٰذَا إِلَّا سِحْرٌ مُّفْتَرًى وَمَا سَمِعْنَا بِهَٰذَا فِي آبَائِنَا الْأَوَّلِينَ

٣٧ وَقَالَ مُوسَىٰ رَبِّي أَعْلَمُ بِمَن جَاءَ بِالْهُدَىٰ مِنْ عِندِهِ وَمَن تَكُونُ لَهُ عَاقِبَةُ الدَّارِ إِنَّهُ لَا يُفْلِحُ الظَّالِمُونَ

٣٨ وَقَالَ فِرْعَوْنُ يَا أَيُّهَا الْمَلَأُ مَا عَلِمْتُ لَكُم مِّنْ إِلَٰهٍ غَيْرِي فَأَوْقِدْ لِي يَا هَامَانُ عَلَى الطِّينِ فَاجْعَل لِّي صَرْحًا لَّعَلِّي أَطَّلِعُ إِلَىٰ إِلَٰهِ مُوسَىٰ وَإِنِّي لَأَظُنُّهُ مِنَ الْكَاذِبِينَ

٣٩ وَاسْتَكْبَرَ هُوَ وَجُنُودُهُ فِي الْأَرْضِ بِغَيْرِ الْحَقِّ وَظَنُّوا أَنَّهُمْ إِلَيْنَا لَا يُرْجَعُونَ

٤٠ فَأَخَذْنَاهُ وَجُنُودَهُ فَنَبَذْنَاهُمْ فِي الْيَمِّ فَانظُرْ كَيْفَ كَانَ عَاقِبَةُ الظَّالِمِينَ

٤١ وَجَعَلْنَاهُمْ أَئِمَّةً يَدْعُونَ إِلَى النَّارِ وَيَوْمَ الْقِيَامَةِ لَا يُنصَرُونَ

٤٢ وَأَتْبَعْنَاهُمْ فِي هَٰذِهِ الدُّنْيَا لَعْنَةً وَيَوْمَ الْقِيَامَةِ هُم مِّنَ الْمَقْبُوحِينَ

٤٣ وَلَقَدْ آتَيْنَا مُوسَى الْكِتَابَ مِن بَعْدِ مَا أَهْلَكْنَا الْقُرُونَ الْأُولَىٰ بَصَائِرَ لِلنَّاسِ وَهُدًى وَرَحْمَةً لَّعَلَّهُمْ يَتَذَكَّرُونَ

٤٤ وَمَا كُنتَ بِجَانِبِ الْغَرْبِيِّ إِذْ قَضَيْنَا إِلَىٰ مُوسَى الْأَمْرَ وَمَا كُنتَ مِنَ الشَّاهِدِينَ

٤٥ وَلَٰكِنَّا أَنشَأْنَا قُرُونًا فَتَطَاوَلَ عَلَيْهِمُ الْعُمُرُ وَمَا كُنتَ ثَاوِيًا فِي أَهْلِ مَدْيَنَ تَتْلُو عَلَيْهِمْ آيَاتِنَا وَلَٰكِنَّا كُنَّا مُرْسِلِينَ

٤٦ وَمَا كُنتَ بِجَانِبِ الطُّورِ إِذْ نَادَيْنَا وَلَٰكِن رَّحْمَةً مِّن رَّبِّكَ لِتُنذِرَ قَوْمًا مَّا أَتَاهُم مِّن نَّذِيرٍ مِّن قَبْلِكَ لَعَلَّهُمْ يَتَذَكَّرُونَ

٤٧ وَلَوْلَا أَن تُصِيبَهُم مُّصِيبَةٌ بِمَا قَدَّمَتْ أَيْدِيهِمْ فَيَقُولُوا رَبَّنَا لَوْلَا أَرْسَلْتَ إِلَيْنَا رَسُولًا فَنَتَّبِعَ آيَاتِكَ وَنَكُونَ مِنَ الْمُؤْمِنِينَ

٤٨ فَلَمَّا جَاءَهُمُ الْحَقُّ مِنْ عِندِنَا قَالُوا لَوْلَا أُوتِيَ مِثْلَ مَا أُوتِيَ مُوسَىٰ أَوَلَمْ يَكْفُرُوا بِمَا أُوتِيَ مُوسَىٰ مِن قَبْلُ قَالُوا سِحْرَانِ تَظَاهَرَا وَقَالُوا إِنَّا بِكُلٍّ كَافِرُونَ

٤٩ قُلْ فَأْتُوا بِكِتَابٍ مِّنْ عِندِ اللَّهِ هُوَ أَهْدَىٰ مِنْهُمَا أَتَّبِعْهُ إِن كُنتُمْ صَادِقِينَ

٥٠ فَإِن لَّمْ يَسْتَجِيبُوا لَكَ فَاعْلَمْ أَنَّمَا يَتَّبِعُونَ أَهْوَاءَهُمْ وَمَنْ أَضَلُّ مِمَّنِ اتَّبَعَ هَوَاهُ بِغَيْرِ هُدًى مِّنَ اللَّهِ إِنَّ اللَّهَ لَا يَهْدِي الْقَوْمَ الظَّالِمِينَ

٥١ وَلَقَدْ وَصَّلْنَا لَهُمُ الْقَوْلَ لَعَلَّهُمْ يَتَذَكَّرُونَ ۞

٥٢ الَّذِينَ آتَيْنَاهُمُ الْكِتَابَ مِن قَبْلِهِ هُم بِهِ يُؤْمِنُونَ

٥٣ وَإِذَا يُتْلَىٰ عَلَيْهِمْ قَالُوا آمَنَّا بِهِ إِنَّهُ الْحَقُّ مِن رَّبِّنَا إِنَّا كُنَّا مِن قَبْلِهِ مُسْلِمِينَ

٥٤ أُولَٰئِكَ يُؤْتَوْنَ أَجْرَهُم مَّرَّتَيْنِ بِمَا صَبَرُوا وَيَدْرَءُونَ بِالْحَسَنَةِ السَّيِّئَةَ وَمِمَّا رَزَقْنَاهُمْ يُنفِقُونَ

٥٥ وَإِذَا سَمِعُوا اللَّغْوَ أَعْرَضُوا عَنْهُ وَقَالُوا لَنَا أَعْمَالُنَا وَلَكُمْ أَعْمَالُكُمْ سَلَامٌ عَلَيْكُمْ لَا نَبْتَغِي الْجَاهِلِينَ

٥٦ إِنَّكَ لَا تَهْدِي مَنْ أَحْبَبْتَ وَلَٰكِنَّ اللَّهَ يَهْدِي مَن يَشَاءُ وَهُوَ أَعْلَمُ بِالْمُهْتَدِينَ

٥٧ وَقَالُوا إِن نَّتَّبِعِ الْهُدَىٰ مَعَكَ نُتَخَطَّفْ مِنْ أَرْضِنَا أَوَلَمْ نُمَكِّن لَّهُمْ حَرَمًا آمِنًا يُجْبَىٰ

إِلَيْهِ ثَمَرَٰتُ كُلِّ شَىْءٍ رِّزْقًا مِّن لَّدُنَّا وَلَٰكِنَّ أَكْثَرَهُمْ لَا يَعْلَمُونَ ٥٧

٥٨ وَكَمْ أَهْلَكْنَا مِن قَرْيَةٍ بَطِرَتْ مَعِيشَتَهَا ۖ فَتِلْكَ مَسَٰكِنُهُمْ لَمْ تُسْكَن مِّنۢ بَعْدِهِمْ إِلَّا قَلِيلًا ۖ وَكُنَّا نَحْنُ ٱلْوَٰرِثِينَ

٥٩ وَمَا كَانَ رَبُّكَ مُهْلِكَ ٱلْقُرَىٰ حَتَّىٰ يَبْعَثَ فِىٓ أُمِّهَا رَسُولًا يَتْلُوا۟ عَلَيْهِمْ ءَايَٰتِنَا ۚ وَمَا كُنَّا مُهْلِكِى ٱلْقُرَىٰٓ إِلَّا وَأَهْلُهَا ظَٰلِمُونَ

٦٠ وَمَآ أُوتِيتُم مِّن شَىْءٍ فَمَتَٰعُ ٱلْحَيَوٰةِ ٱلدُّنْيَا وَزِينَتُهَا ۚ وَمَا عِندَ ٱللَّهِ خَيْرٌ وَأَبْقَىٰٓ ۚ أَفَلَا تَعْقِلُونَ

٦١ أَفَمَن وَعَدْنَٰهُ وَعْدًا حَسَنًا فَهُوَ لَٰقِيهِ كَمَن مَّتَّعْنَٰهُ مَتَٰعَ ٱلْحَيَوٰةِ ٱلدُّنْيَا ثُمَّ هُوَ يَوْمَ ٱلْقِيَٰمَةِ مِنَ ٱلْمُحْضَرِينَ

٦٢ وَيَوْمَ يُنَادِيهِمْ فَيَقُولُ أَيْنَ شُرَكَآءِىَ ٱلَّذِينَ كُنتُمْ تَزْعُمُونَ

٦٣ قَالَ ٱلَّذِينَ حَقَّ عَلَيْهِمُ ٱلْقَوْلُ رَبَّنَا هَٰٓؤُلَآءِ ٱلَّذِينَ أَغْوَيْنَآ أَغْوَيْنَٰهُمْ كَمَا غَوَيْنَا ۖ تَبَرَّأْنَآ إِلَيْكَ ۖ مَا كَانُوٓا۟ إِيَّانَا يَعْبُدُونَ

٦٤ وَقِيلَ ٱدْعُوا۟ شُرَكَآءَكُمْ فَدَعَوْهُمْ فَلَمْ يَسْتَجِيبُوا۟ لَهُمْ وَرَأَوُا۟ ٱلْعَذَابَ ۚ لَوْ أَنَّهُمْ كَانُوا۟ يَهْتَدُونَ

٦٥ وَيَوْمَ يُنَادِيهِمْ فَيَقُولُ مَاذَآ أَجَبْتُمُ ٱلْمُرْسَلِينَ

٦٦ فَعَمِيَتْ عَلَيْهِمُ ٱلْأَنۢبَآءُ يَوْمَئِذٍ فَهُمْ لَا يَتَسَآءَلُونَ

٦٧ فَأَمَّا مَن تَابَ وَءَامَنَ وَعَمِلَ صَٰلِحًا فَعَسَىٰٓ أَن يَكُونَ مِنَ ٱلْمُفْلِحِينَ

٦٨ وَرَبُّكَ يَخْلُقُ مَا يَشَآءُ وَيَخْتَارُ ۗ مَا كَانَ لَهُمُ ٱلْخِيَرَةُ ۚ سُبْحَٰنَ ٱللَّهِ وَتَعَٰلَىٰ عَمَّا يُشْرِكُونَ

٦٩ وَرَبُّكَ يَعْلَمُ مَا تُكِنُّ صُدُورُهُمْ وَمَا يُعْلِنُونَ

٧٠ وَهُوَ ٱللَّهُ لَآ إِلَٰهَ إِلَّا هُوَ ۖ لَهُ ٱلْحَمْدُ فِى ٱلْأُولَىٰ وَٱلْءَاخِرَةِ ۖ وَلَهُ ٱلْحُكْمُ وَإِلَيْهِ تُرْجَعُونَ

٧١ قُلْ أَرَءَيْتُمْ إِن جَعَلَ ٱللَّهُ عَلَيْكُمُ ٱلَّيْلَ سَرْمَدًا إِلَىٰ يَوْمِ ٱلْقِيَٰمَةِ مَنْ إِلَٰهٌ غَيْرُ ٱللَّهِ يَأْتِيكُم بِضِيَآءٍ ۖ أَفَلَا تَسْمَعُونَ

٧٢ قُلْ أَرَءَيْتُمْ إِن جَعَلَ ٱللَّهُ عَلَيْكُمُ ٱلنَّهَارَ سَرْمَدًا إِلَىٰ يَوْمِ ٱلْقِيَٰمَةِ مَنْ إِلَٰهٌ غَيْرُ ٱللَّهِ يَأْتِيكُم بِلَيْلٍ تَسْكُنُونَ فِيهِ ۖ أَفَلَا تُبْصِرُونَ

٧٣ وَمِن رَّحْمَتِهِ جَعَلَ لَكُمُ ٱلَّيْلَ وَٱلنَّهَارَ لِتَسْكُنُوا۟ فِيهِ وَلِتَبْتَغُوا۟ مِن فَضْلِهِ وَلَعَلَّكُمْ تَشْكُرُونَ

٧٤ وَيَوْمَ يُنَادِيهِمْ فَيَقُولُ أَيْنَ شُرَكَآءِىَ ٱلَّذِينَ كُنتُمْ تَزْعُمُونَ

٧٥ وَنَزَعْنَا مِن كُلِّ أُمَّةٍ شَهِيدًا فَقُلْنَا هَاتُوا۟ بُرْهَٰنَكُمْ فَعَلِمُوٓا۟ أَنَّ ٱلْحَقَّ لِلَّهِ وَضَلَّ عَنْهُم مَّا كَانُوا۟ يَفْتَرُونَ

٧٦ إِنَّ قَٰرُونَ كَانَ مِن قَوْمِ مُوسَىٰ فَبَغَىٰ ۞ عَلَيْهِمْ ۖ وَءَاتَيْنَٰهُ مِنَ ٱلْكُنُوزِ مَآ إِنَّ مَفَاتِحَهُ لَتَنُوٓأُ بِٱلْعُصْبَةِ أُو۟لِى ٱلْقُوَّةِ إِذْ قَالَ لَهُ قَوْمُهُ لَا تَفْرَحْ ۖ إِنَّ ٱللَّهَ لَا يُحِبُّ ٱلْفَرِحِينَ

٧٧ وَٱبْتَغِ فِيمَآ ءَاتَىٰكَ ٱللَّهُ ٱلدَّارَ ٱلْءَاخِرَةَ ۖ وَلَا تَنسَ نَصِيبَكَ مِنَ ٱلدُّنْيَا ۖ وَأَحْسِن كَمَآ أَحْسَنَ ٱللَّهُ إِلَيْكَ ۖ وَلَا تَبْغِ ٱلْفَسَادَ فِى ٱلْأَرْضِ ۖ إِنَّ ٱللَّهَ لَا يُحِبُّ ٱلْمُفْسِدِينَ

٧٨ قَالَ إِنَّمَآ أُوتِيتُهُ عَلَىٰ عِلْمٍ عِندِىٓ ۚ أَوَلَمْ يَعْلَمْ أَنَّ ٱللَّهَ قَدْ أَهْلَكَ مِن قَبْلِهِ مِنَ ٱلْقُرُونِ مَنْ هُوَ أَشَدُّ مِنْهُ قُوَّةً وَأَكْثَرُ جَمْعًا ۚ وَلَا يُسْـَٔلُ عَن ذُنُوبِهِمُ ٱلْمُجْرِمُونَ

٧٩ فَخَرَجَ عَلَىٰ قَوْمِهِ فِى زِينَتِهِ ۖ قَالَ ٱلَّذِينَ يُرِيدُونَ ٱلْحَيَوٰةَ ٱلدُّنْيَا يَٰلَيْتَ لَنَا مِثْلَ مَآ أُوتِىَ قَٰرُونُ إِنَّهُ لَذُو حَظٍّ عَظِيمٍ

٨٠ وَقَالَ ٱلَّذِينَ أُوتُوا۟ ٱلْعِلْمَ وَيْلَكُمْ ثَوَابُ ٱللَّهِ خَيْرٌ لِّمَنْ ءَامَنَ وَعَمِلَ صَٰلِحًا وَلَا يُلَقَّىٰهَآ إِلَّا ٱلصَّٰبِرُونَ

٨١ فَخَسَفْنَا بِهِۦ وَبِدَارِهِ ٱلْأَرْضَ فَمَا كَانَ لَهُۥ مِن فِئَةٍ يَنصُرُونَهُۥ مِن دُونِ ٱللَّهِ وَمَا كَانَ مِنَ ٱلْمُنتَصِرِينَ

٨٢ وَأَصْبَحَ ٱلَّذِينَ تَمَنَّوْا۟ مَكَانَهُۥ بِٱلْأَمْسِ يَقُولُونَ وَيْكَأَنَّ ٱللَّهَ يَبْسُطُ ٱلرِّزْقَ لِمَن يَشَآءُ مِنْ عِبَادِهِۦ وَيَقْدِرُ لَوْلَآ أَن مَّنَّ ٱللَّهُ عَلَيْنَا لَخَسَفَ بِنَا وَيْكَأَنَّهُۥ لَا يُفْلِحُ ٱلْكَٰفِرُونَ

٨٣ تِلْكَ ٱلدَّارُ ٱلْءَاخِرَةُ نَجْعَلُهَا لِلَّذِينَ لَا يُرِيدُونَ عُلُوًّا فِى ٱلْأَرْضِ وَلَا فَسَادًا وَٱلْعَٰقِبَةُ لِلْمُتَّقِينَ

٨٤ مَن جَآءَ بِٱلْحَسَنَةِ فَلَهُۥ خَيْرٌ مِّنْهَا وَمَن جَآءَ بِٱلسَّيِّئَةِ فَلَا يُجْزَى ٱلَّذِينَ عَمِلُوا۟ ٱلسَّيِّـَٔاتِ إِلَّا مَا كَانُوا۟ يَعْمَلُونَ

٨٥ إِنَّ ٱلَّذِى فَرَضَ عَلَيْكَ ٱلْقُرْءَانَ لَرَآدُّكَ إِلَىٰ مَعَادٍ قُل رَّبِّى أَعْلَمُ مَن جَآءَ بِٱلْهُدَىٰ وَمَنْ هُوَ فِى ضَلَٰلٍ مُّبِينٍ

٨٦ وَمَا كُنتَ تَرْجُوٓا۟ أَن يُلْقَىٰٓ إِلَيْكَ ٱلْكِتَٰبُ إِلَّا رَحْمَةً مِّن رَّبِّكَ فَلَا تَكُونَنَّ ظَهِيرًا لِّلْكَٰفِرِينَ

٨٧ وَلَا يَصُدُّنَّكَ عَنْ ءَايَٰتِ ٱللَّهِ بَعْدَ إِذْ أُنزِلَتْ إِلَيْكَ وَٱدْعُ إِلَىٰ رَبِّكَ وَلَا تَكُونَنَّ مِنَ ٱلْمُشْرِكِينَ

٨٨ وَلَا تَدْعُ مَعَ ٱللَّهِ إِلَٰهًا ءَاخَرَ لَآ إِلَٰهَ إِلَّا هُوَ كُلُّ شَىْءٍ هَالِكٌ إِلَّا وَجْهَهُۥ لَهُ ٱلْحُكْمُ وَإِلَيْهِ تُرْجَعُونَ

سورة العنكبوت

١ الٓمٓ

٢ أَحَسِبَ ٱلنَّاسُ أَن يُتْرَكُوٓا۟ أَن يَقُولُوٓا۟ ءَامَنَّا وَهُمْ لَا يُفْتَنُونَ

٣ وَلَقَدْ فَتَنَّا ٱلَّذِينَ مِن قَبْلِهِمْ فَلَيَعْلَمَنَّ ٱللَّهُ ٱلَّذِينَ صَدَقُوا۟ وَلَيَعْلَمَنَّ ٱلْكَٰذِبِينَ

٤ أَمْ حَسِبَ ٱلَّذِينَ يَعْمَلُونَ ٱلسَّيِّـَٔاتِ أَن يَسْبِقُونَا سَآءَ مَا يَحْكُمُونَ

٥ مَن كَانَ يَرْجُوا۟ لِقَآءَ ٱللَّهِ فَإِنَّ أَجَلَ ٱللَّهِ لَءَاتٍ وَهُوَ ٱلسَّمِيعُ ٱلْعَلِيمُ

٦ وَمَن جَٰهَدَ فَإِنَّمَا يُجَٰهِدُ لِنَفْسِهِۦ إِنَّ ٱللَّهَ لَغَنِىٌّ عَنِ ٱلْعَٰلَمِينَ

٧ وَٱلَّذِينَ ءَامَنُوا۟ وَعَمِلُوا۟ ٱلصَّٰلِحَٰتِ لَنُكَفِّرَنَّ عَنْهُمْ سَيِّـَٔاتِهِمْ وَلَنَجْزِيَنَّهُمْ أَحْسَنَ ٱلَّذِى كَانُوا۟ يَعْمَلُونَ

٨ وَوَصَّيْنَا ٱلْإِنسَٰنَ بِوَٰلِدَيْهِ حُسْنًا وَإِن جَٰهَدَاكَ لِتُشْرِكَ بِى مَا لَيْسَ لَكَ بِهِۦ عِلْمٌ فَلَا تُطِعْهُمَآ إِلَىَّ مَرْجِعُكُمْ فَأُنَبِّئُكُم بِمَا كُنتُمْ تَعْمَلُونَ

٩ وَٱلَّذِينَ ءَامَنُوا۟ وَعَمِلُوا۟ ٱلصَّٰلِحَٰتِ لَنُدْخِلَنَّهُمْ فِى ٱلصَّٰلِحِينَ

١٠ وَمِنَ ٱلنَّاسِ مَن يَقُولُ ءَامَنَّا بِٱللَّهِ فَإِذَآ أُوذِىَ فِى ٱللَّهِ جَعَلَ فِتْنَةَ ٱلنَّاسِ كَعَذَابِ ٱللَّهِ وَلَئِن جَآءَ نَصْرٌ مِّن رَّبِّكَ لَيَقُولُنَّ إِنَّا كُنَّا مَعَكُمْ أَوَلَيْسَ ٱللَّهُ بِأَعْلَمَ بِمَا فِى صُدُورِ ٱلْعَٰلَمِينَ

١١ وَلَيَعْلَمَنَّ ٱللَّهُ ٱلَّذِينَ ءَامَنُوا۟ وَلَيَعْلَمَنَّ ٱلْمُنَٰفِقِينَ

١٢ وَقَالَ ٱلَّذِينَ كَفَرُوا۟ لِلَّذِينَ ءَامَنُوا۟ ٱتَّبِعُوا۟ سَبِيلَنَا وَلْنَحْمِلْ خَطَٰيَٰكُمْ وَمَا هُم بِحَٰمِلِينَ مِنْ خَطَٰيَٰهُم مِّن شَىْءٍ إِنَّهُمْ لَكَٰذِبُونَ

١٣ وَلَيَحْمِلُنَّ أَثْقَالَهُمْ وَأَثْقَالًا مَّعَ أَثْقَالِهِمْ وَلَيُسْـَٔلُنَّ يَوْمَ ٱلْقِيَٰمَةِ عَمَّا كَانُوا۟ يَفْتَرُونَ

١٤ وَلَقَدْ أَرْسَلْنَا نُوحًا إِلَىٰ قَوْمِهِ فَلَبِثَ فِيهِمْ أَلْفَ سَنَةٍ إِلَّا خَمْسِينَ عَامًا فَأَخَذَهُمُ ٱلطُّوفَانُ وَهُمْ ظَٰلِمُونَ

١٥ فَأَنجَيْنَٰهُ وَأَصْحَٰبَ ٱلسَّفِينَةِ وَجَعَلْنَٰهَآ ءَايَةً لِّلْعَٰلَمِينَ

١٦ وَإِبْرَٰهِيمَ إِذْ قَالَ لِقَوْمِهِ ٱعْبُدُوا۟ ٱللَّهَ وَٱتَّقُوهُ ذَٰلِكُمْ خَيْرٌ لَّكُمْ إِن كُنتُمْ تَعْلَمُونَ

١٧ إِنَّمَا تَعْبُدُونَ مِن دُونِ ٱللَّهِ أَوْثَٰنًا وَتَخْلُقُونَ إِفْكًا إِنَّ ٱلَّذِينَ تَعْبُدُونَ مِن دُونِ ٱللَّهِ لَا يَمْلِكُونَ لَكُمْ رِزْقًا فَٱبْتَغُوا۟ عِندَ ٱللَّهِ ٱلرِّزْقَ وَٱعْبُدُوهُ وَٱشْكُرُوا۟ لَهُ إِلَيْهِ تُرْجَعُونَ

١٨ وَإِن تُكَذِّبُوا۟ فَقَدْ كَذَّبَ أُمَمٌ مِّن قَبْلِكُمْ وَمَا عَلَى ٱلرَّسُولِ إِلَّا ٱلْبَلَٰغُ ٱلْمُبِينُ

١٩ أَوَلَمْ يَرَوْا۟ كَيْفَ يُبْدِئُ ٱللَّهُ ٱلْخَلْقَ ثُمَّ يُعِيدُهُ إِنَّ ذَٰلِكَ عَلَى ٱللَّهِ يَسِيرٌ

٢٠ قُلْ سِيرُوا۟ فِى ٱلْأَرْضِ فَٱنظُرُوا۟ كَيْفَ بَدَأَ ٱلْخَلْقَ ثُمَّ ٱللَّهُ يُنشِئُ ٱلنَّشْأَةَ ٱلْءَاخِرَةَ إِنَّ ٱللَّهَ عَلَىٰ كُلِّ شَىْءٍ قَدِيرٌ

٢١ يُعَذِّبُ مَن يَشَآءُ وَيَرْحَمُ مَن يَشَآءُ وَإِلَيْهِ تُقْلَبُونَ

٢٢ وَمَآ أَنتُم بِمُعْجِزِينَ فِى ٱلْأَرْضِ وَلَا فِى ٱلسَّمَآءِ وَمَا لَكُم مِّن دُونِ ٱللَّهِ مِن وَلِىٍّ وَلَا نَصِيرٍ

٢٣ وَٱلَّذِينَ كَفَرُوا۟ بِـَٔايَٰتِ ٱللَّهِ وَلِقَآئِهِ أُو۟لَٰٓئِكَ يَئِسُوا۟ مِن رَّحْمَتِى وَأُو۟لَٰٓئِكَ لَهُمْ عَذَابٌ أَلِيمٌ

٢٤ فَمَا كَانَ جَوَابَ قَوْمِهِ إِلَّآ أَن قَالُوا۟ ٱقْتُلُوهُ أَوْ حَرِّقُوهُ فَأَنجَىٰهُ ٱللَّهُ مِنَ ٱلنَّارِ إِنَّ فِى ذَٰلِكَ لَءَايَٰتٍ لِّقَوْمٍ يُؤْمِنُونَ

٢٥ وَقَالَ إِنَّمَا ٱتَّخَذْتُم مِّن دُونِ ٱللَّهِ أَوْثَٰنًا مَّوَدَّةَ بَيْنِكُمْ فِى ٱلْحَيَوٰةِ ٱلدُّنْيَا ثُمَّ يَوْمَ ٱلْقِيَٰمَةِ يَكْفُرُ بَعْضُكُم بِبَعْضٍ وَيَلْعَنُ بَعْضُكُم بَعْضًا وَمَأْوَىٰكُمُ ٱلنَّارُ وَمَا لَكُم مِّن نَّٰصِرِينَ

٢٦ فَـَٔامَنَ لَهُ لُوطٌ وَقَالَ إِنِّى مُهَاجِرٌ إِلَىٰ رَبِّى إِنَّهُ هُوَ ٱلْعَزِيزُ ٱلْحَكِيمُ ۞

٢٧ وَوَهَبْنَا لَهُ إِسْحَٰقَ وَيَعْقُوبَ وَجَعَلْنَا فِى ذُرِّيَّتِهِ ٱلنُّبُوَّةَ وَٱلْكِتَٰبَ وَءَاتَيْنَٰهُ أَجْرَهُ فِى ٱلدُّنْيَا وَإِنَّهُ فِى ٱلْءَاخِرَةِ لَمِنَ ٱلصَّٰلِحِينَ

٢٨ وَلُوطًا إِذْ قَالَ لِقَوْمِهِ إِنَّكُمْ لَتَأْتُونَ ٱلْفَٰحِشَةَ مَا سَبَقَكُم بِهَا مِنْ أَحَدٍ مِّنَ ٱلْعَٰلَمِينَ

٢٩ أَئِنَّكُمْ لَتَأْتُونَ ٱلرِّجَالَ وَتَقْطَعُونَ ٱلسَّبِيلَ وَتَأْتُونَ فِى نَادِيكُمُ ٱلْمُنكَرَ فَمَا كَانَ جَوَابَ قَوْمِهِ إِلَّآ أَن قَالُوا۟ ٱئْتِنَا بِعَذَابِ ٱللَّهِ إِن كُنتَ مِنَ ٱلصَّٰدِقِينَ

٣٠ قَالَ رَبِّ ٱنصُرْنِى عَلَى ٱلْقَوْمِ ٱلْمُفْسِدِينَ

٣١ وَلَمَّا جَآءَتْ رُسُلُنَآ إِبْرَٰهِيمَ بِٱلْبُشْرَىٰ قَالُوٓا۟ إِنَّا مُهْلِكُوٓا۟ أَهْلِ هَٰذِهِ ٱلْقَرْيَةِ إِنَّ أَهْلَهَا كَانُوا۟ ظَٰلِمِينَ

٣٢ قَالَ إِنَّ فِيهَا لُوطًا قَالُوا۟ نَحْنُ أَعْلَمُ بِمَن فِيهَا لَنُنَجِّيَنَّهُ وَأَهْلَهُ إِلَّا ٱمْرَأَتَهُ كَانَتْ مِنَ ٱلْغَٰبِرِينَ

٣٣ وَلَمَّآ أَن جَآءَتْ رُسُلُنَا لُوطًا سِىٓءَ بِهِمْ وَضَاقَ بِهِمْ ذَرْعًا وَقَالُوا۟ لَا تَخَفْ وَلَا تَحْزَنْ إِنَّا مُنَجُّوكَ وَأَهْلَكَ إِلَّا ٱمْرَأَتَكَ كَانَتْ مِنَ ٱلْغَٰبِرِينَ

٣٤ إِنَّا مُنزِلُونَ عَلَىٰ أَهْلِ هَٰذِهِ ٱلْقَرْيَةِ رِجْزًا مِّنَ ٱلسَّمَآءِ بِمَا كَانُوا۟ يَفْسُقُونَ

٣٥ وَلَقَد تَّرَكْنَا مِنْهَآ ءَايَةً بَيِّنَةً لِّقَوْمٍ يَعْقِلُونَ

٣٦ وَإِلَىٰ مَدْيَنَ أَخَاهُمْ شُعَيْبًا فَقَالَ يَٰقَوْمِ ٱعْبُدُوا۟ ٱللَّهَ وَٱرْجُوا۟ ٱلْيَوْمَ ٱلْءَاخِرَ وَلَا تَعْثَوْا۟ فِى ٱلْأَرْضِ مُفْسِدِينَ

٣٧ فَكَذَّبُوهُ فَأَخَذَتْهُمُ ٱلرَّجْفَةُ فَأَصْبَحُوا۟ فِى دَارِهِمْ جَٰثِمِينَ

٣٨ وَعَادًا وَثَمُودَا۟ وَقَد تَّبَيَّنَ لَكُم مِّن مَّسَٰكِنِهِمْ ۖ وَزَيَّنَ لَهُمُ ٱلشَّيْطَٰنُ أَعْمَٰلَهُمْ فَصَدَّهُمْ عَنِ ٱلسَّبِيلِ وَكَانُوا۟ مُسْتَبْصِرِينَ

٣٩ وَقَٰرُونَ وَفِرْعَوْنَ وَهَٰمَٰنَ ۖ وَلَقَدْ جَآءَهُم مُّوسَىٰ بِٱلْبَيِّنَٰتِ فَٱسْتَكْبَرُوا۟ فِى ٱلْأَرْضِ وَمَا كَانُوا۟ سَٰبِقِينَ

٤٠ فَكُلًّا أَخَذْنَا بِذَنۢبِهِۦ ۖ فَمِنْهُم مَّنْ أَرْسَلْنَا عَلَيْهِ حَاصِبًا وَمِنْهُم مَّنْ أَخَذَتْهُ ٱلصَّيْحَةُ وَمِنْهُم مَّنْ خَسَفْنَا بِهِ ٱلْأَرْضَ وَمِنْهُم مَّنْ أَغْرَقْنَا ۚ وَمَا كَانَ ٱللَّهُ لِيَظْلِمَهُمْ وَلَٰكِن كَانُوٓا۟ أَنفُسَهُمْ يَظْلِمُونَ

٤١ مَثَلُ ٱلَّذِينَ ٱتَّخَذُوا۟ مِن دُونِ ٱللَّهِ أَوْلِيَآءَ كَمَثَلِ ٱلْعَنكَبُوتِ ٱتَّخَذَتْ بَيْتًا ۖ وَإِنَّ أَوْهَنَ ٱلْبُيُوتِ لَبَيْتُ ٱلْعَنكَبُوتِ ۖ لَوْ كَانُوا۟ يَعْلَمُونَ

٤٢ إِنَّ ٱللَّهَ يَعْلَمُ مَا يَدْعُونَ مِن دُونِهِۦ مِن شَىْءٍ ۚ وَهُوَ ٱلْعَزِيزُ ٱلْحَكِيمُ

٤٣ وَتِلْكَ ٱلْأَمْثَٰلُ نَضْرِبُهَا لِلنَّاسِ ۖ وَمَا يَعْقِلُهَآ إِلَّا ٱلْعَٰلِمُونَ

٤٤ خَلَقَ ٱللَّهُ ٱلسَّمَٰوَٰتِ وَٱلْأَرْضَ بِٱلْحَقِّ ۚ إِنَّ فِى ذَٰلِكَ لَءَايَةً لِّلْمُؤْمِنِينَ

٤٥ ٱتْلُ مَآ أُوحِىَ إِلَيْكَ مِنَ ٱلْكِتَٰبِ وَأَقِمِ ٱلصَّلَوٰةَ ۖ إِنَّ ٱلصَّلَوٰةَ تَنْهَىٰ عَنِ ٱلْفَحْشَآءِ وَٱلْمُنكَرِ ۗ وَلَذِكْرُ ٱللَّهِ أَكْبَرُ ۗ وَٱللَّهُ يَعْلَمُ مَا تَصْنَعُونَ

٤٦ وَلَا تُجَٰدِلُوٓا۟ أَهْلَ ٱلْكِتَٰبِ إِلَّا بِٱلَّتِى هِىَ أَحْسَنُ إِلَّا ٱلَّذِينَ ظَلَمُوا۟ مِنْهُمْ ۖ وَقُولُوٓا۟ ءَامَنَّا بِٱلَّذِىٓ أُنزِلَ إِلَيْنَا وَأُنزِلَ إِلَيْكُمْ وَإِلَٰهُنَا وَإِلَٰهُكُمْ وَٰحِدٌ وَنَحْنُ لَهُۥ مُسْلِمُونَ

٤٧ وَكَذَٰلِكَ أَنزَلْنَآ إِلَيْكَ ٱلْكِتَٰبَ ۚ فَٱلَّذِينَ ءَاتَيْنَٰهُمُ ٱلْكِتَٰبَ يُؤْمِنُونَ بِهِۦ ۖ وَمِنْ هَٰٓؤُلَآءِ مَن يُؤْمِنُ بِهِۦ ۚ وَمَا يَجْحَدُ بِـَٔايَٰتِنَآ إِلَّا ٱلْكَٰفِرُونَ

٤٨ وَمَا كُنتَ تَتْلُوا۟ مِن قَبْلِهِۦ مِن كِتَٰبٍ وَلَا تَخُطُّهُۥ بِيَمِينِكَ ۖ إِذًا لَّٱرْتَابَ ٱلْمُبْطِلُونَ

٤٩ بَلْ هُوَ ءَايَٰتٌ بَيِّنَٰتٌ فِى صُدُورِ ٱلَّذِينَ أُوتُوا۟ ٱلْعِلْمَ ۚ وَمَا يَجْحَدُ بِـَٔايَٰتِنَآ إِلَّا ٱلظَّٰلِمُونَ

٥٠ وَقَالُوا۟ لَوْلَآ أُنزِلَ عَلَيْهِ ءَايَٰتٌ مِّن رَّبِّهِۦ ۖ قُلْ إِنَّمَا ٱلْءَايَٰتُ عِندَ ٱللَّهِ وَإِنَّمَآ أَنَا۠ نَذِيرٌ مُّبِينٌ

٥١ أَوَلَمْ يَكْفِهِمْ أَنَّآ أَنزَلْنَا عَلَيْكَ ٱلْكِتَٰبَ يُتْلَىٰ عَلَيْهِمْ ۚ إِنَّ فِى ذَٰلِكَ لَرَحْمَةً وَذِكْرَىٰ لِقَوْمٍ يُؤْمِنُونَ

٥٢ قُلْ كَفَىٰ بِٱللَّهِ بَيْنِى وَبَيْنَكُمْ شَهِيدًا ۖ يَعْلَمُ مَا فِى ٱلسَّمَٰوَٰتِ وَٱلْأَرْضِ ۗ وَٱلَّذِينَ ءَامَنُوا۟ بِٱلْبَٰطِلِ وَكَفَرُوا۟ بِٱللَّهِ أُو۟لَٰٓئِكَ هُمُ ٱلْخَٰسِرُونَ

٥٣ وَيَسْتَعْجِلُونَكَ بِٱلْعَذَابِ ۚ وَلَوْلَآ أَجَلٌ مُّسَمًّى لَّجَآءَهُمُ ٱلْعَذَابُ وَلَيَأْتِيَنَّهُم بَغْتَةً وَهُمْ لَا يَشْعُرُونَ

٥٤ يَسْتَعْجِلُونَكَ بِٱلْعَذَابِ وَإِنَّ جَهَنَّمَ لَمُحِيطَةٌ بِٱلْكَٰفِرِينَ

٥٥ يَوْمَ يَغْشَىٰهُمُ ٱلْعَذَابُ مِن فَوْقِهِمْ وَمِن تَحْتِ أَرْجُلِهِمْ وَيَقُولُ ذُوقُوا۟ مَا كُنتُمْ تَعْمَلُونَ

٥٦ يَٰعِبَادِىَ ٱلَّذِينَ ءَامَنُوٓا۟ إِنَّ أَرْضِى وَٰسِعَةٌ فَإِيَّٰىَ فَٱعْبُدُونِ

٥٧ كُلُّ نَفْسٍ ذَآئِقَةُ ٱلْمَوْتِ ۖ ثُمَّ إِلَيْنَا تُرْجَعُونَ

٥٨ وَٱلَّذِينَ ءَامَنُوا۟ وَعَمِلُوا۟ ٱلصَّٰلِحَٰتِ لَنُبَوِّئَنَّهُم مِّنَ ٱلْجَنَّةِ غُرَفًا تَجْرِى مِن تَحْتِهَا ٱلْأَنْهَٰرُ خَٰلِدِينَ فِيهَا ۚ نِعْمَ أَجْرُ ٱلْعَٰمِلِينَ

٥٩ ٱلَّذِينَ صَبَرُوا۟ وَعَلَىٰ رَبِّهِمْ يَتَوَكَّلُونَ

٦٠ وَكَأَيِّن مِّن دَآبَّةٍ لَّا تَحْمِلُ رِزْقَهَا ٱللَّهُ يَرْزُقُهَا وَإِيَّاكُمْ ۚ وَهُوَ ٱلسَّمِيعُ ٱلْعَلِيمُ

٦١ وَلَئِن سَأَلْتَهُم مَّنْ خَلَقَ ٱلسَّمَٰوَٰتِ وَٱلْأَرْضَ وَسَخَّرَ ٱلشَّمْسَ وَٱلْقَمَرَ لَيَقُولُنَّ ٱللَّهُ ۖ فَأَنَّىٰ يُؤْفَكُونَ

٦٢ ٱللَّهُ يَبْسُطُ ٱلرِّزْقَ لِمَن يَشَآءُ مِنْ عِبَادِهِۦ وَيَقْدِرُ لَهُۥٓ إِنَّ ٱللَّهَ بِكُلِّ شَىْءٍ عَلِيمٌ

٦٣ وَلَئِن سَأَلْتَهُم مَّن نَّزَّلَ مِنَ ٱلسَّمَآءِ مَآءً فَأَحْيَا بِهِ ٱلْأَرْضَ مِنۢ بَعْدِ مَوْتِهَا لَيَقُولُنَّ ٱللَّهُ قُلِ ٱلْحَمْدُ لِلَّهِ بَلْ أَكْثَرُهُمْ لَا يَعْقِلُونَ

٦٤ وَمَا هَٰذِهِ ٱلْحَيَوٰةُ ٱلدُّنْيَآ إِلَّا لَهْوٌ وَلَعِبٌ وَإِنَّ ٱلدَّارَ ٱلْءَاخِرَةَ لَهِىَ ٱلْحَيَوَانُ لَوْ كَانُوا۟ يَعْلَمُونَ

٦٥ فَإِذَا رَكِبُوا۟ فِى ٱلْفُلْكِ دَعَوُا۟ ٱللَّهَ مُخْلِصِينَ لَهُ ٱلدِّينَ فَلَمَّا نَجَّىٰهُمْ إِلَى ٱلْبَرِّ إِذَا هُمْ يُشْرِكُونَ

٦٦ لِيَكْفُرُوا۟ بِمَآ ءَاتَيْنَٰهُمْ وَلِيَتَمَتَّعُوا۟ فَسَوْفَ يَعْلَمُونَ

٦٧ أَوَلَمْ يَرَوْا۟ أَنَّا جَعَلْنَا حَرَمًا ءَامِنًا وَيُتَخَطَّفُ ٱلنَّاسُ مِنْ حَوْلِهِمْ أَفَبِٱلْبَٰطِلِ يُؤْمِنُونَ وَبِنِعْمَةِ ٱللَّهِ يَكْفُرُونَ

٦٨ وَمَنْ أَظْلَمُ مِمَّنِ ٱفْتَرَىٰ عَلَى ٱللَّهِ كَذِبًا أَوْ كَذَّبَ بِٱلْحَقِّ لَمَّا جَآءَهُۥٓ أَلَيْسَ فِى جَهَنَّمَ مَثْوًى لِّلْكَٰفِرِينَ

٦٩ وَٱلَّذِينَ جَٰهَدُوا۟ فِينَا لَنَهْدِيَنَّهُمْ سُبُلَنَا وَإِنَّ ٱللَّهَ لَمَعَ ٱلْمُحْسِنِينَ

سورة الروم

١ الٓمٓ

٢ غُلِبَتِ ٱلرُّومُ

٣ فِىٓ أَدْنَى ٱلْأَرْضِ وَهُم مِّنۢ بَعْدِ غَلَبِهِمْ سَيَغْلِبُونَ

٤ فِى بِضْعِ سِنِينَ لِلَّهِ ٱلْأَمْرُ مِن قَبْلُ وَمِنۢ بَعْدُ وَيَوْمَئِذٍ يَفْرَحُ ٱلْمُؤْمِنُونَ

٥ بِنَصْرِ ٱللَّهِ يَنصُرُ مَن يَشَآءُ وَهُوَ ٱلْعَزِيزُ ٱلرَّحِيمُ

---

٦ وَعْدَ ٱللَّهِ لَا يُخْلِفُ ٱللَّهُ وَعْدَهُ وَلَٰكِنَّ أَكْثَرَ ٱلنَّاسِ لَا يَعْلَمُونَ

٧ يَعْلَمُونَ ظَٰهِرًا مِّنَ ٱلْحَيَوٰةِ ٱلدُّنْيَا وَهُمْ عَنِ ٱلْءَاخِرَةِ هُمْ غَٰفِلُونَ

٨ أَوَلَمْ يَتَفَكَّرُوا۟ فِىٓ أَنفُسِهِم مَّا خَلَقَ ٱللَّهُ ٱلسَّمَٰوَٰتِ وَٱلْأَرْضَ وَمَا بَيْنَهُمَآ إِلَّا بِٱلْحَقِّ وَأَجَلٍ مُّسَمًّى وَإِنَّ كَثِيرًا مِّنَ ٱلنَّاسِ بِلِقَآئِ رَبِّهِمْ لَكَٰفِرُونَ

٩ أَوَلَمْ يَسِيرُوا۟ فِى ٱلْأَرْضِ فَيَنظُرُوا۟ كَيْفَ كَانَ عَٰقِبَةُ ٱلَّذِينَ مِن قَبْلِهِمْ كَانُوٓا۟ أَشَدَّ مِنْهُمْ قُوَّةً وَأَثَارُوا۟ ٱلْأَرْضَ وَعَمَرُوهَآ أَكْثَرَ مِمَّا عَمَرُوهَا وَجَآءَتْهُمْ رُسُلُهُم بِٱلْبَيِّنَٰتِ فَمَا كَانَ ٱللَّهُ لِيَظْلِمَهُمْ وَلَٰكِن كَانُوٓا۟ أَنفُسَهُمْ يَظْلِمُونَ

١٠ ثُمَّ كَانَ عَٰقِبَةَ ٱلَّذِينَ أَسَٰٓـُٔوا۟ ٱلسُّوٓأَىٰٓ أَن كَذَّبُوا۟ بِـَٔايَٰتِ ٱللَّهِ وَكَانُوا۟ بِهَا يَسْتَهْزِءُونَ

١١ ٱللَّهُ يَبْدَؤُا۟ ٱلْخَلْقَ ثُمَّ يُعِيدُهُ ثُمَّ إِلَيْهِ تُرْجَعُونَ

١٢ وَيَوْمَ تَقُومُ ٱلسَّاعَةُ يُبْلِسُ ٱلْمُجْرِمُونَ

١٣ وَلَمْ يَكُن لَّهُم مِّن شُرَكَآئِهِمْ شُفَعَٰٓؤُا۟ وَكَانُوا۟ بِشُرَكَآئِهِمْ كَٰفِرِينَ

١٤ وَيَوْمَ تَقُومُ ٱلسَّاعَةُ يَوْمَئِذٍ يَتَفَرَّقُونَ

١٥ فَأَمَّا ٱلَّذِينَ ءَامَنُوا۟ وَعَمِلُوا۟ ٱلصَّٰلِحَٰتِ فَهُمْ فِى رَوْضَةٍ يُحْبَرُونَ

١٦ وَأَمَّا ٱلَّذِينَ كَفَرُوا۟ وَكَذَّبُوا۟ بِـَٔايَٰتِنَا وَلِقَآئِ ٱلْءَاخِرَةِ فَأُو۟لَٰٓئِكَ فِى ٱلْعَذَابِ مُحْضَرُونَ

١٧ فَسُبْحَٰنَ ٱللَّهِ حِينَ تُمْسُونَ وَحِينَ تُصْبِحُونَ

١٨ وَلَهُ ٱلْحَمْدُ فِى ٱلسَّمَٰوَٰتِ وَٱلْأَرْضِ وَعَشِيًّا وَحِينَ تُظْهِرُونَ

١٩ يُخْرِجُ ٱلْحَىَّ مِنَ ٱلْمَيِّتِ وَيُخْرِجُ ٱلْمَيِّتَ مِنَ ٱلْحَىِّ وَيُحْىِ ٱلْأَرْضَ بَعْدَ مَوْتِهَا وَكَذَٰلِكَ تُخْرَجُونَ

٢٠ وَمِنْ ءَايَـٰتِهِۦٓ أَنْ خَلَقَكُم مِّن تُرَابٍ ثُمَّ إِذَآ أَنتُم بَشَرٌ تَنتَشِرُونَ

٢١ وَمِنْ ءَايَـٰتِهِۦٓ أَنْ خَلَقَ لَكُم مِّنْ أَنفُسِكُمْ أَزْوَٰجًا لِّتَسْكُنُوٓا۟ إِلَيْهَا وَجَعَلَ بَيْنَكُم مَّوَدَّةً وَرَحْمَةً ۚ إِنَّ فِى ذَٰلِكَ لَءَايَـٰتٍ لِّقَوْمٍ يَتَفَكَّرُونَ

٢٢ وَمِنْ ءَايَـٰتِهِۦ خَلْقُ ٱلسَّمَـٰوَٰتِ وَٱلْأَرْضِ وَٱخْتِلَـٰفُ أَلْسِنَتِكُمْ وَأَلْوَٰنِكُمْ ۚ إِنَّ فِى ذَٰلِكَ لَءَايَـٰتٍ لِّلْعَـٰلِمِينَ

٢٣ وَمِنْ ءَايَـٰتِهِۦ مَنَامُكُم بِٱلَّيْلِ وَٱلنَّهَارِ وَٱبْتِغَآؤُكُم مِّن فَضْلِهِۦٓ ۚ إِنَّ فِى ذَٰلِكَ لَءَايَـٰتٍ لِّقَوْمٍ يَسْمَعُونَ

٢٤ وَمِنْ ءَايَـٰتِهِۦ يُرِيكُمُ ٱلْبَرْقَ خَوْفًا وَطَمَعًا وَيُنَزِّلُ مِنَ ٱلسَّمَآءِ مَآءً فَيُحْىِۦ بِهِ ٱلْأَرْضَ بَعْدَ مَوْتِهَآ ۚ إِنَّ فِى ذَٰلِكَ لَءَايَـٰتٍ لِّقَوْمٍ يَعْقِلُونَ

٢٥ وَمِنْ ءَايَـٰتِهِۦٓ أَن تَقُومَ ٱلسَّمَآءُ وَٱلْأَرْضُ بِأَمْرِهِۦ ۚ ثُمَّ إِذَا دَعَاكُمْ دَعْوَةً مِّنَ ٱلْأَرْضِ إِذَآ أَنتُمْ تَخْرُجُونَ

٢٦ وَلَهُۥ مَن فِى ٱلسَّمَـٰوَٰتِ وَٱلْأَرْضِ ۖ كُلٌّ لَّهُۥ قَـٰنِتُونَ

٢٧ وَهُوَ ٱلَّذِى يَبْدَؤُا۟ ٱلْخَلْقَ ثُمَّ يُعِيدُهُۥ وَهُوَ أَهْوَنُ عَلَيْهِ ۚ وَلَهُ ٱلْمَثَلُ ٱلْأَعْلَىٰ فِى ٱلسَّمَـٰوَٰتِ وَٱلْأَرْضِ ۚ وَهُوَ ٱلْعَزِيزُ ٱلْحَكِيمُ

٢٨ ضَرَبَ لَكُم مَّثَلًا مِّنْ أَنفُسِكُمْ ۖ هَل لَّكُم مِّن مَّا مَلَكَتْ أَيْمَـٰنُكُم مِّن شُرَكَآءَ فِى مَا رَزَقْنَـٰكُمْ فَأَنتُمْ فِيهِ سَوَآءٌ تَخَافُونَهُمْ كَخِيفَتِكُمْ أَنفُسَكُمْ ۚ كَذَٰلِكَ نُفَصِّلُ ٱلْءَايَـٰتِ لِقَوْمٍ يَعْقِلُونَ

٢٩ بَلِ ٱتَّبَعَ ٱلَّذِينَ ظَلَمُوٓا۟ أَهْوَآءَهُم بِغَيْرِ عِلْمٍ ۖ فَمَن يَهْدِى مَنْ أَضَلَّ ٱللَّهُ ۖ وَمَا لَهُم مِّن نَّـٰصِرِينَ

٣٠ فَأَقِمْ وَجْهَكَ لِلدِّينِ حَنِيفًا ۚ فِطْرَتَ ٱللَّهِ ٱلَّتِى فَطَرَ ٱلنَّاسَ عَلَيْهَا ۚ لَا تَبْدِيلَ لِخَلْقِ ٱللَّهِ ۚ ذَٰلِكَ ٱلدِّينُ ٱلْقَيِّمُ وَلَـٰكِنَّ أَكْثَرَ ٱلنَّاسِ لَا يَعْلَمُونَ

٣١ مُنِيبِينَ إِلَيْهِ وَٱتَّقُوهُ وَأَقِيمُوا۟ ٱلصَّلَوٰةَ ۞ وَلَا تَكُونُوا۟ مِنَ ٱلْمُشْرِكِينَ

٣٢ مِنَ ٱلَّذِينَ فَرَّقُوا۟ دِينَهُمْ وَكَانُوا۟ شِيَعًا ۖ كُلُّ حِزْبٍ بِمَا لَدَيْهِمْ فَرِحُونَ

٣٣ وَإِذَا مَسَّ ٱلنَّاسَ ضُرٌّ دَعَوْا۟ رَبَّهُم مُّنِيبِينَ إِلَيْهِ ثُمَّ إِذَآ أَذَاقَهُم مِّنْهُ رَحْمَةً إِذَا فَرِيقٌ مِّنْهُم بِرَبِّهِمْ يُشْرِكُونَ

٣٤ لِيَكْفُرُوا۟ بِمَآ ءَاتَيْنَـٰهُمْ ۚ فَتَمَتَّعُوا۟ فَسَوْفَ تَعْلَمُونَ

٣٥ أَمْ أَنزَلْنَا عَلَيْهِمْ سُلْطَـٰنًا فَهُوَ يَتَكَلَّمُ بِمَا كَانُوا۟ بِهِۦ يُشْرِكُونَ

٣٦ وَإِذَآ أَذَقْنَا ٱلنَّاسَ رَحْمَةً فَرِحُوا۟ بِهَا ۖ وَإِن تُصِبْهُمْ سَيِّئَةٌۢ بِمَا قَدَّمَتْ أَيْدِيهِمْ إِذَا هُمْ يَقْنَطُونَ

٣٧ أَوَلَمْ يَرَوْا۟ أَنَّ ٱللَّهَ يَبْسُطُ ٱلرِّزْقَ لِمَن يَشَآءُ وَيَقْدِرُ ۚ إِنَّ فِى ذَٰلِكَ لَءَايَـٰتٍ لِّقَوْمٍ يُؤْمِنُونَ

٣٨ فَـَٔاتِ ذَا ٱلْقُرْبَىٰ حَقَّهُۥ وَٱلْمِسْكِينَ وَٱبْنَ ٱلسَّبِيلِ ۚ ذَٰلِكَ خَيْرٌ لِّلَّذِينَ يُرِيدُونَ وَجْهَ ٱللَّهِ ۖ وَأُو۟لَـٰٓئِكَ هُمُ ٱلْمُفْلِحُونَ

٣٩ وَمَآ ءَاتَيْتُم مِّن رِّبًا لِّيَرْبُوَا۟ فِىٓ أَمْوَٰلِ ٱلنَّاسِ فَلَا يَرْبُوا۟ عِندَ ٱللَّهِ ۖ وَمَآ ءَاتَيْتُم مِّن زَكَوٰةٍ تُرِيدُونَ وَجْهَ ٱللَّهِ فَأُو۟لَـٰٓئِكَ هُمُ ٱلْمُضْعِفُونَ

٤٠ ٱللَّهُ ٱلَّذِى خَلَقَكُمْ ثُمَّ رَزَقَكُمْ ثُمَّ يُمِيتُكُمْ ثُمَّ يُحْيِيكُمْ ۖ هَلْ مِن شُرَكَآئِكُم مَّن يَفْعَلُ مِن ذَٰلِكُم مِّن شَىْءٍ ۚ سُبْحَـٰنَهُۥ وَتَعَـٰلَىٰ عَمَّا يُشْرِكُونَ

٤١ ظَهَرَ ٱلْفَسَادُ فِى ٱلْبَرِّ وَٱلْبَحْرِ بِمَا كَسَبَتْ أَيْدِى ٱلنَّاسِ لِيُذِيقَهُم بَعْضَ ٱلَّذِى عَمِلُوا۟ لَعَلَّهُمْ يَرْجِعُونَ

٤٢ قُلْ سِيرُوا۟ فِى ٱلْأَرْضِ فَٱنظُرُوا۟ كَيْفَ كَانَ عَٰقِبَةُ ٱلَّذِينَ مِن قَبْلُ ۚ كَانَ أَكْثَرُهُم مُّشْرِكِينَ

٤٣ فَأَقِمْ وَجْهَكَ لِلدِّينِ ٱلْقَيِّمِ مِن قَبْلِ أَن يَأْتِىَ يَوْمٌ لَّا مَرَدَّ لَهُۥ مِنَ ٱللَّهِ ۖ يَوْمَئِذٍ يَصَّدَّعُونَ

٤٤ مَن كَفَرَ فَعَلَيْهِ كُفْرُهُۥ ۖ وَمَنْ عَمِلَ صَٰلِحًا فَلِأَنفُسِهِمْ يَمْهَدُونَ

٤٥ لِيَجْزِىَ ٱلَّذِينَ ءَامَنُوا۟ وَعَمِلُوا۟ ٱلصَّٰلِحَٰتِ مِن فَضْلِهِ ۚ إِنَّهُۥ لَا يُحِبُّ ٱلْكَٰفِرِينَ

٤٦ وَمِنْ ءَايَٰتِهِ أَن يُرْسِلَ ٱلرِّيَاحَ مُبَشِّرَٰتٍ وَلِيُذِيقَكُم مِّن رَّحْمَتِهِ وَلِتَجْرِىَ ٱلْفُلْكُ بِأَمْرِهِ وَلِتَبْتَغُوا۟ مِن فَضْلِهِ وَلَعَلَّكُمْ تَشْكُرُونَ

٤٧ وَلَقَدْ أَرْسَلْنَا مِن قَبْلِكَ رُسُلًا إِلَىٰ قَوْمِهِمْ فَجَآءُوهُم بِٱلْبَيِّنَٰتِ فَٱنتَقَمْنَا مِنَ ٱلَّذِينَ أَجْرَمُوا۟ ۖ وَكَانَ حَقًّا عَلَيْنَا نَصْرُ ٱلْمُؤْمِنِينَ

٤٨ ٱللَّهُ ٱلَّذِى يُرْسِلُ ٱلرِّيَٰحَ فَتُثِيرُ سَحَابًا فَيَبْسُطُهُۥ فِى ٱلسَّمَآءِ كَيْفَ يَشَآءُ وَيَجْعَلُهُۥ كِسَفًا فَتَرَى ٱلْوَدْقَ يَخْرُجُ مِنْ خِلَٰلِهِ ۖ فَإِذَآ أَصَابَ بِهِۦ مَن يَشَآءُ مِنْ عِبَادِهِۦٓ إِذَا هُمْ يَسْتَبْشِرُونَ

٤٩ وَإِن كَانُوا۟ مِن قَبْلِ أَن يُنَزَّلَ عَلَيْهِم مِّن قَبْلِهِۦ لَمُبْلِسِينَ

٥٠ فَٱنظُرْ إِلَىٰٓ ءَاثَٰرِ رَحْمَتِ ٱللَّهِ كَيْفَ يُحْىِ ٱلْأَرْضَ بَعْدَ مَوْتِهَآ ۚ إِنَّ ذَٰلِكَ لَمُحْىِ ٱلْمَوْتَىٰ ۖ وَهُوَ عَلَىٰ كُلِّ شَىْءٍ قَدِيرٌ

٥١ وَلَئِنْ أَرْسَلْنَا رِيحًا فَرَأَوْهُ مُصْفَرًّا لَّظَلُّوا۟ مِنۢ بَعْدِهِۦ يَكْفُرُونَ

٥٢ فَإِنَّكَ لَا تُسْمِعُ ٱلْمَوْتَىٰ وَلَا تُسْمِعُ ٱلصُّمَّ ٱلدُّعَآءَ إِذَا وَلَّوْا۟ مُدْبِرِينَ

٥٣ وَمَآ أَنتَ بِهَٰدِ ٱلْعُمْىِ عَن ضَلَٰلَتِهِمْ ۖ إِن تُسْمِعُ إِلَّا مَن يُؤْمِنُ بِـَٔايَٰتِنَا فَهُم مُّسْلِمُونَ

٥٤ ٱللَّهُ ٱلَّذِى خَلَقَكُم مِّن ضَعْفٍ ثُمَّ جَعَلَ مِنۢ بَعْدِ ضَعْفٍ قُوَّةً ثُمَّ جَعَلَ مِنۢ بَعْدِ قُوَّةٍ ضَعْفًا وَشَيْبَةً ۚ يَخْلُقُ مَا يَشَآءُ ۖ وَهُوَ ٱلْعَلِيمُ ٱلْقَدِيرُ

٥٥ وَيَوْمَ تَقُومُ ٱلسَّاعَةُ يُقْسِمُ ٱلْمُجْرِمُونَ مَا لَبِثُوا۟ غَيْرَ سَاعَةٍ ۚ كَذَٰلِكَ كَانُوا۟ يُؤْفَكُونَ

٥٦ وَقَالَ ٱلَّذِينَ أُوتُوا۟ ٱلْعِلْمَ وَٱلْإِيمَٰنَ لَقَدْ لَبِثْتُمْ فِى كِتَٰبِ ٱللَّهِ إِلَىٰ يَوْمِ ٱلْبَعْثِ ۖ فَهَٰذَا يَوْمُ ٱلْبَعْثِ وَلَٰكِنَّكُمْ كُنتُمْ لَا تَعْلَمُونَ

٥٧ فَيَوْمَئِذٍ لَّا يَنفَعُ ٱلَّذِينَ ظَلَمُوا۟ مَعْذِرَتُهُمْ وَلَا هُمْ يُسْتَعْتَبُونَ

٥٨ وَلَقَدْ ضَرَبْنَا لِلنَّاسِ فِى هَٰذَا ٱلْقُرْءَانِ مِن كُلِّ مَثَلٍ ۚ وَلَئِن جِئْتَهُم بِـَٔايَةٍ لَّيَقُولَنَّ ٱلَّذِينَ كَفَرُوٓا۟ إِنْ أَنتُمْ إِلَّا مُبْطِلُونَ

٥٩ كَذَٰلِكَ يَطْبَعُ ٱللَّهُ عَلَىٰ قُلُوبِ ٱلَّذِينَ لَا يَعْلَمُونَ

٦٠ فَٱصْبِرْ إِنَّ وَعْدَ ٱللَّهِ حَقٌّ ۖ وَلَا يَسْتَخِفَّنَّكَ ٱلَّذِينَ لَا يُوقِنُونَ

سورة لقمان

١ الٓمٓ

٢ تِلْكَ ءَايَٰتُ ٱلْكِتَٰبِ ٱلْحَكِيمِ

٣ هُدًى وَرَحْمَةً لِّلْمُحْسِنِينَ

٤ ٱلَّذِينَ يُقِيمُونَ ٱلصَّلَوٰةَ وَيُؤْتُونَ ٱلزَّكَوٰةَ وَهُم بِٱلْءَاخِرَةِ هُمْ يُوقِنُونَ

٥ أُو۟لَٰٓئِكَ عَلَىٰ هُدًى مِّن رَّبِّهِمْ ۖ وَأُو۟لَٰٓئِكَ هُمُ ٱلْمُفْلِحُونَ

٦ وَمِنَ ٱلنَّاسِ مَن يَشْتَرِى لَهْوَ ٱلْحَدِيثِ لِيُضِلَّ عَن سَبِيلِ ٱللَّهِ بِغَيْرِ عِلْمٍ وَيَتَّخِذَهَا هُزُوًا ۚ أُو۟لَٰٓئِكَ لَهُمْ عَذَابٌ مُّهِينٌ

٧ وَإِذَا تُتْلَىٰ عَلَيْهِ ءَايَٰتُنَا وَلَّىٰ مُسْتَكْبِرًا كَأَن لَّمْ يَسْمَعْهَا كَأَنَّ فِىٓ أُذُنَيْهِ وَقْرًاۖ فَبَشِّرْهُ بِعَذَابٍ أَلِيمٍ

٨ إِنَّ ٱلَّذِينَ ءَامَنُوا۟ وَعَمِلُوا۟ ٱلصَّٰلِحَٰتِ لَهُمْ جَنَّٰتُ ٱلنَّعِيمِ

٩ خَٰلِدِينَ فِيهَاۖ وَعْدَ ٱللَّهِ حَقًّاۚ وَهُوَ ٱلْعَزِيزُ ٱلْحَكِيمُ

١٠ خَلَقَ ٱلسَّمَٰوَٰتِ بِغَيْرِ عَمَدٍ تَرَوْنَهَاۖ وَأَلْقَىٰ فِى ٱلْأَرْضِ رَوَٰسِىَ أَن تَمِيدَ بِكُمْ وَبَثَّ فِيهَا مِن كُلِّ دَآبَّةٍۚ وَأَنزَلْنَا مِنَ ٱلسَّمَآءِ مَآءً فَأَنۢبَتْنَا فِيهَا مِن كُلِّ زَوْجٍ كَرِيمٍ

١١ هَٰذَا خَلْقُ ٱللَّهِ فَأَرُونِى مَاذَا خَلَقَ ٱلَّذِينَ مِن دُونِهِۦۚ بَلِ ٱلظَّٰلِمُونَ فِى ضَلَٰلٍ مُّبِينٍ

١٢ وَلَقَدْ ءَاتَيْنَا لُقْمَٰنَ ٱلْحِكْمَةَ أَنِ ٱشْكُرْ لِلَّهِۚ وَمَن يَشْكُرْ فَإِنَّمَا يَشْكُرُ لِنَفْسِهِۦۖ وَمَن كَفَرَ فَإِنَّ ٱللَّهَ غَنِىٌّ حَمِيدٌ

١٣ وَإِذْ قَالَ لُقْمَٰنُ لِٱبْنِهِۦ وَهُوَ يَعِظُهُۥ يَٰبُنَىَّ لَا تُشْرِكْ بِٱللَّهِۖ إِنَّ ٱلشِّرْكَ لَظُلْمٌ عَظِيمٌ

١٤ وَوَصَّيْنَا ٱلْإِنسَٰنَ بِوَٰلِدَيْهِ حَمَلَتْهُ أُمُّهُۥ وَهْنًا عَلَىٰ وَهْنٍ وَفِصَٰلُهُۥ فِى عَامَيْنِ أَنِ ٱشْكُرْ لِى وَلِوَٰلِدَيْكَ إِلَىَّ ٱلْمَصِيرُ

١٥ وَإِن جَٰهَدَاكَ عَلَىٰٓ أَن تُشْرِكَ بِى مَا لَيْسَ لَكَ بِهِۦ عِلْمٌ فَلَا تُطِعْهُمَاۖ وَصَاحِبْهُمَا فِى ٱلدُّنْيَا مَعْرُوفًاۖ وَٱتَّبِعْ سَبِيلَ مَنْ أَنَابَ إِلَىَّۚ ثُمَّ إِلَىَّ مَرْجِعُكُمْ فَأُنَبِّئُكُم بِمَا كُنتُمْ تَعْمَلُونَ

١٦ يَٰبُنَىَّ إِنَّهَآ إِن تَكُ مِثْقَالَ حَبَّةٍ مِّنْ خَرْدَلٍ فَتَكُن فِى صَخْرَةٍ أَوْ فِى ٱلسَّمَٰوَٰتِ أَوْ فِى ٱلْأَرْضِ يَأْتِ بِهَا ٱللَّهُۚ إِنَّ ٱللَّهَ لَطِيفٌ خَبِيرٌ

١٧ يَٰبُنَىَّ أَقِمِ ٱلصَّلَوٰةَ وَأْمُرْ بِٱلْمَعْرُوفِ وَٱنْهَ عَنِ ٱلْمُنكَرِ وَٱصْبِرْ عَلَىٰ مَآ أَصَابَكَۖ إِنَّ ذَٰلِكَ مِنْ عَزْمِ ٱلْأُمُورِ

١٨ وَلَا تُصَعِّرْ خَدَّكَ لِلنَّاسِ وَلَا تَمْشِ فِى ٱلْأَرْضِ مَرَحًاۖ إِنَّ ٱللَّهَ لَا يُحِبُّ كُلَّ مُخْتَالٍ فَخُورٍ

١٩ وَٱقْصِدْ فِى مَشْيِكَ وَٱغْضُضْ مِن صَوْتِكَۚ إِنَّ أَنكَرَ ٱلْأَصْوَٰتِ لَصَوْتُ ٱلْحَمِيرِ

٢٠ أَلَمْ تَرَوْا۟ أَنَّ ٱللَّهَ سَخَّرَ لَكُم مَّا فِى ٱلسَّمَٰوَٰتِ وَمَا فِى ٱلْأَرْضِ وَأَسْبَغَ عَلَيْكُمْ نِعَمَهُۥ ظَٰهِرَةً وَبَاطِنَةًۗ وَمِنَ ٱلنَّاسِ مَن يُجَٰدِلُ فِى ٱللَّهِ بِغَيْرِ عِلْمٍ وَلَا هُدًى وَلَا كِتَٰبٍ مُّنِيرٍ

٢١ وَإِذَا قِيلَ لَهُمُ ٱتَّبِعُوا۟ مَآ أَنزَلَ ٱللَّهُ قَالُوا۟ بَلْ نَتَّبِعُ مَا وَجَدْنَا عَلَيْهِ ءَابَآءَنَآۚ أَوَلَوْ كَانَ ٱلشَّيْطَٰنُ يَدْعُوهُمْ إِلَىٰ عَذَابِ ٱلسَّعِيرِ

٢٢ وَمَن يُسْلِمْ وَجْهَهُۥٓ إِلَى ٱللَّهِ وَهُوَ مُحْسِنٌ ۞ فَقَدِ ٱسْتَمْسَكَ بِٱلْعُرْوَةِ ٱلْوُثْقَىٰۗ وَإِلَى ٱللَّهِ عَٰقِبَةُ ٱلْأُمُورِ

٢٣ وَمَن كَفَرَ فَلَا يَحْزُنكَ كُفْرُهُۥٓ إِلَيْنَا مَرْجِعُهُمْ فَنُنَبِّئُهُم بِمَا عَمِلُوٓا۟ۚ إِنَّ ٱللَّهَ عَلِيمٌۢ بِذَاتِ ٱلصُّدُورِ

٢٤ نُمَتِّعُهُمْ قَلِيلًا ثُمَّ نَضْطَرُّهُمْ إِلَىٰ عَذَابٍ غَلِيظٍ

٢٥ وَلَئِن سَأَلْتَهُم مَّنْ خَلَقَ ٱلسَّمَٰوَٰتِ وَٱلْأَرْضَ لَيَقُولُنَّ ٱللَّهُۚ قُلِ ٱلْحَمْدُ لِلَّهِۚ بَلْ أَكْثَرُهُمْ لَا يَعْلَمُونَ

٢٦ لِلَّهِ مَا فِى ٱلسَّمَٰوَٰتِ وَٱلْأَرْضِۚ إِنَّ ٱللَّهَ هُوَ ٱلْغَنِىُّ ٱلْحَمِيدُ

٢٧ وَلَوْ أَنَّمَا فِى ٱلْأَرْضِ مِن شَجَرَةٍ أَقْلَٰمٌ وَٱلْبَحْرُ يَمُدُّهُۥ مِنۢ بَعْدِهِۦ سَبْعَةُ أَبْحُرٍ مَّا نَفِدَتْ كَلِمَٰتُ ٱللَّهِۚ إِنَّ ٱللَّهَ عَزِيزٌ حَكِيمٌ

٢٨ مَّا خَلْقُكُمْ وَلَا بَعْثُكُمْ إِلَّا كَنَفْسٍ وَٰحِدَةٍۗ إِنَّ ٱللَّهَ سَمِيعٌ بَصِيرٌ

٢٩ أَلَمْ تَرَ أَنَّ ٱللَّهَ يُولِجُ ٱلَّيْلَ فِى ٱلنَّهَارِ وَيُولِجُ ٱلنَّهَارَ فِى ٱلَّيْلِ وَسَخَّرَ ٱلشَّمْسَ وَٱلْقَمَرَ كُلٌّ

يَجْرِى إِلَىٰ أَجَلٍ مُّسَمًّى وَأَنَّ ٱللَّهَ بِمَا تَعْمَلُونَ خَبِيرٌ

٣٠ ذَٰلِكَ بِأَنَّ ٱللَّهَ هُوَ ٱلْحَقُّ وَأَنَّ مَا يَدْعُونَ مِن دُونِهِ ٱلْبَٰطِلُ وَأَنَّ ٱللَّهَ هُوَ ٱلْعَلِىُّ ٱلْكَبِيرُ

٣١ أَلَمْ تَرَ أَنَّ ٱلْفُلْكَ تَجْرِى فِى ٱلْبَحْرِ بِنِعْمَتِ ٱللَّهِ لِيُرِيَكُم مِّنْ ءَايَٰتِهِ إِنَّ فِى ذَٰلِكَ لَءَايَٰتٍ لِّكُلِّ صَبَّارٍ شَكُورٍ

٣٢ وَإِذَا غَشِيَهُم مَّوْجٌ كَٱلظُّلَلِ دَعَوُا۟ ٱللَّهَ مُخْلِصِينَ لَهُ ٱلدِّينَ فَلَمَّا نَجَّىٰهُمْ إِلَى ٱلْبَرِّ فَمِنْهُم مُّقْتَصِدٌ وَمَا يَجْحَدُ بِـَٔايَٰتِنَا إِلَّا كُلُّ خَتَّارٍ كَفُورٍ

٣٣ يَٰٓأَيُّهَا ٱلنَّاسُ ٱتَّقُوا۟ رَبَّكُمْ وَٱخْشَوْا۟ يَوْمًا لَّا يَجْزِى وَالِدٌ عَن وَلَدِهِ وَلَا مَوْلُودٌ هُوَ جَازٍ عَن وَالِدِهِ شَيْـًٔا إِنَّ وَعْدَ ٱللَّهِ حَقٌّ فَلَا تَغُرَّنَّكُمُ ٱلْحَيَوٰةُ ٱلدُّنْيَا وَلَا يَغُرَّنَّكُم بِٱللَّهِ ٱلْغَرُورُ

٣٤ إِنَّ ٱللَّهَ عِندَهُ عِلْمُ ٱلسَّاعَةِ وَيُنَزِّلُ ٱلْغَيْثَ وَيَعْلَمُ مَا فِى ٱلْأَرْحَامِ وَمَا تَدْرِى نَفْسٌ مَّاذَا تَكْسِبُ غَدًا وَمَا تَدْرِى نَفْسٌ بِأَىِّ أَرْضٍ تَمُوتُ إِنَّ ٱللَّهَ عَلِيمٌ خَبِيرٌ

سورة السجدة

١ الٓمٓ

٢ تَنزِيلُ ٱلْكِتَٰبِ لَا رَيْبَ فِيهِ مِن رَّبِّ ٱلْعَٰلَمِينَ

٣ أَمْ يَقُولُونَ ٱفْتَرَىٰهُ بَلْ هُوَ ٱلْحَقُّ مِن رَّبِّكَ لِتُنذِرَ قَوْمًا مَّا أَتَىٰهُم مِّن نَّذِيرٍ مِّن قَبْلِكَ لَعَلَّهُمْ يَهْتَدُونَ

٤ ٱللَّهُ ٱلَّذِى خَلَقَ ٱلسَّمَٰوَٰتِ وَٱلْأَرْضَ وَمَا بَيْنَهُمَا فِى سِتَّةِ أَيَّامٍ ثُمَّ ٱسْتَوَىٰ عَلَى ٱلْعَرْشِ مَا لَكُم مِّن دُونِهِ مِن وَلِىٍّ وَلَا شَفِيعٍ أَفَلَا تَتَذَكَّرُونَ

٥ يُدَبِّرُ ٱلْأَمْرَ مِنَ ٱلسَّمَآءِ إِلَى ٱلْأَرْضِ ثُمَّ يَعْرُجُ إِلَيْهِ فِى يَوْمٍ كَانَ مِقْدَارُهُ أَلْفَ سَنَةٍ مِّمَّا تَعُدُّونَ

٦ ذَٰلِكَ عَٰلِمُ ٱلْغَيْبِ وَٱلشَّهَٰدَةِ ٱلْعَزِيزُ ٱلرَّحِيمُ

٧ ٱلَّذِى أَحْسَنَ كُلَّ شَىْءٍ خَلَقَهُ وَبَدَأَ خَلْقَ ٱلْإِنسَٰنِ مِن طِينٍ

٨ ثُمَّ جَعَلَ نَسْلَهُ مِن سُلَٰلَةٍ مِّن مَّآءٍ مَّهِينٍ

٩ ثُمَّ سَوَّىٰهُ وَنَفَخَ فِيهِ مِن رُّوحِهِ وَجَعَلَ لَكُمُ ٱلسَّمْعَ وَٱلْأَبْصَٰرَ وَٱلْأَفْـِٔدَةَ قَلِيلًا مَّا تَشْكُرُونَ

١٠ وَقَالُوٓا۟ أَءِذَا ضَلَلْنَا فِى ٱلْأَرْضِ أَءِنَّا لَفِى خَلْقٍ جَدِيدٍ بَلْ هُم بِلِقَآءِ رَبِّهِمْ كَٰفِرُونَ

١١ قُلْ يَتَوَفَّىٰكُم مَّلَكُ ٱلْمَوْتِ ٱلَّذِى وُكِّلَ بِكُمْ ثُمَّ إِلَىٰ رَبِّكُمْ تُرْجَعُونَ

١٢ وَلَوْ تَرَىٰٓ إِذِ ٱلْمُجْرِمُونَ نَاكِسُوا۟ رُءُوسِهِمْ عِندَ رَبِّهِمْ رَبَّنَآ أَبْصَرْنَا وَسَمِعْنَا فَٱرْجِعْنَا نَعْمَلْ صَٰلِحًا إِنَّا مُوقِنُونَ

١٣ وَلَوْ شِئْنَا لَءَاتَيْنَا كُلَّ نَفْسٍ هُدَىٰهَا وَلَٰكِنْ حَقَّ ٱلْقَوْلُ مِنِّى لَأَمْلَأَنَّ جَهَنَّمَ مِنَ ٱلْجِنَّةِ وَٱلنَّاسِ أَجْمَعِينَ

١٤ فَذُوقُوا۟ بِمَا نَسِيتُمْ لِقَآءَ يَوْمِكُمْ هَٰذَآ إِنَّا نَسِينَٰكُمْ وَذُوقُوا۟ عَذَابَ ٱلْخُلْدِ بِمَا كُنتُمْ تَعْمَلُونَ

١٥ إِنَّمَا يُؤْمِنُ بِـَٔايَٰتِنَا ٱلَّذِينَ إِذَا ذُكِّرُوا۟ بِهَا خَرُّوا۟ سُجَّدًا وَسَبَّحُوا۟ بِحَمْدِ رَبِّهِمْ وَهُمْ لَا يَسْتَكْبِرُونَ ۩

١٦ تَتَجَافَىٰ جُنُوبُهُمْ عَنِ ٱلْمَضَاجِعِ يَدْعُونَ رَبَّهُمْ خَوْفًا وَطَمَعًا وَمِمَّا رَزَقْنَٰهُمْ يُنفِقُونَ

١٧ فَلَا تَعْلَمُ نَفْسٌ مَّآ أُخْفِىَ لَهُم مِّن قُرَّةِ أَعْيُنٍ جَزَآءًۢ بِمَا كَانُوا۟ يَعْمَلُونَ

١٩ أَمَّا ٱلَّذِينَ ءَامَنُوا۟ وَعَمِلُوا۟ ٱلصَّٰلِحَٰتِ فَلَهُمْ جَنَّٰتُ ٱلْمَأْوَىٰ نُزُلًۢا بِمَا كَانُوا۟ يَعْمَلُونَ

٢٠ وَأَمَّا ٱلَّذِينَ فَسَقُوا۟ فَمَأْوَىٰهُمُ ٱلنَّارُ ۖ كُلَّمَآ أَرَادُوٓا۟ أَن يَخْرُجُوا۟ مِنْهَآ أُعِيدُوا۟ فِيهَا وَقِيلَ لَهُمْ ذُوقُوا۟ عَذَابَ ٱلنَّارِ ٱلَّذِى كُنتُم بِهِۦ تُكَذِّبُونَ

٢١ وَلَنُذِيقَنَّهُم مِّنَ ٱلْعَذَابِ ٱلْأَدْنَىٰ دُونَ ٱلْعَذَابِ ٱلْأَكْبَرِ لَعَلَّهُمْ يَرْجِعُونَ

٢٢ وَمَنْ أَظْلَمُ مِمَّن ذُكِّرَ بِـَٔايَٰتِ رَبِّهِۦ ثُمَّ أَعْرَضَ عَنْهَآ ۚ إِنَّا مِنَ ٱلْمُجْرِمِينَ مُنتَقِمُونَ

٢٣ وَلَقَدْ ءَاتَيْنَا مُوسَى ٱلْكِتَٰبَ فَلَا تَكُن فِى مِرْيَةٍ مِّن لِّقَآئِهِۦ ۖ وَجَعَلْنَٰهُ هُدًى لِّبَنِىٓ إِسْرَٰٓءِيلَ

٢٤ وَجَعَلْنَا مِنْهُمْ أَئِمَّةً يَهْدُونَ بِأَمْرِنَا لَمَّا صَبَرُوا۟ ۖ وَكَانُوا۟ بِـَٔايَٰتِنَا يُوقِنُونَ

٢٥ إِنَّ رَبَّكَ هُوَ يَفْصِلُ بَيْنَهُمْ يَوْمَ ٱلْقِيَٰمَةِ فِيمَا كَانُوا۟ فِيهِ يَخْتَلِفُونَ

٢٦ أَوَلَمْ يَهْدِ لَهُمْ كَمْ أَهْلَكْنَا مِن قَبْلِهِم مِّنَ ٱلْقُرُونِ يَمْشُونَ فِى مَسَٰكِنِهِمْ ۚ إِنَّ فِى ذَٰلِكَ لَـَٔايَٰتٍ ۖ أَفَلَا يَسْمَعُونَ

٢٧ أَوَلَمْ يَرَوْا۟ أَنَّا نَسُوقُ ٱلْمَآءَ إِلَى ٱلْأَرْضِ ٱلْجُرُزِ فَنُخْرِجُ بِهِۦ زَرْعًا تَأْكُلُ مِنْهُ أَنْعَٰمُهُمْ وَأَنفُسُهُمْ ۖ أَفَلَا يُبْصِرُونَ

٢٨ وَيَقُولُونَ مَتَىٰ هَٰذَا ٱلْفَتْحُ إِن كُنتُمْ صَٰدِقِينَ

٢٩ قُلْ يَوْمَ ٱلْفَتْحِ لَا يَنفَعُ ٱلَّذِينَ كَفَرُوٓا۟ إِيمَٰنُهُمْ وَلَا هُمْ يُنظَرُونَ

٣٠ فَأَعْرِضْ عَنْهُمْ وَٱنتَظِرْ إِنَّهُم مُّنتَظِرُونَ

سورة الأحزاب

١ يَٰٓأَيُّهَا ٱلنَّبِىُّ ٱتَّقِ ٱللَّهَ وَلَا تُطِعِ ٱلْكَٰفِرِينَ وَٱلْمُنَٰفِقِينَ ۚ إِنَّ ٱللَّهَ كَانَ عَلِيمًا حَكِيمًا

٢ وَٱتَّبِعْ مَا يُوحَىٰٓ إِلَيْكَ مِن رَّبِّكَ ۚ إِنَّ ٱللَّهَ كَانَ بِمَا تَعْمَلُونَ خَبِيرًا

٣ وَتَوَكَّلْ عَلَى ٱللَّهِ ۚ وَكَفَىٰ بِٱللَّهِ وَكِيلًا

٤ مَّا جَعَلَ ٱللَّهُ لِرَجُلٍ مِّن قَلْبَيْنِ فِى جَوْفِهِۦ ۚ وَمَا جَعَلَ أَزْوَٰجَكُمُ ٱلَّٰٓـِٔى تُظَٰهِرُونَ مِنْهُنَّ أُمَّهَٰتِكُمْ ۚ وَمَا جَعَلَ أَدْعِيَآءَكُمْ أَبْنَآءَكُمْ ۚ ذَٰلِكُمْ قَوْلُكُم بِأَفْوَٰهِكُمْ ۖ وَٱللَّهُ يَقُولُ ٱلْحَقَّ وَهُوَ يَهْدِى ٱلسَّبِيلَ

٥ ٱدْعُوهُمْ لِءَابَآئِهِمْ هُوَ أَقْسَطُ عِندَ ٱللَّهِ ۚ فَإِن لَّمْ تَعْلَمُوٓا۟ ءَابَآءَهُمْ فَإِخْوَٰنُكُمْ فِى ٱلدِّينِ وَمَوَٰلِيكُمْ ۚ وَلَيْسَ عَلَيْكُمْ جُنَاحٌ فِيمَآ أَخْطَأْتُم بِهِۦ وَلَٰكِن مَّا تَعَمَّدَتْ قُلُوبُكُمْ ۚ وَكَانَ ٱللَّهُ غَفُورًا رَّحِيمًا

٦ ٱلنَّبِىُّ أَوْلَىٰ بِٱلْمُؤْمِنِينَ مِنْ أَنفُسِهِمْ ۖ وَأَزْوَٰجُهُۥٓ أُمَّهَٰتُهُمْ ۗ وَأُو۟لُوا۟ ٱلْأَرْحَامِ بَعْضُهُمْ أَوْلَىٰ بِبَعْضٍ فِى كِتَٰبِ ٱللَّهِ مِنَ ٱلْمُؤْمِنِينَ وَٱلْمُهَٰجِرِينَ إِلَّآ أَن تَفْعَلُوٓا۟ إِلَىٰٓ أَوْلِيَآئِكُم مَّعْرُوفًا ۚ كَانَ ذَٰلِكَ فِى ٱلْكِتَٰبِ مَسْطُورًا

٧ وَإِذْ أَخَذْنَا مِنَ ٱلنَّبِيِّۧنَ مِيثَٰقَهُمْ وَمِنكَ وَمِن نُّوحٍ وَإِبْرَٰهِيمَ وَمُوسَىٰ وَعِيسَى ٱبْنِ مَرْيَمَ ۖ وَأَخَذْنَا مِنْهُم مِّيثَٰقًا غَلِيظًا

٨ لِّيَسْـَٔلَ ٱلصَّٰدِقِينَ عَن صِدْقِهِمْ ۚ وَأَعَدَّ لِلْكَٰفِرِينَ عَذَابًا أَلِيمًا

٩ يَٰٓأَيُّهَا ٱلَّذِينَ ءَامَنُوا۟ ٱذْكُرُوا۟ نِعْمَةَ ٱللَّهِ عَلَيْكُمْ إِذْ جَآءَتْكُمْ جُنُودٌ فَأَرْسَلْنَا عَلَيْهِمْ رِيحًا وَجُنُودًا لَّمْ تَرَوْهَا ۚ وَكَانَ ٱللَّهُ بِمَا تَعْمَلُونَ بَصِيرًا

١٠ إِذْ جَاءُوكُم مِّن فَوْقِكُمْ وَمِنْ أَسْفَلَ مِنكُمْ وَإِذْ زَاغَتِ ٱلْأَبْصَارُ وَبَلَغَتِ ٱلْقُلُوبُ ٱلْحَنَاجِرَ وَتَظُنُّونَ بِٱللَّهِ ٱلظُّنُونَا

١١ هُنَالِكَ ٱبْتُلِيَ ٱلْمُؤْمِنُونَ وَزُلْزِلُوا زِلْزَالًا شَدِيدًا

١٢ وَإِذْ يَقُولُ ٱلْمُنَافِقُونَ وَٱلَّذِينَ فِى قُلُوبِهِم مَّرَضٌ مَّا وَعَدَنَا ٱللَّهُ وَرَسُولُهُ إِلَّا غُرُورًا

١٣ وَإِذْ قَالَت طَّائِفَةٌ مِّنْهُمْ يَا أَهْلَ يَثْرِبَ لَا مُقَامَ لَكُمْ فَٱرْجِعُوا وَيَسْتَأْذِنُ فَرِيقٌ مِّنْهُمُ ٱلنَّبِىَّ يَقُولُونَ إِنَّ بُيُوتَنَا عَوْرَةٌ وَمَا هِىَ بِعَوْرَةٍ إِن يُرِيدُونَ إِلَّا فِرَارًا

١٤ وَلَوْ دُخِلَتْ عَلَيْهِم مِّنْ أَقْطَارِهَا ثُمَّ سُئِلُوا ٱلْفِتْنَةَ لَآتَوْهَا وَمَا تَلَبَّثُوا بِهَا إِلَّا يَسِيرًا

١٥ وَلَقَدْ كَانُوا عَاهَدُوا ٱللَّهَ مِن قَبْلُ لَا يُوَلُّونَ ٱلْأَدْبَارَ وَكَانَ عَهْدُ ٱللَّهِ مَسْئُولًا

١٦ قُل لَّن يَنفَعَكُمُ ٱلْفِرَارُ إِن فَرَرْتُم مِّنَ ٱلْمَوْتِ أَوِ ٱلْقَتْلِ وَإِذًا لَّا تُمَتَّعُونَ إِلَّا قَلِيلًا

١٧ قُلْ مَن ذَا ٱلَّذِى يَعْصِمُكُم مِّنَ ٱللَّهِ إِنْ أَرَادَ بِكُمْ سُوءًا أَوْ أَرَادَ بِكُمْ رَحْمَةً وَلَا يَجِدُونَ لَهُم مِّن دُونِ ٱللَّهِ وَلِيًّا وَلَا نَصِيرًا

١٨ قَدْ يَعْلَمُ ٱللَّهُ ٱلْمُعَوِّقِينَ مِنكُمْ وَٱلْقَائِلِينَ ۞ لِإِخْوَانِهِمْ هَلُمَّ إِلَيْنَا وَلَا يَأْتُونَ ٱلْبَأْسَ إِلَّا قَلِيلًا

١٩ أَشِحَّةً عَلَيْكُمْ فَإِذَا جَاءَ ٱلْخَوْفُ رَأَيْتَهُمْ يَنظُرُونَ إِلَيْكَ تَدُورُ أَعْيُنُهُمْ كَٱلَّذِى يُغْشَى عَلَيْهِ مِنَ ٱلْمَوْتِ فَإِذَا ذَهَبَ ٱلْخَوْفُ سَلَقُوكُم بِأَلْسِنَةٍ حِدَادٍ أَشِحَّةً عَلَى ٱلْخَيْرِ أُولَٰئِكَ لَمْ يُؤْمِنُوا فَأَحْبَطَ ٱللَّهُ أَعْمَالَهُمْ وَكَانَ ذَٰلِكَ عَلَى ٱللَّهِ يَسِيرًا

٢٠ يَحْسَبُونَ ٱلْأَحْزَابَ لَمْ يَذْهَبُوا وَإِن يَأْتِ ٱلْأَحْزَابُ يَوَدُّوا لَوْ أَنَّهُم بَادُونَ فِى ٱلْأَعْرَابِ يَسْأَلُونَ عَنْ أَنبَائِكُمْ وَلَوْ كَانُوا فِيكُم مَّا قَاتَلُوا إِلَّا قَلِيلًا

٢١ لَّقَدْ كَانَ لَكُمْ فِى رَسُولِ ٱللَّهِ أُسْوَةٌ حَسَنَةٌ لِّمَن كَانَ يَرْجُوا ٱللَّهَ وَٱلْيَوْمَ ٱلْآخِرَ وَذَكَرَ ٱللَّهَ كَثِيرًا

٢٢ وَلَمَّا رَءَا ٱلْمُؤْمِنُونَ ٱلْأَحْزَابَ قَالُوا هَٰذَا مَا وَعَدَنَا ٱللَّهُ وَرَسُولُهُ وَصَدَقَ ٱللَّهُ وَرَسُولُهُ وَمَا زَادَهُمْ إِلَّا إِيمَانًا وَتَسْلِيمًا

٢٣ مِّنَ ٱلْمُؤْمِنِينَ رِجَالٌ صَدَقُوا مَا عَاهَدُوا ٱللَّهَ عَلَيْهِ فَمِنْهُم مَّن قَضَى نَحْبَهُ وَمِنْهُم مَّن يَنتَظِرُ وَمَا بَدَّلُوا تَبْدِيلًا

٢٤ لِّيَجْزِيَ ٱللَّهُ ٱلصَّادِقِينَ بِصِدْقِهِمْ وَيُعَذِّبَ ٱلْمُنَافِقِينَ إِن شَاءَ أَوْ يَتُوبَ عَلَيْهِمْ إِنَّ ٱللَّهَ كَانَ غَفُورًا رَّحِيمًا

٢٥ وَرَدَّ ٱللَّهُ ٱلَّذِينَ كَفَرُوا بِغَيْظِهِمْ لَمْ يَنَالُوا خَيْرًا وَكَفَى ٱللَّهُ ٱلْمُؤْمِنِينَ ٱلْقِتَالَ وَكَانَ ٱللَّهُ قَوِيًّا عَزِيزًا

٢٦ وَأَنزَلَ ٱلَّذِينَ ظَاهَرُوهُم مِّنْ أَهْلِ ٱلْكِتَابِ مِن صَيَاصِيهِمْ وَقَذَفَ فِى قُلُوبِهِمُ ٱلرُّعْبَ فَرِيقًا تَقْتُلُونَ وَتَأْسِرُونَ فَرِيقًا

٢٧ وَأَوْرَثَكُمْ أَرْضَهُمْ وَدِيَارَهُمْ وَأَمْوَالَهُمْ وَأَرْضًا لَّمْ تَطَؤُوهَا وَكَانَ ٱللَّهُ عَلَى كُلِّ شَىْءٍ قَدِيرًا

٢٨ يَا أَيُّهَا ٱلنَّبِىُّ قُل لِّأَزْوَاجِكَ إِن كُنتُنَّ تُرِدْنَ ٱلْحَيَوٰةَ ٱلدُّنْيَا وَزِينَتَهَا فَتَعَالَيْنَ أُمَتِّعْكُنَّ وَأُسَرِّحْكُنَّ سَرَاحًا جَمِيلًا

٢٩ وَإِن كُنتُنَّ تُرِدْنَ ٱللَّهَ وَرَسُولَهُ وَٱلدَّارَ ٱلْآخِرَةَ فَإِنَّ ٱللَّهَ أَعَدَّ لِلْمُحْسِنَاتِ مِنكُنَّ أَجْرًا عَظِيمًا

٣٠ يَا نِسَاءَ ٱلنَّبِىِّ مَن يَأْتِ مِنكُنَّ بِفَاحِشَةٍ مُّبَيِّنَةٍ يُضَاعَفْ لَهَا ٱلْعَذَابُ ضِعْفَيْنِ وَكَانَ ذَٰلِكَ عَلَى ٱللَّهِ يَسِيرًا

٣١ وَمَن يَقْنُتْ مِنكُنَّ لِلَّهِ وَرَسُولِهِ وَتَعْمَلْ ۩ صَٰلِحًا نُّؤْتِهَآ أَجْرَهَا مَرَّتَيْنِ وَأَعْتَدْنَا لَهَا رِزْقًا كَرِيمًا

٣٢ يَٰنِسَآءَ ٱلنَّبِيِّ لَسْتُنَّ كَأَحَدٍ مِّنَ ٱلنِّسَآءِ ۚ إِنِ ٱتَّقَيْتُنَّ فَلَا تَخْضَعْنَ بِٱلْقَوْلِ فَيَطْمَعَ ٱلَّذِى فِى قَلْبِهِۦ مَرَضٌ وَقُلْنَ قَوْلًا مَّعْرُوفًا

٣٣ وَقَرْنَ فِى بُيُوتِكُنَّ وَلَا تَبَرَّجْنَ تَبَرُّجَ ٱلْجَٰهِلِيَّةِ ٱلْأُولَىٰ ۖ وَأَقِمْنَ ٱلصَّلَوٰةَ وَءَاتِينَ ٱلزَّكَوٰةَ وَأَطِعْنَ ٱللَّهَ وَرَسُولَهُۥٓ ۚ إِنَّمَا يُرِيدُ ٱللَّهُ لِيُذْهِبَ عَنكُمُ ٱلرِّجْسَ أَهْلَ ٱلْبَيْتِ وَيُطَهِّرَكُمْ تَطْهِيرًا

٣٤ وَٱذْكُرْنَ مَا يُتْلَىٰ فِى بُيُوتِكُنَّ مِنْ ءَايَٰتِ ٱللَّهِ وَٱلْحِكْمَةِ ۚ إِنَّ ٱللَّهَ كَانَ لَطِيفًا خَبِيرًا

٣٥ إِنَّ ٱلْمُسْلِمِينَ وَٱلْمُسْلِمَٰتِ وَٱلْمُؤْمِنِينَ وَٱلْمُؤْمِنَٰتِ وَٱلْقَٰنِتِينَ وَٱلْقَٰنِتَٰتِ وَٱلصَّٰدِقِينَ وَٱلصَّٰدِقَٰتِ وَٱلصَّٰبِرِينَ وَٱلصَّٰبِرَٰتِ وَٱلْخَٰشِعِينَ وَٱلْخَٰشِعَٰتِ وَٱلْمُتَصَدِّقِينَ وَٱلْمُتَصَدِّقَٰتِ وَٱلصَّٰٓئِمِينَ وَٱلصَّٰٓئِمَٰتِ وَٱلْحَٰفِظِينَ فُرُوجَهُمْ وَٱلْحَٰفِظَٰتِ وَٱلذَّٰكِرِينَ ٱللَّهَ كَثِيرًا وَٱلذَّٰكِرَٰتِ أَعَدَّ ٱللَّهُ لَهُم مَّغْفِرَةً وَأَجْرًا عَظِيمًا

٣٦ وَمَا كَانَ لِمُؤْمِنٍ وَلَا مُؤْمِنَةٍ إِذَا قَضَى ٱللَّهُ وَرَسُولُهُۥٓ أَمْرًا أَن يَكُونَ لَهُمُ ٱلْخِيَرَةُ مِنْ أَمْرِهِمْ ۗ وَمَن يَعْصِ ٱللَّهَ وَرَسُولَهُۥ فَقَدْ ضَلَّ ضَلَٰلًا مُّبِينًا

٣٧ وَإِذْ تَقُولُ لِلَّذِىٓ أَنْعَمَ ٱللَّهُ عَلَيْهِ وَأَنْعَمْتَ عَلَيْهِ أَمْسِكْ عَلَيْكَ زَوْجَكَ وَٱتَّقِ ٱللَّهَ وَتُخْفِى فِى نَفْسِكَ مَا ٱللَّهُ مُبْدِيهِ وَتَخْشَى ٱلنَّاسَ وَٱللَّهُ أَحَقُّ أَن تَخْشَىٰهُ ۖ فَلَمَّا قَضَىٰ زَيْدٌ مِّنْهَا وَطَرًا زَوَّجْنَٰكَهَا لِكَىْ لَا يَكُونَ عَلَى ٱلْمُؤْمِنِينَ حَرَجٌ فِىٓ أَزْوَٰجِ أَدْعِيَآئِهِمْ إِذَا قَضَوْا۟ مِنْهُنَّ وَطَرًا ۚ وَكَانَ أَمْرُ ٱللَّهِ مَفْعُولًا

٣٨ مَّا كَانَ عَلَى ٱلنَّبِيِّ مِنْ حَرَجٍ فِيمَا فَرَضَ ٱللَّهُ لَهُۥ ۖ سُنَّةَ ٱللَّهِ فِى ٱلَّذِينَ خَلَوْا۟ مِن قَبْلُ ۚ وَكَانَ أَمْرُ ٱللَّهِ قَدَرًا مَّقْدُورًا

٣٩ ٱلَّذِينَ يُبَلِّغُونَ رِسَٰلَٰتِ ٱللَّهِ وَيَخْشَوْنَهُۥ وَلَا يَخْشَوْنَ أَحَدًا إِلَّا ٱللَّهَ ۗ وَكَفَىٰ بِٱللَّهِ حَسِيبًا

٤٠ مَّا كَانَ مُحَمَّدٌ أَبَآ أَحَدٍ مِّن رِّجَالِكُمْ وَلَٰكِن رَّسُولَ ٱللَّهِ وَخَاتَمَ ٱلنَّبِيِّۦنَ ۗ وَكَانَ ٱللَّهُ بِكُلِّ شَىْءٍ عَلِيمًا

٤١ يَٰٓأَيُّهَا ٱلَّذِينَ ءَامَنُوا۟ ٱذْكُرُوا۟ ٱللَّهَ ذِكْرًا كَثِيرًا

٤٢ وَسَبِّحُوهُ بُكْرَةً وَأَصِيلًا

٤٣ هُوَ ٱلَّذِى يُصَلِّى عَلَيْكُمْ وَمَلَٰٓئِكَتُهُۥ لِيُخْرِجَكُم مِّنَ ٱلظُّلُمَٰتِ إِلَى ٱلنُّورِ ۚ وَكَانَ بِٱلْمُؤْمِنِينَ رَحِيمًا

٤٤ تَحِيَّتُهُمْ يَوْمَ يَلْقَوْنَهُۥ سَلَٰمٌ ۚ وَأَعَدَّ لَهُمْ أَجْرًا كَرِيمًا

٤٥ يَٰٓأَيُّهَا ٱلنَّبِيُّ إِنَّآ أَرْسَلْنَٰكَ شَٰهِدًا وَمُبَشِّرًا وَنَذِيرًا

٤٦ وَدَاعِيًا إِلَى ٱللَّهِ بِإِذْنِهِۦ وَسِرَاجًا مُّنِيرًا

٤٧ وَبَشِّرِ ٱلْمُؤْمِنِينَ بِأَنَّ لَهُم مِّنَ ٱللَّهِ فَضْلًا كَبِيرًا

٤٨ وَلَا تُطِعِ ٱلْكَٰفِرِينَ وَٱلْمُنَٰفِقِينَ وَدَعْ أَذَىٰهُمْ وَتَوَكَّلْ عَلَى ٱللَّهِ ۚ وَكَفَىٰ بِٱللَّهِ وَكِيلًا

٤٩ يَٰٓأَيُّهَا ٱلَّذِينَ ءَامَنُوٓا۟ إِذَا نَكَحْتُمُ ٱلْمُؤْمِنَٰتِ ثُمَّ طَلَّقْتُمُوهُنَّ مِن قَبْلِ أَن تَمَسُّوهُنَّ فَمَا لَكُمْ عَلَيْهِنَّ مِنْ عِدَّةٍ تَعْتَدُّونَهَا ۖ فَمَتِّعُوهُنَّ وَسَرِّحُوهُنَّ سَرَاحًا جَمِيلًا

٥٠ يَٰٓأَيُّهَا ٱلنَّبِيُّ إِنَّآ أَحْلَلْنَا لَكَ أَزْوَٰجَكَ ٱلَّٰتِىٓ ءَاتَيْتَ أُجُورَهُنَّ وَمَا مَلَكَتْ يَمِينُكَ مِمَّآ أَفَآءَ ٱللَّهُ عَلَيْكَ وَبَنَاتِ عَمِّكَ وَبَنَاتِ عَمَّٰتِكَ وَبَنَاتِ خَالِكَ وَبَنَاتِ خَٰلَٰتِكَ ٱلَّٰتِى هَاجَرْنَ مَعَكَ وَٱمْرَأَةً مُّؤْمِنَةً إِن وَهَبَتْ نَفْسَهَا لِلنَّبِيِّ إِنْ

أَرَادَ ٱلنَّبِىُّ أَن يَسْتَنكِحَهَا خَالِصَةً لَّكَ مِن دُونِ ٱلْمُؤْمِنِينَ ۗ قَدْ عَلِمْنَا مَا فَرَضْنَا عَلَيْهِمْ فِىٓ أَزْوَٰجِهِمْ وَمَا مَلَكَتْ أَيْمَٰنُهُمْ لِكَيْلَا يَكُونَ عَلَيْكَ حَرَجٌ ۗ وَكَانَ ٱللَّهُ غَفُورًا رَّحِيمًا

٥١ تُرْجِى مَن تَشَآءُ مِنْهُنَّ وَتُـْٔوِىٓ إِلَيْكَ مَن تَشَآءُ ۖ وَمَنِ ٱبْتَغَيْتَ مِمَّنْ عَزَلْتَ فَلَا جُنَاحَ عَلَيْكَ ۚ ذَٰلِكَ أَدْنَىٰٓ أَن تَقَرَّ أَعْيُنُهُنَّ وَلَا يَحْزَنَّ وَيَرْضَيْنَ بِمَآ ءَاتَيْتَهُنَّ كُلُّهُنَّ ۚ وَٱللَّهُ يَعْلَمُ مَا فِى قُلُوبِكُمْ ۚ وَكَانَ ٱللَّهُ عَلِيمًا حَلِيمًا

٥٢ لَّا يَحِلُّ لَكَ ٱلنِّسَآءُ مِنۢ بَعْدُ وَلَآ أَن تَبَدَّلَ بِهِنَّ مِنْ أَزْوَٰجٍ وَلَوْ أَعْجَبَكَ حُسْنُهُنَّ إِلَّا مَا مَلَكَتْ يَمِينُكَ ۗ وَكَانَ ٱللَّهُ عَلَىٰ كُلِّ شَىْءٍ رَّقِيبًا

٥٣ يَٰٓأَيُّهَا ٱلَّذِينَ ءَامَنُوا۟ لَا تَدْخُلُوا۟ بُيُوتَ ٱلنَّبِىِّ إِلَّآ أَن يُؤْذَنَ لَكُمْ إِلَىٰ طَعَامٍ غَيْرَ نَٰظِرِينَ إِنَىٰهُ وَلَٰكِنْ إِذَا دُعِيتُمْ فَٱدْخُلُوا۟ فَإِذَا طَعِمْتُمْ فَٱنتَشِرُوا۟ وَلَا مُسْتَـْٔنِسِينَ لِحَدِيثٍ ۚ إِنَّ ذَٰلِكُمْ كَانَ يُؤْذِى ٱلنَّبِىَّ فَيَسْتَحْىِۦ مِنكُمْ ۖ وَٱللَّهُ لَا يَسْتَحْىِۦ مِنَ ٱلْحَقِّ ۚ وَإِذَا سَأَلْتُمُوهُنَّ مَتَٰعًا فَسْـَٔلُوهُنَّ مِن وَرَآءِ حِجَابٍ ۚ ذَٰلِكُمْ أَطْهَرُ لِقُلُوبِكُمْ وَقُلُوبِهِنَّ ۚ وَمَا كَانَ لَكُمْ أَن تُؤْذُوا۟ رَسُولَ ٱللَّهِ وَلَآ أَن تَنكِحُوٓا۟ أَزْوَٰجَهُۥ مِنۢ بَعْدِهِۦٓ أَبَدًا ۚ إِنَّ ذَٰلِكُمْ كَانَ عِندَ ٱللَّهِ عَظِيمًا

٥٤ إِن تُبْدُوا۟ شَيْـًٔا أَوْ تُخْفُوهُ فَإِنَّ ٱللَّهَ كَانَ بِكُلِّ شَىْءٍ عَلِيمًا

٥٥ لَّا جُنَاحَ عَلَيْهِنَّ فِىٓ ءَابَآئِهِنَّ وَلَآ أَبْنَآئِهِنَّ وَلَآ إِخْوَٰنِهِنَّ وَلَآ أَبْنَآءِ إِخْوَٰنِهِنَّ وَلَآ أَبْنَآءِ أَخَوَٰتِهِنَّ وَلَا نِسَآئِهِنَّ وَلَا مَا مَلَكَتْ أَيْمَٰنُهُنَّ ۗ وَٱتَّقِينَ ٱللَّهَ ۚ إِنَّ ٱللَّهَ كَانَ عَلَىٰ كُلِّ شَىْءٍ شَهِيدًا

٥٦ إِنَّ ٱللَّهَ وَمَلَٰٓئِكَتَهُۥ يُصَلُّونَ عَلَى ٱلنَّبِىِّ ۚ يَٰٓأَيُّهَا ٱلَّذِينَ ءَامَنُوا۟ صَلُّوا۟ عَلَيْهِ وَسَلِّمُوا۟ تَسْلِيمًا

٥٧ إِنَّ ٱلَّذِينَ يُؤْذُونَ ٱللَّهَ وَرَسُولَهُۥ لَعَنَهُمُ ٱللَّهُ فِى ٱلدُّنْيَا وَٱلْءَاخِرَةِ وَأَعَدَّ لَهُمْ عَذَابًا مُّهِينًا

٥٨ وَٱلَّذِينَ يُؤْذُونَ ٱلْمُؤْمِنِينَ وَٱلْمُؤْمِنَٰتِ بِغَيْرِ مَا ٱكْتَسَبُوا۟ فَقَدِ ٱحْتَمَلُوا۟ بُهْتَٰنًا وَإِثْمًا مُّبِينًا

٥٩ يَٰٓأَيُّهَا ٱلنَّبِىُّ قُل لِّأَزْوَٰجِكَ وَبَنَاتِكَ وَنِسَآءِ ٱلْمُؤْمِنِينَ يُدْنِينَ عَلَيْهِنَّ مِن جَلَٰبِيبِهِنَّ ۚ ذَٰلِكَ أَدْنَىٰٓ أَن يُعْرَفْنَ فَلَا يُؤْذَيْنَ ۗ وَكَانَ ٱللَّهُ غَفُورًا رَّحِيمًا

٦٠ لَّئِن لَّمْ يَنتَهِ ٱلْمُنَٰفِقُونَ وَٱلَّذِينَ فِى قُلُوبِهِم مَّرَضٌ وَٱلْمُرْجِفُونَ فِى ٱلْمَدِينَةِ لَنُغْرِيَنَّكَ بِهِمْ ثُمَّ لَا يُجَاوِرُونَكَ فِيهَآ إِلَّا قَلِيلًا

٦١ مَّلْعُونِينَ ۖ أَيْنَمَا ثُقِفُوٓا۟ أُخِذُوا۟ وَقُتِّلُوا۟ تَقْتِيلًا

٦٢ سُنَّةَ ٱللَّهِ فِى ٱلَّذِينَ خَلَوْا۟ مِن قَبْلُ ۖ وَلَن تَجِدَ لِسُنَّةِ ٱللَّهِ تَبْدِيلًا

٦٣ يَسْـَٔلُكَ ٱلنَّاسُ عَنِ ٱلسَّاعَةِ ۖ قُلْ إِنَّمَا عِلْمُهَا عِندَ ٱللَّهِ ۚ وَمَا يُدْرِيكَ لَعَلَّ ٱلسَّاعَةَ تَكُونُ قَرِيبًا

٦٤ إِنَّ ٱللَّهَ لَعَنَ ٱلْكَٰفِرِينَ وَأَعَدَّ لَهُمْ سَعِيرًا

٦٥ خَٰلِدِينَ فِيهَآ أَبَدًا ۖ لَّا يَجِدُونَ وَلِيًّا وَلَا نَصِيرًا

٦٦ يَوْمَ تُقَلَّبُ وُجُوهُهُمْ فِى ٱلنَّارِ يَقُولُونَ يَٰلَيْتَنَآ أَطَعْنَا ٱللَّهَ وَأَطَعْنَا ٱلرَّسُولَا۠

٦٧ وَقَالُوا۟ رَبَّنَآ إِنَّآ أَطَعْنَا سَادَتَنَا وَكُبَرَآءَنَا فَأَضَلُّونَا ٱلسَّبِيلَا۠

٦٨ رَبَّنَآ ءَاتِهِمْ ضِعْفَيْنِ مِنَ ٱلْعَذَابِ وَٱلْعَنْهُمْ لَعْنًا كَبِيرًا

٦٩ يَٰٓأَيُّهَا ٱلَّذِينَ ءَامَنُوا۟ لَا تَكُونُوا۟ كَٱلَّذِينَ ءَاذَوْا۟ مُوسَىٰ فَبَرَّأَهُ ٱللَّهُ مِمَّا قَالُوا۟ ۚ وَكَانَ عِندَ ٱللَّهِ وَجِيهًا

٧٠ يَٰٓأَيُّهَا ٱلَّذِينَ ءَامَنُوا۟ ٱتَّقُوا۟ ٱللَّهَ وَقُولُوا۟ قَوْلًا سَدِيدًا

٧١ يُصْلِحْ لَكُمْ أَعْمَٰلَكُمْ وَيَغْفِرْ لَكُمْ ذُنُوبَكُمْ ۗ وَمَن يُطِعِ ٱللَّهَ وَرَسُولَهُۥ فَقَدْ فَازَ فَوْزًا عَظِيمًا

٧٢ إِنَّا عَرَضْنَا ٱلْأَمَانَةَ عَلَى ٱلسَّمَٰوَٰتِ وَٱلْأَرْضِ وَٱلْجِبَالِ فَأَبَيْنَ أَن يَحْمِلْنَهَا وَأَشْفَقْنَ مِنْهَا وَحَمَلَهَا ٱلْإِنسَٰنُ ۖ إِنَّهُۥ كَانَ ظَلُومًا جَهُولًا

٧٣ لِّيُعَذِّبَ ٱللَّهُ ٱلْمُنَٰفِقِينَ وَٱلْمُنَٰفِقَٰتِ وَٱلْمُشْرِكِينَ وَٱلْمُشْرِكَٰتِ وَيَتُوبَ ٱللَّهُ عَلَى ٱلْمُؤْمِنِينَ وَٱلْمُؤْمِنَٰتِ ۗ وَكَانَ ٱللَّهُ غَفُورًا رَّحِيمًا

سورة سبا

١ ٱلْحَمْدُ لِلَّهِ ٱلَّذِى لَهُۥ مَا فِى ٱلسَّمَٰوَٰتِ وَمَا فِى ٱلْأَرْضِ وَلَهُ ٱلْحَمْدُ فِى ٱلْءَاخِرَةِ ۚ وَهُوَ ٱلْحَكِيمُ ٱلْخَبِيرُ

٢ يَعْلَمُ مَا يَلِجُ فِى ٱلْأَرْضِ وَمَا يَخْرُجُ مِنْهَا وَمَا يَنزِلُ مِنَ ٱلسَّمَآءِ وَمَا يَعْرُجُ فِيهَا ۚ وَهُوَ ٱلرَّحِيمُ ٱلْغَفُورُ

٣ وَقَالَ ٱلَّذِينَ كَفَرُوا۟ لَا تَأْتِينَا ٱلسَّاعَةُ ۖ قُلْ بَلَىٰ وَرَبِّى لَتَأْتِيَنَّكُمْ عَٰلِمِ ٱلْغَيْبِ ۖ لَا يَعْزُبُ عَنْهُ مِثْقَالُ ذَرَّةٍ فِى ٱلسَّمَٰوَٰتِ وَلَا فِى ٱلْأَرْضِ وَلَا أَصْغَرُ مِن ذَٰلِكَ وَلَا أَكْبَرُ إِلَّا فِى كِتَٰبٍ مُّبِينٍ

٤ لِّيَجْزِىَ ٱلَّذِينَ ءَامَنُوا۟ وَعَمِلُوا۟ ٱلصَّٰلِحَٰتِ ۚ أُو۟لَٰٓئِكَ لَهُم مَّغْفِرَةٌ وَرِزْقٌ كَرِيمٌ

٥ وَٱلَّذِينَ سَعَوْ فِى ءَايَٰتِنَا مُعَٰجِزِينَ أُو۟لَٰٓئِكَ لَهُمْ عَذَابٌ مِّن رِّجْزٍ أَلِيمٌ

٦ وَيَرَى ٱلَّذِينَ أُوتُوا۟ ٱلْعِلْمَ ٱلَّذِى أُنزِلَ إِلَيْكَ مِن رَّبِّكَ هُوَ ٱلْحَقَّ وَيَهْدِى إِلَىٰ صِرَٰطِ ٱلْعَزِيزِ ٱلْحَمِيدِ

٧ وَقَالَ ٱلَّذِينَ كَفَرُوا۟ هَلْ نَدُلُّكُمْ عَلَىٰ رَجُلٍ يُنَبِّئُكُمْ إِذَا مُزِّقْتُمْ كُلَّ مُمَزَّقٍ إِنَّكُمْ لَفِى خَلْقٍ جَدِيدٍ

٨ أَفْتَرَىٰ عَلَى ٱللَّهِ كَذِبًا أَم بِهِۦ جِنَّةٌ ۗ بَلِ ٱلَّذِينَ لَا يُؤْمِنُونَ بِٱلْءَاخِرَةِ فِى ٱلْعَذَابِ وَٱلضَّلَٰلِ ٱلْبَعِيدِ

٩ أَفَلَمْ يَرَوْا۟ إِلَىٰ مَا بَيْنَ أَيْدِيهِمْ وَمَا خَلْفَهُم مِّنَ ٱلسَّمَآءِ وَٱلْأَرْضِ ۚ إِن نَّشَأْ نَخْسِفْ بِهِمُ ٱلْأَرْضَ أَوْ نُسْقِطْ عَلَيْهِمْ كِسَفًا مِّنَ ٱلسَّمَآءِ ۚ إِنَّ فِى ذَٰلِكَ لَءَايَةً لِّكُلِّ عَبْدٍ مُّنِيبٍ

١٠ وَلَقَدْ ءَاتَيْنَا دَاوُۥدَ مِنَّا فَضْلًا ۖ يَٰجِبَالُ أَوِّبِى مَعَهُۥ وَٱلطَّيْرَ ۖ وَأَلَنَّا لَهُ ٱلْحَدِيدَ

١١ أَنِ ٱعْمَلْ سَٰبِغَٰتٍ وَقَدِّرْ فِى ٱلسَّرْدِ ۖ وَٱعْمَلُوا۟ صَٰلِحًا ۖ إِنِّى بِمَا تَعْمَلُونَ بَصِيرٌ

١٢ وَلِسُلَيْمَٰنَ ٱلرِّيحَ غُدُوُّهَا شَهْرٌ وَرَوَاحُهَا شَهْرٌ ۖ وَأَسَلْنَا لَهُۥ عَيْنَ ٱلْقِطْرِ ۖ وَمِنَ ٱلْجِنِّ مَن يَعْمَلُ بَيْنَ يَدَيْهِ بِإِذْنِ رَبِّهِۦ ۖ وَمَن يَزِغْ مِنْهُمْ عَنْ أَمْرِنَا نُذِقْهُ مِنْ عَذَابِ ٱلسَّعِيرِ

١٣ يَعْمَلُونَ لَهُۥ مَا يَشَآءُ مِن مَّحَٰرِيبَ وَتَمَٰثِيلَ وَجِفَانٍ كَٱلْجَوَابِ وَقُدُورٍ رَّاسِيَٰتٍ ۚ ٱعْمَلُوا۟ ءَالَ دَاوُۥدَ شُكْرًا ۚ وَقَلِيلٌ مِّنْ عِبَادِىَ ٱلشَّكُورُ

١٤ فَلَمَّا قَضَيْنَا عَلَيْهِ ٱلْمَوْتَ مَا دَلَّهُمْ عَلَىٰ مَوْتِهِۦٓ إِلَّا دَآبَّةُ ٱلْأَرْضِ تَأْكُلُ مِنسَأَتَهُۥ ۖ فَلَمَّا خَرَّ تَبَيَّنَتِ ٱلْجِنُّ أَن لَّوْ كَانُوا۟ يَعْلَمُونَ ٱلْغَيْبَ مَا لَبِثُوا۟ فِى ٱلْعَذَابِ ٱلْمُهِينِ

١٥ لَقَدْ كَانَ لِسَبَإٍ فِى مَسْكَنِهِمْ ءَايَةٌ ۖ جَنَّتَانِ عَن يَمِينٍ وَشِمَالٍ ۖ كُلُوا۟ مِن رِّزْقِ رَبِّكُمْ وَٱشْكُرُوا۟ لَهُۥ ۚ بَلْدَةٌ طَيِّبَةٌ وَرَبٌّ غَفُورٌ

١٦ فَأَعْرَضُوا۟ فَأَرْسَلْنَا عَلَيْهِمْ سَيْلَ ٱلْعَرِمِ وَبَدَّلْنَٰهُم بِجَنَّتَيْهِمْ جَنَّتَيْنِ ذَوَاتَىْ أُكُلٍ خَمْطٍ وَأَثْلٍ وَشَىْءٍ مِّن سِدْرٍ قَلِيلٍ

١٧ ذَٰلِكَ جَزَيْنَٰهُم بِمَا كَفَرُوا۟ ۖ وَهَلْ نُجَٰزِىٓ إِلَّا ٱلْكَفُورَ

وَجَعَلْنَا بَيْنَهُمْ وَبَيْنَ ٱلْقُرَى ٱلَّتِى بَٰرَكْنَا فِيهَا ١٨ قُرًى ظَٰهِرَةً وَقَدَّرْنَا فِيهَا ٱلسَّيْرَ ۖ سِيرُوا۟ فِيهَا لَيَالِىَ وَأَيَّامًا ءَامِنِينَ

فَقَالُوا۟ رَبَّنَا بَٰعِدْ بَيْنَ أَسْفَارِنَا وَظَلَمُوٓا۟ ١٩ أَنفُسَهُمْ فَجَعَلْنَٰهُمْ أَحَادِيثَ وَمَزَّقْنَٰهُمْ كُلَّ مُمَزَّقٍ ۚ إِنَّ فِى ذَٰلِكَ لَءَايَٰتٍ لِّكُلِّ صَبَّارٍ شَكُورٍ

وَلَقَدْ صَدَّقَ عَلَيْهِمْ إِبْلِيسُ ظَنَّهُۥ فَٱتَّبَعُوهُ إِلَّا ٢٠ فَرِيقًا مِّنَ ٱلْمُؤْمِنِينَ

وَمَا كَانَ لَهُۥ عَلَيْهِم مِّن سُلْطَٰنٍ إِلَّا لِنَعْلَمَ مَن ٢١ يُؤْمِنُ بِٱلْءَاخِرَةِ مِمَّنْ هُوَ مِنْهَا فِى شَكٍّ ۗ وَرَبُّكَ عَلَىٰ كُلِّ شَىْءٍ حَفِيظٌ

قُلِ ٱدْعُوا۟ ٱلَّذِينَ زَعَمْتُم مِّن دُونِ ٱللَّهِ ۖ لَا ٢٢ يَمْلِكُونَ مِثْقَالَ ذَرَّةٍ فِى ٱلسَّمَٰوَٰتِ وَلَا فِى ٱلْأَرْضِ وَمَا لَهُمْ فِيهِمَا مِن شِرْكٍ وَمَا لَهُۥ مِنْهُم مِّن ظَهِيرٍ

وَلَا تَنفَعُ ٱلشَّفَٰعَةُ عِندَهُۥٓ إِلَّا لِمَنْ أَذِنَ لَهُۥ ۚ ٢٣ حَتَّىٰٓ إِذَا فُزِّعَ عَن قُلُوبِهِمْ قَالُوا۟ مَاذَا قَالَ رَبُّكُمْ ۖ قَالُوا۟ ٱلْحَقَّ ۖ وَهُوَ ٱلْعَلِىُّ ٱلْكَبِيرُ

قُلْ مَن يَرْزُقُكُم مِّنَ ٱلسَّمَٰوَٰتِ وَٱلْأَرْضِ ۖ ۞ ٢٤ قُلِ ٱللَّهُ ۖ وَإِنَّآ أَوْ إِيَّاكُمْ لَعَلَىٰ هُدًى أَوْ فِى ضَلَٰلٍ مُّبِينٍ

قُل لَّا تُسْـَٔلُونَ عَمَّآ أَجْرَمْنَا وَلَا نُسْـَٔلُ عَمَّا ٢٥ تَعْمَلُونَ

قُلْ يَجْمَعُ بَيْنَنَا رَبُّنَا ثُمَّ يَفْتَحُ بَيْنَنَا بِٱلْحَقِّ ٢٦ وَهُوَ ٱلْفَتَّاحُ ٱلْعَلِيمُ

قُلْ أَرُونِىَ ٱلَّذِينَ أَلْحَقْتُم بِهِۦ شُرَكَآءَ ۖ كَلَّا ۚ بَلْ ٢٧ هُوَ ٱللَّهُ ٱلْعَزِيزُ ٱلْحَكِيمُ

وَمَآ أَرْسَلْنَٰكَ إِلَّا كَآفَّةً لِّلنَّاسِ بَشِيرًا وَنَذِيرًا ٢٨ وَلَٰكِنَّ أَكْثَرَ ٱلنَّاسِ لَا يَعْلَمُونَ

وَيَقُولُونَ مَتَىٰ هَٰذَا ٱلْوَعْدُ إِن كُنتُمْ صَٰدِقِينَ ٢٩

قُل لَّكُم مِّيعَادُ يَوْمٍ لَّا تَسْتَـْٔخِرُونَ عَنْهُ سَاعَةً ٣٠ وَلَا تَسْتَقْدِمُونَ

وَقَالَ ٱلَّذِينَ كَفَرُوا۟ لَن نُّؤْمِنَ بِهَٰذَا ٱلْقُرْءَانِ ٣١ وَلَا بِٱلَّذِى بَيْنَ يَدَيْهِ ۗ وَلَوْ تَرَىٰٓ إِذِ ٱلظَّٰلِمُونَ مَوْقُوفُونَ عِندَ رَبِّهِمْ يَرْجِعُ بَعْضُهُمْ إِلَىٰ بَعْضٍ ٱلْقَوْلَ يَقُولُ ٱلَّذِينَ ٱسْتُضْعِفُوا۟ لِلَّذِينَ ٱسْتَكْبَرُوا۟ لَوْلَآ أَنتُمْ لَكُنَّا مُؤْمِنِينَ

قَالَ ٱلَّذِينَ ٱسْتَكْبَرُوا۟ لِلَّذِينَ ٱسْتُضْعِفُوٓا۟ ٣٢ أَنَحْنُ صَدَدْنَٰكُمْ عَنِ ٱلْهُدَىٰ بَعْدَ إِذْ جَآءَكُم ۖ بَلْ كُنتُم مُّجْرِمِينَ

وَقَالَ ٱلَّذِينَ ٱسْتُضْعِفُوا۟ لِلَّذِينَ ٱسْتَكْبَرُوا۟ بَلْ ٣٣ مَكْرُ ٱلَّيْلِ وَٱلنَّهَارِ إِذْ تَأْمُرُونَنَآ أَن نَّكْفُرَ بِٱللَّهِ وَنَجْعَلَ لَهُۥٓ أَندَادًا ۚ وَأَسَرُّوا۟ ٱلنَّدَامَةَ لَمَّا رَأَوُا۟ ٱلْعَذَابَ وَجَعَلْنَا ٱلْأَغْلَٰلَ فِىٓ أَعْنَاقِ ٱلَّذِينَ كَفَرُوا۟ ۚ هَلْ يُجْزَوْنَ إِلَّا مَا كَانُوا۟ يَعْمَلُونَ

وَمَآ أَرْسَلْنَا فِى قَرْيَةٍ مِّن نَّذِيرٍ إِلَّا قَالَ ٣٤ مُتْرَفُوهَآ إِنَّا بِمَآ أُرْسِلْتُم بِهِۦ كَٰفِرُونَ

وَقَالُوا۟ نَحْنُ أَكْثَرُ أَمْوَٰلًا وَأَوْلَٰدًا وَمَا نَحْنُ ٣٥ بِمُعَذَّبِينَ

قُلْ إِنَّ رَبِّى يَبْسُطُ ٱلرِّزْقَ لِمَن يَشَآءُ وَيَقْدِرُ ٣٦ وَلَٰكِنَّ أَكْثَرَ ٱلنَّاسِ لَا يَعْلَمُونَ

وَمَآ أَمْوَٰلُكُمْ وَلَآ أَوْلَٰدُكُم بِٱلَّتِى تُقَرِّبُكُمْ عِندَنَا ٣٧ زُلْفَىٰٓ إِلَّا مَنْ ءَامَنَ وَعَمِلَ صَٰلِحًا فَأُو۟لَٰٓئِكَ لَهُمْ جَزَآءُ ٱلضِّعْفِ بِمَا عَمِلُوا۟ وَهُمْ فِى ٱلْغُرُفَٰتِ ءَامِنُونَ

وَٱلَّذِينَ يَسْعَوْنَ فِىٓ ءَايَٰتِنَا مُعَٰجِزِينَ أُو۟لَٰٓئِكَ ٣٨ فِى ٱلْعَذَابِ مُحْضَرُونَ

قُلْ إِنَّ رَبِّى يَبْسُطُ ٱلرِّزْقَ لِمَن يَشَآءُ مِنْ ٣٩ عِبَادِهِۦ وَيَقْدِرُ لَهُۥ ۚ وَمَآ أَنفَقْتُم مِّن شَىْءٍ فَهُوَ يُخْلِفُهُۥ ۖ وَهُوَ خَيْرُ ٱلرَّٰزِقِينَ

وَيَوْمَ يَحْشُرُهُمْ جَمِيعًا ثُمَّ يَقُولُ لِلْمَلَٰٓئِكَةِ ٤٠ أَهَٰٓؤُلَآءِ إِيَّاكُمْ كَانُوا۟ يَعْبُدُونَ

٤١ قَالُواْ سُبْحَٰنَكَ أَنتَ وَلِيُّنَا مِن دُونِهِمۖ بَلْ كَانُواْ يَعْبُدُونَ ٱلْجِنَّۖ أَكْثَرُهُم بِهِم مُّؤْمِنُونَ

٤٢ فَٱلْيَوْمَ لَا يَمْلِكُ بَعْضُكُمْ لِبَعْضٍ نَّفْعًا وَلَا ضَرًّا وَنَقُولُ لِلَّذِينَ ظَلَمُواْ ذُوقُواْ عَذَابَ ٱلنَّارِ ٱلَّتِى كُنتُم بِهَا تُكَذِّبُونَ

٤٣ وَإِذَا تُتْلَىٰ عَلَيْهِمْ ءَايَٰتُنَا بَيِّنَٰتٍ قَالُواْ مَا هَٰذَا إِلَّا رَجُلٌ يُرِيدُ أَن يَصُدَّكُمْ عَمَّا كَانَ يَعْبُدُ ءَابَآؤُكُمْ وَقَالُواْ مَا هَٰذَآ إِلَّا إِفْكٌ مُّفْتَرًىۚ وَقَالَ ٱلَّذِينَ كَفَرُواْ لِلْحَقِّ لَمَّا جَآءَهُمْ إِنْ هَٰذَآ إِلَّا سِحْرٌ مُّبِينٌ

٤٤ وَمَآ ءَاتَيْنَٰهُم مِّن كُتُبٍ يَدْرُسُونَهَاۖ وَمَآ أَرْسَلْنَآ إِلَيْهِمْ قَبْلَكَ مِن نَّذِيرٍ

٤٥ وَكَذَّبَ ٱلَّذِينَ مِن قَبْلِهِمْ وَمَا بَلَغُواْ مِعْشَارَ مَآ ءَاتَيْنَٰهُمْ فَكَذَّبُواْ رُسُلِىۖ فَكَيْفَ كَانَ نَكِيرِ

٤٦ قُلْ إِنَّمَآ أَعِظُكُم بِوَٰحِدَةٍۖ أَن تَقُومُواْ لِلَّهِ ۞ مَثْنَىٰ وَفُرَٰدَىٰ ثُمَّ تَتَفَكَّرُواْۚ مَا بِصَاحِبِكُم مِّن جِنَّةٍۚ إِنْ هُوَ إِلَّا نَذِيرٌ لَّكُم بَيْنَ يَدَىْ عَذَابٍ شَدِيدٍ

٤٧ قُلْ مَا سَأَلْتُكُم مِّنْ أَجْرٍ فَهُوَ لَكُمْۖ إِنْ أَجْرِىَ إِلَّا عَلَى ٱللَّهِۖ وَهُوَ عَلَىٰ كُلِّ شَىْءٍ شَهِيدٌ

٤٨ قُلْ إِنَّ رَبِّى يَقْذِفُ بِٱلْحَقِّ عَلَّٰمُ ٱلْغُيُوبِ

٤٩ قُلْ جَآءَ ٱلْحَقُّ وَمَا يُبْدِئُ ٱلْبَٰطِلُ وَمَا يُعِيدُ

٥٠ قُلْ إِن ضَلَلْتُ فَإِنَّمَآ أَضِلُّ عَلَىٰ نَفْسِىۖ وَإِنِ ٱهْتَدَيْتُ فَبِمَا يُوحِىٓ إِلَىَّ رَبِّىٓۚ إِنَّهُ سَمِيعٌ قَرِيبٌ

٥١ وَلَوْ تَرَىٰٓ إِذْ فَزِعُواْ فَلَا فَوْتَ وَأُخِذُواْ مِن مَّكَانٍ قَرِيبٍ

٥٢ وَقَالُوٓاْ ءَامَنَّا بِهِۦ وَأَنَّىٰ لَهُمُ ٱلتَّنَاوُشُ مِن مَّكَانٍ بَعِيدٍ

٥٣ وَقَدْ كَفَرُواْ بِهِۦ مِن قَبْلُۖ وَيَقْذِفُونَ بِٱلْغَيْبِ مِن مَّكَانٍ بَعِيدٍ

٥٤ وَحِيلَ بَيْنَهُمْ وَبَيْنَ مَا يَشْتَهُونَ كَمَا فُعِلَ بِأَشْيَاعِهِم مِّن قَبْلُۚ إِنَّهُمْ كَانُواْ فِى شَكٍّ مُّرِيبٍ

سورة فاطر

١ ٱلْحَمْدُ لِلَّهِ فَاطِرِ ٱلسَّمَٰوَٰتِ وَٱلْأَرْضِ جَاعِلِ ٱلْمَلَٰٓئِكَةِ رُسُلًا أُوْلِىٓ أَجْنِحَةٍ مَّثْنَىٰ وَثُلَٰثَ وَرُبَٰعَۚ يَزِيدُ فِى ٱلْخَلْقِ مَا يَشَآءُۚ إِنَّ ٱللَّهَ عَلَىٰ كُلِّ شَىْءٍ قَدِيرٌ

٢ مَّا يَفْتَحِ ٱللَّهُ لِلنَّاسِ مِن رَّحْمَةٍ فَلَا مُمْسِكَ لَهَاۖ وَمَا يُمْسِكْ فَلَا مُرْسِلَ لَهُۥ مِنۢ بَعْدِهِۦۚ وَهُوَ ٱلْعَزِيزُ ٱلْحَكِيمُ

٣ يَٰٓأَيُّهَا ٱلنَّاسُ ٱذْكُرُواْ نِعْمَتَ ٱللَّهِ عَلَيْكُمْۚ هَلْ مِنْ خَٰلِقٍ غَيْرُ ٱللَّهِ يَرْزُقُكُم مِّنَ ٱلسَّمَآءِ وَٱلْأَرْضِۚ لَا إِلَٰهَ إِلَّا هُوَۖ فَأَنَّىٰ تُؤْفَكُونَ

٤ وَإِن يُكَذِّبُوكَ فَقَدْ كُذِّبَتْ رُسُلٌ مِّن قَبْلِكَۚ وَإِلَى ٱللَّهِ تُرْجَعُ ٱلْأُمُورُ

٥ يَٰٓأَيُّهَا ٱلنَّاسُ إِنَّ وَعْدَ ٱللَّهِ حَقٌّۖ فَلَا تَغُرَّنَّكُمُ ٱلْحَيَوٰةُ ٱلدُّنْيَاۖ وَلَا يَغُرَّنَّكُم بِٱللَّهِ ٱلْغَرُورُ

٦ إِنَّ ٱلشَّيْطَٰنَ لَكُمْ عَدُوٌّ فَٱتَّخِذُوهُ عَدُوًّاۚ إِنَّمَا يَدْعُواْ حِزْبَهُۥ لِيَكُونُواْ مِنْ أَصْحَٰبِ ٱلسَّعِيرِ

٧ ٱلَّذِينَ كَفَرُواْ لَهُمْ عَذَابٌ شَدِيدٌۖ وَٱلَّذِينَ ءَامَنُواْ وَعَمِلُواْ ٱلصَّٰلِحَٰتِ لَهُم مَّغْفِرَةٌ وَأَجْرٌ كَبِيرٌ

٨ أَفَمَن زُيِّنَ لَهُۥ سُوٓءُ عَمَلِهِۦ فَرَءَاهُ حَسَنًاۖ فَإِنَّ ٱللَّهَ يُضِلُّ مَن يَشَآءُ وَيَهْدِى مَن يَشَآءُۖ فَلَا تَذْهَبْ نَفْسُكَ عَلَيْهِمْ حَسَرَٰتٍۚ إِنَّ ٱللَّهَ عَلِيمٌ بِمَا يَصْنَعُونَ

٩ وَٱللَّهُ ٱلَّذِىٓ أَرْسَلَ ٱلرِّيَٰحَ فَتُثِيرُ سَحَابًا فَسُقْنَٰهُ إِلَىٰ بَلَدٍ مَّيِّتٍ فَأَحْيَيْنَا بِهِ ٱلْأَرْضَ بَعْدَ مَوْتِهَاۚ كَذَٰلِكَ ٱلنُّشُورُ

١٠ مَن كَانَ يُرِيدُ ٱلْعِزَّةَ فَلِلَّهِ ٱلْعِزَّةُ جَمِيعًا ۚ إِلَيْهِ يَصْعَدُ ٱلْكَلِمُ ٱلطَّيِّبُ وَٱلْعَمَلُ ٱلصَّٰلِحُ يَرْفَعُهُۥ ۚ وَٱلَّذِينَ يَمْكُرُونَ ٱلسَّيِّـَٔاتِ لَهُمْ عَذَابٌ شَدِيدٌ ۖ وَمَكْرُ أُو۟لَـٰٓئِكَ هُوَ يَبُورُ

١١ وَٱللَّهُ خَلَقَكُم مِّن تُرَابٍ ثُمَّ مِن نُّطْفَةٍ ثُمَّ جَعَلَكُمْ أَزْوَٰجًا ۚ وَمَا تَحْمِلُ مِنْ أُنثَىٰ وَلَا تَضَعُ إِلَّا بِعِلْمِهِۦ ۚ وَمَا يُعَمَّرُ مِن مُّعَمَّرٍ وَلَا يُنقَصُ مِنْ عُمُرِهِۦٓ إِلَّا فِى كِتَـٰبٍ ۚ إِنَّ ذَٰلِكَ عَلَى ٱللَّهِ يَسِيرٌ

١٢ وَمَا يَسْتَوِى ٱلْبَحْرَانِ هَـٰذَا عَذْبٌ فُرَاتٌ سَآئِغٌ شَرَابُهُۥ وَهَـٰذَا مِلْحٌ أُجَاجٌ ۖ وَمِن كُلٍّ تَأْكُلُونَ لَحْمًا طَرِيًّا وَتَسْتَخْرِجُونَ حِلْيَةً تَلْبَسُونَهَا ۖ وَتَرَى ٱلْفُلْكَ فِيهِ مَوَاخِرَ لِتَبْتَغُوا۟ مِن فَضْلِهِۦ وَلَعَلَّكُمْ تَشْكُرُونَ

١٣ يُولِجُ ٱلَّيْلَ فِى ٱلنَّهَارِ وَيُولِجُ ٱلنَّهَارَ فِى ٱلَّيْلِ وَسَخَّرَ ٱلشَّمْسَ وَٱلْقَمَرَ كُلٌّ يَجْرِى لِأَجَلٍ مُّسَمًّى ۚ ذَٰلِكُمُ ٱللَّهُ رَبُّكُمْ لَهُ ٱلْمُلْكُ ۚ وَٱلَّذِينَ تَدْعُونَ مِن دُونِهِۦ مَا يَمْلِكُونَ مِن قِطْمِيرٍ

١٤ إِن تَدْعُوهُمْ لَا يَسْمَعُوا۟ دُعَآءَكُمْ وَلَوْ سَمِعُوا۟ مَا ٱسْتَجَابُوا۟ لَكُمْ ۖ وَيَوْمَ ٱلْقِيَـٰمَةِ يَكْفُرُونَ بِشِرْكِكُمْ ۚ وَلَا يُنَبِّئُكَ مِثْلُ خَبِيرٍ

١٥ يَـٰٓأَيُّهَا ٱلنَّاسُ أَنتُمُ ٱلْفُقَرَآءُ إِلَى ٱللَّهِ ۖ وَٱللَّهُ هُوَ ٱلْغَنِىُّ ٱلْحَمِيدُ

١٦ إِن يَشَأْ يُذْهِبْكُمْ وَيَأْتِ بِخَلْقٍ جَدِيدٍ

١٧ وَمَا ذَٰلِكَ عَلَى ٱللَّهِ بِعَزِيزٍ

١٨ وَلَا تَزِرُ وَازِرَةٌ وِزْرَ أُخْرَىٰ ۚ وَإِن تَدْعُ مُثْقَلَةٌ إِلَىٰ حِمْلِهَا لَا يُحْمَلْ مِنْهُ شَىْءٌ وَلَوْ كَانَ ذَا قُرْبَىٰٓ ۗ إِنَّمَا تُنذِرُ ٱلَّذِينَ يَخْشَوْنَ رَبَّهُم بِٱلْغَيْبِ وَأَقَامُوا۟ ٱلصَّلَوٰةَ ۚ وَمَن تَزَكَّىٰ فَإِنَّمَا يَتَزَكَّىٰ لِنَفْسِهِۦ ۚ وَإِلَى ٱللَّهِ ٱلْمَصِيرُ

١٩ وَمَا يَسْتَوِى ٱلْأَعْمَىٰ وَٱلْبَصِيرُ

٢٠ وَلَا ٱلظُّلُمَـٰتُ وَلَا ٱلنُّورُ

٢١ وَلَا ٱلظِّلُّ وَلَا ٱلْحَرُورُ

٢٢ وَمَا يَسْتَوِى ٱلْأَحْيَآءُ وَلَا ٱلْأَمْوَٰتُ ۚ إِنَّ ٱللَّهَ يُسْمِعُ مَن يَشَآءُ ۖ وَمَآ أَنتَ بِمُسْمِعٍ مَّن فِى ٱلْقُبُورِ

٢٣ إِنْ أَنتَ إِلَّا نَذِيرٌ

٢٤ إِنَّآ أَرْسَلْنَـٰكَ بِٱلْحَقِّ بَشِيرًا وَنَذِيرًا ۚ وَإِن مِّنْ أُمَّةٍ إِلَّا خَلَا فِيهَا نَذِيرٌ

٢٥ وَإِن يُكَذِّبُوكَ فَقَدْ كَذَّبَ ٱلَّذِينَ مِن قَبْلِهِمْ جَآءَتْهُمْ رُسُلُهُم بِٱلْبَيِّنَـٰتِ وَبِٱلزُّبُرِ وَبِٱلْكِتَـٰبِ ٱلْمُنِيرِ

٢٦ ثُمَّ أَخَذْتُ ٱلَّذِينَ كَفَرُوا۟ ۖ فَكَيْفَ كَانَ نَكِيرِ

٢٧ أَلَمْ تَرَ أَنَّ ٱللَّهَ أَنزَلَ مِنَ ٱلسَّمَآءِ مَآءً فَأَخْرَجْنَا بِهِۦ ثَمَرَٰتٍ مُّخْتَلِفًا أَلْوَٰنُهَا ۚ وَمِنَ ٱلْجِبَالِ جُدَدٌۢ بِيضٌ وَحُمْرٌ مُّخْتَلِفٌ أَلْوَٰنُهَا وَغَرَابِيبُ سُودٌ

٢٨ وَمِنَ ٱلنَّاسِ وَٱلدَّوَآبِّ وَٱلْأَنْعَـٰمِ مُخْتَلِفٌ أَلْوَٰنُهُۥ كَذَٰلِكَ ۗ إِنَّمَا يَخْشَى ٱللَّهَ مِنْ عِبَادِهِ ٱلْعُلَمَـٰٓؤُا۟ ۗ إِنَّ ٱللَّهَ عَزِيزٌ غَفُورٌ

٢٩ إِنَّ ٱلَّذِينَ يَتْلُونَ كِتَـٰبَ ٱللَّهِ وَأَقَامُوا۟ ٱلصَّلَوٰةَ وَأَنفَقُوا۟ مِمَّا رَزَقْنَـٰهُمْ سِرًّا وَعَلَانِيَةً يَرْجُونَ تِجَـٰرَةً لَّن تَبُورَ

٣٠ لِيُوَفِّيَهُمْ أُجُورَهُمْ وَيَزِيدَهُم مِّن فَضْلِهِۦٓ ۚ إِنَّهُۥ غَفُورٌ شَكُورٌ

٣١ وَٱلَّذِىٓ أَوْحَيْنَآ إِلَيْكَ مِنَ ٱلْكِتَـٰبِ هُوَ ٱلْحَقُّ مُصَدِّقًا لِّمَا بَيْنَ يَدَيْهِ ۗ إِنَّ ٱللَّهَ بِعِبَادِهِۦ لَخَبِيرٌۢ بَصِيرٌ

٣٢ ثُمَّ أَوْرَثْنَا ٱلْكِتَـٰبَ ٱلَّذِينَ ٱصْطَفَيْنَا مِنْ عِبَادِنَا ۖ فَمِنْهُمْ ظَالِمٌ لِّنَفْسِهِۦ وَمِنْهُم مُّقْتَصِدٌ وَمِنْهُمْ سَابِقٌۢ بِٱلْخَيْرَٰتِ بِإِذْنِ ٱللَّهِ ۚ ذَٰلِكَ هُوَ ٱلْفَضْلُ ٱلْكَبِيرُ

٣٣ جَنَّاتُ عَدْنٍ يَدْخُلُونَهَا يُحَلَّوْنَ فِيهَا مِنْ أَسَاوِرَ مِن ذَهَبٍ وَلُؤْلُؤًا وَلِبَاسُهُمْ فِيهَا حَرِيرٌ

٣٤ وَقَالُوا الْحَمْدُ لِلَّهِ الَّذِي أَذْهَبَ عَنَّا الْحَزَنَ إِنَّ رَبَّنَا لَغَفُورٌ شَكُورٌ

٣٥ الَّذِي أَحَلَّنَا دَارَ الْمُقَامَةِ مِن فَضْلِهِ لَا يَمَسُّنَا فِيهَا نَصَبٌ وَلَا يَمَسُّنَا فِيهَا لُغُوبٌ

٣٦ وَالَّذِينَ كَفَرُوا لَهُمْ نَارُ جَهَنَّمَ لَا يُقْضَىٰ عَلَيْهِمْ فَيَمُوتُوا وَلَا يُخَفَّفُ عَنْهُم مِّنْ عَذَابِهَا كَذَٰلِكَ نَجْزِي كُلَّ كَفُورٍ

٣٧ وَهُمْ يَصْطَرِخُونَ فِيهَا رَبَّنَا أَخْرِجْنَا نَعْمَلْ صَالِحًا غَيْرَ الَّذِي كُنَّا نَعْمَلُ أَوَلَمْ نُعَمِّرْكُم مَّا يَتَذَكَّرُ فِيهِ مَن تَذَكَّرَ وَجَاءَكُمُ النَّذِيرُ فَذُوقُوا فَمَا لِلظَّالِمِينَ مِن نَّصِيرٍ

٣٨ إِنَّ اللَّهَ عَالِمُ غَيْبِ السَّمَاوَاتِ وَالْأَرْضِ إِنَّهُ عَلِيمٌ بِذَاتِ الصُّدُورِ

٣٩ هُوَ الَّذِي جَعَلَكُمْ خَلَائِفَ فِي الْأَرْضِ فَمَن كَفَرَ فَعَلَيْهِ كُفْرُهُ وَلَا يَزِيدُ الْكَافِرِينَ كُفْرُهُمْ عِندَ رَبِّهِمْ إِلَّا مَقْتًا وَلَا يَزِيدُ الْكَافِرِينَ كُفْرُهُمْ إِلَّا خَسَارًا

٤٠ قُلْ أَرَأَيْتُمْ شُرَكَاءَكُمُ الَّذِينَ تَدْعُونَ مِن دُونِ اللَّهِ أَرُونِي مَاذَا خَلَقُوا مِنَ الْأَرْضِ أَمْ لَهُمْ شِرْكٌ فِي السَّمَاوَاتِ أَمْ آتَيْنَاهُمْ كِتَابًا فَهُمْ عَلَىٰ بَيِّنَتٍ مِّنْهُ بَلْ إِن يَعِدُ الظَّالِمُونَ بَعْضُهُم بَعْضًا إِلَّا غُرُورًا

٤١ إِنَّ اللَّهَ يُمْسِكُ السَّمَاوَاتِ وَالْأَرْضَ أَن تَزُولَا وَلَئِن زَالَتَا إِنْ أَمْسَكَهُمَا مِنْ أَحَدٍ مِّن بَعْدِهِ إِنَّهُ كَانَ حَلِيمًا غَفُورًا

٤٢ وَأَقْسَمُوا بِاللَّهِ جَهْدَ أَيْمَانِهِمْ لَئِن جَاءَهُمْ نَذِيرٌ لَيَكُونُنَّ أَهْدَىٰ مِنْ إِحْدَى الْأُمَمِ فَلَمَّا جَاءَهُمْ نَذِيرٌ مَّا زَادَهُمْ إِلَّا نُفُورًا

٤٣ اسْتِكْبَارًا فِي الْأَرْضِ وَمَكْرَ السَّيِّئِ وَلَا يَحِيقُ الْمَكْرُ السَّيِّئُ إِلَّا بِأَهْلِهِ فَهَلْ يَنظُرُونَ إِلَّا سُنَّتَ الْأَوَّلِينَ فَلَن تَجِدَ لِسُنَّتِ اللَّهِ تَبْدِيلًا وَلَن تَجِدَ لِسُنَّتِ اللَّهِ تَحْوِيلًا

٤٤ أَوَلَمْ يَسِيرُوا فِي الْأَرْضِ فَيَنظُرُوا كَيْفَ كَانَ عَاقِبَةُ الَّذِينَ مِن قَبْلِهِمْ وَكَانُوا أَشَدَّ مِنْهُمْ قُوَّةً وَمَا كَانَ اللَّهُ لِيُعْجِزَهُ مِن شَيْءٍ فِي السَّمَاوَاتِ وَلَا فِي الْأَرْضِ إِنَّهُ كَانَ عَلِيمًا قَدِيرًا

٤٥ وَلَوْ يُؤَاخِذُ اللَّهُ النَّاسَ بِمَا كَسَبُوا مَا تَرَكَ عَلَىٰ ظَهْرِهَا مِن دَابَّةٍ وَلَٰكِن يُؤَخِّرُهُمْ إِلَىٰ أَجَلٍ مُّسَمًّى فَإِذَا جَاءَ أَجَلُهُمْ فَإِنَّ اللَّهَ كَانَ بِعِبَادِهِ بَصِيرًا

سورة يس

١ يس

٢ وَالْقُرْآنِ الْحَكِيمِ

٣ إِنَّكَ لَمِنَ الْمُرْسَلِينَ

٤ عَلَىٰ صِرَاطٍ مُّسْتَقِيمٍ

٥ تَنزِيلَ الْعَزِيزِ الرَّحِيمِ

٦ لِتُنذِرَ قَوْمًا مَّا أُنذِرَ آبَاؤُهُمْ فَهُمْ غَافِلُونَ

٧ لَقَدْ حَقَّ الْقَوْلُ عَلَىٰ أَكْثَرِهِمْ فَهُمْ لَا يُؤْمِنُونَ

٨ إِنَّا جَعَلْنَا فِي أَعْنَاقِهِمْ أَغْلَالًا فَهِيَ إِلَى الْأَذْقَانِ فَهُم مُّقْمَحُونَ

٩ وَجَعَلْنَا مِن بَيْنِ أَيْدِيهِمْ سَدًّا وَمِنْ خَلْفِهِمْ سَدًّا فَأَغْشَيْنَاهُمْ فَهُمْ لَا يُبْصِرُونَ

١٠ وَسَوَاءٌ عَلَيْهِمْ أَأَنذَرْتَهُمْ أَمْ لَمْ تُنذِرْهُمْ لَا يُؤْمِنُونَ

١١ إِنَّمَا تُنذِرُ مَنِ اتَّبَعَ الذِّكْرَ وَخَشِيَ الرَّحْمَٰنَ بِالْغَيْبِ فَبَشِّرْهُ بِمَغْفِرَةٍ وَأَجْرٍ كَرِيمٍ

١٢ إِنَّا نَحْنُ نُحْىِ ٱلْمَوْتَىٰ وَنَكْتُبُ مَا قَدَّمُوا۟ وَءَاثَـٰرَهُمْ ۚ وَكُلَّ شَىْءٍ أَحْصَيْنَـٰهُ فِىٓ إِمَامٍ مُّبِينٍ

١٣ وَٱضْرِبْ لَهُم مَّثَلًا أَصْحَـٰبَ ٱلْقَرْيَةِ إِذْ جَآءَهَا ٱلْمُرْسَلُونَ

١٤ إِذْ أَرْسَلْنَآ إِلَيْهِمُ ٱثْنَيْنِ فَكَذَّبُوهُمَا فَعَزَّزْنَا بِثَالِثٍ فَقَالُوٓا۟ إِنَّآ إِلَيْكُم مُّرْسَلُونَ

١٥ قَالُوا۟ مَآ أَنتُمْ إِلَّا بَشَرٌ مِّثْلُنَا وَمَآ أَنزَلَ ٱلرَّحْمَـٰنُ مِن شَىْءٍ إِنْ أَنتُمْ إِلَّا تَكْذِبُونَ

١٦ قَالُوا۟ رَبُّنَا يَعْلَمُ إِنَّآ إِلَيْكُمْ لَمُرْسَلُونَ

١٧ وَمَا عَلَيْنَآ إِلَّا ٱلْبَلَـٰغُ ٱلْمُبِينُ

١٨ قَالُوٓا۟ إِنَّا تَطَيَّرْنَا بِكُمْ ۖ لَئِن لَّمْ تَنتَهُوا۟ لَنَرْجُمَنَّكُمْ وَلَيَمَسَّنَّكُم مِّنَّا عَذَابٌ أَلِيمٌ

١٩ قَالُوا۟ طَـٰٓئِرُكُم مَّعَكُمْ ۚ أَئِن ذُكِّرْتُم ۚ بَلْ أَنتُمْ قَوْمٌ مُّسْرِفُونَ

٢٠ وَجَآءَ مِنْ أَقْصَا ٱلْمَدِينَةِ رَجُلٌ يَسْعَىٰ قَالَ يَـٰقَوْمِ ٱتَّبِعُوا۟ ٱلْمُرْسَلِينَ

٢١ ٱتَّبِعُوا۟ مَن لَّا يَسْـَٔلُكُمْ أَجْرًا وَهُم مُّهْتَدُونَ

٢٢ وَمَا لِىَ لَآ أَعْبُدُ ٱلَّذِى فَطَرَنِى وَإِلَيْهِ تُرْجَعُونَ

٢٣ ءَأَتَّخِذُ مِن دُونِهِۦٓ ءَالِهَةً إِن يُرِدْنِ ٱلرَّحْمَـٰنُ بِضُرٍّ لَّا تُغْنِ عَنِّى شَفَـٰعَتُهُمْ شَيْـًٔا وَلَا يُنقِذُونِ

٢٤ إِنِّىٓ إِذًا لَّفِى ضَلَـٰلٍ مُّبِينٍ

٢٥ إِنِّىٓ ءَامَنتُ بِرَبِّكُمْ فَٱسْمَعُونِ

٢٦ قِيلَ ٱدْخُلِ ٱلْجَنَّةَ ۖ قَالَ يَـٰلَيْتَ قَوْمِى يَعْلَمُونَ

٢٧ بِمَا غَفَرَ لِى رَبِّى وَجَعَلَنِى مِنَ ٱلْمُكْرَمِينَ

٢٨ وَمَآ أَنزَلْنَا عَلَىٰ قَوْمِهِۦ مِنۢ بَعْدِهِۦ مِن جُندٍ مِّنَ ٱلسَّمَآءِ وَمَا كُنَّا مُنزِلِينَ

٢٩ إِن كَانَتْ إِلَّا صَيْحَةً وَٰحِدَةً فَإِذَا هُمْ خَـٰمِدُونَ

٣٠ يَـٰحَسْرَةً عَلَى ٱلْعِبَادِ ۚ مَا يَأْتِيهِم مِّن رَّسُولٍ إِلَّا كَانُوا۟ بِهِۦ يَسْتَهْزِءُونَ

٣١ أَلَمْ يَرَوْا۟ كَمْ أَهْلَكْنَا قَبْلَهُم مِّنَ ٱلْقُرُونِ أَنَّهُمْ إِلَيْهِمْ لَا يَرْجِعُونَ

٣٢ وَإِن كُلٌّ لَّمَّا جَمِيعٌ لَّدَيْنَا مُحْضَرُونَ

٣٣ وَءَايَةٌ لَّهُمُ ٱلْأَرْضُ ٱلْمَيْتَةُ أَحْيَيْنَـٰهَا وَأَخْرَجْنَا مِنْهَا حَبًّا فَمِنْهُ يَأْكُلُونَ

٣٤ وَجَعَلْنَا فِيهَا جَنَّـٰتٍ مِّن نَّخِيلٍ وَأَعْنَـٰبٍ وَفَجَّرْنَا فِيهَا مِنَ ٱلْعُيُونِ

٣٥ لِيَأْكُلُوا۟ مِن ثَمَرِهِۦ وَمَا عَمِلَتْهُ أَيْدِيهِمْ ۖ أَفَلَا يَشْكُرُونَ

٣٦ سُبْحَـٰنَ ٱلَّذِى خَلَقَ ٱلْأَزْوَٰجَ كُلَّهَا مِمَّا تُنۢبِتُ ٱلْأَرْضُ وَمِنْ أَنفُسِهِمْ وَمِمَّا لَا يَعْلَمُونَ

٣٧ وَءَايَةٌ لَّهُمُ ٱلَّيْلُ نَسْلَخُ مِنْهُ ٱلنَّهَارَ فَإِذَا هُم مُّظْلِمُونَ

٣٨ وَٱلشَّمْسُ تَجْرِى لِمُسْتَقَرٍّ لَّهَا ۚ ذَٰلِكَ تَقْدِيرُ ٱلْعَزِيزِ ٱلْعَلِيمِ

٣٩ وَٱلْقَمَرَ قَدَّرْنَـٰهُ مَنَازِلَ حَتَّىٰ عَادَ كَٱلْعُرْجُونِ ٱلْقَدِيمِ

٤٠ لَا ٱلشَّمْسُ يَنۢبَغِى لَهَآ أَن تُدْرِكَ ٱلْقَمَرَ وَلَا ٱلَّيْلُ سَابِقُ ٱلنَّهَارِ ۚ وَكُلٌّ فِى فَلَكٍ يَسْبَحُونَ

٤١ وَءَايَةٌ لَّهُمْ أَنَّا حَمَلْنَا ذُرِّيَّتَهُمْ فِى ٱلْفُلْكِ ٱلْمَشْحُونِ

٤٢ وَخَلَقْنَا لَهُم مِّن مِّثْلِهِۦ مَا يَرْكَبُونَ

٤٣ وَإِن نَّشَأْ نُغْرِقْهُمْ فَلَا صَرِيخَ لَهُمْ وَلَا هُمْ يُنقَذُونَ

٤٤ إِلَّا رَحْمَةً مِّنَّا وَمَتَـٰعًا إِلَىٰ حِينٍ

٤٥ وَإِذَا قِيلَ لَهُمُ ٱتَّقُوا۟ مَا بَيْنَ أَيْدِيكُمْ وَمَا خَلْفَكُمْ لَعَلَّكُمْ تُرْحَمُونَ

٤٦ وَمَا تَأْتِيهِم مِّنْ ءَايَةٍ مِّنْ ءَايَٰتِ رَبِّهِمْ إِلَّا كَانُوا۟ عَنْهَا مُعْرِضِينَ

٤٧ وَإِذَا قِيلَ لَهُمْ أَنفِقُوا۟ مِمَّا رَزَقَكُمُ ٱللَّهُ قَالَ ٱلَّذِينَ كَفَرُوا۟ لِلَّذِينَ ءَامَنُوٓا۟ أَنُطْعِمُ مَن لَّوْ يَشَآءُ ٱللَّهُ أَطْعَمَهُۥٓ إِنْ أَنتُمْ إِلَّا فِى ضَلَٰلٍ مُّبِينٍ

٤٨ وَيَقُولُونَ مَتَىٰ هَٰذَا ٱلْوَعْدُ إِن كُنتُمْ صَٰدِقِينَ

٤٩ مَا يَنظُرُونَ إِلَّا صَيْحَةً وَٰحِدَةً تَأْخُذُهُمْ وَهُمْ يَخِصِّمُونَ

٥٠ فَلَا يَسْتَطِيعُونَ تَوْصِيَةً وَلَآ إِلَىٰٓ أَهْلِهِمْ يَرْجِعُونَ

٥١ وَنُفِخَ فِى ٱلصُّورِ فَإِذَا هُم مِّنَ ٱلْأَجْدَاثِ إِلَىٰ رَبِّهِمْ يَنسِلُونَ

٥٢ قَالُوا۟ يَٰوَيْلَنَا مَنۢ بَعَثَنَا مِن مَّرْقَدِنَا ۜ هَٰذَا مَا وَعَدَ ٱلرَّحْمَٰنُ وَصَدَقَ ٱلْمُرْسَلُونَ

٥٣ إِن كَانَتْ إِلَّا صَيْحَةً وَٰحِدَةً فَإِذَا هُمْ جَمِيعٌ لَّدَيْنَا مُحْضَرُونَ

٥٤ فَٱلْيَوْمَ لَا تُظْلَمُ نَفْسٌ شَيْـًٔا وَلَا تُجْزَوْنَ إِلَّا مَا كُنتُمْ تَعْمَلُونَ

٥٥ إِنَّ أَصْحَٰبَ ٱلْجَنَّةِ ٱلْيَوْمَ فِى شُغُلٍ فَٰكِهُونَ

٥٦ هُمْ وَأَزْوَٰجُهُمْ فِى ظِلَٰلٍ عَلَى ٱلْأَرَآئِكِ مُتَّكِـُٔونَ

٥٧ لَهُمْ فِيهَا فَٰكِهَةٌ وَلَهُم مَّا يَدَّعُونَ

٥٨ سَلَٰمٌ قَوْلًا مِّن رَّبٍّ رَّحِيمٍ

٥٩ وَٱمْتَٰزُوا۟ ٱلْيَوْمَ أَيُّهَا ٱلْمُجْرِمُونَ

٦٠ ۞ أَلَمْ أَعْهَدْ إِلَيْكُمْ يَٰبَنِىٓ ءَادَمَ أَن لَّا تَعْبُدُوا۟ ٱلشَّيْطَٰنَ ۖ إِنَّهُۥ لَكُمْ عَدُوٌّ مُّبِينٌ

٦١ وَأَنِ ٱعْبُدُونِى ۚ هَٰذَا صِرَٰطٌ مُّسْتَقِيمٌ

٦٢ وَلَقَدْ أَضَلَّ مِنكُمْ جِبِلًّا كَثِيرًا ۖ أَفَلَمْ تَكُونُوا۟ تَعْقِلُونَ

٦٣ هَٰذِهِۦ جَهَنَّمُ ٱلَّتِى كُنتُمْ تُوعَدُونَ

٦٤ ٱصْلَوْهَا ٱلْيَوْمَ بِمَا كُنتُمْ تَكْفُرُونَ

٦٥ ٱلْيَوْمَ نَخْتِمُ عَلَىٰٓ أَفْوَٰهِهِمْ وَتُكَلِّمُنَآ أَيْدِيهِمْ وَتَشْهَدُ أَرْجُلُهُم بِمَا كَانُوا۟ يَكْسِبُونَ

٦٦ وَلَوْ نَشَآءُ لَطَمَسْنَا عَلَىٰٓ أَعْيُنِهِمْ فَٱسْتَبَقُوا۟ ٱلصِّرَٰطَ فَأَنَّىٰ يُبْصِرُونَ

٦٧ وَلَوْ نَشَآءُ لَمَسَخْنَٰهُمْ عَلَىٰ مَكَانَتِهِمْ فَمَا ٱسْتَطَٰعُوا۟ مُضِيًّا وَلَا يَرْجِعُونَ

٦٨ وَمَن نُّعَمِّرْهُ نُنَكِّسْهُ فِى ٱلْخَلْقِ ۖ أَفَلَا يَعْقِلُونَ

٦٩ وَمَا عَلَّمْنَٰهُ ٱلشِّعْرَ وَمَا يَنۢبَغِى لَهُۥٓ ۚ إِنْ هُوَ إِلَّا ذِكْرٌ وَقُرْءَانٌ مُّبِينٌ

٧٠ لِّيُنذِرَ مَن كَانَ حَيًّا وَيَحِقَّ ٱلْقَوْلُ عَلَى ٱلْكَٰفِرِينَ

٧١ أَوَلَمْ يَرَوْا۟ أَنَّا خَلَقْنَا لَهُم مِّمَّا عَمِلَتْ أَيْدِينَآ أَنْعَٰمًا فَهُمْ لَهَا مَٰلِكُونَ

٧٢ وَذَلَّلْنَٰهَا لَهُمْ فَمِنْهَا رَكُوبُهُمْ وَمِنْهَا يَأْكُلُونَ

٧٣ وَلَهُمْ فِيهَا مَنَٰفِعُ وَمَشَارِبُ ۖ أَفَلَا يَشْكُرُونَ

٧٤ وَٱتَّخَذُوا۟ مِن دُونِ ٱللَّهِ ءَالِهَةً لَّعَلَّهُمْ يُنصَرُونَ

٧٥ لَا يَسْتَطِيعُونَ نَصْرَهُمْ وَهُمْ لَهُمْ جُندٌ مُّحْضَرُونَ

٧٦ فَلَا يَحْزُنكَ قَوْلُهُمْ ۘ إِنَّا نَعْلَمُ مَا يُسِرُّونَ وَمَا يُعْلِنُونَ

٧٧ أَوَلَمْ يَرَ ٱلْإِنسَٰنُ أَنَّا خَلَقْنَٰهُ مِن نُّطْفَةٍ فَإِذَا هُوَ خَصِيمٌ مُّبِينٌ

٧٨ وَضَرَبَ لَنَا مَثَلًا وَنَسِىَ خَلْقَهُۥ ۖ قَالَ مَن يُحْىِ ٱلْعِظَٰمَ وَهِىَ رَمِيمٌ

٧٩ قُلْ يُحْيِيهَا ٱلَّذِىٓ أَنشَأَهَآ أَوَّلَ مَرَّةٍ ۖ وَهُوَ بِكُلِّ خَلْقٍ عَلِيمٌ

٨٠ ٱلَّذِى جَعَلَ لَكُم مِّنَ ٱلشَّجَرِ ٱلْأَخْضَرِ نَارًا فَإِذَآ أَنتُم مِّنْهُ تُوقِدُونَ

٨١ أَوَلَيْسَ ٱلَّذِى خَلَقَ ٱلسَّمَٰوَٰتِ وَٱلْأَرْضَ بِقَٰدِرٍ عَلَىٰٓ أَن يَخْلُقَ مِثْلَهُم ۚ بَلَىٰ وَهُوَ ٱلْخَلَّٰقُ ٱلْعَلِيمُ

٨٢ إِنَّمَآ أَمْرُهُۥٓ إِذَآ أَرَادَ شَيْـًٔا أَن يَقُولَ لَهُۥ كُن فَيَكُونُ

٨٣ فَسُبْحَٰنَ ٱلَّذِى بِيَدِهِۦ مَلَكُوتُ كُلِّ شَىْءٍ وَإِلَيْهِ تُرْجَعُونَ

سورة الصافات

١ وَٱلصَّٰفَّٰتِ صَفًّا

٢ فَٱلزَّٰجِرَٰتِ زَجْرًا

٣ فَٱلتَّٰلِيَٰتِ ذِكْرًا

٤ إِنَّ إِلَٰهَكُمْ لَوَٰحِدٌ

٥ رَّبُّ ٱلسَّمَٰوَٰتِ وَٱلْأَرْضِ وَمَا بَيْنَهُمَا وَرَبُّ ٱلْمَشَٰرِقِ

٦ إِنَّا زَيَّنَّا ٱلسَّمَآءَ ٱلدُّنْيَا بِزِينَةٍ ٱلْكَوَاكِبِ

٧ وَحِفْظًا مِّن كُلِّ شَيْطَٰنٍ مَّارِدٍ

٨ لَّا يَسَّمَّعُونَ إِلَى ٱلْمَلَإِ ٱلْأَعْلَىٰ وَيُقْذَفُونَ مِن كُلِّ جَانِبٍ

٩ دُحُورًا ۖ وَلَهُمْ عَذَابٌ وَاصِبٌ

١٠ إِلَّا مَنْ خَطِفَ ٱلْخَطْفَةَ فَأَتْبَعَهُۥ شِهَابٌ ثَاقِبٌ

١١ فَٱسْتَفْتِهِمْ أَهُمْ أَشَدُّ خَلْقًا أَم مَّنْ خَلَقْنَآ ۚ إِنَّا خَلَقْنَٰهُم مِّن طِينٍ لَّازِبٍ

١٢ بَلْ عَجِبْتَ وَيَسْخَرُونَ

١٣ وَإِذَا ذُكِّرُوا۟ لَا يَذْكُرُونَ

١٤ وَإِذَا رَأَوْا۟ ءَايَةً يَسْتَسْخِرُونَ

١٥ وَقَالُوٓا۟ إِنْ هَٰذَآ إِلَّا سِحْرٌ مُّبِينٌ

١٦ أَءِذَا مِتْنَا وَكُنَّا تُرَابًا وَعِظَٰمًا أَءِنَّا لَمَبْعُوثُونَ

١٧ أَوَءَابَآؤُنَا ٱلْأَوَّلُونَ

١٨ قُلْ نَعَمْ وَأَنتُمْ دَٰخِرُونَ

١٩ فَإِنَّمَا هِىَ زَجْرَةٌ وَٰحِدَةٌ فَإِذَا هُمْ يَنظُرُونَ

٢٠ وَقَالُوا۟ يَٰوَيْلَنَا هَٰذَا يَوْمُ ٱلدِّينِ

٢١ هَٰذَا يَوْمُ ٱلْفَصْلِ ٱلَّذِى كُنتُم بِهِۦ تُكَذِّبُونَ

٢٢ ۞ ٱحْشُرُوا۟ ٱلَّذِينَ ظَلَمُوا۟ وَأَزْوَٰجَهُمْ وَمَا كَانُوا۟ يَعْبُدُونَ

٢٣ مِن دُونِ ٱللَّهِ فَٱهْدُوهُمْ إِلَىٰ صِرَٰطِ ٱلْجَحِيمِ

٢٤ وَقِفُوهُمْ ۖ إِنَّهُم مَّسْـُٔولُونَ

٢٥ مَا لَكُمْ لَا تَنَاصَرُونَ

٢٦ بَلْ هُمُ ٱلْيَوْمَ مُسْتَسْلِمُونَ

٢٧ وَأَقْبَلَ بَعْضُهُمْ عَلَىٰ بَعْضٍ يَتَسَآءَلُونَ

٢٨ قَالُوٓا۟ إِنَّكُمْ كُنتُمْ تَأْتُونَنَا عَنِ ٱلْيَمِينِ

٢٩ قَالُوا۟ بَل لَّمْ تَكُونُوا۟ مُؤْمِنِينَ

٣٠ وَمَا كَانَ لَنَا عَلَيْكُم مِّن سُلْطَٰنٍ ۖ بَلْ كُنتُمْ قَوْمًا طَٰغِينَ

٣١ فَحَقَّ عَلَيْنَا قَوْلُ رَبِّنَآ ۖ إِنَّا لَذَآئِقُونَ

٣٢ فَأَغْوَيْنَٰكُمْ إِنَّا كُنَّا غَٰوِينَ

٣٣ فَإِنَّهُمْ يَوْمَئِذٍ فِى ٱلْعَذَابِ مُشْتَرِكُونَ

٣٤ إِنَّا كَذَٰلِكَ نَفْعَلُ بِٱلْمُجْرِمِينَ

٣٥ إِنَّهُمْ كَانُوٓا۟ إِذَا قِيلَ لَهُمْ لَا إِلَٰهَ إِلَّا ٱللَّهُ يَسْتَكْبِرُونَ

٣٦ وَيَقُولُونَ أَئِنَّا لَتَارِكُوٓا۟ ءَالِهَتِنَا لِشَاعِرٍ مَّجْنُونٍ

٣٧ بَلْ جَآءَ بِٱلْحَقِّ وَصَدَّقَ ٱلْمُرْسَلِينَ

٣٨ إِنَّكُمْ لَذَآئِقُوا۟ ٱلْعَذَابِ ٱلْأَلِيمِ

٣٩ وَمَا تُجْزَوْنَ إِلَّا مَا كُنتُمْ تَعْمَلُونَ

٤٠ إِلَّا عِبَادَ ٱللَّهِ ٱلْمُخْلَصِينَ

٤١ أُو۟لَٰٓئِكَ لَهُمْ رِزْقٌ مَّعْلُومٌ

٤٢ فَوَٰكِهُ وَهُم مُّكْرَمُونَ
٤٣ فِى جَنَّٰتِ ٱلنَّعِيمِ
٤٤ عَلَىٰ سُرُرٍ مُّتَقَٰبِلِينَ
٤٥ يُطَافُ عَلَيْهِم بِكَأْسٍ مِّن مَّعِينٍ
٤٦ بَيْضَآءَ لَذَّةٍ لِّلشَّٰرِبِينَ
٤٧ لَا فِيهَا غَوْلٌ وَلَا هُمْ عَنْهَا يُنزَفُونَ
٤٨ وَعِندَهُمْ قَٰصِرَٰتُ ٱلطَّرْفِ عِينٌ
٤٩ كَأَنَّهُنَّ بَيْضٌ مَّكْنُونٌ
٥٠ فَأَقْبَلَ بَعْضُهُمْ عَلَىٰ بَعْضٍ يَتَسَآءَلُونَ
٥١ قَالَ قَآئِلٌ مِّنْهُمْ إِنِّى كَانَ لِى قَرِينٌ
٥٢ يَقُولُ أَءِنَّكَ لَمِنَ ٱلْمُصَدِّقِينَ
٥٣ أَءِذَا مِتْنَا وَكُنَّا تُرَابًا وَعِظَٰمًا أَءِنَّا لَمَدِينُونَ
٥٤ قَالَ هَلْ أَنتُم مُّطَّلِعُونَ
٥٥ فَٱطَّلَعَ فَرَءَاهُ فِى سَوَآءِ ٱلْجَحِيمِ
٥٦ قَالَ تَٱللَّهِ إِن كِدتَّ لَتُرْدِينِ
٥٧ وَلَوْلَا نِعْمَةُ رَبِّى لَكُنتُ مِنَ ٱلْمُحْضَرِينَ
٥٨ أَفَمَا نَحْنُ بِمَيِّتِينَ
٥٩ إِلَّا مَوْتَتَنَا ٱلْأُولَىٰ وَمَا نَحْنُ بِمُعَذَّبِينَ
٦٠ إِنَّ هَٰذَا لَهُوَ ٱلْفَوْزُ ٱلْعَظِيمُ
٦١ لِمِثْلِ هَٰذَا فَلْيَعْمَلِ ٱلْعَٰمِلُونَ
٦٢ أَذَٰلِكَ خَيْرٌ نُّزُلًا أَمْ شَجَرَةُ ٱلزَّقُّومِ
٦٣ إِنَّا جَعَلْنَٰهَا فِتْنَةً لِّلظَّٰلِمِينَ
٦٤ إِنَّهَا شَجَرَةٌ تَخْرُجُ فِى أَصْلِ ٱلْجَحِيمِ
٦٥ طَلْعُهَا كَأَنَّهُ رُءُوسُ ٱلشَّيَٰطِينِ
٦٦ فَإِنَّهُمْ لَءَاكِلُونَ مِنْهَا فَمَالِئُونَ مِنْهَا ٱلْبُطُونَ
٦٧ ثُمَّ إِنَّ لَهُمْ عَلَيْهَا لَشَوْبًا مِّنْ حَمِيمٍ
٦٨ ثُمَّ إِنَّ مَرْجِعَهُمْ لَإِلَى ٱلْجَحِيمِ

٦٩ إِنَّهُمْ أَلْفَوْا۟ ءَابَآءَهُمْ ضَآلِّينَ
٧٠ فَهُمْ عَلَىٰٓ ءَاثَٰرِهِمْ يُهْرَعُونَ
٧١ وَلَقَدْ ضَلَّ قَبْلَهُمْ أَكْثَرُ ٱلْأَوَّلِينَ
٧٢ وَلَقَدْ أَرْسَلْنَا فِيهِم مُّنذِرِينَ
٧٣ فَٱنظُرْ كَيْفَ كَانَ عَٰقِبَةُ ٱلْمُنذَرِينَ
٧٤ إِلَّا عِبَادَ ٱللَّهِ ٱلْمُخْلَصِينَ
٧٥ وَلَقَدْ نَادَىٰنَا نُوحٌ فَلَنِعْمَ ٱلْمُجِيبُونَ
٧٦ وَنَجَّيْنَٰهُ وَأَهْلَهُ مِنَ ٱلْكَرْبِ ٱلْعَظِيمِ
٧٧ وَجَعَلْنَا ذُرِّيَّتَهُ هُمُ ٱلْبَاقِينَ
٧٨ وَتَرَكْنَا عَلَيْهِ فِى ٱلْءَاخِرِينَ
٧٩ سَلَٰمٌ عَلَىٰ نُوحٍ فِى ٱلْعَٰلَمِينَ
٨٠ إِنَّا كَذَٰلِكَ نَجْزِى ٱلْمُحْسِنِينَ
٨١ إِنَّهُ مِنْ عِبَادِنَا ٱلْمُؤْمِنِينَ
٨٢ ثُمَّ أَغْرَقْنَا ٱلْءَاخَرِينَ
٨٣ وَإِنَّ مِن شِيعَتِهِ لَإِبْرَٰهِيمَ ۝
٨٤ إِذْ جَآءَ رَبَّهُ بِقَلْبٍ سَلِيمٍ
٨٥ إِذْ قَالَ لِأَبِيهِ وَقَوْمِهِ مَاذَا تَعْبُدُونَ
٨٦ أَئِفْكًا ءَالِهَةً دُونَ ٱللَّهِ تُرِيدُونَ
٨٧ فَمَا ظَنُّكُم بِرَبِّ ٱلْعَٰلَمِينَ
٨٨ فَنَظَرَ نَظْرَةً فِى ٱلنُّجُومِ
٨٩ فَقَالَ إِنِّى سَقِيمٌ
٩٠ فَتَوَلَّوْا۟ عَنْهُ مُدْبِرِينَ
٩١ فَرَاغَ إِلَىٰٓ ءَالِهَتِهِمْ فَقَالَ أَلَا تَأْكُلُونَ
٩٢ مَا لَكُمْ لَا تَنطِقُونَ
٩٣ فَرَاغَ عَلَيْهِمْ ضَرْبًا بِٱلْيَمِينِ
٩٤ فَأَقْبَلُوٓا۟ إِلَيْهِ يَزِفُّونَ
٩٥ قَالَ أَتَعْبُدُونَ مَا تَنْحِتُونَ

٩٦ وَٱللَّهُ خَلَقَكُمْ وَمَا تَعْمَلُونَ

٩٧ قَالُوا ٱبْنُوا لَهُ بُنْيَٰنًا فَأَلْقُوهُ فِى ٱلْجَحِيمِ

٩٨ فَأَرَادُوا بِهِ كَيْدًا فَجَعَلْنَٰهُمُ ٱلْأَسْفَلِينَ

٩٩ وَقَالَ إِنِّى ذَاهِبٌ إِلَىٰ رَبِّى سَيَهْدِينِ

١٠٠ رَبِّ هَبْ لِى مِنَ ٱلصَّٰلِحِينَ

١٠١ فَبَشَّرْنَٰهُ بِغُلَٰمٍ حَلِيمٍ

١٠٢ فَلَمَّا بَلَغَ مَعَهُ ٱلسَّعْىَ قَالَ يَٰبُنَىَّ إِنِّى أَرَىٰ فِى ٱلْمَنَامِ أَنِّى أَذْبَحُكَ فَٱنظُرْ مَاذَا تَرَىٰ قَالَ يَٰأَبَتِ ٱفْعَلْ مَا تُؤْمَرُ سَتَجِدُنِى إِن شَآءَ ٱللَّهُ مِنَ ٱلصَّٰبِرِينَ

١٠٣ فَلَمَّا أَسْلَمَا وَتَلَّهُ لِلْجَبِينِ

١٠٤ وَنَٰدَيْنَٰهُ أَن يَٰإِبْرَٰهِيمُ

١٠٥ قَدْ صَدَّقْتَ ٱلرُّءْيَآ إِنَّا كَذَٰلِكَ نَجْزِى ٱلْمُحْسِنِينَ

١٠٦ إِنَّ هَٰذَا لَهُوَ ٱلْبَلَٰٓؤُا۟ ٱلْمُبِينُ

١٠٧ وَفَدَيْنَٰهُ بِذِبْحٍ عَظِيمٍ

١٠٨ وَتَرَكْنَا عَلَيْهِ فِى ٱلْءَاخِرِينَ

١٠٩ سَلَٰمٌ عَلَىٰ إِبْرَٰهِيمَ

١١٠ كَذَٰلِكَ نَجْزِى ٱلْمُحْسِنِينَ

١١١ إِنَّهُ مِنْ عِبَادِنَا ٱلْمُؤْمِنِينَ

١١٢ وَبَشَّرْنَٰهُ بِإِسْحَٰقَ نَبِيًّا مِّنَ ٱلصَّٰلِحِينَ

١١٣ وَبَٰرَكْنَا عَلَيْهِ وَعَلَىٰ إِسْحَٰقَ وَمِن ذُرِّيَّتِهِمَا مُحْسِنٌ وَظَالِمٌ لِّنَفْسِهِ مُبِينٌ

١١٤ وَلَقَدْ مَنَنَّا عَلَىٰ مُوسَىٰ وَهَٰرُونَ

١١٥ وَنَجَّيْنَٰهُمَا وَقَوْمَهُمَا مِنَ ٱلْكَرْبِ ٱلْعَظِيمِ

١١٦ وَنَصَرْنَٰهُمْ فَكَانُوا هُمُ ٱلْغَٰلِبِينَ

١١٧ وَءَاتَيْنَٰهُمَا ٱلْكِتَٰبَ ٱلْمُسْتَبِينَ

١١٨ وَهَدَيْنَٰهُمَا ٱلصِّرَٰطَ ٱلْمُسْتَقِيمَ

١١٩ وَتَرَكْنَا عَلَيْهِمَا فِى ٱلْءَاخِرِينَ

١٢٠ سَلَٰمٌ عَلَىٰ مُوسَىٰ وَهَٰرُونَ

١٢١ إِنَّا كَذَٰلِكَ نَجْزِى ٱلْمُحْسِنِينَ

١٢٢ إِنَّهُمَا مِنْ عِبَادِنَا ٱلْمُؤْمِنِينَ

١٢٣ وَإِنَّ إِلْيَاسَ لَمِنَ ٱلْمُرْسَلِينَ

١٢٤ إِذْ قَالَ لِقَوْمِهِ أَلَا تَتَّقُونَ

١٢٥ أَتَدْعُونَ بَعْلًا وَتَذَرُونَ أَحْسَنَ ٱلْخَٰلِقِينَ

١٢٦ ٱللَّهَ رَبَّكُمْ وَرَبَّ ءَابَآئِكُمُ ٱلْأَوَّلِينَ

١٢٧ فَكَذَّبُوهُ فَإِنَّهُمْ لَمُحْضَرُونَ

١٢٨ إِلَّا عِبَادَ ٱللَّهِ ٱلْمُخْلَصِينَ

١٢٩ وَتَرَكْنَا عَلَيْهِ فِى ٱلْءَاخِرِينَ

١٣٠ سَلَٰمٌ عَلَىٰ إِلْ يَاسِينَ

١٣١ إِنَّا كَذَٰلِكَ نَجْزِى ٱلْمُحْسِنِينَ

١٣٢ إِنَّهُ مِنْ عِبَادِنَا ٱلْمُؤْمِنِينَ

١٣٣ وَإِنَّ لُوطًا لَّمِنَ ٱلْمُرْسَلِينَ

١٣٤ إِذْ نَجَّيْنَٰهُ وَأَهْلَهُ أَجْمَعِينَ

١٣٥ إِلَّا عَجُوزًا فِى ٱلْغَٰبِرِينَ

١٣٦ ثُمَّ دَمَّرْنَا ٱلْءَاخَرِينَ

١٣٧ وَإِنَّكُمْ لَتَمُرُّونَ عَلَيْهِم مُّصْبِحِينَ

١٣٨ وَبِٱلَّيْلِ أَفَلَا تَعْقِلُونَ

١٣٩ وَإِنَّ يُونُسَ لَمِنَ ٱلْمُرْسَلِينَ

١٤٠ إِذْ أَبَقَ إِلَى ٱلْفُلْكِ ٱلْمَشْحُونِ

١٤١ فَسَاهَمَ فَكَانَ مِنَ ٱلْمُدْحَضِينَ

١٤٢ فَٱلْتَقَمَهُ ٱلْحُوتُ وَهُوَ مُلِيمٌ

١٤٣ فَلَوْلَآ أَنَّهُ كَانَ مِنَ ٱلْمُسَبِّحِينَ

١٤٤ لَلَبِثَ فِى بَطْنِهِ إِلَىٰ يَوْمِ يُبْعَثُونَ

١٤٥ فَنَبَذْنَٰهُ بِٱلْعَرَآءِ وَهُوَ سَقِيمٌ

١٤٦ وَأَنۢبَتۡنَا عَلَيۡهِ شَجَرَةً مِّن يَقۡطِينٍ

١٤٧ وَأَرۡسَلۡنَٰهُ إِلَىٰ مِا۟ئَةِ أَلۡفٍ أَوۡ يَزِيدُونَ

١٤٨ فَـَٔامَنُوا۟ فَمَتَّعۡنَٰهُمۡ إِلَىٰ حِينٍ

١٤٩ فَٱسۡتَفۡتِهِمۡ أَلِرَبِّكَ ٱلۡبَنَاتُ وَلَهُمُ ٱلۡبَنُونَ

١٥٠ أَمۡ خَلَقۡنَا ٱلۡمَلَٰٓئِكَةَ إِنَٰثًا وَهُمۡ شَٰهِدُونَ

١٥١ أَلَآ إِنَّهُم مِّنۡ إِفۡكِهِمۡ لَيَقُولُونَ

١٥٢ وَلَدَ ٱللَّهُ وَإِنَّهُمۡ لَكَٰذِبُونَ

١٥٣ أَصۡطَفَى ٱلۡبَنَاتِ عَلَى ٱلۡبَنِينَ

١٥٤ مَا لَكُمۡ كَيۡفَ تَحۡكُمُونَ

١٥٥ أَفَلَا تَذَكَّرُونَ

١٥٦ أَمۡ لَكُمۡ سُلۡطَٰنٌ مُّبِينٌ

١٥٧ فَأۡتُوا۟ بِكِتَٰبِكُمۡ إِن كُنتُمۡ صَٰدِقِينَ

١٥٨ وَجَعَلُوا۟ بَيۡنَهُۥ وَبَيۡنَ ٱلۡجِنَّةِ نَسَبًا ۚ وَلَقَدۡ عَلِمَتِ ٱلۡجِنَّةُ إِنَّهُمۡ لَمُحۡضَرُونَ

١٥٩ سُبۡحَٰنَ ٱللَّهِ عَمَّا يَصِفُونَ

١٦٠ إِلَّا عِبَادَ ٱللَّهِ ٱلۡمُخۡلَصِينَ

١٦١ فَإِنَّكُمۡ وَمَا تَعۡبُدُونَ

١٦٢ مَآ أَنتُمۡ عَلَيۡهِ بِفَٰتِنِينَ

١٦٣ إِلَّا مَنۡ هُوَ صَالِ ٱلۡجَحِيمِ

١٦٤ وَمَا مِنَّآ إِلَّا لَهُۥ مَقَامٌ مَّعۡلُومٌ

١٦٥ وَإِنَّا لَنَحۡنُ ٱلصَّآفُّونَ

١٦٦ وَإِنَّا لَنَحۡنُ ٱلۡمُسَبِّحُونَ

١٦٧ وَإِن كَانُوا۟ لَيَقُولُونَ

١٦٨ لَوۡ أَنَّ عِندَنَا ذِكۡرًا مِّنَ ٱلۡأَوَّلِينَ

١٦٩ لَكُنَّا عِبَادَ ٱللَّهِ ٱلۡمُخۡلَصِينَ

١٧٠ فَكَفَرُوا۟ بِهِۦ ۖ فَسَوۡفَ يَعۡلَمُونَ

١٧١ وَلَقَدۡ سَبَقَتۡ كَلِمَتُنَا لِعِبَادِنَا ٱلۡمُرۡسَلِينَ

١٧٢ إِنَّهُمۡ لَهُمُ ٱلۡمَنصُورُونَ

١٧٣ وَإِنَّ جُندَنَا لَهُمُ ٱلۡغَٰلِبُونَ

١٧٤ فَتَوَلَّ عَنۡهُمۡ حَتَّىٰ حِينٍ

١٧٥ وَأَبۡصِرۡهُمۡ فَسَوۡفَ يُبۡصِرُونَ

١٧٦ أَفَبِعَذَابِنَا يَسۡتَعۡجِلُونَ

١٧٧ فَإِذَا نَزَلَ بِسَاحَتِهِمۡ فَسَآءَ صَبَاحُ ٱلۡمُنذَرِينَ

١٧٨ وَتَوَلَّ عَنۡهُمۡ حَتَّىٰ حِينٍ

١٧٩ وَأَبۡصِرۡ فَسَوۡفَ يُبۡصِرُونَ

١٨٠ سُبۡحَٰنَ رَبِّكَ رَبِّ ٱلۡعِزَّةِ عَمَّا يَصِفُونَ

١٨١ وَسَلَٰمٌ عَلَى ٱلۡمُرۡسَلِينَ

١٨٢ وَٱلۡحَمۡدُ لِلَّهِ رَبِّ ٱلۡعَٰلَمِينَ

سورة ص

١ صٓ ۚ وَٱلۡقُرۡءَانِ ذِى ٱلذِّكۡرِ

٢ بَلِ ٱلَّذِينَ كَفَرُوا۟ فِى عِزَّةٍ وَشِقَاقٍ

٣ كَمۡ أَهۡلَكۡنَا مِن قَبۡلِهِم مِّن قَرۡنٍ فَنَادَوا۟ وَّلَاتَ حِينَ مَنَاصٍ

٤ وَعَجِبُوٓا۟ أَن جَآءَهُم مُّنذِرٌ مِّنۡهُمۡ ۖ وَقَالَ ٱلۡكَٰفِرُونَ هَٰذَا سَٰحِرٌ كَذَّابٌ

٥ أَجَعَلَ ٱلۡءَالِهَةَ إِلَٰهًا وَٰحِدًا ۖ إِنَّ هَٰذَا لَشَىۡءٌ عُجَابٌ

٦ وَٱنطَلَقَ ٱلۡمَلَأُ مِنۡهُمۡ أَنِ ٱمۡشُوا۟ وَٱصۡبِرُوا۟ عَلَىٰٓ ءَالِهَتِكُمۡ ۖ إِنَّ هَٰذَا لَشَىۡءٌ يُرَادُ

٧ مَا سَمِعۡنَا بِهَٰذَا فِى ٱلۡمِلَّةِ ٱلۡءَاخِرَةِ إِنۡ هَٰذَآ إِلَّا ٱخۡتِلَٰقٌ

٨ أَءُنزِلَ عَلَيۡهِ ٱلذِّكۡرُ مِنۢ بَيۡنِنَا ۚ بَلۡ هُمۡ فِى شَكٍّ مِّن ذِكۡرِى ۖ بَل لَّمَّا يَذُوقُوا۟ عَذَابِ

٩ أَمۡ عِندَهُمۡ خَزَآئِنُ رَحۡمَةِ رَبِّكَ ٱلۡعَزِيزِ ٱلۡوَهَّابِ

١٠ أَمْ لَهُم مُّلْكُ ٱلسَّمَٰوَٰتِ وَٱلْأَرْضِ وَمَا بَيْنَهُمَا ۖ فَلْيَرْتَقُوا۟ فِى ٱلْأَسْبَٰبِ

١١ جُندٌ مَّا هُنَالِكَ مَهْزُومٌ مِّنَ ٱلْأَحْزَابِ

١٢ كَذَّبَتْ قَبْلَهُمْ قَوْمُ نُوحٍ وَعَادٌ وَفِرْعَوْنُ ذُو ٱلْأَوْتَادِ

١٣ وَثَمُودُ وَقَوْمُ لُوطٍ وَأَصْحَٰبُ لْئَيْكَةِ ۚ أُو۟لَٰئِكَ ٱلْأَحْزَابُ

١٤ إِن كُلٌّ إِلَّا كَذَّبَ ٱلرُّسُلَ فَحَقَّ عِقَابِ

١٥ وَمَا يَنظُرُ هَٰؤُلَاءِ إِلَّا صَيْحَةً وَٰحِدَةً مَّا لَهَا مِن فَوَاقٍ

١٦ وَقَالُوا۟ رَبَّنَا عَجِّل لَّنَا قِطَّنَا قَبْلَ يَوْمِ ٱلْحِسَابِ

١٧ ٱصْبِرْ عَلَىٰ مَا يَقُولُونَ وَٱذْكُرْ عَبْدَنَا دَاوُۥدَ ذَا ٱلْأَيْدِ ۖ إِنَّهُ أَوَّابٌ

١٨ إِنَّا سَخَّرْنَا ٱلْجِبَالَ مَعَهُ يُسَبِّحْنَ بِٱلْعَشِىِّ وَٱلْإِشْرَاقِ

١٩ وَٱلطَّيْرَ مَحْشُورَةً ۖ كُلٌّ لَّهُ أَوَّابٌ

٢٠ وَشَدَدْنَا مُلْكَهُ وَءَاتَيْنَٰهُ ٱلْحِكْمَةَ وَفَصْلَ ٱلْخِطَابِ

٢١ وَهَلْ أَتَىٰكَ نَبَؤُا۟ ٱلْخَصْمِ إِذْ تَسَوَّرُوا۟ ٱلْمِحْرَابَ

٢٢ إِذْ دَخَلُوا۟ عَلَىٰ دَاوُۥدَ فَفَزِعَ مِنْهُمْ ۖ قَالُوا۟ لَا تَخَفْ ۖ خَصْمَانِ بَغَىٰ بَعْضُنَا عَلَىٰ بَعْضٍ فَٱحْكُم بَيْنَنَا بِٱلْحَقِّ وَلَا تُشْطِطْ وَٱهْدِنَا إِلَىٰ سَوَآءِ ٱلصِّرَٰطِ

٢٣ إِنَّ هَٰذَا أَخِى لَهُ تِسْعٌ وَتِسْعُونَ نَعْجَةً وَلِىَ نَعْجَةٌ وَٰحِدَةٌ فَقَالَ أَكْفِلْنِيهَا وَعَزَّنِى فِى ٱلْخِطَابِ

٢٤ قَالَ لَقَدْ ظَلَمَكَ بِسُؤَالِ نَعْجَتِكَ إِلَىٰ نِعَاجِهِ ۖ وَإِنَّ كَثِيرًا مِّنَ ٱلْخُلَطَاءِ لَيَبْغِى بَعْضُهُمْ عَلَىٰ بَعْضٍ إِلَّا ٱلَّذِينَ ءَامَنُوا۟ وَعَمِلُوا۟ ٱلصَّٰلِحَٰتِ

وَقَلِيلٌ مَّا هُمْ ۗ وَظَنَّ دَاوُۥدُ أَنَّمَا فَتَنَّٰهُ فَٱسْتَغْفَرَ رَبَّهُ وَخَرَّ رَاكِعًا وَأَنَابَ ۩

٢٥ فَغَفَرْنَا لَهُ ذَٰلِكَ ۖ وَإِنَّ لَهُ عِندَنَا لَزُلْفَىٰ وَحُسْنَ مَـَٔابٍ

٢٦ يَٰدَاوُۥدُ إِنَّا جَعَلْنَٰكَ خَلِيفَةً فِى ٱلْأَرْضِ فَٱحْكُم بَيْنَ ٱلنَّاسِ بِٱلْحَقِّ وَلَا تَتَّبِعِ ٱلْهَوَىٰ فَيُضِلَّكَ عَن سَبِيلِ ٱللَّهِ ۚ إِنَّ ٱلَّذِينَ يَضِلُّونَ عَن سَبِيلِ ٱللَّهِ لَهُمْ عَذَابٌ شَدِيدٌ بِمَا نَسُوا۟ يَوْمَ ٱلْحِسَابِ

٢٧ وَمَا خَلَقْنَا ٱلسَّمَآءَ وَٱلْأَرْضَ وَمَا بَيْنَهُمَا بَٰطِلًا ۚ ذَٰلِكَ ظَنُّ ٱلَّذِينَ كَفَرُوا۟ ۚ فَوَيْلٌ لِّلَّذِينَ كَفَرُوا۟ مِنَ ٱلنَّارِ

٢٨ أَمْ نَجْعَلُ ٱلَّذِينَ ءَامَنُوا۟ وَعَمِلُوا۟ ٱلصَّٰلِحَٰتِ كَٱلْمُفْسِدِينَ فِى ٱلْأَرْضِ أَمْ نَجْعَلُ ٱلْمُتَّقِينَ كَٱلْفُجَّارِ

٢٩ كِتَٰبٌ أَنزَلْنَٰهُ إِلَيْكَ مُبَٰرَكٌ لِّيَدَّبَّرُوا۟ ءَايَٰتِهِ وَلِيَتَذَكَّرَ أُو۟لُوا۟ ٱلْأَلْبَٰبِ

٣٠ وَوَهَبْنَا لِدَاوُۥدَ سُلَيْمَٰنَ ۚ نِعْمَ ٱلْعَبْدُ ۖ إِنَّهُ أَوَّابٌ

٣١ إِذْ عُرِضَ عَلَيْهِ بِٱلْعَشِىِّ ٱلصَّٰفِنَٰتُ ٱلْجِيَادُ

٣٢ فَقَالَ إِنِّى أَحْبَبْتُ حُبَّ ٱلْخَيْرِ عَن ذِكْرِ رَبِّى حَتَّىٰ تَوَارَتْ بِٱلْحِجَابِ

٣٣ رُدُّوهَا عَلَىَّ ۖ فَطَفِقَ مَسْحًا بِٱلسُّوقِ وَٱلْأَعْنَاقِ

٣٤ وَلَقَدْ فَتَنَّا سُلَيْمَٰنَ وَأَلْقَيْنَا عَلَىٰ كُرْسِيِّهِ جَسَدًا ثُمَّ أَنَابَ

٣٥ قَالَ رَبِّ ٱغْفِرْ لِى وَهَبْ لِى مُلْكًا لَّا يَنۢبَغِى لِأَحَدٍ مِّنۢ بَعْدِى ۖ إِنَّكَ أَنتَ ٱلْوَهَّابُ

٣٦ فَسَخَّرْنَا لَهُ ٱلرِّيحَ تَجْرِى بِأَمْرِهِ رُخَآءً حَيْثُ أَصَابَ

٣٧ وَٱلشَّيَٰطِينَ كُلَّ بَنَّآءٍ وَغَوَّاصٍ

٣٨ وَءَاخَرِينَ مُقَرَّنِينَ فِى ٱلْأَصْفَادِ

٣٩ هَٰذَا عَطَاؤُنَا فَٱمْنُنْ أَوْ أَمْسِكْ بِغَيْرِ حِسَابٍ

٤٠ وَإِنَّ لَهُۥ عِندَنَا لَزُلْفَىٰ وَحُسْنَ مَـَٔابٍ

٤١ وَٱذْكُرْ عَبْدَنَآ أَيُّوبَ إِذْ نَادَىٰ رَبَّهُۥٓ أَنِّى مَسَّنِىَ ٱلشَّيْطَٰنُ بِنُصْبٍ وَعَذَابٍ

٤٢ ٱرْكُضْ بِرِجْلِكَ هَٰذَا مُغْتَسَلٌ بَارِدٌ وَشَرَابٌ

٤٣ وَوَهَبْنَا لَهُۥٓ أَهْلَهُۥ وَمِثْلَهُم مَّعَهُمْ رَحْمَةً مِّنَّا وَذِكْرَىٰ لِأُو۟لِى ٱلْأَلْبَٰبِ

٤٤ وَخُذْ بِيَدِكَ ضِغْثًا فَٱضْرِب بِّهِۦ وَلَا تَحْنَثْ إِنَّا وَجَدْنَٰهُ صَابِرًا نِّعْمَ ٱلْعَبْدُ إِنَّهُۥٓ أَوَّابٌ

٤٥ وَٱذْكُرْ عِبَٰدَنَآ إِبْرَٰهِيمَ وَإِسْحَٰقَ وَيَعْقُوبَ أُو۟لِى ٱلْأَيْدِى وَٱلْأَبْصَٰرِ

٤٦ إِنَّآ أَخْلَصْنَٰهُم بِخَالِصَةٍ ذِكْرَى ٱلدَّارِ

٤٧ وَإِنَّهُمْ عِندَنَا لَمِنَ ٱلْمُصْطَفَيْنَ ٱلْأَخْيَارِ

٤٨ وَٱذْكُرْ إِسْمَٰعِيلَ وَٱلْيَسَعَ وَذَا ٱلْكِفْلِ وَكُلٌّ مِّنَ ٱلْأَخْيَارِ

٤٩ هَٰذَا ذِكْرٌ وَإِنَّ لِلْمُتَّقِينَ لَحُسْنَ مَـَٔابٍ

٥٠ جَنَّٰتِ عَدْنٍ مُّفَتَّحَةً لَّهُمُ ٱلْأَبْوَٰبُ

٥١ مُتَّكِـِٔينَ فِيهَا يَدْعُونَ فِيهَا بِفَٰكِهَةٍ كَثِيرَةٍ وَشَرَابٍ

٥٢ وَعِندَهُمْ قَٰصِرَٰتُ ٱلطَّرْفِ أَتْرَابٌ

٥٣ هَٰذَا مَا تُوعَدُونَ لِيَوْمِ ٱلْحِسَابِ

٥٤ إِنَّ هَٰذَا لَرِزْقُنَا مَا لَهُۥ مِن نَّفَادٍ

٥٥ هَٰذَا وَإِنَّ لِلطَّٰغِينَ لَشَرَّ مَـَٔابٍ

٥٦ جَهَنَّمَ يَصْلَوْنَهَا فَبِئْسَ ٱلْمِهَادُ

٥٧ هَٰذَا فَلْيَذُوقُوهُ حَمِيمٌ وَغَسَّاقٌ

٥٨ وَءَاخَرُ مِن شَكْلِهِۦٓ أَزْوَٰجٌ

٥٩ هَٰذَا فَوْجٌ مُّقْتَحِمٌ مَّعَكُمْ لَا مَرْحَبًۢا بِهِمْ إِنَّهُمْ صَالُوا۟ ٱلنَّارِ

٦٠ قَالُوا۟ بَلْ أَنتُمْ لَا مَرْحَبًۢا بِكُمْ أَنتُمْ قَدَّمْتُمُوهُ لَنَا فَبِئْسَ ٱلْقَرَارُ

٦١ قَالُوا۟ رَبَّنَا مَن قَدَّمَ لَنَا هَٰذَا فَزِدْهُ عَذَابًا ضِعْفًا فِى ٱلنَّارِ

٦٢ وَقَالُوا۟ مَا لَنَا لَا نَرَىٰ رِجَالًا كُنَّا نَعُدُّهُم مِّنَ ٱلْأَشْرَارِ

٦٣ أَتَّخَذْنَٰهُمْ سِخْرِيًّا أَمْ زَاغَتْ عَنْهُمُ ٱلْأَبْصَٰرُ

٦٤ إِنَّ ذَٰلِكَ لَحَقٌّ تَخَاصُمُ أَهْلِ ٱلنَّارِ

٦٥ قُلْ إِنَّمَآ أَنَا۠ مُنذِرٌ وَمَا مِنْ إِلَٰهٍ إِلَّا ٱللَّهُ ٱلْوَٰحِدُ ٱلْقَهَّارُ

٦٦ رَبُّ ٱلسَّمَٰوَٰتِ وَٱلْأَرْضِ وَمَا بَيْنَهُمَا ٱلْعَزِيزُ ٱلْغَفَّٰرُ

٦٧ قُلْ هُوَ نَبَؤٌا۟ عَظِيمٌ

٦٨ أَنتُمْ عَنْهُ مُعْرِضُونَ

٦٩ مَا كَانَ لِىَ مِنْ عِلْمٍۭ بِٱلْمَلَإِ ٱلْأَعْلَىٰٓ إِذْ يَخْتَصِمُونَ

٧٠ إِن يُوحَىٰٓ إِلَىَّ إِلَّآ أَنَّمَآ أَنَا۠ نَذِيرٌ مُّبِينٌ

٧١ إِذْ قَالَ رَبُّكَ لِلْمَلَٰٓئِكَةِ إِنِّى خَٰلِقٌۢ بَشَرًا مِّن طِينٍ

٧٢ فَإِذَا سَوَّيْتُهُۥ وَنَفَخْتُ فِيهِ مِن رُّوحِى فَقَعُوا۟ لَهُۥ سَٰجِدِينَ

٧٣ فَسَجَدَ ٱلْمَلَٰٓئِكَةُ كُلُّهُمْ أَجْمَعُونَ

٧٤ إِلَّآ إِبْلِيسَ ٱسْتَكْبَرَ وَكَانَ مِنَ ٱلْكَٰفِرِينَ

٧٥ قَالَ يَٰٓإِبْلِيسُ مَا مَنَعَكَ أَن تَسْجُدَ لِمَا خَلَقْتُ بِيَدَىَّ أَسْتَكْبَرْتَ أَمْ كُنتَ مِنَ ٱلْعَالِينَ

٧٦ قَالَ أَنَا۠ خَيْرٌ مِّنْهُ خَلَقْتَنِى مِن نَّارٍ وَخَلَقْتَهُۥ مِن طِينٍ

٧٧ قَالَ فَٱخْرُجْ مِنْهَا فَإِنَّكَ رَجِيمٌ

٧٨ وَإِنَّ عَلَيْكَ لَعْنَتِىٓ إِلَىٰ يَوْمِ ٱلدِّينِ

٧٩ قَالَ رَبِّ فَأَنظِرْنِىٓ إِلَىٰ يَوْمِ يُبْعَثُونَ

٨٠ قَالَ فَإِنَّكَ مِنَ ٱلْمُنظَرِينَ

٨١ إِلَىٰ يَوْمِ ٱلْوَقْتِ ٱلْمَعْلُومِ

٨٢ قَالَ فَبِعِزَّتِكَ لَأُغْوِيَنَّهُمْ أَجْمَعِينَ

٨٣ إِلَّا عِبَادَكَ مِنْهُمُ ٱلْمُخْلَصِينَ

٨٤ قَالَ فَٱلْحَقُّ وَٱلْحَقَّ أَقُولُ

٨٥ لَأَمْلَأَنَّ جَهَنَّمَ مِنكَ وَمِمَّن تَبِعَكَ مِنْهُمْ أَجْمَعِينَ

٨٦ قُلْ مَآ أَسْـَٔلُكُمْ عَلَيْهِ مِنْ أَجْرٍ وَمَآ أَنَا۠ مِنَ ٱلْمُتَكَلِّفِينَ

٨٧ إِنْ هُوَ إِلَّا ذِكْرٌ لِّلْعَٰلَمِينَ

٨٨ وَلَتَعْلَمُنَّ نَبَأَهُۥ بَعْدَ حِينٍۭ

سورة الزمر

١ تَنزِيلُ ٱلْكِتَٰبِ مِنَ ٱللَّهِ ٱلْعَزِيزِ ٱلْحَكِيمِ

٢ إِنَّآ أَنزَلْنَآ إِلَيْكَ ٱلْكِتَٰبَ بِٱلْحَقِّ فَٱعْبُدِ ٱللَّهَ مُخْلِصًا لَّهُ ٱلدِّينَ

٣ أَلَا لِلَّهِ ٱلدِّينُ ٱلْخَالِصُ وَٱلَّذِينَ ٱتَّخَذُوا۟ مِن دُونِهِۦٓ أَوْلِيَآءَ مَا نَعْبُدُهُمْ إِلَّا لِيُقَرِّبُونَآ إِلَى ٱللَّهِ زُلْفَىٰٓ إِنَّ ٱللَّهَ يَحْكُمُ بَيْنَهُمْ فِى مَا هُمْ فِيهِ يَخْتَلِفُونَ إِنَّ ٱللَّهَ لَا يَهْدِى مَنْ هُوَ كَٰذِبٌ كَفَّارٌ

٤ لَّوْ أَرَادَ ٱللَّهُ أَن يَتَّخِذَ وَلَدًا لَّٱصْطَفَىٰ مِمَّا يَخْلُقُ مَا يَشَآءُ سُبْحَٰنَهُۥ هُوَ ٱللَّهُ ٱلْوَٰحِدُ ٱلْقَهَّارُ

٥ خَلَقَ ٱلسَّمَٰوَٰتِ وَٱلْأَرْضَ بِٱلْحَقِّ يُكَوِّرُ ٱلَّيْلَ عَلَى ٱلنَّهَارِ وَيُكَوِّرُ ٱلنَّهَارَ عَلَى ٱلَّيْلِ وَسَخَّرَ ٱلشَّمْسَ وَٱلْقَمَرَ كُلٌّ يَجْرِى لِأَجَلٍ مُّسَمًّى أَلَا هُوَ ٱلْعَزِيزُ ٱلْغَفَّٰرُ

٦ خَلَقَكُم مِّن نَّفْسٍ وَٰحِدَةٍ ثُمَّ جَعَلَ مِنْهَا زَوْجَهَا وَأَنزَلَ لَكُم مِّنَ ٱلْأَنْعَٰمِ ثَمَٰنِيَةَ أَزْوَٰجٍ يَخْلُقُكُمْ فِى بُطُونِ أُمَّهَٰتِكُمْ خَلْقًا مِّنۢ بَعْدِ خَلْقٍ فِى ظُلُمَٰتٍ ثَلَٰثٍ ذَٰلِكُمُ ٱللَّهُ رَبُّكُمْ لَهُ ٱلْمُلْكُ لَا إِلَٰهَ إِلَّا هُوَ فَأَنَّىٰ تُصْرَفُونَ

٧ إِن تَكْفُرُوا۟ فَإِنَّ ٱللَّهَ غَنِىٌّ عَنكُمْ وَلَا يَرْضَىٰ لِعِبَادِهِ ٱلْكُفْرَ وَإِن تَشْكُرُوا۟ يَرْضَهُ لَكُمْ وَلَا تَزِرُ وَازِرَةٌ وِزْرَ أُخْرَىٰ ثُمَّ إِلَىٰ رَبِّكُم مَّرْجِعُكُمْ فَيُنَبِّئُكُم بِمَا كُنتُمْ تَعْمَلُونَ إِنَّهُۥ عَلِيمٌ بِذَاتِ ٱلصُّدُورِ

٨ وَإِذَا مَسَّ ٱلْإِنسَٰنَ ضُرٌّ دَعَا رَبَّهُۥ مُنِيبًا إِلَيْهِ ثُمَّ إِذَا خَوَّلَهُۥ نِعْمَةً مِّنْهُ نَسِىَ مَا كَانَ يَدْعُوا۟ إِلَيْهِ مِن قَبْلُ وَجَعَلَ لِلَّهِ أَندَادًا لِّيُضِلَّ عَن سَبِيلِهِۦ قُلْ تَمَتَّعْ بِكُفْرِكَ قَلِيلًا إِنَّكَ مِنْ أَصْحَٰبِ ٱلنَّارِ

٩ أَمَّنْ هُوَ قَٰنِتٌ ءَانَآءَ ٱلَّيْلِ سَاجِدًا وَقَآئِمًا يَحْذَرُ ٱلْءَاخِرَةَ وَيَرْجُوا۟ رَحْمَةَ رَبِّهِۦ قُلْ هَلْ يَسْتَوِى ٱلَّذِينَ يَعْلَمُونَ وَٱلَّذِينَ لَا يَعْلَمُونَ إِنَّمَا يَتَذَكَّرُ أُو۟لُوا۟ ٱلْأَلْبَٰبِ

١٠ قُلْ يَٰعِبَادِ ٱلَّذِينَ ءَامَنُوا۟ ٱتَّقُوا۟ رَبَّكُمْ لِلَّذِينَ أَحْسَنُوا۟ فِى هَٰذِهِ ٱلدُّنْيَا حَسَنَةٌ وَأَرْضُ ٱللَّهِ وَٰسِعَةٌ إِنَّمَا يُوَفَّى ٱلصَّٰبِرُونَ أَجْرَهُم بِغَيْرِ حِسَابٍ

١١ قُلْ إِنِّىٓ أُمِرْتُ أَنْ أَعْبُدَ ٱللَّهَ مُخْلِصًا لَّهُ ٱلدِّينَ

١٢ وَأُمِرْتُ لِأَنْ أَكُونَ أَوَّلَ ٱلْمُسْلِمِينَ

١٣ قُلْ إِنِّىٓ أَخَافُ إِنْ عَصَيْتُ رَبِّى عَذَابَ يَوْمٍ عَظِيمٍ

١٤ قُلِ ٱللَّهَ أَعْبُدُ مُخْلِصًا لَّهُ دِينِى

١٥ فَٱعْبُدُوا۟ مَا شِئْتُم مِّن دُونِهِۦ قُلْ إِنَّ ٱلْخَٰسِرِينَ ٱلَّذِينَ خَسِرُوٓا۟ أَنفُسَهُمْ وَأَهْلِيهِمْ يَوْمَ ٱلْقِيَٰمَةِ أَلَا ذَٰلِكَ هُوَ ٱلْخُسْرَانُ ٱلْمُبِينُ

١٦ لَهُم مِّن فَوْقِهِمْ ظُلَلٌ مِّنَ ٱلنَّارِ وَمِن تَحْتِهِمْ ظُلَلٌ ۚ ذَٰلِكَ يُخَوِّفُ ٱللَّهُ بِهِۦ عِبَادَهُۥ ۚ يَٰعِبَادِ فَٱتَّقُونِ

١٧ وَٱلَّذِينَ ٱجْتَنَبُوا۟ ٱلطَّٰغُوتَ أَن يَعْبُدُوهَا وَأَنَابُوٓا۟ إِلَى ٱللَّهِ لَهُمُ ٱلْبُشْرَىٰ ۚ فَبَشِّرْ عِبَادِ

١٨ ٱلَّذِينَ يَسْتَمِعُونَ ٱلْقَوْلَ فَيَتَّبِعُونَ أَحْسَنَهُۥٓ ۚ أُو۟لَٰٓئِكَ ٱلَّذِينَ هَدَىٰهُمُ ٱللَّهُ ۖ وَأُو۟لَٰٓئِكَ هُمْ أُو۟لُوا۟ ٱلْأَلْبَٰبِ

١٩ أَفَمَنْ حَقَّ عَلَيْهِ كَلِمَةُ ٱلْعَذَابِ أَفَأَنتَ تُنقِذُ مَن فِى ٱلنَّارِ

٢٠ لَٰكِنِ ٱلَّذِينَ ٱتَّقَوْا۟ رَبَّهُمْ لَهُمْ غُرَفٌ مِّن فَوْقِهَا غُرَفٌ مَّبْنِيَّةٌ تَجْرِى مِن تَحْتِهَا ٱلْأَنْهَٰرُ ۖ وَعْدَ ٱللَّهِ ۖ لَا يُخْلِفُ ٱللَّهُ ٱلْمِيعَادَ

٢١ أَلَمْ تَرَ أَنَّ ٱللَّهَ أَنزَلَ مِنَ ٱلسَّمَآءِ مَآءً فَسَلَكَهُۥ يَنَٰبِيعَ فِى ٱلْأَرْضِ ثُمَّ يُخْرِجُ بِهِۦ زَرْعًا مُّخْتَلِفًا أَلْوَٰنُهُۥ ثُمَّ يَهِيجُ فَتَرَىٰهُ مُصْفَرًّا ثُمَّ يَجْعَلُهُۥ حُطَٰمًا ۚ إِنَّ فِى ذَٰلِكَ لَذِكْرَىٰ لِأُو۟لِى ٱلْأَلْبَٰبِ

٢٢ أَفَمَن شَرَحَ ٱللَّهُ صَدْرَهُۥ لِلْإِسْلَٰمِ فَهُوَ عَلَىٰ نُورٍ مِّن رَّبِّهِۦ ۚ فَوَيْلٌ لِّلْقَٰسِيَةِ قُلُوبُهُم مِّن ذِكْرِ ٱللَّهِ ۚ أُو۟لَٰٓئِكَ فِى ضَلَٰلٍ مُّبِينٍ

٢٣ ٱللَّهُ نَزَّلَ أَحْسَنَ ٱلْحَدِيثِ كِتَٰبًا مُّتَشَٰبِهًا مَّثَانِىَ تَقْشَعِرُّ مِنْهُ جُلُودُ ٱلَّذِينَ يَخْشَوْنَ رَبَّهُمْ ثُمَّ تَلِينُ جُلُودُهُمْ وَقُلُوبُهُمْ إِلَىٰ ذِكْرِ ٱللَّهِ ۚ ذَٰلِكَ هُدَى ٱللَّهِ يَهْدِى بِهِۦ مَن يَشَآءُ ۚ وَمَن يُضْلِلِ ٱللَّهُ فَمَا لَهُۥ مِنْ هَادٍ

٢٤ أَفَمَن يَتَّقِى بِوَجْهِهِۦ سُوٓءَ ٱلْعَذَابِ يَوْمَ ٱلْقِيَٰمَةِ ۚ وَقِيلَ لِلظَّٰلِمِينَ ذُوقُوا۟ مَا كُنتُمْ تَكْسِبُونَ

٢٥ كَذَّبَ ٱلَّذِينَ مِن قَبْلِهِمْ فَأَتَىٰهُمُ ٱلْعَذَابُ مِنْ حَيْثُ لَا يَشْعُرُونَ

٢٦ فَأَذَاقَهُمُ ٱللَّهُ ٱلْخِزْىَ فِى ٱلْحَيَوٰةِ ٱلدُّنْيَا ۖ وَلَعَذَابُ ٱلْءَاخِرَةِ أَكْبَرُ ۚ لَوْ كَانُوا۟ يَعْلَمُونَ

٢٧ وَلَقَدْ ضَرَبْنَا لِلنَّاسِ فِى هَٰذَا ٱلْقُرْءَانِ مِن كُلِّ مَثَلٍ لَّعَلَّهُمْ يَتَذَكَّرُونَ

٢٨ قُرْءَانًا عَرَبِيًّا غَيْرَ ذِى عِوَجٍ لَّعَلَّهُمْ يَتَّقُونَ

٢٩ ضَرَبَ ٱللَّهُ مَثَلًا رَّجُلًا فِيهِ شُرَكَآءُ مُتَشَٰكِسُونَ وَرَجُلًا سَلَمًا لِّرَجُلٍ هَلْ يَسْتَوِيَانِ مَثَلًا ۚ ٱلْحَمْدُ لِلَّهِ ۚ بَلْ أَكْثَرُهُمْ لَا يَعْلَمُونَ

٣٠ إِنَّكَ مَيِّتٌ وَإِنَّهُم مَّيِّتُونَ

٣١ ثُمَّ إِنَّكُمْ يَوْمَ ٱلْقِيَٰمَةِ عِندَ رَبِّكُمْ تَخْتَصِمُونَ

٣٢ فَمَنْ أَظْلَمُ مِمَّن كَذَبَ عَلَى ٱللَّهِ وَكَذَّبَ بِٱلصِّدْقِ إِذْ جَآءَهُۥٓ ۚ أَلَيْسَ فِى جَهَنَّمَ مَثْوًى لِّلْكَٰفِرِينَ

٣٣ وَٱلَّذِى جَآءَ بِٱلصِّدْقِ وَصَدَّقَ بِهِۦٓ ۙ أُو۟لَٰٓئِكَ هُمُ ٱلْمُتَّقُونَ

٣٤ لَهُم مَّا يَشَآءُونَ عِندَ رَبِّهِمْ ۚ ذَٰلِكَ جَزَآءُ ٱلْمُحْسِنِينَ

٣٥ لِيُكَفِّرَ ٱللَّهُ عَنْهُمْ أَسْوَأَ ٱلَّذِى عَمِلُوا۟ وَيَجْزِيَهُمْ أَجْرَهُم بِأَحْسَنِ ٱلَّذِى كَانُوا۟ يَعْمَلُونَ

٣٦ أَلَيْسَ ٱللَّهُ بِكَافٍ عَبْدَهُۥ ۖ وَيُخَوِّفُونَكَ بِٱلَّذِينَ مِن دُونِهِۦ ۚ وَمَن يُضْلِلِ ٱللَّهُ فَمَا لَهُۥ مِنْ هَادٍ

٣٧ وَمَن يَهْدِ ٱللَّهُ فَمَا لَهُۥ مِن مُّضِلٍّ ۗ أَلَيْسَ ٱللَّهُ بِعَزِيزٍ ذِى ٱنتِقَامٍ

٣٨ وَلَئِن سَأَلْتَهُم مَّنْ خَلَقَ ٱلسَّمَٰوَٰتِ وَٱلْأَرْضَ لَيَقُولُنَّ ٱللَّهُ ۚ قُلْ أَفَرَءَيْتُم مَّا تَدْعُونَ مِن دُونِ ٱللَّهِ إِنْ أَرَادَنِىَ ٱللَّهُ بِضُرٍّ هَلْ هُنَّ كَٰشِفَٰتُ ضُرِّهِۦٓ أَوْ أَرَادَنِى بِرَحْمَةٍ هَلْ هُنَّ مُمْسِكَٰتُ رَحْمَتِهِۦ ۚ قُلْ حَسْبِىَ ٱللَّهُ ۖ عَلَيْهِ يَتَوَكَّلُ ٱلْمُتَوَكِّلُونَ

٣٩ قُلْ يَٰقَوْمِ ٱعْمَلُوا۟ عَلَىٰ مَكَانَتِكُمْ إِنِّى عَٰمِلٌ ۖ فَسَوْفَ تَعْلَمُونَ

٤٠ مَن يَأْتِيهِ عَذَابٌ يُخْزِيهِ وَيَحِلُّ عَلَيْهِ عَذَابٌ مُّقِيمٌ

٤١ إِنَّا أَنزَلْنَا عَلَيْكَ ٱلْكِتَٰبَ لِلنَّاسِ بِٱلْحَقِّ ۖ فَمَنِ ٱهْتَدَىٰ فَلِنَفْسِهِ ۖ وَمَن ضَلَّ فَإِنَّمَا يَضِلُّ عَلَيْهَا ۖ وَمَآ أَنتَ عَلَيْهِم بِوَكِيلٍ

٤٢ ٱللَّهُ يَتَوَفَّى ٱلْأَنفُسَ حِينَ مَوْتِهَا وَٱلَّتِى لَمْ تَمُتْ فِى مَنَامِهَا ۖ فَيُمْسِكُ ٱلَّتِى قَضَىٰ عَلَيْهَا ٱلْمَوْتَ وَيُرْسِلُ ٱلْأُخْرَىٰ إِلَىٰ أَجَلٍ مُّسَمًّى ۚ إِنَّ فِى ذَٰلِكَ لَءَايَٰتٍ لِّقَوْمٍ يَتَفَكَّرُونَ

٤٣ أَمِ ٱتَّخَذُوا۟ مِن دُونِ ٱللَّهِ شُفَعَآءَ ۚ قُلْ أَوَلَوْ كَانُوا۟ لَا يَمْلِكُونَ شَيْـًٔا وَلَا يَعْقِلُونَ

٤٤ قُل لِّلَّهِ ٱلشَّفَٰعَةُ جَمِيعًا ۖ لَّهُۥ مُلْكُ ٱلسَّمَٰوَٰتِ وَٱلْأَرْضِ ۖ ثُمَّ إِلَيْهِ تُرْجَعُونَ

٤٥ وَإِذَا ذُكِرَ ٱللَّهُ وَحْدَهُ ٱشْمَأَزَّتْ قُلُوبُ ٱلَّذِينَ لَا يُؤْمِنُونَ بِٱلْءَاخِرَةِ ۖ وَإِذَا ذُكِرَ ٱلَّذِينَ مِن دُونِهِۦٓ إِذَا هُمْ يَسْتَبْشِرُونَ

٤٦ قُلِ ٱللَّهُمَّ فَاطِرَ ٱلسَّمَٰوَٰتِ وَٱلْأَرْضِ عَٰلِمَ ٱلْغَيْبِ وَٱلشَّهَٰدَةِ أَنتَ تَحْكُمُ بَيْنَ عِبَادِكَ فِى مَا كَانُوا۟ فِيهِ يَخْتَلِفُونَ

٤٧ وَلَوْ أَنَّ لِلَّذِينَ ظَلَمُوا۟ مَا فِى ٱلْأَرْضِ جَمِيعًا وَمِثْلَهُۥ مَعَهُۥ لَٱفْتَدَوْا۟ بِهِۦ مِن سُوٓءِ ٱلْعَذَابِ يَوْمَ ٱلْقِيَٰمَةِ ۚ وَبَدَا لَهُم مِّنَ ٱللَّهِ مَا لَمْ يَكُونُوا۟ يَحْتَسِبُونَ

٤٨ وَبَدَا لَهُمْ سَيِّـَٔاتُ مَا كَسَبُوا۟ وَحَاقَ بِهِم مَّا كَانُوا۟ بِهِۦ يَسْتَهْزِءُونَ

٤٩ فَإِذَا مَسَّ ٱلْإِنسَٰنَ ضُرٌّ دَعَانَا ثُمَّ إِذَا خَوَّلْنَٰهُ نِعْمَةً مِّنَّا قَالَ إِنَّمَآ أُوتِيتُهُۥ عَلَىٰ عِلْمٍ ۚ بَلْ هِىَ فِتْنَةٌ وَلَٰكِنَّ أَكْثَرَهُمْ لَا يَعْلَمُونَ

٥٠ قَدْ قَالَهَا ٱلَّذِينَ مِن قَبْلِهِمْ فَمَآ أَغْنَىٰ عَنْهُم مَّا كَانُوا۟ يَكْسِبُونَ

٥١ فَأَصَابَهُمْ سَيِّـَٔاتُ مَا كَسَبُوا۟ ۚ وَٱلَّذِينَ ظَلَمُوا۟ مِنْ هَٰٓؤُلَآءِ سَيُصِيبُهُمْ سَيِّـَٔاتُ مَا كَسَبُوا۟ وَمَا هُم بِمُعْجِزِينَ

٥٢ أَوَلَمْ يَعْلَمُوٓا۟ أَنَّ ٱللَّهَ يَبْسُطُ ٱلرِّزْقَ لِمَن يَشَآءُ وَيَقْدِرُ ۚ إِنَّ فِى ذَٰلِكَ لَءَايَٰتٍ لِّقَوْمٍ يُؤْمِنُونَ

٥٣ ۞ قُلْ يَٰعِبَادِىَ ٱلَّذِينَ أَسْرَفُوا۟ عَلَىٰٓ أَنفُسِهِمْ لَا تَقْنَطُوا۟ مِن رَّحْمَةِ ٱللَّهِ ۚ إِنَّ ٱللَّهَ يَغْفِرُ ٱلذُّنُوبَ جَمِيعًا ۚ إِنَّهُۥ هُوَ ٱلْغَفُورُ ٱلرَّحِيمُ

٥٤ وَأَنِيبُوٓا۟ إِلَىٰ رَبِّكُمْ وَأَسْلِمُوا۟ لَهُۥ مِن قَبْلِ أَن يَأْتِيَكُمُ ٱلْعَذَابُ ثُمَّ لَا تُنصَرُونَ

٥٥ وَٱتَّبِعُوٓا۟ أَحْسَنَ مَآ أُنزِلَ إِلَيْكُم مِّن رَّبِّكُم مِّن قَبْلِ أَن يَأْتِيَكُمُ ٱلْعَذَابُ بَغْتَةً وَأَنتُمْ لَا تَشْعُرُونَ

٥٦ أَن تَقُولَ نَفْسٌ يَٰحَسْرَتَىٰ عَلَىٰ مَا فَرَّطتُ فِى جَنۢبِ ٱللَّهِ وَإِن كُنتُ لَمِنَ ٱلسَّٰخِرِينَ

٥٧ أَوْ تَقُولَ لَوْ أَنَّ ٱللَّهَ هَدَىٰنِى لَكُنتُ مِنَ ٱلْمُتَّقِينَ

٥٨ أَوْ تَقُولَ حِينَ تَرَى ٱلْعَذَابَ لَوْ أَنَّ لِى كَرَّةً فَأَكُونَ مِنَ ٱلْمُحْسِنِينَ

٥٩ بَلَىٰ قَدْ جَآءَتْكَ ءَايَٰتِى فَكَذَّبْتَ بِهَا وَٱسْتَكْبَرْتَ وَكُنتَ مِنَ ٱلْكَٰفِرِينَ

٦٠ وَيَوْمَ ٱلْقِيَٰمَةِ تَرَى ٱلَّذِينَ كَذَبُوا۟ عَلَى ٱللَّهِ وُجُوهُهُم مُّسْوَدَّةٌ ۚ أَلَيْسَ فِى جَهَنَّمَ مَثْوًى لِّلْمُتَكَبِّرِينَ

٦١ وَيُنَجِّى ٱللَّهُ ٱلَّذِينَ ٱتَّقَوْا۟ بِمَفَازَتِهِمْ لَا يَمَسُّهُمُ ٱلسُّوٓءُ وَلَا هُمْ يَحْزَنُونَ

٦٢ ٱللَّهُ خَٰلِقُ كُلِّ شَىْءٍ ۖ وَهُوَ عَلَىٰ كُلِّ شَىْءٍ وَكِيلٌ

٦٣ لَّهُۥ مَقَالِيدُ ٱلسَّمَٰوَٰتِ وَٱلْأَرْضِ ۗ وَٱلَّذِينَ كَفَرُوا۟ بِـَٔايَٰتِ ٱللَّهِ أُو۟لَٰٓئِكَ هُمُ ٱلْخَٰسِرُونَ

٦٤ قُلْ أَفَغَيْرَ ٱللَّهِ تَأْمُرُوٓنِّىٓ أَعْبُدُ أَيُّهَا ٱلْجَٰهِلُونَ

 وَلَقَدْ أُوحِىَ إِلَيْكَ وَإِلَى ٱلَّذِينَ مِن قَبْلِكَ لَئِنْ أَشْرَكْتَ لَيَحْبَطَنَّ عَمَلُكَ وَلَتَكُونَنَّ مِنَ ٱلْخَٰسِرِينَ

٦٦ بَلِ ٱللَّهَ فَٱعْبُدْ وَكُن مِّنَ ٱلشَّٰكِرِينَ

٦٧ وَمَا قَدَرُوا۟ ٱللَّهَ حَقَّ قَدْرِهِۦ وَٱلْأَرْضُ جَمِيعًا قَبْضَتُهُۥ يَوْمَ ٱلْقِيَٰمَةِ وَٱلسَّمَٰوَٰتُ مَطْوِيَّٰتُۢ بِيَمِينِهِۦ سُبْحَٰنَهُۥ وَتَعَٰلَىٰ عَمَّا يُشْرِكُونَ

٦٨ وَنُفِخَ فِى ٱلصُّورِ فَصَعِقَ مَن فِى ٱلسَّمَٰوَٰتِ وَمَن فِى ٱلْأَرْضِ إِلَّا مَن شَآءَ ٱللَّهُ ثُمَّ نُفِخَ فِيهِ أُخْرَىٰ فَإِذَا هُمْ قِيَامٌ يَنظُرُونَ

٦٩ وَأَشْرَقَتِ ٱلْأَرْضُ بِنُورِ رَبِّهَا وَوُضِعَ ٱلْكِتَٰبُ وَجِا۟ىٓءَ بِٱلنَّبِيِّۦنَ وَٱلشُّهَدَآءِ وَقُضِىَ بَيْنَهُم بِٱلْحَقِّ وَهُمْ لَا يُظْلَمُونَ

٧٠ وَوُفِّيَتْ كُلُّ نَفْسٍ مَّا عَمِلَتْ وَهُوَ أَعْلَمُ بِمَا يَفْعَلُونَ

٧١ وَسِيقَ ٱلَّذِينَ كَفَرُوٓا۟ إِلَىٰ جَهَنَّمَ زُمَرًا حَتَّىٰ إِذَا جَآءُوهَا فُتِحَتْ أَبْوَٰبُهَا وَقَالَ لَهُمْ خَزَنَتُهَآ أَلَمْ يَأْتِكُمْ رُسُلٌ مِّنكُمْ يَتْلُونَ عَلَيْكُمْ ءَايَٰتِ رَبِّكُمْ وَيُنذِرُونَكُمْ لِقَآءَ يَوْمِكُمْ هَٰذَا قَالُوا۟ بَلَىٰ وَلَٰكِنْ حَقَّتْ كَلِمَةُ ٱلْعَذَابِ عَلَى ٱلْكَٰفِرِينَ

٧٢ قِيلَ ٱدْخُلُوٓا۟ أَبْوَٰبَ جَهَنَّمَ خَٰلِدِينَ فِيهَا فَبِئْسَ مَثْوَى ٱلْمُتَكَبِّرِينَ

٧٣ وَسِيقَ ٱلَّذِينَ ٱتَّقَوْا۟ رَبَّهُمْ إِلَى ٱلْجَنَّةِ زُمَرًا حَتَّىٰ إِذَا جَآءُوهَا وَفُتِحَتْ أَبْوَٰبُهَا وَقَالَ لَهُمْ خَزَنَتُهَا سَلَٰمٌ عَلَيْكُمْ طِبْتُمْ فَٱدْخُلُوهَا خَٰلِدِينَ

٧٤ وَقَالُوا۟ ٱلْحَمْدُ لِلَّهِ ٱلَّذِى صَدَقَنَا وَعْدَهُۥ وَأَوْرَثَنَا ٱلْأَرْضَ نَتَبَوَّأُ مِنَ ٱلْجَنَّةِ حَيْثُ نَشَآءُ فَنِعْمَ أَجْرُ ٱلْعَٰمِلِينَ

٧٥ وَتَرَى ٱلْمَلَٰٓئِكَةَ حَآفِّينَ مِنْ حَوْلِ ٱلْعَرْشِ يُسَبِّحُونَ بِحَمْدِ رَبِّهِمْ وَقُضِىَ بَيْنَهُم بِٱلْحَقِّ وَقِيلَ ٱلْحَمْدُ لِلَّهِ رَبِّ ٱلْعَٰلَمِينَ

سورة غافر

١ حمٓ

٢ تَنزِيلُ ٱلْكِتَٰبِ مِنَ ٱللَّهِ ٱلْعَزِيزِ ٱلْعَلِيمِ

٣ غَافِرِ ٱلذَّنۢبِ وَقَابِلِ ٱلتَّوْبِ شَدِيدِ ٱلْعِقَابِ ذِى ٱلطَّوْلِ لَا إِلَٰهَ إِلَّا هُوَ إِلَيْهِ ٱلْمَصِيرُ

٤ مَا يُجَٰدِلُ فِىٓ ءَايَٰتِ ٱللَّهِ إِلَّا ٱلَّذِينَ كَفَرُوا۟ فَلَا يَغْرُرْكَ تَقَلُّبُهُمْ فِى ٱلْبِلَٰدِ

٥ كَذَّبَتْ قَبْلَهُمْ قَوْمُ نُوحٍ وَٱلْأَحْزَابُ مِنۢ بَعْدِهِمْ وَهَمَّتْ كُلُّ أُمَّةٍ بِرَسُولِهِمْ لِيَأْخُذُوهُ وَجَٰدَلُوا۟ بِٱلْبَٰطِلِ لِيُدْحِضُوا۟ بِهِ ٱلْحَقَّ فَأَخَذْتُهُمْ فَكَيْفَ كَانَ عِقَابِ

٦ وَكَذَٰلِكَ حَقَّتْ كَلِمَتُ رَبِّكَ عَلَى ٱلَّذِينَ كَفَرُوٓا۟ أَنَّهُمْ أَصْحَٰبُ ٱلنَّارِ

٧ ٱلَّذِينَ يَحْمِلُونَ ٱلْعَرْشَ وَمَنْ حَوْلَهُۥ يُسَبِّحُونَ بِحَمْدِ رَبِّهِمْ وَيُؤْمِنُونَ بِهِۦ وَيَسْتَغْفِرُونَ لِلَّذِينَ ءَامَنُوا۟ رَبَّنَا وَسِعْتَ كُلَّ شَىْءٍ رَّحْمَةً وَعِلْمًا فَٱغْفِرْ لِلَّذِينَ تَابُوا۟ وَٱتَّبَعُوا۟ سَبِيلَكَ وَقِهِمْ عَذَابَ ٱلْجَحِيمِ

٨ رَبَّنَا وَأَدْخِلْهُمْ جَنَّٰتِ عَدْنٍ ٱلَّتِى وَعَدتَّهُمْ وَمَن صَلَحَ مِنْ ءَابَآئِهِمْ وَأَزْوَٰجِهِمْ وَذُرِّيَّٰتِهِمْ إِنَّكَ أَنتَ ٱلْعَزِيزُ ٱلْحَكِيمُ

٩ وَقِهِمُ ٱلسَّيِّـَٔاتِ وَمَن تَقِ ٱلسَّيِّـَٔاتِ يَوْمَئِذٍ فَقَدْ رَحِمْتَهُۥ وَذَٰلِكَ هُوَ ٱلْفَوْزُ ٱلْعَظِيمُ

١٠ إِنَّ ٱلَّذِينَ كَفَرُوا۟ يُنَادَوْنَ لَمَقْتُ ٱللَّهِ أَكْبَرُ مِن مَّقْتِكُمْ أَنفُسَكُمْ إِذْ تُدْعَوْنَ إِلَى ٱلْإِيمَٰنِ فَتَكْفُرُونَ

١١ قَالُوا۟ رَبَّنَآ أَمَتَّنَا ٱثْنَتَيْنِ وَأَحْيَيْتَنَا ٱثْنَتَيْنِ فَٱعْتَرَفْنَا بِذُنُوبِنَا فَهَلْ إِلَىٰ خُرُوجٍ مِّن سَبِيلٍ

١٢ ذَٰلِكُم بِأَنَّهُۥٓ إِذَا دُعِىَ ٱللَّهُ وَحْدَهُۥ كَفَرْتُمْ وَإِن يُشْرَكْ بِهِۦ تُؤْمِنُوا۟ فَٱلْحُكْمُ لِلَّهِ ٱلْعَلِىِّ ٱلْكَبِيرِ

١٣ هُوَ ٱلَّذِى يُرِيكُمْ ءَايَٰتِهِۦ وَيُنَزِّلُ لَكُم مِّنَ ٱلسَّمَآءِ رِزْقًا ۚ وَمَا يَتَذَكَّرُ إِلَّا مَن يُنِيبُ

١٤ فَٱدْعُوا۟ ٱللَّهَ مُخْلِصِينَ لَهُ ٱلدِّينَ وَلَوْ كَرِهَ ٱلْكَٰفِرُونَ

١٥ رَفِيعُ ٱلدَّرَجَٰتِ ذُو ٱلْعَرْشِ يُلْقِى ٱلرُّوحَ مِنْ أَمْرِهِۦ عَلَىٰ مَن يَشَآءُ مِنْ عِبَادِهِۦ لِيُنذِرَ يَوْمَ ٱلتَّلَاقِ

١٦ يَوْمَ هُم بَٰرِزُونَ ۖ لَا يَخْفَىٰ عَلَى ٱللَّهِ مِنْهُمْ شَىْءٌ ۚ لِّمَنِ ٱلْمُلْكُ ٱلْيَوْمَ ۖ لِلَّهِ ٱلْوَٰحِدِ ٱلْقَهَّارِ

١٧ ٱلْيَوْمَ تُجْزَىٰ كُلُّ نَفْسٍ بِمَا كَسَبَتْ ۚ لَا ظُلْمَ ٱلْيَوْمَ ۚ إِنَّ ٱللَّهَ سَرِيعُ ٱلْحِسَابِ

١٨ وَأَنذِرْهُمْ يَوْمَ ٱلْءَازِفَةِ إِذِ ٱلْقُلُوبُ لَدَى ٱلْحَنَاجِرِ كَٰظِمِينَ ۚ مَا لِلظَّٰلِمِينَ مِنْ حَمِيمٍ وَلَا شَفِيعٍ يُطَاعُ

١٩ يَعْلَمُ خَآئِنَةَ ٱلْأَعْيُنِ وَمَا تُخْفِى ٱلصُّدُورُ

٢٠ وَٱللَّهُ يَقْضِى بِٱلْحَقِّ ۖ وَٱلَّذِينَ يَدْعُونَ مِن دُونِهِۦ لَا يَقْضُونَ بِشَىْءٍ ۗ إِنَّ ٱللَّهَ هُوَ ٱلسَّمِيعُ ٱلْبَصِيرُ

٢١ أَوَلَمْ يَسِيرُوا۟ فِى ٱلْأَرْضِ فَيَنظُرُوا۟ كَيْفَ كَانَ عَٰقِبَةُ ٱلَّذِينَ كَانُوا۟ مِن قَبْلِهِمْ ۚ كَانُوا۟ هُمْ أَشَدَّ مِنْهُمْ قُوَّةً وَءَاثَارًا فِى ٱلْأَرْضِ فَأَخَذَهُمُ ٱللَّهُ بِذُنُوبِهِمْ وَمَا كَانَ لَهُم مِّنَ ٱللَّهِ مِن وَاقٍ

٢٢ ذَٰلِكَ بِأَنَّهُمْ كَانَت تَّأْتِيهِمْ رُسُلُهُم بِٱلْبَيِّنَٰتِ فَكَفَرُوا۟ فَأَخَذَهُمُ ٱللَّهُ ۚ إِنَّهُۥ قَوِىٌّ شَدِيدُ ٱلْعِقَابِ

٢٣ وَلَقَدْ أَرْسَلْنَا مُوسَىٰ بِـَٔايَٰتِنَا وَسُلْطَٰنٍ مُّبِينٍ

٢٤ إِلَىٰ فِرْعَوْنَ وَهَٰمَٰنَ وَقَٰرُونَ فَقَالُوا۟ سَٰحِرٌ كَذَّابٌ

٢٥ فَلَمَّا جَآءَهُم بِٱلْحَقِّ مِنْ عِندِنَا قَالُوا۟ ٱقْتُلُوٓا۟ أَبْنَآءَ ٱلَّذِينَ ءَامَنُوا۟ مَعَهُۥ وَٱسْتَحْيُوا۟ نِسَآءَهُمْ ۚ وَمَا كَيْدُ ٱلْكَٰفِرِينَ إِلَّا فِى ضَلَٰلٍ

٢٦ وَقَالَ فِرْعَوْنُ ذَرُونِىٓ أَقْتُلْ مُوسَىٰ وَلْيَدْعُ رَبَّهُۥٓ ۖ إِنِّىٓ أَخَافُ أَن يُبَدِّلَ دِينَكُمْ أَوْ أَن يُظْهِرَ فِى ٱلْأَرْضِ ٱلْفَسَادَ

٢٧ وَقَالَ مُوسَىٰٓ إِنِّى عُذْتُ بِرَبِّى وَرَبِّكُم مِّن كُلِّ مُتَكَبِّرٍ لَّا يُؤْمِنُ بِيَوْمِ ٱلْحِسَابِ

٢٨ وَقَالَ رَجُلٌ مُّؤْمِنٌ مِّنْ ءَالِ فِرْعَوْنَ يَكْتُمُ إِيمَٰنَهُۥٓ أَتَقْتُلُونَ رَجُلًا أَن يَقُولَ رَبِّىَ ٱللَّهُ وَقَدْ جَآءَكُم بِٱلْبَيِّنَٰتِ مِن رَّبِّكُمْ ۖ وَإِن يَكُ كَٰذِبًا فَعَلَيْهِ كَذِبُهُۥ ۖ وَإِن يَكُ صَادِقًا يُصِبْكُم بَعْضُ ٱلَّذِى يَعِدُكُمْ ۖ إِنَّ ٱللَّهَ لَا يَهْدِى مَنْ هُوَ مُسْرِفٌ كَذَّابٌ

٢٩ يَٰقَوْمِ لَكُمُ ٱلْمُلْكُ ٱلْيَوْمَ ظَٰهِرِينَ فِى ٱلْأَرْضِ فَمَن يَنصُرُنَا مِنۢ بَأْسِ ٱللَّهِ إِن جَآءَنَا ۚ قَالَ فِرْعَوْنُ مَآ أُرِيكُمْ إِلَّا مَآ أَرَىٰ وَمَآ أَهْدِيكُمْ إِلَّا سَبِيلَ ٱلرَّشَادِ

٣٠ وَقَالَ ٱلَّذِىٓ ءَامَنَ يَٰقَوْمِ إِنِّىٓ أَخَافُ عَلَيْكُم مِّثْلَ يَوْمِ ٱلْأَحْزَابِ

٣١ مِثْلَ دَأْبِ قَوْمِ نُوحٍ وَعَادٍ وَثَمُودَ وَٱلَّذِينَ مِنۢ بَعْدِهِمْ ۚ وَمَا ٱللَّهُ يُرِيدُ ظُلْمًا لِّلْعِبَادِ

٣٢ وَيَٰقَوْمِ إِنِّىٓ أَخَافُ عَلَيْكُمْ يَوْمَ ٱلتَّنَادِ

٣٣ يَوْمَ تُوَلُّونَ مُدْبِرِينَ مَا لَكُم مِّنَ ٱللَّهِ مِنْ عَاصِمٍ ۗ وَمَن يُضْلِلِ ٱللَّهُ فَمَا لَهُۥ مِنْ هَادٍ

٣٤ وَلَقَدْ جَآءَكُمْ يُوسُفُ مِن قَبْلُ بِٱلْبَيِّنَٰتِ فَمَا زِلْتُمْ فِى شَكٍّ مِّمَّا جَآءَكُم بِهِۦ ۖ حَتَّىٰٓ إِذَا هَلَكَ قُلْتُمْ لَن يَبْعَثَ ٱللَّهُ مِنۢ بَعْدِهِۦ رَسُولًا ۚ كَذَٰلِكَ يُضِلُّ ٱللَّهُ مَنْ هُوَ مُسْرِفٌ مُّرْتَابٌ

٣٥ ٱلَّذِينَ يُجَٰدِلُونَ فِىٓ ءَايَٰتِ ٱللَّهِ بِغَيْرِ سُلْطَٰنٍ أَتَىٰهُمْ ۖ كَبُرَ مَقْتًا عِندَ ٱللَّهِ وَعِندَ ٱلَّذِينَ ءَامَنُوا۟ ۚ كَذَٰلِكَ يَطْبَعُ ٱللَّهُ عَلَىٰ كُلِّ قَلْبِ مُتَكَبِّرٍ جَبَّارٍ

٣٦ وَقَالَ فِرْعَوْنُ يَٰهَٰمَٰنُ ٱبْنِ لِى صَرْحًا لَّعَلِّىٓ أَبْلُغُ ٱلْأَسْبَٰبَ

٣٧ أَسْبَٰبَ ٱلسَّمَٰوَٰتِ فَأَطَّلِعَ إِلَىٰ إِلَٰهِ مُوسَىٰ وَإِنِّى لَأَظُنُّهُۥ كَٰذِبًا ۚ وَكَذَٰلِكَ زُيِّنَ لِفِرْعَوْنَ سُوٓءُ عَمَلِهِۦ وَصُدَّ عَنِ ٱلسَّبِيلِ ۚ وَمَا كَيْدُ فِرْعَوْنَ إِلَّا فِى تَبَابٍ

٣٨ وَقَالَ ٱلَّذِىٓ ءَامَنَ يَٰقَوْمِ ٱتَّبِعُونِ أَهْدِكُمْ سَبِيلَ ٱلرَّشَادِ

٣٩ يَٰقَوْمِ إِنَّمَا هَٰذِهِ ٱلْحَيَوٰةُ ٱلدُّنْيَا مَتَٰعٌ وَإِنَّ ٱلْءَاخِرَةَ هِىَ دَارُ ٱلْقَرَارِ

٤٠ مَنْ عَمِلَ سَيِّئَةً فَلَا يُجْزَىٰٓ إِلَّا مِثْلَهَا ۖ وَمَنْ عَمِلَ صَٰلِحًا مِّن ذَكَرٍ أَوْ أُنثَىٰ وَهُوَ مُؤْمِنٌ فَأُو۟لَٰٓئِكَ يَدْخُلُونَ ٱلْجَنَّةَ يُرْزَقُونَ فِيهَا بِغَيْرِ حِسَابٍ

٤١ وَيَٰقَوْمِ مَا لِىٓ أَدْعُوكُمْ إِلَى ٱلنَّجَوٰةِ ۞ وَتَدْعُونَنِىٓ إِلَى ٱلنَّارِ

٤٢ تَدْعُونَنِى لِأَكْفُرَ بِٱللَّهِ وَأُشْرِكَ بِهِۦ مَا لَيْسَ لِى بِهِۦ عِلْمٌ وَأَنَا۠ أَدْعُوكُمْ إِلَى ٱلْعَزِيزِ ٱلْغَفَّٰرِ

٤٣ لَا جَرَمَ أَنَّمَا تَدْعُونَنِىٓ إِلَيْهِ لَيْسَ لَهُۥ دَعْوَةٌ فِى ٱلدُّنْيَا وَلَا فِى ٱلْءَاخِرَةِ وَأَنَّ مَرَدَّنَآ إِلَى ٱللَّهِ وَأَنَّ ٱلْمُسْرِفِينَ هُمْ أَصْحَٰبُ ٱلنَّارِ

٤٤ فَسَتَذْكُرُونَ مَآ أَقُولُ لَكُمْ ۚ وَأُفَوِّضُ أَمْرِىٓ إِلَى ٱللَّهِ ۚ إِنَّ ٱللَّهَ بَصِيرٌۢ بِٱلْعِبَادِ

٤٥ فَوَقَىٰهُ ٱللَّهُ سَيِّئَاتِ مَا مَكَرُوا۟ ۖ وَحَاقَ بِـَٔالِ فِرْعَوْنَ سُوٓءُ ٱلْعَذَابِ

٤٦ ٱلنَّارُ يُعْرَضُونَ عَلَيْهَا غُدُوًّا وَعَشِيًّا ۖ وَيَوْمَ تَقُومُ ٱلسَّاعَةُ أَدْخِلُوٓا۟ ءَالَ فِرْعَوْنَ أَشَدَّ ٱلْعَذَابِ

٤٧ وَإِذْ يَتَحَآجُّونَ فِى ٱلنَّارِ فَيَقُولُ ٱلضُّعَفَٰٓؤُا۟ لِلَّذِينَ ٱسْتَكْبَرُوٓا۟ إِنَّا كُنَّا لَكُمْ تَبَعًا فَهَلْ أَنتُم مُّغْنُونَ عَنَّا نَصِيبًا مِّنَ ٱلنَّارِ

٤٨ قَالَ ٱلَّذِينَ ٱسْتَكْبَرُوٓا۟ إِنَّا كُلٌّ فِيهَآ إِنَّ ٱللَّهَ قَدْ حَكَمَ بَيْنَ ٱلْعِبَادِ

٤٩ وَقَالَ ٱلَّذِينَ فِى ٱلنَّارِ لِخَزَنَةِ جَهَنَّمَ ٱدْعُوا۟ رَبَّكُمْ يُخَفِّفْ عَنَّا يَوْمًا مِّنَ ٱلْعَذَابِ

٥٠ قَالُوٓا۟ أَوَلَمْ تَكُ تَأْتِيكُمْ رُسُلُكُم بِٱلْبَيِّنَٰتِ ۖ قَالُوا۟ بَلَىٰ ۚ قَالُوا۟ فَٱدْعُوا۟ ۗ وَمَا دُعَٰٓؤُا۟ ٱلْكَٰفِرِينَ إِلَّا فِى ضَلَٰلٍ

٥١ إِنَّا لَنَنصُرُ رُسُلَنَا وَٱلَّذِينَ ءَامَنُوا۟ فِى ٱلْحَيَوٰةِ ٱلدُّنْيَا وَيَوْمَ يَقُومُ ٱلْأَشْهَٰدُ

٥٢ يَوْمَ لَا يَنفَعُ ٱلظَّٰلِمِينَ مَعْذِرَتُهُمْ ۖ وَلَهُمُ ٱللَّعْنَةُ وَلَهُمْ سُوٓءُ ٱلدَّارِ

٥٣ وَلَقَدْ ءَاتَيْنَا مُوسَى ٱلْهُدَىٰ وَأَوْرَثْنَا بَنِىٓ إِسْرَٰٓءِيلَ ٱلْكِتَٰبَ

٥٤ هُدًى وَذِكْرَىٰ لِأُو۟لِى ٱلْأَلْبَٰبِ

٥٥ فَٱصْبِرْ إِنَّ وَعْدَ ٱللَّهِ حَقٌّ وَٱسْتَغْفِرْ لِذَنۢبِكَ وَسَبِّحْ بِحَمْدِ رَبِّكَ بِٱلْعَشِىِّ وَٱلْإِبْكَٰرِ

٥٦ إِنَّ ٱلَّذِينَ يُجَٰدِلُونَ فِىٓ ءَايَٰتِ ٱللَّهِ بِغَيْرِ سُلْطَٰنٍ أَتَىٰهُمْ ۙ إِن فِى صُدُورِهِمْ إِلَّا كِبْرٌ مَّا هُم بِبَٰلِغِيهِ ۚ فَٱسْتَعِذْ بِٱللَّهِ ۖ إِنَّهُۥ هُوَ ٱلسَّمِيعُ ٱلْبَصِيرُ

٥٧ لَخَلْقُ ٱلسَّمَٰوَٰتِ وَٱلْأَرْضِ أَكْبَرُ مِنْ خَلْقِ ٱلنَّاسِ وَلَٰكِنَّ أَكْثَرَ ٱلنَّاسِ لَا يَعْلَمُونَ

٥٨ وَمَا يَسْتَوِى ٱلْأَعْمَىٰ وَٱلْبَصِيرُ وَٱلَّذِينَ ءَامَنُوا۟ وَعَمِلُوا۟ ٱلصَّٰلِحَٰتِ وَلَا ٱلْمُسِىٓءُ ۚ قَلِيلًا مَّا تَتَذَكَّرُونَ

٥٩ إِنَّ ٱلسَّاعَةَ لَءَاتِيَةٌ لَّا رَيْبَ فِيهَا وَلَٰكِنَّ أَكْثَرَ ٱلنَّاسِ لَا يُؤْمِنُونَ

٦٠ وَقَالَ رَبُّكُمُ ٱدْعُونِىٓ أَسْتَجِبْ لَكُمْ ۚ إِنَّ ٱلَّذِينَ يَسْتَكْبِرُونَ عَنْ عِبَادَتِى سَيَدْخُلُونَ جَهَنَّمَ دَاخِرِينَ

٦١ ٱللَّهُ ٱلَّذِى جَعَلَ لَكُمُ ٱلَّيْلَ لِتَسْكُنُوا۟ فِيهِ وَٱلنَّهَارَ مُبْصِرًا ۚ إِنَّ ٱللَّهَ لَذُو فَضْلٍ عَلَى ٱلنَّاسِ وَلَٰكِنَّ أَكْثَرَ ٱلنَّاسِ لَا يَشْكُرُونَ

٦٢ ذَٰلِكُمُ ٱللَّهُ رَبُّكُمْ خَٰلِقُ كُلِّ شَىْءٍ لَّآ إِلَٰهَ إِلَّا هُوَ فَأَنَّىٰ تُؤْفَكُونَ

٦٣ كَذَٰلِكَ يُؤْفَكُ ٱلَّذِينَ كَانُوا۟ بِـَٔايَٰتِ ٱللَّهِ يَجْحَدُونَ

٦٤ ٱللَّهُ ٱلَّذِى جَعَلَ لَكُمُ ٱلْأَرْضَ قَرَارًا وَٱلسَّمَآءَ بِنَآءً وَصَوَّرَكُمْ فَأَحْسَنَ صُوَرَكُمْ وَرَزَقَكُم مِّنَ ٱلطَّيِّبَٰتِ ذَٰلِكُمُ ٱللَّهُ رَبُّكُمْ فَتَبَارَكَ ٱللَّهُ رَبُّ ٱلْعَٰلَمِينَ

٦٥ هُوَ ٱلْحَىُّ لَآ إِلَٰهَ إِلَّا هُوَ فَٱدْعُوهُ مُخْلِصِينَ لَهُ ٱلدِّينَ ٱلْحَمْدُ لِلَّهِ رَبِّ ٱلْعَٰلَمِينَ

٦٦ قُلْ إِنِّى نُهِيتُ أَنْ أَعْبُدَ ٱلَّذِينَ تَدْعُونَ مِن دُونِ ٱللَّهِ لَمَّا جَآءَنِىَ ٱلْبَيِّنَٰتُ مِن رَّبِّى وَأُمِرْتُ أَنْ أُسْلِمَ لِرَبِّ ٱلْعَٰلَمِينَ

٦٧ هُوَ ٱلَّذِى خَلَقَكُم مِّن تُرَابٍ ثُمَّ مِن نُّطْفَةٍ ثُمَّ مِنْ عَلَقَةٍ ثُمَّ يُخْرِجُكُمْ طِفْلًا ثُمَّ لِتَبْلُغُوٓا۟ أَشُدَّكُمْ ثُمَّ لِتَكُونُوا۟ شُيُوخًا وَمِنكُم مَّن يُتَوَفَّىٰ مِن قَبْلُ وَلِتَبْلُغُوٓا۟ أَجَلًا مُّسَمًّى وَلَعَلَّكُمْ تَعْقِلُونَ

٦٨ هُوَ ٱلَّذِى يُحْىِۦ وَيُمِيتُ فَإِذَا قَضَىٰٓ أَمْرًا فَإِنَّمَا يَقُولُ لَهُۥ كُن فَيَكُونُ

٦٩ أَلَمْ تَرَ إِلَى ٱلَّذِينَ يُجَٰدِلُونَ فِىٓ ءَايَٰتِ ٱللَّهِ أَنَّىٰ يُصْرَفُونَ

٧٠ ٱلَّذِينَ كَذَّبُوا۟ بِٱلْكِتَٰبِ وَبِمَآ أَرْسَلْنَا بِهِۦ رُسُلَنَا فَسَوْفَ يَعْلَمُونَ

٧١ إِذِ ٱلْأَغْلَٰلُ فِىٓ أَعْنَٰقِهِمْ وَٱلسَّلَٰسِلُ يُسْحَبُونَ

٧٢ فِى ٱلْحَمِيمِ ثُمَّ فِى ٱلنَّارِ يُسْجَرُونَ

٧٣ ثُمَّ قِيلَ لَهُمْ أَيْنَ مَا كُنتُمْ تُشْرِكُونَ

٧٤ مِن دُونِ ٱللَّهِ قَالُوا۟ ضَلُّوا۟ عَنَّا بَل لَّمْ نَكُن نَّدْعُوا۟ مِن قَبْلُ شَيْـًٔا كَذَٰلِكَ يُضِلُّ ٱللَّهُ ٱلْكَٰفِرِينَ

٧٥ ذَٰلِكُم بِمَا كُنتُمْ تَفْرَحُونَ فِى ٱلْأَرْضِ بِغَيْرِ ٱلْحَقِّ وَبِمَا كُنتُمْ تَمْرَحُونَ

٧٦ ٱدْخُلُوٓا۟ أَبْوَٰبَ جَهَنَّمَ خَٰلِدِينَ فِيهَا فَبِئْسَ مَثْوَى ٱلْمُتَكَبِّرِينَ

٧٧ فَٱصْبِرْ إِنَّ وَعْدَ ٱللَّهِ حَقٌّ فَإِمَّا نُرِيَنَّكَ بَعْضَ ٱلَّذِى نَعِدُهُمْ أَوْ نَتَوَفَّيَنَّكَ فَإِلَيْنَا يُرْجَعُونَ

٧٨ وَلَقَدْ أَرْسَلْنَا رُسُلًا مِّن قَبْلِكَ مِنْهُم مَّن قَصَصْنَا عَلَيْكَ وَمِنْهُم مَّن لَّمْ نَقْصُصْ عَلَيْكَ وَمَا كَانَ لِرَسُولٍ أَن يَأْتِىَ بِـَٔايَةٍ إِلَّا بِإِذْنِ ٱللَّهِ فَإِذَا جَآءَ أَمْرُ ٱللَّهِ قُضِىَ بِٱلْحَقِّ وَخَسِرَ هُنَالِكَ ٱلْمُبْطِلُونَ

٧٩ ٱللَّهُ ٱلَّذِى جَعَلَ لَكُمُ ٱلْأَنْعَٰمَ لِتَرْكَبُوا۟ مِنْهَا وَمِنْهَا تَأْكُلُونَ

٨٠ وَلَكُمْ فِيهَا مَنَٰفِعُ وَلِتَبْلُغُوا۟ عَلَيْهَا حَاجَةً فِى صُدُورِكُمْ وَعَلَيْهَا وَعَلَى ٱلْفُلْكِ تُحْمَلُونَ

٨١ وَيُرِيكُمْ ءَايَٰتِهِۦ فَأَىَّ ءَايَٰتِ ٱللَّهِ تُنكِرُونَ

٨٢ أَفَلَمْ يَسِيرُوا۟ فِى ٱلْأَرْضِ فَيَنظُرُوا۟ كَيْفَ كَانَ عَٰقِبَةُ ٱلَّذِينَ مِن قَبْلِهِمْ كَانُوٓا۟ أَكْثَرَ مِنْهُمْ وَأَشَدَّ قُوَّةً وَءَاثَارًا فِى ٱلْأَرْضِ فَمَآ أَغْنَىٰ عَنْهُم مَّا كَانُوا۟ يَكْسِبُونَ

٨٣ فَلَمَّا جَآءَتْهُمْ رُسُلُهُم بِٱلْبَيِّنَٰتِ فَرِحُوا۟ بِمَا عِندَهُم مِّنَ ٱلْعِلْمِ وَحَاقَ بِهِم مَّا كَانُوا۟ بِهِۦ يَسْتَهْزِءُونَ

٨٤ فَلَمَّا رَأَوْا۟ بَأْسَنَا قَالُوٓا۟ ءَامَنَّا بِٱللَّهِ وَحْدَهُۥ وَكَفَرْنَا بِمَا كُنَّا بِهِۦ مُشْرِكِينَ

٨٥ فَلَمْ يَكُ يَنفَعُهُمْ إِيمَٰنُهُمْ لَمَّا رَأَوْا۟ بَأْسَنَا سُنَّتَ ٱللَّهِ ٱلَّتِى قَدْ خَلَتْ فِى عِبَادِهِۦ وَخَسِرَ هُنَالِكَ ٱلْكَٰفِرُونَ

سورة فصلت

١ حٓم

٢ تَنزِيلٌ مِّنَ ٱلرَّحْمَٰنِ ٱلرَّحِيمِ

٣ كِتَٰبٌ فُصِّلَتْ ءَايَٰتُهُۥ قُرْءَانًا عَرَبِيًّا لِّقَوْمٍ يَعْلَمُونَ

٤ بَشِيرًا وَنَذِيرًا فَأَعْرَضَ أَكْثَرُهُمْ فَهُمْ لَا يَسْمَعُونَ

٥ وَقَالُوا۟ قُلُوبُنَا فِىٓ أَكِنَّةٍ مِّمَّا تَدْعُونَآ إِلَيْهِ وَفِىٓ ءَاذَانِنَا وَقْرٌ وَمِنۢ بَيْنِنَا وَبَيْنِكَ حِجَابٌ فَٱعْمَلْ إِنَّنَا عَٰمِلُونَ

٦ قُلْ إِنَّمَآ أَنَا۠ بَشَرٌ مِّثْلُكُمْ يُوحَىٰٓ إِلَىَّ أَنَّمَآ إِلَٰهُكُمْ إِلَٰهٌ وَٰحِدٌ فَٱسْتَقِيمُوٓا۟ إِلَيْهِ وَٱسْتَغْفِرُوهُ وَوَيْلٌ لِّلْمُشْرِكِينَ

٧ ٱلَّذِينَ لَا يُؤْتُونَ ٱلزَّكَوٰةَ وَهُم بِٱلْءَاخِرَةِ هُمْ كَٰفِرُونَ

٨ إِنَّ ٱلَّذِينَ ءَامَنُوا۟ وَعَمِلُوا۟ ٱلصَّٰلِحَٰتِ لَهُمْ أَجْرٌ غَيْرُ مَمْنُونٍ

٩ قُلْ أَئِنَّكُمْ لَتَكْفُرُونَ بِٱلَّذِى خَلَقَ ٱلْأَرْضَ فِى يَوْمَيْنِ وَتَجْعَلُونَ لَهُۥٓ أَندَادًا ذَٰلِكَ رَبُّ ٱلْعَٰلَمِينَ

١٠ وَجَعَلَ فِيهَا رَوَٰسِىَ مِن فَوْقِهَا وَبَٰرَكَ فِيهَا وَقَدَّرَ فِيهَآ أَقْوَٰتَهَا فِىٓ أَرْبَعَةِ أَيَّامٍ سَوَآءً لِّلسَّآئِلِينَ

١١ ثُمَّ ٱسْتَوَىٰٓ إِلَى ٱلسَّمَآءِ وَهِىَ دُخَانٌ فَقَالَ لَهَا وَلِلْأَرْضِ ٱئْتِيَا طَوْعًا أَوْ كَرْهًا قَالَتَآ أَتَيْنَا طَآئِعِينَ

١٢ فَقَضَىٰهُنَّ سَبْعَ سَمَٰوَاتٍ فِى يَوْمَيْنِ وَأَوْحَىٰ فِى كُلِّ سَمَآءٍ أَمْرَهَا وَزَيَّنَّا ٱلسَّمَآءَ ٱلدُّنْيَا بِمَصَٰبِيحَ وَحِفْظًا ذَٰلِكَ تَقْدِيرُ ٱلْعَزِيزِ ٱلْعَلِيمِ

١٣ فَإِنْ أَعْرَضُوا۟ فَقُلْ أَنذَرْتُكُمْ صَٰعِقَةً مِّثْلَ صَٰعِقَةِ عَادٍ وَثَمُودَ

١٤ إِذْ جَآءَتْهُمُ ٱلرُّسُلُ مِنۢ بَيْنِ أَيْدِيهِمْ وَمِنْ خَلْفِهِمْ أَلَّا تَعْبُدُوٓا۟ إِلَّا ٱللَّهَ قَالُوا۟ لَوْ شَآءَ رَبُّنَا لَأَنزَلَ مَلَٰٓئِكَةً فَإِنَّا بِمَآ أُرْسِلْتُم بِهِۦ كَٰفِرُونَ

١٥ فَأَمَّا عَادٌ فَٱسْتَكْبَرُوا۟ فِى ٱلْأَرْضِ بِغَيْرِ ٱلْحَقِّ وَقَالُوا۟ مَنْ أَشَدُّ مِنَّا قُوَّةً أَوَلَمْ يَرَوْا۟ أَنَّ ٱللَّهَ ٱلَّذِى خَلَقَهُمْ هُوَ أَشَدُّ مِنْهُمْ قُوَّةً وَكَانُوا۟ بِـَٔايَٰتِنَا يَجْحَدُونَ

١٦ فَأَرْسَلْنَا عَلَيْهِمْ رِيحًا صَرْصَرًا فِىٓ أَيَّامٍ نَّحِسَاتٍ لِّنُذِيقَهُمْ عَذَابَ ٱلْخِزْىِ فِى ٱلْحَيَوٰةِ ٱلدُّنْيَا وَلَعَذَابُ ٱلْءَاخِرَةِ أَخْزَىٰ وَهُمْ لَا يُنصَرُونَ

١٧ وَأَمَّا ثَمُودُ فَهَدَيْنَٰهُمْ فَٱسْتَحَبُّوا۟ ٱلْعَمَىٰ عَلَى ٱلْهُدَىٰ فَأَخَذَتْهُمْ صَٰعِقَةُ ٱلْعَذَابِ ٱلْهُونِ بِمَا كَانُوا۟ يَكْسِبُونَ

١٨ وَنَجَّيْنَا ٱلَّذِينَ ءَامَنُوا۟ وَكَانُوا۟ يَتَّقُونَ

١٩ وَيَوْمَ يُحْشَرُ أَعْدَآءُ ٱللَّهِ إِلَى ٱلنَّارِ فَهُمْ يُوزَعُونَ

٢٠ حَتَّىٰٓ إِذَا مَا جَآءُوهَا شَهِدَ عَلَيْهِمْ سَمْعُهُمْ وَأَبْصَٰرُهُمْ وَجُلُودُهُم بِمَا كَانُوا۟ يَعْمَلُونَ

٢١ وَقَالُوا۟ لِجُلُودِهِمْ لِمَ شَهِدتُّمْ عَلَيْنَا قَالُوٓا۟ أَنطَقَنَا ٱللَّهُ ٱلَّذِىٓ أَنطَقَ كُلَّ شَىْءٍ وَهُوَ خَلَقَكُمْ أَوَّلَ مَرَّةٍ وَإِلَيْهِ تُرْجَعُونَ

٢٢ وَمَا كُنتُمْ تَسْتَتِرُونَ أَن يَشْهَدَ عَلَيْكُمْ سَمْعُكُمْ وَلَآ أَبْصَٰرُكُمْ وَلَا جُلُودُكُمْ وَلَٰكِن ظَنَنتُمْ أَنَّ ٱللَّهَ لَا يَعْلَمُ كَثِيرًا مِّمَّا تَعْمَلُونَ

٢٣ وَذَٰلِكُمْ ظَنُّكُمُ ٱلَّذِى ظَنَنتُم بِرَبِّكُمْ أَرْدَىٰكُمْ فَأَصْبَحْتُم مِّنَ ٱلْخَٰسِرِينَ

٢٤ فَإِن يَصْبِرُوا۟ فَٱلنَّارُ مَثْوًى لَّهُمْ وَإِن يَسْتَعْتِبُوا۟ فَمَا هُم مِّنَ ٱلْمُعْتَبِينَ

٢٥ وَقَيَّضْنَا لَهُمْ قُرَنَآءَ فَزَيَّنُوا۟ لَهُم مَّا بَيْنَ أَيْدِيهِمْ وَمَا خَلْفَهُمْ وَحَقَّ عَلَيْهِمُ ٱلْقَوْلُ فِىٓ أُمَمٍ قَدْ خَلَتْ مِن قَبْلِهِم مِّنَ ٱلْجِنِّ وَٱلْإِنسِ إِنَّهُمْ كَانُوا۟ خَٰسِرِينَ

٢٦ وَقَالَ ٱلَّذِينَ كَفَرُوا لَا تَسْمَعُوا لِهَٰذَا ٱلْقُرْءَانِ وَٱلْغَوْا فِيهِ لَعَلَّكُمْ تَغْلِبُونَ

٢٧ فَلَنُذِيقَنَّ ٱلَّذِينَ كَفَرُوا عَذَابًا شَدِيدًا وَلَنَجْزِيَنَّهُمْ أَسْوَأَ ٱلَّذِى كَانُوا يَعْمَلُونَ

٢٨ ذَٰلِكَ جَزَاءُ أَعْدَاءِ ٱللَّهِ ٱلنَّارُ لَهُمْ فِيهَا دَارُ ٱلْخُلْدِ جَزَاءً بِمَا كَانُوا بِـَٔايَٰتِنَا يَجْحَدُونَ

٢٩ وَقَالَ ٱلَّذِينَ كَفَرُوا رَبَّنَا أَرِنَا ٱلَّذَيْنِ أَضَلَّانَا مِنَ ٱلْجِنِّ وَٱلْإِنسِ نَجْعَلْهُمَا تَحْتَ أَقْدَامِنَا لِيَكُونَا مِنَ ٱلْأَسْفَلِينَ

٣٠ إِنَّ ٱلَّذِينَ قَالُوا رَبُّنَا ٱللَّهُ ثُمَّ ٱسْتَقَٰمُوا تَتَنَزَّلُ عَلَيْهِمُ ٱلْمَلَٰئِكَةُ أَلَّا تَخَافُوا وَلَا تَحْزَنُوا وَأَبْشِرُوا بِٱلْجَنَّةِ ٱلَّتِى كُنتُمْ تُوعَدُونَ

٣١ نَحْنُ أَوْلِيَاؤُكُمْ فِى ٱلْحَيَوٰةِ ٱلدُّنْيَا وَفِى ٱلْءَاخِرَةِ وَلَكُمْ فِيهَا مَا تَشْتَهِى أَنفُسُكُمْ وَلَكُمْ فِيهَا مَا تَدَّعُونَ

٣٢ نُزُلًا مِّنْ غَفُورٍ رَّحِيمٍ

٣٣ وَمَنْ أَحْسَنُ قَوْلًا مِّمَّن دَعَا إِلَى ٱللَّهِ وَعَمِلَ صَٰلِحًا وَقَالَ إِنَّنِى مِنَ ٱلْمُسْلِمِينَ

٣٤ وَلَا تَسْتَوِى ٱلْحَسَنَةُ وَلَا ٱلسَّيِّئَةُ ٱدْفَعْ بِٱلَّتِى هِىَ أَحْسَنُ فَإِذَا ٱلَّذِى بَيْنَكَ وَبَيْنَهُ عَدَٰوَةٌ كَأَنَّهُ وَلِىٌّ حَمِيمٌ

٣٥ وَمَا يُلَقَّىٰهَا إِلَّا ٱلَّذِينَ صَبَرُوا وَمَا يُلَقَّىٰهَا إِلَّا ذُو حَظٍّ عَظِيمٍ

٣٦ وَإِمَّا يَنزَغَنَّكَ مِنَ ٱلشَّيْطَٰنِ نَزْغٌ فَٱسْتَعِذْ بِٱللَّهِ إِنَّهُ هُوَ ٱلسَّمِيعُ ٱلْعَلِيمُ

٣٧ وَمِنْ ءَايَٰتِهِ ٱلَّيْلُ وَٱلنَّهَارُ وَٱلشَّمْسُ وَٱلْقَمَرُ لَا تَسْجُدُوا لِلشَّمْسِ وَلَا لِلْقَمَرِ وَٱسْجُدُوا لِلَّهِ ٱلَّذِى خَلَقَهُنَّ إِن كُنتُمْ إِيَّاهُ تَعْبُدُونَ

٣٨ فَإِنِ ٱسْتَكْبَرُوا فَٱلَّذِينَ عِندَ رَبِّكَ يُسَبِّحُونَ لَهُ بِٱلَّيْلِ وَٱلنَّهَارِ وَهُمْ لَا يَسْـَٔمُونَ ۩

٣٩ وَمِنْ ءَايَٰتِهِ أَنَّكَ تَرَى ٱلْأَرْضَ خَٰشِعَةً فَإِذَا أَنزَلْنَا عَلَيْهَا ٱلْمَاءَ ٱهْتَزَّتْ وَرَبَتْ إِنَّ ٱلَّذِى أَحْيَاهَا لَمُحْىِ ٱلْمَوْتَىٰ إِنَّهُ عَلَىٰ كُلِّ شَىْءٍ قَدِيرٌ

٤٠ إِنَّ ٱلَّذِينَ يُلْحِدُونَ فِى ءَايَٰتِنَا لَا يَخْفَوْنَ عَلَيْنَا أَفَمَن يُلْقَىٰ فِى ٱلنَّارِ خَيْرٌ أَم مَّن يَأْتِى ءَامِنًا يَوْمَ ٱلْقِيَٰمَةِ ٱعْمَلُوا مَا شِئْتُمْ إِنَّهُ بِمَا تَعْمَلُونَ بَصِيرٌ

٤١ إِنَّ ٱلَّذِينَ كَفَرُوا بِٱلذِّكْرِ لَمَّا جَاءَهُمْ وَإِنَّهُ لَكِتَٰبٌ عَزِيزٌ

٤٢ لَّا يَأْتِيهِ ٱلْبَٰطِلُ مِنۢ بَيْنِ يَدَيْهِ وَلَا مِنْ خَلْفِهِ تَنزِيلٌ مِّنْ حَكِيمٍ حَمِيدٍ

٤٣ مَّا يُقَالُ لَكَ إِلَّا مَا قَدْ قِيلَ لِلرُّسُلِ مِن قَبْلِكَ إِنَّ رَبَّكَ لَذُو مَغْفِرَةٍ وَذُو عِقَابٍ أَلِيمٍ

٤٤ وَلَوْ جَعَلْنَٰهُ قُرْءَانًا أَعْجَمِيًّا لَّقَالُوا لَوْلَا فُصِّلَتْ ءَايَٰتُهُ ءَأَعْجَمِىٌّ وَعَرَبِىٌّ قُلْ هُوَ لِلَّذِينَ ءَامَنُوا هُدًى وَشِفَاءٌ وَٱلَّذِينَ لَا يُؤْمِنُونَ فِى ءَاذَانِهِمْ وَقْرٌ وَهُوَ عَلَيْهِمْ عَمًى أُو۟لَٰئِكَ يُنَادَوْنَ مِن مَّكَانٍ بَعِيدٍ

٤٥ وَلَقَدْ ءَاتَيْنَا مُوسَى ٱلْكِتَٰبَ فَٱخْتُلِفَ فِيهِ وَلَوْلَا كَلِمَةٌ سَبَقَتْ مِن رَّبِّكَ لَقُضِىَ بَيْنَهُمْ وَإِنَّهُمْ لَفِى شَكٍّ مِّنْهُ مُرِيبٍ

٤٦ مَّنْ عَمِلَ صَٰلِحًا فَلِنَفْسِهِ وَمَنْ أَسَاءَ فَعَلَيْهَا وَمَا رَبُّكَ بِظَلَّٰمٍ لِّلْعَبِيدِ

٤٧ إِلَيْهِ يُرَدُّ عِلْمُ ٱلسَّاعَةِ وَمَا تَخْرُجُ مِن ثَمَرَٰتٍ مِّنْ أَكْمَامِهَا وَمَا تَحْمِلُ مِنْ أُنثَىٰ وَلَا تَضَعُ إِلَّا بِعِلْمِهِ وَيَوْمَ يُنَادِيهِمْ أَيْنَ شُرَكَاءِى قَالُوا ءَاذَنَّٰكَ مَا مِنَّا مِن شَهِيدٍ

٤٨ وَضَلَّ عَنْهُم مَّا كَانُوا يَدْعُونَ مِن قَبْلُ وَظَنُّوا مَا لَهُم مِّن مَّحِيصٍ

٤٩ لَّا يَسْـَٔمُ ٱلْإِنسَٰنُ مِن دُعَاءِ ٱلْخَيْرِ وَإِن مَّسَّهُ ٱلشَّرُّ فَيَـُٔوسٌ قَنُوطٌ

٥٠ وَلَئِنْ أَذَقْنَٰهُ رَحْمَةً مِّنَّا مِنْ بَعْدِ ضَرَّاءَ مَسَّتْهُ لَيَقُولَنَّ هَٰذَا لِى وَمَا أَظُنُّ ٱلسَّاعَةَ قَائِمَةً وَلَئِنْ رُّجِعْتُ إِلَىٰ رَبِّى إِنَّ لِى عِندَهُ لَلْحُسْنَىٰ ۚ فَلَنُنَبِّئَنَّ ٱلَّذِينَ كَفَرُوا بِمَا عَمِلُوا وَلَنُذِيقَنَّهُم مِّنْ عَذَابٍ غَلِيظٍ

٥١ وَإِذَا أَنْعَمْنَا عَلَى ٱلْإِنسَٰنِ أَعْرَضَ وَنَـَٔا بِجَانِبِهِ وَإِذَا مَسَّهُ ٱلشَّرُّ فَذُو دُعَاءٍ عَرِيضٍ

٥٢ قُلْ أَرَءَيْتُمْ إِن كَانَ مِنْ عِندِ ٱللَّهِ ثُمَّ كَفَرْتُم بِهِ مَنْ أَضَلُّ مِمَّنْ هُوَ فِى شِقَاقٍ بَعِيدٍ

٥٣ سَنُرِيهِمْ ءَايَٰتِنَا فِى ٱلْءَافَاقِ وَفِى أَنفُسِهِمْ حَتَّىٰ يَتَبَيَّنَ لَهُمْ أَنَّهُ ٱلْحَقُّ ۗ أَوَلَمْ يَكْفِ بِرَبِّكَ أَنَّهُ عَلَىٰ كُلِّ شَىْءٍ شَهِيدٌ

٥٤ أَلَا إِنَّهُمْ فِى مِرْيَةٍ مِّن لِّقَاءِ رَبِّهِمْ ۗ أَلَا إِنَّهُ بِكُلِّ شَىْءٍ مُّحِيطٌ

سورة الشورى

١ حم

٢ عسق

٣ كَذَٰلِكَ يُوحِى إِلَيْكَ وَإِلَى ٱلَّذِينَ مِن قَبْلِكَ ٱللَّهُ ٱلْعَزِيزُ ٱلْحَكِيمُ

٤ لَهُ مَا فِى ٱلسَّمَٰوَٰتِ وَمَا فِى ٱلْأَرْضِ ۖ وَهُوَ ٱلْعَلِىُّ ٱلْعَظِيمُ

٥ تَكَادُ ٱلسَّمَٰوَٰتُ يَتَفَطَّرْنَ مِن فَوْقِهِنَّ ۚ وَٱلْمَلَٰئِكَةُ يُسَبِّحُونَ بِحَمْدِ رَبِّهِمْ وَيَسْتَغْفِرُونَ لِمَن فِى ٱلْأَرْضِ ۗ أَلَا إِنَّ ٱللَّهَ هُوَ ٱلْغَفُورُ ٱلرَّحِيمُ

٦ وَٱلَّذِينَ ٱتَّخَذُوا مِن دُونِهِ أَوْلِيَاءَ ٱللَّهُ حَفِيظٌ عَلَيْهِمْ وَمَا أَنتَ عَلَيْهِم بِوَكِيلٍ

٧ وَكَذَٰلِكَ أَوْحَيْنَا إِلَيْكَ قُرْءَانًا عَرَبِيًّا لِّتُنذِرَ أُمَّ ٱلْقُرَىٰ وَمَنْ حَوْلَهَا وَتُنذِرَ يَوْمَ ٱلْجَمْعِ لَا رَيْبَ فِيهِ ۚ فَرِيقٌ فِى ٱلْجَنَّةِ وَفَرِيقٌ فِى ٱلسَّعِيرِ

٨ وَلَوْ شَاءَ ٱللَّهُ لَجَعَلَهُمْ أُمَّةً وَٰحِدَةً وَلَٰكِن يُدْخِلُ مَن يَشَاءُ فِى رَحْمَتِهِ ۚ وَٱلظَّٰلِمُونَ مَا لَهُم مِّن وَلِىٍّ وَلَا نَصِيرٍ

٩ أَمِ ٱتَّخَذُوا مِن دُونِهِ أَوْلِيَاءَ ۖ فَٱللَّهُ هُوَ ٱلْوَلِىُّ وَهُوَ يُحْىِ ٱلْمَوْتَىٰ وَهُوَ عَلَىٰ كُلِّ شَىْءٍ قَدِيرٌ

١٠ وَمَا ٱخْتَلَفْتُمْ فِيهِ مِن شَىْءٍ فَحُكْمُهُ إِلَى ٱللَّهِ ۚ ذَٰلِكُمُ ٱللَّهُ رَبِّى عَلَيْهِ تَوَكَّلْتُ وَإِلَيْهِ أُنِيبُ

١١ فَاطِرُ ٱلسَّمَٰوَٰتِ وَٱلْأَرْضِ ۚ جَعَلَ لَكُم مِّنْ أَنفُسِكُمْ أَزْوَٰجًا وَمِنَ ٱلْأَنْعَٰمِ أَزْوَٰجًا ۖ يَذْرَؤُكُمْ فِيهِ ۚ لَيْسَ كَمِثْلِهِ شَىْءٌ ۖ وَهُوَ ٱلسَّمِيعُ ٱلْبَصِيرُ

١٢ لَهُ مَقَالِيدُ ٱلسَّمَٰوَٰتِ وَٱلْأَرْضِ ۖ يَبْسُطُ ٱلرِّزْقَ لِمَن يَشَاءُ وَيَقْدِرُ ۚ إِنَّهُ بِكُلِّ شَىْءٍ عَلِيمٌ

١٣ شَرَعَ لَكُم مِّنَ ٱلدِّينِ مَا وَصَّىٰ بِهِ نُوحًا وَٱلَّذِى أَوْحَيْنَا إِلَيْكَ وَمَا وَصَّيْنَا بِهِ إِبْرَٰهِيمَ وَمُوسَىٰ وَعِيسَىٰ ۖ أَنْ أَقِيمُوا ٱلدِّينَ وَلَا تَتَفَرَّقُوا فِيهِ ۚ كَبُرَ عَلَى ٱلْمُشْرِكِينَ مَا تَدْعُوهُمْ إِلَيْهِ ۚ ٱللَّهُ يَجْتَبِى إِلَيْهِ مَن يَشَاءُ وَيَهْدِى إِلَيْهِ مَن يُنِيبُ

١٤ وَمَا تَفَرَّقُوا إِلَّا مِنْ بَعْدِ مَا جَاءَهُمُ ٱلْعِلْمُ بَغْيًا بَيْنَهُمْ ۚ وَلَوْلَا كَلِمَةٌ سَبَقَتْ مِن رَّبِّكَ إِلَىٰ أَجَلٍ مُّسَمًّى لَّقُضِىَ بَيْنَهُمْ ۚ وَإِنَّ ٱلَّذِينَ أُورِثُوا ٱلْكِتَٰبَ مِنْ بَعْدِهِمْ لَفِى شَكٍّ مِّنْهُ مُرِيبٍ

١٥ فَلِذَٰلِكَ فَٱدْعُ ۖ وَٱسْتَقِمْ كَمَا أُمِرْتَ ۖ وَلَا تَتَّبِعْ أَهْوَاءَهُمْ ۖ وَقُلْ ءَامَنتُ بِمَا أَنزَلَ ٱللَّهُ مِن كِتَٰبٍ ۖ وَأُمِرْتُ لِأَعْدِلَ بَيْنَكُمُ ۖ ٱللَّهُ رَبُّنَا وَرَبُّكُمْ ۖ لَنَا أَعْمَٰلُنَا وَلَكُمْ أَعْمَٰلُكُمْ ۖ لَا حُجَّةَ بَيْنَنَا وَبَيْنَكُمُ ۖ ٱللَّهُ يَجْمَعُ بَيْنَنَا ۖ وَإِلَيْهِ ٱلْمَصِيرُ

١٦ وَٱلَّذِينَ يُحَآجُّونَ فِى ٱللَّهِ مِنۢ بَعْدِ مَا ٱسْتُجِيبَ لَهُۥ حُجَّتُهُمْ دَاحِضَةٌ عِندَ رَبِّهِمْ وَعَلَيْهِمْ غَضَبٌ وَلَهُمْ عَذَابٌ شَدِيدٌ

١٧ ٱللَّهُ ٱلَّذِىٓ أَنزَلَ ٱلْكِتَـٰبَ بِٱلْحَقِّ وَٱلْمِيزَانَ وَمَا يُدْرِيكَ لَعَلَّ ٱلسَّاعَةَ قَرِيبٌ

١٨ يَسْتَعْجِلُ بِهَا ٱلَّذِينَ لَا يُؤْمِنُونَ بِهَا وَٱلَّذِينَ ءَامَنُوا۟ مُشْفِقُونَ مِنْهَا وَيَعْلَمُونَ أَنَّهَا ٱلْحَقُّ أَلَآ إِنَّ ٱلَّذِينَ يُمَارُونَ فِى ٱلسَّاعَةِ لَفِى ضَلَـٰلٍۭ بَعِيدٍ

١٩ ٱللَّهُ لَطِيفٌۢ بِعِبَادِهِۦ يَرْزُقُ مَن يَشَآءُ وَهُوَ ٱلْقَوِىُّ ٱلْعَزِيزُ

٢٠ مَن كَانَ يُرِيدُ حَرْثَ ٱلْءَاخِرَةِ نَزِدْ لَهُۥ فِى حَرْثِهِۦ وَمَن كَانَ يُرِيدُ حَرْثَ ٱلدُّنْيَا نُؤْتِهِۦ مِنْهَا وَمَا لَهُۥ فِى ٱلْءَاخِرَةِ مِن نَّصِيبٍ

٢١ أَمْ لَهُمْ شُرَكَـٰٓؤُا۟ شَرَعُوا۟ لَهُم مِّنَ ٱلدِّينِ مَا لَمْ يَأْذَنۢ بِهِ ٱللَّهُ وَلَوْلَا كَلِمَةُ ٱلْفَصْلِ لَقُضِىَ بَيْنَهُمْ وَإِنَّ ٱلظَّـٰلِمِينَ لَهُمْ عَذَابٌ أَلِيمٌ

٢٢ تَرَى ٱلظَّـٰلِمِينَ مُشْفِقِينَ مِمَّا كَسَبُوا۟ وَهُوَ وَاقِعٌۢ بِهِمْ وَٱلَّذِينَ ءَامَنُوا۟ وَعَمِلُوا۟ ٱلصَّـٰلِحَـٰتِ فِى رَوْضَاتِ ٱلْجَنَّاتِ لَهُم مَّا يَشَآءُونَ عِندَ رَبِّهِمْ ذَٰلِكَ هُوَ ٱلْفَضْلُ ٱلْكَبِيرُ

٢٣ ذَٰلِكَ ٱلَّذِى يُبَشِّرُ ٱللَّهُ عِبَادَهُ ٱلَّذِينَ ءَامَنُوا۟ وَعَمِلُوا۟ ٱلصَّـٰلِحَـٰتِ قُل لَّآ أَسْـَٔلُكُمْ عَلَيْهِ أَجْرًا إِلَّا ٱلْمَوَدَّةَ فِى ٱلْقُرْبَىٰ وَمَن يَقْتَرِفْ حَسَنَةً نَّزِدْ لَهُۥ فِيهَا حُسْنًا إِنَّ ٱللَّهَ غَفُورٌ شَكُورٌ

٢٤ أَمْ يَقُولُونَ ٱفْتَرَىٰ عَلَى ٱللَّهِ كَذِبًا فَإِن يَشَإِ ٱللَّهُ يَخْتِمْ عَلَىٰ قَلْبِكَ وَيَمْحُ ٱللَّهُ ٱلْبَـٰطِلَ وَيُحِقُّ ٱلْحَقَّ بِكَلِمَـٰتِهِۦٓ إِنَّهُۥ عَلِيمٌۢ بِذَاتِ ٱلصُّدُورِ

٢٥ وَهُوَ ٱلَّذِى يَقْبَلُ ٱلتَّوْبَةَ عَنْ عِبَادِهِۦ وَيَعْفُوا۟ عَنِ ٱلسَّيِّـَٔاتِ وَيَعْلَمُ مَا تَفْعَلُونَ

٢٦ وَيَسْتَجِيبُ ٱلَّذِينَ ءَامَنُوا۟ وَعَمِلُوا۟ ٱلصَّـٰلِحَـٰتِ وَيَزِيدُهُم مِّن فَضْلِهِۦ وَٱلْكَـٰفِرُونَ لَهُمْ عَذَابٌ شَدِيدٌ

٢٧ وَلَوْ بَسَطَ ٱللَّهُ ٱلرِّزْقَ لِعِبَادِهِۦ لَبَغَوْا۟ فِى ٱلْأَرْضِ وَلَـٰكِن يُنَزِّلُ بِقَدَرٍ مَّا يَشَآءُ إِنَّهُۥ بِعِبَادِهِۦ خَبِيرٌۢ بَصِيرٌ

٢٨ وَهُوَ ٱلَّذِى يُنَزِّلُ ٱلْغَيْثَ مِنۢ بَعْدِ مَا قَنَطُوا۟ وَيَنشُرُ رَحْمَتَهُۥ وَهُوَ ٱلْوَلِىُّ ٱلْحَمِيدُ

٢٩ وَمِنْ ءَايَـٰتِهِۦ خَلْقُ ٱلسَّمَـٰوَٰتِ وَٱلْأَرْضِ وَمَا بَثَّ فِيهِمَا مِن دَآبَّةٍ وَهُوَ عَلَىٰ جَمْعِهِمْ إِذَا يَشَآءُ قَدِيرٌ

٣٠ وَمَآ أَصَـٰبَكُم مِّن مُّصِيبَةٍ فَبِمَا كَسَبَتْ أَيْدِيكُمْ وَيَعْفُوا۟ عَن كَثِيرٍ

٣١ وَمَآ أَنتُم بِمُعْجِزِينَ فِى ٱلْأَرْضِ وَمَا لَكُم مِّن دُونِ ٱللَّهِ مِن وَلِىٍّ وَلَا نَصِيرٍ

٣٢ وَمِنْ ءَايَـٰتِهِ ٱلْجَوَارِ فِى ٱلْبَحْرِ كَٱلْأَعْلَـٰمِ

٣٣ إِن يَشَأْ يُسْكِنِ ٱلرِّيحَ فَيَظْلَلْنَ رَوَاكِدَ عَلَىٰ ظَهْرِهِۦٓ إِنَّ فِى ذَٰلِكَ لَءَايَـٰتٍ لِّكُلِّ صَبَّارٍ شَكُورٍ

٣٤ أَوْ يُوبِقْهُنَّ بِمَا كَسَبُوا۟ وَيَعْفُ عَن كَثِيرٍ

٣٥ وَيَعْلَمَ ٱلَّذِينَ يُجَـٰدِلُونَ فِىٓ ءَايَـٰتِنَا مَا لَهُم مِّن مَّحِيصٍ

٣٦ فَمَآ أُوتِيتُم مِّن شَىْءٍ فَمَتَـٰعُ ٱلْحَيَوٰةِ ٱلدُّنْيَا وَمَا عِندَ ٱللَّهِ خَيْرٌ وَأَبْقَىٰ لِلَّذِينَ ءَامَنُوا۟ وَعَلَىٰ رَبِّهِمْ يَتَوَكَّلُونَ

٣٧ وَٱلَّذِينَ يَجْتَنِبُونَ كَبَـٰٓئِرَ ٱلْإِثْمِ وَٱلْفَوَٰحِشَ وَإِذَا مَا غَضِبُوا۟ هُمْ يَغْفِرُونَ

٣٨ وَٱلَّذِينَ ٱسْتَجَابُوا۟ لِرَبِّهِمْ وَأَقَامُوا۟ ٱلصَّلَوٰةَ وَأَمْرُهُمْ شُورَىٰ بَيْنَهُمْ وَمِمَّا رَزَقْنَـٰهُمْ يُنفِقُونَ

٣٩ وَٱلَّذِينَ إِذَآ أَصَابَهُمُ ٱلْبَغْىُ هُمْ يَنتَصِرُونَ

٤٠ وَجَزَٰٓؤُاْ سَيِّئَةٍ سَيِّئَةٌ مِّثْلُهَاۖ فَمَنْ عَفَا وَأَصْلَحَ فَأَجْرُهُۥ عَلَى ٱللَّهِۚ إِنَّهُۥ لَا يُحِبُّ ٱلظَّٰلِمِينَ

٤١ وَلَمَنِ ٱنتَصَرَ بَعْدَ ظُلْمِهِۦ فَأُوْلَٰٓئِكَ مَا عَلَيْهِم مِّن سَبِيلٍ

٤٢ إِنَّمَا ٱلسَّبِيلُ عَلَى ٱلَّذِينَ يَظْلِمُونَ ٱلنَّاسَ وَيَبْغُونَ فِى ٱلْأَرْضِ بِغَيْرِ ٱلْحَقِّۚ أُوْلَٰٓئِكَ لَهُمْ عَذَابٌ أَلِيمٌ

٤٣ وَلَمَن صَبَرَ وَغَفَرَ إِنَّ ذَٰلِكَ لَمِنْ عَزْمِ ٱلْأُمُورِ

٤٤ وَمَن يُضْلِلِ ٱللَّهُ فَمَا لَهُۥ مِن وَلِىٍّ مِّنۢ بَعْدِهِۦۗ وَتَرَى ٱلظَّٰلِمِينَ لَمَّا رَأَوُاْ ٱلْعَذَابَ يَقُولُونَ هَلْ إِلَىٰ مَرَدٍّ مِّن سَبِيلٍ

٤٥ وَتَرَىٰهُمْ يُعْرَضُونَ عَلَيْهَا خَٰشِعِينَ مِنَ ٱلذُّلِّ يَنظُرُونَ مِن طَرْفٍ خَفِىٍّۗ وَقَالَ ٱلَّذِينَ ءَامَنُوٓاْ إِنَّ ٱلْخَٰسِرِينَ ٱلَّذِينَ خَسِرُوٓاْ أَنفُسَهُمْ وَأَهْلِيهِمْ يَوْمَ ٱلْقِيَٰمَةِۗ أَلَآ إِنَّ ٱلظَّٰلِمِينَ فِى عَذَابٍ مُّقِيمٍ

٤٦ وَمَا كَانَ لَهُم مِّنْ أَوْلِيَآءَ يَنصُرُونَهُم مِّن دُونِ ٱللَّهِۗ وَمَن يُضْلِلِ ٱللَّهُ فَمَا لَهُۥ مِن سَبِيلٍ

٤٧ ٱسْتَجِيبُواْ لِرَبِّكُم مِّن قَبْلِ أَن يَأْتِىَ يَوْمٌ لَّا مَرَدَّ لَهُۥ مِنَ ٱللَّهِۚ مَا لَكُم مِّن مَّلْجَإٍ يَوْمَئِذٍ وَمَا لَكُم مِّن نَّكِيرٍ

٤٨ فَإِنْ أَعْرَضُواْ فَمَآ أَرْسَلْنَٰكَ عَلَيْهِمْ حَفِيظًاۖ إِنْ عَلَيْكَ إِلَّا ٱلْبَلَٰغُۗ وَإِنَّآ إِذَآ أَذَقْنَا ٱلْإِنسَٰنَ مِنَّا رَحْمَةً فَرِحَ بِهَاۖ وَإِن تُصِبْهُمْ سَيِّئَةٌۢ بِمَا قَدَّمَتْ أَيْدِيهِمْ فَإِنَّ ٱلْإِنسَٰنَ كَفُورٌ

٤٩ لِّلَّهِ مُلْكُ ٱلسَّمَٰوَٰتِ وَٱلْأَرْضِۚ يَخْلُقُ مَا يَشَآءُۚ يَهَبُ لِمَن يَشَآءُ إِنَٰثًا وَيَهَبُ لِمَن يَشَآءُ ٱلذُّكُورَ

٥٠ أَوْ يُزَوِّجُهُمْ ذُكْرَانًا وَإِنَٰثًاۖ وَيَجْعَلُ مَن يَشَآءُ عَقِيمًاۚ إِنَّهُۥ عَلِيمٌ قَدِيرٌ

٥١ وَمَا كَانَ لِبَشَرٍ أَن يُكَلِّمَهُ ٱللَّهُ إِلَّا وَحْيًا أَوْ مِن وَرَآئِ حِجَابٍ أَوْ يُرْسِلَ رَسُولًا فَيُوحِىَ بِإِذْنِهِۦ مَا يَشَآءُۚ إِنَّهُۥ عَلِىٌّ حَكِيمٌ

٥٢ وَكَذَٰلِكَ أَوْحَيْنَآ إِلَيْكَ رُوحًا مِّنْ أَمْرِنَاۚ مَا كُنتَ تَدْرِى مَا ٱلْكِتَٰبُ وَلَا ٱلْإِيمَٰنُ وَلَٰكِن جَعَلْنَٰهُ نُورًا نَّهْدِى بِهِۦ مَن نَّشَآءُ مِنْ عِبَادِنَاۚ وَإِنَّكَ لَتَهْدِىٓ إِلَىٰ صِرَٰطٍ مُّسْتَقِيمٍ

٥٣ صِرَٰطِ ٱللَّهِ ٱلَّذِى لَهُۥ مَا فِى ٱلسَّمَٰوَٰتِ وَمَا فِى ٱلْأَرْضِۗ أَلَآ إِلَى ٱللَّهِ تَصِيرُ ٱلْأُمُورُ

سورة الزخرف

١ حمٓ

٢ وَٱلْكِتَٰبِ ٱلْمُبِينِ

٣ إِنَّا جَعَلْنَٰهُ قُرْءَٰنًا عَرَبِيًّا لَّعَلَّكُمْ تَعْقِلُونَ

٤ وَإِنَّهُۥ فِىٓ أُمِّ ٱلْكِتَٰبِ لَدَيْنَا لَعَلِىٌّ حَكِيمٌ

٥ أَفَنَضْرِبُ عَنكُمُ ٱلذِّكْرَ صَفْحًا أَن كُنتُمْ قَوْمًا مُّسْرِفِينَ

٦ وَكَمْ أَرْسَلْنَا مِن نَّبِىٍّ فِى ٱلْأَوَّلِينَ

٧ وَمَا يَأْتِيهِم مِّن نَّبِىٍّ إِلَّا كَانُواْ بِهِۦ يَسْتَهْزِءُونَ

٨ فَأَهْلَكْنَآ أَشَدَّ مِنْهُم بَطْشًا وَمَضَىٰ مَثَلُ ٱلْأَوَّلِينَ

٩ وَلَئِن سَأَلْتَهُم مَّنْ خَلَقَ ٱلسَّمَٰوَٰتِ وَٱلْأَرْضَ لَيَقُولُنَّ خَلَقَهُنَّ ٱلْعَزِيزُ ٱلْعَلِيمُ

١٠ ٱلَّذِى جَعَلَ لَكُمُ ٱلْأَرْضَ مَهْدًا وَجَعَلَ لَكُمْ فِيهَا سُبُلًا لَّعَلَّكُمْ تَهْتَدُونَ

١١ وَٱلَّذِى نَزَّلَ مِنَ ٱلسَّمَآءِ مَآءًۢ بِقَدَرٍ فَأَنشَرْنَا بِهِۦ بَلْدَةً مَّيْتًاۚ كَذَٰلِكَ تُخْرَجُونَ

١٢ وَٱلَّذِى خَلَقَ ٱلْأَزْوَٰجَ كُلَّهَا وَجَعَلَ لَكُم مِّنَ ٱلْفُلْكِ وَٱلْأَنْعَٰمِ مَا تَرْكَبُونَ

١٣ لِتَسْتَوُۥا۟ عَلَىٰ ظُهُورِهِۦ ثُمَّ تَذْكُرُوا۟ نِعْمَةَ رَبِّكُمْ إِذَا ٱسْتَوَيْتُمْ عَلَيْهِ وَتَقُولُوا۟ سُبْحَٰنَ ٱلَّذِى سَخَّرَ لَنَا هَٰذَا وَمَا كُنَّا لَهُۥ مُقْرِنِينَ

١٤ وَإِنَّآ إِلَىٰ رَبِّنَا لَمُنقَلِبُونَ

١٥ وَجَعَلُوا۟ لَهُۥ مِنْ عِبَادِهِۦ جُزْءًا إِنَّ ٱلْإِنسَٰنَ لَكَفُورٌ مُّبِينٌ

١٦ أَمِ ٱتَّخَذَ مِمَّا يَخْلُقُ بَنَاتٍ وَأَصْفَىٰكُم بِٱلْبَنِينَ

١٧ وَإِذَا بُشِّرَ أَحَدُهُم بِمَا ضَرَبَ لِلرَّحْمَٰنِ مَثَلًا ظَلَّ وَجْهُهُۥ مُسْوَدًّا وَهُوَ كَظِيمٌ

١٨ أَوَمَن يُنَشَّؤُا۟ فِى ٱلْحِلْيَةِ وَهُوَ فِى ٱلْخِصَامِ غَيْرُ مُبِينٍ

١٩ وَجَعَلُوا۟ ٱلْمَلَٰئِكَةَ ٱلَّذِينَ هُمْ عِبَٰدُ ٱلرَّحْمَٰنِ إِنَٰثًا أَشَهِدُوا۟ خَلْقَهُمْ سَتُكْتَبُ شَهَٰدَتُهُمْ وَيُسْـَٔلُونَ

٢٠ وَقَالُوا۟ لَوْ شَآءَ ٱلرَّحْمَٰنُ مَا عَبَدْنَٰهُم مَّا لَهُم بِذَٰلِكَ مِنْ عِلْمٍ إِنْ هُمْ إِلَّا يَخْرُصُونَ

٢١ أَمْ ءَاتَيْنَٰهُمْ كِتَٰبًا مِّن قَبْلِهِۦ فَهُم بِهِۦ مُسْتَمْسِكُونَ

٢٢ بَلْ قَالُوٓا۟ إِنَّا وَجَدْنَآ ءَابَآءَنَا عَلَىٰٓ أُمَّةٍ وَإِنَّا عَلَىٰٓ ءَاثَٰرِهِم مُّهْتَدُونَ

٢٣ وَكَذَٰلِكَ مَآ أَرْسَلْنَا مِن قَبْلِكَ فِى قَرْيَةٍ مِّن نَّذِيرٍ إِلَّا قَالَ مُتْرَفُوهَآ إِنَّا وَجَدْنَآ ءَابَآءَنَا عَلَىٰٓ أُمَّةٍ وَإِنَّا عَلَىٰٓ ءَاثَٰرِهِم مُّقْتَدُونَ

٢٤ قَٰلَ أَوَلَوْ جِئْتُكُم بِأَهْدَىٰ مِمَّا وَجَدتُّمْ عَلَيْهِ ءَابَآءَكُمْ قَالُوٓا۟ إِنَّا بِمَآ أُرْسِلْتُم بِهِۦ كَٰفِرُونَ

٢٥ فَٱنتَقَمْنَا مِنْهُمْ فَٱنظُرْ كَيْفَ كَانَ عَٰقِبَةُ ٱلْمُكَذِّبِينَ

٢٦ وَإِذْ قَالَ إِبْرَٰهِيمُ لِأَبِيهِ وَقَوْمِهِۦٓ إِنَّنِى بَرَآءٌ مِّمَّا تَعْبُدُونَ

٢٧ إِلَّا ٱلَّذِى فَطَرَنِى فَإِنَّهُۥ سَيَهْدِينِ

٢٨ وَجَعَلَهَا كَلِمَةًۢ بَاقِيَةً فِى عَقِبِهِۦ لَعَلَّهُمْ يَرْجِعُونَ

٢٩ بَلْ مَتَّعْتُ هَٰٓؤُلَآءِ وَءَابَآءَهُمْ حَتَّىٰ جَآءَهُمُ ٱلْحَقُّ وَرَسُولٌ مُّبِينٌ

٣٠ وَلَمَّا جَآءَهُمُ ٱلْحَقُّ قَالُوا۟ هَٰذَا سِحْرٌ وَإِنَّا بِهِۦ كَٰفِرُونَ

٣١ وَقَالُوا۟ لَوْلَا نُزِّلَ هَٰذَا ٱلْقُرْءَانُ عَلَىٰ رَجُلٍ مِّنَ ٱلْقَرْيَتَيْنِ عَظِيمٍ

٣٢ أَهُمْ يَقْسِمُونَ رَحْمَتَ رَبِّكَ نَحْنُ قَسَمْنَا بَيْنَهُم مَّعِيشَتَهُمْ فِى ٱلْحَيَوٰةِ ٱلدُّنْيَا وَرَفَعْنَا بَعْضَهُمْ فَوْقَ بَعْضٍ دَرَجَٰتٍ لِّيَتَّخِذَ بَعْضُهُم بَعْضًا سُخْرِيًّا وَرَحْمَتُ رَبِّكَ خَيْرٌ مِّمَّا يَجْمَعُونَ

٣٣ وَلَوْلَا أَن يَكُونَ ٱلنَّاسُ أُمَّةً وَٰحِدَةً لَّجَعَلْنَا لِمَن يَكْفُرُ بِٱلرَّحْمَٰنِ لِبُيُوتِهِمْ سُقُفًا مِّن فِضَّةٍ وَمَعَارِجَ عَلَيْهَا يَظْهَرُونَ

٣٤ وَلِبُيُوتِهِمْ أَبْوَٰبًا وَسُرُرًا عَلَيْهَا يَتَّكِـُٔونَ

٣٥ وَزُخْرُفًا وَإِن كُلُّ ذَٰلِكَ لَمَّا مَتَٰعُ ٱلْحَيَوٰةِ ٱلدُّنْيَا وَٱلْءَاخِرَةُ عِندَ رَبِّكَ لِلْمُتَّقِينَ

٣٦ وَمَن يَعْشُ عَن ذِكْرِ ٱلرَّحْمَٰنِ نُقَيِّضْ لَهُۥ شَيْطَٰنًا فَهُوَ لَهُۥ قَرِينٌ

٣٧ وَإِنَّهُمْ لَيَصُدُّونَهُمْ عَنِ ٱلسَّبِيلِ وَيَحْسَبُونَ أَنَّهُم مُّهْتَدُونَ

٣٨ حَتَّىٰٓ إِذَا جَآءَنَا قَالَ يَٰلَيْتَ بَيْنِى وَبَيْنَكَ بُعْدَ ٱلْمَشْرِقَيْنِ فَبِئْسَ ٱلْقَرِينُ

٣٩ وَلَن يَنفَعَكُمُ ٱلْيَوْمَ إِذ ظَّلَمْتُمْ أَنَّكُمْ فِى ٱلْعَذَابِ مُشْتَرِكُونَ

٤٠ أَفَأَنتَ تُسْمِعُ ٱلصُّمَّ أَوْ تَهْدِى ٱلْعُمْىَ وَمَن كَانَ فِى ضَلَٰلٍ مُّبِينٍ

٤١ فَإِمَّا نَذْهَبَنَّ بِكَ فَإِنَّا مِنْهُم مُّنتَقِمُونَ

٤٢ أَوْ نُرِيَنَّكَ ٱلَّذِى وَعَدْنَٰهُمْ فَإِنَّا عَلَيْهِم مُّقْتَدِرُونَ

٤٣ فَٱسْتَمْسِكْ بِٱلَّذِىٓ أُوحِىَ إِلَيْكَ ۖ إِنَّكَ عَلَىٰ صِرَٰطٍ مُّسْتَقِيمٍ

٤٤ وَإِنَّهُۥ لَذِكْرٌ لَّكَ وَلِقَوْمِكَ ۖ وَسَوْفَ تُسْـَٔلُونَ

٤٥ وَسْـَٔلْ مَنْ أَرْسَلْنَا مِن قَبْلِكَ مِن رُّسُلِنَآ أَجَعَلْنَا مِن دُونِ ٱلرَّحْمَٰنِ ءَالِهَةً يُعْبَدُونَ

٤٦ وَلَقَدْ أَرْسَلْنَا مُوسَىٰ بِـَٔايَٰتِنَآ إِلَىٰ فِرْعَوْنَ وَمَلَإِيْهِۦ فَقَالَ إِنِّى رَسُولُ رَبِّ ٱلْعَٰلَمِينَ

٤٧ فَلَمَّا جَآءَهُم بِـَٔايَٰتِنَآ إِذَا هُم مِّنْهَا يَضْحَكُونَ

٤٨ وَمَا نُرِيهِم مِّنْ ءَايَةٍ إِلَّا هِىَ أَكْبَرُ مِنْ أُخْتِهَا ۖ وَأَخَذْنَٰهُم بِٱلْعَذَابِ لَعَلَّهُمْ يَرْجِعُونَ

٤٩ وَقَالُوا۟ يَٰٓأَيُّهَ ٱلسَّاحِرُ ٱدْعُ لَنَا رَبَّكَ بِمَا عَهِدَ عِندَكَ إِنَّنَا لَمُهْتَدُونَ

٥٠ فَلَمَّا كَشَفْنَا عَنْهُمُ ٱلْعَذَابَ إِذَا هُمْ يَنكُثُونَ

٥١ وَنَادَىٰ فِرْعَوْنُ فِى قَوْمِهِۦ قَالَ يَٰقَوْمِ أَلَيْسَ لِى مُلْكُ مِصْرَ وَهَٰذِهِ ٱلْأَنْهَٰرُ تَجْرِى مِن تَحْتِىٓ ۖ أَفَلَا تُبْصِرُونَ

٥٢ أَمْ أَنَا۠ خَيْرٌ مِّنْ هَٰذَا ٱلَّذِى هُوَ مَهِينٌ وَلَا يَكَادُ يُبِينُ

٥٣ فَلَوْلَآ أُلْقِىَ عَلَيْهِ أَسْوِرَةٌ مِّن ذَهَبٍ أَوْ جَآءَ مَعَهُ ٱلْمَلَٰٓئِكَةُ مُقْتَرِنِينَ

٥٤ فَٱسْتَخَفَّ قَوْمَهُۥ فَأَطَاعُوهُ ۚ إِنَّهُمْ كَانُوا۟ قَوْمًا فَٰسِقِينَ

٥٥ فَلَمَّآ ءَاسَفُونَا ٱنتَقَمْنَا مِنْهُمْ فَأَغْرَقْنَٰهُمْ أَجْمَعِينَ

٥٦ فَجَعَلْنَٰهُمْ سَلَفًا وَمَثَلًا لِّلْءَاخِرِينَ

٥٧ وَلَمَّا ضُرِبَ ٱبْنُ مَرْيَمَ مَثَلًا إِذَا قَوْمُكَ مِنْهُ يَصِدُّونَ

٥٨ وَقَالُوٓا۟ ءَأَٰلِهَتُنَا خَيْرٌ أَمْ هُوَ ۚ مَا ضَرَبُوهُ لَكَ إِلَّا جَدَلًۢا ۚ بَلْ هُمْ قَوْمٌ خَصِمُونَ

٥٩ إِنْ هُوَ إِلَّا عَبْدٌ أَنْعَمْنَا عَلَيْهِ وَجَعَلْنَٰهُ مَثَلًا لِّبَنِىٓ إِسْرَٰٓءِيلَ

٦٠ وَلَوْ نَشَآءُ لَجَعَلْنَا مِنكُم مَّلَٰٓئِكَةً فِى ٱلْأَرْضِ يَخْلُفُونَ

٦١ وَإِنَّهُۥ لَعِلْمٌ لِّلسَّاعَةِ فَلَا تَمْتَرُنَّ بِهَا وَٱتَّبِعُونِ ۚ هَٰذَا صِرَٰطٌ مُّسْتَقِيمٌ

٦٢ وَلَا يَصُدَّنَّكُمُ ٱلشَّيْطَٰنُ ۖ إِنَّهُۥ لَكُمْ عَدُوٌّ مُّبِينٌ

٦٣ وَلَمَّا جَآءَ عِيسَىٰ بِٱلْبَيِّنَٰتِ قَالَ قَدْ جِئْتُكُم بِٱلْحِكْمَةِ وَلِأُبَيِّنَ لَكُم بَعْضَ ٱلَّذِى تَخْتَلِفُونَ فِيهِ ۖ فَٱتَّقُوا۟ ٱللَّهَ وَأَطِيعُونِ

٦٤ إِنَّ ٱللَّهَ هُوَ رَبِّى وَرَبُّكُمْ فَٱعْبُدُوهُ ۚ هَٰذَا صِرَٰطٌ مُّسْتَقِيمٌ

٦٥ فَٱخْتَلَفَ ٱلْأَحْزَابُ مِنۢ بَيْنِهِمْ ۖ فَوَيْلٌ لِّلَّذِينَ ظَلَمُوا۟ مِنْ عَذَابِ يَوْمٍ أَلِيمٍ

٦٦ هَلْ يَنظُرُونَ إِلَّا ٱلسَّاعَةَ أَن تَأْتِيَهُم بَغْتَةً وَهُمْ لَا يَشْعُرُونَ

٦٧ ٱلْأَخِلَّآءُ يَوْمَئِذٍۢ بَعْضُهُمْ لِبَعْضٍ عَدُوٌّ إِلَّا ٱلْمُتَّقِينَ

٦٨ يَٰعِبَادِ لَا خَوْفٌ عَلَيْكُمُ ٱلْيَوْمَ وَلَآ أَنتُمْ تَحْزَنُونَ

٦٩ ٱلَّذِينَ ءَامَنُوا۟ بِـَٔايَٰتِنَا وَكَانُوا۟ مُسْلِمِينَ

٧٠ ٱدْخُلُوا۟ ٱلْجَنَّةَ أَنتُمْ وَأَزْوَٰجُكُمْ تُحْبَرُونَ

٧١ يُطَافُ عَلَيْهِم بِصِحَافٍ مِّن ذَهَبٍ وَأَكْوَابٍ ۖ وَفِيهَا مَا تَشْتَهِيهِ ٱلْأَنفُسُ وَتَلَذُّ ٱلْأَعْيُنُ ۖ وَأَنتُمْ فِيهَا خَٰلِدُونَ

٧٢ وَتِلْكَ ٱلْجَنَّةُ ٱلَّتِىٓ أُورِثْتُمُوهَا بِمَا كُنتُمْ تَعْمَلُونَ

٧٣ لَكُمْ فِيهَا فَٰكِهَةٌ كَثِيرَةٌ مِّنْهَا تَأْكُلُونَ

٧٤ إِنَّ ٱلْمُجْرِمِينَ فِى عَذَابِ جَهَنَّمَ خَٰلِدُونَ

٧٥ لَا يُفَتَّرُ عَنْهُمْ وَهُمْ فِيهِ مُبْلِسُونَ

٧٦ وَمَا ظَلَمْنَٰهُمْ وَلَٰكِن كَانُوا۟ هُمُ ٱلظَّٰلِمِينَ

٧٧ وَنَادَوْا۟ يَٰمَٰلِكُ لِيَقْضِ عَلَيْنَا رَبُّكَ ۖ قَالَ إِنَّكُم مَّٰكِثُونَ

٧٨ لَقَدْ جِئْنَٰكُم بِٱلْحَقِّ وَلَٰكِنَّ أَكْثَرَكُمْ لِلْحَقِّ كَٰرِهُونَ

٧٩ أَمْ أَبْرَمُوٓا۟ أَمْرًا فَإِنَّا مُبْرِمُونَ

٨٠ أَمْ يَحْسَبُونَ أَنَّا لَا نَسْمَعُ سِرَّهُمْ وَنَجْوَىٰهُم ۚ بَلَىٰ وَرُسُلُنَا لَدَيْهِمْ يَكْتُبُونَ

٨١ قُلْ إِن كَانَ لِلرَّحْمَٰنِ وَلَدٌ فَأَنَا۠ أَوَّلُ ٱلْعَٰبِدِينَ

٨٢ سُبْحَٰنَ رَبِّ ٱلسَّمَٰوَٰتِ وَٱلْأَرْضِ رَبِّ ٱلْعَرْشِ عَمَّا يَصِفُونَ

٨٣ فَذَرْهُمْ يَخُوضُوا۟ وَيَلْعَبُوا۟ حَتَّىٰ يُلَٰقُوا۟ يَوْمَهُمُ ٱلَّذِى يُوعَدُونَ

٨٤ وَهُوَ ٱلَّذِى فِى ٱلسَّمَآءِ إِلَٰهٌ وَفِى ٱلْأَرْضِ إِلَٰهٌ ۚ وَهُوَ ٱلْحَكِيمُ ٱلْعَلِيمُ

٨٥ وَتَبَارَكَ ٱلَّذِى لَهُۥ مُلْكُ ٱلسَّمَٰوَٰتِ وَٱلْأَرْضِ وَمَا بَيْنَهُمَا وَعِندَهُۥ عِلْمُ ٱلسَّاعَةِ وَإِلَيْهِ تُرْجَعُونَ

٨٦ وَلَا يَمْلِكُ ٱلَّذِينَ يَدْعُونَ مِن دُونِهِ ٱلشَّفَٰعَةَ إِلَّا مَن شَهِدَ بِٱلْحَقِّ وَهُمْ يَعْلَمُونَ

٨٧ وَلَئِن سَأَلْتَهُم مَّنْ خَلَقَهُمْ لَيَقُولُنَّ ٱللَّهُ ۖ فَأَنَّىٰ يُؤْفَكُونَ

٨٨ وَقِيلِهِۦ يَٰرَبِّ إِنَّ هَٰٓؤُلَآءِ قَوْمٌ لَّا يُؤْمِنُونَ

٨٩ فَٱصْفَحْ عَنْهُمْ وَقُلْ سَلَٰمٌ ۚ فَسَوْفَ يَعْلَمُونَ

سُورَةُ ٱلدُّخَان

١ حمٓ

٢ وَٱلْكِتَٰبِ ٱلْمُبِينِ

٣ إِنَّآ أَنزَلْنَٰهُ فِى لَيْلَةٍ مُّبَٰرَكَةٍ ۚ إِنَّا كُنَّا مُنذِرِينَ

٤ فِيهَا يُفْرَقُ كُلُّ أَمْرٍ حَكِيمٍ

٥ أَمْرًا مِّنْ عِندِنَآ ۚ إِنَّا كُنَّا مُرْسِلِينَ

٦ رَحْمَةً مِّن رَّبِّكَ ۚ إِنَّهُۥ هُوَ ٱلسَّمِيعُ ٱلْعَلِيمُ

٧ رَبِّ ٱلسَّمَٰوَٰتِ وَٱلْأَرْضِ وَمَا بَيْنَهُمَآ ۖ إِن كُنتُم مُّوقِنِينَ

٨ لَآ إِلَٰهَ إِلَّا هُوَ يُحْىِۦ وَيُمِيتُ ۖ رَبُّكُمْ وَرَبُّ ءَابَآئِكُمُ ٱلْأَوَّلِينَ

٩ بَلْ هُمْ فِى شَكٍّ يَلْعَبُونَ

١٠ فَٱرْتَقِبْ يَوْمَ تَأْتِى ٱلسَّمَآءُ بِدُخَانٍ مُّبِينٍ

١١ يَغْشَى ٱلنَّاسَ ۖ هَٰذَا عَذَابٌ أَلِيمٌ

١٢ رَّبَّنَا ٱكْشِفْ عَنَّا ٱلْعَذَابَ إِنَّا مُؤْمِنُونَ

١٣ أَنَّىٰ لَهُمُ ٱلذِّكْرَىٰ وَقَدْ جَآءَهُمْ رَسُولٌ مُّبِينٌ

١٤ ثُمَّ تَوَلَّوْا۟ عَنْهُ وَقَالُوا۟ مُعَلَّمٌ مَّجْنُونٌ

١٥ إِنَّا كَاشِفُوا۟ ٱلْعَذَابِ قَلِيلًا ۚ إِنَّكُمْ عَآئِدُونَ

١٦ يَوْمَ نَبْطِشُ ٱلْبَطْشَةَ ٱلْكُبْرَىٰ إِنَّا مُنتَقِمُونَ

١٧ وَلَقَدْ فَتَنَّا قَبْلَهُمْ قَوْمَ فِرْعَوْنَ وَجَآءَهُمْ رَسُولٌ كَرِيمٌ

١٨ أَنْ أَدُّوٓا۟ إِلَىَّ عِبَادَ ٱللَّهِ ۖ إِنِّى لَكُمْ رَسُولٌ أَمِينٌ

١٩ وَأَن لَّا تَعْلُوا۟ عَلَى ٱللَّهِ ۖ إِنِّىٓ ءَاتِيكُم بِسُلْطَٰنٍ مُّبِينٍ

٢٠ وَإِنِّى عُذْتُ بِرَبِّى وَرَبِّكُمْ أَن تَرْجُمُونِ

٢١ وَإِن لَّمْ تُؤْمِنُوا۟ لِى فَٱعْتَزِلُونِ

٢٢ فَدَعَا رَبَّهُۥٓ أَنَّ هَٰٓؤُلَآءِ قَوْمٌ مُّجْرِمُونَ

٢٣ فَأَسْرِ بِعِبَادِى لَيْلًا إِنَّكُم مُّتَّبَعُونَ

وَٱتْرُكِ ٱلْبَحْرَ رَهْوًا إِنَّهُمْ جُندٌ مُّغْرَقُونَ ٢٤

كَمْ تَرَكُوا مِن جَنَّٰتٍ وَعُيُونٍ ٢٥

وَزُرُوعٍ وَمَقَامٍ كَرِيمٍ ٢٦

وَنَعْمَةٍ كَانُوا فِيهَا فَٰكِهِينَ ٢٧

كَذَٰلِكَ وَأَوْرَثْنَٰهَا قَوْمًا ءَاخَرِينَ ٢٨

فَمَا بَكَتْ عَلَيْهِمُ ٱلسَّمَآءُ وَٱلْأَرْضُ وَمَا كَانُوا مُنظَرِينَ ٢٩

وَلَقَدْ نَجَّيْنَا بَنِىٓ إِسْرَٰٓءِيلَ مِنَ ٱلْعَذَابِ ٱلْمُهِينِ ٣٠

مِن فِرْعَوْنَ إِنَّهُۥ كَانَ عَالِيًا مِّنَ ٱلْمُسْرِفِينَ ٣١

وَلَقَدِ ٱخْتَرْنَٰهُمْ عَلَىٰ عِلْمٍ عَلَى ٱلْعَٰلَمِينَ ٣٢

وَءَاتَيْنَٰهُم مِّنَ ٱلْءَايَٰتِ مَا فِيهِ بَلَٰٓؤٌا مُّبِينٌ ٣٣

إِنَّ هَٰٓؤُلَآءِ لَيَقُولُونَ ٣٤

إِنْ هِىَ إِلَّا مَوْتَتُنَا ٱلْأُولَىٰ وَمَا نَحْنُ بِمُنشَرِينَ ٣٥

فَأْتُوا بِـَٔابَآئِنَآ إِن كُنتُمْ صَٰدِقِينَ ٣٦

أَهُمْ خَيْرٌ أَمْ قَوْمُ تُبَّعٍ وَٱلَّذِينَ مِن قَبْلِهِمْ أَهْلَكْنَٰهُمْ إِنَّهُمْ كَانُوا مُجْرِمِينَ ٣٧

وَمَا خَلَقْنَا ٱلسَّمَٰوَٰتِ وَٱلْأَرْضَ وَمَا بَيْنَهُمَا لَٰعِبِينَ ٣٨

مَا خَلَقْنَٰهُمَآ إِلَّا بِٱلْحَقِّ وَلَٰكِنَّ أَكْثَرَهُمْ لَا يَعْلَمُونَ ٣٩

إِنَّ يَوْمَ ٱلْفَصْلِ مِيقَٰتُهُمْ أَجْمَعِينَ ٤٠

يَوْمَ لَا يُغْنِى مَوْلًى عَن مَّوْلًى شَيْـًٔا وَلَا هُمْ يُنصَرُونَ ٤١

إِلَّا مَن رَّحِمَ ٱللَّهُ إِنَّهُۥ هُوَ ٱلْعَزِيزُ ٱلرَّحِيمُ ٤٢

إِنَّ شَجَرَتَ ٱلزَّقُّومِ ٤٣

طَعَامُ ٱلْأَثِيمِ ٤٤

كَٱلْمُهْلِ يَغْلِى فِى ٱلْبُطُونِ ٤٥

كَغَلْىِ ٱلْحَمِيمِ ٤٦

خُذُوهُ فَٱعْتِلُوهُ إِلَىٰ سَوَآءِ ٱلْجَحِيمِ ٤٧

ثُمَّ صُبُّوا فَوْقَ رَأْسِهِۦ مِنْ عَذَابِ ٱلْحَمِيمِ ٤٨

ذُقْ إِنَّكَ أَنتَ ٱلْعَزِيزُ ٱلْكَرِيمُ ٤٩

إِنَّ هَٰذَا مَا كُنتُم بِهِۦ تَمْتَرُونَ ٥٠

إِنَّ ٱلْمُتَّقِينَ فِى مَقَامٍ أَمِينٍ ٥١

فِى جَنَّٰتٍ وَعُيُونٍ ٥٢

يَلْبَسُونَ مِن سُندُسٍ وَإِسْتَبْرَقٍ مُّتَقَٰبِلِينَ ٥٣

كَذَٰلِكَ وَزَوَّجْنَٰهُم بِحُورٍ عِينٍ ٥٤

يَدْعُونَ فِيهَا بِكُلِّ فَٰكِهَةٍ ءَامِنِينَ ٥٥

لَا يَذُوقُونَ فِيهَا ٱلْمَوْتَ إِلَّا ٱلْمَوْتَةَ ٱلْأُولَىٰ وَوَقَٰهُمْ عَذَابَ ٱلْجَحِيمِ ٥٦

فَضْلًا مِّن رَّبِّكَ ذَٰلِكَ هُوَ ٱلْفَوْزُ ٱلْعَظِيمُ ٥٧

فَإِنَّمَا يَسَّرْنَٰهُ بِلِسَانِكَ لَعَلَّهُمْ يَتَذَكَّرُونَ ٥٨

فَٱرْتَقِبْ إِنَّهُم مُّرْتَقِبُونَ ٥٩

سورة الجاثية

حمٓ ١

تَنزِيلُ ٱلْكِتَٰبِ مِنَ ٱللَّهِ ٱلْعَزِيزِ ٱلْحَكِيمِ ٢

إِنَّ فِى ٱلسَّمَٰوَٰتِ وَٱلْأَرْضِ لَءَايَٰتٍ لِّلْمُؤْمِنِينَ ٣

وَفِى خَلْقِكُمْ وَمَا يَبُثُّ مِن دَآبَّةٍ ءَايَٰتٌ لِّقَوْمٍ يُوقِنُونَ ٤

وَٱخْتِلَٰفِ ٱلَّيْلِ وَٱلنَّهَارِ وَمَآ أَنزَلَ ٱللَّهُ مِنَ ٱلسَّمَآءِ مِن رِّزْقٍ فَأَحْيَا بِهِ ٱلْأَرْضَ بَعْدَ مَوْتِهَا وَتَصْرِيفِ ٱلرِّيَٰحِ ءَايَٰتٌ لِّقَوْمٍ يَعْقِلُونَ ٥

تِلْكَ ءَايَٰتُ ٱللَّهِ نَتْلُوهَا عَلَيْكَ بِٱلْحَقِّ فَبِأَىِّ حَدِيثٍ بَعْدَ ٱللَّهِ وَءَايَٰتِهِۦ يُؤْمِنُونَ ٦

وَيْلٌ لِّكُلِّ أَفَّاكٍ أَثِيمٍ ٧

٨ يَسْمَعُ ءَايَٰتِ ٱللَّهِ تُتْلَىٰ عَلَيْهِ ثُمَّ يُصِرُّ مُسْتَكْبِرًا كَأَن لَّمْ يَسْمَعْهَا ۖ فَبَشِّرْهُ بِعَذَابٍ أَلِيمٍ

٩ وَإِذَا عَلِمَ مِنْ ءَايَٰتِنَا شَيْـًٔا ٱتَّخَذَهَا هُزُوًا ۚ أُو۟لَٰئِكَ لَهُمْ عَذَابٌ مُّهِينٌ

١٠ مِّن وَرَآئِهِمْ جَهَنَّمُ ۖ وَلَا يُغْنِى عَنْهُم مَّا كَسَبُوا۟ شَيْـًٔا وَلَا مَا ٱتَّخَذُوا۟ مِن دُونِ ٱللَّهِ أَوْلِيَآءَ ۖ وَلَهُمْ عَذَابٌ عَظِيمٌ

١١ هَٰذَا هُدًى ۖ وَٱلَّذِينَ كَفَرُوا۟ بِـَٔايَٰتِ رَبِّهِمْ لَهُمْ عَذَابٌ مِّن رِّجْزٍ أَلِيمٌ

١٢ ٱللَّهُ ٱلَّذِى سَخَّرَ لَكُمُ ٱلْبَحْرَ لِتَجْرِىَ ٱلْفُلْكُ ۞ فِيهِ بِأَمْرِهِ وَلِتَبْتَغُوا۟ مِن فَضْلِهِ وَلَعَلَّكُمْ تَشْكُرُونَ

١٣ وَسَخَّرَ لَكُم مَّا فِى ٱلسَّمَٰوَٰتِ وَمَا فِى ٱلْأَرْضِ جَمِيعًا مِّنْهُ ۚ إِنَّ فِى ذَٰلِكَ لَـَٔايَٰتٍ لِّقَوْمٍ يَتَفَكَّرُونَ

١٤ قُل لِّلَّذِينَ ءَامَنُوا۟ يَغْفِرُوا۟ لِلَّذِينَ لَا يَرْجُونَ أَيَّامَ ٱللَّهِ لِيَجْزِىَ قَوْمًا بِمَا كَانُوا۟ يَكْسِبُونَ

١٥ مَنْ عَمِلَ صَٰلِحًا فَلِنَفْسِهِ ۖ وَمَنْ أَسَآءَ فَعَلَيْهَا ۖ ثُمَّ إِلَىٰ رَبِّكُمْ تُرْجَعُونَ

١٦ وَلَقَدْ ءَاتَيْنَا بَنِىٓ إِسْرَٰٓءِيلَ ٱلْكِتَٰبَ وَٱلْحُكْمَ وَٱلنُّبُوَّةَ وَرَزَقْنَٰهُم مِّنَ ٱلطَّيِّبَٰتِ وَفَضَّلْنَٰهُمْ عَلَى ٱلْعَٰلَمِينَ

١٧ وَءَاتَيْنَٰهُم بَيِّنَٰتٍ مِّنَ ٱلْأَمْرِ ۖ فَمَا ٱخْتَلَفُوٓا۟ إِلَّا مِنۢ بَعْدِ مَا جَآءَهُمُ ٱلْعِلْمُ بَغْيًۢا بَيْنَهُمْ ۚ إِنَّ رَبَّكَ يَقْضِى بَيْنَهُمْ يَوْمَ ٱلْقِيَٰمَةِ فِيمَا كَانُوا۟ فِيهِ يَخْتَلِفُونَ

١٨ ثُمَّ جَعَلْنَٰكَ عَلَىٰ شَرِيعَةٍ مِّنَ ٱلْأَمْرِ فَٱتَّبِعْهَا وَلَا تَتَّبِعْ أَهْوَآءَ ٱلَّذِينَ لَا يَعْلَمُونَ

١٩ إِنَّهُمْ لَن يُغْنُوا۟ عَنكَ مِنَ ٱللَّهِ شَيْـًٔا ۚ وَإِنَّ ٱلظَّٰلِمِينَ بَعْضُهُمْ أَوْلِيَآءُ بَعْضٍ ۖ وَٱللَّهُ وَلِىُّ ٱلْمُتَّقِينَ

٢٠ هَٰذَا بَصَٰٓئِرُ لِلنَّاسِ وَهُدًى وَرَحْمَةٌ لِّقَوْمٍ يُوقِنُونَ

٢١ أَمْ حَسِبَ ٱلَّذِينَ ٱجْتَرَحُوا۟ ٱلسَّيِّـَٔاتِ أَن نَّجْعَلَهُمْ كَٱلَّذِينَ ءَامَنُوا۟ وَعَمِلُوا۟ ٱلصَّٰلِحَٰتِ سَوَآءً مَّحْيَاهُمْ وَمَمَاتُهُمْ ۚ سَآءَ مَا يَحْكُمُونَ

٢٢ وَخَلَقَ ٱللَّهُ ٱلسَّمَٰوَٰتِ وَٱلْأَرْضَ بِٱلْحَقِّ وَلِتُجْزَىٰ كُلُّ نَفْسٍۭ بِمَا كَسَبَتْ وَهُمْ لَا يُظْلَمُونَ

٢٣ أَفَرَءَيْتَ مَنِ ٱتَّخَذَ إِلَٰهَهُ هَوَىٰهُ وَأَضَلَّهُ ٱللَّهُ عَلَىٰ عِلْمٍ وَخَتَمَ عَلَىٰ سَمْعِهِ وَقَلْبِهِ وَجَعَلَ عَلَىٰ بَصَرِهِ غِشَٰوَةً فَمَن يَهْدِيهِ مِنۢ بَعْدِ ٱللَّهِ ۚ أَفَلَا تَذَكَّرُونَ

٢٤ وَقَالُوا۟ مَا هِىَ إِلَّا حَيَاتُنَا ٱلدُّنْيَا نَمُوتُ وَنَحْيَا وَمَا يُهْلِكُنَآ إِلَّا ٱلدَّهْرُ ۚ وَمَا لَهُم بِذَٰلِكَ مِنْ عِلْمٍ ۖ إِنْ هُمْ إِلَّا يَظُنُّونَ

٢٥ وَإِذَا تُتْلَىٰ عَلَيْهِمْ ءَايَٰتُنَا بَيِّنَٰتٍ مَّا كَانَ حُجَّتَهُمْ إِلَّآ أَن قَالُوا۟ ٱئْتُوا۟ بِـَٔابَآئِنَآ إِن كُنتُمْ صَٰدِقِينَ

٢٦ قُلِ ٱللَّهُ يُحْيِيكُمْ ثُمَّ يُمِيتُكُمْ ثُمَّ يَجْمَعُكُمْ إِلَىٰ يَوْمِ ٱلْقِيَٰمَةِ لَا رَيْبَ فِيهِ وَلَٰكِنَّ أَكْثَرَ ٱلنَّاسِ لَا يَعْلَمُونَ

٢٧ وَلِلَّهِ مُلْكُ ٱلسَّمَٰوَٰتِ وَٱلْأَرْضِ ۚ وَيَوْمَ تَقُومُ ٱلسَّاعَةُ يَوْمَئِذٍ يَخْسَرُ ٱلْمُبْطِلُونَ

٢٨ وَتَرَىٰ كُلَّ أُمَّةٍ جَاثِيَةً ۚ كُلُّ أُمَّةٍ تُدْعَىٰٓ إِلَىٰ كِتَٰبِهَا ٱلْيَوْمَ تُجْزَوْنَ مَا كُنتُمْ تَعْمَلُونَ

٢٩ هَٰذَا كِتَٰبُنَا يَنطِقُ عَلَيْكُم بِٱلْحَقِّ ۚ إِنَّا كُنَّا نَسْتَنسِخُ مَا كُنتُمْ تَعْمَلُونَ

٣٠ فَأَمَّا ٱلَّذِينَ ءَامَنُوا وَعَمِلُوا ٱلصَّٰلِحَٰتِ فَيُدْخِلُهُمْ رَبُّهُمْ فِى رَحْمَتِهِ ذَٰلِكَ هُوَ ٱلْفَوْزُ ٱلْمُبِينُ

٣١ وَأَمَّا ٱلَّذِينَ كَفَرُوا أَفَلَمْ تَكُنْ ءَايَٰتِى تُتْلَىٰ عَلَيْكُمْ فَٱسْتَكْبَرْتُمْ وَكُنتُمْ قَوْمًا مُّجْرِمِينَ

٣٢ وَإِذَا قِيلَ إِنَّ وَعْدَ ٱللَّهِ حَقٌّ وَٱلسَّاعَةُ لَا رَيْبَ فِيهَا قُلْتُم مَّا نَدْرِى مَا ٱلسَّاعَةُ إِن نَّظُنُّ إِلَّا ظَنًّا وَمَا نَحْنُ بِمُسْتَيْقِنِينَ

٣٣ وَبَدَا لَهُمْ سَيِّئَاتُ مَا عَمِلُوا وَحَاقَ بِهِم مَّا كَانُوا بِهِ يَسْتَهْزِءُونَ

٣٤ وَقِيلَ ٱلْيَوْمَ نَنسَىٰكُمْ كَمَا نَسِيتُمْ لِقَآءَ يَوْمِكُمْ هَٰذَا وَمَأْوَىٰكُمُ ٱلنَّارُ وَمَا لَكُم مِّن نَّٰصِرِينَ

٣٥ ذَٰلِكُم بِأَنَّكُمُ ٱتَّخَذْتُمْ ءَايَٰتِ ٱللَّهِ هُزُوًا وَغَرَّتْكُمُ ٱلْحَيَوٰةُ ٱلدُّنْيَا فَٱلْيَوْمَ لَا يُخْرَجُونَ مِنْهَا وَلَا هُمْ يُسْتَعْتَبُونَ

٣٦ فَلِلَّهِ ٱلْحَمْدُ رَبِّ ٱلسَّمَٰوَٰتِ وَرَبِّ ٱلْأَرْضِ رَبِّ ٱلْعَٰلَمِينَ

٣٧ وَلَهُ ٱلْكِبْرِيَآءُ فِى ٱلسَّمَٰوَٰتِ وَٱلْأَرْضِ وَهُوَ ٱلْعَزِيزُ ٱلْحَكِيمُ

سورة الأحقاف

١ حم

٢ تَنزِيلُ ٱلْكِتَٰبِ مِنَ ٱللَّهِ ٱلْعَزِيزِ ٱلْحَكِيمِ

٣ مَا خَلَقْنَا ٱلسَّمَٰوَٰتِ وَٱلْأَرْضَ وَمَا بَيْنَهُمَا إِلَّا بِٱلْحَقِّ وَأَجَلٍ مُّسَمًّى وَٱلَّذِينَ كَفَرُوا عَمَّا أُنذِرُوا مُعْرِضُونَ

٤ قُلْ أَرَءَيْتُم مَّا تَدْعُونَ مِن دُونِ ٱللَّهِ أَرُونِى مَاذَا خَلَقُوا مِنَ ٱلْأَرْضِ أَمْ لَهُمْ شِرْكٌ فِى ٱلسَّمَٰوَٰتِ ٱئْتُونِى بِكِتَٰبٍ مِّن قَبْلِ هَٰذَا أَوْ أَثَٰرَةٍ مِّنْ عِلْمٍ إِن كُنتُمْ صَٰدِقِينَ

٥ وَمَنْ أَضَلُّ مِمَّن يَدْعُوا مِن دُونِ ٱللَّهِ مَن لَّا يَسْتَجِيبُ لَهُ إِلَىٰ يَوْمِ ٱلْقِيَٰمَةِ وَهُمْ عَن دُعَآئِهِمْ غَٰفِلُونَ

٦ وَإِذَا حُشِرَ ٱلنَّاسُ كَانُوا لَهُمْ أَعْدَآءً وَكَانُوا بِعِبَادَتِهِمْ كَٰفِرِينَ

٧ وَإِذَا تُتْلَىٰ عَلَيْهِمْ ءَايَٰتُنَا بَيِّنَٰتٍ قَالَ ٱلَّذِينَ كَفَرُوا لِلْحَقِّ لَمَّا جَآءَهُمْ هَٰذَا سِحْرٌ مُّبِينٌ

٨ أَمْ يَقُولُونَ ٱفْتَرَىٰهُ قُلْ إِنِ ٱفْتَرَيْتُهُ فَلَا تَمْلِكُونَ لِى مِنَ ٱللَّهِ شَيْئًا هُوَ أَعْلَمُ بِمَا تُفِيضُونَ فِيهِ كَفَىٰ بِهِ شَهِيدًا بَيْنِى وَبَيْنَكُمْ وَهُوَ ٱلْغَفُورُ ٱلرَّحِيمُ

٩ قُلْ مَا كُنتُ بِدْعًا مِّنَ ٱلرُّسُلِ وَمَا أَدْرِى مَا يُفْعَلُ بِى وَلَا بِكُمْ إِنْ أَتَّبِعُ إِلَّا مَا يُوحَىٰ إِلَىَّ وَمَا أَنَا إِلَّا نَذِيرٌ مُّبِينٌ

١٠ قُلْ أَرَءَيْتُمْ إِن كَانَ مِنْ عِندِ ٱللَّهِ وَكَفَرْتُم بِهِ وَشَهِدَ شَاهِدٌ مِّن بَنِى إِسْرَٰءِيلَ عَلَىٰ مِثْلِهِ فَـَٔامَنَ وَٱسْتَكْبَرْتُمْ إِنَّ ٱللَّهَ لَا يَهْدِى ٱلْقَوْمَ ٱلظَّٰلِمِينَ

١١ وَقَالَ ٱلَّذِينَ كَفَرُوا لِلَّذِينَ ءَامَنُوا لَوْ كَانَ خَيْرًا مَّا سَبَقُونَا إِلَيْهِ وَإِذْ لَمْ يَهْتَدُوا بِهِ فَسَيَقُولُونَ هَٰذَا إِفْكٌ قَدِيمٌ

١٢ وَمِن قَبْلِهِ كِتَٰبُ مُوسَىٰ إِمَامًا وَرَحْمَةً وَهَٰذَا كِتَٰبٌ مُّصَدِّقٌ لِّسَانًا عَرَبِيًّا لِّيُنذِرَ ٱلَّذِينَ ظَلَمُوا وَبُشْرَىٰ لِلْمُحْسِنِينَ

١٣ إِنَّ ٱلَّذِينَ قَالُوا رَبُّنَا ٱللَّهُ ثُمَّ ٱسْتَقَٰمُوا فَلَا خَوْفٌ عَلَيْهِمْ وَلَا هُمْ يَحْزَنُونَ

١٤ أُو۟لَٰٓئِكَ أَصْحَٰبُ ٱلْجَنَّةِ خَٰلِدِينَ فِيهَا جَزَآءً بِمَا كَانُوا يَعْمَلُونَ

١٥ وَوَصَّيْنَا ٱلْإِنسَٰنَ بِوَٰلِدَيْهِ إِحْسَٰنًا حَمَلَتْهُ أُمُّهُ كُرْهًا وَوَضَعَتْهُ كُرْهًا وَحَمْلُهُ وَفِصَٰلُهُ ثَلَٰثُونَ شَهْرًا حَتَّىٰ إِذَا بَلَغَ أَشُدَّهُ وَبَلَغَ أَرْبَعِينَ سَنَةً قَالَ رَبِّ أَوْزِعْنِى أَنْ أَشْكُرَ

نِعْمَتَكَ ٱلَّتِىٓ أَنْعَمْتَ عَلَىَّ وَعَلَىٰ وَٰلِدَىَّ وَأَنْ أَعْمَلَ صَٰلِحًا تَرْضَىٰهُ وَأَصْلِحْ لِى فِى ذُرِّيَّتِىٓ إِنِّى تُبْتُ إِلَيْكَ وَإِنِّى مِنَ ٱلْمُسْلِمِينَ

١٦ أُو۟لَٰٓئِكَ ٱلَّذِينَ نَتَقَبَّلُ عَنْهُمْ أَحْسَنَ مَا عَمِلُوا۟ وَنَتَجَاوَزُ عَن سَيِّـَٔاتِهِمْ فِىٓ أَصْحَٰبِ ٱلْجَنَّةِ وَعْدَ ٱلصِّدْقِ ٱلَّذِى كَانُوا۟ يُوعَدُونَ

١٧ وَٱلَّذِى قَالَ لِوَٰلِدَيْهِ أُفٍّ لَّكُمَآ أَتَعِدَانِنِىٓ أَنْ أُخْرَجَ وَقَدْ خَلَتِ ٱلْقُرُونُ مِن قَبْلِى وَهُمَا يَسْتَغِيثَانِ ٱللَّهَ وَيْلَكَ ءَامِنْ إِنَّ وَعْدَ ٱللَّهِ حَقٌّ فَيَقُولُ مَا هَٰذَآ إِلَّآ أَسَٰطِيرُ ٱلْأَوَّلِينَ

١٨ أُو۟لَٰٓئِكَ ٱلَّذِينَ حَقَّ عَلَيْهِمُ ٱلْقَوْلُ فِىٓ أُمَمٍ قَدْ خَلَتْ مِن قَبْلِهِم مِّنَ ٱلْجِنِّ وَٱلْإِنسِ إِنَّهُمْ كَانُوا۟ خَٰسِرِينَ

١٩ وَلِكُلٍّ دَرَجَٰتٌ مِّمَّا عَمِلُوا۟ وَلِيُوَفِّيَهُمْ أَعْمَٰلَهُمْ وَهُمْ لَا يُظْلَمُونَ

٢٠ وَيَوْمَ يُعْرَضُ ٱلَّذِينَ كَفَرُوا۟ عَلَى ٱلنَّارِ أَذْهَبْتُمْ طَيِّبَٰتِكُمْ فِى حَيَاتِكُمُ ٱلدُّنْيَا وَٱسْتَمْتَعْتُم بِهَا فَٱلْيَوْمَ تُجْزَوْنَ عَذَابَ ٱلْهُونِ بِمَا كُنتُمْ تَسْتَكْبِرُونَ فِى ٱلْأَرْضِ بِغَيْرِ ٱلْحَقِّ وَبِمَا كُنتُمْ تَفْسُقُونَ

٢١ وَٱذْكُرْ أَخَا عَادٍ إِذْ أَنذَرَ قَوْمَهُۥ بِٱلْأَحْقَافِ ۝ وَقَدْ خَلَتِ ٱلنُّذُرُ مِنۢ بَيْنِ يَدَيْهِ وَمِنْ خَلْفِهِۦٓ أَلَّا تَعْبُدُوٓا۟ إِلَّا ٱللَّهَ إِنِّىٓ أَخَافُ عَلَيْكُمْ عَذَابَ يَوْمٍ عَظِيمٍ

٢٢ قَالُوٓا۟ أَجِئْتَنَا لِتَأْفِكَنَا عَنْ ءَالِهَتِنَا فَأْتِنَا بِمَا تَعِدُنَآ إِن كُنتَ مِنَ ٱلصَّٰدِقِينَ

٢٣ قَالَ إِنَّمَا ٱلْعِلْمُ عِندَ ٱللَّهِ وَأُبَلِّغُكُم مَّآ أُرْسِلْتُ بِهِۦ وَلَٰكِنِّىٓ أَرَىٰكُمْ قَوْمًا تَجْهَلُونَ

٢٤ فَلَمَّا رَأَوْهُ عَارِضًا مُّسْتَقْبِلَ أَوْدِيَتِهِمْ قَالُوا۟ هَٰذَا عَارِضٌ مُّمْطِرُنَا بَلْ هُوَ مَا ٱسْتَعْجَلْتُم بِهِۦ رِيحٌ فِيهَا عَذَابٌ أَلِيمٌ

٢٥ تُدَمِّرُ كُلَّ شَىْءٍۭ بِأَمْرِ رَبِّهَا فَأَصْبَحُوا۟ لَا يُرَىٰٓ إِلَّا مَسَٰكِنُهُمْ كَذَٰلِكَ نَجْزِى ٱلْقَوْمَ ٱلْمُجْرِمِينَ

٢٦ وَلَقَدْ مَكَّنَّٰهُمْ فِيمَآ إِن مَّكَّنَّٰكُمْ فِيهِ وَجَعَلْنَا لَهُمْ سَمْعًا وَأَبْصَٰرًا وَأَفْـِٔدَةً فَمَآ أَغْنَىٰ عَنْهُمْ سَمْعُهُمْ وَلَآ أَبْصَٰرُهُمْ وَلَآ أَفْـِٔدَتُهُم مِّن شَىْءٍ إِذْ كَانُوا۟ يَجْحَدُونَ بِـَٔايَٰتِ ٱللَّهِ وَحَاقَ بِهِم مَّا كَانُوا۟ بِهِۦ يَسْتَهْزِءُونَ

٢٧ وَلَقَدْ أَهْلَكْنَا مَا حَوْلَكُم مِّنَ ٱلْقُرَىٰ وَصَرَّفْنَا ٱلْءَايَٰتِ لَعَلَّهُمْ يَرْجِعُونَ

٢٨ فَلَوْلَا نَصَرَهُمُ ٱلَّذِينَ ٱتَّخَذُوا۟ مِن دُونِ ٱللَّهِ قُرْبَانًا ءَالِهَةً بَلْ ضَلُّوا۟ عَنْهُمْ وَذَٰلِكَ إِفْكُهُمْ وَمَا كَانُوا۟ يَفْتَرُونَ

٢٩ وَإِذْ صَرَفْنَآ إِلَيْكَ نَفَرًا مِّنَ ٱلْجِنِّ يَسْتَمِعُونَ ٱلْقُرْءَانَ فَلَمَّا حَضَرُوهُ قَالُوٓا۟ أَنصِتُوا۟ فَلَمَّا قُضِىَ وَلَّوْا۟ إِلَىٰ قَوْمِهِم مُّنذِرِينَ

٣٠ قَالُوا۟ يَٰقَوْمَنَآ إِنَّا سَمِعْنَا كِتَٰبًا أُنزِلَ مِنۢ بَعْدِ مُوسَىٰ مُصَدِّقًا لِّمَا بَيْنَ يَدَيْهِ يَهْدِىٓ إِلَى ٱلْحَقِّ وَإِلَىٰ طَرِيقٍ مُّسْتَقِيمٍ

٣١ يَٰقَوْمَنَآ أَجِيبُوا۟ دَاعِىَ ٱللَّهِ وَءَامِنُوا۟ بِهِۦ يَغْفِرْ لَكُم مِّن ذُنُوبِكُمْ وَيُجِرْكُم مِّنْ عَذَابٍ أَلِيمٍ

٣٢ وَمَن لَّا يُجِبْ دَاعِىَ ٱللَّهِ فَلَيْسَ بِمُعْجِزٍ فِى ٱلْأَرْضِ وَلَيْسَ لَهُۥ مِن دُونِهِۦٓ أَوْلِيَآءُ أُو۟لَٰٓئِكَ فِى ضَلَٰلٍ مُّبِينٍ

٣٣ أَوَلَمْ يَرَوْا۟ أَنَّ ٱللَّهَ ٱلَّذِى خَلَقَ ٱلسَّمَٰوَٰتِ وَٱلْأَرْضَ وَلَمْ يَعْىَ بِخَلْقِهِنَّ بِقَٰدِرٍ عَلَىٰٓ أَن يُحْۦِىَ ٱلْمَوْتَىٰ بَلَىٰٓ إِنَّهُۥ عَلَىٰ كُلِّ شَىْءٍ قَدِيرٌ

٣٤ وَيَوْمَ يُعْرَضُ ٱلَّذِينَ كَفَرُوا۟ عَلَى ٱلنَّارِ أَلَيْسَ هَٰذَا بِٱلْحَقِّ قَالُوا۟ بَلَىٰ وَرَبِّنَا قَالَ فَذُوقُوا۟ ٱلْعَذَابَ بِمَا كُنتُمْ تَكْفُرُونَ

٣٥ فَٱصْبِرْ كَمَا صَبَرَ أُو۟لُوا۟ ٱلْعَزْمِ مِنَ ٱلرُّسُلِ وَلَا تَسْتَعْجِل لَّهُمْ كَأَنَّهُمْ يَوْمَ يَرَوْنَ مَا

يُوعَدُونَ لَمْ يَلْبَثُوٓا۟ إِلَّا سَاعَةً مِّن نَّهَارٍ ۚ بَلَٰغٌ ۚ فَهَلْ يُهْلَكُ إِلَّا ٱلْقَوْمُ ٱلْفَٰسِقُونَ

سورة محمد

١ ٱلَّذِينَ كَفَرُوا۟ وَصَدُّوا۟ عَن سَبِيلِ ٱللَّهِ أَضَلَّ أَعْمَٰلَهُمْ

٢ وَٱلَّذِينَ ءَامَنُوا۟ وَعَمِلُوا۟ ٱلصَّٰلِحَٰتِ وَءَامَنُوا۟ بِمَا نُزِّلَ عَلَىٰ مُحَمَّدٍ وَهُوَ ٱلْحَقُّ مِن رَّبِّهِمْ ۙ كَفَّرَ عَنْهُمْ سَيِّـَٔاتِهِمْ وَأَصْلَحَ بَالَهُمْ

٣ ذَٰلِكَ بِأَنَّ ٱلَّذِينَ كَفَرُوا۟ ٱتَّبَعُوا۟ ٱلْبَٰطِلَ وَأَنَّ ٱلَّذِينَ ءَامَنُوا۟ ٱتَّبَعُوا۟ ٱلْحَقَّ مِن رَّبِّهِمْ ۚ كَذَٰلِكَ يَضْرِبُ ٱللَّهُ لِلنَّاسِ أَمْثَٰلَهُمْ

٤ فَإِذَا لَقِيتُمُ ٱلَّذِينَ كَفَرُوا۟ فَضَرْبَ ٱلرِّقَابِ حَتَّىٰٓ إِذَآ أَثْخَنتُمُوهُمْ فَشُدُّوا۟ ٱلْوَثَاقَ فَإِمَّا مَنًّۢا بَعْدُ وَإِمَّا فِدَآءً حَتَّىٰ تَضَعَ ٱلْحَرْبُ أَوْزَارَهَا ۚ ذَٰلِكَ وَلَوْ يَشَآءُ ٱللَّهُ لَٱنتَصَرَ مِنْهُمْ وَلَٰكِن لِّيَبْلُوَا۟ بَعْضَكُم بِبَعْضٍ ۗ وَٱلَّذِينَ قُتِلُوا۟ فِى سَبِيلِ ٱللَّهِ فَلَن يُضِلَّ أَعْمَٰلَهُمْ

٥ سَيَهْدِيهِمْ وَيُصْلِحُ بَالَهُمْ

٦ وَيُدْخِلُهُمُ ٱلْجَنَّةَ عَرَّفَهَا لَهُمْ

٧ يَٰٓأَيُّهَا ٱلَّذِينَ ءَامَنُوٓا۟ إِن تَنصُرُوا۟ ٱللَّهَ يَنصُرْكُمْ وَيُثَبِّتْ أَقْدَامَكُمْ

٨ وَٱلَّذِينَ كَفَرُوا۟ فَتَعْسًا لَّهُمْ وَأَضَلَّ أَعْمَٰلَهُمْ

٩ ذَٰلِكَ بِأَنَّهُمْ كَرِهُوا۟ مَآ أَنزَلَ ٱللَّهُ فَأَحْبَطَ أَعْمَٰلَهُمْ

١٠ أَفَلَمْ يَسِيرُوا۟ فِى ٱلْأَرْضِ فَيَنظُرُوا۟ كَيْفَ كَانَ عَٰقِبَةُ ٱلَّذِينَ مِن قَبْلِهِمْ ۚ دَمَّرَ ٱللَّهُ عَلَيْهِمْ ۖ وَلِلْكَٰفِرِينَ أَمْثَٰلُهَا

١١ ذَٰلِكَ بِأَنَّ ٱللَّهَ مَوْلَى ٱلَّذِينَ ءَامَنُوا۟ وَأَنَّ ٱلْكَٰفِرِينَ لَا مَوْلَىٰ لَهُمْ

١٢ إِنَّ ٱللَّهَ يُدْخِلُ ٱلَّذِينَ ءَامَنُوا۟ وَعَمِلُوا۟ ٱلصَّٰلِحَٰتِ جَنَّٰتٍ تَجْرِى مِن تَحْتِهَا ٱلْأَنْهَٰرُ ۖ وَٱلَّذِينَ كَفَرُوا۟ يَتَمَتَّعُونَ وَيَأْكُلُونَ كَمَا تَأْكُلُ ٱلْأَنْعَٰمُ وَٱلنَّارُ مَثْوًى لَّهُمْ

١٣ وَكَأَيِّن مِّن قَرْيَةٍ هِىَ أَشَدُّ قُوَّةً مِّن قَرْيَتِكَ ٱلَّتِىٓ أَخْرَجَتْكَ أَهْلَكْنَٰهُمْ فَلَا نَاصِرَ لَهُمْ

١٤ أَفَمَن كَانَ عَلَىٰ بَيِّنَةٍ مِّن رَّبِّهِۦ كَمَن زُيِّنَ لَهُۥ سُوٓءُ عَمَلِهِۦ وَٱتَّبَعُوٓا۟ أَهْوَآءَهُم

١٥ مَّثَلُ ٱلْجَنَّةِ ٱلَّتِى وُعِدَ ٱلْمُتَّقُونَ ۖ فِيهَآ أَنْهَٰرٌ مِّن مَّآءٍ غَيْرِ ءَاسِنٍ وَأَنْهَٰرٌ مِّن لَّبَنٍ لَّمْ يَتَغَيَّرْ طَعْمُهُۥ وَأَنْهَٰرٌ مِّنْ خَمْرٍ لَّذَّةٍ لِّلشَّٰرِبِينَ وَأَنْهَٰرٌ مِّنْ عَسَلٍ مُّصَفًّى ۖ وَلَهُمْ فِيهَا مِن كُلِّ ٱلثَّمَرَٰتِ وَمَغْفِرَةٌ مِّن رَّبِّهِمْ ۖ كَمَنْ هُوَ خَٰلِدٌ فِى ٱلنَّارِ وَسُقُوا۟ مَآءً حَمِيمًا فَقَطَّعَ أَمْعَآءَهُمْ

١٦ وَمِنْهُم مَّن يَسْتَمِعُ إِلَيْكَ حَتَّىٰٓ إِذَا خَرَجُوا۟ مِنْ عِندِكَ قَالُوا۟ لِلَّذِينَ أُوتُوا۟ ٱلْعِلْمَ مَاذَا قَالَ ءَانِفًا ۚ أُو۟لَٰٓئِكَ ٱلَّذِينَ طَبَعَ ٱللَّهُ عَلَىٰ قُلُوبِهِمْ وَٱتَّبَعُوٓا۟ أَهْوَآءَهُمْ

١٧ وَٱلَّذِينَ ٱهْتَدَوْا۟ زَادَهُمْ هُدًى وَءَاتَىٰهُمْ تَقْوَىٰهُمْ

١٨ فَهَلْ يَنظُرُونَ إِلَّا ٱلسَّاعَةَ أَن تَأْتِيَهُم بَغْتَةً ۖ فَقَدْ جَآءَ أَشْرَاطُهَا ۚ فَأَنَّىٰ لَهُمْ إِذَا جَآءَتْهُمْ ذِكْرَىٰهُمْ

١٩ فَٱعْلَمْ أَنَّهُۥ لَا إِلَٰهَ إِلَّا ٱللَّهُ وَٱسْتَغْفِرْ لِذَنۢبِكَ وَلِلْمُؤْمِنِينَ وَٱلْمُؤْمِنَٰتِ ۗ وَٱللَّهُ يَعْلَمُ مُتَقَلَّبَكُمْ وَمَثْوَىٰكُمْ

٢٠ وَيَقُولُ ٱلَّذِينَ ءَامَنُوا۟ لَوْلَا نُزِّلَتْ سُورَةٌ ۖ فَإِذَآ أُنزِلَتْ سُورَةٌ مُّحْكَمَةٌ وَذُكِرَ فِيهَا ٱلْقِتَالُ ۙ رَأَيْتَ ٱلَّذِينَ فِى قُلُوبِهِم مَّرَضٌ يَنظُرُونَ إِلَيْكَ نَظَرَ ٱلْمَغْشِىِّ عَلَيْهِ مِنَ ٱلْمَوْتِ ۖ فَأَوْلَىٰ لَهُمْ

٢١ طَاعَةٌ وَقَوْلٌ مَّعْرُوفٌ ۚ فَإِذَا عَزَمَ ٱلْأَمْرُ فَلَوْ صَدَقُوا۟ ٱللَّهَ لَكَانَ خَيْرًا لَّهُمْ

٢٢ فَهَلْ عَسَيْتُمْ إِن تَوَلَّيْتُمْ أَن تُفْسِدُوا۟ فِى ٱلْأَرْضِ وَتُقَطِّعُوٓا۟ أَرْحَامَكُمْ

٢٣ أُو۟لَٰٓئِكَ ٱلَّذِينَ لَعَنَهُمُ ٱللَّهُ فَأَصَمَّهُمْ وَأَعْمَىٰٓ أَبْصَٰرَهُمْ

٢٤ أَفَلَا يَتَدَبَّرُونَ ٱلْقُرْءَانَ أَمْ عَلَىٰ قُلُوبٍ أَقْفَالُهَآ

٢٥ إِنَّ ٱلَّذِينَ ٱرْتَدُّوا۟ عَلَىٰٓ أَدْبَٰرِهِم مِّنۢ بَعْدِ مَا تَبَيَّنَ لَهُمُ ٱلْهُدَى ۙ ٱلشَّيْطَٰنُ سَوَّلَ لَهُمْ وَأَمْلَىٰ لَهُمْ

٢٦ ذَٰلِكَ بِأَنَّهُمْ قَالُوا۟ لِلَّذِينَ كَرِهُوا۟ مَا نَزَّلَ ٱللَّهُ سَنُطِيعُكُمْ فِى بَعْضِ ٱلْأَمْرِ ۖ وَٱللَّهُ يَعْلَمُ إِسْرَارَهُمْ

٢٧ فَكَيْفَ إِذَا تَوَفَّتْهُمُ ٱلْمَلَٰٓئِكَةُ يَضْرِبُونَ وُجُوهَهُمْ وَأَدْبَٰرَهُمْ

٢٨ ذَٰلِكَ بِأَنَّهُمُ ٱتَّبَعُوا۟ مَآ أَسْخَطَ ٱللَّهَ وَكَرِهُوا۟ رِضْوَٰنَهُۥ فَأَحْبَطَ أَعْمَٰلَهُمْ

٢٩ أَمْ حَسِبَ ٱلَّذِينَ فِى قُلُوبِهِم مَّرَضٌ أَن لَّن يُخْرِجَ ٱللَّهُ أَضْغَٰنَهُمْ

٣٠ وَلَوْ نَشَآءُ لَأَرَيْنَٰكَهُمْ فَلَعَرَفْتَهُم بِسِيمَٰهُمْ ۚ وَلَتَعْرِفَنَّهُمْ فِى لَحْنِ ٱلْقَوْلِ ۚ وَٱللَّهُ يَعْلَمُ أَعْمَٰلَكُمْ

٣١ وَلَنَبْلُوَنَّكُمْ حَتَّىٰ نَعْلَمَ ٱلْمُجَٰهِدِينَ مِنكُمْ وَٱلصَّٰبِرِينَ وَنَبْلُوَا۟ أَخْبَارَكُمْ

٣٢ إِنَّ ٱلَّذِينَ كَفَرُوا۟ وَصَدُّوا۟ عَن سَبِيلِ ٱللَّهِ وَشَاقُّوا۟ ٱلرَّسُولَ مِنۢ بَعْدِ مَا تَبَيَّنَ لَهُمُ ٱلْهُدَىٰ لَن يَضُرُّوا۟ ٱللَّهَ شَيْـًٔا وَسَيُحْبِطُ أَعْمَٰلَهُمْ

٣٣ يَٰٓأَيُّهَا ٱلَّذِينَ ءَامَنُوٓا۟ أَطِيعُوا۟ ٱللَّهَ ۞ وَأَطِيعُوا۟ ٱلرَّسُولَ وَلَا تُبْطِلُوٓا۟ أَعْمَٰلَكُمْ

٣٤ إِنَّ ٱلَّذِينَ كَفَرُوا۟ وَصَدُّوا۟ عَن سَبِيلِ ٱللَّهِ ثُمَّ مَاتُوا۟ وَهُمْ كُفَّارٌ فَلَن يَغْفِرَ ٱللَّهُ لَهُمْ

٣٥ فَلَا تَهِنُوا۟ وَتَدْعُوٓا۟ إِلَى ٱلسَّلْمِ وَأَنتُمُ ٱلْأَعْلَوْنَ وَٱللَّهُ مَعَكُمْ وَلَن يَتِرَكُمْ أَعْمَٰلَكُمْ

٣٦ إِنَّمَا ٱلْحَيَوٰةُ ٱلدُّنْيَا لَعِبٌ وَلَهْوٌ ۚ وَإِن تُؤْمِنُوا۟ وَتَتَّقُوا۟ يُؤْتِكُمْ أُجُورَكُمْ وَلَا يَسْـَٔلْكُمْ أَمْوَٰلَكُمْ

٣٧ إِن يَسْـَٔلْكُمُوهَا فَيُحْفِكُمْ تَبْخَلُوا۟ وَيُخْرِجْ أَضْغَٰنَكُمْ

٣٨ هَٰٓأَنتُمْ هَٰٓؤُلَآءِ تُدْعَوْنَ لِتُنفِقُوا۟ فِى سَبِيلِ ٱللَّهِ فَمِنكُم مَّن يَبْخَلُ ۖ وَمَن يَبْخَلْ فَإِنَّمَا يَبْخَلُ عَن نَّفْسِهِ ۚ وَٱللَّهُ ٱلْغَنِىُّ وَأَنتُمُ ٱلْفُقَرَآءُ ۚ وَإِن تَتَوَلَّوْا۟ يَسْتَبْدِلْ قَوْمًا غَيْرَكُمْ ثُمَّ لَا يَكُونُوٓا۟ أَمْثَٰلَكُم

سورة الفتح

١ إِنَّا فَتَحْنَا لَكَ فَتْحًا مُّبِينًا

٢ لِّيَغْفِرَ لَكَ ٱللَّهُ مَا تَقَدَّمَ مِن ذَنۢبِكَ وَمَا تَأَخَّرَ وَيُتِمَّ نِعْمَتَهُۥ عَلَيْكَ وَيَهْدِيَكَ صِرَٰطًا مُّسْتَقِيمًا

٣ وَيَنصُرَكَ ٱللَّهُ نَصْرًا عَزِيزًا

٤ هُوَ ٱلَّذِىٓ أَنزَلَ ٱلسَّكِينَةَ فِى قُلُوبِ ٱلْمُؤْمِنِينَ لِيَزْدَادُوٓا۟ إِيمَٰنًا مَّعَ إِيمَٰنِهِمْ ۗ وَلِلَّهِ جُنُودُ ٱلسَّمَٰوَٰتِ وَٱلْأَرْضِ ۚ وَكَانَ ٱللَّهُ عَلِيمًا حَكِيمًا

٥ لِّيُدْخِلَ ٱلْمُؤْمِنِينَ وَٱلْمُؤْمِنَٰتِ جَنَّٰتٍ تَجْرِى مِن تَحْتِهَا ٱلْأَنْهَٰرُ خَٰلِدِينَ فِيهَا وَيُكَفِّرَ عَنْهُمْ سَيِّـَٔاتِهِمْ ۚ وَكَانَ ذَٰلِكَ عِندَ ٱللَّهِ فَوْزًا عَظِيمًا

٦ وَيُعَذِّبَ ٱلْمُنَٰفِقِينَ وَٱلْمُنَٰفِقَٰتِ وَٱلْمُشْرِكِينَ وَٱلْمُشْرِكَٰتِ ٱلظَّآنِّينَ بِٱللَّهِ ظَنَّ ٱلسَّوْءِ ۚ عَلَيْهِمْ دَآئِرَةُ ٱلسَّوْءِ ۖ وَغَضِبَ ٱللَّهُ عَلَيْهِمْ وَلَعَنَهُمْ وَأَعَدَّ لَهُمْ جَهَنَّمَ ۖ وَسَآءَتْ مَصِيرًا

٧ وَلِلَّهِ جُنُودُ ٱلسَّمَٰوَٰتِ وَٱلْأَرْضِ ۚ وَكَانَ ٱللَّهُ عَزِيزًا حَكِيمًا

٨ إِنَّآ أَرْسَلْنَٰكَ شَٰهِدًا وَمُبَشِّرًا وَنَذِيرًا

٩ لِّتُؤْمِنُوا۟ بِٱللَّهِ وَرَسُولِهِۦ وَتُعَزِّرُوهُ وَتُوَقِّرُوهُ وَتُسَبِّحُوهُ بُكْرَةً وَأَصِيلًا

١٠ إِنَّ ٱلَّذِينَ يُبَايِعُونَكَ إِنَّمَا يُبَايِعُونَ ٱللَّهَ يَدُ ٱللَّهِ فَوْقَ أَيْدِيهِمْ ۚ فَمَن نَّكَثَ فَإِنَّمَا يَنكُثُ عَلَىٰ نَفْسِهِۦ ۖ وَمَنْ أَوْفَىٰ بِمَا عَٰهَدَ عَلَيْهُ ٱللَّهَ فَسَيُؤْتِيهِ أَجْرًا عَظِيمًا

١١ سَيَقُولُ لَكَ ٱلْمُخَلَّفُونَ مِنَ ٱلْأَعْرَابِ شَغَلَتْنَآ أَمْوَٰلُنَا وَأَهْلُونَا فَٱسْتَغْفِرْ لَنَا ۚ يَقُولُونَ بِأَلْسِنَتِهِم مَّا لَيْسَ فِى قُلُوبِهِمْ ۚ قُلْ فَمَن يَمْلِكُ لَكُم مِّنَ ٱللَّهِ شَيْئًا إِنْ أَرَادَ بِكُمْ ضَرًّا أَوْ أَرَادَ بِكُمْ نَفْعًا ۚ بَلْ كَانَ ٱللَّهُ بِمَا تَعْمَلُونَ خَبِيرًا

١٢ بَلْ ظَنَنتُمْ أَن لَّن يَنقَلِبَ ٱلرَّسُولُ وَٱلْمُؤْمِنُونَ إِلَىٰٓ أَهْلِيهِمْ أَبَدًا وَزُيِّنَ ذَٰلِكَ فِى قُلُوبِكُمْ وَظَنَنتُمْ ظَنَّ ٱلسَّوْءِ وَكُنتُمْ قَوْمًۢا بُورًا

١٣ وَمَن لَّمْ يُؤْمِنۢ بِٱللَّهِ وَرَسُولِهِۦ فَإِنَّآ أَعْتَدْنَا لِلْكَٰفِرِينَ سَعِيرًا

١٤ وَلِلَّهِ مُلْكُ ٱلسَّمَٰوَٰتِ وَٱلْأَرْضِ ۚ يَغْفِرُ لِمَن يَشَآءُ وَيُعَذِّبُ مَن يَشَآءُ ۚ وَكَانَ ٱللَّهُ غَفُورًا رَّحِيمًا

١٥ سَيَقُولُ ٱلْمُخَلَّفُونَ إِذَا ٱنطَلَقْتُمْ إِلَىٰ مَغَانِمَ لِتَأْخُذُوهَا ذَرُونَا نَتَّبِعْكُمْ ۖ يُرِيدُونَ أَن يُبَدِّلُوا۟ كَلَٰمَ ٱللَّهِ ۚ قُل لَّن تَتَّبِعُونَا كَذَٰلِكُمْ قَالَ ٱللَّهُ مِن قَبْلُ ۖ فَسَيَقُولُونَ بَلْ تَحْسُدُونَنَا ۚ بَلْ كَانُوا۟ لَا يَفْقَهُونَ إِلَّا قَلِيلًا

١٦ قُل لِّلْمُخَلَّفِينَ مِنَ ٱلْأَعْرَابِ سَتُدْعَوْنَ إِلَىٰ قَوْمٍ أُو۟لِى بَأْسٍ شَدِيدٍ تُقَٰتِلُونَهُمْ أَوْ يُسْلِمُونَ ۖ فَإِن تُطِيعُوا۟ يُؤْتِكُمُ ٱللَّهُ أَجْرًا حَسَنًا ۖ وَإِن تَتَوَلَّوْا۟ كَمَا تَوَلَّيْتُم مِّن قَبْلُ يُعَذِّبْكُمْ عَذَابًا أَلِيمًا

١٧ لَّيْسَ عَلَى ٱلْأَعْمَىٰ حَرَجٌ وَلَا عَلَى ٱلْأَعْرَجِ حَرَجٌ وَلَا عَلَى ٱلْمَرِيضِ حَرَجٌ ۗ وَمَن يُطِعِ ٱللَّهَ وَرَسُولَهُۥ يُدْخِلْهُ جَنَّٰتٍ تَجْرِى مِن تَحْتِهَا ٱلْأَنْهَٰرُ ۖ وَمَن يَتَوَلَّ يُعَذِّبْهُ عَذَابًا أَلِيمًا

١٨ لَّقَدْ رَضِىَ ٱللَّهُ عَنِ ٱلْمُؤْمِنِينَ إِذْ يُبَايِعُونَكَ تَحْتَ ٱلشَّجَرَةِ فَعَلِمَ مَا فِى قُلُوبِهِمْ فَأَنزَلَ ٱلسَّكِينَةَ عَلَيْهِمْ وَأَثَٰبَهُمْ فَتْحًا قَرِيبًا

١٩ وَمَغَانِمَ كَثِيرَةً يَأْخُذُونَهَا ۗ وَكَانَ ٱللَّهُ عَزِيزًا حَكِيمًا

٢٠ وَعَدَكُمُ ٱللَّهُ مَغَانِمَ كَثِيرَةً تَأْخُذُونَهَا فَعَجَّلَ لَكُمْ هَٰذِهِۦ وَكَفَّ أَيْدِىَ ٱلنَّاسِ عَنكُمْ وَلِتَكُونَ ءَايَةً لِّلْمُؤْمِنِينَ وَيَهْدِيَكُمْ صِرَٰطًا مُّسْتَقِيمًا

٢١ وَأُخْرَىٰ لَمْ تَقْدِرُوا۟ عَلَيْهَا قَدْ أَحَاطَ ٱللَّهُ بِهَا ۚ وَكَانَ ٱللَّهُ عَلَىٰ كُلِّ شَىْءٍ قَدِيرًا

٢٢ وَلَوْ قَٰتَلَكُمُ ٱلَّذِينَ كَفَرُوا۟ لَوَلَّوُا۟ ٱلْأَدْبَٰرَ ثُمَّ لَا يَجِدُونَ وَلِيًّا وَلَا نَصِيرًا

٢٣ سُنَّةَ ٱللَّهِ ٱلَّتِى قَدْ خَلَتْ مِن قَبْلُ ۖ وَلَن تَجِدَ لِسُنَّةِ ٱللَّهِ تَبْدِيلًا

٢٤ وَهُوَ ٱلَّذِى كَفَّ أَيْدِيَهُمْ عَنكُمْ وَأَيْدِيَكُمْ عَنْهُم بِبَطْنِ مَكَّةَ مِنۢ بَعْدِ أَنْ أَظْفَرَكُمْ عَلَيْهِمْ ۚ وَكَانَ ٱللَّهُ بِمَا تَعْمَلُونَ بَصِيرًا

٢٥ هُمُ ٱلَّذِينَ كَفَرُوا۟ وَصَدُّوكُمْ عَنِ ٱلْمَسْجِدِ ٱلْحَرَامِ وَٱلْهَدْىَ مَعْكُوفًا أَن يَبْلُغَ مَحِلَّهُۥ ۚ وَلَوْلَا رِجَالٌ مُّؤْمِنُونَ وَنِسَآءٌ مُّؤْمِنَٰتٌ لَّمْ تَعْلَمُوهُمْ أَن تَطَـُٔوهُمْ فَتُصِيبَكُم مِّنْهُم مَّعَرَّةٌۢ بِغَيْرِ عِلْمٍ ۖ لِّيُدْخِلَ ٱللَّهُ فِى رَحْمَتِهِۦ مَن يَشَآءُ ۚ لَوْ تَزَيَّلُوا۟ لَعَذَّبْنَا ٱلَّذِينَ كَفَرُوا۟ مِنْهُمْ عَذَابًا أَلِيمًا

٢٦ إِذْ جَعَلَ ٱلَّذِينَ كَفَرُوا۟ فِى قُلُوبِهِمُ ٱلْحَمِيَّةَ حَمِيَّةَ ٱلْجَٰهِلِيَّةِ فَأَنزَلَ ٱللَّهُ سَكِينَتَهُۥ عَلَىٰ رَسُولِهِۦ وَعَلَى ٱلْمُؤْمِنِينَ وَأَلْزَمَهُمْ كَلِمَةَ

ٱلتَّقْوَىٰ وَكَانُوٓا۟ أَحَقَّ بِهَا وَأَهْلَهَا ۚ وَكَانَ ٱللَّهُ بِكُلِّ شَىْءٍ عَلِيمًا

٢٧ لَّقَدْ صَدَقَ ٱللَّهُ رَسُولَهُ ٱلرُّءْيَا بِٱلْحَقِّ ۖ لَتَدْخُلُنَّ ٱلْمَسْجِدَ ٱلْحَرَامَ إِن شَآءَ ٱللَّهُ ءَامِنِينَ مُحَلِّقِينَ رُءُوسَكُمْ وَمُقَصِّرِينَ لَا تَخَافُونَ ۖ فَعَلِمَ مَا لَمْ تَعْلَمُوا۟ فَجَعَلَ مِن دُونِ ذَٰلِكَ فَتْحًا قَرِيبًا

٢٨ هُوَ ٱلَّذِىٓ أَرْسَلَ رَسُولَهُۥ بِٱلْهُدَىٰ وَدِينِ ٱلْحَقِّ لِيُظْهِرَهُۥ عَلَى ٱلدِّينِ كُلِّهِۦ ۚ وَكَفَىٰ بِٱللَّهِ شَهِيدًا

٢٩ مُّحَمَّدٌ رَّسُولُ ٱللَّهِ ۚ وَٱلَّذِينَ مَعَهُۥٓ أَشِدَّآءُ عَلَى ٱلْكُفَّارِ رُحَمَآءُ بَيْنَهُمْ ۖ تَرَىٰهُمْ رُكَّعًا سُجَّدًا يَبْتَغُونَ فَضْلًا مِّنَ ٱللَّهِ وَرِضْوَٰنًا ۖ سِيمَاهُمْ فِى وُجُوهِهِم مِّنْ أَثَرِ ٱلسُّجُودِ ۚ ذَٰلِكَ مَثَلُهُمْ فِى ٱلتَّوْرَىٰةِ ۚ وَمَثَلُهُمْ فِى ٱلْإِنجِيلِ كَزَرْعٍ أَخْرَجَ شَطْـَٔهُۥ فَـَٔازَرَهُۥ فَٱسْتَغْلَظَ فَٱسْتَوَىٰ عَلَىٰ سُوقِهِۦ يُعْجِبُ ٱلزُّرَّاعَ لِيَغِيظَ بِهِمُ ٱلْكُفَّارَ ۗ وَعَدَ ٱللَّهُ ٱلَّذِينَ ءَامَنُوا۟ وَعَمِلُوا۟ ٱلصَّٰلِحَٰتِ مِنْهُم مَّغْفِرَةً وَأَجْرًا عَظِيمًۢا

سورة الحجرات

١ يَٰٓأَيُّهَا ٱلَّذِينَ ءَامَنُوا۟ لَا تُقَدِّمُوا۟ بَيْنَ يَدَىِ ٱللَّهِ وَرَسُولِهِۦ ۖ وَٱتَّقُوا۟ ٱللَّهَ ۚ إِنَّ ٱللَّهَ سَمِيعٌ عَلِيمٌ

٢ يَٰٓأَيُّهَا ٱلَّذِينَ ءَامَنُوا۟ لَا تَرْفَعُوٓا۟ أَصْوَٰتَكُمْ فَوْقَ صَوْتِ ٱلنَّبِىِّ وَلَا تَجْهَرُوا۟ لَهُۥ بِٱلْقَوْلِ كَجَهْرِ بَعْضِكُمْ لِبَعْضٍ أَن تَحْبَطَ أَعْمَٰلُكُمْ وَأَنتُمْ لَا تَشْعُرُونَ

٣ إِنَّ ٱلَّذِينَ يَغُضُّونَ أَصْوَٰتَهُمْ عِندَ رَسُولِ ٱللَّهِ أُو۟لَٰٓئِكَ ٱلَّذِينَ ٱمْتَحَنَ ٱللَّهُ قُلُوبَهُمْ لِلتَّقْوَىٰ ۚ لَهُم مَّغْفِرَةٌ وَأَجْرٌ عَظِيمٌ

٤ إِنَّ ٱلَّذِينَ يُنَادُونَكَ مِن وَرَآءِ ٱلْحُجُرَٰتِ أَكْثَرُهُمْ لَا يَعْقِلُونَ

٥ وَلَوْ أَنَّهُمْ صَبَرُوا۟ حَتَّىٰ تَخْرُجَ إِلَيْهِمْ لَكَانَ خَيْرًا لَّهُمْ ۚ وَٱللَّهُ غَفُورٌ رَّحِيمٌ

٦ يَٰٓأَيُّهَا ٱلَّذِينَ ءَامَنُوٓا۟ إِن جَآءَكُمْ فَاسِقٌۢ بِنَبَإٍ فَتَبَيَّنُوٓا۟ أَن تُصِيبُوا۟ قَوْمًۢا بِجَهَٰلَةٍ فَتُصْبِحُوا۟ عَلَىٰ مَا فَعَلْتُمْ نَٰدِمِينَ

٧ وَٱعْلَمُوٓا۟ أَنَّ فِيكُمْ رَسُولَ ٱللَّهِ ۚ لَوْ يُطِيعُكُمْ فِى كَثِيرٍ مِّنَ ٱلْأَمْرِ لَعَنِتُّمْ وَلَٰكِنَّ ٱللَّهَ حَبَّبَ إِلَيْكُمُ ٱلْإِيمَٰنَ وَزَيَّنَهُۥ فِى قُلُوبِكُمْ وَكَرَّهَ إِلَيْكُمُ ٱلْكُفْرَ وَٱلْفُسُوقَ وَٱلْعِصْيَانَ ۚ أُو۟لَٰٓئِكَ هُمُ ٱلرَّٰشِدُونَ

٨ فَضْلًا مِّنَ ٱللَّهِ وَنِعْمَةً ۚ وَٱللَّهُ عَلِيمٌ حَكِيمٌ

٩ وَإِن طَآئِفَتَانِ مِنَ ٱلْمُؤْمِنِينَ ٱقْتَتَلُوا۟ فَأَصْلِحُوا۟ بَيْنَهُمَا ۖ فَإِنۢ بَغَتْ إِحْدَىٰهُمَا عَلَى ٱلْأُخْرَىٰ فَقَٰتِلُوا۟ ٱلَّتِى تَبْغِى حَتَّىٰ تَفِىٓءَ إِلَىٰٓ أَمْرِ ٱللَّهِ ۚ فَإِن فَآءَتْ فَأَصْلِحُوا۟ بَيْنَهُمَا بِٱلْعَدْلِ وَأَقْسِطُوٓا۟ ۖ إِنَّ ٱللَّهَ يُحِبُّ ٱلْمُقْسِطِينَ

١٠ إِنَّمَا ٱلْمُؤْمِنُونَ إِخْوَةٌ فَأَصْلِحُوا۟ بَيْنَ أَخَوَيْكُمْ ۚ وَٱتَّقُوا۟ ٱللَّهَ لَعَلَّكُمْ تُرْحَمُونَ

١١ يَٰٓأَيُّهَا ٱلَّذِينَ ءَامَنُوا۟ لَا يَسْخَرْ قَوْمٌ مِّن قَوْمٍ عَسَىٰٓ أَن يَكُونُوا۟ خَيْرًا مِّنْهُمْ وَلَا نِسَآءٌ مِّن نِّسَآءٍ عَسَىٰٓ أَن يَكُنَّ خَيْرًا مِّنْهُنَّ ۖ وَلَا تَلْمِزُوٓا۟ أَنفُسَكُمْ وَلَا تَنَابَزُوا۟ بِٱلْأَلْقَٰبِ ۖ بِئْسَ ٱلِٱسْمُ ٱلْفُسُوقُ بَعْدَ ٱلْإِيمَٰنِ ۚ وَمَن لَّمْ يَتُبْ فَأُو۟لَٰٓئِكَ هُمُ ٱلظَّٰلِمُونَ

١٢ يَٰٓأَيُّهَا ٱلَّذِينَ ءَامَنُوا۟ ٱجْتَنِبُوا۟ كَثِيرًا مِّنَ ٱلظَّنِّ إِنَّ بَعْضَ ٱلظَّنِّ إِثْمٌ ۖ وَلَا تَجَسَّسُوا۟ وَلَا يَغْتَب بَّعْضُكُم بَعْضًا ۚ أَيُحِبُّ أَحَدُكُمْ أَن يَأْكُلَ لَحْمَ أَخِيهِ مَيْتًا فَكَرِهْتُمُوهُ ۚ وَٱتَّقُوا۟ ٱللَّهَ ۚ إِنَّ ٱللَّهَ تَوَّابٌ رَّحِيمٌ

١٣ يَٰٓأَيُّهَا ٱلنَّاسُ إِنَّا خَلَقْنَٰكُم مِّن ذَكَرٍ وَأُنثَىٰ وَجَعَلْنَٰكُمْ شُعُوبًا وَقَبَآئِلَ لِتَعَارَفُوٓا۟ ۚ إِنَّ أَكْرَمَكُمْ عِندَ ٱللَّهِ أَتْقَىٰكُمْ ۚ إِنَّ ٱللَّهَ عَلِيمٌ خَبِيرٌ

١٤ قَالَتِ ٱلْأَعْرَابُ ءَامَنَّا ۖ قُل لَّمْ تُؤْمِنُوا۟ ۞ وَلَٰكِن قُولُوٓا۟ أَسْلَمْنَا وَلَمَّا يَدْخُلِ ٱلْإِيمَٰنُ فِى قُلُوبِكُمْ ۖ وَإِن تُطِيعُوا۟ ٱللَّهَ وَرَسُولَهُۥ لَا يَلِتْكُم مِّنْ أَعْمَٰلِكُمْ شَيْـًٔا ۚ إِنَّ ٱللَّهَ غَفُورٌ رَّحِيمٌ

١٥ إِنَّمَا ٱلْمُؤْمِنُونَ ٱلَّذِينَ ءَامَنُوا۟ بِٱللَّهِ وَرَسُولِهِۦ ثُمَّ لَمْ يَرْتَابُوا۟ وَجَٰهَدُوا۟ بِأَمْوَٰلِهِمْ وَأَنفُسِهِمْ فِى سَبِيلِ ٱللَّهِ ۚ أُو۟لَٰٓئِكَ هُمُ ٱلصَّٰدِقُونَ

١٦ قُلْ أَتُعَلِّمُونَ ٱللَّهَ بِدِينِكُمْ وَٱللَّهُ يَعْلَمُ مَا فِى ٱلسَّمَٰوَٰتِ وَمَا فِى ٱلْأَرْضِ ۚ وَٱللَّهُ بِكُلِّ شَىْءٍ عَلِيمٌ

١٧ يَمُنُّونَ عَلَيْكَ أَنْ أَسْلَمُوا۟ ۖ قُل لَّا تَمُنُّوا۟ عَلَىَّ إِسْلَٰمَكُم ۖ بَلِ ٱللَّهُ يَمُنُّ عَلَيْكُمْ أَنْ هَدَىٰكُمْ لِلْإِيمَٰنِ إِن كُنتُمْ صَٰدِقِينَ

١٨ إِنَّ ٱللَّهَ يَعْلَمُ غَيْبَ ٱلسَّمَٰوَٰتِ وَٱلْأَرْضِ ۚ وَٱللَّهُ بَصِيرٌۢ بِمَا تَعْمَلُونَ

سورة ق

١ قٓ ۚ وَٱلْقُرْءَانِ ٱلْمَجِيدِ

٢ بَلْ عَجِبُوٓا۟ أَن جَآءَهُم مُّنذِرٌ مِّنْهُمْ فَقَالَ ٱلْكَٰفِرُونَ هَٰذَا شَىْءٌ عَجِيبٌ

٣ أَءِذَا مِتْنَا وَكُنَّا تُرَابًا ۖ ذَٰلِكَ رَجْعٌۢ بَعِيدٌ

٤ قَدْ عَلِمْنَا مَا تَنقُصُ ٱلْأَرْضُ مِنْهُمْ ۖ وَعِندَنَا كِتَٰبٌ حَفِيظٌۢ

٥ بَلْ كَذَّبُوا۟ بِٱلْحَقِّ لَمَّا جَآءَهُمْ فَهُمْ فِىٓ أَمْرٍ مَّرِيجٍ

٦ أَفَلَمْ يَنظُرُوٓا۟ إِلَى ٱلسَّمَآءِ فَوْقَهُمْ كَيْفَ بَنَيْنَٰهَا وَزَيَّنَّٰهَا وَمَا لَهَا مِن فُرُوجٍ

٧ وَٱلْأَرْضَ مَدَدْنَٰهَا وَأَلْقَيْنَا فِيهَا رَوَٰسِىَ وَأَنۢبَتْنَا فِيهَا مِن كُلِّ زَوْجٍۭ بَهِيجٍ

٨ تَبْصِرَةً وَذِكْرَىٰ لِكُلِّ عَبْدٍ مُّنِيبٍ

٩ وَنَزَّلْنَا مِنَ ٱلسَّمَآءِ مَآءً مُّبَٰرَكًا فَأَنۢبَتْنَا بِهِۦ جَنَّٰتٍ وَحَبَّ ٱلْحَصِيدِ

١٠ وَٱلنَّخْلَ بَاسِقَٰتٍ لَّهَا طَلْعٌ نَّضِيدٌ

١١ رِّزْقًا لِّلْعِبَادِ ۖ وَأَحْيَيْنَا بِهِۦ بَلْدَةً مَّيْتًا ۚ كَذَٰلِكَ ٱلْخُرُوجُ

١٢ كَذَّبَتْ قَبْلَهُمْ قَوْمُ نُوحٍ وَأَصْحَٰبُ ٱلرَّسِّ وَثَمُودُ

١٣ وَعَادٌ وَفِرْعَوْنُ وَإِخْوَٰنُ لُوطٍ

١٤ وَأَصْحَٰبُ ٱلْأَيْكَةِ وَقَوْمُ تُبَّعٍ ۚ كُلٌّ كَذَّبَ ٱلرُّسُلَ فَحَقَّ وَعِيدِ

١٥ أَفَعَيِينَا بِٱلْخَلْقِ ٱلْأَوَّلِ ۚ بَلْ هُمْ فِى لَبْسٍ مِّنْ خَلْقٍ جَدِيدٍ

١٦ وَلَقَدْ خَلَقْنَا ٱلْإِنسَٰنَ وَنَعْلَمُ مَا تُوَسْوِسُ بِهِۦ نَفْسُهُۥ ۖ وَنَحْنُ أَقْرَبُ إِلَيْهِ مِنْ حَبْلِ ٱلْوَرِيدِ

١٧ إِذْ يَتَلَقَّى ٱلْمُتَلَقِّيَانِ عَنِ ٱلْيَمِينِ وَعَنِ ٱلشِّمَالِ قَعِيدٌ

١٨ مَّا يَلْفِظُ مِن قَوْلٍ إِلَّا لَدَيْهِ رَقِيبٌ عَتِيدٌ

١٩ وَجَآءَتْ سَكْرَةُ ٱلْمَوْتِ بِٱلْحَقِّ ۖ ذَٰلِكَ مَا كُنتَ مِنْهُ تَحِيدُ

٢٠ وَنُفِخَ فِى ٱلصُّورِ ۚ ذَٰلِكَ يَوْمُ ٱلْوَعِيدِ

٢١ وَجَآءَتْ كُلُّ نَفْسٍ مَّعَهَا سَآئِقٌ وَشَهِيدٌ

٢٢ لَّقَدْ كُنتَ فِى غَفْلَةٍ مِّنْ هَٰذَا فَكَشَفْنَا عَنكَ غِطَآءَكَ فَبَصَرُكَ ٱلْيَوْمَ حَدِيدٌ

٢٣ وَقَالَ قَرِينُهُۥ هَٰذَا مَا لَدَىَّ عَتِيدٌ

٢٤ أَلْقِيَا فِى جَهَنَّمَ كُلَّ كَفَّارٍ عَنِيدٍ

٢٥ مَّنَّاعٍ لِّلْخَيْرِ مُعْتَدٍ مُّرِيبٍ

٢٦ ٱلَّذِى جَعَلَ مَعَ ٱللَّهِ إِلَٰهًا ءَاخَرَ فَأَلْقِيَاهُ فِى ٱلْعَذَابِ ٱلشَّدِيدِ

٢٧ قَالَ قَرِينُهُۥ رَبَّنَا مَآ أَطْغَيْتُهُۥ وَلَٰكِن كَانَ فِى ضَلَٰلٍۭ بَعِيدٍ ۞

٢٨ قَالَ لَا تَخْتَصِمُوا لَدَىَّ وَقَدْ قَدَّمْتُ إِلَيْكُم بِٱلْوَعِيدِ

٢٩ مَا يُبَدَّلُ ٱلْقَوْلُ لَدَىَّ وَمَآ أَنَا بِظَلَّٰمٍ لِّلْعَبِيدِ

٣٠ يَوْمَ نَقُولُ لِجَهَنَّمَ هَلِ ٱمْتَلَأْتِ وَتَقُولُ هَلْ مِن مَّزِيدٍ

٣١ وَأُزْلِفَتِ ٱلْجَنَّةُ لِلْمُتَّقِينَ غَيْرَ بَعِيدٍ

٣٢ هَٰذَا مَا تُوعَدُونَ لِكُلِّ أَوَّابٍ حَفِيظٍ

٣٣ مَّنْ خَشِىَ ٱلرَّحْمَٰنَ بِٱلْغَيْبِ وَجَآءَ بِقَلْبٍ مُّنِيبٍ

٣٤ ٱدْخُلُوهَا بِسَلَٰمٍ ۖ ذَٰلِكَ يَوْمُ ٱلْخُلُودِ

٣٥ لَهُم مَّا يَشَآءُونَ فِيهَا وَلَدَيْنَا مَزِيدٌ

٣٦ وَكَمْ أَهْلَكْنَا قَبْلَهُم مِّن قَرْنٍ هُمْ أَشَدُّ مِنْهُم بَطْشًا فَنَقَّبُوا فِى ٱلْبِلَٰدِ هَلْ مِن مَّحِيصٍ

٣٧ إِنَّ فِى ذَٰلِكَ لَذِكْرَىٰ لِمَن كَانَ لَهُ قَلْبٌ أَوْ أَلْقَى ٱلسَّمْعَ وَهُوَ شَهِيدٌ

٣٨ وَلَقَدْ خَلَقْنَا ٱلسَّمَٰوَٰتِ وَٱلْأَرْضَ وَمَا بَيْنَهُمَا فِى سِتَّةِ أَيَّامٍ وَمَا مَسَّنَا مِن لُّغُوبٍ

٣٩ فَٱصْبِرْ عَلَىٰ مَا يَقُولُونَ وَسَبِّحْ بِحَمْدِ رَبِّكَ قَبْلَ طُلُوعِ ٱلشَّمْسِ وَقَبْلَ ٱلْغُرُوبِ

٤٠ وَمِنَ ٱلَّيْلِ فَسَبِّحْهُ وَأَدْبَٰرَ ٱلسُّجُودِ

٤١ وَٱسْتَمِعْ يَوْمَ يُنَادِ ٱلْمُنَادِ مِن مَّكَانٍ قَرِيبٍ

٤٢ يَوْمَ يَسْمَعُونَ ٱلصَّيْحَةَ بِٱلْحَقِّ ۚ ذَٰلِكَ يَوْمُ ٱلْخُرُوجِ

٤٣ إِنَّا نَحْنُ نُحْىِۦ وَنُمِيتُ وَإِلَيْنَا ٱلْمَصِيرُ

٤٤ يَوْمَ تَشَقَّقُ ٱلْأَرْضُ عَنْهُمْ سِرَاعًا ۚ ذَٰلِكَ حَشْرٌ عَلَيْنَا يَسِيرٌ

٤٥ نَّحْنُ أَعْلَمُ بِمَا يَقُولُونَ ۖ وَمَآ أَنتَ عَلَيْهِم بِجَبَّارٍ ۖ فَذَكِّرْ بِٱلْقُرْءَانِ مَن يَخَافُ وَعِيدِ

سورة الذاريات

١ وَٱلذَّٰرِيَٰتِ ذَرْوًا

٢ فَٱلْحَٰمِلَٰتِ وِقْرًا

٣ فَٱلْجَٰرِيَٰتِ يُسْرًا

٤ فَٱلْمُقَسِّمَٰتِ أَمْرًا

٥ إِنَّمَا تُوعَدُونَ لَصَادِقٌ

٦ وَإِنَّ ٱلدِّينَ لَوَٰقِعٌ

٧ وَٱلسَّمَآءِ ذَاتِ ٱلْحُبُكِ

٨ إِنَّكُمْ لَفِى قَوْلٍ مُّخْتَلِفٍ

٩ يُؤْفَكُ عَنْهُ مَنْ أُفِكَ

١٠ قُتِلَ ٱلْخَرَّٰصُونَ

١١ ٱلَّذِينَ هُمْ فِى غَمْرَةٍ سَاهُونَ

١٢ يَسْـَٔلُونَ أَيَّانَ يَوْمُ ٱلدِّينِ

١٣ يَوْمَ هُمْ عَلَى ٱلنَّارِ يُفْتَنُونَ

١٤ ذُوقُوا فِتْنَتَكُمْ هَٰذَا ٱلَّذِى كُنتُم بِهِ تَسْتَعْجِلُونَ

١٥ إِنَّ ٱلْمُتَّقِينَ فِى جَنَّٰتٍ وَعُيُونٍ

١٦ ءَاخِذِينَ مَآ ءَاتَىٰهُمْ رَبُّهُمْ ۚ إِنَّهُمْ كَانُوا قَبْلَ ذَٰلِكَ مُحْسِنِينَ

١٧ كَانُوا قَلِيلًا مِّنَ ٱلَّيْلِ مَا يَهْجَعُونَ

١٨ وَبِٱلْأَسْحَارِ هُمْ يَسْتَغْفِرُونَ

١٩ وَفِى أَمْوَٰلِهِمْ حَقٌّ لِّلسَّآئِلِ وَٱلْمَحْرُومِ

٢٠ وَفِى ٱلْأَرْضِ ءَايَٰتٌ لِّلْمُوقِنِينَ

٢١ وَفِى أَنفُسِكُمْ ۚ أَفَلَا تُبْصِرُونَ

٢٢ وَفِى ٱلسَّمَآءِ رِزْقُكُمْ وَمَا تُوعَدُونَ

٢٣ فَوَرَبِّ ٱلسَّمَآءِ وَٱلْأَرْضِ إِنَّهُ لَحَقٌّ مِّثْلَ مَآ أَنَّكُمْ تَنطِقُونَ

٢٤ هَلْ أَتَىٰكَ حَدِيثُ ضَيْفِ إِبْرَٰهِيمَ ٱلْمُكْرَمِينَ

٢٥ إِذْ دَخَلُواْ عَلَيْهِ فَقَالُواْ سَلَٰمًا ۖ قَالَ سَلَٰمٌ قَوْمٌ مُّنكَرُونَ

٢٦ فَرَاغَ إِلَىٰٓ أَهْلِهِ فَجَآءَ بِعِجْلٍ سَمِينٍ

٢٧ فَقَرَّبَهُۥٓ إِلَيْهِمْ قَالَ أَلَا تَأْكُلُونَ

٢٨ فَأَوْجَسَ مِنْهُمْ خِيفَةً ۖ قَالُواْ لَا تَخَفْ ۖ وَبَشَّرُوهُ بِغُلَٰمٍ عَلِيمٍ

٢٩ فَأَقْبَلَتِ ٱمْرَأَتُهُۥ فِى صَرَّةٍ فَصَكَّتْ وَجْهَهَا وَقَالَتْ عَجُوزٌ عَقِيمٌ

٣٠ قَالُواْ كَذَٰلِكِ قَالَ رَبُّكِ ۖ إِنَّهُۥ هُوَ ٱلْحَكِيمُ ٱلْعَلِيمُ

٣١ قَالَ فَمَا خَطْبُكُمْ أَيُّهَا ٱلْمُرْسَلُونَ ۞

٣٢ قَالُوٓاْ إِنَّآ أُرْسِلْنَآ إِلَىٰ قَوْمٍ مُّجْرِمِينَ

٣٣ لِنُرْسِلَ عَلَيْهِمْ حِجَارَةً مِّن طِينٍ

٣٤ مُّسَوَّمَةً عِندَ رَبِّكَ لِلْمُسْرِفِينَ

٣٥ فَأَخْرَجْنَا مَن كَانَ فِيهَا مِنَ ٱلْمُؤْمِنِينَ

٣٦ فَمَا وَجَدْنَا فِيهَا غَيْرَ بَيْتٍ مِّنَ ٱلْمُسْلِمِينَ

٣٧ وَتَرَكْنَا فِيهَآ ءَايَةً لِّلَّذِينَ يَخَافُونَ ٱلْعَذَابَ ٱلْأَلِيمَ

٣٨ وَفِى مُوسَىٰٓ إِذْ أَرْسَلْنَٰهُ إِلَىٰ فِرْعَوْنَ بِسُلْطَٰنٍ مُّبِينٍ

٣٩ فَتَوَلَّىٰ بِرُكْنِهِۦ وَقَالَ سَٰحِرٌ أَوْ مَجْنُونٌ

٤٠ فَأَخَذْنَٰهُ وَجُنُودَهُۥ فَنَبَذْنَٰهُمْ فِى ٱلْيَمِّ وَهُوَ مُلِيمٌ

٤١ وَفِى عَادٍ إِذْ أَرْسَلْنَا عَلَيْهِمُ ٱلرِّيحَ ٱلْعَقِيمَ

٤٢ مَا تَذَرُ مِن شَىْءٍ أَتَتْ عَلَيْهِ إِلَّا جَعَلَتْهُ كَٱلرَّمِيمِ

٤٣ وَفِى ثَمُودَ إِذْ قِيلَ لَهُمْ تَمَتَّعُواْ حَتَّىٰ حِينٍ

٤٤ فَعَتَوْاْ عَنْ أَمْرِ رَبِّهِمْ فَأَخَذَتْهُمُ ٱلصَّٰعِقَةُ وَهُمْ يَنظُرُونَ

٤٥ فَمَا ٱسْتَطَٰعُواْ مِن قِيَامٍ وَمَا كَانُواْ مُنتَصِرِينَ

٤٦ وَقَوْمَ نُوحٍ مِّن قَبْلُ ۖ إِنَّهُمْ كَانُواْ قَوْمًا فَٰسِقِينَ

٤٧ وَٱلسَّمَآءَ بَنَيْنَٰهَا بِأَيْيْدٍ وَإِنَّا لَمُوسِعُونَ

٤٨ وَٱلْأَرْضَ فَرَشْنَٰهَا فَنِعْمَ ٱلْمَٰهِدُونَ

٤٩ وَمِن كُلِّ شَىْءٍ خَلَقْنَا زَوْجَيْنِ لَعَلَّكُمْ تَذَكَّرُونَ

٥٠ فَفِرُّوٓاْ إِلَى ٱللَّهِ ۖ إِنِّى لَكُم مِّنْهُ نَذِيرٌ مُّبِينٌ

٥١ وَلَا تَجْعَلُواْ مَعَ ٱللَّهِ إِلَٰهًا ءَاخَرَ ۖ إِنِّى لَكُم مِّنْهُ نَذِيرٌ مُّبِينٌ

٥٢ كَذَٰلِكَ مَآ أَتَى ٱلَّذِينَ مِن قَبْلِهِم مِّن رَّسُولٍ إِلَّا قَالُواْ سَاحِرٌ أَوْ مَجْنُونٌ

٥٣ أَتَوَاصَوْاْ بِهِۦ ۚ بَلْ هُمْ قَوْمٌ طَاغُونَ

٥٤ فَتَوَلَّ عَنْهُمْ فَمَآ أَنتَ بِمَلُومٍ

٥٥ وَذَكِّرْ فَإِنَّ ٱلذِّكْرَىٰ تَنفَعُ ٱلْمُؤْمِنِينَ

٥٦ وَمَا خَلَقْتُ ٱلْجِنَّ وَٱلْإِنسَ إِلَّا لِيَعْبُدُونِ

٥٧ مَآ أُرِيدُ مِنْهُم مِّن رِّزْقٍ وَمَآ أُرِيدُ أَن يُطْعِمُونِ

٥٨ إِنَّ ٱللَّهَ هُوَ ٱلرَّزَّاقُ ذُو ٱلْقُوَّةِ ٱلْمَتِينُ

٥٩ فَإِنَّ لِلَّذِينَ ظَلَمُواْ ذَنُوبًا مِّثْلَ ذَنُوبِ أَصْحَٰبِهِمْ فَلَا يَسْتَعْجِلُونِ

٦٠ فَوَيْلٌ لِّلَّذِينَ كَفَرُواْ مِن يَوْمِهِمُ ٱلَّذِى يُوعَدُونَ

سورة الطور

١ وَٱلطُّورِ

٢ وَكِتَٰبٍ مَّسْطُورٍ

٣ فِى رَقٍّ مَّنشُورٍ

٤ وَٱلْبَيْتِ ٱلْمَعْمُورِ

٥ وَٱلسَّقْفِ ٱلْمَرْفُوعِ

٦ وَٱلْبَحْرِ ٱلْمَسْجُورِ

٧ إِنَّ عَذَابَ رَبِّكَ لَوَٰقِعٌ

٨ مَّا لَهُۥ مِن دَافِعٍ

٩ يَوْمَ تَمُورُ ٱلسَّمَآءُ مَوْرًا

١٠ وَتَسِيرُ ٱلْجِبَالُ سَيْرًا

١١ فَوَيْلٌ يَوْمَئِذٍ لِّلْمُكَذِّبِينَ

١٢ ٱلَّذِينَ هُمْ فِى خَوْضٍ يَلْعَبُونَ

١٣ يَوْمَ يُدَعُّونَ إِلَىٰ نَارِ جَهَنَّمَ دَعًّا

١٤ هَٰذِهِ ٱلنَّارُ ٱلَّتِى كُنتُم بِهَا تُكَذِّبُونَ

١٥ أَفَسِحْرٌ هَٰذَآ أَمْ أَنتُمْ لَا تُبْصِرُونَ

١٦ ٱصْلَوْهَا فَٱصْبِرُوٓاْ أَوْ لَا تَصْبِرُواْ سَوَآءٌ عَلَيْكُمْ إِنَّمَا تُجْزَوْنَ مَا كُنتُمْ تَعْمَلُونَ

١٧ إِنَّ ٱلْمُتَّقِينَ فِى جَنَّٰتٍ وَنَعِيمٍ

١٨ فَٰكِهِينَ بِمَآ ءَاتَىٰهُمْ رَبُّهُمْ وَوَقَىٰهُمْ رَبُّهُمْ عَذَابَ ٱلْجَحِيمِ

١٩ كُلُواْ وَٱشْرَبُواْ هَنِيٓـًٔا بِمَا كُنتُمْ تَعْمَلُونَ

٢٠ مُتَّكِـِٔينَ عَلَىٰ سُرُرٍ مَّصْفُوفَةٍ وَزَوَّجْنَٰهُم بِحُورٍ عِينٍ

٢١ وَٱلَّذِينَ ءَامَنُواْ وَٱتَّبَعَتْهُمْ ذُرِّيَّتُهُم بِإِيمَٰنٍ أَلْحَقْنَا بِهِمْ ذُرِّيَّتَهُمْ وَمَآ أَلَتْنَٰهُم مِّنْ عَمَلِهِم مِّن شَىْءٍ كُلُّ ٱمْرِئٍ بِمَا كَسَبَ رَهِينٌ

٢٢ وَأَمْدَدْنَٰهُم بِفَٰكِهَةٍ وَلَحْمٍ مِّمَّا يَشْتَهُونَ

٢٣ يَتَنَٰزَعُونَ فِيهَا كَأْسًا لَّا لَغْوٌ فِيهَا وَلَا تَأْثِيمٌ

٢٤ وَيَطُوفُ عَلَيْهِمْ غِلْمَانٌ لَّهُمْ كَأَنَّهُمْ لُؤْلُؤٌ مَّكْنُونٌ ۞

٢٥ وَأَقْبَلَ بَعْضُهُمْ عَلَىٰ بَعْضٍ يَتَسَآءَلُونَ

٢٦ قَالُوٓاْ إِنَّا كُنَّا قَبْلُ فِىٓ أَهْلِنَا مُشْفِقِينَ

٢٧ فَمَنَّ ٱللَّهُ عَلَيْنَا وَوَقَىٰنَا عَذَابَ ٱلسَّمُومِ

٢٨ إِنَّا كُنَّا مِن قَبْلُ نَدْعُوهُ إِنَّهُۥ هُوَ ٱلْبَرُّ ٱلرَّحِيمُ

٢٩ فَذَكِّرْ فَمَآ أَنتَ بِنِعْمَتِ رَبِّكَ بِكَاهِنٍ وَلَا مَجْنُونٍ

٣٠ أَمْ يَقُولُونَ شَاعِرٌ نَّتَرَبَّصُ بِهِۦ رَيْبَ ٱلْمَنُونِ

٣١ قُلْ تَرَبَّصُواْ فَإِنِّى مَعَكُم مِّنَ ٱلْمُتَرَبِّصِينَ

٣٢ أَمْ تَأْمُرُهُمْ أَحْلَٰمُهُم بِهَٰذَآ أَمْ هُمْ قَوْمٌ طَاغُونَ

٣٣ أَمْ يَقُولُونَ تَقَوَّلَهُۥ بَل لَّا يُؤْمِنُونَ

٣٤ فَلْيَأْتُواْ بِحَدِيثٍ مِّثْلِهِۦٓ إِن كَانُواْ صَٰدِقِينَ

٣٥ أَمْ خُلِقُواْ مِنْ غَيْرِ شَىْءٍ أَمْ هُمُ ٱلْخَٰلِقُونَ

٣٦ أَمْ خَلَقُواْ ٱلسَّمَٰوَٰتِ وَٱلْأَرْضَ بَل لَّا يُوقِنُونَ

٣٧ أَمْ عِندَهُمْ خَزَآئِنُ رَبِّكَ أَمْ هُمُ ٱلْمُصَۣيْطِرُونَ

٣٨ أَمْ لَهُمْ سُلَّمٌ يَسْتَمِعُونَ فِيهِ فَلْيَأْتِ مُسْتَمِعُهُم بِسُلْطَٰنٍ مُّبِينٍ

٣٩ أَمْ لَهُ ٱلْبَنَٰتُ وَلَكُمُ ٱلْبَنُونَ

٤٠ أَمْ تَسْـَٔلُهُمْ أَجْرًا فَهُم مِّن مَّغْرَمٍ مُّثْقَلُونَ

٤١ أَمْ عِندَهُمُ ٱلْغَيْبُ فَهُمْ يَكْتُبُونَ

٤٢ أَمْ يُرِيدُونَ كَيْدًا فَٱلَّذِينَ كَفَرُواْ هُمُ ٱلْمَكِيدُونَ

٤٣ أَمْ لَهُمْ إِلَٰهٌ غَيْرُ ٱللَّهِ سُبْحَٰنَ ٱللَّهِ عَمَّا يُشْرِكُونَ

٤٤ وَإِن يَرَوْاْ كِسْفًا مِّنَ ٱلسَّمَآءِ سَاقِطًا يَقُولُواْ سَحَابٌ مَّرْكُومٌ

٤٥ فَذَرْهُمْ حَتَّىٰ يُلَٰقُواْ يَوْمَهُمُ ٱلَّذِى فِيهِ يُصْعَقُونَ

٤٦ يَوْمَ لَا يُغْنِى عَنْهُمْ كَيْدُهُمْ شَيْـًٔا وَلَا هُمْ يُنصَرُونَ

٤٧ وَإِنَّ لِلَّذِينَ ظَلَمُوا عَذَابًا دُونَ ذَٰلِكَ وَلَٰكِنَّ أَكْثَرَهُمْ لَا يَعْلَمُونَ

٤٨ وَاصْبِرْ لِحُكْمِ رَبِّكَ فَإِنَّكَ بِأَعْيُنِنَا ۖ وَسَبِّحْ بِحَمْدِ رَبِّكَ حِينَ تَقُومُ

٤٩ وَمِنَ اللَّيْلِ فَسَبِّحْهُ وَإِدْبَارَ النُّجُومِ

سورة النجم

١ وَالنَّجْمِ إِذَا هَوَىٰ

٢ مَا ضَلَّ صَاحِبُكُمْ وَمَا غَوَىٰ

٣ وَمَا يَنطِقُ عَنِ الْهَوَىٰ

٤ إِنْ هُوَ إِلَّا وَحْيٌ يُوحَىٰ

٥ عَلَّمَهُ شَدِيدُ الْقُوَىٰ

٦ ذُو مِرَّةٍ فَاسْتَوَىٰ

٧ وَهُوَ بِالْأُفُقِ الْأَعْلَىٰ

٨ ثُمَّ دَنَا فَتَدَلَّىٰ

٩ فَكَانَ قَابَ قَوْسَيْنِ أَوْ أَدْنَىٰ

١٠ فَأَوْحَىٰ إِلَىٰ عَبْدِهِ مَا أَوْحَىٰ

١١ مَا كَذَبَ الْفُؤَادُ مَا رَأَىٰ

١٢ أَفَتُمَارُونَهُ عَلَىٰ مَا يَرَىٰ

١٣ وَلَقَدْ رَآهُ نَزْلَةً أُخْرَىٰ

١٤ عِندَ سِدْرَةِ الْمُنْتَهَىٰ

١٥ عِندَهَا جَنَّةُ الْمَأْوَىٰ

١٦ إِذْ يَغْشَى السِّدْرَةَ مَا يَغْشَىٰ

١٧ مَا زَاغَ الْبَصَرُ وَمَا طَغَىٰ

١٨ لَقَدْ رَأَىٰ مِنْ آيَاتِ رَبِّهِ الْكُبْرَىٰ

١٩ أَفَرَأَيْتُمُ اللَّاتَ وَالْعُزَّىٰ

٢٠ وَمَنَاةَ الثَّالِثَةَ الْأُخْرَىٰ

٢١ أَلَكُمُ الذَّكَرُ وَلَهُ الْأُنثَىٰ

٢٢ تِلْكَ إِذًا قِسْمَةٌ ضِيزَىٰ

٢٣ إِنْ هِيَ إِلَّا أَسْمَاءٌ سَمَّيْتُمُوهَا أَنتُمْ وَآبَاؤُكُم مَّا أَنزَلَ اللَّهُ بِهَا مِن سُلْطَانٍ ۚ إِن يَتَّبِعُونَ إِلَّا الظَّنَّ وَمَا تَهْوَى الْأَنفُسُ ۖ وَلَقَدْ جَاءَهُم مِّن رَّبِّهِمُ الْهُدَىٰ

٢٤ أَمْ لِلْإِنسَانِ مَا تَمَنَّىٰ

٢٥ فَلِلَّهِ الْآخِرَةُ وَالْأُولَىٰ

٢٦ وَكَم مِّن مَّلَكٍ فِي السَّمَاوَاتِ لَا تُغْنِي شَفَاعَتُهُمْ شَيْئًا إِلَّا مِن بَعْدِ أَن يَأْذَنَ اللَّهُ لِمَن يَشَاءُ وَيَرْضَىٰ

٢٧ إِنَّ الَّذِينَ لَا يُؤْمِنُونَ بِالْآخِرَةِ لَيُسَمُّونَ الْمَلَائِكَةَ تَسْمِيَةَ الْأُنثَىٰ

٢٨ وَمَا لَهُم بِهِ مِنْ عِلْمٍ ۖ إِن يَتَّبِعُونَ إِلَّا الظَّنَّ ۖ وَإِنَّ الظَّنَّ لَا يُغْنِي مِنَ الْحَقِّ شَيْئًا

٢٩ فَأَعْرِضْ عَن مَّن تَوَلَّىٰ عَن ذِكْرِنَا وَلَمْ يُرِدْ إِلَّا الْحَيَاةَ الدُّنْيَا

٣٠ ذَٰلِكَ مَبْلَغُهُم مِّنَ الْعِلْمِ ۚ إِنَّ رَبَّكَ هُوَ أَعْلَمُ بِمَن ضَلَّ عَن سَبِيلِهِ وَهُوَ أَعْلَمُ بِمَنِ اهْتَدَىٰ

٣١ وَلِلَّهِ مَا فِي السَّمَاوَاتِ وَمَا فِي الْأَرْضِ لِيَجْزِيَ الَّذِينَ أَسَاءُوا بِمَا عَمِلُوا وَيَجْزِيَ الَّذِينَ أَحْسَنُوا بِالْحُسْنَى

٣٢ الَّذِينَ يَجْتَنِبُونَ كَبَائِرَ الْإِثْمِ وَالْفَوَاحِشَ إِلَّا اللَّمَمَ ۚ إِنَّ رَبَّكَ وَاسِعُ الْمَغْفِرَةِ ۚ هُوَ أَعْلَمُ بِكُمْ إِذْ أَنشَأَكُم مِّنَ الْأَرْضِ وَإِذْ أَنتُمْ أَجِنَّةٌ فِي بُطُونِ أُمَّهَاتِكُمْ ۖ فَلَا تُزَكُّوا أَنفُسَكُمْ ۖ هُوَ أَعْلَمُ بِمَنِ اتَّقَىٰ

٣٣ أَفَرَءَيْتَ ٱلَّذِى تَوَلَّىٰ

٣٤ وَأَعْطَىٰ قَلِيلًا وَأَكْدَىٰ

٣٥ أَعِندَهُۥ عِلْمُ ٱلْغَيْبِ فَهُوَ يَرَىٰ

٣٦ أَمْ لَمْ يُنَبَّأْ بِمَا فِى صُحُفِ مُوسَىٰ

٣٧ وَإِبْرَٰهِيمَ ٱلَّذِى وَفَّىٰٓ

٣٨ أَلَّا تَزِرُ وَازِرَةٌ وِزْرَ أُخْرَىٰ

٣٩ وَأَن لَّيْسَ لِلْإِنسَٰنِ إِلَّا مَا سَعَىٰ

٤٠ وَأَنَّ سَعْيَهُۥ سَوْفَ يُرَىٰ

٤١ ثُمَّ يُجْزَىٰهُ ٱلْجَزَآءَ ٱلْأَوْفَىٰ

٤٢ وَأَنَّ إِلَىٰ رَبِّكَ ٱلْمُنتَهَىٰ

٤٣ وَأَنَّهُۥ هُوَ أَضْحَكَ وَأَبْكَىٰ

٤٤ وَأَنَّهُۥ هُوَ أَمَاتَ وَأَحْيَا

٤٥ وَأَنَّهُۥ خَلَقَ ٱلزَّوْجَيْنِ ٱلذَّكَرَ وَٱلْأُنثَىٰ

٤٦ مِن نُّطْفَةٍ إِذَا تُمْنَىٰ

٤٧ وَأَنَّ عَلَيْهِ ٱلنَّشْأَةَ ٱلْأُخْرَىٰ

٤٨ وَأَنَّهُۥ هُوَ أَغْنَىٰ وَأَقْنَىٰ

٤٩ وَأَنَّهُۥ هُوَ رَبُّ ٱلشِّعْرَىٰ

٥٠ وَأَنَّهُۥ أَهْلَكَ عَادًا ٱلْأُولَىٰ

٥١ وَثَمُودَا۟ فَمَآ أَبْقَىٰ

٥٢ وَقَوْمَ نُوحٍ مِّن قَبْلُ إِنَّهُمْ كَانُوا۟ هُمْ أَظْلَمَ وَأَطْغَىٰ

٥٣ وَٱلْمُؤْتَفِكَةَ أَهْوَىٰ

٥٤ فَغَشَّىٰهَا مَا غَشَّىٰ

٥٥ فَبِأَىِّ ءَالَآءِ رَبِّكَ تَتَمَارَىٰ

٥٦ هَٰذَا نَذِيرٌ مِّنَ ٱلنُّذُرِ ٱلْأُولَىٰ

٥٧ أَزِفَتِ ٱلْءَازِفَةُ

٥٨ لَيْسَ لَهَا مِن دُونِ ٱللَّهِ كَاشِفَةٌ

٥٩ أَفَمِنْ هَٰذَا ٱلْحَدِيثِ تَعْجَبُونَ

٦٠ وَتَضْحَكُونَ وَلَا تَبْكُونَ

٦١ وَأَنتُمْ سَٰمِدُونَ

٦٢ ۩ فَٱسْجُدُوا۟ لِلَّهِ وَٱعْبُدُوا۟

سورة القمر

١ ٱقْتَرَبَتِ ٱلسَّاعَةُ وَٱنشَقَّ ٱلْقَمَرُ

٢ وَإِن يَرَوْا۟ ءَايَةً يُعْرِضُوا۟ وَيَقُولُوا۟ سِحْرٌ مُّسْتَمِرٌّ

٣ وَكَذَّبُوا۟ وَٱتَّبَعُوٓا۟ أَهْوَآءَهُمْ وَكُلُّ أَمْرٍ مُّسْتَقِرٌّ

٤ وَلَقَدْ جَآءَهُم مِّنَ ٱلْأَنۢبَآءِ مَا فِيهِ مُزْدَجَرٌ

٥ حِكْمَةٌ بَٰلِغَةٌ فَمَا تُغْنِ ٱلنُّذُرُ

٦ فَتَوَلَّ عَنْهُمْ يَوْمَ يَدْعُ ٱلدَّاعِ إِلَىٰ شَىْءٍ نُّكُرٍ

٧ خُشَّعًا أَبْصَٰرُهُمْ يَخْرُجُونَ مِنَ ٱلْأَجْدَاثِ كَأَنَّهُمْ جَرَادٌ مُّنتَشِرٌ

٨ مُّهْطِعِينَ إِلَى ٱلدَّاعِ يَقُولُ ٱلْكَٰفِرُونَ هَٰذَا يَوْمٌ عَسِرٌ

٩ كَذَّبَتْ قَبْلَهُمْ قَوْمُ نُوحٍ فَكَذَّبُوا۟ عَبْدَنَا وَقَالُوا۟ مَجْنُونٌ وَٱزْدُجِرَ

١٠ فَدَعَا رَبَّهُۥٓ أَنِّى مَغْلُوبٌ فَٱنتَصِرْ

١١ فَفَتَحْنَآ أَبْوَٰبَ ٱلسَّمَآءِ بِمَآءٍ مُّنْهَمِرٍ

١٢ وَفَجَّرْنَا ٱلْأَرْضَ عُيُونًا فَٱلْتَقَى ٱلْمَآءُ عَلَىٰ أَمْرٍ قَدْ قُدِرَ

١٣ وَحَمَلْنَٰهُ عَلَىٰ ذَاتِ أَلْوَٰحٍ وَدُسُرٍ

١٤ تَجْرِى بِأَعْيُنِنَا جَزَآءً لِّمَن كَانَ كُفِرَ

١٥ وَلَقَد تَّرَكْنَٰهَآ ءَايَةً فَهَلْ مِن مُّدَّكِرٍ

١٦ فَكَيْفَ كَانَ عَذَابِى وَنُذُرِ

١٧ وَلَقَدْ يَسَّرْنَا ٱلْقُرْءَانَ لِلذِّكْرِ فَهَلْ مِن مُّدَّكِرٍ

١٨ كَذَّبَتْ عَادٌ فَكَيْفَ كَانَ عَذَابِى وَنُذُرِ

١٩ إِنَّا أَرْسَلْنَا عَلَيْهِمْ رِيحًا صَرْصَرًا فِى يَوْمِ نَحْسٍ مُّسْتَمِرٍّ

٢٠ تَنزِعُ ٱلنَّاسَ كَأَنَّهُمْ أَعْجَازُ نَخْلٍ مُّنقَعِرٍ

٢١ فَكَيْفَ كَانَ عَذَابِى وَنُذُرِ

٢٢ وَلَقَدْ يَسَّرْنَا ٱلْقُرْءَانَ لِلذِّكْرِ فَهَلْ مِن مُّدَّكِرٍ

٢٣ كَذَّبَتْ ثَمُودُ بِٱلنُّذُرِ

٢٤ فَقَالُوٓاْ أَبَشَرًا مِّنَّا وَٰحِدًا نَّتَّبِعُهُۥٓ إِنَّآ إِذًا لَّفِى ضَلَٰلٍ وَسُعُرٍ

٢٥ أَءُلْقِىَ ٱلذِّكْرُ عَلَيْهِ مِنۢ بَيْنِنَا بَلْ هُوَ كَذَّابٌ أَشِرٌ

٢٦ سَيَعْلَمُونَ غَدًا مَّنِ ٱلْكَذَّابُ ٱلْأَشِرُ

٢٧ إِنَّا مُرْسِلُواْ ٱلنَّاقَةِ فِتْنَةً لَّهُمْ فَٱرْتَقِبْهُمْ وَٱصْطَبِرْ

٢٨ وَنَبِّئْهُمْ أَنَّ ٱلْمَآءَ قِسْمَةٌۢ بَيْنَهُمْ كُلُّ شِرْبٍ مُّحْتَضَرٌ

٢٩ فَنَادَوْاْ صَاحِبَهُمْ فَتَعَاطَىٰ فَعَقَرَ

٣٠ فَكَيْفَ كَانَ عَذَابِى وَنُذُرِ

٣١ إِنَّآ أَرْسَلْنَا عَلَيْهِمْ صَيْحَةً وَٰحِدَةً فَكَانُواْ كَهَشِيمِ ٱلْمُحْتَظِرِ

٣٢ وَلَقَدْ يَسَّرْنَا ٱلْقُرْءَانَ لِلذِّكْرِ فَهَلْ مِن مُّدَّكِرٍ

٣٣ كَذَّبَتْ قَوْمُ لُوطٍ بِٱلنُّذُرِ

٣٤ إِنَّآ أَرْسَلْنَا عَلَيْهِمْ حَاصِبًا إِلَّا ءَالَ لُوطٍ نَّجَّيْنَٰهُم بِسَحَرٍ

٣٥ نِّعْمَةً مِّنْ عِندِنَا كَذَٰلِكَ نَجْزِى مَن شَكَرَ

٣٦ وَلَقَدْ أَنذَرَهُم بَطْشَتَنَا فَتَمَارَوْاْ بِٱلنُّذُرِ

٣٧ وَلَقَدْ رَٰوَدُوهُ عَن ضَيْفِهِۦ فَطَمَسْنَآ أَعْيُنَهُمْ فَذُوقُواْ عَذَابِى وَنُذُرِ

٣٨ وَلَقَدْ صَبَّحَهُم بُكْرَةً عَذَابٌ مُّسْتَقِرٌّ

٣٩ فَذُوقُواْ عَذَابِى وَنُذُرِ

٤٠ وَلَقَدْ يَسَّرْنَا ٱلْقُرْءَانَ لِلذِّكْرِ فَهَلْ مِن مُّدَّكِرٍ

٤١ وَلَقَدْ جَآءَ ءَالَ فِرْعَوْنَ ٱلنُّذُرُ

٤٢ كَذَّبُواْ بِـَٔايَٰتِنَا كُلِّهَا فَأَخَذْنَٰهُمْ أَخْذَ عَزِيزٍ مُّقْتَدِرٍ

٤٣ أَكُفَّارُكُمْ خَيْرٌ مِّنْ أُوْلَٰئِكُمْ أَمْ لَكُم بَرَآءَةٌ فِى ٱلزُّبُرِ

٤٤ أَمْ يَقُولُونَ نَحْنُ جَمِيعٌ مُّنتَصِرٌ

٤٥ سَيُهْزَمُ ٱلْجَمْعُ وَيُوَلُّونَ ٱلدُّبُرَ

٤٦ بَلِ ٱلسَّاعَةُ مَوْعِدُهُمْ وَٱلسَّاعَةُ أَدْهَىٰ وَأَمَرُّ

٤٧ إِنَّ ٱلْمُجْرِمِينَ فِى ضَلَٰلٍ وَسُعُرٍ

٤٨ يَوْمَ يُسْحَبُونَ فِى ٱلنَّارِ عَلَىٰ وُجُوهِهِمْ ذُوقُواْ مَسَّ سَقَرَ

٤٩ إِنَّا كُلَّ شَىْءٍ خَلَقْنَٰهُ بِقَدَرٍ

٥٠ وَمَآ أَمْرُنَآ إِلَّا وَٰحِدَةٌ كَلَمْحٍ بِٱلْبَصَرِ

٥١ وَلَقَدْ أَهْلَكْنَآ أَشْيَاعَكُمْ فَهَلْ مِن مُّدَّكِرٍ

٥٢ وَكُلُّ شَىْءٍ فَعَلُوهُ فِى ٱلزُّبُرِ

٥٣ وَكُلُّ صَغِيرٍ وَكَبِيرٍ مُّسْتَطَرٌ

٥٤ إِنَّ ٱلْمُتَّقِينَ فِى جَنَّٰتٍ وَنَهَرٍ

٥٥ فِى مَقْعَدِ صِدْقٍ عِندَ مَلِيكٍ مُّقْتَدِرٍ

سورة الرحمن

١ ٱلرَّحْمَٰنُ

٢ عَلَّمَ ٱلْقُرْءَانَ

٣ خَلَقَ ٱلْإِنسَٰنَ

٤ عَلَّمَهُ ٱلْبَيَانَ

٥ ٱلشَّمْسُ وَٱلْقَمَرُ بِحُسْبَانٍ

٦ وَٱلنَّجْمُ وَٱلشَّجَرُ يَسْجُدَانِ

٧ وَٱلسَّمَآءَ رَفَعَهَا وَوَضَعَ ٱلْمِيزَانَ

٨ أَلَّا تَطْغَوْا۟ فِى ٱلْمِيزَانِ

٩ وَأَقِيمُوا۟ ٱلْوَزْنَ بِٱلْقِسْطِ وَلَا تُخْسِرُوا۟ ٱلْمِيزَانَ

١٠ وَٱلْأَرْضَ وَضَعَهَا لِلْأَنَامِ

١١ فِيهَا فَٰكِهَةٌ وَٱلنَّخْلُ ذَاتُ ٱلْأَكْمَامِ

١٢ وَٱلْحَبُّ ذُو ٱلْعَصْفِ وَٱلرَّيْحَانُ

١٣ فَبِأَىِّ ءَالَآءِ رَبِّكُمَا تُكَذِّبَانِ

١٤ خَلَقَ ٱلْإِنسَٰنَ مِن صَلْصَٰلٍ كَٱلْفَخَّارِ

١٥ وَخَلَقَ ٱلْجَآنَّ مِن مَّارِجٍ مِّن نَّارٍ

١٦ فَبِأَىِّ ءَالَآءِ رَبِّكُمَا تُكَذِّبَانِ

١٧ رَبُّ ٱلْمَشْرِقَيْنِ وَرَبُّ ٱلْمَغْرِبَيْنِ

١٨ فَبِأَىِّ ءَالَآءِ رَبِّكُمَا تُكَذِّبَانِ

١٩ مَرَجَ ٱلْبَحْرَيْنِ يَلْتَقِيَانِ

٢٠ بَيْنَهُمَا بَرْزَخٌ لَّا يَبْغِيَانِ

٢١ فَبِأَىِّ ءَالَآءِ رَبِّكُمَا تُكَذِّبَانِ

٢٢ يَخْرُجُ مِنْهُمَا ٱللُّؤْلُؤُ وَٱلْمَرْجَانُ

٢٣ فَبِأَىِّ ءَالَآءِ رَبِّكُمَا تُكَذِّبَانِ

٢٤ وَلَهُ ٱلْجَوَارِ ٱلْمُنشَـَٔاتُ فِى ٱلْبَحْرِ كَٱلْأَعْلَٰمِ

٢٥ فَبِأَىِّ ءَالَآءِ رَبِّكُمَا تُكَذِّبَانِ

٢٦ كُلُّ مَنْ عَلَيْهَا فَانٍ

٢٧ وَيَبْقَىٰ وَجْهُ رَبِّكَ ذُو ٱلْجَلَٰلِ وَٱلْإِكْرَامِ

٢٨ فَبِأَىِّ ءَالَآءِ رَبِّكُمَا تُكَذِّبَانِ

٢٩ يَسْـَٔلُهُ مَن فِى ٱلسَّمَٰوَٰتِ وَٱلْأَرْضِ كُلَّ يَوْمٍ هُوَ فِى شَأْنٍ

٣٠ فَبِأَىِّ ءَالَآءِ رَبِّكُمَا تُكَذِّبَانِ

٣١ سَنَفْرُغُ لَكُمْ أَيُّهَ ٱلثَّقَلَانِ

٣٢ فَبِأَىِّ ءَالَآءِ رَبِّكُمَا تُكَذِّبَانِ

٣٣ يَٰمَعْشَرَ ٱلْجِنِّ وَٱلْإِنسِ إِنِ ٱسْتَطَعْتُمْ أَن تَنفُذُوا۟ مِنْ أَقْطَارِ ٱلسَّمَٰوَٰتِ وَٱلْأَرْضِ فَٱنفُذُوا۟ لَا تَنفُذُونَ إِلَّا بِسُلْطَٰنٍ

٣٤ فَبِأَىِّ ءَالَآءِ رَبِّكُمَا تُكَذِّبَانِ

٣٥ يُرْسَلُ عَلَيْكُمَا شُوَاظٌ مِّن نَّارٍ وَنُحَاسٌ فَلَا تَنتَصِرَانِ

٣٦ فَبِأَىِّ ءَالَآءِ رَبِّكُمَا تُكَذِّبَانِ

٣٧ فَإِذَا ٱنشَقَّتِ ٱلسَّمَآءُ فَكَانَتْ وَرْدَةً كَٱلدِّهَانِ

٣٨ فَبِأَىِّ ءَالَآءِ رَبِّكُمَا تُكَذِّبَانِ

٣٩ فَيَوْمَئِذٍ لَّا يُسْـَٔلُ عَن ذَنۢبِهِۦ إِنسٌ وَلَا جَآنٌّ

٤٠ فَبِأَىِّ ءَالَآءِ رَبِّكُمَا تُكَذِّبَانِ

٤١ يُعْرَفُ ٱلْمُجْرِمُونَ بِسِيمَٰهُمْ فَيُؤْخَذُ بِٱلنَّوَٰصِى وَٱلْأَقْدَامِ

٤٢ فَبِأَىِّ ءَالَآءِ رَبِّكُمَا تُكَذِّبَانِ

٤٣ هَٰذِهِۦ جَهَنَّمُ ٱلَّتِى يُكَذِّبُ بِهَا ٱلْمُجْرِمُونَ

٤٤ يَطُوفُونَ بَيْنَهَا وَبَيْنَ حَمِيمٍ ءَانٍ

٤٥ فَبِأَىِّ ءَالَآءِ رَبِّكُمَا تُكَذِّبَانِ

٤٦ وَلِمَنْ خَافَ مَقَامَ رَبِّهِۦ جَنَّتَانِ

٤٧ فَبِأَىِّ ءَالَآءِ رَبِّكُمَا تُكَذِّبَانِ

٤٨ ذَوَاتَآ أَفْنَانٍ

٤٩ فَبِأَىِّ ءَالَآءِ رَبِّكُمَا تُكَذِّبَانِ

٥٠ فِيهِمَا عَيْنَانِ تَجْرِيَانِ

٥١ فَبِأَىِّ ءَالَآءِ رَبِّكُمَا تُكَذِّبَانِ

٥٢ فِيهِمَا مِن كُلِّ فَٰكِهَةٍ زَوْجَانِ

٥٣ فَبِأَىِّ ءَالَآءِ رَبِّكُمَا تُكَذِّبَانِ

٥٤ مُتَّكِـِٔينَ عَلَىٰ فُرُشٍ بَطَآئِنُهَا مِنْ إِسْتَبْرَقٍ وَجَنَى ٱلْجَنَّتَيْنِ دَانٍ

٥٥ فَبِأَىِّ ءَالَآءِ رَبِّكُمَا تُكَذِّبَانِ

٥٦ فِيهِنَّ قَٰصِرَٰتُ ٱلطَّرْفِ لَمْ يَطْمِثْهُنَّ إِنسٌ قَبْلَهُمْ وَلَا جَآنٌّ

٥٧ فَبِأَىِّ ءَالَآءِ رَبِّكُمَا تُكَذِّبَانِ

٥٨ كَأَنَّهُنَّ ٱلْيَاقُوتُ وَٱلْمَرْجَانُ

٥٩ فَبِأَىِّ ءَالَآءِ رَبِّكُمَا تُكَذِّبَانِ

٦٠ هَلْ جَزَآءُ ٱلْإِحْسَٰنِ إِلَّا ٱلْإِحْسَٰنُ

٦١ فَبِأَىِّ ءَالَآءِ رَبِّكُمَا تُكَذِّبَانِ

٦٢ وَمِن دُونِهِمَا جَنَّتَانِ

٦٣ فَبِأَىِّ ءَالَآءِ رَبِّكُمَا تُكَذِّبَانِ

٦٤ مُدْهَآمَّتَانِ

٦٥ فَبِأَىِّ ءَالَآءِ رَبِّكُمَا تُكَذِّبَانِ

٦٦ فِيهِمَا عَيْنَانِ نَضَّاخَتَانِ

٦٧ فَبِأَىِّ ءَالَآءِ رَبِّكُمَا تُكَذِّبَانِ

٦٨ فِيهِمَا فَٰكِهَةٌ وَنَخْلٌ وَرُمَّانٌ

٦٩ فَبِأَىِّ ءَالَآءِ رَبِّكُمَا تُكَذِّبَانِ

٧٠ فِيهِنَّ خَيْرَٰتٌ حِسَانٌ

٧١ فَبِأَىِّ ءَالَآءِ رَبِّكُمَا تُكَذِّبَانِ

٧٢ حُورٌ مَّقْصُورَٰتٌ فِى ٱلْخِيَامِ

٧٣ فَبِأَىِّ ءَالَآءِ رَبِّكُمَا تُكَذِّبَانِ

٧٤ لَمْ يَطْمِثْهُنَّ إِنسٌ قَبْلَهُمْ وَلَا جَآنٌّ

٧٥ فَبِأَىِّ ءَالَآءِ رَبِّكُمَا تُكَذِّبَانِ

٧٦ مُتَّكِئِينَ عَلَىٰ رَفْرَفٍ خُضْرٍ وَعَبْقَرِىٍّ حِسَانٍ

٧٧ فَبِأَىِّ ءَالَآءِ رَبِّكُمَا تُكَذِّبَانِ

٧٨ تَبَٰرَكَ ٱسْمُ رَبِّكَ ذِى ٱلْجَلَٰلِ وَٱلْإِكْرَامِ

سورة الواقعة

١ إِذَا وَقَعَتِ ٱلْوَاقِعَةُ

٢ لَيْسَ لِوَقْعَتِهَا كَاذِبَةٌ

٣ خَافِضَةٌ رَّافِعَةٌ

٤ إِذَا رُجَّتِ ٱلْأَرْضُ رَجًّا

٥ وَبُسَّتِ ٱلْجِبَالُ بَسًّا

٦ فَكَانَتْ هَبَآءً مُّنبَثًّا

٧ وَكُنتُمْ أَزْوَٰجًا ثَلَٰثَةً

٨ فَأَصْحَٰبُ ٱلْمَيْمَنَةِ مَآ أَصْحَٰبُ ٱلْمَيْمَنَةِ

٩ وَأَصْحَٰبُ ٱلْمَشْئَمَةِ مَآ أَصْحَٰبُ ٱلْمَشْئَمَةِ

١٠ وَٱلسَّٰبِقُونَ ٱلسَّٰبِقُونَ

١١ أُوْلَٰئِكَ ٱلْمُقَرَّبُونَ

١٢ فِى جَنَّٰتِ ٱلنَّعِيمِ

١٣ ثُلَّةٌ مِّنَ ٱلْأَوَّلِينَ

١٤ وَقَلِيلٌ مِّنَ ٱلْءَاخِرِينَ

١٥ عَلَىٰ سُرُرٍ مَّوْضُونَةٍ

١٦ مُّتَّكِئِينَ عَلَيْهَا مُتَقَٰبِلِينَ

١٧ يَطُوفُ عَلَيْهِمْ وِلْدَٰنٌ مُّخَلَّدُونَ

١٨ بِأَكْوَابٍ وَأَبَارِيقَ وَكَأْسٍ مِّن مَّعِينٍ

١٩ لَّا يُصَدَّعُونَ عَنْهَا وَلَا يُنزِفُونَ

٢٠ وَفَٰكِهَةٍ مِّمَّا يَتَخَيَّرُونَ

٢١ وَلَحْمِ طَيْرٍ مِّمَّا يَشْتَهُونَ

٢٢ وَحُورٌ عِينٌ

٢٣ كَأَمْثَٰلِ ٱللُّؤْلُؤِ ٱلْمَكْنُونِ

٢٤ جَزَآءً بِمَا كَانُوا۟ يَعْمَلُونَ

٢٥ لَا يَسْمَعُونَ فِيهَا لَغْوًا وَلَا تَأْثِيمًا

٢٦ إِلَّا قِيلًا سَلَٰمًا سَلَٰمًا

٢٧ وَأَصْحَٰبُ ٱلْيَمِينِ مَآ أَصْحَٰبُ ٱلْيَمِينِ

٢٨ فِى سِدْرٍ مَّخْضُودٍ

٢٩ وَطَلْحٍ مَّنضُودٍ

٣٠ وَظِلٍّ مَّمْدُودٍ

٣١ وَمَآءٍ مَّسْكُوبٍ

٣٢ وَفَٰكِهَةٍ كَثِيرَةٍ

٣٣ لَّا مَقْطُوعَةٍ وَلَا مَمْنُوعَةٍ

٣٤ وَفُرُشٍ مَّرْفُوعَةٍ

٣٥ إِنَّآ أَنشَأْنَٰهُنَّ إِنشَآءً

٣٦ فَجَعَلْنَٰهُنَّ أَبْكَارًا

٣٧ عُرُبًا أَتْرَابًا

٣٨ لِّأَصْحَٰبِ ٱلْيَمِينِ

٣٩ ثُلَّةٌ مِّنَ ٱلْأَوَّلِينَ

٤٠ وَثُلَّةٌ مِّنَ ٱلْءَاخِرِينَ

٤١ وَأَصْحَٰبُ ٱلشِّمَالِ مَآ أَصْحَٰبُ ٱلشِّمَالِ

٤٢ فِى سَمُومٍ وَحَمِيمٍ

٤٣ وَظِلٍّ مِّن يَحْمُومٍ

٤٤ لَّا بَارِدٍ وَلَا كَرِيمٍ

٤٥ إِنَّهُمْ كَانُوا۟ قَبْلَ ذَٰلِكَ مُتْرَفِينَ

٤٦ وَكَانُوا۟ يُصِرُّونَ عَلَى ٱلْحِنثِ ٱلْعَظِيمِ

٤٧ وَكَانُوا۟ يَقُولُونَ أَئِذَا مِتْنَا وَكُنَّا تُرَابًا وَعِظَٰمًا أَءِنَّا لَمَبْعُوثُونَ

٤٨ أَوَءَابَآؤُنَا ٱلْأَوَّلُونَ

٤٩ قُلْ إِنَّ ٱلْأَوَّلِينَ وَٱلْءَاخِرِينَ

٥٠ لَمَجْمُوعُونَ إِلَىٰ مِيقَٰتِ يَوْمٍ مَّعْلُومٍ

٥١ ثُمَّ إِنَّكُمْ أَيُّهَا ٱلضَّآلُّونَ ٱلْمُكَذِّبُونَ

٥٢ لَءَاكِلُونَ مِن شَجَرٍ مِّن زَقُّومٍ

٥٣ فَمَالِئُونَ مِنْهَا ٱلْبُطُونَ

٥٤ فَشَٰرِبُونَ عَلَيْهِ مِنَ ٱلْحَمِيمِ

٥٥ فَشَٰرِبُونَ شُرْبَ ٱلْهِيمِ

٥٦ هَٰذَا نُزُلُهُمْ يَوْمَ ٱلدِّينِ

٥٧ نَحْنُ خَلَقْنَٰكُمْ فَلَوْلَا تُصَدِّقُونَ

٥٨ أَفَرَءَيْتُم مَّا تُمْنُونَ

٥٩ ءَأَنتُمْ تَخْلُقُونَهُۥٓ أَمْ نَحْنُ ٱلْخَٰلِقُونَ

٦٠ نَحْنُ قَدَّرْنَا بَيْنَكُمُ ٱلْمَوْتَ وَمَا نَحْنُ بِمَسْبُوقِينَ

٦١ عَلَىٰٓ أَن نُّبَدِّلَ أَمْثَٰلَكُمْ وَنُنشِئَكُمْ فِى مَا لَا تَعْلَمُونَ

٦٢ وَلَقَدْ عَلِمْتُمُ ٱلنَّشْأَةَ ٱلْأُولَىٰ فَلَوْلَا تَذَكَّرُونَ

٦٣ أَفَرَءَيْتُم مَّا تَحْرُثُونَ

٦٤ ءَأَنتُمْ تَزْرَعُونَهُۥٓ أَمْ نَحْنُ ٱلزَّٰرِعُونَ

٦٥ لَوْ نَشَآءُ لَجَعَلْنَٰهُ حُطَٰمًا فَظَلْتُمْ تَفَكَّهُونَ

٦٦ إِنَّا لَمُغْرَمُونَ

٦٧ بَلْ نَحْنُ مَحْرُومُونَ

٦٨ أَفَرَءَيْتُمُ ٱلْمَآءَ ٱلَّذِى تَشْرَبُونَ

٦٩ ءَأَنتُمْ أَنزَلْتُمُوهُ مِنَ ٱلْمُزْنِ أَمْ نَحْنُ ٱلْمُنزِلُونَ

٧٠ لَوْ نَشَآءُ جَعَلْنَٰهُ أُجَاجًا فَلَوْلَا تَشْكُرُونَ

٧١ أَفَرَءَيْتُمُ ٱلنَّارَ ٱلَّتِى تُورُونَ

٧٢ ءَأَنتُمْ أَنشَأْتُمْ شَجَرَتَهَآ أَمْ نَحْنُ ٱلْمُنشِئُونَ

٧٣ نَحْنُ جَعَلْنَٰهَا تَذْكِرَةً وَمَتَٰعًا لِّلْمُقْوِينَ

٧٤ فَسَبِّحْ بِٱسْمِ رَبِّكَ ٱلْعَظِيمِ

٧٥ فَلَآ أُقْسِمُ بِمَوَٰقِعِ ٱلنُّجُومِ ۞

٧٦ وَإِنَّهُۥ لَقَسَمٌ لَّوْ تَعْلَمُونَ عَظِيمٌ

٧٧ إِنَّهُۥ لَقُرْءَانٌ كَرِيمٌ

٧٨ فِى كِتَٰبٍ مَّكْنُونٍ

٧٩ لَّا يَمَسُّهُۥٓ إِلَّا ٱلْمُطَهَّرُونَ

٨٠ تَنزِيلٌ مِّن رَّبِّ ٱلْعَٰلَمِينَ

٨١ أَفَبِهَٰذَا ٱلْحَدِيثِ أَنتُم مُّدْهِنُونَ

٨٢ وَتَجْعَلُونَ رِزْقَكُمْ أَنَّكُمْ تُكَذِّبُونَ

٨٣ فَلَوْلَآ إِذَا بَلَغَتِ ٱلْحُلْقُومَ

٨٤ وَأَنتُمْ حِينَئِذٍ تَنظُرُونَ

٨٥ وَنَحْنُ أَقْرَبُ إِلَيْهِ مِنكُمْ وَلَٰكِن لَّا تُبْصِرُونَ

٨٦ فَلَوْلَآ إِن كُنتُمْ غَيْرَ مَدِينِينَ

٨٧ تَرْجِعُونَهَآ إِن كُنتُمْ صَٰدِقِينَ

٨٨ فَأَمَّآ إِن كَانَ مِنَ ٱلْمُقَرَّبِينَ

٨٩ فَرَوْحٌ وَرَيْحَانٌ وَجَنَّتُ نَعِيمٍ

٩٠ وَأَمَّآ إِن كَانَ مِنْ أَصْحَٰبِ ٱلْيَمِينِ

٩١ فَسَلَٰمٌ لَّكَ مِنْ أَصْحَٰبِ ٱلْيَمِينِ

٩٢ وَأَمَّآ إِن كَانَ مِنَ ٱلْمُكَذِّبِينَ ٱلضَّآلِّينَ

٩٣ فَنُزُلٌ مِّنْ حَمِيمٍ

٩٤ وَتَصْلِيَةُ جَحِيمٍ

٩٥ إِنَّ هَٰذَا لَهُوَ حَقُّ ٱلْيَقِينِ

٩٦ فَسَبِّحْ بِٱسْمِ رَبِّكَ ٱلْعَظِيمِ

<u>**سورة الحديد**</u>

١ سَبَّحَ لِلَّهِ مَا فِى ٱلسَّمَٰوَٰتِ وَٱلْأَرْضِ وَهُوَ ٱلْعَزِيزُ ٱلْحَكِيمُ

٢ لَهُۥ مُلْكُ ٱلسَّمَٰوَٰتِ وَٱلْأَرْضِ يُحْىِۦ وَيُمِيتُ وَهُوَ عَلَىٰ كُلِّ شَىْءٍ قَدِيرٌ

٣ هُوَ ٱلْأَوَّلُ وَٱلْءَاخِرُ وَٱلظَّٰهِرُ وَٱلْبَاطِنُ وَهُوَ بِكُلِّ شَىْءٍ عَلِيمٌ

٤ هُوَ ٱلَّذِى خَلَقَ ٱلسَّمَٰوَٰتِ وَٱلْأَرْضَ فِى سِتَّةِ أَيَّامٍ ثُمَّ ٱسْتَوَىٰ عَلَى ٱلْعَرْشِ يَعْلَمُ مَا يَلِجُ فِى ٱلْأَرْضِ وَمَا يَخْرُجُ مِنْهَا وَمَا يَنزِلُ مِنَ ٱلسَّمَآءِ وَمَا يَعْرُجُ فِيهَا وَهُوَ مَعَكُمْ أَيْنَ مَا كُنتُمْ وَٱللَّهُ بِمَا تَعْمَلُونَ بَصِيرٌ

٥ لَّهُۥ مُلْكُ ٱلسَّمَٰوَٰتِ وَٱلْأَرْضِ وَإِلَى ٱللَّهِ تُرْجَعُ ٱلْأُمُورُ

٦ يُولِجُ ٱلَّيْلَ فِى ٱلنَّهَارِ وَيُولِجُ ٱلنَّهَارَ فِى ٱلَّيْلِ وَهُوَ عَلِيمٌۢ بِذَاتِ ٱلصُّدُورِ

٧ ءَامِنُواْ بِٱللَّهِ وَرَسُولِهِۦ وَأَنفِقُواْ مِمَّا جَعَلَكُم مُّسْتَخْلَفِينَ فِيهِ فَٱلَّذِينَ ءَامَنُواْ مِنكُمْ وَأَنفَقُواْ لَهُمْ أَجْرٌ كَبِيرٌ

٨ وَمَا لَكُمْ لَا تُؤْمِنُونَ بِٱللَّهِ وَٱلرَّسُولُ يَدْعُوكُمْ لِتُؤْمِنُواْ بِرَبِّكُمْ وَقَدْ أَخَذَ مِيثَٰقَكُمْ إِن كُنتُم مُّؤْمِنِينَ

٩ هُوَ ٱلَّذِى يُنَزِّلُ عَلَىٰ عَبْدِهِۦٓ ءَايَٰتٍۭ بَيِّنَٰتٍ لِّيُخْرِجَكُم مِّنَ ٱلظُّلُمَٰتِ إِلَى ٱلنُّورِ وَإِنَّ ٱللَّهَ بِكُمْ لَرَءُوفٌ رَّحِيمٌ

١٠ وَمَا لَكُمْ أَلَّا تُنفِقُواْ فِى سَبِيلِ ٱللَّهِ وَلِلَّهِ مِيرَٰثُ ٱلسَّمَٰوَٰتِ وَٱلْأَرْضِ لَا يَسْتَوِى مِنكُم مَّنْ أَنفَقَ مِن قَبْلِ ٱلْفَتْحِ وَقَٰتَلَ أُوْلَٰٓئِكَ أَعْظَمُ دَرَجَةً مِّنَ ٱلَّذِينَ أَنفَقُواْ مِنۢ بَعْدُ وَقَٰتَلُواْ وَكُلًّا وَعَدَ ٱللَّهُ ٱلْحُسْنَىٰ وَٱللَّهُ بِمَا تَعْمَلُونَ خَبِيرٌ

١١ مَّن ذَا ٱلَّذِى يُقْرِضُ ٱللَّهَ قَرْضًا حَسَنًا فَيُضَٰعِفَهُۥ لَهُۥ وَلَهُۥٓ أَجْرٌ كَرِيمٌ

١٢ يَوْمَ تَرَى ٱلْمُؤْمِنِينَ وَٱلْمُؤْمِنَٰتِ يَسْعَىٰ نُورُهُم بَيْنَ أَيْدِيهِمْ وَبِأَيْمَٰنِهِم بُشْرَىٰكُمُ ٱلْيَوْمَ جَنَّٰتٌ تَجْرِى مِن تَحْتِهَا ٱلْأَنْهَٰرُ خَٰلِدِينَ فِيهَا ذَٰلِكَ هُوَ ٱلْفَوْزُ ٱلْعَظِيمُ

١٣ يَوْمَ يَقُولُ ٱلْمُنَٰفِقُونَ وَٱلْمُنَٰفِقَٰتُ لِلَّذِينَ ءَامَنُواْ ٱنظُرُونَا نَقْتَبِسْ مِن نُّورِكُمْ قِيلَ

ارْجِعُوا وَرَاءَكُمْ فَالْتَمِسُوا نُورًا فَضُرِبَ بَيْنَهُم بِسُورٍ لَّهُ بَابٌ بَاطِنُهُ فِيهِ الرَّحْمَةُ وَظَاهِرُهُ مِن قِبَلِهِ الْعَذَابُ

١٤ يُنَادُونَهُمْ أَلَمْ نَكُن مَّعَكُمْ قَالُوا بَلَىٰ وَلَٰكِنَّكُمْ فَتَنتُمْ أَنفُسَكُمْ وَتَرَبَّصْتُمْ وَارْتَبْتُمْ وَغَرَّتْكُمُ الْأَمَانِيُّ حَتَّىٰ جَاءَ أَمْرُ اللَّهِ وَغَرَّكُم بِاللَّهِ الْغَرُورُ

١٥ فَالْيَوْمَ لَا يُؤْخَذُ مِنكُمْ فِدْيَةٌ وَلَا مِنَ الَّذِينَ كَفَرُوا مَأْوَاكُمُ النَّارُ هِيَ مَوْلَاكُمْ وَبِئْسَ الْمَصِيرُ

١٦ أَلَمْ يَأْنِ لِلَّذِينَ ءَامَنُوا أَن تَخْشَعَ قُلُوبُهُمْ لِذِكْرِ اللَّهِ وَمَا نَزَلَ مِنَ الْحَقِّ وَلَا يَكُونُوا كَالَّذِينَ أُوتُوا الْكِتَٰبَ مِن قَبْلُ فَطَالَ عَلَيْهِمُ الْأَمَدُ فَقَسَتْ قُلُوبُهُمْ وَكَثِيرٌ مِّنْهُمْ فَٰسِقُونَ

١٧ اعْلَمُوا أَنَّ اللَّهَ يُحْيِ الْأَرْضَ بَعْدَ مَوْتِهَا قَدْ بَيَّنَّا لَكُمُ الْءَايَٰتِ لَعَلَّكُمْ تَعْقِلُونَ

١٨ إِنَّ الْمُصَّدِّقِينَ وَالْمُصَّدِّقَٰتِ وَأَقْرَضُوا اللَّهَ قَرْضًا حَسَنًا يُضَاعَفُ لَهُمْ وَلَهُمْ أَجْرٌ كَرِيمٌ

١٩ وَالَّذِينَ ءَامَنُوا بِاللَّهِ وَرُسُلِهِ أُولَٰئِكَ هُمُ الصِّدِّيقُونَ وَالشُّهَدَاءُ عِندَ رَبِّهِمْ لَهُمْ أَجْرُهُمْ وَنُورُهُمْ وَالَّذِينَ كَفَرُوا وَكَذَّبُوا بِـَٔايَٰتِنَا أُولَٰئِكَ أَصْحَٰبُ الْجَحِيمِ

٢٠ اعْلَمُوا أَنَّمَا الْحَيَوٰةُ الدُّنْيَا لَعِبٌ وَلَهْوٌ وَزِينَةٌ وَتَفَاخُرٌ بَيْنَكُمْ وَتَكَاثُرٌ فِي الْأَمْوَٰلِ وَالْأَوْلَٰدِ كَمَثَلِ غَيْثٍ أَعْجَبَ الْكُفَّارَ نَبَاتُهُ ثُمَّ يَهِيجُ فَتَرَاهُ مُصْفَرًّا ثُمَّ يَكُونُ حُطَٰمًا وَفِي الْءَاخِرَةِ عَذَابٌ شَدِيدٌ وَمَغْفِرَةٌ مِّنَ اللَّهِ وَرِضْوَٰنٌ وَمَا الْحَيَوٰةُ الدُّنْيَا إِلَّا مَتَٰعُ الْغُرُورِ

٢١ سَابِقُوا إِلَىٰ مَغْفِرَةٍ مِّن رَّبِّكُمْ وَجَنَّةٍ عَرْضُهَا كَعَرْضِ السَّمَاءِ وَالْأَرْضِ أُعِدَّتْ لِلَّذِينَ

ءَامَنُوا بِاللَّهِ وَرُسُلِهِ ذَٰلِكَ فَضْلُ اللَّهِ يُؤْتِيهِ مَن يَشَاءُ وَاللَّهُ ذُو الْفَضْلِ الْعَظِيمِ

٢٢ مَا أَصَابَ مِن مُّصِيبَةٍ فِي الْأَرْضِ وَلَا فِي أَنفُسِكُمْ إِلَّا فِي كِتَٰبٍ مِّن قَبْلِ أَن نَّبْرَأَهَا إِنَّ ذَٰلِكَ عَلَى اللَّهِ يَسِيرٌ

٢٣ لِّكَيْلَا تَأْسَوْا عَلَىٰ مَا فَاتَكُمْ وَلَا تَفْرَحُوا بِمَا ءَاتَاكُمْ وَاللَّهُ لَا يُحِبُّ كُلَّ مُخْتَالٍ فَخُورٍ

٢٤ الَّذِينَ يَبْخَلُونَ وَيَأْمُرُونَ النَّاسَ بِالْبُخْلِ وَمَن يَتَوَلَّ فَإِنَّ اللَّهَ هُوَ الْغَنِيُّ الْحَمِيدُ

٢٥ لَقَدْ أَرْسَلْنَا رُسُلَنَا بِالْبَيِّنَٰتِ وَأَنزَلْنَا مَعَهُمُ الْكِتَٰبَ وَالْمِيزَانَ لِيَقُومَ النَّاسُ بِالْقِسْطِ وَأَنزَلْنَا الْحَدِيدَ فِيهِ بَأْسٌ شَدِيدٌ وَمَنَٰفِعُ لِلنَّاسِ وَلِيَعْلَمَ اللَّهُ مَن يَنصُرُهُ وَرُسُلَهُ بِالْغَيْبِ إِنَّ اللَّهَ قَوِيٌّ عَزِيزٌ

٢٦ وَلَقَدْ أَرْسَلْنَا نُوحًا وَإِبْرَاهِيمَ وَجَعَلْنَا فِي ذُرِّيَّتِهِمَا النُّبُوَّةَ وَالْكِتَٰبَ فَمِنْهُم مُّهْتَدٍ وَكَثِيرٌ مِّنْهُمْ فَٰسِقُونَ

٢٧ ثُمَّ قَفَّيْنَا عَلَىٰ ءَاثَٰرِهِم بِرُسُلِنَا وَقَفَّيْنَا بِعِيسَى ابْنِ مَرْيَمَ وَءَاتَيْنَٰهُ الْإِنجِيلَ وَجَعَلْنَا فِي قُلُوبِ الَّذِينَ اتَّبَعُوهُ رَأْفَةً وَرَحْمَةً وَرَهْبَانِيَّةً ابْتَدَعُوهَا مَا كَتَبْنَٰهَا عَلَيْهِمْ إِلَّا ابْتِغَاءَ رِضْوَٰنِ اللَّهِ فَمَا رَعَوْهَا حَقَّ رِعَايَتِهَا فَـَٔاتَيْنَا الَّذِينَ ءَامَنُوا مِنْهُمْ أَجْرَهُمْ وَكَثِيرٌ مِّنْهُمْ فَٰسِقُونَ

٢٨ يَا أَيُّهَا الَّذِينَ ءَامَنُوا اتَّقُوا اللَّهَ وَءَامِنُوا بِرَسُولِهِ يُؤْتِكُمْ كِفْلَيْنِ مِن رَّحْمَتِهِ وَيَجْعَل لَّكُمْ نُورًا تَمْشُونَ بِهِ وَيَغْفِرْ لَكُمْ وَاللَّهُ غَفُورٌ رَّحِيمٌ

٢٩ لِّئَلَّا يَعْلَمَ أَهْلُ الْكِتَٰبِ أَلَّا يَقْدِرُونَ عَلَىٰ شَيْءٍ مِّن فَضْلِ اللَّهِ وَأَنَّ الْفَضْلَ بِيَدِ اللَّهِ يُؤْتِيهِ مَن يَشَاءُ وَاللَّهُ ذُو الْفَضْلِ الْعَظِيمِ

١ قَدْ سَمِعَ ٱللَّهُ قَوْلَ ٱلَّتِى تُجَٰدِلُكَ فِى زَوْجِهَا وَتَشْتَكِىٓ إِلَى ٱللَّهِ وَٱللَّهُ يَسْمَعُ تَحَاوُرَكُمَآ إِنَّ ٱللَّهَ سَمِيعٌۢ بَصِيرٌ

٢ ٱلَّذِينَ يُظَٰهِرُونَ مِنكُم مِّن نِّسَآئِهِم مَّا هُنَّ أُمَّهَٰتِهِمْ إِنْ أُمَّهَٰتُهُمْ إِلَّا ٱلَّٰٓـِٔى وَلَدْنَهُمْ وَإِنَّهُمْ لَيَقُولُونَ مُنكَرًا مِّنَ ٱلْقَوْلِ وَزُورًا وَإِنَّ ٱللَّهَ لَعَفُوٌّ غَفُورٌ

٣ وَٱلَّذِينَ يُظَٰهِرُونَ مِن نِّسَآئِهِمْ ثُمَّ يَعُودُونَ لِمَا قَالُوا فَتَحْرِيرُ رَقَبَةٍ مِّن قَبْلِ أَن يَتَمَآسَّا ذَٰلِكُمْ تُوعَظُونَ بِهِۦ وَٱللَّهُ بِمَا تَعْمَلُونَ خَبِيرٌ

٤ فَمَن لَّمْ يَجِدْ فَصِيَامُ شَهْرَيْنِ مُتَتَابِعَيْنِ مِن قَبْلِ أَن يَتَمَآسَّا فَمَن لَّمْ يَسْتَطِعْ فَإِطْعَامُ سِتِّينَ مِسْكِينًا ذَٰلِكَ لِتُؤْمِنُوا بِٱللَّهِ وَرَسُولِهِۦ وَتِلْكَ حُدُودُ ٱللَّهِ وَلِلْكَٰفِرِينَ عَذَابٌ أَلِيمٌ

٥ إِنَّ ٱلَّذِينَ يُحَآدُّونَ ٱللَّهَ وَرَسُولَهُۥ كُبِتُوا كَمَا كُبِتَ ٱلَّذِينَ مِن قَبْلِهِمْ وَقَدْ أَنزَلْنَآ ءَايَٰتٍۭ بَيِّنَٰتٍ وَلِلْكَٰفِرِينَ عَذَابٌ مُّهِينٌ

٦ يَوْمَ يَبْعَثُهُمُ ٱللَّهُ جَمِيعًا فَيُنَبِّئُهُم بِمَا عَمِلُوٓا أَحْصَىٰهُ ٱللَّهُ وَنَسُوهُ وَٱللَّهُ عَلَىٰ كُلِّ شَىْءٍ شَهِيدٌ

٧ أَلَمْ تَرَ أَنَّ ٱللَّهَ يَعْلَمُ مَا فِى ٱلسَّمَٰوَٰتِ وَمَا فِى ٱلْأَرْضِ مَا يَكُونُ مِن نَّجْوَىٰ ثَلَٰثَةٍ إِلَّا هُوَ رَابِعُهُمْ وَلَا خَمْسَةٍ إِلَّا هُوَ سَادِسُهُمْ وَلَآ أَدْنَىٰ مِن ذَٰلِكَ وَلَآ أَكْثَرَ إِلَّا هُوَ مَعَهُمْ أَيْنَ مَا كَانُوا ثُمَّ يُنَبِّئُهُم بِمَا عَمِلُوا يَوْمَ ٱلْقِيَٰمَةِ إِنَّ ٱللَّهَ بِكُلِّ شَىْءٍ عَلِيمٌ

٨ أَلَمْ تَرَ إِلَى ٱلَّذِينَ نُهُوا عَنِ ٱلنَّجْوَىٰ ثُمَّ يَعُودُونَ لِمَا نُهُوا عَنْهُ وَيَتَنَٰجَوْنَ بِٱلْإِثْمِ وَٱلْعُدْوَٰنِ وَمَعْصِيَتِ ٱلرَّسُولِ وَإِذَا جَآءُوكَ حَيَّوْكَ بِمَا لَمْ يُحَيِّكَ بِهِ ٱللَّهُ وَيَقُولُونَ فِىٓ

أَنفُسِهِمْ لَوْلَا يُعَذِّبُنَا ٱللَّهُ بِمَا نَقُولُ حَسْبُهُمْ جَهَنَّمُ يَصْلَوْنَهَا فَبِئْسَ ٱلْمَصِيرُ

٩ يَٰٓأَيُّهَا ٱلَّذِينَ ءَامَنُوٓا إِذَا تَنَٰجَيْتُمْ فَلَا تَتَنَٰجَوْا بِٱلْإِثْمِ وَٱلْعُدْوَٰنِ وَمَعْصِيَتِ ٱلرَّسُولِ وَتَنَٰجَوْا بِٱلْبِرِّ وَٱلتَّقْوَىٰ وَٱتَّقُوا ٱللَّهَ ٱلَّذِىٓ إِلَيْهِ تُحْشَرُونَ

١٠ إِنَّمَا ٱلنَّجْوَىٰ مِنَ ٱلشَّيْطَٰنِ لِيَحْزُنَ ٱلَّذِينَ ءَامَنُوا وَلَيْسَ بِضَآرِّهِمْ شَيْئًا إِلَّا بِإِذْنِ ٱللَّهِ وَعَلَى ٱللَّهِ فَلْيَتَوَكَّلِ ٱلْمُؤْمِنُونَ

١١ يَٰٓأَيُّهَا ٱلَّذِينَ ءَامَنُوٓا إِذَا قِيلَ لَكُمْ تَفَسَّحُوا فِى ٱلْمَجَٰلِسِ فَٱفْسَحُوا يَفْسَحِ ٱللَّهُ لَكُمْ وَإِذَا قِيلَ ٱنشُزُوا فَٱنشُزُوا يَرْفَعِ ٱللَّهُ ٱلَّذِينَ ءَامَنُوا مِنكُمْ وَٱلَّذِينَ أُوتُوا ٱلْعِلْمَ دَرَجَٰتٍ وَٱللَّهُ بِمَا تَعْمَلُونَ خَبِيرٌ

١٢ يَٰٓأَيُّهَا ٱلَّذِينَ ءَامَنُوٓا إِذَا نَٰجَيْتُمُ ٱلرَّسُولَ فَقَدِّمُوا بَيْنَ يَدَىْ نَجْوَىٰكُمْ صَدَقَةً ذَٰلِكَ خَيْرٌ لَّكُمْ وَأَطْهَرُ فَإِن لَّمْ تَجِدُوا فَإِنَّ ٱللَّهَ غَفُورٌ رَّحِيمٌ

١٣ ءَأَشْفَقْتُمْ أَن تُقَدِّمُوا بَيْنَ يَدَىْ نَجْوَىٰكُمْ صَدَقَٰتٍ فَإِذْ لَمْ تَفْعَلُوا وَتَابَ ٱللَّهُ عَلَيْكُمْ فَأَقِيمُوا ٱلصَّلَوٰةَ وَءَاتُوا ٱلزَّكَوٰةَ وَأَطِيعُوا ٱللَّهَ وَرَسُولَهُۥ وَٱللَّهُ خَبِيرٌۢ بِمَا تَعْمَلُونَ

١٤ أَلَمْ تَرَ إِلَى ٱلَّذِينَ تَوَلَّوْا قَوْمًا غَضِبَ ٱللَّهُ عَلَيْهِم مَّا هُم مِّنكُمْ وَلَا مِنْهُمْ وَيَحْلِفُونَ عَلَى ٱلْكَذِبِ وَهُمْ يَعْلَمُونَ

١٥ أَعَدَّ ٱللَّهُ لَهُمْ عَذَابًا شَدِيدًا إِنَّهُمْ سَآءَ مَا كَانُوا يَعْمَلُونَ

١٦ ٱتَّخَذُوٓا أَيْمَٰنَهُمْ جُنَّةً فَصَدُّوا عَن سَبِيلِ ٱللَّهِ فَلَهُمْ عَذَابٌ مُّهِينٌ

١٧ لَّن تُغْنِىَ عَنْهُمْ أَمْوَٰلُهُمْ وَلَآ أَوْلَٰدُهُم مِّنَ ٱللَّهِ شَيْئًا أُوْلَٰٓئِكَ أَصْحَٰبُ ٱلنَّارِ هُمْ فِيهَا خَٰلِدُونَ

١٨ يَوْمَ يَبْعَثُهُمُ ٱللَّهُ جَمِيعًا فَيَحْلِفُونَ لَهُ كَمَا يَحْلِفُونَ لَكُمْ وَيَحْسَبُونَ أَنَّهُمْ عَلَىٰ شَىْءٍ أَلَا إِنَّهُمْ هُمُ ٱلْكَٰذِبُونَ

١٩ ٱسْتَحْوَذَ عَلَيْهِمُ ٱلشَّيْطَٰنُ فَأَنسَىٰهُمْ ذِكْرَ ٱللَّهِ أُو۟لَٰئِكَ حِزْبُ ٱلشَّيْطَٰنِ أَلَا إِنَّ حِزْبَ ٱلشَّيْطَٰنِ هُمُ ٱلْخَٰسِرُونَ

٢٠ إِنَّ ٱلَّذِينَ يُحَادُّونَ ٱللَّهَ وَرَسُولَهُ أُو۟لَٰئِكَ فِى ٱلْأَذَلِّينَ

٢١ كَتَبَ ٱللَّهُ لَأَغْلِبَنَّ أَنَا۠ وَرُسُلِىٓ إِنَّ ٱللَّهَ قَوِىٌّ عَزِيزٌ

٢٢ لَّا تَجِدُ قَوْمًا يُؤْمِنُونَ بِٱللَّهِ وَٱلْيَوْمِ ٱلْءَاخِرِ يُوَآدُّونَ مَنْ حَآدَّ ٱللَّهَ وَرَسُولَهُ وَلَوْ كَانُوٓا۟ ءَابَآءَهُمْ أَوْ أَبْنَآءَهُمْ أَوْ إِخْوَٰنَهُمْ أَوْ عَشِيرَتَهُمْ أُو۟لَٰئِكَ كَتَبَ فِى قُلُوبِهِمُ ٱلْإِيمَٰنَ وَأَيَّدَهُم بِرُوحٍ مِّنْهُ وَيُدْخِلُهُمْ جَنَّٰتٍ تَجْرِى مِن تَحْتِهَا ٱلْأَنْهَٰرُ خَٰلِدِينَ فِيهَا رَضِىَ ٱللَّهُ عَنْهُمْ وَرَضُوا۟ عَنْهُ أُو۟لَٰئِكَ حِزْبُ ٱللَّهِ أَلَا إِنَّ حِزْبَ ٱللَّهِ هُمُ ٱلْمُفْلِحُونَ

سورة الحشر

١ سَبَّحَ لِلَّهِ مَا فِى ٱلسَّمَٰوَٰتِ وَمَا فِى ٱلْأَرْضِ وَهُوَ ٱلْعَزِيزُ ٱلْحَكِيمُ

٢ هُوَ ٱلَّذِىٓ أَخْرَجَ ٱلَّذِينَ كَفَرُوا۟ مِنْ أَهْلِ ٱلْكِتَٰبِ مِن دِيَٰرِهِمْ لِأَوَّلِ ٱلْحَشْرِ مَا ظَنَنتُمْ أَن يَخْرُجُوا۟ وَظَنُّوٓا۟ أَنَّهُم مَّانِعَتُهُمْ حُصُونُهُم مِّنَ ٱللَّهِ فَأَتَىٰهُمُ ٱللَّهُ مِنْ حَيْثُ لَمْ يَحْتَسِبُوا۟ وَقَذَفَ فِى قُلُوبِهِمُ ٱلرُّعْبَ يُخْرِبُونَ بُيُوتَهُم بِأَيْدِيهِمْ وَأَيْدِى ٱلْمُؤْمِنِينَ فَٱعْتَبِرُوا۟ يَٰٓأُو۟لِى ٱلْأَبْصَٰرِ

٣ وَلَوْلَآ أَن كَتَبَ ٱللَّهُ عَلَيْهِمُ ٱلْجَلَآءَ لَعَذَّبَهُمْ فِى ٱلدُّنْيَا وَلَهُمْ فِى ٱلْءَاخِرَةِ عَذَابُ ٱلنَّارِ

٤ ذَٰلِكَ بِأَنَّهُمْ شَآقُّوا۟ ٱللَّهَ وَرَسُولَهُ وَمَن يُشَاقِّ ٱللَّهَ فَإِنَّ ٱللَّهَ شَدِيدُ ٱلْعِقَابِ

٥ مَا قَطَعْتُم مِّن لِّينَةٍ أَوْ تَرَكْتُمُوهَا قَآئِمَةً عَلَىٰٓ أُصُولِهَا فَبِإِذْنِ ٱللَّهِ وَلِيُخْزِىَ ٱلْفَٰسِقِينَ

٦ وَمَآ أَفَآءَ ٱللَّهُ عَلَىٰ رَسُولِهِ مِنْهُمْ فَمَآ أَوْجَفْتُمْ عَلَيْهِ مِنْ خَيْلٍ وَلَا رِكَابٍ وَلَٰكِنَّ ٱللَّهَ يُسَلِّطُ رُسُلَهُ عَلَىٰ مَن يَشَآءُ وَٱللَّهُ عَلَىٰ كُلِّ شَىْءٍ قَدِيرٌ

٧ مَّآ أَفَآءَ ٱللَّهُ عَلَىٰ رَسُولِهِ مِنْ أَهْلِ ٱلْقُرَىٰ فَلِلَّهِ وَلِلرَّسُولِ وَلِذِى ٱلْقُرْبَىٰ وَٱلْيَتَٰمَىٰ وَٱلْمَسَٰكِينِ وَٱبْنِ ٱلسَّبِيلِ كَىْ لَا يَكُونَ دُولَةً بَيْنَ ٱلْأَغْنِيَآءِ مِنكُمْ وَمَآ ءَاتَىٰكُمُ ٱلرَّسُولُ فَخُذُوهُ وَمَا نَهَىٰكُمْ عَنْهُ فَٱنتَهُوا۟ وَٱتَّقُوا۟ ٱللَّهَ إِنَّ ٱللَّهَ شَدِيدُ ٱلْعِقَابِ

٨ لِلْفُقَرَآءِ ٱلْمُهَٰجِرِينَ ٱلَّذِينَ أُخْرِجُوا۟ مِن دِيَٰرِهِمْ وَأَمْوَٰلِهِمْ يَبْتَغُونَ فَضْلًا مِّنَ ٱللَّهِ وَرِضْوَٰنًا وَيَنصُرُونَ ٱللَّهَ وَرَسُولَهُ أُو۟لَٰئِكَ هُمُ ٱلصَّٰدِقُونَ

٩ وَٱلَّذِينَ تَبَوَّءُو ٱلدَّارَ وَٱلْإِيمَٰنَ مِن قَبْلِهِمْ يُحِبُّونَ مَنْ هَاجَرَ إِلَيْهِمْ وَلَا يَجِدُونَ فِى صُدُورِهِمْ حَاجَةً مِّمَّآ أُوتُوا۟ وَيُؤْثِرُونَ عَلَىٰٓ أَنفُسِهِمْ وَلَوْ كَانَ بِهِمْ خَصَاصَةٌ وَمَن يُوقَ شُحَّ نَفْسِهِ فَأُو۟لَٰئِكَ هُمُ ٱلْمُفْلِحُونَ

١٠ وَٱلَّذِينَ جَآءُو مِنۢ بَعْدِهِمْ يَقُولُونَ رَبَّنَا ٱغْفِرْ لَنَا وَلِإِخْوَٰنِنَا ٱلَّذِينَ سَبَقُونَا بِٱلْإِيمَٰنِ وَلَا تَجْعَلْ فِى قُلُوبِنَا غِلًّا لِّلَّذِينَ ءَامَنُوا۟ رَبَّنَآ إِنَّكَ رَءُوفٌ رَّحِيمٌ

١١ ۞ أَلَمْ تَرَ إِلَى ٱلَّذِينَ نَافَقُوا۟ يَقُولُونَ لِإِخْوَٰنِهِمُ ٱلَّذِينَ كَفَرُوا۟ مِنْ أَهْلِ ٱلْكِتَٰبِ لَئِنْ أُخْرِجْتُمْ لَنَخْرُجَنَّ مَعَكُمْ وَلَا نُطِيعُ فِيكُمْ أَحَدًا أَبَدًا وَإِن قُوتِلْتُمْ لَنَنصُرَنَّكُمْ وَٱللَّهُ يَشْهَدُ إِنَّهُمْ لَكَٰذِبُونَ

١٢ لَّئِنْ أُخْرِجُوا لَا يَخْرُجُونَ مَعَهُمْ وَلَئِن قُوتِلُوا لَا يَنصُرُونَهُمْ وَلَئِن نَّصَرُوهُمْ لَيُوَلُّنَّ الْأَدْبَارَ ثُمَّ لَا يُنصَرُونَ

١٣ لَأَنتُمْ أَشَدُّ رَهْبَةً فِى صُدُورِهِم مِّنَ اللَّهِ ۚ ذَٰلِكَ بِأَنَّهُمْ قَوْمٌ لَّا يَفْقَهُونَ

١٤ لَا يُقَٰتِلُونَكُمْ جَمِيعًا إِلَّا فِى قُرًى مُّحَصَّنَةٍ أَوْ مِن وَرَآءِ جُدُرٍ ۚ بَأْسُهُم بَيْنَهُمْ شَدِيدٌ ۚ تَحْسَبُهُمْ جَمِيعًا وَقُلُوبُهُمْ شَتَّىٰ ۚ ذَٰلِكَ بِأَنَّهُمْ قَوْمٌ لَّا يَعْقِلُونَ

١٥ كَمَثَلِ الَّذِينَ مِن قَبْلِهِمْ قَرِيبًا ۖ ذَاقُوا وَبَالَ أَمْرِهِمْ وَلَهُمْ عَذَابٌ أَلِيمٌ

١٦ كَمَثَلِ الشَّيْطَٰنِ إِذْ قَالَ لِلْإِنسَٰنِ اكْفُرْ فَلَمَّا كَفَرَ قَالَ إِنِّى بَرِىٓءٌ مِّنكَ إِنِّىٓ أَخَافُ اللَّهَ رَبَّ الْعَٰلَمِينَ

١٧ فَكَانَ عَٰقِبَتَهُمَآ أَنَّهُمَا فِى النَّارِ خَٰلِدَيْنِ فِيهَا ۚ وَذَٰلِكَ جَزَٰٓؤُا الظَّٰلِمِينَ

١٨ يَٰٓأَيُّهَا الَّذِينَ ءَامَنُوا اتَّقُوا اللَّهَ وَلْتَنظُرْ نَفْسٌ مَّا قَدَّمَتْ لِغَدٍ ۖ وَاتَّقُوا اللَّهَ ۚ إِنَّ اللَّهَ خَبِيرٌ بِمَا تَعْمَلُونَ

١٩ وَلَا تَكُونُوا كَالَّذِينَ نَسُوا اللَّهَ فَأَنسَٰهُمْ أَنفُسَهُمْ ۚ أُو۟لَٰٓئِكَ هُمُ الْفَٰسِقُونَ

٢٠ لَا يَسْتَوِىٓ أَصْحَٰبُ النَّارِ وَأَصْحَٰبُ الْجَنَّةِ ۚ أَصْحَٰبُ الْجَنَّةِ هُمُ الْفَآئِزُونَ

٢١ لَوْ أَنزَلْنَا هَٰذَا الْقُرْءَانَ عَلَىٰ جَبَلٍ لَّرَأَيْتَهُۥ خَٰشِعًا مُّتَصَدِّعًا مِّنْ خَشْيَةِ اللَّهِ ۚ وَتِلْكَ الْأَمْثَٰلُ نَضْرِبُهَا لِلنَّاسِ لَعَلَّهُمْ يَتَفَكَّرُونَ

٢٢ هُوَ اللَّهُ الَّذِى لَآ إِلَٰهَ إِلَّا هُوَ ۖ عَٰلِمُ الْغَيْبِ وَالشَّهَٰدَةِ ۖ هُوَ الرَّحْمَٰنُ الرَّحِيمُ

٢٣ هُوَ اللَّهُ الَّذِى لَآ إِلَٰهَ إِلَّا هُوَ الْمَلِكُ الْقُدُّوسُ السَّلَٰمُ الْمُؤْمِنُ الْمُهَيْمِنُ الْعَزِيزُ الْجَبَّارُ الْمُتَكَبِّرُ ۚ سُبْحَٰنَ اللَّهِ عَمَّا يُشْرِكُونَ

٢٤ هُوَ اللَّهُ الْخَٰلِقُ الْبَارِئُ الْمُصَوِّرُ ۖ لَهُ الْأَسْمَآءُ الْحُسْنَىٰ ۚ يُسَبِّحُ لَهُ مَا فِى السَّمَٰوَٰتِ وَالْأَرْضِ ۖ وَهُوَ الْعَزِيزُ الْحَكِيمُ

سورة الممتحنة

١ يَٰٓأَيُّهَا الَّذِينَ ءَامَنُوا لَا تَتَّخِذُوا عَدُوِّى وَعَدُوَّكُمْ أَوْلِيَآءَ تُلْقُونَ إِلَيْهِم بِالْمَوَدَّةِ وَقَدْ كَفَرُوا بِمَا جَآءَكُم مِّنَ الْحَقِّ يُخْرِجُونَ الرَّسُولَ وَإِيَّاكُمْ ۙ أَن تُؤْمِنُوا بِاللَّهِ رَبِّكُمْ إِن كُنتُمْ خَرَجْتُمْ جِهَٰدًا فِى سَبِيلِى وَابْتِغَآءَ مَرْضَاتِى ۚ تُسِرُّونَ إِلَيْهِم بِالْمَوَدَّةِ وَأَنَا۠ أَعْلَمُ بِمَآ أَخْفَيْتُمْ وَمَآ أَعْلَنتُمْ ۚ وَمَن يَفْعَلْهُ مِنكُمْ فَقَدْ ضَلَّ سَوَآءَ السَّبِيلِ

٢ إِن يَثْقَفُوكُمْ يَكُونُوا لَكُمْ أَعْدَآءً وَيَبْسُطُوٓا إِلَيْكُمْ أَيْدِيَهُمْ وَأَلْسِنَتَهُم بِالسُّوٓءِ وَوَدُّوا لَوْ تَكْفُرُونَ

٣ لَن تَنفَعَكُمْ أَرْحَامُكُمْ وَلَآ أَوْلَٰدُكُمْ ۚ يَوْمَ الْقِيَٰمَةِ يَفْصِلُ بَيْنَكُمْ ۚ وَاللَّهُ بِمَا تَعْمَلُونَ بَصِيرٌ

٤ قَدْ كَانَتْ لَكُمْ أُسْوَةٌ حَسَنَةٌ فِىٓ إِبْرَٰهِيمَ وَالَّذِينَ مَعَهُۥٓ إِذْ قَالُوا لِقَوْمِهِمْ إِنَّا بُرَءَٰٓؤُا مِنكُمْ وَمِمَّا تَعْبُدُونَ مِن دُونِ اللَّهِ كَفَرْنَا بِكُمْ وَبَدَا بَيْنَنَا وَبَيْنَكُمُ الْعَدَٰوَةُ وَالْبَغْضَآءُ أَبَدًا حَتَّىٰ تُؤْمِنُوا بِاللَّهِ وَحْدَهُۥٓ إِلَّا قَوْلَ إِبْرَٰهِيمَ لِأَبِيهِ لَأَسْتَغْفِرَنَّ لَكَ وَمَآ أَمْلِكُ لَكَ مِنَ اللَّهِ مِن شَىْءٍ ۖ رَّبَّنَا عَلَيْكَ تَوَكَّلْنَا وَإِلَيْكَ أَنَبْنَا وَإِلَيْكَ الْمَصِيرُ

٥ رَبَّنَا لَا تَجْعَلْنَا فِتْنَةً لِّلَّذِينَ كَفَرُوا وَاغْفِرْ لَنَا رَبَّنَآ ۖ إِنَّكَ أَنتَ الْعَزِيزُ الْحَكِيمُ

٦ لَقَدْ كَانَ لَكُمْ فِيهِمْ أُسْوَةٌ حَسَنَةٌ لِّمَن كَانَ يَرْجُوا اللَّهَ وَالْيَوْمَ الْءَاخِرَ ۚ وَمَن يَتَوَلَّ فَإِنَّ اللَّهَ هُوَ الْغَنِىُّ الْحَمِيدُ

٧ عَسَى ٱللَّهُ أَن يَجْعَلَ بَيْنَكُمْ وَبَيْنَ ٱلَّذِينَ عَادَيْتُم مِّنْهُم مَّوَدَّةً ۚ وَٱللَّهُ قَدِيرٌ ۚ وَٱللَّهُ غَفُورٌ رَّحِيمٌ

٨ لَّا يَنْهَىٰكُمُ ٱللَّهُ عَنِ ٱلَّذِينَ لَمْ يُقَٰتِلُوكُمْ فِى ٱلدِّينِ وَلَمْ يُخْرِجُوكُم مِّن دِيَٰرِكُمْ أَن تَبَرُّوهُمْ وَتُقْسِطُوٓا۟ إِلَيْهِمْ ۚ إِنَّ ٱللَّهَ يُحِبُّ ٱلْمُقْسِطِينَ

٩ إِنَّمَا يَنْهَىٰكُمُ ٱللَّهُ عَنِ ٱلَّذِينَ قَٰتَلُوكُمْ فِى ٱلدِّينِ وَأَخْرَجُوكُم مِّن دِيَٰرِكُمْ وَظَٰهَرُوا۟ عَلَىٰٓ إِخْرَاجِكُمْ أَن تَوَلَّوْهُمْ ۚ وَمَن يَتَوَلَّهُمْ فَأُو۟لَٰٓئِكَ هُمُ ٱلظَّٰلِمُونَ

١٠ يَٰٓأَيُّهَا ٱلَّذِينَ ءَامَنُوٓا۟ إِذَا جَآءَكُمُ ٱلْمُؤْمِنَٰتُ مُهَٰجِرَٰتٍ فَٱمْتَحِنُوهُنَّ ۖ ٱللَّهُ أَعْلَمُ بِإِيمَٰنِهِنَّ ۖ فَإِنْ عَلِمْتُمُوهُنَّ مُؤْمِنَٰتٍ فَلَا تَرْجِعُوهُنَّ إِلَى ٱلْكُفَّارِ ۖ لَا هُنَّ حِلٌّ لَّهُمْ وَلَا هُمْ يَحِلُّونَ لَهُنَّ ۖ وَءَاتُوهُم مَّآ أَنفَقُوا۟ ۚ وَلَا جُنَاحَ عَلَيْكُمْ أَن تَنكِحُوهُنَّ إِذَآ ءَاتَيْتُمُوهُنَّ أُجُورَهُنَّ ۚ وَلَا تُمْسِكُوا۟ بِعِصَمِ ٱلْكَوَافِرِ وَسْـَٔلُوا۟ مَآ أَنفَقْتُمْ وَلْيَسْـَٔلُوا۟ مَآ أَنفَقُوا۟ ۚ ذَٰلِكُمْ حُكْمُ ٱللَّهِ ۖ يَحْكُمُ بَيْنَكُمْ ۚ وَٱللَّهُ عَلِيمٌ حَكِيمٌ

١١ وَإِن فَاتَكُمْ شَىْءٌ مِّنْ أَزْوَٰجِكُمْ إِلَى ٱلْكُفَّارِ فَعَاقَبْتُمْ فَـَٔاتُوا۟ ٱلَّذِينَ ذَهَبَتْ أَزْوَٰجُهُم مِّثْلَ مَآ أَنفَقُوا۟ ۚ وَٱتَّقُوا۟ ٱللَّهَ ٱلَّذِىٓ أَنتُم بِهِۦ مُؤْمِنُونَ

١٢ يَٰٓأَيُّهَا ٱلنَّبِىُّ إِذَا جَآءَكَ ٱلْمُؤْمِنَٰتُ يُبَايِعْنَكَ عَلَىٰٓ أَن لَّا يُشْرِكْنَ بِٱللَّهِ شَيْـًٔا وَلَا يَسْرِقْنَ وَلَا يَزْنِينَ وَلَا يَقْتُلْنَ أَوْلَٰدَهُنَّ وَلَا يَأْتِينَ بِبُهْتَٰنٍ يَفْتَرِينَهُۥ بَيْنَ أَيْدِيهِنَّ وَأَرْجُلِهِنَّ وَلَا يَعْصِينَكَ فِى مَعْرُوفٍ ۚ فَبَايِعْهُنَّ وَٱسْتَغْفِرْ لَهُنَّ ٱللَّهَ ۖ إِنَّ ٱللَّهَ غَفُورٌ رَّحِيمٌ

١٣ يَٰٓأَيُّهَا ٱلَّذِينَ ءَامَنُوا۟ لَا تَتَوَلَّوْا۟ قَوْمًا غَضِبَ ٱللَّهُ عَلَيْهِمْ قَدْ يَئِسُوا۟ مِنَ ٱلْءَاخِرَةِ كَمَا يَئِسَ ٱلْكُفَّارُ مِنْ أَصْحَٰبِ ٱلْقُبُورِ

سورة الصف

١ سَبَّحَ لِلَّهِ مَا فِى ٱلسَّمَٰوَٰتِ وَمَا فِى ٱلْأَرْضِ ۖ وَهُوَ ٱلْعَزِيزُ ٱلْحَكِيمُ

٢ يَٰٓأَيُّهَا ٱلَّذِينَ ءَامَنُوا۟ لِمَ تَقُولُونَ مَا لَا تَفْعَلُونَ

٣ كَبُرَ مَقْتًا عِندَ ٱللَّهِ أَن تَقُولُوا۟ مَا لَا تَفْعَلُونَ

٤ إِنَّ ٱللَّهَ يُحِبُّ ٱلَّذِينَ يُقَٰتِلُونَ فِى سَبِيلِهِۦ صَفًّا كَأَنَّهُم بُنْيَٰنٌ مَّرْصُوصٌ

٥ وَإِذْ قَالَ مُوسَىٰ لِقَوْمِهِۦ يَٰقَوْمِ لِمَ تُؤْذُونَنِى وَقَد تَّعْلَمُونَ أَنِّى رَسُولُ ٱللَّهِ إِلَيْكُمْ ۖ فَلَمَّا زَاغُوٓا۟ أَزَاغَ ٱللَّهُ قُلُوبَهُمْ ۚ وَٱللَّهُ لَا يَهْدِى ٱلْقَوْمَ ٱلْفَٰسِقِينَ

٦ وَإِذْ قَالَ عِيسَى ٱبْنُ مَرْيَمَ يَٰبَنِىٓ إِسْرَٰٓءِيلَ إِنِّى رَسُولُ ٱللَّهِ إِلَيْكُم مُّصَدِّقًا لِّمَا بَيْنَ يَدَىَّ مِنَ ٱلتَّوْرَىٰةِ وَمُبَشِّرًۢا بِرَسُولٍ يَأْتِى مِنۢ بَعْدِى ٱسْمُهُۥٓ أَحْمَدُ ۖ فَلَمَّا جَآءَهُم بِٱلْبَيِّنَٰتِ قَالُوا۟ هَٰذَا سِحْرٌ مُّبِينٌ

٧ وَمَنْ أَظْلَمُ مِمَّنِ ٱفْتَرَىٰ عَلَى ٱللَّهِ ٱلْكَذِبَ وَهُوَ يُدْعَىٰٓ إِلَى ٱلْإِسْلَٰمِ ۚ وَٱللَّهُ لَا يَهْدِى ٱلْقَوْمَ ٱلظَّٰلِمِينَ

٨ يُرِيدُونَ لِيُطْفِـُٔوا۟ نُورَ ٱللَّهِ بِأَفْوَٰهِهِمْ وَٱللَّهُ مُتِمُّ نُورِهِۦ وَلَوْ كَرِهَ ٱلْكَٰفِرُونَ

٩ هُوَ ٱلَّذِىٓ أَرْسَلَ رَسُولَهُۥ بِٱلْهُدَىٰ وَدِينِ ٱلْحَقِّ لِيُظْهِرَهُۥ عَلَى ٱلدِّينِ كُلِّهِۦ وَلَوْ كَرِهَ ٱلْمُشْرِكُونَ

١٠ يَٰٓأَيُّهَا ٱلَّذِينَ ءَامَنُوا۟ هَلْ أَدُلُّكُمْ عَلَىٰ تِجَٰرَةٍ تُنجِيكُم مِّنْ عَذَابٍ أَلِيمٍ

١١ تُؤْمِنُونَ بِٱللَّهِ وَرَسُولِهِۦ وَتُجَٰهِدُونَ فِى سَبِيلِ ٱللَّهِ بِأَمْوَٰلِكُمْ وَأَنفُسِكُمْ ۚ ذَٰلِكُمْ خَيْرٌ لَّكُمْ إِن كُنتُمْ تَعْلَمُونَ

١٢ يَغْفِرْ لَكُمْ ذُنُوبَكُمْ وَيُدْخِلْكُمْ جَنَّٰتٍ تَجْرِى مِن تَحْتِهَا ٱلْأَنْهَٰرُ وَمَسَٰكِنَ طَيِّبَةً فِى جَنَّٰتِ عَدْنٍ ۚ ذَٰلِكَ ٱلْفَوْزُ ٱلْعَظِيمُ

١٣ وَأُخْرَىٰ تُحِبُّونَهَا ۖ نَصْرٌ مِّنَ ٱللَّهِ وَفَتْحٌ قَرِيبٌ ۗ وَبَشِّرِ ٱلْمُؤْمِنِينَ

١٤ يَٰأَيُّهَا ٱلَّذِينَ ءَامَنُوا۟ كُونُوٓا۟ أَنصَارَ ٱللَّهِ كَمَا قَالَ عِيسَى ٱبْنُ مَرْيَمَ لِلْحَوَارِيِّۦنَ مَنْ أَنصَارِىٓ إِلَى ٱللَّهِ ۖ قَالَ ٱلْحَوَارِيُّونَ نَحْنُ أَنصَارُ ٱللَّهِ ۖ فَـَٔامَنَت طَّآئِفَةٌ مِّنۢ بَنِىٓ إِسْرَٰٓءِيلَ وَكَفَرَت طَّآئِفَةٌ ۖ فَأَيَّدْنَا ٱلَّذِينَ ءَامَنُوا۟ عَلَىٰ عَدُوِّهِمْ فَأَصْبَحُوا۟ ظَٰهِرِينَ

سورة الجمعة

١ يُسَبِّحُ لِلَّهِ مَا فِى ٱلسَّمَٰوَٰتِ وَمَا فِى ٱلْأَرْضِ ٱلْمَلِكِ ٱلْقُدُّوسِ ٱلْعَزِيزِ ٱلْحَكِيمِ

٢ هُوَ ٱلَّذِى بَعَثَ فِى ٱلْأُمِّيِّۦنَ رَسُولًا مِّنْهُمْ يَتْلُوا۟ عَلَيْهِمْ ءَايَٰتِهِۦ وَيُزَكِّيهِمْ وَيُعَلِّمُهُمُ ٱلْكِتَٰبَ وَٱلْحِكْمَةَ وَإِن كَانُوا۟ مِن قَبْلُ لَفِى ضَلَٰلٍ مُّبِينٍ

٣ وَءَاخَرِينَ مِنْهُمْ لَمَّا يَلْحَقُوا۟ بِهِمْ ۚ وَهُوَ ٱلْعَزِيزُ ٱلْحَكِيمُ

٤ ذَٰلِكَ فَضْلُ ٱللَّهِ يُؤْتِيهِ مَن يَشَآءُ ۚ وَٱللَّهُ ذُو ٱلْفَضْلِ ٱلْعَظِيمِ

٥ مَثَلُ ٱلَّذِينَ حُمِّلُوا۟ ٱلتَّوْرَىٰةَ ثُمَّ لَمْ يَحْمِلُوهَا كَمَثَلِ ٱلْحِمَارِ يَحْمِلُ أَسْفَارًۢا ۚ بِئْسَ مَثَلُ ٱلْقَوْمِ ٱلَّذِينَ كَذَّبُوا۟ بِـَٔايَٰتِ ٱللَّهِ ۚ وَٱللَّهُ لَا يَهْدِى ٱلْقَوْمَ ٱلظَّٰلِمِينَ

٦ قُلْ يَٰأَيُّهَا ٱلَّذِينَ هَادُوٓا۟ إِن زَعَمْتُمْ أَنَّكُمْ أَوْلِيَآءُ لِلَّهِ مِن دُونِ ٱلنَّاسِ فَتَمَنَّوُا۟ ٱلْمَوْتَ إِن كُنتُمْ صَٰدِقِينَ

٧ وَلَا يَتَمَنَّوْنَهُۥٓ أَبَدًۢا بِمَا قَدَّمَتْ أَيْدِيهِمْ ۚ وَٱللَّهُ عَلِيمٌۢ بِٱلظَّٰلِمِينَ

٨ قُلْ إِنَّ ٱلْمَوْتَ ٱلَّذِى تَفِرُّونَ مِنْهُ فَإِنَّهُۥ مُلَٰقِيكُمْ ۖ ثُمَّ تُرَدُّونَ إِلَىٰ عَٰلِمِ ٱلْغَيْبِ وَٱلشَّهَٰدَةِ فَيُنَبِّئُكُم بِمَا كُنتُمْ تَعْمَلُونَ

٩ يَٰأَيُّهَا ٱلَّذِينَ ءَامَنُوٓا۟ إِذَا نُودِىَ لِلصَّلَوٰةِ مِن يَوْمِ ٱلْجُمُعَةِ فَٱسْعَوْا۟ إِلَىٰ ذِكْرِ ٱللَّهِ وَذَرُوا۟ ٱلْبَيْعَ ۚ ذَٰلِكُمْ خَيْرٌ لَّكُمْ إِن كُنتُمْ تَعْلَمُونَ

١٠ فَإِذَا قُضِيَتِ ٱلصَّلَوٰةُ فَٱنتَشِرُوا۟ فِى ٱلْأَرْضِ وَٱبْتَغُوا۟ مِن فَضْلِ ٱللَّهِ وَٱذْكُرُوا۟ ٱللَّهَ كَثِيرًا لَّعَلَّكُمْ تُفْلِحُونَ

١١ وَإِذَا رَأَوْا۟ تِجَٰرَةً أَوْ لَهْوًا ٱنفَضُّوٓا۟ إِلَيْهَا وَتَرَكُوكَ قَآئِمًا ۚ قُلْ مَا عِندَ ٱللَّهِ خَيْرٌ مِّنَ ٱللَّهْوِ وَمِنَ ٱلتِّجَٰرَةِ ۚ وَٱللَّهُ خَيْرُ ٱلرَّٰزِقِينَ

سورة المنافقون

١ إِذَا جَآءَكَ ٱلْمُنَٰفِقُونَ قَالُوا۟ نَشْهَدُ إِنَّكَ لَرَسُولُ ٱللَّهِ ۗ وَٱللَّهُ يَعْلَمُ إِنَّكَ لَرَسُولُهُۥ وَٱللَّهُ يَشْهَدُ إِنَّ ٱلْمُنَٰفِقِينَ لَكَٰذِبُونَ

٢ ٱتَّخَذُوٓا۟ أَيْمَٰنَهُمْ جُنَّةً فَصَدُّوا۟ عَن سَبِيلِ ٱللَّهِ ۚ إِنَّهُمْ سَآءَ مَا كَانُوا۟ يَعْمَلُونَ

٣ ذَٰلِكَ بِأَنَّهُمْ ءَامَنُوا۟ ثُمَّ كَفَرُوا۟ فَطُبِعَ عَلَىٰ قُلُوبِهِمْ فَهُمْ لَا يَفْقَهُونَ

٤ وَإِذَا رَأَيْتَهُمْ تُعْجِبُكَ أَجْسَامُهُمْ ۖ وَإِن يَقُولُوا۟ تَسْمَعْ لِقَوْلِهِمْ ۖ كَأَنَّهُمْ خُشُبٌ مُّسَنَّدَةٌ ۖ يَحْسَبُونَ كُلَّ صَيْحَةٍ عَلَيْهِمْ ۚ هُمُ ٱلْعَدُوُّ فَٱحْذَرْهُمْ ۚ قَٰتَلَهُمُ ٱللَّهُ ۖ أَنَّىٰ يُؤْفَكُونَ

٥ وَإِذَا قِيلَ لَهُمْ تَعَالَوْا۟ يَسْتَغْفِرْ لَكُمْ رَسُولُ ٱللَّهِ لَوَّوْا۟ رُءُوسَهُمْ وَرَأَيْتَهُمْ يَصُدُّونَ وَهُم مُّسْتَكْبِرُونَ

٦ سَوَآءٌ عَلَيْهِمْ أَسْتَغْفَرْتَ لَهُمْ أَمْ لَمْ تَسْتَغْفِرْ لَهُمْ لَن يَغْفِرَ ٱللَّهُ لَهُمْ ۚ إِنَّ ٱللَّهَ لَا يَهْدِى ٱلْقَوْمَ ٱلْفَٰسِقِينَ

٧ هُمُ ٱلَّذِينَ يَقُولُونَ لَا تُنفِقُوا۟ عَلَىٰ مَنْ عِندَ رَسُولِ ٱللَّهِ حَتَّىٰ يَنفَضُّوا۟ ۗ وَلِلَّهِ خَزَآئِنُ ٱلسَّمَٰوَٰتِ وَٱلْأَرْضِ وَلَٰكِنَّ ٱلْمُنَٰفِقِينَ لَا يَفْقَهُونَ

٨ يَقُولُونَ لَئِن رَّجَعْنَآ إِلَى ٱلْمَدِينَةِ لَيُخْرِجَنَّ ٱلْأَعَزُّ مِنْهَا ٱلْأَذَلَّ ۚ وَلِلَّهِ ٱلْعِزَّةُ وَلِرَسُولِهِ وَلِلْمُؤْمِنِينَ وَلَٰكِنَّ ٱلْمُنَٰفِقِينَ لَا يَعْلَمُونَ

٩ يَٰٓأَيُّهَا ٱلَّذِينَ ءَامَنُوا۟ لَا تُلْهِكُمْ أَمْوَٰلُكُمْ وَلَآ أَوْلَٰدُكُمْ عَن ذِكْرِ ٱللَّهِ ۚ وَمَن يَفْعَلْ ذَٰلِكَ فَأُو۟لَٰٓئِكَ هُمُ ٱلْخَٰسِرُونَ

١٠ وَأَنفِقُوا۟ مِن مَّا رَزَقْنَٰكُم مِّن قَبْلِ أَن يَأْتِىَ أَحَدَكُمُ ٱلْمَوْتُ فَيَقُولَ رَبِّ لَوْلَآ أَخَّرْتَنِىٓ إِلَىٰ أَجَلٍ قَرِيبٍ فَأَصَّدَّقَ وَأَكُن مِّنَ ٱلصَّٰلِحِينَ

١١ وَلَن يُؤَخِّرَ ٱللَّهُ نَفْسًا إِذَا جَآءَ أَجَلُهَا ۚ وَٱللَّهُ خَبِيرٌۢ بِمَا تَعْمَلُونَ

سورة التغابن

١ يُسَبِّحُ لِلَّهِ مَا فِى ٱلسَّمَٰوَٰتِ وَمَا فِى ٱلْأَرْضِ ۖ لَهُ ٱلْمُلْكُ وَلَهُ ٱلْحَمْدُ ۖ وَهُوَ عَلَىٰ كُلِّ شَىْءٍ قَدِيرٌ

٢ هُوَ ٱلَّذِى خَلَقَكُمْ فَمِنكُمْ كَافِرٌ وَمِنكُم مُّؤْمِنٌ ۚ وَٱللَّهُ بِمَا تَعْمَلُونَ بَصِيرٌ

٣ خَلَقَ ٱلسَّمَٰوَٰتِ وَٱلْأَرْضَ بِٱلْحَقِّ وَصَوَّرَكُمْ فَأَحْسَنَ صُوَرَكُمْ ۖ وَإِلَيْهِ ٱلْمَصِيرُ

٤ يَعْلَمُ مَا فِى ٱلسَّمَٰوَٰتِ وَٱلْأَرْضِ وَيَعْلَمُ مَا تُسِرُّونَ وَمَا تُعْلِنُونَ ۚ وَٱللَّهُ عَلِيمٌۢ بِذَاتِ ٱلصُّدُورِ

٥ أَلَمْ يَأْتِكُمْ نَبَؤُا۟ ٱلَّذِينَ كَفَرُوا۟ مِن قَبْلُ فَذَاقُوا۟ وَبَالَ أَمْرِهِمْ وَلَهُمْ عَذَابٌ أَلِيمٌ

٦ ذَٰلِكَ بِأَنَّهُۥ كَانَت تَّأْتِيهِمْ رُسُلُهُم بِٱلْبَيِّنَٰتِ فَقَالُوٓا۟ أَبَشَرٌ يَهْدُونَنَا فَكَفَرُوا۟ وَتَوَلَّوا۟ ۚ وَّٱسْتَغْنَى ٱللَّهُ ۚ وَٱللَّهُ غَنِىٌّ حَمِيدٌ

٧ زَعَمَ ٱلَّذِينَ كَفَرُوٓا۟ أَن لَّن يُبْعَثُوا۟ ۚ قُلْ بَلَىٰ وَرَبِّى لَتُبْعَثُنَّ ثُمَّ لَتُنَبَّؤُنَّ بِمَا عَمِلْتُمْ ۚ وَذَٰلِكَ عَلَى ٱللَّهِ يَسِيرٌ

٨ فَـَٔامِنُوا۟ بِٱللَّهِ وَرَسُولِهِ وَٱلنُّورِ ٱلَّذِىٓ أَنزَلْنَا ۚ وَٱللَّهُ بِمَا تَعْمَلُونَ خَبِيرٌ

٩ يَوْمَ يَجْمَعُكُمْ لِيَوْمِ ٱلْجَمْعِ ۖ ذَٰلِكَ يَوْمُ ٱلتَّغَابُنِ ۗ وَمَن يُؤْمِنۢ بِٱللَّهِ وَيَعْمَلْ صَٰلِحًا يُكَفِّرْ عَنْهُ سَيِّـَٔاتِهِۦ وَيُدْخِلْهُ جَنَّٰتٍ تَجْرِى مِن تَحْتِهَا ٱلْأَنْهَٰرُ خَٰلِدِينَ فِيهَآ أَبَدًا ۚ ذَٰلِكَ ٱلْفَوْزُ ٱلْعَظِيمُ

١٠ وَٱلَّذِينَ كَفَرُوا۟ وَكَذَّبُوا۟ بِـَٔايَٰتِنَآ أُو۟لَٰٓئِكَ أَصْحَٰبُ ٱلنَّارِ خَٰلِدِينَ فِيهَا ۖ وَبِئْسَ ٱلْمَصِيرُ

١١ مَآ أَصَابَ مِن مُّصِيبَةٍ إِلَّا بِإِذْنِ ٱللَّهِ ۗ وَمَن يُؤْمِنۢ بِٱللَّهِ يَهْدِ قَلْبَهُۥ ۚ وَٱللَّهُ بِكُلِّ شَىْءٍ عَلِيمٌ

١٢ وَأَطِيعُوا۟ ٱللَّهَ وَأَطِيعُوا۟ ٱلرَّسُولَ ۚ فَإِن تَوَلَّيْتُمْ فَإِنَّمَا عَلَىٰ رَسُولِنَا ٱلْبَلَٰغُ ٱلْمُبِينُ

١٣ ٱللَّهُ لَآ إِلَٰهَ إِلَّا هُوَ ۚ وَعَلَى ٱللَّهِ فَلْيَتَوَكَّلِ ٱلْمُؤْمِنُونَ

١٤ يَٰٓأَيُّهَا ٱلَّذِينَ ءَامَنُوٓا۟ إِنَّ مِنْ أَزْوَٰجِكُمْ وَأَوْلَٰدِكُمْ عَدُوًّا لَّكُمْ فَٱحْذَرُوهُمْ ۚ وَإِن تَعْفُوا۟ وَتَصْفَحُوا۟ وَتَغْفِرُوا۟ فَإِنَّ ٱللَّهَ غَفُورٌ رَّحِيمٌ

١٥ إِنَّمَآ أَمْوَٰلُكُمْ وَأَوْلَٰدُكُمْ فِتْنَةٌ ۚ وَٱللَّهُ عِندَهُۥٓ أَجْرٌ عَظِيمٌ

١٦ فَٱتَّقُوا۟ ٱللَّهَ مَا ٱسْتَطَعْتُمْ وَٱسْمَعُوا۟ وَأَطِيعُوا۟ وَأَنفِقُوا۟ خَيْرًا لِّأَنفُسِكُمْ ۗ وَمَن يُوقَ شُحَّ نَفْسِهِۦ فَأُو۟لَٰٓئِكَ هُمُ ٱلْمُفْلِحُونَ

١٧ إِن تُقْرِضُوا۟ ٱللَّهَ قَرْضًا حَسَنًا يُضَٰعِفْهُ لَكُمْ وَيَغْفِرْ لَكُمْ وَٱللَّهُ شَكُورٌ حَلِيمٌ

١٨ عَٰلِمُ ٱلْغَيْبِ وَٱلشَّهَٰدَةِ ٱلْعَزِيزُ ٱلْحَكِيمُ

سورة الطلاق

١ يَٰٓأَيُّهَا ٱلنَّبِىُّ إِذَا طَلَّقْتُمُ ٱلنِّسَآءَ فَطَلِّقُوهُنَّ لِعِدَّتِهِنَّ وَأَحْصُوا۟ ٱلْعِدَّةَ وَٱتَّقُوا۟ ٱللَّهَ رَبَّكُمْ لَا تُخْرِجُوهُنَّ مِنۢ بُيُوتِهِنَّ وَلَا يَخْرُجْنَ إِلَّآ أَن يَأْتِينَ بِفَٰحِشَةٍ مُّبَيِّنَةٍ وَتِلْكَ حُدُودُ ٱللَّهِ وَمَن يَتَعَدَّ حُدُودَ ٱللَّهِ فَقَدْ ظَلَمَ نَفْسَهُ لَا تَدْرِى لَعَلَّ ٱللَّهَ يُحْدِثُ بَعْدَ ذَٰلِكَ أَمْرًا

٢ فَإِذَا بَلَغْنَ أَجَلَهُنَّ فَأَمْسِكُوهُنَّ بِمَعْرُوفٍ أَوْ فَارِقُوهُنَّ بِمَعْرُوفٍ وَأَشْهِدُوا۟ ذَوَىْ عَدْلٍ مِّنكُمْ وَأَقِيمُوا۟ ٱلشَّهَٰدَةَ لِلَّهِ ذَٰلِكُمْ يُوعَظُ بِهِ مَن كَانَ يُؤْمِنُ بِٱللَّهِ وَٱلْيَوْمِ ٱلْءَاخِرِ وَمَن يَتَّقِ ٱللَّهَ يَجْعَل لَّهُ مَخْرَجًا

٣ وَيَرْزُقْهُ مِنْ حَيْثُ لَا يَحْتَسِبُ وَمَن يَتَوَكَّلْ عَلَى ٱللَّهِ فَهُوَ حَسْبُهُ إِنَّ ٱللَّهَ بَٰلِغُ أَمْرِهِ قَدْ جَعَلَ ٱللَّهُ لِكُلِّ شَىْءٍ قَدْرًا

٤ وَٱلَّٰٓئِى يَئِسْنَ مِنَ ٱلْمَحِيضِ مِن نِّسَآئِكُمْ إِنِ ٱرْتَبْتُمْ فَعِدَّتُهُنَّ ثَلَٰثَةُ أَشْهُرٍ وَٱلَّٰٓئِى لَمْ يَحِضْنَ وَأُو۟لَٰتُ ٱلْأَحْمَالِ أَجَلُهُنَّ أَن يَضَعْنَ حَمْلَهُنَّ وَمَن يَتَّقِ ٱللَّهَ يَجْعَل لَّهُ مِنْ أَمْرِهِ يُسْرًا

٥ ذَٰلِكَ أَمْرُ ٱللَّهِ أَنزَلَهُ إِلَيْكُمْ وَمَن يَتَّقِ ٱللَّهَ يُكَفِّرْ عَنْهُ سَيِّـَٔاتِهِ وَيُعْظِمْ لَهُ أَجْرًا

٦ أَسْكِنُوهُنَّ مِنْ حَيْثُ سَكَنتُم مِّن وُجْدِكُمْ وَلَا تُضَآرُّوهُنَّ لِتُضَيِّقُوا۟ عَلَيْهِنَّ وَإِن كُنَّ أُو۟لَٰتِ حَمْلٍ فَأَنفِقُوا۟ عَلَيْهِنَّ حَتَّىٰ يَضَعْنَ حَمْلَهُنَّ فَإِنْ أَرْضَعْنَ لَكُمْ فَـَٔاتُوهُنَّ أُجُورَهُنَّ وَأْتَمِرُوا۟ بَيْنَكُم بِمَعْرُوفٍ وَإِن تَعَاسَرْتُمْ فَسَتُرْضِعُ لَهُ أُخْرَىٰ

٧ لِيُنفِقْ ذُو سَعَةٍ مِّن سَعَتِهِ وَمَن قُدِرَ عَلَيْهِ رِزْقُهُ فَلْيُنفِقْ مِمَّآ ءَاتَىٰهُ ٱللَّهُ لَا يُكَلِّفُ ٱللَّهُ نَفْسًا إِلَّا مَآ ءَاتَىٰهَا سَيَجْعَلُ ٱللَّهُ بَعْدَ عُسْرٍ يُسْرًا

٨ وَكَأَيِّن مِّن قَرْيَةٍ عَتَتْ عَنْ أَمْرِ رَبِّهَا وَرُسُلِهِ فَحَاسَبْنَٰهَا حِسَابًا شَدِيدًا وَعَذَّبْنَٰهَا عَذَابًا نُّكْرًا

٩ فَذَاقَتْ وَبَالَ أَمْرِهَا وَكَانَ عَٰقِبَةُ أَمْرِهَا خُسْرًا

١٠ أَعَدَّ ٱللَّهُ لَهُمْ عَذَابًا شَدِيدًا فَٱتَّقُوا۟ ٱللَّهَ يَٰٓأُو۟لِى ٱلْأَلْبَٰبِ ٱلَّذِينَ ءَامَنُوا۟ قَدْ أَنزَلَ ٱللَّهُ إِلَيْكُمْ ذِكْرًا

١١ رَّسُولًا يَتْلُوا۟ عَلَيْكُمْ ءَايَٰتِ ٱللَّهِ مُبَيِّنَٰتٍ لِّيُخْرِجَ ٱلَّذِينَ ءَامَنُوا۟ وَعَمِلُوا۟ ٱلصَّٰلِحَٰتِ مِنَ ٱلظُّلُمَٰتِ إِلَى ٱلنُّورِ وَمَن يُؤْمِنۢ بِٱللَّهِ وَيَعْمَلْ صَٰلِحًا يُدْخِلْهُ جَنَّٰتٍ تَجْرِى مِن تَحْتِهَا ٱلْأَنْهَٰرُ خَٰلِدِينَ فِيهَآ أَبَدًا قَدْ أَحْسَنَ ٱللَّهُ لَهُ رِزْقًا

١٢ ٱللَّهُ ٱلَّذِى خَلَقَ سَبْعَ سَمَٰوَٰتٍ وَمِنَ ٱلْأَرْضِ مِثْلَهُنَّ يَتَنَزَّلُ ٱلْأَمْرُ بَيْنَهُنَّ لِتَعْلَمُوٓا۟ أَنَّ ٱللَّهَ عَلَىٰ كُلِّ شَىْءٍ قَدِيرٌ وَأَنَّ ٱللَّهَ قَدْ أَحَاطَ بِكُلِّ شَىْءٍ عِلْمًۢا

سورة التحريم

١ يَٰٓأَيُّهَا ٱلنَّبِىُّ لِمَ تُحَرِّمُ مَآ أَحَلَّ ٱللَّهُ لَكَ تَبْتَغِى مَرْضَاتَ أَزْوَٰجِكَ وَٱللَّهُ غَفُورٌ رَّحِيمٌ

٢ قَدْ فَرَضَ ٱللَّهُ لَكُمْ تَحِلَّةَ أَيْمَٰنِكُمْ وَٱللَّهُ مَوْلَىٰكُمْ وَهُوَ ٱلْعَلِيمُ ٱلْحَكِيمُ

٣ وَإِذْ أَسَرَّ ٱلنَّبِىُّ إِلَىٰ بَعْضِ أَزْوَٰجِهِ حَدِيثًا فَلَمَّا نَبَّأَتْ بِهِ وَأَظْهَرَهُ ٱللَّهُ عَلَيْهِ عَرَّفَ بَعْضَهُ وَأَعْرَضَ عَنۢ بَعْضٍ فَلَمَّا نَبَّأَهَا بِهِ قَالَتْ مَنْ أَنۢبَأَكَ هَٰذَا قَالَ نَبَّأَنِىَ ٱلْعَلِيمُ ٱلْخَبِيرُ

٤ إِن تَتُوبَا إِلَى ٱللَّهِ فَقَدْ صَغَتْ قُلُوبُكُمَا ۖ وَإِن تَظَٰهَرَا عَلَيْهِ فَإِنَّ ٱللَّهَ هُوَ مَوْلَىٰهُ وَجِبْرِيلُ وَصَٰلِحُ ٱلْمُؤْمِنِينَ ۖ وَٱلْمَلَٰئِكَةُ بَعْدَ ذَٰلِكَ ظَهِيرٌ

٥ عَسَىٰ رَبُّهُ إِن طَلَّقَكُنَّ أَن يُبْدِلَهُ أَزْوَٰجًا خَيْرًا مِّنكُنَّ مُسْلِمَٰتٍ مُّؤْمِنَٰتٍ قَٰنِتَٰتٍ تَٰئِبَٰتٍ عَٰبِدَٰتٍ سَٰئِحَٰتٍ ثَيِّبَٰتٍ وَأَبْكَارًا

٦ يَٰٓأَيُّهَا ٱلَّذِينَ ءَامَنُوا۟ قُوٓا۟ أَنفُسَكُمْ وَأَهْلِيكُمْ نَارًا وَقُودُهَا ٱلنَّاسُ وَٱلْحِجَارَةُ عَلَيْهَا مَلَٰئِكَةٌ غِلَاظٌ شِدَادٌ لَّا يَعْصُونَ ٱللَّهَ مَآ أَمَرَهُمْ وَيَفْعَلُونَ مَا يُؤْمَرُونَ

٧ يَٰٓأَيُّهَا ٱلَّذِينَ كَفَرُوا۟ لَا تَعْتَذِرُوا۟ ٱلْيَوْمَ ۖ إِنَّمَا تُجْزَوْنَ مَا كُنتُمْ تَعْمَلُونَ

٨ يَٰٓأَيُّهَا ٱلَّذِينَ ءَامَنُوا۟ تُوبُوٓا۟ إِلَى ٱللَّهِ تَوْبَةً نَّصُوحًا عَسَىٰ رَبُّكُمْ أَن يُكَفِّرَ عَنكُمْ سَيِّـَٔاتِكُمْ وَيُدْخِلَكُمْ جَنَّٰتٍ تَجْرِى مِن تَحْتِهَا ٱلْأَنْهَٰرُ يَوْمَ لَا يُخْزِى ٱللَّهُ ٱلنَّبِىَّ وَٱلَّذِينَ ءَامَنُوا۟ مَعَهُ ۖ نُورُهُمْ يَسْعَىٰ بَيْنَ أَيْدِيهِمْ وَبِأَيْمَٰنِهِمْ يَقُولُونَ رَبَّنَآ أَتْمِمْ لَنَا نُورَنَا وَٱغْفِرْ لَنَآ ۖ إِنَّكَ عَلَىٰ كُلِّ شَىْءٍ قَدِيرٌ

٩ يَٰٓأَيُّهَا ٱلنَّبِىُّ جَٰهِدِ ٱلْكُفَّارَ وَٱلْمُنَٰفِقِينَ وَٱغْلُظْ عَلَيْهِمْ ۚ وَمَأْوَىٰهُمْ جَهَنَّمُ ۖ وَبِئْسَ ٱلْمَصِيرُ

١٠ ضَرَبَ ٱللَّهُ مَثَلًا لِّلَّذِينَ كَفَرُوا۟ ٱمْرَأَتَ نُوحٍ وَٱمْرَأَتَ لُوطٍ ۖ كَانَتَا تَحْتَ عَبْدَيْنِ مِنْ عِبَادِنَا صَٰلِحَيْنِ فَخَانَتَاهُمَا فَلَمْ يُغْنِيَا عَنْهُمَا مِنَ ٱللَّهِ شَيْـًٔا وَقِيلَ ٱدْخُلَا ٱلنَّارَ مَعَ ٱلدَّٰخِلِينَ

١١ وَضَرَبَ ٱللَّهُ مَثَلًا لِّلَّذِينَ ءَامَنُوا۟ ٱمْرَأَتَ فِرْعَوْنَ إِذْ قَالَتْ رَبِّ ٱبْنِ لِى عِندَكَ بَيْتًا فِى ٱلْجَنَّةِ وَنَجِّنِى مِن فِرْعَوْنَ وَعَمَلِهِ وَنَجِّنِى مِنَ ٱلْقَوْمِ ٱلظَّٰلِمِينَ

١٢ وَمَرْيَمَ ٱبْنَتَ عِمْرَٰنَ ٱلَّتِىٓ أَحْصَنَتْ فَرْجَهَا فَنَفَخْنَا فِيهِ مِن رُّوحِنَا وَصَدَّقَتْ بِكَلِمَٰتِ رَبِّهَا وَكُتُبِهِ وَكَانَتْ مِنَ ٱلْقَٰنِتِينَ

سورة الملك

١ تَبَٰرَكَ ٱلَّذِى بِيَدِهِ ٱلْمُلْكُ وَهُوَ عَلَىٰ كُلِّ شَىْءٍ قَدِيرٌ

٢ ٱلَّذِى خَلَقَ ٱلْمَوْتَ وَٱلْحَيَوٰةَ لِيَبْلُوَكُمْ أَيُّكُمْ أَحْسَنُ عَمَلًا ۚ وَهُوَ ٱلْعَزِيزُ ٱلْغَفُورُ

٣ ٱلَّذِى خَلَقَ سَبْعَ سَمَٰوَٰتٍ طِبَاقًا ۖ مَّا تَرَىٰ فِى خَلْقِ ٱلرَّحْمَٰنِ مِن تَفَٰوُتٍ ۖ فَٱرْجِعِ ٱلْبَصَرَ هَلْ تَرَىٰ مِن فُطُورٍ

٤ ثُمَّ ٱرْجِعِ ٱلْبَصَرَ كَرَّتَيْنِ يَنقَلِبْ إِلَيْكَ ٱلْبَصَرُ خَاسِئًا وَهُوَ حَسِيرٌ

٥ وَلَقَدْ زَيَّنَّا ٱلسَّمَآءَ ٱلدُّنْيَا بِمَصَٰبِيحَ وَجَعَلْنَٰهَا رُجُومًا لِّلشَّيَٰطِينِ ۖ وَأَعْتَدْنَا لَهُمْ عَذَابَ ٱلسَّعِيرِ

٦ وَلِلَّذِينَ كَفَرُوا۟ بِرَبِّهِمْ عَذَابُ جَهَنَّمَ ۖ وَبِئْسَ ٱلْمَصِيرُ

٧ إِذَآ أُلْقُوا۟ فِيهَا سَمِعُوا۟ لَهَا شَهِيقًا وَهِىَ تَفُورُ

٨ تَكَادُ تَمَيَّزُ مِنَ ٱلْغَيْظِ ۖ كُلَّمَآ أُلْقِىَ فِيهَا فَوْجٌ سَأَلَهُمْ خَزَنَتُهَآ أَلَمْ يَأْتِكُمْ نَذِيرٌ

٩ قَالُوا۟ بَلَىٰ قَدْ جَآءَنَا نَذِيرٌ فَكَذَّبْنَا وَقُلْنَا مَا نَزَّلَ ٱللَّهُ مِن شَىْءٍ إِنْ أَنتُمْ إِلَّا فِى ضَلَٰلٍ كَبِيرٍ

١٠ وَقَالُوا۟ لَوْ كُنَّا نَسْمَعُ أَوْ نَعْقِلُ مَا كُنَّا فِىٓ أَصْحَٰبِ ٱلسَّعِيرِ

١١ فَٱعْتَرَفُوا۟ بِذَنۢبِهِمْ فَسُحْقًا لِّأَصْحَٰبِ ٱلسَّعِيرِ

١٢ إِنَّ ٱلَّذِينَ يَخْشَوْنَ رَبَّهُم بِٱلْغَيْبِ لَهُم مَّغْفِرَةٌ وَأَجْرٌ كَبِيرٌ

١٣ وَأَسِرُّوا۟ قَوْلَكُمْ أَوِ ٱجْهَرُوا۟ بِهِ ۖ إِنَّهُ عَلِيمٌۢ بِذَاتِ ٱلصُّدُورِ

١٤ أَلَا يَعْلَمُ مَنْ خَلَقَ وَهُوَ ٱللَّطِيفُ ٱلْخَبِيرُ

١٥ هُوَ ٱلَّذِى جَعَلَ لَكُمُ ٱلْأَرْضَ ذَلُولًا فَٱمْشُوا۟ فِى مَنَاكِبِهَا وَكُلُوا۟ مِن رِّزْقِهِ ۖ وَإِلَيْهِ ٱلنُّشُورُ

١٦ ءَأَمِنتُم مَّن فِى ٱلسَّمَآءِ أَن يَخْسِفَ بِكُمُ ٱلْأَرْضَ فَإِذَا هِىَ تَمُورُ

١٧ أَمْ أَمِنتُم مَّن فِى ٱلسَّمَآءِ أَن يُرْسِلَ عَلَيْكُمْ حَاصِبًا ۖ فَسَتَعْلَمُونَ كَيْفَ نَذِيرِ

١٨ وَلَقَدْ كَذَّبَ ٱلَّذِينَ مِن قَبْلِهِمْ فَكَيْفَ كَانَ نَكِيرِ

١٩ أَوَلَمْ يَرَوْا۟ إِلَى ٱلطَّيْرِ فَوْقَهُمْ صَافَّاتٍ وَيَقْبِضْنَ ۚ مَا يُمْسِكُهُنَّ إِلَّا ٱلرَّحْمَٰنُ ۚ إِنَّهُ بِكُلِّ شَىْءٍ بَصِيرٌ

٢٠ أَمَّنْ هَٰذَا ٱلَّذِى هُوَ جُندٌ لَّكُمْ يَنصُرُكُم مِّن دُونِ ٱلرَّحْمَٰنِ ۚ إِنِ ٱلْكَٰفِرُونَ إِلَّا فِى غُرُورٍ

٢١ أَمَّنْ هَٰذَا ٱلَّذِى يَرْزُقُكُمْ إِنْ أَمْسَكَ رِزْقَهُ ۚ بَل لَّجُّوا۟ فِى عُتُوٍّ وَنُفُورٍ

٢٢ أَفَمَن يَمْشِى مُكِبًّا عَلَىٰ وَجْهِهِ أَهْدَىٰ أَمَّن يَمْشِى سَوِيًّا عَلَىٰ صِرَٰطٍ مُّسْتَقِيمٍ

٢٣ قُلْ هُوَ ٱلَّذِى أَنشَأَكُمْ وَجَعَلَ لَكُمُ ٱلسَّمْعَ وَٱلْأَبْصَٰرَ وَٱلْأَفْـِٔدَةَ ۖ قَلِيلًا مَّا تَشْكُرُونَ

٢٤ قُلْ هُوَ ٱلَّذِى ذَرَأَكُمْ فِى ٱلْأَرْضِ وَإِلَيْهِ تُحْشَرُونَ

٢٥ وَيَقُولُونَ مَتَىٰ هَٰذَا ٱلْوَعْدُ إِن كُنتُمْ صَٰدِقِينَ

٢٦ قُلْ إِنَّمَا ٱلْعِلْمُ عِندَ ٱللَّهِ وَإِنَّمَا أَنَا نَذِيرٌ مُّبِينٌ

٢٧ فَلَمَّا رَأَوْهُ زُلْفَةً سِيٓئَتْ وُجُوهُ ٱلَّذِينَ كَفَرُوا۟ وَقِيلَ هَٰذَا ٱلَّذِى كُنتُم بِهِ تَدَّعُونَ

٢٨ قُلْ أَرَءَيْتُمْ إِنْ أَهْلَكَنِىَ ٱللَّهُ وَمَن مَّعِىَ أَوْ رَحِمَنَا فَمَن يُجِيرُ ٱلْكَٰفِرِينَ مِنْ عَذَابٍ أَلِيمٍ

٢٩ قُلْ هُوَ ٱلرَّحْمَٰنُ ءَامَنَّا بِهِ وَعَلَيْهِ تَوَكَّلْنَا ۖ فَسَتَعْلَمُونَ مَنْ هُوَ فِى ضَلَٰلٍ مُّبِينٍ

٣٠ قُلْ أَرَءَيْتُمْ إِنْ أَصْبَحَ مَآؤُكُمْ غَوْرًا فَمَن يَأْتِيكُم بِمَآءٍ مَّعِينٍ

سورة القلم

١ نٓ ۚ وَٱلْقَلَمِ وَمَا يَسْطُرُونَ

٢ مَآ أَنتَ بِنِعْمَةِ رَبِّكَ بِمَجْنُونٍ

٣ وَإِنَّ لَكَ لَأَجْرًا غَيْرَ مَمْنُونٍ

٤ وَإِنَّكَ لَعَلَىٰ خُلُقٍ عَظِيمٍ

٥ فَسَتُبْصِرُ وَيُبْصِرُونَ

٦ بِأَييِّكُمُ ٱلْمَفْتُونُ

٧ إِنَّ رَبَّكَ هُوَ أَعْلَمُ بِمَن ضَلَّ عَن سَبِيلِهِ وَهُوَ أَعْلَمُ بِٱلْمُهْتَدِينَ

٨ فَلَا تُطِعِ ٱلْمُكَذِّبِينَ

٩ وَدُّوا۟ لَوْ تُدْهِنُ فَيُدْهِنُونَ

١٠ وَلَا تُطِعْ كُلَّ حَلَّافٍ مَّهِينٍ

١١ هَمَّازٍ مَّشَّآءٍ بِنَمِيمٍ

١٢ مَّنَّاعٍ لِّلْخَيْرِ مُعْتَدٍ أَثِيمٍ

١٣ عُتُلٍّ بَعْدَ ذَٰلِكَ زَنِيمٍ

١٤ أَن كَانَ ذَا مَالٍ وَبَنِينَ

١٥ إِذَا تُتْلَىٰ عَلَيْهِ ءَايَٰتُنَا قَالَ أَسَٰطِيرُ ٱلْأَوَّلِينَ

١٦ سَنَسِمُهُ عَلَى ٱلْخُرْطُومِ

١٧ إِنَّا بَلَوْنَٰهُمْ كَمَا بَلَوْنَآ أَصْحَٰبَ ٱلْجَنَّةِ إِذْ أَقْسَمُوا۟ لَيَصْرِمُنَّهَا مُصْبِحِينَ

١٨ وَلَا يَسْتَثْنُونَ

١٩ فَطَافَ عَلَيْهَا طَآئِفٌ مِّن رَّبِّكَ وَهُمْ نَآئِمُونَ

٢٠ فَأَصْبَحَتْ كَٱلصَّرِيمِ

٢١ فَتَنَادَوْا۟ مُصْبِحِينَ

٢٢ أَنِ ٱغْدُوا۟ عَلَىٰ حَرْثِكُمْ إِن كُنتُمْ صَٰرِمِينَ

٢٣ فَٱنطَلَقُوا۟ وَهُمْ يَتَخَٰفَتُونَ

٢٤ أَن لَّا يَدْخُلَنَّهَا ٱلْيَوْمَ عَلَيْكُم مِّسْكِينٌ

٢٥ وَغَدَوْا۟ عَلَىٰ حَرْدٍ قَٰدِرِينَ

٢٦ فَلَمَّا رَأَوْهَا قَالُوٓا۟ إِنَّا لَضَآلُّونَ

٢٧ بَلْ نَحْنُ مَحْرُومُونَ

٢٨ قَالَ أَوْسَطُهُمْ أَلَمْ أَقُل لَّكُمْ لَوْلَا تُسَبِّحُونَ

٢٩ قَالُوا۟ سُبْحَٰنَ رَبِّنَآ إِنَّا كُنَّا ظَٰلِمِينَ

٣٠ فَأَقْبَلَ بَعْضُهُمْ عَلَىٰ بَعْضٍ يَتَلَٰوَمُونَ

٣١ قَالُوا۟ يَٰوَيْلَنَآ إِنَّا كُنَّا طَٰغِينَ

٣٢ عَسَىٰ رَبُّنَآ أَن يُبْدِلَنَا خَيْرًا مِّنْهَآ إِنَّآ إِلَىٰ رَبِّنَا رَٰغِبُونَ

٣٣ كَذَٰلِكَ ٱلْعَذَابُ وَلَعَذَابُ ٱلْءَاخِرَةِ أَكْبَرُ لَوْ كَانُوا۟ يَعْلَمُونَ

٣٤ إِنَّ لِلْمُتَّقِينَ عِندَ رَبِّهِمْ جَنَّٰتِ ٱلنَّعِيمِ

٣٥ أَفَنَجْعَلُ ٱلْمُسْلِمِينَ كَٱلْمُجْرِمِينَ

٣٦ مَا لَكُمْ كَيْفَ تَحْكُمُونَ

٣٧ أَمْ لَكُمْ كِتَٰبٌ فِيهِ تَدْرُسُونَ

٣٨ إِنَّ لَكُمْ فِيهِ لَمَا تَخَيَّرُونَ

٣٩ أَمْ لَكُمْ أَيْمَٰنٌ عَلَيْنَا بَٰلِغَةٌ إِلَىٰ يَوْمِ ٱلْقِيَٰمَةِ إِنَّ لَكُمْ لَمَا تَحْكُمُونَ

٤٠ سَلْهُمْ أَيُّهُم بِذَٰلِكَ زَعِيمٌ

٤١ أَمْ لَهُمْ شُرَكَآءُ فَلْيَأْتُوا۟ بِشُرَكَآئِهِمْ إِن كَانُوا۟ صَٰدِقِينَ

٤٢ يَوْمَ يُكْشَفُ عَن سَاقٍ وَيُدْعَوْنَ إِلَى ٱلسُّجُودِ فَلَا يَسْتَطِيعُونَ

٤٣ خَٰشِعَةً أَبْصَٰرُهُمْ تَرْهَقُهُمْ ذِلَّةٌ وَقَدْ كَانُوا۟ يُدْعَوْنَ إِلَى ٱلسُّجُودِ وَهُمْ سَٰلِمُونَ

٤٤ فَذَرْنِى وَمَن يُكَذِّبُ بِهَٰذَا ٱلْحَدِيثِ سَنَسْتَدْرِجُهُم مِّنْ حَيْثُ لَا يَعْلَمُونَ

٤٥ وَأُمْلِى لَهُمْ إِنَّ كَيْدِى مَتِينٌ

٤٦ أَمْ تَسْـَٔلُهُمْ أَجْرًا فَهُم مِّن مَّغْرَمٍ مُّثْقَلُونَ

٤٧ أَمْ عِندَهُمُ ٱلْغَيْبُ فَهُمْ يَكْتُبُونَ

٤٨ فَٱصْبِرْ لِحُكْمِ رَبِّكَ وَلَا تَكُن كَصَاحِبِ ٱلْحُوتِ إِذْ نَادَىٰ وَهُوَ مَكْظُومٌ

٤٩ لَّوْلَآ أَن تَدَٰرَكَهُ نِعْمَةٌ مِّن رَّبِّهِ لَنُبِذَ بِٱلْعَرَآءِ وَهُوَ مَذْمُومٌ

٥٠ فَٱجْتَبَٰهُ رَبُّهُ فَجَعَلَهُ مِنَ ٱلصَّٰلِحِينَ

٥١ وَإِن يَكَادُ ٱلَّذِينَ كَفَرُوا۟ لَيُزْلِقُونَكَ بِأَبْصَٰرِهِمْ لَمَّا سَمِعُوا۟ ٱلذِّكْرَ وَيَقُولُونَ إِنَّهُ لَمَجْنُونٌ

٥٢ وَمَا هُوَ إِلَّا ذِكْرٌ لِّلْعَٰلَمِينَ

سورة الحاقة

١ ٱلْحَآقَّةُ

٢ مَا ٱلْحَآقَّةُ

٣ وَمَآ أَدْرَىٰكَ مَا ٱلْحَآقَّةُ

٤ كَذَّبَتْ ثَمُودُ وَعَادٌ بِٱلْقَارِعَةِ

٥ فَأَمَّا ثَمُودُ فَأُهْلِكُوا۟ بِٱلطَّاغِيَةِ

٦ وَأَمَّا عَادٌ فَأُهْلِكُوا۟ بِرِيحٍ صَرْصَرٍ عَاتِيَةٍ

٧ سَخَّرَهَا عَلَيْهِمْ سَبْعَ لَيَالٍ وَثَمَٰنِيَةَ أَيَّامٍ حُسُومًا فَتَرَى ٱلْقَوْمَ فِيهَا صَرْعَىٰ كَأَنَّهُمْ أَعْجَازُ نَخْلٍ خَاوِيَةٍ

٨ فَهَلْ تَرَىٰ لَهُم مِّن بَاقِيَةٍ

٩ وَجَآءَ فِرْعَوْنُ وَمَن قَبْلَهُ وَٱلْمُؤْتَفِكَٰتُ بِٱلْخَاطِئَةِ

١٠ فَعَصَوْا۟ رَسُولَ رَبِّهِمْ فَأَخَذَهُمْ أَخْذَةً رَّابِيَةً

١١ إِنَّا لَمَّا طَغَا ٱلْمَآءُ حَمَلْنَٰكُمْ فِى ٱلْجَارِيَةِ

١٢ لِنَجْعَلَهَا لَكُمْ تَذْكِرَةً وَتَعِيَهَآ أُذُنٌ وَٰعِيَةٌ

١٣ فَإِذَا نُفِخَ فِى ٱلصُّورِ نَفْخَةٌ وَٰحِدَةٌ

١٤ وَحُمِلَتِ ٱلْأَرْضُ وَٱلْجِبَالُ فَدُكَّتَا دَكَّةً وَٰحِدَةً

١٥ فَيَوْمَئِذٍ وَقَعَتِ ٱلْوَاقِعَةُ

١٦ وَٱنشَقَّتِ ٱلسَّمَآءُ فَهِىَ يَوْمَئِذٍ وَاهِيَةٌ

١٧ وَٱلْمَلَكُ عَلَىٰ أَرْجَائِهَا وَيَحْمِلُ عَرْشَ رَبِّكَ فَوْقَهُمْ يَوْمَئِذٍ ثَمَٰنِيَةٌ

١٨ يَوْمَئِذٍ تُعْرَضُونَ لَا تَخْفَىٰ مِنكُمْ خَافِيَةٌ

١٩ فَأَمَّا مَنْ أُوتِىَ كِتَٰبَهُ بِيَمِينِهِ فَيَقُولُ هَآؤُمُ ٱقْرَءُوا۟ كِتَٰبِيَهْ

٢٠ إِنِّى ظَنَنتُ أَنِّى مُلَٰقٍ حِسَابِيَهْ

٢١ فَهُوَ فِى عِيشَةٍ رَّاضِيَةٍ

٢٢ فِى جَنَّةٍ عَالِيَةٍ

٢٣ قُطُوفُهَا دَانِيَةٌ

٢٤ كُلُوا۟ وَٱشْرَبُوا۟ هَنِيٓئًا بِمَآ أَسْلَفْتُمْ فِى ٱلْأَيَّامِ ٱلْخَالِيَةِ

٢٥ وَأَمَّا مَنْ أُوتِىَ كِتَٰبَهُ بِشِمَالِهِ فَيَقُولُ يَٰلَيْتَنِى لَمْ أُوتَ كِتَٰبِيَهْ

٢٦ وَلَمْ أَدْرِ مَا حِسَابِيَهْ

٢٧ يَٰلَيْتَهَا كَانَتِ ٱلْقَاضِيَةَ

٢٨ مَآ أَغْنَىٰ عَنِّى مَالِيَهْ

٢٩ هَلَكَ عَنِّى سُلْطَٰنِيَهْ

٣٠ خُذُوهُ فَغُلُّوهُ

٣١ ثُمَّ ٱلْجَحِيمَ صَلُّوهُ

٣٢ ثُمَّ فِى سِلْسِلَةٍ ذَرْعُهَا سَبْعُونَ ذِرَاعًا فَٱسْلُكُوهُ

٣٣ إِنَّهُ كَانَ لَا يُؤْمِنُ بِٱللَّهِ ٱلْعَظِيمِ

٣٤ وَلَا يَحُضُّ عَلَىٰ طَعَامِ ٱلْمِسْكِينِ

٣٥ فَلَيْسَ لَهُ ٱلْيَوْمَ هَٰهُنَا حَمِيمٌ

٣٦ وَلَا طَعَامٌ إِلَّا مِنْ غِسْلِينٍ

٣٧ لَا يَأْكُلُهُ إِلَّا ٱلْخَٰطِـُٔونَ

٣٨ فَلَا أُقْسِمُ بِمَا تُبْصِرُونَ

٣٩ وَمَا لَا تُبْصِرُونَ

٤٠ إِنَّهُ لَقَوْلُ رَسُولٍ كَرِيمٍ

٤١ وَمَا هُوَ بِقَوْلِ شَاعِرٍ قَلِيلًا مَّا تُؤْمِنُونَ

٤٢ وَلَا بِقَوْلِ كَاهِنٍ قَلِيلًا مَّا تَذَكَّرُونَ

٤٣ تَنزِيلٌ مِّن رَّبِّ ٱلْعَٰلَمِينَ

٤٤ وَلَوْ تَقَوَّلَ عَلَيْنَا بَعْضَ ٱلْأَقَاوِيلِ

٤٥ لَأَخَذْنَا مِنْهُ بِٱلْيَمِينِ

٤٦ ثُمَّ لَقَطَعْنَا مِنْهُ ٱلْوَتِينَ

٤٧ فَمَا مِنكُم مِّنْ أَحَدٍ عَنْهُ حَٰجِزِينَ

٤٨ وَإِنَّهُ لَتَذْكِرَةٌ لِّلْمُتَّقِينَ

٤٩ وَإِنَّا لَنَعْلَمُ أَنَّ مِنكُم مُّكَذِّبِينَ

٥٠ وَإِنَّهُ لَحَسْرَةٌ عَلَى ٱلْكَٰفِرِينَ

٥١ وَإِنَّهُ لَحَقُّ ٱلْيَقِينِ

٥٢ فَسَبِّحْ بِٱسْمِ رَبِّكَ ٱلْعَظِيمِ

سورة المعارج

١ سَأَلَ سَائِلٌ بِعَذَابٍ وَاقِعٍ

٢ لِّلْكَٰفِرِينَ لَيْسَ لَهُ دَافِعٌ

٣ مِّنَ ٱللَّهِ ذِى ٱلْمَعَارِجِ

٤ تَعْرُجُ ٱلْمَلَٰئِكَةُ وَٱلرُّوحُ إِلَيْهِ فِى يَوْمٍ كَانَ مِقْدَارُهُ خَمْسِينَ أَلْفَ سَنَةٍ

٥ فَٱصْبِرْ صَبْرًا جَمِيلًا

٦ إِنَّهُمْ يَرَوْنَهُ بَعِيدًا

٧ وَنَرَىٰهُ قَرِيبًا

٨ يَوْمَ تَكُونُ ٱلسَّمَآءُ كَٱلْمُهْلِ

٩ وَتَكُونُ ٱلْجِبَالُ كَٱلْعِهْنِ

١٠ وَلَا يَسْـَٔلُ حَمِيمٌ حَمِيمًا

١١ يُبَصَّرُونَهُمْ يَوَدُّ ٱلْمُجْرِمُ لَوْ يَفْتَدِى مِنْ عَذَابِ يَوْمِئِذٍ بِبَنِيهِ

١٢ وَصَٰحِبَتِهِ وَأَخِيهِ

١٣ وَفَصِيلَتِهِ ٱلَّتِى تُـْٔوِيهِ

١٤ وَمَن فِى ٱلْأَرْضِ جَمِيعًا ثُمَّ يُنجِيهِ

١٥ كَلَّا إِنَّهَا لَظَىٰ

١٦ نَزَّاعَةً لِّلشَّوَىٰ

١٧ تَدْعُوا مَنْ أَدْبَرَ وَتَوَلَّىٰ

١٨ وَجَمَعَ فَأَوْعَىٰ

١٩ إِنَّ ٱلْإِنسَٰنَ خُلِقَ هَلُوعًا ۞

٢٠ إِذَا مَسَّهُ ٱلشَّرُّ جَزُوعًا

٢١ وَإِذَا مَسَّهُ ٱلْخَيْرُ مَنُوعًا

٢٢ إِلَّا ٱلْمُصَلِّينَ

٢٣ ٱلَّذِينَ هُمْ عَلَىٰ صَلَاتِهِمْ دَآئِمُونَ

٢٤ وَٱلَّذِينَ فِى أَمْوَٰلِهِمْ حَقٌّ مَّعْلُومٌ

٢٥ لِّلسَّآئِلِ وَٱلْمَحْرُومِ

٢٦ وَٱلَّذِينَ يُصَدِّقُونَ بِيَوْمِ ٱلدِّينِ

٢٧ وَٱلَّذِينَ هُم مِّنْ عَذَابِ رَبِّهِم مُّشْفِقُونَ

٢٨ إِنَّ عَذَابَ رَبِّهِمْ غَيْرُ مَأْمُونٍ

٢٩ وَٱلَّذِينَ هُمْ لِفُرُوجِهِمْ حَٰفِظُونَ

٣٠ إِلَّا عَلَىٰ أَزْوَٰجِهِمْ أَوْ مَا مَلَكَتْ أَيْمَٰنُهُمْ فَإِنَّهُمْ غَيْرُ مَلُومِينَ

٣١ فَمَنِ ٱبْتَغَىٰ وَرَآءَ ذَٰلِكَ فَأُولَٰئِكَ هُمُ ٱلْعَادُونَ

٣٢ وَٱلَّذِينَ هُمْ لِأَمَٰنَٰتِهِمْ وَعَهْدِهِمْ رَٰعُونَ

٣٣ وَٱلَّذِينَ هُم بِشَهَٰدَٰتِهِمْ قَآئِمُونَ

٣٤ وَٱلَّذِينَ هُمْ عَلَىٰ صَلَاتِهِمْ يُحَافِظُونَ

٣٥ أُولَٰئِكَ فِى جَنَّٰتٍ مُّكْرَمُونَ

٣٦ فَمَالِ ٱلَّذِينَ كَفَرُوا قِبَلَكَ مُهْطِعِينَ

٣٧ عَنِ ٱلْيَمِينِ وَعَنِ ٱلشِّمَالِ عِزِينَ

٣٨ أَيَطْمَعُ كُلُّ ٱمْرِئٍ مِّنْهُمْ أَن يُدْخَلَ جَنَّةَ نَعِيمٍ

٣٩ كَلَّا إِنَّا خَلَقْنَٰهُم مِّمَّا يَعْلَمُونَ

٤٠ فَلَا أُقْسِمُ بِرَبِّ ٱلْمَشَٰرِقِ وَٱلْمَغَٰرِبِ إِنَّا لَقَٰدِرُونَ

٤١ عَلَىٰ أَن نُّبَدِّلَ خَيْرًا مِّنْهُمْ وَمَا نَحْنُ بِمَسْبُوقِينَ

٤٢ فَذَرْهُمْ يَخُوضُوا وَيَلْعَبُوا حَتَّىٰ يُلَٰقُوا يَوْمَهُمُ ٱلَّذِى يُوعَدُونَ

٤٣ يَوْمَ يَخْرُجُونَ مِنَ ٱلْأَجْدَاثِ سِرَاعًا كَأَنَّهُمْ إِلَىٰ نُصُبٍ يُوفِضُونَ

٤٤ خَٰشِعَةً أَبْصَٰرُهُمْ تَرْهَقُهُمْ ذِلَّةٌ ذَٰلِكَ ٱلْيَوْمُ ٱلَّذِى كَانُوا يُوعَدُونَ

سورة نوح

١ إِنَّا أَرْسَلْنَا نُوحًا إِلَىٰ قَوْمِهِ أَنْ أَنذِرْ قَوْمَكَ مِن قَبْلِ أَن يَأْتِيَهُمْ عَذَابٌ أَلِيمٌ

٢ قَالَ يَٰقَوْمِ إِنِّى لَكُمْ نَذِيرٌ مُّبِينٌ

٣ أَنِ ٱعْبُدُوا ٱللَّهَ وَٱتَّقُوهُ وَأَطِيعُونِ

٤ يَغْفِرْ لَكُم مِّن ذُنُوبِكُمْ وَيُؤَخِّرْكُمْ إِلَىٰ أَجَلٍ مُّسَمًّى إِنَّ أَجَلَ ٱللَّهِ إِذَا جَاءَ لَا يُؤَخَّرُ لَوْ كُنتُمْ تَعْلَمُونَ

٥ قَالَ رَبِّ إِنِّى دَعَوْتُ قَوْمِى لَيْلًا وَنَهَارًا

٦ فَلَمْ يَزِدْهُمْ دُعَآئِى إِلَّا فِرَارًا

٧ وَإِنِّى كُلَّمَا دَعَوْتُهُمْ لِتَغْفِرَ لَهُمْ جَعَلُوا أَصَٰبِعَهُمْ فِى ءَاذَانِهِمْ وَٱسْتَغْشَوْا ثِيَابَهُمْ وَأَصَرُّوا وَٱسْتَكْبَرُوا ٱسْتِكْبَارًا

٨ ثُمَّ إِنِّى دَعَوْتُهُمْ جِهَارًا

٩ ثُمَّ إِنِّى أَعْلَنتُ لَهُمْ وَأَسْرَرْتُ لَهُمْ إِسْرَارًا

١٠ فَقُلْتُ ٱسْتَغْفِرُوا۟ رَبَّكُمْ إِنَّهُ كَانَ غَفَّارًا

١١ يُرْسِلِ ٱلسَّمَاءَ عَلَيْكُم مِّدْرَارًا

١٢ وَيُمْدِدْكُم بِأَمْوَٰلٍ وَبَنِينَ وَيَجْعَل لَّكُمْ جَنَّٰتٍ وَيَجْعَل لَّكُمْ أَنْهَٰرًا

١٣ مَّا لَكُمْ لَا تَرْجُونَ لِلَّهِ وَقَارًا

١٤ وَقَدْ خَلَقَكُمْ أَطْوَارًا

١٥ أَلَمْ تَرَوْا۟ كَيْفَ خَلَقَ ٱللَّهُ سَبْعَ سَمَٰوَٰتٍ طِبَاقًا

١٦ وَجَعَلَ ٱلْقَمَرَ فِيهِنَّ نُورًا وَجَعَلَ ٱلشَّمْسَ سِرَاجًا

١٧ وَٱللَّهُ أَنۢبَتَكُم مِّنَ ٱلْأَرْضِ نَبَاتًا

١٨ ثُمَّ يُعِيدُكُمْ فِيهَا وَيُخْرِجُكُمْ إِخْرَاجًا

١٩ وَٱللَّهُ جَعَلَ لَكُمُ ٱلْأَرْضَ بِسَاطًا

٢٠ لِتَسْلُكُوا۟ مِنْهَا سُبُلًا فِجَاجًا

٢١ قَالَ نُوحٌ رَّبِّ إِنَّهُمْ عَصَوْنِى وَٱتَّبَعُوا۟ مَن لَّمْ يَزِدْهُ مَالُهُ وَوَلَدُهُ إِلَّا خَسَارًا

٢٢ وَمَكَرُوا۟ مَكْرًا كُبَّارًا

٢٣ وَقَالُوا۟ لَا تَذَرُنَّ ءَالِهَتَكُمْ وَلَا تَذَرُنَّ وَدًّا وَلَا سُوَاعًا وَلَا يَغُوثَ وَيَعُوقَ وَنَسْرًا

٢٤ وَقَدْ أَضَلُّوا۟ كَثِيرًا وَلَا تَزِدِ ٱلظَّٰلِمِينَ إِلَّا ضَلَٰلًا

٢٥ مِّمَّا خَطِيٓـَٰتِهِمْ أُغْرِقُوا۟ فَأُدْخِلُوا۟ نَارًا فَلَمْ يَجِدُوا۟ لَهُم مِّن دُونِ ٱللَّهِ أَنصَارًا

٢٦ وَقَالَ نُوحٌ رَّبِّ لَا تَذَرْ عَلَى ٱلْأَرْضِ مِنَ ٱلْكَٰفِرِينَ دَيَّارًا

٢٧ إِنَّكَ إِن تَذَرْهُمْ يُضِلُّوا۟ عِبَادَكَ وَلَا يَلِدُوٓا۟ إِلَّا فَاجِرًا كَفَّارًا

٢٨ رَّبِّ ٱغْفِرْ لِى وَلِوَٰلِدَىَّ وَلِمَن دَخَلَ بَيْتِىَ مُؤْمِنًا وَلِلْمُؤْمِنِينَ وَٱلْمُؤْمِنَٰتِ وَلَا تَزِدِ ٱلظَّٰلِمِينَ إِلَّا تَبَارًا

سورة الجن

١ قُلْ أُوحِىَ إِلَىَّ أَنَّهُ ٱسْتَمَعَ نَفَرٌ مِّنَ ٱلْجِنِّ فَقَالُوٓا۟ إِنَّا سَمِعْنَا قُرْءَانًا عَجَبًا

٢ يَهْدِىٓ إِلَى ٱلرُّشْدِ فَـَٔامَنَّا بِهِ وَلَن نُّشْرِكَ بِرَبِّنَآ أَحَدًا

٣ وَأَنَّهُ تَعَٰلَىٰ جَدُّ رَبِّنَا مَا ٱتَّخَذَ صَٰحِبَةً وَلَا وَلَدًا

٤ وَأَنَّهُ كَانَ يَقُولُ سَفِيهُنَا عَلَى ٱللَّهِ شَطَطًا

٥ وَأَنَّا ظَنَنَّآ أَن لَّن تَقُولَ ٱلْإِنسُ وَٱلْجِنُّ عَلَى ٱللَّهِ كَذِبًا

٦ وَأَنَّهُ كَانَ رِجَالٌ مِّنَ ٱلْإِنسِ يَعُوذُونَ بِرِجَالٍ مِّنَ ٱلْجِنِّ فَزَادُوهُمْ رَهَقًا

٧ وَأَنَّهُمْ ظَنُّوا۟ كَمَا ظَنَنتُمْ أَن لَّن يَبْعَثَ ٱللَّهُ أَحَدًا

٨ وَأَنَّا لَمَسْنَا ٱلسَّمَاءَ فَوَجَدْنَٰهَا مُلِئَتْ حَرَسًا شَدِيدًا وَشُهُبًا

٩ وَأَنَّا كُنَّا نَقْعُدُ مِنْهَا مَقَٰعِدَ لِلسَّمْعِ فَمَن يَسْتَمِعِ ٱلْـَٔانَ يَجِدْ لَهُ شِهَابًا رَّصَدًا

١٠ وَأَنَّا لَا نَدْرِىٓ أَشَرٌّ أُرِيدَ بِمَن فِى ٱلْأَرْضِ أَمْ أَرَادَ بِهِمْ رَبُّهُمْ رَشَدًا

١١ وَأَنَّا مِنَّا ٱلصَّٰلِحُونَ وَمِنَّا دُونَ ذَٰلِكَ كُنَّا طَرَائِقَ قِدَدًا

١٢ وَأَنَّا ظَنَنَّآ أَن لَّن نُّعْجِزَ ٱللَّهَ فِى ٱلْأَرْضِ وَلَن نُّعْجِزَهُ هَرَبًا

١٣ وَأَنَّا لَمَّا سَمِعْنَا ٱلْهُدَىٰٓ ءَامَنَّا بِهِ فَمَن يُؤْمِنۢ بِرَبِّهِ فَلَا يَخَافُ بَخْسًا وَلَا رَهَقًا

١٤ وَأَنَّا مِنَّا ٱلْمُسْلِمُونَ وَمِنَّا ٱلْقَٰسِطُونَ ۖ فَمَنْ أَسْلَمَ فَأُو۟لَٰئِكَ تَحَرَّوْا۟ رَشَدًا

١٥ وَأَمَّا ٱلْقَٰسِطُونَ فَكَانُوا۟ لِجَهَنَّمَ حَطَبًا

١٦ وَأَلَّوِ ٱسْتَقَٰمُوا۟ عَلَى ٱلطَّرِيقَةِ لَأَسْقَيْنَٰهُم مَّآءً غَدَقًا

١٧ لِّنَفْتِنَهُمْ فِيهِ ۚ وَمَن يُعْرِضْ عَن ذِكْرِ رَبِّهِ يَسْلُكْهُ عَذَابًا صَعَدًا

١٨ وَأَنَّ ٱلْمَسَٰجِدَ لِلَّهِ فَلَا تَدْعُوا۟ مَعَ ٱللَّهِ أَحَدًا

١٩ وَأَنَّهُۥ لَمَّا قَامَ عَبْدُ ٱللَّهِ يَدْعُوهُ كَادُوا۟ يَكُونُونَ عَلَيْهِ لِبَدًا

٢٠ قُلْ إِنَّمَآ أَدْعُوا۟ رَبِّى وَلَآ أُشْرِكُ بِهِۦٓ أَحَدًا

٢١ قُلْ إِنِّى لَآ أَمْلِكُ لَكُمْ ضَرًّا وَلَا رَشَدًا

٢٢ قُلْ إِنِّى لَن يُجِيرَنِى مِنَ ٱللَّهِ أَحَدٌ وَلَنْ أَجِدَ مِن دُونِهِۦ مُلْتَحَدًا

٢٣ إِلَّا بَلَٰغًا مِّنَ ٱللَّهِ وَرِسَٰلَٰتِهِۦ ۚ وَمَن يَعْصِ ٱللَّهَ وَرَسُولَهُۥ فَإِنَّ لَهُۥ نَارَ جَهَنَّمَ خَٰلِدِينَ فِيهَآ أَبَدًا

٢٤ حَتَّىٰٓ إِذَا رَأَوْا۟ مَا يُوعَدُونَ فَسَيَعْلَمُونَ مَنْ أَضْعَفُ نَاصِرًا وَأَقَلُّ عَدَدًا

٢٥ قُلْ إِنْ أَدْرِىٓ أَقَرِيبٌ مَّا تُوعَدُونَ أَمْ يَجْعَلُ لَهُۥ رَبِّىٓ أَمَدًا

٢٦ عَٰلِمُ ٱلْغَيْبِ فَلَا يُظْهِرُ عَلَىٰ غَيْبِهِۦٓ أَحَدًا

٢٧ إِلَّا مَنِ ٱرْتَضَىٰ مِن رَّسُولٍ فَإِنَّهُۥ يَسْلُكُ مِنۢ بَيْنِ يَدَيْهِ وَمِنْ خَلْفِهِۦ رَصَدًا

٢٨ لِّيَعْلَمَ أَن قَدْ أَبْلَغُوا۟ رِسَٰلَٰتِ رَبِّهِمْ وَأَحَاطَ بِمَا لَدَيْهِمْ وَأَحْصَىٰ كُلَّ شَىْءٍ عَدَدًا

سورة المزمل

١ يَٰٓأَيُّهَا ٱلْمُزَّمِّلُ

٢ قُمِ ٱلَّيْلَ إِلَّا قَلِيلًا

٣ نِّصْفَهُۥٓ أَوِ ٱنقُصْ مِنْهُ قَلِيلًا

٤ أَوْ زِدْ عَلَيْهِ وَرَتِّلِ ٱلْقُرْءَانَ تَرْتِيلًا

٥ إِنَّا سَنُلْقِى عَلَيْكَ قَوْلًا ثَقِيلًا

٦ إِنَّ نَاشِئَةَ ٱلَّيْلِ هِىَ أَشَدُّ وَطْـًٔا وَأَقْوَمُ قِيلًا

٧ إِنَّ لَكَ فِى ٱلنَّهَارِ سَبْحًا طَوِيلًا

٨ وَٱذْكُرِ ٱسْمَ رَبِّكَ وَتَبَتَّلْ إِلَيْهِ تَبْتِيلًا

٩ رَّبُّ ٱلْمَشْرِقِ وَٱلْمَغْرِبِ لَآ إِلَٰهَ إِلَّا هُوَ فَٱتَّخِذْهُ وَكِيلًا

١٠ وَٱصْبِرْ عَلَىٰ مَا يَقُولُونَ وَٱهْجُرْهُمْ هَجْرًا جَمِيلًا

١١ وَذَرْنِى وَٱلْمُكَذِّبِينَ أُو۟لِى ٱلنَّعْمَةِ وَمَهِّلْهُمْ قَلِيلًا

١٢ إِنَّ لَدَيْنَآ أَنكَالًا وَجَحِيمًا

١٣ وَطَعَامًا ذَا غُصَّةٍ وَعَذَابًا أَلِيمًا

١٤ يَوْمَ تَرْجُفُ ٱلْأَرْضُ وَٱلْجِبَالُ وَكَانَتِ ٱلْجِبَالُ كَثِيبًا مَّهِيلًا

١٥ إِنَّآ أَرْسَلْنَآ إِلَيْكُمْ رَسُولًا شَٰهِدًا عَلَيْكُمْ كَمَآ أَرْسَلْنَآ إِلَىٰ فِرْعَوْنَ رَسُولًا

١٦ فَعَصَىٰ فِرْعَوْنُ ٱلرَّسُولَ فَأَخَذْنَٰهُ أَخْذًا وَبِيلًا

١٧ فَكَيْفَ تَتَّقُونَ إِن كَفَرْتُمْ يَوْمًا يَجْعَلُ ٱلْوِلْدَٰنَ شِيبًا

١٨ ٱلسَّمَآءُ مُنفَطِرٌ بِهِۦ ۚ كَانَ وَعْدُهُۥ مَفْعُولًا

١٩ إِنَّ هَٰذِهِۦ تَذْكِرَةٌ ۖ فَمَن شَآءَ ٱتَّخَذَ إِلَىٰ رَبِّهِۦ سَبِيلًا

٢٠ إِنَّ رَبَّكَ يَعْلَمُ أَنَّكَ تَقُومُ أَدْنَىٰ مِن ثُلُثَىِ ٱلَّيْلِ وَنِصْفَهُۥ وَثُلُثَهُۥ وَطَآئِفَةٌ مِّنَ ٱلَّذِينَ مَعَكَ ۚ وَٱللَّهُ يُقَدِّرُ ٱلَّيْلَ وَٱلنَّهَارَ ۚ عَلِمَ أَن لَّن تُحْصُوهُ فَتَابَ عَلَيْكُمْ ۖ فَٱقْرَءُوا۟ مَا تَيَسَّرَ مِنَ ٱلْقُرْءَانِ ۚ عَلِمَ أَن سَيَكُونُ مِنكُم مَّرْضَىٰ ۙ وَءَاخَرُونَ يَضْرِبُونَ فِى ٱلْأَرْضِ يَبْتَغُونَ

من فَضْلِ ٱللَّهِ ۗ وَءَاخَرُونَ يُقَٰتِلُونَ فِى سَبِيلِ ٱللَّهِ ۖ فَٱقْرَءُوا۟ مَا تَيَسَّرَ مِنْهُ ۚ وَأَقِيمُوا۟ ٱلصَّلَوٰةَ وَءَاتُوا۟ ٱلزَّكَوٰةَ وَأَقْرِضُوا۟ ٱللَّهَ قَرْضًا حَسَنًا ۚ وَمَا تُقَدِّمُوا۟ لِأَنفُسِكُم مِّنْ خَيْرٍ تَجِدُوهُ عِندَ ٱللَّهِ هُوَ خَيْرًا وَأَعْظَمَ أَجْرًا ۚ وَٱسْتَغْفِرُوا۟ ٱللَّهَ ۖ إِنَّ ٱللَّهَ غَفُورٌ رَّحِيمٌۢ

سورة المدثر

١ يَٰٓأَيُّهَا ٱلْمُدَّثِّرُ

٢ قُمْ فَأَنذِرْ

٣ وَرَبَّكَ فَكَبِّرْ

٤ وَثِيَابَكَ فَطَهِّرْ

٥ وَٱلرُّجْزَ فَٱهْجُرْ

٦ وَلَا تَمْنُن تَسْتَكْثِرُ

٧ وَلِرَبِّكَ فَٱصْبِرْ

٨ فَإِذَا نُقِرَ فِى ٱلنَّاقُورِ

٩ فَذَٰلِكَ يَوْمَئِذٍ يَوْمٌ عَسِيرٌ

١٠ عَلَى ٱلْكَٰفِرِينَ غَيْرُ يَسِيرٍ

١١ ذَرْنِى وَمَنْ خَلَقْتُ وَحِيدًا

١٢ وَجَعَلْتُ لَهُۥ مَالًا مَّمْدُودًا

١٣ وَبَنِينَ شُهُودًا

١٤ وَمَهَّدتُّ لَهُۥ تَمْهِيدًا

١٥ ثُمَّ يَطْمَعُ أَنْ أَزِيدَ

١٦ كَلَّا ۖ إِنَّهُۥ كَانَ لِءَايَٰتِنَا عَنِيدًا

١٧ سَأُرْهِقُهُۥ صَعُودًا

١٨ إِنَّهُۥ فَكَّرَ وَقَدَّرَ

١٩ فَقُتِلَ كَيْفَ قَدَّرَ

٢٠ ثُمَّ قُتِلَ كَيْفَ قَدَّرَ

٢١ ثُمَّ نَظَرَ

٢٢ ثُمَّ عَبَسَ وَبَسَرَ

٢٣ ثُمَّ أَدْبَرَ وَٱسْتَكْبَرَ

٢٤ فَقَالَ إِنْ هَٰذَآ إِلَّا سِحْرٌ يُؤْثَرُ

٢٥ إِنْ هَٰذَآ إِلَّا قَوْلُ ٱلْبَشَرِ

٢٦ سَأُصْلِيهِ سَقَرَ

٢٧ وَمَآ أَدْرَىٰكَ مَا سَقَرُ

٢٨ لَا تُبْقِى وَلَا تَذَرُ

٢٩ لَوَّاحَةٌ لِّلْبَشَرِ

٣٠ عَلَيْهَا تِسْعَةَ عَشَرَ

٣١ وَمَا جَعَلْنَآ أَصْحَٰبَ ٱلنَّارِ إِلَّا مَلَٰٓئِكَةً ۙ وَمَا جَعَلْنَا عِدَّتَهُمْ إِلَّا فِتْنَةً لِّلَّذِينَ كَفَرُوا۟ لِيَسْتَيْقِنَ ٱلَّذِينَ أُوتُوا۟ ٱلْكِتَٰبَ وَيَزْدَادَ ٱلَّذِينَ ءَامَنُوٓا۟ إِيمَٰنًا ۙ وَلَا يَرْتَابَ ٱلَّذِينَ أُوتُوا۟ ٱلْكِتَٰبَ وَٱلْمُؤْمِنُونَ ۙ وَلِيَقُولَ ٱلَّذِينَ فِى قُلُوبِهِم مَّرَضٌ وَٱلْكَٰفِرُونَ مَاذَآ أَرَادَ ٱللَّهُ بِهَٰذَا مَثَلًا ۚ كَذَٰلِكَ يُضِلُّ ٱللَّهُ مَن يَشَآءُ وَيَهْدِى مَن يَشَآءُ ۚ وَمَا يَعْلَمُ جُنُودَ رَبِّكَ إِلَّا هُوَ ۚ وَمَا هِىَ إِلَّا ذِكْرَىٰ لِلْبَشَرِ

٣٢ كَلَّا وَٱلْقَمَرِ

٣٣ وَٱلَّيْلِ إِذْ أَدْبَرَ

٣٤ وَٱلصُّبْحِ إِذَآ أَسْفَرَ

٣٥ إِنَّهَا لَإِحْدَى ٱلْكُبَرِ

٣٦ نَذِيرًا لِّلْبَشَرِ

٣٧ لِمَن شَآءَ مِنكُمْ أَن يَتَقَدَّمَ أَوْ يَتَأَخَّرَ

٣٨ كُلُّ نَفْسٍ بِمَا كَسَبَتْ رَهِينَةٌ

٣٩ إِلَّآ أَصْحَٰبَ ٱلْيَمِينِ

٤٠ فِى جَنَّٰتٍ يَتَسَآءَلُونَ

٤١ عَنِ ٱلْمُجْرِمِينَ

٤٢ مَا سَلَكَكُمْ فِى سَقَرَ

٤٣ قَالُواْ لَمْ نَكُ مِنَ ٱلْمُصَلِّينَ

٤٤ وَلَمْ نَكُ نُطْعِمُ ٱلْمِسْكِينَ

٤٥ وَكُنَّا نَخُوضُ مَعَ ٱلْخَآئِضِينَ

٤٦ وَكُنَّا نُكَذِّبُ بِيَوْمِ ٱلدِّينِ

٤٧ حَتَّىٰ أَتَىٰنَا ٱلْيَقِينُ

٤٨ فَمَا تَنفَعُهُمْ شَفَٰعَةُ ٱلشَّٰفِعِينَ

٤٩ فَمَا لَهُمْ عَنِ ٱلتَّذْكِرَةِ مُعْرِضِينَ

٥٠ كَأَنَّهُمْ حُمُرٌ مُّسْتَنفِرَةٌ

٥١ فَرَّتْ مِن قَسْوَرَةٍ

٥٢ بَلْ يُرِيدُ كُلُّ ٱمْرِئٍ مِّنْهُمْ أَن يُؤْتَىٰ صُحُفًا مُّنَشَّرَةً

٥٣ كَلَّا بَل لَّا يَخَافُونَ ٱلْءَاخِرَةَ

٥٤ كَلَّا إِنَّهُ تَذْكِرَةٌ

٥٥ فَمَن شَآءَ ذَكَرَهُ

٥٦ وَمَا يَذْكُرُونَ إِلَّا أَن يَشَآءَ ٱللَّهُ ۚ هُوَ أَهْلُ ٱلتَّقْوَىٰ وَأَهْلُ ٱلْمَغْفِرَةِ

سورة القيامة

١ لَا أُقْسِمُ بِيَوْمِ ٱلْقِيَٰمَةِ

٢ وَلَا أُقْسِمُ بِٱلنَّفْسِ ٱللَّوَّامَةِ

٣ أَيَحْسَبُ ٱلْإِنسَٰنُ أَلَّن نَّجْمَعَ عِظَامَهُ

٤ بَلَىٰ قَٰدِرِينَ عَلَىٰ أَن نُّسَوِّىَ بَنَانَهُ

٥ بَلْ يُرِيدُ ٱلْإِنسَٰنُ لِيَفْجُرَ أَمَامَهُ

٦ يَسْـَٔلُ أَيَّانَ يَوْمُ ٱلْقِيَٰمَةِ

٧ فَإِذَا بَرِقَ ٱلْبَصَرُ

٨ وَخَسَفَ ٱلْقَمَرُ

٩ وَجُمِعَ ٱلشَّمْسُ وَٱلْقَمَرُ

١٠ يَقُولُ ٱلْإِنسَٰنُ يَوْمَئِذٍ أَيْنَ ٱلْمَفَرُّ

١١ كَلَّا لَا وَزَرَ

١٢ إِلَىٰ رَبِّكَ يَوْمَئِذٍ ٱلْمُسْتَقَرُّ

١٣ يُنَبَّؤُاْ ٱلْإِنسَٰنُ يَوْمَئِذٍ بِمَا قَدَّمَ وَأَخَّرَ

١٤ بَلِ ٱلْإِنسَٰنُ عَلَىٰ نَفْسِهِ بَصِيرَةٌ

١٥ وَلَوْ أَلْقَىٰ مَعَاذِيرَهُ

١٦ لَا تُحَرِّكْ بِهِ لِسَانَكَ لِتَعْجَلَ بِهِ

١٧ إِنَّ عَلَيْنَا جَمْعَهُ وَقُرْءَانَهُ

١٨ فَإِذَا قَرَأْنَٰهُ فَٱتَّبِعْ قُرْءَانَهُ

١٩ ثُمَّ إِنَّ عَلَيْنَا بَيَانَهُ

٢٠ كَلَّا بَلْ تُحِبُّونَ ٱلْعَاجِلَةَ

٢١ وَتَذَرُونَ ٱلْءَاخِرَةَ

٢٢ وُجُوهٌ يَوْمَئِذٍ نَّاضِرَةٌ

٢٣ إِلَىٰ رَبِّهَا نَاظِرَةٌ

٢٤ وَوُجُوهٌ يَوْمَئِذٍ بَاسِرَةٌ

٢٥ تَظُنُّ أَن يُفْعَلَ بِهَا فَاقِرَةٌ

٢٦ كَلَّا إِذَا بَلَغَتِ ٱلتَّرَاقِىَ

٢٧ وَقِيلَ مَنْ رَاقٍ

٢٨ وَظَنَّ أَنَّهُ ٱلْفِرَاقُ

٢٩ وَٱلْتَفَّتِ ٱلسَّاقُ بِٱلسَّاقِ

٣٠ إِلَىٰ رَبِّكَ يَوْمَئِذٍ ٱلْمَسَاقُ

٣١ فَلَا صَدَّقَ وَلَا صَلَّىٰ

٣٢ وَلَٰكِن كَذَّبَ وَتَوَلَّىٰ

٣٣ ثُمَّ ذَهَبَ إِلَىٰ أَهْلِهِ يَتَمَطَّىٰ

٣٤ أَوْلَىٰ لَكَ فَأَوْلَىٰ

٣٥ ثُمَّ أَوْلَىٰ لَكَ فَأَوْلَىٰ

٣٦ أَيَحْسَبُ ٱلْإِنسَٰنُ أَن يُتْرَكَ سُدًى

٣٧ أَلَمْ يَكُ نُطْفَةً مِّن مَّنِيٍّ يُمْنَىٰ

٣٨ ثُمَّ كَانَ عَلَقَةً فَخَلَقَ فَسَوَّىٰ

٣٩ فَجَعَلَ مِنْهُ ٱلزَّوْجَيْنِ ٱلذَّكَرَ وَٱلْأُنثَىٰ

٤٠ أَلَيْسَ ذَٰلِكَ بِقَٰدِرٍ عَلَىٰ أَن يُحْۦِىَ ٱلْمَوْتَىٰ

سورة الانسان

١ هَلْ أَتَىٰ عَلَى ٱلْإِنسَٰنِ حِينٌ مِّنَ ٱلدَّهْرِ لَمْ يَكُن شَيْئًا مَّذْكُورًا

٢ إِنَّا خَلَقْنَا ٱلْإِنسَٰنَ مِن نُّطْفَةٍ أَمْشَاجٍ نَّبْتَلِيهِ فَجَعَلْنَٰهُ سَمِيعًا بَصِيرًا

٣ إِنَّا هَدَيْنَٰهُ ٱلسَّبِيلَ إِمَّا شَاكِرًا وَإِمَّا كَفُورًا

٤ إِنَّا أَعْتَدْنَا لِلْكَٰفِرِينَ سَلَٰسِلَا۟ وَأَغْلَٰلًا وَسَعِيرًا

٥ إِنَّ ٱلْأَبْرَارَ يَشْرَبُونَ مِن كَأْسٍ كَانَ مِزَاجُهَا كَافُورًا

٦ عَيْنًا يَشْرَبُ بِهَا عِبَادُ ٱللَّهِ يُفَجِّرُونَهَا تَفْجِيرًا

٧ يُوفُونَ بِٱلنَّذْرِ وَيَخَافُونَ يَوْمًا كَانَ شَرُّهُ مُسْتَطِيرًا

٨ وَيُطْعِمُونَ ٱلطَّعَامَ عَلَىٰ حُبِّهِ مِسْكِينًا وَيَتِيمًا وَأَسِيرًا

٩ إِنَّمَا نُطْعِمُكُمْ لِوَجْهِ ٱللَّهِ لَا نُرِيدُ مِنكُمْ جَزَآءً وَلَا شُكُورًا

١٠ إِنَّا نَخَافُ مِن رَّبِّنَا يَوْمًا عَبُوسًا قَمْطَرِيرًا

١١ فَوَقَىٰهُمُ ٱللَّهُ شَرَّ ذَٰلِكَ ٱلْيَوْمِ وَلَقَّىٰهُمْ نَضْرَةً وَسُرُورًا

١٢ وَجَزَىٰهُم بِمَا صَبَرُوا۟ جَنَّةً وَحَرِيرًا

١٣ مُّتَّكِئِينَ فِيهَا عَلَى ٱلْأَرَآئِكِ لَا يَرَوْنَ فِيهَا شَمْسًا وَلَا زَمْهَرِيرًا

١٤ وَدَانِيَةً عَلَيْهِمْ ظِلَٰلُهَا وَذُلِّلَتْ قُطُوفُهَا تَذْلِيلًا

١٥ وَيُطَافُ عَلَيْهِم بِـَٔانِيَةٍ مِّن فِضَّةٍ وَأَكْوَابٍ كَانَتْ قَوَارِيرَا۟

١٦ قَوَارِيرَا۟ مِن فِضَّةٍ قَدَّرُوهَا تَقْدِيرًا

١٧ وَيُسْقَوْنَ فِيهَا كَأْسًا كَانَ مِزَاجُهَا زَنجَبِيلًا

١٨ عَيْنًا فِيهَا تُسَمَّىٰ سَلْسَبِيلًا

١٩ وَيَطُوفُ عَلَيْهِمْ وِلْدَٰنٌ مُّخَلَّدُونَ إِذَا رَأَيْتَهُمْ حَسِبْتَهُمْ لُؤْلُؤًا مَّنثُورًا

٢٠ وَإِذَا رَأَيْتَ ثَمَّ رَأَيْتَ نَعِيمًا وَمُلْكًا كَبِيرًا

٢١ عَٰلِيَهُمْ ثِيَابُ سُندُسٍ خُضْرٌ وَإِسْتَبْرَقٌ وَحُلُّوٓا۟ أَسَاوِرَ مِن فِضَّةٍ وَسَقَىٰهُمْ رَبُّهُمْ شَرَابًا طَهُورًا

٢٢ إِنَّ هَٰذَا كَانَ لَكُمْ جَزَآءً وَكَانَ سَعْيُكُم مَّشْكُورًا

٢٣ إِنَّا نَحْنُ نَزَّلْنَا عَلَيْكَ ٱلْقُرْءَانَ تَنزِيلًا

٢٤ فَٱصْبِرْ لِحُكْمِ رَبِّكَ وَلَا تُطِعْ مِنْهُمْ ءَاثِمًا أَوْ كَفُورًا

٢٥ وَٱذْكُرِ ٱسْمَ رَبِّكَ بُكْرَةً وَأَصِيلًا

٢٦ وَمِنَ ٱلَّيْلِ فَٱسْجُدْ لَهُ وَسَبِّحْهُ لَيْلًا طَوِيلًا

٢٧ إِنَّ هَٰٓؤُلَآءِ يُحِبُّونَ ٱلْعَاجِلَةَ وَيَذَرُونَ وَرَآءَهُمْ يَوْمًا ثَقِيلًا

٢٨ نَّحْنُ خَلَقْنَٰهُمْ وَشَدَدْنَا أَسْرَهُمْ وَإِذَا شِئْنَا بَدَّلْنَا أَمْثَٰلَهُمْ تَبْدِيلًا

٢٩ إِنَّ هَٰذِهِ تَذْكِرَةٌ فَمَن شَآءَ ٱتَّخَذَ إِلَىٰ رَبِّهِ سَبِيلًا

٣٠ وَمَا تَشَآءُونَ إِلَّا أَن يَشَآءَ ٱللَّهُ إِنَّ ٱللَّهَ كَانَ عَلِيمًا حَكِيمًا

٣١ يُدْخِلُ مَن يَشَآءُ فِى رَحْمَتِهِ وَٱلظَّٰلِمِينَ أَعَدَّ لَهُمْ عَذَابًا أَلِيمًا

١ وَٱلْمُرْسَلَٰتِ عُرْفًا

٢ فَٱلْعَٰصِفَٰتِ عَصْفًا

٣ وَٱلنَّٰشِرَٰتِ نَشْرًا

٤ فَٱلْفَٰرِقَٰتِ فَرْقًا

٥ فَٱلْمُلْقِيَٰتِ ذِكْرًا

٦ عُذْرًا أَوْ نُذْرًا

٧ إِنَّمَا تُوعَدُونَ لَوَٰقِعٌ

٨ فَإِذَا ٱلنُّجُومُ طُمِسَتْ

٩ وَإِذَا ٱلسَّمَاءُ فُرِجَتْ

١٠ وَإِذَا ٱلْجِبَالُ نُسِفَتْ

١١ وَإِذَا ٱلرُّسُلُ أُقِّتَتْ

١٢ لِأَيِّ يَوْمٍ أُجِّلَتْ

١٣ لِيَوْمِ ٱلْفَصْلِ

١٤ وَمَا أَدْرَىٰكَ مَا يَوْمُ ٱلْفَصْلِ

١٥ وَيْلٌ يَوْمَئِذٍ لِّلْمُكَذِّبِينَ

١٦ أَلَمْ نُهْلِكِ ٱلْأَوَّلِينَ

١٧ ثُمَّ نُتْبِعُهُمُ ٱلْءَاخِرِينَ

١٨ كَذَٰلِكَ نَفْعَلُ بِٱلْمُجْرِمِينَ

١٩ وَيْلٌ يَوْمَئِذٍ لِّلْمُكَذِّبِينَ

٢٠ أَلَمْ نَخْلُقكُّم مِّن مَّاءٍ مَّهِينٍ

٢١ فَجَعَلْنَٰهُ فِى قَرَارٍ مَّكِينٍ

٢٢ إِلَىٰ قَدَرٍ مَّعْلُومٍ

٢٣ فَقَدَرْنَا فَنِعْمَ ٱلْقَٰدِرُونَ

٢٤ وَيْلٌ يَوْمَئِذٍ لِّلْمُكَذِّبِينَ

٢٥ أَلَمْ نَجْعَلِ ٱلْأَرْضَ كِفَاتًا

٢٦ أَحْيَاءً وَأَمْوَٰتًا

٢٧ وَجَعَلْنَا فِيهَا رَوَٰسِىَ شَٰمِخَٰتٍ وَأَسْقَيْنَٰكُم مَّاءً فُرَاتًا

٢٨ وَيْلٌ يَوْمَئِذٍ لِّلْمُكَذِّبِينَ

٢٩ ٱنطَلِقُوٓا۟ إِلَىٰ مَا كُنتُم بِهِۦ تُكَذِّبُونَ

٣٠ ٱنطَلِقُوٓا۟ إِلَىٰ ظِلٍّ ذِى ثَلَٰثِ شُعَبٍ

٣١ لَّا ظَلِيلٍ وَلَا يُغْنِى مِنَ ٱللَّهَبِ

٣٢ إِنَّهَا تَرْمِى بِشَرَرٍ كَٱلْقَصْرِ

٣٣ كَأَنَّهُۥ جِمَٰلَتٌ صُفْرٌ

٣٤ وَيْلٌ يَوْمَئِذٍ لِّلْمُكَذِّبِينَ

٣٥ هَٰذَا يَوْمُ لَا يَنطِقُونَ

٣٦ وَلَا يُؤْذَنُ لَهُمْ فَيَعْتَذِرُونَ

٣٧ وَيْلٌ يَوْمَئِذٍ لِّلْمُكَذِّبِينَ

٣٨ هَٰذَا يَوْمُ ٱلْفَصْلِ جَمَعْنَٰكُمْ وَٱلْأَوَّلِينَ

٣٩ فَإِن كَانَ لَكُمْ كَيْدٌ فَكِيدُونِ

٤٠ وَيْلٌ يَوْمَئِذٍ لِّلْمُكَذِّبِينَ

٤١ إِنَّ ٱلْمُتَّقِينَ فِى ظِلَٰلٍ وَعُيُونٍ

٤٢ وَفَوَٰكِهَ مِمَّا يَشْتَهُونَ

٤٣ كُلُوا۟ وَٱشْرَبُوا۟ هَنِيٓـًٔا بِمَا كُنتُمْ تَعْمَلُونَ

٤٤ إِنَّا كَذَٰلِكَ نَجْزِى ٱلْمُحْسِنِينَ

٤٥ وَيْلٌ يَوْمَئِذٍ لِّلْمُكَذِّبِينَ

٤٦ كُلُوا۟ وَتَمَتَّعُوا۟ قَلِيلًا إِنَّكُم مُّجْرِمُونَ

٤٧ وَيْلٌ يَوْمَئِذٍ لِّلْمُكَذِّبِينَ

٤٨ وَإِذَا قِيلَ لَهُمُ ٱرْكَعُوا۟ لَا يَرْكَعُونَ

٤٩ وَيْلٌ يَوْمَئِذٍ لِّلْمُكَذِّبِينَ

٥٠ فَبِأَىِّ حَدِيثٍ بَعْدَهُۥ يُؤْمِنُونَ

سورة النبا

١ عَمَّ يَتَسَآءَلُونَ

٢ عَنِ ٱلنَّبَإِ ٱلْعَظِيمِ

٣ ٱلَّذِى هُمْ فِيهِ مُخْتَلِفُونَ

٤ كَلَّا سَيَعْلَمُونَ

٥ ثُمَّ كَلَّا سَيَعْلَمُونَ

٦ أَلَمْ نَجْعَلِ ٱلْأَرْضَ مِهَٰدًا

٧ وَٱلْجِبَالَ أَوْتَادًا

٨ وَخَلَقْنَٰكُمْ أَزْوَٰجًا

٩ وَجَعَلْنَا نَوْمَكُمْ سُبَاتًا

١٠ وَجَعَلْنَا ٱلَّيْلَ لِبَاسًا

١١ وَجَعَلْنَا ٱلنَّهَارَ مَعَاشًا

١٢ وَبَنَيْنَا فَوْقَكُمْ سَبْعًا شِدَادًا

١٣ وَجَعَلْنَا سِرَاجًا وَهَّاجًا

١٤ وَأَنزَلْنَا مِنَ ٱلْمُعْصِرَٰتِ مَآءً ثَجَّاجًا

١٥ لِنُخْرِجَ بِهِۦ حَبًّا وَنَبَاتًا

١٦ وَجَنَّٰتٍ أَلْفَافًا

١٧ إِنَّ يَوْمَ ٱلْفَصْلِ كَانَ مِيقَٰتًا

١٨ يَوْمَ يُنفَخُ فِى ٱلصُّورِ فَتَأْتُونَ أَفْوَاجًا

١٩ وَفُتِحَتِ ٱلسَّمَآءُ فَكَانَتْ أَبْوَٰبًا

٢٠ وَسُيِّرَتِ ٱلْجِبَالُ فَكَانَتْ سَرَابًا

٢١ إِنَّ جَهَنَّمَ كَانَتْ مِرْصَادًا

٢٢ لِّلطَّٰغِينَ مَآبًا

٢٣ لَّٰبِثِينَ فِيهَآ أَحْقَابًا

٢٤ لَّا يَذُوقُونَ فِيهَا بَرْدًا وَلَا شَرَابًا

٢٥ إِلَّا حَمِيمًا وَغَسَّاقًا

٢٦ جَزَآءً وِفَاقًا

٢٧ إِنَّهُمْ كَانُوا۟ لَا يَرْجُونَ حِسَابًا

٢٨ وَكَذَّبُوا۟ بِـَٔايَٰتِنَا كِذَّابًا

٢٩ وَكُلَّ شَىْءٍ أَحْصَيْنَٰهُ كِتَٰبًا

٣٠ فَذُوقُوا۟ فَلَن نَّزِيدَكُمْ إِلَّا عَذَابًا

٣١ إِنَّ لِلْمُتَّقِينَ مَفَازًا

٣٢ حَدَآئِقَ وَأَعْنَٰبًا

٣٣ وَكَوَاعِبَ أَتْرَابًا

٣٤ وَكَأْسًا دِهَاقًا

٣٥ لَّا يَسْمَعُونَ فِيهَا لَغْوًا وَلَا كِذَّٰبًا

٣٦ جَزَآءً مِّن رَّبِّكَ عَطَآءً حِسَابًا

٣٧ رَّبِّ ٱلسَّمَٰوَٰتِ وَٱلْأَرْضِ وَمَا بَيْنَهُمَا ٱلرَّحْمَٰنِ لَا يَمْلِكُونَ مِنْهُ خِطَابًا

٣٨ يَوْمَ يَقُومُ ٱلرُّوحُ وَٱلْمَلَٰئِكَةُ صَفًّا لَّا يَتَكَلَّمُونَ إِلَّا مَنْ أَذِنَ لَهُ ٱلرَّحْمَٰنُ وَقَالَ صَوَابًا

٣٩ ذَٰلِكَ ٱلْيَوْمُ ٱلْحَقُّ فَمَن شَآءَ ٱتَّخَذَ إِلَىٰ رَبِّهِۦ مَـَٔابًا

٤٠ إِنَّآ أَنذَرْنَٰكُمْ عَذَابًا قَرِيبًا يَوْمَ يَنظُرُ ٱلْمَرْءُ مَا قَدَّمَتْ يَدَاهُ وَيَقُولُ ٱلْكَافِرُ يَٰلَيْتَنِى كُنتُ تُرَٰبًۢا

سورة النازعات

١ وَٱلنَّٰزِعَٰتِ غَرْقًا

٢ وَٱلنَّٰشِطَٰتِ نَشْطًا

٣ وَٱلسَّٰبِحَٰتِ سَبْحًا

٤ فَٱلسَّٰبِقَٰتِ سَبْقًا

٥ فَٱلْمُدَبِّرَٰتِ أَمْرًا

٦ يَوْمَ تَرْجُفُ ٱلرَّاجِفَةُ

سورة عبس

١١ كَلَّآ إِنَّهَا تَذْكِرَةٌ

١٢ فَمَن شَآءَ ذَكَرَهُ

١٣ فِى صُحُفٍ مُّكَرَّمَةٍ

١٤ مَّرْفُوعَةٍ مُّطَهَّرَةٍ

١٥ بِأَيْدِى سَفَرَةٍ

١٦ كِرَامٍ بَرَرَةٍ

١٧ قُتِلَ ٱلْإِنسَٰنُ مَآ أَكْفَرَهُ

١٨ مِنْ أَىِّ شَىْءٍ خَلَقَهُ

١٩ مِن نُّطْفَةٍ خَلَقَهُ فَقَدَّرَهُ

٢٠ ثُمَّ ٱلسَّبِيلَ يَسَّرَهُ

٢١ ثُمَّ أَمَاتَهُ فَأَقْبَرَهُ

٢٢ ثُمَّ إِذَا شَآءَ أَنشَرَهُ

٢٣ كَلَّا لَمَّا يَقْضِ مَآ أَمَرَهُ

٢٤ فَلْيَنظُرِ ٱلْإِنسَٰنُ إِلَىٰ طَعَامِهِ

٢٥ أَنَّا صَبَبْنَا ٱلْمَآءَ صَبًّا

٢٦ ثُمَّ شَقَقْنَا ٱلْأَرْضَ شَقًّا

٢٧ فَأَنۢبَتْنَا فِيهَا حَبًّا

٢٨ وَعِنَبًا وَقَضْبًا

٢٩ وَزَيْتُونًا وَنَخْلًا

٣٠ وَحَدَآئِقَ غُلْبًا

٣١ وَفَٰكِهَةً وَأَبًّا

٣٢ مَّتَٰعًا لَّكُمْ وَلِأَنْعَٰمِكُمْ

٣٣ فَإِذَا جَآءَتِ ٱلصَّآخَّةُ

٣٤ يَوْمَ يَفِرُّ ٱلْمَرْءُ مِنْ أَخِيهِ

٣٥ وَأُمِّهِ وَأَبِيهِ

٣٦ وَصَٰحِبَتِهِ وَبَنِيهِ

٣٧ لِكُلِّ ٱمْرِئٍ مِّنْهُمْ يَوْمَئِذٍ شَأْنٌ يُغْنِيهِ

٣٨ وُجُوهٌ يَوْمَئِذٍ مُّسْفِرَةٌ

٣٩ ضَاحِكَةٌ مُّسْتَبْشِرَةٌ

٤٠ وَوُجُوهٌ يَوْمَئِذٍ عَلَيْهَا غَبَرَةٌ

٤١ تَرْهَقُهَا قَتَرَةٌ

٤٢ أُو۟لَٰئِكَ هُمُ ٱلْكَفَرَةُ ٱلْفَجَرَةُ

سورة التكوير

١ إِذَا ٱلشَّمْسُ كُوِّرَتْ

٢ وَإِذَا ٱلنُّجُومُ ٱنكَدَرَتْ

٣ وَإِذَا ٱلْجِبَالُ سُيِّرَتْ

٤ وَإِذَا ٱلْعِشَارُ عُطِّلَتْ

٥ وَإِذَا ٱلْوُحُوشُ حُشِرَتْ

٦ وَإِذَا ٱلْبِحَارُ سُجِّرَتْ

٧ وَإِذَا ٱلنُّفُوسُ زُوِّجَتْ

٨ وَإِذَا ٱلْمَوْءُۥدَةُ سُئِلَتْ

٩ بِأَىِّ ذَنۢبٍ قُتِلَتْ

١٠ وَإِذَا ٱلصُّحُفُ نُشِرَتْ

١١ وَإِذَا ٱلسَّمَآءُ كُشِطَتْ

١٢ وَإِذَا ٱلْجَحِيمُ سُعِّرَتْ

١٣ وَإِذَا ٱلْجَنَّةُ أُزْلِفَتْ

١٤ عَلِمَتْ نَفْسٌ مَّآ أَحْضَرَتْ

١٥ فَلَا أُقْسِمُ بِٱلْخُنَّسِ

١٦ ٱلْجَوَارِ ٱلْكُنَّسِ

١٧ وَٱلَّيْلِ إِذَا عَسْعَسَ

١٨ وَٱلصُّبْحِ إِذَا تَنَفَّسَ

١٩ إِنَّهُ لَقَوْلُ رَسُولٍ كَرِيمٍ

٢٠ ذِى قُوَّةٍ عِندَ ذِى ٱلْعَرْشِ مَكِينٍ

٢١ مُطَاعٍ ثَمَّ أَمِينٍ

٢٢ وَمَا صَاحِبُكُم بِمَجْنُونٍ

٢٣ وَلَقَدْ رَءَاهُ بِالْأُفُقِ الْمُبِينِ

٢٤ وَمَا هُوَ عَلَى الْغَيْبِ بِضَنِينٍ

٢٥ وَمَا هُوَ بِقَوْلِ شَيْطَنٍ رَّجِيمٍ

٢٦ فَأَيْنَ تَذْهَبُونَ

٢٧ إِنْ هُوَ إِلَّا ذِكْرٌ لِّلْعَلَمِينَ

٢٨ لِمَن شَاءَ مِنكُمْ أَن يَسْتَقِيمَ

٢٩ وَمَا تَشَاءُونَ إِلَّا أَن يَشَاءَ اللَّهُ رَبُّ الْعَلَمِينَ

سورة الإنفطار

١ إِذَا السَّمَاءُ انفَطَرَتْ

٢ وَإِذَا الْكَوَاكِبُ انتَثَرَتْ

٣ وَإِذَا الْبِحَارُ فُجِّرَتْ

٤ وَإِذَا الْقُبُورُ بُعْثِرَتْ

٥ عَلِمَتْ نَفْسٌ مَّا قَدَّمَتْ وَأَخَّرَتْ

٦ يَأَيُّهَا الْإِنسَنُ مَا غَرَّكَ بِرَبِّكَ الْكَرِيمِ

٧ الَّذِى خَلَقَكَ فَسَوَّىٰكَ فَعَدَلَكَ

٨ فِى أَىِّ صُورَةٍ مَّا شَاءَ رَكَّبَكَ

٩ كَلَّا بَلْ تُكَذِّبُونَ بِالدِّينِ

١٠ وَإِنَّ عَلَيْكُمْ لَحَفِظِينَ

١١ كِرَامًا كَتِبِينَ

١٢ يَعْلَمُونَ مَا تَفْعَلُونَ

١٣ إِنَّ الْأَبْرَارَ لَفِى نَعِيمٍ

١٤ وَإِنَّ الْفُجَّارَ لَفِى جَحِيمٍ

١٥ يَصْلَوْنَهَا يَوْمَ الدِّينِ

١٦ وَمَا هُمْ عَنْهَا بِغَائِبِينَ

١٧ وَمَا أَدْرَىٰكَ مَا يَوْمُ الدِّينِ

١٨ ثُمَّ مَا أَدْرَىٰكَ مَا يَوْمُ الدِّينِ

١٩ يَوْمَ لَا تَمْلِكُ نَفْسٌ لِّنَفْسٍ شَيْئًا وَالْأَمْرُ يَوْمَئِذٍ لِّلَّهِ

سورة المطففين

١ وَيْلٌ لِّلْمُطَفِّفِينَ

٢ الَّذِينَ إِذَا اكْتَالُواْ عَلَى النَّاسِ يَسْتَوْفُونَ

٣ وَإِذَا كَالُوهُمْ أَو وَّزَنُوهُمْ يُخْسِرُونَ

٤ أَلَا يَظُنُّ أُوْلَئِكَ أَنَّهُم مَّبْعُوثُونَ

٥ لِيَوْمٍ عَظِيمٍ

٦ يَوْمَ يَقُومُ النَّاسُ لِرَبِّ الْعَلَمِينَ

٧ كَلَّا إِنَّ كِتَبَ الْفُجَّارِ لَفِى سِجِّينٍ

٨ وَمَا أَدْرَىٰكَ مَا سِجِّينٌ

٩ كِتَبٌ مَّرْقُومٌ

١٠ وَيْلٌ يَوْمَئِذٍ لِّلْمُكَذِّبِينَ

١١ الَّذِينَ يُكَذِّبُونَ بِيَوْمِ الدِّينِ

١٢ وَمَا يُكَذِّبُ بِهِ إِلَّا كُلُّ مُعْتَدٍ أَثِيمٍ

١٣ إِذَا تُتْلَىٰ عَلَيْهِ ءَايَتُنَا قَالَ أَسَطِيرُ الْأَوَّلِينَ

١٤ كَلَّا بَلْ رَانَ عَلَىٰ قُلُوبِهِم مَّا كَانُواْ يَكْسِبُونَ

١٥ كَلَّا إِنَّهُمْ عَن رَّبِّهِمْ يَوْمَئِذٍ لَّمَحْجُوبُونَ

١٦ ثُمَّ إِنَّهُمْ لَصَالُواْ الْجَحِيمِ

١٧ ثُمَّ يُقَالُ هَذَا الَّذِى كُنتُم بِهِ تُكَذِّبُونَ

١٨ كَلَّا إِنَّ كِتَبَ الْأَبْرَارِ لَفِى عِلِّيِّينَ

١٩ وَمَا أَدْرَىٰكَ مَا عِلِّيُّونَ

٢٠ كِتَبٌ مَّرْقُومٌ

٢١ يَشْهَدُهُ ٱلْمُقَرَّبُونَ

٢٢ إِنَّ ٱلْأَبْرَارَ لَفِى نَعِيمٍ

٢٣ عَلَى ٱلْأَرَآئِكِ يَنظُرُونَ

٢٤ تَعْرِفُ فِى وُجُوهِهِمْ نَضْرَةَ ٱلنَّعِيمِ

٢٥ يُسْقَوْنَ مِن رَّحِيقٍ مَّخْتُومٍ

٢٦ خِتَٰمُهُ مِسْكٌ ۚ وَفِى ذَٰلِكَ فَلْيَتَنَافَسِ ٱلْمُتَنَٰفِسُونَ

٢٧ وَمِزَاجُهُ مِن تَسْنِيمٍ

٢٨ عَيْنًا يَشْرَبُ بِهَا ٱلْمُقَرَّبُونَ

٢٩ إِنَّ ٱلَّذِينَ أَجْرَمُوا۟ كَانُوا۟ مِنَ ٱلَّذِينَ ءَامَنُوا۟ يَضْحَكُونَ

٣٠ وَإِذَا مَرُّوا۟ بِهِمْ يَتَغَامَزُونَ

٣١ وَإِذَا ٱنقَلَبُوٓا۟ إِلَىٰٓ أَهْلِهِمُ ٱنقَلَبُوا۟ فَكِهِينَ

٣٢ وَإِذَا رَأَوْهُمْ قَالُوٓا۟ إِنَّ هَٰٓؤُلَآءِ لَضَآلُّونَ

٣٣ وَمَآ أُرْسِلُوا۟ عَلَيْهِمْ حَٰفِظِينَ

٣٤ فَٱلْيَوْمَ ٱلَّذِينَ ءَامَنُوا۟ مِنَ ٱلْكُفَّارِ يَضْحَكُونَ

٣٥ عَلَى ٱلْأَرَآئِكِ يَنظُرُونَ

٣٦ هَلْ ثُوِّبَ ٱلْكُفَّارُ مَا كَانُوا۟ يَفْعَلُونَ

سورة الإنشقاق

١ إِذَا ٱلسَّمَآءُ ٱنشَقَّتْ

٢ وَأَذِنَتْ لِرَبِّهَا وَحُقَّتْ

٣ وَإِذَا ٱلْأَرْضُ مُدَّتْ

٤ وَأَلْقَتْ مَا فِيهَا وَتَخَلَّتْ

٥ وَأَذِنَتْ لِرَبِّهَا وَحُقَّتْ

٦ يَٰٓأَيُّهَا ٱلْإِنسَٰنُ إِنَّكَ كَادِحٌ إِلَىٰ رَبِّكَ كَدْحًا فَمُلَٰقِيهِ

٧ فَأَمَّا مَنْ أُوتِىَ كِتَٰبَهُ بِيَمِينِهِ

٨ فَسَوْفَ يُحَاسَبُ حِسَابًا يَسِيرًا

٩ وَيَنقَلِبُ إِلَىٰ أَهْلِهِ مَسْرُورًا

١٠ وَأَمَّا مَنْ أُوتِىَ كِتَٰبَهُ وَرَآءَ ظَهْرِهِ

١١ فَسَوْفَ يَدْعُوا۟ ثُبُورًا

١٢ وَيَصْلَىٰ سَعِيرًا

١٣ إِنَّهُ كَانَ فِى أَهْلِهِ مَسْرُورًا

١٤ إِنَّهُ ظَنَّ أَن لَّن يَحُورَ

١٥ بَلَىٰٓ إِنَّ رَبَّهُ كَانَ بِهِ بَصِيرًا

١٦ فَلَآ أُقْسِمُ بِٱلشَّفَقِ

١٧ وَٱلَّيْلِ وَمَا وَسَقَ

١٨ وَٱلْقَمَرِ إِذَا ٱتَّسَقَ

١٩ لَتَرْكَبُنَّ طَبَقًا عَن طَبَقٍ

٢٠ فَمَا لَهُمْ لَا يُؤْمِنُونَ

٢١ وَإِذَا قُرِئَ عَلَيْهِمُ ٱلْقُرْءَانُ لَا يَسْجُدُونَ ۩

٢٢ بَلِ ٱلَّذِينَ كَفَرُوا۟ يُكَذِّبُونَ

٢٣ وَٱللَّهُ أَعْلَمُ بِمَا يُوعُونَ

٢٤ فَبَشِّرْهُم بِعَذَابٍ أَلِيمٍ

٢٥ إِلَّا ٱلَّذِينَ ءَامَنُوا۟ وَعَمِلُوا۟ ٱلصَّٰلِحَٰتِ لَهُمْ أَجْرٌ غَيْرُ مَمْنُونٍ

سورة البروج

١ وَٱلسَّمَآءِ ذَاتِ ٱلْبُرُوجِ

٢ وَٱلْيَوْمِ ٱلْمَوْعُودِ

٣ وَشَاهِدٍ وَمَشْهُودٍ

٤ قُتِلَ أَصْحَٰبُ ٱلْأُخْدُودِ

٥ ٱلنَّارِ ذَاتِ ٱلْوَقُودِ

٦ إِذْ هُمْ عَلَيْهَا قُعُودٌ

٧ وَهُمْ عَلَىٰ مَا يَفْعَلُونَ بِالْمُؤْمِنِينَ شُهُودٌ

٨ وَمَا نَقَمُوا مِنْهُمْ إِلَّا أَن يُؤْمِنُوا بِاللَّهِ الْعَزِيزِ الْحَمِيدِ

٩ الَّذِى لَهُ مُلْكُ السَّمَاوَاتِ وَالْأَرْضِ ۚ وَاللَّهُ عَلَىٰ كُلِّ شَىْءٍ شَهِيدٌ

١٠ إِنَّ الَّذِينَ فَتَنُوا الْمُؤْمِنِينَ وَالْمُؤْمِنَاتِ ثُمَّ لَمْ يَتُوبُوا فَلَهُمْ عَذَابُ جَهَنَّمَ وَلَهُمْ عَذَابُ الْحَرِيقِ

١١ إِنَّ الَّذِينَ آمَنُوا وَعَمِلُوا الصَّالِحَاتِ لَهُمْ جَنَّاتٌ تَجْرِى مِن تَحْتِهَا الْأَنْهَارُ ۚ ذَٰلِكَ الْفَوْزُ الْكَبِيرُ

١٢ إِنَّ بَطْشَ رَبِّكَ لَشَدِيدٌ

١٣ إِنَّهُ هُوَ يُبْدِئُ وَيُعِيدُ

١٤ وَهُوَ الْغَفُورُ الْوَدُودُ

١٥ ذُو الْعَرْشِ الْمَجِيدُ

١٦ فَعَّالٌ لِمَا يُرِيدُ

١٧ هَلْ أَتَاكَ حَدِيثُ الْجُنُودِ

١٨ فِرْعَوْنَ وَثَمُودَ

١٩ بَلِ الَّذِينَ كَفَرُوا فِى تَكْذِيبٍ

٢٠ وَاللَّهُ مِن وَرَائِهِم مُحِيطٌ

٢١ بَلْ هُوَ قُرْآنٌ مَجِيدٌ

٢٢ فِى لَوْحٍ مَحْفُوظٍ

سورة الطارق

١ وَالسَّمَاءِ وَالطَّارِقِ

٢ وَمَا أَدْرَاكَ مَا الطَّارِقُ

٣ النَّجْمُ الثَّاقِبُ

٤ إِن كُلُّ نَفْسٍ لَمَّا عَلَيْهَا حَافِظٌ

٥ فَلْيَنظُرِ الْإِنسَانُ مِمَّ خُلِقَ

٦ خُلِقَ مِن مَّاءٍ دَافِقٍ

٧ يَخْرُجُ مِنْ بَيْنِ الصُّلْبِ وَالتَّرَائِبِ

٨ إِنَّهُ عَلَىٰ رَجْعِهِ لَقَادِرٌ

٩ يَوْمَ تُبْلَى السَّرَائِرُ

١٠ فَمَا لَهُ مِن قُوَّةٍ وَلَا نَاصِرٍ

١١ وَالسَّمَاءِ ذَاتِ الرَّجْعِ

١٢ وَالْأَرْضِ ذَاتِ الصَّدْعِ

١٣ إِنَّهُ لَقَوْلٌ فَصْلٌ

١٤ وَمَا هُوَ بِالْهَزْلِ

١٥ إِنَّهُمْ يَكِيدُونَ كَيْدًا

١٦ وَأَكِيدُ كَيْدًا

١٧ فَمَهِّلِ الْكَافِرِينَ أَمْهِلْهُمْ رُوَيْدًا

سورة الأعلى

١ سَبِّحِ اسْمَ رَبِّكَ الْأَعْلَى

٢ الَّذِى خَلَقَ فَسَوَّى

٣ وَالَّذِى قَدَّرَ فَهَدَى

٤ وَالَّذِى أَخْرَجَ الْمَرْعَى

٥ فَجَعَلَهُ غُثَاءً أَحْوَى

٦ سَنُقْرِئُكَ فَلَا تَنسَى

٧ إِلَّا مَا شَاءَ اللَّهُ ۚ إِنَّهُ يَعْلَمُ الْجَهْرَ وَمَا يَخْفَى

٨ وَنُيَسِّرُكَ لِلْيُسْرَى

٩ فَذَكِّرْ إِن نَّفَعَتِ الذِّكْرَى

١٠ سَيَذَّكَّرُ مَن يَخْشَى

١١ وَيَتَجَنَّبُهَا الْأَشْقَى

١٢ الَّذِى يَصْلَى النَّارَ الْكُبْرَى

سورة الأعلى

١٣ ثُمَّ لَا يَمُوتُ فِيهَا وَلَا يَحْيَىٰ

١٤ قَدْ أَفْلَحَ مَن تَزَكَّىٰ

١٥ وَذَكَرَ ٱسْمَ رَبِّهِۦ فَصَلَّىٰ

١٦ بَلْ تُؤْثِرُونَ ٱلْحَيَوٰةَ ٱلدُّنْيَا

١٧ وَٱلْءَاخِرَةُ خَيْرٌ وَأَبْقَىٰ

١٨ إِنَّ هَٰذَا لَفِى ٱلصُّحُفِ ٱلْأُولَىٰ

١٩ صُحُفِ إِبْرَٰهِيمَ وَمُوسَىٰ

سورة الغاشية

١ هَلْ أَتَىٰكَ حَدِيثُ ٱلْغَٰشِيَةِ

٢ وُجُوهٌ يَوْمَئِذٍ خَٰشِعَةٌ

٣ عَامِلَةٌ نَّاصِبَةٌ

٤ تَصْلَىٰ نَارًا حَامِيَةً

٥ تُسْقَىٰ مِنْ عَيْنٍ ءَانِيَةٍ

٦ لَّيْسَ لَهُمْ طَعَامٌ إِلَّا مِن ضَرِيعٍ

٧ لَّا يُسْمِنُ وَلَا يُغْنِى مِن جُوعٍ

٨ وُجُوهٌ يَوْمَئِذٍ نَّاعِمَةٌ

٩ لِّسَعْيِهَا رَاضِيَةٌ

١٠ فِى جَنَّةٍ عَالِيَةٍ

١١ لَّا تَسْمَعُ فِيهَا لَٰغِيَةً

١٢ فِيهَا عَيْنٌ جَارِيَةٌ

١٣ فِيهَا سُرُرٌ مَّرْفُوعَةٌ

١٤ وَأَكْوَابٌ مَّوْضُوعَةٌ

١٥ وَنَمَارِقُ مَصْفُوفَةٌ

١٦ وَزَرَابِىُّ مَبْثُوثَةٌ

١٧ أَفَلَا يَنظُرُونَ إِلَى ٱلْإِبِلِ كَيْفَ خُلِقَتْ

١٨ وَإِلَى ٱلسَّمَاءِ كَيْفَ رُفِعَتْ

١٩ وَإِلَى ٱلْجِبَالِ كَيْفَ نُصِبَتْ

٢٠ وَإِلَى ٱلْأَرْضِ كَيْفَ سُطِحَتْ

٢١ فَذَكِّرْ إِنَّمَا أَنتَ مُذَكِّرٌ

٢٢ لَّسْتَ عَلَيْهِم بِمُصَيْطِرٍ

٢٣ إِلَّا مَن تَوَلَّىٰ وَكَفَرَ

٢٤ فَيُعَذِّبُهُ ٱللَّهُ ٱلْعَذَابَ ٱلْأَكْبَرَ

٢٥ إِنَّ إِلَيْنَا إِيَابَهُمْ

٢٦ ثُمَّ إِنَّ عَلَيْنَا حِسَابَهُم

سورة الفجر

١ وَٱلْفَجْرِ

٢ وَلَيَالٍ عَشْرٍ

٣ وَٱلشَّفْعِ وَٱلْوَتْرِ

٤ وَٱلَّيْلِ إِذَا يَسْرِ

٥ هَلْ فِى ذَٰلِكَ قَسَمٌ لِّذِى حِجْرٍ

٦ أَلَمْ تَرَ كَيْفَ فَعَلَ رَبُّكَ بِعَادٍ

٧ إِرَمَ ذَاتِ ٱلْعِمَادِ

٨ ٱلَّتِى لَمْ يُخْلَقْ مِثْلُهَا فِى ٱلْبِلَٰدِ

٩ وَثَمُودَ ٱلَّذِينَ جَابُوا ٱلصَّخْرَ بِٱلْوَادِ

١٠ وَفِرْعَوْنَ ذِى ٱلْأَوْتَادِ

١١ ٱلَّذِينَ طَغَوْا فِى ٱلْبِلَٰدِ

١٢ فَأَكْثَرُوا فِيهَا ٱلْفَسَادَ

١٣ فَصَبَّ عَلَيْهِمْ رَبُّكَ سَوْطَ عَذَابٍ

١٤ إِنَّ رَبَّكَ لَبِٱلْمِرْصَادِ

١٥ فَأَمَّا ٱلْإِنسَٰنُ إِذَا مَا ٱبْتَلَىٰهُ رَبُّهُ فَأَكْرَمَهُ وَنَعَّمَهُ فَيَقُولُ رَبِّى أَكْرَمَنِ

١٦ وَأَمَّا إِذَا مَا ٱبْتَلَىٰهُ فَقَدَرَ عَلَيْهِ رِزْقَهُ فَيَقُولُ رَبِّيَ أَهَٰنَنِ

١٧ كَلَّا ۖ بَل لَّا تُكْرِمُونَ ٱلْيَتِيمَ

١٨ وَلَا تَحَٰضُّونَ عَلَىٰ طَعَامِ ٱلْمِسْكِينِ

١٩ وَتَأْكُلُونَ ٱلتُّرَاثَ أَكْلًا لَّمًّا

٢٠ وَتُحِبُّونَ ٱلْمَالَ حُبًّا جَمًّا

٢١ كَلَّا إِذَا دُكَّتِ ٱلْأَرْضُ دَكًّا دَكًّا

٢٢ وَجَاءَ رَبُّكَ وَٱلْمَلَكُ صَفًّا صَفًّا

٢٣ وَجِا۟ىءَ يَوْمَئِذٍ بِجَهَنَّمَ ۚ يَوْمَئِذٍ يَتَذَكَّرُ ٱلْإِنسَٰنُ وَأَنَّىٰ لَهُ ٱلذِّكْرَىٰ

٢٤ يَقُولُ يَٰلَيْتَنِى قَدَّمْتُ لِحَيَاتِى

٢٥ فَيَوْمَئِذٍ لَّا يُعَذِّبُ عَذَابَهُ أَحَدٌ

٢٦ وَلَا يُوثِقُ وَثَاقَهُ أَحَدٌ

٢٧ يَٰأَيَّتُهَا ٱلنَّفْسُ ٱلْمُطْمَئِنَّةُ

٢٨ ٱرْجِعِى إِلَىٰ رَبِّكِ رَاضِيَةً مَّرْضِيَّةً

٢٩ فَٱدْخُلِى فِى عِبَٰدِى

٣٠ وَٱدْخُلِى جَنَّتِى

سورة البلد

١ لَا أُقْسِمُ بِهَٰذَا ٱلْبَلَدِ

٢ وَأَنتَ حِلٌّ بِهَٰذَا ٱلْبَلَدِ

٣ وَوَالِدٍ وَمَا وَلَدَ

٤ لَقَدْ خَلَقْنَا ٱلْإِنسَٰنَ فِى كَبَدٍ

٥ أَيَحْسَبُ أَن لَّن يَقْدِرَ عَلَيْهِ أَحَدٌ

٦ يَقُولُ أَهْلَكْتُ مَالًا لُّبَدًا

٧ أَيَحْسَبُ أَن لَّمْ يَرَهُ أَحَدٌ

٨ أَلَمْ نَجْعَل لَّهُ عَيْنَيْنِ

٩ وَلِسَانًا وَشَفَتَيْنِ

١٠ وَهَدَيْنَٰهُ ٱلنَّجْدَيْنِ

١١ فَلَا ٱقْتَحَمَ ٱلْعَقَبَةَ

١٢ وَمَا أَدْرَىٰكَ مَا ٱلْعَقَبَةُ

١٣ فَكُّ رَقَبَةٍ

١٤ أَوْ إِطْعَٰمٌ فِى يَوْمٍ ذِى مَسْغَبَةٍ

١٥ يَتِيمًا ذَا مَقْرَبَةٍ

١٦ أَوْ مِسْكِينًا ذَا مَتْرَبَةٍ

١٧ ثُمَّ كَانَ مِنَ ٱلَّذِينَ ءَامَنُوا۟ وَتَوَاصَوْا۟ بِٱلصَّبْرِ وَتَوَاصَوْا۟ بِٱلْمَرْحَمَةِ

١٨ أُو۟لَٰئِكَ أَصْحَٰبُ ٱلْمَيْمَنَةِ

١٩ وَٱلَّذِينَ كَفَرُوا۟ بِـَٔايَٰتِنَا هُمْ أَصْحَٰبُ ٱلْمَشْـَٔمَةِ

٢٠ عَلَيْهِمْ نَارٌ مُّؤْصَدَةٌ

سورة الشمس

١ وَٱلشَّمْسِ وَضُحَىٰهَا

٢ وَٱلْقَمَرِ إِذَا تَلَىٰهَا

٣ وَٱلنَّهَارِ إِذَا جَلَّىٰهَا

٤ وَٱلَّيْلِ إِذَا يَغْشَىٰهَا

٥ وَٱلسَّمَاءِ وَمَا بَنَىٰهَا

٦ وَٱلْأَرْضِ وَمَا طَحَىٰهَا

٧ وَنَفْسٍ وَمَا سَوَّىٰهَا

٨ فَأَلْهَمَهَا فُجُورَهَا وَتَقْوَىٰهَا

٩ قَدْ أَفْلَحَ مَن زَكَّىٰهَا

١٠ وَقَدْ خَابَ مَن دَسَّىٰهَا

١١ كَذَّبَتْ ثَمُودُ بِطَغْوَىٰهَآ

١٢ إِذِ ٱنۢبَعَثَ أَشْقَىٰهَا

١٣ فَقَالَ لَهُمْ رَسُولُ ٱللَّهِ نَاقَةَ ٱللَّهِ وَسُقْيَٰهَا

١٤ فَكَذَّبُوهُ فَعَقَرُوهَا فَدَمْدَمَ عَلَيْهِمْ رَبُّهُم بِذَنۢبِهِمْ فَسَوَّىٰهَا

١٥ وَلَا يَخَافُ عُقْبَٰهَا

سورة الليل

١ وَٱلَّيْلِ إِذَا يَغْشَىٰ

٢ وَٱلنَّهَارِ إِذَا تَجَلَّىٰ

٣ وَمَا خَلَقَ ٱلذَّكَرَ وَٱلْأُنثَىٰ

٤ إِنَّ سَعْيَكُمْ لَشَتَّىٰ

٥ فَأَمَّا مَنْ أَعْطَىٰ وَٱتَّقَىٰ

٦ وَصَدَّقَ بِٱلْحُسْنَىٰ

٧ فَسَنُيَسِّرُهُ لِلْيُسْرَىٰ

٨ وَأَمَّا مَن بَخِلَ وَٱسْتَغْنَىٰ

٩ وَكَذَّبَ بِٱلْحُسْنَىٰ

١٠ فَسَنُيَسِّرُهُ لِلْعُسْرَىٰ

١١ وَمَا يُغْنِى عَنْهُ مَالُهُ إِذَا تَرَدَّىٰ

١٢ إِنَّ عَلَيْنَا لَلْهُدَىٰ

١٣ وَإِنَّ لَنَا لَلْءَاخِرَةَ وَٱلْأُولَىٰ

١٤ فَأَنذَرْتُكُمْ نَارًا تَلَظَّىٰ

١٥ لَا يَصْلَىٰهَا إِلَّا ٱلْأَشْقَى

١٦ ٱلَّذِى كَذَّبَ وَتَوَلَّىٰ

١٧ وَسَيُجَنَّبُهَا ٱلْأَتْقَى

١٨ ٱلَّذِى يُؤْتِى مَالَهُ يَتَزَكَّىٰ

١٩ وَمَا لِأَحَدٍ عِندَهُ مِن نِّعْمَةٍ تُجْزَىٰ

٢٠ إِلَّا ٱبْتِغَاءَ وَجْهِ رَبِّهِ ٱلْأَعْلَىٰ

٢١ وَلَسَوْفَ يَرْضَىٰ

سورة الضحى

١ وَٱلضُّحَىٰ

٢ وَٱلَّيْلِ إِذَا سَجَىٰ

٣ مَا وَدَّعَكَ رَبُّكَ وَمَا قَلَىٰ

٤ وَلَلْءَاخِرَةُ خَيْرٌ لَّكَ مِنَ ٱلْأُولَىٰ

٥ وَلَسَوْفَ يُعْطِيكَ رَبُّكَ فَتَرْضَىٰ

٦ أَلَمْ يَجِدْكَ يَتِيمًا فَـَٔاوَىٰ

٧ وَوَجَدَكَ ضَآلًّا فَهَدَىٰ

٨ وَوَجَدَكَ عَآئِلًا فَأَغْنَىٰ

٩ فَأَمَّا ٱلْيَتِيمَ فَلَا تَقْهَرْ

١٠ وَأَمَّا ٱلسَّآئِلَ فَلَا تَنْهَرْ

١١ وَأَمَّا بِنِعْمَةِ رَبِّكَ فَحَدِّثْ

سورة الشرح

١ أَلَمْ نَشْرَحْ لَكَ صَدْرَكَ

٢ وَوَضَعْنَا عَنكَ وِزْرَكَ

٣ ٱلَّذِى أَنقَضَ ظَهْرَكَ

٤ وَرَفَعْنَا لَكَ ذِكْرَكَ

٥ فَإِنَّ مَعَ ٱلْعُسْرِ يُسْرًا

٦ إِنَّ مَعَ ٱلْعُسْرِ يُسْرًا

٧ فَإِذَا فَرَغْتَ فَٱنصَبْ

٨ وَإِلَىٰ رَبِّكَ فَٱرْغَب

سورة التين

١ وَالتِّينِ وَالزَّيْتُونِ

٢ وَطُورِ سِينِينَ

٣ وَهَٰذَا الْبَلَدِ الْأَمِينِ

٤ لَقَدْ خَلَقْنَا الْإِنسَٰنَ فِى أَحْسَنِ تَقْوِيمٍ

٥ ثُمَّ رَدَدْنَٰهُ أَسْفَلَ سَٰفِلِينَ

٦ إِلَّا الَّذِينَ ءَامَنُوا وَعَمِلُوا الصَّٰلِحَٰتِ فَلَهُمْ أَجْرٌ غَيْرُ مَمْنُونٍ

٧ فَمَا يُكَذِّبُكَ بَعْدُ بِالدِّينِ

٨ أَلَيْسَ اللَّهُ بِأَحْكَمِ الْحَٰكِمِينَ

سورة العلق

١ اقْرَأْ بِاسْمِ رَبِّكَ الَّذِى خَلَقَ

٢ خَلَقَ الْإِنسَٰنَ مِنْ عَلَقٍ

٣ اقْرَأْ وَرَبُّكَ الْأَكْرَمُ

٤ الَّذِى عَلَّمَ بِالْقَلَمِ

٥ عَلَّمَ الْإِنسَٰنَ مَا لَمْ يَعْلَمْ

٦ كَلَّا إِنَّ الْإِنسَٰنَ لَيَطْغَىٰ

٧ أَن رَّءَاهُ اسْتَغْنَىٰ

٨ إِنَّ إِلَىٰ رَبِّكَ الرُّجْعَىٰ

٩ أَرَءَيْتَ الَّذِى يَنْهَىٰ

١٠ عَبْدًا إِذَا صَلَّىٰ

١١ أَرَءَيْتَ إِن كَانَ عَلَى الْهُدَىٰ

١٢ أَوْ أَمَرَ بِالتَّقْوَىٰ

١٣ أَرَءَيْتَ إِن كَذَّبَ وَتَوَلَّىٰ

١٤ أَلَمْ يَعْلَم بِأَنَّ اللَّهَ يَرَىٰ

١٥ كَلَّا لَئِن لَّمْ يَنتَهِ لَنَسْفَعًا بِالنَّاصِيَةِ

١٦ نَاصِيَةٍ كَاذِبَةٍ خَاطِئَةٍ

١٧ فَلْيَدْعُ نَادِيَهُ

١٨ سَنَدْعُ الزَّبَانِيَةَ

١٩ ۩ كَلَّا لَا تُطِعْهُ وَاسْجُدْ وَاقْتَرِب

سورة القدر

١ إِنَّا أَنزَلْنَٰهُ فِى لَيْلَةِ الْقَدْرِ

٢ وَمَا أَدْرَٰكَ مَا لَيْلَةُ الْقَدْرِ

٣ لَيْلَةُ الْقَدْرِ خَيْرٌ مِّنْ أَلْفِ شَهْرٍ

٤ تَنَزَّلُ الْمَلَٰئِكَةُ وَالرُّوحُ فِيهَا بِإِذْنِ رَبِّهِم مِّن كُلِّ أَمْرٍ

٥ سَلَٰمٌ هِىَ حَتَّىٰ مَطْلَعِ الْفَجْرِ

سورة البينة

١ لَمْ يَكُنِ الَّذِينَ كَفَرُوا مِنْ أَهْلِ الْكِتَٰبِ وَالْمُشْرِكِينَ مُنفَكِّينَ حَتَّىٰ تَأْتِيَهُمُ الْبَيِّنَةُ

٢ رَسُولٌ مِّنَ اللَّهِ يَتْلُوا صُحُفًا مُّطَهَّرَةً

٣ فِيهَا كُتُبٌ قَيِّمَةٌ

٤ وَمَا تَفَرَّقَ الَّذِينَ أُوتُوا الْكِتَٰبَ إِلَّا مِن بَعْدِ مَا جَاءَتْهُمُ الْبَيِّنَةُ

٥ وَمَا أُمِرُوا إِلَّا لِيَعْبُدُوا اللَّهَ مُخْلِصِينَ لَهُ الدِّينَ حُنَفَاءَ وَيُقِيمُوا الصَّلَوٰةَ وَيُؤْتُوا الزَّكَوٰةَ وَذَٰلِكَ دِينُ الْقَيِّمَةِ

٦ إِنَّ الَّذِينَ كَفَرُوا مِنْ أَهْلِ الْكِتَٰبِ وَالْمُشْرِكِينَ فِى نَارِ جَهَنَّمَ خَٰلِدِينَ فِيهَا أُولَٰئِكَ هُمْ شَرُّ الْبَرِيَّةِ

٧ إِنَّ الَّذِينَ ءَامَنُوا وَعَمِلُوا الصَّٰلِحَٰتِ أُولَٰئِكَ هُمْ خَيْرُ الْبَرِيَّةِ

٨ جَزَآؤُهُمْ عِندَ رَبِّهِمْ جَنَّتُ عَدْنٍ تَجْرِى مِن تَحْتِهَا ٱلْأَنْهَرُ خَلِدِينَ فِيهَآ أَبَدًا ۖ رَّضِىَ ٱللَّهُ عَنْهُمْ وَرَضُوا۟ عَنْهُ ۚ ذَٰلِكَ لِمَنْ خَشِىَ رَبَّهُ

سورة الزلزلة

١ إِذَا زُلْزِلَتِ ٱلْأَرْضُ زِلْزَالَهَا

٢ وَأَخْرَجَتِ ٱلْأَرْضُ أَثْقَالَهَا

٣ وَقَالَ ٱلْإِنسَٰنُ مَا لَهَا

٤ يَوْمَئِذٍ تُحَدِّثُ أَخْبَارَهَا

٥ بِأَنَّ رَبَّكَ أَوْحَىٰ لَهَا

٦ يَوْمَئِذٍ يَصْدُرُ ٱلنَّاسُ أَشْتَاتًا لِّيُرَوْا۟ أَعْمَٰلَهُمْ

٧ فَمَن يَعْمَلْ مِثْقَالَ ذَرَّةٍ خَيْرًا يَرَهُ

٨ وَمَن يَعْمَلْ مِثْقَالَ ذَرَّةٍ شَرًّا يَرَهُ

سورة العاديات

١ وَٱلْعَٰدِيَٰتِ ضَبْحًا

٢ فَٱلْمُورِيَٰتِ قَدْحًا

٣ فَٱلْمُغِيرَٰتِ صُبْحًا

٤ فَأَثَرْنَ بِهِ نَقْعًا

٥ فَوَسَطْنَ بِهِ جَمْعًا

٦ إِنَّ ٱلْإِنسَٰنَ لِرَبِّهِ لَكَنُودٌ

٧ وَإِنَّهُ عَلَىٰ ذَٰلِكَ لَشَهِيدٌ

٨ وَإِنَّهُ لِحُبِّ ٱلْخَيْرِ لَشَدِيدٌ

٩ أَفَلَا يَعْلَمُ إِذَا بُعْثِرَ مَا فِى ٱلْقُبُورِ

١٠ وَحُصِّلَ مَا فِى ٱلصُّدُورِ

١١ إِنَّ رَبَّهُم بِهِمْ يَوْمَئِذٍ لَّخَبِيرٌ

سورة القارعة

١ ٱلْقَارِعَةُ

٢ مَا ٱلْقَارِعَةُ

٣ وَمَآ أَدْرَىٰكَ مَا ٱلْقَارِعَةُ

٤ يَوْمَ يَكُونُ ٱلنَّاسُ كَٱلْفَرَاشِ ٱلْمَبْثُوثِ

٥ وَتَكُونُ ٱلْجِبَالُ كَٱلْعِهْنِ ٱلْمَنفُوشِ

٦ فَأَمَّا مَن ثَقُلَتْ مَوَٰزِينُهُ

٧ فَهُوَ فِى عِيشَةٍ رَّاضِيَةٍ

٨ وَأَمَّا مَنْ خَفَّتْ مَوَٰزِينُهُ

٩ فَأُمُّهُ هَاوِيَةٌ

١٠ وَمَآ أَدْرَىٰكَ مَا هِيَهْ

١١ نَارٌ حَامِيَةٌ

سورة التكاثر

١ أَلْهَىٰكُمُ ٱلتَّكَاثُرُ

٢ حَتَّىٰ زُرْتُمُ ٱلْمَقَابِرَ

٣ كَلَّا سَوْفَ تَعْلَمُونَ

٤ ثُمَّ كَلَّا سَوْفَ تَعْلَمُونَ

٥ كَلَّا لَوْ تَعْلَمُونَ عِلْمَ ٱلْيَقِينِ

٦ لَتَرَوُنَّ ٱلْجَحِيمَ

٧ ثُمَّ لَتَرَوُنَّهَا عَيْنَ ٱلْيَقِينِ

٨ ثُمَّ لَتُسْـَٔلُنَّ يَوْمَئِذٍ عَنِ ٱلنَّعِيمِ

سورة العصر

١ وَٱلْعَصْرِ

٢ إِنَّ ٱلْإِنسَٰنَ لَفِى خُسْرٍ

٣ إِلَّا ٱلَّذِينَ ءَامَنُوا۟ وَعَمِلُوا۟ ٱلصَّٰلِحَٰتِ
وَتَوَاصَوْا۟ بِٱلْحَقِّ وَتَوَاصَوْا۟ بِٱلصَّبْرِ

سورة الهمزة

١ وَيْلٌ لِّكُلِّ هُمَزَةٍ لُّمَزَةٍ

٢ ٱلَّذِى جَمَعَ مَالًا وَعَدَّدَهُ

٣ يَحْسَبُ أَنَّ مَالَهُۥٓ أَخْلَدَهُ

٤ كَلَّا ۖ لَيُنۢبَذَنَّ فِى ٱلْحُطَمَةِ

٥ وَمَآ أَدْرَىٰكَ مَا ٱلْحُطَمَةُ

٦ نَارُ ٱللَّهِ ٱلْمُوقَدَةُ

٧ ٱلَّتِى تَطَّلِعُ عَلَى ٱلْأَفْـِٔدَةِ

٨ إِنَّهَا عَلَيْهِم مُّؤْصَدَةٌ

٩ فِى عَمَدٍ مُّمَدَّدَةٍ

سورة الفيل

١ أَلَمْ تَرَ كَيْفَ فَعَلَ رَبُّكَ بِأَصْحَٰبِ ٱلْفِيلِ

٢ أَلَمْ يَجْعَلْ كَيْدَهُمْ فِى تَضْلِيلٍ

٣ وَأَرْسَلَ عَلَيْهِمْ طَيْرًا أَبَابِيلَ

٤ تَرْمِيهِم بِحِجَارَةٍ مِّن سِجِّيلٍ

٥ فَجَعَلَهُمْ كَعَصْفٍ مَّأْكُولٍ

سورة قريش

١ لِإِيلَٰفِ قُرَيْشٍ

٢ إِۦلَٰفِهِمْ رِحْلَةَ ٱلشِّتَآءِ وَٱلصَّيْفِ

٣ فَلْيَعْبُدُوا۟ رَبَّ هَٰذَا ٱلْبَيْتِ

٤ ٱلَّذِىٓ أَطْعَمَهُم مِّن جُوعٍ وَءَامَنَهُم مِّنْ خَوْفٍ

سورة الماعون

١ أَرَءَيْتَ ٱلَّذِى يُكَذِّبُ بِٱلدِّينِ

٢ فَذَٰلِكَ ٱلَّذِى يَدُعُّ ٱلْيَتِيمَ

٣ وَلَا يَحُضُّ عَلَىٰ طَعَامِ ٱلْمِسْكِينِ

٤ فَوَيْلٌ لِّلْمُصَلِّينَ

٥ ٱلَّذِينَ هُمْ عَن صَلَاتِهِمْ سَاهُونَ

٦ ٱلَّذِينَ هُمْ يُرَآءُونَ

٧ وَيَمْنَعُونَ ٱلْمَاعُونَ

سورة الكوثر

١ إِنَّآ أَعْطَيْنَٰكَ ٱلْكَوْثَرَ

٢ فَصَلِّ لِرَبِّكَ وَٱنْحَرْ

٣ إِنَّ شَانِئَكَ هُوَ ٱلْأَبْتَرُ

سورة الكافرون

١ قُلْ يَٰٓأَيُّهَا ٱلْكَٰفِرُونَ

٢ لَآ أَعْبُدُ مَا تَعْبُدُونَ

٣ وَلَآ أَنتُمْ عَٰبِدُونَ مَآ أَعْبُدُ

٤ وَلَآ أَنَا۠ عَابِدٌ مَّا عَبَدتُّمْ

٥ وَلَآ أَنتُمْ عَٰبِدُونَ مَآ أَعْبُدُ

٦ لَكُمْ دِينُكُمْ وَلِىَ دِينِ

سورة النصر

١ إِذَا جَاءَ نَصْرُ ٱللَّهِ وَٱلْفَتْحُ

٢ وَرَأَيْتَ ٱلنَّاسَ يَدْخُلُونَ فِى دِينِ ٱللَّهِ أَفْوَاجًا

٣ فَسَبِّحْ بِحَمْدِ رَبِّكَ وَٱسْتَغْفِرْهُ ۚ إِنَّهُ كَانَ تَوَّابًا

سورة المسد

١ تَبَّتْ يَدَا أَبِى لَهَبٍ وَتَبَّ

٢ مَا أَغْنَىٰ عَنْهُ مَالُهُ وَمَا كَسَبَ

٣ سَيَصْلَىٰ نَارًا ذَاتَ لَهَبٍ

٤ وَٱمْرَأَتُهُ حَمَّالَةَ ٱلْحَطَبِ

٥ فِى جِيدِهَا حَبْلٌ مِّن مَّسَدٍ

سورة الإخلاص

١ قُلْ هُوَ ٱللَّهُ أَحَدٌ

٢ ٱللَّهُ ٱلصَّمَدُ

٣ لَمْ يَلِدْ وَلَمْ يُولَدْ

٤ وَلَمْ يَكُن لَّهُ كُفُوًا أَحَدٌ

سورة الفلق

١ قُلْ أَعُوذُ بِرَبِّ ٱلْفَلَقِ

٢ مِن شَرِّ مَا خَلَقَ

٣ وَمِن شَرِّ غَاسِقٍ إِذَا وَقَبَ

٤ وَمِن شَرِّ ٱلنَّفَّاثَاتِ فِى ٱلْعُقَدِ

٥ وَمِن شَرِّ حَاسِدٍ إِذَا حَسَدَ

سورة الناس

١ قُلْ أَعُوذُ بِرَبِّ ٱلنَّاسِ

٢ مَلِكِ ٱلنَّاسِ

٣ إِلَٰهِ ٱلنَّاسِ

٤ مِن شَرِّ ٱلْوَسْوَاسِ ٱلْخَنَّاسِ

٥ ٱلَّذِى يُوَسْوِسُ فِى صُدُورِ ٱلنَّاسِ

٦ مِنَ ٱلْجِنَّةِ وَٱلنَّاسِ

تعليقات توضيحية قصيرة

التنوير في حياة النبّي مُحمَّد

منارة الإيمان والقيادة

تكمن داخل صفحات القرآن شهادةً عميقة على حياة النّبّي مُحمَّد، الشخصية التي خلفت بصمة لا تُنسى على نسيج التاريخ الإنساني.

وُلد مُحمَّد في مدينة مكة عام ٥٧٠ ميلاديًا، فقد اتسمت حياته بصفات استثنائية. كما اتسمَّت شخصيته بالأمانة الراسخة والتسامح، والالتزام الثابت بخدمة الله. حيث كان يُعرف باسم الأمين – وهو الجدير بالثقة – قبل أن يتلقَّى الوحي الإلهي من القرآن. وقد جذبت طيبته الخالصة وصدقه جميع الناس من حوله.

سعَى مُحمَّد للعزلة والتأمُل في كهف حِراء عندما كان شابًا، فقد كان ذلك بداية رحلة روحانية ستغيّر مجرى التاريخ البشري إلى الأبد. حيث أنزل عليه الملاك "جبريل" الوحَي الإلهي الأول خلال إحدى هذه الخلوات. وقد أصبح مُحمِّد – بدوره – متلقيًا لسلسلة من الوحي، والتي تتوَّجت في نهاية المطاف في القرآن، وهو الكتاب المقدس في الإسلام. كما كان الوحي بداية نبوته ورحلته كزعيمًا دينيًا.

اتسمت قيادة مُحمَّد – كزعيمًا دينيًا – بالرحمة والالتزام العميق بالعدالة. فقد أكدَّت تعاليمه، التي تمثَّلت في القرآن، على وحدانية الله وأهمية أن نحيا بالأمانة الأخلاقية والالتزام. حيث جمعت قيادته بين القبائل المختلفة تحت راية الإسلام، كما عززت مجتمعًا يحترم حقوق الضعفاء والنساء والمظلومين.

وقد شهدت حياة مُحمَّد أيضًا على تفانيه اللافت في خدمة مجتمعه. فقد عمل بإيثارٍ كمُرشدًا وصديقًا وقائدًا لمن حوله. حيث قدمت قراراته وأفعاله – المُستندة إلى إرشادات القرآن – نموذجًا للحياة والقيادة الأخلاقية، كما شكلَّت أسس المجتمع الإسلامي الناشئ.

ويُعد السرد التاريخي لحياة مُحمَّد – كما هو مقدمًا في القرآن – مصدر إلهام للمؤمنين في جميع أنحاء العالم. حيث يبرز صفات التواضع والرحمة والمرونة التي يجب أن نسعى لتجسيدها في حياتنا الخاصة. كما أصبح التزامه الثابت برسالة الإسلام، حتى في مواجهة الشدائد، مثالًا قويًا للإيمان والقيادة.

يوجد إدراكٌ عميق لأهمية القرآن العظيم، في قلب كل مؤمن. حيث يُمثل القرآن، المُبجَّل كمصحف إسلامي مُقدس، شهادةً على الحكمة العميقة والهداية الإلهية التي يقدمها للبشر. فقد نحترم – كمؤمنين – تعاليمه بثباتٍ كمصباح مضيء، ومصدرًا للغذاء الروحي، ودليلاً للحياة الصالحة. كما تقف النسخة الإنجليزية للقرآن شاهدة على أهميته الدائمة وإمكانيته في تغيير الحياة بشكلٍ إيجابي.

ولا يُعد القرآن مجرد كتابًا فحسب؛ بل يُمثل أيضًا كلام الله، الذي أُنزل إلى النبي مُحمَّد، صلى الله عليه وسلم. كما يُعد مستودعًا خالدًا للمعرفة والهداية الإلهية، والذي يُجسد رسالة الأمل والرحمة والغاية التي يتردد صداها مع الناس في جميع أنحاء العالم. حيث نجد في آياته مُخططًا لحياة الاستقامة والفضيلة.

وقد ينقل القرآن في جوهره رسالةً لا لبس فيها أنه لا إله إلا الله، الواحد القهار، الرحمن الرحيم. حيث يؤكد على وحدانية الله والمبادئ الأساسية للإيمان – وهي الإيمان بالغيب، والصلاة، والزكاة، والصيام، والحج. كما تقدم هذه التعاليم الأساسية غذاءً روحيًا واتصالًا بالله، مما يُعزِّز الشعور بالغاية والمبادئ الأخلاقية الدائمة.

وعلاوة على ذلك، قد تتناول هذه التعاليم مجموعة واسعة من الموضوعات، فهي لم تتناول مسائل الإيمان فحسب، بل تناولت أيضا تلك الموضوعات المُتعلقة بالسلوك الشخصي والحياة العائلية والحكم والأخلاق. حيث تُشدِّد على أهمية الأمانة والعدالة والرحمة والإحسان، مما يبرز الحاجة إلى التواضُع والتأمل الذاتي. كما يمكننا – من خلال اتباع هذه الإرشادات – العثور على الطمأنينة في أوقات الشدة وإيجاد الأمل أمام تحديات الحياة.

فقد تُوجِّه آيات القرآن دعوة للإنسان للتأمُّل في الكون، وخلق الإنسان، وعالم الطبيعة، والآيات الإلهية المنتشرة في جميع أنحاء الوجود. كما تدعو إلى التأمل والاستكشاف الفكري بعقلٍ متفتح للحصول على فهمٍ أعمق لحكمة الله والصلة العميقة بين الخالق وخلقه.

وقد يدعو القرآن أيضًا، في توجيهه الثابت، إلى الرحمة والتعاطف تجاه كل خلق الله. حيث يُشجِّع المؤمنين على أن يكونوا عادلين ولطفاء ورعاة، ليس فقط تجاه البشر بل أيضا تجاه مملكة الحيوان والبيئة. كما يتردد صدى هذه الرسالة كتذكيرٍ قويًا بمسؤوليتنا في حماية والحفاظ على الأرض، التي أعطانا إياها العلِّي القدير.

كما يدعو الإسلام إلى السلام وحل النزاعات من خلال الحوار والدبلوماسية، في عالم يتسم غالبًا بالاضطراب والانقسام. وقد يدعو أيضًا إلى الوحدة بين المؤمنين والتوفيق بين الاختلافات من خلال التعاطف والتفاهُم. حيث تشع رسالة القرآن الخاصة بالسلام والتسامح بصيصًا من الأمل، مما يُظهر القوة التحولية للوحدة على الانقسام.

فقد يُصبح لدينا الفرصة لتحويل حياتنا إلى الأفضل، من خلال التفقُّه في القرآن. حيث يمكن للقرآن أن يُشكِّل شخصيتنا، ويغرس القيم الأساسية، ويغذي أرواحنا. كما يُمكِّن الأفراد من التغلُّب على التحديات الصعبة وتعقيدات الحياة بإيمانٍ راسخ والالتزام بالحق. وقد يقدم أيضًا الطمأنينة في لحظات اليأس، والإلهام في أوقات عدم اليقين، والإحساس العميق بالغاية في عالم يبدو في كثيرٍ من الأحيان خاويًا من التوجيه.

وقد تلهمنا تعاليمه وتسمو بنا وتوجهنا نحو حياةً ذات معنى أعظم ورحمةً وبرًا. حيث يُعد القرآن شهادةً مقدسة على القوة الدائمة للإيمان والحكمة والهداية الإلهية.

كما نلتزم – كمؤمنين – بشدة بتعاليمه كمصدر للطمأنينة والتوجيه والتغيير، ونأمل أن تكون هذه الطبعة بمثابة مصدر تنويرًا وإلهامًا لجميع الذين يسعوا إلى هدايته. كما نسأل الله أن يستمر القرآن في إنارة دروبنا وأن يهدينا نحو حياة الفضيلة والغاية.

هل استمتعت بقراءة القرآن الكريم؟

شارك الآخرين تجربتك، واترك تقييمًا!

إنه أمرًا سريعًا ويساعد الناشرين الصغار أمثالنا.

شكرًا لك :)

وجزاك الله خيرًا